2022

TÉCNICO JUDICIÁRIO - ÁREA JUDICIÁRIA TRIBUNAL DE JUSTIÇA DO ESTADO DO CEARÁ – TJCE

EDITORA
AlfaCon
Concursos Públicos

Diretor Geral: Evandro Guedes
Diretor de TI: Jadson Siqueira
Diretor Editorial: Javert Falco
Gerente Editorial: Mariana Passos
Editor Responsável: Mateus Ruhmke Vazzoller
Revisão de Texto: Paula Craveiro
Coordenação de Editoração: Alexandre Rossa
Diagramação: Emilly Lazarotto

Língua Portuguesa
Pablo Jamilk
Redação
Giancarla Bombonato
Noções de Informática
Gustavo Muzy, João Paulo
Raciocínio Lógico
Daniel Lustosa
Código de Organização Judiciária do Estado do Ceará
Guilherme Domingos
Noções de Direito Constitucional
Daniel Sena
Noções de Direito Administrativo
Evandro Guedes, Guilherme Domingos
Noções de Direito Processual Civil
Damião Tenória
Direito Processual Penal
Roberto Fernandes, Wallace França

Dados Internacionais de Catalogação na Publicação (CIP)
Jéssica de Oliveira Molinari CRB-8/9852

T253

Técnico judiciário : área judiciária : tribunal de justiça do estado do Ceará: TJCE / Equipe de professores Alfacon -- 1. ed. -- Cascavel, PR : AlfaCon, 2022.
492 p.

Bibliografia
ISBN 978-65-5918-298-5

1. Serviço público - Concursos – Brasil 2. Tribunal de justiça – Ceará - Concursos 3. Escrivão – Ceará - Concursos 4. Língua portuguesa 5. Redação 6. Informática 7. Lógica 8. Direito I. Título

22-1293 **CDD 351.81076**

Índices para catálogo sistemático:
1. Serviço público - Brasil - Concursos

Dúvidas?
Acesse: www.alfaconcursos.com.br/atendimento
Núcleo Editorial:
Rua: Paraná, nº 3193, Centro - Cascavel/PR
CEP: 85.810-010
Núcleo Comercial/Centro de Distribuição:
Rua: Dias Leme, nº 489, Mooca - São Paulo/SP
CEP: 03118-040
SAC: (45) 3037-8888

Data de fechamento 1ª impressão: 02/03/2022

EDITORA AlfaCon Concursos Públicos
www.alfaconcursos.com.br/apostilas

APRESENTAÇÃO

Fazer parte do serviço público é o objetivo de muitas pessoas. Por esse motivo, os processos seletivos relacionados a essa área de atuação costumam ser muito concorridos.

Nesse sentido, para a elaboração da obra **Técnico Judiciário - Área Judiciária - Tribunal de Justiça do Estado do Ceará – TJCE**, a Editora AlfaCon teve o cuidado de trazer as indicações mais importantes dos tópicos que fazem parte do conteúdo programático das disciplinas abordadas. Além disso, durante a explicação dos conteúdos, o estudante encontrará dicas essenciais à sua compreensão, e alguns capítulos constam exercícios gabaritados, provenientes de concursos anteriores. Toda essa disposição de assuntos foi pensada para auxiliar o concurseiro na melhor compreensão e fixação do conteúdo.

O material também se destaca por agregar ao seu estudo a tecnologia educacional AlfaCon Notes, ferramenta cuja funcionalidade consiste em registrar suas anotações por meio do QR Code. O objetivo é justamente o de deixar tudo organizado e acessível na área do aluno AlfaCon e em seu smartphone. Por isso, você tem em mãos um material que é um grande facilitador para seus estudos, pois a finalidade maior é auxiliá-lo a compreender os conteúdos de forma didática e eficaz.

Trata-se, então, de uma obra de excelência, resultado da experiência e da competência da Editora e dos Autores, que são especializados em suas respectivas disciplinas. Ressaltamos a importância e a necessidade de haver uma preparação direcionada e organizada, pois somente assim o candidato pode ter o desempenho que almeja nas provas. Tenha a certeza de que esta obra será o diferencial para a conquista de sua aprovação.

Bons estudos e rumo à sua aprovação!

EDITORA
AlfaCon
Concursos Públicos

COMO ESTUDAR PARA UM CONCURSO PÚBLICO!

AlfaCon Concursos Públicos

Para se preparar para um concurso público, não basta somente estudar o conteúdo. É preciso adotar metodologias e ferramentas, como plano de estudo, que ajudem o concurseiro em sua organização.

As informações disponibilizadas são resultado de anos de experiência nesta área e apontam que estudar de forma direcionada traz ótimos resultados ao aluno.

CURSO ON-LINE GRATUITO

- Como montar caderno
- Como estudar
- Como e quando fazer simulados
- O que fazer antes, durante e depois de uma prova!

Ou pelo link: alfaconcursos.com.br/cursos/material-didatico-como-estudar

ORGANIZAÇÃO

Organização é o primeiro passo para quem deseja se preparar para um concurso público.

Conhecer o conteúdo programático é fundamental para um estudo eficiente, pois os concursos seguem uma tendência e as matérias são previsíveis. Usar o edital anterior - que apresenta pouca variação de um para outro - como base é uma boa opção.

Quem estuda a partir desse núcleo comum precisa somente ajustar os estudos quando os editais são publicados.

PLANO DE ESTUDO

Depois de verificar as disciplinas apresentadas no edital, as regras determinadas para o concurso e as características da banca examinadora, é hora de construir uma tabela com seus horários de estudo, na qual todas as matérias e atividades desenvolvidas na fase preparatória estejam dispostas.

PASSO A PASSO

VEJA AS ETAPAS FUNDAMENTAIS PARA ORGANIZAR SEUS ESTUDOS

PASSO 1	PASSO 2	PASSO 3	PASSO 4	PASSO 5
Selecionar as disciplinas que serão estudadas.	Organizar sua rotina diária: marcar pontualmente tudo o que é feito durante 24 horas, inclusive o tempo que é destinado para dormir, por exemplo.	Organizar a tabela semanal: dividir o horário para que você estude 2 matérias por dia e também destine um tempo para a resolução de exercícios e/ou revisão de conteúdos.	Seguir rigorosamente o que está na tabela, ou seja, destinar o mesmo tempo de estudo para cada matéria. Por exemplo: 2h/dia para cada disciplina.	Reservar um dia por semana para fazer exercícios e também simulados.

Esta tabela é uma sugestão de como você pode organizar seu plano de estudo. Para cada dia, você deve reservar um tempo para duas disciplinas e também para a resolução de exercícios e/ou revisão de conteúdos. Fique atento ao fato de que o horário precisa ser determinado por você, ou seja, a duração e o momento do dia em que será feito o estudo é você quem escolhe.

AlfaCon Concursos Públicos

TABELA SEMANAL

SEMANA	SEGUNDA	TERÇA	QUARTA	QUINTA	SEXTA	SÁBADO	DOMINGO
1							
2							
3							
4							

SUMÁRIO

Sumário

Sumário

CÓDIGO DE ORGANIZAÇÃO JUDICIÁRIA DO ESTADO DO CEARÁ 227

NOÇÕES DE DIREITO CONSTITUCIONAL 236

Sumário

Sumário

LÍNGUA PORTUGUESA

1. NÍVEIS DE ANÁLISE DA LÍNGUA

Vamos começar o nosso estudo fazendo uma distinção entre quatro níveis de análise da Língua Portuguesa, afinal, você não pode confundir-se na hora de estudar. Fique ligado nessa diferença:

→ **Nível Fonético / Fonológico:** estuda a produção e articulação dos sons da língua.

→ **Nível Morfológico:** estuda a estrutura e a classificação das palavras.

→ **Nível Sintático:** estuda a função das palavras dentro de uma sentença.

→ **Nível Semântico:** estuda as relações de sentido construídas entre as palavras.

Na Semântica, estudaremos, entre outras coisas, a diferença entre linguagem de sentido denotativo (ou literal, do dicionário) e linguagem de sentido conotativo (ou figurado).

Ex: Rosa é uma flor.

01. Morfologia:

Rosa: substantivo;

Uma: artigo;

É: verbo ser;

Flor: substantivo

02. Sintaxe:

Rosa: sujeito;

É uma flor: predicado;

Uma flor: predicativo do sujeito.

03. Semântica:

Rosa pode ser entendida como uma pessoa ou como uma planta, depende do sentido.

Vamos, a partir de agora, estudar as classes de palavras.

2. MORFOLOGIA CLASSES DE PALAVRAS

Antes de mergulhar nas conceituações, vamos fazer uma lista para facilitar o nosso estudo: classe e exemplo.

Artigo: o, a, os, as, um, uma, uns, umas.

Adjetivo: Legal, interessante, capaz, brasileiro, francês.

Advérbio: Muito, pouco, bem, mal, ontem, certamente

Conjunção: Que, caso, embora.

Interjeição: Ai! Ui! Ufa! Eita.

Numeral: Sétimo, vigésimo, terço.

Preposição: A, ante, até, após, com, contra, de, desde, em, entre.

Pronome: Cujo, o qual, quem, eu, lhe.

Substantivo: Mesa, bicho, concursando, Pablo, José.

Verbo: Estudar, passar, ganhar, gastar.

2.1 Substantivos

Os substantivos são palavras que nomeiam seres reais ou imaginários, objetos, lugares ou estados de espírito.

Eles podem ser:

→ Comuns: quando designam seres da mesma espécie.

gato, mulher, árvore

→ Próprios: quando se referem a um ser em particular.

Bahia, Clarice Lispector, Japão

→ Concretos: que designam seres reais no mundo ou na mente.

menino, bolo, jacaré, duende

→ Abstratos: que designam sentimentos, qualidades, estados ou ações dos seres.

saudade, tristeza, dor, sono (sensações)

beleza, destreza (qualidades)

vida, morte (estados)

estudo, trabalho, luta (ações)

→ Simples: que são formados por um único radical.

garrafa, porta, camiseta, neve

→ Compostos: que são formados por mais de um radical.

passatempo, guarda-chuva

→ Primitivos: que não derivam de outra palavra da língua portuguesa.

pulso, dente

→ Derivados: que derivam de outra palavra.

pulseira, dentista

→ Coletivos: que nomeiam seres da mesma espécie.

alcateia, arquipélago, biblioteca

Há a possibilidade de que palavras de outras classes gramaticais tenham função de substantivo em uma frase, oração ou período, e quando isso ocorre são chamadas Palavras Substantivadas. Para isso, o artigo precede a palavra.

Ainda não sei o porquê do livro não ter sido devolvido.

2.2 Artigo

O artigo é a palavra variável que tem por função individualizar algo, ou seja, possui como função primordial indicar um elemento, por meio de definição ou indefinição da palavra que, pela anteposição do artigo, passa a ser substantivada. Os artigos se subdividem em:

Artigos definidos: **o, a, os, as** - porque definem o substantivo a que se referem.

Hoje à tarde, falaremos sobre **a** aula da semana passada.

Na última aula, falamos **do** conteúdo programático.

Artigos indefinidos: **um, uma, uns, umas** - porque indefinem o substantivo a que se referem.

Assim que eu passar no concurso, eu irei comprar **um** carro.

Pela manhã, papai, apareceu **um** homem da loja aqui.

É importante ressaltar que os artigos podem ser contraídos com algumas preposições essenciais, como demonstraremos na tabela a seguir:

Preposições	Artigo							
	Definido				Indefinido			
	o	a	os	as	um	uma	uns	umas
A	ao	à	aos	às	-	-	-	-
De	do	da	dos	das	dum	duma	duns	dumas
Em	no	na	nos	nas	num	numa	nuns	numas
Per	pelo	pela	pelos	pelas	-	-	-	-
Por	polo	pola	polos	polas	-	-	-	-

O artigo é utilizado para substantivar um termo. Ou seja, quer transformar algo em um substantivo? Coloque um artigo em sua frente.

"Cantar alivia a alma." (Verbo)

"O cantar alivia a alma." (Substantivo)

Emprego do artigo com a palavra "todo":

Quando inserimos artigos ao lado do termo "todo", em geral, o sentido da expressão passa a designar totalidade. Como no exemplo abaixo:

Pobreza é um problema que acomete todo país.

(todos os países)

Pobreza é um problema que acomete todo o país.

(o país em sua totalidade).

2.3 Pronome

Os pronomes são palavras que determinam ou substituem substantivos, indicando a pessoa do discurso – que é quem participa ou é objeto do ato comunicativo .

Os pronomes podem ser pessoais, possessivos, demonstrativos, indefinidos, relativos ou interrogativos.

Pronomes substantivos e adjetivos

É chamado pronome substantivo quando um pronome substitui um substantivo.

É chamado pronome adjetivo quando determina o substantivo com o qual se encontra.

Pronomes pessoais

Pronomes pessoais representam as pessoas do discurso, substituindo o substantivo.

Existem três pessoas do discurso – ou gramaticais:

> 1ª pessoa: eu, nós
> 2ª pessoa: tu, vós
> 3ª pessoa: ele, ela, eles, elas

Os pronomes pessoais podem ser:

→ Retos: têm função, em regra, como sujeito da oração.

→ Oblíquos: têm função de objeto ou complemento.

2.4 Pronomes de Tratamento

Estes são os pronomes utilizados para nos referirmos às pessoas. Eles podem ser cerimoniosos ou familiares, dependendo da pessoa com a qual falamos; considera-se a idade, o cargo e o título, dentre outros, para escolher o tratamento adequado.

É importante ressaltar que as abreviaturas devem, de modo geral, ser evitadas.

Exemplos de pronomes de tratamento:

Você: tratamento informal

Senhor, senhora: tratamento de respeito

Vossa Excelência: altas autoridades

Vossa Reverendíssima: para sacerdotes

Vossa Alteza: para príncipes, princesas e duques

Pronomes possessivos

São os pronomes que atribuem posse de algo às pessoas do discurso.

Eles podem estar em:

> 1ª pessoa do singular: meu, minha, meus, minhas
> 2ª pessoa do singular: teu, tua, teus, tuas
> 3ª pessoa do singular: seu, sua, seus, suas
> 1ª pessoa do plural: nosso, nossa, nossos, nossas
> 2ª pessoa do plural: vosso, vossa, vossos, vossas
> 3ª pessoa do plural: seu, sua, seus, suas

Pronomes demonstrativos

São os que indicam lugar, posição ou identidade dos seres, relativamente às pessoas do discurso.

São eles:

este(s), esta(s), esse(s), essa(s), aquele(s), aquela(s), aqueloutro(s), aqueloutra(s), mesmo(s), mesma(s), próprio(s), própria(s), tal, tais, semelhante(s).

Pronomes relativos

São palavras que representam substantivos já citados, com os quais estão relacionadas.

Eles podem ser:

→ Variáveis:

> Masculino: o qual, os quais, cujo, cujos, quanto, quantos.
> Femininos: a qual, as quais, cuja, cujas, quanta, quantas.

→ Invariáveis: quem, que, onde.

Os pronomes relativos podem unir duas orações como em:

Da árvore caíram maçãs, que foram recolhidas.

Pronomes indefinidos

São os pronomes que se referem, de forma imprecisa e vaga, à 3ª pessoa do discurso.

Eles podem ser:

→ Pronomes indefinidos substantivos

Têm função de substantivo: alguém, algo, nada, tudo, ninguém.

- Pronomes indefinidos adjetivos

Têm função de adjetivo: cada, certo(s), certa (s).

- Que variam entre pronomes adjetivos e substantivos

Variam de acordo com o contexto: algum, alguma, bastante, demais, mais, qual etc.

Locuções pronominais indefinidas

Cada qual, cada um, seja qual for, tal qual, um ou outro etc.

Pronomes interrogativos

São os pronomes utilizados em frases interrogativas e, assim como os pronomes indefinidos, não imprecisos para com a 3ª pessoa do plural.

Exemplos:

Quem foi?

Quantos professores vieram hoje?

Lutar contra quê?

Verbo

O verbo é uma palavra que exprime um estado, uma ação, um fato ou um fenômeno.

Ele possui diferentes formas, por suas flexões, para indicar a pessoa do discurso, o número, o tempo, o modo e a voz.

Pessoa e número

O verbo pode variar indicando a pessoa e o número:

- 1ª pessoa: eu ando (singular) / nós andamos
- 2ª pessoa: tu anda (singular) / vós andais
- 3ª pessoa: ele anda (singular) / eles andam

Tempos verbais

Os tempos têm a função de situar uma ação ou um acontecimento e podem ser:

- Presente: Agora eu escrevo.
- Pretérito (passado):
  - Imperfeito: Depois de ler, ele fechava o livro.
  - Perfeito: Ele fechou o livro.
  - Mais-que-perfeito: Quando vi, ele já fechara o livro.
- Futuro:
  - Do presente: Indiara ganhará o presente.
  - Do pretérito: Indiara ganharia o presente.

Modos verbais

Existem três modos de um fato se realizar:

- Indicativo: Exprime um fato certo e positivo.
- Imperativo: Exprime uma ordem, proibição, pedido, conselho.
- Subjuntivo: Enuncia um fato hipotético, possível.

Formas nominais

As formas nominais enunciam, de forma imprecisa, vaga e impessoal, um fato.

São elas:

- Infinitivo: prender, vender.
- Gerúndio: prendendo, vendendo.
- Particípio: prendido, vendido.

Além disso, o infinitivo pode ser pessoal ou impessoal, sendo:

- Pessoal: quando tem sujeito.
- Impessoal: quando não tem sujeito.

Também pode ser flexionado ou não flexionado

- Flexionado: comeres tu, comermos nós, comerdes vós, comerem eles.
- Não flexionado: comer eu, comer ele.

Verbos auxiliares

São os que se unem a uma forma nominal de outro verbo para formar voz passiva, tempos compostos e locuções verbais.

Principais verbos auxiliares: ter, haver, ser, estar.

Voz

Quanto à voz, os verbos podem ser classificados em:

- Ativos
- Passivos
- Reflexivos

Conjugações

Podem-se agrupar os verbos em três conjugações, de acordo com a terminação do infinitivo.

- 1ª conjugação: terminados em -ar: cantar
- 2ª conjugação: terminados em -er: bater
- 3ª conjugação: terminados em -ir: fingir

As conjugações são caracterizadas pelas vogais temáticas A, E e I.

Elementos estruturais do verbo

É necessário identificar o radical, o elemento básico, e a terminação, que varia indicando tempo e modo, e pessoa e número.

Exemplo: dançar | danç- (radical) -ar (terminação)

Na terminação é encontrada ao menos um dos seguintes elementos:

- Vogal temática: que caracteriza a conjugação.
- Desinência modo-temporal: indica o modo e o tempo do verbo.
- Desinência número pessoal: indica se seria a 1ª, 2ª ou 3ª pessoa e se seria do plural ou do singular.

Tempos primitivos e derivados

Os tempos podem ser divididos em primitivos e derivados, que podem ser:

→ Presente do infinitivo:

Exemplo: reclamar

> Pretérito imperfeito do indicativo: reclamava, reclamavas.

> Futuro do presente: reclamarei, reclamarás.

> Futuro do pretérito: reclamaria, reclamarias.

> Infinitivo pessoal: reclamar, reclamares.

> Gerúndio: reclamando.

> Particípio: reclamado.

→ Presente do indicativo:

Exemplo: guardo, guardas, guardais

> Presente do subjuntivo - guardo: guarda, guardas, guarda, guardamos, guardais, guardam

> Imperativo afirmativo - guardas: guarda, guardais

→ Pretérito perfeito do indicativo:

Exemplo: guardaram

> Pretérito mais que perfeito do indicativo: guardara, guardaras

> Pretérito imperfeito do subjuntivo: guardasse, guardasses

> Futuro do subjuntivo: guardares

Modo imperativo

O imperativo se dá de duas formas:

→ Imperativo afirmativo:

> 2ª pessoa do singular e a 2ª pessoa do plural: derivam das pessoas equivalentes do presente do indicativo e suprime-se o s final.

> demais pessoas: continuam como no presente do subjuntivo, sem alteração.

→ Imperativo negativo: as pessoas são iguais às equivalentes do presente do subjuntivo.

Tempos compostos

→ Da voz ativa: é formado pelo particípio do verbo principal, precedido pelos verbos auxiliares ter ou haver.

→ Da voz passiva: é formado quando o verbo principal, no particípio, é precedido pelos auxiliares ter (ou haver) e ser, de forma conjunta.

→ Locuções verbais: são formadas por um verbo principal, no gerúndio ou infinitivo, precedido por um verbo auxiliar.

Verbos regulares, irregulares e defectivos

A conjugação dos verbos pode ser dividida em:

→ Regular: são os que seguem um modelo comum de conjugação, mantendo o radical invariável

→ Irregular: são os que são alterados no radical e/ou nas terminações.

→ Defectiva: são os que não são usados em certos modos por não terem a conjugação completa.

Emprego do verbo haver

O verbo haver é utilizado, principalmente, para expressar ter ou existir, mas pode indicar, também, estar presente, decorrer, fazer, recuperar, julgar, acontecer, comportar-se, entender-se e o ato de ter existência. Além disso, ele possui diversas particularidades na conjugação.

O verbo haver é um verbo irregular, que passa por alterações tanto no seu radical, quanto nas suas terminações, quando conjugado.

→ Presente do indicativo:

> (eu) hei

> (tu) hás

> (ele) há

> (nós) havemos

> (vós) haveis

> (eles) hão

No pretérito perfeito do indicativo, no pretérito mais-que-perfeito do indicativo, no pretérito imperfeito do subjuntivo e no futuro do subjuntivo, o radical hav- se transformará em houv-.

→ Pretérito perfeito do indicativo

> (eu) houve

> (tu) houveste

> (ele) houve

> (nós) houvemos

> (vós) houvestes

> (eles) houveram

→ Futuro do subjuntivo

> (quando eu) houver

> (quando tu) houveres

> (quando ele) houver

> (quando nós) houvermos

> (quando vós) houverdes

> (quando eles) houverem

Nos demais tempos verbais, o radical hav- passa a ser haj-, no presente do subjuntivo e no imperativo.

→ Presente do subjuntivo

> (que eu) haja

> (que tu) hajas

> (que ele) haja

> (que nós) hajamos

> (que vós) hajais

> (que eles) hajam

Quando o verbo haver é utilizado para indicar tempo ou com o sentido de existir, ele será impessoal e sem sujeito, sendo conjugado apenas na 3ª pessoa do singular.

- Presente do indicativo: há
- Pretérito perfeito do indicativo: houve
- Pretérito imperfeito do indicativo: havia
- Pretérito mais-que-perfeito do indicativo: houvera
- Futuro do presente do indicativo: haverá
- Futuro do pretérito do indicativo: haveria
- Presente do subjuntivo: que haja
- Pretérito imperfeito do subjuntivo: se houvesse
- Futuro do subjuntivo: quando houver

Esse verbo pode ser, também, verbo auxiliar na formação de tempos compostos. Para tal, ele substitui o verbo ter, apresentando ainda o mesmo sentido, e pode ser conjugado em todas as pessoas verbais.

→ Pretérito mais-que-perfeito composto do indicativo
- (Eu) havia + particípio do verbo principal
- (Tu) havias + particípio do verbo principal
- (Ele) havia + particípio do verbo principal
- (Nós) havíamos + particípio do verbo principal
- (Vós) havíeis + particípio do verbo principal
- (Eles) haviam + particípio do verbo principal

→ Haver ou a ver

Para referir-se a algo que possui relação para com alguma coisa, a expressão correta é a ver.

2.5 Adjetivo

É a palavra variável que expressa uma qualidade, característica ou origem de algum substantivo ao qual se relaciona.

Meu terno é azul, elegante e italiano.

Analisando, entendemos assim:

Azul: característica.

Elegante: qualidade.

Italiano: origem.

Estrutura e a classificação dos adjetivos. Com relação à sua formação, eles podem ser:

Explicativos: quando a característica é comum ao substantivo referido.

Fogo **quente**, Homem **mortal**. (Todo fogo é quente, todo homem é mortal)

Restritivos: quando a característica não é comum ao substantivo, ou seja, nem todo substantivo é assim caracterizado.

Terno **azul**, Casa **grande**. (Nem todo terno é azul, nem toda casa é grande)

Simples: quando possui apenas uma raiz.

amarelo, brasileiro, competente, sagaz, loquaz, inteligente, grande, forte etc.

Composto: quando possui mais de uma raiz.

amarelo-canário, luso-brasileiro, verde-escuro, vermelho-sangue etc.

Primitivo: quando pode dar origem a outra palavra, não tendo sofrido derivação alguma.

bom, legal, grande, rápido, belo etc.

Derivado: quando resultado de um processo de derivação, ou seja, oriundo de outra palavra.

bondoso (de bom), grandioso (de grande), maléfico (de mal), esplendoroso (de esplendor) etc.

Os adjetivos que designam origem de algum termo são denominados adjetivos pátrios ou gentílicos.

Uma lista de adjetivos pátrios de estado:

Adjetivos Pátrios	
Acre	Acriano
Alagoas	Alagoano
Amapá	Amapaense
Aracaju	Aracajuano ou Aracajuense
Amazonas	Amazonense ou Baré
Belém(PA)	Belenense
Belo Horizonte	Belo-horizontino
Boa Vista	Boa-vistense
Brasília	Brasiliense
Cabo Frio	Cabo-friense
Campinas	Campineiro ou Campinense
Curitiba	Curitibano
Espírito Santo	Espírito-santense ou Capixaba
Fernando de Noronha	Noronhense
Florianópolis	Florianopolitano
Fortaleza	Fortalezense
Goiânia	Goianiense
João Pessoa	Pessoense
Macapá	Macapaense
Maceió	Maceioense
Manaus	Manauense
Maranhão	Maranhense
Marajó	Marajoara
Natal	Natalense ou Papa-jerimum
Porto Alegre	Porto Alegrense
Ribeirão Preto	Ribeiropretense
Rio de Janeiro(Estado)	Fluminense
Rio de Janeiro(Cidade)	Carioca
Rio Branco	Rio-branquense
Rio grande do Norte	Rio-grandense-do-norte, Norte-riograndense ou Potiguar

Rio grande do Sul	Rio-grandense-do-sul, Sul-rio-grandense ou Gaúcho
Rondônia	Rondoniano
Roraima	Roraimense
Salvador	Salvadorense ou Soteropolitano
Santa Catarina	Catarinense. ou Barriga-verde
Santarém	Santarense
São Paulo (Estado)	Paulista
São Paulo (Cidade)	Paulistano
Sergipe	Sergipano
Teresina	Teresinense
Tocantins	Tocantinense

Países	
Croácia	Croata
Costa rica	Costarriquense
Curdistão	Curdo
Estados Unidos	Estadunidense, norte-americano ou ianque
El Salvador	Salvadorenho
Guatemala	Guatemalteco
Índia	Indiano ou hindu (os que professam o hinduísmo)
Israel	Israelense ou israelita
Irã	Iraniano
Moçambique	Moçambicano
Mongólia	Mongol ou mongólico
Panamá	Panamenho
Porto Rico	Porto-riquenho
Somália	Somali

Adjetivos pátrios compostos

Na formação de adjetivos pátrios compostos, o primeiro elemento aparece na forma reduzida e, normalmente, erudita.

Observe alguns exemplos:

Adjetivos Pátrios Compostos	
África	Afro-/Cultura afro-americana
Alemanha	Germano- ou teuto-/Competições teutoinglesas
América	Américo-/Companhia américo-africana
Ásia	Ásio-/Encontros ásio-europeus
Áustria	Austro-/Peças austro-búlgaras
Bélgica	Belgo-/Acampamentos belgo-franceses
China	Sino-/Acordos sino-japoneses
Espanha	Hispano-/Mercado hispano-português
Europa	Euro-/Negociações euro-americanas
França	Franco- ou galo-/Reuniões franco-italianas
Grécia	Greco-/Filmes greco-romanos
Índia	Indo-/Guerras indo-paquistanesas
Inglaterra	Anglo-/Letras anglo-portuguesas
Itália	Ítalo-/Sociedade ítalo-portuguesa
Japão	Nipo-/Associações nipo-brasileiras
Portugal	Luso-/Acordos luso-brasileiros

Locução adjetiva

Expressão que tem valor adjetival, mas que é formada por mais de uma palavra. Geralmente, concorrem para sua formação uma preposição e um substantivo. Veja alguns exemplos.

Locução Adjetiva	Adjetivo
de águia	Aquilino
de aluno	Discente
de anjo	Angelical
de ano	Anual
de aranha	Aracnídeo
de asno	Asinino
de baço	Esplênico
de bispo	Episcopal
de bode	Hircino
de boi	Bovino
de bronze	Brônzeo ou êneo
de cabelo	Capilar
de cabra	Caprino
de campo	Campestre ou rural
de cão	Canino
de carneiro	Arietino
de cavalo	Cavalar, equino, equídeo ou hípico
de chumbo	Plúmbeo
de chuva	Pluvial
de cinza	Cinéreo
de coelho	Cunicular
de cobre	Cúprico
de couro	Coriáceo
de criança	Pueril
de dedo	Digital
de diamante	Diamantino ou adamantino
de elefante	Elefantino
de enxofre	Sulfúrico
de estômago	Estomacal ou gástrico
de falcão	Falconídeos
de fera	Ferino
de ferro	Férreo
de fígado	Figadal ou hepático

de fogo	Ígneo
de gafanhoto	Acrídeo
de garganta	Gutural
de gelo	Glacial
de gesso	Gípseo
de guerra	Bélico
de homem	Viril ou humano
de ilha	Insular
de intestino	Celíaco ou entérico
de inverno	Hibernal ou invernal
de lago	Lacustre
de laringe	Laríngeo
de leão	Leonino
de lebre	Leporino
de lobo	Lupino
de lua	Lunar ou selênico
de macaco	Simiesco, símio ou macacal
de madeira	Lígneo
de marfim	Ebúrneo ou ebóreo
de Mestre	Magistral
de monge	Monacal
de neve	Níveo ou nival
de nuca	Occipital
de orelha	Auricular
de ouro	Áureo
de ovelha	Ovino
de paixão	Passional
de pâncreas	Pancreático
de pato	Anserino
de peixe	Písceo ou ictíaco
de pombo	Columbino
de porco	Suíno ou porcino
de prata	Argênteo ou argírico
de quadris	Ciático
de raposa	Vulpino
de rio	Fluvial
de serpente	Viperino
de sonho	Onírico
de terra	Telúrico, terrestre ou terreno
de trigo	Tritício
de urso	Ursino
de vaca	Vacum
de velho	Senil
de vento	Eólico
de verão	Estival
de vidro	Vítreo ou hialino
de virilha	Inguinal
de visão	Óptico ou ótico

Flexão do adjetivo

O adjetivo pode ser flexionado em gênero, número e grau.

Flexão de gênero (Masculino / Feminino)

Com relação ao gênero, os adjetivos podem ser classificados de duas formas:

Biformes: quando possuem uma forma para cada gênero.

Homem **belo** / mulher **bela**

Contexto **complicado** / questão **complicada**

Uniformes: quando possuem apenas uma forma, como se fossem elementos neutros.

Homem **fiel** / mulher **fiel**

Contexto **interessante** / questão **interessante**

Flexão de número (Singular / Plural)

Os adjetivos simples seguem a mesma regra de flexão que os substantivos simples, portanto essas regras serão descriminadas no quadro de número dos substantivos. Serão, por regra, flexionados os adjetivos compostos que, em sua formação, possuírem dois adjetivos. A flexão ocorrerá apenas no segundo elemento da composição.

Guerra greco-**romana** - Guerras greco-**romanas**

Conflito **socioeconômico** - Análises **socioeconômicas**

Por outro lado, se houver um substantivo como elemento da composição, o adjetivo fica invariável.

Blusa **amarelo-canário** - Blusas **amarelo-canário**

Mesa **verde-musgo** - Mesas **verde-musgo**

O caso em questão também pode ocorrer quando um substantivo passa a ser, por derivação imprópria, um adjetivo, ou seja, também serão invariáveis os "substantivos adjetivados".

Terno cinza -Ternos cinza

Vestido rosa -Vestidos rosa

E também:

surdo mudo - surdos mudos

pele vermelha - peles vermelhas

Azul- marinho e azul-celeste são invariáveis.

Flexão de grau (Comparativo e Superlativo)

Há duas maneiras de se estabelecer o grau do adjetivo: por meio do grau comparativo e por meio do grau superlativo.

Vejamos como isso ocorre.

Grau comparativo: estabelece um tipo de comparação de características, sendo estabelecido de três maneiras:

Inferioridade: O açúcar é **menos** doce (do) **que** os teus olhos.

Igualdade: O meu primo é **tão** estudioso **quanto** o meu irmão.

Superioridade: Gramática **é mais legal** (do) **que** Matemática.

Grau superlativo: reforça determinada qualidade em relação a um referente. Pode-se estabelecer o grau superlativo de duas maneiras:

Relativo: em relação a um grupo.

De superioridade: José é o **mais** inteligente dos alunos.

De inferioridade: O presidente foi o **menos** prestigiado da festa.

Absoluto: sem relações, apenas reforçando as características

Analítico (com auxílio de algum termo)

Pedro é muito magro.

Pedro é magro, magro, magro.

Sintético (com o acréscimo de – íssimo ou –érrimo)

Pedro é macérrimo.

Somos todos estudiosíssimos.

Veja, agora, uma tabela de superlativos sintéticos.

Superlativos	
Grau normal	Superlativos
Ágil	Agilíssimo
Agradável	Agradabilíssimo
Agudo	Acutíssimo ou Agudíssimo
Alto	Altíssimo, Sumo ou Supremo
Amargo	Amaríssimo ou Marguíssimo
Amável	Amabilíssimo
Amigo	Amicíssimo
Antigo	Antiquíssimo
Atroz	Atrocíssimo
Baixo	Baixíssimo ou Ínfimo
Bom	Ótimo ou Boníssimo
Capaz	Capacíssimo
Célebre	Celebérrimo
Cheio	Cheíssimo
Comum	Comuníssimo
Cristão	Cristianíssimo
Cruel	Crudelíssimo
Doce	Dolcíssimo ou Docíssimo
Difícil	Dificílimo
Eficaz	Eficacíssimo
Fácil	Facílimo
Feliz	Felicíssimo
Feroz	Ferocíssimo
Fiel	Fidelíssimo
Frágil	Fragílimo
Frio	Frigidíssimo ou Friíssimo
Geral	Generalíssimo
Grande	Grandíssimo ou Máximo
Horrível	Horribilíssimo
Honorifíco	Honorificentíssimo
Humilde	Humílimo ou Humildíssimo
Inimigo	Inimicíssimo
Inconstitucional	Inconstitucionalíssimo
Jovem	Juveníssimo
Livre	Libérrimo e Livríssimo
Louvável	Laudabilíssimo
Magnífico	Magnificentíssimo
Magro	Macérrimo ou Magríssimo
Mau	Péssimo ou malíssimo
Miserável	Miserabilíssimo
Mísero	Misérrimo
Miúdo	Minutíssimo
Notável	Notabilíssimo
Pequeno	Mínimo ou Pequeníssimo
Pessoal	Personalíssimo
Pobre	Paupérrimo ou Pobríssimo
Precário	Precaríssimo ou Precariíssimo
Próspero	Prospérrimo
Provável	Probabilíssimo
Sábio	Sapientíssimo
Sério	Seríssimo
Simpático	Simpaticíssimo
Simples	Simplíssimo ou Simplicíssimo
Tenaz	Tenacíssimo
Terrível	Terribilíssimo
Vão	Vaníssimo
Voraz	Voracíssimo
Vulgar	Vulgaríssimo
Vulnerável	Vulnerabilíssimo

Atente à mudança de sentido provocada pela alteração de posição do adjetivo.

Homem **grande** (alto, corpulento)

Grande homem (célebre)

Mas isso nem sempre ocorre. Se você analisar a construção "giz azul" e "azul giz", perceberá que não há diferença semântica.

2.6 Advérbio

É a palavra invariável que se relaciona ao verbo, ao adjetivo ou a outro advérbio para atribuir-lhes uma circunstância.

Os alunos saíram **apressadamente**.

O caso era muito **interessante**.

Resolvemos **muito bem** o problema.

É importante decorar essa lista de advérbios para que você consiga reconhecê-los na sentença.

→ Classificação do Advérbio:

Afirmação: sim, certamente, efetivamente etc.

Negação: não, nunca, jamais.

Intensidade: muito, pouco, assaz, bastante, mais, menos, tão, tanto, quão etc.

Lugar: aqui, ali, aí, aquém, acima, abaixo, atrás, dentro, junto, defronte, perto, longe, algures, alhures, nenhures etc.

Tempo: agora, já, depois, anteontem, ontem, hoje, jamais, sempre, outrora, breve etc.

Modo: assim, adrede, bem, mal, depressa, devagar, melhor, pior e a maior parte das palavras formadas de um adjetivo, mais a terminação "mente" (leve + mente = levemente; calma + mente = calmamente).

Inclusão: também, inclusive.

Designação: eis.

Interrogação: onde, como, quando, por que.

Também existem as chamadas locuções adverbiais que vêm quase sempre introduzidas por uma preposição: à farta (= fartamente), às pressas (= apressadamente), à toa, às cegas, às escuras, às tontas, às vezes, de quando em quando, de vez em quando etc.

Existem casos em que utilizamos um adjetivo como forma de advérbio. É o que chamamos de adjetivo adverbializado.

Aquele orador fala **belamente**.
advérbio de modo

Aquele orador fala **bonito**.
adjetivo adverbializado que tenta designar modo

2.7 Conjunção

É a palavra invariável que conecta elementos em algum encadeamento frasal. A relação em questão pode ser de natureza lógico-semântica (relação de sentido) ou apenas indicar uma conexão exigida pela sintaxe da frase.

Coordenativas

São as conjunções que conectam elementos que não possuem dependência sintática, ou seja, as sentenças que são conectadas por meio desses elementos já estão com suas estruturas sintáticas (sujeito / predicado / complemento) completas.

Aditivas: e, nem (= e não), também, que, não só... mas também, não só... como, tanto ... como, assim... como etc.

José não foi à aula **nem** fez os exercícios.

Devemos estudar **e** apreender os conteúdos.

Adversativas: mas, porém, contudo, todavia, no entanto, entretanto, senão, não obstante, aliás, ainda assim.

Os países assinaram o acordo, **mas** não o cumpriram.

A menina cantou bem, **contudo** não agradou ao público.

Alternativas: ou... ou, já ... já, seja... seja, quer... quer, ora... ora, agora... agora.

Ora diz sim, **ora** diz não.

Ou está feliz, **ou** está no ludibriando.

Conclusivas: logo, pois (depois do verbo), então, portanto, assim, enfim, por fim, por conseguinte, conseguintemente, consequentemente, donde, por onde, por isso.

O **concursando** estudou muito, **logo**, deverá conseguir seu cargo.

É professor, **por conseguinte** deve saber explicar o conteúdo.

Explicativas: Isto é, por exemplo, a saber, ou seja, verbi gratia, pois (antes do verbo), pois bem, ora, na verdade, depois, além disso, com efeito, que, porque, ademais, outrossim, porquanto etc.

Deve ter chovido, **pois** o chão está molhado.

O homem é um animal racional, **porque** é capaz de raciocinar.

Não converse agora, **que** eu estou explicando.

Subordinativas

São as conjunções que denotam uma relação de subordinação entre orações, ou seja, a conjunção subordinativa evidencia que uma oração possui dependência sintática em relação a outra. O que se pretende dizer com isso é que uma das orações envolvidas nesse conjunto desempenha uma função sintática para com sua oração principal.

Integrantes

Que, se

Sei **que** o dia do pagamento é hoje.

Vejamos **se** você consegue estudar sem interrupções.

Adverbiais

Causais: indicam a causa de algo.

Já que, porque, que, pois que, uma vez que, sendo que, como, visto que, visto como, como etc.

Não teve medo do perigo, **já que** estava protegido.

Passou no concurso, **porque** estudou muito.

Comparativas: estabelecem relação de comparação:

Como, tal como, mais...(do)que, menos...(do)que, tão como, assim como, tanto quanto etc.

Tal como procederes, receberás o castigo.

Alberto é aplicado **como** quem quer passar.

Concessivas (concessão): estabelecem relação de quebra de expectativa com respeito à sentença à qual se relacionam.

Embora, ainda que, dado que, posto que, conquanto, em que, quando mesmo, mesmo que, por menos que, por pouco que, apesar de (que).

Embora tivesse estudado pouco, conseguiu passar.

Conquanto estudasse, não conseguiu aprender.

Condicionais: estabelecem relação de condição.

Se, salvo se, caso, exceto se, contanto que, com tal que, caso, a não ser que, a menos que, sem que etc.

Se tudo der certo, estaremos em Portugal amanhã.

Caso você tenha dúvidas, pergunte a seu professor.

Consecutivas: estabelecem relação de consequência.

Tanto que, de modo que, de sorte que, tão...que, sem que etc.

O aluno estudou **tanto que** morreu.

Timeto Amon era **tão** feio **que** não se olhava no espelho.

Conformativas: estabelecem relação de conformidade.

Conforme, consoante, segundo, da mesma maneira que, assim como, como que etc.

Faça a prova **conforme** teu pai disse.

Todos agem **consoante** se vê na televisão.

Finais: estabelecem relação de finalidade.

Para que, a fim de que, que, porque.

Estudou muito **para que** pudesse ter uma vida confortável.

Trabalhei **a fim de que** o resultado seja satisfatório.

Proporcionais: estabelecem relação de proporção.

À proporção que, à media que, quanto mais... tanto mais, quanto menos... tanto menos, ao passo que etc.

À medida que o momento de realizar a prova chegava, a ansiedade de todos aumentava.

Quanto mais você estudar, **tanto mais** terá a chance de ser bem sucedido.

Temporais: estabelecem relação de tempo.

Quando, enquanto, apenas, mal, desde que, logo que, até que, antes que, depois que, assim que, sempre que, senão quando, ao tempo que, apenas que, antes que, depois que, sempre que etc.

Quando todos disserem para você parar, continue.

Depois que terminar toda a lição, poderá descansar um pouco.

Mal chegou, já quis sair.

2.8 Interjeição

É o termo que exprime, de modo enérgico, um estado súbito de alma. Sem muita importância para a análise a que nos propomos, vale apenas lembrar que elas possuem uma classificação semântica[1]:

Dor: ai! ui!

Alegria: ah! eh! oh!

Desejo: oxalá[2]! tomara!

Admiração: puxa! cáspite! safa! quê!

Animação: eia! sus! coragem!

Aplauso: bravo! apoiado!

Aversão: ih! chi! irra! apre!

Apelo: ó, olá! psit! pitsiu! alô! socorro!

Silêncio: psit! psiu! caluda!

Interrogação, espanto: hem!

Há, também, locuções interjeitivas: **Minha nossa! Meu Deus!**

A despeito da classificação acima, o que determina o sentido da interjeição é o seu uso.

2.9 Numeral

É a palavra que indica uma quantidade, multiplicação, fração ou um lugar numa série. Os numerais podem ser divididos em:

Cardinais: quando indicam um número básico: um, dois, três, cem mil...

Ordinais: quando indicam um lugar numa série: primeiro, segundo, terceiro, centésimo, milésimo...

Multiplicativos: quando indicam uma quantidade multiplicativa: dobro, triplo, quádruplo...

Fracionários: quando indicam parte de um inteiro: meio, metade, dois terços...

Algarismo		Cardinais	Ordinais
Romanos	Arábicos		
I	1	um	primeiro
II	2	dois	segundo
III	3	três	terceiro
IV	4	quatro	quarto
V	5	cinco	quinto
VI	6	seis	sexto
VII	7	sete	sétimo
VIII	8	oito	oitavo
IX	9	nove	nono
X	10	dez	décimo
XI	11	onze	undécimo ou décimo primeiro
XII	12	doze	duodécimo ou décimo segundo
XIII	13	treze	décimo terceiro
XIV	14	quatorze ou catorze	décimo quarto
XV	15	quinze	décimo quinto
XVI	16	dezesseis	décimo sexto
XVII	17	dezessete	décimo sétimo
XVIII	18	dezoito	décimo oitavo
XIX	19	dezenove	décimo nono
XX	20	vinte	vigésimo
XXI	21	vinte e um	vigésimo primeiro
XXX	30	trinta	trigésimo
XXXL	40	quarenta	quadragésimo
L	50	cinquenta	quinquagésimo

1 Segundo Napoleão Mendes de Almeida.

2 Curiosamente, esses elementos podem ser concebidos, em algumas situações, como advérbios de dúvida.

LX	60	sessenta	sexagésimo
LXX	70	setenta	septuagésimo ou setuagésimo
LXXX	80	oitenta	octogésimo
XC	90	noventa	nonagésimo
C	100	cem	centésimo
CC	200	duzentos	ducentésimo
CCC	300	trezentos	trecentésimo
CD	400	quatrocentos	quadringentésimo
D	500	quinhentos	quingentésimo
DC	600	seiscentos	seiscentésimo ou sexcentésimo
DCC	700	setecentos	septingentésimo
DCCC	800	oitocentos	octingentésimo
CM	900	novecentos	nongentésimo ou noningentésimo
M	1.000	mil	milésimo
X'	10.000	dez mil	dez milésimos
C'	100.000	cem mil	cem milésimos
M'	1.000.000	um milhão	milionésimo
M''	1.000.000.000	um bilhão	bilionésimo

Lista de numerais multiplicativos e fracionários:

Algarismos	Multiplicativos	Fracionários
2	duplo, dobro, dúplice	meio ou metade
3	triplo, tríplice	terço
4	quádruplo	quarto
5	quíntuplo	quinto
6	sêxtuplo	sexto
7	sétuplo	sétimo
8	óctuplo	oitavo
9	nônuplo	nono
10	décuplo	décimo
11	undécuplo	onze avos
12	duodécuplo	doze avos
100	cêntuplo	centésimo

Para realizar a leitura dos cardinais:

É necessário colocar a conjunção "e" entre as centenas e dezenas, assim como entre as dezenas e a unidade. Ex.: 3.068.724 = três milhões sessenta e oito mil setecentos e vinte e quatro. Quanto à leitura do numeral ordinal, há duas possibilidades: Quando é inferior a 2.000, lê-se inteiramente segundo a forma ordinal. 1766º = milésimo septingentésimo sexagésimo sexto. Acima de 2.000, lê-se o primeiro algarismo como cardinal e os demais como ordinais. Hodiernamente, entretanto, tem-se observado a tendência a ler os números redondos segundo a forma ordinal.

2.536º = dois milésimos quingentésimo trigésimo sexto.

8 000º = oitavo milésimo.

Para realizar a leitura do fracionário:

O numerador de um numeral fracionário é sempre lido como cardinal. Quanto ao denominador, há dois casos:

Primeiro: se for inferior ou igual a 10, ou ainda for um número redondo, será lido como ordinal 2/6 = dois sextos; 9/10 = nove décimos; centésimos (se houver).

São exceções: 1/2 = meio; 1/3 = um terço.

Segundo: se for superior a 10 e não constituir número redondo, é lido como cardinal, seguido da palavra "avos".

1/12 = um doze avos; 4/25 = quatro vinte e cinco avos.

Ao se fazer indicação de reis, papas, séculos, partes de uma obra, usam-se os numerais ordinais até décimo. A partir daí, devem-se empregar os cardinais. Século V (século quinto), século XX (vinte), João Paulo II (segundo), Bento XVI (dezesseis).

2.10 Preposição

É a palavra invariável que serve de ligação entre dois termos de uma oração ou, às vezes, entre duas orações. Costuma-se denominar "regente" o termo que exige a preposição e "regido" aquele que recebe a preposição:

Ele comprou um livro **de** poesia.

Ele tinha medo **de** ficar solitário.

Como se vê, a preposição "de", no primeiro caso, liga termos de uma mesma oração; no segundo, liga orações.

Preposições essenciais

São aquelas que têm como função primordial a conexão das palavras: a, ante, até, após, com contra, de, desde, em,entre, para, per, perante, por, sem, sob, sobre, trás. Veja o emprego de algumas preposições:

Os manifestantes lutaram **contra** a polícia.

O aluno chegou **ao** salão rapidamente.

Aguardo sua decisão **desde** ontem.

Entre mim e ti, não há qualquer problema.

Preposições acidentais

São palavras que pertencem a outras classes, empregadas, porém, eventualmente como preposições: conforme, consoante, durante, exceto, fora, agora, mediante, menos, salvante, salvo, segundo, tirante.

O emprego das preposições acidentais é mais comum do que parece:

Todos saíram da sala, **exceto** eu.

Tirante as mulheres, o grupo que estava na sala parou de falar.

Escreveu o livro **conforme** o original.

Locuções prepositivas

Além das preposições simples, existem também as chamadas locuções prepositivas, que terminam sempre por uma preposição simples: abaixo de, acerca de, acima de, a despeito de, adiante de, a fim de, além de, antes de, ao lado de, a par de, apesar de, a respeito de, atrás de, através de, de acordo com, debaixo de, de cima de, defronte de, dentro de, depois de, diante de, embaixo de, em cima de, em frente de(a), em lugar de, em redor de, em torno de, em vez de, graças a, junto a (de), para baixo de, para cima de, para com, perto de, por baixo de, por causa de, por cima de, por detrás de, por diante de, por entre, por trás de.

CONECTIVOS

Os conectivos têm a função de ligar palavras ou orações e eles podem ser coordenativos (ligam orações coordenadas) ou subordinativos (ligam orações subordinadas).

Coordenativos

→ Conjunções coordenativas:

Iniciam orações coordenadas:

Aditivas: e

Adversativas: mas

Alternativas: ou

Conclusivas: logo

Explicativas: pois

Subordinativos

→ Pronomes relativos:

Iniciam orações adjetivas:

que

quem

cujo/cuja

o qual/a qual

→ Conjunções subordinativas:

Iniciam orações adverbiais:

Causais: porque

Comparativas: como

Concessivas: embora

Condicionais: se

Conformativas: conforme

Consecutivas: (tão) que

Finais: para que

Proporcionais: à medida que

Temporais: quando

Iniciam orações substantivas:

Integrantes: que, se

Formas variantes

Algumas palavras possuem mais de uma forma, ou seja, junto à forma padrão existem outras formas variantes.

Em algumas situações, é irrelevante a variação utilizada, mas em outros deve-se escolher a variação mais generalizada.

Exemplos:

Assobiar, assoviar

Coisa, cousa

Louro, loiro

Lacrimejar, lagrimejar

Infarto, enfarte

Diabete, diabetes

Transpassar, traspassar, trespassar

Questões

01. (CESPE)

"A questão maior é saber como colocar em prática essas belezas, num momento em que as lutas sociais sofrem o assédio cada vez mais **agressivo** da globalização e as próprias barreiras ideológicas caem por terra."

(Newton Carlos. Má hora das esquerdas. In: Correio Braziliense, 20/11/2007 (com adaptações).

A partir do texto acima, julgue os itens subsequentes. O adjetivo "agressivo" está empregado com valor de advérbio e corresponde, dessa forma, a ***agressivamente***.

Certo ( ) Errado ( )

02. (NCE) A alternativa em que ***NÃO*** ocorre qualquer forma de superlativo de um adjetivo é:

a) "...é o mais esperto do mundo";

b) "...que mesmo espécies mais longe na escala...";

c) "...teria evoluído a partir de organismos mais simples...";

d) "...para chegar a conclusões bem simples...";

e) "...os animais são, sim, algo inteligentes".

03. (CESPE) Leia o texto:

O **célebre** homem brasileiro cordial é cordial não porque seja polido, o que ele nunca foi, mas porque nada nunca passa pelo cérebro antes de chegar à vida — é só um coração batendo forte no meio da rua, que é o seu lugar.

(Cristovão Tezza. Um erro emocional. Rio de Janeiro: Record, 2010, p. 91 - com adaptações).

Em relação às ideias e a aspectos gramaticais do texto acima, julgue os itens a seguir. Se, em vez do adjetivo "célebre", o autor tivesse optado pela sua forma superlativa, teria de acrescentar-lhe o sufixo ***-érrimo***, da seguinte forma: celebérrimo.

Certo ( ) Errado ( )

04. (NCE) "...comuns a quase todos os animais..."; O trecho abaixo em que o emprego do artigo é ***EQUIVOCADO*** é:

a) Ambos os animais são dotados de alguma inteligência;

b) Todos os quatro animais de estimação sobreviveram;

c) Os biólogos trabalharam todo o dia;

d) Entre os animais há diversos graus de inteligência;

e) Toda a manhã eles chegavam sempre na hora.

05. (TJ). Assinale a alternativa em que o grupo de vocábulos, a seguir, admite, exclusivamente, o artigo masculino.

a) Conceito, poema, sentinela;

b) Atleta, eclipse, herpes;

c) Quadrilha, assalto, hangar;

d) Fonema, afã, champanha;

e) Epígrafe, introito, omoplata.

06. (TJ) Assinale a alternativa em que a classificação morfológica da palavra está ***INCORRETA***.

a) Ele jamais faria tal afirmação tão leviana e vil. Leviana é adjetivo.

b) Nunca se soube verdadeiramente quem era culpado naquela história. Quem é pronome adjetivo interrogativo.

c) Não sei se vocês estão conscientes da situação periclitante em que nos encontramos. Se é conjunção.

d) A essa hora, o delegado já terá feito a ocorrência. Ocorrência é substantivo.

e) Era mister considerar todas as particularidades daquele contrato. Mister é adjetivo.

07. (TJ) Assinale a alternativa em que o termo em negrito NÃO apresenta o valor circunstancial indicado entre parênteses.

a) O hábito, naquele país, era comer **com as mãos**. (instrumento)

b) **Naquele verão**, quantos teriam viajado? (tempo)

c) **Para vencer**, precisávamos de um esforço hercúleo. (fim)

d) Procurava, **desordenadamente**, as fichas no arquivo morto. (modo)

e) Só se retirarão do recinto **com a minha licença**. (companhia)

08. (TJ) Assinale a alternativa em que a palavra composta inclui um elemento que originalmente é um advérbio.

a) Maus-tratos

b) Pré-frontal

c) Bem-humorado

d) Peça-chave

e) Maria-vai-com-as-outras

09. (FGV) Em ***Justiça justa***, ocorre um substantivo ao lado de um adjetivo dele cognato. Assinale a alternativa em que substantivo e adjetivo, respectivamente, **NÃO** sejam cognatos.

a) Lentidão – lento

b) Inércia – inercial

c) Arma – inerme

d) Perfil – perfilhado

e) Obcecação – obcecado

10. (TJ) "**Se** fosse ensinar a uma criança a beleza da música, **não** começaria **com** partituras, notas e pautas. Ouviríamos juntos **as** melodias mais gostosas e **lhe** contaria sobre os instrumentos que fazem a música. Aí,encantada com a beleza da música,ela mesma me pediria que lhe ensinasse o mistério daquelas bolinhas pretas escritas sobre cinco linhas. Porque as bolinhas pretas e as cinco linhas são apenas ferramentas para a produção da beleza musical. A experiência da beleza tem de vir antes."

(http://pensador.uol.com.br/alegria de ensinar de rubens alves/)

Assinale a alternativa que apresenta, ***correta*** e ***respectivamente***, as classes gramaticais a que pertencem as palavras em negrito no trecho acima.

a) Conjunção – pronome – artigo – conjunção – pronome;

b) Conjunção – advérbio – preposição – artigo – pronome;

c) Pronome – advérbio– artigo – pronome – conjunção;

d) Pronome – conjunção – preposição – conjunção – pronome;

e) Conjunção – pronome – preposição – pronome – conjunção.

11. (CEPERJ) O sentido estabelecido pelo conectivo está corretamente indicado em:

a) "engolidas ou colocadas no nariz" - oposição

b) "comunicado público sobre o perigo" – causa

c) "tem os produtos em casa" – modo

d) "brinquedo a ser recolhido" – adição

e) "para evitar acidentes" - finalidade

12. (CEPERJ) O fragmento abaixo que apresenta uma estrutura sintática comparativa é:

a) "quem lhe escreve sou eu"

b) "Porque tive de viajar para o distante país do recall."

c) "mas três meses era o mínimo."

d) "O homem não disse nada, mas seu sorriso sinistro falava por si."

e) "ninguém mais fraco do que nós."

13. (CEPERJ) "Sei que você sente muitas saudades, porque eu também sinto saudades de você." O conectivo "porque", no contexto acima, estabelece relação de:

a) Modo

b) Causa

c) Adversidade

d) Conformidade

e) Proporcionalidade

14. (FGV) "É exatamente isso o ***que*** tem ocorrido, nos últimos tempos, no ***que*** diz respeito ao direito de maior importância em uma democracia, ***que*** é o direito de defesa, inexistente nos Estados totalitários."

A respeito das ocorrências da palavra QUE no trecho acima, assinale a alternativa que apresente, respectivamente, sua correta classificação.

a) Conjunção subordinativa – conjunção integrante – conjunção integrante

b) Pronome relativo – pronome relativo – pronome relativo

c) Conjunção integrante – conjunção integrante – conjunção subordinativa

d) Pronome relativo – preposição – pronome relativo

e) Conjunção integrante – preposição – conjunção subordinativa

15. (FUNIVERSA) No futebol americano, há um momento em que o jogador tem de dar um chute naquilo que eles chamam de bola. E, no circuito universitário, havia um rapaz recordista de chute. Ninguém chutava tão forte quanto esse rapaz. O importante, nessa história, era que o pé que ele usava para tal façanha não tinha nenhum dos dedos e, além disso, era menor que o outro. Quando descobriram isso, fizeram entrevistas com ele, e a primeira pergunta era: "Como você, com tal deficiência, consegue fazer uma coisa que ninguém mais conseguiu?" Ele, orgulhosamente, respondia: "Porque cresci ouvindo meu pai dizer: 'Encare suas deficiências e seus problemas como desafios, nunca como desculpas'.". O que mais se encontra no dia a dia? Justamente a postura oposta. [As pessoas encaram tudo como desculpas e justificativas.] Há pessoas que vivem dizendo frases negativas que encerram verdadeiras filosofias desastrosas.

Não são raras [as vezes] em que já se ouviu alguém falando de seus problemas e dificuldades e da incapacidade de superá-los, traduzida nas seguintes frases conformistas: "Eu sou assim mesmo..."; "Sempre fui assim..."; "Não posso evitar isso..."; "Essa é a minha natureza..."; "Não adianta mesmo..."; [**"Deus me fez assim e pronto!"**.] [O que tais pessoas talvez nunca percebam é] que desculpas e justificativas só levam ao conformismo e à acomodação. E isso não diz respeito à elevação de padrões e à melhoria da qualidade de vida. Desculpas e justificativas são coisas de perdedor! Enquanto os vencedores comemoram, os perdedores se justificam.

Roberto Shinyashiki. Internet: <http://tecessa.arteblog.com.br>(com adaptações). Acesso em 19/1/2011.

Assinale a alternativa correta a respeito de fatos gramaticais e estilísticos encontrados no texto .

a) As palavras "ninguém", "pé", "você" são acentuadas pela mesma razão.

b) Na frase "'Deus me fez assim e pronto!'", encontra-se uma interjeição característica da linguagem coloquial.

c) Na frase "As pessoas encaram tudo como desculpas e justificativas" (linhas 8 e 19), há exemplo de gíria e de uma figura da linguagem: a anáfora.

d) Na construção "O que tais pessoas talvez nunca percebam", o pronome "tais" está empregado de modo informal, com significado de **brilhantes, grandiosas**.

e) O "as" de "as vezes" deve receber o sinal indicativo de crase para ajustar-se à norma culta padrão.

16. (FGV) A palavra centenário corresponde a cem anos. Assinale a alternativa em que não tenha havido correta associação da noção temporal à palavra indicada.

a) 400 anos - quadringentenário

b) 400 anos - quadricentenário

c) 600 anos - sesquicentenário

d) 150 anos - tricinquentenário

e) 7 anos - septenário

17. (FIP)

Corações a mil

(Gilberto Gil)

Minhas ambições são dez.
Dez corações de uma vez
pra eu poder me apaixonar
dez vezes a cada dia,
setenta a cada semana,
trezentas a cada mês.

(Fonte: www.gilbertogil.com.br/sec_discografia_letra.php?id=182)

Na primeira frase do texto, a palavra "dez", sublinhada, tem duplo sentido. São eles:

a) O sentido de serem dez ambições (no caso, "dez" seria um numeral) e o sentido de os corações serem apaixonados (no caso, "dez" seria um adjetivo).

b) O sentido de serem dez ambições e o sentido de serem dez corações (nos dois casos, "dez" seria um numeral).

c) O sentido de serem dez corações e o sentido de serem dez vezes a cada dia (nos dois casos, "dez" seria um numeral).

d) O sentido de serem dez ambições (no caso, "dez" seria um numeral) e o sentido de as ambições serem de extrema qualidade (no caso, "dez" seria um adjetivo).

e) O sentido de serem dez vontades boas (no caso, "dez" seria um substantivo) e o sentido de totalizarem dez as paixões ambiciosas (no caso, "dez" seria um adjetivo).

18. (CESPE) Considerando o texto, avalie:

O cenário econômico otimista levou os empresários brasileiros a aumentarem a formalização do mercado de trabalho nos últimos cinco anos. As contratações com carteira assinada cresceram 19,5% entre 2003 e 2007, enquanto a geração de emprego seguiu ritmo mais lento e aumentou 11,9%, segundo estudo comparativo divulgado pelo IBGE.

In: Correio Braziliense, 25/1/2008 (com adaptações).

No primeiro período do texto, a partícula "a" ocorre tanto como preposição quanto como artigo: a primeira ocorrência é uma preposição exigida pelo emprego do verbo "levou"; a segunda ocorrência é um artigo que determina "formalização".

Certo ( ) Errado ( )

Gabaritos

01	ERRADO	10	B
02	B	11	E
03	CERTO	12	E
04	E	13	B
05	D	14	B
06	B	15	B
07	E	16	C
08	C	17	D
09	D	18	CERTO

3. PRONOMES

Em uma definição breve, podemos dizer que pronome é o termo que substitui um substantivo, desempenhando, na sentença em que aparece, uma função coesiva. Podemos dividir os pronomes em sete categorias, são elas: pessoais, tratamento, demonstrativos, relativos, indefinidos, interrogativos, possessivos.

Antes de partir para o estudo pormenorizado dos pronomes, vamos fazer uma classificação funcional deles quando empregados em uma sentença:

Pronomes substantivos: são aqueles que ocupam o lugar do substantivo na sentença.

Alguém apareceu na sala ontem.

Nós faremos todo o trabalho.

Pronomes adjetivos: são aqueles que acompanham um substantivo na sentença.

Meus alunos são os mais preparados.

Pessoa **alguma** fará tal serviço por **esse** valor.

3.1 Pessoais

Referem-se às pessoas do discurso:

Quem fala (1ª pessoa);

Com quem se fala (2ª pessoa);

De quem se fala (3ª pessoa).

Classificação dos Pronomes Pessoais (caso **Reto** x caso **Oblíquo**)

Pessoa Gramatical	Retos	Oblíquos	
		Átonos	Tônicos
1ª Singular	eu	me	mim, comigo
2ª Singular	tu	te	ti, contigo
3ª Singular	ele, ela	o, a, lhe, se	si, consigo
1ª Plural	nós	nos	nós, conosco
2ª Plural	vós	vos	vós, convosco
3ª Plural	eles, elas	os, as, lhes, se	si, consigo
Função	Sujeito	Complemento/Adjunto	

Emprego de alguns pronomes (**Certo** X **Errado**)

Eu e tu x mim e ti

1ª regra: depois de preposição essencial, usa-se pronome oblíquo.

Entre mim e ti, não há acordo.

Sobre Manoel e ti, nada se pode falar.

Devo **a** ti esta conquista.

O presente é **para** mim.

Não saia **sem** mim.

Comprei um livro **para** ti.

Observe a preposição essencial destacada nas sentenças.

2ª regra: se o pronome utilizado na sentença for sujeito de um verbo, deve-se empregar os do caso RETO.

Não saia sem **eu** deixar.

Comprei um livro para **tu** leres.

O presente é para **eu** desfrutar.

Observe que o pronome desempenha a função de sujeito do verbo destacado.

Ou seja: "mim" não faz nada!

Não vá se confundir com as sentenças em que a ordem frasal está alterada. Deve-se, nesses casos, tentar pôr a sentença na ordem direta.

Para mim, fazer exercícios é muito bom. → Fazer exercícios é muito bom para mim.

Não é tarefa para mim realizar esta revisão. → Realizar esta revisão não é tarefa para mim.

Com causativos e sensitivos:

Regra com verbos causativos (mandar, fazer, deixar) ou sensitivos (ver, ouvir, sentir).

Quando os pronomes oblíquos átonos são empregados com verbos causativos ou sensitivos, pode haver a possibilidade de desempenharem a função de sujeito de uma forma verbal próxima. Ex.:

Fiz **Juliana** chorar. (sentença original)

Fi-**la** chorar. (sentença reescrita com a substituição do termo Juliana pelo pronome oblíquo)

Em ambas as situações, a "Juliana é a chorona". Isso quer dizer que o termo feminino que está na sentença é sujeito do verbo chorar. Pensando dessa maneira, entenderemos a primeira função da forma pronominal "la" que aparece na sentença reescrita.

Outro fator a ser considerado é que o verbo "fazer" necessita de um complemento, portanto, é um verbo transitivo. Bem, ocorre que o complemento do verbo "fazer" não pode ter outro referente senão "Juliana". Então, entendemos que, na reescrita da frase, a forma pronominal "la" funciona como complemento do verbo "fazer" e sujeito do verbo "chorar".

Si e consigo

Estes pronomes somente podem ser empregados se se referirem ao sujeito da oração, pois possuem função reflexiva:

Alberto só pensa em si.

("Si" refere-se a "Alberto": sujeito do verbo "pensar")

O aluno levou as apostilas consigo.

("consigo" refere-se ao termo "aluno")

Estão erradas, portanto, frases como estas:

Creio muito em si, meu amigo.

Quero falar consigo.

Corrigindo:

Creio muito em **você**, meu amigo.

Quero falar **contigo**.

Conosco e convosco

Se vierem seguidos de uma expressão complementar, geralmente a palavra "todos", desdobram-se em "com nós" e "com vós":

Este trabalho é com nós mesmos.

Ele(s), ela(s) x o(s), a(s)

É muito comum ouvirmos frases como: "Vi ***ela*** na esquina", "Não queremos ***eles*** aqui". Então, é errado falar ou escrever assim, pois o pronome em questão está sendo utilizado fora de seu emprego original, ou seja, como um complemento (ao passo que deveria ser apenas sujeito). O certo é: "Vi-***a*** na esquina", "Não ***os*** queremos aqui".

"O" e "a"

São complementos diretos, ou seja, são utilizados juntamente aos verbos transitivos diretos, ou nos bitransitivos, como no exemplo a seguir:

Comprei **um carro** para minha namorada = Comprei-**o** para ela. (Ocorreu a substituição do Objeto Direto)

É importante lembrar que há uma especificidade em relação à colocação dos pronomes "o" e "a" depois de algumas palavras:

> Se a palavra terminar em R, S ou Z: tais letras devem ser suprimidas e o pronome há de ser empregado como **lo**, **la**, **los**, **las**.

Fazer as tarefas = fazê-**las**

Querer o dinheiro = querê-**lo**.

> Se a palavra terminar com **ão**, **õe** ou **m**: tais letras devem ser mantidas e o pronome há de ser empregado como **no**, **na**, **nos**, **nas**.

Compraram a casa = compraram-**na**

Compõe a canção = compõe-**na**.

Lhe

É um complemento indireto, equivalente a "a ele" ou "a ela": ou seja, é empregado juntamente a um verbo transitivo indireto ou a um verbo bitransitivo, como no exemplo:

Comprei um carro **para minha namorada** = comprei-**lhe** um carro. (Ocorreu a substituição do objeto indireto)

Muitas bancas gostam de trocar as formas "o" e "a" por "lhe", o que não pode ser feito sem que a sentença seja totalmente reelaborada.

3.2 De Tratamento

São pronomes de tratamento você, senhor, senhora, senhorita, fulano, sicrano, beltrano e as expressões que integram o quadro seguinte:

Pronome	Abreviatura Singular	Abreviatura Plural
Vossa Excelência(s)	V.Ex.ª	V.Ex.as
Usa-se para:		
Presidente (sem abreviatura), ministro, embaixador, governador, secretário de Estado, prefeito, senador, deputado federal e estadual, juiz, general, almirante, brigadeiro e presidente de câmara de vereadores;		

Pronome	Abreviatura Singular	Abreviatura Plural
Vossa(s) Magnificência(s)	V.Mag.ª	V.Mag.as
Usa-se para:		
Reitor de universidade para o qual também se pode usar V. Ex.ª;		
Pronome	**Abreviatura Singular**	**Abreviatura Plural**
Vossa(s) Senhoria(s)	V.Sª	V.S.as
Usa-se para:		
Qualquer autoridade ou pessoa civil não citada acima;		
Pronome	**Abreviatura Singular**	**Abreviatura Plural**
Vossa(s) Santidade(s)	V.S	VV.SS.
Usa-se para:		
Papa;		
Pronome	**Abreviatura Singular**	**Abreviatura Plural**
Vossa(s) Eminência(s)	V.Em.ª	V.Em.as
Usa-se para:		
Cardeal;		
Pronome	**Abreviatura Singular**	**Abreviatura Plural**
Vossa(s) Excelência(s) Reverendíssima(s)	V.Exª.Rev.ma	V.Ex.as.Rev.mas
Usa-se para:		
Arcebispo e bispo;		
Pronome	**Abreviatura Singular**	**Abreviatura Plural**
Vossa(s) Reverendíssima(s)	V.Rev.ma	V.Rev.mas
Usa-se para:		
Autoridade religiosa inferior às acima citadas;		
Pronome	**Abreviatura Singular**	**Abreviatura Plural**
Vossa(s) Reverência(s)	V.Rev.ª	V.Rev.mas
Usa-se para:		
Religioso sem graduação;		
Pronome	**Abreviatura Singular**	**Abreviatura Plural**
vossa(s) majestade(s)	v.m.	vv.mm.
Usa-se para:		
Rei e imperador;		
Pronome	**Abreviatura Singular**	**Abreviatura Plural**
Vossa(s) Alteza(s)	V.A.	VV.AA.
Usa-se para:		
Príncipe, arquiduque e duque.		

Todas essas expressões se apresentam também com SUA para cujas abreviaturas basta substituir o "V" por "S".

Emprego dos pronomes de tratamento

Vossa Excelência etc. x **Sua Excelência** etc.

Os pronomes de tratamento iniciados com "Vossa(s)" empregam-se em uma relação direta, ou seja, indicam o nosso interlocutor, pessoa com quem falamos:

Soube que V. Ex.ª, Senhor Ministro, falou que não estava interessado no assunto da reunião.

Empregaremos o pronome com a forma "Sua" quando a relação não é direta, ou seja, quando falamos SOBRE a pessoa:

A notícia divulgada é de que Sua Excelência, o Presidente da República, foi flagrado em uma boate.

Utilização da 3ª pessoa

Os pronomes de tratamento são de 3ª pessoa; portanto, todos os elementos relacionados a eles devem ser empregados também na 3ª pessoa, para que se mantenha a uniformidade:

É preciso que V. Ex.ª **diga** qual será o **seu** procedimento no caso em questão, a fim de que seus assessores possam agir a tempo.

Uniformidade de Tratamento

No momento da escrita ou da fala, não é possível ficar fazendo "dança das pessoas" com os pronomes. Isso quer dizer que se deve manter a uniformidade de tratamento. Para tanto, se for utilizada 3ª pessoa no início de uma sentença, ela deve permanecer ao longo de todo o texto. Preste atenção para ver como ficou estranha a construção abaixo:

Quando **você** chegar, eu **te** darei o presente.

"Você" é de 3ª pessoa e "te" é de 2ª pessoa. Não há motivo para cometer tal engano. Tome cuidado, portanto. Podemos corrigir a sentença:

Quando tu chegares, eu te darei o presente.

Quando você chegar, eu lhe darei o presente.

3.3 Demonstrativos

São os que localizam ou identificam o substantivo ou uma expressão no espaço, no tempo ou no texto.

1ª Pessoa	
Masculino	Este(s)
Feminino	Esta(s)
Neutro	Isto
No Espaço	Com o falante
No tempo	Presente
No Texto	O que se pretende dizer ou o imediatamente retomado
2ª Pessoa	
Masculino	Esse(s)
Feminino	Essa(s)
Neutro	Isso
No Espaço	Pouco afastado
No tempo	Passado ou futuro próximos
No Texto	O que se disse anteriormente
3ª Pessoa	
Masculino	Aquele(s)
Feminino	Aquela(s)
Neutro	Aquilo
No Espaço	Muito afastado
No tempo	Passado ou futuro distantes
No Texto	O que se disse há muito ou o que se pretende dizer

Quando o pronome retoma algo já mencionado no texto, dizemos que ele possui função **Anafórica**. Quando aponta para algo que será dito, dizemos que possui função **Catafórica**. Essa nomenclatura começou a ser cobrada em algumas questões de concurso público, portanto, é importante ter esses conceitos na ponta da língua.

Exemplos de emprego dos demonstrativos:

Veja este livro que eu trouxe, é muito bom.

Você deve estudar mais! Isso é o que eu queria dizer.

Vê aquele mendigo lá na rua? Terrível futuro o aguarda.

Há outros pronomes demonstrativos:

O, **a**, **os**, **as**, quando antecedem o relativo Que e podem ser permutados por: Aquele (s), Aquela (s), Aquilo:

Não entendi o que disseste. (Não entendi aquilo que disseste.)

Esta rua não é a que te indiquei. (Esta rua não é aquela que te indiquei.)

Tal: quando puder ser permutado por qualquer demonstrativo: Não acredito que você disse **tal** coisa. (aquela coisa)

Semelhante: quando puder ser permutado por qualquer demonstrativo: Jamais me prestarei a **semelhante** canalhice. (esta canalhice)

Mesmo: quando modificar os pronomes eu, tu, nós e vós: Eu **mesmo** investiguei o caso.

De modo análogo, classificamos o termo "**próprio**". (eu próprio, ela própria)

Mesmo pode ainda funcionar como pronome neutro em frases como: "é o mesmo", "vem a ser o mesmo".

Vejamos mais alguns exemplos:

José e **João** são alunos do ensino médio. Este gosta de matemática, **aquele** gosta de português.

Veja que a verdadeira relação estabelecida pelos pronomes demonstrativos focaliza, por meio do "este" o elemento mais próximo, por meio do "aquele" o elemento mais afastado.

Esta sala precisa de bons professores. / Gostaria de que esse órgão pudesse resolver meu problema.

Este(s), **esta(s)**, **isto** indicam o local de onde escrevemos. **Esse(s)**, **essa(s)**, **isso** indicam o local em que se encontra o nosso interlocutor.

3.4 Relativos

São termos que relacionam palavras em um encadeamento. Os relativos da Língua Portuguesa são:

Que: Quando puder ser permutado por "o qual" ou um de seus termos derivados. Utiliza-se o pronome "que" para referências a pessoas ou coisas.

O Qual: Empregado para referência a coisas ou pessoas.

Quem: É equivalente, segundo o mestre Napoleão Mendes de Almeida, a dois pronomes – aquele e que.

Quanto: Será relativo quando seu antecedente for o termo "tudo".

Onde: É utilizado para estabelecer referência a lugares, sendo permutável por "em que" ou "no qual" e seus derivados.

Cujo: Possui um sentido possessivo. Não permite permuta por outro relativo. Também é preciso lembrar que o pronome cujo não admite artigo, pois já é variável (cujo / cuja, jamais cujo o, cuja a).

O peão a **que** me refiro é Jonas.

A casa n**a qual** houve o tiroteio foi interditada.

O homem para **quem** se enviou a correspondência é Alberto.

Não gastes tudo **quanto** tens.

O estado para **onde** vou é Minas Gerais.

Cara, o pedreiro em **cujo** serviço podemos confiar é Marcelino.

A preposição que está relacionada ao pronome é, em grande parte dos casos, oriunda do verbo que aparece posteriormente na sentença. As bancas costumam cobrar isso!

3.5 Indefinidos

São os que determinam o substantivo de modo vago, de maneira imprecisa.

Variáveis				Invariáveis
Masculino		Feminino		
Singular	Plural	Singular	Plural	
Algum	Alguns	Alguma	Algumas	Alguém
Certo	Certos	Certa	Certas	Algo
Muito	Muitos	Muita	Muitas	Nada
Nenhum	Nenhuns	Nenhuma	Nenhumas	Ninguém
Outro	Outros	Outra	Outras	Outrem
Qualquer	Quaisquer	Qualquer	Quaisquer	Cada
Quando	Quantos	Quanta	Quantas	
Tanto	Tantos	Tanta	Tantas	
Todo	Todos	Toda	Todas	Tudo
Vário	Vários	Vária	Várias	
Pouco	Poucos	Pouca	Poucas	

Fique bem atento para as alterações de sentido relacionadas às mudanças de posição dos pronomes indefinidos.

Alguma pessoa passou por aqui ontem.

Pessoa alguma passou por aqui ontem.

Alguma pessoa = ao menos uma pessoa.

Pessoa alguma = ninguém.

3.6 Interrogativos

Chamam-se interrogativos os pronomes **que**, **quem**, **qual** e **quanto**, empregados para formular uma pergunta direta ou indireta:

Que conteúdo estão estudando?

Diga-me **que** conteúdo estão estudando.

Quem vai passar no concurso?

Gostaria de saber **quem** vai passar no concurso.

Qual dos livros preferes?

Não sei **qual** dos livros preferes.

Quantos de coragem você tem?

Pergunte **quanto** de coragem você tem.

3.7 Possessivos

Com eles relacionamos a coisa possuída à pessoa gramatical possuidora. No quadro abaixo, estão relacionados aos pronomes pessoais.

Pessoais	Possessivos
eu	meu, minha, meus, minhas
tu	teu, tua, teus, tuas
ele, você, v.ex.ª. etc.	seu, sua, seus, suas
nós	nosso, nossa, nossos, nossas
vós	vosso, vossa, vossos, vossas
eles	seu, sua, seus, suas

Emprego

→ **Ambiguidade**: "Seu", "sua", "seus" e "suas" são os reis da ambiguidade (duplicidade de sentido)

O policial prendeu o maconheiro em **sua** casa.

(casa de quem?)

Meu pai levou meu tio para casa em seu carro.

(no carro de quem?)

Corrigindo:

O policial prendeu o maconheiro na casa deste.

Meu pai, em seu carro, levou meu tio para casa.

→ Emprego especial - Não se usam os possessivos em relação às partes do corpo ou às faculdades do espírito. Devemos, pois, dizer:

Machuquei a mão. (E não "a minha mão")

Ele bateu a cabeça. (E não "a sua cabeça")

Perdeste a razão? (E não "a tua razão")

4. SUBSTANTIVO

É a palavra variável que designa qualidades, sentimentos, sensações, ações etc.

Quanto a sua classificação, o substantivo pode ser:

Primitivo (sem afixos): pedra.

Derivado (com afixos): pedreiro/ empedrado.

Simples (1 núcleo): guarda.

Composto (mais de 1 núcleo): guarda-roupas.

Comum (designa ser genérico): copo, colher.

Próprio (designa ser específico): Maria, Portugal.

Concreto (existência própria): cadeira, lápis.

Abstrato (existência dependente): glória, amizade.

Os Substantivos Concretos

Designam seres de existência própria, como: padre, político, carro e árvore. Os substantivos abstratos nomeiam qualidades ou conceitos de existência dependente, como: beleza, fricção, tristeza e amor.

Os Substantivos Próprios

São sempre concretos e devem ser grafados com iniciais maiúsculas. Porém, alguns substantivos próprios podem vir a se tornar comuns, pelo processo de derivação imprópria que, geralmente, ocorre pela anteposição de um artigo e a grafia do substantivo com letra minúscula. (um judas = traidor / um panamá = chapéu). As flexões dos substantivos podem se dar em gênero, número e grau.

Gênero dos Substantivos

Quanto à distinção entre masculino e feminino, os substantivos podem ser:

Biformes: quando apresentam uma forma para o masculino e outra para o feminino - gato, gata, homem, mulher.

Uniformes: quando apresentam uma única forma para ambos os gêneros. Nesse caso, eles estão divididos em:

Epicenos: usados para animais de ambos os sexos (macho e fêmea) - besouro, jacaré, albatroz;

Comum de dois gêneros: aqueles que designam pessoas. Nesse caso, a distinção é feita por um elemento ladeador (artigo, pronome) - terrícola, estudante, dentista, motorista;

Sobrecomuns: apresentam um só gênero gramatical para designar seres de ambos os sexos - indivíduo, vítima, algoz.

Em algumas situações, a mudança de gênero altera também o sentido do substantivo:

O cabeça (líder) / A cabeça (parte do corpo).

4.1 Número dos Substantivos

Tentemos resumir as principais regras de formação do plural nos substantivos.

Terminação	Variação	Exemplo
vogal ou ditongo	acréscimo do 's'	barco - barcos
m	ns	pudim - pudins
ão (primeiro caso)	ões	ladrão - ladrões
ão (segundo caso)	ães	pão - pães
ão (terceiro caso)	s	cidadão - cidadãos
r	es	mulher - Mulheres
z	es	cartaz - cartazes
n	es	abdômen - Abdômenes
s (oxítonos)	es	inglês - ingleses
al, el, ol, ul	is	tribunal - tribunais
il (oxítonos)	s	barril - barris
il (paroxítonos)	eis	fóssil - fósseis
zinho, zito	s	anelzinho - aneizinhos

Alguns substantivos são grafados apenas no plural: alvíssaras, anais, antolhos, arredores, belas-artes, calendas, cãs, condolências, esponsais, exéquias, fastos, férias, fezes, núpcias, óculos, pêsames.

Grau do substantivo:

Aumentativo / Diminutivo[1]

Analítico: quando se associam os adjetivos ao substantivo: carro grande, pé pequeno;

Sintético: quando se adiciona ao substantivo sufixos indicadores de grau, carrão, pezinho.

Sufixos:

Aumentativos: -ázio, -orra, -ola, -az, -ão, -eirão, -alhão, -arão, -arrão, -zarrão;

Diminutivos: -ito, -ulo-, -culo, -ote, -ola, -im, -elho, -inho, -zinho (o sufixo -zinho é obrigatório quando o substantivo terminar em vogal tônica ou ditongo: cafezinho, paizinho);

O aumentativo pode exprimir tamanho (casarão), desprezo (sabichão, ministraço, poetastro) ou intimidade (amigão); enquanto o diminutivo pode indicar carinho (filhinho) ou ter valor pejorativo (livreco, casebre), além das noções de tamanho (bolinha).

1 Quando não flexionamos o substantivo em algum grau, dizemos que ele está no grau normal.

5. VERBO

É a palavra com que se expressa uma ação (cantar, vender), um estado (ser, estar), mudança de estado (tornar-se) ou fenômeno da natureza (chover).

Quanto à noção que expressam, os verbos podem ser classificados da seguinte maneira:

Verbos Relacionais: exprimem estado ou mudança de estado. São os chamados verbos de ligação.

Verbo de ligação
ser
estar
continuar
andar
parecer
permanecer
ficar
tornar-se

Verbos Nocionais: exprimem ação ou fenômeno da natureza. São os chamados verbos significativos.

Os Verbos Nocionais podem ser classificados da seguinte maneira:

VI (Verbo Intransitivo): diz-se daquele que não necessita de um complemento para que se compreenda a ação verbal. Exemplos: morrer, cantar, sorrir, nascer, viver.

VT (Verbo Transitivo): diz-se daquele que necessita de um complemento para expressar o afetado pela ação verbal. Divide-se em três tipos:

Diretos: não possuem preposição para ligar o complemento verbal ao verbo. São exemplos os verbos querer, comprar, ler, falar etc.

Indiretos: possuem preposição para ligar o complemento verbal ao verbo. São exemplos os verbos gostar, necessitar, precisar, acreditar etc.

Diretos e Indiretos, ou Bitransitivos: possuem dois complementos, um não-preposicionado, outro com preposição. São exemplos os verbos pagar, perdoar, implicar etc.

Preste atenção na dica que segue:

João **morreu**.

(quem morre, morre. Não é preciso um complemento para entender o verbo).

Eu **quero** um aumento.

(quem quer, quer alguma coisa. É preciso um complemento para entender o sentido do verbo).

Eu **preciso** de um emprego.

(quem precisa, precisa "de" alguma coisa. Deve haver uma preposição para ligar o complemento ao seu verbo).

Mário **pagou** a conta ao padeiro.

(quem paga, paga algo a alguém. Há um complemento com preposição e um complemento sem preposição).

5.1 Estrutura e Conjugação dos Verbos

Os verbos possuem:

Raiz: o que lhes guarda o sentido (**cant**ar, **corr**er, **sorr**ir).

Vogal temática: o que lhes garante a família conjugacional. (**A**R, **E**R, **I**R).

Desinências: o que ajuda a conjugar ou nominalizar o verbo. (canta**ndo**, cantá**vamos**).

Os verbos apresentam três conjugações, quer dizer, três famílias conjugacionais. Em função da vogal temática, podem-se criar três paradigmas[2] verbais. De acordo com a relação dos verbos com esses paradigmas, obtém-se a seguinte classificação:

Regulares: seguem o paradigma verbal de sua conjugação sem alterar suas raízes (amar, vender, partir).

Irregulares: não seguem o paradigma verbal da conjugação a que pertencem. As irregularidades podem aparecer na raiz ou nas desinências (ouvir - ouço/ouve, estar - estou/estão).

Anômalos: apresentam profundas irregularidades. São classificados como anômalos em todas as gramáticas os verbos ser e ir.

Defectivos: não são conjugados em determinadas pessoas, tempo ou modo, portanto, apresentam algum tipo de "defeito" (falir - no presente do indicativo só apresenta a 1ª e a 2ª pessoa do plural). Os defectivos distribuem-se em grupos:

» impessoais;

» unipessoais (vozes ou ruídos de animais, só conjugados nas 3ªs pessoas);

» antieufônicos (a sonoridade permite confusão com outros verbos) - demolir; falir, abolir etc.

Abundantes: apresentam mais de uma forma para uma mesma conjugação.

Existe abundância conjugacional e participial. A primeira ocorre na conjugação de algumas formas verbais, como, por exemplo, o verbo "haver", que admite "nós havemos/hemos", "vós haveis/heis". A segunda ocorre com as formas nominais de particípio. A seguir segue uma lista dos principais abundantes na forma participial.

Verbos	Particípio regular - empregado com os auxiliares TER e HAVER	Particípio irregular - empregado com os auxiliares SER, ESTAR e FICAR
aceitar	aceitado	aceito
acender	acendido	aceso
benzer	benzido	bento
eleger	eegido	eleito
entregar	entregado	entregue
enxugar	enxugado	enxuto
expressar	expressado	expresso

2 Paradigma é o modo como se dá a conjugação.

expulsar	expulsado	expulso
extinguir	extinguido	extinto
matar	matado	morto
prender	prendido	preso
romper	rompido	roto
salvar	salvado	salvo
soltar	soltado	solto
suspender	suspendido	suspenso
tingir	tingido	tinto

5.2 Flexão Verbal

Relativamente à flexão verbal, anotamos:

Número: singular ou plural;

Pessoa gramatical: 1ª, 2ª ou 3ª;

Tempo: referência ao momento em que se fala (pretérito, presente ou futuro). O modo imperativo só tem um tempo, o presente;

Voz: ativa, passiva, reflexiva e recíproca (que trabalharemos mais tarde);

Modo: indicativo (certeza de um fato ou estado), subjuntivo (possibilidade ou desejo de realização de um fato ou incerteza do estado) e imperativo (expressa ordem, advertência ou pedido).

5.3 Formas Nominais do Verbo

As três formas nominais do verbo (infinitivo, gerúndio e particípio) não possuem função exclusivamente verbal.

Infinitivo: assemelha-se ao substantivo, indica algo atemporal - o nome do verbo, sua desinência característica é a letra R: ama**r**, realça**r**, ungi**r** etc.

Gerúndio: equipara-se ao adjetivo ou advérbio pelas circunstâncias que exprime de ação em processo. Sua desinência característica é -**NDO**: ama**ndo**, realça**ndo**, ungi**ndo** etc.

***Particípio*:** tem valor e forma de adjetivo - pode também indicar ação concluída, sua desinência característica é -**ADO** ou -**IDO** para as formas regulares: am**ado**, realç**ado**, ung**ido** etc.

5.4 Tempos Verbais

Dentro do **Modo Indicativo**, anotamos os seguintes tempos:

Presente do indicativo: indica um fato real situado no momento ou época em que se fala;

Eu amo, eu vendo, eu parto.

Pretérito perfeito do indicativo: indica um fato real cuja ação foi iniciada e concluída no passado;

Eu amei, eu vendi, eu parti.

Pretérito imperfeito do indicativo: indica um fato real cuja ação foi iniciada no passado, mas não foi concluída ou era uma ação costumeira no passado;

Eu amava, eu vendia, eu partia.

Pretérito mais-que-perfeito do indicativo: indica um fato real cuja ação é anterior a outra ação já passada;

Eu amara, eu vendera, eu partira.

Futuro do presente do indicativo: indica um fato real situado em momento ou época vindoura;

Eu amarei, eu venderei, eu partirei.

Futuro do pretérito do indicativo: indica um fato possível, hipotético, situado num momento futuro, mas ligado a um momento passado.

Eu amaria, eu venderia, eu partiria.

Dentro do **Modo Subjuntivo**, anotamos os seguintes tempos:

Presente do subjuntivo: indica um fato provável, duvidoso ou hipotético, situado no momento ou época em que se fala. Para facilitar a conjugação, utilize a conjunção "que";

Que eu ame, que eu venda, que eu parta.

Pretérito imperfeito do subjuntivo: indica um fato provável, duvidoso ou hipotético, cuja ação foi iniciada, mas não concluída no passado. Para facilitar a conjugação, utilize a conjunção "se";

Se eu amasse, se eu vendesse, se eu partisse.

Futuro do subjuntivo: indica um fato provável, duvidoso, hipotético, situado num momento ou época futura. Para facilitar a conjugação, utilize a conjunção "quando".

Quando eu amar, quando eu vender, quando eu partir.

5.5 Tempos Compostos da Voz Ativa

Constituem-se pelos verbos auxiliares **ter** ou **haver** + particípio do verbo que se quer conjugar, dito principal.

No **modo Indicativo**, os tempos compostos são formados da seguinte maneira:

Pretérito perfeito: presente do indicativo do auxiliar + particípio do verbo principal (Tenho amado);

Pretérito mais-que-perfeito: pretérito imperfeito do indicativo do auxiliar + particípio do verbo principal (Tinha amado);

Futuro do presente: futuro do presente do indicativo do auxiliar + particípio do verbo principal (Terei amado);

Futuro do pretérito: futuro do pretérito indicativo do auxiliar + particípio do verbo principal (Teria amado).

No **modo Subjuntivo** a formação se dá da seguinte maneira:

Pretérito perfeito: presente do subjuntivo do auxiliar + particípio do VP (Tenha amado);

Pretérito mais-que-perfeito: imperfeito do subjuntivo do auxiliar + particípio do VP (Tivesse amado);

Futuro composto: futuro do subjuntivo do auxiliar + particípio do VP (Tiver amado).

Quanto às **formas nominais**, elas são formadas da seguinte maneira:

Infinitivo composto: infinitivo pessoal ou impessoal do auxiliar + particípio do verbo principal (Ter vendido / Teres vendido);

Gerúndio composto: gerúndio do auxiliar + particípio do verbo principal (Tendo partido).

5.6 Vozes Verbais

Cuidado com esse conteúdo, costuma ser muito cobrado em provas de concursos públicos.

Quanto às vozes, os verbos apresentam voz:

Ativa: sujeito é agente da ação verbal;

(**O corretor** vende casas)

Passiva: sujeito é paciente da ação verbal;

(Casas são vendidas **pelo corretor**)

Reflexiva: o sujeito é agente e paciente da ação verbal.

(A garota feriu-**se** ao cair da escada)

Recíproca: há uma ação mútua descrita na sentença.

(Os amigos entreolh**aram-se**)

A voz passiva: sua característica é possuir um sujeito paciente, ou seja, que é afetado pela ação do verbo.

5.7 Tipos de Voz Passiva

Analítica: verbo auxiliar + particípio do verbo principal. Isso significa que há uma locução verbal de voz passiva.

Casas **são vendidas** pelo corretor

Veja mais alguns exemplos:

Ele fez o trabalho - O trabalho **foi feito** por ele (mantido o pretérito perfeito do indicativo)

O vento ia levando as folhas - As folhas iam **sendo levadas** pelo vento (mantido o gerúndio do verbo principal em um dos auxiliares).

Vereadores entregarão um prêmio ao gari - Um prêmio **será entregue** ao gari por vereadores (veja como a flexão do futuro se mantém na locução).

Sintética: verbo apassivado pelo termo "se" (partícula apassivadora) + sujeito paciente.

Roubou-se **o dinheiro do povo**.

Fez-se **o trabalho** com pressa.

É comum observar, em provas de concurso público, questões que mostram uma voz passiva sintética como aquela que é proveniente de uma ativa com sujeito indeterminado.

Alguns verbos da língua portuguesa apresentam **problemas de conjugação**. A seguir, **temos uma lista**, seguida de comentários sobre essas dificuldades de conjugação.

Compraram um carro novo (ativa);

Comprou-se um carro novo (passiva sintética).

5.8 Verbos com a Conjugação Irregular

Abolir: Defectivo - não possui a 1ª pessoa do singular do presente do indicativo, por isso não possui presente do subjuntivo e o imperativo negativo. (= banir, carpir, colorir, delinquir, demolir, descomedir-se, emergir, exaurir, fremir, fulgir, haurir, retorquir, urgir).

Acudir: Alternância vocálica o/u - presente do indicativo - acudo, acodes... e pretérito perfeito do indicativo - com u (= bulir, consumir, cuspir, engolir, fugir).

Adequar: Defectivo - só possui a 1ª e a 2ª pessoa do plural no presente do indicativo.

Aderir: Alternância vocálica e/i - presente do indicativo - adiro, adere... (= advertir, cerzir, despir, diferir, digerir, divergir, ferir, sugerir).

Agir:

Acomodação gráfica g/j - presente do indicativo - ajo, ages... (= afligir, coagir, erigir, espargir, refulgir, restringir, transigir, urgir).

Agredir:

Alternância vocálica e/i - presente do indicativo - agrido, agrides, agride, agredimos, agredis, agridem (= prevenir, progredir, regredir, transgredir).

Aguar:

Regular - presente do indicativo - águo, águas..., - pretérito perfeito do indicativo - aguei, aguaste, aguou, aguamos, aguastes, aguaram (= desaguar, enxaguar, minguar).

Prazer:

Irregular - presente do indicativo - aprazo, aprazes, apraz... / pretérito perfeito do indicativo - aprouve, aprouveste, aprouve, aprouvemos, aprouvestes, aprouveram.

Arguir:

Irregular com alternância vocálica o/u - presente do indicativo - arguo (ú), arguis, argui, arguimos, arguis, arguem - pretérito perfeito - argui, arguiste...

Atrair:

Irregular - presente do indicativo - atraio, atrais... / pretérito perfeito - atraí, atraíste... (= abstrair, cair, distrair, sair, subtrair).

Atribuir:

Irregular - presente do indicativo - atribuo, atribuis, atribui, atribuímos, atribuís, atribuem - pretérito perfeito - atribuí, atribuíste, atribuiu... (= afluir, concluir, destituir, excluir, instruir, possuir, usufruir).

Averiguar:

Alternância vocálica o/u - presente do indicativo - averiguo (ú), averiguas (ú), averigua (ú), averiguamos, averiguais, averiguam (ú) - pretérito perfeito - averiguei, averiguaste... - presente do subjuntivo - averigue, averigues, averigue... (= apaziguar).

Cear:

Irregular - presente do indicativo - ceio, ceias, ceia, ceamos, ceais, ceiam - pretérito perfeito indicativo - ceei, ceaste, ceou, ceamos, ceastes, cearam (= verbos terminados em -ear: falsear, passear... - alguns apresentam pronúncia aberta: estreio, estreia...).

Coar:

Irregular - presente do indicativo - coo, côas, côa, coamos, coais, coam - pretérito perfeito - coei, coaste, coou... (= abençoar, magoar, perdoar).

Comerciar:

Regular - presente do indicativo - comercio, comercias... - pretérito perfeito - comerciei... (= verbos em -iar , exceto os seguintes verbos: mediar, ansiar, remediar, incendiar, odiar).

Compelir:

Alternância vocálica e/i - presente do indicativo - compilo, compeles... - pretérito perfeito indicativo - compeli, compeliste...

Compilar:

Regular - presente do indicativo - compilo, compilas, compila... - pretérito perfeito indicativo - compilei, compilaste...

Construir:

Irregular e abundante - presente do indicativo - construo, constróis (ou construis), constrói (ou construi), construímos, construís, constroem (ou construem) - pretérito perfeito indicativo - construí, construíste...

Crer:

Irregular - presente do indicativo - creio, crês, crê, cremos, credes, creem - pretérito perfeito indicativo - cri, creste, creu, cremos, crestes, creram - imperfeito indicativo - cria, crias, cria, críamos, críeis, criam.

Falir:

Defectivo - presente do indicativo - falimos, falis - pretérito perfeito indicativo - fali, faliste... (= aguerrir, combalir, foragir-se, remir, renhir)

Frigir:

Acomodação gráfica g/j e alternância vocálica e/i - presente do indicativo - frijo, freges, frege, frigimos, frigis, fregem - pretérito perfeito indicativo - frigi, frigiste...

Ir:

Irregular - presente do indicativo - vou, vais, vai, vamos, ides, vão - pretérito perfeito indicativo - fui, foste... - presente subjuntivo - vá, vás, vá, vamos, vades, vão.

Jazer:

Irregular - presente do indicativo - jazo, jazes... - pretérito perfeito indicativo - jazi, jazeste, jazeu...

Mobiliar:

Irregular - presente do indicativo - mobílio, mobílias, mobília, mobiliamos, mobiliais, mobíliam - pretérito perfeito indicativo - mobiliei, mobiliaste...

Obstar:

Regular - presente do indicativo - obsto, obstas... - pretérito perfeito indicativo - obstei, obstaste...

Pedir:

Irregular - presente do indicativo - peço, pedes, pede, pedimos, pedis, pedem - pretérito perfeito indicativo - pedi, pediste... (= despedir, expedir, medir).

Polir:

Alternância vocálica e/i - presente do indicativo - pulo, pules, pule, polimos, polis, pulem - pretérito perfeito indicativo - poli, poliste...

Precaver-se:

Defectivo e pronominal - presente do indicativo - precavemo-nos, precaveis-vos - pretérito perfeito indicativo - precavi-me, precaveste-te...

Prover:

Irregular - presente do indicativo - provejo, provês, provê, provemos, provedes, provêem - pretérito perfeito indicativo - provi, proveste, proveu...

Reaver:

Defectivo - presente do indicativo - reavemos, reaveis - pretérito perfeito indicativo - reouve, reouveste, reouve... (verbo derivado do haver, mas só é conjugado nas formas verbais com a letra v).

Remir:

Defectivo - presente do indicativo - remimos, remis - pretérito perfeito indicativo - remi, remiste...

Requerer:

Irregular - presente do indicativo - requeiro, requeres... - pretérito perfeito indicativo - requeri, requereste, requereu... (derivado do querer, diferindo dele na 1ª pessoa do singular do presente do indicativo e no pretérito perfeito do indicativo e derivados, sendo regular)

Rir:

Irregular - presente do indicativo - rio, rir, ri, rimos, rides, riem - pretérito perfeito indicativo - ri, riste... (= sorrir)

Saudar:

Alternância vocálica - presente do indicativo - saúdo, saúdas... - pretérito perfeito indicativo - saudei, saudaste...

Suar:

Regular - presente do indicativo - suo, suas, sua... - pretérito perfeito indicativo - suei, suaste, sou... (= atuar, continuar, habituar, individuar, recuar, situar)

Valer:

Irregular - presente do indicativo - valho, vales, vale... - pretérito perfeito indicativo - vali, valeste, valeu...

Também merecem atenção os seguintes verbos irregulares:

→ **Pronominais:** Apiedar-se, dignar-se, persignar-se, precaver-se

Caber

Presente do indicativo: caibo, cabes, cabe, cabemos, cabeis, cabem;

Presente do subjuntivo: caiba, caibas, caiba, caibamos, caibais, caibam;

Pretérito perfeito do indicativo: coube, coubeste, coube, coubemos, coubestes, couberam;

Pretérito mais-que-perfeito do indicativo: coubera, couberas, coubera, coubéramos, coubéreis, couberam;

Pretérito imperfeito do subjuntivo: coubesse, coubesses, coubesse, coubéssemos, coubésseis, coubessem;

Futuro do subjuntivo: couber, couberes, couber, coubermos, couberdes, couberem.

Dar

Presente do indicativo: dou, dás, dá, damos, dais, dão;

Presente do subjuntivo: dê, dês, dê, demos, deis, deem;

Pretérito perfeito do indicativo: dei, deste, deu, demos, destes, deram;

Pretérito mais-que-perfeito do indicativo: dera, deras, dera, déramos, déreis, deram;

Pretérito imperfeito do subjuntivo: desse, desses, desse, déssemos, désseis, dessem;

Futuro do subjuntivo: der, deres, der, dermos, derdes, derem.

Dizer

Presente do indicativo: digo, dizes, diz, dizemos, dizeis, dizem;

Presente do subjuntivo: diga, digas, diga, digamos, digais, digam;

Pretérito perfeito do indicativo: disse, disseste, disse, dissemos, dissestes, disseram;

Pretérito mais-que-perfeito do indicativo: dissera, disseras, dissera, disséramos, disséreis, disseram;

Futuro do presente: direi, dirás, dirá etc.;

Futuro do pretérito: diria, dirias, diria etc.;

Pretérito imperfeito do subjuntivo: dissesse, dissesses, dissesse, disséssemos, dissésseis, dissessem;

Futuro do subjuntivo: disser, disseres, disser, dissermos, disserdes, disserem;

Estar

Presente do indicativo: estou, estás, está, estamos, estais, estão;

Presente do subjuntivo: esteja, estejas, esteja, estejamos, estejais, estejam;

Pretérito perfeito do indicativo: estive, estiveste, esteve, estivemos, estivestes, estiveram;

Pretérito mais-que-perfeito do indicativo: estivera, estiveras, estivera, estivéramos, estivéreis, estiveram;

Pretérito imperfeito do subjuntivo: estivesse, estivesses, estivesse, estivéssemos, estivésseis, estivessem;

Futuro do subjuntivo: estiver, estiveres, estiver, estivermos, estiverdes, estiverem;

Fazer

Presente do indicativo: faço, fazes, faz, fazemos, fazeis, fazem;

Presente do subjuntivo: faça, faças, faça, façamos, façais, façam;

Pretérito perfeito do indicativo: fiz, fizeste, fez, fizemos, fizestes, fizeram;

Pretérito mais-que-perfeito do indicativo: fizera, fizeras, fizera, fizéramos, fizéreis, fizeram;

Pretérito imperfeito do subjuntivo: fizesse, fizesses, fizesse, fizéssemos, fizésseis, fizessem;

Futuro do subjuntivo: fizer, fizeres, fizer, fizermos, fizerdes, fizerem.

Seguem esse modelo desfazer, liquefazer e satisfazer.

Os particípios desses verbos e seus derivados são irregulares: Feito, desfeito, liquefeito, satisfeito, etc.

Haver

Presente do indicativo: hei, hás, há, havemos, haveis, hão;

Presente do subjuntivo: haja, hajas, haja, hajamos, hajais, hajam;

Pretérito perfeito do indicativo: houve, houveste, houve, houvemos, houvestes, houveram;

Pretérito mais-que-perfeito do indicativo: houvera, houveras, houvera, houvéramos, houvéreis, houveram;

Pretérito imperfeito do subjuntivo: houvesse, houvesses, houvesse, houvéssemos, houvésseis, houvessem;

Futuro do subjuntivo: houver, houveres, houver, houvermos, houverdes, houverem.

Ir

Presente do indicativo: vou, vais, vai, vamos, ides, vão;

Presente do subjuntivo: vá, vás, vá, vamos, vades, vão;

Pretérito imperfeito do indicativo: la, ias, ia, íamos, íeis, iam;

Pretérito perfeito do indicativo: fui, foste, foi, fomos, fostes, foram;

Pretérito mais-que-perfeito do indicativo: fora, foras, fora, fôramos, fôreis, foram;

Pretérito imperfeito do subjuntivo: fosse, fosses, fosse, fôssemos, fôsseis, fossem;

Futuro do subjuntivo: for, fores, for, formos, fordes, forem.

Poder

Presente do indicativo: posso, podes, pode, podemos, podeis, podem;

Presente do subjuntivo: possa, possas, possa, possamos, possais, possam;

Pretérito perfeito do indicativo: pude, pudeste, pôde, pudemos, pudestes, puderam;

Pretérito mais-que-perfeito do indicativo: pudera, puderas, pudera, pudéramos, pudéreis, puderam;

Pretérito imperfeito do subjuntivo: pudesse, pudesses, pudesse, pudéssemos, pudésseis, pudessem;

Futuro do subjuntivo: puder, puderes, puder, pudermos, puderdes, puderem.

Pôr

Presente do indicativo: ponho, pões, põe, pomos, pondes, põem;

Presente do subjuntivo: ponha, ponhas, ponha, ponhamos, ponhais, ponham;

Pretérito imperfeito do indicativo: punha, punhas, punha, púnhamos, púnheis, punham;

Pretérito perfeito do indicativo: pus, puseste, pôs, pusemos, pusestes, puseram;

Pretérito mais-que-perfeito do indicativo: pusera, puseras, pusera, puséramos, puséreis, puseram;

Pretérito imperfeito do subjuntivo: pusesse, pusesses, pusesse, puséssemos, pusésseis, pusessem;

Futuro do subjuntivo: puser, puseres, puser, pusermos, puserdes, puserem.

Todos os derivados do verbo pôr seguem exatamente esse modelo: Antepor, compor, contrapor, decompor, depor, descompor, dispor, expor, impor, indispor, interpor, opor, pospor, predispor, pressupor, propor, recompor, repor, sobrepor, supor, transpor são alguns deles.

Querer

Presente do indicativo: quero, queres, quer, queremos, quereis, querem;

Presente do subjuntivo: queira, queiras, queira, queiramos, queirais, queiram;

Pretérito perfeito do indicativo: quis, quiseste, quis, quisemos, quisestes, quiseram;

Pretérito mais-que-perfeito do indicativo: quisera, quiseras, quisera, quiséramos, quiséreis, quiseram;

Pretérito imperfeito do subjuntivo: quisesse, quisesses, quisesse, quiséssemos, quisésseis, quisessem;

Futuro do subjuntivo: Quiser, quiseres, quiser, quisermos, quiserdes, quiserem;

Saber

Presente do indicativo: sei, sabes, sabe, sabemos, sabeis, sabem;

Presente do subjuntivo: saiba, saibas, saiba, saibamos, saibais, saibam;

Pretérito perfeito do indicativo: soube, soubeste, soube, soubemos, soubestes, souberam;

Pretérito mais-que-perfeito do indicativo: Soubera, souberas, soubera, soubéramos, soubéreis, souberam;

Pretérito imperfeito do subjuntivo: Soubesse, soubesses, soubesse, soubéssemos, soubésseis, soubessem;

Futuro do subjuntivo: souber, souberes, souber, soubermos, souberdes, souberem.

Ser

Presente do indicativo: Sou, és, é, somos, sois, são;

Presente do subjuntivo: Seja, sejas, seja, sejamos, sejais, sejam;

Pretérito imperfeito do indicativo: Era, eras, era, éramos, éreis, eram;

Pretérito perfeito do indicativo: Fui, foste, foi, fomos, fostes, foram;

Pretérito mais-que-perfeito do indicativo: Fora, foras, fora, fôramos, fôreis, foram;

Pretérito imperfeito do subjuntivo: Fosse, fosses, fosse, fôssemos, fôsseis, fossem;

Futuro do subjuntivo: For, fores, for, formos, fordes, forem.

As segundas pessoas do imperativo afirmativo são: Sê (tu) e sede (vós).

Ter

Presente do indicativo: Tenho, tens, tem, temos, tendes, têm;

Presente do subjuntivo: Tenha, tenhas, tenha, tenhamos, tenhais, tenham;

Pretérito imperfeito do indicativo: Tinha, tinhas, tinha, tínhamos, tínheis, tinham;

Pretérito perfeito do indicativo: Tive, tiveste, teve, tivemos, tivestes, tiveram;

Pretérito mais-que-perfeito do indicativo: Tivera, tiveras, tivera, tivéramos, tivéreis, tiveram;

Pretérito imperfeito do subjuntivo: Tivesse, tivesses, tivesse, tivéssemos, tivésseis, tivessem;

Futuro do subjuntivo: Tiver, tiveres, tiver, tivermos, tiverdes, tiverem.

Seguem esse modelo os verbos: Ater, conter, deter, entreter, manter, reter.

Trazer

Presente do indicativo: Trago, trazes, traz, trazemos, trazeis, trazem;

Presente do subjuntivo: Traga, tragas, traga, tragamos, tragais, tragam;

Pretérito perfeito do indicativo: Trouxe, trouxeste, trouxe, trouxemos, trouxestes, trouxeram;

Pretérito mais-que-perfeito do indicativo: Trouxera, trouxeras, trouxera, trouxéramos, trouxéreis, trouxeram;

Futuro do presente: Trarei, trarás, trará, etc.;

Futuro do pretérito: Traria, trarias, traria, etc.;

Pretérito imperfeito do subjuntivo: Trouxesse, trouxesses, trouxesse, trouxéssemos, trouxésseis, trouxessem;

Futuro do subjuntivo: Trouxer, trouxeres, trouxer, trouxermos, trouxerdes, trouxerem.

Ver

Presente do indicativo: Vejo, vês, vê, vemos, vedes, veem;

Presente do subjuntivo: Veja, vejas, veja, vejamos, vejais, vejam;

Pretérito perfeito do indicativo: Vi, viste, viu, vimos, vistes, viram;

Pretérito mais-que-perfeito do indicativo: Vira, viras, vira, víramos, víreis, viram;

Pretérito imperfeito do subjuntivo: Visse, visses, visse, víssemos, vísseis, vissem;

Futuro do subjuntivo: Vir, vires, vir, virmos, virdes, virem.

Seguem esse modelo os derivados antever, entrever, prever, rever. Prover segue o modelo acima apenas no presente do indicativo e seus tempos derivados; nos demais tempos, comporta-se como um verbo regular da segunda conjugação.

Vir

Presente do indicativo: Venho, vens, vem, vimos, vindes, vêm;

Presente do subjuntivo: Venha, venhas, venha, venhamos, venhais, venham;

Pretérito imperfeito do indicativo: Vinha, vinhas, vinha, vínhamos, vínheis, vinham;

Pretérito perfeito do indicativo: Vim, vieste, veio, viemos, viestes, vieram;

Pretérito mais-que-perfeito do indicativo: Viera, vieras, viera, viéramos, viéreis, vieram;

Pretérito imperfeito do subjuntivo: Viesse, viesses, viesse, viéssemos, viésseis, viessem;

Futuro do subjuntivo: Vier, vieres, vier, viermos, vierdes, vierem;

Particípio e gerúndio: Vindo.

Emprego do infinitivo

Apesar de não haver regras bem definidas, podemos anotar as seguintes ocorrências:

→ Usa-se o impessoal:

Sem referência a nenhum sujeito: É proibido **estacionar** na calçada;

Nas locuções verbais: Devemos **pensar** sobre a sua situação;

Se o infinitivo exercer a função de complemento de adjetivos: É uma questão fácil de **resolver**;

Se o infinitivo possuir valor de imperativo – O comandante gritou: "**marchar**!"

→ Usa-se o pessoal:

Quando o sujeito do infinitivo é diferente do sujeito da oração principal: Eu não te culpo por seres um imbecil;

Quando, por meio de flexão, se quer realçar ou identificar a pessoa do sujeito: Não foi bom agires dessa forma;

Questões

01. (FCC) Levando-se em conta as alterações necessárias, o termo grifado foi substituído corretamente por um pronome em:

a) A Inveja habita o fundo de um vale = habitá-lo

b) jamais se acende o fogo = lhe acende

c) serviu de modelo a todos = serviu-os

d) infectar a jovem Aglauros = infectá-la

e) ao dilacerar os outros = dilacerar-lhes

02. (CESPE) Leia o texto:

Na era das redes sociais, algumas formas de comunicação arcaicas ainda dão resultado. O canadense Harold Hackett que o diga. Morador da Ilha Príncipe Eduardo, uma das dez províncias do Canadá, ele enviou mais de 4.800 mensagens em uma garrafa e recebeu 3.100 respostas de pessoas de várias partes do mundo. De acordo com a BBC, o canadense envia as mensagens desde 1996. O seu método é simples. Harold utiliza **garrafas** de suco de laranja e se certifica de que as **mensagens** estão com data. Antes de **enviá-las**, checa o sentido dos ventos — que devem rumar de preferência para oeste ou sudoeste. Algumas cartas demoraram 13 anos para voltar para ele.

A forma pronominal "las", em "enviá-las", pode fazer referência tanto ao termo "garrafas" quanto ao termo "mensagens"

Certo ( ) Errado ( )

03. (CESGRANRIO) "***A gente se acostuma*** a morar em apartamentos de fundos."

Nós nos acostumamos a morar em apartamentos de fundos.

A troca de pronomes também respeita as regras de concordância estabelecidas na norma-padrão em:

a) Tu te acostuma / Você se acostuma.

b) Tu se acostuma / Você se acostumas.

c) Tu te acostumas / Você se acostuma.

d) Tu te acostumas / Você vos acostuma.

e) Tu te acostumas / Você vos acostumais.

04. (CESPE) Nossa espécie passou os últimos 150 mil anos melhorando o cérebro. Mas uma pesquisa recém-publicada por uma equipe da Universidade de Cambridge reforçou uma tese recorrente na neurociência: a de que nossa inteligência chegou a seu limite. Os estudos ainda devem prosseguir para confirmá-la, mas esse trabalho, **somado aos que vinham sendo realizados nos últimos anos**, não deixa margem para muitas dúvidas.

No trecho "somado aos que vinham sendo realizados nos últimos anos", o elemento "aos" poderia ser corretamente substituído por àqueles.

Certo ( ) Errado ( )

05. (FAURGS) As bibliotecas virtuais têm, de certo modo, os predicados ______ o escritor argentino Jorge Luis Borges define a sua fantástica Biblioteca de Babel: são ilimitadas e periódicas. Desse modo, atualizam, no que oferecem e na forma ______ o oferecem, uma espécie de otimismo cético próprio do racionalismo.

A biblioteca está e vai com você onde você estiver, como uma Babel feita do paradoxo do conhecimento: quanto mais se sabe, mais há para saber, de modo que, o máximo sendo também o mínimo, nunca nos falte nem a pergunta ilimitada, nem a resposta periódica ______ os livros e revistas postos ao alcance de nosso cotidiano podem nos ajudar a formular, ou, ao menos, entrever.

Assinale a alternativa que preenche, correta e respectivamente, as lacunas das linhas.

a) que - como - que

b) com que - que - a que

c) com que - como - que

d) que - como - a que

e) que - que - a que

06. (CESGRANRIO) Os substantivos grafados com ç são derivados de verbos: **produção, redução, desaceleração, projeção**. Quais os verbos a seguir que formam substantivos com a mesma grafia:

a) admitir, agredir, intuir

b) discutir, emitir, aferir

c) inquirir, imprimir, perseguir

d) obstruir, intervir, conduzir

e) reduzir, omitir, extinguir

07. (NUCEPE) **Adaptada**. Assinale a opção em que o substantivo apresentado é uma palavra de gênero feminino.
   a) "sinal".
   b) "palco".
   c) "comunidade".
   d) "lugares".
   e) "jornais".

08. (CEPERJ) Os verbos considerados impessoais devem se manter invariáveis, no singular, segundo as normas de concordância verbal. Há um caso de verbo impessoal no seguinte exemplo do texto:
   a) "você não vê há três meses"
   b) "Para lá fui enviada."
   c) "um gigantesco caminhão que andava"
   d) "aquilo nos pareceu absurdo"
   e) "E não precisará de recall para isso."

09. (FCC) Ainda que os modernistas de 1922 não se ______ componentes de uma escola, nem ______ ter postulados rigorosos em comum, um grande desejo de expressão livre os unificava.
   Na frase acima, a correção será mantida caso a conjugação dos verbos originalmente empregados consideraram e afirmaram for modificada de modo que as formas verbais resultantes sejam, respectivamente:
   a) considerarem e afirmarem.
   b) considerassem e afirmassem.
   c) consideravam e afirmavam.
   d) considerariam e afirmariam.
   e) considerar e afirmar.

10. (FUNCAB) Em "(...) A empregada já HAVIA CHEGADO e estava no portão, olhando o movimento.(...)", o tempo verbal mostra uma ação:
   a) iniciada no passado, continuada no presente.
   b) realizada em futuro próximo.
   c) subordinada a uma ação futura.
   d) repetida, independente da ação passada.
   e) já terminada.

11. (CESPE) Leia o texto:

Eu sei morrer. Morri **desde pequena**. E dói, mas a gente finge que não dói. Estou com tanta saudade de Deus.

E agora vou morrer um pouquinho. Estou tão precisada.

Sim. Aceito, my Lord. Sob protesto.

Mas Brasília é esplendor. Estou assustadíssima.

São Paulo: Círculo do Livro, 1981, p. 106-7.

No que concerne a aspectos gramaticais do texto acima, julgue (C ou E) o item a seguir.

Da combinação inusitada do verbo morrer, flexionado no pretérito perfeito do indicativo, com a expressão adverbial "desde pequena" infere-se uma compreensão da morte diferente da que estaria implícita caso tivesse sido empregada a locução verbal Venho morrendo.

Certo ( )   Errado ( )

12. (FCC) Na Antiguidade, os egípcios tinham nas letras um objeto sagrado, inventado pelos deuses. O verbo flexionado nos mesmos tempo e modo em que se encontra o grifado acima está em:
   a) Por meio da observação do cérebro de crianças e adultos, verificou-se de forma bastante clara ...
   b) ... que o ato de escrever desencadeia ligações entre os neurônios ...
   c) Com a digitação, essa área fica inativa.
   d) .. a caligrafia constava entre as habilidades avaliadas nos exames de admissão do antigo ginásio até a década de 70 ...
   e) ... entre as gerações que chegam aos bancos escolares.

13. (FCC) ... que já ***detestava*** a jovem... O verbo empregado nos mesmos tempo e modo que o grifado está em:
   a) A Inveja habita o fundo de um vale...
   b) ...todos os que falaram desse sentimento...
   c) ...porque esta a espionara...
   d) ...que interceda junto a Hersé...
   e) Não admitia que a mortal...

14. (Vunesp) No contexto, a correlação expressa pelos verbos destacados na frase - Se o **fizesse** não **teria** coragem de me olhar no espelho. - indica:
   a) hipótese sobre a consequência de mentir.
   b) necessidade de comunicar-se sem enganar.
   c) certeza acerca de ser desnecessária a mentira.
   d) dúvida em relação àquilo que motiva a mentira.
   e) negação de que a mentira seja viável.

Gabaritos

01	D	08	A
02	CERTO	09	B
03	C	10	E
04	CERTO	11	CERTO
05	C	12	D
06	D	13	E
07	C	14	A

6. SINTAXE BÁSICA DA ORAÇÃO E DO PERÍODO

Sintaxe é a parte da Gramática que estuda a função das palavras ou das expressões em uma oração ou em um período.

Definições importantes:

Frase, oração e período (conceitos essenciais)

Frase: qualquer sentença dotada de sentido.

Ex.: Eu adoro estudar Português!

Ex.: Fogo! Socorro!

Oração: frase organizada em torno de uma forma verbal.

Os alunos farão a prova amanhã!

Período: conjunto de orações;

> Período simples: 1 oração.

Estudarei Português.

> Período composto: mais de 1 oração.

Estudarei Português e farei a prova.

6.1 Período simples (oração)

A oração é dividida em termos. Assim, o estudo fica organizado e impossibilita a confusão. São os termos da oração:

Essenciais;

Integrantes;

Acessórios.

Termos essenciais da oração

Sujeito e Predicado: são chamados de essenciais, porque são os elementos que dão vida à oração. Quer dizer, sem um deles (o predicado, ao menos) não se pode formar oração.

O **Brasil** caminha para uma profunda transformação social.
(sujeito) (predicado)

Sujeito

Sujeito é o termo sintático sobre o qual se declara ou se constata algo. Deve-se observar que há uma profunda relação entre o verbo que comporá o predicado e o sujeito da oração. Usualmente, o sujeito é formado por um substantivo ou por uma expressão substantivada.

Classificação do Sujeito:

Simples;

Composto;

Oculto, elíptico ou desinencial;

Indeterminado;

Inexistente;

Oracional.

Sujeito simples: aquele que possui apenas um núcleo.

O país deverá enfrentar difíceis rivais na competição.

A perda de fôlego de algumas das grandes economias também já foi notada por outras gigantes do setor.

> **Sujeito composto:** é aquele que possui mais de um núcleo.

Rigoberto e Jacinto são amigos inseparáveis.

Eu, meus **amigos** e todo o **resto** dos alunos faremos a prova.

Sujeito oculto, elíptico ou desinencial: aquele que não se encontra expresso na oração, porém é facilmente subentendido pelo verbo apresentado.

Acord**amos** cedo naquele dia. (Quem acordou? Nós)

Abr**i** o blusão, tirei o 38, e perguntei com tanta raiva que uma gota de meu cuspe bateu na cara dele.(R. Fonseca)

Vanderlei caminhou pela manhã. À tarde pass**eou** pelo lago municipal, onde encont**rou** a Anaconda da cidade.

Perceba que o sujeito não está grafado na sentença, mas é facilmente recuperável por meio da terminação do verbo.

Sujeito indeterminado: ocorre quando o verbo não se refere a um núcleo determinado. São situações de indeterminação do sujeito:

Terceira pessoa do plural sem um referente:

Nunca lhe **deram** nada.

Fizeram comentários maldosos a seu respeito.

Com verbos transitivos indiretos, intransitivo e relacionais (de ligação) acompanhados da partícula "se" que, no caso, será classificada como índice de indeterminação de sujeito.

Vive-se muito bem.

Precisa-se de força e coragem na vida de estudante.

Nem sempre **se está** feliz na riqueza.

Sujeito inexistente ou oração sem sujeito: ocorre em algumas situações específicas.

Com verbos impessoais (principalmente os que denotam fenômeno da natureza).

Em setembro **chove** muito.

Nevava em Palotina.

Com o verbo haver, desde que empregado nos sentidos de existir, acontecer ou ocorrer.

Há poemas perfeitos, não **há** poetas perfeitos.

Deveria haver soluções para tais problemas.

Com os verbos ir, haver e fazer, desde que empregado fazendo alusão a tempo transcorrido.

Faz um ano que não viajo. (verbo "fazer" no sentido de "tempo transcorrido")

Há muito tempo que você não aparece. (verbo "haver" no sentido de "tempo")

Vai para dois meses que não recebo salário. (verbo "ir" no sentido de "tempo")

Com os verbos ser ou estar indicando tempo.

Era noite fechada.

É tarde, eles não vêm!

Com os verbos bastar e chegar indicando cessamento.

Basta de tanta corrupção no Senado!

Chega de ficar calado quando a situação aperta!

Com o verbo ser indicando data ou horas.

São dez horas no relógio da torre.

Amanhã **serão** dez de dezembro.

Sujeito oracional: ocorre nas análises do período composto, quando se verifica que o sujeito de um verbo é uma oração.

É preciso **que você estude Língua Portuguesa**.

Predicado

É o termo que designa aquilo que se declara acerca do sujeito. É mais simples e mais prudente para o aluno buscar identificar o predicado antes do sujeito, pois, se assim o fizer, terá mais concretude na identificação do sujeito.

Classificação do predicado:

> Nominal;
> Verbal;
> Verbo-nominal.

Predicado Nominal: o predicado nominal é formado por um verbo relacional (de ligação) + predicativo.

Lembre os principais verbos de ligação: ser, estar, permanecer, continuar, ficar, parecer, andar e torna-se.

A economia da Ásia parecia derrotada após a crise.

O deputado, de repente, virou patriota.

Português é legal.

Predicado Verbal: o predicado verbal tem como núcleo um verbo nocional.

Empresários **investirão R$ 250 milhões em novo berço para Porto de Paranaguá**.

Predicado Verbo-nominal: ocorre quando há um verbo significativo (nocional) + um predicativo do sujeito.

O trem chegou atrasado. ("atrasado" é uma qualidade do sujeito que aparece após o verbo, portanto, é um predicativo do sujeito).

Pedro Paladino já nasceu rico.

Acompanhei a indignação de meus alunos preocupado.

Predicativo

O predicativo é um termo componente do predicado. Qualifica sujeito ou objeto.

Josefina era **maldosa**, **ruim**, **sem valor**. (pred. do sujeito)

Leila deixou o garoto **louco**. (pred. do objeto)

O diretor nomeou João **chefe da repartição**. (pred. do objeto)

Termos integrantes da oração

Objeto Direto (complemento verbal);

Objeto Indireto (complemento verbal);

Complemento Nominal;

Agente da Passiva.

Objeto Direto: é o complemento de um verbo transitivo direto.

Os bons cidadãos cumprem **as leis**. (quem cumpre, cumpre algo)

Em resumo: ele queria **uma mulher**. (quem quer, quer algo)

Objeto Indireto: é o complemento de um verbo transitivo indireto.

Os bons cidadãos obedecem **às leis**. (quem obedece, obedece a algo)

Necessitamos **de manuais mais práticos** nos dias de hoje. (quem necessita, necessita de algo)

Complemento Nominal: é o complemento, sempre preposicionado, de adjetivos, advérbios e substantivos que, em determinadas circunstâncias, pedem complemento, assim como os verbos transitivos indiretos.

O filme era impróprio para crianças.

Finalizou-se a construção do prédio.

Agiu favoravelmente ao réu.

Agente da Passiva: É o complemento que, na voz passiva, designa o ser praticante da ação sofrida ou recebida pelo sujeito.

Ex. de voz ativa: O zagueiro executou a jogada.

Ex. de voz passiva: A jogada foi executada **pelo zagueiro**. (Agente da passiva)

Conversas foram interceptadas pela **Polícia Federal**. (Agente da passiva)

Termos acessórios da oração

Adjunto Adnominal;

Adjunto Adverbial ;

Aposto;

Vocativo.

Adjunto Adnominal: a função do adjunto adnominal é desempenhada por qualquer palavra ou expressão que, junto de um substantivo ou de uma expressão substantivada, modifica o seu sentido. Vejamos algumas palavras que desempenham tal função.

Artigos: as alunas serão aprovadas.

Pronomes adjetivos: aquela aluna será aprovada.

Numerais adjetivos: duas alunas serão aprovadas.

Adjetivos: aluno **estudioso** é aprovado.

Locuções adjetivas: aluno **de gramática** passa no concurso.

Adjunto Adverbial: o Adjunto Adverbial é o termo acessório (que não é exigido por elemento algum da sentença) que exprime circunstância ao verbo e, às vezes, ao adjetivo ou mesmo ao advérbio.

Advérbios: os povos antigos trabalhavam mais.

Locuções Adverbiais: Li vários livros **durante as férias**.

Alguns tipos de adjuntos adverbiais: Tempo: **Ontem**, choveu muito.

Lugar: Gostaria de que me encontrasse **na esquina da padaria**.

Modo: Alfredo executou a aria **fantasticamente**.

Meio: Fui para a escola **a pé**.

Causa: **Por amor**, cometem-se loucuras.

Instrumento: Quebrou a **vidraça com uma pedra**.

Condição: **Se estudar muito**, será aprovado.

Companhia: Faremos sucesso **com essa banda.**

Aposto: o aposto é o termo sintático que, possuindo equivalência semântica, esclarece seu referente. Tipos de Aposto:

Explicativo: Alencar, **escritor romântico**, possui uma obra vastíssima.

Resumitivo ou recapitulativo: Estudo, esporte, cinema, **tudo** o chateava.

Enumerativo: Preciso de duas coisas: **saúde e dinheiro**.

Especificativo: A notícia foi publicada na revista **Veja**.

Distributivo: Havia grupos interessados: **o da direita e o da esquerda**.

Oracional: Desejo só uma coisa: **que vocês passem no concurso**.

Vocativo: O Vocativo é uma interpelação, é um chamamento. Normalmente, indica com quem se fala.

Ó mar, por que não me levas contigo?

Vem, **minha amiga**, abraçar um vitorioso.

6.2 Período Composto

Nesse tópico, você deverá realizar a análise de mais de uma oração, portanto, atenção! Há dois processos de composição de período em Língua Portuguesa. São eles: coordenação e subordinação.

Coordenação: ocorre quando são unidas orações independentes sintaticamente. Ou seja, são autônomas do ponto de vista estrutural. Vamos a um exemplo.

Altamiro pratica esportes e estuda muito.

Subordinação: ocorre quando são unidas orações que possuem dependência sintática. Ou seja, não estão completas em sua estrutura. O processo de subordinação ocorre de três maneiras:

Substantiva: quando a oração desempenhar a função de um substantivo na sentença (**sujeito, predicativo, objeto direto, objeto indireto, complemento nominal ou aposto**).

Adjetiva: quando a oração desempenhar a função de adjunto adnominal na sentença.

Adverbial: quando a oração desempenhar a função de adjunto adverbial na sentença.

Eu quero **que vocês passem no concurso**. (oração subordinada substantiva objetiva direta – a função de objeto direto está sendo desempenhada pela oração)

O Brasil, **que é um belíssimo país**, possui vegetação exuberante. (oração subordinada adjetiva explicativa)

Quando José entrou na sala, Manoel saiu. (oração subordinada adverbial temporal)

Processo de coordenação

Há dois tipos de orações coordenadas: **assindéticas** e **sindéticas**.

Assindéticas:

O nome vem da palavra grega *sýndetos*, que significa conjunção, união. Ou seja, oração que não possui conjunção quando está colocada ao lado de outra.

Valdevino **correu (OCA)**, **correu (OCA)**, **correu (OCA)** o dia todo.

Perceba que não há conjunções para ligar os verbos, ou seja, as orações estão colocadas uma ao lado da outra sem síndeto, portanto, são **Orações Coordenadas Assindéticas**.

Sindéticas:

Contrariamente às assindéticas, as sindéticas possuem conjunção para exprimir uma relação lógico-semântica. Cada oração recebe o nome da conjunção que a introduz. Por isso é necessário decorar as conjunções.

Aditivas: São introduzidas pelas conjunções e, nem, mas também, também, como (após "não só"), como ou quanto (após "tanto"), mais etc., dando a ideia de adição à oração anterior.

A seleção brasileira venceu a Dinamarca/ **e empatou com a Inglaterra**. (Oração Coordenada Assindética / **Oração Coordenada Sindética Aditiva**)

Adversativas: São introduzidas pelas conjunções mas, porém, todavia, contudo, entretanto, no entanto, não obstante, senão, apesar disso, embora etc., indicando uma relação de oposição à sentença anterior.

O time batalhou muito, / **mas não venceu o adversário.** (Oração Coordenada Assindética / **Oração Coordenada Sindética Adversativa**)

Alternativas: São introduzidas pelas conjunções ou... ou, ora... ora, já... já, quer... quer, seja... seja, nem... nem etc., indicando uma relação de alternância entre as sentenças.

Ora estuda, / ora trabalha,: (Oração Coordenada Sindética Alternativa / Oração Coordenada Sindética Alternativa)

Conclusivas: São introduzidas pelas conjunções pois (posposto ao verbo), logo, portanto, então, por conseguinte, por consequência, assim, desse modo, destarte, com isso, por isto, consequentemente, de modo que, indicando uma relação de conclusão do período anterior.

Comprei a carne e o carvão, / **portanto podemos fazer o churrasco**. (Oração Coordenada Assindética / **Oração Coordenada Sindética Conclusiva**)

Estou muito doente, / **não posso, pois, ir à aula**. (Oração Coordenada Assindética/ **Oração Coordenada Sindética Conclusiva**)

Explicativas: São introduzidas pelas conjunções que, porque, porquanto, por, portanto, como, pois (anteposta ao verbo), ou seja, isto é, indicando uma relação de explicação para com a sentença anterior.

Não converse, / **pois estou estudando**. (OCA / **Oração Coordenada Sindética Explicativa**)

Processo de subordinação

Orações Subordinadas Substantivas: dividem-se em 6 tipos, introduzidas, geralmente, pelas conjunções "**que**" e "**se**".

Subjetiva (O.S.S.S.): Exerce função de sujeito do verbo da oração principal.

É interessante / **que todos joguem na loteria**. (Oração Principal / **Oração subordinada substantiva subjetiva**)

Objetiva Direta (O.S.S.O.D.): Exerce função de objeto direto.

Eu quero / **que você entenda a matéria**. - Quem quer, quer algo ou alguma coisa - (Oração Principal / **Oração subordinada substantiva Objetiva Direta**)

Objetiva Indireta (O.S.S.O.I.): Exerce função de objeto indireto.

Os alunos necessitam / **de que as explicações fiquem claras**. - Quem necessita, necessita de algo - (Oração Principal / **Oração subordinada substantiva Objetiva Indireta**)

Predicativa (O.S.S.P.): Exerce função de predicativo.

O bom é / **que você faça exercícios todos os dias**. (Oração Principal / **Oração subordinada substantiva Predicativa**)

Completiva Nominal (O.S.S.C.N.): Exerce função de complemento nominal de um nome da oração principal.

Jonas tem vontade / **de que alguém o mande calar a boca**. (Oração Principal / **Oração subordinada substantiva Completiva Nominal**)

Apositivas (O.S.S.A.): Possuem a função de aposto da sentença principal, geralmente são introduzidas por dois-pontos (:).

Eu quero apenas isto: / **que você passe no concurso**. (Oração Principal / **Oração subordinada substantiva Apositiva**)

Orações Subordinadas Adjetivas: dividem-se em dois tipos. Quando desenvolvidas, são introduzidas por um pronome relativo.

O nome Oração Subordinada Adjetiva se deve ao fato de ela desempenhar a mesma função de um adjetivo na oração, ou seja, a função de adjunto adnominal. Na Gramática de Portugal, são chamadas de Orações Relativas pelo fato de serem introduzidas por pronome relativo.

Restritivas: Restringem a informação da oração principal. Não possuem vírgulas.

O homem / **que mora ao lado** / é mal-humorado. (Oração Principal / **Oração subordinada Adjetiva Restritiva** / Oração Principal)

Para entender basta perguntar: qualquer homem é mal-humorado? Não. Só o que mora ao lado.

Explicativas: Explicam ou dão algum esclarecimento sobre a oração principal.

João, / **que é o ex-integrante da comissão**, / chegou para auxiliar os novos contratados. (Oração Principal / **Oração Subordinada Adjetiva Explicativa** /Oração Principal)

Orações Subordinadas Adverbiais: dividem-se em nove tipos. Recebem o nome da conjunção que as introduz. Nesse caso, teremos uma principal (que não está negritada) e uma subordinada adverbial (que está em negrito).

Essas orações desempenham a função de Adjunto Adverbial da oração principal.

Causais: Exprimem a causa do fato que ocorreu na oração principal. Introduzidas, principalmente, pelas conjunções porque, visto que, já que, uma vez que, como que, como.

Ex.: Já que precisamos de dinheiro, vamos trabalhar.

Comparativas: Representam o segundo termo de uma comparação. Introduzidas, na maior parte dos casos, pelas conjunções que, do que, como, assim como, (tanto) quanto.

Ex.: Tiburcina fala **como uma gralha** (fala - o verbo está elíptico).

Concessivas: Indica uma concessão entre as orações. Introduzidas, principalmente, pelas conjunções embora, a menos que, ainda que, posto que, conquanto, mesmo que, se bem que, por mais que, apesar de que. Fique de olho na relação da conjunção com o verbo.

Ex.: Embora não tivesse tempo disponível, consegui estudar.

Condicionais: Expressa ideia de condição. Introduzidas, principalmente, pelas conjunções se, salvo se, desde que, exceto, caso, desde, contanto que, sem que, a menos que.

Ex.: Se ele não se defender, acabará como "boi-de-piranha" no caso.

Conformativas: Exprimem acordo, concordância entre fatos ou ideias. Introduzidas, principalmente, pelas conjunções como, consoante, segundo, conforme, de acordo com etc.

Ex.: Realize as atividades **conforme eu expliquei**.

Consecutivas: Indicam a consequência ou o efeito daquilo que se diz na oração principal. Introduzidas, principalmente, pelas conjunções que (precedida de tal, tão, tanto, tamanho), de sorte que, de modo que.

Ex.: Estudei tanto, **que saiu sangue dos olhos**.

Finais: Exprimem finalidade da ação primeira. Introduzidas, em grande parte dos casos, pelas conjunções para que, a fim de que, que e porque.

Ex.: Estudei muito **para que pudesse fazer a prova**.

Proporcionais: Expressa uma relação de proporção entre as orações. Introduzidas, principalmente, pelas conjunções (locuções conjuntivas) à medida que, quanto mais....mais, à proporção que, ao passo que, quanto mais.

Ex.: José piorava, **à medida que abandonava seu tratamento**.

Temporais: Indicam circunstância de tempo. Introduzidas, principalmente, pelas conjunções quando, antes que, assim que, logo que, até que, depois que, mal, apenas, enquanto etc.

Ex.: Logo que iniciamos o trabalho os alunos ficaram mais tranquilos.

Você viu que não é difícil. Na verdade, só é preciso estudar muito e decorar o sentido das conjunções.

Questões

01. (CESPE)

Macunaíma

No fundo do mato-virgem nasceu Macunaíma, herói da nossa gente. Era preto retinto e filho do medo da noite. Houve um momento em que o silêncio foi tão grande escutando o murmurejo do Uraricoera, que a índia tapanhumas pariu uma criança feia. Essa criança é que chamaram de Macunaíma. Já na meninice fez coisas de sarapantar. De primeiro passou mais de seis anos não falando. Si o incitavam a falar exclamava:

— Ai! Que preguiça!... e não dizia mais nada. Ficava no canto da maloca, trepado no jirau de paxiúba, espiando o trabalho dos outros e principalmente os dois manos que tinha, Maanape já velhinho e Jiguê na força do homem.

Na linha 12 do fragmento I, a oração "que tinha", sintática e semanticamente dispensável para o texto, caracteriza-se por ter um pronome relativo como sujeito sintático.

Certo ( ) Errado ( )

02. (CESPE) Leia o texto:

Que Demócrito não risse, eu o provo. Demócrito ria sempre: logo não ria. A consequência parece difícil e evidente. O riso, como dizem todos os filósofos, nasce da novidade e da admiração, e cessando a novidade ou a admiração, cessa também o riso; o como Demócrito se ria dos ordinários desconcertos do mundo, o que é ordinário e se vê sempre, não pode causar admiração nem novidade; segue-se que nunca ria, rindo sempre, pois não havia matéria que motivasse o riso.

No período "Que Demócrito não risse, eu o provo" (linha 1), o verbo provar complementa-se com uma estrutura em forma de objeto direto pleonástico, com uma oração servindo de referente para um pronome.

Certo ( ) Errado ( )

03. (FCC) **Graças aos avanços na medicina e na agricultura**, as previsões funestas de Malthus não se confirmaram...

O segmento grifado exprime, em relação à afirmativa seguinte, noção de:

a) Condição.

b) Tempo.

c) Proporção.

d) Causa.

e) Finalidade.

04. (FCC) A frase em que **ambos** os elementos sublinhados são complementos verbais é:

a) Assim vos confesso que entendo de arquitetura, apesar das muitas opiniões em contrário.

b) Ninguém se impressiona tanto com um velho porão como este velho cronista, leitor amigo.

c) O porão deverá jazer sob os pés da família como jazem os cadáveres num cemitério.

d) Que atração exercem sobre o cronista as gravatas manchadas, quando desce a um porão...

e) Já não se fazem porões, hoje em dia, já não há qualquer mistério ou evocação mágica numa casa moderna.

05. (FCC) **Nascidas do povo mais humilde do Brasil**, as Escolas afirmam a vocação dos brasileiros, de todos os brasileiros, para a grandeza.

A oração grifada acima tem sentido ...... e, ao reescrevê-la com o emprego da conjunção adequada, a oração resultante deverá iniciar-se por ....

As lacunas estarão corretamente preenchidas, respectivamente, por:

a) final - Para que tivessem nascido

b) temporal - Enquanto tinham nascido

c) concessivo - Ainda que tenham nascido

d) consecutivo - Desde que tenham nascido

e) condicional - Caso tenham nascido

06. (FCC) Analisando-se aspectos sintáticos de frases de textos, é correto afirmar que em:

a) Muitos se lembravam da alegria voraz com que foram disputadas as toneladas da vítima - as formas verbais sublinhadas têm um mesmo sujeito.

b) Todos se empenhavam no lúcido objetivo comum - configura-se um caso de indeterminação do sujeito.

c) Uma tripulação de camelôs anunciava umas bugigangas - a voz verbal é ativa, sendo umas bugigangas o objeto direto.

d) Eu já podia recolher a minha aflição - não há a possibilidade de transposição para outra voz verbal.

e) Logo uma estatal, ó céus - o elemento sublinhado exerce a função de adjunto adverbial de tempo.

07. (FCC) "Fica calmo, meu caro jornalista, avião comigo não cai", procurava me tranquilizar **dr. Ulysses**...

O segmento em destaque exerce na frase acima a mesma função sintática que o elemento grifado exerce em:

a) Como a Folha era **o único veículo** ...

b) ... essas coisas não pegariam bem **para um repórter**.

c) ... **em que** tudo devia estar acertado...

d) Viajava **com os três líderes da campanha** em pequenos aviões fretados...

e) ... **quem** era o comandante.

08. (FCC) Mas, **embora ele não tivesse sido nomeado**, todos sabiam quem era o comandante.

Em relação à frase em que está inserido, o segmento grifado acima possui um sentido.

a) Condicional.

b) Causal.

c) Concessivo.

d) Comparativo.

e) Conclusivo.

09. (FCC) Este conceito **é relativo**, pois em arte não há originalidade absoluta.

... a sua contribuição maior foi **a liberdade de criação e expressão**.

Ambos os elementos acima grifados exercem nas respectivas frases a função de:

a) Adjunto adverbial.

b) Objeto direto.

c) Complemento nominal.

d) Predicativo.

e) Objeto indireto.

10. (FCC) ... o tema das mudanças climáticas **pressiona** os esforços mundiais para reduzir a queima de combustíveis.

A mesma relação entre o verbo grifado e o complemento se reproduz em:

a) ... a Idade da Pedra não acabou por falta de pedras ...

b) ... o estilo de vida e o modo da produção (...) são os principais responsáveis...

c) ... que ameaçam a nossa própria existência.

d) ... e a da China triplicou.

e) Mas o homem moderno estaria preparado.

11. (CONSULPLAN) Leia o texto:

A tradição teológica e filosófica nunca conseguiu explicar o "mistério da iniquidade", a existência do mal como potência do desejo e da ação humanas.

Ora, a corrupção é o mal do nosso tempo. Curiosamente, ela aparece como uma nova regra de conduta, uma contraditória "moral imoral". Da governalidade aos atos cotidianos, o mundo da vida no qual ética e moral se cindiram há muito tempo transformou-se na sempre saqueável terra de ninguém.

Como toda moral, a corrupção é rígida. Daí a impossibilidade do seu combate por meios comuns, seja o direito, seja a polícia. Do contrário, meio mundo estaria na prisão. A mesma polícia que combate o narcotráfico nas favelas das grandes cidades poderia ocupar o Congresso e outros espaços do governo onde a corrupção é **a regra**.

Mas o problema é que a força da corrupção é a do costume, é a da "moral", aquela mesma do malandro que age "na moral", que é "cheio de moral". Ela é muito mais forte do que a delicada reflexão ética que envolveria a autonomia de cada sujeito agente. E que só surgiria pela educação política que buscasse um pensamento reflexivo.

O sistema da corrupção é composto de um jogo de forças do qual uma das mais importantes é a "força do sentido". É ela que faz perguntar, por exemplo, "como é possível que um policial pobre se negue a aceitar dinheiro para agir ilegalmente?"

O simples fato de que essa pergunta seja colocada implica o pressuposto de que uma verdade ética tal como a honestidade foi transvalorada. Isso significa que foi também desvalorizada.

Se a conduta de praxe seria não apenas aceitar, mas exigir dinheiro em troca de uma ação qualquer na contramão do dever, é porque no sistema da corrupção o valor da honestidade, que garantiria ao sujeito a sua autonomia, foi substituído pela vantagem do dinheiro.

Mas não somente. Aquele que age na direção da lei como que age contra a moral caracterizada pelo "fazer como a grande maioria", levando em conta que no âmbito da corrupção se entende que o que a maioria quer é "dinheiro".

Verdade é que a ação em nome de um universal por si só caracteriza qualquer moral. É por meio dela que se faz o **cálculo** do "sentido" no qual, fora da vantagem que define a regra, o sujeito honesto se transfigura imediatamente em otário.

Se a moral é medida em dinheiro, não entregar-se a ele poderá parecer um luxo. Mas um contraditório luxo de pobre, já que a questão da honestidade não se coloca para os ricos, para quem tal valor parece de antemão assegurado.

Daí que jamais se louve nos noticiários a honestidade de alguém que não se enquadra no estereótipo do "pobre". **Honesto** é sempre o pobre elevado a cidadão exótico. Na verdade, por meio desse gesto o pobre é colocado à prova pelo sistema. Afinal ele teria tudo para ser corrupto, ou seja, teria todo o motivo para sê-lo. Mas teria também todo o perdão?

O cidadão exótico – pobre e honesto – que deixa de agir na direção de uma vantagem pessoal como que estaria perdoado por antecipação ao agir imoralmente sendo pobre, mas não está. A frase de Brecht seria sua jurisprudência mais básica: "O que é roubar um banco comparado a fundar um?"

Ora, sabemos que essa "moral imoral" tem sempre dois pesos e duas medidas, diferentes para ricos e pobres. No **vão** que as separa vem à tona a **incompreensibilidade** diante do mistério da honestidade. De categoria ética, ela desce ao posto de irrespondível problema metafísico.

Pois quem terá hoje a coragem de perguntar como alguém se torna o que é quando a subjetividade, a individualidade e a biografia já não valem nada e sentimos apenas o miasma que exala da vala comum das celebridades da qual o cidadão pode se salvar apenas alcançando o posto de um herói exótico, máscara do otário da vez?

(Marcia Tiburi. Cult, dezembro de 2011)

Assinale o termo que, no texto, desempenhe função sintática idêntica à de incompreensibilidade termos em destaque no texto.

a) a regra.

b) vão.

c) cálculo.

d) honesto.

12. (IPAD) Em que opção a expressão em negrito retoma a ideia de um termo para explicá-lo, desenvolvê-lo ou esclarecê-lo, assumindo a função sintática de aposto?

a) O conjunto de saltos de quedas d'água estava localizado ao oeste do Estado do Paraná, **no município de Guaíra...**

b) Calcula-se que a água do Rio Paraná levou cerca de 1 milhão de anos para cavar no basalto, **rocha vulcânica dura**, o caminho que percorria.

c) Era a cachoeira mais caudalosa do mundo, **nela** se escoando cerca de 75 mil metros cúbicos de água por segundo...

d) Capaz de gerar 15 milhões de kilowatts, Itaipu é **a usina** de maior potencial energético do mundo.

e) A barragem, **que represa o Rio Paraná**, tem a altura aproximada de um edifício de 62 andares.

13. (IPAD) Em que oração o sujeito **não** é posposto ao verbo?

a) "Sete quedas por mim passaram"

b) "Cessa o estrondo das cachoeiras"

c) "Aos mortos espanhóis, aos mortos bandeirantes, aos apagados fogos de Ciudad Real de Guaira vão juntar-se os sete fantasmas das águas assassinadas"

d) "Faz-se do movimento uma represa"

e) "da agitação faz-se um silêncio"

14. (CESGRANRIO) Em "e controlar a epidemia crescente **das doenças crônicas**," o termo destacado está ligado sintaticamente ao substantivo "epidemia". O termo que desempenha função sintática idêntica ao destacado acima está no trecho:
    a) "enquanto cerca de 300 milhões de adultos são **obesos**,"
    b) "...que ajude as autoridades nacionais a enfrentar os problemas."
    c) "– Para alcançar as Metas do Milênio estabelecidas **pela ONU**,"
    d) "Todos eles estão **mais** expostos..."
    e) "entre outras doenças ligadas **ao excesso de peso**."

15. (FCC) ... mas nem todos **entendem** seu real significado.
    O verbo que exige o mesmo tipo de complemento que o grifado acima está também **grifado** em:
    a) Pesquisadores **revelaram** a existência de preconceitos enraizados contra a manifestação de emoções.
    b) A pesquisa **tratava** da valorização de sentimentos até então vistos como negativos no ambiente de trabalho.
    c) A manifestação de emoções positivas **é** geralmente bem aceita em qualquer ambiente.
    d) Estudos recentes **aludem** à importância das emoções, sejam elas positivas ou negativas, na vida pessoal e profissional.
    e) O local de trabalho nem sempre se **torna** propício à manifestação das próprias emoções.

16. (FUNCAB) A alternativa em que o termo destacado tem a função de adjunto adnominal e não a de predicativo do sujeito é:
    a) "(...) ela estava muito mais **viva**(...)"
    b) "(...) um peixe **sozinho** num tanque era algo muito solitário. (...)"
    c) "(...) a mãe era **boa** para dar ideias. (...)"
    d) "(...) Mas ele estava **sozinho**. (...)"
    e) "(...) Só então notou como estava **cansado**."

17. (FCC) ... **embora** a maioria das pessoas consuma calorias suficientes ...
    A conjunção grifada acima imprime ao contexto noção de:
    a) Finalidade de uma ação.
    b) Temporalidade relativa a um fato.
    c) Concessão quanto à afirmativa que a segue.
    d) Conjectura que não se realiza.
    e) Incerteza quanto à comprovação de um fato.

18. (FCC) ... elas ainda **sofrem de imensas deficiências de nutrientes** ...
    A relação entre verbo e complemento, grifada acima, se reproduz em:
    a) ... embora a maioria das pessoas consuma calorias suficientes ...
    b) ... e têm pontuação mais baixa nos testes de habilidade cognitiva.
    c) ... a epidemia de obesidade nos países ricos representa exatamente o problema oposto.
    d) ... e muitos não obtêm esses nutrientes.
    e) ... menos da metade daqueles que mais precisam deles ...

19. (FCC) **Com o avançar da idade**, eles precisam de mais cálcio e vitaminas...
    a) À medida que a idade vai avançando.
    b) Conquanto a idade avance.
    c) Se a idade for avançando.
    d) Ainda que a idade vá avançando.
    e) Em comparação à idade que avança.

20. **Enquanto** o primeiro é regido por valores como amor e lealdade, o segundo tem como marca indexadores monetários e contratos. Assinale a alternativa que poderia substituir Enquanto no período anterior, sem modificação de sentido.
    a) Como
    b) Já que
    c) Ao passo que
    d) Quando

Gabaritos

01	ERRADO	11	C
02	CERTO	12	B
03	D	13	A
04	A	14	B
05	C	15	A
06	C	16	B
07	E	17	C
08	C	18	E
09	D	19	A
10	C	20	C

7. CONCORDÂNCIA VERBAL E NOMINAL

Trata-se do processo de flexão dos termos a fim de se relacionarem harmoniosamente na frase. Quando se pensa sobre a relação do verbo com os demais termos da oração, o estudo focaliza a concordância verbal. Quando a análise se volta para a relação entre pronomes, substantivos, adjetivos e demais termos do grupo nominal, diz-se que o foco é concordância nominal.

Fique de olho aberto para a relação do sujeito com o verbo. Uma boa noção de Sintaxe é importantíssima para entender esse segmento do conteúdo.

7.1 Concordância Verbal

Regra geral

O verbo concorda com o sujeito em número e pessoa.

O **primeiro-ministro** russo **acusou** seus inimigos.

Dois **parlamentares rebateram** a acusação.

Contaram-se **mentiras** no telejornal.

Vós sois os responsáveis por vosso destino.

Regras para Sujeito Composto[1]

Anteposto (colocado antes do verbo): o verbo vai para o plural:

Eu e meus irmãos vamos à praia.

Posposto (colocado após o verbo): o verbo concorda com o mais próximo ou vai para o plural:

Morreu (morreram), no acidente, **o prefeito e o vereador**.

Formado por pessoas (gramaticais) diferentes: plural da predominante.

Eu, você e os alunos **estudaremos** para o concurso. (a primeira pessoa é a predominante, por isso, o verbo fica na primeira pessoa do plural)

Com núcleos em correlação: concorda com o mais próximo ou fica no plural:

O professor assim como o monitor auxilia(m) os estudantes.

Ligado por NEM: verbo concordará:

No singular: se houver exclusão.

Nem Josias nem Josué **percebeu** o perigo iminente.

No singular: quando se pretende individualizar a ação, aludindo a um termo em específico.

Nem os esportes nem a leitura **o entretém**.

No plural: quando não houver exclusão, ou seja, quando a intenção for aludir ao sujeito em sua totalidade.

Nem a minha rainha nem o meu mentor **serão** tão convincentes a ponto de me fazerem mudar de ideia.

Ligado por COM: verbo concorda com o antecedente do COM ou vai para o plural:

O vocalista com os demais integrantes da banda **realizaram (realizou)** o show.

1 As gramáticas registram um sem-número de regras de concordância. Selecionamos as mais relevantes para o universo do concurso público.

Ligado por OU: verbo no singular (se houver exclusão) ou no plural (se não houver exclusão):

Ou Pedro Amorim ou Jurandir Leitão **será** eleito vereador da cidade.

O aviso ou o ofício **deveriam** ser expedidos antes da data prevista.

Se o sujeito for construído com os termos:

Um e outro, nem um nem outro: verbo no singular ou plural, dependendo do sentido pretendido.

Um e outro **passou (passaram)** no concurso.

Um ou outro: verbo no singular.

Um ou outro fez a lição.

Expressões partitivas seguidas de nome plural: verbo no singular ou plural.

A maior parte das pessoas **fez (fizeram)** o exercício recomendado.

Coletivo geral: verbo no singular.

O cardume **nadou** rio acima.

Expressões que indicam quantidade aproximada seguida de numeral: Verbo concorda com o substantivo.

Aproximadamente 20 % dos eleitores compareceram às urnas.

Aproximadamente 20% do eleitorado **compareceu** às urnas.

Pronomes (indefinidos ou interrogativos) seguidos dos pronomes "nós" e/ou "vós": verbo no singular ou plural.

Ex.: Quem de nós **fará (faremos)** a diferença?

Palavra QUE (pronome relativo): verbo concorda com o antecedente do pronome "que".

Ex.: Fui eu que **fiz** a diferença.

Palavra QUEM: verbo na 3ª pessoa do singular.

Ex.: Fui eu *quem* **fez** a diferença.

Pela repetida utilização errônea, algumas gramáticas já toleram a concordância do verbo com a pessoa gramatical distinta da terceira, no caso de se utilizar um pronome pessoal como antecedente do "quem".

Um dos que: verbo no singular ou plural.

Ele foi *um dos que* **fez** (**fizeram**) a diferença.

Palavras sinônimas: verbo concorda com o mais próximo ou fica no plural.

Ex.: *A ruindade, a maldade, a vileza* **habita** (**habitam**) a alma do ser humano.

Quando os verbos estiverem acompanhados da palavra "SE": fique atento à função da palavra "SE".

SE - na função de pronome apassivador: verbo concorda com o sujeito paciente.

Vendem-se casas e sobrados em Alta Vista.

Presenteou-se o aluno aplicado com uma gramática.

SE - na função de índice de indeterminação do sujeito: verbo fica sempre na 3ª pessoa do singular.

Precisa-se de empregados com capacidade de aprender.

Vive-se muito bem na riqueza.

A dica é ficar de olho na transitividade do verbo. Se o verbo for VTI, VI ou VL, o termo "SE" será índice de indeterminação do sujeito.

Casos de concordância com o verbo "ser":

Quando indicar tempo ou distância: Concorda com o predicativo.

Amanhã **serão** 7 de fevereiro.

São 890 quilômetros daqui até Florianópolis.

Quando houver sujeito que indica quantidade e predicativo que indica suficiência ou excesso: Concorda com o predicativo.

Vinte milhões **era** muito por aquela casa.

Sessenta centavos **é** pouco por aquele lápis.

O verbo dar, no sentido de bater ou soar, acompanhado do termo hora(s): concorda com o sujeito.

Deram cinco horas no relógio do juiz.

Deu cinco horas o relógio juiz.

Verbo "parecer" – Concordância estranha.

Verbo "parecer" somado a infinitivo: Flexiona-se um dos dois.

Os alunos **pareciam** estudar novos conteúdos.

Os alunos **parecia estudarem** novos conteúdos.

Quando houver sujeito construído com nome no plural: com artigo no singular ou sem artigo: o verbo fica no singular.

Memórias Póstumas de Brás Cubas **continua** sendo lido por jovens estudantes.

Minas Gerais **é** um lindo lugar.

Com artigo plural: o verbo fica no plural.

Os Estados Unidos **aceitaram** os termos do acordo assinado.

7.2 Concordância Nominal

A concordância nominal está relacionada aos termos do grupo nominal. Ou seja, entram na dança o substantivo, o pronome, o artigo, o numeral e o adjetivo. Vamos à regra geral para a concordância.

Regra geral

O artigo, o numeral, o adjetivo e o pronome adjetivo devem concordar com o substantivo a que se referem em gênero e número.

Meu belíssimo e **antigo** carro **amarelo** quebrou, ontem, em **uma** rua **estreita.**

Os termos destacados acima, mantém uma relação harmoniosa com o núcleo de cada expressão. Relação tal que se estabelece em questões de gênero e de número.

A despeito de a regra geral dar conta de grande parte dos casos de concordância, devemos considerar a existência de casos particulares, que merecem atenção.

Casos que devem ser estudados

Dependendo da intencionalidade de quem escreve, pode-se realizar a concordância atrativa, primando por concordar com apenas um termo de uma sequência ou com toda a sequência. Vejamos:

Vi um carro e uma **moto** *vermelha*. (concordância apenas com o termo "moto")

Vi um carro e uma **moto** *vermelhos*. (concordância com ambos os elementos)

Bastante ou bastantes?

Se "bastante" é pronome adjetivo, será variável; se for advérbio (modificando o verbo), será invariável, ou seja, não vai para o plural.

Há *bastantes* **motivos** para sua ausência. (adjetivo)

Os alunos **falam** *bastante*. (advérbio)

Troque a palavra "bastante" por "muito". Se "muito" for para o plural, "bastante" também irá.

Anexo, incluso, apenso, obrigado, mesmo, próprio: são adjetivos que devem concordar com o substantivo a que se referem.

O *relatório* segue **anexo** ao documento.

Os *documentos* irão **apensos** ao relatório.

A expressão "em anexo" é invariável (não vai para plural nem para o feminino).

As planilhas irão **em anexo.**

É bom, é necessário, é proibido, é permitido: variam somente se o sujeito vier antecedido de um artigo ou outro termo determinante.

Maçã **é bom** para a voz. / A maçã **é boa** para a voz.

É necessário **aparecer** na sala. / É necessária **sua aparição** na sala.

Menos / alerta. São sempre invariáveis, contanto que respeitem sua classe de origem - advérbio: se forem derivadas para substantivo, elas poderão variar.

Encontramos **menos** alunos na escola. / Encontramos **menos** alunas na escola.

O policial ficou **alerta**. / Os policiais ficaram **alerta**.

Só / sós. Variam apenas quando forem adjetivos: quando forem advérbios, serão invariáveis.

Pedro apareceu **só** (sozinho) na sala. / Os meninos apareceram **sós** (sozinhos) na sala. (adjetivo)

Estamos **só** (somente) esperando sua decisão. (advérbio)

A expressão "a sós" é invariável.

A menina ficou **a sós** com seus pensamentos.

Troque "só" por "sozinho" (vai para o plural) ou "somente" (fica no singular).

Questões

01. (FCC) O verbo indicado entre parênteses deverá ser obrigatoriamente flexionado numa forma do plural para preencher de modo correto a frase:

a) Quanto mais interesses ...... (haver) em jogo, mais contundentes serão as iniciativas da máquina neoliberal.

b) A não ...... (ser) pelas miragens que alimenta, muitas pessoas não conseguiriam sustentar o ânimo de viver.

c) O que não lhes ...... (dever) convir é abandonar todos esses sonhos que ajudam a viver.

d) Nunca me ...... (sobrevir), como agora, os sobressaltos que cada sonho traz consigo.

e) .....-se (dever) a essas miragens o esforço com que muitos conduzem seu trabalho.

02. (CESPE) Leia o trecho:

Dentro de um mês tinha comigo vinte aranhas; no mês seguinte cinquenta e cinco; em março de 1877 contava quatrocentas e noventa. Duas forças serviram principalmente à empresa de as congregar: o emprego da língua delas, desde que pude discerni-la um pouco, e o sentimento de terror que lhes infundi.

O verbo ter, na linha 1, está empregado no sentido de haver, existir, por isso mantém-se no singular, sem concordar com o sujeito da oração — "vinte aranhas".

Certo ( ) Errado ( )

03. (FCC) O verbo indicado entre parênteses deverá flexionar-se numa forma do singular para preencher corretamente a lacuna da frase:

a) Aquele a quem ...... (sensibilizar) os fatos do noticiário deve poupar-se de acompanhá-los todos os dias.

b) Não ...... (dever) mover a ninguém as esperanças ou a crença em que o mundo se torne mais discreto e silencioso.

c) Em qualquer notícia que provenha do nosso íntimo não mais ...... (haver) de se ocultar as verdades que fingimos desconhecer.

d) As pessoas a quem ...... (impor) a TV, diuturnamente, notícias de toda espécie perdem a capacidade de discriminar o que é ou não importante.

e) As novidades que dentro de mim se ...... (mascarar) só se revelarão mediante uma análise introspectiva.

04. (FCC) O verbo entre parênteses deverá flexionar-se em uma forma do plural para preencher de modo correto a lacuna da frase:

a) Aos sentimentos do menino ...... (corresponder) um gesto bonito, pelo qual se materializou o amor filial.

b) Não se ...... (atribuir) ao gesto do menino quaisquer intentos que não tivessem raiz em sua generosidade.

c) A nenhum dos parentes ...... (ocorrer) alimentar suspeitas acerca das preocupações do menino.

d) Não ...... (faltar) aos brinquedos antigos a magia que as engenhocas eletrônicas exercem hoje sobre os pequenos.

e) ...... (ter) ocorrido aos pais que os gestos do filho estariam ocultando algum segredo?

05. (CESPE) Leia o trecho:

Imagine que um poder absoluto ou um texto sagrado declarem que quem roubar ou assaltar será enforcado (ou terá a mão cortada). **Nesse caso, puxar a corda, afiar a faca ou assistir à execução seria simples, pois a responsabilidade moral do veredicto não estaria conosco.** Nas sociedades tradicionais, em que a punição é decidida por uma autoridade superior a todos, as execuções podem ser públicas: a coletividade festeja o soberano que se encarregou da justiça — que alívio!

No período "Nesse caso (...) estaria conosco", como o conector "ou" está empregado com sentido aditivo, e não, de exclusão, a forma verbal do predicado "seria simples" poderia, conforme faculta a prescrição gramatical, ter sido flexionada na terceira pessoa do plural: seriam.

Certo ( ) Errado ( )

06. (FCC) Para cada uma dessas questões, assinale a alternativa que preenche corretamente, na ordem, as lacunas da frase apresentada.

O cientista ......, com base em dados que lhe haviam sido ...... , que a pesquisa ...... resultados importantes para a fauna da região.

a) previu - entregues - traria

b) previu - entregados - trazeria

c) preveu - entregues - trazeria

d) preveu - entregados - traria

e) previu - entregues - trazeria

07. (FCC) ...... tomar medidas que ...... a sobrevivência de algumas espécies de aves na região.

a) Eram necessários - garantissem

b) Eram necessárias - garantissem

c) Era necessário - garantisse

d) Eram necessárias - garantisse

e) Era necessário - garantissem

08. (FCC) A frase em que as regras de concordância estão plenamente respeitadas é:

a) Contam-se que o poeta Manuel Bandeira ficou extasiado e impressionado ao ouvirem as novas batidas do violão de João Gilberto.

b) As canções de Caetano Veloso, cuja letra costumam despertar discussões acaloradas, são considerados por muitos grandes poemas da literatura nacional.

c) Já se passou vários anos do surgimento da bossa nova, mas Chega de saudade, de João Gilberto, continua a encantar os ouvidos ao redor do mundo.

d) Além de uma canção de João Gilberto, Chega de saudade é o título do livro de Ruy Castro em que o autor relembra os protagonistas da bossa nova.

e) Imagina-se que, embora pouco estudados, deve existir motivos sociais para a indiferença com que as camadas superiores durante muito tempo via o samba.

09. O verbo que se mantém corretamente ***no singular***, mesmo com as alterações propostas entre parênteses para o segmento grifado, está em:

a) Quando a peste negra varreu populações inteiras (**as epidemias**)

b) Quanto mais gente houvesse no mundo (**mais habitantes**)

c) Tom alarmista acerca do crescimento populacional arrefeceu (**As profecias**)

d) A humanidade terá de colocar toda sua inventividade à prova (**Os homens**)

e) Existe um consenso (**hipóteses diversas**)

10. (FCC) A frase em que ***ambos*** os elementos sublinhados são complementos verbais é:
   a) Assim vos confesso que entendo de arquitetura, apesar das muitas opiniões em contrário.
   b) Ninguém se impressiona tanto com um velho porão como este velho cronista, leitor amigo.
   c) O porão deverá jazer sob os pés da família como jazem os cadáveres num cemitério.
   d) Que atração exercem sobre o cronista as gravatas manchadas, quando desce a um porão...
   e) Já não se fazem porões, hoje em dia, já não há qualquer mistério ou evocação mágica numa casa moderna.

11. (FCC) Substituindo-se o elemento grifado pelo segmento que está entre parênteses, o verbo que deverá flexionar-se no ***plural*** está em:
   a) Clarice (**Juntamente com o marido, Clarice**) se encontrava no exterior...
   b) A voz nova e solitária (**A voz que poucos conheciam**) em seguida iria encontrar obstáculos ...
   c) O nome de Clarice (**A ficção de autoras intimistas**) [...] tinha aqui pequena repercussão.
   d) ... como está dito por toda parte (**em todos os jornais**).
   e) Ao contrário do que se (**os desavisados**) pensa ...

12. (FCC) Em épocas passadas, alguns poetas se ...... atrelados a convenções literárias tão rígidas que, em alguns casos, os ...... de encontrar uma voz original e única

Preenchem corretamente as lacunas da frase acima, na ordem dada:
   a) Mantém - impedirão
   b) Manteram - impediam
   c) Mantiveram - impediram
   d) Manteriam - impedira
   e) Mantinham - impedia

13. (CESPE) Leia o trecho:

   "O [fim] da Idade Média, no [século] XV, e o [ressurgimento] das cidades, no período renascentista,[representaram] profundas mudanças para a sociedade da época, mas, do ponto de vista político, assistiu-se a uma concentração ainda maior do poder nas mãos dos soberanos, reis absolutos, que, sob o peso de sua autoridade, unificaram os diversos feudos e formaram vários dos Estados modernos que hoje conhecemos."

   A forma verbal "representaram" está no plural para concordar com o sujeito composto da oração, cujos núcleos são "fim", "século" e "ressurgimento".

   Certo ( ) Errado ( )

14. (CESPE) Leia o trecho:

   Trabalho demais, agenda cheia, Internet, celular [e carros que chegam a mais de 200 km/h] **transformam** o homem moderno numa espécie de Coelho Branco de Alice no País das Maravilhas.

   Se o trecho "e carros que chegam a mais de 200 km/h" fosse retirado do texto, a forma verbal "transformam" deveria ser substituída por ***transforma.***

   Certo ( ) Errado ( )

15. (FCC) Estão plenamente observadas as normas de concordância verbal em:
   a) À noite, davam-se aos trabalhos de poucos e à diversão de muitos uma trégua oportuna, para tudo recomeçar na manhã seguinte.
   b) Aos esforços brutais da jubarte não correspondiam qualquer efeito prático, nenhum avanço obtinha o gigante encalhado na areia.
   c) Sempre haverá de aparecer aqueles que, diante de um espetáculo trágico, logram explorá-lo como oportunidade de comércio.
   d) Como se vê, cabe aos bons princípios ecológicos estimular a salvação das baleias, seja no alto-mar, seja na areia da praia.
   e) Da baleia encalhada em 1966 não restou, lembra-nos o autor, senão as postas em que a cruel voracidade dos presentes retalhou o animal

16. (CESGRANRIO) Em uma mensagem de e-mail bastante formal, enviada para alguém de cargo superior numa empresa, estaria mais adequada, por seguir a norma-padrão, a seguinte frase:
   a) Anexo vão os documentos.
   b) Anexas está a planilha e os documentos
   c) Seguem anexos os documentos
   d) Em anexas vão as planilhas.
   e) Anexa vão os documentos e a planilha.

17. (CESGRANRIO) Em que sentença a concordância segue os parâmetros da norma-padrão?
   a) Paguei a dívida e fiquei quites com minhas obrigações.
   b) A secretária disse que ela mesmo ia escrever a ata.
   c) Junto com o contrato, segue anexo a procuração.
   d) A vizinha adotou uma atitude pouca amistosa.
   e) Após a queda, a criança ficou meio chorosa.

18. A concordância verbal está de acordo com a norma-padrão em:
   a) Cada um dos curadores foram responsáveis por um tema.
   b) Muitos cartões vem decorados com guirlandas de flores.
   c) A maior parte dos cartões expostos encantou os visitantes.
   d) Está acontecendo diversos eventos sobre meios de comunicação na cidade.
   e) Haviam poucos estudantes interessados em meios de comunicação do passado.

19. (CESGRANRIO) O plural, de acordo com a norma-padrão, do trecho "Foi um momento mágico, pois, apesar de bastante jovem, eu já vinha de uma experiência de vida cheia de mudanças e recomeços." é:
   a) Foi momentos mágicos, pois, apesar de bastante jovens, nós já vínhamos de uma experiência de vida cheia de mudanças e recomeços.
   b) Foi um momento mágico, pois, apesar de bastante jovem, eu já vinha de uma experiência de vidas cheias de mudanças e recomeços.
   c) Foi um momento mágico, pois, apesar de bastante jovem, eu já vinha de experiências de vidas cheia de mudanças e recomeços.
   d) Foram momentos mágicos, pois, apesar de bastante jovens, nós já vínhamos de experiências de vida cheias de mudanças e recomeços.
   e) Foram dois momentos mágicos, pois, apesar de bastante jovem, eu já vinha de uma experiência de vida cheia de mudanças e recomeços.

20. (CESGRANRIO) O chefe de vários departamentos identifica a mudança no cenário da informática.

Considere a frase a cima. *A palavra **identifica** pode ser substituída, mantendo o sentido da sentença, pelo verbo ver, flexionado de acordo com a norma-padrão, por*

a) Vêm

b) Veem

c) Vem

d) Vê

e) Viram

Gabaritos

01	D	11	E
02	ERRADO	12	C
03	D	13	ERRADO
04	B	14	ERRADO
05	ERRADO	15	D
06	A	16	C
07	E	17	E
08	D	18	C
09	B	19	D
10	A	20	D

8. ACENTUAÇÃO GRÁFICA

Antes de começar o estudo, é importante que você entenda quais são os padrões de tonicidade da Língua Portuguesa e quais são os encontros vocálicos presentes na Língua. Assim, fica mais fácil entender quais são as regras e como elas surgem.

Padrões de Tonicidade

Palavras oxítonas: última sílaba tônica (*sofá*, *café*, *jiló*)

Palavras paroxítonas: penúltima sílaba tônica (fer**ru**gem, a**du**bo, sa**ú**de)

Palavras proparoxítonas: antepenúltima sílaba tônica (**â**nimo, **ví**tima, **á**timo)

Encontros Vocálicos

Hiato (encontro vocálico que se separa):

> Pi - **a** - no; sa - **ú** - de.

Ditongo (encontro vocálico que permanece unido na sílaba):

> cha - p**éu**; to - n**éis**.

Tritongo (encontro vocálico que permanece unido na sílaba):

> sa - g**uão**; U - ru - g**uai**.

8.1 Regras Gerais

Quanto às Proparoxítonas

Acentuam-se todas as palavras:

Vítima, **â**nimo, Hiper**bólico**

Quanto às Paroxítonas

Não se acentuam as terminadas em A, E, O (seguidas ou não de S) M e ENS.

Cas**te**lo, gra**na**da, pa**ne**la, pe**pi**no, **pa**jem, i**ma**gens etc.

Acentuam-se as terminadas em R, N, L, X, I ou IS, US, UM, UNS, PS, Ã ou ÃS e DITONGOS.

Susten**tá**vel, **tó**rax, **hí**fen, **tá**xi, **ál**bum, **bí**ceps, prin**cí**pio etc.

Fique de olho em alguns casos particulares, como as palavras terminadas em OM / ON / ONS

iândom; **pró**ton, **nêu**trons etc.

Nova Ortografia – olho aberto! Deixam de se acentuarem as paroxítonas com OO e EE

"Voo, enjoo, perdoo, magoo."

"Leem, veem, deem, creem."

Quanto às Oxítonas

São acentuadas as terminadas em:

A ou **AS**: So**fá**, Pa**rá**;

E ou **ES**: Ra**pé**, Ca**fé**;

O ou **OS**: A**vô**, Ci**pó**;

EM ou **ENS**: Tam**bém**, Para**béns**.

Acentuação de Monossílabos

Acentuam-se os monossílabos tônicos terminados em **A**, **E** e **O**, seguidos ou não de **S**.

Pá, pó, pé, já, lá, fé, só.

Acentuação dos Hiatos

Acentuam-se os hiatos quando forem formados pelas letras **I** ou **U**, sozinhas ou seguidas de **S**:

Sa**ú**va, Ba**ú**, Bala**ús**tre, Pa**ís**.

Exceções:

Seguidas de **NH**: **Tainha**

Paroxítonas antecedidas de ditongo: Fe**i**ura

Com o **i** duplicado: Xi**i**ta

Ditongos Abertos

Serão acentuados os ditongos abertos **ÉU**, **ÉI** e **ÓI**, com ou sem **S**, quando forem oxítonos ou monossílabos.

Chap**éu**, R**éu**, Ton**éis**, Her**ói**, Past**éis**, Hot**éis**, Lenç**óis**.

Novo Acordo Ortográfico – fique de olho! Caiu o acento do ditongo aberto em posição de paroxítona.

"Ideia, Onomatopeia, Jiboia, Paranoia, Heroico etc."

Formas Verbais com Hífen

Para saber se há acento em uma forma verbal com hífen, deve-se analisar o padrão de tonicidade de cada bloco da palavra:

Aju**dá**-lo (oxítona terminada em "a" / monossílabo átono)

Con**tar**-lhe (oxítona terminada em "r" / monossílabo átono)

Convi**dá**-la-íamos. (oxítona terminada em "a" / proparoxítona)

Verbos "*ter*" e "*vir*"

Quando escritos na 3ª pessoa do singular, não serão acentuados:

Ele tem / ele vem.

Quando escritos na **3ª pessoa do plural**, receberão o **acento circunflexo**:

Eles **têm** / **vêm**

Nos verbos derivados das formas acima:

Acento agudo para singular - Contém / convém.

Acento circunflexo para o plural - Contêm / convêm.

Acentos Diferenciais

Alguns permanecem:

pôde / pode (pretérito perfeito / presente simples);

pôr / por (verbo / preposição);

fôrma[1] / forma (substantivo / verbo ou ainda substantivo).

Caiu o acento diferencial de:

para - pára (preposição / verbo);

pelo - pêlo (preposição + artigo / substantivo);

polo - pólo (preposição + artigo / substantivo);

pera - pêra (preposição + artigo / substantivo).

1 Nesse caso, é facultativo o acento.

Questões

01. É preciso corrigir deslizes relativos à ortografia oficial e à acentuação gráfica da frase:

a) As obras modernistas não se distinguem apenas pela temática inovadora, mas igualmente pela apreensão do ritmo alucinante da existência moderna.

b) Ainda que celebrassem as máquinas e os aparelhos da civilização moderna, a ficção e a poesia modernista também valorizavam as coisas mais quotidianas e prosaicas.

c) Longe de ser uma excessão, a pintura modernista foi responsável, antes mesmo da literatura, por intênsas polêmicas entre artistas e críticos conservadores.

d) No que se refere à poesia modernista, nada parece caracterizar melhor essa extraordinária produção poética do que a opção quase incondicional pelo verso livre.

e) O escândalo não era apenas uma consequência da produção modernista: parecia mesmo um dos objetivos precípuos de artistas dispostos a surpreender e a chocar.

02. Assinale a palavra que **NÃO** tenha sido acentuada pelo mesmo motivo que as demais.

a) Substituído

b) Polícia

c) Jurisprudência

d) Saqueável

03. Em qual das frases abaixo, a palavra destacada está de acordo com as regras de acentuação gráfica oficial da língua portuguesa?

a) Vende-se **cocô** gelado.

b) Se **amássemos** mais, a humanidade seria diferente.

c) É importante que você estude pelo **ítem** do edital.

d) Estavam deliciosas as **larânjas** que comprei.

e) A empresa **têm** procurado um novo empregado.

04. Todas as palavras são acentuadas graficamente pelo mesmo motivo em:

a) Água, município, edifício, Guaíra

b) Estádios, superfície, Baía, média

c) Paraná, será, vulcânica

d) Cúbicos, espetáculo, energético

e) Insuperável, quilômetro, três

05. Assinale a alternativa em que todos os substantivos devem ser acentuados.

a) Lapis - bonus - bainha

b) Serie - aspecto - torax

c) Alcool - moinho - sucuri

d) Urubu - egoismo - magoa

e) Armazem - orgao - carater

06. Levando-se em consideração o que está previsto na ortografia oficial vigente, é correto afirmar que: o vocábulo "têxtil", que segue o padrão de flexão do vocábulo pênsil, é acentuado também na forma plural; "obsolescência" é vocábulo que segue o padrão do vocábulo ciência, no que se refere ao emprego de sinal de acentuação; a acentuação gráfica do vocábulo "déspotas" também é empregada quando o vocábulo é grafado na forma singular.

Certo ( ) Errado ( )

07. Assinale a alternativa em que o termo tenha sido acentuado seguindo regra distinta dos demais.

a) Difíceis

b) Próprio

c) Concluída

d) Consequências

e) Solidários

08. "E no alto da torre exibo-te o varal. Onde balança ao léu minh'alma"

A respeito dos versos acima, analise os itens a seguir: O acento em léu se justifica como acento diferencial, para não se confundir com o verbo leu.

Certo ( ) Errado ( )

09. Que palavra obedece à mesma regra de acentuação que país?

a) Compôs

b) Baú

c) Índio

d) Negócios

e) Águia

10. Cada alternativa a seguir apresenta um princípio ortográfico seguido de dois exemplos. A exemplificação está correta somente em:

a) São acentuadas todas as palavras oxítonas terminadas em a, e, o, em seguidas ou não de "s": também e já.

b) Todas as palavras proparoxítonas são acentuadas: década e porém.

c) Acentua-se a segunda vogal tônica do hiato: subtraídas e ótimo.

d) Acentuam-se os monossílabos tônicos terminados em a, e, o (s): há e só.

e) Acentuam-se com acento agudo os ditongos tônicos éi, éu, ói: vídeo e sério.

11. "Dedicar-se **à** relação é importante..." É correto afirmar que o sinal gráfico empregado na palavra destacada nessa frase é denominado:

a) Trema.

b) Acento agudo.

c) Crase.

d) Acento circunflexo.

e) Acento grave.

12. Assinale a alternativa em que a palavra tenha sido acentuada seguindo regra distinta das demais.

a) Consciência

b) Juízos

c) Pretório

d) Episódios

e) Importância

13. Assinale a alternativa em que a palavra tenha sido acentuada seguindo regra distinta das demais.

a) Previdência

b) Diária

c) Vítima

d) Declínio

e) Óbvia

14. Nas palavras "país", "político", "preferência", "perpétua" e "páginas", o acento é decisivo para a determinação do sentido dos vocábulos, uma vez que, sem acento, tais palavras, mesmo estando escritas de acordo com a norma culta, teriam outro significado.

Certo ( ) Errado ( )

15. As palavras "é", "média", "até" e "líderes", obedecem, respectivamente, às mesmas regras de acentuação gráfica de:

a) Há, salários, paletós e técnico.
b) Já, próprio, júnior e acadêmico
c) É, consultório, convém e infindáveis.
d) Mês, universitário, papéis e público
e) Só, líder, escritório e sênior.

16. Assinale a alternativa que traz toda a acentuação correta:

a) Não duvida o órfão que tal benção no tatú é doida.
b) Coçá-lo é bem doído; é seriíssimo, sem dúvida.
c) Vanglória-te dos girassois cultivados no paraíso.
d) Favor apôr sua rubrica no documento, sem desdem.
e) O edil foi habil ao comprar toda a maquinária.

17. Nas alternativas a seguir, os acentos foram omitidos propositadamente. Assinale a alternativa em que todas as palavras deveriam ser graficamente acentuadas

a) Rubrica, diluvio, viuva.
b) Ambar, heroi, ilustra-lo.
c) Protons, forceps, releem.
d) Dificilmente, Piaui, misantropo.
e) Perdoo, atribuimos, caiste.

18. Assinale a série que apresenta somente palavras paroxítonas:

a) Enciclopédia – página – relatório.
b) Conteúdo – brechós – catálogo.
c) Além – lá – bônus.
d) Histórias – enciclopédia – bônus.

19. A alternativa em que o uso do acento gráfico obedece à mesma regra é:

a) Panóptico, ótima, úteis
b) Óleo, ótima, Ásia
c) Óleo, Ásia, delícia
d) Aliás, já, biguá
e) Chapéu, vocês, aí

20. As palavras mês, está e água, respectivamente, recebem acento pelo mesmo motivo que:

a) Baú, sofá, possível.
b) Até, já, ausência.
c) Nós, até, canário.
d) Caí, será, última.
e) Pés, saúde, notícia.

Gabaritos

01	C	11	E
02	A	12	B
03	B	13	C
04	D	14	ERRADO
05	E	15	A
06	CERTO	16	B
07	C	17	B
08	ERRADO	18	D
09	B	19	C
10	D	20	C

9. COLOCAÇÃO PRONOMINAL

Esta parte do conteúdo é relativa ao estudo da posição dos pronomes oblíquos átonos em relação ao verbo. Antes de iniciar o estudo, trate de memorizar os pronomes em questão, do contrário, você não progredirá.

Pronomes Oblíquos Átonos
me
te
o, a, lhe, se
nos
vos
os, as, lhes, se

Quatro casos de colocação:

Próclise (anteposto ao verbo)

Nunca **o** vi.

Mesóclise (medial em relação ao verbo)

Dir-te-ei algo.

Ênclise (posposto ao verbo)

Passa-**me** a resposta.

Apossínclise (intercalação de uma ou mais palavras entre o pronome e o verbo)

Talvez tu **me** já não creias.

9.1 Regras de Próclise

Palavras ou expressões negativas:

Não **me** deixe aqui neste lugar!

Ninguém **lhe** disse que seria fácil.

Pronomes relativos:

O material de que **me** falaste é muito bom.

Eis o conteúdo que **me** causa nojo.

Pronomes indefinidos:

Alguém **me** disse que você vai ser transferido.

Tudo **me** parece estranho.

Conjunções subordinativas:

Confiei neles, assim que **os** conheci.

Disse que **me** faltavam palavras.

Advérbios:

Sempre **lhe** disse a verdade.

Talvez **nos** apareça a resposta para essa questão.

Pronomes interrogativos:

Quem **te** contou a novidade?

Que **te** parece essa situação?

"Em + gerúndio"

Em **se** tratando de Gramática, eu gosto muito!

Nesta terra, em **se** plantando, tudo há de nascer.

Particípio

Ele havia avisado-**me** (errado)

Ele **me** havia avisado (certo)

Sentenças optativas

Deus **lhe** pague!

Deus **o** acompanhe!

9.2 Regras de Mesóclise

Emprega-se o pronome oblíquo átono no meio da forma verbal, quando ela estiver no futuro do presente ou no futuro simples do pretérito do indicativo.

Chamar-**te**-ei, quando ele chegar.

Se houver tempo, contar-**vos**-emos nossa aventura.

Contar-**te**-ia a novidade.

9.3 Regras de Ênclise

Não se inicia sentença, em Língua Portuguesa, por pronome oblíquo átono. Ou seja, não coloque o pronome átono no início da frase.

Formas verbais:

Do **infinitivo impessoal** (precedido ou não da preposição "a");

Do **gerúndio**;

Do **imperativo afirmativo**;

Alcança-**me** o prato de salada, por favor!

Urge obedecer-**se** às leis.

O garoto saiu da sala desculpando-**se**.

Tratando-**se** desse assunto, não gosto de pensar.

Dá-**me** motivos para estudar.

Se o gerúndio vier precedido da preposição "em", deve-se empregar a próclise.

Em **se** tratando de Gramática, eu gosto muito.

9.4 Casos Facultativos

Sujeito expresso, próximo ao verbo.

O menino se machucou **(-se)**.

Eu **me** refiro **(-me)** ao fato de ele ser idiota.

Infinitivo antecedido de "não" ou de preposição.

Sabemos que não se habituar **(-se)** ao meio causa problemas.

O público o incentivou a se jogar **(-se)** do prédio.

Questões

01. (FUNCAB) A autora escreve "mas nos cingiremos a uma delas", e não "cingiremo-nos", para não infringir a mesma regra de colocação pronominal DESRESPEITADA em:

a) O livro havia sumido e eu queria que alguém procurasse-o.

b) Se não achasse o livro na estante, eu procuraria-o por toda a casa.

c) Aquele livro era ótimo, por isso tenho procurado-o com insistência.

d) Procure o livro para mim, que eu hoje não procuro-o mais.

e) Venho tentando achar o livro, mas quem disse que encontro-o?

02. (FUNCAB) A passagem em que se evitou a ênclise do pronome átono com base na mesma regra de colocação observada em: "Assim, o homem se tornaria menos consumidor e mais feliz" é a seguinte:

a) "... com argumentos de que se trata de uma economia limpa..."

b) "... fica evidente que poucos se perguntam sobre as consequências..."

c) "Para frear o drama ambiental planetário que se avizinha..."

d) "Os manipuladores da indústria da moda não se cansam de alternar tendências..."

e) "... uma maior consciência do nosso Eu Superior se refletirá num contato mais próximo coma natureza..."

03. (MS CONCURSOS - ADAPTADA) E quando Seu José, desesperado, fez saltar os miolos com uma bala, deixou esta frase escrita num pedaço de papel:

"Enquanto foi solteira, achava minha mulher que nenhum homem era digno de ser seu marido; depois de casada (por conveniência) achou que todos eles eram dignos de ser seus amantes. Mato- me".

Na oração final do texto: "Mato-me", a colocação pronominal está:

a) Correta, pois depois de verbo é obrigatória a ênclise.

b) Incorreta, pois depois de verbo é obrigatória a próclise.

c) Adequada, pois não se inicia frase ou oração com pronome oblíquo átono.

d) Adequada, pois não se inicia frase ou oração com pronome pessoal reto.

04. (CESGRANRIO) Observe os pronomes oblíquos destacados no texto abaixo.

Como já **se** sabia, o ser humano adapta-**se** rapidamente a novas condições de vida. O que a pesquisa da felicidade nos ensinou foi o fato de a nossa capacidade de adaptação ser ainda maior do que **se** imaginava. Acostumamo-**nos** a quase tudo e há coisas das quais nunca **nos** enfadamos.

Segundo a norma culta, é possível inverter a colocação do pronome apenas em:

a) Sabia-se.

b) Se adapta.

c) Imaginava-se.

d) Nos acostumamos.

e) Enfadamo-nos.

05. (CESGRANRIO) A colocação do pronome átono destacado está ***INCORRETA*** em:

a) Quando **se** tem dúvida, é necessário refletir mais a respeito.

b) Tudo **se** disse e nada ficou acordado.

c) Disse que, por vezes, temos equivocado-**nos** nesse assunto.

d) Alguém **nos** informará o valor do prêmio.

e) Não devemos preocupar-**nos** tanto com ela.

06. (FADESP - ADAPTADA) Quanto às normas de colocação pronominal, é correto afirmar que, no enunciado "agora se reivindica uma escola capaz de extrapolar a mera transmissão de conteúdos", a próclise justifica-se pelo(pela):

a) Uso do registro informal da língua.

b) Presença de um termo atrativo.

c) Ocorrência de forma verbal paroxítona.

d) Posição que o pronome ocupa na frase, não iniciando a oração.

07. (INSTITUTO CIDADES) A colocação pronominal no trecho "O país recusou-se a assinar o tratado" está ***CORRETA*** porque:

a) Não se deve usar pronome oblíquo átono antes de verbo.

b) Não há nenhuma palavra atrativa antes do verbo para que se desse a próclise.

c) Por estar no pretérito perfeito do indicativo, o pronome ocorre em ênclise.

d) Por tratar-se de uma locução verbal de infinitivo, essa é a única forma possível de colocação pronominal.

08. (FUNCAB) Marque a opção em que houve ***ERRO*** na colocação do pronome oblíquo átono.

a) Você realmente acha que me convenceu com esta história?

b) Pergunto-me frequentemente se há vida após a morte.

c) Ninguém me convenceria do contrário.

d) Jamais me submeteria a este tipo de interrogatório.

e) Sentiria-se tranquilo se tivesse certeza.

09. (IADES) Assinale a alternativa correta em relação à colocação pronominal em "E muitas delas, talvez a maioria das empresas manufatureiras, ***se tornarão*** simples fornecedoras (...)".

a) Está adequada uma vez que a vírgula funciona como fator de próclise.

b) Está inadequada, porque quando houver o emprego de verbos nos futuros do modo indicativo, seja futuro do presente ou futuro do pretérito, a colocação deve ser a mesóclise.

c) É inadequada, pois como não há fator atrativo deveria estar na posição enclítica.

d) Está adequada, já que não há justificativa para as demais posições: ênclise, mesóclise.

10. (TJ-SC) Em qual período a colocação pronominal está ***INCORRETA***:

a) O cientista pretende desvendar como se formam os furacões, tornados, tsunamis e demais fenômenos naturais de inegável potência.

b) Adotarão-se medidas de urgência para minorar os efeitos do temporal.

c) Não se sabe ainda o valor do negócio, que, especula-se, ficou em torno de um bilhão de reais.

d) O advogado se referiu duas vezes ao mesmo assunto.

e) O dano moral é a lesão aos elementos individualizadores da pessoa, tais como a honra, a reputação e o prestígio, expressando-se por desequilíbrios no ânimo do lesado.

Gabaritos

01	B	06	B
02	E	07	B
03	C	08	E
04	B	09	B
05	C	10	B

10. REGÊNCIA VERBAL E NOMINAL

Regência é a parte da Gramática Normativa que estuda a relação entre dois termos, verificando se um termo serve de complemento a outro e se nessa complementação há uma preposição.

Dividimos a Regência em:

Regência Verbal (ligada aos verbos).

Regência Nominal (ligada aos substantivos, adjetivos ou advérbios).

10.1 Regência Verbal

Deve-se analisar, nesse caso, a necessidade de complementação, a presença ou ausência da preposição e a possibilidade de mudança de sentido do texto.

Vamos aos casos:

Agradar e desagradar: São transitivos indiretos (com preposição a) nos sentidos de satisfazer, contentar:

A biografia de Aníbal Machado **agradou/desagradou** à maioria dos leitores.

A criança **agradava** ao pai por ser muito comportada.

Agradar: Pode ser transitivo direto (sem preposição) se significar acariciar, afagar:

Agradar a esposa.

Pedro passava o dia todo **agradando** os seus gatos.

Agradecer: Transitivo direto e indireto, com a preposição a, no sentido de demonstrar gratidão a alguém:

Agradecemos a Santo Antônio o milagre alcançado.

A**gradecemos-lhes** a benesse concedida.

O verbo em questão também pode ser transitivo direto no sentido de mostrar gratidão por alguma coisa:

Agradeço a dedicação de todos os estudantes.

Os pais **agradecem** a dedicação dos professores para com os alunos.

Aspirar: É transitivo indireto (preposição "a") nos sentidos de desejar, pretender ou almejar:

Sempre **aspirei** a um cargo público.

Manoel **aspirava** a ver novamente a família na Holanda.

Aspirar: É transitivo direto na acepção de inalar, sorver, tragar, ou seja, mandar para dentro:

Aspiramos o perfume das flores.

Vimos a empregada **aspirando** a poeira do sofá.

Assistir: É transitivo direto no sentido de ajudar, socorrer etc:

O professor **assistia** o aluno.

Devemos **assistir** os mais necessitados.

Assistir: É transitivo indireto (complemento regido pela preposição "a") no sentido de ver ou presenciar:

Assisti ao comentário da palestra anterior.

Você deve **assistir** às aulas do professor!

Assistir: É transitivo indireto (complemento regido pela preposição "a") no sentido de "ser próprio de", "pertencer a":

O direito à vida **assiste** ao ser humano.

Esse comportamento **assiste** às pessoas vitoriosas.

Assistir: É intransitivo no sentido de morar ou residir:

Maneco **assistira** em Salvador.

Chegar: É verbo intransitivo e possui os adjuntos adverbiais de lugar introduzidos pela preposição "a":

Chegamos a Cascavel pela manhã.

Este é o ponto a que pretendia **chegar**.

Caso a expressão indique posição em um deslocamento, admite-se a preposição em:

Cheguei no trem à estação.

Os verbos ir e vir têm a mesma regência de chegar:

Nós **iremos** à praia amanhã.

Eles **vieram** ao cursinho para estudar.

Custar: Ter valor ou preço: verbo transitivo direto:

O avião **custa** 100 mil reais.

Ter como resultado certa perda ou revés: verbo transitivo direto e indireto:

Essa atitude **custou**-lhe a vida.

Ser difícil ou trabalhoso: intransitivo:

Custa muito entender esse raciocínio.

Levar tempo ou demorar: intransitivo:

Custa a vida para aprender a viver.

Esquecer / lembrar: Possuem a seguinte regra - se forem pronominais, terão complemento regido pela preposição "de"; se não forem, não haverá preposição:

Lembrei-**me de** seu nome. / Esqueci-me de seu nome.

Lembrei seu nome. / Esqueci seu nome.

Gostar: É transitivo indireto no sentido de apreciar (complemento introduzido pela preposição "de"):

Gosto de estudar.

Gosto muito de minha mãe.

Gostar: Como sinônimo de experimentar ou provar é transitivo direto:

Gostei a sobremesa apenas uma vez e já adorei.

Gostei o chimarrão uma vez e não mais o abandonei.

Implicar: pode ser:

Transitivo direto (sentido de acarretar):

Cada escolha **implica** uma renúncia.

Transitivo direto e indireto (sentido de envolver alguém em algo):

Implicou a irmã no crime.

Transitivo indireto (sentido de rivalizar):

Joana estava **implicando** com o irmão menor.

O verbo informar é bitransitivo, ou seja, é transitivo direto e indireto. Quem informa, informa:

» Algo a alguém: **Informei** o acontecido para Jonas.

» Alguém de algo: **Informei**-o do acontecido.

» Alguém sobre algo: **Informei**-o sobre o acontecido.

Morar / Residir: Verbos intransitivos (ou, como preconizam alguns dicionários, transitivo adverbiado), cujos adjuntos adverbiais de lugar são introduzidos pela preposição "em":

José **mora** em Alagoas.

Há boas pessoas **residindo** em todos os estados do Brasil.

Obedecer: É um verbo transitivo indireto:

Os filhos **obedecem** aos pais.

Obedeça às leis de trânsito.

Embora transitivo indireto, admite forma passiva:

"Os pais são obedecidos pelos filhos."

O antônimo "desobedecer" também segue a mesma regra.

Perdoar: É transitivo direto e indireto, com objeto direto de coisa e indireto de pessoa:

Jesus **perdoou** os pecados aos pecadores.

Perdoava-lhe a desconsideração.

Perdoar admite a voz passiva:

"Os pecadores foram perdoados por Deus."

Precisar: É transitivo indireto (complemento regido pela preposição de) no sentido de "necessitar":

Precisaremos de uma nova Gramática.

Precisar: É transitivo direto no sentido de indicar com precisão:

Magali não soube **precisar** quando o marido voltaria da viagem.

Preferir É um verbo bitransitivo, ou seja, é transitivo direto e indireto, sempre exigindo a preposição a (preferir alguma coisa a outra):

Ex.: Adelaide **preferiu** o filé ao risoto.

Ex.: Prefiro estudar a ficar em casa descansando.

Ex.: Prefiro o sacrifício à desistência.

É incorreto reforçar o verbo "preferir" ou utilizar a locução "do que".

Proceder: É intransitivo na acepção de "ter cabimento":

Suas críticas são vazias, não **procedem**.

Proceder: É também intransitivo na acepção de "portar-se":

Todas as crianças **procederam** bem ao lavarem as mãos antes do lanche.

Proceder: No sentido de "ter procedência" é utilizado com a preposição de:

Acredito que a dúvida **proceda** do coração dos curiosos.

Proceder: É transitivo indireto exigindo a preposição a no sentido de "dar início":

Os investigadores **procederam** ao inquérito rapidamente.

Querer: É transitivo direto no sentido de "desejar":

Eu **quero** um carro novo.

Querer: É transitivo indireto (com o complemento de pessoa) no sentido de "ter afeto":

Quero muito a meus alunos que são dedicados.

Solicitar: É utilizado, na maior parte dos casos, como transitivo direto e indireto. Nada impede, entretanto, que se construa como transitivo direto:

O juiz **solicitou** as provas ao advogado.

Solicito seus documentos para a investidura no cargo.

Visar: É transitivo direto na acepção de mirar:

O atirador **visou** o alvo e disparou um tiro certeiro.

Visar: É transitivo direto também no sentido de "dar visto", "assinar":

O gerente havia **visado** o relatório do estagiário.

Visar: É transitivo indireto, exigindo a preposição a, na acepção de "ter em vista", "pretender", "almejar":

Pedro **visava** ao amor de Mariana.

As regras gramaticais **visam** à uniformidade da expressão linguística.

10.2 Regência Nominal

Alguns nomes (substantivos, adjetivos e advérbios) são comparáveis aos verbos transitivos indiretos: precisam de um complemento introduzido por uma preposição.

Acompanhemos os principais termos que exigem regência especial.

Substantivo		
Admiração a, por	Devoção a, para, com, por	Medo a, de
Aversão a, para, por	Doutor em	Obediência a
Atentado a, contra	Dúvida acerca de, em, sobre	Ojeriza a, por
Bacharel em	Horror a	Proeminência sobre
Capacidade de, para	Impaciência com	Respeito a, com, para com, por
Exceção a	Excelência em	Exatidão de, em
Dissonância entre	Divergência com, de, em, entre, sobre	Referencia a
Alusão a	Acesso a	Menção a

Adjetivos		
Acessível a	Diferente de	Necessário a
Acostumado a, com	Entendido em	Nocivo a
Afável com, para com	Equivalente a	Paralelo a
Agradável a	Escasso de	Parco em, de
Alheio a, de	Essencial a, para	Passível de
Análogo a	Fácil de	Preferível a
Ansioso de, para, por	Fanático por	Prejudicial a
Apto a, para	Favorável a	Prestes a

Ávido de	Generoso com	Propício a
Benéfico a	Grato a, por	Próximo a
Capaz de, para	Hábil em	Relacionado com
Compatível com	Habituado a	Relativo a
Contemporâneo a, de	Idêntico a	Satisfeito com, de, em, por
Contíguo a	Impróprio para	Semelhante a
Contrário a	Indeciso em	Sensível a
Curioso de, por	Insensível a	Sito em
Descontente com	Liberal com	Suspeito de
Desejoso de	Natural de	Vazio de
Distinto de, em, por	Dissonante a, de, entre	Distante de, para

Advérbios		
Longe de	Perto de	Relativamente a
Contemporaneamente a	Impropriamente a	Contrariamente a

É provável que você encontre um grande número de listas com palavras e suas regências, porém a maneira mais eficaz de se descobrir a regência de um termo é fazer uma pergunta para ele e verificar se, na pergunta, há uma preposição. Havendo, descobre-se a regência.

Ex.: A descoberta era **acessível** a todos.

Faz-se a pergunta: algo que é acessível é acessível? (a algo ou a alguém). Descobre-se, assim, a regência de acessível.

Questões

01. (FCC) A frase em que a regência está em conformidade com o padrão culto escrito é:

a) Em seu fingimento, só restou de que dissesse ao ex-sócio que sentia saudades dele.

b) Tudo isso considerado, é necessário fazer que ele sinta o peso da responsabilidade.

c) Em atenção por seu talento indiscutível, o pouparam as devidas multas.

d) Passou os documentos a mão do técnico e não os perdeu de vista até ao final da reunião.

e) Inconformado de que eles propalavam injúrias a seu respeito, decidiu denunciá-los.

02. (CESGRANRIO) A frase em que a presença ou ausência da preposição está de acordo com a norma-padrão é:

a) A certeza que a sorte chegará para mim é grande.

b) Preciso de que me arranjem um emprego.

c) Convidei à Maria para vir ao escritório.

d) A necessidade que ele viesse me ajudar me fez chamá-lo.

e) Às dez horas em ponto, estarei à sua casa.

03. (FCC) ... de modo que ele próprio o anunciou no orçamento de 1925. Considerando-se o contexto, o verbo grifado acima está empregado como

a) transitivo indireto pronominal.

b) transitivo indireto.

c) bitransitivo.

d) transitivo direto.

e) intransitivo.

04. (FCC) ... procurava incorporar à escrita o ritmo da fala...

O verbo empregado no texto com a mesma regência do grifado acima está em:

a) ... consagrar literariamente o vocabulário usual.

b) ... dar estado de literatura aos fatos da civilização moderna.

c) No Brasil, ele significou principalmente libertação dos modelos acadêmicos...

d) ... que a sua contribuição maior foi a liberdade de criação e expressão.

e) ... os modernistas promoveram uma valorização diferente do léxico...

05. (CESPE) No trecho "essa propensão tenderá à aceleração" o uso do sinal indicativo de crase não é obrigatório, haja vista que o verbo tender, com o sentido empregado no texto, pode ter complementação direta ou indireta, isto é, com ou sem preposição.

Certo ( ) Errado ( )

06. (CESPE) Em "que ele chama ***metafísica dos costumes***", o trecho em itálico, que exerce, na oração, a função de complemento verbal, deveria estar precedido da preposição ***de***.

Certo ( ) Errado ( )

07. (CESPE) A retirada da preposição "de" em "A indicação inicial é a de que, sim, a rede (...)" não implicaria alteração do texto, quer do ponto de vista semântico, quer sintático.

Certo ( ) Errado ( )

08. (CESPE) Leia o texto:

Ainda que se soubessem todas as palavras de cada figura da Inconfidência, nem assim se poderia fazer com o seu simples registro uma composição da arte. A obra de arte não é feita de tudo — mas apenas de algumas coisas essenciais. A busca desse essencial expressivo é que constitui o trabalho do artista. Ele poderá dizer a mesma verdade do historiador, porém de outra maneira. Seus caminhos são outros, para atingir a comunicação. Há um problema de palavras. Um problema de ritmos. Um problema de composição. Grande parte de tudo isso se realiza, decerto, sem inteira consciência do artista. É a **decorrência** natural da sua constituição, da sua personalidade — por isso, tão difícil se torna quase sempre a um criador explicar a própria criação. No caso, porém, de um poema de mais objetividade, como o Romanceiro, muitas coisas podem ser explicadas, porque foram aprendidas, à proporção que ele se foi compondo.

Digo "que ele se foi compondo" e não "que foi sendo composto", pois, na verdade, uma das coisas que pude observar melhor que nunca, ao realizá-lo, foi a maneira por que um tema encontra sozinho ou sozinho impõe seu ritmo, sua sonoridade, seu desenvolvimento, sua medida. O Romanceiro foi construído tão sem normas preestabelecidas, tão à mercê de sua expressão natural que cada poema procurou a forma **condizente** com sua mensagem. A voz **irreprimível** dos fantasmas, que todos os artistas conhecem, vibra, porém, com certa docilidade, e submete-se à aprovação do poeta, como se realmente, a cada instante, lhe pedisse para ajustar seu timbre à audição do público. Porque há obras que existem apenas para o artista, desinteressadas de transmissão; outras que exigem essa transmissão e esperam que o artista se ponha a seu serviço, para alcançá-la. O Romanceiro é desta segunda espécie. Quatro anos de quase completa solidão — numa renúncia total às mais sedutoras solicitações, entre livros de toda espécie relativos ao especializadamente século ainda pareceram curtos demais para uma obra que se desejava o menos imperfeita possível, porque se impunha, acima de tudo, o respeito por essas vozes que falavam, que se confessavam, que exigiam, quase, o registro da sua história. E era uma história feita de coisas eternas e irredutíveis: de ouro, amor, liberdade, traições... Mas porque esses grandiosos acontecimentos já vinham preparados de tempos mais antigos e foram o desfecho de um passado minuciosamente construído — era preciso iluminar esses caminhos anteriores, seguir o rastro do ouro que vai, a princípio como o fio de um colar, ligando cenas e personagens, até transformar-se em pesada cadeia que prende e imobiliza num destino doloroso.

Cecília Meireles. Como escrevi o Romanceiro da Inconfidência. In: Romanceiro da Inconfidência. 3.ª ed., Rio de Janeiro: Nova Fronteira, 2005, p. XVI-XVII (com adaptações).

Os vocábulos em destaque "decorrência", "condizente" e "irreprimível" regem termos que lhes complementam, necessariamente, o sentido.

Certo ( ) Errado ( )

09. (CESGRANRIO) Em qual das sentenças abaixo, a regência verbal está em ***DESACORDO*** com a norma-padrão:

a) Esqueci-me dos livros hoje.

b) Sempre devemos aspirar a coisas boas.

c) Sinto que o livro não agradou aos alunos.

d) Ele lembrou os filhos dos anos de tristeza.

e) Fomos no cinema ontem assistir o filme

10. Em relação à regência verbal e nominal, o emprego do pronome relativo, segundo o registro culto e formal da língua, está ***INCORRETO*** em:

a) A conclusão que chegamos é que o fracasso ensina ao homem como recomeçar

b) O barco a cujos tripulantes me referi pode voltar a navegar

c) O ideal por que lutamos norteia nossos projetos.

d) O infortúnio a que está sujeito o empreendedor motiva-o

e) Após o término da pesquisa, informei-lhe que tornasse cuidado para não errar.

Gabaritos

01	B	06	ERRADO
02	B	07	ERRADO
03	D	08	ERRADO
04	B	09	E
05	ERRADO	10	A

11. CRASE

O acento grave é solicitado nas palavras quando há a união da preposição "a" com o artigo (ou a vogal dependendo do caso) feminino "a" ou com os pronomes demonstrativos (aquele, aquela, aquilo e "a").

Ex.: Mário foi **à** festa ontem.

Tem-se o "a" preposição e o "a" artigo feminino.

Quem vai, vai a algum lugar / festa é palavra feminina, portanto, admite o artigo "a".

Chegamos **àquele** assunto (a + aquele).

A gravata que eu comprei é semelhante **à** que você comprou (a + a).

Decore os casos em que não ocorre crase, pois a tendência da prova é perguntar se há crase ou não. Sabendo os casos proibitivos, fica muito fácil.

11.1 Crase Proibitiva

Não se pode usar acento grave indicativo de crase:

Antes de palavras masculinas.

Ex.: Fez uma pergunta **a** Mário.

Antes de palavras de sentido indefinido.

Ex.: Não vai **a** festas, **a** reuniões, **a** lugar algum.

Antes de verbos.

Ex.: Todos estão dispostos **a** colaborar.

De pronomes pessoais.

Ex.: Darei um presente **a ela**.

De nomes de cidade, estado ou país que não utilizam o artigo feminino.

Ex.: Fui **a** Cascavel. / Vou **a** Pequim.

Da palavra "casa" quando tem significado de próprio lar, ou seja, quando ela aparecer indeterminada na sentença.

Ex.: Voltei a casa, pois precisava comer algo.

Quando houver determinação da palavra casa, ocorrerá crase.

"Voltei à casa de meus pais"

Da palavra "terra" quando tem sentido de solo;

Ex.: Os tripulantes vieram a terra.

A mesma regra da palavra "casa" se aplica à palavra terra.

De expressões com palavras repetidas;

Dia a dia, mano a mano, face a face, cara a cara etc.

Diante de numerais cardinais referentes a substantivos que não estão determinados pelo artigo:

Ex.: Irei assistir a duas aulas de Língua Portuguesa.

No caso de locuções adverbiais que exprimem hora determinada e nos casos em que o numeral estiver precedido de artigo, acentua-se:

"Chegamos às oito horas da noite."

"Assisti às duas sessões de ontem."

No caso dos numerais, há uma dica para facilitar o entendimento dos casos de crase. Se houver o "a" no singular e a palavra posterior no plural, não ocorrerá o acento grave. Do contrário, ocorrerá.

11.2 Crase Obrigatória

Locução adverbial feminina.

Ex.: À noite, à tarde, às pressas, às vezes, à farta, à vista, à hora certa, à esquerda, à direita, à toa, às sete horas, à custa de, à força de, à espera de, à vontade, à toa.

Termos femininos ou masculinos com sentido da expressão "à moda de" ou "ao estilo de".

Ex.: Filé à milanesa, servir à francesa, brigar à portuguesa, gol à Pelé, conto à Machado de Assis, discurso à Rui Barbosa etc.

Locuções conjuntivas proporcionais.

Ex.: À medida que, à proporção que.

Locuções prepositivas.

Ex.: À procura de, à vista de, à margem de, à beira de, à custa de, à razão de, à mercê de, à maneira de etc.

Para evitar ambiguidade: receberá o acento o termo afetado pela ação do verbo (objeto direto preposicionado).

Ex.: Derrubou a menina **à panela**.

Ex.: Matou a vaca **à cobra**.

Diante da palavra distância quando houver determinação da distância em questão:

Ex.: Achava-se à **distância de cem** (ou de alguns) **metros**.

Antes das formas de tratamento "senhora", "senhorita" e "madame" = não há consenso entre os gramáticos, no entanto, opta-se pelo uso.

Ex.: Enviei lindas flores **à senhorita**.

Ex.: Josias remeteu uma carta **à senhora**.

11.3 Crase Facultativa

Após a preposição até:

As crianças foram até **à escola**.

Antes de pronomes possessivos femininos:

Ele fez referência **à nossa causa!**

Antes de nomes próprios femininos:

Mandei um SMS **à Joaquina**.

Antes da palavra Dona.

Remeti uma carta à **Dona Benta**.

Não se usa crase antes de nomes históricos ou sagrados:

"O padre fez alusão a Nossa Senhora."

"Quando o professor fez menção a Joana D'Arc, todos ficaram entusiasmados."

Questões

01. ... assim [ele] se via transportado de volta "à glória que foi a Grécia e à grandeza que foi Roma".

Ambos os sinais indicativos de crase devem ser mantidos caso o segmento sublinhado seja substituído por:

a) Enaltecia.
b) Louvava.
c) Aludia.
d) Mencionava.
e) Evocava.

02. A vida urbana ofereceu ...... condições ideais para o surgimento do detetive particular, personagem dedicado ...... elucidação dos mais variados mistérios, propenso ...... investigar delitos de todos os tipos.

Preenchem corretamente as lacunas da frase acima, na ordem dada:

a) as - à - a
b) às - a - à
c) as - a - à
d) as - à - à
e) às - à - a

03. A pesquisa, feita em terras destinadas ...... agricultura, teve por objetivo estudar ...... áreas que permitissem condições favoráveis de sobrevivência ...... aves.

a) à - às - as
b) à - as - as
c) à - as - às
d) a - as - as
e) a - às - às

04. ... e chegou à conclusão de que o funcionário passou o dia inteiro tomando café.

Do mesmo modo que se justifica o sinal indicativo de crase em destaque na frase acima, está correto o seu emprego em:

a) E chegou à uma conclusão totalmente inesperada.
b) E chegou então à tirar conclusões precipitadas.
c) E chegou à tempo de ouvir as conclusões finais.
d) E chegou finalmente à inevitável conclusão.
e) E chegou à conclusões as mais disparatadas.

05. Com relação a aspectos linguísticos do texto, julgue o item que se segue.

No trecho "Exceção a essa regra", é opcional o emprego do sinal indicativo de crase no "a".

Certo ( )　　　Errado ( )

06. ...os modernistas promoveram uma valorização diferente do léxico, paralela à renovação dos assuntos.

O sinal indicativo de crase presente na frase acima deve ser mantido em caso de substituição do segmento grifado por:

a) Muita inovação no repertório.
b) Uma grande reformulação dos temas.
c) Toda sorte de revigoramento do repertório.
d) Profundas mudanças temáticas.
e) Inevitável transformação temática.

07. A fidelidade ...... música e ...... fala do povo permitiram ...... Adoniran exprimir a sua cidade de modo completo e perfeito.

Antonio Cândido. Op. cit.

Preenchem corretamente as lacunas da frase acima, na ordem dada:

a) a - a - à
b) a - à - à
c) à - à - a
d) à - a - a
e) a - à - a

08. Não deixa de ser paradoxal o fato de o crescimento da descrença, que parecia levar ...... uma ampliação da liberdade, ter dado lugar ...... escalada do fundamentalismo religioso, ... que se associam manifestações profundamente reacionárias.

Preenchem corretamente as lacunas da frase acima, na ordem dada:

a) a - à - a
b) à - a - a
c) a - a - à
d) à - à - a
e) a - à - à

09. Em "Bem-vindos à Feira de Caruaru", a crase é obrigatória. Em qual das alternativas abaixo, o uso da crase É FACULTATIVO?

a) A Feira de Caruaru é atração devido à grande diversidade lá existente.
b) Na Feira de Caruaru, tudo está à venda.
c) Em feiras, como a de Caruaru, vendem-se coisas às pessoas de diferentes classes sociais
d) Nas cidades de pequeno comércio, há mais pagamentos à vista.
e) Todos os dias, os comerciantes da Feira de Caruaru permanecem até às 18h.

10. A parcela da população mundial que ascendeu ...... classe média nos últimos vinte anos passou ...... consumir mais, ... um ritmo acelerado, o que põe em risco a sustentabilidade do planeta.

As lacunas da frase acima estarão corretamente preenchidas, respectivamente, por:

a) à - a - a
b) à - à - a
c) à - a - à
d) a - a - à
e) a - a - a

11. Assinale a opção em que o espaço deve ser preenchido com À (preposição e pronome), como destacado em "(...) uma média semelhante À de um casal de classe média (...)".

a) ____ medida que caminhava, recordava-se da terra natal
b) Esta cena corresponde ____ que presenciei ontem.
c) Aproveite ____ oferta e se contente com a cor do tecido.
d) Referia-se, com certeza, _____ terra de seus pais.
e) Obedeceu _____ ordem dada, sem reclamar.

12. Assinale a alternativa em que o uso do acento grave é obrigatório.

a) Ficou a olhar para os peixes sobre a pia.
b) Abriu a torneira para ver o que acontecia.
c) Ela está lá do jeitinho que a deixei.
d) Juro; pode ir a cozinha ver os peixes.
e) Podia dar alguma coisa a ele.

13. ... levava à crença na contínua evolução da sociedade ...

O emprego do sinal de crase, exemplificado acima, estará correto, unicamente, em:

a) Aludir à felicidade geral.
b) Buscar à felicidade.
c) Propor à toda a população
d) Impor à esse grupo.
e) Discutir à obrigatoriedade da lei.

14. Em "direito à alimentação", o uso de sinal indicativo de crase é um recurso imprescindível para a compreensão do texto.

Certo ( ) Errado ( )

15. Leia o texto :

A preocupação com a herança que deixaremos as (1) gerações futuras está cada vez mais em voga. Ao longo da nossa história, crescemos em número e modificamos quase todo o planeta. Graças aos avanços científicos, tomamos consciência de que nossa sobrevivência na Terra está fortemente ligada a (2) sobrevivência das outras espécies e que nossos atos, relacionados a (3) alterações no planeta, podem colocar em risco nossa própria sobrevivência. Contudo, aliado ao desenvolvimento científico, temos o crescimento econômico que nem sempre esteve preocupado com questões ambientais. O que se almeja é o desenvolvimento sustentável, que é aquele viável economicamente, justo socialmente e correto ambientalmente, levando em consideração não só as (4) nossas necessidades atuais, mas também as (5) das gerações futuras, tanto nas comunidades em que vivemos quanto no planeta como um todo.

(Adaptado de A. P. FOLTZ, A Crise Ambiental e o Desenvolvimento Sustentável: o crescimento econômico e o meio ambiente. Disponível em http://www.iuspedia.com.br.22 jan. 2008)

Para que o texto acima respeite as regras gramaticais do padrão culto da Língua Portuguesa, é obrigatória a inserção do sinal indicativo de crase em:

a) 1, 2 e 3.
b) 1 e 2.
c) 1, 3 e 5.
d) 2 e 4.
e) 3, 4 e 5.

16. Institucionalizada ___ partir das lutas antiabsolutistas, no século 18, e da expansão dos movimentos constitucionalistas, no século 19, ___ democracia representativa foi consolidada ao longo de um processo histórico marcado pelo reconhecimento de três gerações de direitos humanos: os relativos ___ cidadania civil e política, os relativos ___ cidadania social e econômica e os relativos ___ cidadania "pós-material", que se caracterizam pelo direito ___ qualidade de vida, ___ um meio ambiente saudável, ___ tutela dos interesses difusos e ao reconhecimento da diferença e da subjetividade.

(Baseado em Mário Antônio Lobato de Paiva em www.ambitojurídico.com.br)

Marque o item que preenche de forma correta as lacunas do texto seguinte:

a) a, à, à, a, à, à, a, a.
b) a, a, à, à, à, à, a, à.
c) à, a, a, à, à, a, a, à.
d) à, a, a, à, à, à, a, à.
e) a, à, à, a, à, à, a, à.

17. "O movimento altermundialista deverá também responder à nova situação mundial nascida da crise escancarada da fase neoliberal da globalização capitalista."

No trecho acima, empregou-se corretamente o acento grave indicativo de crase. Assinale a alternativa em que isso não tenha ocorrido.

a) Eles visaram à premiação no concurso.
b) Sempre nos referimos à Florianópolis dos açorianos.
c) Nossos cursos vão de 8h às 18h.
d) A solução foi sair à francesa.
e) Fizemos uma longa visita à casa nova dos nossos amigos.

18. Os trechos abaixo compõem, sequencialmente, um texto adaptado do Editorial do jornal Zero Hora (RS) de 18/01/2010. Assinale a opção que está gramaticalmente correta quanto à ausência ou à presença do acento grave indicativo de crase.

a) O novo estímulo aos usineiros, também com pesado suporte de subsídios, levou à indústria automobilística a investir na produção não mais de carros movidos a álcool, mas de veículos flex, que permitem o uso dos dois combustíveis. No ano passado, as vendas de carros flex cresceram 14% em relação a 2008.
b) Apresentado nos anos 70 como opção à crise do petróleo, sob forte apoio governamental, o álcool perdeu relevância nas décadas de 80 e 90. A produção foi retomada e intensificada nos últimos anos, com a explosão nos preços internacionais dos derivados da energia fóssil.
c) As montadoras aplicaram recursos no desenvolvimento de tecnologias, e o consumidor se dispôs a pagar mais por veículos mais modernos. Ambos apostaram nas vantagens de um combustível que, além de reduzir à dependência da gasolina e do diesel, apresentava ainda as virtudes do ecologicamente correto, por ser menos poluente e renovável.
d) A partir do ano passado, com a queda nos preços do petróleo, outros fatores de mercado conspiraram contra o álcool, como a quebra na produção da cana e o aumento dos preços do açúcar. Mesmo que o álcool se submeta à oscilações de cotações, como qualquer outro produto, o que não se pode admitir é que essas variações façam com que a oferta do produto seja imprevisível e instável.
e) A sazonalidade e outras questões envolvidas não são suficientes para explicar a ausência de uma política que assegure, à fabricantes e consumidores, a certeza de que investiram em uma opção de combustível tratada com a seriedade que merece.

19. Assinale a alternativa em que o acento indicativo de crase está corretamente empregado.

a) O memorando refere-se à documentos enviados na semana passada.
b) Dirijo-me à Vossa Senhoria para solicitar uma audiência urgente.
c) Prefiro montar uma equipe de novatos à trabalhar com pessoas já desestimuladas.
d) O antropólogo falará apenas àquele aluno cujo nome consta na lista.
e) Quanto à meus funcionários, afirmo que têm horário flexível e são responsáveis.

20. O acento indicativo de crase foi corretamente empregado apenas em:

a) O cidadão não atende à apelos sem fundamento.
b) No artigo, o autor citou à necessária reforma do Estado.
c) Convencemos à todos da necessidade de um pacto social.
d) O debatedor não se rendeu àqueles discursos demagógicos.
e) Os governantes dispuseram-se à colaborar.

Gabaritos

01	C	11	B
02	A	12	D
03	C	13	A
04	D	14	ERRADO
05	ERRADO	15	B
06	E	16	B
07	C	17	C
08	A	18	B
09	E	19	D
10	A	20	D

12. PONTUAÇÃO

A pontuação assinala a melodia de nossa fala, ou seja, as pausas, a ênfase etc.

12.1 Principais Sinais e Usos

Vírgula

É o sinal mais importante para concurso público.

Usa-se a vírgula para:

Separar termos que possuem mesma função sintática no período:

José, **Maria**, **Antônio** e **Joana** foram ao mercado. (função de núcleo do sujeito)

Isolar o vocativo:

Então, **minha cara**, não há mais o que se dizer!

Isolar um aposto explicativo (cuidado com essa regra, veja que não há verbo no aposto explicativo):

O João, **ex-integrante da comissão**, veio fazer parte da reunião.

Isolar termos antecipados, como: complemento, adjunto ou predicativo:

Na semana passada, comemos camarão no restaurante português. (antecipação de adjunto adverbial)

Separar expressões explicativas, conjunções e conectivos:

isto é, ou seja, por exemplo, além disso, pois, porém, mas, no entanto, assim etc.

Separar os nomes dos locais de datas:

Cascavel, 02 de maio de 2012.

Isolar orações adjetivas explicativas (pronome relativo + verbo + vírgula):

O Brasil, **que é um belíssimo país**, possui ótimas praias.

Separar termos de uma enumeração:

Vá ao mercado e traga **cebola**, **alho**, **sal**, **pimenta e coentro**.

Separar orações coordenadas:

Esforçou-se muito, **mas não venceu o desafio**. (oração coordenada sindética adversativa)

Roubou todo o dinheiro, **e ainda apareceu na casa**. (oração coordenada sindética aditiva).

A vírgula pode ser utilizada antes da conjunção aditiva "e" caso se queira enfatizar a oração por ela introduzida.

Omitir um termo, elipse (no caso da elipse verbal, chamaremos "zeugma"):

De dia era um anjo, de noite um **demônio**. (omissão do verbo "ser")

Separar termos de natureza adverbial deslocado dentro da sentença:

Na semana passada, trinta alunos foram aprovados no concurso. (locução adverbial temporal)

Se estudar muito, você será aprovado no concurso. (oração subordinada adverbial condicional)

Ponto final

Usa-se o ponto final:

Ao final de frases para indicar uma pausa total; é o que marca o fim de um período:

Depois de passar no concurso, comprarei um carro.

Em abreviaturas:

Sr., a. C., Ltda., num., adj., obs., máx., *bat., brit. etc.*

Ponto e vírgula

Usam-se ponto e vírgula para:

Separar itens que aparecem enumerados:

Uma boa dissertação apresenta:

Coesão;

Coerência;

Progressão lógica;

Riqueza lexical;

Concisão;

Objetividade;

Aprofundamento.

Separar um período que já se encontra dividido por vírgulas:

Não gostava de trabalhar; queria, no entanto, muito dinheiro no bolso.

Separar partes do texto que se equilibram em importância:

Os pobres dão pelo pão o trabalho; os ricos dão pelo pão a fazenda; os de espíritos generosos dão pelo pão a vida; os de nenhum espírito dão pelo pão a alma.(Vieira).

O capitalismo é a exploração do homem pelo homem; o socialismo é exatamente o contrário.

Dois Pontos

São usados dois pontos quando:

Se vai fazer uma citação ou introduzir uma fala:

José respondeu:

- Não, muito obrigado!

Se quer indicar uma enumeração:

Quero apenas uma coisa: que vocês sejam aprovados no concurso!

Aspas

São usadas aspas para indicar:

Citação presente no texto. Ex.:

"Há distinção entre categorias do pensamento" - disse o filósofo.

Expressões estrangeiras, neologismos, gírias. Ex.:

Na parede, haviam pintado a palavra "love". (expressão estrangeira)

Ficava "bailarinando", como diria Guimarães. (neologismo)

"Velho", esconde o "cano" aí e "deixa baixo". (gíria)

Reticências

São usadas para indicar supressão de um trecho, interrupção na fala, ou dar ideia de continuidade ao que se estava falando. Ex.:

(...) Profundissimamente hipocondríaco Este ambiente me causa repugnância Sobe-me à boca uma ânsia análoga à ânsia Que se escapa pela boca de um cardíaco(...)

Eu estava andando pela rua quando...

Eu gostei da nova casa, mas da garagem...

Parênteses

São usados quando se quer explicar melhor algo que foi dito ou para fazer simples indicações. Ex.:

Foi o homem que cometeu o crime (o assassinato do irmão).

Travessão

Indica a fala de um personagem:

Ademar falou. Ex.:

- Amigo, preciso contar algo para você.

Isola um comentário no texto. Ex.:

O estudo bem realizado - **diga-se de passagem, que quase ninguém faz** - é o primeiro passo para a aprovação.

Isola um aposto na sentença. Ex.:

A Semântica – **estudo sobre as relações de sentido** - é importantíssima para o entendimento da Língua.

Reforçar a parte final de um enunciado. Ex.:

Para passar no concurso, é preciso estudar muito — **muito mesmo.**

Trocas

A Banca, eventualmente, costuma perguntar sobre a possibilidade de troca de termos, portanto, atenção!

» Vírgulas, travessões e parênteses, quando isolarem um aposto, podem ser trocadas sem prejuízo para a sentença;

» Travessões podem ser trocados por dois pontos, a fim de enfatizar um enunciado.

Regra de ouro

Na ordem natural de uma sentença, é proibido:

→ Separar Sujeito e Predicado com vírgulas:

"Aqueles maravilhosos velhos ensinamentos de meu pai foram de grande utilidade. (certo) Aqueles maravilhosos velhos ensinamentos de meu pai, foram de grande utilidade. (errado)."

→ Separar Verbo de Objeto:

"O presidente do maravilhoso país chamado Brasil assinou uma lei importante. (certo) O presidente do maravilhoso país chamado Brasil assinou, uma lei importante. (errado)"

Questões

01. (CESGRANRIO) Leia o trecho:

É uma pena que haja tamanha displicência em relação ao seu uso. Poucos se dão conta de que ela é a chave que abre as portas mais emperradas, que ela facilita negociações, encurta caminhos, cria laços, aproxima as pessoas. Tanta gente nasce e morre sem dialogar com a vida. Contam coisas, falam por falar, mas não conversam, não usam a palavra como elemento de troca. Encantam-se pelo som da própria voz e, nessa onda narcísica, qualquer palavra lhes serve.

Mas não. Não serve qualquer uma.

O trecho "Mas não. Não serve qualquer uma." pode ter sua pontuação alterada, sem modificar-lhe o sentido original, em:

a) Mas não: não serve qualquer uma.
b) Mas, não; não, serve qualquer uma.
c) Mas não; não serve, qualquer uma.
d) Mas: não, não. Serve qualquer uma.
e) Mas não - não; serve qualquer uma.

02. (CESGRANRIO) Atente para as afirmações abaixo sobre a pontuação empregada em segmentos transcritos do texto.

I. Eis aí duas culturas, a grega e a romana, que na Antiguidade se reuniram para criar uma civilização comum... **A substituição das vírgulas por travessões redundaria em prejuízo para a correção e a lógica**.

II. Se Grécia e Roma foram, para Poe, uma espécie de casa... **A retirada simultânea das vírgulas não implicaria prejuízo para a correção e a lógica**.

III. ... a primeira, em suma, a tornar-se letrada no pleno sentido deste termo, e a transmitir-nos o seu conhecimento letrado. **A vírgula colocada imediatamente depois de termo é facultativa**.

Está correto o que consta APENAS em:

a) I.
b) I e II.
c) I e III.
d) II e III.
e) III.

03. (CESGRANRIO) O uso de sinais (aspas e travessão) está adequado à norma-padrão, que deve ser observada em uma correspondência oficial, na seguinte frase:

a) O artigo sobre o "processo de desregulamentação" foi publicado na Folha de São Paulo.
b) As chuvas de verão — fenômenos que se repetem desde há muito tempo podem ser previstas.
c) "Mutatis mutandis", as novas diretrizes da direção em nada alteram as antigas.
d) O cuidado com a saúde — meta prioritária do governo, será ainda maior.
e) — O diretor disse: Demita-se o funcionário.

04. (FCC) A pesquisa também chama a atenção para o novo Código Florestal, que prevê a redução de algumas áreas – ***hoje legalmente protegidas, como matas ciliares e topos de morros*** –, para serem utilizadas para a agropecuária. "Ficamos receosos de que as mudanças nas áreas protegidas possam ser terríveis para as aves e para outros animais, que vão perder ambientes naturais. E aquelas que não conseguem sobreviver nas plantações tendem a se tornar raras ou até mesmo a desaparecer", prevê o professor.

O segmento isolado pelos travessões, constitui:

a) Repetição desnecessária de uma mesma informação.
b) Introdução de um novo assunto no texto
c) Transcrição exata das palavras do pesquisador.
d) Determinação de uma área a ser explorada.
e) Informação com exemplos esclarecedores.

05. (FCC) Na escala de valores, popular, mais que um adjetivo, era um estigma. Daí o escândalo do sarau de d. Nair de Tefé. Primeira-dama, ela própria artista, afrontou a conspícua Velha República.

Mantendo-se, em linhas gerais, o sentido original, uma redação alternativa para as frases acima, em que se respeitam as regras de pontuação, é:

a) Popular, era na escala de valores mais que um adjetivo, um estigma. Daí o escândalo do sarau da primeira-dama, d. Nair de Tefé, ela própria artista, que, afrontou a conspícua Velha República.
b) Popular era, na escala de valores, mais que um adjetivo, um estigma. Daí o escândalo do sarau da primeira-dama, d. Nair de Tefé, ela própria artista, que afrontou a conspícua Velha República.
c) Popular, era na escala de valores mais que um adjetivo: um estigma. Daí o escândalo do sarau da primeira-dama, d. Nair de Tefé ela própria artista, que afrontou a conspícua, Velha República.
d) Popular era, na escala de valores, mais que um adjetivo, um estigma, daí o escândalo do sarau da primeira-dama d. Nair de Tefé ela própria, artista que afrontou a conspícua Velha República.
e) Popular era, na escala de valores, mais que um adjetivo um estigma; daí o escândalo do sarau, da primeira-dama d. Nair de Tefé, ela própria, artista que afrontou, a conspícua Velha República.

06. (FCC) Está plenamente correta a pontuação do seguinte período:

a) Confessando não sem ironia, que entende de arquitetura, o cronista Rubem Braga, mestre do gênero propõe uma receita de casa, em que o porão, área frequentemente desprezada, ganha ares de profundidade e mistério.
b) Confessando, não sem ironia, que entende de arquitetura o cronista, Rubem Braga, mestre do gênero, propõe uma receita de casa, em que, o porão, área frequentemente desprezada, ganha ares de profundidade e mistério.
c) Confessando não sem ironia que entende de arquitetura, o cronista Rubem Braga, mestre do gênero, propõe: uma receita de casa em que, o porão área frequentemente desprezada, ganha ares de profundidade, e mistério.
d) Confessando, não sem ironia que, entende de arquitetura, o cronista Rubem Braga – mestre do gênero – propõe uma receita, de casa, em que o porão (área frequentemente desprezada), ganha ares de profundidade e mistério.
e) Confessando, não sem ironia, que entende de arquitetura, o cronista Rubem Braga, mestre do gênero, propõe uma receita de casa em que o porão, área frequentemente desprezada, ganha ares de profundidade e mistério.

07. (FCC - ADAPTADA) Leia o Texto:

Por mais que tudo isso venha desaparecendo dos nossos olhos e se dissolvendo em passado, em antiguidade, em raridade de museu, continua a ser parte do espírito do Rio de Janeiro. Pois as cidades são como as pessoas, em cujo espírito nada do que se passou deixa inteiramente de ser. O Rio descaracterizado de hoje guarda no seu íntimo para os que, como Gastão Cruls, sabem vê-lo histórica e sentimentalmente, uma riqueza de característicos irredutíveis ou indestrutíveis, que as páginas de Aparência do Rio de Janeiro nos fazem ver ou sentir. E este é o maior encanto do guia da cidade que o autor de A Amazônia que eu vi acaba de **escrever: dar-nos**, através da aparência do Rio de Janeiro, traços essenciais do passado e do caráter da gente carioca. Comunicar-nos do Rio de Janeiro que Gastão Cruls conhece desde seus dias de menino de morro ilustre – menino nascido à sombra do Observatório – alguma coisa de essencial. Alguma coisa do que a cidade parece ter de eterno e que vem de certa harmonia misteriosa a que tendem o branco, o preto, o roxo e o moreno – principalmente o moreno – da cor da pele dos seus homens e das suas mulheres, com o azul e o verde quente de suas águas e de suas matas.

Os dois-pontos que aparecem no trecho destacado denotam:

a) Inclusão de segmento especificativo.
b) Interrupção intencional do fluxo expositivo.
c) Intercalação de ideia isolada no contexto.
d) Constatação de fatos pertinentes ao assunto.
e) Enumeração de elementos da cidade e do povo.

08. (CESPE) Leia o texto:

O levantamento concluído pelo Instituto Médico Legal (IML) **aponta**, após a implantação da Lei de Embriaguez ao **Volante**, uma redução de 63% nas mortes ocasionadas por acidente de **trânsito** em São Paulo. No levantamento realizado pelo IML, são comparadas as três primeiras semanas de **junho**, período que antecedeu a chamada **Lei Seca**, com as três semanas posteriores. Na primeira fase, a média é de 11,7 mortos na quinta, sexta, sábado e domingo de cada semana. Depois da implantação da Lei Seca, a média cai para 4,3 mortos em acidentes de trânsito. A pesquisa foi feita nesses quatro dias de cada semana, pois é o período em que é mais frequente a associação de álcool e direção com o aumento do número de acidentes registrados.

Internet: <www.detran.sp.gov.br>

O emprego de vírgulas após as palavras "aponta" e "Volante" indica que o adjunto adverbial de tempo está deslocado na oração.

Certo ( ) Errado ( )

09. (CESPE) Após a palavra "trânsito", não se emprega vírgula porque o adjunto adverbial de lugar está em sua posição lógica na oração.

Certo ( ) Errado ( )

10. (CESPE) O emprego de vírgula após "junho" e "Lei Seca" justifica-se porque isola oração subordinada adjetiva restritiva.

Certo ( ) Errado ( )

Gabaritos

01	A	06	E
02	D	07	A
03	C	08	CERTO
04	E	09	CERTO
05	B	10	ERRADO

13. TIPOLOGIA TEXTUAL

O conteúdo relativo à tipologia textual é, deveras, fácil. Precisamos, apenas, destacar alguns elementos estruturantes a cada tipo de texto. Dessa forma, você conseguirá responder quaisquer questões relacionadas a essa temática.

O primeiro item que se deve ter em mente na hora de analisar um texto segundo sua tipologia é o caráter da predominância. Isso quer dizer que um mesmo agrupamento textual pode possuir características de diversas tipologias distintas, porém as questões costumam focalizar qual é o "tipo" predominante, o que mais está evidente no texto. Um pouco de bom-senso e uma pequena dose de conhecimento relativo ao assunto são necessários para obter sucesso nesse conteúdo.

Trabalharemos com três tipologias básicas: **narração, dissertação e descrição.** Vamos ao trabalho:

13.1 Narração

Facilmente identificável, a tipologia narrativa guarda uma característica básica: contar algo, transmitir a ocorrência de fatos e/ou ações que possuam um registro espacial e temporal. Quer dizer, a narração necessita, também, de um espaço bem marcado e de um tempo em que as ações narradas ocorram. Discorramos sobre cada aspecto separadamente.

São elementos de uma NARRAÇÃO:

Personagem: Quem pratica ação dentro da narrativa, é claro. Deve-se observar que os personagens podem possuir características físicas (altura, aparência, cor do cabelo etc.) e psicológicas (temperamento, sentimentos, emoções etc.), as quais podem ser descritas ao longo do texto.

Espaço: Trata-se do local em que a ação narrativa ocorre.

Tempo: É o lapso temporal em que a ação é descrita. Não se engane, o tempo pode ser enunciado por um simples "era uma vez".

Ação: Não existe narração sem ação! Ou seja, os personagens precisam fazer algo, ou sofrer algo para que haja ação narrativa.

Narrador: Afinal, como será contada uma estória sem uma voz que a narre? Portanto, este é outro elemento estruturante da tipologia narrativa. O narrador pode estar inserido na narrativa ou apenas "observar" e narrar os acontecimentos.

Note-se que, na tipologia narrativa, os verbos flexionados no pretérito são mais evidentes.

Eis um exemplo de narração, tente observar os elementos descritos acima, no texto:

Um Apólogo

Machado de Assis

Era uma vez uma agulha, que disse a um novelo de linha:

— Por que está você com esse ar, toda cheia de si, toda enrolada, para fingir que vale alguma cousa neste mundo?

— Deixe-me, senhora.

— Que a deixe? Que a deixe, por quê? Porque lhe digo que está com um ar insuportável? Repito que sim, e falarei sempre que me der na cabeça.

— Que cabeça, senhora? A senhora não é alfinete, é agulha. Agulha não tem cabeça. Que lhe importa o meu ar? Cada qual tem o ar que Deus lhe deu. Importe-se com a sua vida e deixe a dos outros.

— Mas você é orgulhosa.

— Decerto que sou.

— Mas por quê?

— É boa! Porque coso. Então os vestidos e enfeites de nossa ama, quem é que os cose, senão eu?

— Você? Esta agora é melhor. Você é que os cose? Você ignora que quem os cose sou eu e muito eu?— Você fura o pano, nada mais; eu é que coso, prendo um pedaço ao outro, dou feição aos babados...

— Sim, mas que vale isso? Eu é que furo o pano, vou adiante, puxando por você, que vem atrás obedecendo ao que eu faço e mando...

— Também os batedores vão adiante do imperador.

— Você é imperador?

— Não digo isso. Mas a verdade é que você faz um papel subalterno, indo adiante; vai só mostrando o caminho, vai fazendo o trabalho obscuro e ínfimo. Eu é que prendo, ligo, ajunto...

Estavam nisto, quando a costureira chegou à casa da baronesa. Não sei se disse que isto se passava em casa de uma baronesa, que tinha a modista ao pé de si, para não andar atrás dela. Chegou a costureira, pegou do pano, pegou da agulha, pegou da linha, enfiou a linha na agulha, e entrou a coser. Uma e outra iam andando orgulhosas, pelo pano adiante, que era a melhor das sedas, entre os dedos da costureira, ágeis como os galgos de Diana — para dar a isto uma cor poética. E dizia a agulha:

— Então, senhora linha, ainda teima no que dizia há pouco? Não repara que esta distinta costureira só se importa comigo; eu é que vou aqui entre os dedos dela, unidinha a eles, furando abaixo e acima...

A linha não respondia; ia andando. Buraco aberto pela agulha era logo enchido por ela, silenciosa e ativa, como quem sabe o que faz, e não está para ouvir palavras loucas. A agulha, vendo que ela não lhe dava resposta, calou-se também, e foi andando. E era tudo silêncio na saleta de costura; não se ouvia mais que o plic-plic-plic-plic da agulha no pano. Caindo o sol, a costureira dobrou a costura, para o dia seguinte. Continuou ainda nessa e no outro, até que no quarto acabou a obra, e ficou esperando o baile.

Veio a noite do baile, e a baronesa vestiu-se. A costureira, que a ajudou a vestir-se, levava a agulha espetada no corpinho, para dar algum ponto necessário. E enquanto compunha o vestido da bela dama, e puxava de um lado ou outro, arregaçava daqui ou dali, alisando, abotoando, acolchetando, a linha para mofar da agulha, perguntou-lhe:

— Ora, agora, diga-me, quem é que vai ao baile, no corpo da baronesa, fazendo parte do vestido e da elegância? Quem é que vai dançar com ministros e diplomatas, enquanto você volta para a caixinha da costureira, antes de ir para o balaio das mucamas? Vamos, diga lá.

Parece que a agulha não disse nada; mas um alfinete, de cabeça grande e não menor experiência, murmurou à pobre agulha:

— Anda, aprende, tola. Cansas-te em abrir caminho para ela e ela é que vai gozar da vida, enquanto aí ficas na caixinha de costura. Faze como eu, que não abro caminho para ninguém. Onde me espetam, fico.

Contei esta história a um professor de melancolia, que me disse, abanando a cabeça:

— Também eu tenho servido de agulha a muita linha ordinária!

13.2 Dissertação

O texto dissertativo, também chamado por alguns de informativo, possui a finalidade de discorrer sobre determinado assunto, apresentando fatos, opiniões de especialista, dados quantitativos ou mesmo informações sobre o assunto da dissertação. É preciso entender que nem sempre a dissertação busca persuadir o seu interlocutor, ela pode simplesmente transmitir informações pertinentes ao assunto dissertado.

Quando a persuasão é objetivada, o texto passa a ter também características argumentativas. A rigor, as questões de concurso público focalizam a tipologia, não seus interstícios, portanto, não precisa ficar desesperado com o fato de haver diferença entre texto dissertativo-expositivo e texto dissertativo-argumentativo. Importa saber que ele é dissertativo.

Toda boa dissertação possui a ***Introdução*** do tema, o ***Desenvolvimento*** coeso e coerente, que está vinculado ao que se diz na introdução, e uma ***Conclusão*** lógica do texto, evidenciando o que se permite compreender por meio da exposição dos parágrafos de desenvolvimento.

A tipologia dissertativa pode ser facilmente encontrada em editoriais, textos de divulgação acadêmica, ou seja, com caráter científico, ensaios, resenhas, artigos científicos e textos pedagógicos.

Exemplo de dissertação:

Japão foi avisado sobre problemas em usinas dois anos antes, diz Wikileaks

O Wikileaks, site de divulgação de informações consideradas sigilosas, vazou um documento que denuncia que o governo japonês já havia sido avisado pela vigilância nuclear internacional que suas usinas poderiam não ser capazes de resistir a terremotos. O relatório, assinado pelo embaixador Thomas Schieffer obtido pelo WikiLeaks foi publicado hoje pelo jornal britânico, The Guardian.

O documento revela uma conversa de dezembro de 2008 entre o então deputado japonês, Taro Kono, e um grupo diplomático norte-americano durante um jantar. Segundo o relatório, um membro da Agência Internacional de Energia Atômica (AIEA) disse que as normas de segurança estavam obsoletas para aguentar os fortes terremotos, o que significaria "um problema grave para as centrais nucleares". O texto diz ainda que o governo do Japão encobria custos e problemas associados a esse ramo da indústria.

Diante da recomendação da AIEA, o Japão criou um centro de resposta de emergência em Fukushima, capaz de suportar, apenas, tremores até magnitude 7,0.

13.3 Descrição

Em um texto descritivo, faz-se um tipo de retrato por escrito de um lugar, uma pessoa, um animal ou um objeto. Os adjetivos são abundantes nessa tipologia, uma vez que a sua função de caracterizar os substantivos é extremamente exigida nesse contexto. É possível existir um texto descritivo que enuncie características de sensações ou sentimentos, porém não é muito comum em provas de concurso público. Não há relação temporal na descrição. Os verbos relacionais são mais presentes, para poder evidenciar aspectos e características. Significa "criar" com palavras uma imagem.

Exemplo de texto descritivo:

Texto extraído da prova do BRB (2010) – Banca CESPE/UnB

***Nome científico**: Ginkgo biloba L.*
***Nome popular**: Nogueira-do-japão*
***Origem**: Extremo Oriente*
***Aspecto**: as folhas dispõem-se em leque e são semelhantes ao trevo; a altura da árvore pode chegar a 40 metros; o fruto lembra uma ameixa e contém uma noz que pode ser assada e comida*

14. COMPREENSÃO E INTERPRETAÇÃO DE TEXTOS

É bastante comum e compreensível que os concursandos tenham algum tipo de dificuldade nas questões de compreensão e interpretação de textos. Isso é oriundo do próprio histórico de leituras que o candidato possui, uma vez que grande parte dos concursandos querem gabaritar uma prova, ou mesmo conseguir um cargo público, sem possuir o menor hábito de leitura. Ou seja você precisa adquirir (se ainda não possui) o bom costume de ler.

Por "ler", entende-se buscar os meandros de um texto, de uma canção, de qualquer coisa com que entremos em contato. Mesmo um discurso ou um diálogo podem ser "lidos". O grande problema fica a cargo de que o bom brasileiro gosta de fazer qualquer coisa, menos de ler. Parece até que aquilo que era uma diversão, um bom entretenimento virou um pesadíssimo "fardo". Você não pode pensar desse modo. Ler deve ser uma prática constante.

E na hora do concurso? Como proceder?

Há três elementos fundamentais para boa interpretação:

Eliminação dos vícios de leitura ;

Organização;

"Malandragem".

Vícios de leitura

A pior coisa que pode acontecer com o concursando, quando recebe aquele texto "capetótico" para ler e interpretar, é cair num vício de leitura. Veja se você possui algum deles. Caso possua, tente eliminar o quanto antes.

O Movimento:

Como tudo inicia. O indivíduo pega o texto para ler e não para quieto. Troca a maneira de sentar, troca a posição do texto, nada está bom, nada está confortável. Em casa, senta para estudar e o que acontece? Fome. Depois? Sede. Então, a pessoa fica se mexendo para pegar comida, para tomar água, para ficar mais sossegado e o fluxo de leitura vai para o espaço. FIQUE QUIETO! O conceito é militar! Sente-se e permaneça assim até acabar a leitura, do contrário, vai acabar com a possibilidade de entender o que está escrito. Estudar com televisão, rádio, *msn* e qualquer coisa dispersiva desse gênero só vai atrapalhar você.

O Apoio:

Não é aconselhável utilizar apoios para a leitura, tais como: réguas, acompanhar a linha com a caneta, ler em voz baixa, passar o dedo pelo papel etc. Basta pensar que seus olhos são muito mais rápidos que qualquer movimento ou leitura em voz alta. Gaguejou, escorregou no papel, dançou.

O Garoto da Borboleta:

Se você possui os vícios "a" e "b", certamente é um "garoto da borboleta" também. Isso quer dizer que é um desatento que fica facilmente (fatalmente) disperso. Tudo chama sua atenção: caneta batendo na mesa, o concorrente barulhento, a pessoa estranha que está em sua frente, o tempo passando etc. Você vai querer ficar voltando ao início do texto porque não conseguiu compreender nada e, finalmente, vai perder as questões de interpretação.

Organização da leitura

Para que ocorra organização, é necessário compreender que todo texto possui:

Posto: aquilo que é dito no texto. O conteúdo expresso.

Pressuposto: aquilo que não está dito, mas que é facilmente compreendido.

Subentendido: o que se pode interpretar por uma soma de dito com não-dito.

Veja um exemplo:

Alguém diz: "felizmente, meu tio parou de beber." É certo que o dito se compõe pelo conteúdo da mensagem: o homem parou de beber. O não-dito, ou pressuposto, fica a cargo da ideia de que meu tio "bebia", agora, não bebe mais. Por sua vez, o subentendido pode ser abstraído como "meu tio possuía problemas com a bebida e eu assumo isso por meio da sentença que profiro". Não é difícil! É necessário, no entanto, possuir uma certa "malandragem linguística" para perceber isso de início. Veremos isso ao longo do texto.

As dicas de organização não são novas, mas são eficazes, vamos lá:

Ler mais de uma vez o texto (quando for curtinho, é lógico):

A primeira leitura é para tomar contato com o assunto, a segunda, para observar como o texto está articulado.

Ao lado de cada parágrafo, escreva a principal ideia (tópico frasal) ou argumento mais forte do trecho. Isso ajuda você a ter clareza da temática e como ela está sendo desenvolvida.

Se o texto for muito longo, recomenda-se ler primeiro a questão de interpretação, para, então, buscá-la na leitura.

Observar as relações entre parágrafos:

Observar que há relações de exemplificação, oposição, causalidade entre os parágrafos do texto, por isso, tente compreender as relações intratextuais nos parágrafos.

Ficar de olho aberto para as conjunções adversativas: no entanto, contudo, entretanto, etc.

Atentar para o comando da questão:

Responda àquilo que foi pedido.

» **Dica**: entenda que modificar e prejudicar o sentido não são a mesma coisa.

Palavras de alerta (polarizadoras):

Sublinhar palavras como: erro, incorreto, correto e exceto, para não se confundir no momento de responder à questão.

Inaceitável, incompatível e incongruente também podem aparecer.

Limitar os horizontes:

Não imaginar que você sabe o que o autor quis dizer, mas sim entender o que ele disse: o que ele escreveu. Não extrapolar a significação do texto. Para isso, é importante prestar atenção no significado das palavras.

Pode até ser coerente o que você concluiu, mas se não há base textual, descarte.

» **Ex.**: O homem **pode** morrer de infarto. / O homem **deve** morrer de infarto.

Busque o tema central do texto:

Geralmente aparece no primeiro parágrafo do texto.

Desenvolvimento:

Se o enunciado mencionar a argumentação do texto, você deve buscar entender o que ocorre com o desenvolvimento dos parágrafos.

Verificar se o desenvolvimento ocorre por:

» Causa e consequência;
» Enumeração de fatos;
» Retrospectiva histórica;
» Fala de especialista;
» Resposta a um questionamento;
» Sequência de dados;
» Estudo de caso;
» Exemplificação.

Relatores:

Atentar para os pronomes relativos e demonstrativos no texto. Ele auxiliam o leitor a entender como se estabelece a coesão textual.

Alguns deles:

» Que;
» Cujo;
» O qual;
» Onde;
» Esse;
» Este;
» Isso;
» Isto.

Entender se a questão é de interpretação ou de compreensão:

Interpretação

Parte do texto para uma conclusão. As questões que solicitam uma inferência apresentam as seguintes estruturas:

» É possível entender que...
» O texto possibilita o entendimento de que...
» O texto encaminha o leitor para...
» O texto possibilita deduzir que...
» Depreende-se do texto que...
» Com apoio no texto, infere-se que...
» Entende-se que...
» Compreende-se que...

Compreensão

Buscam-se as informações solicitadas pela questão no texto. As questões dessa natureza possuem as seguintes estruturas:

» De acordo com o texto, é possível afirmar....
» Segundo o texto...
» Conforme o autor...
» No texto...
» Conforme o texto...

Tomar cuidado com as generalizações.

Na maior parte das vezes, o elaborador da prova utiliza a generalização para tornar a questão incorreta.

Atenção para as palavras "sempre, nunca, exclusivamente, unicamente, somente".

O que você não deve fazer!

"Viajar" no texto: interpretar algo para além do que o texto permite.

Ser "mão-de-vaca": interpretar apenas um trecho do texto.

Dar uma de "Zé Mané" e entender o contrário: fique atento a palavras como "pode", "não", "deve" etc.

"Malandragem da banca"

Talvez seja essa a característica mais difícil de se desenvolver no concursando, pois ela envolve o conhecimento do tipo de interpretação e dos limites estabelecidos pelas bancas. Só há uma maneira de ficar "malandro" estudando para concurso público: realizando provas! Pode parecer estranho, mas depois de resolver 200 questões da mesma banca, você já consegue prever como será a próxima questão. Prever é garantir o acerto! Então, faça exercícios até cansar e, quando cansar, faça mais um pouco. Assim você fica "malandro" na banca!

Vamos trabalhar com alguns exemplos agora:

Exemplo I

Entre os maiores obstáculos ao pleno desenvolvimento do Brasil, está a educação. Este é o próximo grande desafio que deve ser enfrentado com paciência, mas sem rodeios. É a bola da vez dentro das políticas públicas prioritárias do Estado. Nos anos 90 do século passado, o país derrotou a inflação — que corroía salários, causava instabilidade política e irracionalidade econômica. Na primeira década deste século, os avanços deram-se em direção a uma agenda social, voltada para a redução da pobreza e da desigualdade estrutural. Nos próximos anos, a questão da melhoria da qualidade do ensino deve ser uma obrigação dos governantes, sejam quais forem os ungidos pelas decisões das urnas.

Jornal do Brasil, Editorial, 21/1/2010 (com adaptações).

Agora o mesmo texto, devidamente marcado.

Entre **os maiores obstáculos** ao pleno desenvolvimento do Brasil, está a educação. Este é o **próximo grande desafio** que deve ser enfrentado com paciência, mas sem rodeios. É a **bola da vez** dentro das políticas públicas prioritárias do Estado. **Nos anos 90 do século passado,** o país derrotou a inflação — que corroía salários, causava instabilidade política e irracionalidade econômica. **Na primeira década deste século**, os avanços deram-se em direção a uma agenda social, voltada para a redução da pobreza e da desigualdade estrutural. **Nos próximos anos**, a questão da melhoria da qualidade do ensino deve ser uma **OBRIGAÇÃO DOS GOVERNANTES**, sejam quais forem os ungidos pelas decisões das urnas.

Comentário: Observe que destacamos para você elementos que podem surgir, posteriormente como questões. O texto inicia falando que há mais obstáculos além da educação. Também argumenta, posteriormente, que já houve outros desafios além desse que ele chama de "próximo grande desafio". Utilizando uma expressão de sentido **Conotativo** (bola da vez), o escritor anuncia que a educação ocupa posição de destaque quando o assunto se volta para as políticas públicas prioritárias do Estado.

No decorrer do texto, que se desenvolve por um tipo de retrospectiva histórica (veja o que está sublinhado), o redator traça um panorama dessas políticas públicas ao longo da história do país, fazendo uma previsão para os anos vindouros (o que foi destacado em caixa alta).

Exemplo II

Um passo fundamental para que não nos enganemos quanto à **natureza do capitalismo contemporâneo** e o significado das políticas empreendidas pelos países centrais para enfrentar a recente **crise econômica** é problematizarmos, com cuidado, o termo **neoliberalismo**: "começar pelas palavras talvez não seja coisa vã", escreve Alfredo Bosi em Dialética da Colonização.

A partir da década de 1980, buscando exprimir a natureza do capitalismo contemporâneo, muitos, principalmente os críticos, utilizaram esta palavra que, por fim, se generalizou. Mas o que, de fato, significa? O prefixo neo quer dizer novo; portanto, novo liberalismo. Ora, durante o século **XIX DEU-SE A CONSTRUÇÃO DE UM LIBERALISMO** que viria encontrar a sua crise definitiva na I Guerra Mundial em 1914 e na crise de 1929. Mas desde o período entre guerras e, sobretudo, depois, com o término da II Guerra Mundial, em 1945, tomou corpo um novo modelo, principalmente na Europa, que de certa forma se contrapunha ao velho liberalismo: era **O MUNDO DA SOCIALDEMOCRACIA**, da presença do Estado na vida econômica, das ações políticas inspiradas na reflexão teórica do economista britânico John Keynes, um crítico do liberalismo econômico clássico que viveu na primeira metade do século XX. Quando esse modelo também entrou em crise, no princípio da década de 1970, surgiu a perspectiva de **RECONSTRUÇÃO DA ORDEM LIBERAL**. Por isso, novo liberalismo, neoliberalismo.

(Grupo de São Paulo, disponível em http://www.correiocidadania.com.br/content/view/5158/9/, acesso em 28/10/2010)

Exemplo III

Em Defesa do Voto Obrigatório

O voto, direito duramente conquistado, **deve ser considerado um dever** cívico, sem o exercício do qual o **direito se descaracteriza ou se perde**, afinal liberdade e democracia são fins e não apenas meios. Quem vive em uma comunidade política não pode estar **DESOBRIGADO** de opinar sobre os rumos dela. Nada contra a desobediência civil, recurso legítimo para o protesto cidadão, que, no caso eleitoral, se pode expressar no voto nulo (cuja tecla deveria constar na máquina utilizada para votação). Com o **voto facultativo**, o direito de votar e o de não votar ficam inscritos, em pé de igualdade, no corpo legal. Uma parte do eleitorado deixará voluntariamente de opinar sobre a constituição do poder político. O desinteresse pela política e a descrença no voto são registrados como mera "escolha", sequer como desobediência civil ou protesto. **A consagração da alienação política** como um direito legal interessa aos conservadores, reduz o peso da soberania popular e desconstitui o sufrágio como universal.

Para o **cidadão ativo,** que, além de votar, se organiza para garantir os direitos civis, políticos e sociais, o enfoque é inteiramente outro. O tempo e o **TRABALHO DEDICADOS AO ACOMPANHAMENTO CONTINUADO DA POLÍTICA NÃO SE APRESENTAM COMO RESTRITIVOS DA LIBERDADE INDIVIDUAL.** Pelo contrário, são obrigações auto-assumidas no esforço de construção e aprofundamento da democracia e de vigília na defesa das liberdades individuais e públicas. A ideia de que a democracia se constrói nas lutas do dia a dia se contrapõe, na essência, ao modelo liberal. O cidadão escolado na disputa política sabe que a liberdade de não ir votar é uma armadilha. Para que o sufrágio continue universal, para que todo poder emane do povo e não, dos donos do poder econômico, o voto, além de ser um direito, **deve conservar a sua condição de dever cívico.**

Exemplo IV

Madrugada na aldeia

Madrugada na aldeia nervosa,
com as glicínias escorrendo orvalho,
os figos prateados de orvalho,
as uvas multiplicadas em orvalho,
as últimas uvas miraculosas.

O silêncio está sentado pelos corredores,
encostado às paredes grossas,
de sentinela.

E em cada quarto os cobertores peludos envolvem o sono:
poderosos animais benfazejos, encarnados e negros.
Antes que um sol luarento
dissolva as frias vidraças,
e o calor da cozinha perfume a casa
com lembrança das árvores ardendo,
a velhinha do leite de cabra desce as pedras da rua
antiquíssima, antiquíssima,
e o pescador oferece aos recém-acordados
os translúcidos peixes,
que ainda se movem, procurando o rio.

(Cecília Meireles. Mar absoluto, in Poesia completa. Rio de Janeiro: Nova Aguilar, 1994, p.311)

15. PARÁFRASE UM RECURSO PRECIOSO

Parafrasear, em sentido lato, significa reescrever uma sequência de texto sem alterar suas informações originais. Isso quer dizer que o texto resultante deve apresentar o mesmo sentido do texto original, modificando, evidentemente, apenas a ordem frasal ou o vocabulário. Há algumas exigências para uma paráfrase competente. São elas:

Usar a mesma ordem das ideias que aparecem no texto original.

Em hipótese alguma é possível omitir informações essenciais.

Não tecer comentários acerca do texto original, apenas parafrasear, sem frescura.

Usar construções sintáticas e vocabulares que, apesar de manterem o sentido original, sejam distintas das do texto base.

Os passos da paráfrase

Vamos entender que há alguns recursos para parafrasear um texto. Apresentarei alguns com a finalidade de clarear mais o assunto em questão.

A utilização de termos sinônimos.

O presidente assinou o documento, **mas** esqueceu-se de pegar sua caneta. / O presidente assinou o documento, **contudo** esqueceu-se de pegar sua caneta.

O uso de palavras antônimas, valendo-se de palavra negativa.

José era um **covarde.**

José **não** era um **valente.**

Emprego de termos anafóricos.

São Paulo e Palmeiras são dois times brasileiros. O São Paulo venceu o Palmeiras na semana passada. / São Paulo e Palmeiras são dois times brasileiros. **Aquele** (São Paulo) venceu **este** (Palmeiras) na semana passada.

Permuta de termo verbal por nominal, e vice-versa.

É importante que chegue cedo. / **Sua chegada** é importante.

Deixar termos elípticos.

Eu preciso da colaboração de todos. / Preciso da colaboração de todos.

Alteração da ordem frasal.

Adalberto venceu o último desafio de sua vida ontem. / Ontem, Adalberto venceu o último desafio de sua vida.

Transposição de voz verbal.

Joel cortou a seringueira centenária. / A seringueira centenária foi cortada por Joel.

Troca de discurso.

Naquela manhã, Oséas dirigiu-se ao pai dizendo: "Cortarei a grama sozinho." (discurso direto).

Naquela manhã, Oséas dirigiu-se ao pai dizendo que cortaria a grama sozinho. (discurso indireto).

Troca de palavras por expressões perifrásticas.

O Rei do Futebol esteve presente durante as celebrações. / **Pelé** esteve presente durante as celebrações.

Troca de locuções por palavras de mesmo sentido:

A turma **da noite** está comprometida com os estudos. / A turma **noturna** está mais comprometida com os estudos.

Questões

I. Fragmento

Macunaíma

No fundo do mato-virgem nasceu Macunaíma, herói da nossa gente. Era preto retinto e filho do medo da noite. Houve um momento em que o silêncio foi tão grande escutando o murmurejo do Uraricoera, que a índia tapanhumas pariu uma criança feia. Essa criança é que chamaram de Macunaíma. Já na meninice fez coisas de sarapantar. De primeiro passou mais de seis anos não falando. Si o incitavam a falar exclamava:— Ai! Que preguiça!...e não dizia mais nada. Ficava no canto da maloca, trepado no jirau de paxiúba, espiando o trabalho dos outros e principalmente os dois manos que tinha, Maanape já velhinho e Jiguê na força do homem.

II. Fragmento

Carta pras icamiabas

Às mui queridas súbditas nossas, Senhoras Amazonas. Trinta de Maio de Mil Novecentos e Vinte e Seis, São Paulo. Senhoras: Não pouco vos surpreenderá, por certo, o endereço e a literatura desta missiva. Cumpre-nos, entretanto, iniciar estas linhas de saudade e muito amor, com desagradável nova. É bem verdade que na boa cidade de São Paulo — a maior do universo, no dizer de seus prolixos habitantes — não sois conhecidas como "icamiabas", voz espúria, sinão que pelo apelativo de Amazonas; e de vós, se afirma, cavalgardes ginetes belígeros e virdes da Hélade clássica; e assim sois chamadas. Muito nos pesou a nós, Imperator vosso, tais dislates da erudição, porém heis de convir conosco que, assim, ficais mais heroicas e mais conspícuas, tocadas por essa plátina respeitável da tradição e da pureza antiga.(...)

Macunaíma, Imperator Mário de Andrade. Macunaíma, o herói sem nenhum caráter. Rio de Janeiro: Agir, 2008, p. 13, 97 e 109.

01. (CESPE) Ambos os fragmentos apresentam a estrutura textual típica da narrativa, recurso empregado pelo autor como forma de manter a coerência dos fatos narrados.

Certo ( ) Errado ( )

02. (CESPE) Em ambos os fragmentos, encontram-se traços de subjetividade: no primeiro, do narrador; no segundo, do autor da carta.

Certo ( ) Errado ( )

03. Leia o texto

O que passa na cabeça deles?

Quem tem um bicho de estimação sabe muito bem: seu gato, cachorro, papagaio, hamster ou o que seja é o mais esperto do mundo. Até meados do século passado, porém, a inteligência animal era considerada inexistente. Suas atitudes e ações eram descritas como simples respostas instintivas ou estratégias de sobrevivência, sem nenhuma relação com a cognição, que se acreditava ser exclusiva do ser humano. Foi só a partir dos anos 1960 que estudos de longo prazo começaram a produzir pistas de que, sim, os animais pensam, são capazes de resolver problemas, aprender com seus erros e se adaptar a novas situações, assim como os seres humanos. Mas o que se passa na cabeça deles? Algumas espécies têm autoconsciência? Quão inteligentes são os animais? Apesar dos avanços nas pesquisas, estas e outras perguntas permanecem sem resposta, gerando controvérsias entre os especialistas. – O que existe hoje são várias linhas de entendimento do que vem a ser a inteligência animal. Há estudos feitos em ambiente natural, mas também tem muita coisa sendo feita em laboratórios – o que nos é contado pelo biólogo Salvatore Siciliano, pesquisador da Escola Nacional de Saúde da Fundação Oswaldo Cruz (Fiocruz). As pesquisas podem levar anos para chegar a conclusões bem simples, mas, à medida que aumenta o esforço de observação e amostragem, estamos passando a perceber que os animais são, sim, algo inteligentes. Quando elaborou sua Teoria da Evolução, no século XIX, Charles Darwin a estendeu para o desenvolvimento do cérebro humano. Como outros aspectos da nossa fisiologia, a inteligência teria evoluído a partir de organismos mais simples em resposta a desafios comuns a quase todos os animais, como as necessidades de se alimentar, reproduzir e interagir com o ambiente. Atualmente, faz parte do senso comum considerar que grandes primatas como os chimpanzés, cujo DNA é 99% igual ao dos seres humanos, apresentam um certo grau de inteligência, assim como outros mamíferos mais desenvolvidos, como cetáceos (baleias e golfinhos) e elefantes. Surpreendente, no entanto, foi verificar que mesmo espécies mais longe da escala e árvore evolutivas, como pássaros e polvos, também demonstram sinais de inteligência.

César Baima – O Globo, Planeta Terra, outubro 2010 (adaptado)

Sobre o título dado ao texto, pode-se fazer, de forma adequada, a seguinte afirmação:

a) A pergunta não é respondida no texto;

b) Trata-se de uma questão sobre a qual a ciência ainda não apresenta todas as respostas;

c) Representa uma interrogação feita pelos proprietários de animais domésticos;

d) O pronome eles se refere exclusivamente aos animais domésticos;

e) A pergunta fala sobre as preocupações dos donos de animais.

04. (NCE – UFRJ) - "...é o mais esperto do mundo." Esse pensamento representa:

a) Uma antiga forma de pensar sobre a inteligência animal;

b) Um pensamento corrente sobre os animais selvagens;

c) Um conceito errado sobre os animais domésticos;

d) Um carinhoso modo de pensar sobre animais de estimação;

e) Um falso pensamento fundamentado apenas nas aparências.

05. (NCE – UFRJ) A presença do biólogo no texto tem a seguinte utilidade textual:

a) Mostrar que a publicação é internacional;

b) Dar mais autoridade e credibilidade ao texto;

c) Demonstrar atualização brasileira no tema estudado;

d) Indicar pessoas que demonstram interesse pelo tema estudado;

e) Convencer o leitor de que o tema é importante.

06. (NCE – UFRJ) O texto desta prova deve ser caracterizado como:

a) Informativo sobre conhecimentos atuais no tema analisado;

b) Narrativo de uma sequência de fatos ocorridos nos últimos anos;

c) Descritivo de um conjunto de ideias científicas sobre os animais;

d) Argumentativo a respeito de prós e contras das recentes descobertas;

e) Publicitário sobre os trabalhos da Fiocruz.

07. (FCC) Leia o texto:

Como declaração de princípios que é, a Declaração Universal dos Direitos Humanos não cria obrigações legais aos Estados, salvo se as respectivas Constituições estabelecem que os direitos fundamentais e as liberdades nelas reconhecidos serão interpretados de acordo com a Declaração. Todos sabemos, porém, que esse reconhecimento formal pode acabar por ser desvirtuado ou mesmo denegado na ação política, na gestão econômica e na realidade social. A Declaração Universal é geralmente considerada pelos poderes econômicos e pelos poderes políticos, mesmo quando presumem de democráticos, como um documento cuja importância não vai muito além do grau de boa consciência que lhes proporcione.

Nesses cinquenta anos não parece que os governos tenham feito pelos direitos humanos tudo aquilo a que, moralmente, quando não por força da lei, estavam obrigados. As injustiças multiplicam-se no mundo, as desigualdades agravam-se, a ignorância cresce, a miséria alastra. A mesma esquizofrênica humanidade que é capaz de enviar instrumentos a um planeta para estudar a composição das suas rochas assiste indiferente à morte de milhões de pessoas pela fome. Chega-se mais facilmente a Marte neste tempo do que ao nosso próprio semelhante.

Alguém não anda a cumprir o seu dever. Não andam a cumpri-lo os governos, seja porque não sabem, seja porque não podem, seja porque não querem. Ou porque não lho permitem os que efetivamente governam, as empresas multinacionais e pluricontinentais cujo poder, absolutamente não democrático, reduziu a uma casca sem conteúdo o que ainda restava de ideal de democracia. Mas também não estão a cumprir o seu dever os cidadãos que somos. Foi-nos proposta uma Declaração Universal dos Direitos Humanos e com isso julgamos ter tudo, sem repararmos que nenhuns direitos poderão subsistir sem a simetria dos deveres que lhes correspondem, o primeiro dos quais será exigir que esses direitos sejam não só reconhecidos,mas também respeitados e satisfeitos. Não é de esperar que os governos façam nos próximos cinquenta anos o que não fizeram nestes que comemoramos. Tomemos, então, nós, cidadãos comuns, a palavra e a iniciativa. Com a mesma veemência e a mesma força com que reivindicamos os nossos direitos, reivindiquemos também o dever dos nossos deveres. Talvez o mundo possa começar a tornar-se um pouco melhor.

(Trecho do discurso de José Saramago no banquete de encerramento da entrega do Prêmio Nobel, em 10 de dezembro de 1998. Transcrição segundo as normas brasileiras de ortografia.)

No texto, o autor

a) Reconhece o esforço empreendido por governos, mesmo os não democráticos, no sentido de respeitar integralmente os postulados da Declaração Universal dos Direitos Humanos.

b) Aponta a necessidade de participação de toda a sociedade, em todos os países, na aplicação efetiva dos princípios constantes da Declaração Universal dos Direitos Humanos.

c) Detém-se na história da elaboração da Declaração Universal dos Direitos Humanos, documento importante para a afirmação dos direitos e liberdades fundamentais do homem.

d) Relata as dificuldades encontradas em alguns países e regiões como justificativa para o fato de que os princípios da Declaração Universal ainda não estejam sendo respeitados integralmente.

e) Defende o respeito que deve merecer uma Constituição, como norma legal maior em cada Estado, para nortear toda possível ação política e até mesmo econômica.

Leia o texto:

Desde 1934 — Lampião à solta, Antônio Silvino preso no Recife, Sinhô Pereira arribado para os lados de Minas Gerais — Clarival Valladares despertava para o mundo de significados que o cangaceiro carregava penduradas, afiveladas, cravadas ou costuradas no conjunto do traje e nos equipamentos, como ainda hoje se vê no aguadeiro das feiras do Marrocos, as cartucheiras envernizadas e bem ajoujadas ao corpo, a não deverem homenagem — senão a requerê-la — à guarda de um Ibn-Saud. Com a população portuguesa drenada para a aventura da Índia, foi o moçárabe, em boa parte, que veio povoar o Brasil. Presença viva na cultura brasileira, a árabe, por suas muitas composições, teve aulas a dar em maior número a um sertão de 500 mm de chuva anual que a uma faixa litorânea de fáceis 1.500 mm. O que Valladares percebeu foi a raiz pastoril da estética do cangaço, encantando-se por ver que a do guerreiro ia muito além da que pontuava as alfaias magras do pastor, por não se ver empobrecida pelo teto limitador da funcionalidade, capaz de explicar tudo na vestimenta do vaqueiro. Para ele, assim:

> O traje do cangaceiro é um dos exemplos demonstrativos do comportamento arcaico brasileiro. Ao invés de procurar camuflagem para a proteção do combatente, é adornado de espelhos, moedas, metais, botões e recortes multicores, tornando-se um alvo de fácil visibilidade até no escuro. Lembremo-nos, entretanto, que, no entendimento do comportamento arcaico, o homem está ligado e dependente ao sobrenatural, em nome do qual ele exerce uma missão, lidera um grupo, desafia porque se acredita protegido e inviolável e, de fato, desligado do componente da morte. Esta explicação, embora sumária, de algum modo justifica a incidência da superfluidade ornamental no traje do cangaceiro, que, antes de sua implicação mística, deriva do empírico traje do vaqueiro.

Frederico Pernambucano de Mello. Estrelas de couro — a estética do cangaço. São Paulo: Escrituras, 2010, p. 48-9 (com adaptações).

08. (CESPE) Pelas relações estabelecidas no texto, conclui-se que a cultura árabe influenciou a cultura brasileira do sertão.

Certo ( ) Errado ( )

09. (CESPE) Dos trechos "Lampião à solta" e "Sinhô Pereira arribado para os lados de Minas Gerais" depreende-se que a mobilidade dos cangaceiros devia-se ao exercício da missão mística de ampliação dos limites geográficos dos estados brasileiros.

Certo ( ) Errado ( )

10. (CESPE) Depreende-se da leitura do texto que Clarival Valladares iniciou o estudo sobre o significado das vestimentas e do comportamento dos cangaceiros a partir de 1934, quando ocorreram os sinais de que o cangaço havia deixado de ser uma ameaça ao poder local.

Certo ( ) Errado ( )

Gabaritos

01	ERRADO	06	A
02	CERTO	07	B
03	A	08	CERTO
04	D	09	ERRADO
05	B	10	ERRADO

16. ORTOGRAFIA

A ortografia é a parte da Gramática que estuda a escrita correta das palavras. O próprio nome da disciplina já designa tal função. É oriunda das palavras gregas ***ortho*** que significa "correto" e ***graphos*** que significa "escrita". Neste capítulo, vamos estudar alguns aspectos da correta grafia das palavras: o emprego de algumas letras que apresentam dificuldade para os falantes do Português.

Atualmente, há um confusão a respeito do sistema ortográfico vigente. O último sistema foi elaborado em 1990, com base em um sistema de 1986, e será implantado em todos os países de língua lusófona. No Brasil, a adesão ao acordo se deu em 2009 e, como leva 4 anos para ser implantado, teríamos dois sistemas oficiais até 31 de dezembro de 2013. Bem, seria isso, se não houvesse a prorrogação do prazo até o ano de 2016. A partir de então, vale apenas o Novo Acordo Ortográfico.

Por certo, dúvidas pairam pela cabeça do aluno: que sistema devo usar? Qual sistema devo aprender? O melhor é estudar o sistema antigo, aprendendo quais foram as atualizações, assim, garante-se que não errará pela novidade ou pela tradição. A banca deve avisar no edital do concurso ou no comando da questão qual sistema ortográfico está levando em consideração. Como as maiores alterações estão no terreno de acentuação e emprego do hífen (para o Português falado no Brasil, evidentemente), não teremos grandes surpresas neste capítulo. Vamos ao trabalho.

O Alfabeto

As letras K, W e Y foram inseridas no alfabeto devido a uma grande quantidade de palavras que são grafadas com tais letras e não podem mais figurar como termos exóticos em relação ao português. Eis alguns exemplos de seu emprego:

Em abreviaturas e em símbolos de uso internacional:

Kg - quilograma / **w** - watt /

Em palavras estrangeiras de uso internacional, nomes próprios estrangeiros e seus derivados:

Kremlin, Kepler, Darwin, Byron, byroniano.

O alfabeto, também conhecido como abecedário, é formado (a partir do novo acordo ortográfico) por 26 letras.

Forma Maiúscula		Forma Minúscula	
A	B	a	b
C	D	c	d
E	F	e	f
G	H	g	h
I	J	i	j
K	L	k	l
M	N	m	n
O	P	o	p
Q	R	q	r
S	T	s	t
U	V	u	v
W	X	w	x
Y	Z	y	z

O emprego da letra "H"

A letra H demanda um pouco de atenção. Apesar de não possui verdadeiramente sonoridade, utilizamo-la, ainda, por convenção histórica. Seu emprego, basicamente, está relacionado às seguintes regras:

No início de algumas palavras, por sua origem:

Ex.: Hoje, hodierno, haver, Helena, helênico.

No fim de algumas interjeições:

Ah! Oh! Ih! Uh!

No interior de palavra compostas que preservam o hífen, nas quais o segundo elemento se liga ao primeiro:

Super-homem, pré-história, sobre-humano.

Nos dígrafos NH, LH e CH:

Tainha, lhama, chuveiro.

O emprego de "E" e "I"

Existe uma curiosidade a respeito do emprego dessas letras nas palavras que escrevemos: o fato de o "e", no final da palavra, ser pronunciado como uma semivogal faz com que muitos falantes sintam aquela vontade de grafar a palavra com "i". Bem, veremos quais são os principais aspectos do emprego dessas letras.

Escreveremos com "e"

Palavras formadas com o prefixo ante- (que significa antes, anterior):

Antebraço, antevéspera, antecipar, antediluviano etc.

A sílaba final de formas conjugadas dos verbos terminados em –OAR e –UAR (quando estiverem no subjuntivo). Ex.:

Abençoe (abençoar)

Continue (continuar)

Pontue (pontuar)

Algumas palavras, por sua origem: arrepiar, cadeado, creolina, desperdiçar, desperdício, destilar, disenteria, empecilho, indígena, irrequieto, mexerico, mimeógrafo, orquídea, quase, sequer, seringa, umedecer etc.

Escreveremos com "i"

Palavras formadas com o prefixo anti- (que significa contra). Ex.:

Antiaéreo, anticristo, antitetânico, anti-inflamatório.

A sílaba final de formas conjugadas dos verbos terminados em –AIR, -OER e –UIR:

Cai (cair)

Sai (sair)

Diminui (diminuir)

Dói (doer)

Os ditongos AI, OI, ÓI, UI:

Pai

Foi

Herói

Influi.

As seguintes palavras: aborígine, chefiar, crânio, criar, digladiar, displicência, escárnio, implicante, impertinente, impedimento, inigualável, lampião, pátio, penicilina, privilégio, requisito etc.

Vejamos alguns casos em que o emprego das letras "E" e "I" pode causar uma alteração semântica:

Escrito com "e"
Arrear = pôr arreios
Área = extensão de terra, local
Delatar = denunciar
Descrição = ação de descrever
Descriminação = absolver
Emergir = vir à tona
Emigrar = sair do país ou do local de origem
Eminente = importante

Escrito com "i"
Arriar = abaixar, desistir
Ária = peça musical
Dilatar = alargar, aumentar
Discrição = qualidade do discreto
Discriminar = separar, estabelecer diferença
Imergir = mergulhar
Imigrar = entrar em um país estrangeiro
Iminente = próximo, prestes e ocorre

O Novo Acordo Ortográfico explica que, agora, escreve-se com "i" antes de sílaba tônica. Veja alguns exemplos: acriano (admite-se, por ora, acreano), rosiano (de Guimarães Rosa), camoniano, nietzschiano (de Nietzsche) etc.

O emprego de O e U

Vejamos como empregar essas letras, a fim de que não mais possamos errar.

Apenas por exceção, palavras em Português com sílabas finais átonas (fracas) terminam por us; o comum é que se escreva com o ou os. Veja os exemplos: carro, aluno, abandono, abono, chimango etc.

Exemplos das exceções a que aludimos: bônus, vírus, ônibus etc.

Em palavras proparoxítonas ou paroxítonas com terminação em ditongo, são comuns as terminações –UA, -ULA, -ULO:

Tábua, rábula, crápula, coágulo.

As terminações –AO, -OLA, -OLO só aparecem em algumas palavras: mágoa, névoa, nódoa, agrícola[1], vinícola, varíola etc.

Fique de olho na grafia destes termos:

Com a letra O: abolir, boate, botequim, bússola, costume, engolir, goela, moela, moleque, mosquito etc.

Com a letra U: bulício, buliçoso, bulir, camundongo, curtume, cutucar, jabuti, jabuticaba, rebuliço, urtiga, urticante etc.

1 Em razão da construção íncola (quem vive, habitante), por isso, silvícola, terrícola etc.

O emprego de G e J

Essas letras, por apresentarem o mesmo som eventualmente, costumam causar problemas de ortografia. Vamos tentar facilitar o trabalho: a letra "g" só apresenta o som de "j" diante das letras "e" e "i": gesso, gelo, agitar, agitador, agir, gíria.

Escreveremos com "G"

Palavras terminadas em - AGEM, -IGEM, -UGEM. Ex.:

Garagem, vertigem, rabugem, ferrugem, fuligem etc.

Exceções: pajem, lambujem (doce ou gorjeta), lajem (pedra da sepultura).

As palavras terminadas em –ÁGIO, ÉGIO, ÍGIO, ÓGIO, ÚGIO:

Contágio, régio, prodígio, relógio, refúgio.

As palavras derivadas de outras que já possuem a letra "g".

Viagem - viageiro

Ferrugem - ferrugento

Vertigem - vertiginoso

Regime - regimental

Selvagem - selvageria

Regional - regionalismo

Em geral, após a letra "r"

Ex.: Aspergir, divergir, submergir, imergir etc.

As palavras:

De origem latina: agir, gente, proteger, surgir, gengiva, gesto etc.

De origem árabe: álgebra, algema, ginete, girafa, giz etc.

De origem francesa: estrangeiro, agiotagem, geleia, sargento etc.

De origem italiana: gelosia, ágio etc.

Do castelhano: gitano.

Do inglês: gim.

Escreveremos com "J"

Os verbos terminados em –JAR ou –JEAR e suas formas conjugadas:

Gorjear: gorjeia (lembre-se das "aves"), gorjeiam, gorjearão.

Viajar: viajei, viaje, viajemos, viajante.

Cuidado para não confundir os termos viagem (substantivo) com viajem (verbo "viajar"). Vejamos o emprego.

"Ele fez uma bela viagem."

"Tomara que eles viajem amanhã."

Palavras derivadas de outras terminadas em –JA.

Granja: granjeiro, granjear.

Loja: lojista, lojinha.

Laranja: laranjal, laranjeira.

Lisonja: lisonjeiro, lisonjeador.

Sarja: sarjeta.

Palavras cognatas (raiz em comum) ou derivadas de outras que possuem o "j".

Laje: lajense, lajedo.

Nojo: nojento, nojeira.

Jeito: jeitoso, ajeitar, desajeitado.

Nas palavras: conjetura, ejetar, injeção, interjeição, objeção, objeto, objetivo, projeção, projeto, rejeição, sujeitar, sujeito, trajeto, trajetória, trejeito.

Palavras de origem ameríndia (geralmente tupi-guarani) ou africana: canjerê, canjica, jenipapo, jequitibá, jerimum, jia, jiboia, jiló, jirau, Moji, pajé, pajéu.

Nas palavras: berinjela, cafajeste, jeca, jegue, Jeremias, jerico, jérsei, majestade, manjedoura, ojeriza, pegajento, rijeza, sujeira, traje, ultraje, varejista.

Orientações sobre a grafia do fonema /s/

Podemos representar o fonema /s/ por:

S: ânsia, cansar, diversão, farsa.

SS: acesso, assar, carrossel, discussão.

C, Ç: acetinado, cimento, açoite, açúcar.

SC, SÇ: acréscimo, adolescente, ascensão, consciência, nasço, desça

X: aproximar, auxiliar, auxílio, sintaxe.

XC: exceção, exceder, excelência, excepcional.

Como se grafa, então?

Escreveremos com s:

A correlação nd - ns:

Pretender - pretensão, pretenso;

Expandir - expansão, expansivo.

A correlação rg - rs:

Aspergir - aspersão;

Imergir - imersão;

Emergir - emersão .

A correlação rt - rs:

Divertir - diversão;

Inverter - inversão.

O sufixo - ense:

paranaense;

cearense;

londrinense.

Escreveremos com ss:

A correlação ced - cess:

Ceder - cessão;

Interceder - intercessão;

Retroceder - retrocesso .

A correlação gred - gress

Agredir - agressão, agressivo;

Progredir - progressão, progresso.

A correlação prim - press

Imprimir - impressão, impresso;

Oprimir - opressão, opressor;

Reprimir - repressão, repressivo.

A correlação meter - miss

Submeter - submissão;

Intrometer - intromissão.

Escreveremos com c ou com "Ç"

Palavras de origem tupi ou africana. Ex.:

Açaí, araçá, Iguaçu, Juçara, muçurana, Paraguaçu, caçula, cacimba.

O "ç" só será usado antes das vogais a, o, u.

Com os sufixos:

aça: barcaça;

ação: armação;

çar: aguçar;

ecer: esmaecer;

iça: carniça;

nça: criança;

uça: dentuça.

Palavras derivadas de verbos terminados em –ter (não confundir com a regra do –meter / s):

Abster -> abstenção;

Reter -> retenção;

Deter -> detenção.

Depois de ditongos:

Feição;

louça;

traição.

Palavras de origem árabe:

açúcar;

açucena;

cetim;

muçulmano.

Emprego do SC

Escreveremos com sc palavras que são termos emprestados do latim:

adolescência;

ascendente;

consciente;

crescer;

descer;

fascinar;

fescenino.

Grafia da letra s com som de "Z"

Escreveremos com "S":

Terminações –ês, -esa, -isa, que indicam nacionalidade, título ou origem:

Japonês - japonesa;

Marquês - marquesa;

Camponês - camponesa.

Após ditongos:

causa;

coisa;

lousa;

Sousa.

As formas dos verbos pôr e querer e de seus compostos:

Eu pus, nós pusemos, pusésseis etc.

Eu quis, nós quisemos, quisésseis etc.

As terminações –oso e –osa, que indicam qualidade:

gostoso;

garboso;

fervorosa;

talentosa.

O prefixo trans-:

transe;

transação;

transoceânico.

Em diminutivos cujo radical termine em "***S***":

Rosa - rosinha;

Teresa - Teresinha;

Lápis - lapisinho.

A correlação "***d***" - "***s***":

Aludir - alusão, alusivo;

Decidir - decisão, decisivo;

Defender - defesa, defensivo.

Verbos derivados de palavras cujo radical termina em s:

Análise - analisar;

Presa - apresar;

Êxtase - extasiar.

Português - aportuguesar

Os substantivos com os sufixos gregos –esse, isa, -ose:

catequese;

diocese;

poetisa;

virose.

(obs.: "catequizar" com "z")

Os nomes próprios:

Baltasar;

Heloísa;

Isabel;

Isaura;

Luísa;

Sousa;

Teresa.

As palavras:

análise;

cortesia;

hesitar;

reses;

vaselina;

avisar;

defesa;

obséquio;

revés;

vigésimo;

besouro;

fusível;

pesquisa;

tesoura;

colisão;

heresia;

querosene;

vasilha.

Emprego da letra "Z"

Escreveremos com "z"

As terminações - ez, -eza de substantivos abstratos derivados de adjetivos:

Belo - beleza;

Rico - riqueza;

Altivo - altivez;

Sensato - sensatez.

Os verbos formados com os sufixo - izar e palavras cognatas:

balizar;

inicializar;

civilizar.

As palavras derivadas em:

zal: cafezal, abacaxizal;

zeiro: cajazeiro, açaizeiro;

zito: avezita.

zinho: cãozinho, pãozinho, pezinho

Os derivados de palavras cujo radical termina em z:

Cruzeiro;

Esvaziar.

As palavras:

azar;

aprazível;

baliza;

buzina;

bazar;

cicatriz;

ojeriza;

prezar;

proeza;

vazamento;

vizinho;

xadrez;

xerez.

Emprego do X e do CH

A letra X pode representar os seguintes fonemas:

/ch/: xarope;

/cx/: sexo, tóxico;

/z/: exame;

/ss/: máximo;

/s/: sexto.

Escreveremos com "X"

Em geral, após um ditongo:

Caixa, peixe, ameixa, rouxinol, caixeiro (exceções: recauchutar e guache)

Geralmente, depois de sílaba iniciada por -em:

enxada;

enxerido;

enxugar;

enxurrada.

Encher (e seus derivados); palavras que iniciam por ch e recebem o prefixo en- "encharcar, enchumaçar, enchiqueirar, enchumbar". "Enchova" também é uma exceção.

Em palavras de origem indígena ou africana:

abacaxi;

xavante;

xará;

orixá;

xinxim.

Após a sílaba me no início da palavra:

mexerica;

mexerico;

mexer;

mexida.

(exceção: mecha de cabelo)

Nas palavras:

bexiga;

bruxa;

coaxar;

faxina;

graxa;

lagartixa;

lixa;

praxe;

vexame;

xícara;

xale;

xingar;

xampu.

Escreveremos com "CH"

→ As seguintes palavras, em razão de sua origem:

chave;

cheirar;

chuva;

chapéu;

chalé;

charlatão;

salsicha;

espadachim;

chope;

sanduíche;

chuchu;

cochilo;

fachada;

flecha;

mecha;

mochila;

pechincha.

Atente para a divergência de sentido com os seguintes elementos

bucho - estômago	buxo - espécie de arbusto
cheque - ordem de pagamento	xeque - lance do jogo de xadrez
tacha - pequeno prego	taxa - imposto

Questões

01. (ESAF) O texto abaixo foi transcrito com adaptações. Assinale a opção que corresponde a erro gramatical ou de grafia de palavra.

Em alguns países mais afetados pela crise global, como os Estados Unidos, a indústria buscou aumentar sua competitividade por meio da forçada redução dos custos de produção, **o que** (1) implicou demissões em massa. Mesmo com menos trabalhadores, a indústria manteve ou ampliou a produção, alcançando ganhos notáveis de produtividade. Mesmo que **aceitasse** (2) arcar com um custo social tão alto, dificilmente o Brasil **alcançaria**(3) resultados econômicos tão rápidos. O aumento da produtividade do trabalhador brasileiro é limitado, entre outros fatores, pela **defazagem** (4) nos investimentos em educação. Com **escassez** (5) de trabalhadores qualificados, exigidos cada vez mais pelo mercado de trabalho, os salários de determinadas funções tendem a subir bem mais do que a produtividade média do setor, que afeta o preço dos bens finais.

(Editorial, O Estado de S. Paulo, 24/3/2012)

a) 1
b) 2
c) 3
d) 4
e) 5

02. (ESAF) O texto abaixo foi transcrito com adaptações. Assinale a opção que corresponde a erro gramatical ou de grafia de palavra.

Poucos dias depois de **estender** (1) a cobrança de 6% do Imposto sobre Operações Financeiras – IOF para os empréstimos externos de cinco anos (antes eram taxados apenas os de três anos), como parte da guerrilha que **mantém** (2) para conter a valorização do real frente **ao** (3) dólar, o ministro da Fazenda não apenas reconheceu que sacrifica sua fé no câmbio flutuante, como admitiu haver efeitos colaterais da medida que terão de ser **mitigados** (4).De fato, o aumento do custo desse tipo de empréstimo ajuda o governo a rejeitar o capital oportunista, que aqui vem apenas para tirar vantagem de nossas taxas de juros elevadas, mas **ingeta** (5) problema na veia dos exportadores que precisam financiar suas operações no exterior. Ele fez questão de reforçar sua disposição de continuar atirando com todas as armas contra o excesso de liquidez mundial, provocado pelo tsunami cambial promovido pelos bancos centrais europeu e norte-americano.

(Editorial, Correio Braziliense,15/3/2012)

a) 1
b) 2
c) 3
d) 4
e) 5

03. Há alguns substantivos grafados com ç que são derivados de verbos, como produção, redução, desaceleração, projeção. Os verbos a seguir formam substantivos com a mesma grafia:

a) admitir, agredir, intuir
b) discutir, emitir, aferir
c) inquirir, imprimir, perseguir
d) obstruir, intervir, conduzir
e) reduzir, omitir, extinguir

04. Assinale a alternativa gramaticalmente correta de acordo com a ortografia.

a) A última paralização ocorreu há cerca de dois anos.
b) A última paralizassão ocorreu acerca de dois anos.
c) A última paralização ocorreu a cerca de dois anos.
d) A última paralisação ocorreu há cerca de dois anos.
e) A última paralisação ocorreu a cerca de dois anos.

05. (FCC) Os ...... para a conclusão da pesquisa estavam próximos e exigiam ...... na ...... dos dados já obtidos.

a) prazos – rapidês – análize
b) prazos – rapidez – análise
c) prazos – rapidez – análize
d) prasos – rapidez – análise
e) prasos – rapidês – análise

06. (FCC) É preciso corrigir deslizes relativos à ortografia oficial e à acentuação gráfica da frase:

a) As obras modernistas não se distinguem apenas pela temática inovadora, mas igualmente pela apreensão do ritmo alucinante da existência moderna.
b) Ainda que celebrassem as máquinas e os aparelhos da civilização moderna, a ficção e a poesia modernista também valorizavam as coisas mais quotidianas e prosaicas.
c) Longe de ser uma excessão, a pintura modernista foi responsável, antes mesmo da literatura, por intênsas polêmicas entre artistas e críticos concervadores.
d) No que se refere à poesia modernista, nada parece caracterizar melhor essa extraordinária produção poética do que a opção quase incondicional pelo verso livre.
e) O escândalo não era apenas uma consequência da produção modernista: parecia mesmo um dos objetivos precípuos de artistas dispostos a surpreender e a chocar.

07. (CESGRANRIO) Em qual das frases abaixo, todas as palavras são adequadas à ortografia oficial da língua portuguesa?

a) A discução sobre o português mais correto rerpercutiu bastante da mídia.
b) A discussão sobre o português mais correto repecutiu bastante na mídia.
c) A discussão sobre o português mais correto repercutiu bastante na mídia.
d) A discusão sobre o português mais correto respercutiu bastante na mídia.
e) A discursão sobre o português mais correto respercutiu bastante na mídia.

08. (ESAF) A frase correta do ponto de vista da grafia é:

a) Era grande a insidência de casos de enjoo quando era servido aquele alimento, por isso o episódio não foi tratado como exceção, atitude que garantiu o êxito das providências.
b) Em meio a tanta opulência da mansão leiloada, encontrou a geringonça que, tratada criativamente por ele, garantiu por anos seu apoio a entidades beneficientes.
c) Seus gestos desarmônicos às vezes eram mal compreendidos, mas seu jeito afável de falar, sem resquícios de mágoa, revelava sua intenção de restabelecer a paz entre os familiares.

d) Defendeu-se dizendo que nunca pretendeu axincalhar ninguém, mas as suas caçoadas realmente humilhavam e incitavam à maledicência.

e) Sempre ansiosos, desenrolaram no saguão apinhado a faixa com que brindavam os recém-formados, com os seguintes dizeres: "Viagem bastante e divirtam-se, nobres doutores".

09. A palavra corretamente grafada é

a) admissão

b) distenção

c) discusão

d) excessão

e) extenção

10. A frase que está em conformidade com a ortografia oficial é:

a) Não interessa recaptular a indesejável dissensão, mas sim aliviar as tensões agudizadas pelo desnecessário enxerto de questões polêmicas.

b) Sempre quis ser assessora de moda em lojas, mas eram tantos os empecilhos, que acabou por vencer a ojeriza de coser sob encomenda e, com isso, tornou-se grande costureira.

c) Endoidescia o marido com seus gastos extravagantes, pois acreditava que o tão desejado charme era questão de plumas e brilhos esplendorosos, de preferência, vindos do exterior.

d) Quando disse que não exitaria em abandonar o emprego de sopetão e ir relaxar numa praia distante, lhe disseram que seria sandice, mas não conseguiram vencer o fascínio da aventura.

e) Representava na peça um cafageste que tratava a todos com escárneo, mas sua atuação era sempre tão fascinante que diariamente angariava a simpatia de toda a platéia.

Gabaritos

01	D	06	C
02	E	07	C
03	D	08	C
04	D	09	A
05	B	10	B

17. ACORDO ORTOGRÁFICO DA LÍNGUA PORTUGUESA

O Novo Acordo Ortográfico busca simplificar as regras ortográficas da Língua Portuguesa e unificar a nossa escrita e a das demais nações de língua portuguesa: Portugal, Angola, Moçambique, Cabo Verde, Guiné-Bissau, São Tomé e Príncipe e Timor-Leste.

Sua implementação no Brasil passou por algumas etapas:

> 2009 – vigência ainda não obrigatória

> 2010 a 2015: adaptação completa às novas regras

> A partir de 1º de janeiro de 2016: emprego obrigatório, o novo acordo ortográfico passa a ser o único formato da língua reconhecido no Brasil.

Entre as mudanças na língua portuguesa decorrentes da reforma ortográfica, podemos citar o fim do trema, alterações da forma de acentuar palavras com ditongos abertos e que sejam hiatos, supressão dos acentos diferencias e dos acentos tônicos, novas regras para o emprego do hífen e inclusão das letras w, k e y ao idioma.

Entre a proposta (em 1990) e a entrada em vigor (2016) são 16 anos. Esse processo foi longo porque era necessário que fossem alcançadas as três decisões para que o acordo fosse cumprido. Em 2006, São Tomé e Príncipe e Cabo Verde se uniram ao Brasil e ratificaram o novo acordo. Em maio de 2008, Portugal também ratificou o acordo para unificar a ortografia em todas as nações de língua portuguesa.

17.1 Trema

Não se usa mais o trema (¨), sinal colocado sobre a letra u para indicar que ela deve ser pronunciada nos grupos gue, gui, que, qui.

aguentar, bilíngue, cinquenta, delinquente, eloquente, ensanguentado, frequente, linguiça, quinquênio, sequência, sequestro, tranquilo.

Obs.: o trema permanece apenas nas palavras estrangeiras e em suas derivadas. Exemplos: Müller, mülleriano.

17.2 Regras de Acentuação

Ditongos abertos em paroxítonas

Não se usa mais o acento dos ditongos abertos éi e ói das palavras paroxítonas (palavras que têm acento tônico na penúltima sílaba).

alcateia, androide, apoia, apoio (verbo), asteroide, boia, celuloide, claraboia, colmeia, Coreia, debiloide, epopeia, estoico, estreia, geleia, heroico, ideia, jiboia, joia, odisseia, paranoia, paranoico, plateia, tramoia.

Obs.: a regra é somente para palavras paroxítonas. Assim, continuam a ser acentuadas as palavras oxítonas e os monossílabos tônicos terminados em éi(s), ói(s). Exemplos: papéis, herói, heróis, dói (verbo doer), sóis etc.

A palavra ideia não leva mais acento, assim como heroico. Mas o termo herói é acentuado.

I e u tônicos depois de um ditongo

Nas palavras paroxítonas, não se usa mais o acento no i e no u tônicos quando vierem depois de um ditongo.

baiuca, bocaiuva (tipo de palmeira), cauila (avarento)

Obs.:

> *se a palavra for oxítona e o i ou o u estiverem em posição final (ou seguidos de s), o acento permanece. Exemplos: tuiuiú, tuiuiús, Piauí;*

> *se o i ou o u forem precedidos de ditongo crescente, o acento permanece. Exemplos: guaíba, Guaíra.*

Hiatos ee e oo

Não se usa mais acento em palavras terminadas em eem e oo(s).

abençoo, creem, deem, doo, enjoo, leem, magoo, perdoo, povoo, veem, voos, zoo

Acento diferencial

Não se usa mais o acento que diferenciava os pares pára/para, péla(s)/pela(s), pêlo(s)/pelo(s), pólo(s)/polo(s) e pêra/pera.

Exs.:

Ele para o carro.

Ele foi ao polo Norte.

Ele gosta de jogar polo.

Esse gato tem pelos brancos.

Comi uma pera.

Obs.:

> *Permanece o acento diferencial em pôde/pode. Pôde é a forma do passado do verbo poder (pretérito perfeito do indicativo), na 3ª pessoa do singular. Pode é a forma do presente do indicativo, na 3ª pessoa do singular.*

Ontem, ele não pôde sair mais cedo, mas hoje ele pode.

> Permanece o acento diferencial em pôr/por. Pôr é verbo. Por é preposição. Exemplo: Vou pôr o livro na estante que foi feita por mim.

> Permanecem os acentos que diferenciam o singular do plural dos verbos ter e vir, assim como de seus derivados (manter, deter, reter, conter, convir, intervir, advir etc.).

Exs.:

Ele tem dois carros. / Eles têm dois carros.

Ele vem de Sorocaba. / Eles vêm de Sorocaba.

Ele mantém a palavra. / Eles mantêm a palavra.

Ele convém aos estudantes. / Eles convêm aos es tudantes.

Ele detém o poder. / Eles detêm o poder.

Ele intervém em todas as aulas. / Eles intervêm em todas as aulas.

> É facultativo o uso do acento circunflexo para diferenciar as palavras forma/fôrma. Em alguns casos, o uso do acento deixa a frase mais clara. Veja este exemplo: Qual é a forma da fôrma do bolo?

Acento agudo no u tônico

Não se usa mais o acento agudo no u tônico das formas (tu) arguis, (ele) argui, (eles) arguem, do presente do indicativo dos verbos arguir e redarguir.

17.3 Hífen com Compostos

Palavras compostas sem elementos de ligação

Usa-se o hífen nas palavras compostas que não apresentam elementos de ligação.

guarda-chuva, arco-íris, boa-fé, segunda-feira, mesa-redonda, vaga-lume, joão-ninguém, porta-malas, porta-bandeira, pão-duro, bate-boca.

Exceções: Não se usa o hífen em certas palavras que perderam a noção de composição, como girassol, madressilva, mandachuva, pontapé, paraquedas, paraquedista, paraquedismo.

Compostos com palavras iguais

Usa-se o hífen em compostos que têm palavras iguais ou quase iguais, sem elementos de ligação.

reco-reco, blá-blá-blá, zum-zum, tico-tico, tique-taque, cri-cri, glu-glu, rom-rom, pingue-pongue, zigue-zague, esconde-esconde, pega-pega, corre-corre.

Compostos com elementos de ligação

Não se usa o hífen em compostos que apresentam elementos de ligação.

pé de moleque, pé de vento, pai de todos, dia a dia, fim de semana, cor de vinho, ponto e vírgula, camisa de força, cara de pau, olho de sogra.

Obs.: Incluem-se nesse caso os compostos de base oracional.

maria vai com as outras, leva e traz, diz que diz que, deus me livre, deus nos acuda, cor de burro quando foge, bicho de sete cabeças, faz de conta.

Exceções: água-de-colônia, arco-da-velha, cor-de-rosa, mais-que-perfeito, pé-de-meia, ao deus-dará, à queima-roupa.

Topônimos

Usa-se o hífen nas palavras compostas derivadas de topônimos (nomes próprios de lugares), com ou sem elementos de ligação.

Exs.:

Belo Horizonte: belo-horizontino

Porto Alegre: porto-alegrense

Mato Grosso do Sul: mato-grossense-do-sul

Rio Grande do Norte: rio-grandense-do-norte

África do Sul: sul-africano

17.4 Uso do Hífen com Palavras Formadas por Prefixos

Casos gerais

Antes de H

Usa-se o hífen diante de palavra iniciada por h.

Exs.:

anti-higiênico

anti-histórico

macro-história

mini-hotel

proto-história

sobre-humano

super-homem

ultra-humano

Letras Iguais

Usa-se o hífen se o prefixo terminar com a mesma letra com que se inicia a outra palavra.

Exs.:

micro-ondas

anti-inflacionário

sub-bibliotecário

inter-regional

Letras diferentes

Não se usa o hífen se o prefixo terminar com letra diferente daquela com que se inicia a outra palavra.

Exs.:

autoescola

antiaéreo

intermunicipal

supersônico

superinteressante

agroindustrial

aeroespacial

semicírculo

Obs.: Se o prefixo terminar por vogal e a outra palavra começar por r ou s, dobram-se essas letras.

Exs.:

minissaia

antirracismo

ultrassom

semirreta

Casos particulares

Prefixos SUB e SOB

Com os prefixos sub e sob, usa-se o hífen também diante de palavra iniciada por r.

Exs.:

sub-região

sub-reitor

sub-regional

sob-roda

Prefixos CIRCUM e PAN

Com os prefixos circum e pan, usa-se o hífen diante de palavra iniciada por m, n e vogal.

Exs.:

circum-murado

circum-navegação

pan-americano

Outros prefixos

Usa-se o hífen com os prefixos ex, sem, além, aquém, recém, pós, pré, pró, vice.

Exs.:

além-mar

além-túmulo

aquém-mar

ex-aluno

ex-diretor

ex-hospedeiro

ex-prefeito

ex-presidente

pós-graduação

pré-história

pré-vestibular

pró-europeu

recém-casado

recém-nascido

sem-terra

vice-rei

Prefixo CO

O prefixo co junta-se com o segundo elemento, mesmo quando este se inicia por o ou h. Neste último caso, corta-se o h. Se a palavra seguinte começar com r ou s, dobram-se essas letras.

Exs.:

coobrigação

coedição

coeducar

cofundador

coabitação

coerdeiro

corréu

corresponsável

cosseno

Prefixos PRE e RE

Com os prefixos pre e re, não se usa o hífen, mesmo diante de palavras começadas por e.

Exs.:

preexistente

preelaborar

reescrever

reedição

Prefixos AB, OB e AD

Na formação de palavras com ab, ob e ad, usa-se o hífen diante de palavra começada por b, d ou r.

Exs.:

ad-digital

ad-renal

ob-rogar

ab-rogar

Outros casos do uso do hífen

NÃO e QUASE

Não se usa o hífen na formação de palavras com não e quase.

Exs.:

(acordo de) não agressão

(isto é um) quase delito

MAL

Com mal*, usa-se o hífen quando a palavra seguinte começar por vogal, h ou l.

Exs.:

mal-entendido

mal-estar

mal-humorado

mal-limpo

Obs.: Quando mal significa doença, usa-se o hífen se não houver elemento de ligação.

Exs.:

mal-francês.

Se houver elemento de ligação, escreve-se sem o hífen.

mal de lázaro, mal de sete dias.

Tupi-guarani

Usa-se o hífen com sufixos de origem tupi-guarani que representam formas adjetivas: açu, guaçu, mirim.*:*

Exs.:

capim-açu

amoré-guaçu

anajá-mirim

Combinação Ocasional

Usa-se o hífen para ligar duas ou mais palavras que ocasionalmente se combinam, formando não propriamente vocábulos, mas encadeamentos vocabulares.

Exs.:

ponte Rio-Niterói

eixo Rio-São Paulo

Hífen e Translineação

Para clareza gráfica, se no final da linha a partição de uma palavra ou combinação de palavras coincidir com o hífen, ele deve ser repetido na linha seguinte.

Exs.:

Na cidade, conta-

- se que ele foi viajar.

O diretor foi receber os ex-

-alunos.

guarda-

-chuva

Por favor, diga-

-nos logo o que aconteceu.

17.5 Síntese das Principais Regras do Hífen

	Síntese do Hífen	
Letras diferentes	Não use hífen	Infraestrutura, extraoficial, supermercado
Letras iguais	Use hífen	Anti-inflamatório, contra-argumento, inter-racial, hiper-realista
Vogal + r ou s	Não use hífen (duplique r ou s)	Corréu, cosseno, minissaia, autorretrato
Bem	Use hífen	Bem-vindo, bem-humorado

17.6 Quadro Resumo do Emprego do Hífen com Prefixos

Prefixos	Letra que inicia a palavra seguinte
Ante-, Anti-, Contra-, Entre-, Extra-, Infra-, Intra-, Sobre-, Supra-, Ultra-	H / VOGAL IDÊNTICA À QUE TERMINA O PREFIXO Exemplos com H: ante-hipófise, anti-higiênico, anti-herói, contra-hospitalar, entre-hostil, extra-humano, infra-hepático, sobre-humano, supra-hepático, ultra-hiperbólico. Exemplos com vogal idêntica: anti-inflamatório, contra-ataque, infra-axilar, sobre-estimar, supra-auricular, ultra-aquecido.
Ab-, Ad-, Ob-, Sob-	B - R - D (Apenas com o prefixo "Ad") Exemplos: ab-rogar (pôr em desuso), ad-rogar (adotar) ob-reptício (astucioso), sob-roda ad-digital
Circum-, Pan-	H / M / N / VOGAL Exemplos: circum-meridiano, circum-navegação, circum-oral, pan-americano, pan-mágico, pan-negritude.
Ex- (no sentido de estado anterior), Sota-, Soto-, Vice-, Vizo-	DIANTE DE QUALQUER PALAVRA Exemplos: ex-namorada, sota-soberania (não total), soto-mestre (substituto), vice-reitor, vizo-rei.
Hiper-, Inter-, Super-	H / R Exemplos: hiper-hidrose, hiper-raivoso, inter-humano, inter-racial, super-homem, super-resistente.
Pós-, Pré-, Pró- (tônicos e com significados próprios)	DIANTE DE QUALQUER PALAVRA Exemplos: pós-graduação, pré-escolar, pró-democracia. Obs.: se os prefixos não forem autônomos, não haverá hífen. Exemplos: predeterminado, pressupor, pospor, propor.
Sub-	B - H - R Exemplos: sub-bloco, sub-hepático, sub-humano, sub-região. Obs.: "subumano" e "subepático" também são aceitas.
Pseudoprefixos (diferem-se dos prefixos por apresentarem elevado grau de independência e possuírem uma significação mais ou menos delimitada, presente à consciência dos falantes.) Aero-, Agro-, Arqui-, Auto-, Bio-, Eletro-, Geo-, Hidro-, Macro-, Maxi-, Mega, Micro-, Mini-, Multi-, Neo-, Pluri-, Proto-, Pseudo-, Retro-, Semi-, Tele-	H / VOGAL IDÊNTICA À QUE TERMINA O PREFIXO Exemplos com H: geo-histórico, mini-hospital, neo-helênico, proto-história, semi-hospitalar. Exemplos com vogal idêntica: arqui-inimigo, auto-observação, eletro-ótica, micro-ondas, micro-ônibus, neo-ortodoxia, semi-interno, tele-educação.

01. Não se utilizará o hífen em palavras iniciadas pelo prefixo 'co-'.

Ex.: coadministrar, coautor, coexistência, cooptar, coerdeiro corresponsável, cosseno.

02. *Prefixos des- e in- + segundo elemento sem o "h" inicial.*

Ex.: *desarmonia, desumano, desumidificar, inábil, inumano, etc.*

03. Não se utilizará o hífen com a palavra não.

Ex.: não violência, não agressão, não comparecimento.

04. Não se utiliza o hífen em palavras que possuem os elementos "bi", "tri", "tetra", "penta", "hexa", etc.

Ex.: bicampeão, bimensal, bimestral, bienal, tridimensional, trimestral, triênio, tetracampeão, tetraplégico, pentacampeão, pentágono, etc.

05. Em relação ao prefixo "hidro", em alguns casos pode haver duas formas de grafia.

Ex.: hidroelétrica e hidrelétrica

06. No caso do elemento "socio", o hífen será utilizado apenas quando houver função de substantivo (= de associado).

Ex.: sócio-gerente / socioeconômico

Questões

01. As palavras "superfície" e "saída" recebem acento gráfico, assim como são acentuadas graficamente todas as palavras a seguir: ideia, heroico, mantem, proximo e pe.

Certo ( ) Errado ( )

02. Nas alternativas a seguir, os acentos foram omitidos propositadamente. Assinale a alternativa em que todas as palavras deveriam ser graficamente acentuadas

a) rubrica, diluvio, viuva.
b) ambar, heroi, ilustra-lo.
c) protons, forceps, releem.
d) dificilmente, Piaui, misantropo.
e) perdoo, atribuimos, caiste.

03. Observe as frases abaixo e responda a seguir.

01. Fiz toda a janta usando só o ________.
02. Na ________, os homens viviam em cavernas.
03. Meu ________ é ________.

As palavras que completam corretamente as lacunas em (1), (2) e (3) são, respectivamente:

a) micro-ondas / pré-história / microcomputador / seminovo.
b) microondas / préhistória / microcomputador / seminovo.
c) micro-ondas / pré-história /microcomputador / semi-novo.
d) microndas / preistoria / microcomputador / seminovo.
e) micro-ondas / pré-história / micro-computador / seminovo.

04. Assinale a alternativa correta, segundo o novo acordo ortográfico:

"O pronunciamento do parlamentar na _______ da peça de teatro teve repercussão na impressa, de modo que o outro deputado, ao desembarcar do seu ____ rumo à cidade de ______, no estado do _________também falou sobre o assunto: Os que _______ jornais saberão do que estou falando".

a) Estréia - vôo - Parnaíba - Piauí - lêem
b) Estreia - vôo - Parnaiba - Piaui - lêem
c) Estreia - voo - Parnaíba - Piaui - leem
d) Estreia - voo - Parnaíba - Piauí - leem
e) Estreia - voo - Parnaíba - Piauí - lêem

05. Assinale a opção em o emprego do hífen, segundo as regras do mais recente Acordo Ortográfico, está incorreto.

a) Vamos comprar um anti-inflamatório porque ela está superresfriada.
b) O quadro foi protegido com vidro antirreflexo
c) Ele era corréu na acusação de ter assassinado o contrarregra
d) O grupo antissequestro já participa da investigação.
e) Trata-se de uma informação semioficial.

06. De acordo com a Nova Ortografia da Língua Portuguesa, no trecho "Apoiou ditaduras, avalizou políticas antipopulares, fingiu não ver os desmandos de aliados (...)" o termo destacado

I. deveria ter sido grafado com hífen, como em anti-higiênico e anti-inflacionário.
II. está adequadamente grafado, obedecendo à regra em que prefixo terminado em vogal se junta com a palavra iniciada por consoante.
III. está adequadamente grafado, assim como em antiaéreo e antiprofissional.
IV. tem como facultativo o emprego do hífen, visto que o Novo Acordo Ortográfico ainda é recente.
V. obedece à mesma regra que palavras formadas por prefixos como super-, ultra- e sub-.

Estão CORRETAS as proposições

a) II, III, IV e V.
b) I, II e IV.
c) II, III e V.
d) I, II e III.
e) I, II, III, IV e V.

07. Assinale a opção em que há quatro palavras INCORRETAS:

a) coronéis; micro-ondas; hipersensível; super-resistente; anti-horário; bem-vindo.
b) acessor; atraso; infringir; jus; excessão; ascenção; aridês; vírus; excesso; viuvez.
c) canalizar, pesquisar, analisar, balizar, sintetizar; dialisar; atualizar; bisar; prezar.
d) ideia, chapéu, herói, plateia, condói, céu, perdoo, voo, geo-história, subsolo.

08. "O idioma tornou-se multicultural, multiétnico, pois a maior parte dos falantes da África e da Índia é bilíngue ou multilíngue." A ortografia, nesse trecho, respeita as regras determinadas pelo novo acordo ortográfico, assim como em todas as palavras de qual alternativa? Assinale-a.

a) O sóciogerente participou da reunião com a pré-comissão do evento.

b) A infraestrutura está protegida por um eficiente sistema de para-raios.

c) O médico solicitou exames pre-cirúrgicos, como ultrassom e coleta de sangue para análise.

d) Houve efeitos que indicaram a interrelação dos elementos presentes na estrutura pré-moldada.

09. Assinale a opção em que a palavra não está de acordo com o Novo Acordo Ortográfico:

a) Ideia;

b) Inter-relação;

c) Microeletrônica;

d) Minissérie;

e) Auto-ajuda.

10. Leia o cartoon.

Disponível em: https://ciberduvidas.iscte-iul.pt/Images/AOCartoon2.jpg. Acesso em 05 de mar. de 2016

O efeito de humor no cartoon é produzido devido a uma mudança na grafia da palavra "microondas" de acordo com o Novo Acordo Ortográfico. Segundo esse documento

a) O hífen deve ser usado em dois casos: quando a segunda parte da palavra começar com s ou r (contra-regra permanece com hífen), e quando a primeira parte da palavra termina com vogal e a segunda parte começa com vogal (auto-estrada).

b) Já o acento agudo permanece nos ditongos abertos "ei" e "oi" (antes "éi" e "ói"), na grafia de palavras como colméia e jibóia.

c) O hífen deve ser usado se o prefixo do primeiro elemento terminar com a mesma vogal que inicia o segundo.

d) O acento circunflexo foi mantido nas palavras terminadas em "êem", como nas formas verbais lêem, crêem, vêem e em substantivos como enjôo e vôo.

e) Não se usa hífen nas palavras cujo prefixo for "ex" (no sentido de estado anterior) e "vice".

Gabaritos

01	ERRADO	06	C
02	B	07	B
03	A	08	B
04	D	09	E
05	A	10	C

18. INTERPRETAÇÃO DE TEXTOS

18.1 Ideias Preliminares sobre o Assunto

Independentemente de quem seja o professor de Língua Portuguesa, é muito comum ele ouvir alguns alunos falando que até gostam da matéria em questão, mas que possuem muita dificuldade com a interpretação dos textos. Isso é algo totalmente normal, principalmente porque costumamos fazer algo terrível chamado de "leitura dinâmica" que poderia ser traduzido da seguinte maneira: procedimento em que você olha as palavras mas não entende o significado do que está lá escrito.

Para interpretar um texto, o indivíduo precisa de muita atenção e de muito treino. Interpretar pode ser comparado com disparar uma arma: apenas temos chance de acertar o alvo se treinarmos muito e soubermos combinar todos os elementos externos ao disparo: velocidade do ar, direção, distância etc.

Quando o assunto é texto, o primordial é estabelecer uma relação contextual com aquilo que estamos lendo. Montar o contexto significa associar o que está escrito no texto base com o que está disposto nas questões. Lembre-se de que há uma questão montada com a intenção de testar você, ou seja, deve ficar atento para todas as palavras e para todas as possibilidades de mudança de sentido que possa haver nas questões.

É preciso, para entender as questões de interpretação de qualquer banca, buscar o raciocínio que o elaborador da questão emprega na redação da questão. Usualmente, objetiva-se a depreensão dos sentidos do texto. Para tanto, destaque os itens fundamentais (as ideias principais contidas nos parágrafos) para poder refletir sobre tais itens dentro das questões.

18.2 Semântica ou Pragmática?

Existe uma discussão acadêmica sobre o que possa ser considerado como semântica e como pragmática. Em que pese o fato de os universitários divergirem a respeito do assunto, vamos estabelecer uma distinção simples, apenas para clarear nossos estudos.

> **Semântica**: disciplina que estuda o significado dos termos. Para as questões relacionadas a essa área, o comum é que se questione acerca da troca de algum termo e a manutenção do sentido original da sentença.
>
> **Pragmática**: disciplina que estuda o sentido que um termo assume dentro de determinado contexto. Isso quer dizer que a identificação desse sentido depende do entorno linguístico e da intenção de quem exprime a sentença.

Para exemplificar essa situação, vejamos o exemplo abaixo:

Pedro está na geladeira.

Nesse caso, é possível que uma questão avalie a capacidade de o leitor compreender que há, no mínimo, dois sentidos possíveis para essa sentença: um deles diz respeito ao fato de a expressão "na geladeira" poder significar algo como "ele foi até a geladeira buscar algo", o que – coloquialmente – significaria uma expressão indicativa de lugar. O outro sentido diz respeito ao fato de "na geladeira" significar que "foi apartado de alguma coisa para receber algum tipo de punição".

A questão sobre semântica exigiria que o candidato percebesse a possibilidade de trocar a palavra "geladeira" por "refrigerador" – havendo, nesse caso, uma relação de sinonímia.

A questão de pragmática exigiria que o candidato percebesse a relação contextualmente estabelecida, ou seja, a criação de uma figura de linguagem (um tipo de metáfora) para veicular um sentido particular.

18.3 Questão de Interpretação?

Como se faz para saber que uma questão de interpretação é uma questão de interpretação? É uma mera intuição que surge na hora da prova ou existe uma "pista" a ser seguida para a identificação da natureza da questão?

Respondendo a essa pergunta, entende-se que há pistas que identificam a questão como pertencente ao rol de questões para interpretação. Os indícios mais precisos que costumam aparecer nas questões são:

> Reconhecimento da intenção do autor.
>
> Ponto de vista defendido.
>
> Argumentação do autor.
>
> Sentido da sentença.

Apesar disso, não são apenas esses os indícios de que uma questão é de intepretação. Dependendo da banca, podemos ter a natureza interpretativa distinta, principalmente porque o critério de intepretação é mais subjetivo que objetivo. Algumas bancas podem restringir o entendimento do texto; outras podem extrapolá-lo.

18.4 Tipos de Texto - O Texto e suas Partes

Um texto é um todo. Um todo é constituído de diversas partes. A interpretação é, sobremaneira, uma tentativa de reconhecer as intenções de quem comunica recompondo as partes para uma visão global do todo.

Para podermos interpretar, é necessário termos o conhecimento prévio a respeito dos tipos de texto que, fortuitamente, podemos encontrar em um concurso. Vejamos quais são as distinções fundamentais com relação aos tipos de texto.

18.5 O Texto Dissertativo

Nas acepções mais comuns do dicionário, o verbo "dissertar" significa "discorrer ou opinar sobre algum tema". O texto dissertativo apresenta uma ideia básica que começa a ser desdobrada em subitens ou termos menores. Cabe ressaltar que não existe apenas um tipo de dissertação, há mais de uma maneira de o autor escrever um texto dessa natureza.

Conceituar, polemizar, questionar a lógica de algum tema, explicar ou mesmo comentar uma notícia são estratégias dissertativas. Vamos dividir essa tipologia textual em dois tipos essencialmente diferentes: o **dissertativo-expositivo** e o **dissertativo-argumentativo**.

Padrão dissertativo-expositivo

A característica fundamental do padrão expositivo da dissertação é utilizar a estrutura da prosa não para convencer alguém de alguma coisa, e sim para apresentar uma ideia, apresentar um conceito. O princípio do texto expositivo não é a persuasão, é a informação e, justamente por tal fato, ficou conhecido como informativo. Para garantir uma boa interpretação desse padrão textual, é importante buscar a ideia principal (que deve estar presente na introdução do texto) e, depois, entender quais serão os aspectos que farão o texto progredir.

Onde posso encontrar esse tipo de texto? Jornais revistas, sites sobre o mundo de economia e finanças. Diz-se que esse tipo de texto focaliza a função referencial da linguagem.

Como costuma ser o tipo de questão relacionada ao texto dissertativo-expositivo? Geralmente, os elaboradores questionam sobre as informações veiculadas pelo texto. A tendência é que o elaborador inverta as informações contidas no texto.

Como resolver mais facilmente? Toda frase que mencionar o conceito ou a quantidade de alguma coisa deve ser destacada para facilitar a consulta.

Padrão dissertativo-argumentativo

No texto do padrão dissertativo-argumentativo, existe uma opinião sendo defendida e existe uma posição ideológica por detrás de quem escreve o texto. Se analisarmos a divisão dos parágrafos de um texto com características argumentativas, perceberemos que a introdução apresenta sempre uma tese (ou hipótese) que é defendida ao longo dos parágrafos.

Uma vez feito isso, o candidato deve entender qual é a estratégia utilizada pelo produtor do texto para defender seu ponto de vista. Na verdade, agora é o momento de colocar "a mão na massa" para valer, uma vez que aqueles enunciados que iniciam com "infere-se da argumentação do texto", "depreende-se dos argumentos do autor" serão vencidos caso se observem os fatores de interpretação corretos.

Quais são esses fatores, então?

A conexão entre as ideias do texto (atenção para as conjunções).

Articulação entre as ideias do texto (atenção para a combinação de argumentos).

Progressão do texto.

Os Recursos Argumentativos:

Quando o leitor interage com uma fonte textual, deve observar - tratando-se de um texto com o padrão dissertativo-argumentativo - que o autor se vale de recursos argumentativos para construir seu raciocínio dentro do texto. Vejamos alguns recursos importantes:

Argumento de autoridade: baseado na exposição do pensamento de algum especialista ou alguma autoridade no assunto. Citações, paráfrases e menções ao indivíduo podem ser tomadas ao longo do texto. Tome cuidado para não cair na armadilha: saiba diferenciar se a opinião colocada em foco é a do autor ou se é a do indivíduo que ele cita ao longo do texto.

Argumento com base em consenso: parte de uma ideia tomada como consensual, o que "carrega" o leitor a entender apenas aquilo que o elaborador mostra. Sentenças do tipo todo mundo sabe que, é de conhecimento geral que identificam esse tipo de argumentação.

Argumento com fundamentação concreta: basear aquilo que se diz em algum tipo de pesquisa ou fato que ocorre com certa frequência.

Argumento silogístico (com base em um raciocínio lógico): do tipo hipotético - Se...então.

Argumento de competência linguística: consiste em adequar o discurso ao panorama linguístico de quem é tido como possível leitor do texto.

Argumento de exemplificação: utilizar casos, ou pequenos relatos para ilustrar a argumentação do texto.

Questões

01. (CESPE) Leia o texto:

Costumamos olhar pouco para fora do Brasil quando tentamos compreender o que estamos vivendo. Faz muito que a distância entre os países desapareceu, no plano objetivo. Continuamos, porém, vivendo "isolados do mundo", como diz uma canção, ainda que apenas na subjetividade.

Se pensarmos no que está à nossa volta, na América do Sul, então, mais ainda. Mesmo quando é bem informado, o brasileiro típico se mostra mais capaz de dar notícia do que ocorre na Europa e nos Estados Unidos da América do que em qualquer de nossos vizinhos.

É pena, pois estar mais informados sobre o que acontece além das fronteiras pode ajudar muito a que nos entendamos como país.

Marcos Coimbra. Olhando à nossa volta. In: Correio Braziliense, 23/9/2007 (com adaptações).

O autor do texto, em sua argumentação, opõe o desaparecimento da distância entre os Estados Unidos da América e a Europa, no "plano objetivo", à preservação dessa distância entre os países da América do Sul, no plano subjetivo.

Certo ( ) Errado ( )

Celular Vira 'Fura-trânsito' em São Paulo

Em uma cidade com tantos problemas no trânsito como São Paulo, a indústria de apps - os aplicativos para celulares e tablets - encontrou terreno fértil para se desenvolver.

Aplicativos lançados recentemente ajudam o motorista a escapar de alagamentos, a desviar de congestionamentos e até a saber onde há vagas para estacionar.

Um dos mais famosos é o Waze. Criado em Israel, é uma mistura de rede social com GPS, em que motoristas compartilham as condições do trânsito e pontos críticos de congestionamento.

Uri Levine, fundador e presidente do Waze, diz que a ideia surgiu em suas férias de 2007, ao viajar com amigos. Ele foi o último a sair, ligou para saber como estava o trânsito e evitou engarrafamentos.

Situação semelhante ocorreu em São Paulo, na temporada de chuvas de 2010. Noel Rocha trabalhava no centro e precisava passar pelo túnel do Anhangabaú - famoso pelos alagamentos.

Preso no trânsito, ele queria saber se o túnel estava fechado. "Tentei, pelo celular, o site do CGE (Centro de Gerenciamento de Emergências), mas achei muito complicado." Foi aí que teve a ideia de criar o Alaga SP, aplicativo que mostra os alagamentos ativos em São Paulo a partir de informações da prefeitura.

Além do Waze e do Alaga SP, destacam-se o Moovit - que oferece informações sobre o transporte público (ônibus, trens etc.) -, o Maplink - que mostra rotas, condições de trânsito e exibe imagens dos principais corredores através de um sistema de coleta de informações próprio - e o Apontador Rodoviário, que traça rotas e mostra a localização de pedágios com seus preços.

(André Monteiro, Folha de S.Paulo, 10.03.2013. Adaptado)

02. (VUNESP) Os aplicativos mencionados no texto têm, em comum, a finalidade de:

a) Oferecer aos usuários opções para contornarem os problemas no trânsito.
b) Substituir os órgãos públicos na fiscalização do tráfego de veículos.
c) Auxiliar os pedestres e acabar com os atropelamentos nas grandes cidades.
d) Orientar os motoristas que desconhecem as principais leis de trânsito.
e) Reduzir o número de carros por habitante na cidade de São Paulo.

03. (VUNESP) Uri Levine e Noel Rocha idealizaram os aplicativos Waze e Alaga SP, respectivamente, a partir:

a) Da conversa com amigos que reclamavam do trânsito.
b) De suas experiências concretas como motoristas.
c) De situações em que se viram presos em engarrafamentos.
d) Da impossibilidade de viajar devido a alagamentos.
e) Da cópia de aplicativos idênticos que faziam sucesso no mercado.

04. (VUNESP) "Quando paro com meu carro no semáforo, já olho se o caminho que vou fazer está congestionado. Se estiver, pego uma alternativa e, se também estiver travada, uso o aplicativo para avisar os outros motoristas."

Considerando as descrições dos aplicativos apresentadas no texto, pode-se concluir que esse comentário se refere ao uso do:

a) Waze.
b) Alaga SP.
c) Moovit.
d) Maplink.
e) Apontador Rodoviário.

05. (VUNESP) Leia o primeiro parágrafo:

Em uma cidade com tantos problemas no trânsito como São Paulo, a indústria de apps – os aplicativos para celulares e tablets - encontrou **terreno fértil** para se desenvolver.

A expressão **terreno fértil** pode ser substituída, sem alteração da mensagem, por:

a) Necessidade restrita.
b) Cenário conturbado.
c) Condições propícias.
d) Ferramentas exóticas.
e) Momento contraditório.

Observe a passagem do terceiro parágrafo: Criado em Israel, é uma mistura de rede social com GPS, em que motoristas compartilham as condições do trânsito e pontos **críticos** de congestionamento.

06. (VUNESP) O termo **críticos**, em destaque, é empregado com o sentido de:

a) Distintos.
b) Provisórios.
c) Sugestivos.
d) Problemáticos.
e) Analíticos.

O novo milênio - designado como era do conhecimento, da informação - é marcado por mudanças de relevante importância e por impactos econômicos, políticos e sociais. Em épocas de transformações tão radicais e abrangentes como essa, caracterizada pela transição de uma era industrial para uma baseada no conhecimento, aumenta-se o grau de indefinições e incertezas. Há, portanto, que se fazer esforço redobrado para identificar e compreender esses novos processos - o que exige o desenvolvimento de um novo quadro conceitual e analítico que permita captar, mensurar e avaliar os elementos que determinam essas mudanças - e para distinguir, entre as características e tendências emergentes, as que são mais duradouras das que são transitórias, ou seja, lidar com a necessidade do que Milton Santos resumiu como distinguir o modo da moda.

No novo padrão técnico-econômico, notam-se a crescente inovação, intensidade e complexidade dos conhecimentos desenvolvidos e a acelerada incorporação desses nos bens e serviços produzidos e comercializados pelas organizações e pela sociedade. Destacam-se, sobretudo, a maior velocidade, a confiabilidade e o baixo custo de transmissão, armazenamento e processamento de enormes quantidades de conhecimentos codificados e de outros tipos de informação.

Helena Maria Martins Lastres et al. Desafios e oportunidades da era do conhecimento. In: São Paulo em Perspectiva, 16(3), 2002, p. 60-1 (com adaptações).

A partir das ideias e dos argumentos suscitados pelo texto, julgue os itens subsequentes.

07. (CESPE) Da leitura do texto infere-se que o novo milênio engloba a era do conhecimento, em que a vantagem competitiva decorrente da produção e comercialização de bens e serviços ocorrerá por meio da geração do conhecimento, que permitirá a manutenção do potencial inovador das organizações.

Certo ( ) Errado ( )

08. (CESPE) No texto, é abordada a necessidade de se lidar com as tendências e mudanças derivadas das novas formas de conhecimento, objeto do que se denomina, hoje, por era do conhecimento.

Certo ( ) Errado ( )

O setor de tecnologias da informação e comunicação (TICs) impulsiona um conjunto de inovações técnico-científicas, organizacionais, sociais e institucionais, gerando novas possibilidades de retorno econômico e social nas mais variadas atividades. Por contribuir para a elevação do valor agregado da produção, com reflexos positivos no emprego, na renda e na qualidade de vida da população, esse ramo vem obtendo status privilegiado em diversas políticas e programas nacionais para a ampliação do acesso às telecomunicações, aceleração da informatização e mitigação da exclusão digital. Como exemplo, podem ser destacadas as propostas de fortalecimento da competitividade inseridas no âmbito da Política de Desenvolvimento Produtivo do Ministério do Desenvolvimento, Indústria e Comércio, que são imprescindíveis em face do panorama da crise financeira internacional.

Cristiane Vianna Rauen et al. Relatório de acompanhamento setorial. In: Tecnologias de informação e comunicação, v. III. UNICAMP e Agência Brasileira de Desenvolvimento Industrial, ago./2009, p. 10-1 (com adaptações).

No que diz respeito aos argumentos e às estruturas linguísticas do texto acima, julgue o próximo item:

09. (CESPE) Da leitura do texto depreende-se que as TICs representam a nova base tecnoprodutiva em conhecimento e podem ser consideradas as principais difusoras de progresso técnico nos dias de hoje, além de constituírem elemento estratégico das organizações e instituições.

Certo ( ) Errado ( )

Crescimento da População é "Desafio do Século", Diz Consultor da ONU

O crescimento populacional é o "desafio do século" e não está sendo tratado de forma adequada na Rio+20, segundo o consultor do Fundo de População das Nações Unidas, Michael Herrmann.

"O desafio do século é promover bem-estar para uma população grande e em crescimento, ao mesmo tempo em que se assegura o uso sustentável dos recursos naturais" [...] "As questões relacionadas à população estão sendo tratadas de forma adequada nas negociações atuais? Eu acho que não. O assunto é muito sensível e muitos preferem evitá-lo. Mas nós estaremos enganando a nós mesmos se acharmos que é possível falar de desenvolvimento sustentável sem falar sobre quantas pessoas seremos no planeta, onde estaremos vivendo e que estilo de vida teremos", afirmou.

No fim do ano passado, a população mundial atingiu a marca de sete bilhões de pessoas. As projeções indicam que, em 2050, serão 9 bilhões. O crescimento é mais intenso nos países pobres, mas Herrmann defende que os esforços para o enfrentamento do problema precisam ser globais.

"Se todos quiserem ter os padrões de vida do cidadão americano médio, precisaremos ter cinco planetas para dar conta. Isso não é possível. Mas também não é aceitável falar para os países em desenvolvimento 'desculpa, vocês não podem ser ricos, nós não temos recursos suficientes'. É um desafio global, que exige soluções globais e assistência ao desenvolvimento", afirmou.

O consultor disse ainda que o Fundo de População da ONU é contrário a políticas de controle compulsório do crescimento da população. Segundo ele, as políticas mais adequadas são aquelas que permitem às mulheres fazerem escolhas sobre o número de filhos que querem e o momento certo para engravidar. Para isso, diz, é necessário ampliar o acesso à educação e aos serviços de saúde reprodutiva e planejamento familiar. [...]

MENCHEN, Denise. Crescimento da população é "desafio do século", diz consultor da ONU. Folha de São Paulo. São Paulo, 11 jun. 2012. Ambiente. Disponível em:<http://www1.folha.uol.com.br/ambiente.1103277-crescimento-da-populacao-e-desafio-do--seculo-diz-consultor-da-onu.shtml>. Acesso em: 22 jun. 2012. Adaptado.

10. (CESGRANRIO) No Texto I, Michael Herrmann, consultor do Fundo de População das Nações Unidas, afirma que tratar o crescimento populacional de forma adequada significa:

a) Enfrentar o problema de forma localizada e evitar soluções globalizantes.

b) Permitir a proliferação dos padrões de vida do cidadão americano e rechaçar a miséria.

c) Evitar o enriquecimento dos países emergentes e incentivar a preservação ambiental nos demais.

d) Implementar uma política de controle populacional compulsório e garantir acesso à educação e aos serviços de saúde reprodutiva.

e) Promover o bem-estar da população e assegurar o uso sustentável dos recursos naturais.

Gabaritos

01	ERRADO	06	D
02	A	07	CERTO
03	B	08	CERTO
04	A	09	CERTO
05	C	10	E

19. DEMAIS TIPOLOGIAS TEXTUAIS

19.1 O Texto Narrativo

Em uma definição bem simplista, "narrar" significa "sequenciar ações". É um dos gêneros mais utilizados e mais conhecidos pelo ser humano, quer no momento de relatar algum evento para alguém - em um ambiente mais formal -, quer na conversa informal sobre o resumo de um dia de trabalho. O fato é que narramos, e o fazemos de maneira praticamente instintiva. É importante, porém, conhecer quais são seus principais elementos de estruturação.

Os operadores do texto narrativo são:

Narrador: é a voz que conduz a narrativa.

Narrador-protagonista: narra o texto em primeira pessoa.

Narrador-personagem (testemunha): nesse caso, quem conta a história não participou como protagonista, no máximo como um personagem adjuvante da história.

Narrador onisciente: narrador que está distanciado dos eventos e conhece aquilo que se passa na cabeça dos personagens.

Personagens: são aqueles que efetivamente atuam na ordem da narração, ou seja, a trama está atrelada aos comportamentos que eles demonstram ao longo do texto.

Tempo: claramente, é o lapso em que transcorrem as ações narradas. Segundo a classificação tradicional, divide-se o tempo da narrativa em: Cronológico, Psicológico e Da narrativa.

Espaço: é o local físico em que as ações ocorrem.

Trama: é o encadeamento de ações propriamente dito.

19.2 O Texto Descritivo

O texto descritivo é o que levanta características para montar algum tipo de panorama. Essas características, mormente, são físicas, entretanto, não é necessário ser sempre desse modo. Podemos dizer que há dois tipos de descrição:

Objetiva: em que surgem aspectos sensoriais diretos, ou seja, não há uma subjetividade por parte de quem escreve. Veja um exemplo:

Nome científico: *Ginkgo biloba L.*
Nome popular: *nogueira-do-japão.*
Origem: *Extremo Oriente.*

Aspecto: as folhas dispõem-se em leque e são semelhantes ao trevo.

A altura da árvore pode chegar a 40 metros; o fruto lembra uma ameixa e contém uma noz que pode ser assada e comida.

Subjetiva: em que há impressões particulares do autor do texto. Há maior valorização dos sentimentos insurgentes daquilo que se contempla. Veja um exemplo:

19.3 Conotação X Denotação

É interessante, quando se estuda o conteúdo de interpretação de texto, ressaltar a distinção conceitual entre o sentido conotativo e o sentido denotativo da linguagem. Vejamos como se opera essa distinção:

Sentido conotativo: figurado, ou abstrato. Relaciona-se com as figuras de linguagem.

Adalberto **entregou sua alma a Deus**.

A ideia de entregar a alma a Deus é figurada, ou seja, não ocorre literalmente, pois não há um serviço de entrega de almas. Essa é uma figura que convencionamos chamar de **metáfora**.

Sentido denotativo: literal, ou do dicionário. Relaciona-se com a função referencial da linguagem.

Adalberto **morreu**.

Quando dizemos função referencial, entende-se que o falante está preocupado em transmitir precisamente o fato ocorrido, sem apelar para figuras de pensamento.

19.4 Figuras de Linguagem

Apenas para ilustrar algumas das mais importantes figuras de linguagem que podem ser cobradas em algumas provas, observe a lista:

Metáfora: uma figura de linguagem, que consiste na comparação de dois termos sem o uso de um conectivo.

Seus olhos **são dois oceanos**. (Os olhos possuem a profundidade do oceano, a cor do oceano etc.)

Comparação: comparação direta com o elemento conectivo.

O vento é como uma mulher.

Metonímia: figura de linguagem que consiste utilização de uma expressão por outra, dada a semelhança de sentido ou a possibilidade de associação lógica entre elas.

Vá ao mercado e traga um Nescau. (achocolatado em pó).

Antítese: figura de linguagem que consiste na exposição de ideias opostas.

*"**Nasce** o Sol e não dura mais que um **dia***
*Depois da **Luz** se segue à **noite** escura*
*Em tristes **sombras morre** a formosura,*
*Em contínuas **tristezas e alegrias**."*

(Gregório de Matos)

Os termos em negrito evidenciam relações semânticas de distinção (oposição). Nascer é o contrário de morrer, assim como sombra é o contrário de luz. Essa figura foi muito utilizada na poesia brasileira, em especial pelo autor dos versos acima: Gregório de Matos Guerra.

Paradoxo: expressão que contraria o senso comum. Ilógica.

*"Amor é fogo que **arde sem se ver**;*
*É ferida que **dói e não se sente**;*
*É um **contentamento descontente**;*
*É **dor que desatina sem doer**."*

(Luís de Camões)

A construção semântica acima é totalmente ilógica, pois é impossível uma ferida doer e não ser sentida, assim como não é possível o contentamento ser descontente.

Perífrase: expressão que tem por função substituir semanticamente um termo:

A última flor do Lácio anda muito judiada. (Português é a última flor do Lácio)

Eufemismo: figura que consiste em atenuar uma expressão desagradável:

José **pegou emprestado sem avisar**; (roubou).

Disfemismo: contrário ao Eufemismo, é a figura de linguagem que consiste em tornar uma expressão desagradável em algo ainda pior.

O homem **abotoou o paletó de madeira**. (morreu).

Prosopopeia: atribuição de características animadas a seres inanimados.

O vento sussurrou em meus ouvidos.

Hipérbole: exagero proposital de alguma característica.

Estou morrendo de rir.

Sinestesia: confusão dos sentidos do corpo humano para produzir efeitos expressivos.

Ouvi uma **voz suave** saindo do quarto.

19.5 Funções da Linguagem

Deve-se a Roman Jakobson a discriminação das seis funções da linguagem na expressão e na comunicação humanas, conforme o realce particular que cada um dos componentes do processo de comunicação recebe no enunciado. Por isso mesmo, é raro encontrar em uma única mensagem apenas uma dessas funções, ou todas reunidas em um mesmo texto. O mais frequente é elas se superporem, apresentando-se uma ou outra como predominante.

Em que pese tal fato, é preciso considerar que há particularidades com relação às funções da linguagem, ou seja, cada função descreve algo em particular. Com isso, pretendo dizer que, antes de o estudante se ater às funções em si, é preciso que ele conheça o sistema que é um pouco mais amplo, ou seja, o ato comunicativo. Afinal, a teoria de Roman Jakobson se volta à descrição do ato comunicativo em si.

Em um livro chamado Linguística e comunicação, o linguista Roman Jakobson, pensando sobre o ato comunicativo e seus elementos, identifica seis funções da linguagem.

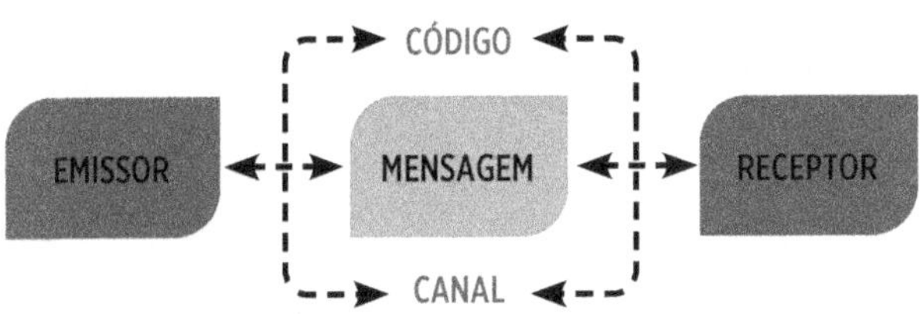

→ Nesse esquema, identificamos:

- **Emissor**: quem enuncia.
- **Mensagem**: aquilo que é transmitido pelo emissor.
- **Receptor**: quem recebe a mensagem.
- **Código**: o sistema em que a mensagem é codificada. O código deve ser comum aos polos da comunicação.
- **Canal**: meio físico por que ocorre a comunicação.

Pensando sobre esses elementos, Jakobson percebeu que cada função da linguagem está centrada em um elemento específico do ato comunicativo. É o que veremos agora.

As Funções da Linguagem são:

- **Referencial**: centrada na mensagem, ou seja, na transmissão do conteúdo. Como possui esse caráter, a objetividade é uma constante para a função referencial. É comum que se busque a imparcialidade quando dela se faz uso. É também conhecida como função denotativa. Como a terceira pessoa do singular é predominante, podem-se encontrar exemplos de tal função em textos científicos, livros didáticos, textos de cunho apenas informativo etc.

Emotiva: centrada no emissor, ou seja, em quem enuncia a mensagem. Basicamente a primeira pessoa predomina quando o texto se apoia sobre a função emotiva. É muito comum a observarmos em depoimentos, discursos, em textos sentimentais, e mesmo em textos líricos.

Apelativa: centrada no receptor, ou seja, em quem recebe a mensagem. As características comuns a manifestações dessa função da linguagem são os verbos no modo imperativo, a tentativa de persuadir o receptor, a utilização dos pronomes de tratamento que tangenciem o interlocutor. É comum observar a função apelativa em propaganda, em discursos motivacionais etc.

Poética: centrada na transformação da mensagem, ou seja, em como modificar o conteúdo da mensagem a fim de torná-lo mais expressivo. As figuras de linguagem são abundantes nessa função e, por sua presença, convencionou-se chamar, também, função poética de função conotativa. Textos literários, poemas e brincadeiras com a mensagem são fontes em que se pode verificar a presença da função poética da linguagem.

Fática: centrada no canal comunicativo. Basicamente, busca testar o canal para saber se a comunicação está ocorrendo. Expressões como "olá", "psiu" e "alô você" são exemplos dessa função.

Metalinguística: centrada no código. Quando o emissor se vale do código para explicar o próprio código, ou seja, num tipo de comunicação autorreferente. Como exemplo, podemos citar um livro de gramática, que se vale da língua para explicar a própria língua; uma aula de didática (sobre como dar aula); ou mesmo um poema que se refere ao processo de escrita de um poema. O poema a seguir é um ótimo exemplo de função metalinguística.

Catar feijão

Catar feijão se limita com escrever:
jogam-se os grãos na água do alguidar
e as palavras na da folha de papel;
e depois, joga-se fora o que boiar.
Certo, toda palavra boiará no papel,
água congelada, por chumbo seu verbo:
pois para catar esse feijão, soprar nele,
e jogar fora o leve e oco, palha e eco.
Ora, nesse catar feijão entra um risco:
o de que entre os grãos pesados entre
um grão qualquer, pedra ou indigesto,
um grão imastigável, de quebrar dente.
Certo não, quando ao catar palavras:
a pedra dá à frase seu grão mais vivo:
obstrui a leitura fluviante, flutual,
açula a atenção, isca-a com risco.

MELO NETO, João Cabral de. Obra completa.
Rio de Janeiro: Nova Aguilar, 1995.

Questões

01. Leia o texto:

Logo à entrada paramos diante de uma lápide quadrada, incrustada nas lajes escuras, tão polida e reluzindo com um tão doce brilho de nácar, que parecia a água quieta de um tanque, onde se refletiam as luzes das lâmpadas. Pote puxou-me a manga, lembrou-me que era costume beijar aquele pedaço de rocha, santa entre todas, que outrora, no jardim de José de Arimateia... (A Relíquia – Eça de Queirós).

Uma pesquisa realizada em 16 países mostrou que os jovens brasileiros são os que colecionam o maior número de amigos virtuais. A média brasileira de contatos é mais do que o dobro da mundial, que tem como base países como Estados Unidos da América (EUA) e China. O levantamento avaliou a participação da tecnologia na vida de 18 mil jovens de 8 a 24 anos, com acesso fácil à Internet, telefones celulares e pelo menos dois outros aparelhos eletrônicos.

Os brasileiros com idade entre 14 e 24 anos têm em média 46 amigos virtuais, enquanto a média global é de 20. No mundo, os jovens costumam ter cerca de 94 contatos guardados no celular, 78 na lista de programas de mensagem instantânea e 86 em sítios de relacionamento como o Orkut.

Jornal do Brasil, 27/7/2007, p. A24 (com adaptações).

O texto entrelaça características de dissertação; de narração e de descrição.

Certo ( ) Errado ( )

02. Leia o texto:

Zygmunt Bauman põe o dedo na ferida ao denunciar o limite da liberdade na modernidade capitalista: pode-se tudo (embora a maioria não possa quase nada), exceto imaginar um mundo melhor que este em que vivemos. Quando muito, fica-se no conserto da casa, a reforma do telhado, a pintura das paredes, sem que se questionem a própria arquitetura da casa e, muito menos, o modo de convivência dos que a habitam.

A expressão "põe o dedo na ferida" tem sentido conotativo (figurado).

Certo ( ) Errado ( )

03. Há sentido conotativo na seguinte alternativa:

a) "Será que uma bola é mais valiosa que um livro?"
b) "... aposentados choram pelo minguado aumento."
c) "Por que se concedem altos aumentos na política?"
d) "... hospitais deixam de atender ao mais simples diagnóstico..."
e) "Por que os salários não são igualitários?"

04. Leia o seguinte trecho de Machado de Assis e marque a opção correta.

"O tempo é um tecido invisível em que se pode bordar tudo, uma flor, um pássaro, uma dama, um castelo, um túmulo. Também se pode bordar nada. Nada em cima de invisível é a mais sutil obra deste mundo..."

a) Em "O tempo é um tecido invisível", o autor empregou uma metáfora.
b) Depreende-se do sentido global do trecho uma censura aos que vivem sem fazer nada.
c) A sintaxe de "bordar nada" foi construída com a figura de estilo chamada paradoxo ou oxímoro, dado que o verbo "bordar" é transitivo direto, ou seja, quem borda sempre borda alguma coisa.
d) No contexto em que está empregado, o adjetivo "sutil" significa "inútil".
e) O trecho está construído sobre uma contradição: na primeira linha, afirma-se que sobre o tecido do tempo "se pode bordar tudo"; na segunda, afirma-se que "se pode bordar nada".

O Lixo

(Luís Fernando Veríssimo)

Encontram-se na área de serviço. Cada um com seu pacote de lixo. É a primeira vez que se falam.

– Bom dia...

– Bom dia.

– A senhora é do 610.

– E o senhor do 612.

– É.

– Eu ainda não lhe conhecia pessoalmente...

– Pois é...

– Desculpe a minha indiscrição, mas tenho visto o seu lixo...

– O meu quê?

– O seu lixo.

– Ah...

– Reparei que nunca é muito. Sua família deve ser pequena...

– Na verdade sou só eu.

– Mmmm. Notei também que o senhor usa muito comida em lata.

– É que eu tenho que fazer minha própria comida. E como não sei cozinhar...

– Entendo.

– A senhora também...

– Me chame de você.

– Você também perdoe a minha indiscrição, mas tenho visto alguns restos de comida em seu lixo. Champignons, coisas assim...

– É que eu gosto muito de cozinhar. Fazer pratos diferentes. Mas, como moro sozinha, às vezes sobra...

– A senhora... Você não tem família?

– Tenho, mas não aqui.

– No Espírito Santo.

- Como é que você sabe?

– Vejo uns envelopes no seu lixo. Do Espírito Santo.

– É. Mamãe escreve todas as semanas.

– Ela é professora?

– Isso é incrível! Como foi que você adivinhou?

– Pela letra no envelope. Achei que era letra de professora.

– O senhor não recebe muitas cartas. A julgar pelo seu lixo.

– Pois é...

– No outro dia tinha um envelope de telegrama amassado.

– É.

– Más notícias?

– Meu pai. Morreu.

– Sinto muito.

– Ele já estava bem velhinho. Lá no Sul. Há tempos não nos víamos.

– Foi por isso que você recomeçou a fumar?

– Como é que você sabe?

– De um dia para o outro começaram a aparecer carteiras de cigarro amassadas no seu lixo.

– É verdade. Mas consegui parar outra vez.

– Eu, graças a Deus, nunca fumei.

– Eu sei. Mas tenho visto uns vidrinhos de comprimido no seu lixo...

– Tranquilizantes. Foi uma fase. Já passou.

– Você brigou com o namorado, certo?

– Isso você também descobriu no lixo?

– Primeiro o buquê de flores, com o cartãozinho, jogado fora. Depois, muito lenço de papel.

– É, chorei bastante, mas já passou.

– Mas hoje ainda tem uns lencinhos...

– É que eu estou com um pouco de coriza.

– Ah.

– Vejo muita revista de palavras cruzadas no seu lixo.

– É. Sim. Bem. Eu fico muito em casa. Não saio muito. Sabe como é.

– Namorada?

– Não.

– Mas há uns dias tinha uma fotografia de mulher no seu lixo. Até bonitinha.

– Eu estava limpando umas gavetas. Coisa antiga.

– Você não rasgou a fotografia. Isso significa que, no fundo, você quer que ela volte.

– Você já está analisando o meu lixo!

– Não posso negar que o seu lixo me interessou.

– Engraçado. Quando examinei o seu lixo, decidi que gostaria de conhecê-la. Acho que foi a poesia.

– Não! Você viu meus poemas?

– Vi e gostei muito.

– Mas são muito ruins!

– Se você achasse eles ruins mesmo, teria rasgado. Eles só estavam dobrados.

– Se eu soubesse que você ia ler...

– Só não fiquei com eles porque, afinal, estaria roubando. Se bem que, não sei: o lixo da pessoa ainda é propriedade dela?

– Acho que não. Lixo é domínio público.

– Você tem razão. Através do lixo, o particular se torna público. O que sobra da nossa vida privada se integra com a sobra dos outros. O lixo é comunitário. É a nossa parte mais social. Será isso?

– Bom, aí você já está indo fundo demais no lixo. Acho que...

– Ontem, no seu lixo...

– O quê?

– Me enganei, ou eram cascas de camarão?

– Acertou. Comprei uns camarões graúdos e descasquei.

– Eu adoro camarão.

– Descasquei, mas ainda não comi. Quem sabe a gente pode...

– Jantar juntos?

– É.

– Não quero dar trabalho.

– Trabalho nenhum.

– Vai sujar a sua cozinha?

– Nada. Num instante se limpa tudo e põe os restos fora.

– No seu lixo ou no meu?

05. A função da linguagem predominante no texto de Luís Fernando Veríssimo é:

a) Fática.

b) Conativa.

c) Referencial.

d) Metalinguística.

Leia a seguir os trechos de -Consideração do poema , integrante do livro A Rosa do Povo, de Carlos Drummond de Andrade.

Uma pedra no meio do caminho
ou apenas um rastro, não importa.
Estes poetas são meus. De todo o orgulho,
de toda a precisão se incorporaram
ao fatal meu lado esquerdo. Furto a Vinicius
sua mais límpida elegia. Bebo em Murilo.
Que Neruda me dê sua gravata
chamejante. Me perco em Apollinaire. Adeus, Maiakovski.
São todos meus irmãos, não são jornais
nem deslizar de lancha entre camélias:
é toda a minha vida que joguei.
[...]
Saber que há tudo. E mover-se em meio
a milhões e milhões de formas raras,
secretas, duras. Eis aí meu canto.

ANDRADE, Carlos Drummond de. Nova reunião: 23 livros de poesia. Rio de Janeiro: Bestbolso, 2009. p. 139-140.

Nesses trechos, além da função poética, ocorre predominantemente a função:

06. Apelativa, percebida na persuasão do texto poético.
Certo ( ) Errado ( )

07. Expressiva, percebida na ausência da subjetividade do eu-lírico.
Certo ( ) Errado ( )

08. O texto "Grandes cidades nem sempre são as mais poluentes diz estudo, da France Press, publicado em http://www1.folha.uol.com.br/ambiente/866228 (com acesso em 29/12/2011)" foi adaptado para compor os fragmentos abaixo. Numere-os, de acordo com a ordem em que devem ser dispostos para formar um texto coeso e coerente.

( ) Nesse estudo, enquanto cidades do mundo todo foram apontadas como culpadas por cerca de 71% das emissões causadoras do efeito estufa, cidadãos urbanos que substituíram os carros por transporte público ajudaram a diminuir as emissões per capita em algumas cidades.

( ) Pesquisadores examinaram dados de cem cidades em 33 países, em busca de pistas sobre quais metrópoles seriam as maiores poluidoras e por que, de acordo com estudo publicado na revista especializada "Environment and Urbanization".

( ) "Isso reflete a grande dependência de combustíveis fósseis para a produção de eletricidade, uma base industrial significante em muitas cidades e uma população rural relativamente grande e pobre", informa o estudo.

( ) Por fim, quando os pesquisadores olharam as cidades asiáticas, latino-americanas e africanas, descobriram emissões menores por pessoa. A maior parte das cidades na África, Ásia e América Latina tem emissões inferiores por pessoa. O desafio para elas é manter essas emissões baixas, apesar do crescimento de suas economias.

( ) O estudo também aponta outras tendências, como as cidades de climas frios terem emissões maiores, e países pobres e de renda média terem emissões per capita inferiores aos países desenvolvidos.

A sequência correta é:

a) (1) (2) (5) (4) (3)
b) (2) (1) (3) (5) (4)
c) (2) (5) (1) (3) (4)
d) (4) (1) (2) (5) (3)
e) (4) (2) (1) (3) (5)

09. Assinale a opção que preenche de forma coesa, coerente e gramaticalmente correta a lacuna do trecho a seguir.

Brasil, Rússia, Índia, China e África do Sul são mais do que cinco economias emergentes em expansão num mundo em crise. Reunidas sob o acrônimo Brics, abrigam mais de 40% da população global e somam perto de US$ 14 trilhões de PIB, ou seja, quase um quinto das riquezas produzidas no planeta. É natural que busquem maior participação no cenário internacional – o que seria facilitado por uma atuação conjunta, em bloco.

A instituição permitiria aos países reduzir a dependência econômica em relação aos Estados Unidos e à União Europeia, em sérias dificuldades. Mais do que isso, a experiência poderia depois ser replicada para dar um pontapé inicial para mudanças políticas não apenas voltadas ao desenvolvimento sustentável, como também à segurança e à paz no universo, com um rearranjo das regras e dos organismos internacionais.

(Adaptado do Correio Braziliense, 27/3/2012)

a) Maior dos Brics, a China, segunda potência mundial, tem PIB de US$ 7,4 trilhões e reservas cambiais superiores a US$ 3 trilhões. Contudo, é uma ditadura que ganha mercados mundo afora com vantagens artificiais, como a desvalorização da moeda, o yuan, um calo inclusive para o Brasil, invadido por produtos chineses em condições desfavoráveis de competitividade.

b) Assim, reconhecer a necessidade de promover correções de rumo internas é desafio de primeira ordem para os cinco emergentes. Aproximações bilaterais, vale lembrar, também terminam por fortalecer o quinteto emergente.

c) A Rússia, por sua vez, apresenta desenvolvimento relativo e hoje consolida-se como economia de mercado ainda sob olhares desconfiados de parte dos governantes de outros países do globo.

d) Os demais países têm abismos sociais a superar, problemas de desigualdades evidentes, o que deixa o bloco, formalizado ou não, distante da pose de referência internacional na questão do desenvolvimento humano.

e) Avançar na criação de um banco de desenvolvimento, proposto pelo primeiro-ministro indiano, como alternativa ao Banco Mundial - Bird e ao Fundo Monetário Internacional - FMI, já seria grande passo.

10. Os trechos abaixo compõem um texto, mas estão desordenados. Ordene-os nos parênteses e assinale a opção que corresponde à ordem que assegura coesão e coerência ao texto.

( ) Em seu Parecer, já enviado ao Tribunal Superior Eleitoral, em que responde à Consulta nº 1062, está expresso o entendimento de que o Parecer da AGU viola o artigo 73, VI, "a", da Lei 9.504/97.

( ) O subprocurador-geral da República, com aprovação do vice-procurador-geral eleitoral, contesta a posição da Advocacia Geral da União (AGU) que permite a liberação de recursos para obras e serviços iniciados nos três meses que antecedem as eleições

( ) O subprocurador-geral da República conclui, então, que "o tão-só posicionamento liberalizante de verbas em período vedado por lei está a merecer o conhecimento da presente consulta e sua resposta negativa para prevenir eventuais equívocos de interpretação, passíveis de quebra do princípio isonômico que deve presidir o embate eleitoral".

( ) Tal dispositivo legal proíbe aos agentes públicos "realizar transferência voluntária de recursos da União aos Estados e Municípios, e dos Estados aos Municípios, sob pena de nulidade de pleno direito, ressalvados os recursos destinados a cumprir obrigação formal preexistente para execução de obra ou serviço em andamento e com cronograma pré-fixado, e os destinados a atender situações de emergência e de calamidade pública".

(Adaptado de www.mpu.gov.br/noticias/ - 05/07/2004)

a) B A D C.
b) C D B A.
c) D C A B.
d) A B D C.
e) B D C A.

Gabaritos

01	CERTO	06	ERRADO
02	CERTO	07	ERRADO
03	B	08	B
04	A	09	E
05	A	10	A

20. INTERPRETAÇÃO DE TEXTO POÉTICO

Cada vez mais comum em provas de concursos públicos, o texto poético possui suas particularidades. Nem todas as pessoas possuem a capacidade de ler um texto poético, quanto mais interpretá-lo. Justamente por esse fato, ele tem sido o predileto dos examinadores que querem dificultar a vida dos candidatos.

Antes de passar à interpretação propriamente dita, é preciso identificar a nomenclatura das partes de um poema. Cada "linha" do poema é chamada de "**verso**", o conjunto de versos é chamado de "**estrofe**". A primeira sugestão para quem pretende interpretar um poema é segmentar a interpretação por estrofe e anotar o sentido trazido ao lado e cada trecho.

Geralmente as bancas pecam ao diferenciar **autor** de **eu-lírico**. O primeiro é realmente a pessoa por detrás da pena, ou seja, é quem efetivamente escreve o texto; o segundo é a "voz" do poema, a "pessoa" fictícia, abstrata que figura como quem traz o poema para o leitor.

Outro problema muito comum na hora de fazer algo dessa natureza é a leitura do texto. Como o texto está em uma disposição que não é mais tão usual, as pessoas têm dificuldade para realizar a leitura. Eis uma dica fundamental: só interrompa a leitura quando chegar a um ponto ou a uma vírgula, porque é dessa maneira que se lê um texto poético. Além disso, é preciso que, mesmo mentalmente, o indivíduo tente dar ênfase na leitura, pois isso pode ajudar na intepretação.

Comumente, o vocabulário do texto poético não é acessível e, em razão disso, costuma haver notas explicativas com o significado das palavras, jamais ignore essa informação! Pode ser a salvação para a interpretação do texto lido.

Veja um exemplo:

Nel mezzo del camin (Olavo Bilac)

"Cheguei. Chegaste. Vinhas fatigada
E triste, e triste e fatigado eu vinha.
Tinhas a alma de sonhos povoada,
E a alma de sonhos povoada eu tinha...

E paramos de súbito na estrada
Da vida: longos anos, presa à minha
A tua mão, a vista deslumbrada
Tive da luz que teu olhar continha.

Hoje, segues de novo... Na partida
Nem o pranto os teus olhos umedece,
Nem te comove a dor da despedida.
E eu, solitário, volto a face, e tremo,
Vendo o teu vulto que desaparece
Na extrema curva do caminho extremo."

Existe outro fator extremamente importante na hora de tentar entender o conteúdo de um texto poético: o **título**! Nem todo poema possui um título, é claro, mas os que possuem ajudam, e muito, na compreensão do "assunto" do poema.

É claro que ter conhecimento do autor e do estilo de escrita por ele adotado é a ferramenta mais importante para que o candidato compreenda com profundidade o que está sendo veiculado pelo texto, porém, como grande parte das bancas ainda não chegou a esse nível de aprofundamento interpretativo, apenas o reconhecimento da superfície do texto já é suficiente para responder às questões.

Vejamos alguns textos para explanar melhor:

Bem no fundo (Paulo Leminski)

No fundo, no fundo,
Bem lá no fundo,
A gente gostaria
De ver nossos problemas
Resolvidos por decreto

A partir desta data,
Aquela mágoa sem remédio
É considerada nula
E sobre ela – silêncio perpétuo

Extinto por lei todo o remorso,
Maldito seja quem olhar pra trás,
Lá pra trás não há nada,
E nada mais

Mas problemas não se resolvem,
Problemas têm família grande,
E aos domingos saem todos passear
O problema, sua senhora
E outros pequenos probleminhas

Interpretação: por mais que trabalhemos para resolvermos nossos problemas, a única certeza é a de que eles continuarão, pois é isso que nos move.

20.1 Tradução de Sentido

As questões de tradução de sentido costumam ser o "calcanhar de Aquiles" dos candidatos. Nem sempre aparecem nas provas, mas quando surgem, é celeuma garantida. A maneira mais eficaz de resolvê-las é buscar relações de sinonímia em ambos os lados da sentença. Com isso, fica mais fácil acertar a questão.

Consideremos a relação de sinonímia presente entre "alegria" e "felicidade". Esses dois substantivos não significam, rigorosamente, a mesma coisa, mas são considerados sinônimos contextuais, se considerarmos um texto. Disso, entende-se que o sinônimo é identificado contextualmente e não depende, necessariamente, do conhecimento do sentido de todas as palavras.

Seria bom se fosse sempre dessa maneira. Ocorre que algumas bancas tentam selecionar de maneira não rigorosa os candidatos que acabam por cobrar o chamado "conhecimento que não é básico" dos candidatos. O melhor exemplo é pedir o significado da palavra "adrede", o qual pouquíssimas pessoas conhecem.

20.2 Organização de Texto (Texto Embaralhado)

Em algumas bancas, é comum haver questões que apresentam um texto desordenado, para que o candidato o reordene, garantido a coesão e a coerência. Além disso, não é raro haver trecho de texto com lacunas para preencher com alguns parágrafos. Para que isso ocorra, é mister saber o que significa coesão e coerência. Vamos a algumas definições simples.

Coesão é o conjunto de procedimentos e mecanismos que estabelecem conexão dentro do texto, o que busca garantir a progressão daquilo que se escreve nas sentenças. Pronomes, perífrases e sinônimos estão entre os mecanismos de coesão que podem ser empregados na sentença.

Coerência diz respeito à organização de significância do texto, ou seja, o sentido daquilo que se escreve. A sequência temporal e o princípio de não contradição são os dispostos mais emergentes da coerência.

Em questões dessa natureza, busque analisar as sequências de entrada e saída dos textos. Veja se há definições e conectivos que encerram ideias, ou se há pronomes que buscam sequenciar as sentenças. Desse modo, fica mais fácil acertar a questão.

20.3 Significação das Palavras

Compreensão, interpretação, intelecção

O candidato que é concurseiro de longa data sabe que, dentre as questões de interpretação de texto, é muito comum surgirem nomenclaturas distintas para fenômenos não tão distintos assim. Quer dizer que se no seu edital há elementos como leitura, compreensão, intelecção ou interpretação de texto, no fundo, o conceito é o mesmo. Ocorre que, dentro desse processo de interpretação, há elementos importantes para a resolução dos certames.

O que se diz e o que se pode ter dito:

Sempre que há um momento de enunciação, o material linguístico serve de base para que os interlocutores negociem o sentido daquilo que está na comunicação. Isso ocorre por meio de vários processos, sendo que é possível destacar alguns mais relevantes:

Dito: consiste na superfície do enunciado. O próprio material linguístico que se enuncia.

Não-dito: consiste naquilo que se identifica imediatamente, quando se trabalha com o que está posto (o dito).

Subentendido: consiste nos sentidos ativados por um processo inferencial de análise e síntese do material linguístico somado ao não-dito.

» Vejamos isso em uma sentença para compreendermos a teoria.

» "A eleição de Barack Obama não é um evento apenas americano."

Dito: é o próprio conteúdo da sentença – o fato de a eleição em questão não ser um evento apenas americano.

Não-dito: alguém poderia pensar que a eleição teria importância apenas para os americanos.

Subentendido: pode-se concluir que a eleição em questão terá grandes repercussões, a um nível global.

20.4 Inferência

Assunto muitíssimo delicado e ainda não resolvido na linguística. Não vou me dispor a teorizar sobre isso, pois seria necessário o espaço de um livro para tanto. Para a finalidade dos concursos públicos, vamos considerar que a inferência é o resultado do processamento na leitura, ou seja, é aquilo que se pode "concluir" ou "depreender" da leitura de um texto.

No momento de responder a uma questão dessa natureza, recomenda-se prudência. Existe um conceito que parece fundamental para facilitar a resolução dessas questões. Ele se chama **ancoragem lexical.** Basicamente, entende-se como A. L. a inserção de algum elemento que dispara pressuposições e fomenta inferências, ou seja, se alguma questão pedir se é possível inferir algo, o candidato só poderá responder afirmativamente, se houve uma palavra ou uma expressão (âncora lexical) que permita associar diretamente esses elementos.

Semântica (sentido)

Evidentemente, o conteúdo relativo à significação das palavras deve muito a uma boa leitura do dicionário. Na verdade, o vocabulário faz parte do histórico de leitura de qualquer pessoa: quanto mais você lê, maior é o número de palavras que você vai possuir em seu "HD" mental. Como é impossível receitar a leitura de um dicionário, podemos arrolar uma lista com palavras que possuem peculiaridades na hora de seu emprego. Falo especificamente de **sinônimos, antônimos, homônimos e parônimos**. Mãos à obra!

Sinônimos:

Sentido aproximado: não existem sinônimos perfeitos:

Feliz (Alegre / Contente).

Palavra (Vocábulo).

Professor (Docente).

Professor Mário chegou à escola. O **docente** leciona matemática.

Antônimos:

Oposição de sentido:

Bem (Mal).

Bom (Mau).

Igual (Diferente).

Homônimos:

Homônimos são palavras com escrita ou pronúncia iguais (semelhantes), porém com significado (sentido) diferente:

Adoro comer **manga** com sal.

Derrubei vinho na **manga** da camisa.

Há três tipos de homônimos: homógrafos, homófonos e homônimos perfeitos.

Homógrafos – palavras que possuem a mesma grafia, mas o som é diferente.

O meu **olho** está doendo.

Quando eu **olho** para você, dói.

Homófonos – apresentam grafia diferente, mas o som é semelhante.

A **cela** do presídio foi incendiada.

A **sela** do cavalo é novinha.

Homônimos perfeitos – possuem a mesma grafia e o mesmo som.

O **banco** foi assaltado.

O **banco** da praça foi restaurado ontem.

Ele não **para** de estudar.

Ele olhou **para** a prova.

Parônimos:

Parônimos – são palavras que possuem escrita e pronúncia semelhantes, mas com significado distinto.

O professor fez a **descrição** do conteúdo.

Haja com muita **discrição**, Marivaldo.

Aqui vai uma lista para você se precaver quanto aos sentidos desses termos:

Ascender (subir).

Acender (pôr fogo, alumiar).

Quando Nero **ascendeu** em Roma, ele **acendeu** Roma.

Acento (sinal gráfico).

Assento (lugar de sentar-se).

O **acento** grave indica crase.

O **assento** 43 está danificado.

Acerca de (a respeito de).

Cerca de (aproximadamente).

Há cerca de (faz aproximadamente).

Falamos **acerca de** Português ontem.

José mora **cerca de** mim.

Há cerca de 10 anos, leciono Português.

Afim (semelhante a).

A fim de (com a finalidade de).

Nós possuímos ideias **afins**.

Nós estamos estudando **a fim** de passar.

Aprender (instruir-se).

Apreender (assimilar).

Quando você **apreender** o conteúdo, saberá que **aprendeu** o conteúdo.

Área (superfície).

Ária (melodia, cantiga).

O tenor executou a ária.

A polícia cercou a área.

Arrear (pôr arreios).

Arriar (abaixar, descer).

Precisamos **arrear** o cavalo.

Joaquim **arriou** as calças.

Caçar (apanhar animais).

Cassar (anular).

O veado foi **caçado**.

O deputado teve sua candidatura **cassada**.

Censo (recenseamento).

Senso (raciocínio).

Finalizou-se o **censo** no Brasil.

Argumentou com bom-**senso**.

Cerração (nevoeiro).

Serração (ato de serrar).

Nos dias de chuva, pode haver **cerração**.

Rolou a maior **serração** na madeireira ontem.

Cerrar (fechar).

Serrar (cortar).

Cerrou os olhos para a verdade.

Marina **serrou**, acidentalmente, o nariz na serra.

Cessão (ato de ceder).

Seção (divisão).

Secção (corte).

Sessão (reunião).

O órgão pediu a **cessão** do espaço.

Compareça à **seção** de materiais.

Fez-se uma **secção** no azulejo.

Assisti à **sessão** de cinema ontem. Passava "A Lagoa Azul".

Concerto (sessão musical).

Conserto (reparo).

Vamos ao **concerto** hoje.

Fizeram o **conserto** do carro.

Mal (antônimo de bem).

Mau (antônimo de bom).

O homem **mau** vai para o inferno.

O **mal** nunca prevalece sobre o bem.

Ratificar (confirmar).

Retificar (corrigir).

O documento **ratificou** a decisão.

O documento **retificou** a decisão.

Tacha (pequeno prego, mancha).

Taxa (imposto, percentagem).

Comprei uma tacha.

Paguei outra taxa.

Continuação da lista:

Bucho (estômago)

Buxo (arbusto)

Calda (xarope)

Cauda (rabo)

Cela (pequeno quarto)

Sela (arreio)

Chá (bebida)

Xá (Título do soberano da Pérsia, atual Irã, antes da revolução islâmica)

Cheque (ordem de pagamento)

Xeque (lance do jogo de xadrez)

Comprimento (extensão)

Cumprimento (saudação)

Conjetura (hipótese)

Conjuntura (situação)

Coser (costurar)

Cozer (cozinhar)

Deferir (costurar)

Diferir (distinguir-se)

Degredado (desterrado, exilado)

Degradado (rebaixado, estragado)

Descrição (ato de descrever)

Discrição (reserva, qualidade de discreto)

Descriminar (inocentar)

Discriminar (distinguir)

Despensa (lugar de guardar mantimentos)

Dispensa (isenção, licença)

Despercebido (não notado)

Desapercebido (desprovido, despreparado)

Emergir (vir à tona)

Imergir (mergulhar)

Eminente (notável, célebre)

Iminente (prestes a acontecer)

Esbaforido (ofegante, cansado)

Espavorido (apavorado)

Esperto (inteligente)

Experto (perito)

Espiar (observar)

Expiar (sofrer castigo)

Estada (ato de estar, permanecer)

Estadia (permanência, estada por tempo limitado)

Estático (imóvel)

Extático (pasmo)

Estrato (tipo de nuvem)

Extrato (resumo)

Flagrante (evidente)

Fragrante (perfumado)

Fluir (correr)

Fruir (gozar, desfrutar)

Incidente (episódio)

Acidente (acontecimento grave)

Incipiente (principiante)

Insipiente (ignorante)

Inflação (desvalorização do dinheiro)

Infração (violação, transgressão)

Infligir (aplicar castigo)

Infringir (transgredir)

Intercessão (ato de interceder)

Interseção ou intersecção (ato de cortar)

Laço (nó)

Lasso (frouxo)

Mandado (ordem judicial)

Mandato (período político)

Ótico (relativo ao ouvido)

Óptico (relativo à visão)

Paço (palácio)

Passo (passada)

Peão (empregado / peça de xadrez)

Pião (brinquedo)

Pequenez (pequeno)

Pequinês (ração de cão, de Pequim)

Pleito (disputa)

Preito (homenagem)

Proeminente (saliente)

Preeminente (nobre, distinto)

Prescrição (ordem expressa)

Proscrição (eliminação, expulsão)

Prostrar-se (humilhar-se)

Postar-se (permanecer por muito tempo)

Ruço (grisalho, desbotado)

Russo (da Rússia)

Sexta (numeral cardinal)

Cesta (utensílio)

Sesta (descanso depois do almoço)

Sortido (abastecido)

Surtido (produzido, causado)

Sortir (abastecer)

Surtir (efeito ou resultado)

Sustar (suspender)

Suster (sustentar)

Tilintar (soar)

Tiritar (tremer)

Tráfego (trânsito)

Tráfico (comércio ilícito)

Vadear (passa a pé ou a cavalo, atravessar o rio)

Vadiar (vagabundear)

Viagem (substantivo)

Viajem (verbo)

Vultoso (volumoso, grande vulto)

Vultuoso (inchado)

Questões

01. (CESPE) Leia o texto:

A Contribuição do Conhecimento Geológico Para a Educação Ambiental

A observação do tempo geológico contrapõe-se à percepção histórica construída na sociedade moderna capitalista vinculada ao imediatismo. A concepção do tempo geológico pode contribuir para uma mudança cultural dessa percepção imediatista que tem se refletido em um consumismo exacerbado de produtos, produtos esses que se originaram a partir de bens minerais que se formaram ao longo do tempo geológico e que levarão anos até serem incorporados pela terra, quando passarão novamente a ser fonte de recurso. Os conhecimentos do Sistema Terra oferecem condições de se pensar a realidade de forma complexa e integrada, em diversas escalas de tempo e espaço, o que permite a construção do mundo físico em que vivemos. As discussões dos conteúdos das geociências transformam a visão de mundo, tornando-a significativa, não fragmentada, não linear, e estabelecem conexões, expressas por características criativas, sem mecanismos repetitivos e descontextualizados, propiciando o conhecimento em uma rede de relações com significado, transformando seus agentes, flexibilizando tarefas e saberes, formando cidadãos aptos a entender e atuar em um mundo em transformação de forma participativa.

Denise de La Corte Bacci. A contribuição do conhecimento geológico para a educação ambiental. In: Pesquisa em debate. Edição 11, V. 6, nº 2, jul./dez. 2009, p. 17 e 19 (com adaptações).

Dados a organização das ideias no texto e o emprego de forma verbal flexionada na primeira pessoa do plural em "a construção do mundo físico em que vivemos", infere-se que os conhecimentos geológicos têm importância para toda a sociedade.

Certo ( ) Errado ( )

02. (FUNRIO)

Vaidade – Florbela Espanca

Sonho que sou a Poetisa eleita,
Aquela que diz tudo e tudo sabe,
Que tem a inspiração pura e perfeita,
Que reúne num verso a imensidade!

Sonho que um verso meu tem claridade
Para encher todo o mundo! E que deleita
Mesmo aqueles que morrem de saudade!
Mesmo os de alma profunda e insatisfeita!

Sonho que sou Alguém cá neste mundo...
Aquela de saber vasto e profundo,
Aos pés de quem a terra anda curvada!

E quando mais no céu eu vou sonhando,
E quando mais no alto ando voando,
Acordo do meu sonho...
E não sou nada!...

No primeiro verso do poema, encontramos o eu poético feminino afirmando seu sonho de ser "a Poetisa eleita". Outro de seus sonhos é que:

a) Sua inspiração lhe diga tudo o que sabe.
b) Seus versos encham todo o mundo.
c) A terra ande curvada aos seus pés.
d) A imensidade lhe seja pura e perfeita.
e) A claridade de seus versos deleite os mortos.

03. (FUNRIO) Sobre as rimas que ocorrem nas duas primeiras estrofes do poema, é correto afirmar que elas são feitas

a) Entre verbos no gerúndio e substantivos concretos.
b) Em posição interna e externa nos oito versos.
c) Com palavras paroxítonas terminadas em vogal átona.
d) Sem simetria apenas na primeira estrofe.
e) De modo aleatório, com pouca regularidade.

04. (CEFET)

Coisas da Terra

Todas as coisas de que falo estão na cidade entre o céu e a terra. São todas elas coisas perecíveis e eternas como o teu riso a palavra solidária minha mão aberta ou este esquecido cheiro de cabelo que volta e acende sua flama inesperada no coração de maio. Todas as coisas de que falo são de carne como o verão e o salário. Mortalmente inseridas no tempo, estão dispersas como o ar no mercado, nas oficinas, nas ruas, nos hotéis de viagem. São coisas, todas elas, cotidianas, como bocas e mãos, sonhos, greves, denúncias, acidentes do trabalho e do amor. Coisas, de que falam os jornais às vezes tão rudes às vezes tão escuras que mesmo a poesia as ilumina com dificuldade. Mas é nelas que te vejo pulsando, mundo novo, ainda em estado de soluços e esperança.

Identifique os itens verdadeiros.

A primeira estrofe do poema (Texto II) é marcada pela presença de:

I. Elementos antitéticos.
II. Imagens sensoriais.
III. Ideias hiperbólicas.
IV. Termos de valor metafórico.
V. Ambiguidade de signos linguísticos.

A alternativa em que todos os itens verdadeiros estão corretamente indicados é a:

a) I e III.
b) II e V.
c) III e IV.
d) I, II e IV.
e) II, III e V.

05. (FCC) Considerando-se o contexto, traduz-se adequadamente o sentido de um segmento em:

a) Trepidam as engrenagens = Ajustam-se as peças.

b) Luz imponderável = chama impetuosa.

c) Um híbrido estranho = um mestiço inolvidável.

d) Perturbam a frieza = abalam a impassibilidade.

e) Reflexos flamejantes = imagens enérgicas.

06. (FCC) Considerado o contexto, o segmento cujo sentido está adequadamente expresso em outras palavras é:

a) Manejar a lâmina da ironia = lidar com o cortante da blasfêmia.

b) Sem apelo ideológico = desprovido de ideias revolucionárias.

c) Se alimentava da matula = se nutria da provisão.

d) Pelo atalho do senso de humor = através de um muxoxo.

e) Tratam o forasteiro = referem-se ao salteador.

07. (FCC) Considerando-se o contexto, o segmento cujo sentido está adequadamente expresso em outras palavras é:

a) Partisse os laços com a tradição = quebrasse o condão sagrado.

b) Galgou ao comando de um continente = sobrelevou o ordenamento europeu.

c) Pela causa da liberdade contra a tirania = pelo motivo da insubmissão versus rigorismo.

d) Os próprios clichês o denunciam = os próprios lugares-comuns o evidenciam.

e) O mecanismo das instituições francesas = a articulação dos institutos galeses.

08. (FCC) ... estudou para ser monge beneditino no Colégio São Bento, em São Paulo, onde chegou a escrever um livro sobre a **ordem**. No entanto, acabou seguindo o caminho da poesia – em meio à **agitação** cultural e política dos anos 1960 e 1970. (1º parágrafo).

Considerado o contexto, o sentido dos elementos grifados acima pode ser adequadamente reproduzido, na ordem dada, por:

a) Disposição - tumulto.

b) Escola - confronto.

c) Equilíbrio - burburinho.

d) Congregação - efervescência.

e) Prudência - radicalismo.

09. (FCC) Considerando-se o contexto, o segmento cujo sentido está adequadamente expresso em outras palavras é:

a) Semelhante à tensão típica = parecida com a inquietude disseminada.

b) Eletricidade que emanava da interpretação = impulso que transcendia a encenação.

c) Misto de respeito e estranhamento = mistura de reverência e espanto.

d) Energia que vibrava da vontade = força que celebrava o anseio.

e) Carga de emoção que era única = voltagem sentimental que era usual.

10. (FCC) Considere as definições abaixo:

I. **Senso** (estético): capacidade de apreciar a beleza pelo prazer que ela proporciona. **Censo** (demográfico): conjunto de dados característicos dos habitantes de uma localidade ou país.

II. **Cobre**: forma flexionada do verbo cobrir. **Cobre**: metal usado em condutores de eletricidade.

III. **Manto**: veste feminina, larga, comprida e sem mangas, usada por cima do vestido. **Manto**: por extensão, o que cobre, revestimento.

Constitui exemplo de homonímia o par que se encontra em:

a) III, apenas.

b) I e II, apenas.

c) I e III, apenas.

d) II e III, apenas.

e) I, II e III.

Gabaritos

01	CERTO	06	D
02	D	07	D
03	D	08	C
04	C	09	C
05	D	10	D

21. ESTRUTURA E FORMAÇÃO DE PALAVRAS

21.1 Estrutura das Palavras

Para compreender os termos da Língua Portuguesa, deve-se observar, nos vocábulos, a presença de algumas estruturas como raiz, desinências e afixos:

Raiz ou Radical (morfema lexical): parte que guarda o sentido da palavra.

Pedreiro

Pedrada

Em**pedr**ado

Pedregulho.

Desinências (fazem a flexão dos termos)

Nominais:

Gênero: Jogador / Jogadora.

Número: Aluno / Alunos.

Grau: Cadeira / Cadeirinha.

Verbais:

Modo-tempo: Cantá**va**mos / Vendê**ra**mos.

Número-pessoa: Fize**mos** / Compra**stes**

Afixos (conectam-se às raízes dos termos)

» Prefixos: colocados antes da raiz

Infeliz, **des**fazer, **re**tocar.

» Sufixos: colocados após a raiz

Feliz**mente**, capac**idade**, igual**dade.**

Também é importante ficar atento aos termos de ligação. São eles:

Vogal de ligação:

Gas**ô**metro / Bar**ô**metro / Caf**ei**cultura / Carn**í**voro

Consoante de ligação:

Gira**s**sol / Cafe**t**eira / Pau**l**ada / Cha**l**eira

21.2 Radicais Gregos e Latinos

O conhecimento sobre a origem dos radicais é, muitas vezes, importante para a compreensão e memorização de inúmeras palavras.

Radicais gregos

Os radicais gregos têm uma importância expressiva para a compreensão e fácil memorização de diversas palavras que foram criadas e vulgarizadas pela linguagem científica.

Podemos observar que esses radicais se unem, geralmente, a outros elementos de origem grega e, frequentemente, sofrem alterações fonéticas e gráficas para formarem palavras compostas.

Seguem algumas palavras e seus respectivos radicais:

ácros, alto: acrópole, acrobacia, acrofobia

álgos, dor: algofilia, analgésico, nevralgia

ánthropos, homem: antropologia, antropófago, filantropo

astér, astéros, estrela: asteroide, asterisco

ástron, astro: astronomia, astronauta

biblíon, livro: biblioteca, bibliografia, bibliófilo

cir-, quiro- (de chéir, cheirós, mão): cirurgia, cirurgião, quiromante

chlorós, verde: cloro, clorofila, clorídrico

chróma, chrómatos, cor: cromático, policromia

dáktylos, dedo: datilografia, datilografar

déka, dez: decálogo, decâmetro, decassílabo

gámos, casamento: poligamia, polígamo, monogamia

gastér, gastrós, estômago: gastrite, gastrônomo, gástrico

glótta, glóssa, língua: poliglota, epiglote, glossário

grámma, letra, escrito: gramática, anagrama, telegrama

grápho, escrevo: grafia, ortografia, caligrafia

heméra, dia: herneroteca, hernerologia, efêmero

hippos, cavalo: hipódromo, hipismo, hipopótamo

kardía, coração: cardíaco, cardiologia, taquicardia

mésos, meio, do meio: mesocarpo, mesóclise, mesopotâmia

mnemo- (de mnéme, memória, lembrança): mnemônico, amnésia, mnemoteste

morphé, forma: morfologia, amorfo, metamorfose

nekrós, morto, necrotério, necropsia, necrológio

páis, paidós, criança: pedagogia, pediatria, pediatra

pyr, pyrós, fogo: pirosfera, pirotécnico, antipirético

rino- (ele rhis, rhinós, nariz): rinite, rinofonia, otorrino

theós, deus: teologia, teólogo, apoteose

zóon, animal: zoologia, zoológico, zoonose

Radicais latinos

Outras palavras da língua portuguesa possuem radicais latinos. A maioria delas entrou na língua entre os séculos XVIII e XX. Seguem algumas das que vieram por via científica ou literária:

ager, agri, campo: agrícola, agricultura

ambi- (de ambo, ambos): ambidestro, ambíguo

argentum, argenti, prata: argênteo, argentífero, argentino

capillus, capilli, cabelo: capilar, capiliforme, capilaridade

caput, capitis, cabeça: capital, decapitar, capitoso

cola-, (de colo, colere, habitar, cultivar): arborícola, vitícola

cuprum, cupri, cobre: cúpreo, cúprico, cuprífero

ego, eu: egocêntrico, egoísmo, ególatra

equi-, (de aequus, igual): equivalente, equinócio, equiângulo

-fero (de fero, ferre, levar, conter): aurífero, lactífero, carbonífero

fluvius, rio: fluvial, fluviômetro

frigus, frigoris, frio: frigorífico, frigomóvel

lapis, lapidis, pedra: lápide, lapidificar, lapidar

lex, legis, lei: legislativo, legislar, legista

noceo, nocere, prejudicar, causar mal: nocivo, inocente, inócuo
pauper, pauperis, pobre: pauperismo, depauperar
pecus, rebanho: pecuária, pecuarista, pecúnia
pluvia, chuva: pluvial, pluviômetro
radix, radieis, raiz: radical, radicar, erradicar
sidus, sideris, astro: sideral, sidéreo, siderar
stella, estrela: estelar, constelação
triticum, tritici, trigo: triticultura, triticultor, tritícola
vinum, vini, vinho: vinicultura, vinícola
vitis, videira: viticultura, viticultor, vitícola
volo, volare, voar: volátil, noctívolo
vox, vocis, voz: vocal, vociferar

21.3 Origem das Palavras de Língua Portuguesa

As palavras da língua portuguesa têm múltiplas origens, mas a maioria delas veio do latim vulgar, ou seja, o latim que era falado pelo povo duzentos anos antes de Cristo.

No geral, as palavras que formam o nosso léxico podem ser de origem latina, de formação vernácula ou de importação estrangeira.

Quanto às palavras de origem latina, sabe-se que algumas datam dos séculos VI e XI, aproximadamente, e outras foram introduzidas na língua por escritores e letrados, ao longo do tempo, sobretudo no período áureo, o século XVI, e de forma ainda mais abundante durante os séculos que o seguiram, por meios literário e científico. As primeiras, as formas populares, foram grandemente alteradas na fala do povo rude, mas as formas eruditas tiveram leves alterações.

Houve, ao longo desses séculos, com incentivo do povo luso-brasileiro, a criação de palavras que colaboraram para enriquecer o vocabulário. Essas palavras são chamadas criações vernáculas.

Desde os primórdios da língua, diversos termos estrangeiros entraram em uso, posteriormente enriquecendo definitivamente o patrimônio léxico, porque é inevitável que palavras de outros idiomas adentrem na língua por meio das relações estabelecidas entre os povos e suas culturas.

Devido a isso, encontramos, no vocabulário português, palavras provenientes:

→ Do grego
por influência do cristianismo e do latim literário: anjo, bíblia, clímax
por criação de sábios e cientistas: nostalgia, microscópio

→ Do hebraico
veiculadas pela Bíblia: aleluia, Jesus, Maria, Sábado

→ Do alemão
guerra, realengo, interlância

→ Do árabe
algodão, alfaiate, algema

→ Do japonês
biombo, micado, samurai

→ Do francês
greve, detalhe, pose

→ Do inglês
bife, futebol, tênis

→ Do turco
lacaio, algoz

→ Do italiano
piano, maestro, lasanha

→ Do russo
vodca, esputinique

→ Do tupi
tatu, saci, jiboia, pitanga

→ Do espanhol
cavalheiro, ninharia, castanhola

→ De línguas africanas
macumba, maxixe, marimbondo

Atualmente, o francês e o inglês são os idiomas com maior influência sobre a língua portuguesa.

21.4 Processos de Formação de Palavras

Há dois processos mais fortes (presentes) na formação de palavras em Língua Portuguesa: a composição e a derivação. Vejamos suas principais características.

Composição: é muito mais uma criação de vocábulo. Pode ocorrer por:

Justaposição (sem perda de elementos):

» Guarda-chuva, girassol, arranha-céu etc.

Aglutinação (com perda de elementos):

» Embora, fidalgo, aguardente, planalto, boquiaberto etc.

Hibridismo (união de radicais oriundos de línguas distintas:

» Automóvel (latim e grego); Sambódromo (tupi e grego).

Derivação: é muito mais uma transformação no vocábulo. Pode ocorrer das seguintes maneiras:

Prefixal (prefixação)

» Reforma, anfiteatro, cooperação

Sufixal (sufixação)

» Pedreiro, engenharia, florista

Prefixal – sufixal

» Infelizmente, ateísmo, desordenamento

Parassintética: prefixo e sufixo simultaneamente, sem a possibilidade de remover umas das partes.

» Avermelhado, anoitecer, emudecer, amanhecer

Regressão (regressiva) ou deverbal: advinda de um verbo.

» Abalo (abalar), luta (lutar), fuga (fugir)

Imprópria (conversão): mudança de classe gramatical.

O jantar, um não, o seu sim, o pobre.

Estrangeirismo

Pode-se entender como um empréstimo linguístico

Com aportuguesamento: abajur (do francês "abat-jour"), algodão (do árabe "al-qutun"), lanche (do inglês "lunch") etc.

Sem aportuguesamento: networking, software, pizza, show, shopping etc.

Acrônimo ou Sigla

Silabáveis: podem ser separados em sílabas.

Infraero (Infraestrutura Aeroportuária), **Petrobras** (Petróleo Brasileiro) etc.

Não-silabáveis: não podem ser separados em sílabas.

FMI, MST, SPC, PT, INSS, MPU etc.

Onomatopeia ou reduplicação

Onomatopeia: tentativa de representar um som da natureza.

Pow, paf, tum, psiu, argh.

Reduplicação: repetição de palavra com fim onomatopaico.

Reco-reco, tique-taque, pingue-pongue.

Redução ou abreviação

Eliminação do segmento de alguma palavra

Fone (telefone), cinema (cinematógrafo), pneu (pneumático) etc.

Questões

01. Marque a alternativa cujo sentido do sufixo e/ou prefixo formador da palavra está corretamente indicado.

a) Estadual - proveniência, origem.

b) Responsabilidade - propriedade.

c) Construção - lugar ou instrumento da ação.

d) Pavimentadas - referência, semelhança.

e) Transversais - movimento para além de.

02. (Vunesp) O sentido expresso pelo prefixo na palavra desafinado também está presente na palavra destacada em:

a) Eles teriam de cooperar com a nova administração do prédio.

b) Trabalhou tanto e não salvou o documento, por isso o refez.

c) No subtítulo do texto, havia uma palavra que não conhecia.

d) Ele era incapaz de resolver um problema com agilidade.

e) Era preciso esfriar o leite antes de acrescentar-lhe o café.

03. Considerando o processo de formação de palavras, assinale a alternativa em que se encontra um prefixo e um sufixo.

a) Reconstrução

b) Idealizadas

c) Diariamente

d) Heroicizadas

e) Veracidade

04. Assim como em "desimpedido", o prefixo indica oposição, negação ou falta em:

a) desgastada.

b) embuste.

c) investimento.

d) independente.

e) retificar.

05. Assinale a alternativa correta. Com relação à palavra AMAR, pode-se afirmar que:

a) "am-" é o radical e "-a-" é a vogal temática, sendo "-r" a desinência do infinitivo.

b) "am" é o prefixo verbal e "-ar" o radical que indica o tema verbal.

c) "am" é o radical e "-ar" é o sufixo verbal que indica verbo no gerúndio.

d) "am" é o radical e "-a-" é o determinante de gênero feminino, sendo "-r" a consoante de ligação.

e) "a-" é o prefixo verbal e "-ma-" o radical, sendo "-r" a desinência de ligação.

06. Assinale a alternativa em que "infra" NÃO é prefixo.

a) Infracitado.

b) Infrato.

c) Inframedíocre.

d) Infraglótico.

e) Infracolocado.

Brasília comemorou seu aniversário com uma superfesta. A cinquentona planejada por Lúcio Costa é hoje uma metrópole que oferece alta qualidade de vida.

(Fonte: O Globo, 21/04/2010, com adaptações)

07. Na notícia do jornal, as palavras "superfesta" e "cinquentona" exemplificam, respectivamente, casos de formação de palavras por

a) Hibridismo e neologismo.

b) Justaposição e aglutinação.

c) Composição e derivação.

d) Prefixação e sufixação.

e) Conversão e regressão.

08. (CESPE) A palavra "trem-bala" é composta por justaposição, tal qual o vocábulo:

a) governança.

b) ilimitado.

c) passatempo.

d) superprodução.

e) faturamento.

09. Em "...que serão dignos de seu sobrenome...", o substantivo grifado foi formado pelo processo de:

a) composição por justaposição;

b) composição por aglutinação;

c) derivação prefixal;

d) derivação sufixal;

e) derivação parassintética.

10. A palavra grifada no trecho: "...pesquisas frequentes ajudam a estimular o debate." foi formada pelo processo de:
   a) composição por aglutinação.
   b) composição por justaposição.
   c) derivação parassintética.
   d) derivação regressiva.
   e) derivação prefixal.

Gabaritos

01	E	06	B
02	D	07	D
03	A	08	C
04	D	09	C
05	A	10	D

22. FIGURAS DE LINGUAGEM

Para iniciar o estudo deste capítulo, é importante, retomar alguns conceitos: ao falar de figuras de linguagem, estamos, também, falando de **funções da linguagem** e de **semântica**.

As figuras de linguagem (também chamadas de figuras de pensamento) são construções que se relacionam com a função **poética da linguagem**, ou seja, estão articuladas em razão de modificar o código linguístico para dar ênfase no sentido de uma frase.

É comum vermos exemplos de figuras de linguagem em propagandas publicitárias, poemas, músicas etc. Essas figuras estão presentes em nossa fala cotidiana, principalmente na fala de registro **informal**.

O registro dito informal é aquele que não possui grande preocupação com a situação comunicativa, uma vez que não há tensão para a comunicação entre os falantes. Gírias, erros de concordância e subtração de termos da frase são comuns nesse baixo nível de formalidade comunicativa. Até grandes poetas já escreveram textos sobre esse assunto, veja o exemplo do escritor Oswald de Andrade, que discute a norma gramatical em relação à fala popular do brasileiro:

Pronominais

Dê-me um cigarro
Diz a gramática
Do professor e do aluno
E do mulato sabido
Mas o bom negro e o bom branco
Da Nação Brasileira
Dizem todos os dias
Deixa disso camarada
Me dá um cigarro

Oswald de Andrade
(1890-1954)

Os Cem Melhores Poemas Brasileiros do Século - Seleção e Organização de Ítalo Moriconi, Editora Objetiva, Rio de Janeiro, 2001 (In Pau-Brasil - Poesia - Oswald de Andrade, São Paulo, Globo)

22.1 Conotação X Denotação

É interessante, quando se estuda o conteúdo de figuras de linguagem, ressaltar a distinção conceitual entre o sentido conotativo e o sentido denotativo da linguagem. Vejamos como se opera essa distinção:

Sentido CONOTATIVO: figurado, ou abstrato. Relaciona-se com as figuras de linguagem.

Adalberto **entregou sua alma a Deus**.

A ideia de entregar a alma a Deus é figurada, ou seja, não ocorre literalmente, pois não há um serviço de entrega de almas. Essa é uma figura que convencionamos chamar de **metáfora**.

Sentido DENOTATIVO: literal, ou do dicionário. Relaciona-se com a função **referencial** da linguagem.

Adalberto **morreu**.

Quando dizemos função referencial, entende-se que o falante está preocupado em transmitir precisamente o fato ocorrido, sem apelar para figuras de pensamento. Essa frase do exemplo serviu para mostrar o sinônimo da figura de linguagem anterior.

Vejamos agora algumas das principais figuras de linguagem que costumam ser cobradas em provas de concursos públicos:

Metáfora: uma figura de linguagem, que consiste na comparação de dois termos sem o uso de um conectivo.

> Rosa **é uma flor**. (A pessoa é como uma flor: perfumada, delicada, bela etc.)
> Seus olhos **são dois oceanos**. (Os olhos possuem a profundidade do oceano, a cor do oceano etc.)
> João **é fera**. (João é perito em alguma coisa, desempenha determinada tarefa muito bem etc.)

Metonímia: figura de linguagem que consiste utilização de uma expressão por outra, dada a semelhança de sentido ou a possibilidade de associação lógica entre elas.

Há vários tipos de metonímia, vejamos alguns deles:

Efeito pela causa:

O carrasco ergueu **a morte**. (O efeito é a morte, a causa é o machado).

Marca pelo produto:

Vá ao mercado e traga um Nescau. (achocolatado em pó).

Autor pela obra:

Li Camões com entusiasmo. (Quem leu, leu a obra, não o autor).

Continente pelo conteúdo:

Comi dois pratos de feijão. (Comeu o feijão, ou seja, o conteúdo do prato)

Parte pelo todo:

Peço sua **mão em casamento**. (Pede-se, na verdade, o corpo todo).

Possuidor pelo possuído:

Mulher, vou **ao médico**. (Vai-se ao consultório que pertence ao médico, não ao médico em si).

Antítese: figura de linguagem que consiste na exposição de ideias opostas.

*"**Nasce** o Sol e não dura mais que um **dia***
*Depois da **Luz** se segue à **noite** escura*
Em tristes sombras morre a formosura,
*Em contínuas **tristezas** e **alegrias**."*

(Gregório de Matos)

Os termos em negrito evidenciam relações semânticas de distinção (oposição). Nascer é o contrário de morrer, assim como sombra é o contrário de luz. Essa figura foi muito utilizada na poesia brasileira, em especial pelo autor dos versos acima: Gregório de Matos Guerra.

Paradoxo: expressão que contraria o senso comum. Ilógica.

*"Amor é fogo que **arde sem se ver**;*
*É ferida que **dói e não se sente**;*
*É um **contentamento descontente**;*
*É **dor que desatina sem doer**."*

(Luís de Camões)

A construção semântica acima é totalmente ilógica, pois é impossível uma ferida doer e não ser sentida, assim como não é possível o contentamento ser descontente.

Perífrase: expressão que tem por função substituir semanticamente um termo:

A última flor do Lácio anda muito judiada. (Português é a última flor do Lácio)

O país do futebol é uma grande nação. (Brasil)

O Bruxo do Cosme Velho foi um grande escritor. (Machado de Assis era conhecido como o Bruxo do Cosme Velho)

O anjo de pernas tortas foi o melhor jogador do mundo. (Garrincha)

Eufemismo: figura que consiste em atenuar uma expressão desagradável:

José **pegou emprestado sem avisar**; (roubou).

Maurício **entregou a alma a Deus**; (morreu).

Coitado, só porque **é desprovido de beleza**. (feio)

Disfemismo: contrário ao Eufemismo, é a figura de linguagem que consiste em tornar uma expressão desagradável em algo ainda pior.

O homem **abotoou o paletó de madeira**. (morreu)

Está chupando cana pela raiz. (morreu)

Sentou no colo do capeta. (morreu)

Prosopopeia: atribuição de características animadas a seres inanimados.

O vento sussurrou em meus ouvidos.

Parecia que a **agulha odiava o homem**.

Hipérbole: exagero proposital de alguma característica.

Estou morrendo de rir.

Chorou rios de lágrimas.

Hipérbato: inversão sintática de efeito expressivo.

Ouviram do Ipiranga as margens plácidas
De um povo heroico o brado e retumbante.

Colocando na ordem direta:

As margens plácidas do Ipiranga ouviram o brado retumbante de um povo heroico.

Da minha família, ninguém fala!

Gradação: figura que consiste na construção de uma escala de termo que fazem parte do mesmo campo semântico.

Plantou **a semente**, zelou pelo **broto**, regou a **planta** e colheu o **fruto**. (A gradação pode ser do campo semântico da palavra semente - broto, planta e fruto - ou da palavra plantar - zelar, regar, colher)

Ironia: figura que consiste em dizer o contrário do que se pensa.

Lamento por ter sido eu o vencedor dessa prova. (Evidentemente a pessoa não lamenta ser o vencedor de alguma coisa)

Onomatopeia: tentativa de representar um som da natureza. Figura muito comum em histórias em quadrinhos.

Pof, tic-tac, click, bum, vrum!

Sinestesia: confusão dos sentidos do corpo humano para produzir efeitos expressivos.

Ouvi uma **voz suave** saindo do quarto.

O seu **perfume doce** é extremamente inebriante.

22.2 Vícios de Linguagem

Em um âmbito geral, vício de linguagem é toda expressão contrária à lógica da norma gramatical. Vejamos quais são os principais deslizes que se transformam em vícios.

Pleonasmo vicioso: consiste na repetição desnecessária de ideias.

Subir para cima.

Descer para baixo.

Entrar para dentro.

Cardume de peixes.

Enxame de abelhas.

Elo de ligação.

Fato real.

Observação: pode existir o plágio expressivo em um texto poético. Na frase "ele penetrou na escura treva" há pleonasmo, mas não é vicioso.

Ambiguidade: ocorre quando a construção frasal permite que a sentença possua dois sentidos.

Tenho que buscar **a cadela da sua irmã**.

A empregada disse para o chefe que o cheque estava sobre **sua mesa**.

Como você, também estou cansado. (conjunção "como" ou verbo "comer")

Cacofonia: ocorre quando a pronúncia de determinadas palavras permite a construção de outra palavra.

Dei um beijo na bo**ca dela**.

Nos**so hino** é belo.

Na **vez passada**, esca**pei de** uma.

Barbarismo: é um desvio na forma de falar ou grafar determinada palavra.

Mortandela (em vez de mortadela).

Poblema (em vez de problema).

Mindingo (em vez de mendigo).

Salchicha (em vez de salsicha).

Esse conteúdo costuma ser simples para quem pratica a leitura de textos poéticos, portanto devemos sempre ler poesia. Passemos à resolução de algumas questões.

Questões

01. (CESGRANRIO) As palavras podem assumir sentidos figurados, ou seja, significados diferentes das acepções e usos previstos pelos dicionários, embora facilmente compreensíveis no contexto específico em que se encontram. A passagem do texto em que uma palavra em sentido figurado está presente é:

a) "Daí esta avalanche, este tsunami de informações."

b) "O estado de nossas células cerebrais, as nossas emoções; tudo isso pode representar uma limitação para nossa capacidade de lembrar."

c) "Para quem, como eu, viaja bastante e tem de trabalhar em aviões ou em hotéis, é um recurso precioso."

d) "Mas não encontrei pen drive algum."

e) "Perguntei no aeroporto, entrei em contato com o táxi que me trouxera, liguei para casa: nada."

02. (UNICENTRO) O fragmento que ilustra a linguagem conotativa é o transcrito na alternativa:

a) "pelo uso dos aviões sequestrados como arma".

b) "A derrubada do Taleban, que governava o país centro-asiático, contribuiu de modo decisivo para debilitar aquele grupo terrorista."

c) "uma guerra injustificável contra o Iraque."

d) "como alegou então, por má-fé e paranoia, o governo americano."

e) "Produziu até agora apenas dois outros atentados de vulto".

03. (CEV-URCA) Em: "Chico passou por maus bocados, andou gastando mais de cinco litros de saliva para reconquistar a mulher" (linhas 40 e 41). A construção em destaque é própria da linguagem literária e caracteriza-se como:

a) Hipérbole.

b) Eufemismo.

c) Catacrese.

d) Anáfora.

e) Elipse.

04. (PaqTcPB) Leia o texto:

Tomar uma decisão envolve uma disputa com três participantes – dois deles (instinto e experiência) cuidam de seu presente, o outro (razão) pensa no seu futuro. Por isso, diante de uma encruzilhada, o melhor é tentar organizar essa briga. Antes de decidir se quer mesmo encarar uma mudança radical na carreira, talvez você resolva usar a razão. Ou não – talvez você esteja cansado da profissão que escolheu e prefira tentar um caminho novo. Tanto faz: em qualquer decisão, o importante é pensar se aquele problema merece uma consideração mais racional ou emotiva. E só aí começar a julgar as informações e os argumentos. Assim, o cérebro começa a movimentar as engrenagens sabendo qual delas interessa mais. E evita erros.

A utilização dos termos "participantes", "cuidam" e "pensa" (L. 2 e 3) contribui para estabelecer, no texto, uma relação de sentido denominada:

a) Ambiguidade.

b) Sinonímia.

c) Paráfrase.

d) Oposição.

e) Metáfora.

05. Pleonasmo é uma figura de linguagem que tem como marca a repetição de palavras ou expressões, aparentemente desnecessárias, para enfatizar uma ideia. No entanto, alguns pleonasmos são considerados "vícios de linguagem" por informarem uma obviedade e não desempenharem função expressiva no enunciado. Considerando esta afirmação, assinale a alternativa que possui exemplo de pleonasmo vicioso.

a) "(...) E então abriu a torneira: a água espalhou-se (...)"

b) "(...)O jeito era ir comprar um pão na padaria. (...)"

c) "(...)Matá-la, não ia; não, não faria isso. (...)"

d) "(...) Traíra é duro de morrer, nunca vi um peixe assim. (...)"

e) "(...) Tirou para fora os outros peixes: lambaris, chorões, piaus; (...)"

06. (FUNCAB) Assinale a figura de linguagem que predomina no trecho "Mas aquele pendão firme, vertical, beijado pelo vento do mar, veio enriquecer nosso canteirinho vulgar com uma força e uma alegria que me fazem bem."

a) hipérbole

b) eufemismo

c) prosopopeia

d) antítese

e) catacrese

07. (FUNRIO) Em um texto, as palavras e as expressões podem ser empregadas em sentido conotativo ou denotativo. No segmento "O segundo caminho, válido para profissionais liberais, é conquistar bons clientes e assumir a propriedade do próprio nariz.", a expressão "do próprio nariz" tem natureza conotativa. O termo ou expressão destacado(a) que está empregado(a) em sentido denotativo ocorre em:

a) Os jovens "lutam" aguerridamente para conseguir um bom emprego.

b) É educativo ensinar às pessoas a ganharem o dinheiro com o "suor do seu rosto".

c) Muitos jovens não conseguem ser "felizes" nas profissões que abraçaram.

d) Os profissionais financeiramente "mais bem sucedidos" são os médicos.

e) Os filhos podem ser "o braço direito" dos pais em empresas familiares.

08. (CESPE)

*"**Nasce** o Sol e não dura mais que um **dia***
*Depois da **Luz** se segue à **noite** escura*
*Em tristes **sombras morre** a formosura,*
*Em contínuas **tristezas e alegrias**."*

(Gregório de Matos)

Assinale a opção que apresenta a figura de linguagem predominante no trecho do poema acima.

a) sinestesia

b) comparação

c) antítese

d) eufemismo

e) hipérbole

09. (CONSUPLAN) Há sentido conotativo na seguinte alternativa:

a) "Será que uma bola é mais valiosa que um livro?"

b) "...aposentados choram pelo minguado aumento."

c) "Por que se concedem altos aumentos na política?"

d) "... hospitais deixam de atender ao mais simples diagnóstico..."

e) "Por que os salários não são igualitários?"

10. Constitui exemplo de uso de linguagem figurada o elemento sublinhado na frase:

I. Foi acusado de ser o cabeça do movimento.

II. Ele emprega sempre a palavra literalmente atribuindo- lhe um sentido inteiramente inadequado.

III. Ignoro o porquê de você se aborrecer comigo.

IV. Seus pensamentos são fantasmagorias que não o deixam em paz.

Atende ao enunciado APENAS o que está em:

a) I e II.

b) I e IV.

c) II e III.

d) III e IV.

e) I e III.

Gabaritos

01	A	06	C
02	B	07	C
03	A	08	C
04	E	09	B
05	E	10	B

REDAÇÃO

1. REDAÇÃO PARA CONCURSOS PÚBLICOS

Os editais de concurso público disponibilizam o conteúdo programático das matérias que serão cobradas nas provas, mas nem sempre deixam explícito como se preparar para a prova discursiva, ou prova de redação - que, na grande maioria dos concursos, é uma etapa eliminatória.

Portanto, é necessário preparar-se com bastante antecedência, para que possa haver melhoras gradativas durante o processo de produção de um texto.

1.1 Posturas em Relação à Redação

Antes de começar a desenvolver a prática de escrita, é preciso que ter algumas posturas em relação ao processo de composição de um texto. Em posse dessas posturas, percebe-se que escrever não é tão complexo se você estiver orientado e fizer da escrita um ato constante.

Leitura

Apenas a leitura não garante uma boa escrita. Então, deve-se associar a leitura constante com a escrita constante, pois uma prática complementa a outra.

E o que ler?

Direcione sua prática de leitura da seguinte forma: fique atento às ATUALIDADES, que é um conteúdo geralmente previsto na prova de conhecimentos gerais. Ademais, conheça a instituição e o cargo a que você pretende candidatar-se, como as FUNÇÕES e RESPONSABILIDADES exigidas, as quais estão previstas no edital de abertura de um concurso. E, também, tenha uma visão crítica sobre os conhecimentos específicos, porque a tendência dos concursos é relacionar um tema ao contexto de trabalho.

Considere que, nas provas de redação, também podem ser abordados temas sobre algum assunto desafiante para o cargo ao qual o candidato está concorrendo. Uma dica é estar atento às informações veiculadas sobre o órgão público no qual pretende ingressar.

Produção do texto

A produção de um texto não depende de talento ou de um dom. No processo de elaboração de um texto, pode-se dizer que um por cento (1%) é inspiração e noventa e nove por cento (99%) é trabalho. Escrever um excelente texto é um processo que exige esforço, planejamento e organização.

Escrita

O ato de escrever é sempre desta maneira: basta começar. Escrever para ser avaliado por um corretor é colocar pensamentos organizados e articulados, num papel, a partir de um posicionamento sobre um tema estabelecido na proposta de redação.

Tema

O seu texto deve estar cem por cento (100%) adequado à proposta exigida na prova, ou seja, você não pode escrever o que quer, mas o que a proposta determina. Desse modo, antes de começar a escrever, é necessário entender o TEMA da prova.

O tema é o assunto proposto que deve ser desenvolvido. Portanto, cabe a você entendê-lo, problematizá-lo e delimitá-lo, com base no comando da proposta.

Objetividade

Seu texto deve ser objetivo, isto é, o enfoque do assunto deve ser direto, sem rodeios. Além disso, as bancas dão preferência a uma linguagem simples e objetiva. E não confunda linguagem simples com coloquialismos, pois é necessário sempre manter a sua escrita baseada na norma padrão da língua portuguesa.

Além disso, é fundamental o candidato colocar-se na posição do leitor. É um momento de estranhamento do próprio texto para indagar-se: o que escrevi é interessante e de fácil entendimento?

1.2 Apresentação do Texto

Para que se consiga escrever um bom texto, é preciso aliar duas posturas: ter o hábito da leitura e praticar a escrita de textos. Além disso, é importante conhecer as propostas das bancas e saber quais são os critérios de correção previstos em edital.

Letra - legibilidade

Escreva sempre com letra legível. Pode ser letra cursiva ou de imprensa. Tenha atenção para o espaçamento entre as letras/palavras e para a distinção entre maiúsculas e minúsculas.

Respeito às margens

As margens (tanto esquerda quanto direita) existem para serem respeitadas, portanto, não as ultrapasse no momento em que escreve a versão definitiva. Tampouco deixe "buracos" entre as palavras.

Indicação de parágrafos

É preciso deixar um espaço antes de iniciar um parágrafo (mais ou menos dois centímetros).

Título

Colocar título na redação vale mais pontos?

Se o título for solicitado, ele será obrigatório. Caso não seja colocado na redação, haverá alguma perda, mas não muito. Os editais, em geral, não informam pontuações exatas. No caso de o título não ser solicitado, ele se torna facultativo. Logo, se o candidato decidir inseri-lo, ele fará parte do texto, sendo analisado como tal, mas não terá um valor extra por isso.

O título era obrigatório, e não o coloquei... E agora?

Quando há a obrigatoriedade, a ausência do título não anula a questão, a menos que haja essa orientação nas instruções dadas na prova. Não há um desconto considerável em relação ao esquecimento do título, porque a maior pontuação, em uma redação para concurso, está relacionada ao conteúdo do texto.

É preciso pular linha após o título?

Em caso de obrigatoriedade do título, procure não pular linha entre o título e o início do texto, porque essa linha em branco não é contada durante a correção.

Quando se deve escrever o título?

O título é a síntese de sua redação, portanto, prefira escrevê-lo ao término da redação.

> Não rasure seu texto.
> Não escreva a palavra entre parênteses, mesmo se estiver riscada: (exeção) (~~exeção~~).
> Não use a expressão "digo".

Erros na versão final

Quando você está escrevendo e, por distração, erra uma palavra, você deve passar um traço sobre a palavra e escrevê-la corretamente logo em seguida:

Ex.: ~~exeção~~ exceção

Translineação

Quando não dá para escrever uma palavra completa ao final da linha, deve-se escrever até o limite, sem ultrapassar a margem direita da linha, e o sinal de separação será sempre o hífen.

Sempre respeite as regras de separação silábica. Nunca uma palavra será separada de maneira a desrespeitar as sílabas:

tran-
sformação

Caso a próxima sílaba não caiba no final da linha, embora ainda haja um espaço, deixe-a e continue na próxima linha.

trans-
formação

> Em relação ao posicionamento do hífen de separação, deixe-o ao lado da sílaba. Nunca acima.

Quando a palavra for escrita com hífen e a separação ocorrer justo nesse espaço, você deve usar duas marcações. Por exemplo: entende-se

entende-
-se

Se a palavra não tiver hífen em sua estrutura, use apenas uma marcação:

apresen-
tação

Impessoalidade

O texto dissertativo (expositivo-argumentativo) é impessoal. Portanto, pode-se escrever com verbos em:

> **3ª pessoa:**

Ex.: A qualidade no atendimento **precisa** ser prioridade.

Percebe-se que a qualidade no atendimento é essencial.

Notam-se várias mudanças no setor público.

> **1ª pessoa do plural:**

Observamos muitas mudanças e melhorias no serviço público.

NÃO escreva na 1ª pessoa do singular:

Ex.: Observo mudanças significativas.

Adequação vocabular

Adequação vocabular diz respeito ao desempenho linguístico de acordo com o nível de conhecimento exigido para o cargo/área/especialidade, e a adequação do nível de linguagem adotado à produção proposta.

Portanto, devem-se escolher palavras adequadas, evitando-se o uso de jargões, chavões, termos muito técnicos que possam dificultar a compreensão.

Domínio da norma padrão da língua

Deve-se ficar atento aos aspectos gramaticais, principalmente:

- **Estrutura sintática de orações e períodos**
- **Elementos coesivos**
- **Concordância verbal e nominal**
- **Pontuação**
- **Regência verbal e nominal**
- **Emprego de pronomes**
- **Flexão verbal e nominal**
- **Uso de tempos e modos verbais**
- **Grafia**
- **Acentuação**

Repetição

Prejudica a coesão textual, e ocorre quando se usa muitas vezes a mesma palavra ou ideia, as quais poderiam ser substituídas por sinônimos e conectivos.

Informações óbvias

Explicações que não precisam ser mencionadas, pois já se explicam por si próprias.

Generalização

É percebida quando se atribui um conceito que é específico de uma forma generalizada.

Exs.: Os menores infratores saem dos centros de ressocialização e retornam ao o do crime. (isso ocorre com todos?)

É preciso que o governo tome medidas urgentes para resolver esse problema. (que medidas?)

Gerúndio

É muito comum usarmos o gerúndio na fala, mas não se usa com tanta recorrência na escrita.

1.3 O Texto Dissertativo

Dissertar é escrever sobre algum assunto e pressupõe ou defender uma ideia, analisá-la criticamente, discuti-la, opinar, ou apenas esclarecer conceitos, dar explicações, apresentar dados sobre um assunto, tudo de maneira organizada, quer dizer, com início, meio e fim bem claros e objetivos.

A dissertação pode ser classificada quanto à maneira como o assunto é abordado:

EXPOSITIVA: são expostos fatos (de conhecimento e domínio público, divulgados em diversos meios de comunicação), mas não é apresentada uma discussão, um ponto de vista.

A dissertação expositiva também é usada quando a proposta exige um texto técnico. Este tipo de texto pode ter duas abordagens: Estudo de Caso (em que é feito um parecer a partir de sua situação hipotética) e Questão Teórica (em que é preciso apresentar conceitos, normas, regras, diretrizes de um determinado conteúdo).

ARGUMENTATIVA: há a exposição de pontos de vista pessoais, com juízos de valor sobre um fato ou assunto.

E qual a melhor maneira de abordar um assunto numa prova de redação para concursos públicos?

Para que seu texto seja MUITO BEM avaliado, o ideal é conseguir chegar a uma forma mista de abordagem, ou seja, escrever um texto dissertativo em que você expõe um assunto e, ao mesmo tempo, dá sua opinião sobre ele. Desse modo, os fatos que são conhecidos (domínio público) podem se transformar em exemplificação atualizada, a qual pode ser relacionada à sua argumentação de forma contextualiza e crítica.

Aspectos gerais da produção de textos

Em face da limitação de espaço, é muito difícil apresentar muitos enfoques relativos ao tema. Por essa razão, dependendo do limite em relação à quantidade de linhas, a dissertação deve conter de 4 a 5 parágrafos, sendo UM para Introdução, DOIS a TRÊS para Desenvolvimento e UM para Conclusão.

Além disso, cada parágrafo deve possuir, no mínimo, dois períodos. Cuidado com as frases fragmentadas, ambiguidades e os erros de paralelismo.

Procure elaborar uma introdução que contenha, de maneira clara e direta, o tema, o primeiro enfoque, o segundo enfoque, etc. E mantenha sempre o caráter dissertativo. Por isso, no desenvolvimento, dê um parágrafo para cada enfoque selecionado, e empregue os articuladores adequados. Por fim, fundamente sempre suas ideias.

Quanto aos exemplos, procure selecionar aqueles que sejam de domínio público, os que tenham saído na mídia: jornais, revistas, TV. E nunca analise temas por meio de emoções exageradas – especialmente política, futebol, religião, etc.

Nunca use frases feitas, chavões.

Não repita palavras ou expressões. Use sinônimos.

Jamais converse com o leitor: nunca use você ou tu. Não empregue verbos no imperativo.

Estrutura de um texto dissertativo

Para escrever uma dissertação, é preciso que haja uma organização do texto a fim de que se obtenha um texto claro e bem articulado:

01. INTRODUÇÃO: consiste na apresentação do assunto a fim de deixar claro qual é o recorte temático e qual a ideia que será defendida e/ou esclarecida, ou seja, a TESE.

02. DESENVOLVIMENTO: é a parte em que são elaborados os parágrafos argumentativos e/ou informativos, nos quais você explica a sua TESE. É o momento mais importante do texto, por isso, É NECESSÁRIO que a TESE seja explicada, justificada, e isso pode ser feito por meio de exemplos e explicações.

03. CONCLUSÃO: esta parte do texto não traz informações novas, muito menos argumentos, porque consiste no fechamento das ideias apresentadas, ou seja, é feita uma reafirmação da TESE. Dependendo do comando da proposta de redação e do tema, pode ser apresentada uma hipótese de solução de um problema apresentado na TESE.

TESE	**Introdução**	- Assunto - Recorte temático - TESE
	Desenvolvimento	- Tópico/TESE + justificativa
	Conclusão	- Retomada da introdução - Reafirmação da TESE

1. Introdução

É o primeiro parágrafo e serve de apresentação da dissertação, por essa razão deve estar muito bem elaborada, ser breve e apresentar apenas informações sucintas. Deve apenas apresentar o TEMA e os ENFOQUES e ter em torno de cinco linhas.

2. Desenvolvimento

É a redação propriamente dita. Deve ser constituído de dois a três parágrafos (a depender do tema da proposta), um para cada enfoque apresentado na Introdução. É a parte da redação em que argumentos são apresentados para explicitar, em um parágrafo distinto, cada um dos enfoques. Cada parágrafo deve ter de 5 a 8 linhas. Pode-se desenvolver os argumentos por meio de relações que devem ser usadas para deixar seu texto coeso e coerente.

Conectores

As relações comentadas acima são estabelecidas com CONECTORES:

Prioridade, relevância: em primeiro lugar, antes de mais nada, antes de tudo, em princípio, primeiramente, acima de tudo, principalmente, primordialmente, sobretudo.

Tempo: atualmente, hoje, frequentemente, constantemente às vezes, eventualmente, por vezes, ocasionalmente, sempre, raramente, não raro, ao mesmo tempo, simultaneamente, nesse ínterim, enquanto, quando, antes que, depois que, logo que, sempre que, assim que, desde que, todas as vezes que, cada vez que, então, enfim, logo, logo depois, imediatamente, logo após, a princípio, no momento em que, pouco antes, pouco depois, anteriormente, posteriormente, em seguida, afinal, por fim, finalmente, agora.

Semelhança, comparação, conformidade: de acordo com, segundo, conforme, sob o mesmo ponto de vista, tal qual, tanto quanto, como, assim como, como se, bem como, igualmente, da mesma forma, assim também, do mesmo modo, semelhantemente, analogamente, por analogia, de maneira idêntica, de conformidade com.

Condição, hipótese: se, caso, eventualmente.

Adição, continuação: além disso, demais, ademais, outrossim, ainda mais, por outro lado, também, e, nem, não só ... mas também, não só... como também, não apenas ... como também, não só ... bem como, com, ou (quando não for excludente).

Dúvida: talvez, provavelmente, possivelmente, quiçá, quem sabe, é provável, não é certo, se é que.

Certeza, ênfase: certamente, decerto, por certo, inquestionavelmente, sem dúvida, inegavelmente, com toda a certeza.

Ilustração, esclarecimento: por exemplo, só para ilustrar, só para exemplificar, isto é, quer dizer, em outras palavras, ou por outra, a saber, ou seja, aliás.

Propósito, intenção, finalidade: com o fim de, a fim de, com o propósito de, com a finalidade de, com o intuito de, para que, a fim de que, para.

Resumo, recapitulação, conclusão: em suma, em síntese, em conclusão, enfim, em resumo, portanto, assim, dessa forma, dessa maneira, desse modo, logo, dessa forma, dessa maneira, assim sendo.

Explicação: por consequência, por conseguinte, como resultado, por isso, por causa de, em virtude de, assim, de fato, com efeito, tão (tanto, tamanho)... que, porque, porquanto, pois, já que, uma vez que, visto que, como (= porque), portanto, logo, que (= porque), de tal sorte que, de tal forma que, haja vista.

Contraste, oposição, restrição: pelo contrário, em contraste com, salvo, exceto, menos, mas, contudo, todavia, entretanto, no entanto, embora, apesar de, apesar de que, ainda que, mesmo que, posto que, conquanto, se bem que, por mais que, por menos que, só que, ao passo que, por outro lado, em contrapartida, ao contrário do que se pensa, em compensação.

Contraposição: é possível que... no entanto...

É certo que... entretanto...

É provável que ... porém...

Organização de ideias: em primeiro lugar ..., em segundo ..., por último ...; por um lado ..., por outro ...; primeiramente, ...,em seguida, ..., finalmente, ...

Enumeração: é preciso considerar que ...; Também não devemos esquecer que ...; Não podemos deixar de lembrar que...

Reafirmação/Retomada: compreende-se, então, que ...

É bom acrescentar ainda que ...

É interessante reiterar ...

3. Conclusão

É o último parágrafo. Deve ser breve, contendo em torno de cinco linhas. Na conclusão, deve-se retomar o tema e fazer o fechamento das ideias apresentadas em todo o texto e não somente em relação às ideias contidas no último parágrafo do desenvolvimento.

Pode-se concluir:

- **Fazendo uma síntese das ideias expostas.**
- **Esclarecendo um posicionamento e/ou questionamento, desde que coerente, com o desenvolvimento.**
- **Estabelecendo uma dedução ou demonstrando uma consequência dos argumentos expostos.**
- **Levantando uma hipótese ou uma sugestão coerente com as afirmações feitas durante o texto.**
- **Apresentando possíveis soluções para os problemas expostos no desenvolvimento, buscando prováveis resultados.**

Conectores

Pode-se iniciar o parágrafo da conclusão com:

Assim; Assim sendo; Portanto; Mediante os fatos expostos; Dessa forma; Diante do que foi dito; Resumindo; Em suma; Em vista disso, pode-se concluir que; Finalmente; Nesse sentido; Com esses dados, conclui-se que; Considerando as informações apresentadas, entende-se que; A partir do que foi discutido.

1.4 Critérios de Correção da Redação para Concursos Públicos

Conteúdo

Neste critério, observa-se se há apresentação marcada do recorte temático, o qual deve nortear o desenvolvimento do texto; se o recorte está contextualizado no texto, por exemplo: quando a proposta propuser uma situação hipotética, ela deve estar diluída em seu texto.

Lembre-se: a proposta não faz parte de seu texto, ou seja, sua produção não pode depender da proposta para ter sentido claro e objetivo.

Em outras palavras: se há algum texto ou uma coletânea de textos, eles têm caráter apenas motivador. Portanto, não faça cópias de trechos dos textos, tampouco pense que o tema da redação é o assunto desses textos. É preciso verificar o recorte temático, o qual fica evidente no corpo da proposta.

> O único gênero textual que permite a referência ao texto motivador, bem como a cópia de alguns trechos, é o estudo de caso, pois é preciso fazer uma análise em relação a uma situação hipotética.

Gênero

Neste critério, verifica-se se a produção textual está adequada à modalidade redacional, ou seja, se o texto expressa o domínio da linguagem do gênero: narrar, relatar, argumentar, expor, descrever ações, etc.

Os concursos públicos, quase em sua totalidade, têm como gênero textual a dissertação argumentativa ou o texto expositivo-argumentativo. Desse modo, a banca avalia a objetividade e o posicionamento frente ao tema, a articulação dos argumentos, a consistência e a coerência da argumentação.

Isso significa que há uma valorização quanto do conteúdo do texto: a opinião, a justificativa dessa opinião e a seletividade de informações sobre o tema.

Coerência

Neste critério, avalia-se se há atendimento total do comando, com informações novas que evidenciam conhecimento de mundo e que atestam excelente articulação entre os aspectos exigidos pela proposta, o recorte temático e o gênero textual requisitado. Ou seja, é preciso trazer informações ao texto que não estão disponíveis na proposta. Além disso, é essencial garantir a progressão textual, quer dizer, seu texto precisa ter uma evolução e não pode trazer a mesma informação em todos os parágrafos.

Coesão e gramática

Neste critério, percebe-se se há erros gramaticais; se os períodos estão bem organizados e articulados, com uso de vocabulário e conectivos adequados; e se os parágrafos estão divididos de modo consciente, a fim de garantir a progressão textual.

1.5 Critérios de Correção das Bancas

Cada Banca Examinadora delimita, na publicação do edital de abertura de um concurso, que critérios serão utilizados para corrigir as redações. Por isso, é essencial que se conheça quais são esses critérios e como cada Banca os organiza. A seguir, são apresentados critérios de algumas Bancas. Você perceberá que são predominantemente os mesmos itens; o que muda é a nota atribuída para cada um e como a proposta é organizada.

Banca cespe

Aspectos Macroestruturais

1. Apresentação (legibilidade, respeito às margens e indicação de parágrafos) e estrutura textual (organização das ideais em texto estruturado).

2. Desenvolvimento do tema: tópicos da proposta

Aspectos Microestruturais

Ortografia

Morfossintaxe

Propriedade vocabular

Quando forem apresentados tópicos, deve-se escrever 1 (um) parágrafo para cada tópico.

Banca fcc

O candidato deverá desenvolver texto dissertativo a partir de proposta única, sobre assunto de interesse geral. Considerando que o texto é único, os itens discriminados a seguir serão avaliados em estreita correlação:

Conteúdo: até 40 (quarenta) pontos:

> **perspectiva adotada no tratamento do tema;**
> **capacidade de análise e senso crítico em relação ao tema proposto;**
> **consistência dos argumentos, clareza e coerência no seu encadeamento.**

Obs.: A nota será prejudicada, proporcionalmente, caso ocorra abordagem tangencial, parcial ou diluída em meio a divagações e/ou colagem de textos e de questões apresentados na prova.

Estrutura: até 30 (trinta) pontos:

> **respeito ao gênero solicitado;**
> **progressão textual e encadeamento de ideias;**
> **articulação de frases e parágrafos (coesão textual).**

Expressão: até 30 (trinta) pontos:

A avaliação da expressão não será feita de modo estanque ou mecânico, mas sim de acordo com sua estreita correlação com o conteúdo desenvolvido. A avaliação será feita considerando-se:

> desempenho linguístico de acordo com o nível de conhecimento exigido para o cargo/área/especialidade;
> adequação do nível de linguagem adotado à produção proposta e coerência no uso;
> domínio da norma culta formal, com atenção aos seguintes itens: estrutura sintática de orações e períodos, elementos coesivos; concordância verbal e nominal; pontuação; regência verbal e nominal; emprego de pronomes; flexão verbal e nominal; uso de tempos e modos verbais; grafia e acentuação.

Banca cesgranrio

A Redação será avaliada conforme os critérios a seguir:

> **adequação ao tema proposto;**
> **adequação ao tipo de texto solicitado;**
> **emprego apropriado de mecanismos de coesão (referenciação, sequenciação e demarcação das partes do texto);**
> **capacidade de selecionar, organizar e relacionar de forma coerente argumentos pertinentes ao tema proposto; e**
> **pleno domínio da modalidade escrita da norma-padrão (adequação vocabular, ortografia, morfologia, sintaxe de concordância, de regência e de colocação).**

Banca esaf

A avaliação da prova discursiva abrangerá:

Quanto à capacidade de desenvolvimento do tema proposto: a compreensão, o conhecimento, o desenvolvimento e a adequação da argumentação, a conexão e a pertinência, a objetividade e a sequência lógica do pensamento, o alinhamento ao assunto abordado e a cobertura dos tópicos apresentados, valendo, no máximo, 20 (vinte) pontos para cada questão, que serão aferidos pelo examinador com base nos critérios a seguir indicados:

→ Conteúdo da resposta (seguem os pontos a deduzir para cada questão):

> **Capacidade de argumentação (até 6)**

> **Sequência lógica do pensamento (até 4)**

> **Alinhamento ao tema (até 4)**

> **Cobertura dos tópicos apresentados (até 6)**

Quanto ao uso do idioma: a utilização correta do vocabulário e das normas gramaticais, valendo, no máximo, 10 (dez) pontos para cada questão, que serão aferidos pelo examinador com base nos critérios a seguir indicados:

→ **Tipos de erro (seguem os pontos a deduzir):**

> **Aspectos formais: Erros de forma em geral e erros de ortografia (-0,25 cada erro).**

> **Aspectos Gramaticais: Morfologia, sintaxe de emprego e colocação, sintaxe de regência e pontuação (-0,50 cada erro).**

> **Aspectos Textuais: Sintaxe de construção (coesão prejudicada); concordância; clareza; concisão; unidade temática/estilo; coerência; propriedade vocabular; paralelismo semântico e sintático; paragrafação (-0,75 cada erro).**

> **Cada linha excedente ao máximo exigido (-0,40).**

> **Cada linha não escrita, considerando o mínimo exigido (-0,80).**

1.6 Propostas de Redação

Proposta 01

As vendas de automóveis de passeio e de veículos comerciais leves alcançaram 340 706 unidades em junho de 2012, alta de 18,75%, em relação a junho de 2011, e de 24,18%, em relação a maio de 2012, segundo informou, nesta terça-feira, a Federação Nacional de Distribuição de Veículos Automotores (Fenabrave). Segundo a entidade, este é o melhor mês de junho da história do setor automobilístico.

Disponível em: <http://br.financas.yahoo.com>. Acesso em: 3 jul. 2012 (adaptado).

Na capital paulista, o trânsito lento se estendeu por 295 km às 19 h e superou a marca de 293 km, registrada no dia 10 de junho de 2009. Na cidade de São Paulo, registrou-se, na tarde desta sexta-feira, o maior congestionamento da história, segundo a Companhia de Engenharia de Tráfego (CET). Às 19 h, eram 295 km de trânsito lento nas vias monitoradas pela empresa. O índice superou o registrado no dia 10 de junho de 2009, quando a CET anotou, às 19 h, 293 km de congestionamento.

Disponível em: <http://noticias.terra.com.br>. Acesso em: 03 jul. 2012 (adaptado).

O governo brasileiro, diante da crise econômica mundial, decidiu estimular a venda de automóveis e, para tal, reduziu o imposto sobre produtos industrializados (IPI). Há, no entanto, paralelamente a essa decisão, a preocupação constante com o desenvolvimento sustentável, por meio do qual se busca a promoção de crescimento econômico capaz de incorporar as dimensões socioambientais.

Considerando que os textos acima têm caráter unicamente motivador, redija um texto dissertativo sobre sistema de transporte urbano sustentável, contemplando os seguintes aspectos:

> **Conceito de desenvolvimento sustentável; (valor: 3,0 pontos)**

> **Conflito entre o estímulo à compra de veículos automotores e a promoção da sustentabilidade; (valor: 4,0 pontos)**

> **Ações de fomento ao transporte urbano sustentável no Brasil. (valor: 3,0 pontos)**

Proposta 02

I

Venham de onde venham, imigrantes, emigrantes e refugiados, cada vez mais unidos em redes sociais, estão aumentando sua capacidade de incidência política sobre uma reivindicação fundamental: serem tratados como cidadãos, em vez de apenas como mão de obra (barata ou de elite).

(Adaptado de: http://observatoriodadiversidade.org.br)

II

A intensificação dos fluxos migratórios internacionais das últimas décadas provocou o aumento do número de países orientados a regulamentar a imigração. Os argumentos alegados não são novos: o medo de uma "invasão migratória", os riscos de desemprego para os trabalhadores autóctones, a perda da identidade nacional.

III

Ainda não existe uma legislação internacional sólida sobre as migrações internacionais. Assim, enquanto que os direitos relativos ao investimento estrangeiro foram se reforçando cada vez mais nas regras estabelecidas para a economia global, pouca atenção vem sendo dada aos direitos dos trabalhadores.

(II e III adaptados de: http://www.migrante.org.br)

Considerando o que se afirma em I, II e III, desenvolva um texto dissertativo-argumentativo, posicionando-se a respeito do seguinte tema:

Mobilidade Humana e Cidadania na atualidade.

2. DISSERTAÇÃO EXPOSITIVA E ARGUMENTATIVA

2.1 Dissertação Expositiva

Na dissertação expositiva, o objetivo do texto é passar conhecimento para o leitor de maneira clara, imparcial e objetiva.

Nesse tipo textual, não se faz necessariamente a defesa de uma ideia, pois não há intenção de convencer o leitor, nem criar debate. Trabalha-se o assunto de maneira atemporal.

Distinção entre texto expositivo e descritivo

É bastante comum que se confunda o texto dissertativo-expositivo com o texto descritivo. Vamos à distinção:

O texto expositivo tem por objetivo principal informar com clareza e objetividade. Predomina a linguagem impessoal e objetiva. De forma geral, segue a estrutura da dissertação (introdução, desenvolvimento, conclusão). Como exemplo desse tipo de texto, temos aqueles encontrados em livros didáticos, enciclopédias, jornais, revistas (científicas, informativas, etc.).

> É bastante comum que um texto (um gênero textual) apresente diversos tipos textuais em sua estrutura, o que dificulta a diferenciação.

O tipo descritivo está relacionado à caracterização minuciosa de algo, sem, necessariamente, ter o objetivo de informar ao leitor. A linguagem utilizada na descrição nem sempre é objetiva ou impessoal, e sua estrutura não obedece necessariamente a regras.

Partes do texto dissertativo-expositivo

Tipos de introdução

→ **Introdução Simples**

É uma introdução direta, na qual é exposta apenas a delimitação do tema.

→ **Introdução com Paráfrase**

A paráfrase é uma reescrita de frases sem que haja alteração de sentido. Para que essa reescrita seja coerente, é necessário que seja mantido o paralelismo semântico. Este tipo de introdução geralmente é usado quando o tema da redação é uma afirmação.

→ **Introdução com Conceituação**

Neste tipo de introdução, a autor do texto apresenta seu ponto de vista ou a ideia central por meio da definição de algum conceito que tenha relação com o núcleo do tema.

→ **Introdução com Indicação do Desenvolvimento**

São apresentados o tema e os tópicos que serão esclarecidos no desenvolvimento. Numa dissertação-expositiva enumeram-se os aspectos que serão relatadas ao longo do texto.

É muito importante ter atenção com a ordem dessa enumeração, pois é necessário que ela seja mantida no decorre do desenvolvimento para que se garanta conexão lógica e a progressividade textual. Além disso, todos os itens enumerados devem ser abordados no desenvolvimento.

É imprescindível, também, que se trate cada tópico em um parágrafo diferente, porque facilita, para o examinador, a identificação de que foi redigido tudo o que foi apresentado.

Tipos de desenvolvimento

O desenvolvimento deve conter a exposição de cada um dos aspectos enumerados na introdução. Não há uma forma específica para se escrever esta parte da redação. A continuidade do texto será dada de acordo com a introdução. Ou seja, a sequência do desenvolvimento deve estar já delimitada no parágrafo introdutório.

> Procure escrever, em cada parágrafo, alguma palavra-chave sobre o tema e os fundamentos abordados na redação.

Nunca deixe mencionar tudo o que é solicitado na proposta. Se deixar em branco, será atribuída nota zero na correção da redação. Isso significa que você deve responder ao questionamento, sem se desviar do tema.

Tipos de conclusão

→ **Confirmação**

É a forma mais simples. É feita uma síntese do que foi escrito na redação ou uma confirmação (reforço) da tese que orientou o texto e foi afirmado na introdução.

→ **Solução**

Este tipo é muito usado em pareceres e relatórios, pois há apresentação de solução ou soluções para a tese apresentada na introdução.

→ **Expansão**

Neste tipo de conclusão, usa-se o melhor argumento ou a melhor ideia exposta (no desenvolvimento) e é feita uma conexão com o desenvolvimento, de forma encerrar a discussão ou o assunto.

→ **Finalização do desenvolvimento**

O parágrafo de conclusão também pode trazer algum aspecto relevante sobre o tema, em vez de expor uma "conclusão, síntese, expansão ou solução".

Para que a redação não fique sem fechamento, é recomendável que se use alguma expressão que indique conclusão, como: "por fim", "finalmente", "por último", "em último lugar", "em conclusão", etc.

Propostas de dissertação expositiva

Proposta 01

Convocada pela Defensoria Pública do Rio, a comunidade do Complexo do Alemão começou a chegar duas horas antes do combinado. Enfileiraram-se em busca, principalmente, de carteiras de identidade e de trabalho, ícones da entrada na sociedade formal. Houve duas dúzias de coleta de material genético para exames de comprovação de paternidade. Foram entrevistadas 180 moradoras sobre saúde, maternidade e violência doméstica. Uma cidadã transexual foi atrás de orientação para trocar de nome. Mães pediram tratamento psicológico para filhos com sintomas de síndrome do pânico. Segundo a presidenta da Associação de Defensores Públicos do Estado do Rio de Janeiro, "quando conversamos, percebemos que a violência permeia o discurso. Mas os moradores têm outras demandas. Denunciam a falta de alguma instituição que os defenda da vulnerabilidade". A agenda dos moradores do Alemão envolve cinco ações: moradia, saneamento, educação técnico-profissional, políticas para jovens e espaços de lazer, esporte e cultura.

Flávia Oliveira. Demanda cidadã. In: O Globo, 27/5/2015, p. 28 (com adaptações).

Considerando que o fragmento de texto acima tem caráter unicamente motivador, redija um texto dissertativo acerca do seguinte tema.

SEGURANÇA PÚBLICA: POLÍCIA E POLÍTICAS PÚBLICAS

Ao elaborar seu texto, faça o que se pede a seguir.

> **Disserte a respeito da segurança como condição para o exercício da cidadania. [valor: 25,50 pontos]**

> **Dê exemplos de ação do Estado na luta pela segurança pública. [valor: 25,50 pontos]**

> **Discorra acerca da ausência do poder público e a presença do crime organizado. [valor: 25,00 pontos]**

Padrão de Resposta da Banca

Espera-se que, relativamente ao primeiro aspecto proposto (a segurança como condição para o exercício da cidadania), o candidato afirme a impossibilidade real e concreta do pleno exercício da cidadania em um cenário de dramática insegurança. Tal como dicionarizado, o conceito de cidadania remete ao "indivíduo que, como membro de um Estado, usufrui de direitos civis e políticos garantidos pelo mesmo Estado e desempenha os deveres que lhe são atribuídos". Viver em paz, sem o contínuo temor de ser vítima de agressão — venha de onde vier — passa a ser entendido como direito essencial à vida em comunidade assentada nos princípios da cidadania.

Em relação ao segundo aspecto (exemplos de ação do Estado na luta pela segurança pública), espera-se que o candidato seja capaz de apontar alguns exemplos da necessária ação do poder público para a conquista e a manutenção do clima de segurança coletiva nas mais diversas comunidades, sobretudo as mais vulneráveis. Nesse sentido, basta que o candidato se reporte ao próprio texto motivador, tendo em vista que policiamento adequado e atendimento às demandas básicas da sociedade são faces de uma mesma moeda.

Por fim, no que concerne ao terceiro aspecto (ausência do poder público e a presença do crime organizado), convém que o candidato faça referência a uma preocupante realidade, por todos sabida: onde há omissão do Estado, a tendência é que esse vazio seja ocupado por grupos criminosos no atendimento às demandas das comunidades. Essa realidade está presente, inclusive, em instituições penitenciárias.

Proposta 02

Um relatório do Conselho de Segurança da Organização das Nações Unidas constatou que 15 mil pessoas viajaram à Síria e ao Iraque para combater pelo Estado Islâmico e por grupos extremistas semelhantes. De acordo com o relatório, essas pessoas saíram de mais de 80 países, o que inclui um grupo de países que não havia enfrentado desafios anteriores com relação à Al Qaeda. Os números reforçam recentes estimativas dos serviços de inteligência dos Estados Unidos da América sobre o escopo do problema dos combatentes estrangeiros, que, conforme o relatório, se agravou apesar das ações agressivas das forças antiterroristas e das redes mundiais de vigilância. Os números referentes ao período iniciado em 2010 são superiores aos números referentes ao total de combatentes estrangeiros nas fileiras terroristas entre 1990 e 2010 — e continuam crescendo.

Folha de S.Paulo, 1.º/11/2014, p. 10, caderno Mundo 2 (com adaptações).

Considerando que o fragmento de texto acima tem caráter unicamente motivador, redija um texto dissertativo acerca do tema a seguir.

A CIVILIZAÇÃO CONTEMPORÂNEA E O TERRORISMO

Ao elaborar seu texto, aborde, necessariamente, os seguintes aspectos:

> **o 11 de Setembro de 2001 e a nova escalada terrorista; [valor: 4,00 pontos]**

> **o Estado Islâmico: intolerância e agressividade; [valor: 4,00 pontos]**

> **a reação mundial ao terrorismo. [valor: 4,00 pontos]**

Padrão de Resposta da Banca

Espera-se que, relativamente ao primeiro aspecto (O 11 de setembro de 2001 e a nova escalada terrorista), o candidato mencione o impacto causado em todo o mundo pela ação do terror (Al Qaeda) em território norte-americano, atingindo o prédio do Pentágono, em Washington, e destruindo por completo as torres do World Trade Center, em Nova Iorque. A pronta e vigorosa reação dos EUA (governo Bush) alterou a legislação do país, com algum tipo de cerceamento das liberdades, e se estendeu por várias partes do mundo, a começar pela identificação de países considerados fontes permanentes de ações agressivas contra os EUA, definidos como "Eixo do Mal". Em verdade, o 11 de setembro de 2001 deu inédita visibilidade ao terrorismo impulsionado pelo fanatismo religioso, que se manifestou em outros locais, como, por exemplo, Londres e Madri.

Quanto ao segundo aspecto (Estado Islâmico: intolerância e agressividade), o candidato poderá destacar a intenção do grupo de instituir um califado muçulmano, com a conquista de territórios hoje integrantes da Síria e do Iraque, sua absoluta subordinação a uma visão estreita e radical do islã, além da chocante violência de seus atos, como a decapitação de prisioneiros, em cenas gravadas e divulgadas pelo mundo afora. Outro direcionamento para o segundo aspecto é o aliciamento de jovens para a luta armada por meio das redes sociais, por exemplo.

Por fim, o terceiro aspecto a ser focalizado (A reação mundial ao terrorismo) deverá levar o candidato a se referir às manifestações da opinião pública mundial, que tende a repudiar maciçamente atitudes dessa natureza, à ação de organismos internacionais (como a citada ONU) e à reação objetiva de muitos países (particularmente os ocidentais, à frente os EUA), agindo civil e militarmente para frear a ação terrorista. Além disso, ao abordar os aspectos citados no comando da prova, espera-se que o candidato mencione o interesse econômico subjante às atividades terroristas, o que decorre sobretudo do interesse por fontes naturais, tais como petróleo e gás natural.

Proposta 03

Em um lixão de Gana, carcaças de computadores espalhadas em meio a todo o tipo de dejetos chamam a atenção por etiquetas que identificam sua procedência: delegacias, conselhos públicos e até universidades britânicas. O mesmo acontece em lixões da China, com produtos oriundos da Europa ou dos Estados Unidos da América (EUA). Já na América Central, um navio saído dos EUA passa por países pobres tentando encontrar um terreno que aceite o depósito do que dizem ser fertilizante, mas que na verdade são cinzas de produtos eletrônicos. Parte do material, rico em arsênio, chumbo e outras substâncias tóxicas, é jogado em uma praia do Haiti, outra parte atirada no oceano. Não tão distante, 353 toneladas de resíduos de televisores são trazidos dos EUA em contêineres ao Porto de Navegantes, em Santa Catarina (carga devolvida à origem).

O Globo, 24/8/2015, p. 21 (com adaptações).

Considerando que o fragmento de texto acima tem caráter unicamente motivador, redija um texto dissertativo acerca do seguinte tema.

LIXO ELETRÔNICO: O PLANETA EM PERIGO

Ao elaborar seu texto, aborde os seguintes aspectos:

> **lixo eletrônico: a outra face do desenvolvimento; [valor: 3,50 pontos]**

> **a globalização da rota do tráfico de resíduos eletrônicos; [valor: 3,00 pontos]**

> **os lucros gerados pelos resíduos e a ação do crime organizado. [valor: 3,00 pontos]**

Padrão de resposta da banca

Espera-se que, em relação ao primeiro tópico proposto (lixo eletrônico: a outra face do desenvolvimento), o candidato identifique nesses resíduos eletrônicos a outra e danosa face do desenvolvimento trazido pelo processo de transformação do sistema produtivo conhecido como Revolução Industrial. O certo é que, em muitos países, ainda não há legislação plenamente ativa para controlar o descarte de eletrônicos. No Brasil, verifica-se reiterada tentativa de burlar a legislação a respeito. Esse descarte, feito de modo inadequado, agride violentamente o meio ambiente.

Quanto ao segundo aspecto (a globalização da rota do tráfico de resíduos eletrônicos), espera-se que o candidato aponte a relação existente entre a globalização da economia e a do tráfico desses resíduos. Em geral, como indicado no texto motivador, esse descarte criminoso é feito pelas economias mais desenvolvidas na direção de países periféricos e mais pobres.

Relativamente ao terceiro ponto (os lucros gerados pelos resíduos e a ação do crime organizado), espera-se que o candidato lembre que, devido à falta de monitoramento e à fragilidade da fiscalização, essa atividade ilegal torna-se por demais atraente em termos financeiros, sem maiores riscos para quem dela se ocupa. É onde entra o crime organizado global, que tem se diversificado e investido em resíduos. O próprio texto motivador deixa transparecer que o descarte do lixo eletrônico, tal como visto nos exemplos citados, acaba sendo mais um ramo do crime organizado global, integrando a extensa teia que envolve lavagem de dinheiro, comércio de armas, tráfico humano, fraudes na área esportiva, avanço ilegal sobre a biodiversidade, entre tantos outros.

Proposta 04

Considerando que o contexto que envolve as drogas ilícitas, redija um texto dissertativo que atenda, necessariamente, ao que se pede a seguir:

AS DROGAS ILÍCITAS NA CONTEMPORANEIDADE

> **O problema social das drogas ilícitas no mundo contemporâneo**

> **O fracasso da política antidrogas militarizada**

> **Alternativas à atual política antidrogas**

Padrão de resposta da banca

Espera-se que, em relação ao primeiro item ("O problema social das drogas ilícitas no mundo contemporâneo"), o candidato aponte as drogas como um grave problema social da contemporaneidade. Sem distinção de classes sociais e presente em todas elas, o uso de drogas ilícitas instalou-se no interior das sociedades, e é, sob muitos aspectos, elemento fundamental para a desestruturação familiar e para a exacerbação da violência. Além disso, contribui decisivamente para o adensamento do crime organizado, cuja atuação, cada vez mais, ocorre em escala global.

No que concerne ao segundo item ("O fracasso da política antidrogas militarizada"), espera-se que o candidato pondere, por exemplo, que o custo do combate às drogas é elevado, seja no que se refere a vidas humanas, seja no que se refere ao dinheiro nele aplicado. Em suma, pode-se afirmar que, se determinados instrumentos utilizados por cinco décadas não apresentaram resultados, esses métodos são ineficazes, o que leva à reflexão sobre a conveniência de substituí-los.

Por fim, em relação ao terceiro item ("Alternativas à atual política antidrogas"), espera-se que o candidato alegue que estão em marcha atitudes que podem ser uma alternativa interessante à atual política antidrogas militarizada, por exemplo, a rejeição à pulverização pura e simples dos campos de cultivo de coca, planta da qual é feita a cocaína; a permissão para o cultivo de pequenas plantações de coca; a plantação de maconha para fins medicinais e, sobretudo, ação de lideranças políticas (no Brasil, com destaque para o ex-presidente Fernando Henrique Cardoso), que defendem a descriminalização do uso da maconha, a qual distingue claramente o usuário e o traficante.

Proposta 05

Considerando o contexto que envolve as drogas ilícitas, redija um texto dissertativo que atenda, necessariamente, ao que se pede a seguir:

A MOBILIDADE HUMANA NA MODERNIDADE

> **fatores que levam milhares de pessoas a enfrentar a perigosa travessia do Mediterrâneo**

> **o dilema moral vivido pela Europa entre receber ou rejeitar os imigrantes**

> **o papel da opinião pública internacional na sociedade contemporânea**

Padrão de resposta da banca

Espera-se que, ao abordar o primeiro item proposto (fatores que levam milhares de pessoas a enfrentar a perigosa travessia do Mediterrâneo), o candidato enfatize, no mínimo, dois aspectos determinantes para as atuais levas de milhares de imigrantes que buscam, na Europa, as condições elementares de uma vida razoavelmente digna que não mais encontram em seus países de origem. De um lado, a fome e a miséria, quadro que tão bem representa a situação vivida, em larga medida, por habitantes da África subsaariana. De outro, a ação truculenta de governos despóticos e corruptos, além da multiplicação de guerras civis, às vezes, ensejando autênticos genocídios. Especificamente em relação ao Oriente Médio, destaca-se a caótica realidade experimentada pela Síria, na qual se associam um governo ditatorial, rivalidades religiosas levadas ao extremo e a ação implacável do terrorismo.

Em relação ao segundo tópico (o dilema moral vivido pela Europa entre receber ou rejeitar os imigrantes), espera-se que o candidato se reporte ao intenso debate travado no âmbito da União Europeia, quando alguns membros compreenderam a imperiosa necessidade de se encontrarem meios para a recepção de certo número de imigrantes, como é o caso, por exemplo, da Alemanha, enquanto outros, particularmente na Europa do Leste, ofereciam resistência explícita ao acolhimento desses imigrantes.

Por fim, quanto ao terceiro ponto (o papel da opinião pública internacional na sociedade contemporânea), espera-se que o candidato lembre ser este um elemento definidor da contemporaneidade: milhares de pessoas saem às ruas e se manifestam, por todos os meios, em face de determinados acontecimentos, como atos terroristas e o desespero desses milhares de imigrantes. Esse fenômeno de participação cidadã tem forçado os governos a tomarem certas atitudes que, muitas vezes, não se situavam em seu campo de alternativas.

2.2 Dissertação Argumentativa

A dissertação argumentativa consiste na exposição de ideias a respeito de um tema, de forma técnica e impessoal, com base em raciocínios e argumentações. Tem por objetivo a defesa ou a contestação de um ponto de vista por meio da persuasão. Por isso, a coerência entre as ideias e a clareza na forma de expressão são elementos fundamentais.

Estrutura

A estrutura lógica da dissertação consiste em: introdução (apresenta o tema a ser discutido); desenvolvimento (expõe os argumentos e ideias sobre o tema, com fundamento em fatos, exemplos, testemunhos e provas do que se pretende demonstrar); e conclusão (traz o desfecho da redação, com a finalidade de reforçar a ideia inicial).

Parágrafo

O parágrafo é uma unidade do todo que é o texto. Perceba que a redação trata de um único assunto, que é aquele apresentado no comando. Assim, dividimos o texto em parágrafos para que a leitura seja fluida, de acordo com a abordagem reservada a cada um dos parágrafos.

Elementos contidos em um parágrafo

Todo parágrafo possui uma ideia central, que é o tópico principal. Geralmente, ela se encontra na introdução do parágrafo. Em torno dessa ideia central, temos ideias secundárias que dão desenvolvimento ao parágrafo. Vale ressaltar que muitos parágrafos ainda possuem uma conclusão, a qual tem como função sintetizar o conteúdo dele.

Outro elemento não obrigatório, mas de suma importância, é o termo que faz a relação entre os parágrafos. Geralmente se encontra do segundo parágrafo em diante e objetiva fazer a conexão lógica das ideais presentes em cada parágrafo. Logo, podemos afirmar que um parágrafo adequado possui clareza, objetividade, coerência, coesão e conteúdo adequado.

Quanto ao tamanho dos parágrafos, é importante que haja uma harmonia entre eles. Dessa forma, deve-se redigir parágrafos de tamanhos semelhantes, não necessariamente iguais. Ademais, é importante não fazer parágrafos muito grandes.

Como cada parágrafo possui uma ideia principal, não se recomenda escrever um parágrafo com apenas um período ou misturar ideias em um mesmo parágrafo. Dessa maneira, o ideal é reservar um parágrafo para cada ideia e(ou) argumentação abordada ou então daquelas contidas na enumeração feita na introdução.

> Cada assunto deve ser objeto de um parágrafo específico.

Cada assunto deve ser objeto de um parágrafo específico.

Por fim, vamos novamente às regrinhas básicas: não faça parágrafos excessivamente longos e confusos, pois o examinador se cansará facilmente e não compreenderá seu texto. Por outro lado, também não faça parágrafos excessivamente curtos, que não contenham o devido desenvolvimento da ideia principal.

Exemplos

A seguir, há dois parágrafos que podem servir como introdução de um texto. Pode-se perceber que há uma organização interna que garante uma leitura rápida e eficaz. Além disso, há dois elementos básicos: a apresentação do assunto e o objetivo do texto.

01. Considera-se a humanização no ambiente de trabalho uma das principais características com a qual a empresa deve preocupar-se a fim de que alcance bons resultados, afinal, o capital humano é o bem mais precioso de uma instituição e o responsável por mantê-la ativa no mercado em geral. Além disso, a CF tem como um de seus fundamentos a dignidade da pessoa humana, a qual garante aos indivíduos um tratamento justo e igualitário para uma vida com qualidade. Logo, por ser um fundamento básico e irradiante, e alcançar todas as áreas do Direito, precisa ser garantido nas relações trabalhistas.

02. A fim de alcançar a cidadania, que de certa forma é um meio para a busca da ordem e do progresso social, o Estado tem o dever, como cita a Constituição Federal, de promover a segurança pública. Por esse motivo, é coerente afirmar que é preciso ofertar, de forma homogênea, a possibilidade de "execução" da cidadania por todos do povo.

Propostas de dissertação expositiva

Proposta 01

Elabore um texto dissertativo-argumentativo abordando o seguinte tema:

É POSSÍVEL CONCILIAR OS INTERESSES PESSOAIS DO TRABALHADOR E OS INTERESSES DA ORGANIZAÇÃO?

Proposta 02

A internet é uma mídia que ainda vai provocar muitas modificações entre as pessoas. Estamos apenas adentrando essa nova era, que, no Brasil, teve início em 1996. Capistrano de Abreu dizia que os colonizadores portugueses ficaram, durante vários séculos, como caranguejos, apenas arranhando as costas do Brasil, sem adentrar seu território, nem dominar as regiões desconhecidas. Em relação à internet, somos os novos caranguejos do início do século XXI, sem desvendar com segurança as possibilidades desse meio de comunicação revolucionário na produção e propagação de saberes. Não sabemos ainda o que acontecerá e como se dará; por isso, não podemos fazer previsões estanques.

SHEPERD, T.; SALIÉS, T. In: Linguística da internet. São Paulo: Contexto, 2012. p.91

Redija um texto dissertativo-argumentativo em que se discuta se o uso da internet trouxe mais benefícios ou mais malefícios ao indivíduo e à sociedade. Apresente argumentos que fundamentem sua posição.

Proposta 03

Apesar da presunção de veracidade que confere autoridade, interesse e sedução a todas as fotos, a obra que os fotógrafos produzem não constitui uma exceção genérica ao comércio usualmente nebuloso entre arte e verdade. Mesmo quando os fotógrafos estão muito mais preocupados em espelhar a realidade, ainda são assediados por imperativos de gosto e de consciência. [...] O problema não é que as pessoas se lembrem através das fotografias, mas que se lembrem apenas das fotografias.

(SONTAG, Susan. "Na caverna de Platão", em Sobre a Fotografia, São Paulo, Companhia das Letras, 2008)

A partir do trecho acima, escreva um texto dissertativo-argumentativo sobre o seguinte tema:

A IMAGEM COMO PRODUTORA DE SENTIDOS NA MODERNIDADE

Proposta 04

Epicuro havia percebido que as leis não educam: que não eram feitas para serem propriamente obedecidas, mas para garantir, sobretudo, a possibilidade de punição. Ele se deu conta, por um lado, de que a educação e as necessidades básicas do ser humano deveriam ser gerenciadas pela pólis (Estado); por outro lado, viu que era preciso, de algum modo, isolar para educar, porém, sem reclusão, porque a virtude do caráter político não se reduz, afinal, a um modelo ou teoria, tampouco ao recinto de uma instituição ou de uma *pólis*.

(Adaptado de: SPINELLI, Miguel. Epicuro e as bases do epicurismo, São Paulo, Paulus, 2013, p. 8)

Com base no excerto acima, escreva uma dissertação justificando amplamente seu ponto de vista.

Proposta 05

I

Para além da fidelidade e integridade da informação, problema que se impunha com os veículos tradicionais da mídia, hoje, com a internet, o homem enfrenta um novo desafio: distinguir, de uma profusão de informações supérfluas, as que lhe importam na formação de um pensamento que garanta sua identidade e papel social.

II

Ponto de vista não é apenas a opinião que desenvolvemos sobre determinado assunto, mas também o lugar a partir de onde consideramos o mundo e que influencia de maneira cabal nossas percepções e ações.

III

Todos os homens voltam para casa.
Estão menos livres mas levam jornais
e soletram o mundo, sabendo que o perdem.

(ANDRADE, Carlos Drummond de. "A flor e a náusea")

Redija um texto dissertativo-argumentativo a partir do que se afirma em I, II e III.

Proposta 06

As Olimpíadas eram uma série de competições esportivas que, de quatro em quatro anos, reuniam atletas das cidades-estado que formavam a Grécia Antiga. Surgiram em 776 a.C. na cidade de Olímpia e se realizaram até 393 d.C. Tinham grande importância por seu caráter religioso, político e esportivo, e buscavam a harmonia entre cidades, com a trégua entre conflitos e guerras, além da valorização da saúde e do corpo saudável. Ressurgiram em 1896, com o objetivo de retomar os ideais olímpicos na interação entre os povos, e estiveram sujeitas a interferências políticas no decorrer do tempo. Os Jogos Panamericanos, mais recentes, também realizados de quatro em quatro anos, são evento multiesportivo, que tem por base os Jogos Olímpicos e, como indica o próprio nome, reúne atletas dos países do continente americano. Na atualidade, no entanto, parece haver confluência de interesses bastante diversos na realização desses eventos, de modo a acirrar o espírito competitivo e a expor o poder, até mesmo financeiro, de alguns países.

Diante do que se expôs acima, redija um texto dissertativo-argumentativo sobre o seguinte tema:

AS COMPETIÇÕES ESPORTIVAS INTERNACIONAIS COMO INSTRUMENTO DE MANUTENÇÃO DA PAZ E DA IGUALDADE NO MUNDO MODERNO.

NOÇÕES DE INFORMÁTICA

1. SOFTWARE

Cerca de 90% das questões de Informática abordam conceitos relacionados aos softwares, na forma de definições e de modos de operação, tanto em provas de nível médio como de nível superior. Por esse motivo, ele será abordado em nosso primeiro tópico.

O software é a parte **abstrata** de um computador, também conhecido como a parte **lógica**. É um programa instalado em um dispositivo, que pode ser um computador ou mesmo um celular.

Os programas são a aplicação de regras de maneira digital, para que, dada uma situação, ocorra uma reação pré-programada. Assim, temos que um programa é uma representação de tarefas manuais; com eles podemos automatizar processos, o que torna as tarefas mais dinâmicas.

1.1 Licenças de Software

Uma licença de software define o que um usuário pode ou não fazer com ele, ela se baseia essencialmente no direito autoral. Existem vários tipos de licenças de software, mas, no que tange ao concurso público, apenas duas são de valor significativo: a licença de software livre e a licença de software proprietário.

Software proprietário

A licença de software proprietário procura reservar o direito de autor do programa.

Um software proprietário é também conhecido como software não livre, pois uma de suas principais características é manter o **Código Fonte[1] Fechado**.

Há vários softwares proprietários gratuitos. Por outro lado, existem aqueles que, para o usuário adquirir o direito de uso, exigem a compra de uma licença de uso, a qual não lhe dá direito de propriedade sobre o programa, apenas concede a ele o direito de utilizá-lo, além de impor algumas regras quanto ao seu uso.

São exemplos de softwares proprietários: Windows, Microsoft Office, Mac OS, aplicativos da Adobe, Corel Draw, WinRAR, WinZip, MSN, entre outros tantos.

Software livre

Em contrapartida ao software proprietário, um grupo criou o software livre. Como princípio atribuem-se às leis que regem a definição de **liberdades** como forma de protesto em relação ao software proprietário.

O software livre tem como primordial característica o **Código Fonte Aberto**.

A principal organização que mantém e promove o software livre é a Free Software Foundation (FSF).

Para que um software seja classificado como Software Livre, ele deve obedecer a quatro **liberdades de software** do projeto **GNU** - *General Public License* (Licença Pública Geral) - idealizado por Richard Matthew Stallman, ativista e fundador do movimento software livre.

Liberdade 0: a liberdade para executar o programa, para qualquer propósito.

1 Código Fonte: conjunto de instruções feitas em uma linguagem de programação, que definem o funcionamento e o comportamento do programa.

Liberdade 1: a liberdade de estudar como o programa funciona e adaptá-lo às suas necessidades.

Liberdade 2: a liberdade de redistribuir cópias do programa de modo que você possa ajudar ao seu próximo.

Liberdade 3: a liberdade de modificar o programa e distribuir essas modificações, de modo que toda a comunidade se beneficie.

A GPL (*CopyLeft*) é um reforço a essas quatro liberdades, garantindo que o código fonte de um programa software livre não possa ser apropriado por outra pessoa ou empresa, principalmente para que não seja transformado em software proprietário.

A GPL só possui versão em inglês devido a possíveis erros de tradução que possam vir a ser inseridos em sua descrição.

O Linux é um dos principais projetos desenvolvidos sob a licença de software livre, assim como o BrOffice, mas o principal responsável por alavancar o software livre, assim como o próprio Linux, foi o projeto Apache[2] que no início só rodava em servidores Linux e hoje é multiplataforma.

São exemplos de softwares livres: Apache, Linux, BrOffice, LibreOffice, Mozilla Firefox, Mozilla Thunderbird, entre outros.

Shareware

A licença do tipo shareware é comumente usada quando se deseja permitir ao usuário uma degustação do programa, é uma licença que oferece funcionalidades reduzidas ou mesmo em sua totalidade, porém, com um prazo para esse uso que, depois de encerrado, o programa limita as funcionalidades ou pode deixar de funcionar.

Um exemplo de software popular que utiliza essa licença é o WinRAR, que, após os 40 dias, começa a exibir uma mensagem toda vez que é aberto, contudo, continua funcionando mesmo que o usuário não adquira a licença.

Esta permite a cópia e redistribuição do software, porém, não permite a alteração, pois o código fonte não é público.

1.2 Tipos de Software

Existem diversos tipos de software, mas somente alguns nos interessam durante a prova. Dessa forma, iremos focar o estudo no que nos é pertinente.

Podemos classificar os softwares de acordo com os itens a seguir:

> Firmwares;

> Sistemas Operacionais;

> Escritório;

> Utilitários;

> Entretenimento;

> Malwares.

Firmwares

Um firmware é normalmente um software embarcado, ou seja, ele é um software desenvolvido para operar sobre um hardware específico. De forma geral, um firmware é incorporado ao

2 Apache: servidor responsável pelo processamento da maior parte das páginas disponibilizadas atualmente na Internet, cerca de 51%. .

hardware já no momento de sua fabricação, mas, dependendo do tipo de memória em que é armazenado, ele pode ser atualizado ou não. O software do tipo firmware que interessa ao nosso estudo é o BIOS.

Bios (*basic input/output system*)

O Sistema Básico de Entrada e Saída é um software embarcado em uma **memória do tipo ROM**, nos computadores atuais é mais comum em memórias do tipo **Flash ROM.**

O BIOS é o primeiro programa que roda quando ligamos o computador. Ele é composto pelo **SETUP,** que são suas configurações, e pelo **POST,** responsável por realizar os testes de hardware.

Durante o processo de boot[3], o BIOS aciona a memória CMOS[4], onde ficam armazenadas as últimas informações sobre o hardware do computador e sobre a posição de início do sistema operacional no disco. Em posse dessas informações, o BIOS executa o POST, a etapa que verifica se todos os dispositivos necessários estão conectados e operantes.

Após as verificações de compatibilidade, o BIOS inicia o processo de leitura do disco indicado como primário a partir do ponto onde se encontra o sistema operacional, que é carregado para a memória principal do computador.

Em um mesmo computador podem ser instalados dois ou mais sistemas operacionais diferentes, ou mesmo versões diferentes do mesmo sistema.

Quando há apenas um sistema operacional instalado no computador, este é iniciado diretamente pelo BIOS, porém, se houver dois ou mais se faz necessário optar por qual dos sistemas se deseja utilizar.

Em uma situação em que existem dois sistemas operacionais atribui-se a caracterização de Dual boot.

Um computador que possua uma distribuição Linux instalada e uma versão Windows, por exemplo, ao ser concluído o processo do BIOS, inicia um gerenciador de boot. Em geral é citado nas provas ou o **GRUB** ou o **LILO**, que são associados ao Linux.

Sistemas operacionais (so)

O conteúdo de sistemas operacionais é cobrado de duas formas nas provas: prática e conceitual. Questões de caráter conceitual são colocadas de forma comparativa entre os sistemas, enquanto que as práticas estão associadas às ferramentas e modos de operação de cada sistema. O conteúdo referente à parte prática é abordado em específico nos tópicos Windows e Linux.

O sistema operacional é o **principal programa do computador**. Ele é o responsável por facilitar a interação do usuário com a máquina, além de ter sido criado para realizar as tarefas de controle do hardware, livrando assim os aplicativos de conhecer o funcionamento de cada peça existente no mundo.

As tarefas de responsabilidade do SO são, principalmente, de níveis gerenciais. O sistema operacional é o responsável por administrar a entrada e a saída de dados de forma que, quando um usuário seleciona uma janela, ele está trazendo-a para o primeiro plano de execução. Assim, sempre que o usuário digita um texto, por exemplo, o SO tem de gerenciar qual a janela, ou seja, qual aplicativo receberá as informações entradas pelo teclado, mas ao mesmo tempo o SO receberá uma solicitação do aplicativo para que exiba na tela as informações recebidas.

É de responsabilidade do SO gerenciar o uso da memória RAM e do processador. O controle estabelecido pelo sistema operacional dita que programa será executado naquele instante e quais espaços de memória estão sendo usados por ele e pelos demais aplicativos em execução.

Para que o sistema operacional consiga se comunicar com cada dispositivo, aquele precisa saber antes como estes funcionam, para tanto, é necessário instalar o **driver**[5] do dispositivo. Atualmente, a maioria dos drivers é identificada automaticamente pelo SO, mas o sistema nem sempre possui as informações sobre hardwares recém-lançados. Nesse caso, o sistema, ao não conseguir o driver específico, solicita ao usuário que informe o local onde ele possa encontrar o driver necessário.

Aplicativos	
Hardware	Gerenciamento de entrada/saída
	Gerenciamento de drivers de dispositivos
	Gerenciamento de memória
	Gerenciamento de CPU
Hardware	

Dentre os sistemas operacionais modernos, o Windows ainda é o que mais se destaca em termos de número de usuários em computadores pessoais. Por outro lado, quando se questiona em relação ao universo de servidores na internet, deparamo-nos com o Linux como mais utilizado; o principal motivo relaciona-se à segurança mais robusta oferecida pelo Linux.

Os exemplos de SO para computadores pessoais (PC) que podem ser citados em provas são:

> Windows;
> Linux;
> Mac OS;
> Chrome OS.

Porém, esses sistemas derivaram de duas vertentes principais o **DOS** e o **UNIX**. É de interesse da prova saber que o DOS foi o precursor do Windows e que a plataforma UNIX foi a base do Linux e também do Mac OS.

Contudo, não encontramos SO apenas em PCs. Celulares, smartphones e tablets também utilizam sistemas operacionais. Atualmente, fala-se muito no sistema do Google para esses dispositivos, o Google Android.

Os Sistemas Operacionais podem ser divididos em duas partes principais: Núcleo e Interface.

O **Núcleo de um Sistema Operacional** é chamado de **Kernel**. Ele é a parte responsável pelo gerenciamento do hardware, como já explanado, enquanto que a **interface** é parte de interação com o usuário, seja ela uma interface apenas textual ou uma interface com recursos gráficos.

3 Boot: processo de inicialização do sistema operacional.
4 CMOS: uma pequena memória RAM alimentada por uma pilha de 9V .

5 Driver: conjunto de informações sobre como funciona um dispositivo de hardware.

A interface com recursos gráficos é comumente chamada de **GUI (Graphic User Interface - Interface Gráfica do Usuário),** também citada como gerenciador de interface gráfica. O nome Windows foi baseado, justamente, nessa característica de trabalhar com janelas gráficas como forma de comunicação com o usuário.

Sistema Operacional	Kernel
Windows XP	NT 5.2
Windows Vista	NT 6.0
Windows 7	NT 6.1
Windows 8	NT 6.2
Linux	Linux 3.10

Em relação às **GUIs**, cada versão do Windows utiliza e trabalha com apenas uma única interface gráfica, que só passou a ter um nome específico a partir do Windows Vista.

Windows	GUI
XP	Sem nomenclatura
Vista	Aero
7	Aero
8	Metro

Por outro lado, existem diversas GUIs para o Linux, algumas Distribuições Linux[6] trabalham com apenas um gerenciador de interface gráfica, enquanto que outras trabalham com múltiplas. As principais GUIs do Linux são:

> Gnome;
> KDE;
> Unity;
> XFCE;
> FluxBox;
> BlackBox;
> Mate;
> Cinnamon.

Ao contrário do Windows, o Linux tem suporte a várias Interfaces Gráficas.

Características de um sistema operacional

Os Sistemas Operacionais podem ser classificados de acordo com suas características comportamentais.

Multitarefa

Um Sistema Operacional é dito multitarefa quando consegue executar mais de uma tarefa simultânea, como: tocar uma música enquanto o usuário navega na internet e escreve um texto no Word.

Contudo, há duas formas de multitarefa empregadas pelos SO modernos: Multitarefa Preemptiva e Multitarefa Real.

Windows, Linux e Mac OS.

Monotarefa

Sistema Monotarefa é o sistema que, para executar uma tarefa, deve aguardar a que está em execução terminar ou mesmo forçar o seu término para que possa executar. Trabalha com um item de cada vez.

DOS e algumas versões UNIX.

6 Distribuição Linux: uma cópia do Linux desenvolvida, geralmente, com base em outra cópia, mas com algumas adaptações.

Multiusuário

É quando o Sistema Operacional permite mais de uma **sessão** de usuário ativa simultaneamente.

Se dois ou mais usuários estiverem com sessões iniciadas, elas são de certa maneira tratadas independentemente, ou seja, um usuário não vê o que o outro estava fazendo, como também, em um uso normal, não interfere nas atividades que estavam sendo executadas pelo outro usuário.

O sistema multiusuário geralmente possui a opção trocar de usuário, que permite bloquear a sessão ativa e iniciar outra sessão simultânea.

Monousuário

Em um sistema monousuário, para que outro usuário inicie sessão, é necessário finalizar a do usuário ativo, também conhecido como efetuar *Logoff*.

Softwares de escritório

São aplicativos com utilização mais genérica, de forma a possibilitarem as diversas demandas de um escritório como também suprirem muitas necessidades acadêmicas em relação à criação de trabalhos.

Nesta seção é apresentado um comparativo entre as suítes de escritório que são cobradas na prova.

Editor	Microsoft Office	BrOffice
Texto	Word	Writer
Planilha	Excel	Calc
Apresentação de slides	PowerPoint	Impress
Desenho	Publisher	Draw
Banco de dados	Access	Base
Fórmula	Equation	Math

Os editores de texto, planilha e apresentação são os mais cobrados em provas de concursos. Sobre esses programas podem aparecer perguntas a respeito do seu funcionamento, ainda que sobre editores de apresentação sejam bem menos frequentes.

Outro ponto importante a se ressaltar é que o **Microsoft Outlook** é componente da suíte de aplicativos Microsoft Office. Não foi destacado na tabela acima por não existir programa equivalente no BrOffice.

Por vezes o concursando pode se deparar na prova com o nome **LibreOffice**, o que está correto, pois o BrOffice é utilizado no Brasil apenas, mas ele é baseado no Libre Office. Até a versão 3.2, o BrOffice era fundamentado no OpenOffice e, após a compra da Sun pela Oracle a comunidade decidiu mudar para o Libre por questões burocráticas.

Softwares utilitários

Alguns programas ganharam tamanho espaço no dia a dia do usuário que, sem eles, podemos por vezes ficar sem acesso às informações contidas em arquivo, por exemplo.

São classificados como utilitários os programas compactadores de arquivos e leitores de PDF. Esses programas assumiram tal patamar por consolidarem seus formatos de arquivos. Entre os compactadores temos os responsáveis pelo formato de arquivos ZIP, apesar de que, desde sua versão XP, o Windows já dispunha de recurso nativo para compactar e descompactar arquivos nesse formato, muitos aplicativos se destacavam por oferecer o serviço de forma mais eficiente ou prática. Os compactadores mais conhecidos são: WinZip, BraZip e 7-Zip. Outro compactador que ganhou espaço no mercado foi o WinRar com o formato .RAR, que permite uma maior compactação do que o ZIP.

Softwares de entretenimento

Nesta categoria, entram os aplicativos multimídias como players de áudio e vídeo, como o Windows Media Player, o Winamp, o iTunes, VLC player e BS player, dentre inúmeros outros, assim como também os jogos como Campo Minado, Paciência, Pinball e outros tantos de mais alto nível.

Malwares (malicious softwares)

Os malwares são programas que têm finalidade mal intencionada, na maioria das vezes ilícita. Grande parte das bancas cita-os como pragas cibernéticas que infectam o computador do usuário e trazem algum prejuízo; por outro lado, há bancas que especulam sobre os diferentes tipos de malwares. A seguir são destacados os principais tipos de malwares.

> Para ser um malware tem que ser um software; do contrário, pode ser uma prática maliciosa, mas não um malware.

Vírus

O vírus é apenas um dos tipos de malware, ou seja, ao contrário do que a maioria das pessoas fala, nem tudo que ataca o computador é um vírus. As questões que tangem ao que é um vírus, em geral, são cobradas em prova como forma de saber se o concursando conhece as diferenças entre os malwares.

Um vírus tem por características:

- **Infectar** os arquivos do computador do usuário, principalmente arquivos do sistema.
- **Depender de ação do usuário**, como executar o arquivo ou programa que está contaminado com o vírus.
- Ter finalidades diversas, dentre as quais **danificar** tanto arquivos e o sistema operacional, como também as peças.

Vírus mutante

É um vírus mais evoluído, que tem a capacidade de alterar algumas de suas características a fim de burlar o antivírus.

Vírus de macro

O vírus de macro explora falhas de segurança das suítes de escritório, principalmente da Microsoft. Uma macro, ao ser criada de certa forma, anexa ao documento uma programação (comandos geralmente em Visual Basic[7]), ele pode inserir seu código dentro deste código em VB.

7 Visual Basic (VB): é uma linguagem de programação criada pela Microsoft.

O Vírus de Macro geralmente danifica a suíte de escritório, inutilizando-a, além de poder apagar documentos do computador.

Para que seja executado esse vírus, é necessário que o usuário execute o arquivo contaminado.

Worm

O worm é, por vezes, citado nas provas em português como verme, como forma de confundir o concursando. Ao contrário do vírus, ele **não depende de ação do usuário** para executar; ele executa automaticamente: no momento em que um pendrive é conectado a um computador, ele é contaminado ou contamina este.

Ele tem como finalidade se replicar, porém, não infecta outros arquivos, apenas **cria cópias de si** em vários locais, o que pode encher o HD do usuário. Outra forma utilizada de se replicar é através da exploração de falhas dos programas, principalmente os clientes de e-mail, enviando por correio eletrônico cópias de si para os contatos do usuário armazenados no cliente de e-mail.

Um worm, muitas vezes, instala no computador do usuário um bot, transformando aquele em um robô controlado à distância. Os indivíduos que criam um Worm fazem-no com a finalidade de infectar o maior número possível de computadores, para que possam utilizá-los em um ataque de DDoS[8], ou como forma de elevar a estatística de acessos a determinados sites. Também pode ser utilizado para realizar um ataque a algum computador ou servidor na Internet a partir do computador infectado.

Trojan horse (cavalo de troia)

O Cavalo de Troia foi batizado com esse nome, pois suas características se assemelham muito às da guerra da Grécia com Troia. Na História, os gregos deram aos troianos um grande cavalo feito de madeira e coberto de palha para disfarçar que era oco, dentro do cavalo foram colocados vários soldados gregos que deveriam abrir os gigantes e fortes portões da cidade de Troia para que o exército grego pudesse invadir a fortaleza.

Um Cavalo de Troia é recebido pelo usuário como um presente de grego, de forma a levar o usuário a abri-lo, ou seja, ele **depende de ação do usuário**. Os presentes geralmente podem parecer um cartão virtual, uma mensagem, álbuns de fotos, e-mails com indicações de prêmios, falsas respostas de orçamentos, folhas de pagamento, sempre alguma forma de chamar a atenção do usuário para que ele abra o Trojan.

Podemos tratá-lo em essência como um **meio** para que outro malware seja instalado no computador. Da mesma forma como o cavalo da história serviu como meio para infiltrar soldados e como os soldados abriram os portões da cidade, o malware também pode abrir as portas do computador para que outros malwares o infectem, o que acontece na maioria dos casos, portanto, pode trazer em seu interior qualquer tipo de malware.

Esse malware executa as ações para as quais, aparentemente, fora criado; como exibir uma mensagem, ou crackear[9] um programa. Essa tarefa é realizada com o intuito de distrair o usuário enquanto que os malwares são instalados.

8 DDoS: ataque de negação de serviço distribuído, veja mais no tópico segurança desse material.

9 Crackear: é uma quebra de licença de um software para que não seja necessário adquirir a licença de uso, caracterizando pirataria.

Spyware

Também conhecido como **software espião**, o spyware tem por finalidade capturar dados do usuário e enviá-los para terceiros: nº de cartões de crédito, CPF, RG, nomes, data de nascimento e tudo mais que for pertinente para que transações eletrônicas possam ser feitas utilizando seus dados.

Existem dois tipos de spywares: os **KeyLoggers** e os **ScreenLoggers**.

Keylogger

Key = chave, Log = registro de ações.

O KeyLogger é um spyware cuja característica é capturar os dados digitados pelo usuário. Na maioria das situações o KeyLogger não captura o que é digitado a todo instante, mas o que é teclado após alguma ação prévia do usuário, como por exemplo abrir uma página de um banco ou de uma mídia social - alguns keyloggers são desenvolvidos para capturar conversas em programas de *messenger*.

Screenlogger

Screen = Tela

O ScreenLogger é uma evolução do KeyLogger na tentativa de capturar, principalmente, as senhas de bancos, pois o ScreenLogger captura fotos avançadas da tela do computador a cada clique do mouse. Essa foto avançada, na verdade, é uma foto de uma pequena área que circunda o mouse, mas grande o suficiente para que seja possível ver em que número o usuário clicou.

Muitos serviços de Internet Banking[10] utilizam um **teclado virtual**, no qual o usuário clica nos dígitos de sua senha ao invés de digitar. Assim, ao forçar que o usuário não utilize o teclado, essa ferramenta de segurança ajuda a evitar roubos de senhas por KeyLoggers. Por outro lado, foi criado o ScreenLogger, que captura imagens; então, como forma de oferecer segurança maior, alguns bancos utilizam um dispositivo chamado de **Token**.

O Token é um dispositivo que gera uma chave de segurança aleatória, a qual uma vez utilizada para acessar a conta, torna-se inválida para novos acessos. Assim, mesmo sendo capturada, ela se torna inútil ao invasor.

Cuidado para não confundir: Teclado Virtual em uma página de Internet Banking é um recurso de segurança, enquanto o teclado virtual que faz parte do Windows é um recurso de acessibilidade.

Hijacker

O Hijacker é um malware que tem por finalidade **capturar o navegador** do usuário, principalmente o Internet Explorer. Esse programa **fixa uma página inicial** no navegador, que pode ser uma página de propaganda ou um site de venda de produtos, ou mesmo um site de pornografia, como os mais perigosos que fixam páginas falsas de bancos (veja mais na seção Segurança no tópico ataques).

As alterações realizadas por ele no navegador dificilmente são reversíveis. Na maioria dos casos, é necessário reinstalar o navegador várias vezes até formatar o computador. Existem, no mercado, alguns programas que tentam restaurar as configurações padrões dos navegadores, são conhecidos por Hijacker This, porém, esses programas não são ferramentas de segurança, mas apenas uma tentativa de consertar o estrago feito.

10 Internet Banking: acesso à conta bancária pela internet, para realizar algumas movimentações e consultas.

Adware

Adware (Advertising Software) é um software especializado em apresentar propagandas.

Ele é tratado como malware, quando apresenta algumas características de spywares, além de, na maioria dos casos, se instalar no computador explorando falhas do usuário, por exemplo, durante a instalação de um programa em que o indivíduo não nota que em uma das etapas estava instalando outro programa diferente do desejado.

Um exemplo clássico é o Nero gratuito, que é patrocinado pelo ASK[11]. Durante a instalação, uma das telas apresenta algumas opções: deseja instalar a barra de ferramenta do ASK; deseja tornar o motor de busca do ASK como seu buscador padrão; deseja tornar a página do ASK como sua página inicial, que, por padrão, aparecem marcadas esperando que o usuário clique indiscriminadamente na opção "avançar".

Muitos Adwares monitoram o comportamento do usuário durante a navegação na Internet e vendem essas informações para as empresas interessadas.

Backdoors

Backdoor, basicamente, é uma **porta dos fundos** para um ataque futuro ao computador do usuário.

Um Backdoor pode ser inserido no computador por meio de Trojan Horse, como também pode ser um programa adulterado recebido de fonte pouco confiável. Por exemplo, um usuário baixa em um site qualquer, diferente do oficial, o BrOffice, nada impede que o programa tenha sido ligeiramente alterado com a inserção de brechas para ataques futuros.

Rootkits

RootKit vem de Root = administrador do ambiente Linux. Kit = conjunto de ferramentas e ações.

Um Rootkit altera aplicativos do Sistema, como gerenciadores de arquivos, com o intuito de **esconder arquivos maliciosos** que estejam presentes no computador. Por meio dele também o invasor pode criar Backdoors no computador, para que possa voltar a atacar o micro sem se preocupar em ter de contaminá-lo novamente.

Questões

Com relação à instalação, à configuração e ao suporte de aplicativos, julgue o item a seguir.

01. (CESPE) O BrOffice.org possui código fechado, assim como o Microsoft Office, embora seja considerado software livre.

Certo ( ) Errado ( )

02. (FCC) De acordo com a Free Software Foundation, um programa de computador que se qualifica como software livre NÃO fornece a liberdade para:

a) revogar ou adicionar restrições retroativas às regras de uso do programa.

11 Ask: motor de buscas na internet.

b) executar o programa para qualquer propósito.
c) estudar como o programa funciona e adaptá-lo às suas necessidades.
d) redistribuir cópias do programa.
e) distribuir cópias de versões modificadas do programa.

03. (FCC) Para que um programa de computador seja considerado software livre, esse programa:
a) pode ser utilizado para fins lucrativos, mas não pode ser, ele próprio, comercializado.
b) deve ter seu código fonte colocado em domínio público.
c) não pode ser utilizado para fins lucrativos.
d) deve ter seu código fonte disponível para seus usuários.
e) não pode ter seu código fonte modificado.

04. (FGV) A respeito das características do software livre, analise as afirmativas a seguir.
I. É disponibilizado com a permissão para qualquer um usá-lo, copiá-lo e distribuí-lo, seja na sua forma original ou com modificações, seja gratuitamente ou com custo.
II. É gratuito com a permissão para qualquer um usá-lo ou copiá-lo, exclusivamente na sua forma original, não podendo ser modificado.
III. É freeware disponível com a permissão para qualquer pessoa usá-lo e modificá-lo, não podendo ser copiado ou distribuído.

Assinale a alternativa correta:
a) A afirmativa I está correta.
b) As afirmativas I e II estão corretas.
c) As afirmativas I e III estão corretas.
d) As afirmativas II e III estão corretas.
e) As afirmativas estão corretas.

05. (CESGRANRIO) O Math é um aplicativo que pode ser usado como um(a):
a) apresentador de objetos multimídia em 3D.
b) digital reader de textos e imagens gráficas.
c) editor de equações para documentos de texto.
d) manipulador de bancos de dados descomplicados.
e) ferramenta de comunicação por meio de gráficos e diagramas.

06. (FCC) O Sistema Operacional:
a) é o software responsável pelo gerenciamento, funcionamento e execução de todos os programas.
b) é um software da categoria dos aplicativos, utilizado para a criação de textos, planilhas de cálculo, desenhos etc.
c) apesar de gerenciar a leitura e a gravação de arquivos, delega a função de localização de programas nas unidades de discos a softwares utilitários de terceiros.
d) Linux é um software proprietário, já o Windows é o software livre mais utilizado nos computadores pessoais atualmente.
e) não está relacionado à evolução das CPUs, pois independem de componentes de hardware, já que são executados em um computador virtual (*virtual machine*).

07. (FCC) O sistema operacional de um computador consiste em um:
a) conjunto de procedimentos programados, armazenados na CMOS, que é ativado tão logo o computador seja ligado.
b) conjunto de procedimentos programados, armazenados na BIOS, que é ativado tão logo o computador seja ligado.
c) conjunto de dispositivos de hardware para prover gerenciamento e controle de uso dos componentes de hardware, software e firmware.
d) hardware de gerenciamento que serve de interface entre os recursos disponíveis para uso do computador e o usuário, sem que este tenha que se preocupar com aspectos técnicos do software.
e) software de gerenciamento, que serve de interface entre os recursos disponíveis para uso do computador e o usuário, sem que este tenha que se preocupar com aspectos técnicos do hardware.

08. (INST. CIDADES) Com relação aos vírus de computadores, é correto afirmar que:
a) é um programa ou parte de um programa de computador, normalmente malicioso, que se propaga infectando, isto é, inserindo cópias de si mesmo e se tornando parte de outros programas e arquivos de um computador.
b) é um tipo de software especificamente projetado para apresentar propagandas através do browser ou algum outro programa instalado em um computador.
c) é o termo utilizado para se referir a uma grande categoria de software que tem o objetivo de monitorar atividades de um sistema e enviar as informações coletadas para terceiros.
d) são programas que permitem o retorno de um invasor a um computador comprometido, utilizando serviços criados ou modificados para esse fim.
e) normalmente, consistem em um único arquivo que precisa ser explicitamente executado, não infectam outros arquivos, nem propagam cópias de si mesmo automaticamente.

09. (FCC) Existem vários tipos de vírus de computadores, dentre eles, um dos mais comuns são vírus de macros, que:
a) são programas binários executáveis que são baixados de sites infectados na internet.
b) podem infectar qualquer programa executável do computador, permitindo que eles possam apagar arquivos e outras ações nocivas.
c) são programas interpretados embutidos em documentos do MS Office que podem infectar outros documentos, apagar arquivos e outras ações nocivas.
d) são propagados apenas pela internet, normalmente em sites com software pirata.
e) podem ser evitados pelo uso exclusivo de software legal, em um computador com acesso apenas a sites da Internet com boa reputação.

10. (CESPE) A fim de se proteger do ataque de um spyware — um tipo de vírus (malware) que se multiplica de forma independente nos programas instalados em um computador infectado e recolhe informações pessoais dos usuários —, o usuário deve instalar softwares antivírus e antispywares mais eficientes que os firewalls no combate a esse tipo de ataque.

Certo ( ) Errado ( )

Gabaritos

01	ERRADO	06	A
02	A	07	E
03	D	08	A
04	A	09	C
05	C	10	ERRADO

2. LINUX

Linux é um Sistema Operacional criado por Linus Torvald, com base na plataforma UNIX. Muitas bancas de concurso apenas o citam no edital de conteúdo programático. Uma parte dos conceitos cobrados relacionados ao Linux já foram vistos na seção Sistemas Operacionais, em que são apontadas características baseadas no seu funcionamento.

2.1 Conceitos básicos

Nesta seção são abordados os demais conceitos relacionados diretamente a algumas funcionalidades e definições do Linux.

Dual boot

É possível instalar em um mesmo computador múltiplos sistemas operacionais, de forma que, ao ligar o computador, o usuário escolhe qual sistema deseja utilizar. A etapa de escolha do sistema é controlada por gerenciadores de boot; quando se instala o Linux, ele instala automaticamente um gerenciador de boot. Os gerenciadores de boot mais populares são o GRUB e o LILO.

Distribuições

Uma Distribuição é uma cópia modificada e compartilhada com a comunidade; o Linux possui várias distribuições diferentes. Isso se deve ao fato de ele ser um software livre e, assim, é permitido alterar uma distribuição e repassar a outras pessoas que, por sua vez, também podem efetuar as suas alterações.

No site da dristrowatch existem mais de 300 distribuições Linux registradas. As principais são:

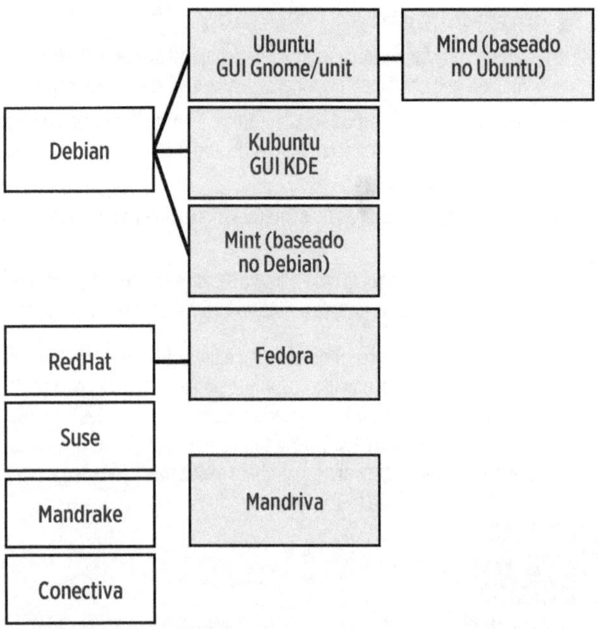

Estrutura de diretórios

A estrutura de diretórios define quais são as pastas do Sistema e quais as suas finalidades perante os programas e o próprio sistema operacional.

As questões sobre a estrutura de diretórios do Linux assumem um formato relacional, cabendo ao concursando associar as pastas às suas finalidades.

A estrutura de diretório do Linux, assim como a do Windows, possui caráter hierárquico que toma como partida a raiz do Sistema - no caso do Linux, a raiz do SO é o diretório / (barra). O termo raiz é atribuído, pois a estrutura de diretórios observada de forma inversa apresenta características de uma árvore que, a partir da raiz, possui seus galhos, as pastas e, por fim, suas folhas, os arquivos.

/dev	(devices): armazena os drivers/dev dos dispositivos.
/bin	(binaries): armazena os binários essenciais para o funcionamento do sistema. Como também comandos básicos do SO como rm, pwd, su, tar, entre outros.
/Sbin	(binaries): armazena os binários essenciais para o funcionamento do sistema que sejam vinculados ao Super Usuário (administrador).
/mnt	(Mount): conhecido como ponto de montagem padrão, é o local por meio do qual se tem acesso às unidades de armazenamento, CD-ROMs e Pendrives conectados no computador.
/etc	Armazena os arquivos de configuração do Sistema Operacional.
/boot	Arquivos necessários para o boot do sistema.
/tmp	Arquivos temporários.
/home	Armazena as pastas dos usuários.
/root	Diretório do administrador.

Gerenciadores de arquivos

Gerenciador de Arquivo é o programa que permite navegar entre as pastas do computador, como também realizar tarefas do tipo copiar, recortar, colar, renomear e mover arquivos e pastas.

O Nautilus é o gerenciador de arquivos utilizado nas distribuições Linux que trabalham com a interface gráfica Gnome, enquanto que as distribuições que utilizam o KDE têm como gerenciador de arquivos o Konqueror. O Konqueror também pode ser utilizado como navegador de Internet, já no Nautilus essa opção foi desabilitada por segurança.

Terminal linux

O Shell é o aplicativo que permite operar com o Sistema Operacional Linux através de linhas de comandos, ou seja, é o responsável por ler e interpretar um comando do usuário. Ele é similar ao Prompt de comandos no Windows (DOS).

Comandos linux

Embora o Linux possua várias interfaces gráficas que podem ser utilizadas, a boa e velha linha de comando ainda é o caminho mais prático e rápido para a execução de muitas tarefas.

Os comandos são cobrados no concurso justamente porque é a parte similar entre as diversas distribuições Linux. Mas você não precisa se desesperar, pois o que é pedido são apenas os comandos básicos e para que servem, ou seja, não é pedido a linha de comando e suas opções, mas apenas o comando. Assim, vejamos os principais comandos cobrados e suas ações:

cd	Permite navegar entre as pastas.
ls	Listar arquivos e pastas do diretório atual.
clear	Limpa a tela.
exit	Sair do terminal.
cp	Copiar um arquivo ou pasta especificado.
rm	Remover um arquivo ou pasta especificado.
init 0	Desliga o Computador (é necessário ser administrador para executar este comando).
init 6	Reinicia o Computador (é necessário ser administrador para executar este comando).
chmod	Permite alterar as permissões de arquivos e pastas.
mv	Mover arquivos e pastas. Também pode ser utilizado para renomear um arquivo ou pasta.
pwd	Mostra o diretório em que você está.
mkdir	Criar um diretório.
reboot	Reinicia o Sistema Operacional.
tar	Empacota os arquivos e pastas em um único arquivo. (não compacta).
gzip	Compacta os arquivos e/ou pastas em um mesmo arquivo.

Questões

01. (CETAP) Nos últimos anos, o sistema Linux tem sido cada vez mais adotado tanto para uso pessoal quanto para uso corporativo. Com relação ao sistema Linux, indique a alternativa CORRETA:

a) O Linux é um sistema operacional, portanto deve funcionar em conjunto com o sistema Microsoft Windows.

b) O acesso às funções do sistema Linux é feito somente através de linhas de comandos.

c) O Linux oferece funcionalidades para gerenciamento e acesso a arquivos, pastas e programas.

d) O Linux é um sistema utilitário para compactação de arquivos no formato ZIP.

e) O Linux é um software proprietário utilizado como alternativa ao Microsoft Word, Excel e Power Point.

02. (CESPE) Com relação ao sistema operacional Linux, assinale a opção correta:

a) Em uma distribuição do sistema Linux, é possível encontrar softwares destinados a diversas finalidades, como para prover serviço de acesso à Internet. No ambiente Linux, também se dispõe de uma área de trabalho (GUI) para uso do sistema operacional a partir de uma interface gráfica.

b) Pelo fato de ser um software proprietário, qualquer usuário pode fazer alterações no ambiente e colaborar para a melhoria do sistema Linux.

c) O código fonte do sistema operacional Linux não pode ser alterado; por essa razão ele não é distribuído sob a licença GPL ou GNU, que é pública e permite modificações no código.

d) KDE Control Center é a área de trabalho do Linux pela qual se faz acesso a aplicativos instalados no computador, como o BrOffice e outros.

e) O Linux não permite que sejam instalados outros sistemas operacionais na mesma máquina, pois isso afetaria o desempenho do computador, tornando-o lento.

03. (CESPE) Na árvore de diretórios do Linux, o /lib contém os programas necessários à inicialização do sistema e o /home contém os arquivos e diretórios dos usuários.

Certo ( ) Errado ( )

Com relação a conceitos básicos de Informática e sistema operacional Linux, julgue os itens a seguir.

04. (CESPE) O Linux é um sistema operacional multitarefa que pode ser instalado em servidores ou em computadores pessoais.

Certo ( ) Errado ( )

05. (CESPE) No ambiente Linux, o comando ls permite listar todos os arquivos do diretório atual.

Certo ( ) Errado ( )

06. (CESPE) Com relação à instalação, à configuração e ao suporte de aplicativos, julgue o item a seguir. Caso se deseje reduzir o tamanho de um arquivo no Linux, é suficiente utilizar o software de compactação TAR.

Certo ( ) Errado ( )

07. (CESPE) A respeito do sistema operacional Linux, assinale a opção correta:

a) Kernel é a interface gráfica do Linux, que tem visual muito similar à interface do sistema operacional Windows XP.

b) O Linux funciona em dezenas de plataformas, desde mainframes até relógios de pulso, passando por várias arquiteturas e dispositivos.

c) O KDE é o navegador nativo do Linux que permite acesso à Internet e envio de e-mail.

d) O Linux adota a GPL, uma licença que permite aos interessados usá-lo, mas sem a possibilidade de redistribuí-lo.

08. (FGV) Nas distribuições Linux, as principais bibliotecas de sistema e os arquivos de configuração e scripts de inicialização ficam armazenados nos seguintes diretórios:

a) /bib e /cfg

b) /bib e /etc

c) /lib e /scr

d) /lib e /etc

e) /lib e /cfg

09. (CETAP) Nos últimos anos, o sistema Linux tem sido cada vez mais adotado tanto para uso pessoal quanto para uso corporativo. Com relação ao sistema Linux, julgue o item subsequente.

O Linux oferece funcionalidades para gerenciamento e acesso somente a arquivos.

Certo ( ) Errado ( )

10. (FCC) Remove arquivos no Linux o comando:

a) pwd

b) mkdir

c) cd

d) rm

e) tar

Gabaritos

01	C	06	ERRADO
02	A	07	B
03	ERRADO	08	D
04	CERTO	09	ERRADO
05	CERTO	10	D

3. SISTEMA WINDOWS 10

O Windows 10 é um sistema operacional da Microsoft lançado em 29 de julho de 2015. Essa versão trouxe inúmeras novidades, principalmente, por conta da sua portabilidade para celulares e também tablets.

3.1 Requisitos Mínimos

Para instalar o Windows 10, o computador deve possuir no mínimo 1 GB de memória RAM para computadores com processador 32 bits de 1GHz, e 2GB de RAM para processadores de 32bits de 1GHz. Todavia, recomenda-se um mínimo de 4GB.

A versão 32 bits do Windows necessita, inicialmente, de 16GB de espaço livre em disco, enquanto o Windows 64 bits utiliza 20GB. A resolução mínima recomendada para o monitor é de 1024 x 768.

3.2 Novidades

O Windows 10 nasce com a promessa de ser o último Windows lançado pela Microsoft. Isso não significa que não será atualizado. A proposta da Microsoft é não lançar mais versões, a fim de tornar as atualizações mais constantes, sem a necessidade de aguardar para atualizar junto de uma versão enumerada. Com isso, ao passar dos anos, a empresa espera não usar mais a referência Windows 10, mas apenas Windows.

O novo sistema trouxe inúmeras novidades como também alguns retrocessos.

O objetivo do projeto do novo Windows foi baseado na interoperabilidade entre os diversos dispositivos como tablets, smartphones e computadores, de modo que a integração seja transparente, sem que o usuário precise, a cada momento, indicar o que deseja sincronizar.

A barra Charms, presente no Windows 8 e 8.1, foi removida, e a tela inicial foi fundida ao botão (menu) Iniciar.

Algumas outras novidades apresentadas pela Microsoft são:

- Xbox Live e o novo Xbox app que proporcionam novas experiências de jogo no Windows 10. O Xbox, no Windows 10, permite que jogadores e desenvolvedores acessem à rede de jogos do Xbox Live, tanto nos computadores Windows 10 quanto no Xbox One. Os jogadores podem capturar, editar e compartilhar seus melhores momentos no jogo com Game DVR, e disputar novos jogos com os amigos nos dispositivos, conectando a outros usuários do mundo todo. Os jogadores também podem disputar jogos no seu computador, transmitidos por stream diretamente do console Xbox One para o tablet ou computador Windows 10, dentro de casa.
- **Sequential Mode**: em dispositivos 2 em 1, o Windows 10 alterna facilmente entre teclado, mouse, toque e tablet. À medida que detecta a transição, muda convenientemente para o novo modo.
- **Novos apps universais**: o Windows 10 oferece novos aplicativos de experiência, consistentes na sequência de dispositivos, para fotos, vídeos, música, mapas, pessoas e mensagens, correspondência e calendário. Esses apps integrados têm design atualizado e uniformidade de app para app e de dispositivo para dispositivo. O conteúdo é armazenado e sincronizado por meio do OneDrive, e isso permite iniciar uma tarefa em um dispositivo e continuá-la em outro.

Área de trabalho

A barra de tarefas do Windows 10 apresenta como novidade a busca integrada.

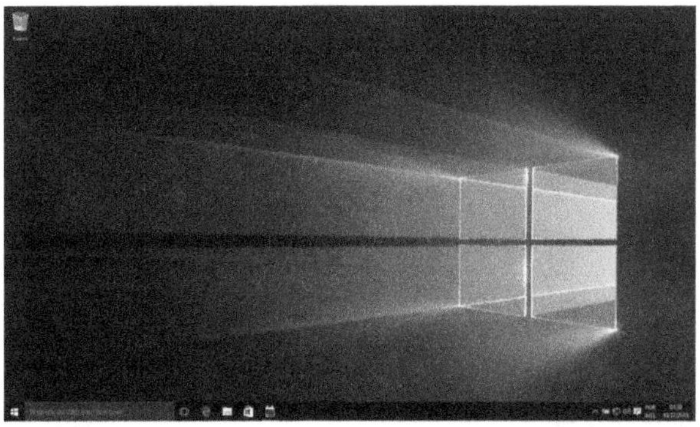

Cortana

Tal recurso opera junto ao campo de pesquisa localizado na barra de tarefas do Windows.

Está é uma ferramenta de execução de comandos por voz. Porém, ainda não conta com versão para o Português do Brasil. Outro ponto importante é a privacidade, pois tal ferramenta guarda os dados.

Continue de onde parou

Tal característica, presente no Windows 10, permite uma troca entre computador - tablet - celular, sem que o usuário tenha de salvar os arquivos e os enviar para os aparelhos; o próprio Windows se encarrega da sincronização.

Ao abrir um arquivo, por exemplo, em um computador e editá-lo, basta abri-lo em outro dispositivo, de modo que as alterações já estarão acessíveis (a velocidade e disponibilidade dependem da velocidade da conexão à Internet).

Desbloqueio imediato de usuário

Trata-se de um recurso disponível, após a atualização do Windows, que permite ao usuário que possua *webcam*, devidamente instalada, usar uma forma de reconhecimento facial para *logar* no sistema, sem a necessidade de digitar senha.

Múltiplas áreas de trabalho

Uma das novidades do Windows 10 é a possibilidade de manipular "múltiplas Áreas de Trabalho", uma característica que já estava há tempos presente no Linux e no MacOS. Ao usar o atalho Windows + Tab, é possível criar uma nova Área de Trabalho e arrastar as janelas desejadas para ela.

Botão iniciar

Com essa opção em exibição, ao arrastar o mouse ligeiramente para baixo, são listados os programas abertos pela tela inicial. Programas abertos dentro do desktop não aparecem na lista, conforme ilustrado a seguir:

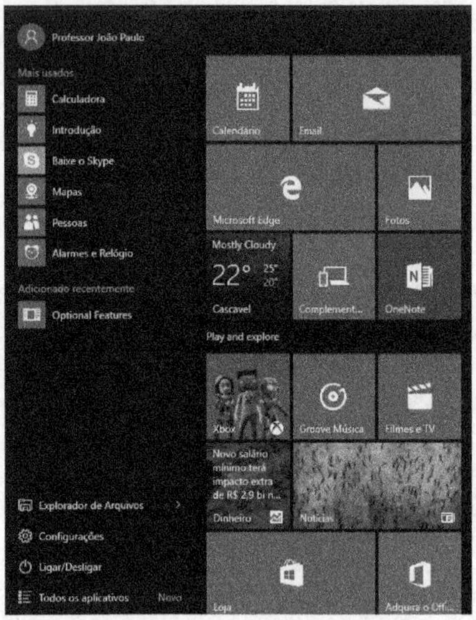

Aplicativos

Os aplicativos podem ser listados clicando-se no botão presente na parte inferior do Botão Iniciar, mais à esquerda.

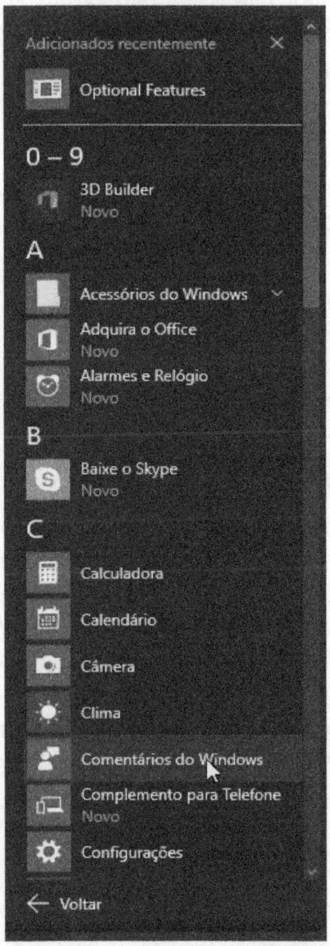

Acessórios

O Windows 10 reorganizou seus acessórios ao remover algumas aplicações para outro grupo (sistema do Windows).

Os aplicativos listados como acessórios são, efetivamente:

> Bloco de Notas;
> Conexão de Área de Trabalho Remota;
> Diário do Windows;
> Ferramenta de Captura;
> Gravador de Passos;
> Internet Explorer;
> Mapa de Caracteres;
> Notas Autoadesivas;
> Painel de Entrada de Expressões Matemática;
> Paint;
> Visualizador XPS;
> Windows Fax and Scan;
> Windows Media Player;
> Wordpad.

Bloco de notas

O Bloco de Notas é um editor de texto simples, e apenas texto, ou seja, não aceita imagens ou formatações muito avançadas. A imagem a seguir ilustra a janela do programa.

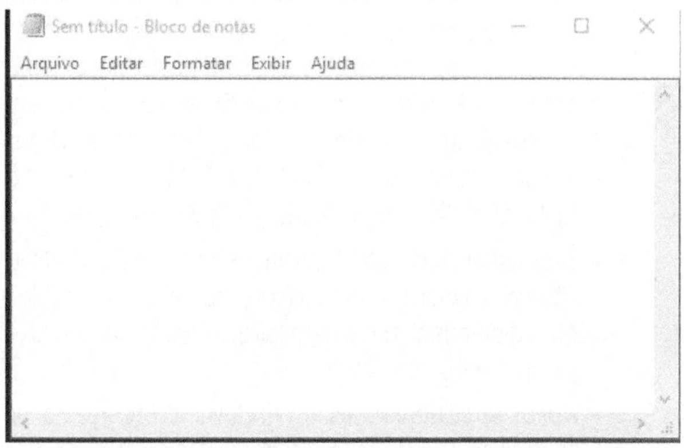

Contudo, são possíveis algumas formatações de fonte:

> Tipo/nome da fonte;
> Estilo de fonte (Negrito Itálico);

> Tamanho da fonte.

Atenção, pois a cor da fonte não é uma opção de formatação presente. A janela a seguir ilustra as opções.

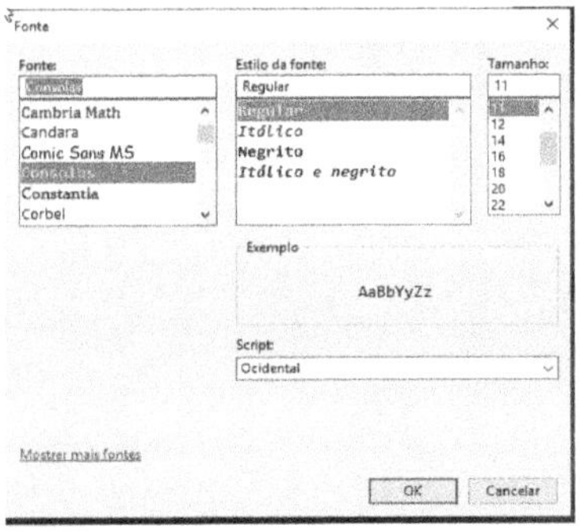

Conexão de área de trabalho remota

A conexão remota do Windows não fica ativa por padrão, por questões de segurança.

Para habilitar a conexão, é necessário abrir a janela de configuração das Propriedades do Sistema, ilustrada a seguir. Tal opção é acessível pela janela Sistema do Windows.

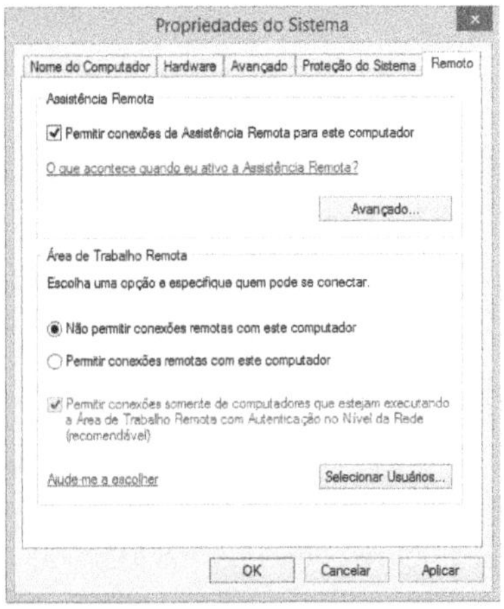

A conexão pode ser limitada à rede por restrição de autenticação em nível de rede, ou pela Internet usando contas de e-mail da Microsoft.

A figura a seguir ilustra a janela da Conexão de Área de Trabalho Remota.

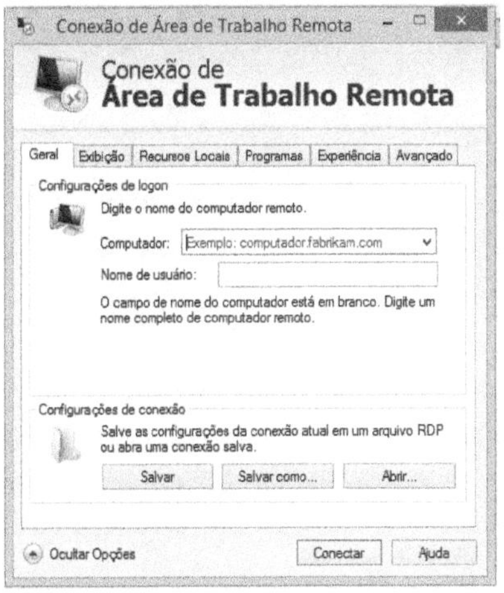

Diário do windows

A ferramenta Diário do Windows é uma novidade no Windows 8. Ela permite que o usuário realize anotações como em um caderno.

Os recursos de formatação são limitados, de modo que o usuário pode escrever manuscritamente ou por meio de caixas de texto.

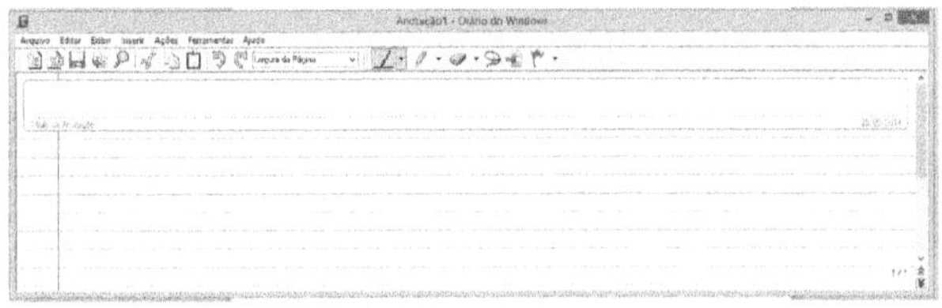

Ferramenta de captura

A ferramenta de captura, presente desde o Windows 7, permite a captura de partes da tela do computador. Para tanto, basta selecionar a parte desejada usando o aplicativo.

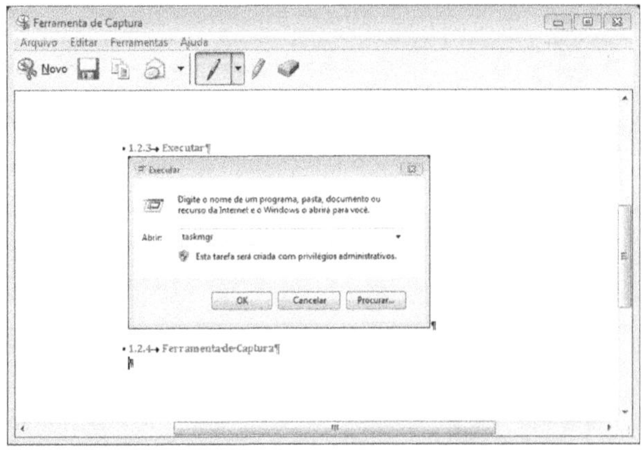

Gravador de passos

O Gravador de Passos é um recurso novo do Windows 8, muito útil para atendentes de suporte que precisam apresentar o passo a passo das ações que um usuário precisa executar para obter o resultado esperado.

A figura a seguir ilustra a ferramenta com um passo gravado para exemplificação.

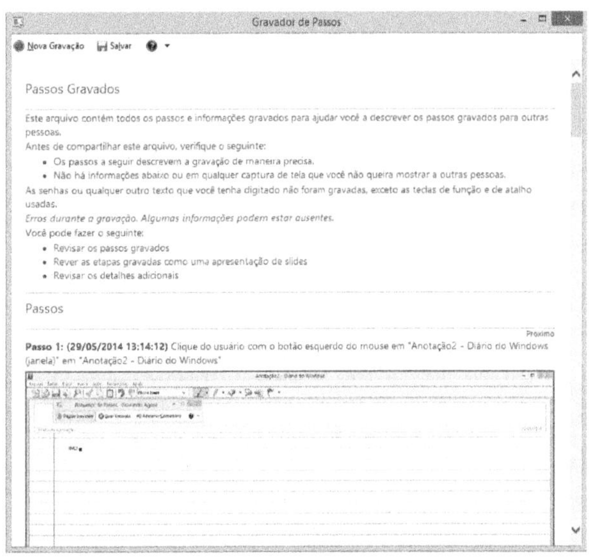

Mapa de caracteres

Frequentemente, faz-se necessário utilizar alguns símbolos diferenciados. Esses símbolos são chamados de caracteres especiais. O Mapa de Caracteres permite listar os caracteres não presentes no teclado para cada fonte instalada no computador e copiá-los para a área de transferência do Windows.

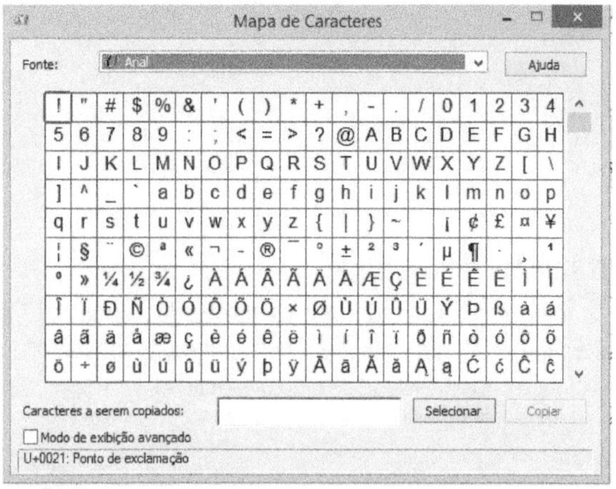

Notas autoadesivas

Por padrão, as notas autoadesivas são visíveis na Área de Trabalho, elas se parecem com Post its.

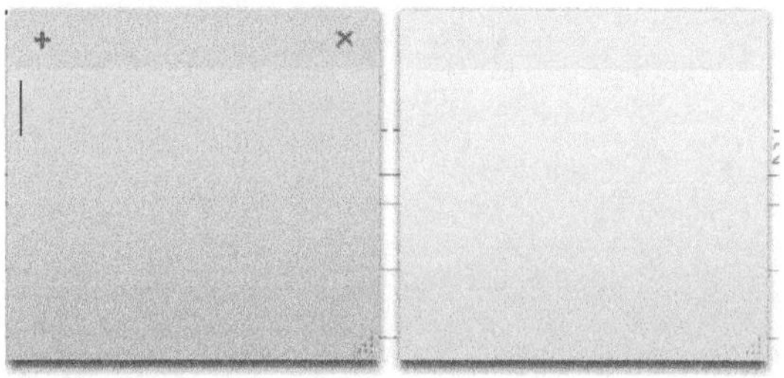

Painel de entrada de expressões matemáticas

Esta ferramenta possibilita o usuário de desenhar, utilizando o mouse ou outro dispositivo de inserção como *tablet canetas*, fórmulas matemáticas como integrais e somatórios, e ainda colar o resultado produzido em documentos.

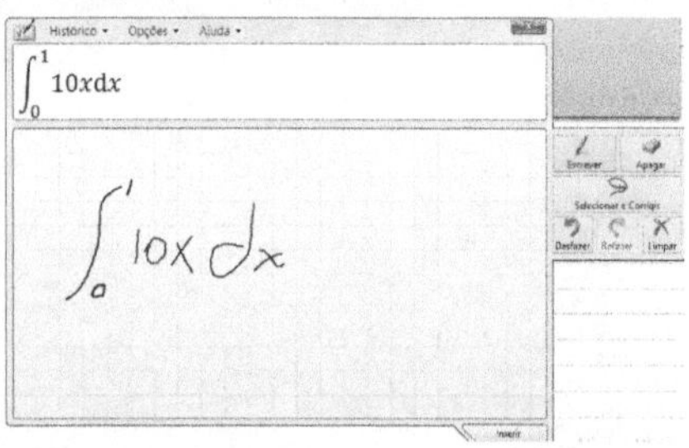

Paint

O tradicional editor de desenho do Windows, que salva seus arquivos no formato PNG, JPEG, JPG, GIF, TIFF e BMP (Bitmap), não sofreu mudanças em comparação com a versão presente no Windows 7.

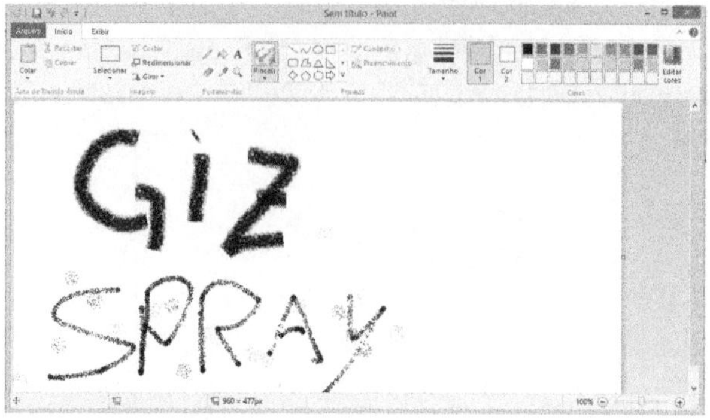

Wordpad

É um editor de texto que faz parte do Windows, ao contrário do MS Word, com mais recursos que o Bloco de Notas.

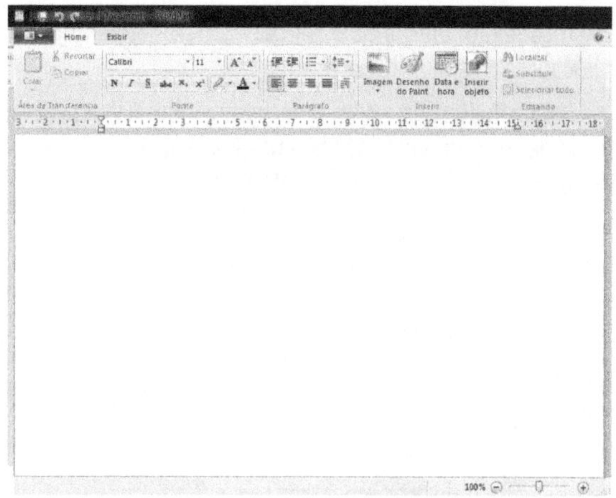

Facilidade de acesso

Anteriormente conhecida como ferramentas de acessibilidade, são recursos que têm por finalidade auxiliar pessoas com dificuldades para utilizar os métodos tradicionais de interação com o computador.

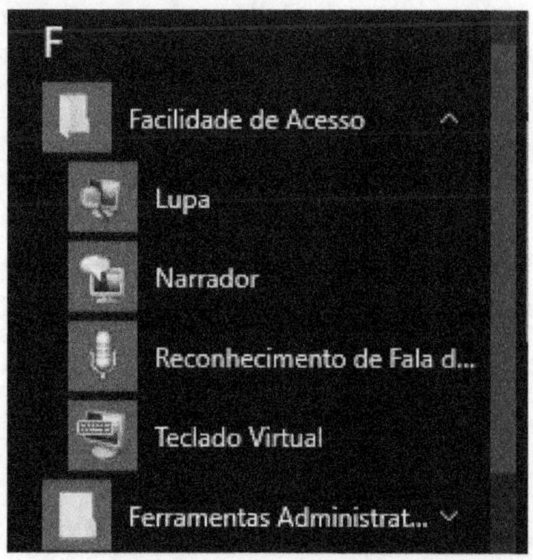

Lupa

Ao utilizar a lupa, pode-se ampliar a tela ao redor do ponteiro do mouse, como também é possível usar metade da tela do computador exibindo a imagem ampliada da área próxima ao ponteiro.

Narrador

O narrador é uma forma de leitor de tela que lê o texto das áreas selecionadas com o mouse.

Teclado virtual

É preciso ter muito cuidado para não confundir o teclado virtual do Windows com o teclado virtual usado nas páginas de Internet Banking.

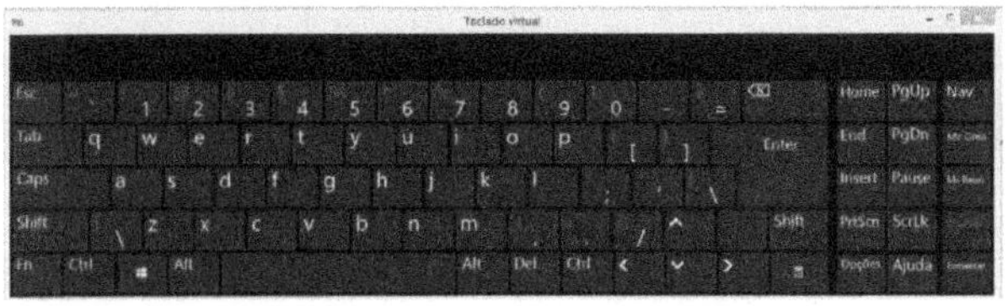

Outras ferramentas

O Windows 10 separou algumas ferramentas a mais que o Windows 8, tais como a calculadora e o calendário.

Calculadora

A calculadora do Windows 10 deixa de ser associada aos acessórios. Outra grande mudança é o fato de que sua janela pode ser redimensionada, bem como perde um modo de exibição, sendo eles:

- Padrão;
- Científica;
- Programador.

A calculadora do Windows 10 apresenta inúmeras opções de conversões de medidas, conforme ilustrado respectivamente ilustradas a seguir.

Painel de controle

O Painel de Controle do Windows é o local onde se encontram as configurações do sistema operacional Windows.

Ele pode ser visualizado em dois modos: ícones ou categorias. As imagens a seguir representam, respectivamente, o modo ícones e o modo categorias.

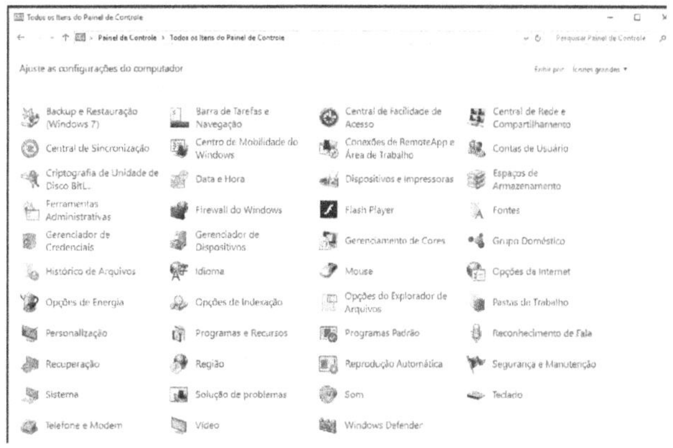

No modo Categorias, as ferramentas são agrupadas de acordo com sua similaridade, como na categoria Sistema e Segurança, que envolve o Histórico de Arquivos e a opção Corrigir Problemas.

A opção para remover um programa possui uma categoria exclusiva chamada de Programas.

Na categoria Relógio, Idioma e Região, temos acesso às opções de configuração do idioma padrão do sistema. Por consequência, é possível também o acesso às unidades métricas e monetárias, como também alterar o layout do teclado ou botões do mouse.

Algumas das configurações também podem ser realizadas pela janela de configurações acessível pelo botão Iniciar.

Segurança e manutenção

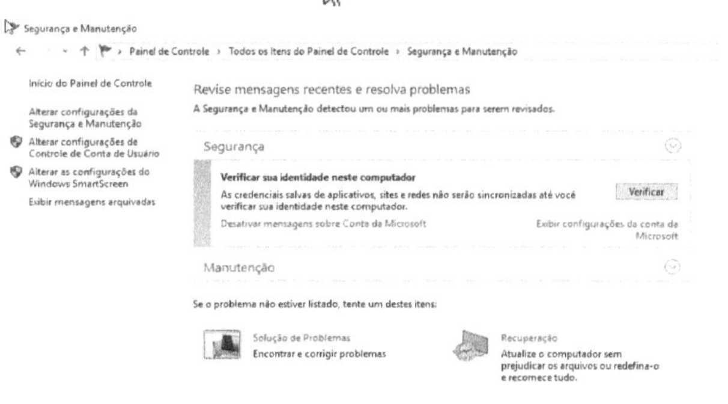

Dispositivos e impressoras

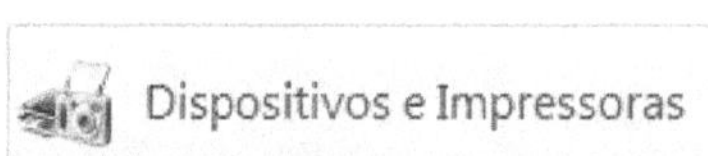

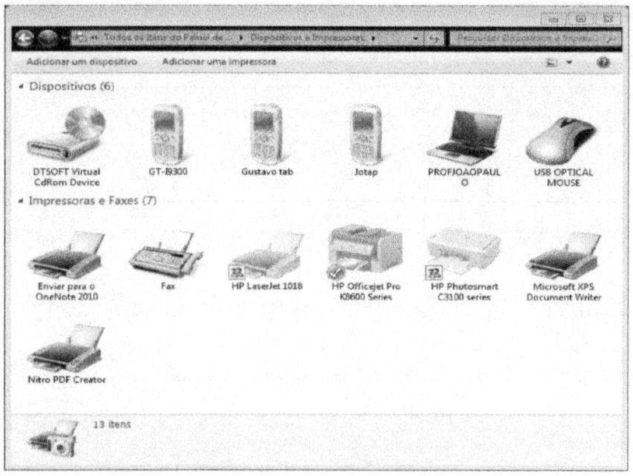

Firewall do windows

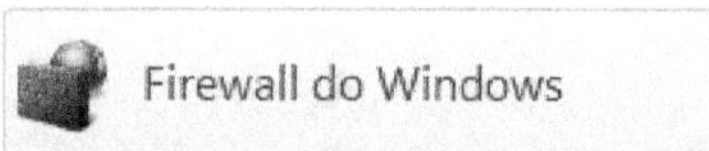

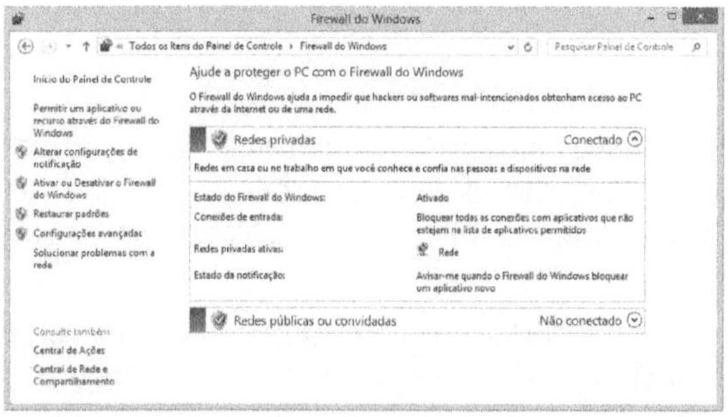

Data e hora

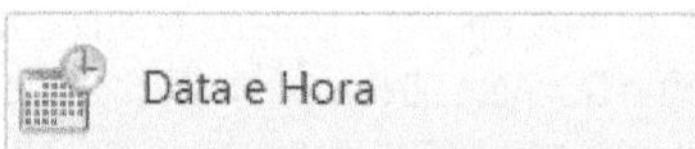

Contas de usuário

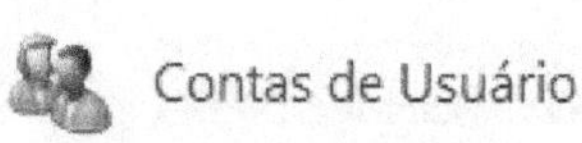

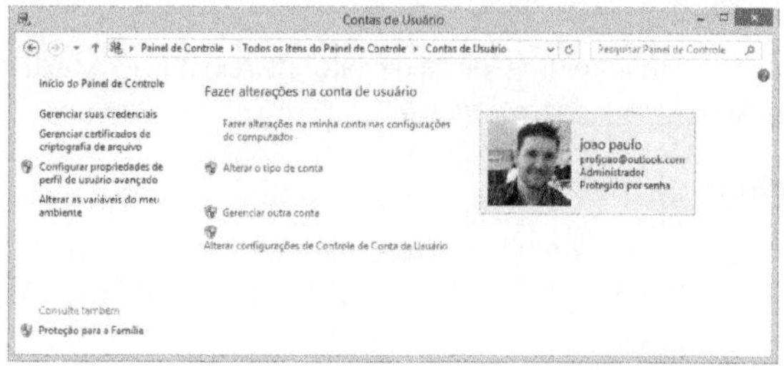

Opções de energia

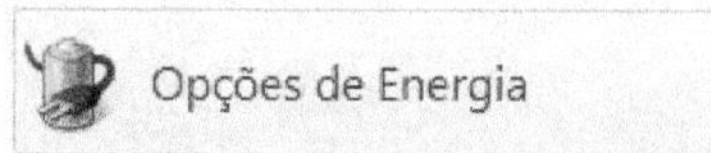

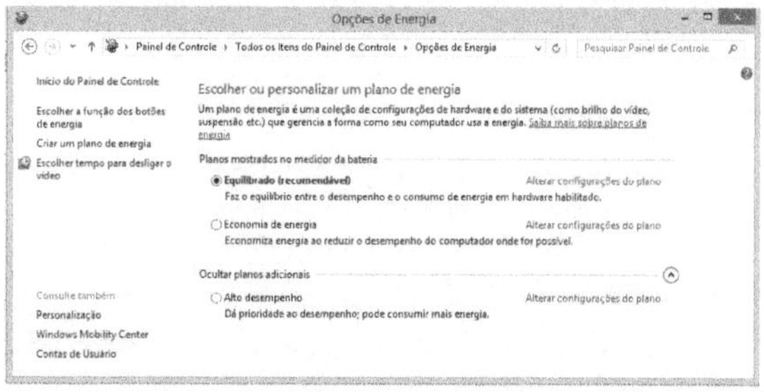

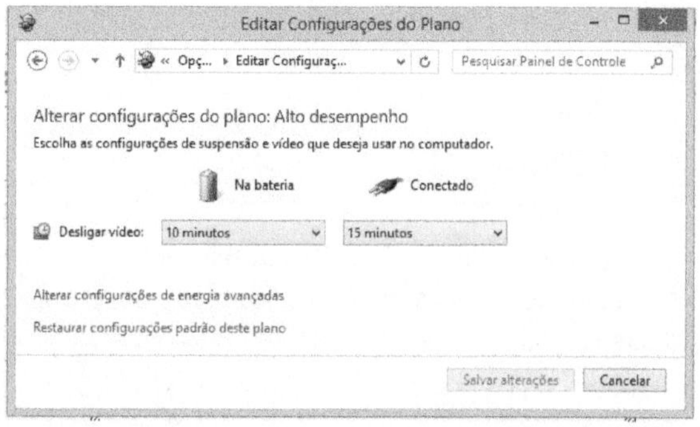

Opções do explorador de arquivos

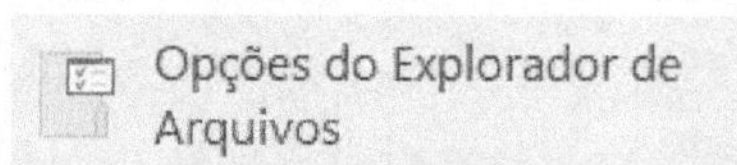

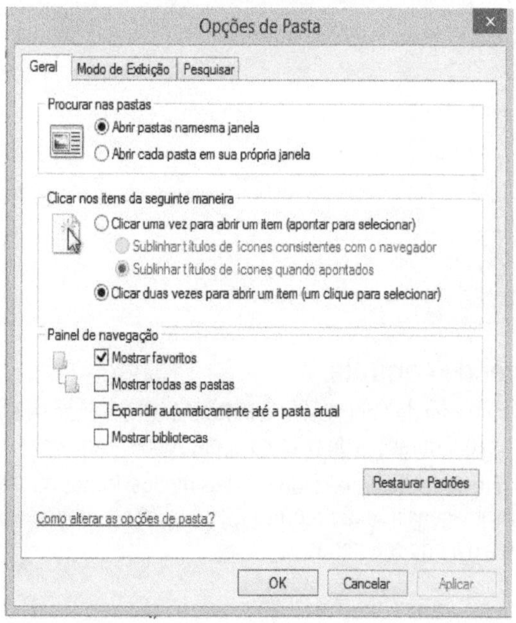

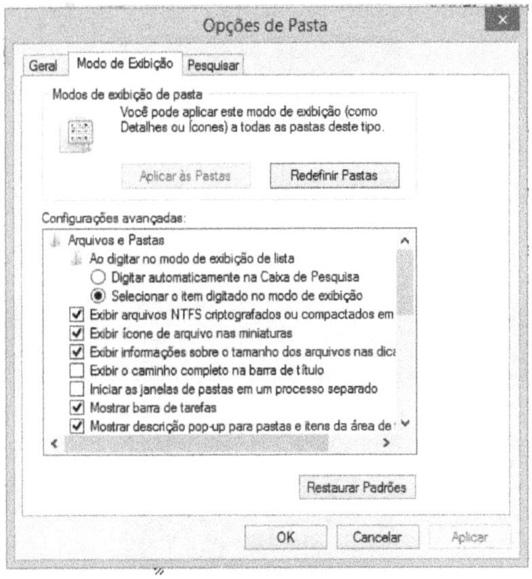

Programas e recursos

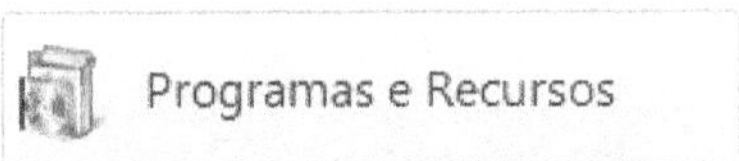

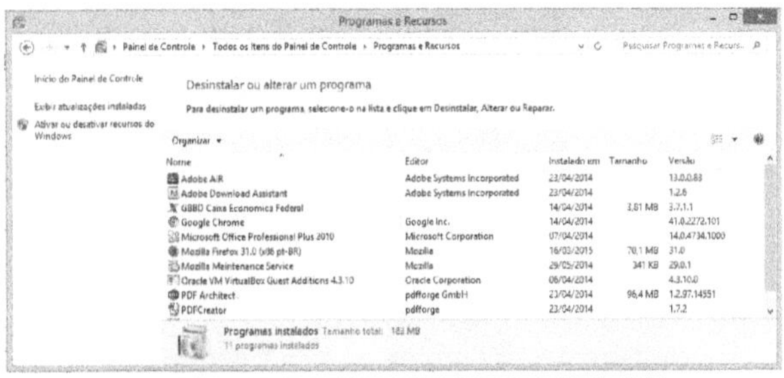

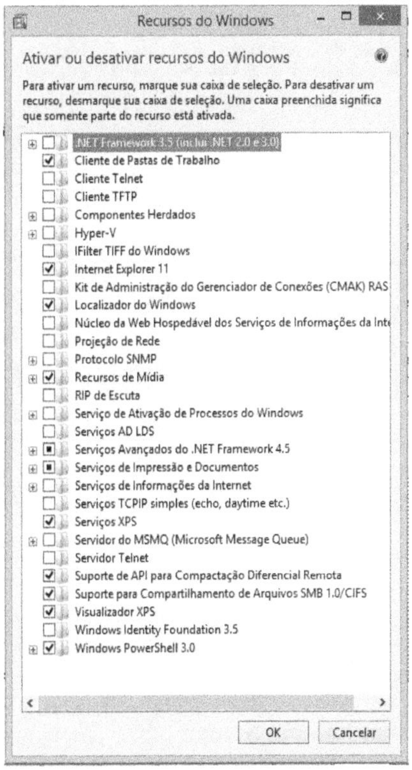

Programas padrão

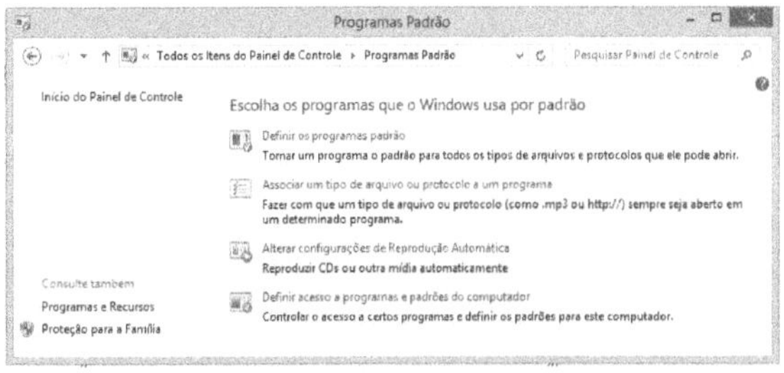

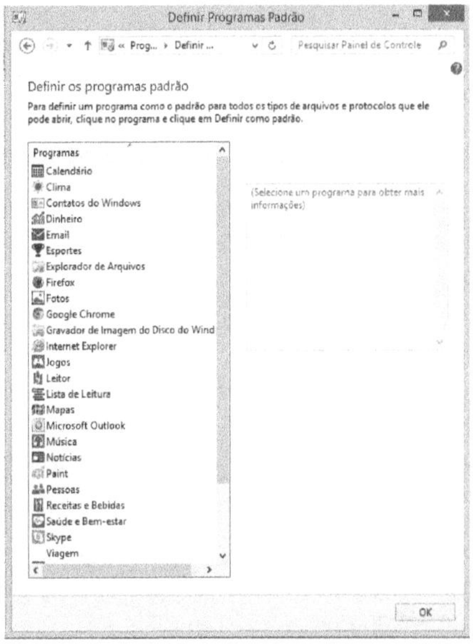

Sistema

Windows defender

No Windows 10, o Windows Defender passou a ser também antivírus além de ser antispyware.

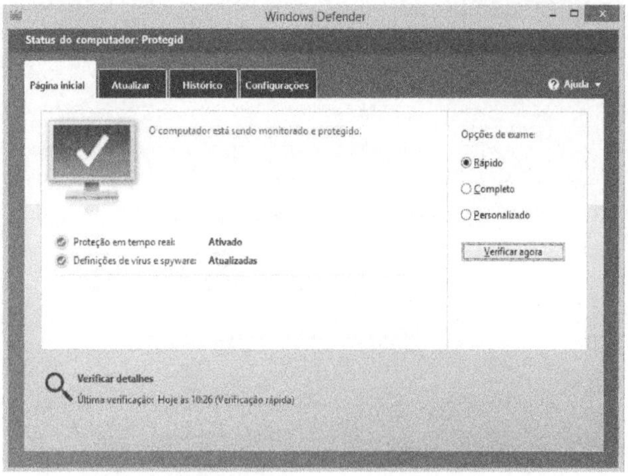

Estrutura de diretórios

Uma estrutura de diretórios é como o Sistema Operacional organiza os arquivos, separando-os de acordo com sua finalidade.

O termo diretório é um sinônimo para pasta, que se diferencia apenas por ser utilizado, em geral, quando se cita alguma pasta Raiz de um dispositivo de armazenamento ou partição.

Quando citamos o termo Raiz, estamos fazendo uma alusão a uma estrutura que se parece com uma árvore que parte de uma raiz e cria vários ganhos, que são as pastas, e as folhas dessa árvore são os arquivos.

Dessa maneira, observamos que o **diretório Raiz do Windows** é o diretório **C:** ou **C:** enquanto que o **diretório Raiz do Linux** é o **/**.

Podemos ser questionados com relação à equivalência dos diretórios do Windows em relação ao Linux.

Principais diretórios windows

Diretório	Descrição
C:\windows	**Armazena os arquivos do Sistema Operacional Windows.**
C:\Arquivos de Programas	**Armazena os arquivos dos programas instalados no computador.**
C:\Usuários	**Armazena as configurações, arquivos e pastas de cada usuário do sistema.**

Ferramentas administrativas

Limpeza de disco

Apaga os arquivos temporários, por exemplo, arquivos da Lixeira, da pasta Temporários da Internet e, no caso do Windows, a partir da versão Vista, as miniaturas.

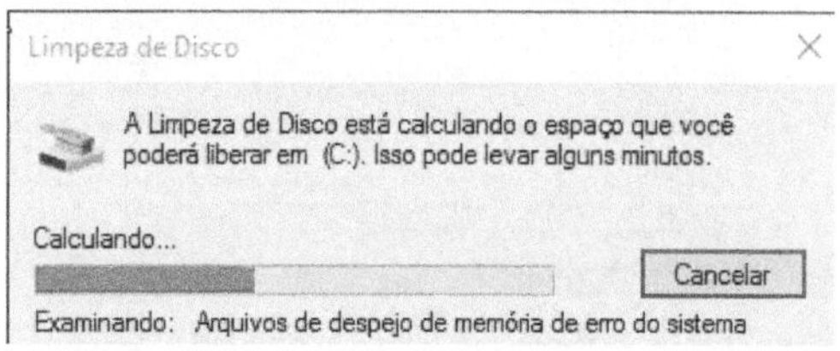

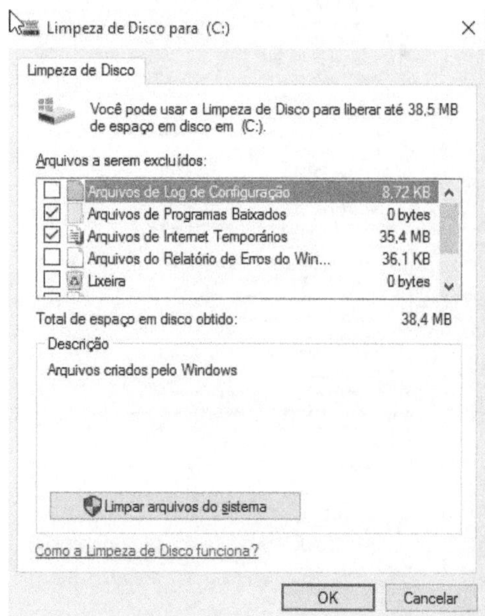

Lixeira

A capacidade da Lixeira do Windows é calculada. Assim, para HDs de até 40 GB, a capacidade é de 10%. Todavia, para discos rígidos maiores que 40 GB, o cálculo não é tão direto. Vamos a um exemplo: caso um HD possua o tamanho de 200 GB, então é necessário descontar 40 GB, pois até 40 GB a lixeira possui capacidade de 10%; assim, sobram 160 GB. A partir desse valor, deve-se calcular mais 5%, ou seja, 8 GB. Com isso, a capacidade total da lixeira do HD de 200 GB fica com 4 GB + 8 GB = 12 GB.

É importante, ainda, destacar que a capacidade da lixeira é calculada para cada unidade de armazenamento. Desse modo, se um HD físico de 500 GB estiver particionado, é necessário calcular separadamente a capacidade da lixeira para cada unidade.

A Lixeira é um local, e não uma pasta. Ela lista os arquivos que foram excluídos, porém nem todos arquivos excluídos vão para a Lixeira. Vejamos a lista de situações em que um arquivo não será movido para a lixeira:

> arquivos maiores do que a capacidade da Lixeira;
> arquivos que estão compartilhados na rede;
> arquivos de unidades removíveis;
> arquivos que foram removidos de forma permanente pelo usuário.

Desfragmentar e otimizar unidades

É responsabilidade do Desfragmentador organizar os dados dentro do HD de forma contínua/contígua para que o acesso às informações em disco seja realizado mais rapidamente.

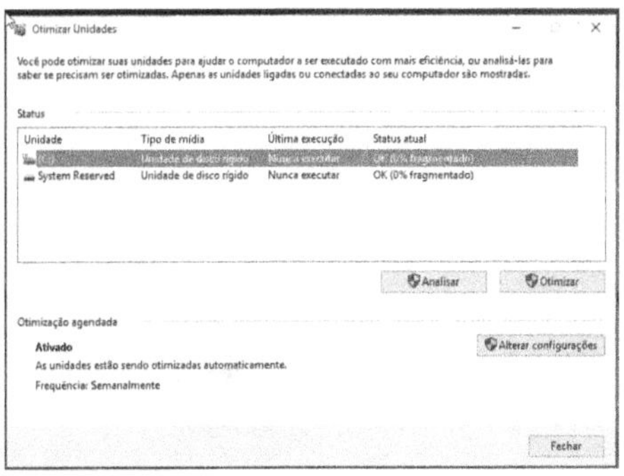

Configuração do sistema

A Configuração do Sistema é também acessível ao ser digitado o comando msconfig na janela Executar. Permite configurar quais serviços serão carregados com o Sistema. No entanto, para configurar quais programas serão carregados junto com o sistema operacional, deve-se proceder ao acesso pelo Gerenciador de Tarefas.

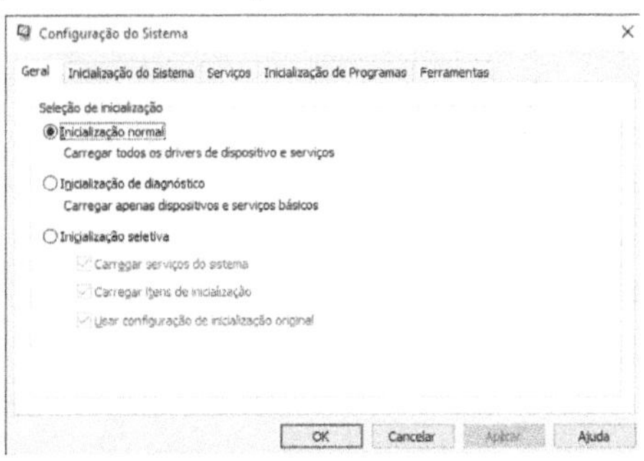

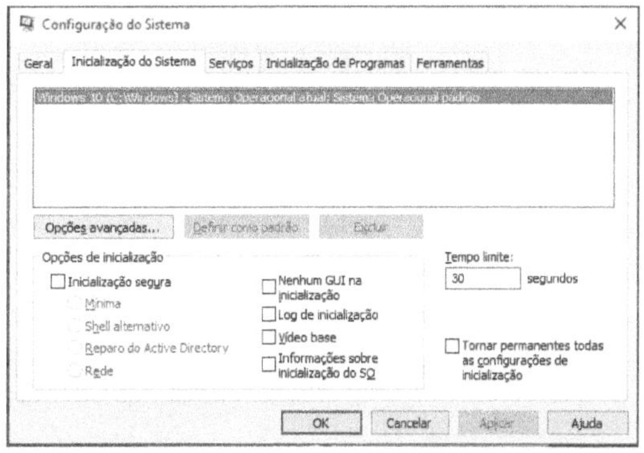

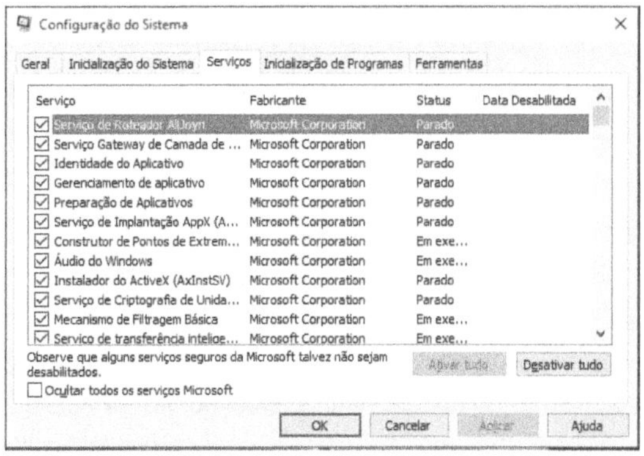

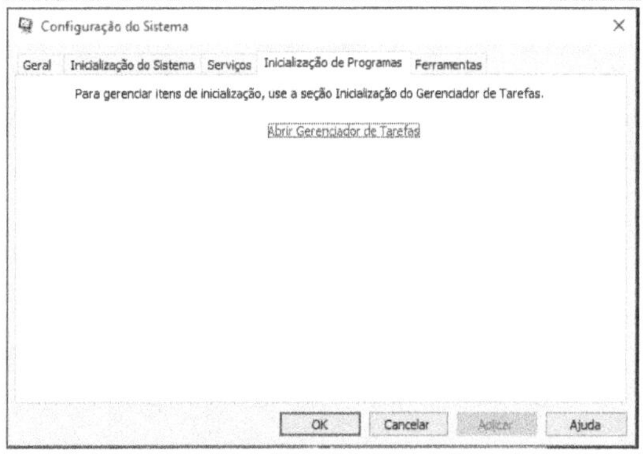

Monitor de recursos

Permite monitorar os recursos do computador e qual o uso que está sendo realizado.

Scandisk

O ScankDisk é o responsável por verificar o HD em busca de falhas de disco. Às vezes, ele consegue corrigi-las.

Configurações

Uma novidade do Windows 10 é a opção Configurações, presente no Botão Iniciar, que apresenta uma estrutura similar ao Painel de Controle, inclusive realizando a separação por categorias de ferramentas, conforme ilustra a figura a seguir.

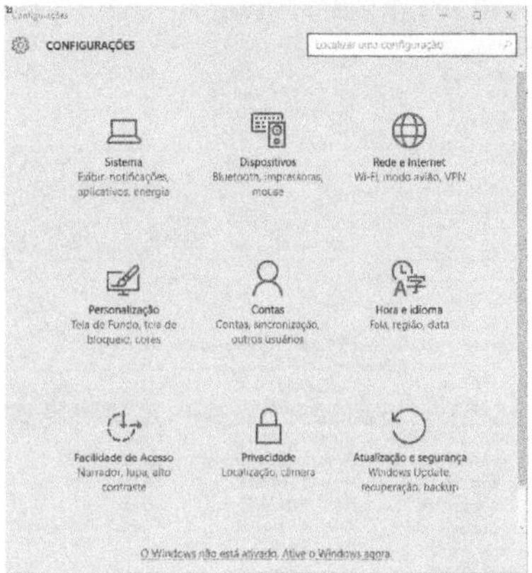

Opção sistema

Nesta opção, são apresentadas as ferramentas de configuração de resolução de tela, definição de monitor principal (caso possua mais de um), modos de gestão de energia (mais utilizados em notebooks).

Também é possível encontrar a opção Mapas Offline, que permite o download de mapas para a pesquisa e o uso por GPS, principalmente usado em dispositivos móveis ou dotados de GPS.

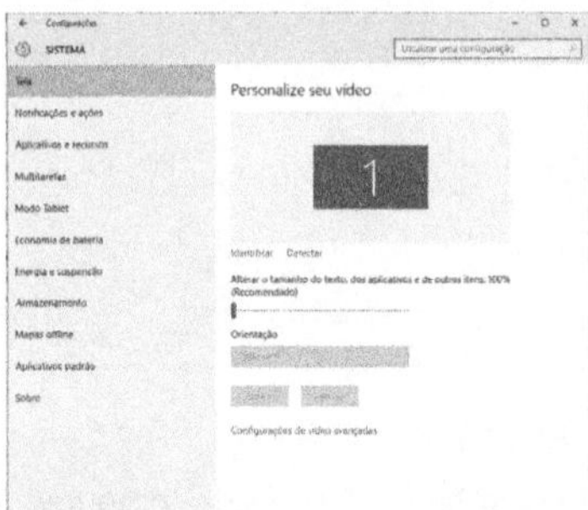

Opção dispositivos

A opção Dispositivos lista os dispositivos que foram instalados em algum momento no sistema, como as impressoras.

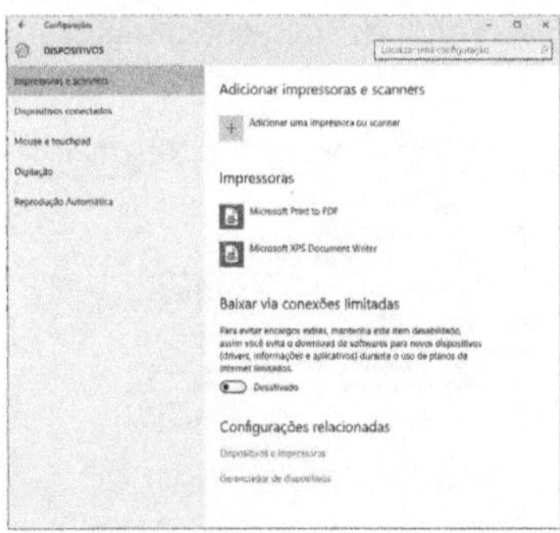

Opção rede e internet

Para configurar rapidamente o proxy de uma rede, ou ativar/desativar a wi-fi, a opção Rede e Internet oferece tais opções com facilidade, inclusive a opção para configurar uma VPN.

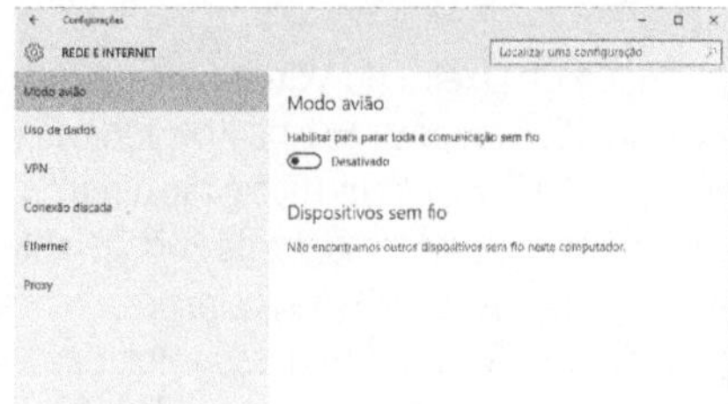

Opção personalização

Para personalizar os temas de cores da Área de Trabalho do Windows e os papéis de parede, a opção de personalização pode ser acessada pelas Configurações. Também é possível clicar com o botão direito do mouse sobre uma área vazia da Área de Trabalho e selecionar a opção Personalizar.

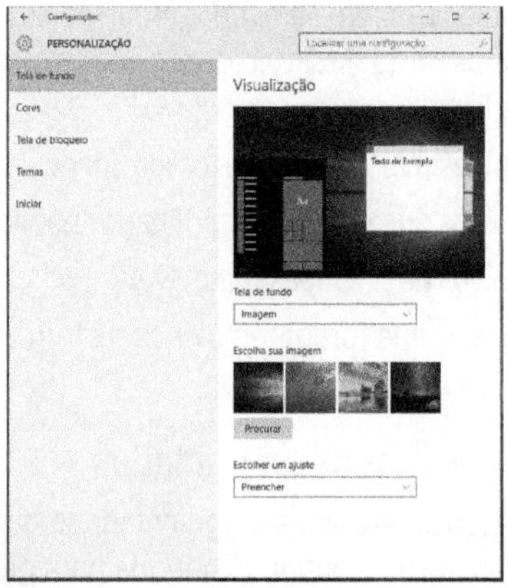

Opção contas

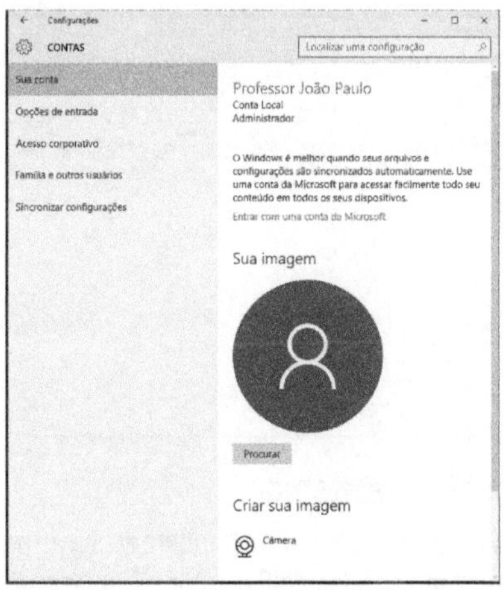

Opção hora e idioma

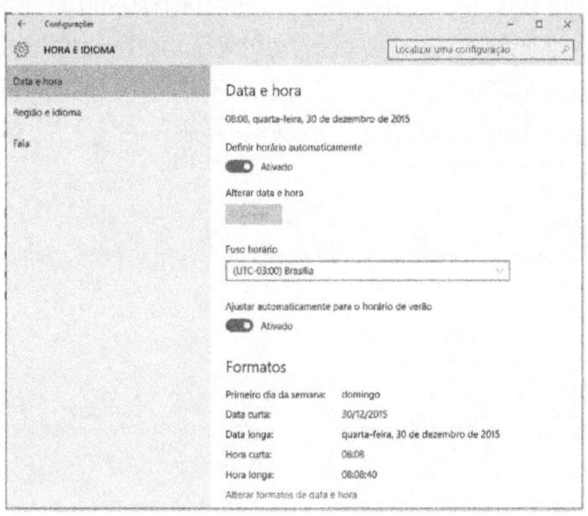

Opção facilidade de acesso

Além de contar com as ferramentas para acessibilidade, é possível configurar algumas características com Alto Contraste para melhorar o acesso ao uso do computador.

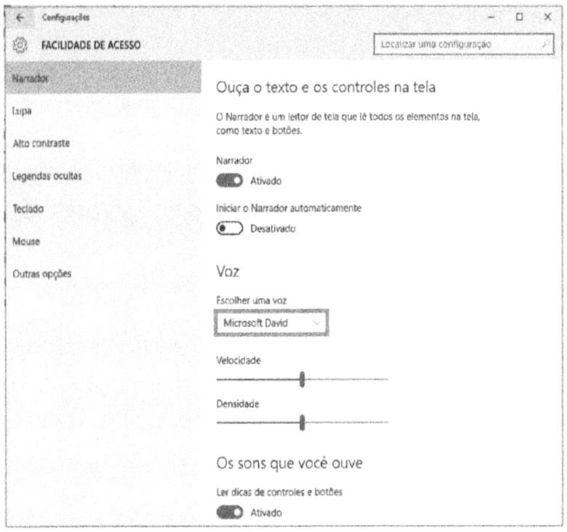

Opção privacidade

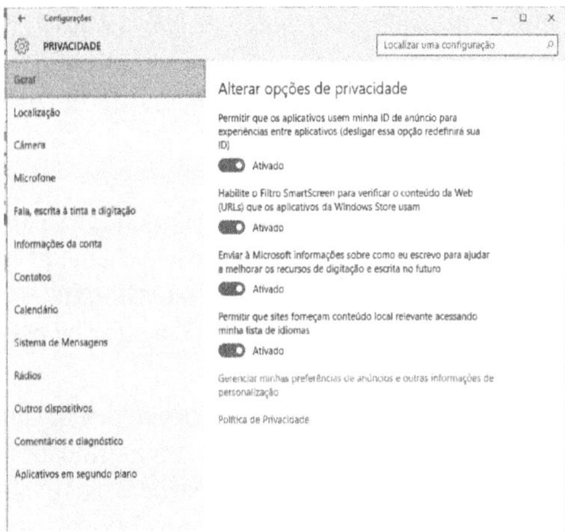

Opção atualização e segurança

A opção Atualização e Segurança talvez seja uma das principais opções da janela de configurações, pois, como necessidade mínima para a segurança, o Sistema Operacional deve estar sempre atualizado, assim como precisa possuir um programa antivírus que também esteja atualizado.

Vale lembrar que a realização periódica de backups também é considerada como um procedimento de segurança.

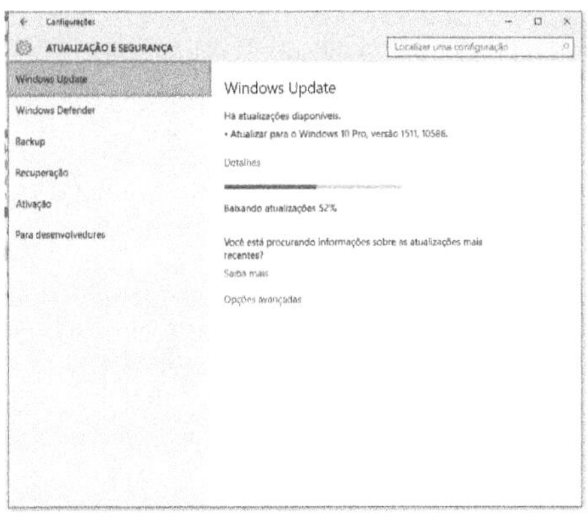

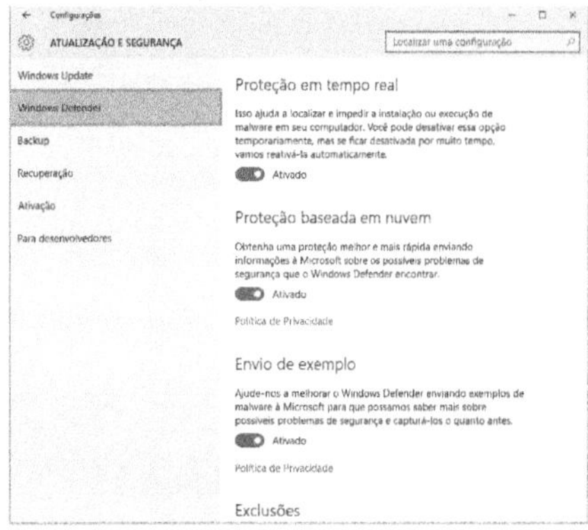

O Windows 10 realiza o backup dos arquivos usando a ferramenta Histórico de Arquivos (conforme ilustra a figura a seguir), embora ainda permita realizar backups como no Windows 7.

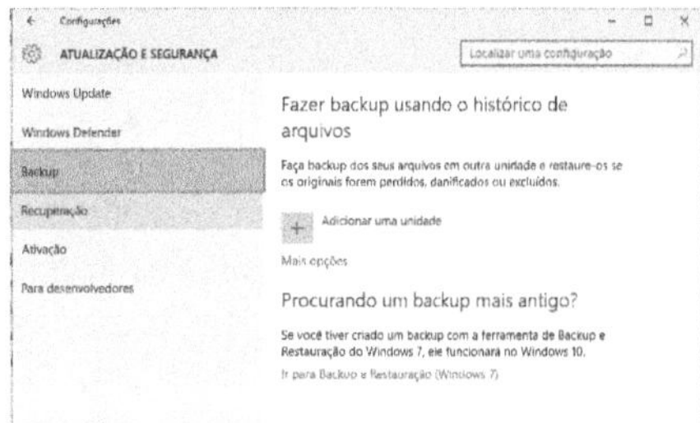

A opção Para desenvolvedores é uma novidade do Windows que assusta alguns usuários desavisados, pois, ao tentarem instalar algum aplicativo que não seja originário da Loja da Microsoft, não logram êxito. Esse impedimento ocorre por segurança. De qualquer forma, para poder instalar aplicativos "externos", basta selecionar a opção Sideload ou Modo Desenvolvedor.

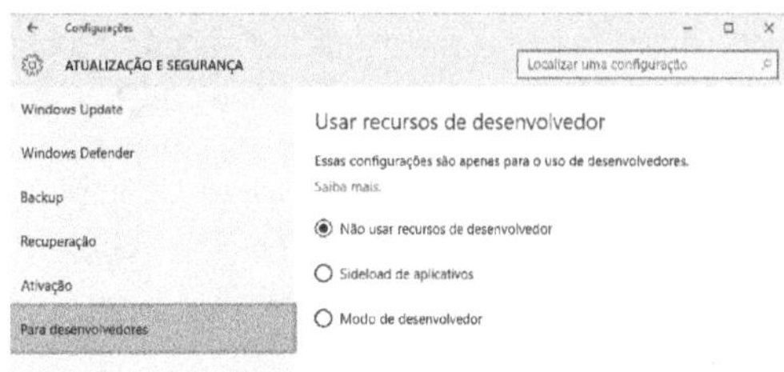

Backup no windows 10

Um backup consiste em uma cópia de segurança dos Arquivos, que deve ser feita periodicamente, preferencialmente em uma unidade de armazenamento separada do computador.

Apesar do nome cópia de segurança, um backup não impede que os dados sejam acessados por outros usuários. Ele é apenas uma salvaguarda dos dados para amenizar os danos de uma perda.

No Windows 8 e Windows 10, o backup é gerenciado pelo Histórico de Arquivos, ilustrado a seguir.

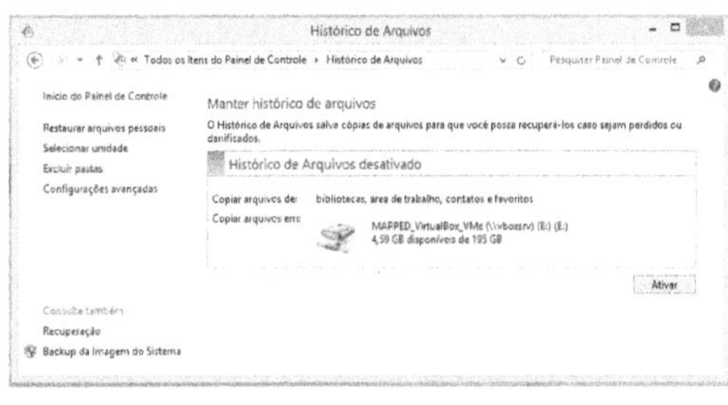

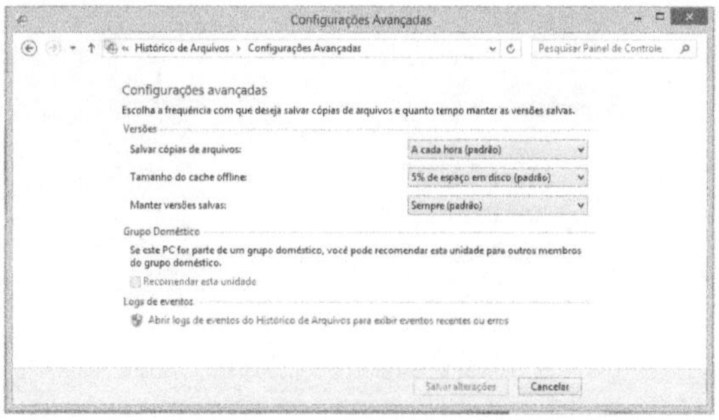

Backup e restauração (windows 7)

Esta ferramenta existe para manter a compatibilidade com a versão anterior de backup do Windows.

Na sequência, são citados os tipos de backup e ferramentas de backup.

Backup da imagem do sistema

O Backup do Windows oferece a capacidade de criar uma imagem do sistema, que é uma imagem exata de uma unidade. Uma imagem do sistema inclui o Windows e as configurações do sistema, os programas e os arquivos. É possível usar uma imagem do sistema para restaurar o conteúdo do computador, se em algum momento o disco rígido ou o computador pararem de funcionar. Quando se restaura o computador a partir de uma imagem do sistema, trata-se de uma restauração completa; não é possível escolher itens individuais para a restauração, e todos os atuais programas, as configurações do sistema e os arquivos serão substituídos. Embora esse tipo de backup inclua arquivos pessoais, é recomendável fazer backup dos arquivos regularmente, usando o Backup do Windows, a fim de que seja possível restaurar arquivos e pastas individuais conforme a necessidade. Quando for configurado um backup de arquivos agendado, o usuário poderá escolher se deseja incluir uma imagem do sistema. Essa imagem do sistema inclui apenas as unidades necessárias à execução do Windows. É possível criar manualmente uma imagem do sistema, caso o usuário queira incluir unidades de dados adicionais.

Disco de restauração

O disco de restauração armazena os dados mais importantes do sistema operacional Windows, em geral, o que é essencial para seu funcionamento. Esse disco pode ser utilizado quando o sistema vier a apresentar problemas, por vezes decorrentes de atualizações.

Tipos de backup

Completo/Normal

Também chamado de Backup Total, é aquele em que todos os dados são salvos em uma única cópia de segurança. Ele é indicado para ser feito com menor frequência, pois é o mais demorado para ser processado, como também para ser recuperado. Contudo, localizar um arquivo fica mais fácil, pois se tem apenas uma cópia dos dados.

Diferencial

Este procedimento de backup grava os dados alterados desde o último backup completo. Assim, no próximo backup diferencial, somente serão salvos os dados modificados desde o último backup completo. No entanto, esse backup é mais lento de ser processado do que o backup incremental, porém é mais rápido de ser restaurado do que o incremental, pois é necessário apenas restaurar o último backup completo e o último backup diferencial.

Incremental

Neste tipo de backup, são salvos apenas os dados que foram alterados após a última cópia de segurança realizada. Este procedimento é mais rápido de ser processado, porém leva mais tempo para ser restaurado, pois envolve restaurar todos os backups anteriores. Os arquivos gerados são menores do que os gerados pelo backup diferencial.

Backup Diário

Um backup diário copia todos os arquivos selecionados que foram modificados no dia de execução do backup diário. Os arquivos não são marcados como arquivos que passaram por backup (o atributo de arquivo não é desmarcado).

Backup de Cópia

Um backup de cópia copia todos os arquivos selecionados, mas não os marca como arquivos que passaram por backup (ou seja, o atributo de arquivo não é desmarcado). A cópia é útil caso o usuário queira fazer backup de arquivos entre os backups normal e incremental, pois ela não afeta essas outras operações de backup.

Explorador de arquivos

Conhecido até o Windows 7 como Windows Explorer, o gerenciador de arquivos do Windows usa a chamada Interface Ribbon (por faixas) no Windows 8 e 10. Com isso, torna mais acessíveis algumas ferramentas como a opção para exibir as pastas e os arquivos ocultos.

A figura a seguir ilustra a janela Este Computador que apresenta os dispositivos e unidades de armazenamento locais como HDs e Drives de mídias ópticas, bem como as mídias removíveis.

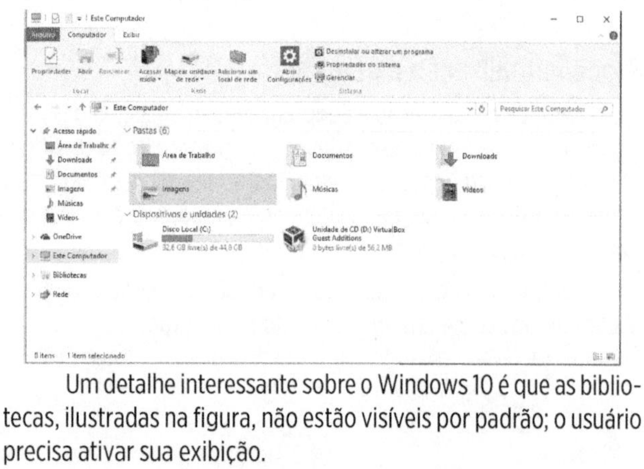

Um detalhe interessante sobre o Windows 10 é que as bibliotecas, ilustradas na figura, não estão visíveis por padrão; o usuário precisa ativar sua exibição.

Na figura a seguir, é ilustrada a guia Exibir da janela Este Computador.

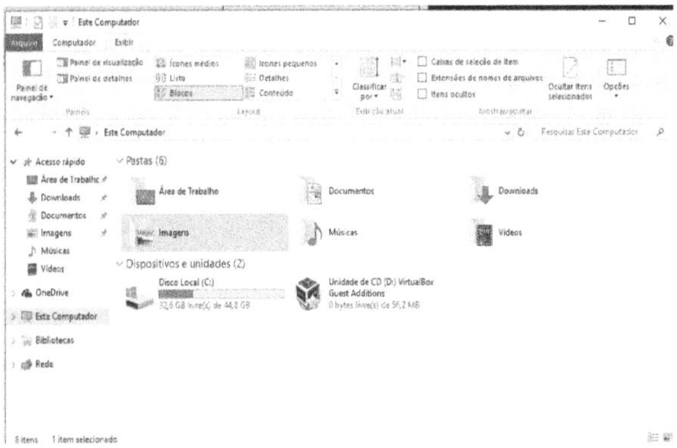

Ao selecionar arquivos ou pastas de determinados tipos, como imagens, algumas guias são exibidas como ilustra a série de figuras a seguir.

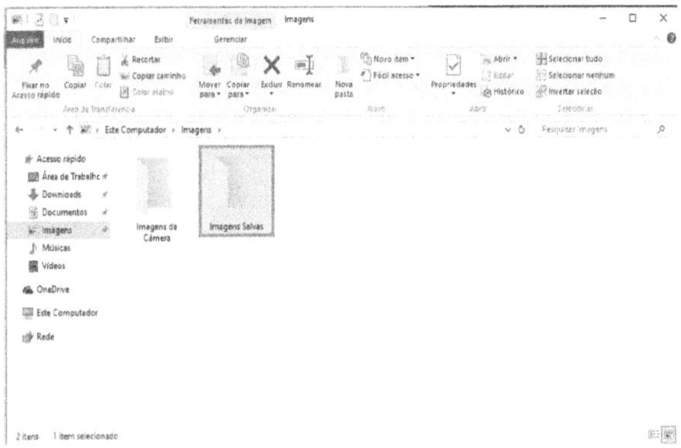

É possível notar que há opções específicas para facilitar o compartilhamento dos arquivos e pastas.

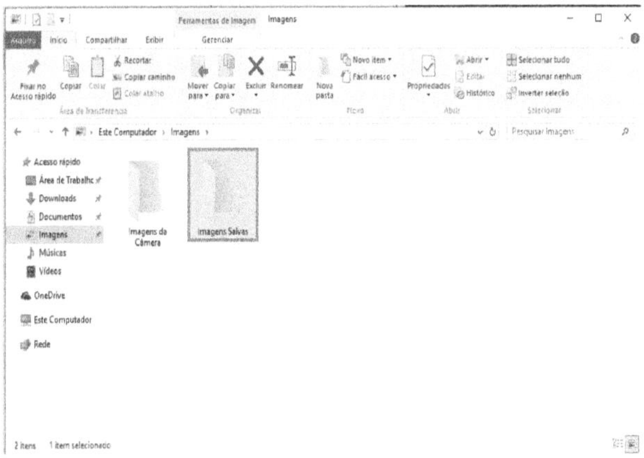

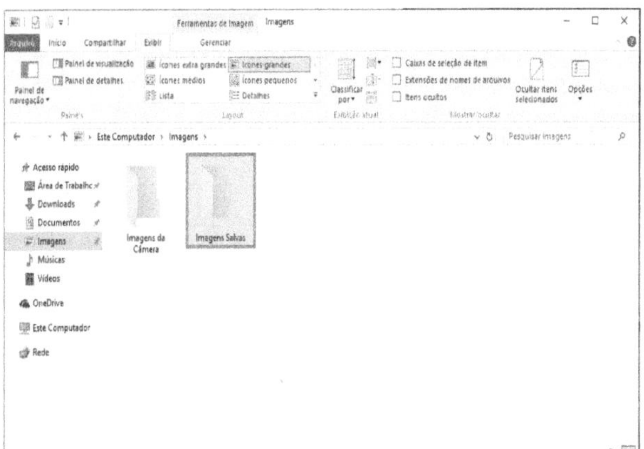

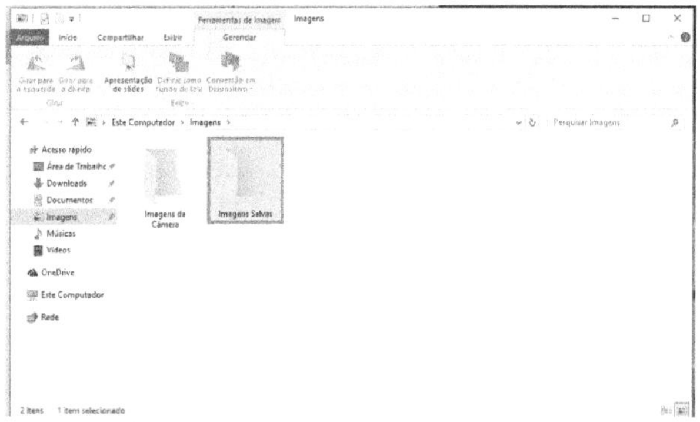

Questões

Com relação aos conceitos de redes de computadores, julgue os próximos itens.

01. (CESPE) O armazenamento do arquivo de dados no computador e na nuvem é considerado um procedimento de backup.

Certo ( ) Errado ( )

02. (CESPE) Procedimentos de becape são essenciais para a recuperação dos dados no caso de ocorrência de problemas técnicos no computador.

Certo ( ) Errado ( )

03. (IESES) Assinale a alternativa que diz respeito à seguinte definição:

Este tipo de backup fornece um backup dos arquivos modificados desde que foi realizado um backup completo. Normalmente, salva somente os arquivos que são diferentes ou novos, desde o último backup completo, mas isso pode variar em diferentes programas de backup. Juntos, um backup completo e um backup desse tipo incluem todos os arquivos no computador, alterados e inalterados:

a) Backup incremental.
b) Backup de referência.
c) Backup normal.
d) Backup diferencial.

04. (ALFACON) O Windows 10 trouxe inúmeras novidades, bem como deixou de possuir outras. Assinale a alternativa que corresponda a recursos que não estão presentes no Windows 10:

a) Bibliotecas.
b) Botão Iniciar.
c) Calculadora.
d) Barra Charms.
e) Gerenciador de Arquivos.

05. (FMP/RS) O Sistema Operacional Windows possui um painel de controle que permite que se controlem dispositivos que ajudam na segurança do sistema, especialmente no acesso pela Internet. Entre esses dispositivos, estão o Firewall, atualizações automáticas e proteção contra vírus. Tal painel de controle é:

a) Ferramentas administrativas.
b) Opções de Internet.
c) Central de Ações.
d) Conexões de rede.
e) Opções de acessibilidade.

06. (TJ/SC) O Windows Defender é:

a) um software que verifica se a cópia do Windows instalada no computador é legítima.

b) uma versão do Windows.

c) um dispositivo de hardware que, instalado no computador, evita seu uso por pessoas não autorizadas.

d) um software antispyware incluído no Windows.

e) uma campanha de marketing da Microsoft incentivando os usuários a adquirirem cópias legítimas do Windows.

07. (FCC) Em uma repartição pública os funcionários necessitam conhecer as ferramentas disponíveis para realizar tarefas e ajustes em seus computadores pessoais.

Dentre estes trabalhos, tarefas e ajustes estão:

I. Utilizar ferramentas de colaboração on-line para melhoria do clima interno da repartição e disseminação do conhecimento.

II. Aplicar os conceitos de organização e de gerenciamento de informações, arquivos, pastas e programas a fim de possibilitar a rápida e precisa obtenção das informações, quando necessário.

III. Conhecer e realizar operações de inserção de elementos nos slides do PowerPoint, dentre outras.

IV. Conhecer as formas utilizadas pelo Excel para realizar cálculos e também operações de arrastar valores de uma célula para a outra.

V. Realizar pesquisas na Internet usando os sites de busca mais conhecidos.

Para atender ao item II, uma recomendação prática e geralmente aceita, é organizar as pastas de arquivos por tipo. Isso significa que os arquivos comuns dentro de uma mesma pasta possuirão:

a) a mesma extensão.

b) a mesma data.

c) o mesmo tamanho.

d) o mesmo título.

e) o mesmo autor.

08. (FAFIPA) Browser é um programa de computador que habilita seus usuários a interagirem com documentos virtuais da Internet. Assinale a alternativa que NÃO apresenta um browser:

a) Windows Explorer.

b) Mozilla Firefox.

c) Safari.

d) Flock.

e) GoogleChrome.

09. (FAFIPA) Sobre atalhos no Windows Explorer, assinale a alternativa INCORRETA:

a) A tecla F2 renomeia um arquivo selecionado.

b) A tecla F5 atualiza exibição.

c) A tecla Delete move um arquivo selecionado para a Lixeira.

d) As teclas Ctrl+T selecionam todo conteúdo do diretório atual.

e) As teclas Shift+Delete exclui permanentemente um arquivo selecionado.

10. (FAURGS) Assinale a alternativa correta a respeito da ferramenta de sistema identificada como Restauração do Sistema no Windows 10:

a) Não é possível desfazer as alterações que a restauração do sistema faz no Registro do sistema.

b) A operação padrão de restauração não atua sobre arquivos pessoais, não servindo para recuperar a última versão de um arquivo pessoal excluído.

c) A operação de restauração sempre retorna à configuração da primeira instalação do Windows 7.

d) Na instalação padrão do Windows 10, os pontos de restauração são criados apenas quando novos dispositivos, como impressoras e discos, são instalados no sistema.

e) Os pontos de restauração são sempre criados automaticamente pelo sistema, não sendo possível criar um ponto de restauração manualmente.

Gabaritos

01	CERTO	06	D
02	CERTO	07	A
03	D	08	A
04	D	09	D
05	C	10	B

4. WORD 2016

4.1 Tela de Abertura

Assim como o MS Office 2013, o MS Office 2016 exibe uma tela de abertura ao iniciar algum programa da suíte, em vez de iniciar diretamente com um documento em branco. Vejamos a figura a seguir.

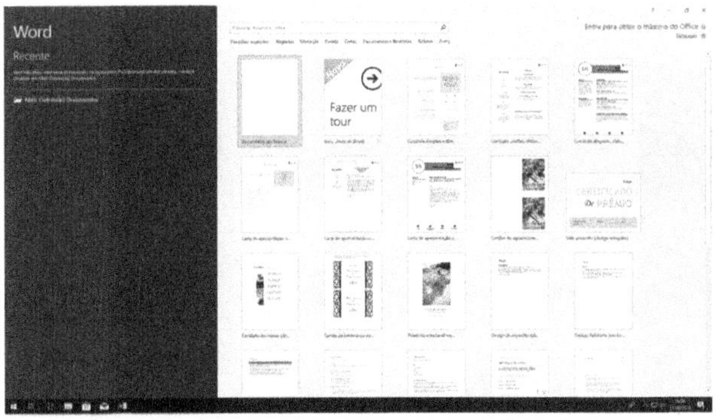

Nessa janela, o usuário tem acesso à lista dos documentos abertos recentemente no programa, bem como pode criar um novo documento: ou um documento em branco, ou a partir de um modelo a ser baixado da Internet.

Os modelos disponíveis são atualizados, em sua maioria, pelos próprios usuários. Para facilitar a localização de um modelo que seja mais adequado à necessidade do usuário, há opção para pesquisa, assim como sugestões de categorias.

4.2 Janela do Programa

A figura abaixo ilustra a janela do Microsoft Word 2016 com um documento em branco em edição.

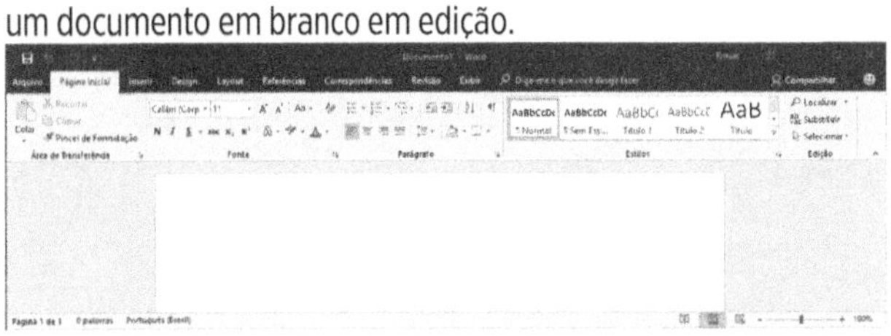

Janela Word 2016, aba Página Inicial.

A janela do Word 2016 apresenta pequenas mudanças nas opções da janela de edição em comparação com a versão anterior:

- **Cor das guias inativas**: agora a cor segue o padrão de cores escolhido. Existem 3 temas que podem ser usados: Colorido; Cinza-Escuro e Branco. Na figura acima é ilustrado o padrão (Colorido), a seguir os demais.

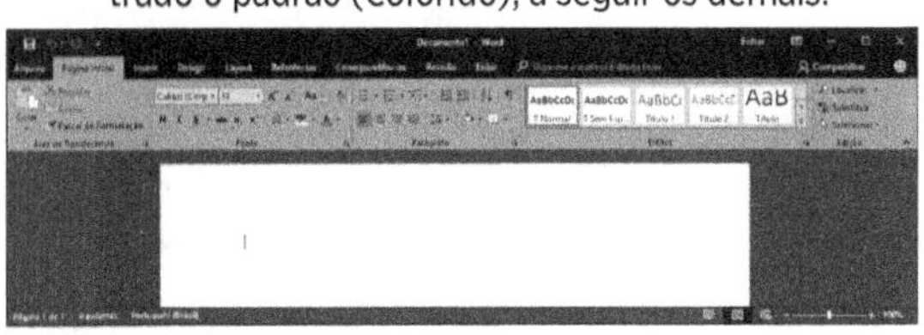

Janela do Word 2016, tema Cinza Escuro.

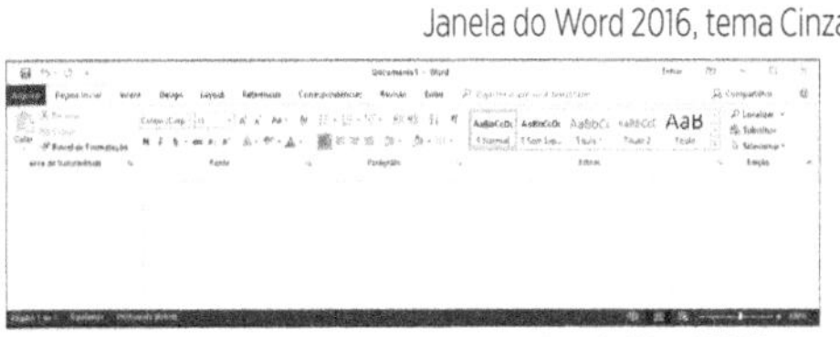

Janela Word 2016, tema Branco.

- **Diga-me o que você deseja fazer**: note que ao lado da guia Exibir existe um espaço para digitar, que não existia no 2016. Ele serve para acessar as ferramentas e opções; sua finalidade é facilitar a localização de ferramentas que o usuário não lembra em que aba estão. Conforme o usuário digita, vão sendo sugeridas opções relacionadas aos caracteres inseridos.
- **Opção Entrar**: foi movida para a barra de títulos; antes ficava onde aparece a carinha feliz (smile). Esse smile é o feedback ou também chamado de comentários, porém para a Microsoft, serve para o usuário contar sobre sua experiência em usar o MF Office 2016.
- **Guias**: no 2013 os títulos eram todos em caixa alta (maiúsculas) e a guia Layout era Layout de Página.

Assim como no 2013, o usuário pode logar com sua conta da Microsoft (Hotmail ou Outlook). Uma vez logado, o nome do usuário é imediatamente associado às propriedades do documento como seu autor. Observe a parte mais à direta da barra de títulos da janela ilustrada na primeira figura deste tópico. Ao efetuar o login, o nome do usuário é representado no lugar da expressão "Entrar".

Observe e faça as anotações das partes da janela indicadas na figura acompanhando a aula.

Janela do Word 2016, itens enumerados.

01. **Barra de título**: nesta barra são apresentadas as informações sobre o nome do documento em edição e seu formato, bem como o nome do programa que no caso da figura indica Microsoft Word. Também se observa na figura que não há a indicação do formato do arquivo. Isso significa que o documento em questão ainda não foi salvo em disco.
02. **Barra de Ferramentas de Acesso Rápido**: apresenta as opções mais frequentemente usadas, principalmente por meio das teclas de atalho. Por padrão mostra as opções Salvar, Desfazer e a opção que se alterna entre Repetir e Refazer. A opção () Repetir repete a última ação executada; corresponde a utilizar a tecla de atalho: F4, como também CTRL + R quando esta opção está exibida na barra. Já a opção Refazer () é como um desfazer para a ação Desfazer.
03. **Menu Arquivo**: a versão 2016 utiliza a mesma forma do menu Arquivo que a versão 2013, ou seja, mantém a interface Backstage view que exibe as opções do menu Arquivo, de modo que ocupem toda a tela da janela do programa.
04. **Faixa de Opções**: é possível aumentar a área útil da tela, fazendo com que as opções só sejam exibidas quando clicado na opção na Faixa de opções; basta utilizar o clique duplo do mouse sobre uma das Guias. O Word 2013 acrescentou ainda duas opções (botões) para poder alterar entre os modos de exibição das guias, um ao lado esquerdo do botão Minimizar,

conforme ilustra a figura a seguir, e outro logo acima da barra de rolagem vertical (dentro da faixa de opções). Este último é uma seta para cima, que lembra o sinal gráfico ^ (acento circunflexo). Essas características se mantêm no 2016.

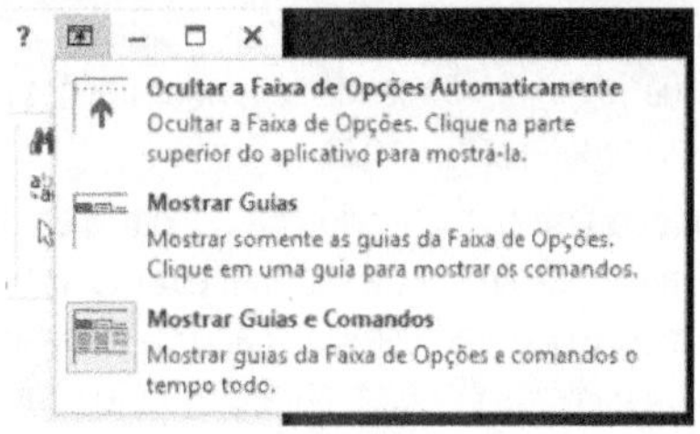

Modos de Exibição da Faixa de Opções em destaque.

05. **Página do Documento** em edição.
06. **Barra de Status**: nela são apresentadas algumas informações como número da página atual e total, total de palavras selecionadas e no documento inteiro.
07. **Modos de Exibição**: apenas três dos modos de exibição que o Word oferece estão dispostos nesse espaço para acesso rápido.
08. **Zoom**: o zoom também pode ser alterado utilizando-se a combinação da roda do mouse (scroll), enquanto se mantém pressionada a tecla CTRL.

Barra de ferramentas de acesso rápido

A figura abaixo destaca a Barra de Ferramentas de acesso Rápido, na qual se encontram por padrão os botões Salvar, Desfazer e Repetir/Refazer.

Barra de Ferramentas de Acesso Rápido.

O botão Desfazer  permite voltar uma ou mais ações realizadas no programa, cuja tecla de atalho é a famosa combinação CTRL + Z. Note que há uma seta à sua direita, é possível desfazer um conjunto de ações de uma única vez.

O botão Repetir  repete a última ação realizada, como aplicar negrito a um texto, ou mudar a cor de uma fonte. A combinação de teclas de atalho para esta opção é CTRL + R no Word 2013.

O Botão Refazer  somente é exibido quando o Desfazer é acionado, permitindo retroceder uma ação desfeita. As teclas de atalho são as mesmas do botão Repetir, até porque aparece no lugar dele.

4.3 Menu Arquivo

O menu Arquivo do Office 2016 utiliza a interface BackStage, que ocupa toda a tela do programa e oferece vários recursos integrados.

Por padrão, ao abrir o menu Arquivo, ele apresenta selecionada a opção Informações, a qual oferece dois conjuntos de opções: ferramentas de geração de documento e as propriedades do documento em edição.

Opção informações

A Figura 9 apresenta a opção Informações do menu Arquivo do Office 2016 e suas opções.

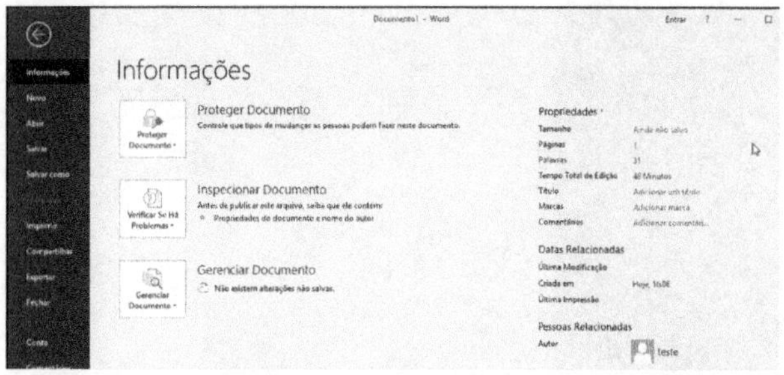

Menu Arquivo.

Na janela de informações, temos acesso a um dos conjuntos de opções mais importantes (em termos de concurso) do menu Arquivo. Também se deve observar o painel de propriedades à direta da janela.

Opção proteger documento

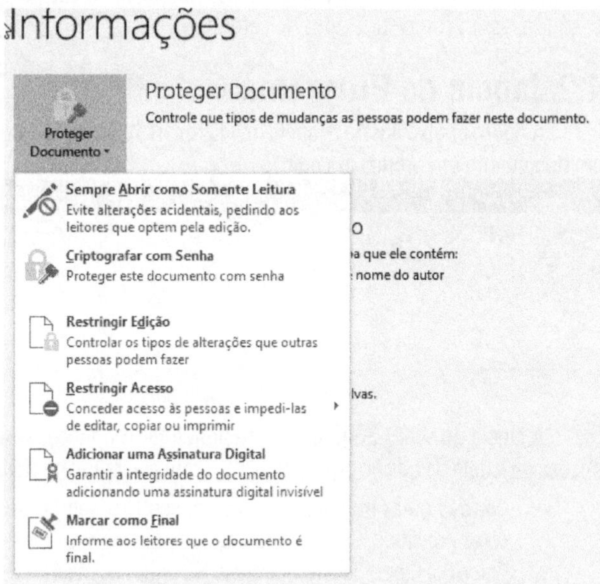

Opção Proteger Documento, a partir do menu Arquivo.

Marcar Como Final: a opção serve para salvar o arquivo como Somente leitura, assim ajuda a evitar que sejam feitas alterações no arquivo, ou seja, desabilita ou desativa a inserção de texto, a edição e as marcas de controle. Além disso, define o "Status" do documento como Final. Contudo, o comando Marcar como Final não é um recurso de segurança, pois basta que o usuário remova o Status Marcar como Final para que possa editar novamente o arquivo.

O Recurso Marcar como Final só tem efeito se o documento for aberto pela mesma versão do Ms Office; se for aberto por versões anteriores, como no 2003, abrirá normalmente, permitindo ao usuário alterar o arquivo.

Criptografar com Senha: por meio desta opção, é possível

definir uma senha para que o documento possa ser acessado. Contudo, vale ressaltar que a criptografia realizada pela opção Criptografar com Senha não tem relação com Certificação Digital.

> **Restringir Edição**: por intermédio da opção Restringir Edição, é possível escolher dentre três opções de ação:

> **Restrições de Formatação**: pela qual é possível limitar as opções de formatação, permitindo apenas que seja escolhido dentre um conjunto de estilos selecionados no momento da ativação do recurso.

> **Restrições de edição**: esta opção está relacionada às ferramentas de controle de edição, como controle de alterações e comentários, até mesmo preenchimento de formulários. Com ela o usuário pode limitar que opções outro usuário que acessar o documento pode realizar. Ainda é possível determinar apenas partes do documento para que possam ser editadas, protegendo assim o resto das alterações.

> **Aplicar proteção**: depois de configuradas as opções de um ou ambos os itens acima, a opção Sim, Aplicar Proteção fica habilitada. Com isso, será aberta uma janela para determinar uma senha ou para que seja utilizado um ID (e-mail) de usuários.

> **Restringir Permissão por Pessoas**: esta opção permite limitar o acesso ao documento utilizando como critério contas do Windows Live ID ou uma conta do Microsoft Windows.

> **Adicionar uma Assinatura Digital**: por meio desta opção, é possível assinar digitalmente o documento em edição, a fim de garantir a Integridade e a Autenticidade dele, por consequência também o Não Repúdio. Contudo, é necessário possuir Certificado Digital para realizar este procedimento.

Opção verificando problemas

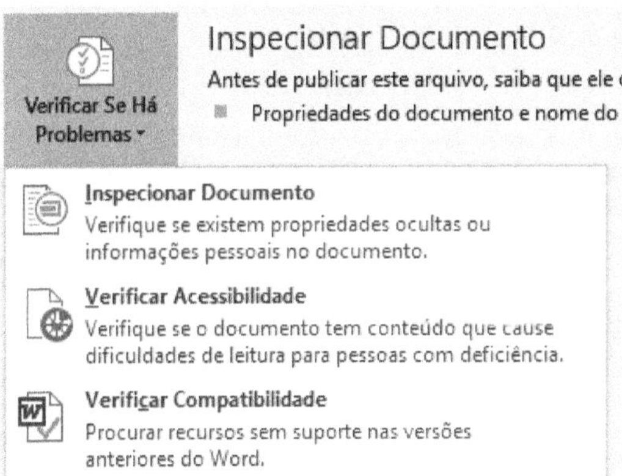

Opção Verificando Se Há Problemas.

> **Inspecionar Documento**: esta opção também pode ser citada como Inspetor do documento, que possibilita diversas opções, com a finalidade de buscar no documento por dados pessoais, informações ocultas, marcas, comentários, estruturas de controle, dentre outras, para que possam ser facilmente removidas, com o auxílio desta opção.

> **Verificar Acessibilidade**: permite verificar se a estrutura do elemento possui recursos ou formatações que dificultem a leitura por pessoas com deficiência, por exemplo, documentos que serão lidos por leitores de telas, utilizados por pessoas com baixa visão ou ausência dela.

> **Verificar Compatibilidade**: esta opção permite verificar se o documento possui estruturas que não existem nas versões anteriores do Word. Assim, quando o documento for salvo em .DOC, não apresentará problemas de compatibilidade.

Opção novo

Já a opção Novo abre no próprio menu Arquivo as opções de criação de um novo documento, conforme figura a seguir.

Note que, além de criar um simples documento em branco, podemos criar um arquivo com base em um modelo da Internet.

Opção Novo, menu Arquivo.

Opção imprimir

O Word 2016 apresenta diretamente no menu Arquivo → Imprimir as propriedades da Impressão, que também podem ser acessadas por meio da combinação de teclas CTRL+P. Com isso, uma etapa é reduzida no procedimento para impressão, o que torna a ação mais simples e direta. Nesta mesma opção, é ilustrada a pré-visualização do documento a ser impresso.

Vale observar que desde o Word 2013 a opção Configurar Página também é encontrada no menu Arquivo, exatamente na opção imprimir. A figura a seguir representa estas observações.

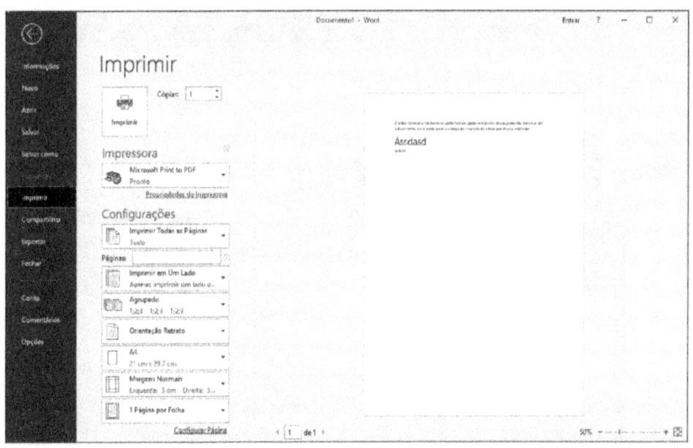

Opção Imprimir.

Outro fato importante é a pré-visualização, que também é ilustrada junto à opção imprimir.

Opção salvar e enviar

Opção Salvar Como.

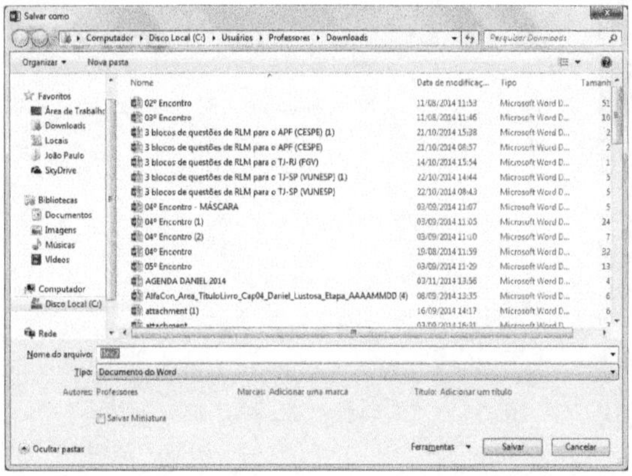

Janela para Salvar Documento.

Devemos dar ênfase no que diz respeito à integração com o Microsoft OneDrive. Uma vez logado na contra do MS Office, consequentemente o usuário estará logado com sua conta do OneDrive, assim possibilitando salvar o arquivo diretamente em sua conta na Nuvem.

4.4 Aba Página Inicial

Na Aba Página Inicial do Word 2013, encontramos as opções divididas nos blocos: Área de Transferência; Fonte; Parágrafo; Estilo; Edição, conforme ilustra a figura a seguir.

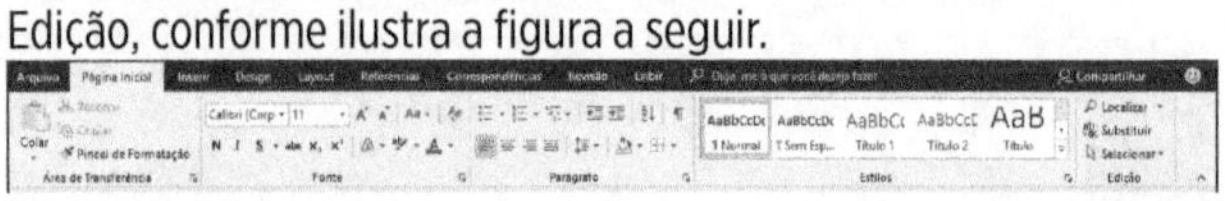

Bloco área de transferência

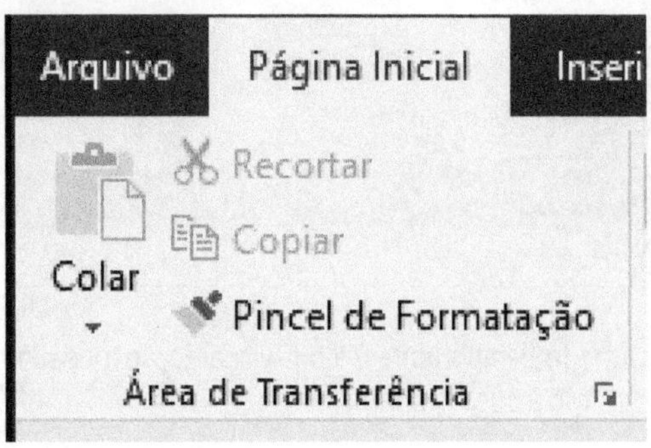

A Área de Transferência é uma área temporária, onde são colocadas as estruturas (textos, imagens etc.) que são copiadas de algum lugar, seja um documento, página da Internet, ou mesmo do Sistema Operacional, para que possam ser coladas.

A Área de Transferência do Word possui 24 posições, conforme figura a seguir, de forma que armazena não apenas a última informação copiada, mas sim as 24 últimas. Com isso, é possível colar trechos copiados ou recortados em momentos anteriores. Vale lembrar que a área de transferência fica em memória RAM, portanto quando o computador é desligado, ela é esvaziada.

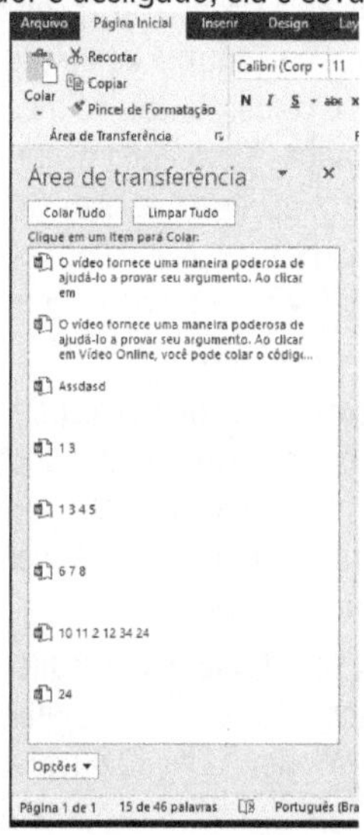

Opção colar

No bloco Transferência, encontra-se a opção Colar. Deve-se atentar ao detalhe do botão que, quando sobreposto pelo mouse, apresenta uma divisão, como ilustrado na sequência, ou seja, executa duas ações diferentes: ao clicar na parte superior, é colado o dado que foi colocado por último na área de transferência de forma equivalente a utilizar as teclas de atalho CTRL + V; já ao clicar na parte inferior, o Word exibe uma lista de opções de colagem, bem como dá acesso à opção Colar Especial.

Pincel de formatação

O Pincel de Formatação, ilustrado a seguir, permite realizar a cópia de formatação de um trecho de texto previamente selecionado e aplicar em outro trecho de texto a ser selecionado *a posteriori*, clique no botão Pincel.

Bloco fonte

Neste bloco, são encontradas as ferramentas mais usadas durante a edição de um documento, as opções relacionadas à formatação de Fonte. A figura a seguir ilustra as opções existentes neste bloco, que analisaremos na sequência.

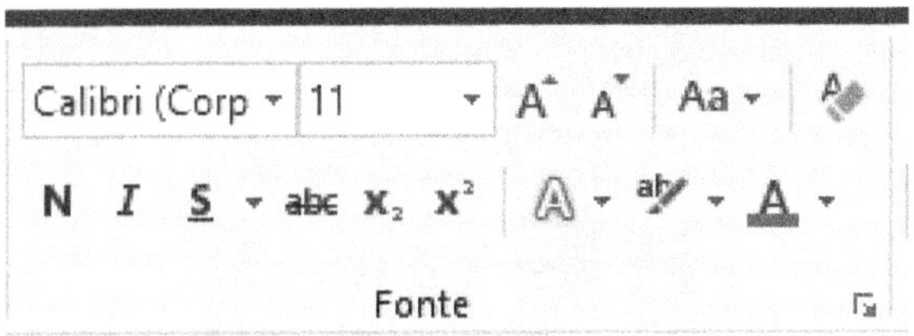

Tipo/nome da fonte

Esta opção permite alterar a grafia da fonte, ou seja, o seu traço. Ao alterar o tipo da fonte, ela pode sofrer alteração no seu tamanho, no entanto mantendo o mesmo valor numérico de tamanho de fonte. A figura a seguir destaca o campo; por padrão, no estilo normal do Word 2013, a fonte predefinida é a Calibri.

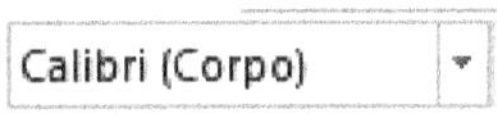

Tamanho da fonte

A opção de tamanho de fonte oferece um campo, ilustrado na sequência, para definir o tamanho das letras de um texto selecionado. É possível também selecionar o tamanho pela alça.

Aumentar e diminuir fonte

Também é possível controlar o tamanho das fontes pelos botões Aumentar Fonte, à esquerda da figura a seguir, e Diminuir Fonte, à direita da figura a seguir, que alteram o tamanho da fonte de um texto previamente selecionado, de acordo com os valores da lista disponibilizada na alça Tamanho da Fonte. Também se podem acionar estas opções por meio das teclas de atalho CTRL + SHIFT + > para aumentar o tamanho da fonte como CTRL + SHIFT + < para diminuir o tamanho da fonte.

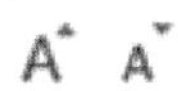

Maiúsculas e minúsculas

A opção, ilustrada acima, permite alterar o trecho selecionado entre letras maiúsculas e minúsculas, de acordo com as opções ilustradas a seguir.

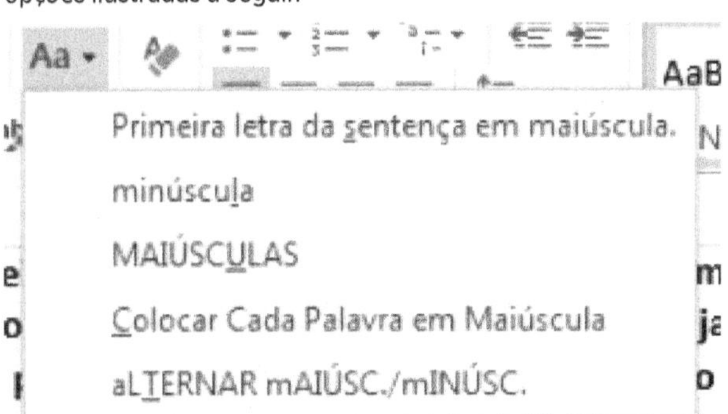

Limpar Formatação

A opção acima é útil quando se deseja limpar a formatação de um texto de forma rápida e prática, como um texto extraído da Internet, que possui fontes grandes, fundo e letras coloridas. Basta que o usuário selecione o trecho no qual deseja limpar a formatação e, em seguida, clique no botão.

Estilos de Fonte

Cuidado para não confundir o efeito de texto com o estilo de fonte, ou ainda com os estilos de formatação. As opções de efeito de fonte são a opção de **Negrito**, *Itálico* e Sublinhado, conforme ilustrado na figura a seguir. As teclas de atalho para estas funções são, respectivamente, CTRL + N, CTRL + I, CTRL + S.

Observe que o sublinhado no Word 2013 apresenta uma seta para baixo, indicando mais opções de formatação do traço do sublinhado, permitindo escolher entre o traço simples (padrão) e outros como: duplo, espesso, pontilhado, tracejado, traço/ponto, traço/ponto/ponto, dentre outros. A figura a seguir ilustra o resultado de se acionar a alça do sublinhado. Também é possível se alterar a cor do traço do sublinhado.

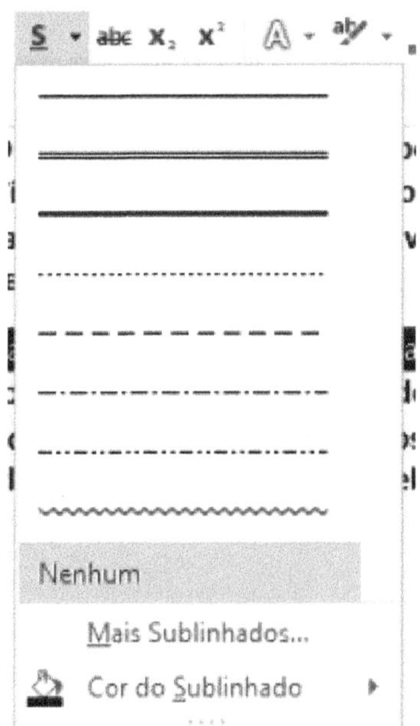

Tachado

A propriedade Tachado é comumente utilizada em textos de lei e resoluções, sobre itens que foram revogados e que, contudo, permanecem no corpo da lei. Para acionar esta opção, basta selecionar o texto desejado e clicar no botão Tachado, ilustrado a seguir.

O efeito proporcionado por esta opção é o de um traço à meia altura da linha, sobrepondo às palavras, como o exemplo. ~~Também é possível utilizar o tachado duplo por meio da janela Propriedades de Fonte, como exemplo.~~

Subscrito e Sobrescrito

Por vezes, desejamos escrever um texto com estruturas diferenciadas, ou mesmo indicar numerais de forma reduzida, como primeiros = 1os. Para colocar as letras "os" com fonte reduzida na parte superior da linha, basta clicar no botão Sobrescrito, que o cursor de texto será posicionado no topo, digitar o texto desejado, e clicar novamente no Sobrescrito. O botão Sobrescrito fica à direita do botão Subscrito, conforme figura a seguir, que permite escrever um texto com fonte reduzida na parte inferior da linha, como utilizado em algumas equações químicas, por exemplo: texto normal texto subscrito.

Efeitos de Texto

O Office 2007 inovou nos recursos de efeitos de texto. Essas propriedades e ferramentas foram mantidas e melhoradas no Office 2013; para o 2016 não houve mudanças na ferramenta. Os efeitos de texto permitem formatar os caracteres de texto de maneira mais chamativa visualmente, a fim empregar destaque a um texto, como exemplo.

Para utilizar este recurso, basta selecionar o texto desejado e clicar no botão Efeitos de Texto no bloco Fonte, indicado por um A com efeito de brilho azul ao redor, ilustrado no canto superior esquerdo da figura a seguir.

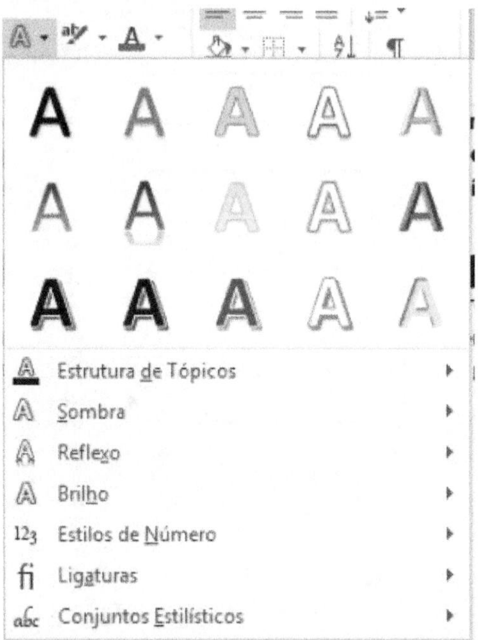

Este recurso ainda permite trabalhar as características de formatação de maneira separada, como a sombra, o reflexo e o brilho do caractere dado à cor escolhida.

Realce

A ferramenta Realce é uma opção que aplica um resultado similar ao obtido por uma caneta marca-texto. Inclusive, o conjunto de cores disponibilizado é bem limitado; apenas algumas cores estão disponíveis, como ilustra a figura a seguir.

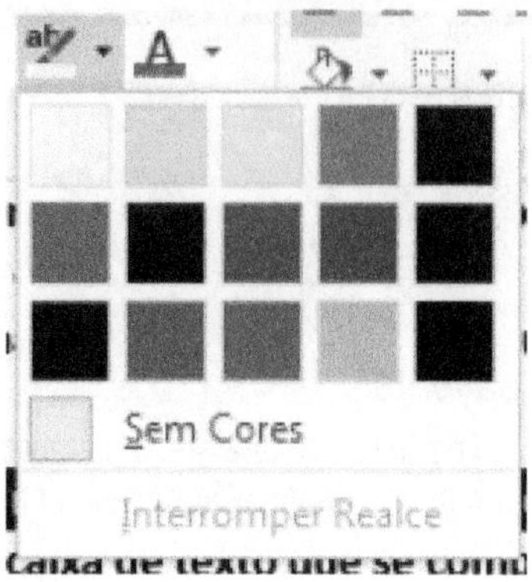

Cor da Fonte

Já quando falamos nas cores que podem ser aplicadas ao caractere (fonte), por exemplo, estas abrangem um conjunto maior, também citado nas provas como Paleta de Cores do MS Office.

O botão que corresponde a esta opção é a letra A com uma barra abaixo, que indica a última cor utilizada, como ilustrado no canto superior esquerdo da figura a seguir.

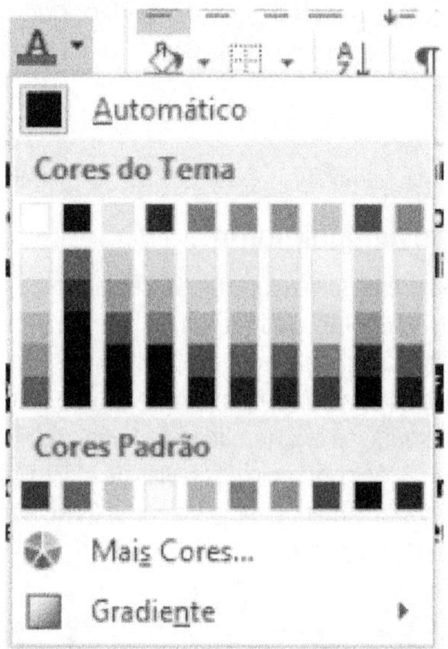

Observe que o botão Cor da Fonte apresenta uma ligeira divisão da seta à sua direita. Isso deve ser levado em conta na resolução das questões, pois se apenas o A for indicado como clicado, significa que será aplicada diretamente sobre o texto selecionado a última cor utilizada; enquanto que se for indicada a seta para baixo também, significa que foi clicado sobre ela, assim a alça exibe mais opções de cores e gradientes.

Bloco parágrafo

Na aba Página Inicial encontram-se também as opções de formatação de parágrafo mais utilizadas, como ilustrado a seguir. Algumas opções menos frequentemente usadas estão no bloco Parágrafo da aba Layout de Página.

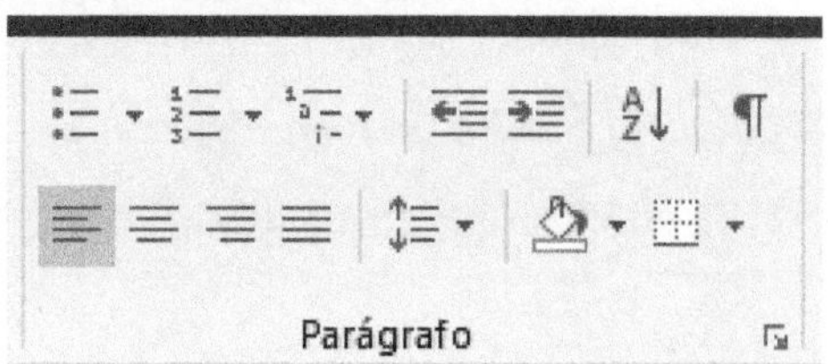

Marcadores

A opção Marcadores permite acrescentar símbolos, caracteres ou mesmo imagens, como uma foto do usuário, como itens de marcação de tópicos para cada parágrafo.

A figura a seguir ilustra o botão Marcadores, que como pode ser observado apresenta uma sutil divisão. Desse modo, se a figura apresentada nas questões de prova for igual à figura a seguir, significa que o clique foi dado na seta à direta do botão, o que remete a mais opções, como escolher o símbolo que se deseja utilizar. Mas caso seja apresentado sem a seta, o resultado é a inserção do último marcador utilizado.

Numeração

Cuidado com a diferença entre os marcadores e a numeração. A finalidade de ambos é similar, porém a Numeração segue uma sequência que pode ser numérica, utilizando-se números romanos maiúsculos ou minúsculos, letras maiúsculas ou minúsculas ou ainda números arábicos. A figura a seguir ilustra o botão Numeração que, de forma equivalente ao botão Marcadores, apresenta seta à direta apontando para baixo.

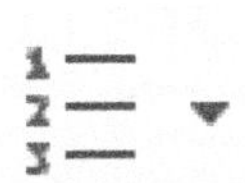

Lista de Vários Níveis

Permite gerenciar e atribuir marcadores diferentes para níveis diferentes, mas de forma a manter a relação entre eles como de título, subtítulo e tópico. A figura a seguir ilustra o botão Lista de Vários Níveis.

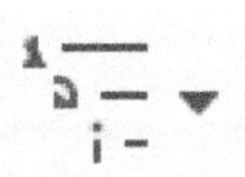

Quando clicado na seta à direita, um menu Dropdown é aberto, como ilustrado a seguir.

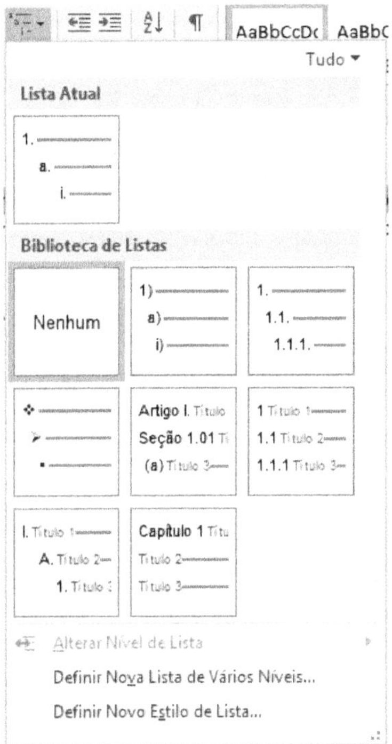

Além dos formatos de listas sugeridos pelo Word, é possível que o usuário crie a sua própria configuração de lista. Esta configuração pode ser criada para ser utilizada apenas no documento em edição, como também pode ser atribuída ao programa de forma que fique disponível para a criação e edição de outros documentos.

Diminuir e Aumentar Recuo

As opções de Diminuir e Aumentar o Recuo estão relacionadas ao recuo esquerdo do parágrafo selecionado. Ao aumentar o recuo, com o botão da direita na figura a seguir, é aumentado inclusive o recuo da primeira linha na mesma proporção. O espaço acrescido é o mesmo de uma tabulação, ou seja, o mesmo de quando pressionada a tecla TAB (1,25 cm por padrão).

Classificar

Esta opção pode parecer estanha ao pensá-la no grupo de opções do bloco Parágrafo. Contudo, com isso, demonstra-se que é possível ordenar os textos de parágrafos, e não apenas dados em tabelas.

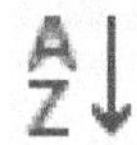

Uma vez clicado no botão classificar ilustrado acima, é aberta uma janela ilustrada a seguir, pela qual é possível parametrizar as regras de classificação, que pode ser por colunas em caso de tabelas. Os tipos de dados que podem ser selecionados, de maneira que o programa possa classificá-los em ordem crescente ou decrescente, são: Texto, Número e Data.

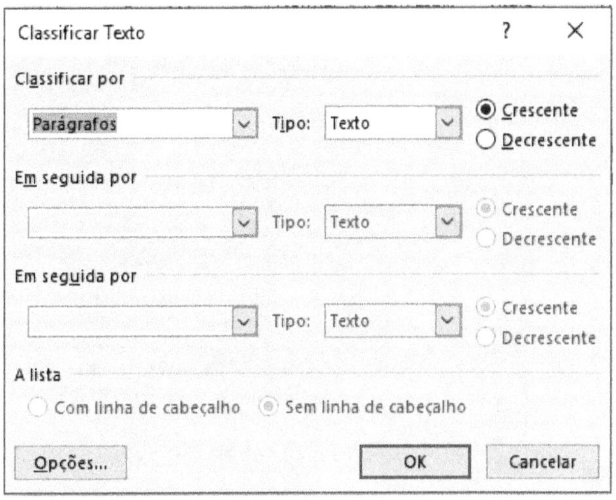

Mostrar Tudo

A opção Mostrar Tudo, ilustrada a seguir, é responsável por exibir os caracteres não imprimíveis, que auxiliam na edição de um documento ao exibir marcas de edição, espaços e marcações de parágrafos. Esta opção é muito importante para que se possa definir onde inicia e onde termina um parágrafo no texto.

O trecho a seguir ilustra o que é apresentado quando tal opção é selecionada.

Exemplo·de·texto·para·a·vídeo·aula·do·professor·João·Paulo·de·Informática·com·o·botão·Mostrar·Tudo·habilitado.¶

Segundo·parágrafo...¶

--------------------Quebra de página--------------------¶

Muitas pessoas entram em pânico quando, sem querer, ativam esta opção e cometem o equívoco de utilizar o Desfazer com a esperança de remover tais símbolos e acabam perdendo informações ou formatações executadas. No entanto, para remover tais marcas, basta desabilitar a opção, clicando-se novamente no botão. Alinhamentos de Parágrafo

Muito cuidado com as opções de alinhamento, pois existe também o alinhamento de Tabulação, que oferece opções diferentes das do alinhamento de parágrafo, porém com fins similares.

A figura anterior ilustra os quatro únicos alinhamentos de parágrafo: Esquerdo, Centralizado, Direito e Justificado. Também é possível acionar tais opções por meio das respectivas teclas de atalho: CTRL+Q, CTRL+E, CTRL+G, CTRL+J.

Espaçamento entre Linhas

A opção Espaçamento entre Linhas, disponível no bloco Parágrafo, apresenta alguns valores que não são ilustrados diretamente na janela Propriedades de Parágrafo, como 1,15. Contudo é possível chegar a ela de maneira manual, como selecionar a opção Múltiplos e, em seguida, digitar o valor 1,15.

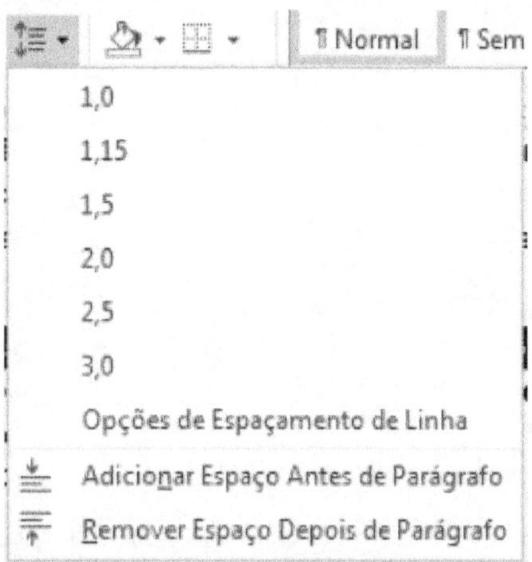

A figura anterior ilustra o botão Espaçamento entre Linhas aberto. Ele é apresentado no canto superior esquerdo da figura. Convém perceber que, por meio dele, é possível também alterar o espaçamento antes e depois do parágrafo.

Sombreamento

A opção Sombreamento permite atribuir uma cor ao plano de fundo de um parágrafo.

Exemplo: mesmo o parágrafo sendo menor que a linha, toda ela - espaço de margem a margem - é preenchida com a cor selecionada.

A figura a seguir ilustra o botão Sombreamento - balde de yinta - selecionado pela alça, assim ilustrando a paleta de cores do Word para que seja determinada a cor desejada.

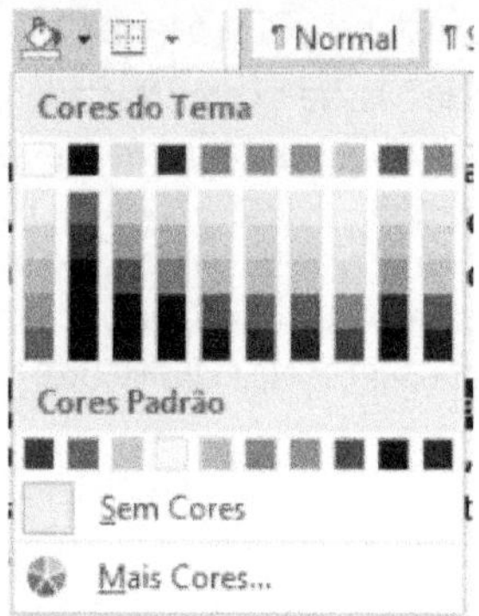

Bordas

Também é possível se atribuir uma borda a um parágrafo, como também à página do documento. A opção Bordas, apresentada a seguir, pode ser utilizada tanto para aplicar uma borda a um parágrafo como a uma tabela, caso esteja selecionada.

Bloco estilos

Os estilos de formatação são uma importante ferramenta que auxiliam e otimizam o processo de edição de documentos que devam obedecer a padrões de formatação, além de serem necessários para a inserção de sumário automático.

O Office 2007 inovou muitos estilos, como também melhorou alguns, estes foram mantidos no Office 2013. O estilo padrão apresentado é o estilo Normal, que define, por exemplo, a fonte como Calibri, tamanho 11, espaçamento entre linhas múltiplo de 1,15 e espaço após o parágrafo de 10 pt.

A figura a seguir ilustra o bloco Estilo com vários dos estilos de formatação. Para sumário, devem-se utilizar os estilos de título.

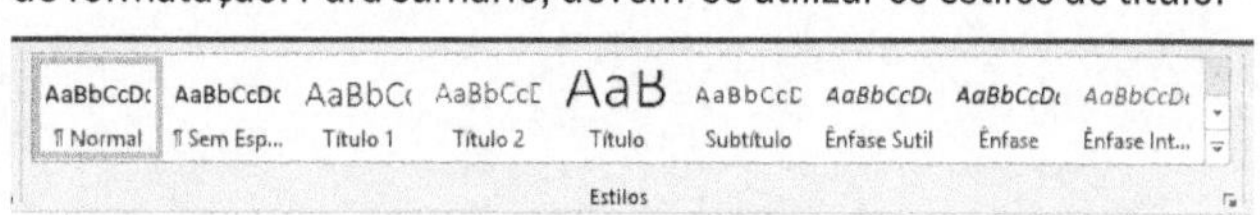

Bloco edição

O bloco Edição é o bloco no qual foram disponibilizadas as opções que estavam no menu Editar do Office 2003, e ficaram perdidas, pode-se assim dizer. A figura a seguir ilustra o bloco com suas opções.

Localizar

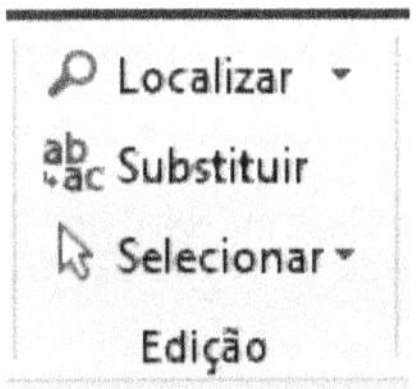

A opção Localizar oferece três opções quando se clica na seta: Localizar, Localização Avançada... e Ir Para....

Clicar direto no botão Localizar é o mesmo que clicar na opção que ele oferece como Localizar. O Word abre um painel à esquerda da janela do programa, ilustrada na sequência. O mesmo painel pode ser acionado por opção encontrada na aba Exibir.

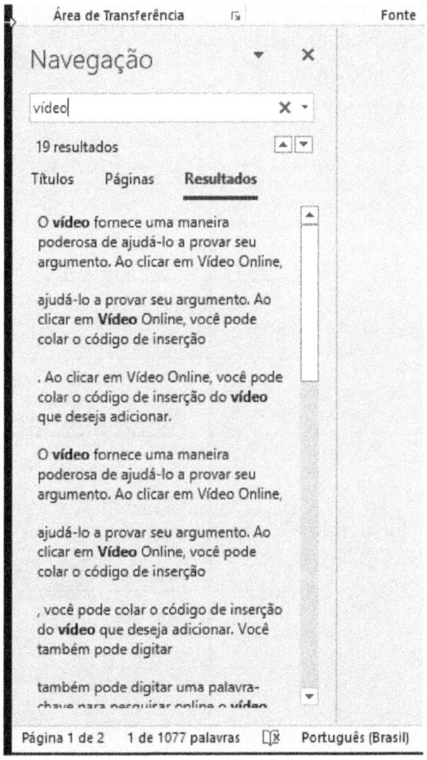

Por meio deste painel, é possível realizar uma busca rápida de forma incremental, ou seja, à medida que o usuário insere o texto no campo de busca, o Word vai filtrando no texto as ocorrências.

As opções Localização Avançada..., Ir Para... e Substituir, ao serem acionadas, abrem a mesma janela, porém com as respectivas abas selecionadas. Vale lembrar que a combinação de teclas de atalho CTRL + U no Word abre a opção Substituir.

4.5 Aba Inserir

A aba Inserir é alvo de várias questões capciosas, então é preciso ter muita atenção com relação às suas opções. A figura a seguir ilustra as opções da Guia.

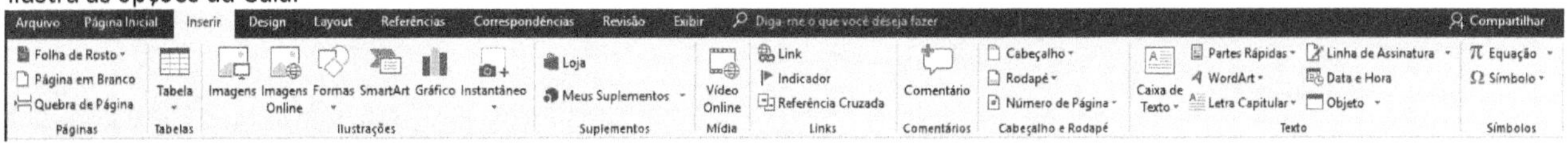

Bloco páginas

No Bloco Páginas, ilustrado a seguir, é onde se encontra uma das Quebras possíveis de se inserir em um documento, e justamente a que pode ser alvo de questões que visem confundir o candidato, pois na Aba Inserir é encontrada apenas a opção Quebra de Página; as demais ficam na aba Layout de Página.

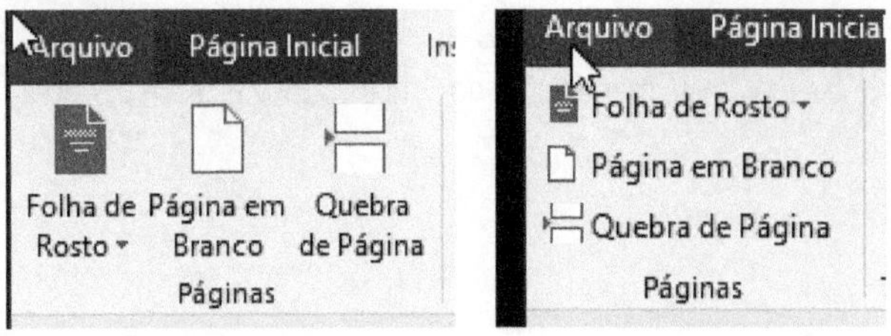

Bloco Páginas, Aba Inserir (à direita com forma reduzida).

A opção Folha de Rosto é uma opção para inserir uma página no documento em edição com mais recursos gráficos com o intuito de dar uma ênfase ao documento.

A opção Página em Branco permite inserir uma página em branco no documento a partir da posição do cursor de texto.

Bloco tabelas

No bloco Tabelas é disponibilizada apenas a opção Tabela, ilustrada a seguir, por meio da qual podemos tanto inserir uma Tabela no documento em edição como uma Planilha.

Opção Tabela

Ao clicar na opção Tabela, é aberto o menu Dropdown, ilustrado a seguir, no qual se pode observar a opção Planilha, que permite inserir uma planilha no documento. Mas, cuidado: a estrutura de planilhas é diferente de uma tabela.

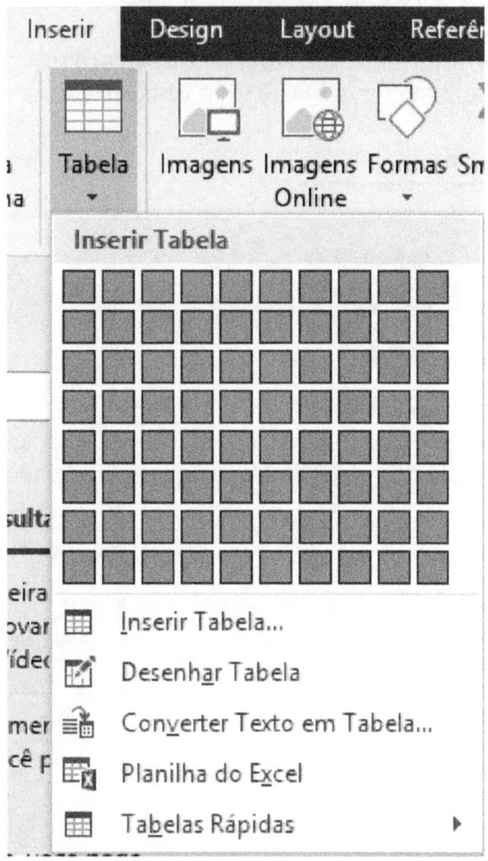

Bloco ilustrações

A figura abaixo ilustra o bloco Ilustrações. Esta figura, como as demais deste material, foi obtida por meio da ferramenta Instantâneo.

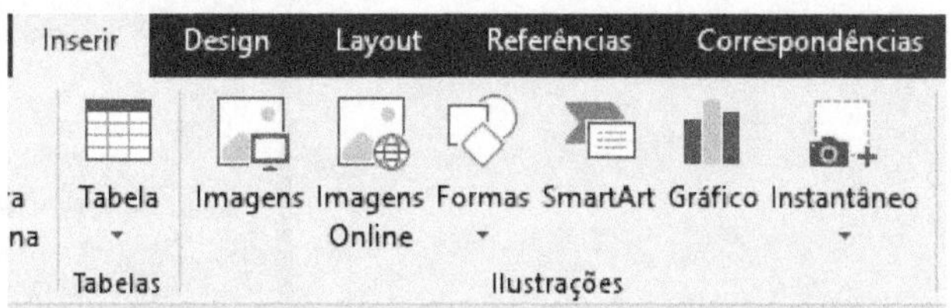

Outra funcionalidade apresentada no MS Office 2013 e mantida no 2016 é a possibilidade de incorporar recursos de aplicativos disponíveis na Windows Store, como também a opção Vídeo Online.

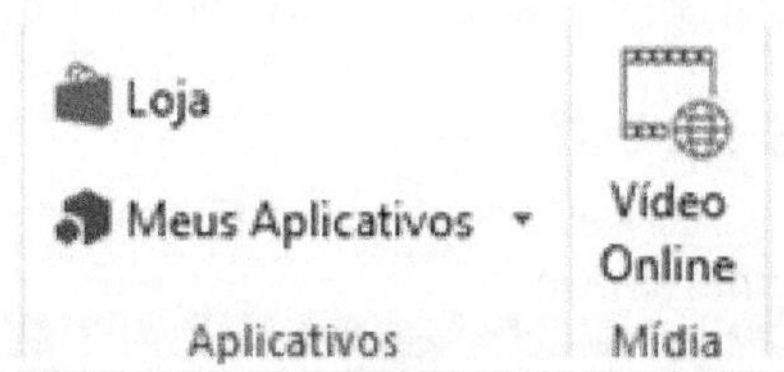

Mas devemos tomar cuidado com a opção Comentário, que, além de existir na aba Revisão, também é apresentada na aba Inserir.

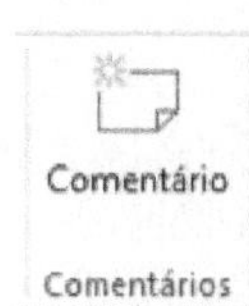

Bloco links

No bloco Links, são disponibilizadas três opções: Hiperlink, Indicador e Referência Cruzada. A opção Hiperlink tem como tecla de atalho a combinação CTRL+K.

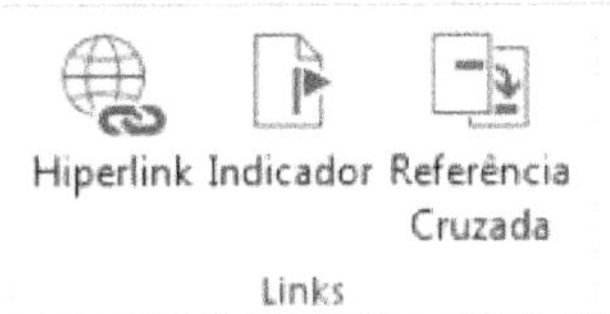

Hiperlink

A respeito da opção Hiperlink, é importante ressaltar que é possível linkar um site da Internet como arquivos da Internet, bem como arquivos do computador do usuário.

Indicador

A opção Indicador serve para criar um link para um ponto do documento em edição. Assim, é possível criar um link por meio da opção Hiperlink para este ponto.

Referência Cruzada

Esta opção permite criar referências para citações, como figuras, tabelas, quadros, entre outros.

Bloco cabeçalho e rodapé

A estrutura de cabeçalho e rodapé é utilizada principalmente quando se deseja inserir uma informação em várias páginas de um documento, como numeração de páginas ou uma figura. Mas, cuidado: em um mesmo documento é possível utilizar cabeçalhos e rodapés diferentes, pois essas estruturas são as mesmas para todas as páginas da mesma seção.

Bloco texto

No bloco Texto devemos destacar a opção WordArt e Linha de Assinatura.

A opção WordArt 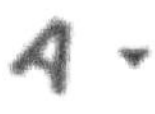, desde o Office 2010, mudou sua forma de formatação e estrutura; ela gera agora resultado similar ao obtido pela opção Efeitos de Texto da Aba Página Inicial.

Já a opção Linha de Assinatura 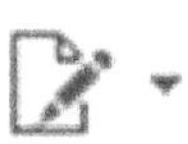 permite inserir uma assinatura digital no documento em edição. Contudo, para isso, é necessário possuir um Certificado Digital. Esta opção também pode ser utilizada para inserir as linhas normalmente usadas para posterior assinatura manual.

Observe a diferença sutil entre o botão Caixa de Texto 

e o botão Letra Capitular .

Bloco símbolos

O bloco Símbolos oferece as opções Equação e Símbolo, conforme figura a seguir. A opção Equação auxilia a escrever, em um documento de texto, funções complexas. Entretanto, ela não resolve as equações, apenas desenha; por exemplo, inserir um somatório.

Já a opção Símbolo permite que sejam inseridos símbolos, como caracteres especiais, em meio ao texto.

4.6 Aba Design

A Aba Design surge no Word 2013 como uma forma de liberar espaço para as opções que, no 2010, estavam na guia Layout da Página.

Além de possibilitar a escolha do tema de cores e estilo de formatação que será utilizado no documento, o bloco Plano de Fundo da Página merece ser destacado dentre as opções da guia, pois são comuns as questões capciosas a respeito de suas opções.

Quanto a este tema, a opção que mais tem gerado confusão em provas é a Marca d'Água, pois para "inserir" uma marca d'água, a opção específica encontra-se na guia Design, diferentemente do que a ideia de ação produz.

4.7 Aba Layout

A aba Layout é muito importante durante a edição de um documento, pois concentra as ferramentas de formatação de páginas.

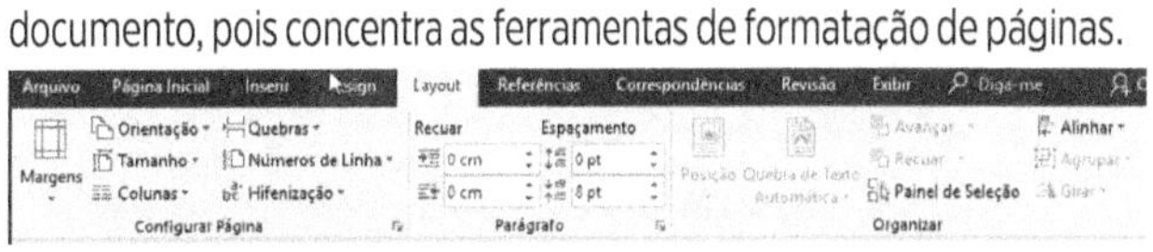

Na Aba Layout são disponibilizados os blocos: Configurar Página; Parágrafo e Organizar, conforme ilustrado na figura a seguir.

Muito cuidado com as provas que podem apresentar o termo Leiaute, o qual não está errado.

Bloco configurar página

O bloco Configurar Página é um dos principais blocos da Aba Layout de Página. Por meio dele, podemos alterar as configurações de: Margens; Orientação; Tamanho; Colunas; Quebras; Números de Linhas e Hifenização. A figura a seguir ilustra estas opções.

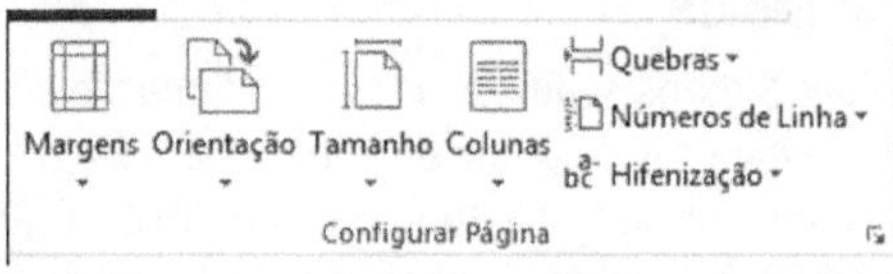

Vale ressaltar que as configurações de página podem ser diferentes em um mesmo documento, pois a configuração é aplicada à seção. Assim, é possível em um mesmo documento trabalhar com páginas na orientação retrato e paisagem intercaladas.

Quebras

As quebras permitem empurar para a próxima estrutura os dados, como também criar divisões dentro de um documento para que se possam utilizar formatações de página distintas no mesmo arquivo.

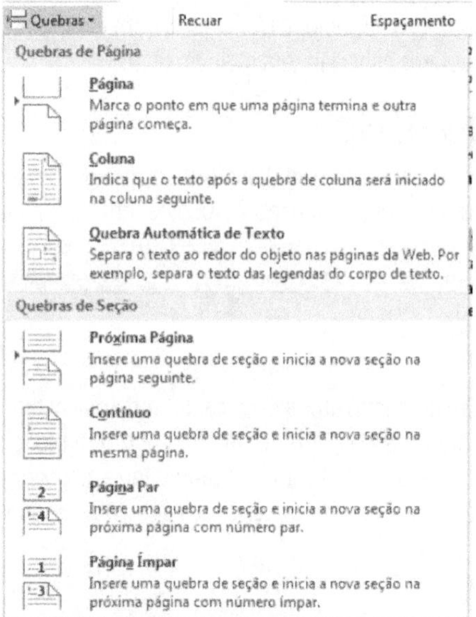

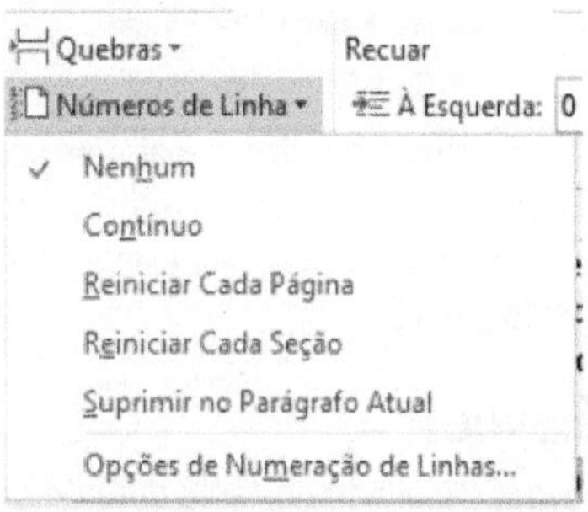

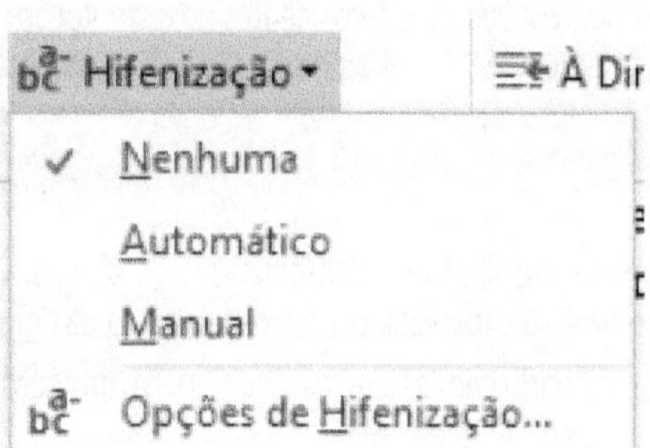

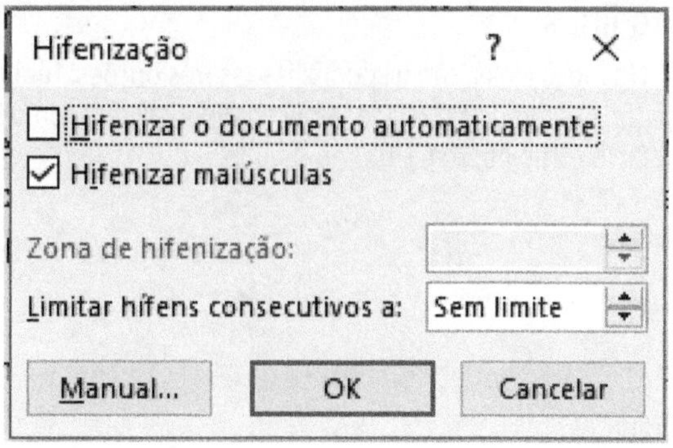

4.8 Aba Referências

A guia Referências dispõe os blocos: Sumário; Notas de Rodapé; Citações e Bibliografia; Legendas; Índice e Índice de Autoridades, conforme ilustrado a seguir.

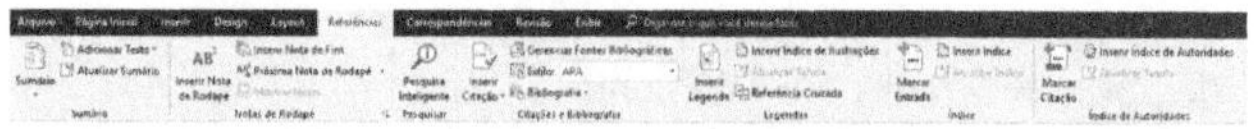

Bloco sumário

Por meio do Bloco Sumário, pode-se ter acesso à opção Sumário para a inserção do Sumário Automático no documento em edição. Lembrando que o sumário depende da utilização dos estilos de formatação de título ao longo do documento para poder listar tais títulos e as referidas páginas em que aparecem.

Se novos títulos forem adicionados no documento após a inserção do sumário, o sumário deverá ser atualizado por inteiro; caso apenas sejam mudadas as páginas em que os títulos estavam, pode-se atualizar o sumário por meio da opção Atualizar Apenas Números de Páginas.

Bloco notas de rodapé

Por meio do bloco Notas de Rodapé, é possível inserir tanto notas de rodapé como notas de fim. A diferença é que as notas de rodapé são exibidas no rodapé das páginas em que são citadas, já as notas de fim podem ser configuradas para aparecerem no fim da seção ou no fim do documento.

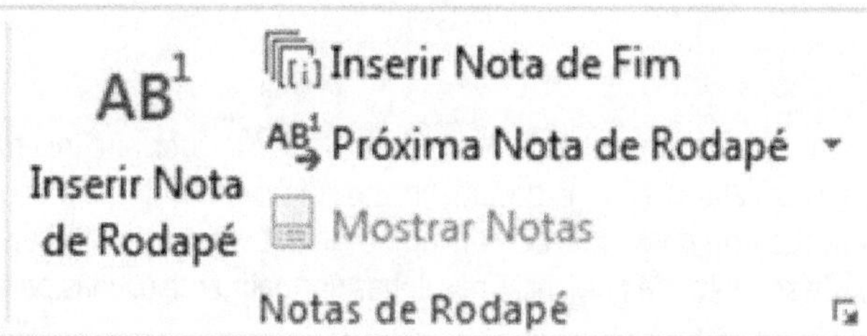

Bloco citações e bibliografia

O Word oferece opções de criar um cadastro de fontes bibliográficas para uso facilitado. Assim, quando desejar citar alguma referência, basta utilizar a opção Inserir Citação, disponível no Bloco Citações e Bibliografia, ilustrado a seguir.

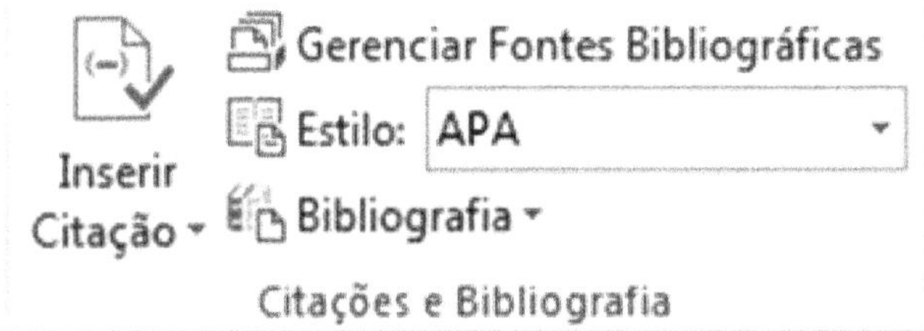

Bloco legendas

O bloco Legenda permite inserir legendas acima ou abaixo das figuras, tabelas, quadros e outras estruturas inseridas no documento em edição, de maneira que, quando necessário, é possível inserir um índice automático que indique cada figura e a página em que é citada.

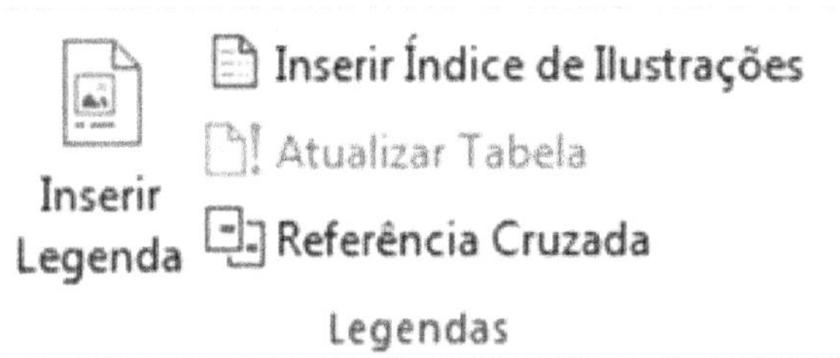

Bloco índice

O Bloco Índice oferece a opção Marcar Entrada e Inserir Índice, que funciona de forma similar ao sumário, mas com a finalidade de criar um índice remissivo.

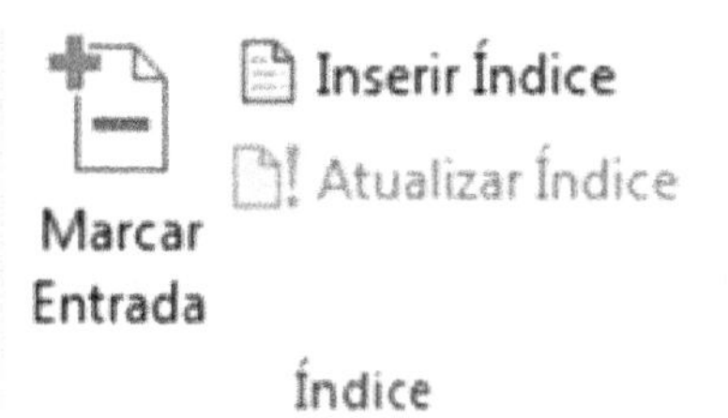

Bloco índice de autoridades

Os Índices de Autoridades são novidade no Word 2013. Por meio destas opções, podem-se criar listas de leis, artigos, resoluções, dentre outras estruturas da legislação que sejam citadas em meio ao documento.

4.9 Aba Correspondências

A aba Correspondências é bastante utilizada por escritórios, pois é nela que encontramos as opções de trabalhar com Mala Direta para a geração de envelopes e etiquetas, de forma facilitada e dinâmica. Mas, atenção: é comum se questionar sobre como montar a lista de "contatos" para se trabalhar com a mala direta; para isso, é possível criar a lista utilizando o Excel ou o Access.

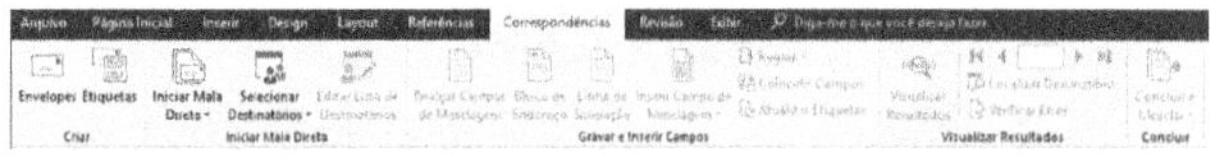

4.10 Aba Revisão

A aba Revisão oferece opções de correção e controle do conteúdo do documento, por meio dos blocos: Revisão de Texto; Idioma; Comentários; Controle; Alterações; Comparar e Proteger, conforme ilustrado a seguir.

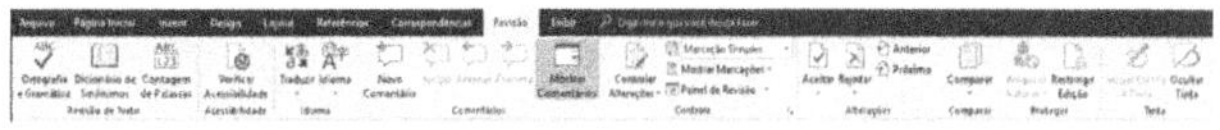

Bloco revisão de texto

Neste Bloco é que se encontra a ferramenta Ortografia e Gramática, que pode ser acionada por meio da tecla de atalho F7. Há também a ferramenta Pesquisar. Mas, cuidado: esta ferramenta serve para pesquisar na Internet, e não no documento em edição.

Outra opção interessante é o Dicionário de Sinônimos, que se torna muito útil quando é preciso encontrar uma palavra diferente para se referenciar a algo de forma a fugir de ter de repetir algum termo.

A ferramenta Contar Palavras, ao ser acionada, abre a janela ilustrada a seguir, na qual é informada a quantidade de palavras em várias situações. O que conta mais para a prova é saber que, se um trecho do texto foi selecionado previamente à seleção da opção, os dados apresentados serão apenas referentes à seleção; porém, se nada estiver selecionado, os dados serão referentes ao documento inteiro.

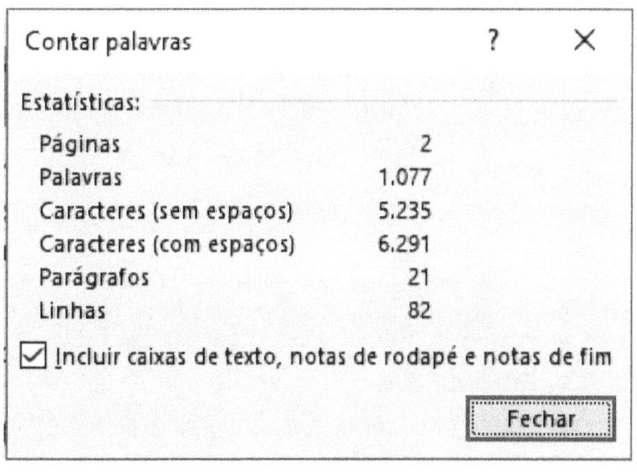

Bloco idioma

Uma novidade também no Word 2013 é a opção Traduzir, disponível no bloco Idioma, que permite traduzir um texto selecionado utilizando a ferramenta de tradução online da Microsoft. Obviamente observa-se a necessidade de estar conectado à Internet.

Muitas vezes, precisamos digitar trecho ou textos inteiros em outro idioma e ficamos em dúvida se as palavras estão corretas, pois aparecem sublinhadas em vermelho indicando erro. Porém, o MS Word é mais inteligente, uma vez que busca detectar o idioma automaticamente, de forma a se autoajustar. Contudo, às vezes precisamos definir manualmente o idioma de algumas palavras, para isso podemos utilizar a opção Idioma do Bloco Idioma.

Bloco comentários

É possível inserir comentários no documento em edição, principalmente com a finalidade de explicar alguma alteração realizada.

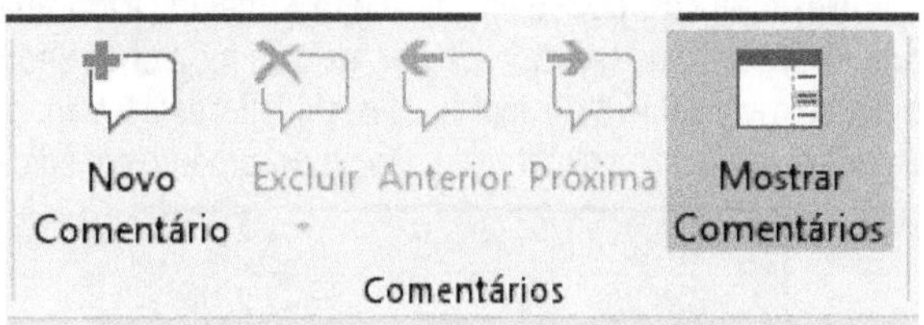

Cuidado: embora a aba Inserir apresente a opção Comentários, as demais ferramentas e opções relacionadas aos comentários e à correção de texto se encontram na aba Revisão.

Bloco controle

O bloco Controle é uma excelente ferramenta para a correção de documentos, de forma que o escritor, ao terminar sua parte, ativa a opção Controlar Alterações e salva o documento, e envia-o para um corretor, que simplesmente apaga trechos do texto, insere novas estruturas, porém estas ações apenas são marcadas no documento, como ilustrado na sequência, de forma que o corretor, ao terminar, salva novamente o documento e o envia ao escritor para que aceite ou não as alterações realizadas.

~~Texto·a·ser·excluído·~~Inserir·este·texto·do·documento,·para·o·exemplo.¶

Bloco alterações

Ao receber o documento com as sugestões de alteração, o escritor apenas tem o trabalho de aceitar ou rejeitar as sugestões realizadas.

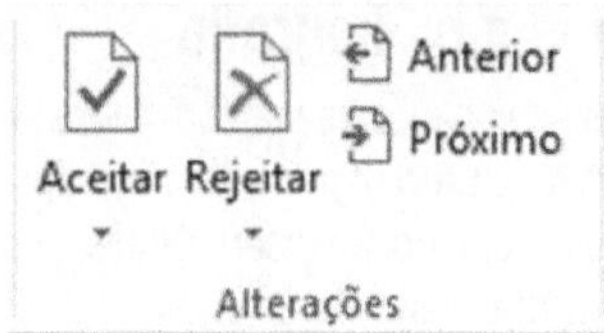

Bloco comparar

O bloco Comparar oferece a opção Comparar pela qual é possível escolher dentre as opções: Comparar... ou Combinar...

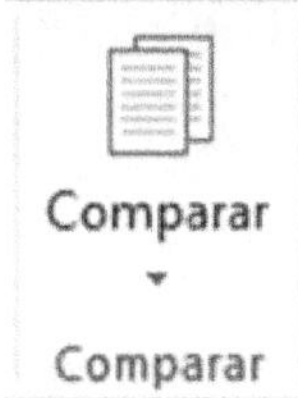

A opção Comparar... permite comparar versões diferentes de um mesmo documento, a fim de destacar as diferenças. Já a opção Combinar... serve para combinar as diferentes sugestões de alteração que várias pessoas fizeram com base no mesmo documento.

Bloco proteger

A opção Restringir Edição, disponível no Bloco Proteger, é a mesma apresentada no menu Arquivo.

4.11 Aba Exibir

Note que no Word 2013 o nome da aba era Exibição; na versão 2016 ficou mais sucinta. As opções encontradas nesta Guia estão relacionadas a itens que se remetem à forma de apresentação da janela, do zoom, entre outras visões. A figura a seguir ilustra a aba que é composta pelos blocos: Modos de Exibição de Documento; Mostrar; Zoom; Janela e Macros.

Bloco modos de exibição

Trata-se de um dos principais blocos da aba Exibição, em relação à cobrança nas provas, pois neste bloco são disponibilizados os cinco modos de exibição da janela do Word: Layout de Impressão; Leitura em Tela Inteira; Layout da Web; Estrutura de Tópicos e Rascunho, conforme ilustra a figura a seguir.

O modo Layout de impressão é o padrão. Quando ele esta ativado, é possível se visualizar os limites das páginas, e as réguas são exibidas tanto da horizontal como da vertical.

O modo Leitura em Tela Inteira oferece uma visualização na qual o tamanho da fonte é aumentado, bem como os espaçamentos, proporcionando assim uma melhor visualização do texto.

No Layout da Web não há a divisão em páginas, e apenas aparece a régua da horizontal.

A Estrutura de Tópicos exibe o texto com um marcador para cada parágrafo, como ilustrado a seguir.

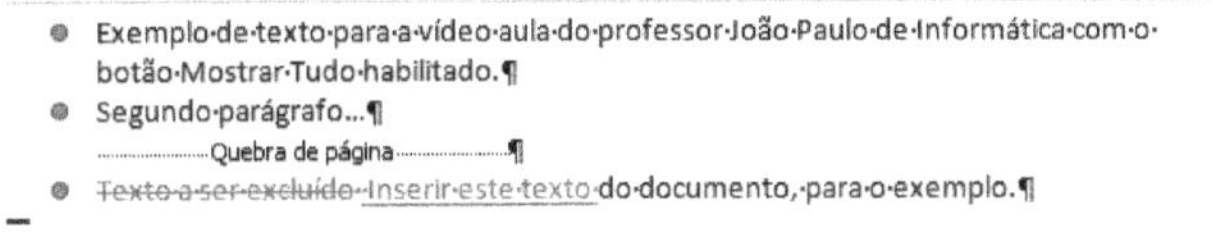

O modo Rascunho é o mais simples, as figuras são omitidas, e apenas o texto é exibido.

Bloco mostrar

Por meio deste bloco é possível se exibir ou ocultar algumas estruturas do Word, como: a Régua, as Linhas de Grade e o Painel de Navegação, conforme a figura a seguir.

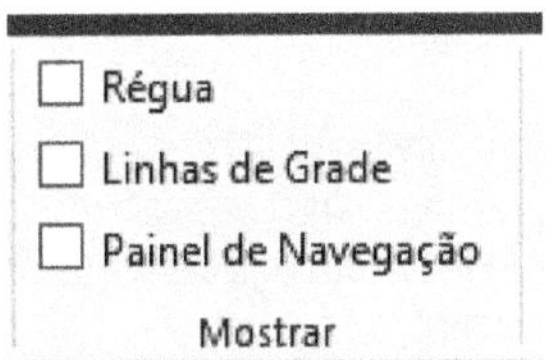

A opção Régua, por padrão, é habilitada; mas, ao desativá-la, apenas são ocultadas as réguas da janela.

Já a opção Linhas de Grade exibe o reticulado, a fim de auxiliar na edição do documento como ilustrado a seguir.

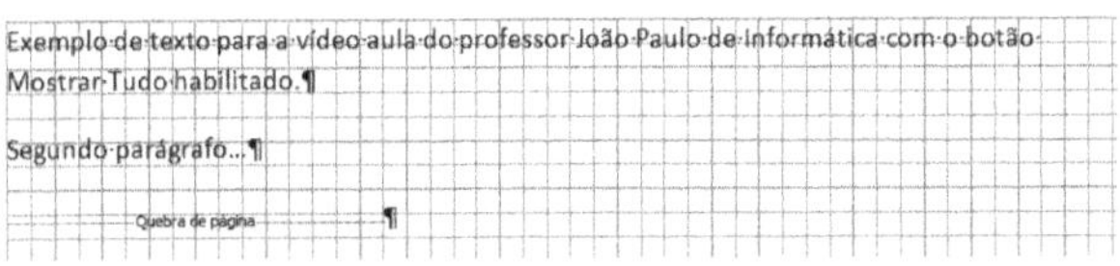

A opção Painel de Navegação habilita a exibição ao lado esquerdo da janela do Word, um painel no qual são exibidos os títulos do documento, como ilustrado a seguir. Ao se clicar em um título, o cursor de texto é disposto na posição do título clicado, também é possível se reorganizar o documento clicando e mantendo clicado, arrastar o arquivo para o local desejado.

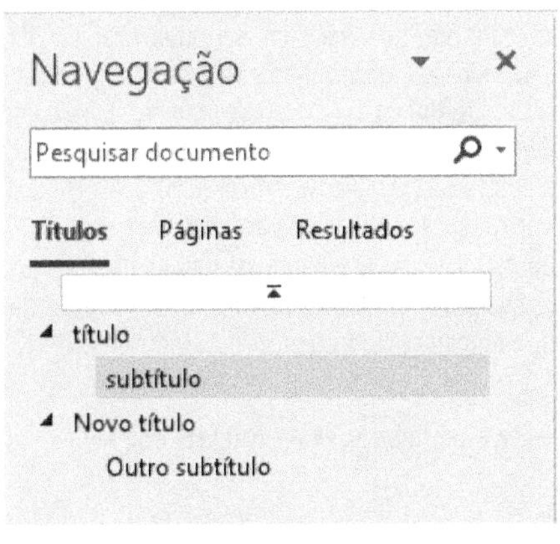

Bloco zoom

Por meio deste bloco, ilustrado a seguir, é possível se alternar entre os diversos níveis de zoom do documento.

Bloco janela

As opções deste bloco estão associadas à visualização da janela do programa.

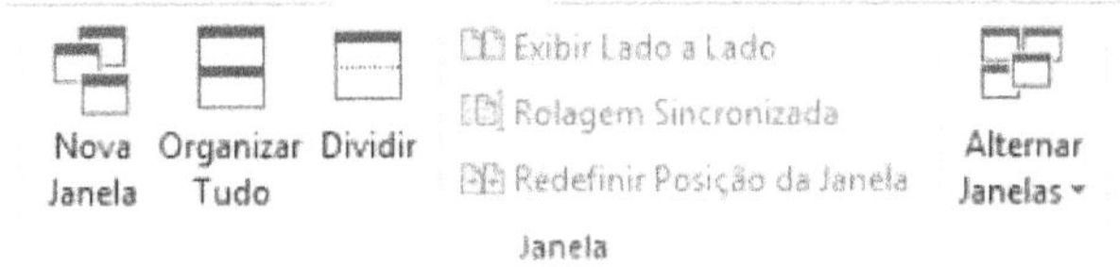

A opção mais usual é a opção Dividir, que permite dividir a tela em duas, de forma a possibilitar a visualização de duas partes distantes de um mesmo documento simultaneamente, como ver a primeira e a última página de um documento com várias páginas.

Questões

01. Com referência aos ícones da interface de edição do MS Word disponíveis na guia Página Inicial, assinale a opção que apresenta, na respectiva ordem, os ícones que devem ser acionados para se realizarem as seguintes ações: aumentar em um ponto o tamanho da fonte; ativar estrutura de tópicos; alinhar texto à direita; alterar o espaçamento entre linhas de texto.

a) 

b) 

c) 

d) 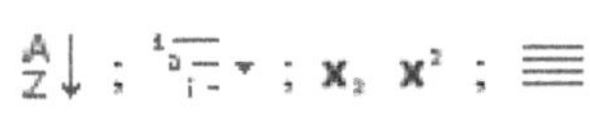

e) 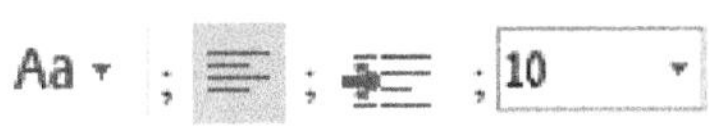

02. No Word 2013, ao se clicar, com o botão esquerdo do mouse, a seta no botão , localizado na guia Página Inicial, grupo Fonte, serão mostradas opções para sublinhar um texto, tais como sublinhado duplo e sublinhado tracejado.

Certo ( ) Errado ( )

Julgue o próximo item, relativo aos aplicativos para edição de textos, planilhas e apresentações do ambiente Microsoft Office 2013.

03. Uma forma de realçar uma palavra, em um documento no Word 2013, é adicionar um sombreamento a ela; no entanto, esse recurso não está disponível para aplicação a um parágrafo selecionado.

Certo ( ) Errado ( )

Julgue o próximo item, relativo aos aplicativos para edição de textos, planilhas e apresentações do ambiente Microsoft Office 2013.

04. No canto esquerdo superior da janela inicial do Excel 2013, consta a informação acerca do último arquivo acessado bem como do local onde ele está armazenado.

Certo ( ) Errado ( )

Com relação ao sistema operacional Windows e ao ambiente Microsoft Office, julgue o item que se segue.

05. No MS Office, o uso da ferramenta Pincel de Formatação permite copiar a formatação de um parágrafo do documento em edição e aplicá-la a outro parágrafo.

Certo ( ) Errado ( )

Com relação ao sistema operacional Windows e ao ambiente Microsoft Office, julgue o item que se segue.

06. No MS Word, a atribuição de estilos a títulos de seções do documento em edição permite a geração automática e padronizada de numeração e formatação.

Certo ( ) Errado ( )

Julgue o próximo item, relativo ao sistema operacional Windows 8 e à edição de textos no ambiente Microsoft Office 2013.

07. No Word 2013, entre as opções de colagem disponibilizadas no botão Colar, localizado na guia Página Inicial, encontra-se a opção Mesclar Formatação.

Certo ( ) Errado ( )

Julgue o próximo item, relativo ao sistema operacional Windows 8 e à edição de textos no ambiente Microsoft Office 2013.

08. No Word 2013, é possível definir uma fonte padrão para ser utilizada somente no documento em edição.

Certo ( ) Errado ( )

Com relação ao sistema operacional Linux, ao editor de texto Microsoft Office Word 2013 e ao programa de navegação Microsoft Internet Explorer 11, julgue o próximo item.

09. Para a rápida inserção de uma tabela em documento do Word 2013, é suficiente clicar com o botão direito do mouse sobre a área na qual a tabela será inserida; na lista disponibilizada, escolher a opção Inserir e, em seguida, clicar em Tabela.

Certo ( ) Errado ( )

Com relação ao sistema operacional Linux, ao editor de texto Microsoft Office Word 2013 e ao programa de navegação Microsoft Internet Explorer 11, julgue o próximo item.

10. No leiaute de um mesmo documento do Word 2013, as páginas podem ter orientações diferentes.

Certo ( ) Errado ( )

Acerca da inserção de seções em planilhas e textos criados no Microsoft Office, julgue.

11. Em um documento Word, as seções podem ser utilizadas para que, em uma mesma página, parte do texto esteja em uma coluna e outra parte, em duas colunas.

Certo ( ) Errado ( )

Acerca da inserção de seções em planilhas e textos criados no Microsoft Office, julgue.

12. No Word, as seções são utilizadas como meio padrão para se inserir rodapé e cabeçalho no documento.

Certo ( ) Errado ( )

Acerca da inserção de seções em planilhas e textos criados no Microsoft Office, julgue.

13. No Excel, as seções são utilizadas para separar figuras de um texto que estejam em quadros.

Certo ( ) Errado ( )

Acerca da inserção de seções em planilhas e textos criados no Microsoft Office, julgue.

14. A inserção de índices analíticos no Word não implica a inserção de seções entre as páginas, em todo o documento.

Certo ( ) Errado ( )

Acerca da inserção de seções em planilhas e textos criados no Microsoft Office, julgue.

15. No Excel, as seções são utilizadas para separar gráficos e valores em uma mesma planilha.

Certo ( ) Errado ( )

Acerca do pacote Microsoft Office, julgue o item a seguir.

16. No Word, para que as orientações das páginas do documento se alternem entre retrato e paisagem, é necessário haver quebras de seções entre cada mudança de orientação.

Certo ( ) Errado ( )

17. Assinale a opção que apresenta corretamente os passos que devem ser executados no BrOffice Writer para que os parágrafos de um texto selecionado sejam formatados com avanço de 2 cm na primeira linha e espaçamento 12 entre eles:

a) Acessar o menu Editar, selecionar a opção Texto e inserir os valores desejados no campo Recuos e Espaçamento.

b) Acessar o menu Formatar, selecionar a opção Parágrafo e inserir os valores desejados no campo Recuos e Espaçamento.

c) Acessar o menu Formatar, selecionar a opção Texto e inserir os valores desejados no campo Espaçamento.

d) Acessar o menu Editar, selecionar a opção Recuos e inserir os valores desejados no campo Recuos e Espaçamento.

e) Pressionar, no início da primeira linha, a tecla Tab e, em seguida, a tecla Enter duas vezes após o primeiro parágrafo do texto selecionado. Assim, o Writer repetirá essa ação para os demais parágrafos selecionados.

Acerca de aplicativos para edição de textos e planilhas e do Windows 10, julgue o próximo item.

18. Situação hipotética: Elisa recebeu a tarefa de redigir uma minuta de texto a ser enviada para sua chefia superior, com a condição de que todos os servidores do setor pudessem colaborar com a redação da minuta, ficando Elisa encarregada de consolidar o documento final. Após digitar a primeira versão do documento, Elisa compartilhou o respectivo arquivo, a partir de sua estação de trabalho. Todos realizaram a edição do texto no mesmo arquivo por meio do LibreOffice Writer com a função Gravar Alterações ativada.

Assertiva: Nessa situação, quando da revisão final do texto, Elisa terá acesso a diversas informações, como: tipo de alteração, data e hora da alteração e autor da alteração.

Certo ( ) Errado ( )

Com relação à informática, julgue o item que se segue.

19. Para se editar o cabeçalho de um documento no Writer, deve-se clicar o topo da página para abrir o espaço para edição. Por limitações técnicas desse editor de textos, não é possível colar textos ou imagens nesse espaço.

Certo ( ) Errado ( )

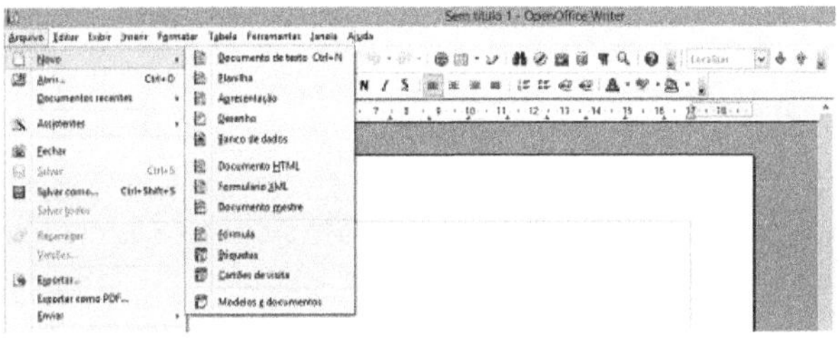

20. Tendo como referência a figura apresentada, julgue os próximos itens acerca do BrOffice Writer:

a) É possível salvar um arquivo em formato PDF por meio da opção Salvar como....

b) Selecionando-se, sequencialmente, o menu Arquivo, a opção Novo e a sub opção Planilha pode-se criar uma planilha, que será aberta dentro do Writer.

c) Clicando-se uma vez o botão , é possível inserir, em arquivos editados no Writer, links para outros arquivos ou páginas da Internet.

d) Textos que forem digitados no campo representado pelo ícone Localizar serão buscados na Internet mediante o sítio de buscas Google.

e) É possível alterar a cor da fonte utilizada em um documento ao se selecionar o texto e, em seguida, clicar o botão .

Gabaritos

01	A	11	CERTO
02	CERTO	12	ERRADO
03	ERRADO	13	ERRADO
04	CERTO	14	CERTO
05	CERTO	15	ERRADO
06	CERTO	16	CERTO
07	CERTO	17	B
08	CERTO	18	CERTO
09	ERRADO	19	ERRADO
10	CERTO	20	C

5. EXCEL 2016

5.1 Janela Inicial

Assim como no Word e no PowerPoint 2016, o Excel inicia, por padrão, com a tela que exibe os documentos recentes e modelos, disponíveis online, como sugestões para iniciar um novo documento.

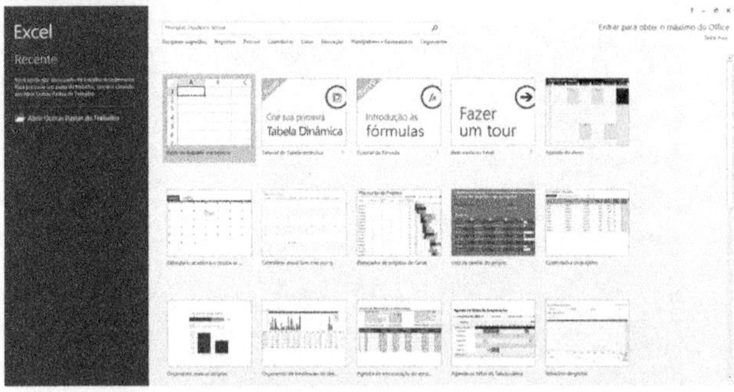

5.2 Formatos de Arquivos

Um arquivo do Excel é uma Pasta de Trabalho, composta por uma ou mais Planilhas.

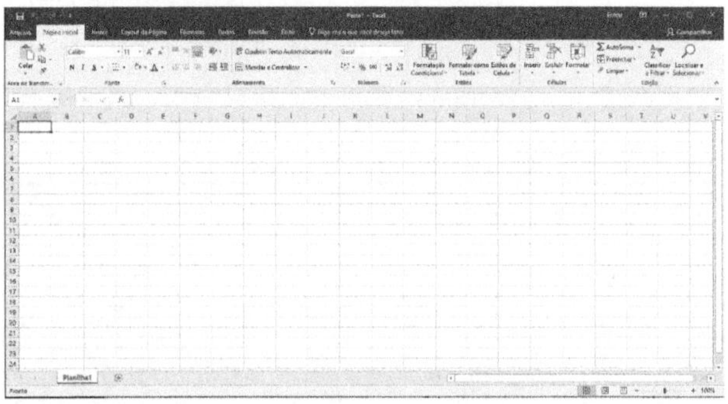

Note que, na versão 2016, o nome padrão das planilhas não é mais Plan1, e sim Planilha1, similar ao BrOffice/LibreOffice Calc.

Formato	Excel 2003	Excel 2007 e 2010	*Excel 2013 e 2016*	Calc
Pasta de trabalho	XLS	XLSX	XLSX	ODS
Modelo	XLT	XLTX	XLTX	OTS
Demais formatos	csv e CML	XLS, ODS, csv e XML	XLS, ODS, csv e XML	XLSX, XLS, csv e XML
PDF	Não trabalha com	SALVA em PDF	Exporta em PDF	Exporta em PDF

Nota: cada pasta de Trabalho agora opera em uma janela diferente. Assim, torna-se possível utilizar recursos como o AERO SNAP para exibir duas janelas do Excel lado a lado na tela.

Em uma tabela, o comportamento é diferente do comportamento de uma planilha. Em uma planilha, as células possuem endereços que podem ser referenciados em fórmulas e funções.

Ainda comparando tabela com planilha, ao inserir uma tabela são desejadas as células já com suas bordas em evidência, e a quantia de linhas e colunas pode ser inserida na tabela indefinidamente, ao contrário das planilhas que ao criar uma planilha ela exibe apenas suas linhas de grade e não suas bordas, tanto que se visualizarmos a impressão irá aparecer uma página em branco.

	Nº de Linhas	Nº Colunas
Excel 2003	65.536	256
Excel 2007 → 2016	1.048.576 = 2^{20}	16.384 = 2^{14}
Calc	1.048.576	1.024 = 2^{10}

Contudo, as planilhas já são criadas com um número específico de linhas e colunas. Este número é fixo, ou seja, não podemos criar novas linhas ou colunas muito menos excluí-las. Neste ponto você deve estar se perguntando: mas o Excel tem uma opção para inserir linhas e colunas. É... infelizmente você acabou de descobrir que o programa está lhe enganando.

5.3 Novidades

Uma das maiores novidades (pelo menos para efeito de provas em concursos) do Excel 2016 são os novos gráficos disponíveis.

Note, na figura a seguir, que os minigráficos continuam a existir no 2016, e ainda são apresentados separadamente dos gráficos tradicionais, por conta da forma que são representados. Os minigráficos são limitados ao tamanho de uma célula, enquanto os gráficos tradicionais podem ser incorporados como figuras ou como uma guia de planilha.

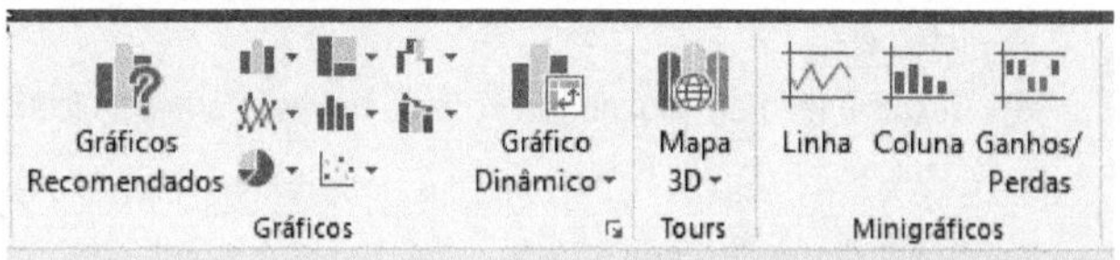

No Excel 2016, recomenda-se selecionar os dados antes de inserir um gráfico, pois o programa busca apresentar primeiramente os gráficos recomendados de acordo com o conjunto de dados selecionados. Por exemplo, se apenas uma linha, ou apenas uma coluna for selecionada o mais indicado será um gráfico de Pizza, ou sua variação Rosca. A figura a seguir representa os gráficos disponíveis no programa.

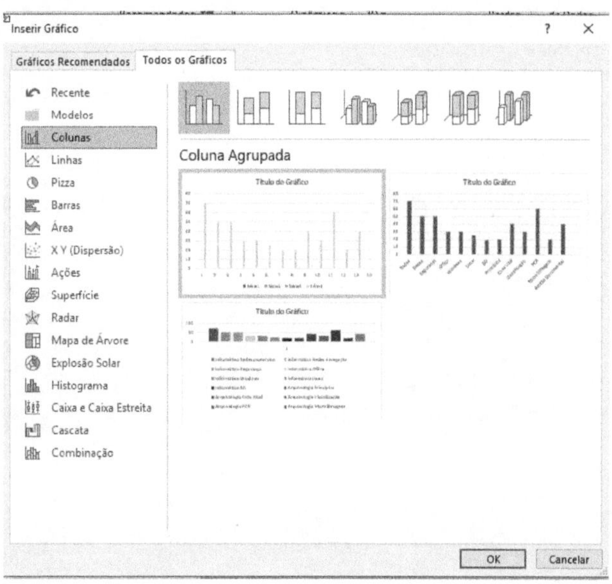

Dos gráficos disponíveis são novos, ou seja, não existiam na versão anterior, os seguintes:

> Mapa de Árvore;
> Explosão Solar;
> Histograma;
> Caixa e Caixa Estreita (boxplot);
> Cascata;
> Funil.

Os demais gráficos já existiam na versão anterior:

> Coluna (Agrupada ou empilhadas - 2D e 3D);
> Barra (Agrupada ou empilhadas - 2D e 3D);
> Linha;
> Pizza;
> Rosca (é uma variação de pizza);
> Área;
> X Y (também chamado de Dispersão);
> Bolhas (variação de dispersão);
> Ações;
> Superfície;
> Combinação (inserido no Excel 2013);
> Radar.

A seguir consta um exemplo do gráfico de explosão solar. Veja que é possível, e necessário, usar mais que duas colunas, ou linhas. Este gráfico permite analisar dados categorizados e sua participação (%) dentro de cada categoria.

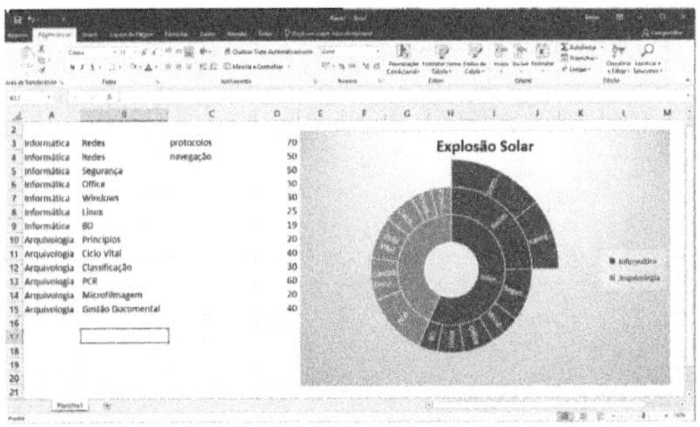

Outro gráfico, excepcional, adicionado que auxilia e muito a área de estatística é o gráfico boxplot (Caixa) que apresenta várias informações estatísticas, como máximos e mínimos, média entre outras informações.

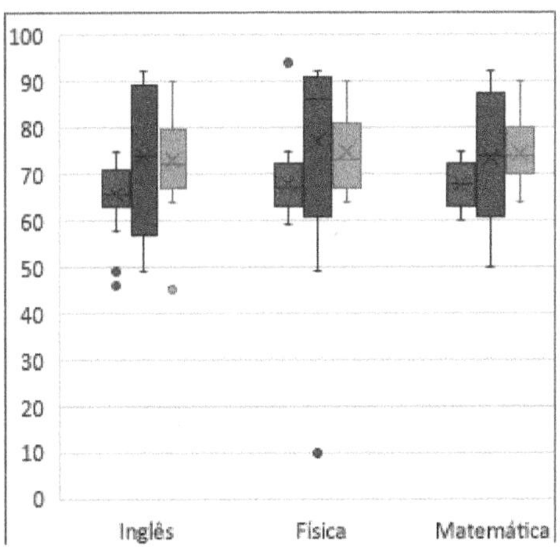

Um gráfico caixa e caixa estreita mostra a distribuição dos dados em quartis, realçando a média e as exceções. As caixas podem ter linhas estendendo-se verticalmente chamadas de "caixa estreita". Essas linhas indicam variabilidade fora do quartis superiores e inferiores e qualquer ponto fora dessas linhas ou caixas estreitas é considerado uma exceção (Microsoft).

Os gráficos de caixa estreita são frequentemente usados na análise estatística. Por exemplo, você poderia usar um gráfico de caixa estreita para comparar os resultados de avaliações médicas ou as pontuações de teste de professores (Microsoft).

5.4 Operadores

Células de absorção

Uma das principais funcionalidades de um editor de planilhas é permitir a realização de cálculos matemáticos e operar com diversas funções lógicas não somente com números, mas também com textos. Contudo, é necessário informar ao programa quando temos a intenção de realizarmos alguma destas operações. Para isso, devemos utilizar um indicador antes das fórmulas e funções.

Dentre os símbolos utilizados para iniciar uma Fórmula ou Função o mais conhecido e cobrado é o sinal de igualdade "=", porém ele não é o único que pode ser utilizado Na tabela a seguir estão descritos os demais sinais que podem ser utilizados.

Fórmulas	Exemplo	Funções	Exemplo
=	=5+5	=	=SOMA(A1:A5)
+	+5+5	+	+SOMA(A1:A5)
-	-5+5	-	-SOMA(A1:A5)
		@	@SOMA(A1:A5)

A observação sobre estes sinais está relacionada à origem do Excel. Nas primeiras versões do programa era utilizado o símbolo "@" (arroba) para indicar ao programa o início de uma função, enquanto para fórmulas se utilizava o "=", Como forma de padronizar, a Microsoft alterou o programa para que as funções também aceitassem o sinal de igualdade como indicar de início. Portanto o @ só funciona associado a funções no Excel.

Você deve estar se perguntando neste momento qual a diferença entre Fórmula e Função. Entenda por fórmula aquelas operações que envolvem os operadores matemáticos, as sentenças aritméticas, ou mesmo operações que envolvem mais de uma função.

Não podemos dizer que uma fórmula pode iniciar pelo sinal "@" pelo fato de que existe situação em que ele não funciona, como por exemplo, se for inserido em uma célula o seguinte "@5+5" Excel apresentará erro; mas se o que for inserido, por exemplo, "@B3+C3" o Excel também apresentará erro. Porém após fechar a caixa da mensagem de erro ele traz o trecho "@B3" selecionado. Assim quando o usuário clicar em alguma célula o trecho selecionado será substituído pelo sinal "=" seguido do endereço da célula selecionada.

Contudo, algumas bancas como CESPE e FCC consideraram em provas anteriores que o sinal "@" pode ser utilizado tanto para indicar o início de Fórmulas como também Funções. E, na prova o que considerar? Considere a forma correta, pois se a banca considerar o diferente utilize o exemplo dado, da situação que ocorre o erro, para anular a questão.

Operadores aritméticos

Quando trabalhamos com expressões aritméticas ou fórmulas, utilizamos constantemente os operadores, e, por este fato, muitas bancas colocam cobram questões a respeito. Os principais operadores são ilustrados na tabela a seguir.

Operador	Ação	Exemplo	Resultado
+	Soma	=5+5	10
-	Subtração	=5-5	0
*	Multiplicação	=5*5	25
/	Divisão	=5/5	1
%	Percentagem	=200 * 10%	20
^	Potenciação	=2^3	8

Quando uma célula estiver selecionada no Excel e se pressionar a tecla "/", o menu Arquivo será selecionado no Excel 2003 e, a partir do 2007, irá exibir as letras de cada guia da faixa de opções, ou seja, no Excel a barra faz o mesmo que a tecla Alt. Para iniciar o conteúdo de uma célula com a barra, deve-se posicionar o cursor de texto dentro da célula.

O operador % equivale a uma divisão por 100.

Operador de texto

O operador de texto é o & que realiza a operação de concatenação, ou seja, junta os dados das células indicadas na célula em que foi inserida a fórmula.

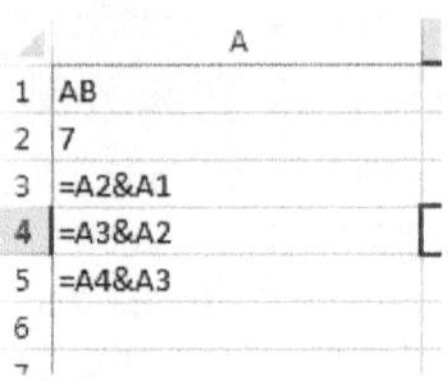

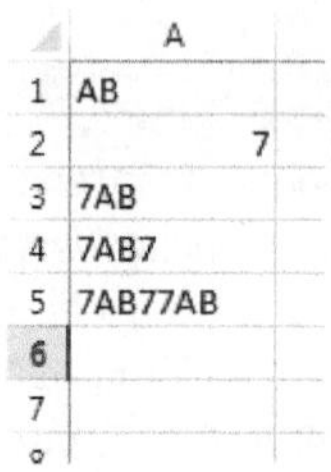

Outros exemplos:

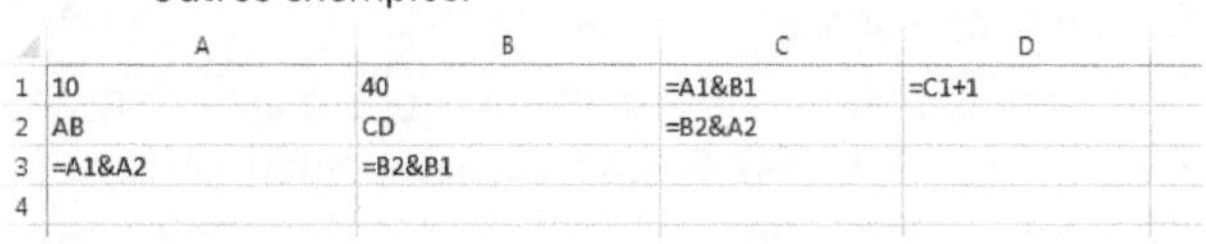

Resultados:

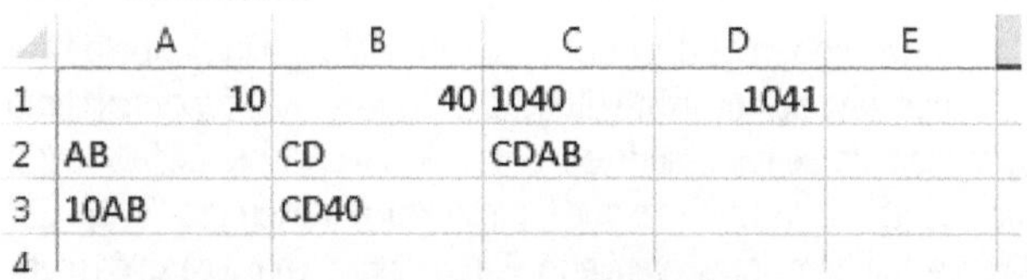

5.5 Operadores de referência

Em conjunto com o uso de funções, necessitamos utilizar um indicador para especificar os valores que devem ser considerados em uma função. A presença desses indicadores é tão importante, que houve questões nas quais o erro era justamente o uso incorreto desses sinais. A tabela a seguir mostra o sinal e como o devemos ler em uma expressão.

;	E	União
:	Até	Intervalo

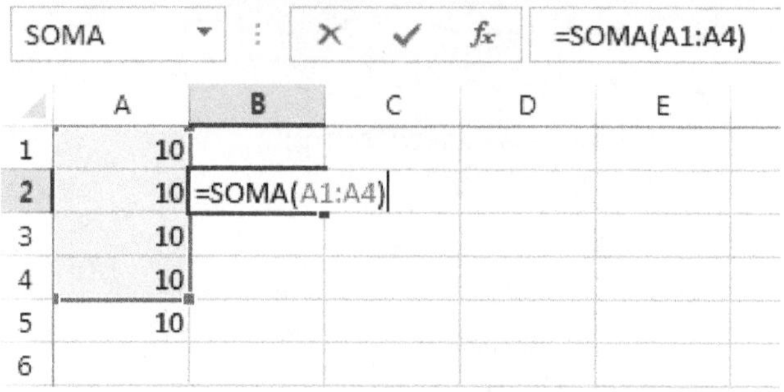

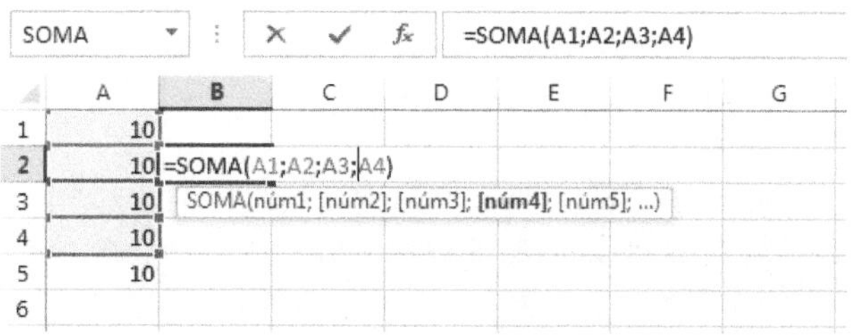

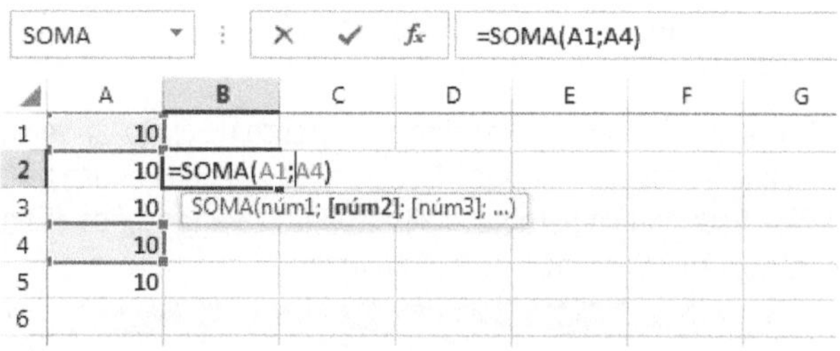

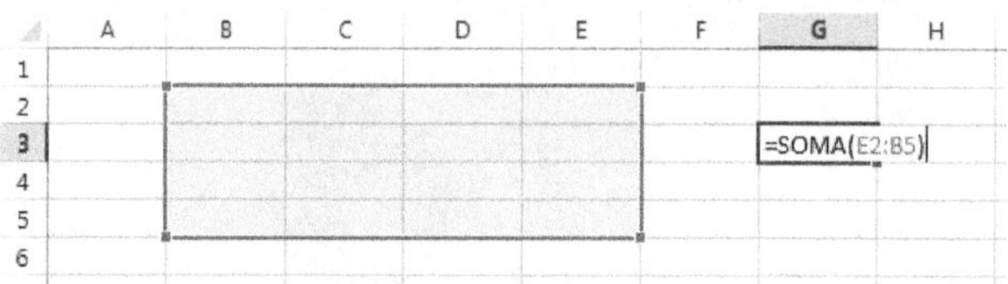

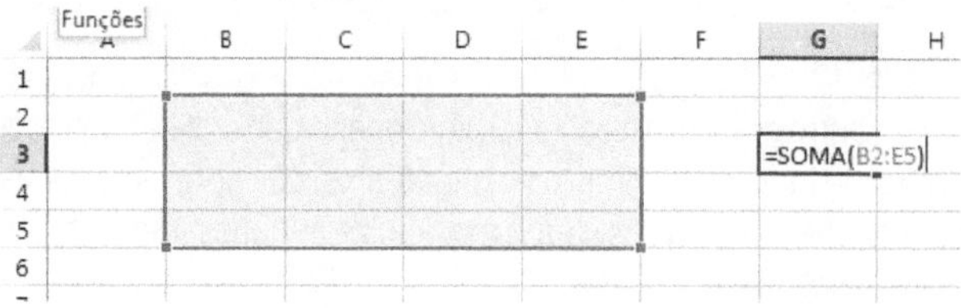

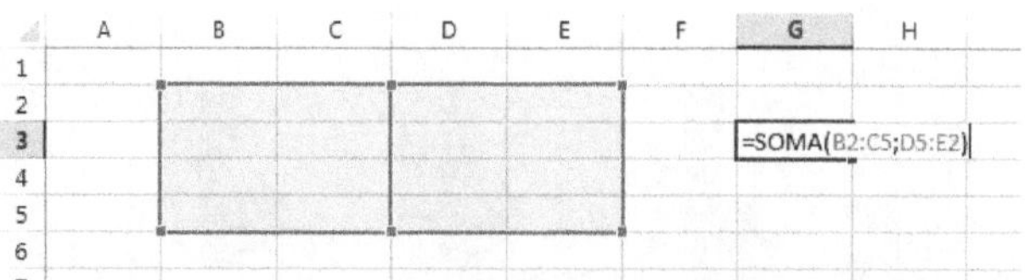

O sinal de ponto e vírgula ainda pode ser entendido como operador de união, e o sinal dois-pontos define um intervalo.

Ex.: dadas as funções

=SOMA(A3:A6)

=SOMA(A3;A6)

Na primeira função será apresentado o resultado da soma dos valores das células A3, A4, A5 e A6, enquanto que na segunda será apenas calculada a soma dos valores das células A3 e A6.

Operador de comparação

Operador	Símb.	Exemplo de uso	Resultado
Menor que	<	=7<10	VERDADEIRO
Maior que	>	=7>10	FALSO
Igual à	=	=7=10	FALSO
Maior ou igual à	>=	=7>=10	FALSO
Menor ou igual à	<=	=7<=10	VERDADEIRO
Diferente de	<>	=7<>10	VERDADEIRO

5.6 Funções

O Excel oferece diversas funções para a realização de operações e cálculos. Para auxiliar o usuário a encontrar a função necessária, o programa as separa em grupos, separadas em uma biblioteca de funções. O recurso citado pode ser encontrado na aba Fórmulas, como ilustra a figura a seguir.

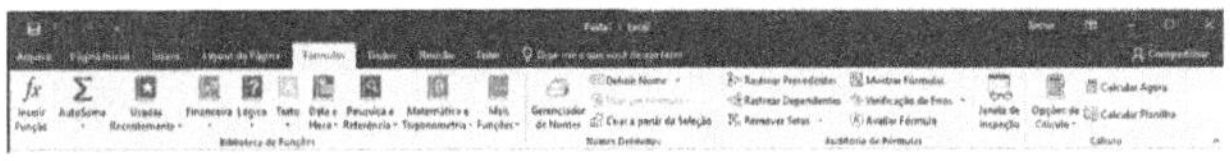

Categorias

- Financeira;
- Lógica;
- Texto;
- Data e Hora;
- Pesquisa e Referência;
- Matemática e Trigonométrica;
- Mais funções:
  - Estatística;
  - Engenharia;
  - Cubo;
  - Informações;
  - Compatibilidade
  - Web.

Também é possível inserir uma função por meio do botão Inserir Função  presente nesta mesma aba, como pelo mesmo botão representado na aba barra de fórmulas ilustrada a seguir.

Dentre as tantas funções existentes no programa, vamos destacar as principais, ou seja, as que têm maior probabilidade de serem cobradas nas provas.

Soma

A função Soma apresenta o resultado da soma dos valores contidos nas células indicadas no espaço de parâmetros da mesma .

Logo, tomando o recorte da planilha abaixo, e seus dados, ao inserir a função =SOMA(A1:A5), obtemos como resposta o valor 20.

	A	B	C
1	7	3	
2	3	7	
3		7	
4	7	3	
5	3	5	
6			
7			

Média

O cálculo da média é a obtenção do resultado da soma de um conjunto de valores e dividir essa soma pelo total de elementos desse conjunto.

A sintaxe da função é

=MÉDIA(<parâmetros>)

Em que: os <parâmetros> são o conjunto de endereços das células que serão consideradas. Dada a figura anterior, consideremos a função: =MÉDIA(A1:A5). O resultado dessa função será 20, pois a função Média ignora células vazias.

	A	B	C
1	7	3	
2	3	7	
3		7	
4	7	3	
5	3	5	
6			
7			

Mediana

A mediana calcula o elemento central de um conjunto de dados. Mas, cuidado: devemos lembrar que esta é uma função estatística que considera os valores ordenados. Assim, ao aplicar a função:

=med(b1:b5)

Obteremos como resposta o valor 5, pois se encontra no centro do conjunto de dados. Já no caso de aplicar a função:

=med(a1:a5)

A resposta será também 5, porque quando o conjunto de dados possui uma quantidade par de elementos, a mediana corresponde à média dos dois elementos centrais do conjunto.

Mod

A função MOD calcula o resto de uma divisão inteira. Dessa forma, ao aplicar a função:

=MOD(A1;A2) teremos como resposta 1, uma vez que o número 7 dividido por 3 resulta em 2 e sobra 1.

Potência

Esta função calcula um valor elevado a outro. Sua sintaxe é a seguinte:

=POTÊNCIA(<número>;<potência>)

Como exemplo, temos:

=POTÊNCIA(2;3)

que resulta em 8.

Ainda, podemos comparar com o uso do operador de potenciação:

=2^3

Máximo

A função Máximo retorna o valor mais alto do conjunto de dados especificados, ao aplicar a função para o conjunto de dados inicial.

=MÁXIMO(B1:B5)

A resposta será 7.

Maior

A função maior possui dois campos em sua sintaxe.

=MAIOR(<intervalo>;<Número de Ordem>)

Ao aplicar

=MAIOR(B1:B5;3)

Podemos entender como a busca pelo terceiro maior número de B1 até B5.

Mínimo

Esta função resulta no valor mais baixo de um conjunto de dados. Logo ao aplicar:

=MÍNIMO(B1:B5)

a resposta obtida será 3.

Menor

Assim como a função Maior a função menor possui dois campos obrigatórios, seja o exemplo:

=MENOR(B1:B5;4)

Em que se lê: quarto menor número de B1 até B5, que resulta em 7.

Agora

Outro grupo de funções é o das funções de data, no caso específico a função Agora é um exemplo.

Esta função não recebe parâmetros, apenas é escrita:

=AGORA( )

Seu resultado é a expressão da data e da hora atual, ou seja, do momento em que foi inserida. Cuidado: por padrão, o resultado desta função não se atualiza automaticamente. No entanto, ao inserir uma outra função ou cálculo em outra célula e teclar Enter, os dados da função Agora serão atualizados.

Hoje

A função Hoje retorna apenas a Data atual. Para usá-la, basta inserir =HOJE( ) e a data será impressa na célula.

Dias

A função DIAS retorna a diferença entre duas datas.

=DIAS(<data_Final> ; <data_Inicial>)

Cont.Núm

Esta função realiza a contagem de células cujo conteúdo é um valor numérico. Sua sintaxe apresenta-se da seguinte forma:

=CONT.NÚM(A1:A5)

Para o conjunto de dados inicial, a resposta será 4, pois uma célula está vazia.

Cont.Se

Enquanto a função Cont.Núm contabiliza a quantidade de células de conteúdo numérico, a função Cont.Se conta a quantidade de células que possuem conteúdo que atendam a um critério fornecido como parâmetro.

=CONT.SE(<intervalo>;<Critério>)

Assim, se aplicarmos:

=CONT.SE(B1:B5; "=7")

A resposta obtida será 2, pois existem apenas duas células com conteúdo igual a 7. Observe atentamente a necessidade do uso das aspas duplas.

Somase

Por meio da função SomaSe, podemos realizar a soma apenas das células que interessam.

Sua sintaxe é apresentada de seguinte forma:

=SOMASE(<intervalo a ser comparado> ; <critério> ; <intervalo a ser somado>)

Para isso, utilizaremos o conjunto de dados a seguir:

	A	B	C	D
1	7	3	A	
2	3	7	A	
3		3	B	
4	7	7	C	
5	3	5	A	
6		5	C	
7				

Ao utilizar a função:

=SOMASE(C1:C6; "=A"; B1:B6)

A resposta será 15, pois corresponde à soma das células presentes na coluna B, que estão na mesma linha das células da coluna C, que tem como conteúdo o texto comparado "A".

Se

A função SE também é conhecida como condicional. Esta função é utilizada para a tomada de decisões, pois permite analisar os dados e realizar uma ação de acordo com o que for encontrado.

A sintaxe da função possui por padrão três campos:

=SE(<teste lógico> ; <ação caso teste verdadeiro> ; <ação caso teste falso>)

Assim, dado o exemplo:

=SE(7>5;"verdade";"falso")

A resposta será verdade, pois é o texto expresso na ação, caso a condição seja verdadeira. Como 7 é maior do 5, isso se confirma.

=SE(7<5; "verdade"; "falso")

Como 7 não é menor do que 5, a condição é falsa; o que leva ao resultado Falso.

E

A função E retorna o resultado do tipo lógico, sendo verdadeiro somente quando todas as expressões sejam verdadeiras. A seguir consta a sintaxe desta função:

=E(expressão1; Expressão2; Expressão n)

Ou

A função OU retorna o resultado do tipo lógico, sendo falso somente quando todas as expressões sejam falsas. A seguir consta a sintaxe desta função:

=OU(expressão1; Expressão2; Expressão n)

Não

A função Não é a negação. Ela aceita apenas um parâmetro e inverte o resultado deste. Assim, se o valor da expressão resulta em verdadeiro, a resposta gerada por ela é falso e vice-versa. A seguir consta a sintaxe desta função:

=Não(Expressão)

Ou exclusivo

A função XOR retorna o resultado lógico verdadeiro apenas quando o número de proposições verdadeiras for ímpar.

=XOR(Expressão1 ; Expressão2; Expressão n)

Maiúsculas

No Excel, ao contrário do Word, para formatar um texto para letras maiúsculas não existe uma ferramenta, mas apenas a função Maiúsculas . A seguir consta a sintaxe desta função:

=MAIÚSCULA("texto")

O resultado será TEXTO.

Minúsculas

Assim como para formatar como maiúsculas, também é possível utilizar a função Minúsculas. A seguir consta a sintaxe desta função:

=MINÚSCULA("TexTo")

O resultado será texto.

5.7 Seleção de células

Durante a edição de uma planilha, podemos usar um comando do teclado para navegar entre as células. Dentre uma das ações mais comuns está o uso da tecla ENTER que, em uma planilha, seleciona a célula abaixo da célula em edição, enquanto que em uma tabela do Word é inserido um novo parágrafo na nova linha dentro da mesma célula.

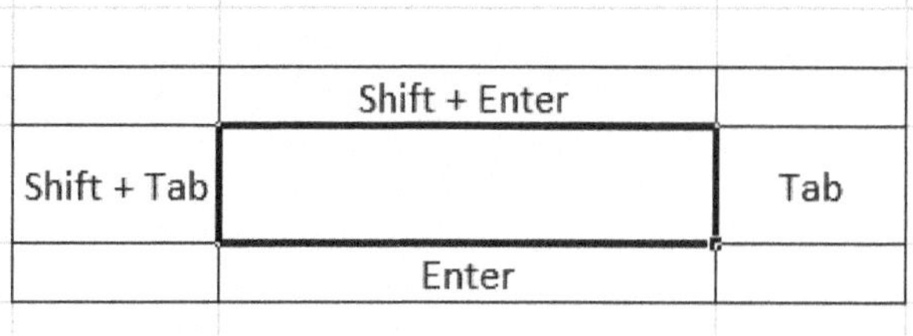

Já a tecla Tab produz o mesmo resultado tanto em uma Planilha como em uma tabela no Word. Ao teclar TAB, a célula à direita da célula em uso será selecionada.

O uso da tecla HOME tanto no Word como no Excel posiciona o cursor na primeira posição da linha atual. No caso das planilhas, a primeira posição trata-se da primeira célula.

Ao utilizar a combinação CTRL + HOME, a primeira célula é selecionada, ou seja, a célula A1.

A combinação CTRL + END seleciona a última posição do documento; esta, por sua vez, é a célula do encontro da última coluna com a última linha com conteúdo.

De modo geral, também podemos realizar a seleção de um conjunto de células.

5.8 Alça de preenchimento

A alça de preenchimento é um dos recursos que mais possui possibilidades de uso e, por consequência, respostas diferentes.

Antes de entendê-la vamos ver quem é ela. Veja a figura a seguir.

Observe que, quando uma ou mais células estão selecionadas, sempre no canto inferior direito é ilustrado um quadrado um pouco mais destacado; essa é a alça de preenchimento.

Ela possui esse nome porque é utilizada para facilitar o preenchimento de dados que obedeçam a uma regra ou padrão.

Quando uma única célula está selecionada e o seu conteúdo é um valor numérico, ao clicar sobre a alça de preenchimento e arrastar, seja na horizontal ou vertical, em qualquer sentido, exceto diagonal, no Excel o valor presente na célula é copiado para as demais sobre as quais foi arrastada a alça. A figura a seguir ilustra tal comportamento.

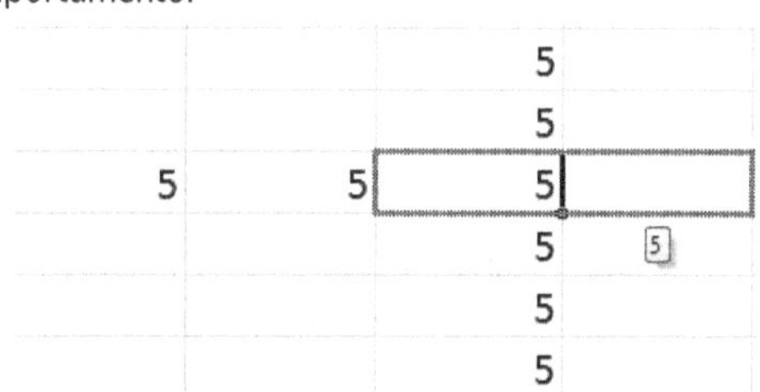

Já em uma situação em que existem duas células adjacentes selecionadas contendo valores numéricos diferentes entre si, ao se arrastar pela alça de preenchimento as células serão preenchidas com uma PA, cuja razão é a diferença entre os dois valores selecionados. A figura a seguir ilustra esse comportamento. Podemos observar que o valor que irá ser exibido na célula B6 será o número 30. Com isso observamos que a célula B4 receberá o valor 20, enquanto que B5 receberá 25, conforme vemos na figura da direita.

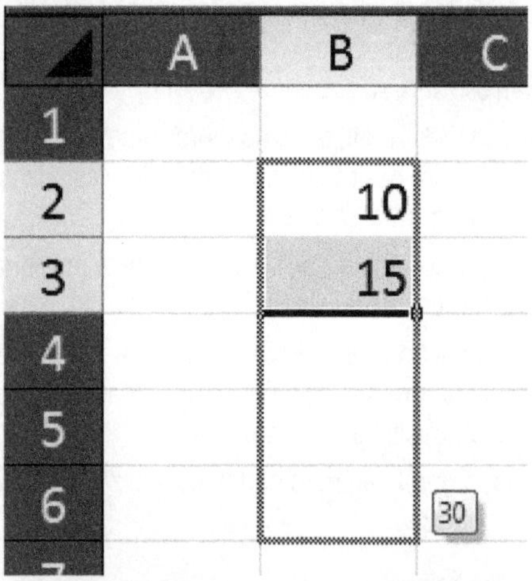

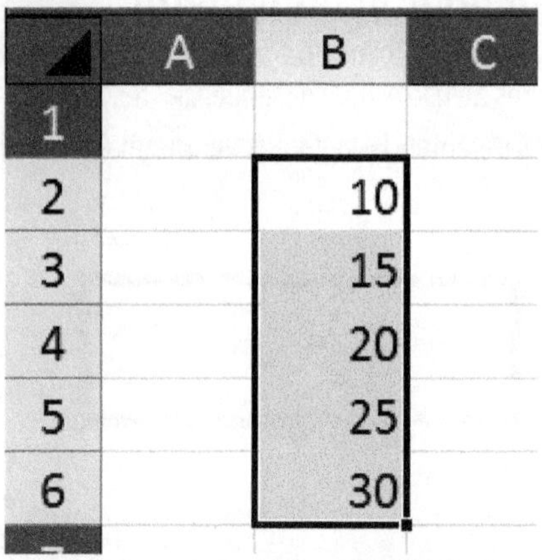

Mas devemos nos lembrar da exceção do Excel, em que se forem duas células selecionadas uma abaixo da outra, ao arrastar na horizontal as células são preenchidas com o mesmo valor; caso sejam duas células uma ao lado da outra as selecionadas, ao arrastar na vertical também apenas será copiado o valor das células selecionadas. Veja a figura a seguir ilustrando esse comportamento.

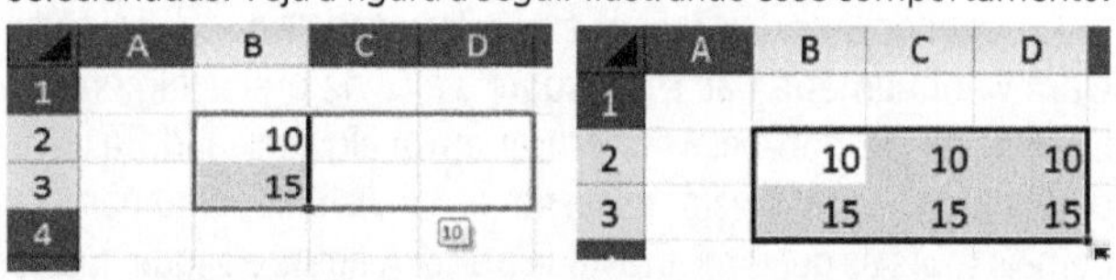

Quando o conteúdo de uma única célula selecionada for um texto, esse será copiado para as demais células. Mas se o conteúdo, mesmo sendo um texto, fizer parte de uma série conhecida pelo programa, as células serão preenchidas com o próximo valor da série. Por exemplo, se Janeiro for o conteúdo inserido na célula, então ao arrastar pela alça de preenchimento para a direita ou para baixo, a célula adjacente será preenchida com Fevereiro. Por outro lado, se for arrastado para cima ou para a esquerda, a célula adjacente será preenchida com Dezembro. O mesmo vale para as sequências Jan, Seg e Segunda-feira. Atenção: A, B, C não são conhecidos como série nos programas, mas o usuário pode criá-las.

Já na situação em que haja duas células que contenham textos diferentes selecionadas, ao arrastar será preenchido com o padrão encontrado. Veja o exemplo abaixo.

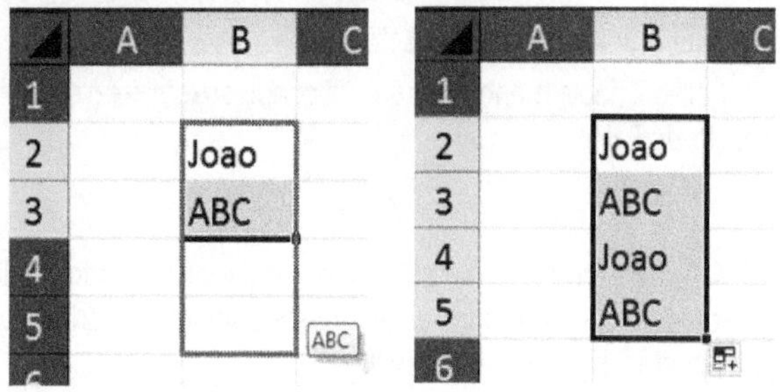

5.9 Endereçamento de células

Para endereçar uma célula, podemos utilizar 3 modos diferentes: Relativo, Misto e Absoluto.

Os modos de endereçamento não mudam em nada o valor ou qual célula está sendo utilizada, apenas influenciam a ação de copiar a célula com um endereço para outra célula.

Relativo	Misto		Absoluto
Coluna Linha	$Coluna Linha	Coluna $Linha	$Coluna$Linha
CL	$CL	C$L	CL
A2	$A2	A$2	$A$2

Endereçamento relativo

Fórmulas

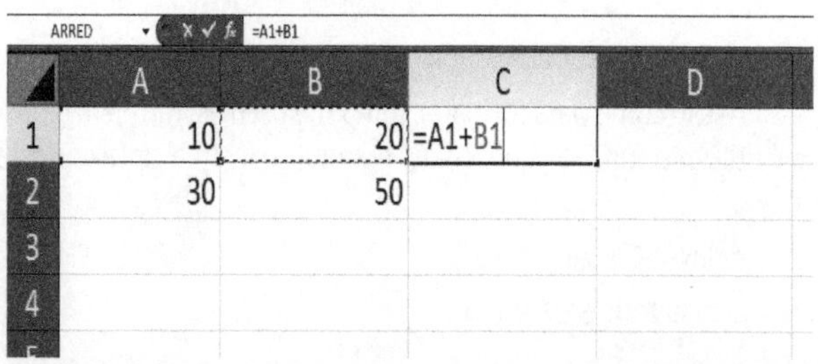

Resultados

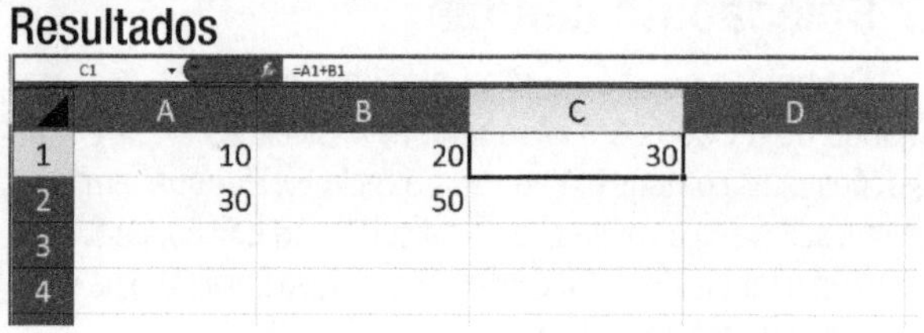

Endereçamento misto

Deslocamento	
Origem	*Destino*
L=	
C=	

Fórmulas

ARRED =$A1+B$1

	A	B	C	D
1	10	20	=$A1+B$1	
2	30	50		
3				
4				

Resultados

C1 =$A1+B$1

	A	B	C	D
1	10	20	30	
2	30	50		
3				
4				

Endereçamento absoluto

Fórmulas

ARRED =$A$1

	A	B	C	D
1	10	20	30	
2	30	50		
3	=$A$1			
4				

Resultados

A3 =$A$1

	A	B	C	D
1	10	20	30	
2	30	50		
3	10			
4				

Questões

Julgue o próximo item, relativo aos aplicativos para edição de textos, planilhas e apresentações do ambiente Microsoft Office 2013.

01. Em uma planilha do Excel 2013, ao se tentar inserir a fórmula =a3*(b3-c3), ocorrerá erro de digitação, pois as fórmulas devem ser digitadas com letras maiúsculas.

Certo ( ) Errado ( )

Julgue o próximo item, relativo aos aplicativos para edição de textos, planilhas e apresentações do ambiente Microsoft Office 2013.

02. No canto esquerdo superior da janela inicial do Excel 2013, consta a informação acerca do último arquivo acessado bem como do local onde ele está armazenado.

Certo ( ) Errado ( )

Julgue o próximo item, relativos ao sistema operacional Windows 8, ao Microsoft Office Excel 2013 e ao programa de navegação Microsoft Internet Explorer 11.

03. No Excel 2013, o ponto e vírgula (;) presente na fórmula =SOMA(-F10;F20) indica que todos os valores compreendidos entre as células F10 e F20 devem ser somados.

Certo ( ) Errado ( )

Com relação ao sistema operacional Windows e ao ambiente Microsoft Office, julgue o item que se segue.

04. No MS Excel, as referências relativas são fixas e identificadas pelo símbolo $.

Certo ( ) Errado ( )

Figura 3A6AAA

	A	B	C
1	responsável	projeto	valor (R$)
2	João	projeto A	100.000
3	Manuel	projeto B	150.000
4	Ana	projeto C	300.000
5	Pedro	projeto D	250.000
6	Patrícia	projeto E	200.000
7	Cristina	projeto F	100.000

05. A figura 3A6AAA representa parte da janela de um arquivo no Excel, em que há uma tabela com o filtro ativo na primeira linha.

Considerando a figura 3A6AAA, caso na célula A1 seja ativado o filtro Classificar de A a Z, as informações constantes da coluna A entram em ordem alfabética:

a) ficando os números das linhas da coluna C em ordem decrescente da linha 2 para a linha 7.

b) ficando as linhas da coluna C em ordem crescente da linha 2 para a linha 7.

c) da linha 7 para a linha 2, ficando inalteradas as linhas das colunas B e C.

d) da linha 2 para a linha 7, ficando inalteradas as linhas das colunas B e C.

e) da linha 2 para a linha 7, passando todas as linhas das colunas B e C a acompanhar a nova ordenação.

Figura 3A6AAA

	A	B	C
1	responsável	projeto	valor (R$)
2	João	projeto A	100.000
3	Manuel	projeto B	150.000
4	Ana	projeto C	300.000
5	Pedro	projeto D	250.000
6	Patrícia	projeto E	200.000
7	Cristina	projeto F	100.000

06. A figura 3A6AAA representa parte da janela de um arquivo no Excel, em que há uma tabela com o filtro ativo na primeira linha.

Para configurar a coluna C da figura 3A6AAA como moeda e com visualização de R$ antes de cada número, deve-se:

a) selecionar toda a coluna e, em opções do Excel, habilitar o cálculo iterativo.

b) selecionar toda a coluna e formatar células como moeda, com opção de visualizar R$.

c) selecionar toda a coluna e, em opções do Excel, personalizar a correção ortográfica para inserir R$.

d) digitar $ antes de cada número.

e) selecionar toda a coluna e, em opções do Excel, selecionar em fórmulas o cálculo automático.

Utilizando o Excel 2010, um analista desenvolveu e compartilhou com os demais servidores de sua seção de trabalho uma planilha eletrônica que pode ser editada por todos os servidores e que, ainda, permite a identificação do usuário responsável por realizar a última modificação. Para compartilhar suas atualizações individuais na planilha, o analista tem de selecionar a opção correspondente em Compartilhar Pasta de Trabalho, do menu Revisão, do Excel 2010.

Com relação a essa situação hipotética, julgue.

07. Caso dois servidores editem a mesma célula, será possível resolver conflitos de edição.

Certo ( ) Errado ( )

Utilizando o Excel 2010, um analista desenvolveu e compartilhou com os demais servidores de sua seção de trabalho uma planilha eletrônica que pode ser editada por todos os servidores e que, ainda, permite a identificação do usuário responsável por realizar a última modificação. Para compartilhar suas atualizações individuais na planilha, o analista tem de selecionar a opção correspondente em Compartilhar Pasta de Trabalho, do menu Revisão, do Excel 2010.

Com relação a essa situação hipotética, julgue.

08. Dois ou mais servidores não poderão editar o mesmo arquivo simultaneamente.

Certo ( ) Errado ( )

Utilizando o Excel 2010, um analista desenvolveu e compartilhou com os demais servidores de sua seção de trabalho uma planilha eletrônica que pode ser editada por todos os servidores e que, ainda, permite a identificação do usuário responsável por realizar a última modificação. Para compartilhar suas atualizações individuais na planilha, o analista tem de selecionar a opção correspondente em Compartilhar Pasta de Trabalho, do menu Revisão, do Excel 2010.

Com relação a essa situação hipotética, julgue.

09. Se um servidor acessar a planilha para edição, este procedimento não causará o bloqueio do arquivo, de modo que outro servidor não poderá abri-lo, ainda que seja somente para consulta.

Certo ( ) Errado ( )

Utilizando o Excel 2010, um analista desenvolveu e compartilhou com os demais servidores de sua seção de trabalho uma planilha eletrônica que pode ser editada por todos os servidores e que, ainda, permite a identificação do usuário responsável por realizar a última modificação. Para compartilhar suas atualizações individuais na planilha, o analista tem de selecionar a opção correspondente em Compartilhar Pasta de Trabalho, do menu Revisão, do Excel 2010.

Com relação a essa situação hipotética, julgue.

10. O Word é o único programa do Microsoft Office que permite que mais de um usuário edite, simultaneamente, arquivos de texto.

Certo ( ) Errado ( )

Utilizando o Excel 2010, um analista desenvolveu e compartilhou com os demais servidores de sua seção de trabalho uma planilha eletrônica que pode ser editada por todos os servidores e que, ainda, permite a identificação do usuário responsável por realizar a última modificação. Para compartilhar suas atualizações individuais na planilha, o analista tem de selecionar a opção correspondente em Compartilhar Pasta de Trabalho, do menu Revisão, do Excel 2010.

Com relação a essa situação hipotética, Julgue.

11. A planilha poderá ser editada por mais de um servidor simultaneamente.

Certo ( ) Errado ( )

Acerca de aplicativos para edição de textos e planilhas e do Windows 10, julgue o próximo item.

12. Situação hipotética: Fábio, servidor do INSS, recebeu a listagem dos cinco últimos rendimentos de um pensionista e, para que fosse calculada a média desses rendimentos, ele inseriu os dados no LibreOffice Calc, conforme planilha mostrada abaixo.

	A
1	R$ 1.896,21
2	R$ 2.345,78
3	R$ 2.145,09
4	R$ 2.777,32
5	R$ 5.945,97
6	
7	

Assertiva: Nessa situação, por meio da fórmula =MED(A1:A5;5), inserida na célula A6, Fábio poderá determinar corretamente a média desejada.

Certo ( ) Errado ( )

13. No BrOffice Calc, para se eliminar casas decimais de um número, utiliza-se, exclusivamente, a função:

a) COMBINA.

b) EXP.

c) RADIANOS.

d) TRUNCAR.

e) SOMASE

14. Considere que, utilizando uma máquina com sistema operacional Windows, um usuário tenha inserido uma linha em branco em uma planilha do Microsoft Excel, em sua configuração padrão. Assinale a opção que apresenta a tecla que deverá ser acionada, nessa situação, para repetir essa última ação do usuário:

a) F5.

b) F1.

c) F2.

d) F3.

e) F4.

15. Um usuário, servindo-se do Microsoft Excel, deseja simular o valor de um investimento em uma instituição financeira, com base nos seguintes dados: quantidade de parcelas do investimento, taxa de rendimento anual, juros constantes e investimento feito em cada parcela.

Considerando essa situação hipotética, assinale a opção que apresenta a função a partir de cuja execução o usuário poderá simular o valor que será obtido ao final do período de investimento:

a) MÉDIA

b) VF

c) ARRED

d) CORREL

e) SOMA

	A	B	C
1	Aluno	Nota	
2	Bernardo	84	
3	Giovana	82	
4	Hugo	81	
5	João	82	
6	José	72	
7	Maria	86	
8	Patrícia	80	
9	MÉDIA	81	

16. Considerando que a figura acima mostra parte de uma planilha em processo de edição no Excel, na qual estão contidas notas de sete alunos, assinale a opção que apresenta a fórmula correta para se calcular a média dessas notas, apresentada na célula B9 da planilha:

a) =MÉDIA(B2:B8)

b) =MÉDIA(B2∑B8)

c) =MÉDIA(B2,B8)

d) =MÉDIA(B2;B8)

e) =MÉDIA(∑B2:∑B8)

Com relação às ferramentas e às funcionalidades do ambiente Windows, julgue o item que se segue.

17. A alça de preenchimento do Excel é utilizada para somar valores numéricos contidos em um conjunto de células selecionadas pelo usuário.

Certo ( ) Errado ( )

18. A planilha a seguir foi digitada no LibreOffice Calc 5.3 e no Microsoft Excel 2013, ambos em português, e mostra os homicídios por armas de fogo em algumas regiões do Brasil de 2009 a 2014.

	A	B	C	D	E	F	G	H
1	Homicídios por arma de fogo							
2	UF/REGIÃO	2009	2010	2011	2012	2013	2014	Média
3	Acre	61	63	50	85	97	116	78,66667
4	Amapá	69	103	80	117	99	142	101,6667
5	Amazonas	572	635	879	855	692	756	731,5
6	Pará	2.038	2.502	2.077	2.138	2.254	2.319	2221,333

(http://www.mapadaviolencia.org.br/pdf2016/Mapa2016_armas_web.pdf)

Na célula H3, foi digitada uma fórmula para calcular a média aritmética dos valores do intervalo de células de B3 a G3. A fórmula utilizada foi:

a) =MÉDIA(B3:G3)tanto no LibreOffice Calc 5.3 quanto no Microsoft Excel 2013.

b) =AVG(B3:G3) no LibreOffice Calc 5.3 e =MÉDIA(B3:G3) no Microsoft Excel 2013.

c) =AVG(B3:G3) tanto no LibreOffice Calc 5.3 quanto no Microsoft Excel 2013.

d) =MEDIA(B3:G3) no LibreOffice Calc 5.3 e =AVERAGE(B3:G3) no Microsoft Excel 2013.

e) =MED(B3:G3)tanto no LibreOffice Calc 5.3 quanto no Microsoft Excel 2013.

19. Em uma planilha que está sendo editada no Excel 2007, um triângulo vermelho no canto superior direito de uma célula indica que, naquela célula, há algum erro: por exemplo, se a célula tem uma fórmula matemática associada a ela, pode ser um erro nessa fórmula.

Certo ( ) Errado ( )

20. No Excel, os sinais de @ (arroba), + (soma), - (subtração) e = (igual) indicam ao programa o início de uma fórmula.

Certo ( ) Errado ( )

Gabaritos

01	ERRADO	11	ERRADO
02	CERTO	12	ERRADO
03	ERRADO	13	D
04	ERRADO	14	E
05	E	15	B
06	B	16	A
07	CERTO	17	ERRADO
08	ERRADO	18	A
09	CERTO	19	ERRADO
10	ERRADO	20	CERTO

6. POWERPOINT 2016

O PowerPoint é o editor de Apresentações de Slides da Microsoft.

Algumas provas podem citar o termo slides em português: eslaide.

6.1 Tela de Abertura

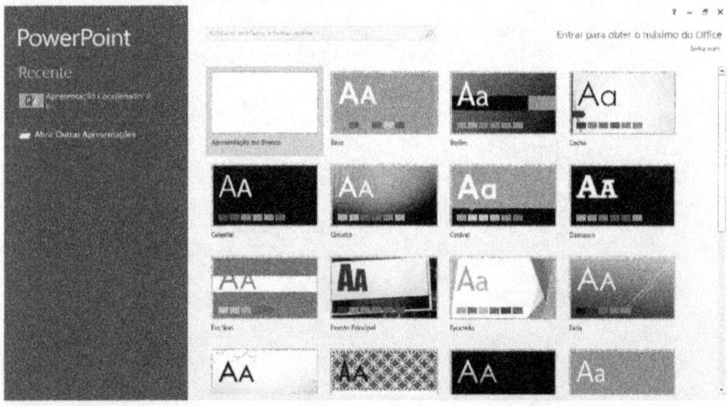

6.2 Tela de Edição

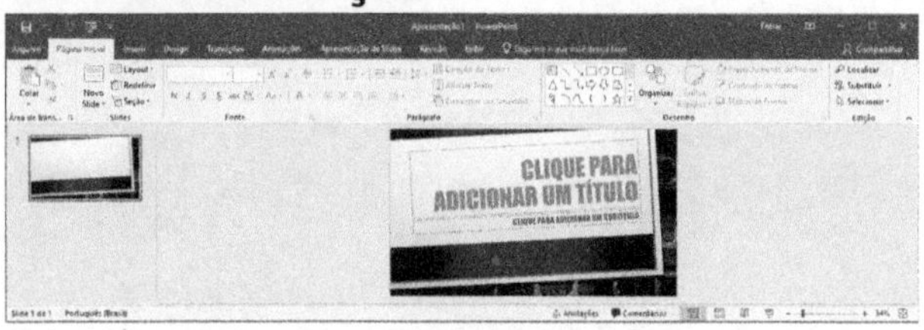

6.3 Formato de arquivo

O PowerPoint possui dois formatos principais: um relacionado à edição dos slides (PPTX), e outro que abre diretamente no modo de exibição (PPSX).

6.4 Aba Página Inicial

Ao comparar a Página Inicial do Word com o PowerPoint, é possível notar algumas diferenças, como o bloco Slides e o Bloco Desenho, como também algumas diferentes opções nos Blocos Fonte e Parágrafo. A figura a seguir ilustra esta aba.

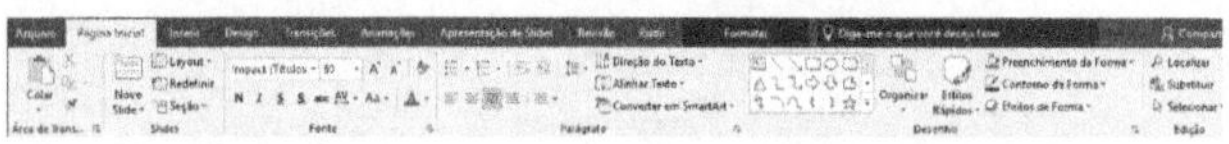

Bloco slides

Este é um dos blocos mais utilizados. Atente à opção Novo Slide na figura a seguir, ela apresenta uma seta para baixo, o que significa que um menu Dropdown será aberto, conforme ilustra a figura da sequência, permitindo que seja selecionado o layout do slide a ser inserido.

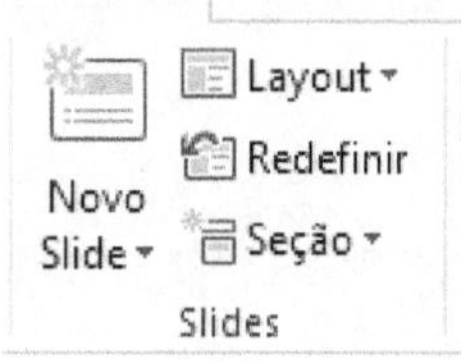

Contudo, é possível mudar o Layout (organização) de um slide mesmo após sua inserção, bastando para tanto selecionar o slide desejado e alterar seu layout pela opção Layout.

Já a opção Redefinir possibilita reestabelecer às configurações padrões de posicionamento, tamanho e formatação dos espaços reservados de um slide.

Bloco fonte

O bloco Fonte apresenta as opções: sombra de texto e espaçamento entre caracteres que não aparecem no Word, como ilustra a figura a seguir.

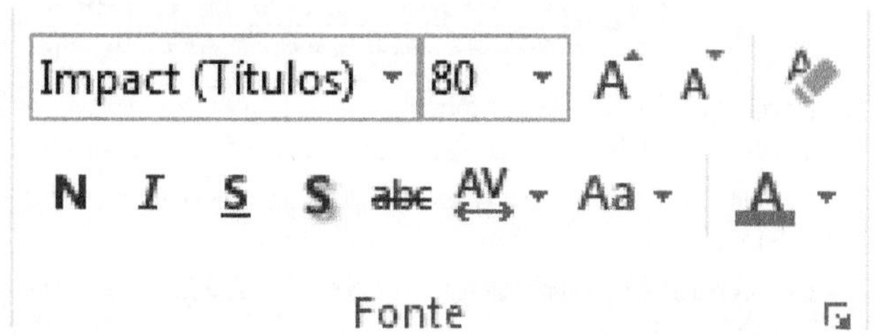

A opção Sombra indicada pela letra S mais espessa, conforme ilustrado a seguir, permite aplicar um efeito de sombra que confere um destaque ao texto, dando a impressão de volume.

No PowerPoint também é possível alterar o espaço entre os caracteres de texto, a fim de distribuir melhor um texto em um slide. Para isso, basta selecionar o texto e a opção desejada junto à alça da opção Espaçamento Entre Caracteres, ilustrada a seguir.

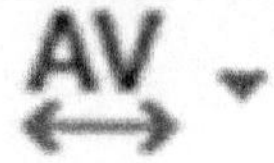

Bloco parágrafo

Neste bloco há novas funcionalidades, como: colunas, Direção do Texto, Alinhar Texto e Converter em SmartArt, como pode ser visualizado na figura a seguir.

A opção Colunas permite formatar uma caixa de texto selecionada para que exiba seu texto em diversas colunas. Para isso, pode-se utilizar a opção ilustrada a seguir.

A opção Direção do Texto permite alterar a forma como um texto é exibido no PowerPoint, a fim de causar um efeito mais chamativo. A opção Direção do Texto é ilustrada a seguir.

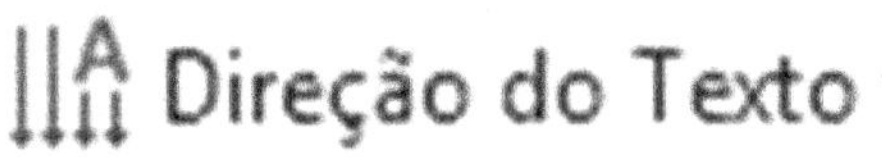

As opções encontradas ao clicar na opção Direção do Texto são: Horizontal; Girar em 90º; Girar em 270º e Empilhado, conforme ilustrado na sequência.

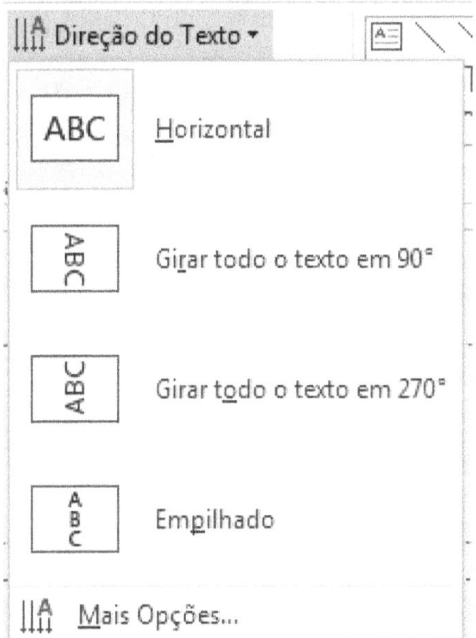

Também é possível alinhar o texto verticalmente na caixa de texto. Para isso, pode-se utilizar a opção Alinhar Texto, representada pela figura que se segue.

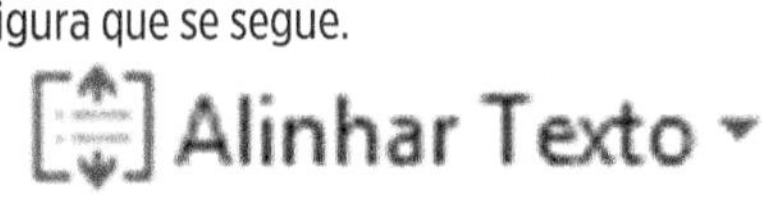

As opções são: Em Cima, no Meio e Embaixo.

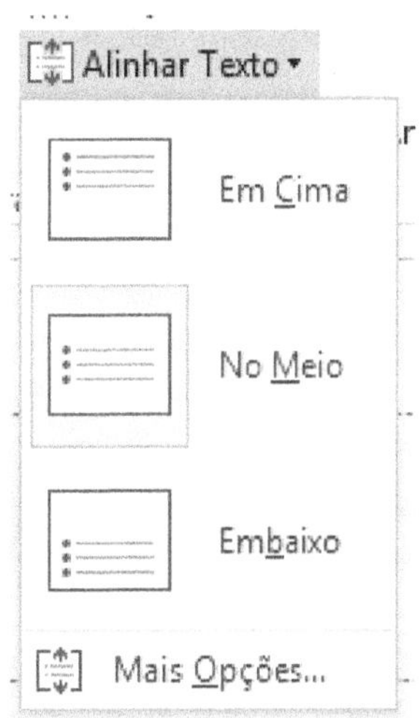

O recurso SmartArt também existe no Word, contudo no PowerPoint é possível converter uma estrutura de um texto, em parágrafo ou tópicos, em um esquema do SmartArt.

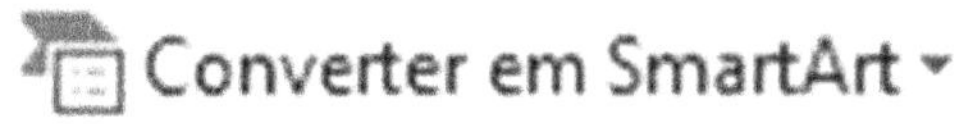

Algumas das opções possíveis são ilustradas na figura a seguir.

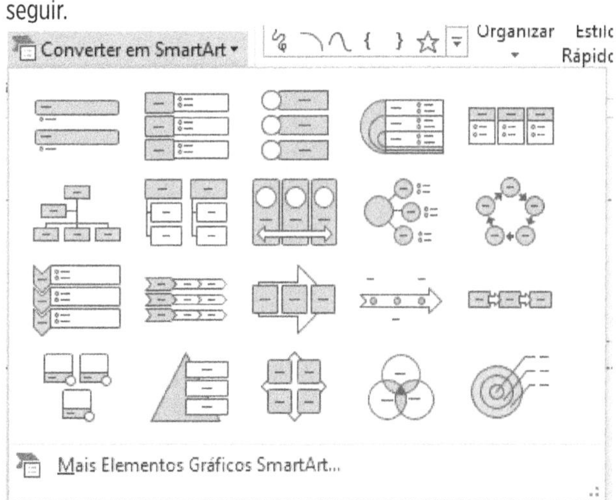

Bloco desenho

O bloco Desenho é o substituto da barra de ferramentas de desenho encontrada no Microsoft Office 2003. Nele encontramos as mesmas opções e algumas a mais. A figura a seguir ilustra o bloco.

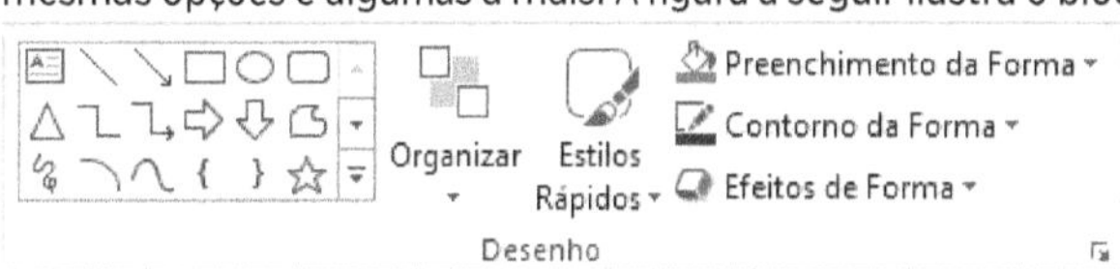

Formas

A opção Formas permite inserir um desenho no documento em edição que pode ser dimensionado e preenchido.

Algumas das opções de formas são ilustradas na figura a seguir.

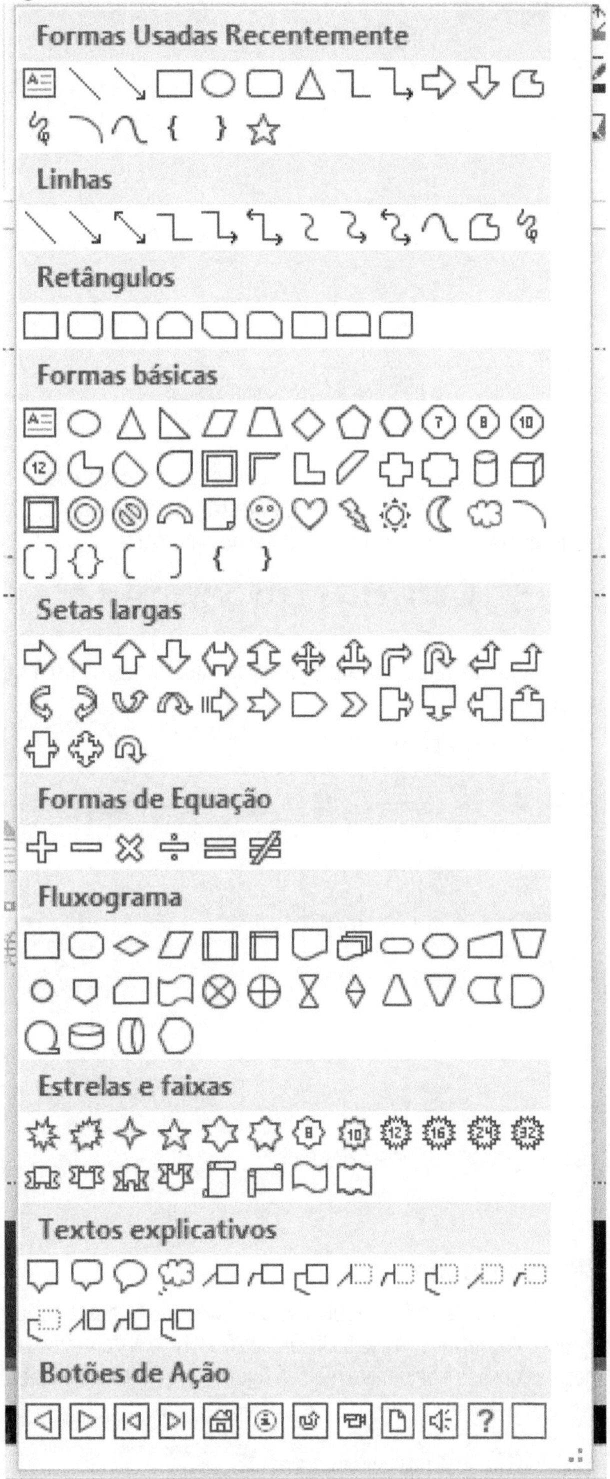

Organizar

A opção Organizar oferece recursos de posicionamento dos objetos em relação a outros, como ordená-los um à frente do outro, ou seja, controlar a sobreposição dos itens. Como também podemos agrupar os itens para movimentá-los e dimensioná-los de maneira uniforme.

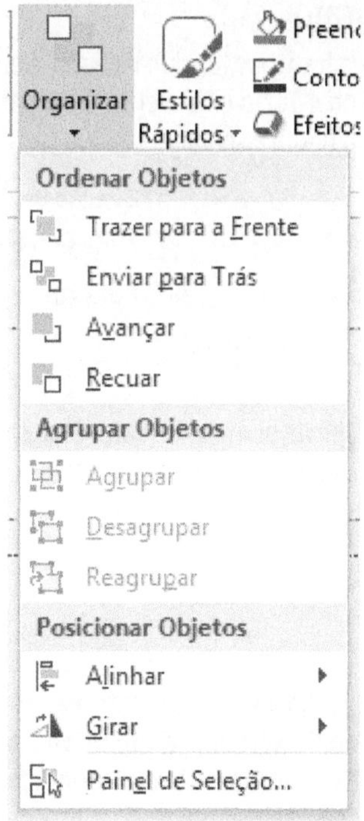

Efeitos

Os efeitos são recursos do Office 2007 que permitem atribuir mais vida às estruturas, como a possibilidade de formatar uma imagem de modo que ela pareça um botão utilizando o efeito Bisel.

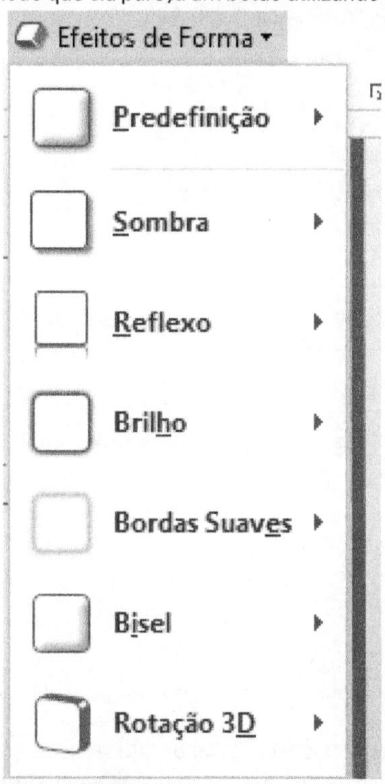

1.1. Bloco edição

6.5 Aba Inserir

Na aba Inserir são disponibilizadas inúmeras opções de estruturas que podem ser inseridas na apresentação em edição, conforme ilustrado a seguir.

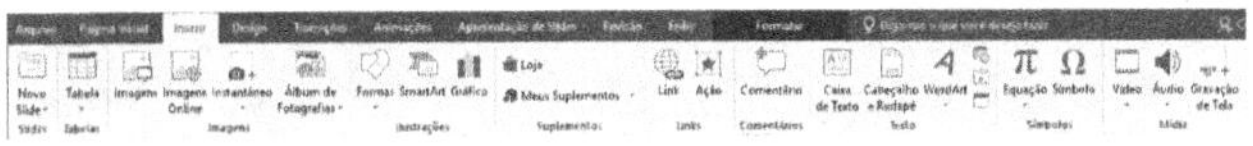

A maioria das opções também é encontrada no Word, todavia, as opções Novo Slide, Álbum de Fotografias, Ação, número do Slide, Vídeo e Áudio são específicas do editor de apresentação de slides.

Vale também destacar que a estrutura de cabeçalho e rodapé de um slide é diferente daquela do editor de texto. Observe que o botão apresenta a característica das duas funções em um.

Álbum de fotografias

Pode-se enfatizar a opção Álbum de Fotografias, opção que permite criar rapidamente, por meio da seleção de uma pasta contendo as imagens um álbum de fotos, colocando apenas uma foto por slide ou mais.

Smartart

O recurso SmartArt permite criar esquemas organizacionais; tal recurso passou a existir a partir da versão 2007 do Ms Office

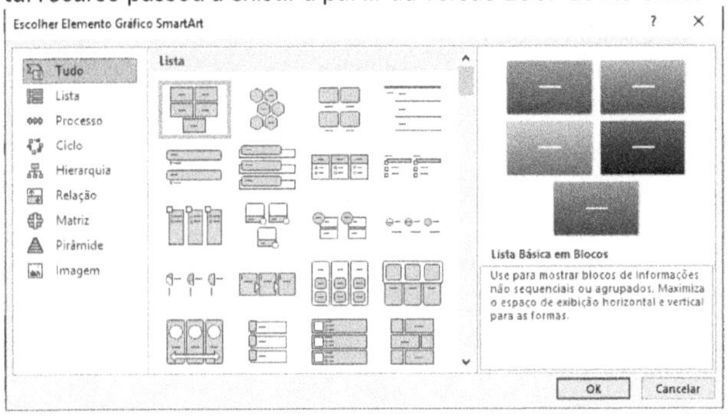

Gráficos

Com relação aos gráficos, apenas lembre-se de que eles necessitam de uma planilha com os dados que serão representados no gráfico.

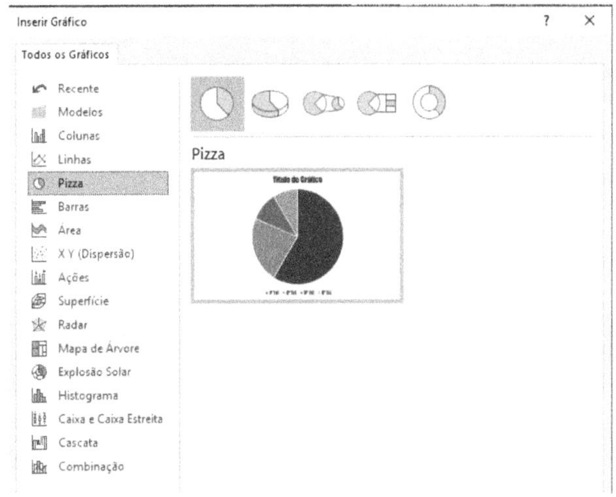

Ação

Por meio do botão Ação, podemos criar interações em meio à apresentação de slides, como navegar de modo aleatório entre os slides.

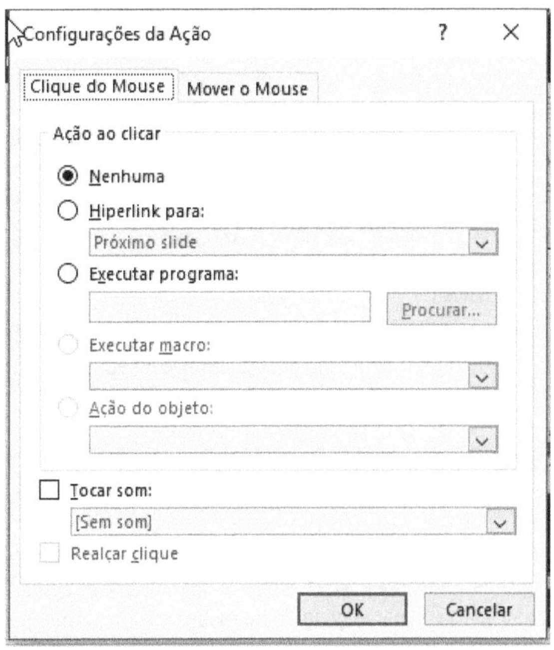

Cabeçalho e rodapé

Cuidado com a estrutura de cabeçalho e rodapé, pois no Word ela opera de modo diferente do que no PowerPoint. Nos slides também podemos trabalhar com rodapé, mas não cabeçalhos, apesar de a ferramenta possuir este nome. Na verdade, é porque o cabeçalho pode ser inserido no formato das anotações e folhetos, como mostra a segunda figura que ilustra a aba **Anotações e Folhetos**.

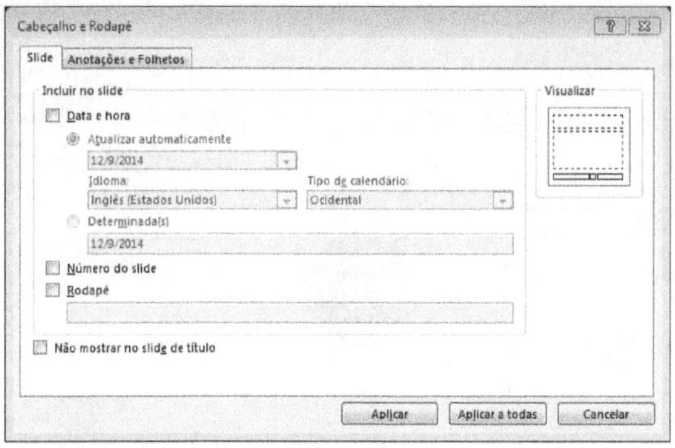

Observe ainda que existem espaços específicos para cada campo: o canto esquerdo inferior é reservado para a Data e Hora, enquanto que o rodapé ocupa o espaço ao centro e o número de slide à direita.

Contudo, este posicionamento pode variar de acordo com o Design usado na apresentação, ou seja, de acordo com a formatação do Slides Mestre.

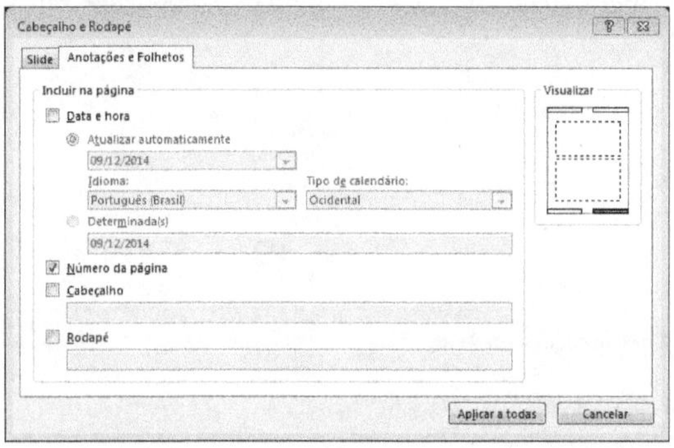

Já nos folhetos e anotações, o cabeçalho ocupa o canto superior esquerdo, enquanto que o rodapé usa o campo inferior esquerdo. Na posição superior direita, podemos exibir a data e a hora, enquanto que no canto inferior direto, temos o espaço para o número da página.

Bloco mídia

Aqui, notamos que é possível inserir em uma apresentação de slides um filme. como também um arquivo de áudio.

Uma outra novidade da versão 2016 é a opção Gravação de Tela, que permite gravar a tela inteira ou apenas uma área selecionada. Incluindo ou não o ponteiro do mouse e som, normalmente alguma narração.

6.6 Aba Design

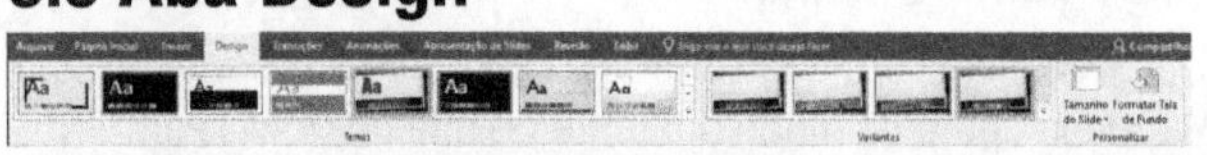

Por meio desta aba, é possível mudar a configuração de um slide, colocando-o com orientação diferente do padrão, paisagem, ou mesmo mudar suas dimensões, bem como alterar o conjunto de cores de fundo e fontes por meio dos temas.

6.7 Aba Transações

Na Aba Transições, encontram-se as opções referentes à troca dos slides durante a apresentação. No Office 2016, não há novas transições se comparado à versão anterior. Contudo, a renderização passou por melhorias para que os efeitos possuam uma melhor qualidade visual. Também é possível configurar tempos para cada slide e para o efeito de transição, por meio das opções disponibilizadas no bloco Intervalo.

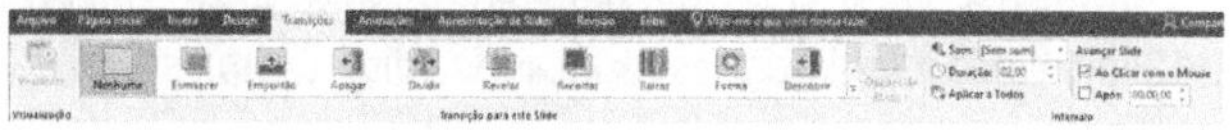

Efeitos de transição

6.8 Aba Animações

Já na aba animações são encontradas opções que podem ser aplicadas a elementos em um slide, como figuras e textos. Da mesma maneira que é possível configurar o tempo de uma troca de slides, é possível configurar a duração de uma animação.

Efeitos de animações

Os efeitos de animação são organizados em 4 grupos: Entrada, Ênfase, Saída e Caminhos de Animação, sendo os 3 primeiros os principais.

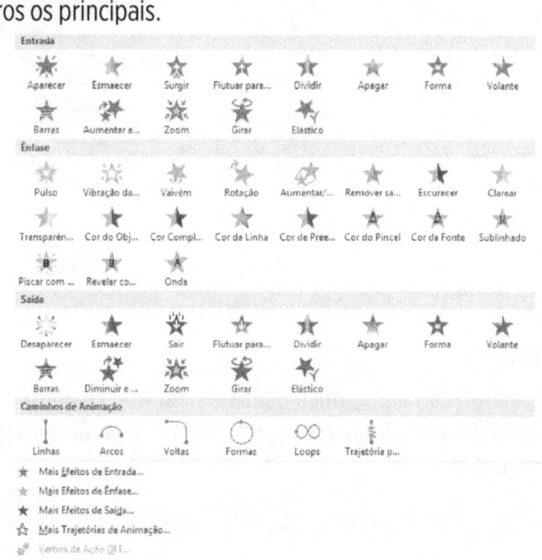

É possível utilizar mais de um efeito por objeto, porém é necessário usar a opção Adicionar Animação caso já tenha aplicado alguma ao elemento, pois se for apenas selecionada outra animação, ela irá substituir o efeito selecionado anteriormente.

6.9 Aba Apresentação de Slides

Na Aba apresentação podemos configurar a apresentação como um todo.

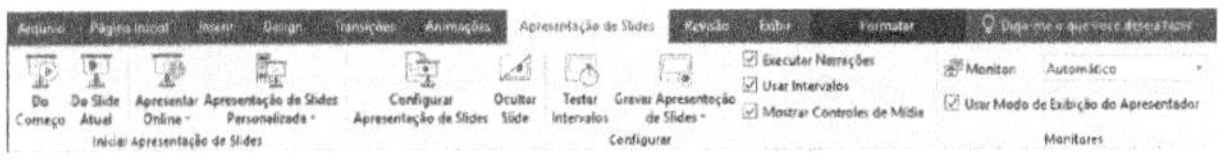

A opção do começo exibe a apresentação de slides a partir do primeiro Slide. A tecla de atalho correspondente é a tecla F5, já a opção do Slide atual exibe a apresentação a partir do slide selecionado, a tecla de atalho para esta opção é SHIFT + F5.

O PowerPoint 2016 é integrado com recursos Online, como a opção Apresentar Online, que possibilita disponibilizar uma apresentação de slides para que possa ser visualizada via Internet enquanto é exibida. Para tanto, é necessário utilizar uma Windows Live ID.

Outra opção Interessante é a opção Modo de Exibição de apresentador, que permite a um monitor e um projetor, ou mesmo dois monitores conectados ao computador, exibir a apresentação em um (normalmente no projetor) e no outro monitor uma tela de acompanhamento que exibe as anotações de cada slide, a sua miniatura e o tempo decorrido do início da apresentação.

Bloco configurar apresentação

Configurar Apresentação de Slides

A configuração de uma apresentação permite definir se a apresentação será exibida em tela inteira ou na forma de janela, bem como a forma de avanço dos slides e quais serão os slides.

Ocultar Slide

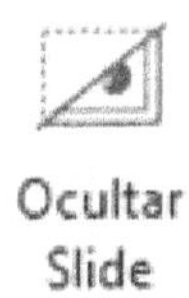

Essa opção permite ocultar o slide selecionado; tal slide também não é exibido na apresentação.

Testar Intervalos

Esse recurso é muito utilizado para animações com textos com transição automática. Uma vez acionada essa função, a apresentação de slides é iniciada e, a cada vez que um slide é avançado, o tempo é gravado a fim de que esse tempo seja usado na exibição dos slides.

Modo apresentador

Outra opção Interessante é a opção modo de exibição de apresentador, que permite a um monitor e um projetor, ou mesmo dois monitores conectados ao computador, exibir a apresentação em um (normalmente no projetor) e no outro monitor uma tela de acompanhamento que exibe as anotações de cada slide, a sua miniatura e o tempo decorrido do início da apresentação.

6.10 Aba Revisão

A aba Revisão do PowerPoint apresenta as mesmas opções que o Word. Portanto, a probabilidade é que, seja cobrada alguma função em questões sobre o editor de texto, por conta da sua relevância.

6.11 Aba Exibir

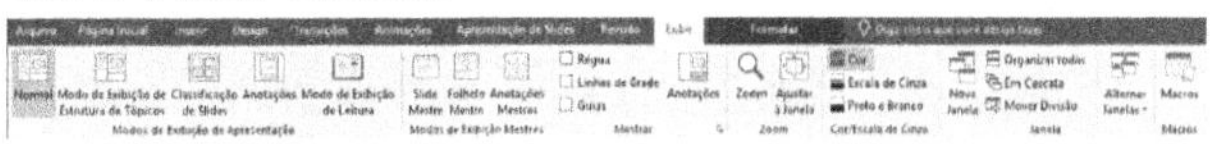

No PowerPoint, temos os seguintes modos de exibição que podem ser selecionados mediante a Aba Exibição.

Normal

O modo normal é o modo padrão de edição. Neste modo, a finalidade é a edição dos slides. Na lateral esquerda são exibidas as miniaturas dos slides em edição. É importante notar que há uma linha bem sutil abaixo do slide principal (em edição) que se encontra com a linha que separa as miniaturas. Essa linha pode ser movida para cima, a fim de exibir o espaço das anotações do slide. Também é possível clicar na opção Anotações que está na barra de status.

Estrutura de tópicos

A principal característica desse modo é não apresentar características visuais, como imagens ou plano de fundo. Observe que esse modo altera apenas a visualização do painel à esquerda. Nele são indicados os slides e cada parágrafo é apresentado como um tópico.

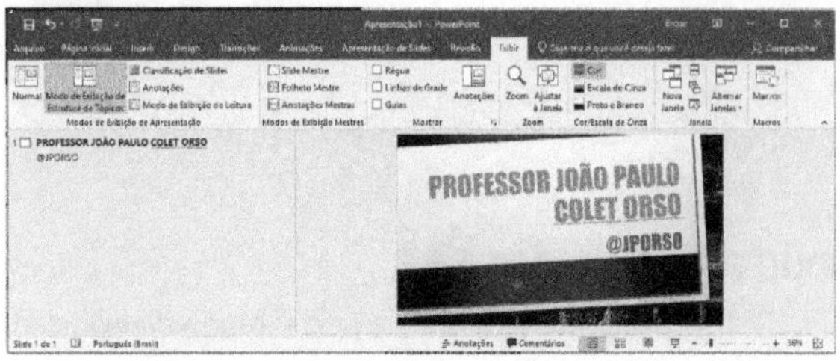

Classificação de slides

Este modo de visualização é útil para reordenar os slides da apresentação, visualizando-os em miniatura.

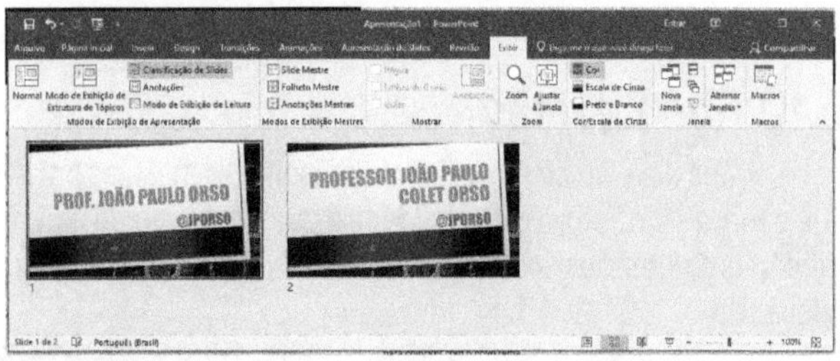

Anotações

Esta opção permite que sejam inseridas anotações que podem ser impressas, porém que não aparecem no momento da apresentação de slides.

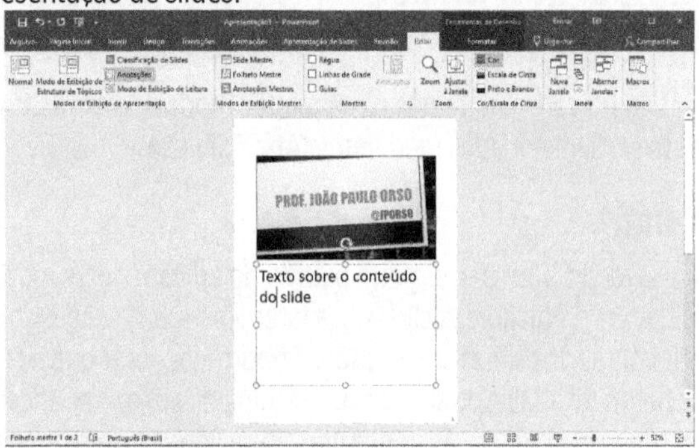

6.12 Slide Mestre

Por meio do **Slide Mestre** é possível alterar os espaços reservados para os slides, os cabeçalhos e os rodapés.

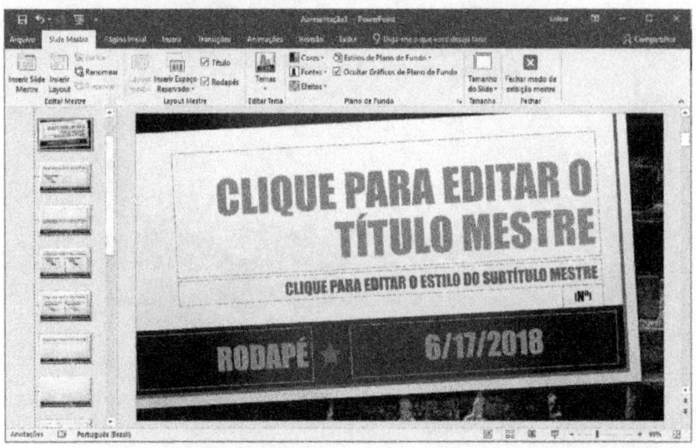

Mediante o **Folheto Mestre**, é possível alterar cabeçalhos e rodapés.

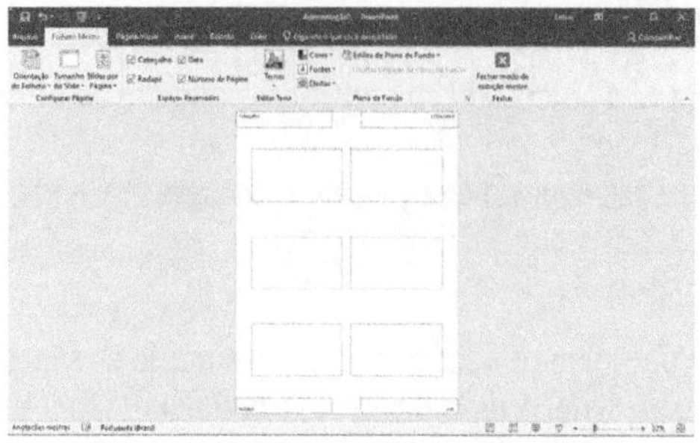

Já nas **Anotações Mestras podemos alterar os espaços reservados para os slides, as anotações, os cabeçalhos e** os rodapés.

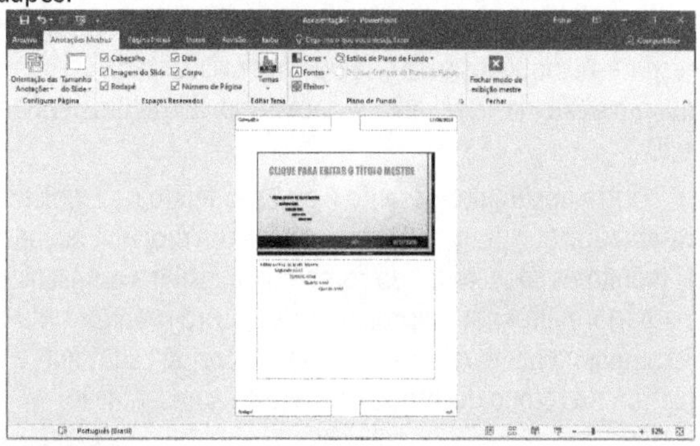

Questões

Julgue o próximo item, relativo aos aplicativos para edição de textos, planilhas e apresentações do ambiente Microsoft Office 2013.

01. Uma apresentação criada no PowerPoint 2013 não poderá ser salva em uma versão anterior a esta, visto que a versão de 2013 contém elementos mais complexos que as anteriores.

Certo ( ) Errado ( )

Com relação ao sistema operacional Windows e ao ambiente Microsoft Office, julgue o item a seguir.

02. No PowerPoint 2010, ao selecionar a opção Salvar e Enviar no menu Arquivo e, em seguida, a opção Criar vídeo, o usuário poderá converter uma apresentação de eslaides em vídeo para publicação na web ou em outras mídias e ajustar, se necessário, o tamanho do arquivo multimídia e a qualidade do vídeo.

Certo ( ) Errado ( )

Acerca do pacote Microsoft Office, julgue o item a seguir.

03. Arquivos do PowerPoint salvos no formato de apresentação de eslaides (PPS/PPSX) são, automaticamente, abertos no modo de exibição e, nessa condição, não podem ser editados.

Certo ( ) Errado ( )

Com relação à informática, julgue o item que se segue.

04. Em um texto ou imagem contido em eslaide que esteja em edição no programa Libre Office Impress, é possível, por meio da opção Hyperlink, criar um link que permita o acesso a uma página web.

Certo ( ) Errado ( )

Com relação ao PowerPoint, programa utilizado para produzir apresentações de eslaides, julgue o item que se segue.

05. É possível imprimir um arquivo salvo em formato PPT agrupando-se, no máximo, três eslaides por página.

Certo ( ) Errado ( )

06. Com relação ao PowerPoint, programa utilizado para produzir apresentações de eslaides, julgue o item que se segue.A partir de um conjunto de estilos e temas, é possível escolher o formato dos eslaides de uma apresentação.

Certo ( ) Errado ( )

07. Com relação ao PowerPoint, programa utilizado para produzir apresentações de eslaides, julgue o item que se segue.O PowerPoint oferece muitos recursos para a elaboração de uma apresentação de eslaides, sendo possível, utilizando-se esse programa, criar uma apresentação de eslaides personalizada.

Certo ( ) Errado ( )

08. Com relação ao PowerPoint, programa utilizado para produzir apresentações de eslaides, julgue o item que se segue.Para se criar uma apresentação, cada eslaide deve ser salvo como um arquivo separado e, posteriormente, devem-se agrupar os eslaides salvos, por meio de um arquivo em formato de vídeo.

Certo ( ) Errado ( )

09. Com relação ao PowerPoint, programa utilizado para produzir apresentações de eslaides, julgue o item que se segue.Não é permitido incluir outros arquivos do Microsoft Office em uma apresentação, exceto os salvos em formatos de imagens GIF ou JPEG.

Certo ( ) Errado ( )

10. Com relação ao Microsoft PowerPoint, julgue o item que se segue. A inclusão de autoformas permite que o usuário crie apenas novos desenhos para serem inseridos na apresentação de maneira customizada.

Certo ( ) Errado ( )

11. Com relação ao Microsoft PowerPoint, julgue o item que se segue.Ao inserir um novo eslaide em uma apresentação já existente, o usuário poderá selecionar o tema.

Certo ( ) Errado ( )

12. Com relação ao Microsoft PowerPoint, julgue o item que se segue. Ao se criar uma nova apresentação, o leiaute dos eslaides poderá ser previamente escolhido sendo possível alterá-lo depois de salvo.

Certo ( ) Errado ( )

13. Com relação ao Microsoft PowerPoint, julgue o item que se segue.A ferramenta Pincel é utilizada para pintar o conteúdo de uma caixa de texto ou de imagem.

Certo ( ) Errado ( )

14. Com relação ao Microsoft PowerPoint, julgue o item que se segue.A área de transferência é utilizada para armazenar conteúdos que foram apagados dos eslaides para uso posterior, se necessário.

Certo ( ) Errado ( )

15. Com relação às ferramentas e às funcionalidades do ambiente Windows, julgue o item que se segue.
No Microsoft Power Point, para se utilizar um dos temas de modelos de leiaute de eslaides, é necessário seguir a formatação adotada pelo estilo selecionado, não sendo possível, por exemplo, alterar o tipo de fonte e de cores, ou inserir outros efeitos.

Certo ( ) Errado ( )

Gabaritos

01	ERRADO	09	ERRADO
02	CERTO	10	ERRADO
03	CERTO	11	CERTO
04	CERTO	12	CERTO
05	ERRADO	13	ERRADO
06	CERTO	14	ERRADO
07	CERTO	15	ERRADO
08	ERRADO	-	-

7. BROFFICE WRITER – EDITOR DE TEXTO

7.1 Formatos de arquivos

Quando se fala nos editores do BrOffice (Libre Office), devemos conhecer seus formatos de arquivos padrões, ou seja, o formato com o qual será salvo um arquivo ao acionar a opção **Salvar Como.**

A suíte de aplicativos como um todo possui um formato genérico ODF (Open Document File - Formato de Documento Aberto). Assim, é possível no editor de texto, salvar neste formato, bem como no Calc e Impress.

No entanto, o formato específico do Writer é o ODT (Open Document Text). As provas costumam relacionar os formatos com as versões dos editores. Então, vale lembrar que o Word2003 não consegue trabalhar com esse formato de arquivo. Mas, pelo Writer, é possível salvar um documento de modo que ele possa ser aberto pelo Word 2003, ou seja, é possível salvar nos formatos DOC e DOCX. Em relação ao Word 2007 e 2010, por padrão, esses programas conseguem abrir e salvar arquivos no formato ODT.

7.2 Formatação de texto

A principal finalidade do Writer é editar textos. Portanto, suas principais ferramentas são para a formatação de documentos. Podemos encontrar essas opções de formatação por meio de quatro caminhos:

Barra de ferramentas de formatação

Menu formatar

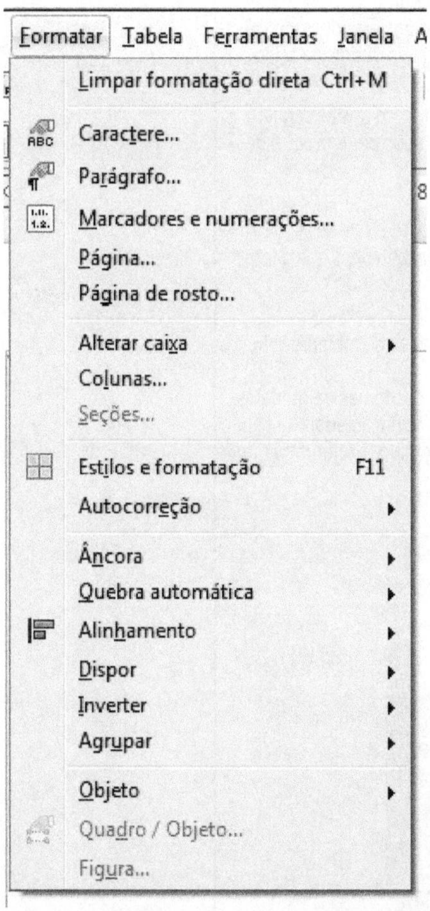

Atalhos

Botão direito do mouse

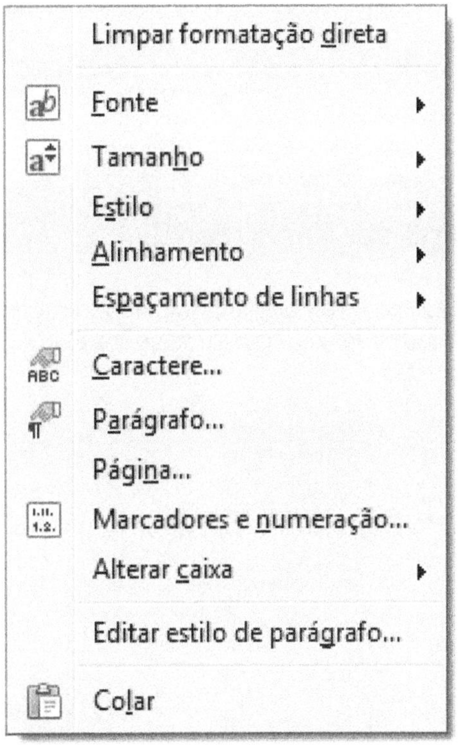

Menu formatar

Caractere

Ao acionar esta opção, será aberta a janela ilustrada a seguir, por meio da qual podemos formatar as propriedades de fonte, como tipo/nome, estilo e tamanho e, pela aba Efeitos de Fonte, alterar a cor da fonte.

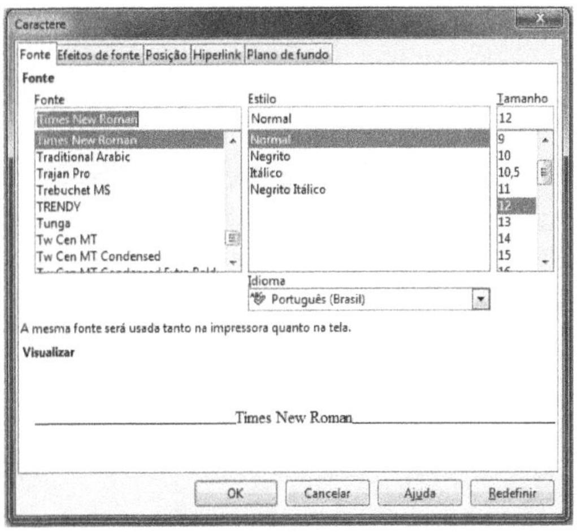

Parágrafo

As propriedades de Parágrafo englobam opções como recuos, espaçamento e alinhamentos, conforme ilustrado nas figuras na sequência:

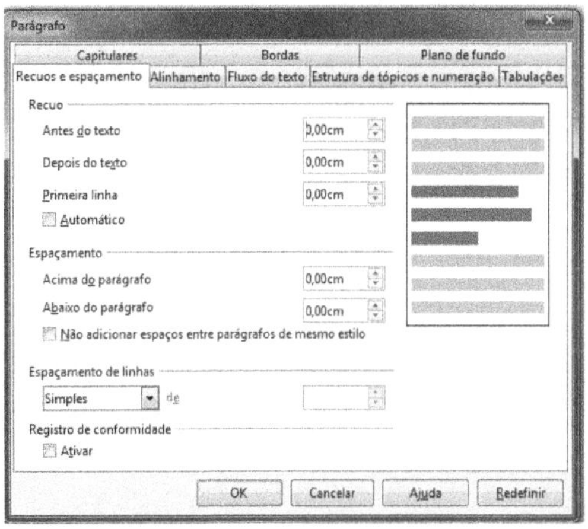

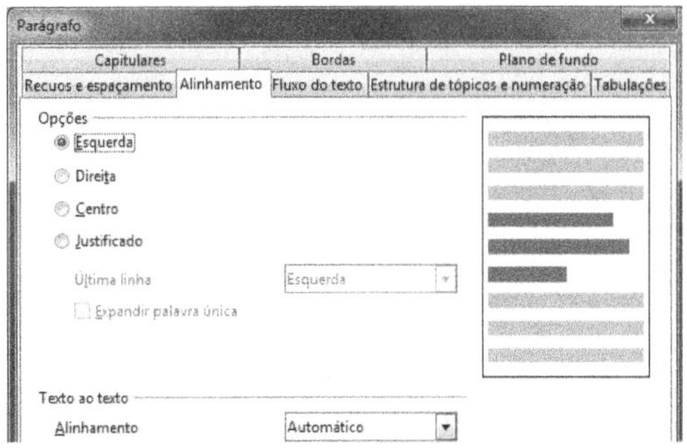

Marcadores e numeração

Fique atento à identificação de uso deste recurso, pois, pelo menu Formatar, elas estão descritas em conjunto. Porém, na barra de Ferramentas padrão elas são apresentadas em dois botões separados.

Ao acionar a opção pelo menu Formatar, a janela aberta apresenta os Marcadores em uma guia e a numeração em outra, conforme ilustram as duas figuras da sequência:

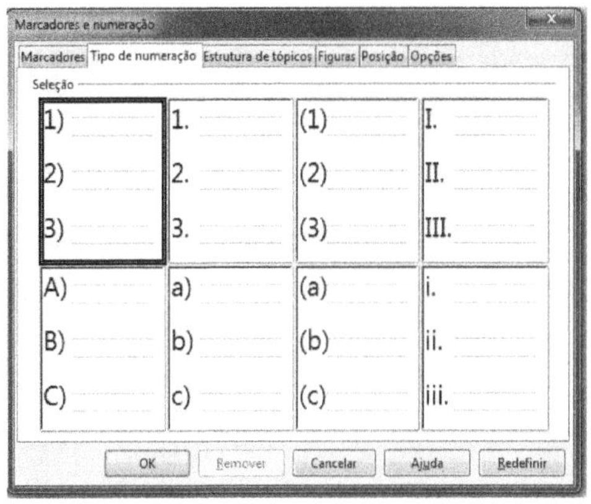

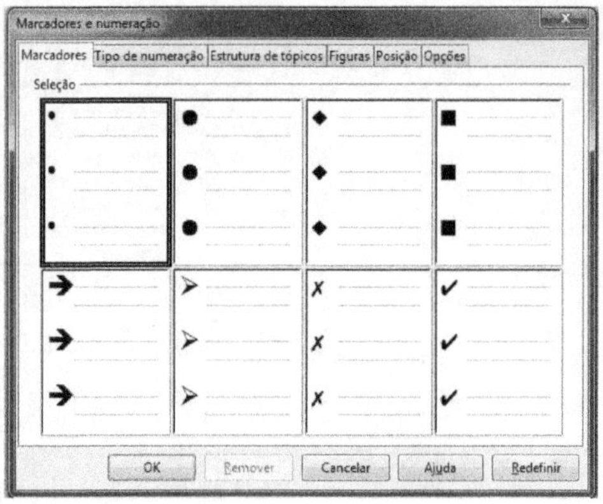

Página

Nesta opção, encontramos os recursos equivalentes aos encontrados na opção Configurar Página do Word, como dimensões das margens, dimensões de cabeçalho e rodapé, tamanho do papel e orientação da página. A imagem a seguir ilustra parte dessa janela:

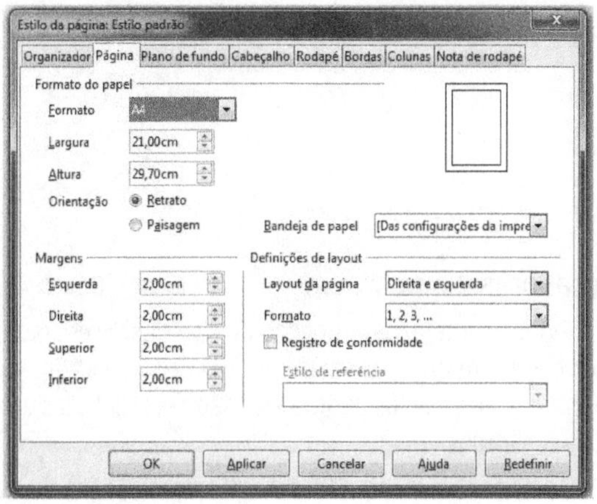

Página de rosto

Por meio deste recurso, é possível inserir páginas em uma seção separada, para que, de uma forma mais simples, sejam trabalhadas com cabeçalhos e rodapés diferentes em um mesmo documento, mais especificamente, no que tange à numeração de páginas.

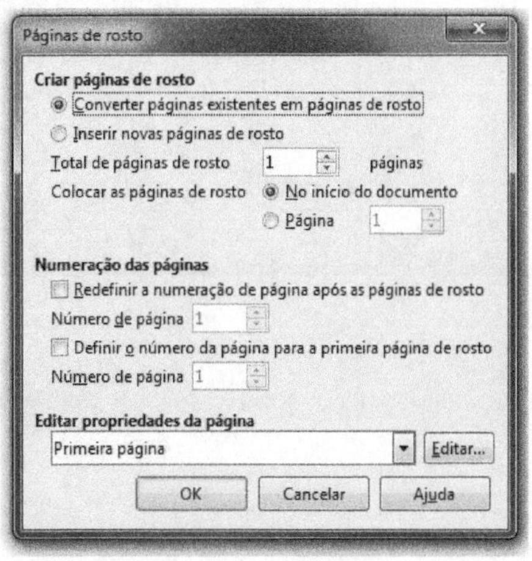

Alterar caixa ▶

Equivalente à opção Maiúsculas e Minúsculas do Word, essa opção permite alterar a forma do caractere de texto. É importante conhecer as cinco opções desse recurso, conforme ilustrado a seguir:

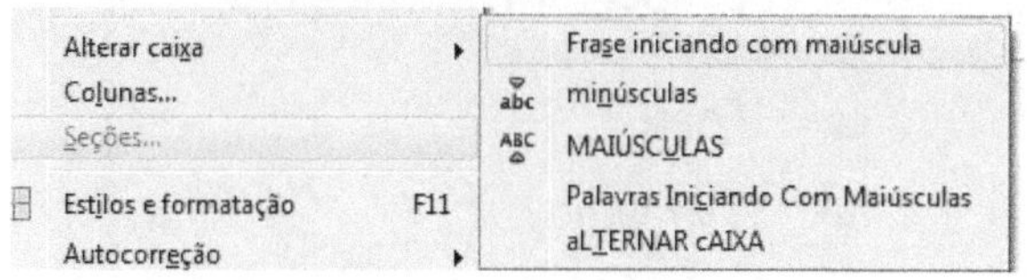

Estilos de formatação (f11)

Por essa opção, podemos definir estilos de formatação para o texto selecionado, como título 1, título 2, título 3, entre outros, para que a edição do documento seja mais prática, além de favorecer a padronização.

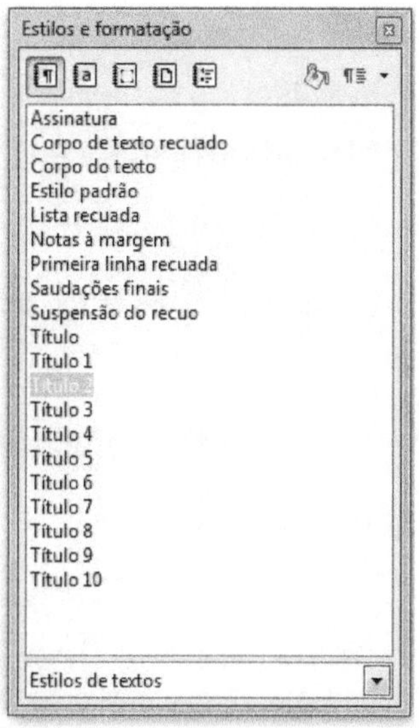

Ferramentas de formatação

Caractere

O campo descrito por Times New Roman define a grafia com que o texto será escrito, a exemplo: ARIAL, TIMES, Vivaldi. Este campo também é conhecido como Tipo/Nome da Fonte.

- Negrito (CTRL + B)
- Itálico (CTRL + I)
- Sublinhado (CTRL + U)
- Cor da fonte
- Realçar (exemplo do efeito)

Parágrafo

- Alinhamento à Esquerda (CTRL + L)
- Alinhamento Centralizado (CTRL + E)

Alinhamento à Direita (CTRL + R)

Alinhamento Justificado (CTRL + J)

Ativar/Desativar Numeração (F12)

Ativar/Desativar Marcadores (Shift + F12)

Diminuir o Recuo

Aumentar o Recuo

Tabulações

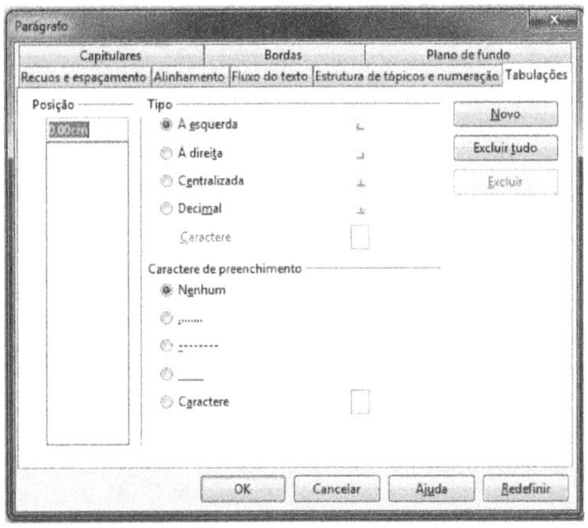

Caracteres não imprimíveis (ctrl + f10)

Exibe as marcas de edição, que, como o próprio nome já informa, não aparecem na impressão. Essas marcações são úteis para um maior controle do documento em edição, como ilustrado a seguir. Os pontos à meia altura da linha representam um espaço e o mesmo símbolo do botão indica o final de um parágrafo. Assim, no exemplo a seguir, existem dois parágrafos.

Cor do plano de fundo

Atenção para não confundir a cor do fundo do parágrafo com a ferramenta Realçar, pois a função Realçar aplica uma cor ao fundo do texto selecionado, enquanto que a opção do Plano de Fundo aplica ao parágrafo, mesmo que tenha sido selecionada apenas uma palavra.

Estilos e formatação (f11)

Por meio deste botão ou pela tecla de atalho, é exibido o painel de estilos que oferece diversos estilos para a formatação do texto, por exemplo: Título 1, título 2, título 3, entre outros. A imagem a seguir ilustra o painel:

Além desse painel, também é possível escolher e aplicar um estilo por meio do Campo Estilos, ilustrado a seguir, presente na barra de ferramentas de formatação logo à esquerda do campo do tipo da fonte.

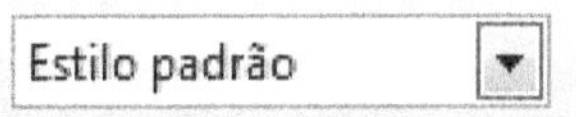

Os estilos de formatação são importantes estruturas na edição de um texto, principalmente se for necessário trabalhar com sumário, pois para utilizar o recurso de sumário, de forma que ele seja automático, é necessário utilizar os estilos de título.

Pincel de estilo

A ferramenta de Pincel de Estilo serve para copiar apenas a formatação. Ela não copia textos, apenas as suas características, como cor da fonte, tamanho, tipo de fonte entre outras, com o intuito de aplicar em outro trecho de texto.

O funcionamento da ferramenta parte de uma seleção prévia do trecho de texto que possui a formatação desejada, clicar no botão pincel de estilo, na sequência selecionar o trecho de texto ao qual se deseja aplicar as mesmas formatações, como que pintando a formatação. Ao terminar a seleção o texto selecionado já estará formatado tal qual o selecionado inicialmente, e o mouse volta ao normal para a edição.

7.3 Ferramentas

Exportar diretamente como PDF

O BrOffice como um todo possui este recurso que permite gerar um arquivo PDF a partir do documento em edição. A janela aberta por este botão é muito similar à janela de Salvar Como, em que se deve apontar o local onde o arquivo será salvo e com qual nome se deseja salvá-lo.

Imprimir arquivo diretamente

Este é um recurso diferente da impressão habitual pelo atalho CTRL+P. Essa ferramenta de impressão direta manda o arquivo diretamente para a impressora que estiver definida, pelo painel de controle, como padrão, usando as propriedades padrão de impressão.

Visualizar página

Este é simplesmente o recurso de visualizar o que será impresso, útil para ter uma maior noção de como ficarão distribuídas as informações no papel.

Ortografia e gramática (f7)

Essa ferramenta exibe uma janela, ilustrada a seguir, por meio da qual é possível corrigir as palavras "erradas" no texto. Erradas porque na verdade, são indicadas as palavras não conhecidas pelo dicionário do programa. Uma vez que ela esteja correta, é possível acrescentá-la ao dicionário.

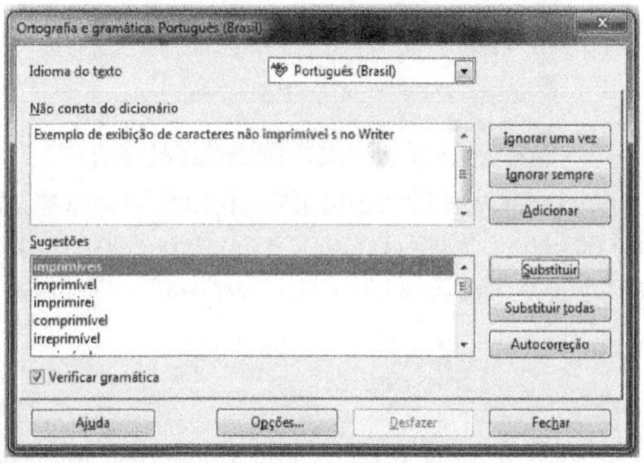

Autoverificação ortográfica

A Autoverificação é uma ferramenta presente apenas no BrOffice, cuja finalidade é apenas habilitar ou desabilitar a exibição do sublinhado vermelho das palavras desconhecidas.

Navegador (f5)

O Navegador tem aparecido nas provas apenas a título de conhecimento de seu nome, associado ao símbolo e atalho. Essa ferramenta é um recurso para navegar no texto, a partir das suas estruturas, como títulos, tabelas, figuras e outros itens que podem ser visualizados na figura a seguir:

Exemplo de exibição de caracteres não imprimíveis no Writer.

Galeria

O recurso Galeria tem peso similar ao Navegador nas provas. Acionar essa ferramenta resulta na exibição do painel ilustrado a seguir, por meio do qual é possível inserir, em meio ao documento, estruturas de navegação Web, como botões, sons e outros itens.

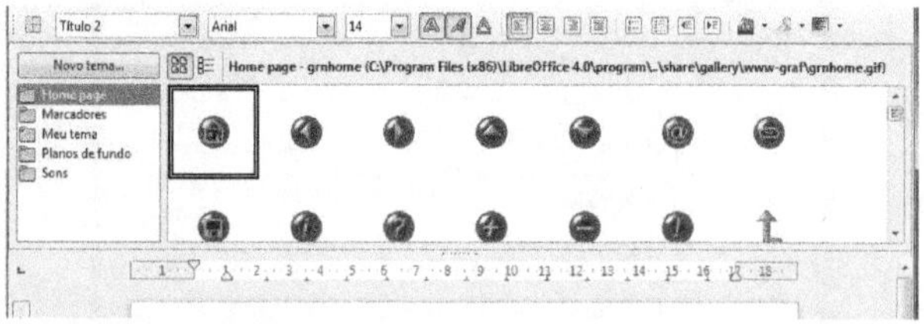

Tabela (ctrl + f12)

O botão Tabela pode ser usado de duas maneiras. Clicando no desenho da tabela, é aberta a janela ilustrada a seguir. Caso seja clicado na flecha, é exibido um reticulado, pelo qual é possível selecionar a quantidade de células que se deseja criar em uma tabela.

Formatar → página

Aba página

A aba Página é a principal da janela de formatação de página. A figura a seguir ilustra essa aba. Observe que as margens estão definidas por padrão em 2 cm, e que o tamanho do papel padrão é o A4. Também é possível determinar a orientação da página. Vale lembrar que, em um mesmo documento, é possível intercalar páginas com orientações diferentes. Para isso, devem ser utilizadas seções.

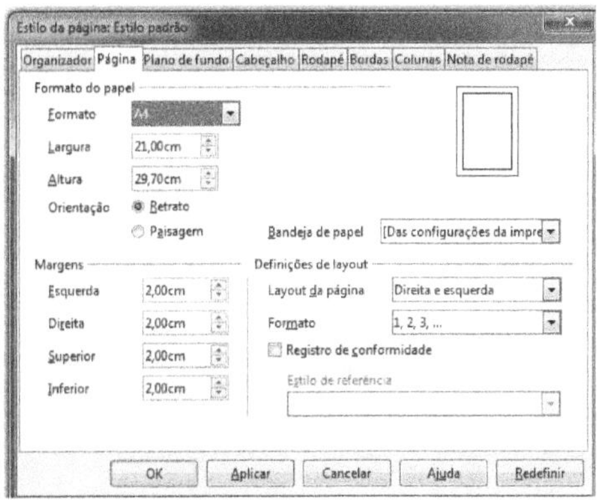

7.4 Barra de Menus

A seguir, é ilustrada a Barra de Menus e, por meio dela, temos acesso a quase todas as funcionalidades do programa. Observe que cada menu possui uma letra sublinhada. Por exemplo, o menu Arquivo possui a letra A sublinhada, essa letra sublinhada é a letra que pode ser utilizada após pressionar a tecla ALT, com o intuito de abrir o devido menu. Não é uma combinação necessariamente simultânea. Ela pode ser sequencial, ou seja, teclar ALT soltar e então pressionar a letra.

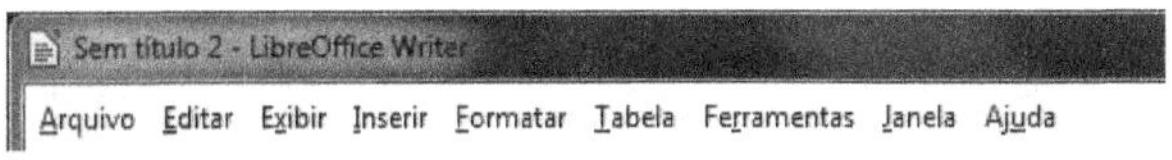

Menu arquivo

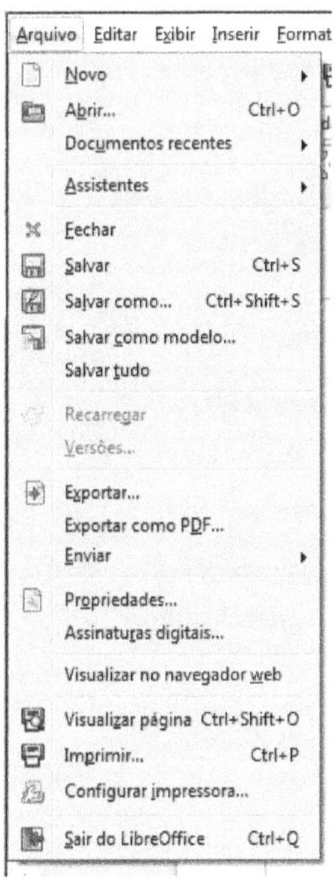

Novo ►

Dentre as opções do menu Arquivo, damos destaque para a opção Novo. Ela aponta a característica do BrOffice de ser uma suíte de aplicativos integrada, pois, mesmo estando no Writer, é possível criar uma planilha do Calc. No entanto, ao escolher na opção Novo, uma planilha será criada no Calc. Porém, ao realizar o acesso por meio deste caminho, o Calc é carregado mais rapidamente do que se o BrOffice estivesse fechado.

Para criar um Novo Documento em Branco podemos também utilizar a opção do atalho CTRL + N.

Abrir (ctrl + o)

Permite abrir um arquivo existente em uma unidade de armazenamento, navegando entre os arquivos e pastas.

Documentos recentes ►

Exibe a lista com os últimos documentos abertos, como também aqueles salvos, no Writer, com o intuito de fornecer um acesso mais rápido a eles.

Assistentes ►

Conforme ilustrado a seguir, existem vários assistentes no BrOffice. Eles são nada mais do que procedimentos realizados em etapas, a fim de auxiliar na criação ou estruturação de informações.

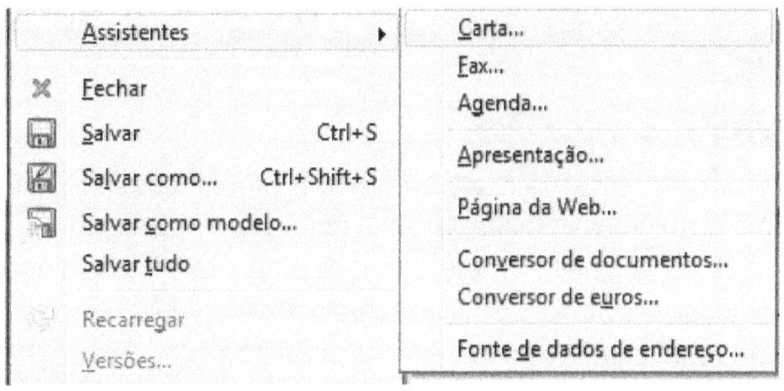

Fechar

A opção Fechar serve para fechar apenas o documento em edição, mantendo o programa aberto. Tem como teclas de atalho CTRL+W ou CTRL + F4.

Salvar

A opção Salvar apenas se preocupa em salvar as últimas alterações realizadas em um documento em edição. Seu atalho é CTRL + S no Writer. Mas essa opção possui uma situação de exceção, quando o arquivo em edição é novo, ou seja, que nunca tenha sido salvo. Essa opção salvar corresponde à opção Salvar Como.

Salvar como

Esse recurso tem como princípio gerar um novo arquivo. Assim, se um arquivo for aberto e sejam realizadas várias alterações, sem salvar, e utilizar o comando Salvar Como, será aberta uma janela em que se solicita o local desejado e o nome do arquivo. Também é possível alterar o tipo de documento, após salvá-lo. O documento que fica em edição é o que acabou de ser salvo. O arquivo aberto inicialmente é apenas fechado, sem nenhuma alteração.

Salvar como modelo

Podemos criar um documento-base para outros documentos, utilizando formatações específicas. Assim, essa opção é a utilizada para salvar este arquivo, de modo que possa ser utilizado para esse fim.

Salvar tudo

Essa ferramenta aplica o comando salvar todos os documentos em edição no BrOffice, até mesmo os que estiverem em edição no Calc.

Recarregar

Ao acionar essa opção, a última versão salva do documento é restaurada. Com isso, as alterações não salvas serão perdidas.

Exportar

É possível pelo BrOffice exportar o documento de texto para outros formatos utilizados por outros programas como: XML, HTML, HTM ou mesmo o PDF.

Exportar como PDF

A opção Exportar como PDF é basicamente um caminho mais curto e explícito para gerar um arquivo PDF, a partir do documento em edição.

Assinaturas digitais

Assim como o Microsoft Office no BrOffice, é possível assinar um documento digitalmente. Claro que, para utilizar a funcionalidade por completo, é necessário possuir um certificado digital. Contudo, mesmo não possuindo um, é possível utilizar esse recurso para assinar um documento. Porém, apenas será garantida a integridade do mesmo e apenas no próprio computador do usuário.

Visualizar no navegador web

Já que podemos criar páginas da Internet, é interessante que, no mínimo, possamos visualizar como ela ficaria no navegador. Diante disso, ao acionar essa ferramenta, será aberto o navegador de Internet (Browser) padrão exibindo como página o documento em edição.

Sair

Em comparação com a opção Fechar, a opção Sair fecha o programa inteiro, podendo utilizar, para isso, os atalhos ALT+F4 ou CTRL + Q.

Menu editar

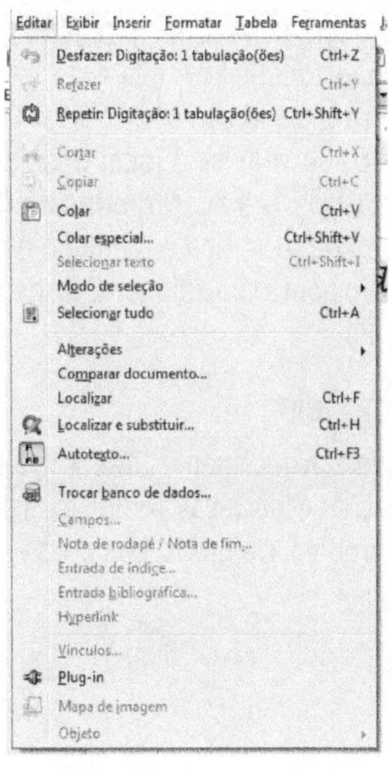

Do menu Editar anteriormente ilustrado, podemos destacar duas opções principais:

Colar especial

Esse recurso permite colar um determinado dado de acordo com a necessidade de formatação, ou seja, é possível manter a formatação igual à do local de onde foi copiado ou não utilizar formatação.

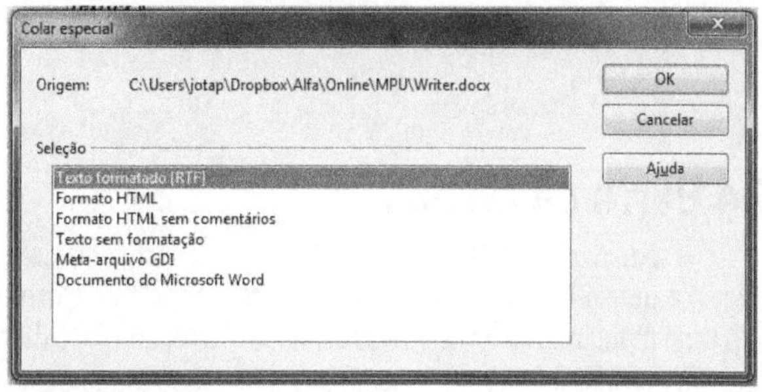

Selecionar tudo

A opção Selecionar Tudo tem como observação a sua tecla de atalho CTRL + A, que é a mesma utilizada para selecionar todos os arquivos e pastas de um diretório por meio dos gerenciadores de arquivos.

Menu exibir

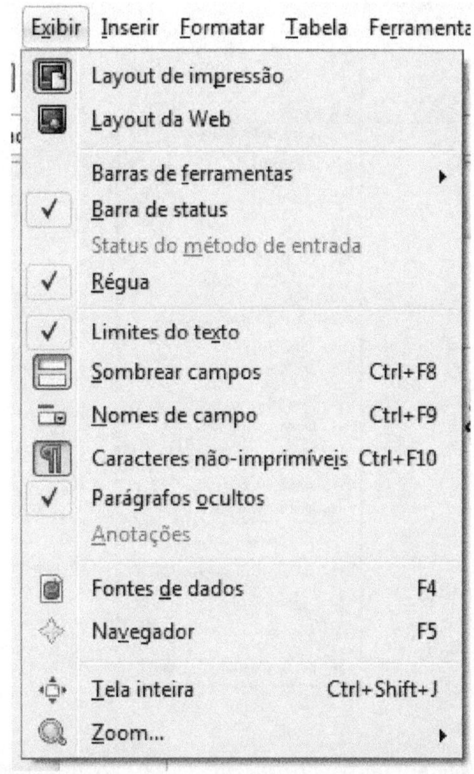

Do menu Exibir devemos conhecer os modos de exibição, bem como alguns itens importantes, listados a seguir. Mas, de modo geral, podemos pensar que as opções que normalmente encontramos nesse menu são coisas que não vemos e gostaríamos de ver, ou que estamos vendo, mas não desejamos mais ver.

Modos de exibição

São dois os Modos de Exibição: Layout de Impressão (Padrão) e Layout da Web. Contudo, poderíamos até considerar, dependendo da situação, a opção Tela Inteira como um modo de exibição.

Barra de ferramentas

A principal Barra de Ferramentas questionada nas provas é a barra de Desenho, que existe também no Writer e Calc, mas que é exibida por padrão apenas no Impress. A figura a seguir ilustra as barras disponíveis:

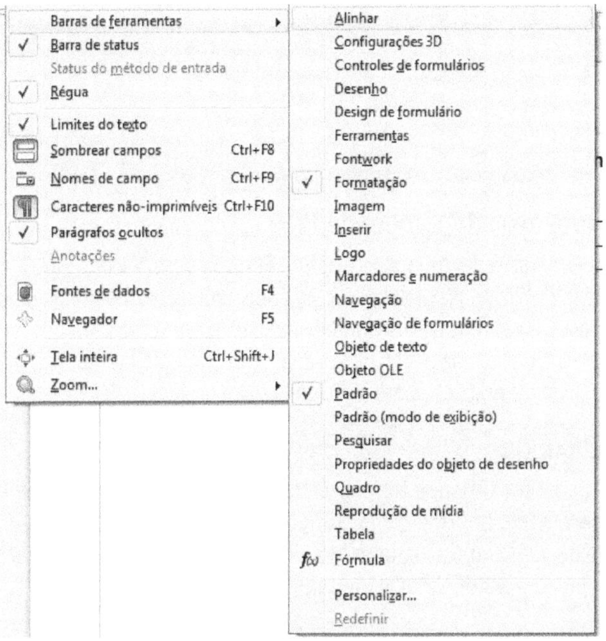

Barra de *status*

Essa é a barra que aparece por padrão nos editores. Ela fica localizada no fim da janela, ou seja, é a última barra dentro do programa. Nela encontramos informações como número da página atual e total de páginas do documento, idioma em uso e a ferramenta de zoom à direita.

Régua

Para ocultar a régua, basta desabilitar essa opção.

Limites de texto

Os Limites de Texto que são exibidos por padrão são, na verdade, as linhas que indicam as margens da página, ou seja, a área útil do documento.

Caracteres não imprimíveis (ctrl + f10)

Os caracteres não imprimíveis também podem ser ativados pelo menu Exibir, como pelas teclas de atalho.

Navegador (f5)

O Navegador, anteriormente citado, também é encontrado no menu Exibir.

Tela inteira (ctrl + shift + j)

Modo de exibição que oculta as barras e ferramentas, objetivando a leitura do documento.

Zoom

Também podemos alterar o zoom utilizando o scroll do mouse, combinado com a tecla CTRL.

Menu Inserir

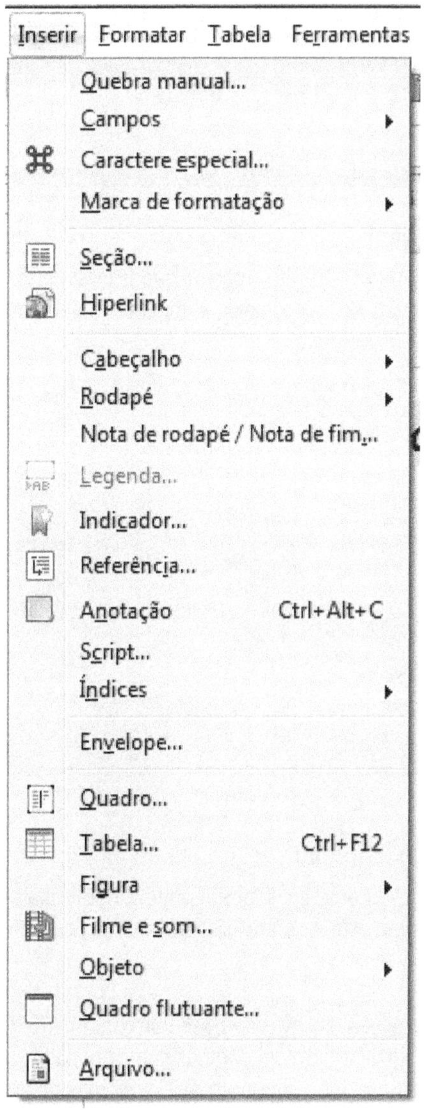

Quebra manual

Este recurso permite utilizar estruturas que sejam auto-organizadas, como as quebras de página. Existem três quebras de texto possíveis, além das quebras de seção.

Quebra de Linha (SHIFT + ENTER)

Faz com que o conteúdo, após a quebra, seja iniciado na próxima linha.

Quebra de Coluna (CTRL + SHIFT + ENTER)

Faz com que o conteúdo, após a quebra, seja iniciado na próxima coluna.

Quebra de Página (CTRL + ENTER)

Faz com que o conteúdo, após a quebra, seja iniciado na próxima página.

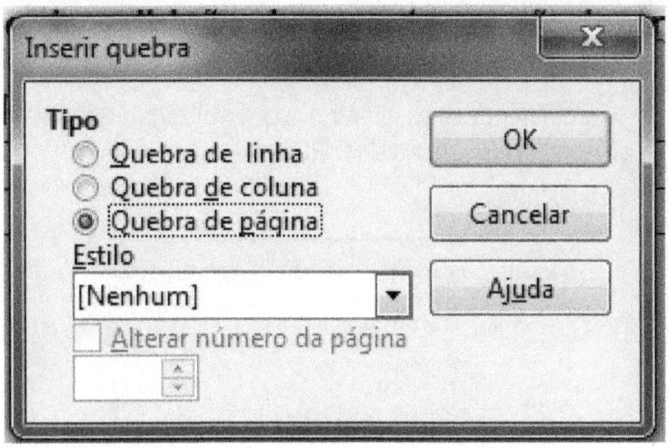

Campos ►

Os Campos são estruturas de dados que utilizam propriedades do arquivo como nome do autor, título, dentre outras como Data e Hora do sistema.

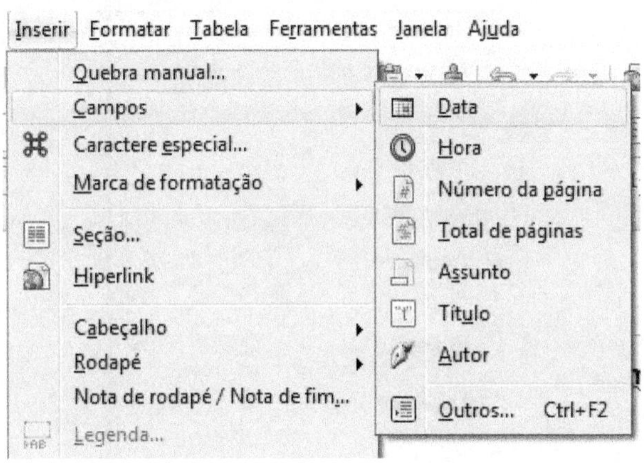

Caractere especial

A opção Caractere Especial pode ser utilizada para inserir símbolos como este ► entre inúmeros outros possíveis.

Seção

Uma Seção é o recurso-base para poder, em um mesmo documento, trabalhar com páginas com cabeçalhos e rodapés distintos, ou mesmo configurações de páginas distintas, como intercalar páginas em retrato e paisagem.

Cabeçalho ►

Rodapé ►

As estruturas de cabeçalhos e rodapés têm por princípio poupar trabalho durante a edição, de modo que o que for inserido nestas estruturas se repete nas demais páginas, não necessariamente do documento como um todo, mas em todas as páginas da mesma Seção.

Hiperlink

Um link nada mais é do que um caminho, um atalho para algum lugar. Esse lugar pode ser uma página na Internet, ou computador, como um arquivo que esteja na Internet ou mesmo no computador local. Também é possível fazer com que um link aponte para algum ponto do mesmo documento, criando uma espécie de navegação. Contudo, para realizar esse procedimento, deve-se antes inserir Indicadores. A imagem a seguir ilustra a janela de inserir Hiperlink:

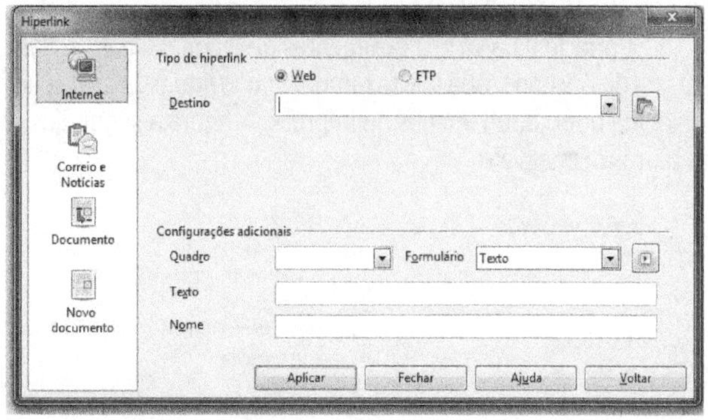

Nota de rodapé/nota de fim

Notas de Rodapé e Notas de Fim são observações que, por vezes, utilizamos para explicar algo que fugiria ao contexto de uma frase[1]. A identificação ao lado da palavra/frase serve para que, no rodapé da mesma página ou ao final do documento, o leitor busque a devida explicação para a observação.

Legenda

Uma Legenda é um recurso que poderia ser utilizado neste documento para identificar as figuras e referenciá-las em meio ao texto, mas como a estrutura de apresentação do conteúdo é linear e procura ser direta, não utilizamos esse recurso.

Indicador

Um Indicador é um ponto de referência para ser apontado por um hiperlink.

Referência

Uma Referência é uma citação pela qual utilizamos a ideia de informar algo do tipo, "conforme Figura 1". Em vez de escrever a palavra figura 1, estaria utilizando uma referência a ela, para que caso seja inserida uma nova figura antes da 1 no documento, os locais em que havia sido citado como figura 1 sejam refatorados para 2.

Anotação

É o recurso de comentário que pode ser inserido em um documento como uma anotação do que deve ser feito.

Índices ►

Os Índices são os sumários e listas automáticas que podem ser inseridas em um documento, desde que se tenha utilizado os estilos de título e o recurso de legenda.

Quadro

Um quadro, basicamente, é uma caixa de texto para que seja inserido em seu interior uma estrutura qualquer.

1 Por exemplo, aqui falaria sobre o que é uma frase.

Tabela

É mais um caminho possível para inserir uma tabela dentro do editor, dentre as quatro formas possíveis, como o atalho CTRL + F12.

Figura ▶

O recurso Figura permite inserir imagens de diferentes formatos (PNG, GIF, JPG) em um documento.

Filme e som

É possível inserir uma música ou um vídeo em meio a um documento de texto.

Objeto ▶

Destaque para a opção Objeto OLE (*Object Linked Embeded*) pela qual podemos inserir uma Planilha do Calc dentro de um documento de texto e ainda utilizá-la com suas características de planilha.

Menu tabela

O menu Tabela apresenta as opções próprias de trabalho com uma tabela, como inicialmente inserir uma tabela no documento em edição. Várias opções aparecem desabilitadas, isso ocorre porque uma tabela não foi selecionada.

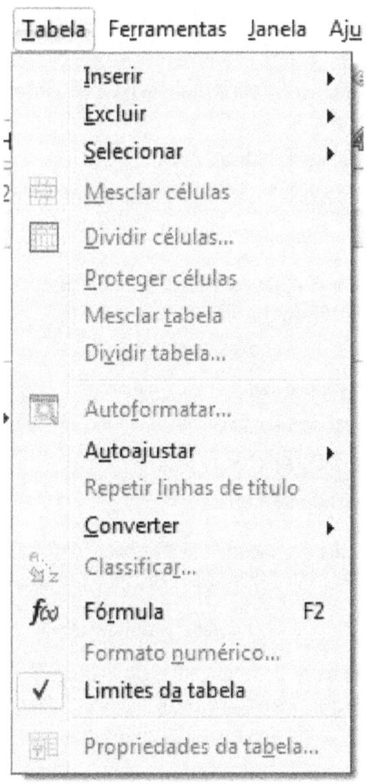

Outro caminho para se inserir uma tabela, além do menu Inserir e do atalho, dá-se por meio do menu Tabela opção Inserir e somente depois a opção Tabela.

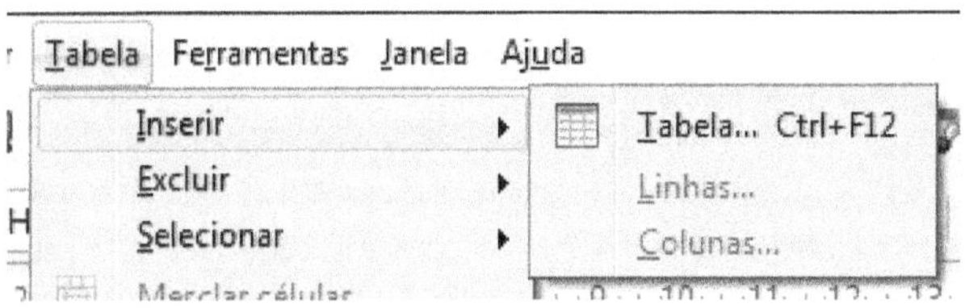

Mesclar células

Essa ferramenta só fica habilitada quando duas ou mais células de uma tabela estão selecionadas. Ao acioná-las, as células se tornam uma, ou seja, são mescladas.

Dividir células

Atente-se para esse recurso, pois somente em uma tabela é possível dividir células, ou seja, esse recurso não existe para planilhas.

Proteger células

É um recurso que pode ser utilizado para bloquear as alterações em uma determinada célula e em uma tabela.

Dividir tabela

Assim como é possível dividir uma célula, também podemos dividir uma tabela em duas ou mais, mas apenas tabelas.

Repetir linhas de título

Quando se trabalha com tabelas muito extensas, que se distribuem em várias páginas, é difícil manter a relação do que se tem em cada coluna e linha. Para não ter que copiar manualmente os títulos, podemos utilizar o recurso repetir linhas de título.

Converter ▶

É possível converter tanto um texto em tabela como uma tabela em texto, utilizando, para isso, alguns critérios como espaços entre palavras ou tabulações, entre outros.

Menu ferramentas

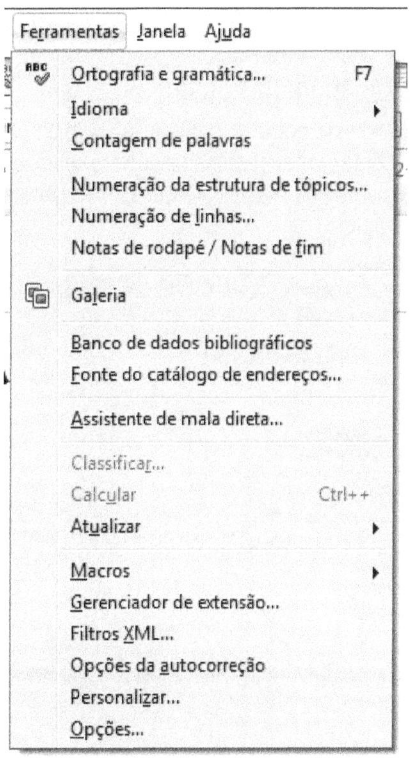

Ortografia e gramática (f7)

Abre uma janela para verificar o documento em busca de palavras desconhecidas ao dicionário do programa.

Idioma ▶

No BrOffice Writer, podemos definir o idioma que está sendo trabalhado no texto selecionado, como no parágrafo e até para o documento de modo geral.

Contagem de palavras

O Writer também possui recurso de contabilização de total de palavras que compõem o texto.

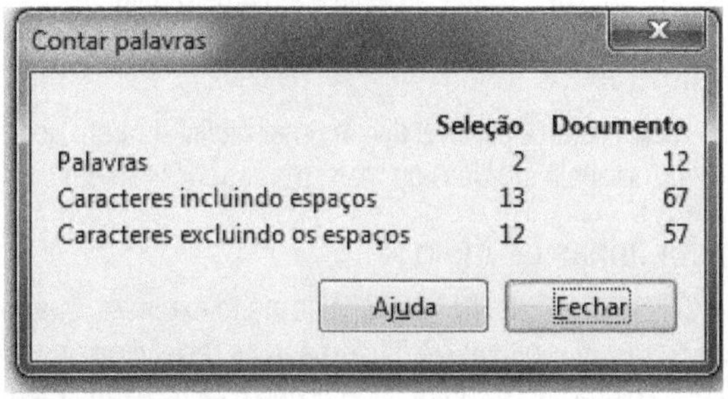

Numeração de linhas

Este recurso é bastante utilizado nas provas de Língua Portuguesa, em que ao lado das linhas, nos textos apresentados, aparece uma numeração, que não necessita ser exibida em todas as linhas. Atenção às questões que o comparam com o recurso Numeração, usado para numerar parágrafos.

Uma forma de identificar a diferença é pela presença dos indicadores de fim de parágrafo, visíveis quando a ferramenta "caracteres não imprimíveis" está ativa.

Notas de rodapé/notas de fim

Já vimos esse nome no menu Inserir. No entanto, são ferramentas distintas, mas relacionadas, pois esse recurso do menu Ferramentas abre a janela de configuração das notas, conforme ilustrado a seguir:

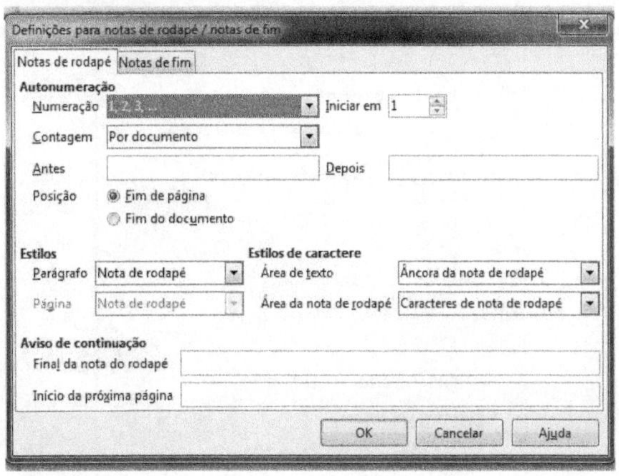

Galeria

A ferramenta que exibe a galeria também é encontrada no menu Ferramentas, além da barra de ferramentas padrão.

Assistente de mala direta

Uma ferramenta interessante para quem quer começar a entender o recurso de mala direta. Por meio dela, é possível criar uma mala direta passo a passo.

Macros ▶

De uma forma geral, as Macros são regras criadas para automatizar tarefas repetitivas. Por meio dessa ferramenta é possível executar as macros existentes.

Opções de autocorreção

O recurso de Autocorreção é o responsável por corrigir palavras logo após a sua inserção, como colocar acento na palavra, caso digitada sem.

Opções

Esse recurso concentra as opções do programa como dados do usuário e recursos.

Questões

01. (FCC) Dentre três opções do BrOffice.org Writer 2.4, uma tabela pode ser inserida em um documento por meio da opção:

a) Tabela do menu Inserir ou Inserir do menu Tabela, apenas.
b) Inserir do menu Tabela, Tabela do menu Inserir ou Colunas do menu Formatar.
c) Inserir do menu Tabela, apenas.
d) Inserir do menu Tabela ou Colunas do menu Formatar, apenas.
e) Tabela do menu Inserir ou Colunas do menu Formatar, apenas.

02. (FCC) A barra de fórmulas permite criar e inserir cálculos em um documento de texto do BrOffice.org Writer 3.0. A barra Fórmula pode ser ativada:

a) selecionando-a apenas pelo menu Exibir.
b) selecionando-a apenas pelo menu Inserir.
c) pressionando-se a tecla F2.
d) pressionando-se a tecla F3.
e) pressionando-se a tecla F5.

03. (CESPE) Acerca de edição de textos, planilhas e apresentações nos ambientes Microsoft Office 2010 e BrOffice 3.0, julgue o item a seguir:

As caixas de seleção [Times New Roman ▾] [12 ▾], presentes na barra de ferramentas do BrOffice Writer 3.0, exibem e permitem alterar, respectivamente, o tipo e o tamanho da fonte.

Certo ( ) Errado ( )

04. (UEG) No LibreOffice Writer, versão 3.6.3.2, configuração padrão em português, o usuário pode adicionar com rapidez marcadores ou números às linhas de texto existentes, ou o editor pode, automaticamente, criar listas à medida que o usuário digita. Sobre esse recurso, nota-se o seguinte:

a) Em listas com vários níveis de indentação, deve-se respeitar o padrão adotado para o maior nível, ou seja, os subitens de um item numerado também deverão ser do tipo numérico.
b) Para ativar ou desativar o recurso de marcadores, o usuário pode fazer uso do ícone [▶☰] disponível na barra de ferramentas ou mesmo utilizar a tecla de atalho F11.

c) Para se criar mais de uma lista enumerada em um mesmo documento e reiniciar a numeração automaticamente, é necessário inserir uma quebra de seção.

d) Para ativar ou desativar o recurso de numeração automática, o usuário pode fazer uso do ícone 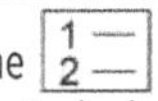 disponível na barra de ferramentas ou mesmo utilizar a tecla de atalho F12.

05. (PC-RJ) Um usuário do processador de textos BROffice.org 2.3.1 Writer digitou um trabalho no software e, ao final, realizou os ajustes de rotina e salvou-o na pasta Meus Documentos, existente no disco rígido C: do microcomputador. Para isso, ele dispõe de duas alternativas: Salvar e Salvar Como..., atividades executadas por meio do uso de dois atalhos de teclado.

Esses atalhos são, respectivamente:

a) Ctrl + B e Ctrl + Shift + B.

b) Ctrl + S e Ctrl + Alt + S.

c) Ctrl + S e Ctrl + Shift + B.

d) Ctrl + B e Ctrl + Alt + B.

e) Ctrl + S e Ctrl + Shift + S.

06. (FCC) No BrOffice.org Writer, versão 3.2, o botão que mostra ou oculta os caracteres não imprimíveis no texto é exibido normalmente na barra de ferramentas:

a) padrão.

b) de formatação.

c) de objeto de texto.

d) de controles de formulários.

e) de marcadores e numeração.

Julgue o próximo item, referente aos aplicativos dos ambientes Microsoft Office e BrOffice.

07. (CESPE) No BrOffice Writer 3, é possível aplicar estilos de texto no documento em edição, por exemplo, título 1 e título 2, e, com esses estilos, criar sumários, por meio da opção Índices do menu Inserir ou, ainda, criar referências cruzadas, por meio da opção Referência, no mesmo menu.

Certo ( ) Errado ( )

08. (CEPERJ) O Writer do pacote BROffice.org 3 oferece o recurso Formatar – Página que, ao ser acionado, abre uma janela. Nessa janela é possível definir o formato do papel na página, dimensões de altura e largura, além da orientação. Se largura = 21,00 cm e altura = 29,70 cm, pode-se concluir que o formato e a orientação do papel são, respectivamente:

a) A1 e vertical.

b) A4 e vertical.

c) A0 e retrato.

d) A4 e retrato.

e) A1 e retrato.

09. (CESPE) Por meio do botão , é possível exportar o documento em edição para um arquivo no formato PDF (*portable document format*). O pincel de estilo, acessado pelo botão , possibilita copiar a formatação de um objeto ou de uma seleção de texto e aplicá-la em outro objeto ou em outra seleção de texto.

Certo ( ) Errado ( )

10. (ALFACON) Julgue o próximo item, referente aos aplicativos Microsoft Office e BrOffice.org.

No Br Office Writer, a ferramenta "assistentes" pode ser encontrada no menu:

a) Arquivo.

b) Editar.

c) Exibir.

d) Inserir.

e) Ferramentas.

Gabaritos

01	A	06	A
02	C	07	CERTO
03	CERTO	08	D
04	D	09	CERTO
05	E	10	A

8. BROFFICE CALC – EDITOR DE PLANILHAS

O BrOffice Calc é um editor de planilhas eletrônicas pelo qual pode-se estruturar um controle de livro-caixa ou estoque, dentre inúmeras outras estruturas para atender a necessidades básicas de um escritório, por exemplo, que deseja controlar suas atividades. A figura a seguir ilustra a janela principal desse programa.

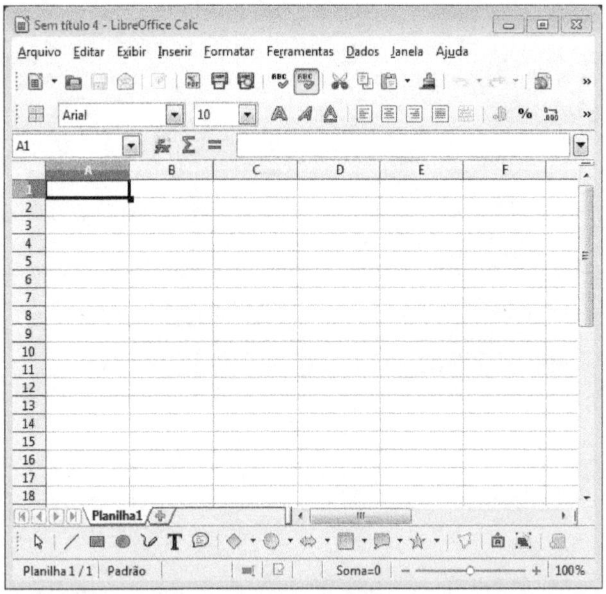

Para utilizar adequadamente esse programa, devemos entender as suas estruturas, com as quais iremos operar, como o formato de arquivo gerado.

Por padrão, um arquivo salvo no Calc é salvo no formato ODS (*Open Document Spreadsheet*), no entanto é possível por meio deste editor também salvar nos formatos padrões do Microsoft Office Excel, XLS (2003) e XLSX (2007 e 2010).

Vale lembrar que o formato ODF é o formato genérico do BrOffice, conhecido como *Open Document Format*, ou seja, Formato de Documento Aberto. Fique atento, pois o PDF (Formato de Documento Portátil) também e possível de ser gerado pelo Calc, porém por meio da opção Exportar como PDF.

8.1 Planilha

Uma planilha nada mais é do que um reticulado de linhas e colunas, as quais são preenchidas com dados e fórmulas com o intuito de se obter algum resultado ou estruturar alguma informação.

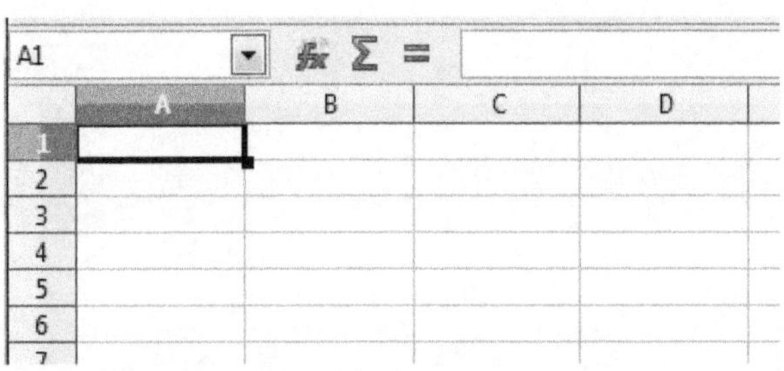

Por padrão, as linhas são identificadas por números enquanto que as colunas são identificadas por letras, conforme ilustrado na figura acima. Vale lembrar que, uma vez que existe um padrão, que existe também outra forma de se trabalhar, neste caso, é possível utilizar números para as colunas, mas é necessário alterar as opções do programa.

Uma planilha já possui um total de 1.048.576 linhas por 1024 colunas, contudo, como o alfabeto vai apenas até a letra Z, a próxima coluna é dada pela combinação AA, seguida por AB até chegar a AZ, seguida por BA, BB e assim por diante até completar as 1024 colunas, sendo a última representada pela combinação AMJ.

O mais importante a ser observado sobre essa característica é que esses valores são fixos, ou seja, uma planilha sempre terá essa estrutura, mas quando usado o recurso inserir Linhas ou Colunas, ocorre um deslocamento de conteúdo para baixo, no caso de linhas, e para a direita, no caso de colunas.

8.2 Célula

Uma célula é a menor unidade estrutural de um editor de planilhas, elas são dadas pelo encontro de uma coluna com uma linha. Assim são identificadas pelos títulos das colunas e das linhas que são exibidas.

A célula A1 é a primeira célula de uma planilha, ou seja, é a célula que se encontra na coluna A e na linha 1.

Células de absorção

Dentre as características das células podemos citar as de Absorção, também conhecidas como células de resultado. Basicamente são aquelas que apresentam o resultado de algum cálculo.

Os indicadores de Células de Absorção são símbolos usados para identificar para o programa quais células devem ser calculadas. No Calc, são três os indicadores de células de absorção:

=	=5+5	10
+	+5+5	10
-	-5+5	0

Modos de endereçamento

Os modos de endereçamento são formas de identificar o endereço de uma célula, contudo para fins de identificação os três modos de endereçamento não possuem diferença, sua aplicação é apenas para os procedimentos de copiar e colar uma célula cujo conteúdo é uma fórmula, por vezes citado pelo clicar e arrastar.

Relativo: no modo de endereçamento relativo apenas precisamos indicar a coluna e a linha de uma célula. Como o exemplo: B2, ou seja, a célula que se encontra na junção da linha 2 com a coluna B.

Misto: no modo de endereçamento misto é utilizado o símbolo $ (cifrão) para indicar que o dado que estiver imediatamente à sua direita será sempre o mesmo, ou seja, não poderá ser alterado.

Existem duas formas de endereçamento misto, em uma bloqueamos a coluna, enquanto que na outra a linha é que é bloqueada.

Quando desejamos travar a coluna, escrevemos o endereço da célula, =$B2, assim a linha pode ser alterada quando houver deslocamento, porém a coluna será sempre a coluna B.

Por outro lado, quando desejamos fixar uma linha, devemos escrever o $ antes da linha, exemplo, =B$2, dessa forma, a coluna pode ser alterada quando houver deslocamento em relação à coluna, contudo a linha será sempre a linha 2.

Absoluto: no endereçamento absoluto tanto a coluna quanto a linha são fixadas, assim podemos dizer que a célula será sempre a mesma.

Endereço da planilha

<nome da Planilha>.<endereço da célula>

=Planilha1.B4+Planilha2.B4

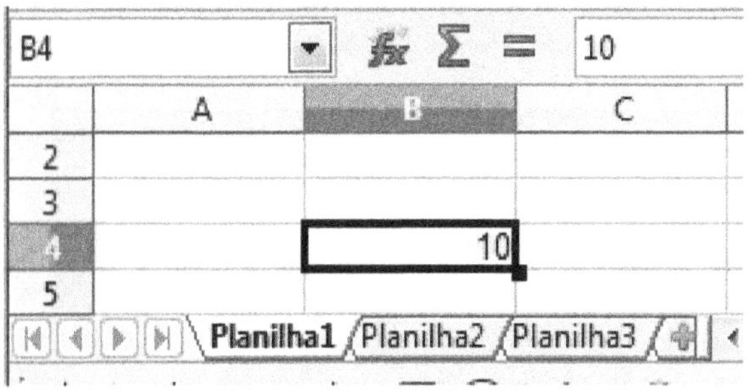

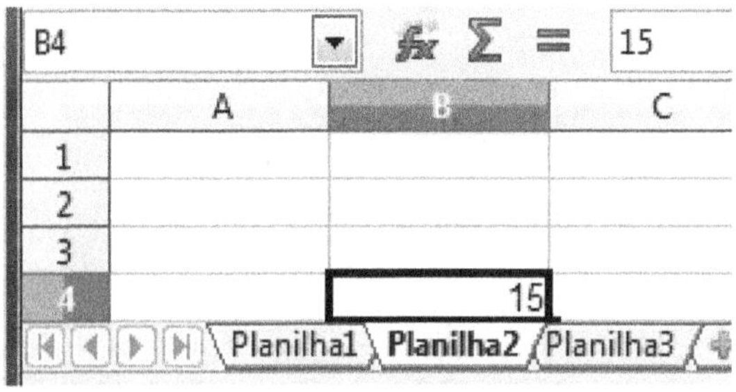

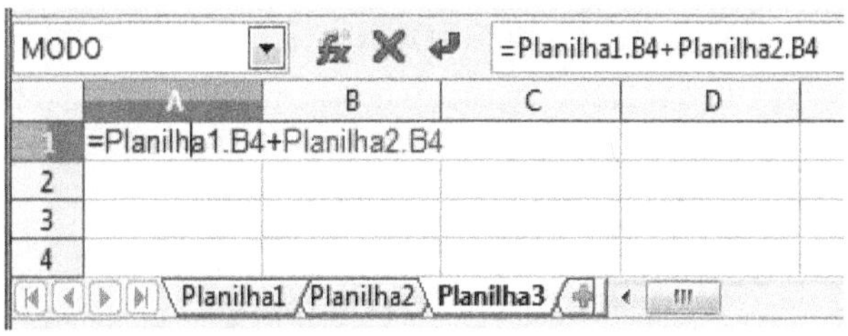

8.3 Operadores

No BrOffice Calc existem quatro tipos de operadores básicos: aritméticos, texto, referência e comparação, cada qual com suas peculiaridades.

Operadores aritméticos

Sobre Operadores Aritméticos, assim como sobre Células de Absorção, a maioria das perguntas é direta, mas as questões são colocadas na matemática destes operadores, ou seja, as regras de prioridade de operadores devem ser observadas para que não seja realizado um cálculo errado.

Operador	Símbolo	Exemplo de uso	Resultado
Adição	+	=5+5	10
Subtração	-	=5-5	0
Multiplicação	*	=5*5	25
Divisão	/	=5/5	1
Potenciação	^	=5^2	25
Percentagem	%	=200*10%	20

Operador de texto

Os editores também contam com um operador que permite atuar com texto. O operador de concatenação **&** tem a função de reunir o conteúdo das células na célula resultado. Atenção, nesse caso a ordem dos operadores altera o resultado.

A figura a seguir ilustra as células com operações de concatenação.

	A	B	C	D
1	3	4	=B1&A1	=C1+8
2	ab	cd	=A2&B2	
3	=A1&A2&A4	=CONCATENAR(A1;A2;A4)		
4	=A2&A1			
5				

A figura a seguir mostra os resultados obtidos pelas fórmulas inseridas, atente aos resultados e perceba que a ordem dos fatores muda o resultado. Também observe que, por ter sido utilizado um operador de texto, o resultado por padrão fica alinhado à esquerda.

	A	B	C	D
1	3	4	43	51
2	ab	cd	abcd	
3	3abab3	3abab3		
4	ab3			
5				

Referência

Os operadores de referência são aqueles utilizados para definir o intervalo de dados que uma função deve utilizar.

; ~	E	União
:	Até	Intervalo
!		Interseção

Considere o seguinte conjunto de dados em uma planilha em edição no Calc:

	A
1	10
2	20
3	30
4	40
5	50
6	
7	
8	

=SOMA(A1 : A4)

A função é lida como Soma de A1 até A4, ou seja, todas as células que estão no intervalo de A1 até A4 inclusive. No caso de exemplo o resultado = 100.

De forma equivalente pode-se escrever a função como se segue:

=SOMA(A1 ; A2 ; A3 ; A4)

A qual se lê Soma de A1 e A2 e A3 e A4, assim é possível especificar células aleatórias de uma planilha para realizar um cálculo.

=SOMA(A1 ; A4)

Neste caso fique atento pois, a leitura é Soma de A4 e A1, ou seja, apenas estão sendo somadas as células A1 com A4 as demais não entram no conjunto especificado. Assim, o resultado seria 50.

=SOMA(A1 : A4 ! A3 : A5)

Já nesta última situação apresentada, deseja-se somar apenas as células que são comuns ao intervalo de A1 até A4 com A3 até A5, que no caso são as células A3 e A4, assim a soma destas células resulta em 70.

8.4 Elemento fixador

O $ (cifrão) é um símbolo usado para travar alguma informação, via de regra o que estiver vinculado à direita.

As questões normalmente descrevem uma planilha e citam que uma determinada fórmula foi inserida em uma célula. Na sequência, a célula é selecionada, copiada e colada em outra célula, ou mesmo clicado pela alça de preenchimento e arrastado para outra célula.

No caso a seguir, foi inserida na célula C1 a fórmula =A1+$A2+A$2, após foi arrastada pela alça de preenchimento desta célula para a célula C2, assim a fórmula presente em C2 será:

1º de C1 para C2 foi acrescido apenas uma linha, sem alterar a coluna, assim as letras não são alteradas, mas existem modos de endereçamento misto, em que aparece $2 significa que a linha será sempre a linha 2, não podendo modificá-la.

	A	B	C	D
1	10	100	=A1+$A2+A$2	
2	50	200	=A2+$A3+A$2	
3	=$A$1+A1			
4		=$A$1+B2		
5				=B5+$A6+B$2
6				

	A	B	C	D
1	10	100	110	
2	50	200	120	
3	20			
4		210		
5				200
6				

C1	→	C2
Origem		Destino

	Destino		Origem	Deslocamento
Linha	2	-	1	1
Coluna	C 3ª	-	C 3ª	0

C1	→	D5
Origem		Destino

	Destino		Origem	Deslocamento
Linha	5	-	1	4
Coluna	D 4ª	-	C 3ª	1

A3	→	B4
Origem		Destino

	Destino		Origem	Deslocamento
Linha	4	-	3	1
Coluna	B 2ª	-	A 1ª	1

	→	
Origem		Destino

	Destino		Origem	Deslocamento
Linha		-		
Coluna		-		

8.5 Alça de Preenchimento

A Alça de Preenchimento é um dos recursos que mais possui possibilidades de uso e por consequência respostas diferentes.

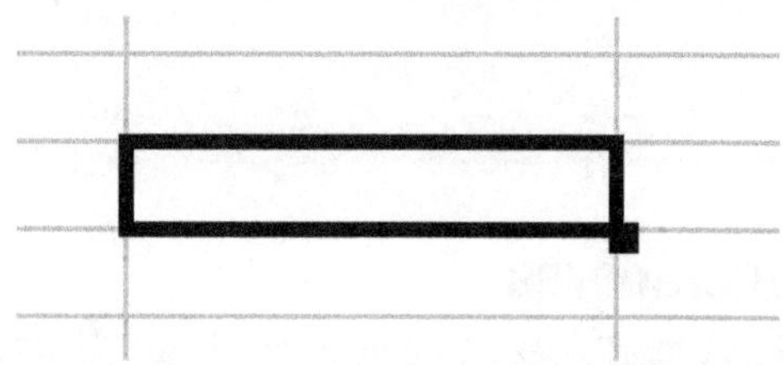

Observe que, quando uma ou mais células estão selecionadas, sempre no canto direito inferior é ilustrado um quadrado um pouco mais destacado, essa é a alça de preenchimento.

Ela possui esse nome porque é utilizada para facilitar o preenchimento de dados que obedeçam a uma regra ou padrão.

Quando uma única célula está selecionada e o seu conteúdo é um valor numérico. Ao clicar sobre a alça de preenchimento e arrastar seja na horizontal ou vertical, em qualquer sentido, exceto diagonal, será preenchido com uma Progressão Aritmética (PA) de razão 1, caso seja arrastado para esquerda ou para cima a razão é -1. A figura a seguir ilustra o comportamento.

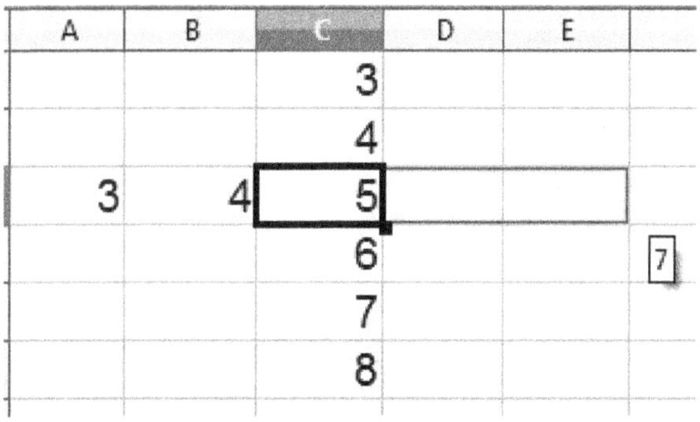

Já na situação em que existem duas células adjacentes selecionadas contendo valores numéricos diferentes entre si, ao se arrastar pela alça de preenchimento as células serão preenchidas com uma PA cuja razão é a diferença entre os dois valores selecionados. A figura a seguir ilustra esse comportamento. Podemos observar que o valor que irá ser exibido na célula B6 será o número 30, com isso a célula B4 receberá o valor 20, enquanto que a B5 receberá 25, conforme vemos na figura da direita.

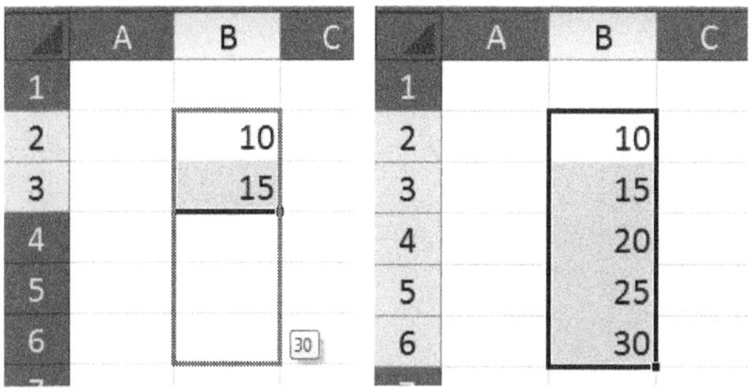

Quando o conteúdo de uma única célula selecionada for um texto esse, será copiado para as demais células. Mas se o conteúdo, mesmo sendo um texto, fizer parte de uma série conhecida pelo programa às células serão preenchidas com o próximo valor da série. Por exemplo, se **Janeiro** for o conteúdo inserido na célula, então, ao arrastar pela alça de preenchimento para a direita ou para baixo a célula adjacente será preenchida com **Fevereiro**, por outro lado se for arrastado para cima ou para a esquerda a célula adjacente será preenchida com **Dezembro**. O mesmo vale para as sequências Jan, Seg e Segunda-feira. Atenção: A, B, C não são conhecidos como série nos programas, mas o usuário pode criá-las.

Já na situação em que haja duas células que contenham textos diferentes selecionadas, ao arrastar será preenchido com o padrão encontrado, veja o exemplo abaixo.

Quando o conteúdo da célula for uma fórmula ao arrastar pela alça de preenchimento o resultado é o mesmo, ou seja, deverá ser calculada a nova fórmula de acordo com o deslocamento.

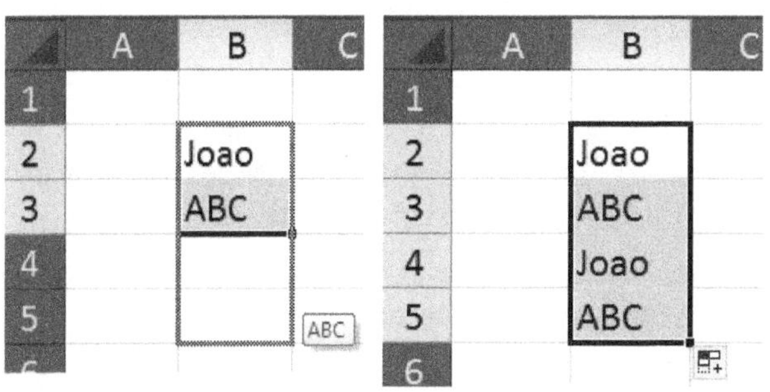

8.6 Funções

As funções são estruturas prontas criadas para que o usuário não se preocupe em como elas funcionam, mas apenas com que informações devem descrever para obter o resultado. Contudo, para as provas de concurso precisamos saber como elas funcionam.

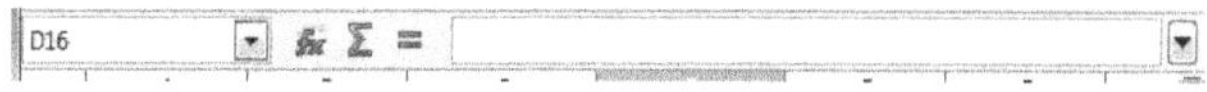

A figura acima ilustra a barra de fórmulas e funções do Calc, por meio dela podemos inserir as funções, além de poder digitá-las diretamente. Essa barra também tem importante informação, pois é nela que é exibido o real conteúdo de uma célula, ou seja, se o que foi inserido foi uma fórmula ou um dado (valor) direto.

Caso ainda não conheça muito bem as funções é possível contar com o assistente de funções, que pode ser acessado pelo ícone *fx* presente nessa mesma barra. À direita dele encontra-se o botão SOMA, que pode ser usado para inserir a função =SOMA( ) já o sinal de igual presente na sequência é o mesmo que digitar o símbolo na célula selecionada a fim de inserir uma fórmula ou função, tanto que seu nome é Função.

Principais funções

=SOMA( )

=MÉDIA( )

=MED( )

=MÁXIMO( )

=MAIOR(;)

=MÍNIMO( )

=MENOR(;)

=MODO( )

	A	B	C	D
1	3	7	10	
2	7	3	20	
3		7	30	
4	3	3	40	
5	7	5	10	
6				
7				

=média(a1:a5)

Calcula-se a Média de A1 até A5. O cálculo da média é a soma de um conjunto de valores dividido pelo total de valores **somados**, assim para o caso apresentado na figura acima o resultado da média de A1 até A5 é 20/4 totalizando 5, ou seja, as células vazias são ignoradas. Caso a célula A3 possua o valor 0, o resultado seria 4, pois 0 (zero) é número.

=média(a1;a2;a3;a4;a5)

Nesta segunda forma, apenas se mudou os operadores de referência, mas o resultado será o mesmo, pois o conjunto de dados é o mesmo.

=média(b1:b5)

O conjunto apresentado também resulta em 5.

=soma(b1:b5)/5

Muito comum de ser usado nas provas as estruturas de funções combinadas com expressões aritméticas como somar o conjunto de B1 até B5 e na sequência dividir o resultado por 5. Atente-se, pois para o caso em questão a expressão acima calcula a média, porém não se pode dizer o mesmo para a frase, **a função =SOMA(B1:B5)/5 calcula a média dos valores de B1 até B5 qualquer que seja o valor nas células**, pois se alguma célula estiver vazia não será dividido por 5 o total somado, a fim de calcular a média.

=b1+b2+b3+b4+b5/5

Cuidado com a expressão acima, porque ela não calcula a média, mas é bastante usada nas provas para induzir o candidato ao erro, lembre-se que os cálculos devem ser realizados respeitando as precedências de operadores. Assim, a expressão para calcular a média seria **=(B1+B2+B3+B4+B5)/5** usando os parênteses para mudar a precedência indicando que o que está entre eles é que deve ser calculado por primeiro.

=med(b1:b5)

Atenção a essa função, pois as provas induzem o candidato a pensar que se trata da função que calcula a média, contudo o que ela calcula é a **Mediana**, que é o elemento central de um conjunto de elementos. Porém, outra questão recorrente pode ser apresentada: ocorre quando o conjunto de dados é similar ao apresentado, ou seja, com números repetidos e fora de ordem, devemos lembrar que a mediada leva em consideração os valores em ordem e que estes se repetem. Desse modo, na mediana de B1 até B5 devemos observar os valores (3, 3, 5, 7, 7), com base nesse conjunto tem-se que a mediana é 5, pois é o elemento central.

=med(a1:a5)

Contudo, quando o conjunto possui uma quantidade par de elementos, a mediana é a média dos elementos centrais. Dado do conjunto (3, 3, 7, 7) a mediana é a média de 3 e 7, ou seja, 5.

=máximo(b1:b5)

Essa função retorna o valor mais alto do conjunto de dados especificado.

=maior(b1:b5;3)

Em comparação com a função Máximo, é comum aparecer a função Maior que permite identificar o enésimo termo de um conjunto.

No exemplo anterior podemos ler como o terceiro maior número do intervalo de B1 a B5.

Neste caso, como se deseja o maior valor o conjunto, deve ser considerado em ordem decrescente (7, 7, 5, 3, 3), assim o terceiro maior número é 5.

=mínimo(b1:b5)

Enquanto que o máximo traz como resposta o valor mais alto, o mínimo retorna o mais baixo.

Para o exemplo acima a resposta é 3.

=menor(b1:b5;1)

A função Menor exibe o enésimo menor número de um conjunto, desta forma, no exemplo dado, pede-se o primeiro menor número do intervalo de B1 a B5 (3, 3, 5, 7, 7), na função menor o conjunto de dados deve ser considerado em ordem crescente, assim o primeiro menor é 3, o mesmo que o mínimo de B1 até B5.

=modo(a1:a5)

Esta função retorna o valor que aparece com maior frequência no conjunto especificado. No caso do exemplo, a resposta é 3.

=modo(b1:b5)

Observe que o resultado será sempre o valor mais baixo que mais se repete, mesmo que outro valor apareça com a mesma frequência, como no segundo exemplo a resposta também é 3.

Outras funções comuns

	A	B	C	D	E
1	3	7	10	A	
2	7	3	20	B	
3		7	30	A	
4	3	3	40	A	
5	7	5	10	B	
6					

=se(; ;)

A função SE é também conhecida como condicional, por meio dela é possível definir ações a serem executadas diante de determinadas situações (condições).

Sua sintaxe é composta por três campos sendo que no primeiro é colocado um teste lógico, após o ponto e vírgula temos o campo que contém a ação a ser executada, caso o teste lógico seja verdadeiro e na sequência. No último campo, contém a ação caso o teste lógico seja falso.

=cont.Núm( )

Esta função exibe o total de células de um intervalo que possui como conteúdo um valor numérico.

=cont.Se(;)

Enquanto que a função CONT.SE retorna a quantidade de células que atendem ao critério estabelecido no segundo campo.

=somase(; ;)

Já a função SOMASE, permite somar apenas o conteúdo das células de interesse ao montante.

Assim se aplicada a função **=SOMASE(D1:D5;"=A";C1:C5)** a resposta será o montante da soma das células da coluna C que estiverem na mesma linha das células da coluna D que possuírem a letra A como conteúdo. Assim a resposta é 80.

Exs.:

=SE(C1>=10; "maior ou igual"; "Menor")

Se o valor contido na célula C1 for maior ou igual a 10, então será escrito na célula o texto expresso no segundo campo da função. Por ser um texto, a ação desejada ele obrigatoriamente deve ser expresso entre aspas, contudo as aspas não serão exibidas na resposta.

Mas se o valor da célula C1 for menor do que então será escrito como resposta o texto **Menor**.

=cont.Núm(a1:a5)

Como a célula A3 está vazia, a resposta desta função é 4, pois existem apenas 4 células cujo conteúdo é um número.

=cont.Se(d1:d5; "=a")

Ao se aplicar a função acima, ela irá contar quantas células possuem o texto A, neste caso a resposta é 3.

8.7 Formatos de células

Ao clicar com o botão direito do mouse sobre uma ou mais células selecionadas é aberto o menu suspenso, ilustrado a seguir. Neste momento nos interessa a opção Formatar Células que, ao ser acionada, abre a janela de formatação de células.

Guia números

A figura a seguir ilustra a janela Formatar Células exibindo as opções da aba Números, as principais abas são as guias Número e Alinhamento.

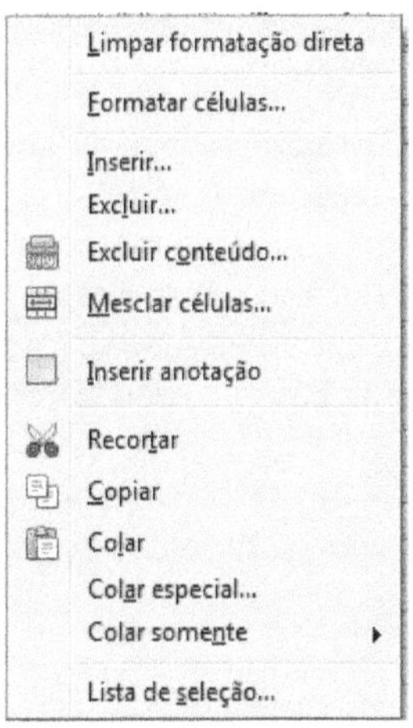

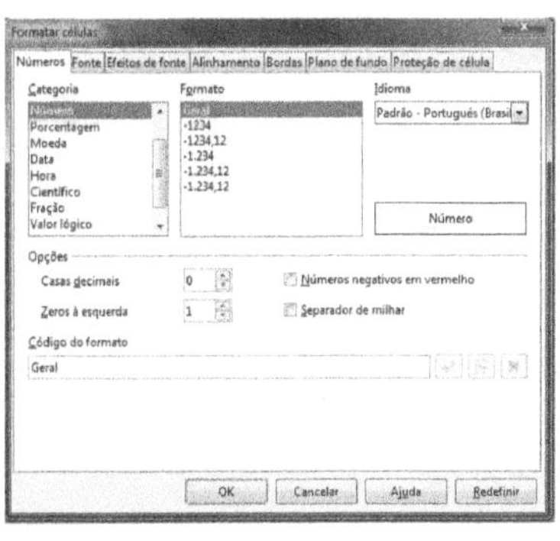

Na figura abaixo estão listados os formatos de células e exibidas as células formatadas.

	A	B
1	Número	5,70
2	Porcentagem	500,00%
3	Moeda	R$ 50,00
4	Data	09/04/13
5	Hora	23:20:00
6	Científico	5,00E+000
7	Fração	3/4
8	Valor Lógico	VERDADEIRO
9	Texto	teste
10		

Os formatos Moeda e Percentagem também podem ser definidos pelas opções da barra de Ferramentas de Formatação. A figura a seguir ilustra parte desta barra com as opções citadas.

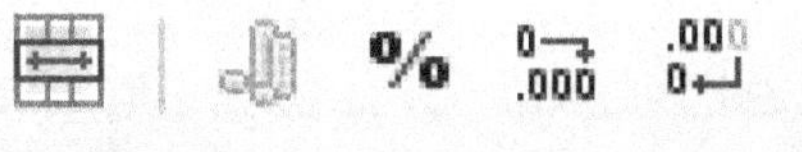

Guia alinhamento

Por meio desta guia, podemos formatar o alinhamento vertical e/ou horizontal de uma célula bem como a orientação do texto, ou seja, sua direção aplicando um grau de inclinação.

Também encontramos a opção Quebra Automática de texto que permite distribuir o conteúdo de uma célula em várias linhas de texto dentro da mesma célula. A figura a seguir ilustra estas opções.

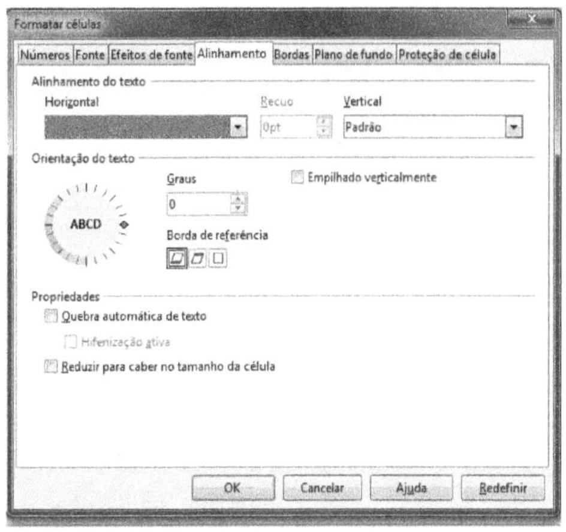

Outras ferramentas

Mesclar e centralizar 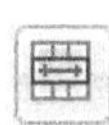

A opção Mesclar e Centralizar do Calc centraliza tanto na horizontal como na vertical. Porém, é possível exibir apenas o conteúdo da célula superior esquerda, como também se pode mover o conteúdo das células selecionadas que serão ocultas para a célula superior esquerda.

A sequência de imagens a seguir ilustra a operação de mesclar em que se opta por exibir apenas a célula superior esquerda, observe que as demais células são apenas ocultas, assim seus valores são mantidos e podem ser referenciados.

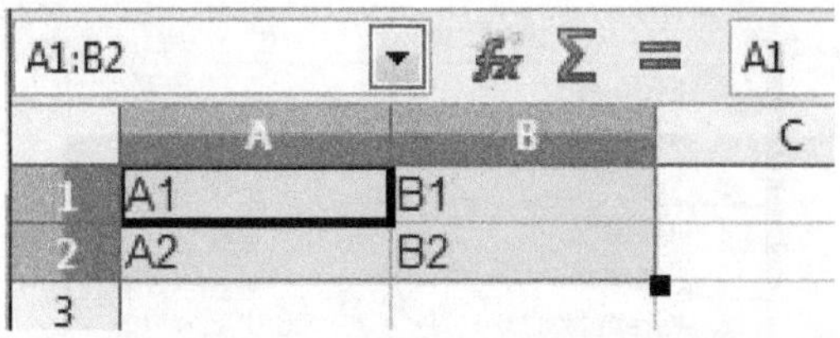

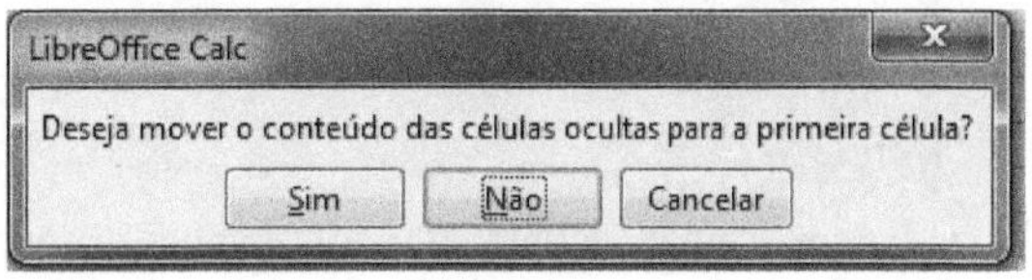

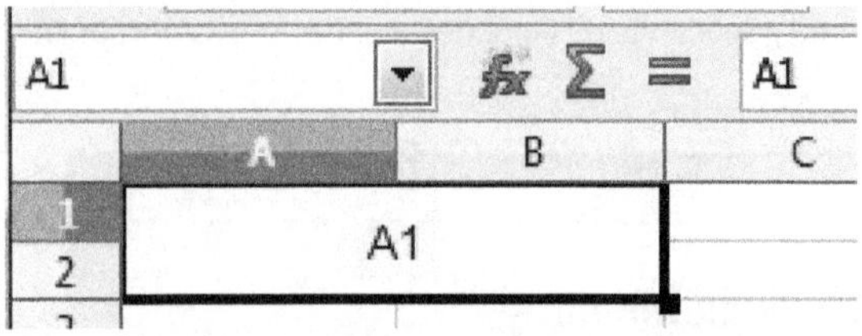

Nessa próxima sequência foi optado por mover o conteúdo para a célula superior esquerda, atente que a ordem dos dados é a mesma de leitura (esquerda para a direita e de cima para baixo).

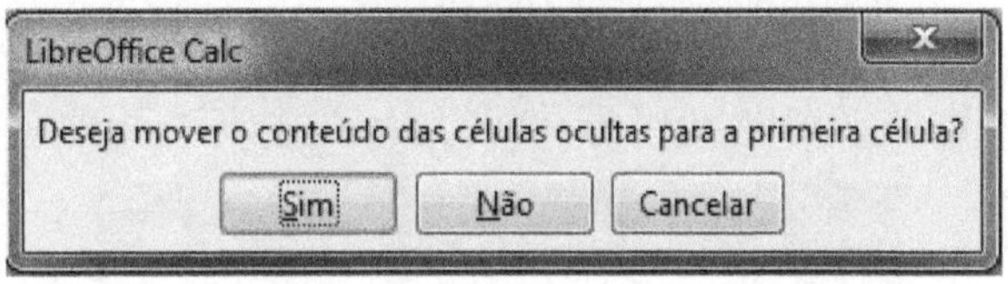

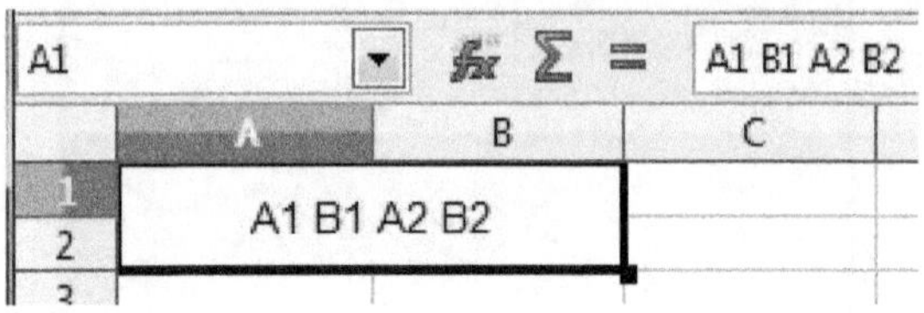

Bordas

Por padrão, em uma planilha, o que vemos são as linhas de grade e não as bordas das células, tanto que se realizarmos a impressão nenhuma divisão aparece. As bordas devem ser aplicadas manualmente de acordo com a necessidade, para isso, pode-se usar o botão Bordas presente na barra de ferramentas de formatação que, ao ser acionado, exibe as opções de bordas, como: bordas externas, internas, esquerda, direita, dentre as demais que podem ser visualizadas na figura abaixo.

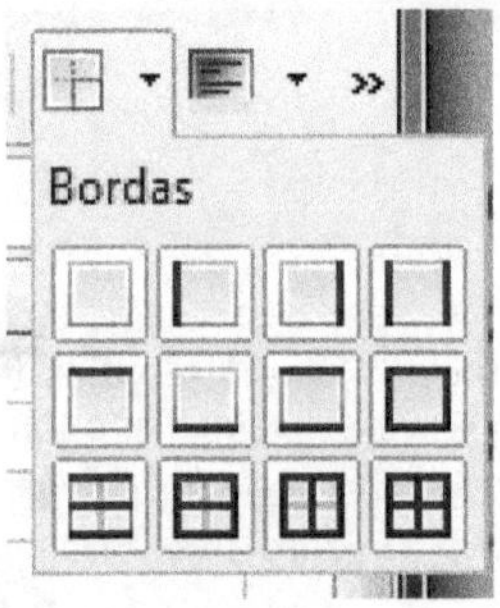

Classificar

Outra opção que podemos destacar é a de classificação de dados, pela qual podemos ordenar um conjunto de dados selecionados em ordem crescente ou mesmo decrescente, por meio dos ícones acima representados, respectivamente.

Questões

01. (ALFACON) Duas ou mais células de uma planilha do Microsoft Calc podem ser unidas de tal forma que passam a ser uma só célula. Assinale a alternativa que apresenta o nome desse recurso:

a) Agrupar células.
b) Mesclar células.
c) Aglomerar dados
d) Agrupar dados
e) Consolidar dados

02. (CESPE - ADAPTADA) No Calc, por meio da ferramenta , é possível, entre outras tarefas, copiar o conteúdo da área de transferência do Windows e colá-lo na célula desejada, sendo possível, ainda, formatar o estilo de uma célula em moeda, por exemplo.

Certo ( ) Errado ( )

03. (NCE/UFRJ)Ao salvar-se um documento em um aplicativo do BrOffice, esse foi criado com a extensão padrão .ods. Pode-se afirmar que o documento é:

a) uma fotografia editada;
b) um arquivo texto;
c) uma planilha;
d) uma apresentação de slide;
e) um banco de dados.

04. (ESAF) O BrOffice é uma suíte para escritório gratuita e de código aberto. Um dos aplicativos da suíte é o Calc, que é um programa de planilha eletrônica e assemelha-se ao Excel da Microsoft. O Calc é destinado à criação de planilhas e tabelas, permitindo ao usuário a inserção de equações matemáticas e auxiliando na elaboração de gráficos de acordo com os dados presentes na planilha. O Calc utiliza como padrão o formato:

a) XLS.
b) XLSX.
c) ODF.
d) PDF.
e) DOC.

05. (CESPE) No BrOffice Calc 3.3, é possível salvar as planilhas em formato ODS ou XLS, sendo possível, ainda, sem a necessidade de instalação de componentes adicionais, exportar a planilha em formato PDF.

Certo ( ) Errado ( )

06. (CESPE) No BrOffice Calc 3, ao se digitar a fórmula =Planilha2!A1 + $A$2 na célula A3 da planilha Planilha1, será efetuada a soma do valor constante na célula A1 da planilha Planilha2 com o valor absoluto da célula A2 da planilha Planilha1.

Certo ( ) Errado ( )

07. (FUNRIO) Um programa de planilha eletrônica como Microsoft Excel ou BrOffice Calc permite realizar cálculos através de números e fórmulas armazenadas em células. Suponha as seguintes células preenchidas com números: A1=6, A2=5, A3=4, B1=3, B2=2, B3=1. Que valor será calculado e exibido na célula C3 caso esta tenha o conteúdo =SOMA(A2:B3)?

a) 5.

b) 6.

c) 12.

d) 15.

e) 21.

08. (FCC) As células A1 até A3 de uma planilha BrOffice (Calc) contêm, respectivamente, os números: 2, 22 e 222. A célula A4 contém a fórmula =A$1*$A$2+A3 (resultado = 266) que arrastada pela alça de preenchimento para a célula A5 registrará, nesta última, o resultado (calculado):

a) 510.

b) 5150.

c) 6074.

d) 10736.

e) 63936.

09. (CEPERJ) Observe a planilha abaixo, no Calc do pacote BrOffice.org 3.0.

	A	B	C	D	E	F	G
1			CEDAE – 2012				
2							
3			#	Código	Nome	Leitura	Consumo
4			1	01-5009	Aldair	123	baixo
5			2	02-9876	Jussara	256	médio
6			3	03-4572	Luiz	478	alto
7			4	04-9036	Samuel	371	médio
8							

Nessa planilha foi inserida uma expressão em G4 que mostra uma mensagem, com base no quadro a seguir:

Leitura	Consumo
Menor que 200	baixo
Maior ou igual a 200 e menor que 400	médio
Maior ou igual a 400	alto

Para finalizar, a expressão inserida na célula G4 foi copiada para G5, G6 e G7. Como consequência, em G7 foi inserida a seguinte expressão:

a) =SE(F7>=400;"alto";SE(F7<200;"baixo";"médio"))

b) =SE(F7>=400;"alto";SE(F7<200;"médio";"baixo"))

c) =SE(F7>=400;"baixo";SE(F7<200;"alto";"médio"))

d) =SE(F7>=400;"médio";SE(F7<200;"alto";"baixo"))

e) =SE(F7>=400;"médio";SE(F7<200;"baixo";"alto"))

10. (CESPE) No aplicativo BrOfficeCalc 3.0, o valor da célula A2 poderá ser testado utilizando-se a função =SE(A2>1000;A2*0,15;A2*0,05); se o referido valor for maior que 1.000, deverá ser multiplicado por 0,05.

Certo ( ) Errado ( )

Gabaritos

01	B	06	ERRADO
02	ERRADO	07	C
03	C	08	B
04	C	09	A
05	CERTO	10	ERRADO

9. BROFFICE IMPRESS - EDITOR DE APRESENTAÇÃO

É também conhecido como editor de slides. Fique atento com as palavras expressas em português como eslaide, que aparenta ser errada, pelo fato de não ser empregada com frequência, comumente usada para induzir o candidato ao erro.

9.1 Janela do Programa

Devemos, primeiramente, conhecer algumas funções da Janela do Editor para melhor entender seus recursos.

A primeira barra ao topo, onde encontramos os botões Fechar, Maximizar/Restaurar e Minimizar é a chamada Barra de Título, pois expressa o nome do arquivo e o programa no qual está sendo trabalhado.

A barra logo abaixo é a Barra de Menu, onde se encontram as ferramentas do programa. Observe, à direita do menu Ferramentas, a existência de um menu diferente dos encontrados no Writer e Calc, o menu Apresentação de Slides. Nele, são encontradas as opções específicas das operações com slides como Cronometrar, Transição e Apresentação de Slides.

Na sequência, são exibidas as duas barras de ferramentas (Padrão e de Formatação). Fique atento às divisões da janela. Na lateral esquerda, está o painel Slides, nele são exibidas as miniaturas dos slides a fim de navegação na apresentação, bem como de organização. Uma vez que, para deslocar o slide, basta clicar e arrastá-lo para o local desejado.

A última é a barra de Status, por meio dela podemos visualizar em qual slide estamos, além de poder alterar o zoom do slide em edição.

Acima da barra de Status está a barra de Desenhos, ilustrada a seguir. Essa barra é comum aos demais editores (Calc e Writer). Porém, ela só aparece por padrão no Impress. Para ocultá-la ou exibi-la, basta selecionar a barra no menu Exibir → Barras de Ferramentas → Desenho.

A área central da tela é onde fica o slide em edição, também conhecida como palco, quem sabe uma associação ao espaço onde o artista expõe a sua obra.

Já à direita, é exibido o Painel de Tarefas. Essa estrutura oferece diversas opções, conforme ilustrado a seguir:

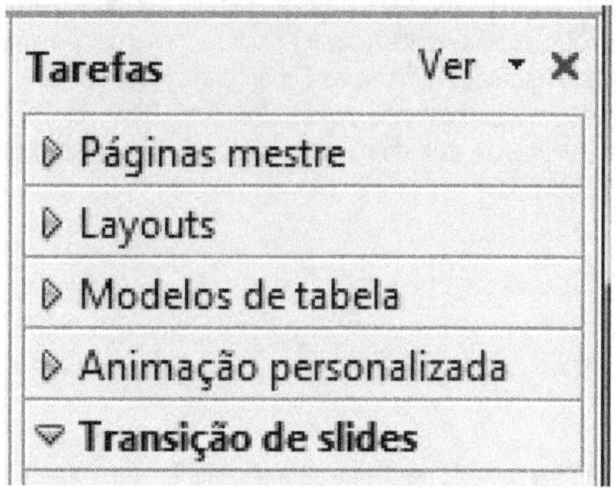

Acima do slide em edição, podem-se encontrar cinco opções, elas são modos de exibição que podem ser alternados.

9.2 Mestre

Um mestre é aquele que deve ser seguido, ou seja, uma estrutura base para a criação de um conjunto de slides. Por meio dele podemos criar um modelo no qual se definem estilos de título, parágrafo, tópicos, planos de fundo e os campos de data/hora, rodapé e número do slide, conforme pode ser visualizado na imagem a seguir:

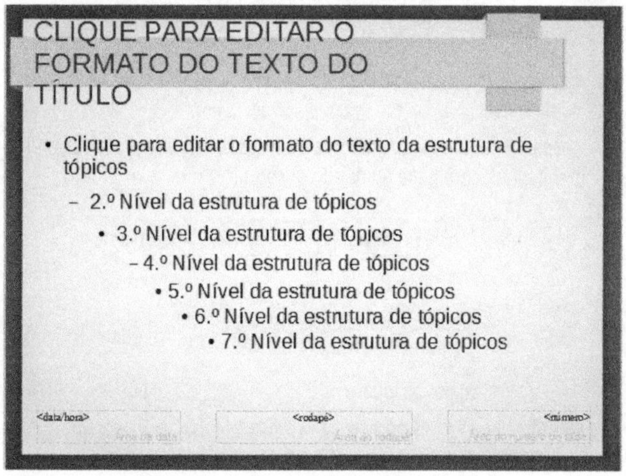

Para acionar o modo exibido, basta clicar no menu Exibir → Mestre → Slide Mestre.

A Nota Mestre serve para formatar as características das anotações (notas) que podem ser associadas a cada slide, conforme ilustrado a seguir.

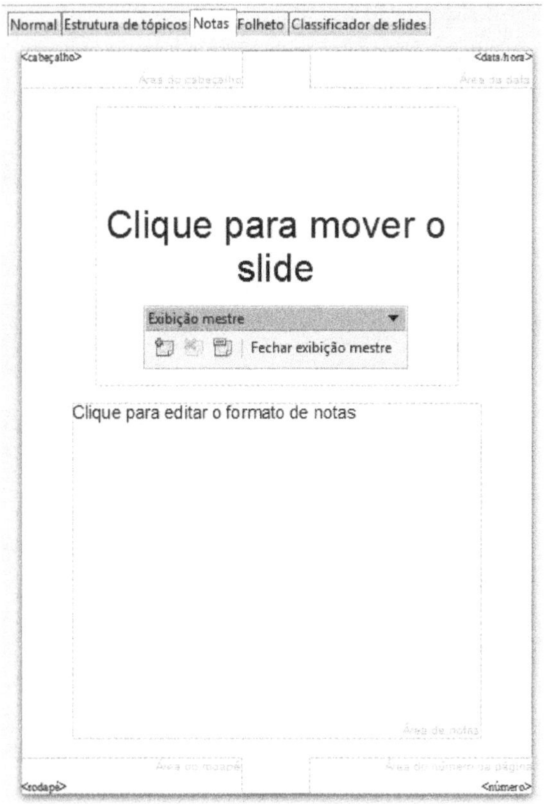

Já o item Elementos do Slide Mestre, serve para indicar quais elementos devem aparecer nos slides ou notas.

No painel de Tarefas, a opção Páginas Mestre apresenta alguns modelos de Slides Mestres que podem ser utilizados pelo usuário.

9.3 Layouts

Também podendo ser citado como Leiaute, são as estruturas que um slide pode possuir, como slides de título, título e subtítulo, slide em branco entre outros.

A figura a seguir ilustra os diversos layouts disponíveis no Impress. Esses podem ser definidos a qualquer momento da edição, inclusive após o slide já ter sido inserido.

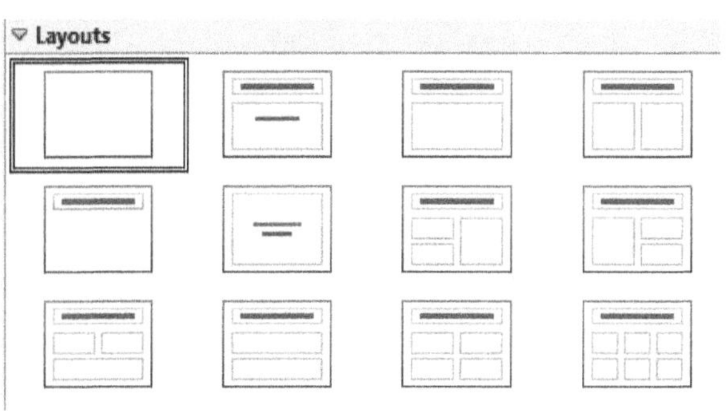

Por meio do botão Inserir Slide [ícone], presente na barra de ferramentas padrão, é possível escolher no momento da inserção o layout do slide. Após este já ter sido inserido, basta selecioná-lo no painel de slides, à esquerda, e escolher o novo layout desejado pelo botão de Layout do Slide [ícone] ou pelo painel de Tarefas.

9.4 Formatos de Arquivos

O Formato de Arquivo salvo por padrão no BrOffice (LibreOffice) Impress é o ODP (*Open Document Presentation*). Contudo, é possível salvar uma apresentação no formato PTT do PowerPoint (2003) ou PTTX do PowerPoint 2007 e 2010.

Existe também um formato de arquivo PPS (2003) e PPSX (2007 e 2010). Ele é um formato de autoplay, ou seja, ao ser acionado o arquivo com esse formato ele automaticamente é exibido no modo de exibição de slides.

9.5 Modos de Exibição

Os Modos de Exibição refletem em diferentes estruturas e não apenas formas de visualizar os slides. No Impress existem cinco modos de exibição principais, mas pode-se acrescentar também o modo de Apresentação de Slides como sendo um modo de exibição.

Para alternar entre os modos de exibição, pode-se escolher o modo desejado pelo Menu Exibir ou pelas opções presentes no topo do palco de edição.

Normal

Este é o modo de exibição padrão para a edição dos slides, conforme ilustrado a seguir. Com esse modo, é possível alterar os textos do slide, bem como suas formatações de texto, layout e plano de fundo.

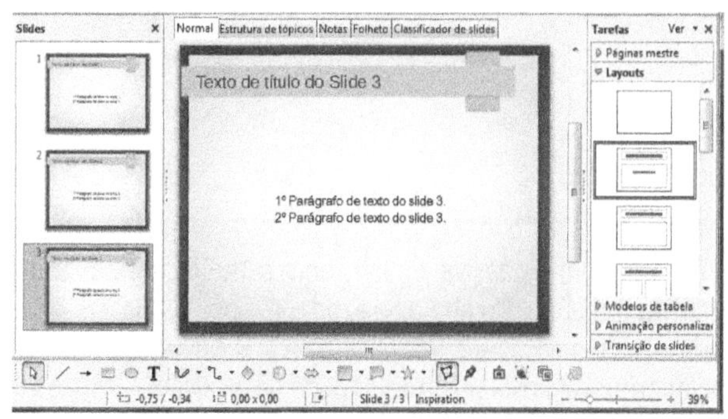

Estrutura de tópicos

Já no modo de Estruturas de Tópicos, as características de formatação do slide não são exibidas, mas apenas o conteúdo do slide. Cada slide é indicado, bem como cada parágrafo de conteúdo, conforme ilustrado a seguir. Propriedades como o tamanho e o tipo da fonte, bem como negrito, sublinhado e itálico são aparentes neste modo de exibição, ao contrário da cor da fonte.

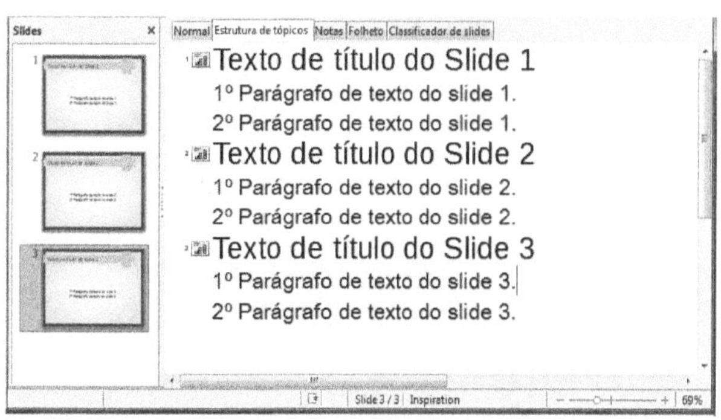

Notas

Este modo de exibição serve para que se possa inserir as anotações sobre um slide, muitas vezes usadas para descrever o assunto, ou conteúdo do slide, ou seja, são os tópicos a serem seguidos e apontados. Assim, as notas servem como um lembrete.

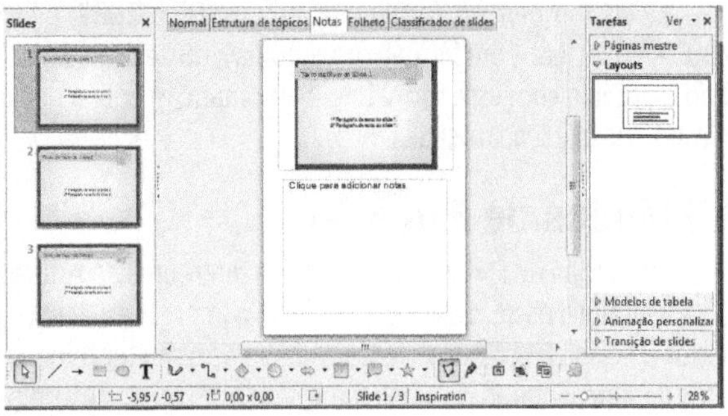

Folhetos

O modo de exibição de Folhetos, ilustrado a seguir, tem por objetivo as estruturas de cabeçalho e rodapé do modo de impressão de folhetos, ou seja, aquele em que são impressos vários slides por página.

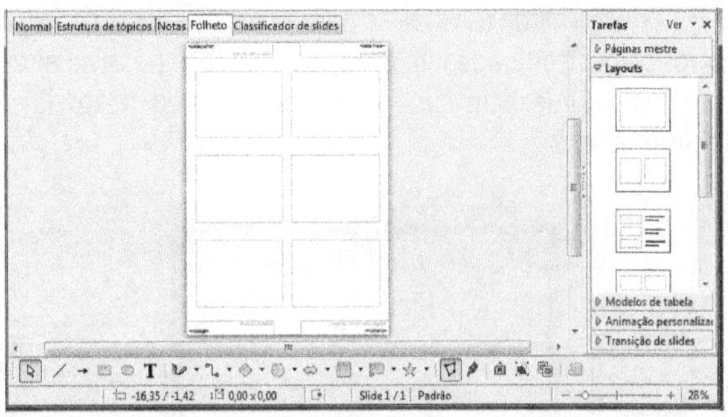

Também é possível dimensionar como ficaram os slides. Além do conteúdo do cabeçalho e rodapé, é possível inserir dados como data, hora e números de páginas. A figura a seguir ilustra com maior precisão os detalhes deste modo de exibição:

Classificador de slides

O modo Classificador de Slides serve para organizar a sequência dos slides na apresentação, oferecendo uma interface onde são exibidas as miniaturas das telas para que, ao clicar e arrastar os slides, seja possível movê-los para às posições desejadas. Na imagem a seguir, pode-se observar sua disposição:

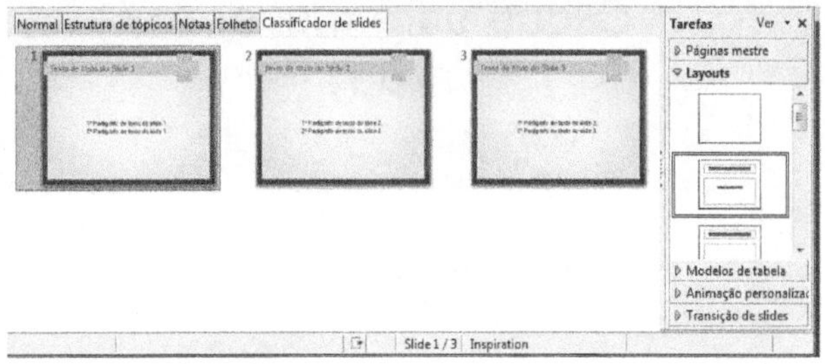

9.6 Inserir slide

Para inserir um slide em uma apresentação, podemos contar com o recurso Inserir Slide, que pode ser acionado a partir de três locais, dentro do editor de apresentação Impress: Menu Inserir, Botão direito do mouse e Barra de Ferramentas.

Além de poder inserir um novo slide pelo Menu Inserir, é possível duplicá-lo, ou seja, criar uma cópia do(s) slide(s) selecionado(s), conforme ilustrado a seguir.

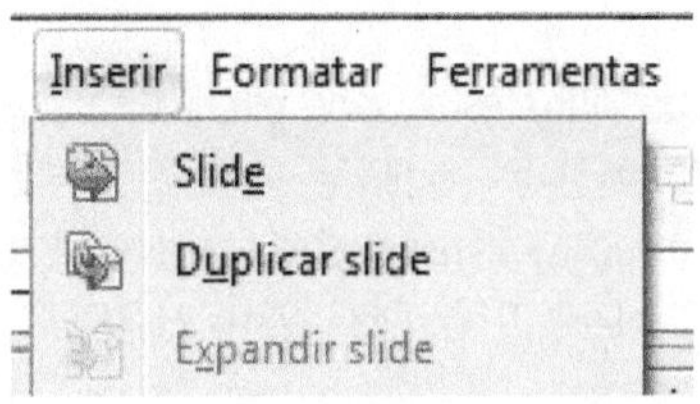

Com o clique do botão direito do mouse sobre um slide, é exibida a lista suspensa ilustrada a seguir, que possui tanto a opção de inserir novo slide, como duplicar o slide selecionado.

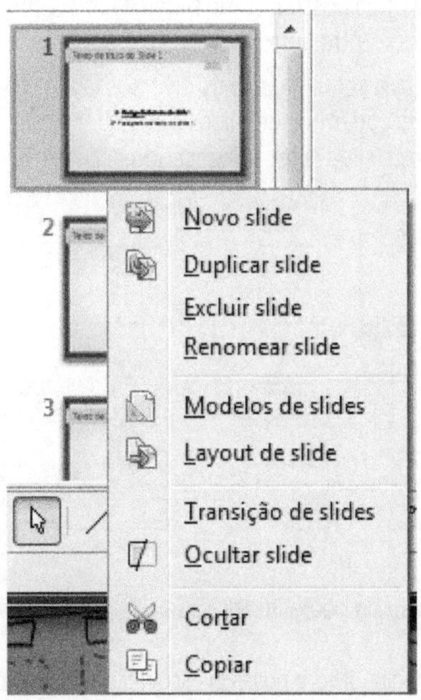

Caso o clique com o botão direito seja feito no espaço vazio, entre os slides é exibida apenas a opção Novo Slide, conforme ilustrado a seguir.

Já na barra de Ferramentas padrão, encontramos o ícone ▾ que permite a inserção de um slide. Caso seja clicado na seta à sua direita, é possível ainda escolher o layout do slide que está sendo inserido.

9.7 Menu Apresentação de slides

Neste menu é que se encontram as opções específicas de uma edição de apresentação de slides, como os efeitos de animação e transição de slides. Assim, se a prova citar alguma opção solicitando o menu em que ela é apresentada, se a opção tiver relação à apresentação de slides, então provavelmente estará no menu Apresentação de Slides.

Dentre os itens deste menu, podem-se destacar:

Apresentação de slides

É a opção que permite exibir a apresentação de slides em tela cheia, de forma a poder visualizá-la. Também é possível encontrar essa opção no Menu Exibir, assim como acioná-la por meio da tecla de atalho F5 que, no caso do Impress, sempre inicia a partir do slide selecionado.

Configuração da apresentação de slides

Por meio desta opção é possível configurar características da exibição da apresentação como tempo de transição de slides automática e também a possibilidade padrão de trocar de slide a cada clique do mouse ou com tecla do teclado. A figura a seguir ilustra a janela de configurações de apresentação:

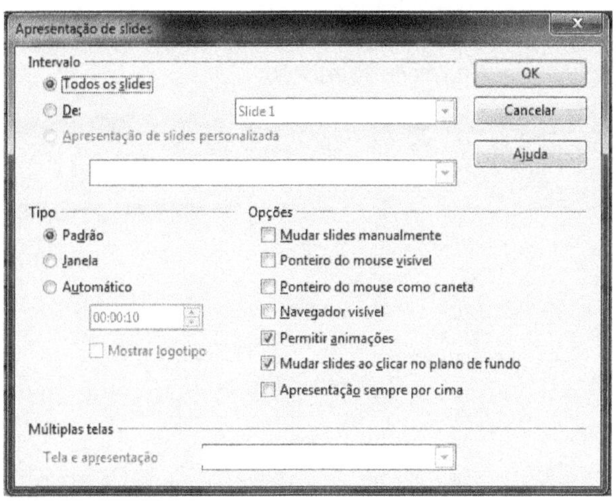

Cronometrar

A opção Cronometrar do Impress é muito inferior ao mesmo recurso no PowerPoint, se comparados. Em teoria, essa ferramenta deveria permitir marcar o tempo que seria gasto para explanar sobre uma apresentação. Contudo, o tempo é marcado por slide e exibido apenas enquanto este está sendo exibido, após, no próximo slide, o contador é novamente zerado.

Interação

Por meio deste recurso é possível modificar a sequência de exibição de uma apresentação, atribuindo a elementos do slide, como figuras e textos, ações como ir para determinado slide da apresentação, como que criando botões de navegação. Para isso, no entanto, faz-se necessário que algum elemento esteja selecionado.

Animação personalizada

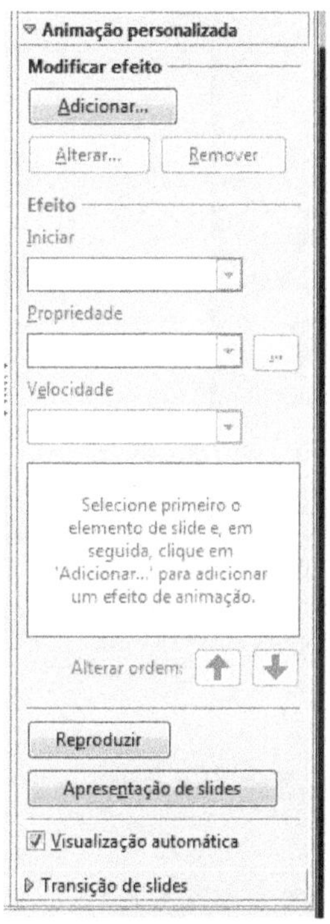

Esse recurso permite atribuir um efeito a um elemento no slide. Ao ser acionado, exibe suas opções no Painel de Tarefas à direita da tela, conforme ilustrado a seguir.

Para adicionar um efeito, é necessário selecionar algum elemento do slide, como texto ou figura e, na janela que se abre ao clicar em Adicionar (ilustrada a seguir), selecionar o efeito desejado, de acordo com categorias pré-definidas na forma de guias da janela, conforme ilustrado:

Transição de slides

Já a opção de Transição de Slides serve para aplicar um efeito a ser executado durante a troca de slide para outro. Permite, ainda, definir tempos específicos para cada slide em uma exibição automática.

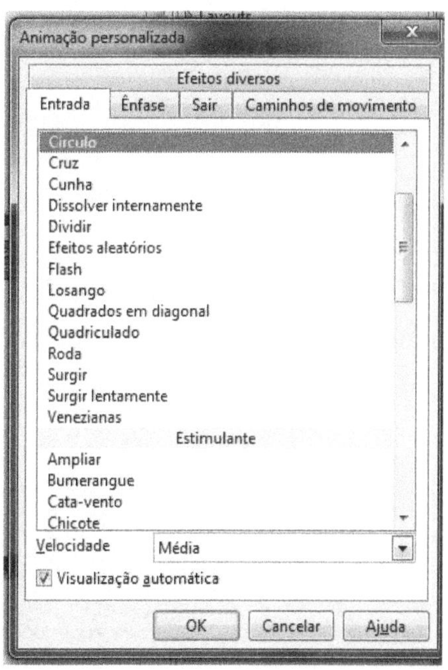

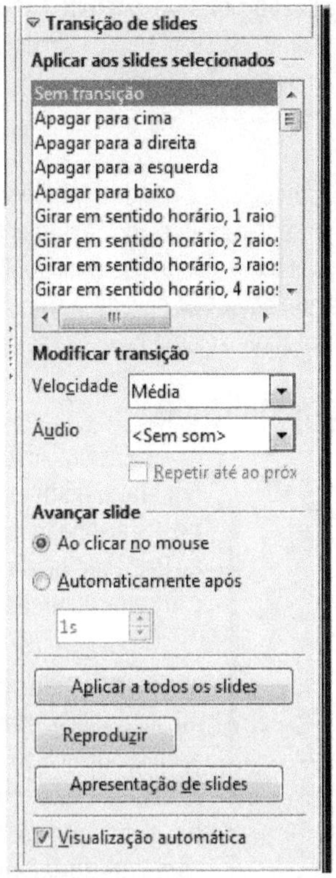

9.8 Impressão

É possível também imprimir a apresentação de slides de acordo com a necessidade, como imprimir um slide em cada página, como ilustrado na sequência, no modo **Slide**:

Slide

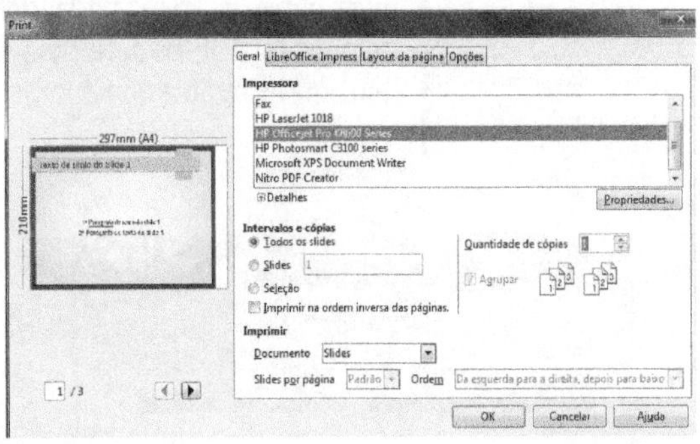

Folhetos

Caso necessário, para imprimir mais de um slide por página, pode-se escolher a opção Folheto, no campo Documento:

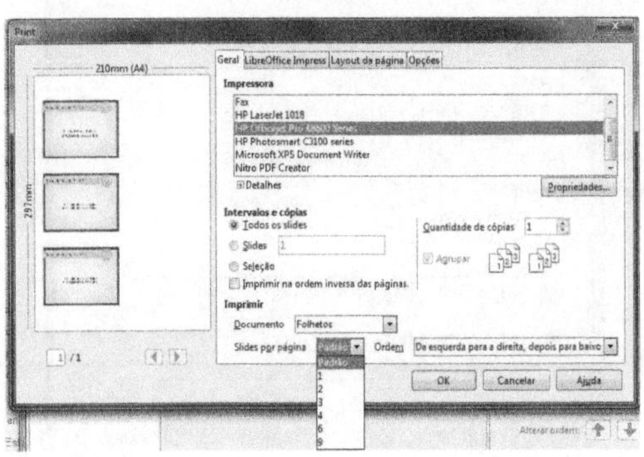

É importante observar que a janela anterior está com o número de três Slides por página, notando-se, assim, na pré-visualização à esquerda, que os slides ficam um abaixo do outro, nesta opção de impressão, enquanto que nas demais quantias os slides são distribuídos como representado a seguir, no modo de impressão de quatro slides por página:

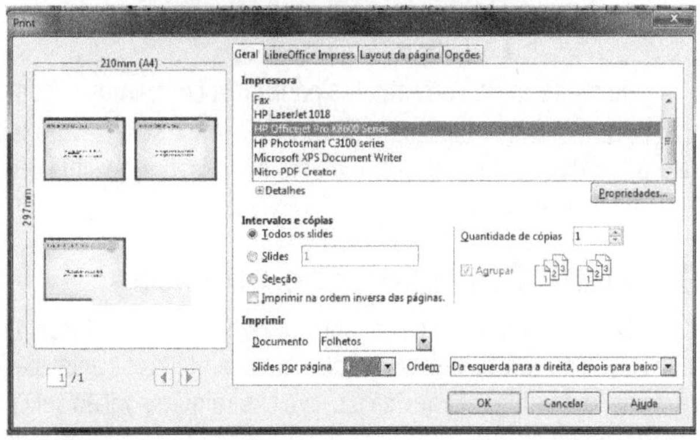

Notas

No modo de impressão de Notas, cada folha recebe um slide e, abaixo dele, são impressas as anotações referentes a ele.

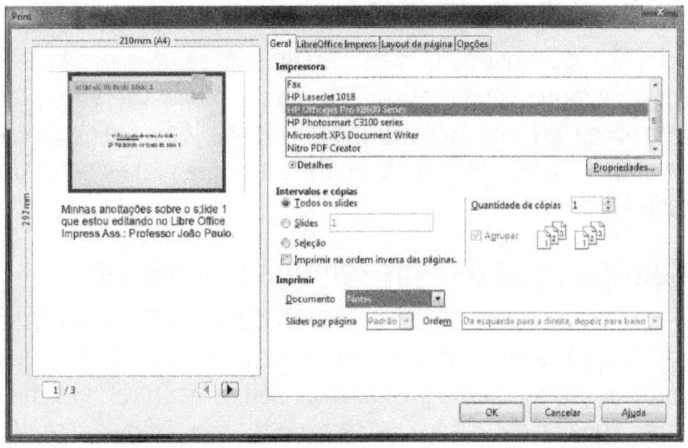

Estrutura de tópicos

Já na forma de impressão de Estrutura de Tópicos, a impressão fica tal qual ao modo de exibição.

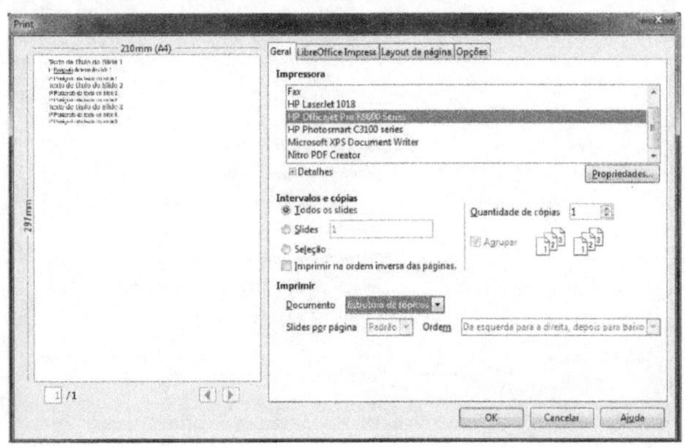

Questões

01. (FCC) Pela utilização do editor de apresentações Impress, do pacote BROffice, é possível cronometrar a apresentação sendo exibida. Este recurso é acessível por meio da opção Cronometrar, presente no menu:

a) Ferramentas.
b) Visualização de slides.
c) Apresentação de slides.
d) Editar.
e) Formatar.

02. (FCC) Para salvar uma apresentação do BrOffice Impress com senha:

a) clica-se no menu Arquivo e, em seguida, na opção Salvar como. Na janela que se abre, dá-se o nome ao arquivo no campo Nome, seleciona-se a opção Ferramentas, em seguida Opções Gerais e digita-se a senha. Para concluir, clica-se no botão Salvar.
b) pressiona-se a combinação de teclas Ctrl + Shift + S e na tela que se abre, digita-se o nome do arquivo no campo Nome, a senha no campo Senha e clica-se no botão Salvar.
c) clica-se no menu Arquivo e, em seguida, na opção Salvar. Na tela que se abre, digita-se o nome do arquivo no campo Nome, a senha no campo Senha e clica-se no botão Salvar.
d) pressiona-se a combinação de teclas Ctrl + S e na tela que se abre, digita-se o nome do arquivo no campo Nome, seleciona-se a caixa de combinação Salvar com senha e clica-se no botão Salvar. Para concluir, digita-se e redigita-se a senha e clica-se no botão OK.
e) clica-se no menu Arquivo e, em seguida, na opção Salvar. Na janela que se abre, dá-se o nome do arquivo no campo Nome, seleciona-se a opção Ferramentas, em seguida Salvar com senha. Na janela que se abre, digita-se e redigita-se a senha e clica-se no botão Salvar.

03. (CESPE) No aplicativo Impress, do pacote BrOffice.org, para se inserir um novo eslaide na apresentação que esteja sendo editada, é necessário realizar a seguinte sequência de ações: clicar o menu Arquivo; clicar a opção Novo e, por fim, clicar a opção Slide.

Certo ( ) Errado ( )

04. (FCC) Em um slide mestre do BrOffice.org Apresentação (Impress), NÃO se trata de um espaço reservado que se possa configurar a partir da janela Elementos mestres:

a) Número da página.
b) Texto do título.
c) Data/hora.
d) Rodapé.
e) Cabeçalho.

05. (CESPE) Os arquivos do Microsoft PowerPoint dos tipos .ppt, .pps e .pptx podem ser abertos pelo módulo Impress do BrOffice.

Assinale a alternativa correta em relação à suíte de programas de escritório BrOffice:

a) O BrOffice Impress é utilizado para criar e gerenciar bancos de dados.
b) O aplicativo Presentation da suíte BrOffice cria e edita apresentações em slides para reuniões.
c) Arquivos com extensão .ppt não podem ser abertos diretamente do BrOffice. Para ler esse tipo de arquivo, deve-se usar um aplicativo específico de conversão de .ppt para .odp.
d) O BrOffice Impress pode, a partir de um documento, gerar arquivos no formato PDF.
e) Uma das diferenças entre o BrOffice Impress e outros aplicativos comerciais é que o Impress ainda não possui a funcionalidade de criar e executar macros.

06. (CESPE) O eslaide mestre é um elemento do modelo de design que armazena informações sobre o modelo, inclusive estilos de fontes, tamanhos e posições de espaços reservados, design do plano de fundo e esquemas de cores.

Certo ( ) Errado ( )

07. (CESPE) Após elaborar uma apresentação de eslaides no Impress, o usuário poderá exportá-la para o formato pdf, opção que permite a anexação da apresentação a um documento em formato pdf e sua leitura por qualquer editor de textos.

Certo ( ) Errado ( )

08. (CESPE) No BrOffice Impress, caso se selecione o modo de exibição de eslaides em estrutura de tópicos, apenas os textos dos eslaides serão exibidos.

Certo ( ) Errado ( )

09. (CEPERJ) Uma apresentação de slides foi criada no software Impress do pacote LibreOffice 4.1. Pressionar a tecla de função F7 tem a seguinte finalidade:

a) Configurar transição de slides.
b) Verificar ortografia e gramática.
c) Salvar o slide atual em formato JPG.
d) Inserir número de página em todos os slides.
e) Aplicar novo design padrão a toda a apresentação.

10. (CONSULPLAN) Considere as afirmativas sobre a ferramenta BrOffice.org 2.0 Impress (configuração padrão).

I. A inserção de um novo slide pode ser realizada pelo comando de menu Inserir / Slide.
II. Clicando com o botão direito do mouse dentro da área de slides não é possível acessar o comando para incluir um novo slide.
III. Apagar para cima, Descobrir para a esquerda e Apagar para baixo são alguns dos efeitos disponíveis na transição de slides.

Está(ão) correta(s) apenas a(s) afirmativa(s):

a) I.
b) III.
c) I e II.
d) I e III.
e) II e III.

Gabaritos

01	C	06	CERTO
02	D	07	ERRADO
03	ERRADO	08	CERTO
04	B	09	B
05	D	10	D

10. REDES DE COMPUTADORES

Dois computadores conectados entre si já caracterizam uma rede. Contudo, ela normalmente é composta por diversificados dispositivos como: celulares, smartphones, tablets, computadores, servidores, impressoras, roteadores, switches, hubs, modens, etc. Devido à essa grande variedade de dispositivos, o nome genérico HOST é atribuído aos dispositivos conectados na rede.

Todo Host possui um endereço que o identifica na rede, o qual é o endereço IP. Mas também cada peça possui um número único de fábrica que o identifica, o MAC Address.

10.1 Paradigma de Comunicação

Paradigma é um padrão a ser seguido e, no caso das redes, é o modelo Cliente/Servidor. Nesse modelo, o usuário é o cliente que envia uma solicitação ao servidor; ao receber a solicitação, o servidor a analisa e, se é de sua competência, provê a informação/dado.

10.2 Dispositivos de Rede

Os Dispositivos de Rede são citados até mesmo em provas cujo conteúdo programático não cita a matéria de hardware. E na maioria das vezes em que aparecem questões sobre o assunto, se questiona em relação à finalidade de cada dispositivo na rede, portanto, nesta seção são descritos alguns dos principais dispositivos de rede:

Modem	Modulador/demulador Responsável por converter o sinal analógico da linha telefônica em um sinal digital para o computador e vice-versa.
Hub	Conecta vários dispositivos em rede, mas não oferece muita segurança, pois envia as informações para todos na rede.
Switch	É um dispositivo que permite interligar vários dispositivos de forma mais inteligente que o Hub, pois no switch os dados são direcionados aos destinos corretos.
Roteador	Um roteador já trabalha no nível de rede; em um mesmo roteador podemos definir várias redes diferentes. Ele também cria uma rota para os dados.
Access Point	Um Ponto de Acesso opera de forma similar a um Switch, só que em redes sem fio.
Backbone	É a estrutura principal dentro de uma rede, na Internet é a espinha dorsal que a suporta, ou seja, as principais ligações internacionais.

10.3 Topologia de Rede

Topologia diz respeito à estrutura de organização dos dispositivos em uma rede.

Barramento

Na Topologia de Barramento, todos os dispositivos estão conectados no mesmo canal de comunicação, o que torna o tráfego de dados mais lento e, se o barramento se rompe, pode isolar parte da rede.

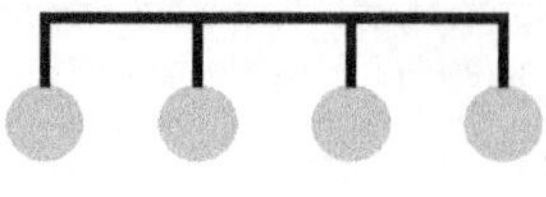

Anel

A estrutura em Anel conecta um dispositivo no outro; para que todos os computadores estejam conectados, é necessário que estejam ligados. Se o anel for simples, ou seja, de única via de dados, um computador desligado já é suficiente para tornar a rede inoperante para algum outro computador; o problema pode ser resolvido em partes, utilizando o anel duplo, trafegando dados em duas direções da rede, porém, se dois pontos forem desconectados, pode-se chegar à situação de duas redes isoladas.

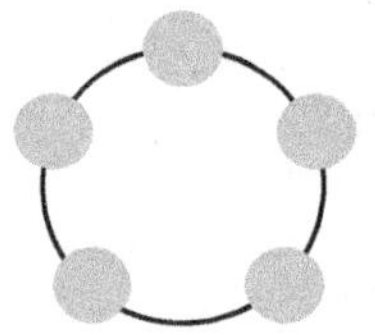

Estrela

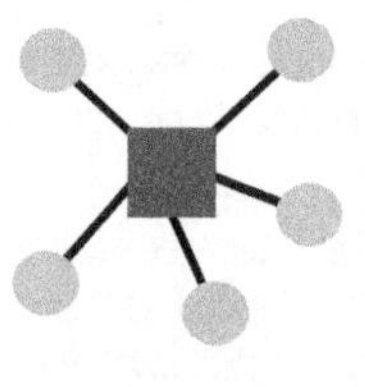

Uma rede organizada em forma de estrela possui um nó centralizador. Esse modelo é um dos mais utilizados, pois um nó pode estar desconectado sem interferir no resto da rede, porém, o centro é o ponto crítico.

Estrela estendida

A Estrela Estendida é utilizada em situações como em uma universidade *multicampi*, em que um nó central é a conexão principal, a partir da qual se conecta com a internet, enquanto que os outros *campi* possuem centrais secundárias como conexão entre seus computadores. A estrutura entre o nó principal e as centrais secundárias é o que chamamos de Backbone dessa rede.

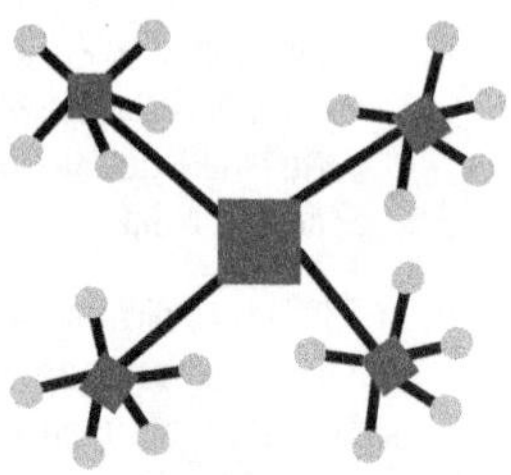

Malha

A conexão em malha é o modelo da internet, em que encontramos vários nós principais, mas também várias ligações entre diversos nós.

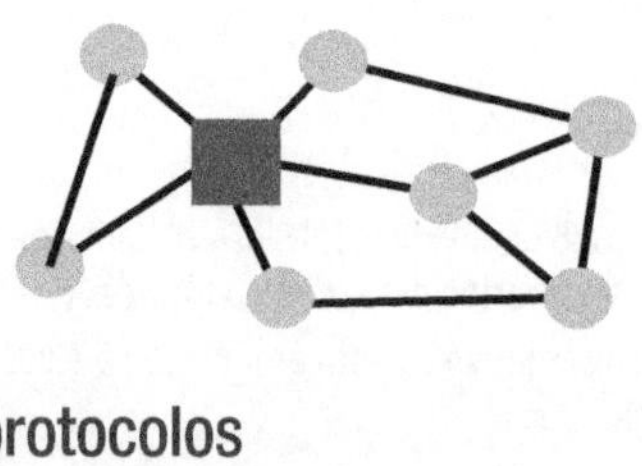

Pilhas de protocolos

Também colocadas pelas bancas examinadoras como modelos, as pilhas de protocolos definem um conjunto de protocolos e em quais camadas de rede devem operar.

Neste tópico temos dois tipos de questões que podem ser associados na prova. Questões que fazem relação com os tipos de redes e questões que tratam da finalidade dos principais protocolos utilizados em uma navegação na Internet.

As pilhas de protocolos são:

TCP/IP	OSI

O modelo TCP/IP é o **padrão utilizado nas redes**. Mas, em redes privadas, mesmo o TCP/IP sendo padrão, pode ser implantado o modelo OSI.

Como o modelo TCP/IP é o padrão na seção seguinte são destacados os principais protocolos de navegação.

Principais protocolos

Um protocolo é uma regra de comunicação em redes, portanto, a transferência de arquivos, mesmo entre computadores de uma mesma rede, utiliza um protocolo como forma de padronizar o entendimento entre os dois.

HTTP

HTTP (*Hyper Text Transport Protocol*) é o protocolo de transferência de hipertexto. É o mais utilizado pelo usuário em uma navegação pela Internet. Hipertexto consiste em um arquivo no formato HTML (*HyperText Markup Language*) - Linguagem de Marcação de Hipertexto.

HTML é um arquivo que pode ser gerado por qualquer editor de texto, pois, quando é aberto no Bloco de Notas ou Wordpad, ele apresenta apenas informações de texto. No entanto, quando é aberto pelo navegador, este interpreta o código em HTML e monta o conteúdo **Multimídia** na página. Entende-se por conteúdo multimídia: textos, áudio, vídeos e imagens.

HTTPS

HTTPS (*Hyper Text Transport Protocol Secure*), também conhecido como HTTP Seguro, é um protocolo que tem como diferença entre o HTTP apenas a segurança que oferece, pois, assim como o HTTP, serve para visualizar o conteúdo multimídia.

O que se questiona em relação a sua segurança é como ela é feita. O protocolo HTTPS utiliza o processo de **Criptografia** para manter sigilo sobre os dados transferidos entre o usuário e o servidor, para isso, são utilizados os protocolos **TLS** ou **SSL**.

Um detalhe muito importante é o de saber identificar se a navegação está sendo realizada por meio do protocolo HTTP ou pelo protocolo HTTPS. A forma mais confiável é observar a barra de endereços do navegador:

Firefox 10.02

IE 9

Google Chrome

Logo no início da barra, observamos a indicação do protocolo HTTPS, que, sempre que estiver em uso, deverá aparecer. Porém, deve-se ter muita atenção, pois, quando é utilizado o HTTP, alguns navegadores atuais têm omitido a informação no começo da barra de endereços.

Outra informação que nos ajuda a verificar se o acesso é por meio de uma conexão segura é o símbolo do cadeado fechado.

FTP

FTP (File Transport Protocol) é o protocolo de transferência de arquivos utilizado quando um usuário realiza download ou upload de um arquivo na rede.

O protocolo FTP tem como diferencial o fato de operar sobre duas portas: uma para tráfego dos dados e outra para autenticação e controle.

10.4 Firewall

O Firewall pode ser Software, Hardware, ou ambos. Ele é o responsável por **monitorar as portas da rede/computador**, permitindo ou negando a passagem dos dados na rede, seja na entrada ou saída.

É o monitor que fica na porta olhando para uma lista na qual contém as regras que um dado tem de cumprir para passar por ela. Essa lista são os protocolos, por exemplo, o Firewall monitorando a porta 80, relativa ao protocolo HTTP, o qual só trabalha com conteúdo multimídia. Então, se um arquivo .EXE tentar passar pela porta 80, ele deve ser barrado; essa é a função do Firewall.

10.5 Tipos de Redes

Podemos classificar as redes de acordo com sua finalidade; neste tópico expõe-se a diferença entre as redes: Internet vs Intranet vs Extranet.

Internet

É a rede das redes, também conhecida como rede mundial de computadores.

Muitas provas citam o sinônimo WWW (*World Wide Web*) para internet, ou por vezes apenas Web. Ela é definida como uma rede **pública** a qual todos com computador e servidor de acesso podem conectar-se.

Intranet

É uma rede empresarial, também chamada de rede corporativa. Tem como principal característica ser uma rede **privada**, portanto, possui controle de acesso, o qual é restrito somente a pessoas autorizadas.

Uma Intranet geralmente é constituída com o intuito de compartilhar recursos entre os funcionários de uma empresa, de maneira que pessoas externas não tenham acesso a eles. Os recursos compartilhados podem ser: impressoras, arquivos, sistemas, entre outros.

Extranet

É quando parte de uma Intranet é disponibilizada por meio da Internet.

Também dizemos que extranet é quando duas empresas com suas distintas Intranets possuem um sistema comum que acessam apenas parte de cada uma das Intranets.

VPN

VPN é uma forma de criar uma Intranet entre localizações geograficamente distantes, com um custo mais baixo do que ligar cabos entre os pontos. Para isso, emprega-se o processo de criptografia nos dados antes de enviá-los por meio da Internet e, quando o dado chega na outra sede, passa pelo processo de descriptografia. Dessa maneira, quem está navegando na Internet não tem acesso às informações da empresa, que continuam restritas; esse processo também é chamado de tunelamento.

10.6 Padrões de infraestrutura

São padrões que definem como deve ser organizada e quais critérios precisam ser seguidos para montar uma estrutura de rede de acordo com os padrões estabelecidos pelo Instituto de Engenheiros Eletricistas e Eletrônicos (IEEE).

O padrão Ethernet define as regras para uma infraestrutura cabeada, como tipos de cabos que devem ser utilizados, distância máxima, tipos e quantidade de dispositivos, entre outras. Já o padrão 802.11 define as regras para uma estrutura Wi-Fi, ou seja, para a rede sem fio.

10.7 Correio eletrônico

O serviço de e-mail é outro ponto bastante cobrado nos concursos públicos. Em essência, o que se pede é se o concursando sabe sobre as diferentes formas de se trabalhar com ele.

O e-mail é uma forma de comunicação assíncrona, ou seja, no momento do envio apenas o emissor precisa estar conectado.

Formas de acesso

Podemos ler e escrever e-mail utilizando duas formas diferentes. Na última década, o webmail ganhou mais espaço no mercado e se tornou majoritário no ramo de e-mails, mas muitas empresas utilizam ainda os clientes de e-mail.

Webmail

O webmail é uma interface de acesso para o e-mail via Browser (navegador de Internet), ou seja, uma forma de visualizar o e-mail via uma página de web. Diante disso, é possível destacar que usamos os protocolos HTTP ou HTTPS para visualizar páginas da Internet. Dessa forma, ao acessar sites de e-mail como gmail.com, hotmail.com, yahoo.com.br e outlook.com, fazemos uso desses protocolos, sendo o HTTPS o mais usado atualmente pelos grandes serviços de e-mail, pois confere ao usuário maior segurança no acesso.

Dizemos que o webmail é uma forma de ler e escrever e-mails, dificilmente citado como forma de enviar e receber, uma vez que quem realmente envia é o servidor e não o computador do usuário.

Quando um e-mail é enviado, ele parte diretamente do servidor no qual o remetente possui conta para o servidor do serviço de e-mail do destinatário.

Cliente de e-mail

Um cliente de e-mail é um programa específico para enviar e receber mensagens de e-mail e que é, necessariamente, instalado no computador do usuário.

Exs.:

Microsoft Outlook;

Mozilla Thunderbird;

Outlook Express;

Windows Live Mail.

Os programas clientes de e-mail usam protocolos específicos para envio e recebimento das mensagens de e-mail.

Protocolos utilizados pelos clientes de e-mail

Para o envio, um cliente de e-mail utiliza o protocolo SMTP (*Simple Mail Transport Protocol* – Protocolo de transporte de mensagens simples). Como todo protocolo, o SMTP também opera sobre uma porta específica, que pode ser citada como sendo a porta 25, correspondente ao padrão, mas atualmente ela foi bloqueada para uso dos usuários, vindo a ser substituída pela 587.

Com isso, em questões de Certo e Errado, apenas a 587 é a correta, quando abordado sobre o usuário, pois entre servidores a 25 ainda é utilizada. Já nas questões de múltipla escolha, vale o princípio da menos errada, ou seja, se não tiver a 587, a 25 responde a questão.

Mesmo que a mensagem de e-mail possua arquivos anexos a ela, envia-se por SMTP; assim o protocolo FTP não é utilizado.

Já para o recebimento, o usuário pode optar em utilizar o protocolo POP ou o protocolo IMAP, contudo, deve ser observada a diferença entre os dois, pois essa diferença é ponto para muitas questões.

O protocolo POP tem por característica baixar as mensagens de e-mail para o computador do usuário, mas por padrão, ao baixá-las, elas são apagadas do servidor. Portanto, as mensagens que um usuário está lendo estão, necessariamente, em seu computador.

Por outro lado, se o usuário desejar, ele pode configurar o protocolo de forma que sejam mantidas cópias das mensagens no servidor, no entanto, a que o usuário está lendo, efetivamente, está em seu computador. Sobre essa característica são citadas questões relacionando à configuração a uma espécie de backup das mensagens de e-mail.

Atualmente o protocolo POP encontra-se na versão 3; dessa forma ele pode aparecer nos textos de questão como POP3, não afetando a compreensão da mesma. Uma vez que o usuário necessita conectar na internet apenas para baixar as mensagens, é possível que ele desconecte-se da internet e mesmo assim leia seus e-mails. E, uma vez configurado o SMTP, também é possível redigir as respostas off-line, sendo necessário, no entanto, conectar-se novamente para que as mensagens possam ser enviadas.

Ao invés de utilizar o POP, o usuário pode optar em fazer uso do protocolo IMAP, que é para acesso a mensagens de e-mail, as quais, por sua vez, residem no servidor de e-mails. Portanto, se faz necessário estar conectado à internet para poder ler o e-mail por meio do protocolo IMAP.

Spam

Spam é uma prática que tem como finalidade divulgar propagandas por e-mail, ou mesmo utilizar-se de e-mails que chamem a atenção do usuário e o incentivem a encaminhar para inúmeros outros contatos, para que, com isso, levantem uma lista de contatos que pode ser vendida na Internet ou mesmo utilizada para encaminhar mais propagandas.

Geralmente um spammer utiliza-se de e-mail com temas como: filantropia, hoax (boatos), lendas urbanas, ou mesmo assuntos polêmicos.

10.8 URL (*Uniform Resource Locator*)

É um endereço que identifica um site, um serviço, ou mesmo um endereço de e-mail. A seguir, temos um exemplo de URL; observe que podemos dividi-la em várias partes.

http://www.site.com.br

Protocolo | Pasta | Domínio

Domínio

É o nome registrado de um site para que possa ser acessado por meio da Internet. Assim como a URL, um domínio também pode ser dividido em três partes.

site.com.br

O .br indica que esse site está registrado no conjunto de domínios do Brasil, que é administrado e regulamentado pelo Registro.Br, componente do Comitê Gestor de Internet no Brasil (CGI).

O Registro.Br define várias normas em relação à criação de um domínio, como por exemplo o tamanho máximo de 26 caracteres, a limitação para apenas letras e números e recentemente a opção de criar domínios com letras acentuadas e o caractere **ç**.

Também compete ao Registro.Br a normatização da segunda parte do domínio, representado na figura pelo **.com**. Essa informação diz respeito ao ramo de atividade a que se destina o domínio, mas não nos garante qual a real finalidade do site. A última parte, por fim, é o próprio nome do site que se deseja registrar.

Protocolo IP

Cada equipamento na rede ganha o nome genérico de Host, o qual deve possuir um endereço para que seja localizado na rede. Esse é o endereço IP.

O protocolo IP é o responsável por trabalhar com essa informação, para tanto, um endereço IP possui versões: IPv4 e IPv6.

Um IP também é um endereço, portanto, pode ser inserido diretamente na barra de endereços de um navegador.

O IPv4 é composto por até quatro grupos de três dígitos que atingem valor máximo de 255 cada grupo, suportando, no máximo, cerca de 4 bilhões (4.294.967.296) de endereços.

200.201.88.30 endereço IP da Universidade Estadual do Oeste do Paraná (Unioeste).

O IPv6 é uma proposta que está gradativamente substituindo o IPv4, justamente pela pouca quantidade de endereço que ele oferece. O IPv6 é organizado em 8 grupos de 4 dígitos hexadecimais, suportando cerca de 3,4 × 1038, aproximadamente 3,6 undecilhões de endereços IP.

0123:4567:89AB:CDEF:1011:1314:5B6C:88CC

DNS (*domain name system*)

O Sistema de Nomes de Domínios é o responsável por traduzir (resolver por meio de consultas aos servidores Raiz da Internet) um domínio para o endereço IP do servidor que hospeda (armazena) o site desejado. Esse processo ocorre em questão de segundos e obedece uma estrutura hierárquica.

10.9 Navegadores

Navegadores são programas que permitem acesso às páginas da Internet, são muitas vezes citados em provas pelo termo em inglês Browser.

Exs.:

Internet Explorer

Mozilla Firefox

Google Chrome

Também são cobrados os conceitos dos tipos de dados de navegação que estão relacionados aos navegadores.

Cache

É um armazenamento temporário. No caso dos navegadores, trata-se de uma pasta onde são armazenados os conteúdos multimídias como imagens, vídeos, áudio e inclusive textos, para que, no segundo momento em que o mesmo conteúdo for acessado, ele possa ser mostrado ao usuário mais rapidamente.

Cookies

São pequenas informações que alguns sites armazenam no computador do usuário. Exemplos de informações armazenadas nos cookies: senhas, obviamente que são armazenadas criptografadas; também são muito utilizados em sites de compras, para armazenar o carrinho de compras.

Dados de formulários

Quando preenchemos um formulário, os navegadores oferecem opção para armazenar os dados digitados em cada campo, assim, quando necessário preencher o mesmo formulário ou ainda outro formulário com campos de mesmo nome, o navegador sugere os dados já usados a fim de autocompletar o preenchimento do campo.

10.10 Conceitos Relacionados à Internet

Nesta seção são apresentados alguns conceitos, tecnologias e ferramentas relacionadas à Internet que são cobrados nas provas dos concursos.

Motores de busca

Os Motores de Busca são normalmente conhecidos por buscadores. Dentre os principais estão Google, Bing (MSN) e Yahoo!.

É importante observar que, nos navegadores atuais, os motores de busca são integrados, com isso podemos definir qual se deseja utilizar, por exemplo: o Google Chrome e o Mozilla Firefox utilizam como motor de busca padrão o Google, já o Internet Explorer utiliza o Bing. Essa informação é relevante, pois é possível nesses navegadores digitar os termos buscados diretamente na barra de endereços, ao invés de acessar previamente o site do motor de busca.

Busca avançada

Os motores de busca oferecem alguns recursos para otimizar a busca, como operadores lógicos, também conhecidos como operadores booleanos[1]. Dentre eles podemos destacar a negação (-). Ao realizar uma busca na qual se deseja encontrar resultados que sejam relacionados a determinado assunto, porém os termos usados são comuns a outro, podemos utilizar o sinal de menos precedendo o termo do assunto irrelevante, como o exemplo de uma questão que já caiu em prova: realizar a busca por leite e cão, contudo, se for inserido apenas estes termos na busca, muitos resultados serão relacionados a gatos e leite. Para que as páginas que contenham a palavra gato não sejam exibidas na lista de páginas encontradas, basta digitar o sinal de menos (-) antes da palavra gato (sem espaço entre o sinal e a palavra), assim a pesquisa a ser inserida no buscador fica **Cão Leite -Gato**.

Também é possível realizar a busca por uma frase exata, assim, somente serão listados os sites que contenham exatamente a mesma expressão. Para isso, basta digitar a frase desejada entre aspas duplas.

Busca por/em Domínio Específico: para buscar sites que possuam determinado termo em seu nome de domínio, basta inserir o texto site: seguido da palavra desejada, lembrando que não deve haver espaço entre site: e o termo desejado. De forma similar, também pode-se utilizar **inurl: termo** para buscar sites que possuam o termo na URL.

Quando o domínio já é conhecido, é possível realizar a busca por determinado termo apenas nas páginas do domínio. Para tanto, deve-se digitar **site:Dominiodosite termo.**

Calculadora: é possível, ainda, utilizar o Google como uma calculadora, bastando digitar a expressão algébrica que se deseja resolver como 2+2 e, como resultado da "pesquisa", é apresentado o resultado da operação.

Operador: quando não se sabe exatamente qual é a palavra para completar uma expressão, pode-se completar a lacuna com um asterisco, assim o motor de busca irá entender que naquele espaço pode ser qualquer palavra.

Busca por tipo de arquivo: podemos refinar as buscas a resultados que consistam apenas em determinado formato de arquivo. Para tanto, podemos utilizar o operador filetype: assim, para buscar determinado tema, mas que seja em PDF, por exemplo, pode-se digitar **filetype: pdf tema.**

Tipos de busca

Os principais motores de busca permitem realizar as buscas de forma orientada a conteúdos gerais da web, como refinar a busca para exibir apenas imagens, vídeos ou mapas relacionados aos termos digitados.

Chat

Um chat é normalmente citado como um bate-papo em tempo real; é a forma de comunicação em que ambos os interlocutores estão conectados (on-line) simultaneamente. Muitos chats operam com salas de bate-papo. Um chat pode ser em um site específico como o chat do UOL. Conversas pelo MSN ou Facebook podem ser consideradas como chat, desde que ambos interlocutores estejam conectados.

Fórum

Também conhecidos como Listas de Discussão, os fóruns funcionam como debates sobre determinados assuntos. Em um fórum não é necessário que os envolvidos estejam conectados para receberem os comentários, pois estes ficam disponíveis para acesso futuro pelo usuário ou mesmo por pessoas que não estejam cadastradas no fórum, contudo, existem muitos fóruns fechados, nos quais só se entra por convite ou mediante aquisição. A maioria deles vincula o e-mail dos envolvidos a uma discussão, alertando-os assim, caso um novo comentário seja acrescentado.

Moodle

O Moodle é uma ferramenta fortemente utilizada pelo setor público, e também privado, para dar suporte ao Ensino a Distância (EAD).

Questões

01. (CESPE) Existem diversos dispositivos que protegem tanto o acesso a um computador quanto a toda uma rede. Caso um usuário pretenda impedir que o tráfego com origem na Internet faça conexão com seu computador pessoal, a tecnologia adequada a ser utilizada nessa situação será o:

a) multicast.
b) Instant Messager.
c) miniDim.
d) firewall.
e) IPv6.

02. (CESGRANRIO) O objetivo do firewall é:

a) possibilitar a conexão com a internet.
b) configurar uma rede privada.
c) visualizar diversos tipos de arquivos.
d) permitir a edição de imagens.
e) realizar a segurança de redes privadas.

1 Em referência à lógica de Boole, ou seja, a lógica que você estuda para o concurso.

03. (CESPE) Considerando o acesso a uma intranet por meio de uma estação Windows 7 para navegação e uso de correio eletrônico do tipo webmail, julgue os itens que seguem.

Na utilização de uma interface webmail para envio e recebimento de correio eletrônico, é boa prática de segurança por parte do usuário verificar o certificado digital para conexão https do webmail em questão.

Certo ( ) Errado ( )

04. (CESPE) Por meio do software Microsoft Outlook pode-se acessar o serviço de correio eletrônico, mediante o uso de certificado digital, para abrir a caixa postal do usuário de um servidor remoto.

Certo ( ) Errado ( )

05. (FCC) É oferecida a um usuário de correio eletrônico a opção de acessar as suas mensagens por meio de um servidor POP3 ou um servidor IMAP. Ele deve configurar o seu programa leitor de correio para usar o servidor:

a) POP3, se precisar buscar mensagens de acordo com um critério de busca.

b) IMAP, caso esse programa suporte apenas o post office protocol.

c) POP3, se quiser acessar suas mensagens em vários servidores sem risco de perder ou duplicar mensagens.

d) POP3, se precisar criar e manter pastas de mensagens no servidor.

e) IMAP, se precisar criar e manter pastas de mensagens no servidor.

A respeito de navegadores de Internet e aplicativos de correio eletrônico, julgue o próximo item.

06. (CESPE) O programa Thunderbird não permite o envio de arquivos anexados às mensagens de e-mail.

Certo ( ) Errado ( )

07. (CESPE) Com relação a conceitos, tecnologias e serviços associados à Internet, assinale a opção correta:

a) O Mozilla Firefox é um navegador web que permite o acesso a conteúdo disponibilizado em páginas e sítios da Internet.

b) O Microsoft Office Access é um tipo de firewall que impede que redes de computadores que façam parte da Internet sejam invadidas.

c) Serviços de webmail consistem no uso compartilhado de software de grupo de discussão instalado em computador pertencente a uma rede local (LAN) para uso exclusivo, e em segurança, dos computadores pertencentes a essa LAN.

d) Na conexão denominada banda larga, para que usuários residenciais tenham acesso a recursos da Internet, exige-se o uso de cabos ópticos entre as residências dos usuários e seus provedores de internet.

e) O protocolo TCP/IP é utilizado na Internet para operações de transferência de arquivos quando se deseja garantir segurança sem o uso de software antivírus.

08. (FCC) A disponibilização de arquivos para a Intranet ou Internet é possível por meio de servidores especiais que implementam protocolos desenvolvidos para essa finalidade. Tais servidores possibilitam tanto o download (recebimento) quanto o upload (envio) de arquivos, que podem ser efetuados de forma anônima ou controlados por senha, que determinam, por exemplo, quais os diretórios o usuário pode acessar. Esses servidores, nomeados de forma homônima ao protocolo utilizado, são chamados de servidores:

a) DNS

b) TCP/IP

c) FTP

d) Web Service

e) Proxy

Julgue os itens subsequentes, a respeito de segurança para acesso à Internet e a intranets.

09. (CESPE) No acesso a uma página na Internet com o protocolo HTTP, esse protocolo protege o endereço IP de origem e de destino na comunicação, garantindo ao usuário privacidade no acesso.

Certo ( ) Errado ( )

10. (CESPE) Quando se usa o protocolo HTTPS para acessar página em uma intranet, o certificado apresentado é, normalmente, do tipo autoassinado com prazo de expiração ilimitado.

Certo ( ) Errado ( )

Gabaritos

01	D	06	ERRADO
02	E	07	A
03	CERTO	08	C
04	CERTO	09	ERRADO
05	E	10	ERRADO

11. SEGURANÇA DA INFORMAÇÃO

A Segurança da Informação é um ponto crucial para o concurso público para muitas bancas examinadoras e também de interesse da instituição que irá receber os aprovados. Afinal, ao ser aprovado, o candidato estará compondo o quadro de uma instituição pública que possui uma Intranet e sistemas sobre os quais há necessidade de se manter uma boa política de segurança.

Segundo o CGI[1], para um sistema ser classificado como seguro, ele deve atentar a três requisitos básicos: confidencialidade, integridade e disponibilidade. Esses conceitos são abordados neste material no tópico de princípios básicos da segurança da informação.

Faz-se necessário que sejam atendidos alguns requisitos mínimos para uma segurança do microcomputador, que dependem tanto de recursos tecnológicos como de bom senso e discernimento por parte dos usuários.

Para manter um computador com o mínimo de segurança deve-se:

> manter o **Sistema Operacional sempre atualizado**, pois a maioria dos malwares exploram as vulnerabilidades do SO;
> possuir um sistema **Antivírus** e manter tanto o aplicativo quanto as assinaturas[2] de vírus atualizadas;
> manter o Firewall sempre ativo;
> para se proteger contra os spywares também é indicada a instalação de um antispyware. Atualmente a maioria dos antivírus já possuem esse recurso integrado a eles.

11.1 Princípios básicos da segurança da informação

Os Princípios Básicos de Segurança em Tecnologia da Informação (TI) incluem os processos que devem ser garantidos para manter um sistema de informações seguro. Podemos destacar quatro conceitos como principais:

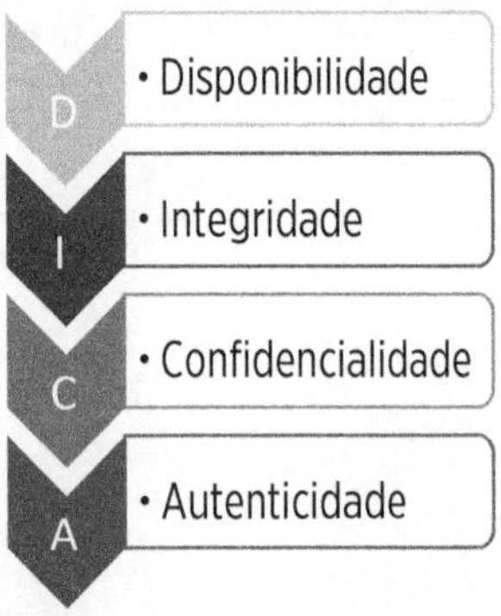

Disponibilidade

O Princípio da Disponibilidade deve garantir que os serviços ou recursos que forem necessários para uma tarefa, principalmente relacionados ao próprio processo de segurança, estejam sempre disponíveis.

Podemos estreitar esse princípio sobre a garantia de que as chaves públicas do processo de Certificação Digital (estes conceitos são abordados na seção sobre Certificados Digitais) estejam sempre disponíveis para quem precisar delas.

Também é aplicado, por exemplo, na situação de entrega da declaração de imposto de renda, em que o serviço deve suportar a alta demanda que possa surgir sem afetar o usuário.

Integridade

A Integridade garante a **não alteração** de uma informação/dado tanto no armazenamento quanto durante a troca dessas informações por algum meio. Por meio da integridade, verificamos se, durante o tráfego de uma informação, ela não foi alterada por alguém ou mesmo por falhas do processo de transmissão. No armazenamento ela garante que o dado não foi corrompido.

O processo que protege a integridade consiste na geração de um código de cerca de 20 caracteres, o **código HASH,** também conhecido como **resumo** de um dado; um exemplo é o MD5. O processo é realizado em uma via única, em que, a partir de um dado, gera-se o resumo dele. Porém, a partir do resumo, não é possível gerar o dado novamente. Para verificar se houve alteração em um arquivo, deve-se comparar dois códigos HASH, um gerado por quem disponibiliza o dado e outro por quem o recebe. Se uma vírgula for diferente, os códigos gerados ficam completamente diferentes, é possível que dois dados diferentes gerem o mesmo HASH, mas é uma possibilidade ínfima.

Confidencialidade

O Princípio da Confidencialidade é a garantia de que há sigilo sobre uma informação, de forma que o processo deve garantir que um dado não seja acessado por pessoas diferentes daquelas às quais ele se destina.

Para garantir a confidencialidade, utilizamos algum processo de criptografia de informações.

Autenticidade

A Autenticidade garante o autor de uma informação, ou seja, por meio dela podemos confirmar se uma mensagem é de autoria de quem diz.

Assim como a confidencialidade, a autenticidade é garantida por meio de criptografia.

11.2 Criptografia

A Criptografia é a arte ou ciência de escrever em códigos, quer dizer, transformar um texto em algo ilegível de forma que este possa ser armazenado ou enviado por um canal de comunicação; assim, se alguém interceptá-lo, não conseguirá entender o que está escrito e o destinatário, ao receber a informação, deve fazer o processo inverso: decifrar o dado, para que consiga lê-lo.

Temos dois principais métodos de criptografia: a de chave simétrica e a de chaves assimétricas.

1 Comitê Gestor de Internet no Brasil.
2 Assinatura de vírus: é uma sequência de caracteres que identifica a presença do vírus em um arquivo.

Criptografia de chave simétrica

Uma chave de criptografia é uma informação a partir da qual seja possível transcrever uma mensagem criptografada.

A de chave simétrica é também conhecida como criptografia de chave única, em que a mesma chave é usada tanto para codificar uma mensagem quanto para decifrá-la. Um bom exemplo desse modelo é a criptografia maçônica.

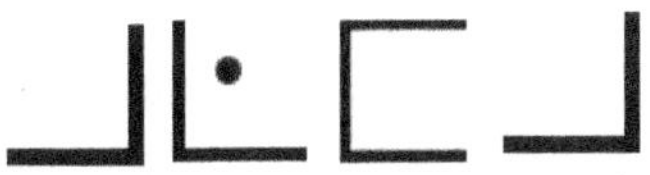

A informação acima está criptografada. Para decifrar o que ela diz, precisamos da chave de criptografia que, na simétrica, é a mesma usada para gerar a mensagem. A seguir, temos a chave que abre a mensagem.

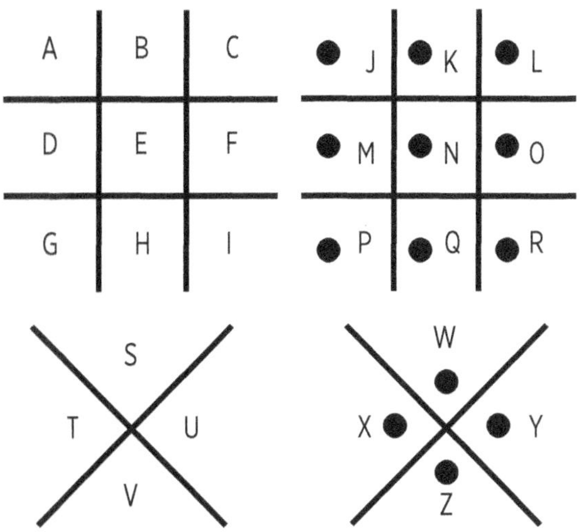

Ao substituirmos os símbolos pelas letras correspondentes, obtemos a palavra ALFA.

Criptografia de chaves assimétricas

Na Criptografia de Chaves Assimétricas, em vez de uma chave como na simétrica, são usadas duas chaves que são diferentes entre si. Elas são chamadas de **Chave Pública** e a outra de **Chave Privada,** por conta da característica de cada uma.

A Chave Pública é uma informação (código) que fica disponível em um servidor de Chaves Públicas na Internet, para quem precisar dela; enquanto que a Chave Privada é um código que somente o dono deve conhecer.

O par de Chaves é único e correspondente, ou seja, uma mensagem/dado cifrada pela chave pública de um usuário só pode ser aberta pela chave privada do mesmo usuário. E o inverso também, uma mensagem cifrada com a chave privada de um usuário só pode ser descriptografada pela chave pública dele próprio.

Certificado digital

Um certificado digital é um documento eletrônico assinado digitalmente e cumpre o papel de associar um usuário a uma chave pública, pode ser comparado ao CPF ou CNPJ para empresas.

Ele também apresenta junto com a chave pública algumas informações essenciais como:

> nome do dono da chave pública;
> prazo de validade do certificado, que varia de 1 a 3 anos dependendo da classe contratada;
> um número de série, critério de correspondência para identificar o usuário;
> e, juntamente, o certificado possui a assinatura da entidade de certificação, para comprovar sua validade.

Para adquirir um certificado digital, o usuário ou entidade deve procurar uma Autoridade Certificadora (AC) ou uma Autoridade de Registro (AR). Aquela é a responsável por criar o par de Chaves de um usuário, enquanto que esta é um intermediário entre o usuário e uma AC. Cabe a AR a responsabilidade de verificar os dados do usuário e encaminhar o pedido do certificado para a AC, entretanto, o usuário também pode se dirigir direto à AC. A Caixa Econômica Federal é a única instituição financeira que é uma AC.

Assinatura digital

Uma Assinatura Digital é um procedimento similar a uma assinatura de um documento impresso. Quando assinamos um contrato, normalmente ele possui mais de uma página, rubricamos[3] todas elas exceto a última, pois a assinatura precisa ser completa. Mas qual o intuito de rubricar todas as páginas? A rubrica não prova que o documento foi lido, mas sim para que aquela folha não seja substituída. Além disso, é preciso recorrer a um cartório para reconhecer e certificar a assinatura na última página.

Esse procedimento realizado no papel, juntamente com as garantias, foi adaptado para o mundo digital, afinal, papel ocupa espaço.

Na Assinatura Digital, somente o resumo é criptografado; a mensagem enviada é a original, que não é cifrada.

Quando falamos sobre a rubrica garantir a não alteração de um documento, citamos o princípio da Integridade. Portando, uma assinatura digital deve garantir também esse princípio, enquanto que a certificação de quem assinou é o princípio da Autenticidade, que também deve ser garantido pela assinatura digital.

Assim temos que a assinatura digital garante os princípios da Autenticidade e da Integridade.

11.3 Ataques

Nem todos os ataques são realizados por malwares, atualmente existem duas práticas muito comuns utilizadas pelos criminosos cibernéticos para obter dados do usuário e realizar invasões.

Phishing

Phishing é uma expressão derivada do termo "pescar" em inglês, pois o que esse tipo de ataque faz é induzir o usuário a informar seus dados pessoais por meio de páginas da Internet ou e-mails falsos.

Podemos identificar a página do tipo Phishing pelo endereço do site na barra de endereços do navegador, porque a página de phishing possui um endereço parecido, mas diferente do que o endereço desejado. Por exemplo, você certamente já deve ter visto

3 Rubrica: assinatura abreviada.

ou ouvido falar de alguém que teve sua conta do Facebook[4] hackeada[5]; esse ataque procede a partir de um recado que o usuário recebe em sua conta.

Imagine o seguinte cenário: um usuário está navegando no site www.facebook.com.br, conectado em sua conta e clica no recado que normalmente traz um anúncio chamativo como "veja as fotos/vídeos do fim de semana passado", "cara, olha o que vc aprontou no fds", entre outros tantos. Quando clicado, uma nova aba ou janela é carregada no navegador, apenas como uma distração para o usuário, pois, enquanto ele fica vendo a nova aba carregar, a anterior muda, ligeiramente, para um endereço do gênero www.facebooks.com.br ou www.facebooki.com.br e mostra uma página idêntica à página de login de usuário do Facebook. Sem perceber, pensa que, ao clicar no recado, acabou saindo de sua conta e redigita seu usuário e senha novamente e é redirecionado novamente para sua conta, porém, o usuário em nenhum momento havia saído. A página de login que lhe foi mostrada era uma página falsa que capturou o seu usuário e senha; cerca de dois dias depois o perfil dele começa a enviar propagandas para os amigos e o mesmo recado e logo mais, em uma ou duas semanas, o usuário já não consegue mais entrar em sua conta.

Pharming

O Pharming é uma evolução do Phishing, uma forma de deixar este mais difícil de ser identificado. O Pharming, na maioria das questões, é cobrado com relação ao seus sinônimos: DNS Poisoning, Cache Poisoning, sequestro de DNS, sequestro de Cache, Envenenamento de DNS e Envenenamento de Cache.

Negação de serviço (dos e ddos)

Um ataque de negação de serviço se dá quando um servidor ou serviço recebe mais solicitações do que é capaz de suprir.

DoS (*Denial of Service*) é um ataque individual, geralmente com o intuito de tornar um serviço inoperante para o usuário.

DDoS (*Distributed Denial of Service*) é um ataque realizado em massa; utiliza-se de vários computadores contaminados com um malware que dispara solicitações de acesso a determinados serviços ou sites, derrubando o serviço. Muitas vezes, enquanto o servidor tenta suprir a demanda, ele se torna vulnerável a inserções de códigos maliciosos. Um grupo intitulado Anonymous realizou vários ataques de DDoS em sites de governos em protesto às suas ações, por exemplo, em retaliação à censura do portal WikiLeaks e também do WikiLeaks[6] e The Pirate Bay[7].

4 Facebook: mídia social, definida erroneamente como rede social, assim como as demais.

5 Hackear: termo utilizado como sinônimo para invasão ou roubo.

6 WikiLeaks: portal com postagens de fontes anônimas com documentos, fotos e informações confidenciais, vazadas de governos ou empresas, sobre assuntos sensíveis.

7 The Pirate Bay: um dos maiores portais de compartilhamento, *peer to peer*.

Questões

Julgue os itens subsequentes, acerca de segurança da informação.

01. (CESPE) As senhas, para serem seguras ou fortes, devem ser compostas de, pelo menos, oito caracteres e conter letras maiúsculas, minúsculas, números e sinais de pontuação. Além disso, recomenda-se não utilizar como senha nomes, sobrenomes, números de documentos, placas de carros, números de telefones e datas especiais.

Certo ( ) Errado ( )

02. (FCC) Evitar a abertura de mensagens eletrônicas não solicitadas, provenientes de instituições bancárias ou empresas, que possam induzir o acesso a páginas fraudulentas na Internet, com vistas a roubar senhas e outras informações pessoais valiosas registradas no computador.

Essa recomendação é para evitar um tipo de fraude conhecida por:

a) chat.
b) cracker.
c) spam.
d) hacker.
e) phishing scan.

03. (FCC - ADAPTADA) Ao enviar informações sigilosas via mensagem eletrônica, deve-se utilizar um sistema que faça a codificação (chave, cifra), de modo que somente as máquinas que conhecem o código consigam decifrá-lo.

O cuidado solicitado aplica o conceito de:

a) criptografia.
b) assinatura digital.
c) digitalização.
d) desfragmentação.
e) modulação/demodulação.

04. (TJ-SC) Assinale a alternativa que contém somente recursos de segurança que são verificados pela Central de Segurança do Windows XP:

a) E-mail, internet e processadores de texto.
b) Planilhas eletrônicas, firewall e bloqueador de pop-ups.
c) Antivírus, internet e Google.
d) Firewall, antivírus e atualizações automáticas.
e) Phishing scan, cookies e backup.

05. (CESPE) A assinatura digital consiste na criação de um código, de modo que a pessoa ou entidade que receber uma mensagem contendo esse código possa verificar se o remetente é mesmo quem diz ser e identificar qualquer mensagem que possa ter sido modificada.

Certo ( ) Errado ( )

06. (FCC) Mensagem não solicitada e mascarada sob comunicação de alguma instituição conhecida e que pode induzir o internauta ao acesso a páginas fraudulentas, projetadas para o furto de dados pessoais ou financeiros do usuário. Trata-se especificamente de:

a) keylogger.
b) scanning.
c) botnet.
d) phishing.
e) rootkit.

07. (CESPE) Julgue o item a seguir, a respeito de mecanismos de segurança da informação, considerando que uma mensagem tenha sido criptografada com a chave pública de determinado destino e enviada por meio de um canal de comunicação.

A mensagem criptografada com a chave pública do destinatário garante que somente quem gerou a informação criptografada e o destinatário sejam capazes de abri-la.

Certo ( ) Errado ( )

08. (CESPE) O conceito de confidencialidade refere-se a disponibilizar informações em ambientes digitais apenas a pessoas para as quais elas foram destinadas, garantindo-se, assim, o sigilo da comunicação ou a exclusividade de sua divulgação apenas aos usuários autorizados.

Certo ( ) Errado ( )

09. (CESPE) De acordo com o princípio da disponibilidade, a informação só pode estar disponível para os usuários aos quais ela é destinada, ou seja, não pode haver acesso ou alteração dos dados por parte de outros usuários que não sejam os destinatários da informação.

Certo ( ) Errado ( )

10. (CESPE) Por princípio, considera-se que qualquer documento assinado digitalmente está criptografado.

Certo ( ) Errado ( )

Gabaritos

01	CERTO	06	D
02	E	07	ERRADO
03	A	08	CERTO
04	D	09	ERRADO
05	CERTO	10	ERRADO

12. CLOUD COMPUTING

Em português, Computação na Nuvem é o nome usual para identificar o paradigma de computação em que as infraestruturas, serviços e aplicações ficam nas redes, principalmente na internet. No entanto, também pode ser empregado para distinguir serviços de processamento dos serviços de armazenamento.

Pode-se dizer que a computação na nuvem é uma forma de evolução do conceito de Mainframes.

Os mainframes são supercomputadores normalmente usados em redes privadas (intranets), os quais são responsáveis pelo trabalho pesado de processamento de informações. De forma geral, quando se emprega o uso de mainframes, associa-se o uso de thin clients pelos usuários, ou seja, terminais burros, apenas pontas para interação do usuário, pois os dados coletados e apresentados a ele são processados e armazenados nos mainframes.

A computação na nuvem é uma ideia similar a ser feito uso de computadores (servidores) localizados na Internet, otimizando assim seu uso, em vez de manter supercomputadores internamente na empresa.

A figura abaixo ilustra um serviço em que os dados são processados na nuvem e os resultados são exibidos no computador do usuário.

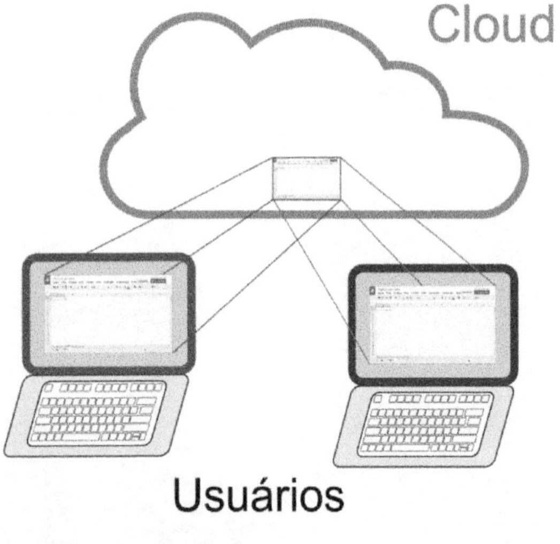

12.1 Características

Estuda-se, nesta seção, as características comuns tanto ao armazenamento quanto ao processamento de dados em nuvem.

Ao utilizar os serviços da nuvem não é preciso instalar aplicativos, porém, é possível. Ou seja, a instalação de aplicações relacionadas aos serviços da nuvem é apenas de caráter opcional.

Com isso, os serviços da nuvem se tornam uma prática alternativa, pois o usuário precisa do básico em seu computador para acessar aos serviços. Assim, basta ter um computador conectado à Internet e que seja dotado de um browser para utilizar os serviços da nuvem.

Contudo, uma característica negativa do serviço é a dependência frente aos servidores e provedores de serviço, pois, uma vez que não se tenha acesso à Internet ou o serviço esteja fora do ar, o usuário não tem condições de utilizar os serviços da nuvem, salvo exceção do modelo on premise.

É importante observar que, dentre os pré-requisitos básicos, o sistema operacional não foi citado, porque os serviços da nuvem independem do sistema instalado, pois normalmente são serviços que utilizam protocolos de navegação como HTTP e HTTPS, dentre outros.

Assim, como também não dependem de hardware específico para funcionar, podem inclusive ser citadas como multiplataforma, tanto no sentido de diferentes hardwares como no de diferentes sistemas operacionais. É comum usar serviços da nuvem também em tablets e smartphones, além dos computadores pessoais.

Outra característica dos serviços em nuvem diz respeito à segurança dos dados, em que o usuário não precisa se preocupar em fazer backups, controlar a segurança ou ter que realizar manutenção, pois essas são atribuições do fornecedor do serviço contratado.

A computação em nuvem também oferece praticidade no compartilhamento de informações, além de eximir o usuário de ter conhecimento sobre como funciona o serviço, possibilitando utilizá-lo sem preocupações.

Com todos esses detalhes, pode-se ainda destacar que a nuvem possibilita iniciar um trabalho em um computador e dar continuidade a ele por meio de outro computador.

Processamento na nuvem

É o processamento realmente dito nos termos de Cloud Computing, em que os dados são processados na nuvem.

É bastante comum hoje nos aparelhos celulares, smartphones e tablets, em aplicações como o talk to text (fale para escrever). Lembre-se de que a instalação não é obrigatória, mas pode ser feita. Nos aparelhos em que o usuário pode simplesmente pronunciar próximo a eles o texto que deseja escrever, o recurso usado precisa que o aparelho esteja conectado à Internet para poder funcionar.

Isso ocorre porque os aparelhos atuais, por mais que possuam alta tecnologia e capacidade de processamento, ainda não são suficientes para processar dados como identificação de texto em falas. Com isso, a alternativa é usar servidores localizados na Internet (nuvem) que recebem o áudio que os aparelhos gravam e processam a informação, oferecendo ao usuário o resultado na forma de texto.

Outro exemplo são os serviços do Google e da Microsoft, conhecidos, respectivamente, como Google Docs e Microsoft WebApps. Mas atenção às nomeclaturas, pois Google Drive/Disco ou Skydrive/OneDrive são serviços de outra natureza.

No Google Docs WebApps, o usuário encontra recursos como editores de texto, planilhas, apresentação, formulários e desenhos on-line usando a computação em nuvem. Ao utilizar esses serviços, o usuário não precisa possuir em seu computador editores similares, uma vez que basta executar o navegador de internet e nele acessar o site do serviço; ao logar, terá acesso aos recursos.

Armazenamento na nuvem

Já o armazenamento na nuvem, em inglês Cloud Storage, identifica os serviços que têm por característica armazenar os dados do usuário, de modo que, para acessá-los, seja necessário apenas um dispositivo (computador, smartphone ou tablet) conectado à Internet e que possua um browser. Com a ascensão desse tipo de serviço, pode-se apostar na queda da venda de dispositivos para transporte de dados como os Pendrives.

São exemplos citados nas provas o Google Drive/Disco, o Microsoft Skydrive, atualmente chamado de OneDrive, o Dropbox, Mega, Minus e Copy. A maioria deles oferece contas gratuitas com limite de armazenamento, a fim de demonstrar seus serviços. Mas, caso o usuário deseje e/ou precise, ele pode adquirir mais espaço de armazenamento.

A grande maioria dos serviços de Storage possui uma aplicação (opcional) que o usuário pode instalar em vários dispositivos, com o intuito de manter seus dados sincronizados. Ao instalar o aplicativo, ele criará uma pasta no dispositivo que estará em sincronia com a pasta on-line do usuário. Desse modo, todo arquivo salvo na referida pasta automaticamente (quando conectado à Internet) será enviado para a pasta on-line.

> *Pode-se então afirmar que possuir a pasta com os arquivos locais (no dispositivo) e on-line, simultaneamente, é uma forma de backup dos dados.*

O Google Drive oferece gratuitamente aos usuários 15 GB de espaço, no entanto, ele é compartilhado com a caixa de entrada de e-mails.

O One Drive também oferece 15 GB, mas inicialmente são 7 GB; para ganhar mais, o usuário deve enviar convites.

O Dropbox inicialmente oferece 2 GB gratuitos, mas, por meio de convites, o usuário pode ter até 18 GB; recebendo um convite, o usuário ganha 500 MB.

Já o Copy oferece inicialmente 20 GB gratuitos e, a cada convite enviado e recebido, o usuário ganha mais 5 GB de espaço.

Questões

01. (CESPE) O conceito de cloud storage está associado diretamente ao modelo de implantação de nuvem privada, na qual a infraestrutura é direcionada exclusivamente para uma empresa e são implantadas políticas de acesso aos serviços; já nas nuvens públicas isso não ocorre, visto que não há necessidade de autenticação nem autorização de acessos, sendo, portanto, impossível o armazenamento de arquivos em nuvens públicas.

Certo ( ) Errado ( )

02. (CESPE) O Microsoft Office Sky Driver é uma suíte de ferramentas de produtividade e colaboração fornecida e acessada por meio de computação em nuvem (cloud computing).

Certo ( ) Errado ( )

A respeito da Internet, julgue os itens que se seguem, relativos a ferramentas de acesso e serviços disponibilizados nessa rede.

03. (CESPE) Em cloud computing, cabe ao usuário do serviço se responsabilizar pelas tarefas de armazenamento, atualização e backup da aplicação disponibilizada na nuvem.

Certo ( ) Errado ( )

04. (CESPE) O Cloud Storage, um serviço pago como o Google Drive e o Microsoft SkyDrive, possibilita ao usuário armazenar seus arquivos em nuvens, tornando esses arquivos acessíveis em sistemas operacionais diferentes. Por meio desse serviço, o usuário pode fazer backups de seus arquivos salvos no desktop, transferindo-os para nuvens, podendo, ainda, acessá-los mediante a utilização de um computador com plataforma diferente ou um celular, desde que estejam conectados à Internet.

Certo ( ) Errado ( )

05. (CESPE) Determinado técnico instalou um pequeno servidor capaz de compartilhar arquivos e conexão ADSL, utilizando um proxy transparente, em um computador com processador Pentium 133 com 32 MB de memória RAM, sem nobreak. Para um segundo servidor, Linux, o mesmo técnico utilizou um computador com processador Athlon 64 com 1 GB de RAM, com nobreak, e nele instalou o sítio de determinada empresa, <www.empresa.com.br>. Após sua instalação, esse sítio passou a receber a média de 300.000 visitas diárias e cerca de 700.000 visualizações de página (pageviews). Além disso, tal sítio possui fórum com 1,7 milhão de mensagens e 55.000 usuários registrados e sistemas de becape e indexação de conteúdo e correio eletrônico (e-mail).

Com base na situação hipotética acima apresentada, julgue o item que segue.

Devido ao grande volume de tráfego no sítio do servidor Linux, seus administradores poderão optar por armazenar os dados em local do tipo nuvem (cloud storage). Esse recurso proporciona melhora no compartilhamento de arquivos entre sistemas operacionais diferentes e possibilita a recuperação de arquivos, caso ocorram problemas inesperados no equipamento físico onde estiver instalado o servidor.

Certo ( ) Errado ( )

Com relação aos sistemas operacionais Linux e Windows e aos programas de navegação na Internet, julgue os itens a seguir.

06. (CESPE) Uma página web inserida nativamente em Favoritos, no Google Chrome 21, será inserida automaticamente, e sem a necessidade de configurações adicionais, na nuvem do Google (Google Cloud), o que possibilita que o usuário tenha acesso a essa página em outro computador.

Certo ( ) Errado ( )

07. (CESPE) A versão Microsoft Office 365, disponível na forma de serviço na nuvem (cloud), inclui o Word, o PowerPoint, o Excel, o Outlook e o OneNote, e permite criar, editar e compartilhar documentos e mensagens instantâneas online.

Certo ( ) Errado ( )

08. (CESPE) Cloud computing (computação em nuvem), um termo amplamente utilizado na área de tecnologia da informação, consiste em uma tecnologia de armazenamento e processamento de informações. A respeito dessa tecnologia, assinale a opção correta:

a) O armazenamento de dados em nuvem possibilita que um usuário acesse os dados armazenados de qualquer lugar, desde que seu computador esteja conectado à Internet, não havendo necessidade de os dados serem salvos no computador local.

b) Na computação em nuvem, a comunicação entre os pares é possível somente se os sistemas operacionais instalados e os softwares em uso em cada um dos computadores forem os mesmos.

c) Em virtude de a computação em nuvem não ser escalável, a administração do sistema, na perspectiva do usuário, é simples e eficiente.

d) Entre os exemplos de aplicações em nuvem, incluem-se os serviços de e-mail e compartilhamento de arquivos, que, mediante essa aplicação, são totalmente protegidos contra possíveis acessos indevidos.

e) Um arquivo armazenado em nuvem poderá ser acessado a partir de um único computador, previamente configurado para esse fim. Essa restrição deve-se à impossibilidade de se criar itens duplicados de usuários na nuvem.

09. (ESAF) É função da computação em nuvem:

a) cortar custos operacionais.

b) permitir que departamentos de TI se concentrem em projetos operacionais em vez de manter provedores funcionando.

c) cortar custos situacionais, associados a instabilidades.

d) desvincular a TI de esforços estratégicos de interesse da cúpula da organização.

e) otimizar acessos indexados

10. (CESPE) É possível criar e editar documentos de texto e planilhas em uma nuvem (cloudcomputing) utilizando serviços oferecidos pelo Google Docs. Para isso, é obrigatório que tenham sido instalados, no computador em uso, um browser e o Microsoft Office ou o BrOffice, bem como que esse computador possua uma conexão à Internet ativa.

Certo ( ) Errado ( )

Gabaritos

01	ERRADO	06	ERRADO
02	ERRADO	07	CERTO
03	ERRADO	08	A
04	ERRADO	09	A
05	CERTO	10	ERRADO

CÓDIGO DE ORGANIZAÇÃO JUDICIÁRIA DO ESTADO DO CEARÁ

1. CÓDIGO DE DIVISÃO E ORGANIZAÇÃO JUDICIÁRIA DO ESTADO DO CEARÁ E LEGISLAÇÃO CORRELATA

1.1 Organização Judiciária

Justiça de segunda instância

JUSTIÇA DE SEGUNDA INSTÂNCIA: é constituída pelo Tribunal de Justiça.

Tribunal de justiça

TRIBUNAL DE JUSTIÇA: tem sede na capital, jurisdição em todo o território do estado e compõe-se de 27 desembargadores, nomeados entre juízes de última entrância, observado o quinto constitucional.

ÓRGÃOS: o Tribunal possui órgãos julgadores, órgãos diretivos e, como integrante de sua estrutura administrativa, a Escola Superior da Magistratura do Estado do Ceará.

TRIBUNAL: é atribuído o tratamento de "Egrégio" e a seus membros o de "Excelência", com o título de "desembargador".

RESIDÊNCIA DOS DESEMBARGADORES: têm residência na capital do estado.

Alteração de sua composição

PROPOSTA DO TRIBUNAL DE JUSTIÇA: dependerá de proposta do Tribunal de Justiça a alteração numérica dos seus membros, sempre que o total de processos judiciais, distribuídos e julgados no ano anterior, superar o índice de 300 feitos por juiz.

ACÚMULO DE SERVIÇO: se o total de processos judiciais distribuídos ao Tribunal de Justiça, durante o ano anterior, superar o índice de 600 feitos por juiz e não for proposto o aumento do número de desembargadores, o acúmulo de serviço não excluirá a aplicação das sanções previstas em lei.

ATENÇÃO!

Não serão computados os membros do Tribunal no exercício dos cargos de presidente, vice-presidente e corregedor geral da Justiça.

1.2 Órgãos do Tribunal de Justiça

Órgãos julgadores

COMPOSIÇÃO, ORGANIZAÇÃO E FUNCIONAMENTO dos órgãos julgadores do Tribunal de Justiça serão disciplinados no regimento interno do Tribunal.

CÂMARAS: funcionarão 3 Câmaras Cíveis Isoladas e 2 Câmaras Criminais Isoladas, todas ordinalmente enumeradas. Cada uma das Câmaras Isoladas constituir-se-á de 4 desembargadores.

CÂMARAS REUNIDAS, CÍVEIS E CRIMINAIS: são integradas pelos membros das respectivas Câmaras Isoladas.

CONSELHO DA MAGISTRATURA: tem a composição definida no Código.

Substituição de desembargadores

SUBSTITUIÇÕES DE DESEMBARGADORES: far-se-ão de acordo com o disposto no Regimento Interno do Tribunal de Justiça, observadas as disposições deste Código.

PRESIDENTE DO TRIBUNAL DE JUSTIÇA: é substituído pelo vice-presidente e este e o corregedor, pelos demais membros desimpedidos na ordem decrescente de antiguidade. Aplicam-se as normas aqui dispostas à substituição eventual do presidente, vice-presidente e corregedor geral, por motivo de impedimento, ausência, licença ou férias, ressalvado o caso de vacância estabelecido no Código.

DESEMBARGADOR QUE EXERCER A PRESIDÊNCIA: em substituição, por período superior a 30 dias, devolverá para redistribuição os feitos em seu poder e aqueles em que tenha lançado relatório, bem como os que pôs em mesa para julgamento, mediante compensação.

FEITOS EM QUE SEJA REVISOR: passarão ao substituto legal.

MEMBROS DO CONSELHO DA MAGISTRATURA: exceto seu presidente, nos casos de licença ou impedimentos, serão substituídos pelos respectivos suplentes.

ATENÇÃO!

As substituições de desembargadores, a qualquer título, por período superior a 30 dias, far-se-ão de acordo com o disposto no regimento interno do Tribunal de Justiça, ainda que o magistrado afastado seja o relator.

SUBSTITUTO AO AUSENTE: somente quando indispensável para decidir nova questão surgida no julgamento, será dado substituto ao ausente, cujo voto, então, não se computará.

CONVOCAÇÃO: far-se-á mediante sorteio público levado a efeito pelo Tribunal Pleno, dentre os juízes de Direito da comarca da capital, integrantes da primeira quinta parte da lista de antiguidade.

Funcionamento

ÓRGÃOS DO TRIBUNAL DE JUSTIÇA: funcionarão com a presença, no mínimo, da maioria absoluta de seus membros, em seção ordinária ou extraordinária, conforme dispuser o regimento interno do Tribunal de Justiça.

TRIBUNAL PLENO E CÂMARAS ISOLADAS: realizarão uma sessão ordinária por semana, e as Câmaras Reunidas, Cíveis e Criminais, uma por mês, conforme dispuser o Regimento Interno. Poderão os órgãos indicados se reunir extraordinariamente, na forma considerada no Regimento Interno.

TRIBUNAL PLENO E CONSELHO DA MAGISTRATURA: serão presididos pelo presidente do Tribunal de Justiça e os demais órgãos sê-lo-ão na forma disposta do regimento interno do Tribunal.

1.3 Competência do Tribunal de Justiça

Iniciativa do processo legislativo externo

Tribunal de Justiça compete conhecer e deliberar sobre as seguintes matérias:
I - propor ao Poder Legislativo, observado o disposto no art. 169 da Constituição Federal, a alteração, mediante lei, da organização e da divisão judiciária;
II - propor à Assembleia Legislativa, observado o disposto no art. 169 da Constituição Federal:
a) a alteração do número de seus membros;
b) a criação e a extinção de cargos de juiz de primeiro grau, de serviços auxiliares
e de juízes de paz;
c) e a fixação de vencimentos dos magistrados, dos servidores de justiça e dos órgãos que lhe forem vinculados;
III - propor à Assembleia Legislativa a aprovação ou alteração do Regimento de Custas.

Regimentos internos

TRIBUNAL PLENO: compete elaborar seu Regimento Interno e os de seus órgãos julgadores e de controle.

Competência jurisdicional do tribunal de justiça

AO TRIBUNAL DE JUSTIÇA COMPETE:
I - declarar, pelo voto da maioria absoluta dos seus membros, a inconstitucionalidade de lei ou ato normativo do Poder Público, nos casos de sua competência originária e nos que para esse fim lhe forem remetidos pelos demais órgãos julgadores do Tribunal;
II - processar e julgar, originariamente:
a) as representações de inconstitucionalidade de leis ou atos normativos estaduais e municipais contestados em face da Constituição Estadual;
b) as representações para intervenção em Municípios;
c) os mandados de segurança e os habeas-data contra atos do Governador do Estado, da Mesa e da Presidência da Assembleia Legislativa, do próprio Tribunal ou de algum de seus órgãos, dos Secretários de Estado, do Presidente do Tribunal de Contas do Estado, do Presidente do Tribunal de Contas dos Municípios, do Procurador-Geral do Estado, do Procurador Geral de Justiça, do Comandante da Polícia Militar, do Comandante do Corpo de Bombeiros e do Chefe da Casa Militar;
d) os mandados de injunção contra omissão das autoridades referidas na alínea anterior;
e) nos crimes comuns e de responsabilidade, o Vice-Governador, Deputados Estaduais, Juízes Estaduais, membros do Ministério Público e os Prefeitos Municipais, ressalvada a competência da Justiça Eleitoral;
f) os crimes contra a honra em que for querelante o Prefeito da Capital, o Procurador Geral do Estado, o Chefe do Gabinete do Governador, o Chefe da Casa Militar, o Comandante da Polícia Militar, o Comandante do Corpo de Bombeiros, os Deputados Estaduais, o Procurador Geral da Justiça, os Juízes de primeiro grau e os membros do Ministério Público;
g) os *habeas corpus* nos processos, cujos recursos forem de sua competência, ou quando o coator ou paciente for autoridade diretamente sujeita à sua jurisdição;
h) as ações rescisórias de seus julgados;
i) as revisões criminais nos processos de sua competência;
j) os embargos aos seus acórdãos;
l) a execução de sentença nas causas de sua competência originária, facultada a delegação de atribuição para a prática de atos processuais;
m) a reclamação para a preservação de sua competência e garantia da autoridade de suas decisões;
n) as reclamações quanto ao modo de execução de seus acórdãos;
o) os conflitos de competência entre as Câmaras Cíveis e Criminais, Isoladas ou Reunidas, o Conselho da Magistratura e qualquer outro órgão julgador;
p) as suspeições opostas a Desembargadores, ao Procurador Geral de Justiça ou aos Procuradores de Justiça;
q) as representações contra os membros do Tribunal, por excesso de prazo previsto em lei (Código de Processo Civil, art. 199);
r) a restauração de autos extraviados ou destruídos quando o processo for de sua competência originária;
s) os agravos ou outros recursos admissíveis de despachos proferidos, nos feitos de sua competência, pelo Presidente do Tribunal.
III - Julgar, em grau de recurso:
a) os embargos infringentes opostos a acórdãos das Câmaras Cíveis Reunidas, em ações rescisórias e em recursos de despachos que não os admitirem;
b) os agravos de despachos do Presidente que, em mandado de segurança, ordenarem a suspensão da execução de medida liminar, ou de sentença que o houver concedido.

PRIORIDADES: mandado de segurança, o *habeas data*, o *habeas corpus* e o mandado de injunção da competência originária do Tribunal de Justiça terão prioridade de julgamento.

Competência administrativa do tribunal de justiça

EM MATÉRIA ADMINISTRATIVA, COMPETE AO TRIBUNAL DE JUSTIÇA:
I - processar e julgar os procedimentos administrativos instaurados para apuração de incapacidade dos magistrados;
II - prover, na forma da Constituição Estadual, os cargos da magistratura estadual de carreira, de primeiro e segundo graus;
III - aposentar os magistrados e os servidores da Justiça;
IV - conceder licença, férias e outros afastamentos aos juízes que lhe forem vinculados;
V - encaminhar as propostas orçamentárias do Poder Judiciário Estadual ao Poder Executivo;
VI - solicitar, quando cabível, a intervenção federal no Estado, nas hipóteses de sua competência;
VII - organizar as secretarias e os serviços auxiliares do Tribunal, provendo-lhes os cargos, por intermédio do seu Presidente, na forma da lei;
VIII - baixar regulamento do concurso de provas e títulos de ingresso na magistratura de carreira;
IX - eleger seu Presidente e demais titulares de sua direção, observando o disposto no sistema legal vigente;
X - indicar magistrados, juristas e respectivos suplentes para composição do Tribunal Regional Eleitoral;

XI - conhecer dos pedidos de remoção e permuta de Juízes, bem assim dos serventuários de Justiça;

XII - conceder remoção e permuta aos Desembargadores de uma para outra Câmara;

XIII) proceder à convocação de Juiz de Direito da Capital para substituir Desembargador em caso de afastamento superior a 30 (trinta) dias, na forma do regimento interno do tribunal de Justiça.

XIV - aplicar sanções disciplinares a magistrados;

XV - declarar a perda do cargo, decidir sobre a remoção ou a disponibilidade de Desembargadores e Juízes de Direito, nas hipóteses e na forma previstas em lei;

XVI - decidir, mediante Resolução, sobre a denominação de Fóruns nas diversas comarcas;

XVII - deliberar sobre outros assuntos encaminhados ao Presidente, desde que o Tribunal Pleno entenda escapar da competência daquele como órgão de decisão singular.

DESEMBARGADORES INDICADOS PARA COMPOR O TRIBUNAL REGIONAL ELEITORAL: serão escolhidos pelo Tribunal Pleno, mediante eleição, pelo voto secreto, dentre os seus membros.

JUÍZES DE DIREITO INDICADOS PARA COMPOR O TRIBUNAL REGIONAL ELEITORAL: serão escolhidos mediante eleição, por voto secreto do Tribunal Pleno, dentre os juízes de entrância especial, integrantes da primeira quinta parte da lista de antiguidade, salvo se não houver quem se inscreva no edital de inscrição, com prazo de 10 dias, que será obrigatoriamente publicado no Diário da Justiça do Estado, ou se os demais integrantes já houverem sido indicados anteriormente, caso em que concorrerão os juízes da segunda quinta parte e assim sucessivamente.

DESEMBARGADORES E JUÍZES DE DIREITO INDICADOS PARA COMPOR O TRIBUNAL REGIONAL ELEITORAL: salvo motivo justificado, servirão por 2 anos, no mínimo, e nunca por mais de dois biênios consecutivos. Os substitutos serão escolhidos na mesma ocasião e pelo mesmo processo, em número igual para cada categoria.

JURISTAS QUE INTEGRARÃO O TRIBUNAL REGIONAL ELEITORAL: serão nomeados pelo presidente da República, dentre 6 advogados de notável saber jurídico e idoneidade moral, indicados pelo Tribunal de Justiça, mediante eleição, pelo voto secreto.

DESEMBARGADORES INDICADOS A COMPOR O TRIBUNAL REGIONAL ELEITORAL: serão escolhidos pelo Tribunal de Justiça, por sua composição plenária, mediante eleição, pelo voto secreto, dentre seus membros.

PRESIDENTE E VICE-PRESIDENTE DO TRIBUNAL E CORREGEDOR GERAL DE JUSTIÇA: não poderão integrar o Tribunal Regional Eleitoral.

JUÍZES DE DIREITO INDICADOS A COMPOR O TRIBUNAL REGIONAL ELEITORAL: serão escolhidos mediante eleição, pelo Tribunal de Justiça, por sua composição plenária, dentre os Juízes de Direito, após expedição de edital de inscrição, com prazo de 10 dias, a contar da publicação no Diário da Justiça do Estado.

DESEMBARGADORES E JUÍZES DE DIREITO: indicados para compor o Tribunal Regional Eleitoral, salvo motivo justificado, nele terão exercício por 2 anos, permitida uma recondução.

SUBSTITUTOS: serão escolhidos na mesma ocasião e pelo mesmo processo, em número igual para cada categoria.

JURISTAS A INTEGRAR O TRIBUNAL REGIONAL ELEITORAL: serão nomeados pelo presidente da República, dentre 3 advogados de notável saber jurídico e com idoneidade moral, escolhidos pelo Tribunal de Justiça, por sua composição plenária, mediante eleição, após expedição de edital de inscrição, com prazo de 10 dias, a contar da publicação no Diário da Justiça do Estado.

DECISÕES ADMINISTRATIVAS: serão motivadas e tomadas em seção pública, as disciplinares, tomadas pelo voto da maioria absoluta dos membros do Tribunal.

ATO DE REMOÇÃO, DISPONIBILIDADE OU APOSENTADORIA DE MAGISTRADO, POR INTERESSE PÚBLICO: fundar-se-á em decisão por voto da maioria absoluta dos membros do Tribunal, por sua composição plenária, assegurada a ampla defesa.

TRIBUNAL PLENO: compete ao Tribunal Pleno deliberar sobre a promoção, remoção, permuta e acesso de magistrados.

Competência administrativa recursal

TRIBUNAL DE JUSTIÇA: compete ao Tribunal de Justiça processar e julgar os recursos: a) das decisões do Conselho da Magistratura; b) de pedidos de licença, férias e vantagens, assim como de sanções disciplinares; c) das decisões administrativas sobre licitações, contratos e alienações; d) sobre concursos públicos para provimento de cargos de juiz substituto, bem como de cargos do pessoal administrativo e auxiliar do Poder Judiciário.

Presidente do tribunal de justiça

PRESIDENTE DO TRIBUNAL DE JUSTIÇA: compete ao presidente do Tribunal de Justiça:

I - superintender, na qualidade de chefe do Poder Judiciário do Estado, todo o serviço da Justiça, velando pelo regular funcionamento de seus órgãos e pela observância do cumprimento do dever por parte dos magistrados, serventuários e servidores de justiça;

II – representar o Tribunal de Justiça em suas relações com os demais Poderes;

III - dirigir os trabalhos do Tribunal e presidir as sessões do Tribunal Pleno, do Conselho da Magistratura e de outros órgãos, na forma do Regimento Interno;

IV - funcionar como relator em;

a) exceções de suspeição de Desembargadores;

b) conflitos de competência entre órgãos fracionários do Tribunal;

c) processos de incapacidade, remoção compulsória, disponibilidade de magistrados;

d) demais processos administrativos disciplinares contra Desembargadores;

V - conceder licenças e vantagens previstas em lei a magistrados, serventuários e servidores do Poder Judiciário, e apreciar, em grau de recurso, justificativas de faltas;

VI - conceder férias a magistrados e a servidores do Poder Judiciário;

VII – apresentar, anualmente, por ocasião da reabertura dos trabalhos do Tribunal, relatório das atividades do Poder Judiciário, expondo as condições da administração, suas necessidades e demais problemas relacionados com a regular distribuição da justiça;
VIII - ordenar o pagamento resultante de sentenças proferidas contra a Fazenda Pública, segundo as possibilidades das dotações orçamentárias de créditos consignados ao Poder Judiciário;
IX - convocar Juízes de Direito da Comarca de Capital, na forma do Regimento Interno, para completar, como vogal, o quórum de julgamento quando por suspeição ou impedimento dos integrantes do Tribunal, não for possível a substituição de um membro do Tribunal por outro;
X - nomear e empossar serventuários e servidores do Poder Judiciário;
XI - manter a ordem na sessão, fazendo retirar-se aquele que a perturbar;
XII - levar ao conhecimento do Chefe do Ministério Público a falta de Procurador de Justiça que, indevidamente, haja retirado autos por mais de 30 (trinta) dias, após a abertura de "vista";
XIII- mandar coligir documentos e provas para verificação de crime comum ou de responsabilidade, cujo julgamento couber ao Tribunal;
XIV - exonerar, demitir e aposentar serventuário e servidor do Poder Judiciário;
XV - determinar a abertura de concurso para o cargo de Juiz Substituto, notário, registrador e servidor do Poder Judiciário;
XVI - requisitar verba destinada ao Tribunal e aplicá-la;
XVII - ordenar a publicação de edital, quando devido;
XVIII - proceder à distribuição dos feitos da competência do Tribunal, nos termos do Regimento Interno;
XIX - proferir voto de qualidade, quando ocorrer empate e a solução não estiver de outro modo regulada;
XX - providenciar a elaboração anual das listas de antiguidade dos Desembargadores e dos Juízes;
XXI - escolher o pessoal de seu Gabinete;
XXII - indicar o Diretor do Fórum da Capital e, com relação às comarcas do interior com mais de uma vara, designar o Juiz que deva exercer a função de Diretor do Fórum, observando-se, quanto a este, o rodízio, permitindo-se a recondução por mais de um período;
XXIII - mandar publicar mensalmente, no órgão oficial, dados estatísticos sobre os trabalhos do Tribunal referentes ao mês anterior;
XXIV - determinar a suspensão dos trabalhos judiciários, quando ocorrer motivo relevante;
XXV - exercer outras atribuições especificadas em lei ou no seu Regimento interno;
XXVI - votar no julgamento de incidente de inconstitucionalidade;
XXVII - exercer as demais atribuições constantes neste Código e as especificadas na Lei Orgânica da Administração do Poder Judiciário;
XXVIII - suspender em despacho fundamentado a execução de liminar ou de sentença, nos casos previstos na legislação Federal;
XXIX - praticar os atos gerais de administração com exemplar continência aos princípios do art. 37, *caput*, da Constituição Federal.

PRESIDENTE DO TRIBUNAL DE JUSTIÇA: será auxiliado em suas atividades por até 4 Juízes de Direito da Comarca da Capital, devendo sua escolha ser referendada pelo Tribunal de Justiça, em sessão plenária.

DELEGAÇÃO: presidente do Tribunal poderá delegar, sempre com reserva de poderes, e nas condições que definir, atribuições administrativas a auxiliares da administração.

1.4 Justiça de Primeira Instância

Composição

JUSTIÇA DE PRIMEIRA INSTÂNCIA: compõe-se de: Turmas Recursais dos Juizados Especiais Cíveis e Criminais; Tribunais do Júri; Juízes de Direito; Juízes de Direito Auxiliares; Juízes Substitutos; Juízo Militar; Juizados Especiais Cíveis e Criminais; Juizados de Violência Doméstica e Familiar contra a Mulher; Justiça de Paz.

Atenção!
O Tribunal de Justiça, por sua composição plenária, com a aprovação por 2/3 de seus membros, mediante Resolução, poderá alterar a competência dos órgãos previstos neste artigo, bem como sua denominação, e ainda determinar a redistribuição dos feitos em curso nas Comarcas sede de jurisdição, nas Comarcas vinculadas, nos juízos e juizados.

1.5 Organização, Classificação, Atribuições e Disciplina dos Serviços Auxiliares do Poder Judiciário

Serviços auxiliares da justiça de primeiro grau da comarca de fortaleza

DIRETORIA DO FORO: terá seus serviços auxiliares, de natureza administrativa e judicial, organizados conforme dispuser este Código e a Lei Orgânica da Administração do Poder Judiciário.

SERVIDORES DA DIRETORIA DO FÓRUM: serão admitidos de conformidade com os preceitos da legislação em vigor, e terão as atribuições que lhes forem conferidas pelo respectivo Regulamento.

SERVIDORES CUJOS CARGOS FOREM LOTADOS NA DIRETORIA DO FÓRUM DE FORTALEZA: tomarão posse perante o seu diretor.

MATRÍCULA DESSES SERVIDORES: é feita na Secretaria de Administração e Finanças do Tribunal de Justiça, e observará as prescrições da legislação estatutária dos servidores públicos civis do Estado.

DIRETOR DO FÓRUM: caberá ao Diretor do Fórum a designação de servidores, preferencialmente do quadro permanente, para o exercício dos cargos referentes aos serviços.

DIRETORIA DO FORO: estabelecerá rotinas racionalizadas para o fiel cumprimento das tarefas e atividades de cada um dos seus serviços.

Secretarias de varas

VARA DA COMARCA DE FORTALEZA: cada Vara da Comarca de Fortaleza terá sua Secretaria, supervisionada pelo juiz titular e dirigida por um diretor de Secretaria, DNS-3, nomeado em comissão pelo presidente do Tribunal de Justiça após livre indicação por escrito do respectivo juiz titular da Vara, dentre bacharéis em

Direito, Administração, Ciências Contábeis, Economia e Ciências Sociais. O juiz fará a indicação do nomeando, acompanhado do diploma de conclusão do curso superior.

SECRETARIAS DE VARAS: deverão registrar os feitos no Livro de Registro de Processos (Livro de Tombo) e autuá-los. Todos os feitos distribuídos serão registrados e autuados, inclusive, no caso das Secretarias das Varas Criminais, os inquéritos policiais e outros procedimentos de natureza criminal como pedidos de fiança quando não haja ainda chegado os autos do inquérito a juízo.

SISTEMA COMPUTADORIZADO: a Secretaria da Vara, enquanto não dispuser de sistema computadorizado para acompanhamento da tramitação dos feitos, deverá elaborar, para cada processo, uma ficha, segundo modelo aprovado pela Diretoria do Foro para cada grupo de varas, destinada ao acompanhamento da tramitação dos autos respectivos.

Diretor de Secretaria compete
a) receber da Seção de Distribuição as petições iniciais, inquéritos policiais e outras manifestações. Em seguida, procederá o registro (tombamento) e autuação, colocando capa e anotando em ficha ou sistema computadorizado os dados do novo processo; certificará o registro e a autuação e fará conclusão dos autos ao Juiz da Vara;
b) proceder as anotações sobre o andamento dos feitos em fichas próprias ou mediante digitação em sistema de computação;
c) preparar o expediente para despachos e audiências;
d) exibir os processos para consulta pelos advogados e prestar informações sobre os feitos e seu andamento;
e) expedir certidões extraídas de autos, livros, fichas e demais papéis sob sua guarda;
f) elaborar o Boletim contendo os despachos e demais atos judiciais para publicação oficial e intimação das partes, encaminhando-o à Secretário Geral do Fórum para a devida remessa à Imprensa Oficial;
g) elaborar editais para publicação oficial e em jornal local;
h) expedir mandados, ofícios, cartas precatórias, cartas rogatórias e outros expedientes determinados pelo Juiz da Vara;
i) realizar diligências determinadas pelo Juiz da Vara, Diretor do Foro ou Corregedor Geral da Justiça;
j) lavrar os termos de audiência em duas vias, juntando a via original no Livro de Registro de Termos de Audiência, de folhas soltas, registrando-a mediante anotação do número da folha e tomada da rubrica do Juiz da Vara. A 2ª via deverá ser junta aos autos respectivos. Os termos de audiência deverão ser enumerados;
l) registrar as sentenças no Livro de Registro de Sentenças. O registro será feito juntando a 2ª via da sentença ou sua fotocópia autenticada pelo Diretor de Secretaria da Vara, enumerando-se a folha e tomando-se a rubrica do Juiz;
m) encaminhar autos à Contadoria;
n) quando determinado pelo Juiz, abrir vista dos autos aos advogados, aos Defensores Públicos e ao representante do Ministério Público, fazendo conferência das folhas, certificando essa circunstância nos autos e anotando na ficha respectiva. A entrega será feita após a anotação respectiva na ficha do processo e no Livro de Carga de Autos, tomando neste a assinatura do recebedor. No processo, antes da entrega, será certificada a intimação do destinatário, tomada sua rubrica e lavrada o termo de vista dos autos;
o) certificar nos autos os atos praticados;
p) prestar ao Juiz informações por escrito nos autos;
q) quando da devolução dos autos à secretaria proceder a conferência das folhas, certificando a devolução e a conferência, mediante termo de data;
r) remeter à Instância Superior, no prazo máximo de 10 (dez) dias, contados do despacho de remessa, os processos em grau de recurso;
s) através da Subdiretoria do Foro, encaminhar os autos para baixa na distribuição e arquivo, quando determinado pelo Juiz;
t) informar ao Juiz, por escrito, em formulário próprio, sobre os autos cujo prazo de 'vista' estejam excedidos, para a adoção das providências cabíveis;
u) informar ao Juiz sobre autos irregularmente parados na Secretaria;
v) requisitar ao arquivo, quando determinado pelo Juiz, a apresentação de autos de processo;
x) executar quaisquer atos determinados pelo Conselho da Magistratura, Corregedor geral, Diretor do Foro ou Juiz da Vara.
z) verificará, salvo quando se tratar de advogado em causa própria ou quando haja protesto pela apresentação da procuração no prazo legal, se a inicial vem acompanhada de procuração assinada e com firma reconhecida e se os documentos apresentados por fotocópias estão autenticados.

LOTAÇÃO NOMINAL INICIAL: será estabelecida pelo diretor do Foro, ouvido previamente o juiz da Vara, podendo ser revista anualmente ou quando o interesse da Justiça o exigir.

SECRETARIAS DAS VARAS: adotarão os seguintes livros, de acordo com a necessidade de seus serviços:

I - Livro de Registro de Processos (Livro de Tombo), com espaço para anotar, quando for o caso, a baixa na distribuição e o arquivamento dos autos;
II - Livro de Registro de Termos de Audiência;
III - Livro de Registro de Sentenças;
IV - Livro de Carga de Autos para Advogados, Defensores Públicos e Promotores de Justiça, podendo ser desdobrado um para cada rol de profissionais;
V - Livro de Entrega de Autos às Partes, sem traslado, nos casos em lei permitidos;
VI - Livro para devolução de Cartas Precatórias, com espaço para anexação dos avisos de recepção;
VII - Livro de Entrega e Devolução de Mandados;
VIII - Livro de Entrega de Alvarás;
IX - Livro de Correições realizadas nas Varas, nele lavrando-se os termos de abertura, as ocorrências e provimentos baixados, bem como os termos de encerramento;
X - Livro "Rol dos Culpados";
XI - Livro de Registro de Armas, com espaço para anotação do destino final;
XII - Livro de Atas do Tribunal do Júri;
XIII - Livro para Lavratura de Termos de Reclamação Verbal e Providências adotadas pelo Juiz da Vara;
XIV - Livro de remessa de autos para a contadoria;
XV - Outros Livros previstos em lei ou que venham a ser adotados pela Diretoria do Foro mediante ato.

LIVROS: serão abertos e encerrados mediante termo com a data da abertura e do encerramento sendo que, no caso de livro de folhas soltas, assim expresso no termo de abertura, a data de encerramento será a do último ato registrado. Os livros serão, também, enumerados em ordem crescente e terão todas as suas folhas numeradas e rubricadas pelo juiz de Direito da Vara, constando da capa o fim a que se destina e, da lombada, o número de ordem.

ENCERRAMENTO DO EXPEDIENTE: quando do encerramento do expediente, os livros de "vista" de autos serão diariamente encerrados pelo diretor de Secretaria por meio da aposição de carimbo com o Termo de Encerramento, para fins de servir de prova de contagem de prazo.

FOLHAS SOLTAS: os livros poderão ser de folhas soltas, sem prejuízo das formalidades previstas.

PASTAS OU COLECIONADORES: poderá o juiz da Vara adotar pastas ou colecionadores para arquivamento de segundas-vias de ofícios expedidos e que não devam ser juntadas aos autos e, ainda, sobre outros expedientes.

SECRETARIA: manterá um fichário onde será anotado o andamento dos processos, até que venha a ser instituído sistema computadorizado para digitação e consulta dos dados armazenados.

CITAÇÃO PELOS CORREIOS: bem como as demais correspondências oficiais expedidas pelas Secretarias das Varas, juntamente com os recibos de postagem e/ou avisos de recebimento serão entregues na Subdiretoria para selagem e remessa aos Correios.

1.6 Auxiliares das Secretarias das Varas

Servidores de justiça

DEVERES E SANÇÕES ATINENTES AOS SERVIDORES DE JUSTIÇA: são regulados pelas normas constantes deste Código, pelos Regimentos Internos da Secretaria do Tribunal de Justiça e da Diretoria do Fórum Clóvis Beviláqua e, subsidiariamente, pelo Estatuto dos Funcionários Públicos Civis do Estado.

Concursos, nomeações, remoções e permutas

SERVENTUÁRIOS E SERVIDORES DE JUSTIÇA: serão nomeados com absoluta observância das formalidades e exigências estabelecidas na Constituição da República, na Constituição do Estado e no Código.

INSCRIÇÃO EM CONCURSO: para a inscrição em concurso a qualquer dos cargos de serventuários e servidores de Justiça, deve o candidato provar: a) ser brasileiro nato ou naturalizado; b) quitação ou isenção do serviço militar; c) idoneidade moral; d) gozo dos direitos políticos; e) isenção de culpa ou pena, por meio de folha corrida; f) ausência de moléstia infectocontagiosa ou de doença mental, provada com exame médico oficial; g) ser eleitor; h) condição de idade e demais requisitos especiais, que a lei prescrever.

OFÍCIOS DE JUSTIÇA: são acessíveis aos brasileiros, maiores de 21 anos, que se habilitarem em concurso.

DESANEXAÇÃO: o Ofício de Justiça não fica sujeito à desanexação enquanto não ocorrer vacância. Não se considera desanexação, a criação de ofício idêntico, destinado a ser exercido por outro serventuário, quando o exigir o interesse da coletividade, mediante proposta do Tribunal de Justiça.

TITULARES DE OFÍCIOS DE JUSTIÇA, NÃO REMUNERADOS PELOS COFRES PÚBLICOS: além das garantias conferidas neste artigo, serão assegurados os direitos atribuídos pelo Instituto de Previdência do Estado, fixando-se em lei especial os proventos da aposentadoria, a forma de pagamento das contribuições, e os recursos destinados a esse cargo.

ATUAIS ESCREVENTES: contribuirão para o Instituto Nacional do Seguro Social (INSS) ou o órgão previdenciário de direito, e não mais para o IPEC, ficando assegurado o direito de aproveitamento do tempo de contribuição para o IPEC, para fins de aposentadoria.

Concursos

CONCURSOS PARA OS CARGOS DE SERVENTUÁRIO E SERVIDORES DE JUSTIÇA: serão de provas, na conformidade deste Código.

EDITAL: os concursos serão anunciados por edital publicado no Diário da Justiça, com prazo entre 15 a 30 dias, a critério do presidente do Tribunal. Fixado o prazo do limite do artigo anterior, poderá ser prorrogado uma vez, a critério do presidente do Tribunal, considerando o número de vagas a preencher e o de candidatos inscritos no prazo inicial.

REGULAMENTOS: o Tribunal de Justiça fará aprovar regulamentos disciplinando as condições para realização dos concursos.

Nomeações

NOMEAÇÃO: os servidores da Secretaria Geral do Tribunal de Justiça e da Diretoria do Fórum de Fortaleza serão nomeados pelo presidente do Tribunal, após aprovação do Tribunal de Justiça.

CARGOS DE SECRETÁRIO GERAL, SECRETÁRIO DE ADMINISTRAÇÃO E FINANÇAS E SECRETÁRIO JUDICIÁRIO DO TRIBUNAL DE JUSTIÇA: serão de livre nomeação e exoneração, dando-se o seu provimento em comissão, dentre doutores ou bacharéis em Direito, com 2 anos pelo menos, de prática forense como magistrado, membro do Ministério Público ou advogado bem como por funcionário de Justiça, com mais de 10 anos de serviço depois de aprovada a indicação pelo Tribunal Pleno.

OFICIAIS DO REGISTRO CIVIL DE NASCIMENTOS, CASAMENTOS E ÓBITOS DOS DISTRITOS que não forem sede de comarca serão nomeados depois de aprovados em concurso público de provas, regulamentado, em provimento pelo Tribunal de Justiça.

Remoções e permutas

TITULARES DE OFÍCIO DE JUSTIÇA: poderão ser removidos para ofícios de igual natureza, da mesma ou de outra comarca, mediante requerimento ao Tribunal de Justiça, ouvido o Conselho da Magistratura.

VAGO O OFÍCIO, O JUIZ DE DIREITO comunicará o fato ao presidente do Tribunal de Justiça que determinará à Secretaria a expedição de edital, convocando os interessados à remoção pelo prazo de 15 dias contados a partir da primeira publicação do edital.

PEDIDOS: deverão dar entrada na Secretaria do Tribunal de Justiça no prazo previsto no parágrafo anterior e reunidos em uma só autuação serão encaminhados ao Conselho da Magistratura para apreciação.

PERMUTA: será processada na forma do caput do artigo anterior, cabendo ao Tribunal de Justiça concedê-la ou não.

REMOÇÃO OU PERMUTA: só poderá ser pleiteada após 2 anos de efetivo exercício como titular do ofício.

REMOÇÃO: é o deslocamento do servidor, a pedido ou de ofício, no âmbito do quadro permanente do Poder Judiciário, com ou sem mudança de sede ou comarca e independentemente de entrância.

REMOÇÃO DAR-SE-Á:
I - de ofício, no interesse da Administração, caso inexista voluntário, de acordo com os critérios a serem definidos em Resolução do Tribunal de Justiça do Estado do Ceará;
II - a pedido do servidor, a critério da Administração, mediante permuta ou para preenchimento de vaga na lotação;
III - a pedido do servidor, para outra localidade, independentemente de vaga e do interesse da Administração, nos seguintes casos:
a) para acompanhar cônjuge ou companheiro ou por motivo de saúde do requerente, do seu cônjuge, companheiro ou dependente, neste último caso comprovado o motivo;
b) em virtude de processo seletivo, promovido na hipótese de o número de vagas oferecidas ser menor que os servidores interessados na remoção, de acordo com os critérios a serem definidos em Resolução do Tribunal de Justiça do Estado do Ceará.

REMOÇÃO DE OFÍCIO: é o deslocamento de servidor entre órgãos e unidades administrativas do Poder Judiciário, realizada a critério e no interesse da Administração, condicionado à existência de vaga na lotação de destino e à constatação da inexistência de interessado A Resolução será editada no prazo de 90 dias, contados a partir da vigência desta Lei.

PROCESSO SELETIVO: precederá o certame para preenchimento de cargos por concurso público.

Compromisso, posse, exercício e matrícula

SERVENTUÁRIOS E SERVIDORES DA JUSTIÇA: somente entrarão no exercício de seus cargos, exibindo o título de sua nomeação, devidamente anotado na Secretaria de Administração e Finanças do Tribunal, à autoridade competente para lhes dar posse.

PRECEDERÁ À POSSE: o compromisso que prestará o nomeado, de desempenhar com honra e lealdade as funções do cargo.

COMPROMISSO: poderá ser prestado por procurador, com poderes especiais, mas, em qualquer hipótese, a posse somente se completará com o exercício das respectivas funções; anotado o compromisso prestado no título de nomeação, será este registrado na Secretaria de Administração e Finanças do Tribunal de Justiça; não haverá novo compromisso nos casos de promoção, de designação de função gratificada, de remoção ou de permuta.

AUTORIDADE QUE DER POSSE: deve examinar, sob pena de responsabilidade, se foram atendidas as condições consignadas na lei ou regulamento para investidura no cargo ou função, inclusive declaração de bens e idade limite.

COMPROMISSO E POSSE NO CARGO: deverão efetuar-se no prazo de 30 dias, contados da data em que ocorreu a publicação do ato de nomeação. Provando o nomeado impedimento legítimo, antes da expiração do prazo ser-lhe-á, pela autoridade que expediu o título, concedida prorrogação, por tempo igual ao fixado.

PERDERÁ O DIREITO AO CARGO, que será declarado vago, aquele que não prestar o compromisso e não entrar em exercício dentro do prazo acima estabelecido.

SERVIDORES E SERVENTUÁRIOS DE JUSTIÇA: são obrigados a residir na cidade onde servirem, não podendo ausentar-se, nos dias úteis, sem prévia autorização da autoridade competente, nem exceder o tempo de licença ou de férias.

INÍCIO, INTERRUPÇÃO E REINÍCIO DO EXERCÍCIO DO CARGO: serão registrados no assentamento individual do serventuário ou servidor de Justiça.

INÍCIO E ALTERAÇÕES DE EXERCÍCIO DOS SERVENTUÁRIOS DE JUSTIÇA: devem ser comunicados, imediatamente, à Presidência do Tribunal de Justiça pelo juiz da respectiva comarca e, na capital, pelo diretor do Fórum.

VACÂNCIA: será declarado vago o cargo se o nomeado não entrar em exercício no prazo da lei, e no caso de remoção, será lavrada a demissão do removido, após a feitura do processo de abandono.

POSSE DOS SERVENTUÁRIOS DE JUSTIÇA: é dada na capital pelo diretor do Fórum e no interior, pelo juiz da Comarca.

MATRÍCULA DOS ESCREVENTES: deve ser promovida, também, em livro próprio, nos respectivos cartórios.

PARA ENTRAR EM EXERCÍCIO: além dos requisitos enumerados atrás, deve os notários e registradores provar perante quem lhe der posse, conforme o caso: a) achar-se o prédio do cartório em condição de oferecer segurança à guarda e conservação dos livros, autos e papéis que lhe forem entregues, ou que possua por dever de ofício; b) haver lançado em livro especial, rubricado, encerrado e guardado pela autoridade que lhe der posse, a sua assinatura e o sinal público de que fará uso, nas funções de notário e depositado o sinal público na Secretaria de Administração e Finanças do Tribunal de Justiça; c) haver providenciado o registro de seu título de nomeação na Secretaria de Administração e Finanças do Tribunal.

ANTES DE ASSUMIR O EXERCÍCIO: aquele que assumir as funções de depositário público deve apresentar fiança ou seguro de fidelidade, cujo limite será arbitrado pela autoridade competente para dar-lhe posse.

Licenças e férias

LICENÇAS: até 3 meses para tratamento de saúde, serão concedidas: a) pelo presidente do Tribunal de Justiça, aos serventuários de Justiça do interior e aos servidores de Justiça lotados no Tribunal; b) pelo diretor do Fórum, aos serventuários, servidores de Justiça lotados na Diretoria do Foro e nas secretarias de varas.

Atenção!

Excedendo esse prazo, as licenças aos serventuários e funcionários de Justiça acima especificados, serão concedidas pelo presidente do Tribunal de Justiça.

LICENÇAS PARA TRATAMENTO DE SAÚDE: até 30 dias, serão concedidas mediante simples atestado médico e as que ultrapassarem esse prazo, após inspeção de saúde pelo órgão competente.

INTERIOR DO ESTADO: a inspeção será feita por repartição de saúde do estado, onde houver, ou por médicos oficiais, ou, em caso excepcional, por médico particular.

LICENÇAS DOS AUXILIARES JUDICIÁRIOS: serão concedidas pela autoridade judiciária sob cuja jurisdição servirem e, na capital, pelo diretor do Fórum.

Atenção!

Aplicam-se aos servidores de justiça e, no que couber, aos serventuários de justiça, quanto às outras modalidades de licenças, as normas da legislação estatutária do regime jurídico único dos servidores do estado.

SERVIDORES E SERVENTUÁRIOS DE JUSTIÇA: têm direito à licença especial prevista no art. 167, inciso XII, da Constituição Estadual, a qual somente será concedida mediante comprovação de contar o requerente 5 anos de serviço, sem interrupção, e de não haver gozado licença além de 3 meses, para tratamento de saúde, durante o quinquênio.

LICENÇA ESPECIAL: poderá ser gozada, a pedido do servidor e do serventuário, de uma só vez ou em duas, sendo irretratável sua desistência;

LICENÇA PARA TRATAR DE INTERESSE PARTICULAR: após 2 anos de exercício, e sem vencimentos, somente poderá ser concedida por um período não superior a 4 anos; sua renovação só poderá ocorrer após a decorrência de 5 anos da última concessão.

NÃO SERÁ CONSIDERADO AFASTAMENTO DE SUAS FUNÇÕES: a licença de serventuário para cursar mestrado ou doutorado, mesmo em comarca diferente da sua.

FÉRIAS DOS SERVENTUÁRIOS E SERVIDORES DE JUSTIÇA: serão concedidas depois de 1 ano de efetivo exercício e de acordo com as seguintes normas: terão direito, em cada ano civil, a 30 dias consecutivos de férias individuais; é vedada a acumulação de férias que, não gozadas por motivo de interesse do serviço; poderão ser ressalvadas e contadas em dobro para todos os efeitos.

FÉRIAS SERÃO CONCEDIDAS:

a) aos servidores e serventuários de Justiça, pelo Juiz sob cuja jurisdição servirem, sendo essa atribuição na Capital, conferida ao Diretor do Fórum Clóvis Beviláqua;

b) ao pessoal lotado no Tribunal de Justiça, pelo seu Presidente, ou por delegação deste, ao Secretário Geral ou Secretário perante o qual tiver exercício o servidor, ouvida a chefia imediata;

c) aos servidores lotados e em exercício na Diretoria do Fórum, pelo seu Diretor, permitida a delegação.

AUTORIDADES COMPETENTES: antes do início do ano civil, organizarão a escala das férias atendendo, quanto possível, à solicitação de preferência do período, sem prejuízo da conveniência do serviço público. Na capital, os juízes encaminharão ao diretor do Fórum os pedidos de férias dos servidores lotados em suas respectivas varas.

ESCALA: não impedirá a renúncia às férias ou a permuta dos períodos fixados, mediante requerimento endereçado à autoridade competente. Nesses casos, e quando não especificados na tabela de férias, o servidor aguardará em exercício a solução.

SERVIDOR PROMOVIDO OU REMOVIDO NO GOZO DE FÉRIAS: não as interromperá se assim entender.

NÃO PODERÃO GOZAR FÉRIAS SIMULTANEAMENTE: o titular da serventia de Justiça e seu substituto legal. Na capital, o diretor de Secretaria das Varas do Júri e, no interior, o escrivão do Júri não entrarão em gozo de férias individuais quando convocada a reunião do Tribunal do Júri a que tenha de servir.

CASOS EXCEPCIONAIS: a autoridade que conceder as férias poderá determinar o retorno do beneficiário ao serviço, assegurando-lhe o direito de gozá-las noutra oportunidade.

COMUNICAÇÃO: quem entrar em gozo de férias deve comunicar o fato ao seu substituto legal e à autoridade que as concedeu.

NOÇÕES DE DIREITO CONSTITUCIONAL

1. INTRODUÇÃO AO DIREITO CONSTITUCIONAL

1.1 Noções Gerais

Para iniciarmos o estudo do Direito Constitucional, alguns conceitos precisam ser esclarecidos, principalmente para aqueles que nunca tiveram contato com a matéria.

Primeiramente, faz-se necessário conhecer qual será o objeto de estudo desta disciplina jurídica: **Constituição Federal**.

A Constituição Federal é simplesmente a norma mais importante de todo o ordenamento jurídico brasileiro. Ela é a norma principal, a norma fundamental.

Se pudéssemos posicionar as espécies normativas na forma de uma pirâmide hierárquica, a Constituição Federal apareceria no topo desta pirâmide, ao passo que as outras espécies normativas estariam todas abaixo dela, como na ilustração:

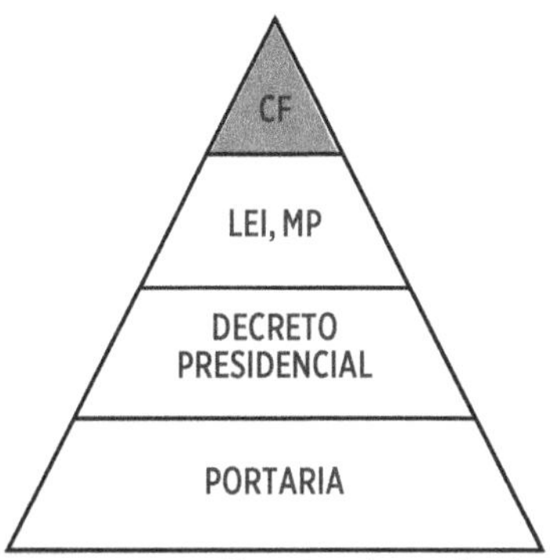

Para que sua preparação seja adequada, é necessário que se tenha em vista uma Constituição atualizada. Isso por conta de que a Constituição Federal foi promulgada em 1988, mas já foi alterada várias vezes. Significa dizer, numa linguagem mais jurídica, que ela foi **emendada**.

As Emendas Constitucionais são a única forma de alteração do Texto Constitucional. Portanto, jamais uma lei, ou outra espécie normativa hierarquicamente inferior à Constituição, poderá alterar o seu texto.

Neste ponto caberia a pergunta: o que torna a Constituição Federal a norma mais importante do Direito Brasileiro? A resposta é muito simples: a Constituição possui alguns elementos que a distinguem das outras espécies normativas, por exemplo:

Os Princípios Constitucionais;

Os Direitos Fundamentais;

A Organização do Estado;

A Organização dos Poderes.

De nada adiantaria possuir uma Constituição Federal com tantos elementos essenciais ao Estado se não existisse alguém para protegê-la. O próprio texto constitucional previu um Guardião para a Constituição, o **Supremo Tribunal Federal (STF)**.

O STF é o órgão de cúpula do Poder Judiciário e possui como atribuição principal a guarda da Constituição. Ele é tão poderoso que se alguém editar uma norma que contrarie o disposto no texto constitucional, o Supremo a declarará inconstitucional. Uma norma declarada inconstitucional pelo STF não produzirá efeitos na sociedade.

Além de Guardião da Constituição, o STF possui outra atribuição Constitucional, qual seja, a de intérprete do texto fundamental. É o Supremo quem define a melhor interpretação para esta ou aquela norma Constitucional. Quando um Tribunal manifesta sua interpretação, dizemos que ele revelou sua **jurisprudência** (o pensamento dos tribunais), sendo a do STF a que mais interessa para o estudo do Direito Constitucional. E é exatamente neste ponto que se encontra a maior importância do STF para o objetivo que aqui se tem em vista: é essencial conhecer sua jurisprudência, pois costuma cair em prova. Para se ter ideia da importância dessa matéria, é possível que alguma jurisprudência do STF seja contrária ao próprio texto constitucional. Dessa forma, o aluno precisa ter uma dupla percepção: conhecer o texto da Constituição e conhecer a jurisprudência do STF.

Contudo, ainda existe outra fonte de conhecimento essencial para o aprendizado em Direito Constitucional: a **doutrina**.

A doutrina é o pensamento produzido pelos estudiosos do Direito Constitucional. Conhecer a doutrina também faz parte de sua preparação.

Em suma, para estudar Direito Constitucional é necessário estudar:

A Constituição Federal;

A Jurisprudência do STF;

Doutrina de Direito Constitucional.

Neste estudo apresentar-se-á o conteúdo de Direito Constitucional atualizado, objetivo e necessário para prova de forma que se tenha à mão um material suficiente ao estudo para concurso público.

Metodologia de Estudo

Aproveitam-se essas considerações iniciais para passar uma dica de estudo que pode ser útil na preparação para concurso público. A preparação em Direito Constitucional precisa observar três passos:

Leitura da Constituição Federal;

Leitura da apostila;

Resolução de exercícios.

O aluno que seguir esses passos certamente chegará à aprovação em concurso público. Essa é a melhor orientação para quem está iniciando os estudos.

1.2 Classificações

A partir de algumas **características** que possuem as Constituições, é possível classificá-las, agrupá-las. As classificações abaixo não são as únicas possíveis, realçando apenas aqueles elementos mais comumente cobrados nos concursos públicos.

Quanto à **origem**, a Constituição pode ser Promulgada ou Outorgada. A **Constituição Promulgada** é aquela decorrente de um verdadeiro processo democrático para a sua elaboração, fruto de uma Assembleia Nacional Constituinte. A **Outorgada** é aquela imposta, unilateralmente, por um governante ou por um grupo de pessoas, ao povo.

Quanto à **possibilidade** de **alteração**, **mutação**, podem ser **Flexíveis**, **Rígidas** ou **Semirrígidas**. As Constituições Flexíveis não exigem, para a sua alteração, qualquer processo legislativo especial. As Rígidas, contudo, dependem de um processo legislativo de alteração mais difícil do que aquele utilizado para as normas ordinárias. As Constituições Semirrígidas são aquelas cuja parte de seu texto só pode ser alterada por um processo mais difícil, sendo que outra parte pode ser mudada sem qualquer processo especial.

Quanto **à forma** adotada, as Constituições podem ser: **Escritas ou Dogmáticas** e **Costumeiras**. A Constituição Dogmática é aquela que apresenta um único texto, no qual encontramos sistematizadas e organizadas todas as disposições essenciais do Estado. A Constituição Costumeira é aquela formada pela reunião de diversos textos esparsos, reconhecidos pelo povo como fundamentais, essenciais.

Quanto à **extensão**, podem ser: **Sintéticas** ou **Analíticas**. A Constituição Sintética é aquela concisa, enxuta e que só traz as disposições políticas essenciais a respeito da forma, organização, fundamentos e objetivos do Estado. A Constituição Analítica é aquela que aborda diversos assuntos, não necessariamente relacionados com a organização do Estado e dos poderes. Ela desce a minúcias que poderiam figurar em uma lei ordinária, não precisando constar do texto constitucional.

A partir das classificações apresentadas acima, temos que a Constituição Federal de 1988 pode ser considerada por **Promulgada**, **Rígida**, **Escrita** e **Analítica**.

Questões

01. (FCC) Suponha que, como resultado dos trabalhos de uma Assembleia Nacional Constituinte convocada ao fim de um período e processo revolucionários, entre em vigor em determinado país uma nova Constituição, que estabeleça que a alteração do texto constitucional se dê por deliberação do mesmo órgão responsável pela elaboração da legislação ordinária, embora mediante procedimento mais complexo e quórum mais elevado do que o previsto para essa. Nessa hipótese, tem-se, respectivamente quanto à origem e alterabilidade, uma Constituição

a) promulgada, por ser fruto do trabalho de uma Assembleia Nacional Constituinte; e flexível, por atribuir o poder constituinte derivado ao mesmo órgão responsável pela legislação ordinária, a despeito da existência de procedimento diferenciado para reforma constitucional.

b) promulgada, por ser resultado de um processo revolucionário; e semirrígida, por atribuir o poder constituinte derivado ao mesmo órgão responsável pela legislação ordinária, estabelecendo um procedimento especial para reforma constitucional.

c) outorgada, por ser fruto do trabalho de uma Assembleia Nacional Constituinte; e flexível, por atribuir o poder constituinte derivado ao mesmo órgão responsável pela legislação ordinária, a despeito da existência de procedimento diferenciado para reforma constitucional.

d) promulgada, por ser fruto do trabalho de uma Assembleia Nacional Constituinte; e rígida, em virtude da existência de procedimento próprio e mais dificultoso para alteração do texto constitucional, ainda que a cargo do órgão legislativo ordinário.

e) outorgada, por ser resultado de um processo revolucionário; e rígida, em virtude da existência de procedimento próprio e mais dificultoso para alteração do texto constitucional, ainda que a cargo do órgão legislativo ordinário.

02. (CESPE) As constituições podem ser classificadas sob diversos critérios, entre os quais, o da estabilidade, que se dá com base na complexidade do processo para sua alteração, em comparação com o processo legislativo ordinário. Considerando a classificação das constituições quanto à estabilidade, julgue o item.

A Constituição Federal de 1988 é um modelo de constituição flexível, uma vez que permite sua modificação por meio dos mesmos procedimentos utilizados nas normas ordinárias.

Certo ( ) Errado ( )

03. (IBADE) A Constituição da República Federativa do Brasil de1988 pode ser classificada como:

a) escrita e histórica.

b) sintética e semântica.

c) liberal e preceitual.

d) promulgada e dogmática.

e) rígida e pretende ser nominal.

04. (IBADE) "____________ é, juridicamente, a lei fundamental e suprema de um Estado, contendo as normas referentes à estruturação do Estado, à formação dos poderes públicos, forma de governo e aquisição do poder de governar, distribuição de competências, direitos, garantias e deveres dos cidadãos". O documento que completa corretamente a lacuna acima é:

a) Constituição.

b) Lei complementar.

c) Lei ordinária.

d) Resolução legislativa.

e) Decreto presidencial.

05. (CESPE) Acerca da classificação das constituições, é correto afirmar que a

a) outorgada, também chamada de democrática, é decorrente do trabalho de uma Assembleia Nacional.

b) costumeira é a que traz as regras em um único texto solene e codificado.

c) sintética é a que aborda todos os assuntos que os representantes do povo entendem como fundamentais.

d) dogmática, sempre escrita, consubstancia os dogmas estruturais e fundamentais do Estado.

e) flexível é a que pode ser alterada, mas que possui um processo legislativo de alteração mais dificultoso que o processo de alteração de normas infraconstitucionais.

Gabaritos

01	D	04	A
02	ERRADO	05	E
03	D	-	-

2. PRINCÍPIOS FUNDAMENTAIS

Os Princípios Fundamentais, também chamados de Princípios Constitucionais, formam a base de toda a organização do Estado Brasileiro. Como bem citado pelo Professor José Afonso da Silva, "os Princípios Fundamentais visam essencialmente definir e caracterizar a coletividade política e o Estado e enumerar as principais opções político-constitucionais[1]".

Exatamente em razão de sua importância, a Constituição Federal os colocou logo no início, pois eles são a base de todo o texto. O que se segue a partir desses princípios é mero desdobramento de seu conteúdo.

Quem se prepara para concurso público deve saber que, quando esse tema é abordado, costuma-se trabalhar questões com o conteúdo previsto nos Arts. 1º ao 4º do texto constitucional. Geralmente, aparece apenas texto constitucional puro, mas, dependendo do concurso, as bancas costumam cobrar questões doutrinárias mais difíceis.

Quais princípios serão abordados?

> Princípio da Tripartição dos Poderes;
> Princípio Federativo;
> Princípio Republicano;
> Presidencialismo;
> Princípio Democrático;
> Fundamentos da República Federativa do Brasil;
> Objetivos Fundamentais da República Federativa do Brasil;
> Princípios que Regem as Relações Internacionais do Brasil.

2.1 Princípio da Tripartição dos Poderes

Esse princípio, também chamado de Princípio da Separação dos Poderes, originou-se, historicamente, numa tentativa de limitar os poderes do Estado. Alguns filósofos perceberam que, se o Poder do Estado estivesse dividido entre três entidades diferentes, seria possível que a sociedade exercesse um maior controle de sua utilização.

Na verdade, a divisão não é do Poder Estatal, haja vista ser ele uno, indivisível e indelegável, mas apenas uma divisão das suas funções. Nos dizeres de José Afonso da Silva: "O poder político, uno, indivisível e indelegável, se desdobra e se compõe de várias funções, fato que permite falar em distinções das funções, que fundamentalmente são três: a legislativa, a executiva e a jurisdicional"[2].

A previsão constitucional desse princípio encontra-se no Art. 2º, que diz:

> ***Art. 2º.*** *São Poderes da União, independentes e harmônicos entre si, o Legislativo, o Executivo e o Judiciário.*

Esses são os três poderes, cada qual responsável pelo desenvolvimento de uma função principal do Estado:

Poder Executivo

Função principal (típica) de administrar o Estado;

Poder Legislativo

Função principal (típica) de legislar e fiscalizar as contas públicas;

Poder Judiciário

Função principal (típica) jurisdicional.

Além da sua própria função, a Constituição criou uma sistemática que permite a cada um dos poderes o exercício da função do outro poder. Essa função acessória chamamos de **função atípica:**

Poder Executivo

Função atípica de legislar e julgar;

Poder Legislativo

Função atípica de administrar e julgar;

Poder Judiciário

Função atípica de administrar e legislar.

Dessa forma, pode-se dizer que além da própria função, cada poder exerce de forma acessória a função do outro poder.

Uma pergunta sempre surge na cabeça dos candidatos: qual dos três poderes é mais importante?

A única resposta possível é a inexistência de poder mais importante. Cada poder possui sua própria função de forma que não se pode afirmar que exista hierarquia entre os poderes do Estado.

Eles são independentes e harmônicos entre si, e para se garantir essa harmonia, a doutrina norte-americana desenvolveu um sistema que mantém a igualdade entre os poderes: **Sistema de Freios e Contrapesos** (*checks and balances*).

O sistema de freios e contrapesos adotado pela nossa Constituição, revela-se nas inúmeras medidas previstas no texto constitucional que condicionam a competência de um poder à apreciação de outro poder de forma a garantir o equilíbrio entre os três poderes. Abaixo estão alguns exemplos delas:

Exs.:

A necessidade de sanção do Chefe do Poder Executivo para que um Projeto de Lei aprovado pelo Poder Legislativo possa entrar em vigor;

O **processo do Chefe do Poder Executivo** por crime de responsabilidade a ser realizado no Senado Federal, cuja sessão de julgamento é presidida pelo Presidente do STF;

A **necessidade de apreciação** pelo Poder Legislativo das Medidas Provisórias editadas pelo Chefe do Poder Executivo;

A **nomeação dos ministros** do STF é feita pelo Presidente da República depois de aprovada pelo Senado Federal.

Em todas as hipóteses acima apresentadas, faz-se necessária a participação de mais de um Poder para a consecução de um ato administrativo. Isso cria uma verdadeira relação de interdependência entre os poderes, o que garante o equilíbrio entre eles.

Por último, não se pode esquecer que a separação dos poderes é uma das cláusulas pétreas por força do Art. 60, § 4º, III, da Constituição Federal.

---

1 CANOTILHO, J. J. Gomes, e MOREIRA, Vital. Fundamentos da Constituição. In: SILVA, José Afonso da. Curso de Direito Constitucional Positivo. 33ª Ed. São Paulo: Malheiros, 2010. p. 94.

2 SILVA, José Afonso da. Curso de Direito Constitucional Positivo. 33ª Ed. São Paulo: Malheiros, 2010. p. 108.

Significa dizer que a separação dos poderes não pode ser abolida do texto constitucional por meio de emenda:

> ***Art. 60, § 4º.*** *Não será objeto de deliberação a proposta de emenda tendente a abolir:*
>
> ***III.*** *A separação dos Poderes.*

2.2 Princípio Federativo

Esse princípio apresenta a Forma de Estado adotada no Brasil: federação. A forma de Estado reflete o modo de exercício do poder político em função do território. É uma forma composta ou complexa3, visto que prevalece a pluralidade de poderes políticos internos. Está baseada na descentralização política do Estado, cuja representação se dá por meio de quatro entes federativos:

União;

Estados;

Distrito Federal;

Municípios.

Cada ente federativo possui sua **própria autonomia política**, o que **não** pode ser confundido com o atributo da soberania, pertencente ao Estado Federal.

A autonomia de cada ente confere-lhe a capacidade política de, inclusive, criar sua própria Constituição. Apesar de cada ente federativo possuir essa independência, não se pode esquecer que a existência do pacto federativo pressupõe a existência de uma Constituição Federal e da impossibilidade de separação (Princípio da Indissolubilidade do Vínculo Federativo). Havendo quebra do pacto federativo, a Constituição Federal prevê como instrumento de manutenção da forma de Estado a chamada Intervenção Federal, a qual será estudada em momento oportuno.

Não existe hierarquia entre os entes federativos. O que os distingue é a competência que cada um recebeu da Constituição Federal. Deve-se ressaltar que os estados e o Distrito Federal possuem direito de participação na formação da vontade nacional ao possuírem representantes no Senado Federal. Os municípios não possuem representantes no Senado Federal. Caracteriza-se, ainda, pela existência de um guardião da Constituição Federal, o Supremo Tribunal Federal. A doutrina tem apontado para algumas características da forma federativa brasileira:

Tricotômica

Federação constituída em três níveis: federal, estadual e municipal. O Distrito Federal não é considerado nessa classificação, haja vista possuir competência híbrida, ou seja, ora age como estado ora como município.

Centrífuga

Essa característica reflete a formação da federação brasileira. É a formação "de dentro para fora". O movimento é de centrifugadora. A força de criação do estado federal brasileiro surgiu a partir de um Estado Unitário para a criação de um estado federado, ou seja, o poder centralizado que se torna descentralizado. O poder político era concentrado nas mãos de um só ente e, depois, passa a fazer parte de vários entes federativos.

3 A doutrina classifica as formas de Estado em Compostas ou Unitárias. Os Estados Compostos ou Complexos possuem como base a descentralização política enquanto que os Estados Unitários ou simples possuem uma única entidade política a qual exerce de forma centralizada o poder político (CUNHA, 2011, p. 872). Estado Federal é espécie de Estado Composto, portanto, não se confunde com Estado Unitário.

Por Desagregação

Ocorre quando um estado unitário resolve se descentralizar politicamente, desagregando o poder central em favor de vários entes titulares de poder político.

Como última observação, não menos importante, a **Forma Federativa de Estado** também é uma cláusula **pétrea.**

Depois de estudar os Princípios da Tripartição dos Poderes e o Federativo, passa-se a ver como eles estão estruturados dentro da República Federativa do Brasil. Uma informação importante antes disso: a autonomia política existente em cada ente federativo pode ser percebida por meio de existência dos poderes em cada um.

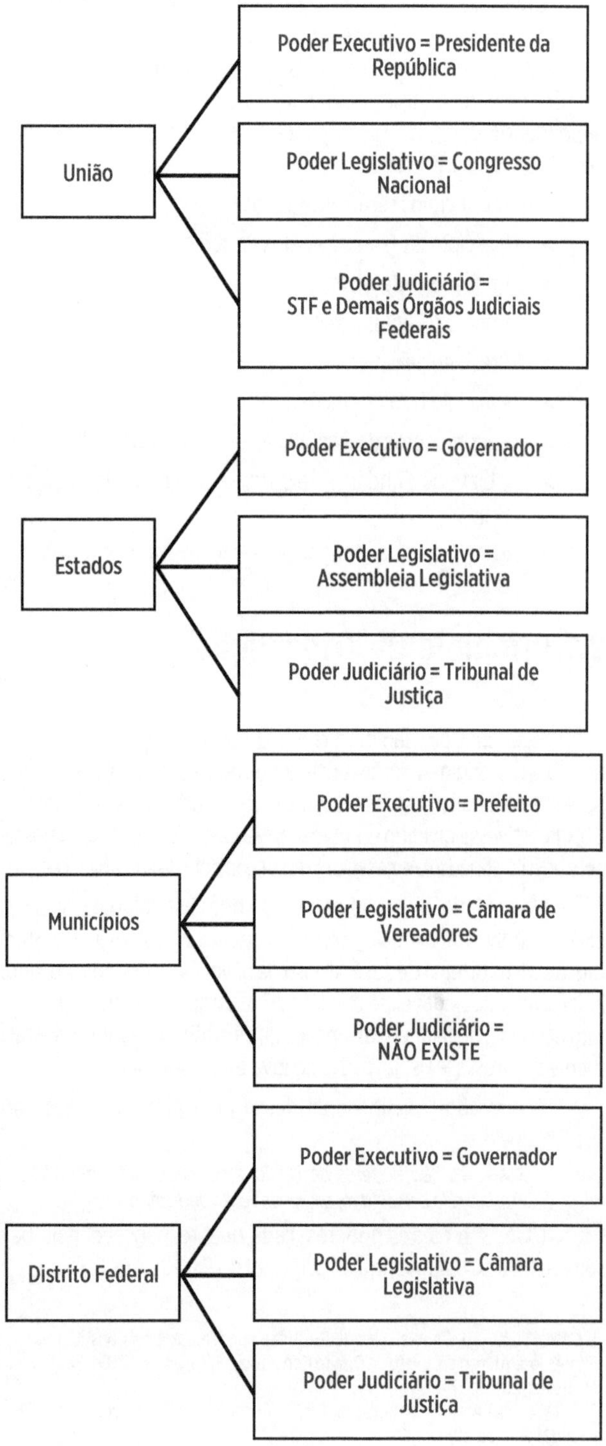

2.3 Princípio Republicano

O princípio Republicano representa a **Forma de Governo** adotada no Brasil. A forma de governo reflete o modo de aquisição e exercício do poder político, além de medir a relação existente entre o governante e o governado.

A melhor forma de entender esse instituto é conhecendo suas características. A primeira característica decorre da análise etimológica da expressão *res publica*. Essa expressão, que dá origem ao Princípio ora estudado, significa coisa pública, ou seja, em um Estado Republicano o governante cuida da coisa pública, governa para o povo.

Outra característica importante é a Temporariedade. Esse atributo revela o caráter temporário do exercício do poder político. Por causa desse princípio, em nosso Estado, o governante permanece no poder por tempo determinado.

Em uma República, o governante é escolhido pelo povo. Essa é a chamada Eletividade. O poder político é adquirido pelas eleições, sendo que a vontade popular se concretiza nas urnas.

Por fim, em um Estado Republicano o governante pode ser responsabilizado por seus atos.

A forma de governo republicana se contrapõe à monarquia, cujas características são opostas às estudadas aqui.

É importante destacar que o princípio republicano não é uma cláusula pétrea, pois esse princípio não se encontra listado no rol das cláusulas pétreas do Art. 60, § 4o, da Constituição Federal. Apesar disso, a Constituição o considerou como princípio sensível. Princípios sensíveis são aqueles que, se tocados, ensejarão a chamada Intervenção Federal, conforme previsto no Art. 34, VII, da Constituição:

> ***Art. 34.*** *A União não intervirá nos Estados nem no Distrito Federal, exceto para:*
>
> ***VII.*** *assegurar a observância dos seguintes princípios constitucionais:*
>
> ***a)*** *forma republicana, sistema representativo e regime democrático.*

2.4 Presidencialismo

O Presidencialismo é o sistema de governo adotado no Brasil. O sistema de governo rege a relação entre o Poder Executivo e o Legislativo medindo o grau de dependência entre eles. No Presidencialismo, prevalece a separação entre os Poderes Executivo e Legislativo, os quais são independentes e harmônicos entre si.

A Constituição declara, em seu Art. 76, que:

> *O Poder Executivo é exercido pelo Presidente da República, auxiliado pelos Ministros de Estado.*

O Presidencialismo possui uma característica muito importante, que é a concentração das funções executivas em uma só pessoa, o Presidente, o qual é eleito pelo povo, e exerce ao mesmo tempo três funções: Chefe de Estado, Chefe de Governo, e Chefe da Administração Pública.

A função de Chefe de Estado diz respeito a todas as atribuições do Presidente nas relações externas do País. Como Chefe de Governo, o Presidente possui inúmeras atribuições internas no que tange à governabilidade do país. Já como Chefe da Administração Pública, o Presidente exercerá as funções relacionadas com a chefia da Administração Pública Federal.

2.5 Democracia

Este princípio revela o Regime de Governo adotado no Brasil. Caracteriza-se pela existência do Estado Democrático de Direito e pela preservação da dignidade da pessoa humana.

A democracia significa o governo do povo, pelo povo e para o povo. É a chamada soberania popular. Sua fundamentação constitucional encontra-se no Art. 1º da CF:

> ***Art. 1º, Parágrafo único.*** *Todo o poder emana do povo, que o exerce por meio de representantes eleitos ou diretamente, nos termos desta Constituição.*

Esse princípio também é conhecido como princípio sensível e, no Brasil, caracteriza-se por seu exercício se dar de forma direta e indireta. Por esse motivo, a democracia brasileira é conhecida como semidireta ou participativa. Esse tema, porém, será abordado na seção sobre **Direitos Políticos**.

FORMA DE ESTADO	→	FEDERATIVA
FORMA DE GOVERNO	→	REPUBLICANA
SISTEMA DE ESTADO	→	PRESIDENCIALISTA
REGIME DE ESTADO	→	DEMOCRÁTICO

2.6 Fundamentos da República Federativa do Brasil

Entre os Princípios Constitucionais mais importantes, destacam-se os Fundamentos da República Federativa do Brasil, os quais estão elencados no Art. 1º da Constituição Federal:

> ***Art. 1º.*** *A República Federativa do Brasil, formada pela união indissolúvel dos Estados e Municípios e do Distrito Federal, constitui-se em Estado Democrático de Direito e tem como fundamentos:*
>
> ***I.*** *A soberania;*
>
> ***II.*** *A cidadania;*
>
> ***III.*** *A dignidade da pessoa humana;*
>
> ***IV.*** *Os valores sociais do trabalho e da livre iniciativa;*
>
> ***V.*** *O pluralismo político.*

A soberania é um fundamento que possui estreita relação com o Poder do Estado. É a capacidade que o Estado tem de impor sua vontade. Esse princípio possui uma dupla acepção: soberania interna e externa.

A soberania interna é a capacidade de impor o poder estatal no âmbito interno, perante os administrados, sem se sujeitar a qualquer outro poder.

A soberania externa é percebida pelo reconhecimento dos outros Estados soberanos de que o Estado Brasileiro possui sua própria autonomia no âmbito internacional.

A cidadania como princípio revela a condição jurídica de quem é titular de Direitos Políticos. Ela permite ao indivíduo que possui vínculo jurídico com o Estado participar de suas decisões e escolher seus representantes. O exercício da cidadania guarda estreita relação com a Democracia, pois essa autoriza a participação popular na formação da vontade estatal.

A dignidade da pessoa humana é considerada o princípio com maior hierarquia axiológica da Constituição. Sua importância se traduz na medida em que deve ser assegurada, primordialmente, pelo Estado, mas também deve ser observada nas relações particulares. Como fundamento, embasa toda a gama de direitos fundamentais, os quais estão ligados em sua origem a esse princípio. A dignidade da pessoa humana representa o núcleo mínimo de direitos e garantias que devem ser assegurados aos seres humanos.

O valor social do trabalho e da livre iniciativa revela a adoção de uma economia capitalista ao mesmo tempo em que elege o trabalho como elemento responsável pela valorização social. Ao mesmo tempo em que a Constituição garante uma liberdade econômica, protege o trabalho como elemento relacionado à dignidade do indivíduo como membro da sociedade.

O Pluralismo Político, ao contrário do que parece, não está relacionado apenas com a pluralidade de partidos políticos, devendo ser entendido sob um sentido mais amplo, pois revela uma sociedade em que pluralidade de ideias se torna um ideal a ser preservado. Liberdades, como de expressão, religiosa ou política estão entre as formas de manifestação desse princípio.

Geralmente, quando esse tema é cobrado em prova, costuma ser questionado apenas o texto constitucional.

2.7 Objetivos Fundamentais da República Federativa do Brasil

Outro grupo de Princípios Constitucionais que costuma ser cobrado em prova é o dos Objetivos da República Federativa do Brasil, os quais estão previstos em um rol exemplificativo no Art. 3º da Constituição Federal:

> ***Art. 3º.*** *Constituem objetivos fundamentais da República Federativa do Brasil:*
>
> ***I.*** *Construir uma sociedade livre, justa e solidária;*
>
> ***II.*** *Garantir o desenvolvimento nacional;*
>
> ***III.*** *Erradicar a pobreza e a marginalização e reduzir as desigualdades sociais e regionais;*
>
> ***IV.*** *Promover o bem de todos, sem preconceitos de origem, raça, sexo, cor, idade e quaisquer outras formas de discriminação.*

Os objetivos são verdadeiras metas a serem perseguidas pelo Estado com o fim de garantir os ditames constitucionais. Deve-se ter muita atenção em relação a esses dispositivos, pois eles costumam ser cobrados em prova fazendo-se alterações dos termos constitucionais.

Outra característica que distingue os fundamentos dos objetivos é o fato de os fundamentos serem nominados com substantivos ao passo que os objetivos se iniciam com verbos. Essa diferença pode ajudar a perceber qual a resposta correta na prova.

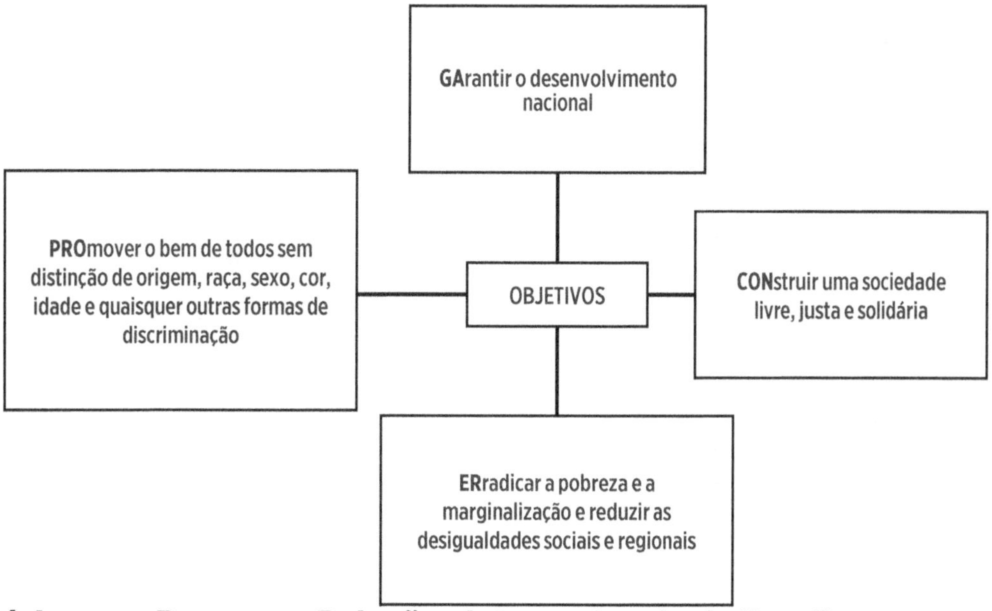

2.8 Princípios que Regem as Relações Internacionais do Brasil

E, por fim, têm-se os Princípios que regem as relações internacionais, os quais estão previstos no Art. 4º da CF:

Art. 4º. *A República Federativa do Brasil rege-se nas suas relações internacionais pelos seguintes princípios:*

I. *Independência nacional;*

II. *Prevalência dos direitos humanos;*

III. *Autodeterminação dos povos;*

IV. *Não intervenção;*

V. *Igualdade entre os Estados;*

VI. *Defesa da paz;*

VII. *Solução pacífica dos conflitos;*

VIII. *Repúdio ao terrorismo e ao racismo;*

IX. *Cooperação entre os povos para o progresso da humanidade;*

X. *Concessão de asilo político.*

Parágrafo único. *A República Federativa do Brasil buscará a integração econômica, política, social e cultural dos povos da América Latina, visando à formação de uma comunidade latino-americana de nações.*

Esses princípios revelam características muito interessantes do Brasil, ressaltando sua soberania e independência em relação aos outros Estados do mundo.

A independência nacional destaca, no âmbito da soberania externa, a relação do país com os demais estados, uma relação de igualdade, sem estar subjugado a outro Estado.

A prevalência dos direitos humanos vai ao encontro do fundamento da dignidade da pessoa humana, característica muito importante que se revela por meio do grande rol de direitos e garantias fundamentais previstos na Constituição Federal.

O Brasil **defende a autodeterminação dos povos.** Por esse princípio, respeitam-se as decisões e escolhas de cada povo. Entende-se que cada povo é capaz de escolher o seu próprio caminho político e de resolver suas crises internas sem necessidade de intervenção externa de outros países. Esse princípio se completa ao da **não intervenção** no mesmo sentido de preservação e respeito à soberania dos demais Estados.

Esses princípios se completam juntamente com o da **igualdade entre os Estados,** sendo que cada país é reconhecido como titular de soberania na mesma proporção que os demais, sem hierarquia entre eles.

Com uma ampla gama de garantias constitucionais, não poderia ficar de lado a **defesa da paz** como princípio fundamental, ao mesmo tempo que funciona como bandeira defendida pelo Brasil em suas relações internacionais. No mesmo sentido, **a solução pacífica dos conflitos** revela o lado conciliador do governo brasileiro, que por vezes intermedeia relações conturbadas entre outros chefes de estado.

O repúdio ao terrorismo e ao racismo é princípio decorrente da dignidade da pessoa humana; terrorismo e racismo são tomados como inaceitáveis em sociedades modernas.

O Estado Brasileiro tem-se destacado na **cooperação entre os povos para o progresso da humanidade**, envolvendo-se em pesquisas científicas para cura de doenças, bem como na defesa e preservação do meio ambiente, entre outros.

A concessão de asilo político como princípio constitucional fundamenta a decisão brasileira de amparar estrangeiros que estejam sendo perseguidos em seus países por questões políticas ou de opinião.

Destaca-se, entre os princípios que regem as relações internacionais, um mandamento para que a República Federativa do Brasil busque a integração econômica, política, social e cultural dos povos da América Latina, visando à formação de uma comunidade latino-americana de nações. Repare que o texto constitucional mencionou América Latina, não América do Sul. Parece não haver muita diferença, mas esse tema já foi cobrado em prova e a troca dos termos é considerada errada.

Questões

01. (FCC) Segundo a Constituição Federal, a República Federativa do Brasil é formada:

a) Pelos cidadãos dos quais emana o poder exercido por meio de representantes eleitos.

b) Pelo conjunto de cidadãos aos quais são garantidos os direitos fundamentais.

c) Pela união dos Poderes Executivo, Legislativo e Judiciário.

d) Pela integração econômica, política e social de todos os Estados.

e) Pela união indissolúvel dos Estados e Municípios e do Distrito Federal.

02. (FCC) A Constituição Federal, no capítulo reservado aos princípios fundamentais, estabelece que a República Federativa do Brasil rege-se nas suas relações internacionais, dentre outras hipóteses, pelo princípio da:

a) Não intervenção.

b) Dependência nacional condicionada.

c) Determinação dos povos quanto à dignidade da pessoa humana.

d) Solução bélica e não arbitral dos conflitos.

e) Vedação de asilo e de exílio político-partidário.

03. (FCC) No que concerne aos Princípios Fundamentais, considere:

I. A República Federativa do Brasil, formada pela união dissolúvel dos Estados e Municípios e do Distrito Federal, constitui-se em Estado Democrático de Direito.

II. Constitui objetivo fundamental da República Federativa do Brasil garantir o desenvolvimento nacional.

III. A República Federativa do Brasil rege-se, nas suas relações internacionais, além de outros, pelo princípio da concessão de asilo político.

IV. A República Federativa do Brasil buscará a integração econômica, política, social e cultural dos povos da América Latina, visando à formação de uma comunidade latino-americana de nações.

Está correto o que consta apenas em:

a) I, II e IV.

b) II, III e IV.

c) I, II e III.

d) II e III.

e) I e III.

04. (FCC) Não é considerada exceção ao princípio da separação de poderes no Estado brasileiro, entre outras, a:

a) Fiscalização contábil, financeira e orçamentária consistente no controle externo de natureza técnica ou numérico-legal exercido pelos Tribunais de Contas.

b) Permissão para que Deputados Federais e Senadores exerçam funções de Ministros de Estado.

c) Convocação de Ministros de Estado, perante o plenário das Casas do Congresso Nacional e de suas comissões.

d) Adoção pelo Presidente da República de medidas provisórias, com força de lei, em casos de relevância e urgência.

e) Autorização, na forma de resolução, de delegação de atribuições legislativas ao Presidente da República.

05. (CESPE) O Brasil caracteriza-se por ser um Estado unitário, o qual possui governo único, conduzido por uma única entidade política, que exerce, de forma centralizada, o poder político.

Certo ( ) Errado ( )

06. (CESPE) De acordo com a Constituição Federal de 1988 (CF), todo o poder emana do povo, que o exerce exclusivamente por meio de representantes eleitos diretamente.

Certo ( ) Errado ( )

Gabaritos

01	E	04	A
02	A	05	ERRADO
03	B	06	ERRADO

3. DIREITOS FUNDAMENTAIS - REGRAS GERAIS

Os direitos e garantias fundamentais estão entre os temas mais cobrados em provas. Além de questões envolvendo a literalidade do texto constitucional, encontramos aqui muitas discussões doutrinárias e jurisprudências que tornam essa matéria uma fonte inesgotável de questões.

Procura-se nas próximas páginas apresentar as principais questões levantadas na doutrina e nos tribunais, sempre privilegiando as posições adotadas pelas bancas organizadoras de concurso público.

Inicia-se o estudo pelas Regras Gerais aplicáveis aos direitos fundamentais, tema que tem sido priorizado pelas maiores organizadoras de concursos do país.

3.1 Conceito

Os direitos e garantias fundamentais são institutos jurídicos que foram criados no decorrer do desenvolvimento da humanidade e se constituem de normas protetivas que formam um núcleo mínimo de prerrogativas inerentes à condição humana.

3.2 Amplitude Horizontal e Vertical

Possuem como objetivo principal a proteção do indivíduo diante do poder do Estado. Mas não só do Estado. Os direitos e garantias fundamentais também constituem normas de proteção do indivíduo em relação aos outros indivíduos da sociedade.

E é exatamente nesse ponto que surgem os conceitos de **Amplitude Horizontal e Amplitude Vertical.** Amplitude vertical é o efeito protetor que as normas definidoras de direitos e garantias fundamentais produzem para um indivíduo diante do Estado. Já a amplitude horizontal é o efeito protetor que as normas definidoras de direitos e garantias fundamentais produzem para um indivíduo diante dos outros indivíduos.

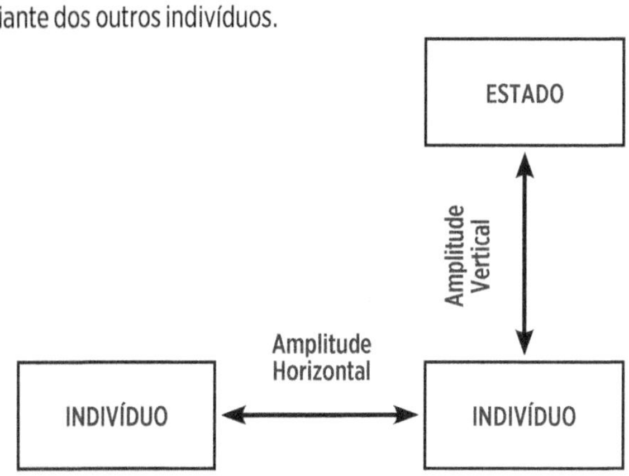

3.3 Classificação

A Constituição Federal, quando se refere aos direitos fundamentais, classifica-os em cinco grupos:

> Direitos e Deveres Individuais e Coletivos;
> Direitos Sociais;
> Direitos de Nacionalidade;
> Direitos Políticos;
> Partidos Políticos.

Essa classificação encontra-se distribuída entre os Arts. 5º e 17 do texto constitucional e é normalmente chamada pela doutrina de Conceito Formal dos Direitos Fundamentais. O Conceito Formal é o que a Constituição Federal resolveu classificar como sendo Direito Fundamental. É o rol de direitos fundamentais previstos expressamente no texto constitucional.

Costuma-se perguntar nas provas: "O rol de direitos fundamentais é um rol exaustivo? Ou melhor, taxativo?" O que se quer saber é se o rol de direitos fundamentais é só aquele que está expresso na Constituição ou não.

Responde-se a essa questão com o § 2º do Art. 5º, que diz:

> ***§ 2º*** *- Os direitos e garantias expressos nesta Constituição não excluem outros decorrentes do regime e dos princípios por ela adotados, ou dos tratados internacionais em que a República Federativa do Brasil seja parte.*

Isso significa que o rol não é taxativo, mas exemplificativo. A doutrina costuma chamar esse parágrafo de Cláusula de Abertura Material, que é exatamente a possibilidade de existirem outros direitos fundamentais, ainda que fora do texto constitucional. Esse seria o Conceito Material dos direitos fundamentais, ou seja, todos os direitos fundamentais que possuem a essência fundamental, ainda que não estejam expressos no texto constitucional.

3.4 Características

O elemento jurídico acima abordado, além de explicar a possibilidade de se inserirem novos direitos fundamentais no rol dos que já existem expressamente na Constituição Federal, também constitui uma das características que serão abordadas a seguir:

Historicidade

Essa característica revela que os Direitos Fundamentais são frutos da evolução histórica da humanidade. Significa que eles evoluem com o passar do tempo.

Inalienabilidade

Os direitos fundamentais não podem ser alienados, não podem ser negociados, não podem ser transigidos.

Irrenunciabilidade

Os direitos fundamentais não podem ser renunciados.

Imprescritibilidade

Os direitos fundamentais não se sujeitam aos prazos prescricionais. Não se perde um direito fundamental pelo decorrer do tempo.

Universalidade

Os direitos fundamentais pertencem a todas as pessoas, independentemente da sua condição.

Máxima Efetividade

Essa característica é mais uma imposição ao Estado, que está coagido a garantir a máxima efetividade dos direitos fundamentais. Esses direitos não podem ser ofertados de qualquer forma. É necessário que eles sejam garantidos da melhor forma possível.

Concorrência

Os direitos fundamentais podem ser utilizados em conjunto com outros direitos. Não é necessário abandonar um para usufruir outro direito.

Complementariedade

Um direito fundamental não pode ser interpretado sozinho. Cada direito deve ser analisado juntamente com outros direitos fundamentais, bem como com outros institutos jurídicos.

Proibição do Retrocesso

Essa característica proíbe que os direitos já conquistados sejam perdidos.

Limitabilidade

Não existe direito fundamental absoluto. São direitos relativos.

Não Taxatividade

Essa característica, já tratada anteriormente, diz que o rol de direitos fundamentais é apenas exemplificativo, tendo em vista a possibilidade de inserção de novos direitos.

Veja como esse tema costuma ser abordado em prova:

Os atos de improbidade administrativa estão taxativamente previstos em lei, não sendo possível compreender que sua enumeração seja meramente exemplificativa. ERRADO.

3.5 Dimensões dos Direitos Fundamentais

As dimensões, também conhecidas por Gerações de direitos fundamentais, são uma classificação adotada pela doutrina que leva em conta a ordem cronológica de reconhecimento desses direitos. São cinco as dimensões atualmente reconhecidas:

1ª Dimensão – foram os primeiros direitos conquistados pela humanidade. São direitos relacionados à liberdade, em todas as suas formas. Possuem um caráter negativo diante do Estado, tendo em vista ser utilizado como uma verdadeira limitação ao poder estatal, ou seja, o Estado, diante dos direitos de primeira dimensão, fica impedido de agir ou interferir na sociedade. São verdadeiros direitos de defesa com caráter individual. Estão entre estes direitos as liberdades públicas, civis e políticas.

2ª Dimensão – estes direitos surgem na tentativa de reduzirem as desigualdades sociais provocadas pela primeira dimensão. Por isso, são conhecidos como direitos de igualdade. Para reduzir as diferenças sociais, o Estado precisa interferir na sociedade: essa interferência reflete a conduta positiva adotada por meio de prestações sociais. São exemplos de direitos de segunda dimensão: os direitos sociais, econômicos e culturais.

3ª Dimensão – aqui estão os conhecidos direitos de fraternidade. São direitos que refletem um sentimento de solidariedade entre os povos na tentativa de preservarem os direitos de toda a coletividade. São de terceira geração o direito ao meio ambiente saudável, o direito ao progresso da humanidade, ao patrimônio comum, entre outros.

4ª Dimensão – esses direitos ainda não possuem um posicionamento pacífico na doutrina, mas costuma-se dizer que nesta dimensão ocorre a chamada globalização dos direitos fundamentais. São direitos que rompem com as fronteiras entre os Estados. São direitos de todos os seres humanos, independentemente de sua condição, como o direito à democracia, ao pluralismo político. São também considerados direitos de 4ª geração os direitos mais novos, que estão em construção, como o direito genético ou espacial.

5ª Dimensão – essa é a mais nova dimensão defendida por alguns doutrinadores. É formado basicamente pelo direito à paz. Esse seria o direito mais almejado pelo homem e que consubstancia a reunião de todos os outros direitos.

Deve-se ressaltar que esses direitos, à medida que foram sendo conquistados, complementavam os direitos anteriores, de forma que não se pode falar em substituição ou superação de uma geração sobre a outra, mas em cumulação, de forma que hoje podemos usufruir de todos os direitos pertencentes a todas as dimensões.

Para não se esquecer das três primeiras dimensões é só lembrar-se do Lema da Revolução Francesa: Liberdade, Igualdade e Fraternidade.

1ª DIMENSÃO	2ª DIMENSÃO	3ª DIMENSÃO
LIBERDADE	IGUALDADE	FRATERNIDADE

3.6 Titulares dos Direitos Fundamentais

Quem são os Titulares dos Direitos Fundamentais?

A própria Constituição Federal responde a essa pergunta quando diz no *caput* do Art. 5º que são titulares "os brasileiros e estrangeiros residentes no país". Mas será que é necessário residir no país para que o estrangeiro tenha direitos fundamentais?

Imaginemos um avião cheio de alemães que está fazendo uma escala no Aeroporto Municipal de Cascavel-PR.

Nenhum dos alemães reside no país. Seria possível entrar no avião e matar todas aquelas pessoas, haja vista não serem titulares de direitos fundamentais por não residirem no país? É claro que não. Para melhor se compreender o termo "residente", o STF o tem interpretado de forma mais ampla no sentido de abarcar todos aqueles que estão no país. Ou seja, todos os que estão no território brasileiro, independentemente de residirem no país, são titulares de direitos fundamentais.

Mas será que, para ser titular de direitos fundamentais, é necessário ter a condição humana? Ao contrário do que parece, não é necessário. Tem-se reconhecido como titulares de direitos fundamentais as pessoas jurídicas. Ressalta-se que não só as pessoas jurídicas de direito privado, mas também as pessoas jurídicas de direito público.

Os animais não são considerados titulares de direitos fundamentais, mas isso não

> O STF já se pronunciou sobre a "briga de galo" e a "farra do boi", declarando-as inconstitucionais. Quanto à "vaquejada", o Supremo se manifestou acerca da admissibilidade parcial, desde que não figure flagelação do animal. Por fim, o tema de "rodeios" ainda não foi pleiteado.

significa que seja possível maltratá-los. Na prática, a CF/88 protege-os contra situações de maus-tratos. De outro lado, mortos podem ser titulares de direitos fundamentais, desde que o direito seja compatível (ex.: honra).

3.7 Cláusulas Pétreas e os Direitos Fundamentais

O Art. 60, § 4º da Constituição Federal, traz o rol das chamadas **Cláusulas Pétreas:**

> ***§ 4º*** *- Não será objeto de deliberação a proposta de emenda tendente a abolir:*
>
> ***I.*** *A forma federativa de Estado;*
>
> ***II.*** *O voto direto, secreto, universal e periódico;*
>
> ***III.*** *A separação dos Poderes;*
>
> ***IV.*** *Os direitos e garantias individuais.*

As Cláusulas Pétreas são núcleos temáticos formados por institutos jurídicos de grande importância, os quais não podem ser retirados da Constituição. Observe-se que o texto proíbe a abolição desses princípios, mas não impede que os mesmos sejam modificados, no caso, para melhor. Isso já foi cobrado em prova. É importante notar que o texto constitucional prevê no inciso IV como sendo Cláusulas Pétreas apenas os direitos e garantias individuais. Pela literalidade da Constituição, não são todos os direitos fundamentais que são protegidos por esse instituto, mas apenas os de caráter individual. Parte da doutrina e da jurisprudência entende que essa proteção deve ser ampliada, abrangendo os demais direitos fundamentais. Deve-se ter atenção com esse tema em prova, pois já foram cobrados os dois posicionamentos.

3.8 Eficácia dos Direitos Fundamentais

O § 1º do Art. 5º da Constituição Federal prevê que:

> ***§ 1º*** *- As normas definidoras dos direitos e garantias fundamentais têm aplicação imediata.*

Quando a Constituição Federal se refere à aplicação de uma norma, na verdade está falando da sua eficácia.

Esse tema é sempre cobrado em provas de concurso. Com o intuito de obter uma melhor compreensão, é necessário conceituar, classificar e diferenciar os vários níveis de eficácia das normas constitucionais.

Para que uma norma constitucional seja aplicada é indispensável que a ela possua eficácia, a qual é *a capacidade que uma norma jurídica tem de produzir efeitos.*

Se os efeitos produzidos se restringem ao âmbito normativo, tem-se a chamada **eficácia jurídica**, ao passo que, se os efeitos são concretos, reais, tem-se a chamada **eficácia social.** Eficácia jurídica, portanto, é a capacidade que uma norma constitucional tem de revogar todas as outras normas que com ela apresentem divergência. Já a eficácia social, também conhecida como efetividade, é a aplicabilidade na prática, concreta, da norma. Todas as normas constitucionais possuem eficácia jurídica, mas nem todas possuem eficácia social. Logo, é possível afirmar que todas as normas constitucionais possuem eficácia. O problema surge quando uma norma constitucional não pode ser aplicada na prática, ou seja, não possui eficácia social.

Para explicar esse fenômeno, foram desenvolvidas várias classificações acerca do grau de eficácia de uma norma constitucional. A classificação mais adotada pela doutrina e mais cobrada em prova é a adotada pelo professor José Afonso da Silva[1]. Para esse estudioso, a eficácia social se classifica em:

- **Eficácia Plena;**
- **Eficácia Contida;**
- **Eficácia Limitada.**

As normas de **eficácia plena** são aquelas **autoaplicáveis.** São normas que possuem aplicabilidade direta, imediata e integral. Seus efeitos práticos são plenos. É uma norma que não depende de complementação legislativa para produzir efeitos. Veja os exemplos:

> Art. 1º; Art. 5º, *caput* e incisos XXXV e XXXVI; Art. 19; Art. 21; Art. 53; Art. 60, § 1º e 4º; Art. 69; Art. 128, § 5º, I e II; Art. 145, § 2º; entre outros.

As normas de **eficácia contida** também são **autoaplicáveis**. Assim como as normas de eficácia plena, elas possuem **aplicabilidade direta e imediata**. Contudo, sua aplicação não é integral. É neste ponto que a eficácia contida se diferencia da eficácia plena. A norma de eficácia contida nasce plena, mas pode ser restringida por outra norma.

Daí a doutrina chamá-la de norma contível, restringível ou redutível. Essas espécies permitem que outra norma reduza a sua aplicabilidade. São normas que produzem efeitos imediatos, mas esses efeitos podem ser restringidos. Ex:

> Art. 5º, VII, XII, XIII, XV, XXVII, XXXIII; Art. 9º; Art. 37, I; Art. 170, parágrafo único; entre outros.

Já as normas de **eficácia limitada** são desprovidas de eficácia social. Diz-se que as normas de eficácia limitada não são autoaplicáveis, possuem aplicabilidade indireta, mediata e reduzida ou diferida.

São normas que dependem de outra para produzirem efeitos. O que as difere das normas de eficácia contida é a dependência de outra norma para que produza efeitos sociais. Enquanto as de eficácia contida produzem efeitos imediatos, os quais poderão ser restringidos posteriormente, as de eficácia limitada dependem de outra norma para produzirem efeitos. Deve-se ter cuidado para não pensar que essas espécies normativas não possuem eficácia. Como se afirmou anteriormente, elas possuem eficácia jurídica, mas não possuem eficácia social. As normas de eficácia limitada são classificadas, ainda, em:

- Normas de eficácia limitada de princípio institutivo (organizativo ou organizatório);
- Normas de eficácia limitada de princípio programático.

As normas de eficácia limitada de **princípio institutivo** são aquelas que dependem de outra norma para organizar ou instituir estruturas, entidades ou órgãos.

> Art. 18, § 2º; Art. 22, Parágrafo único; Art. 25, § 3º; Art. 33; Art. 88; Art. 90, §2º; Art. 102, §1º; Art. 107, §1º; Art. 113; Art. 121; Art. 125, §3º; 128, §5º; Art. 131; entre outros.

1 Silva, José Afonso da. "Curso de Direito Constitucional Positivo". 27ª edição. São Paulo: Malheiros, 2005.

As normas de eficácia limitada de **princípio programático** são aquelas que apresentam verdadeiros objetivos a serem perseguidos pelo Estado, programas a serem implementados. Em regra, possuem fins sociais.

Art. 7º, XI, XX, XXVII; Art. 173, §4º; Art. 196; Art. 205; Art. 215; Art. 218; Art. 227; entre outros.

O Supremo Tribunal Federal (STF) possui algumas decisões que conferiram o grau de eficácia limitada aos seguintes dispositivos:

Art. 5º, LI; Art. 37, I; Art. 37, VII; Art. 40, § 4º; Art. 18, §4º.

Feitas as considerações iniciais sobre esse tema, resta saber o que o § 1º do Art. 5º da CF quis dizer com "aplicação imediata". Para traduzir essa expressão, basta analisar a explicação apresentada anteriormente. Segundo a doutrina, as normas que possuem aplicação imediata ou são de eficácia plena ou contida. Ao que parece, o texto constitucional quis restringir a eficácia dos direitos fundamentais em plena ou contida, não existindo, em regra, normas definidoras de direitos fundamentais com eficácia limitada. Entretanto, pelos próprios exemplos aqui apresentados, não é essa a realidade do texto constitucional. Certamente, existem normas de eficácia limitada entre os direitos fundamentais (7º, XI, XX, XXVII). A dúvida que surge então é: como responder na prova?

A doutrina e o STF têm entendido que, apesar do texto expresso na Constituição Federal, existem normas definidoras de direitos fundamentais que não possuem aplicabilidade imediata, as quais são de eficácia limitada. Diante dessa contradição, a doutrina tem orientado no sentido de se conferir a maior eficácia possível aos direitos fundamentais. Em prova, pode ser cobrada tanto uma questão abordando o texto puro da Constituição Federal quanto o posicionamento da doutrina. Deve-se responder conforme for perguntado.

A Constituição previu dois instrumentos para garantir a efetividade das normas de eficácia limitada: **Ação Direta de Inconstitucionalidade** por omissão e o **Mandado de Injunção.**

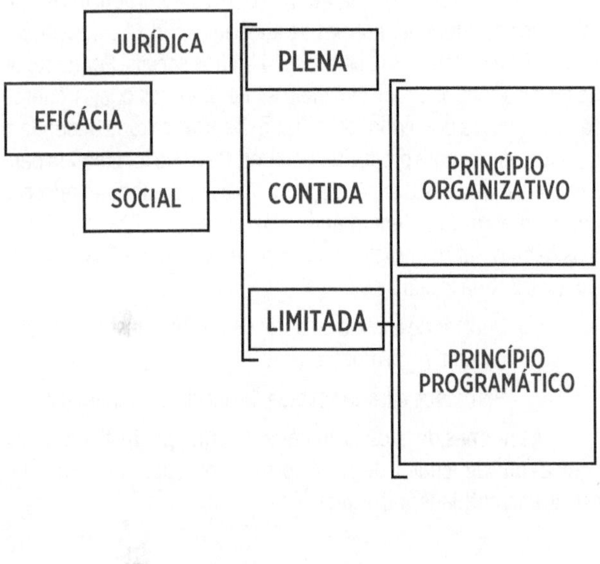

3.9 Força Normativa dos Tratados Internacionais

Uma regra muito importante para a prova é a que está prevista no § 3º do Art. 5º:

> ***§3º*** *- Os tratados e convenções internacionais sobre direitos humanos que forem aprovados, em cada Casa do Congresso Nacional, em dois turnos, por três quintos dos votos dos respectivos membros, serão equivalentes às emendas constitucionais.*

Esse dispositivo constitucional apresenta a chamada Força Normativa dos Tratados Internacionais.

Segundo o texto constitucional, é possível que um tratado internacional possua força normativa de emenda constitucional, desde que preencha os seguintes requisitos:

- Tem que falar de direitos humanos;
- Tem que ser aprovado nas duas casas legislativas do Congresso Nacional, ou seja, na Câmara dos Deputados e no Senado Federal;
- Tem que ser aprovado em dois turnos em cada casa;
- Tem que ser aprovado por 3/5 dos membros em cada turno de votação, em cada casa.

Preenchidos esses requisitos, o Tratado Internacional terá força normativa de **Emenda à Constituição.**

Mas surge a seguinte questão: e se o Tratado Internacional for de Direitos Humanos e não preencher os requisitos constitucionais previstos no § 3º do Art. 5º da Constituição? Qual será sua força normativa? Segundo o STF, caso o Tratado Internacional fale de direitos humanos, mas não preencha os requisitos do § 3º do Art. 5º da CF, ele terá força normativa de **Norma Supralegal.**

Ainda há os tratados internacionais que não falam de direitos humanos. São tratados que falam de outros temas, por exemplo, o comércio. Esses tratados possuem força normativa de **Lei Ordinária.**

Em suma, são três as forças normativas dos Tratados Internacionais:

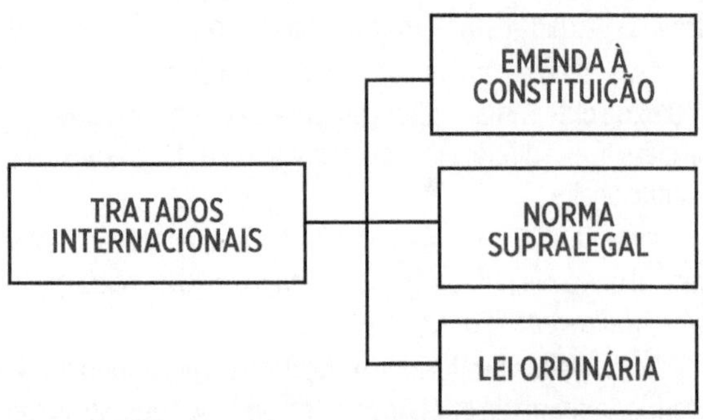

3.10 Tribunal Penal Internacional - TPI

Há outra regra muito interessante prevista no § 4º do Art. 5º da Constituição:

> ***§ 4º*** *- O Brasil se submete à jurisdição de Tribunal Penal Internacional a cuja criação tenha manifestado adesão.*

É o chamado **Tribunal Penal Internacional**. Mas o que é o Tribunal Penal Internacional? É uma corte permanente, localizada em Haia, na Holanda, com competência de julgamento dos crimes contra a humanidade.

É um Tribunal, pois tem função jurisdicional; é Penal porque só julga crimes; é Internacional, haja vista sua competência não estar restrita à fronteira de um só Estado.

Mas uma coisa deve ser esclarecida. O TPI não julga qualquer tipo de crime. Só os crimes que tenham repercussão para toda a humanidade. Geralmente, são crimes de guerra, agressão estrangeira, genocídio, dentre outros.

Apesar de ser um tribunal com atribuições jurisdicionais, o TPI não faz parte do Poder Judiciário brasileiro. Sua competência é complementar à jurisdição nacional, não ofendendo, portanto, a soberania do Estado brasileiro. Isso significa que o TPI só age quando a Justiça Brasileira se omite ou é ineficaz.

3.11 Direitos X Garantias

Muitos questionam se direitos e garantias são a mesma coisa, mas a melhor doutrina tem diferenciado esses dois institutos.

Os direitos são os próprios direitos previstos na Constituição Federal. São os bens jurídicos tutelados pela Constituição. Eles representam por si só esses bens.

As garantias são instrumentos de proteção dos direitos. São ferramentas disponibilizadas pela Constituição para a fruição dos direitos.

Apesar da diferença entre os dois institutos é possível afirmar que **toda garantia é um direito.**

Questões

01. (FCC) São direitos fundamentais classificados como de segunda geração:

a) Os direitos econômicos e culturais.

b) Os direitos de solidariedade e os direitos difusos.

c) As liberdades públicas.

d) Os direitos e garantias individuais clássicos.

e) O direito do consumidor e o direito ao meio ambiente equilibrado.

02. (FCC) Em conformidade com o art. 113 da Constituição Federal: A lei disporá sobre a constituição, investidura, jurisdição, competência, garantias e condições de exercício dos órgãos da Justiça do Trabalho. A presente hipótese trata de uma norma constitucional de eficácia:

a) Limitada, definidora de princípio institutivo ou organizativo.

b) Limitada, definidora de princípios programáticos.

c) Plena, mas de natureza facultativa ou permissiva.

d) Contida, em razão de restrições impostas por outras normas constitucionais.

e) Plena, mas de natureza obrigatória, de programas ou diretrizes.

03. (FCC) Nos termos da Constituição Federal, serão equivalentes às emendas constitucionais, os tratados e convenções internacionais sobre direitos humanos que forem aprovados,

a) Pelo Senado Federal, em único turno, por três quartos dos votos dos respectivos membros.

b) Pelo Congresso Nacional, em dois turnos, por dois terços dos votos dos respectivos membros.

c) Em cada Casa do Congresso Nacional, em dois turnos, por três quintos dos votos dos respectivos membros.

d) Pela Câmara dos Deputados, em único turno, por dois terços dos votos dos presentes à sessão.

e) Pelo Congresso Nacional, em único turno, por maioria absoluta dos presentes à sessão.

04. (CESPE) Os direitos e garantias fundamentais estão previstos de forma taxativa na CF.

Certo ( ) Errado ( )

05. (CESPE) As normas constitucionais de eficácia contida ou relativa restringível têm aplicabilidade plena e imediata, mas podem ter eficácia reduzida ou restringida nos casos e na forma que a lei estabelecer.

Certo ( ) Errado ( )

Gabaritos

01	A	04	ERRADO
02	A	05	CERTO
03	C	-	-

4. DIREITOS FUNDAMENTAIS - DIREITOS E DEVERES INDIVIDUAIS E COLETIVOS

A Constituição Federal, ao disciplinar os direitos individuais, os coloca basicamente no Art. 5º. Logo no *caput* desse artigo, já aparece uma classificação didática dos direitos ali previstos:

> ***Art. 5º.*** *Todos são iguais perante a lei, sem distinção de qualquer natureza, garantindo-se aos brasileiros e aos estrangeiros residentes no País a inviolabilidade do direito à vida, à liberdade, à igualdade, à segurança e à propriedade, nos termos seguintes:*

Para estudarmos os direitos individuais, utilizaremos os cinco grupos de direitos previstos no *caput* do Art. 5º:

> **Direito à vida;**
> **Direito à igualdade;**
> **Direito à liberdade;**
> **Direito à propriedade;**
> **Direito à segurança.**

Percebe-se que os 78 incisos do Art. 5º, de certa forma, decorrem de um desses direitos que podem ser chamados de **"direitos raízes"**. Utilizando essa divisão, a seguir serão abordados os incisos mais importantes desse artigo, tendo em vista a preparação para a prova. Logicamente, não conseguiremos abordar todos os incisos, o que não tira a responsabilidade de lê-los.

4.1 Direito à Vida

Ao falar desse direito, que é considerado pela doutrina como o **direito mais fundamental de todos**, por ser um pressuposto para o exercício dos demais direitos, enfrenta-se um primeiro dEsafio: esse direito é absoluto?

Assim como os demais direitos, o direito à vida não é absoluto. São várias as justificativas existentes para considerá-lo um direito passível de flexibilização:

Pena de morte

Uma que já apareceu em prova: existe pena de morte no Brasil?

A sua resposta tem que ser "SIM". A alínea "a" do inciso XLVII do Art. 5º traz essa previsão expressamente:

> ***XLVII.*** *Não haverá penas:*
> ***a)*** *de morte, salvo em caso de guerra declarada, nos termos do Art. 84, XIX;*

Todas as vezes que a Constituição traz uma negação acompanhada de uma exceção, estamos diante de uma possibilidade.

Aborto

A prática de aborto no Brasil é permitida? O Art. 128 do Código Penal Brasileiro apresenta duas possibilidades de prática de aborto que são verdadeiras excludentes de ilicitude:

> ***Art. 128.*** *Não se pune o aborto praticado por médico:*

Aborto necessário

> ***I.*** *Se não há outro meio de salvar a vida da gestante;*

Aborto sentimental

> ***II.*** *Se a gravidez resulta de estupro e o aborto é precedido de consentimento da gestante ou, quando incapaz, de seu representante legal.*

São os **abortos necessário** e **sentimental**. Aborto necessário é aquele praticado para salvar a vida da gestante e o aborto sentimental é utilizado nos casos de estupro. Essas duas exceções à prática do crime de aborto são hipóteses em que se permite a sua prática no direito brasileiro. Além dessas duas hipóteses previstas expressamente na legislação brasileira, o STF também reconhece a possibilidade da prática de aborto do feto anencéfalo (feto sem cérebro)[1]. Mais uma vez, o direito à vida encontra-se flexibilizado.

Legítima defesa e estado de necessidade

Esses dois institutos, também excludentes de ilicitude do crime, são outras possibilidades de limitação do direito a vida, conforme disposto no Art. 23 do Código Penal Brasileiro:

> ***Art. 23.*** *Não há crime quando o agente pratica o fato:*
> ***I.*** *Em estado de necessidade;*
> ***II.*** *Em legítima defesa;*

Em linhas gerais e de forma exemplificativa, o estado de necessidade permite que, diante de uma situação de perigo, uma pessoa possa, para salvar uma vida, tirar a vida de outra pessoa. Na legítima defesa, caso sua vida seja ameaçada por alguém, existe legitimidade em retirar a vida de quem o ameaçou.

Outro ponto que deve ser ressaltado é que o direito à vida não está adstrito apenas ao fato de se estar vivo. Quando a constituição protege o direito à vida, a faz em suas diversas acepções. Existem dispositivos constitucionais que protegem o direito à vida no que tange a sua preservação da integridade física e moral (Art. 5º, III, V, XLVII, XLIX; Art. 199, §4º. A Constituição também protege o direito à vida no que tange à garantia de uma vida com qualidade (Arts. 6º; 7º, IV; 196; 205; 215).

4.2 Direito à Igualdade

Igualdade formal x igualdade material

Possui como sinônimo o termo Isonomia. A doutrina classifica esse direito em:

Igualdade Formal

Traduz-se no termo "todos são iguais perante a lei, sem distinção de qualquer natureza". É o previsto no *caput* do Art. 5º. É uma igualdade jurídica, que não se preocupa com a realidade, mas apenas evita que alguém seja tratado de forma discriminatória.

Igualdade Material

Também chamada de igualdade efetiva ou substancial. É a igualdade que se preocupa com a realidade. Traduz-se na seguinte expressão: "tratar os iguais com igualdade e os desiguais com

---

1 O Tribunal, por maioria e nos termos do voto do Relator, julgou procedente a ação para declarar a inconstitucionalidade da interpretação segundo a qual a interrupção da gravidez de feto anencéfalo é conduta tipificada nos artigos 124, 126, 128, incisos I e II, todos do Código Penal, contra os votos dos Senhores Ministros Gilmar Mendes e Celso de Mello que, julgando-a procedente, acrescentavam condições de diagnóstico de anencefalia especificadas pelo Ministro Celso de Mello; e contra os votos dos Senhores Ministros Ricardo Lewandowski e Cezar Peluso (Presidente), que a julgavam improcedente. Impedido o Senhor Ministro Dias Toffoli. Plenário, 12.04.2012. ADPF 54 – Relator Min. Marco Aurélio.

desigualdade, na medida das suas desigualdades". Esse tipo de igualdade confere um tratamento com justiça para aqueles que não a possuem.

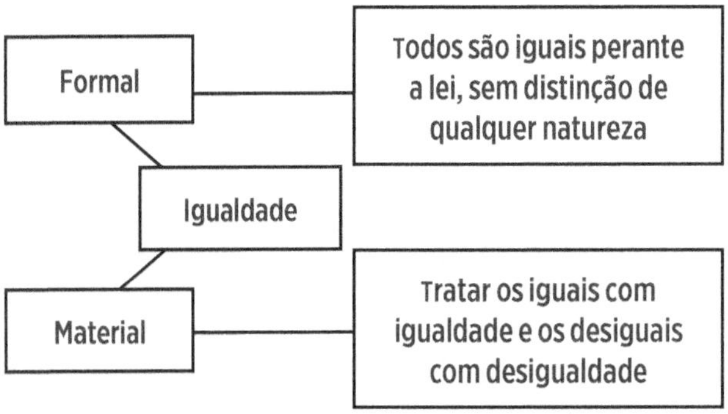

A igualdade formal é a regra utilizada pelo Estado para conferir um tratamento isonômico entre as pessoas. Contudo, por diversas vezes, um tratamento igualitário não consegue atender a todas as necessidades práticas. Faz-se necessária a utilização da igualdade em seu aspecto material para que se consiga produzir um verdadeiro tratamento isonômico.

Imaginemos as relações entre homens e mulheres. A regra é que homem e mulher são tratados da mesma forma conforme previsto no inciso I do Art. 5º:

> ***I.*** *Homens e mulheres são iguais em direitos e obrigações, nos termos desta Constituição;*

Contudo, em diversas situações, homens e mulheres serão tratados de forma diferente:

Licença-maternidade

Tem duração de 120 dias para a mulher. Para o homem, apenas 5 dias de licença-paternidade;

Aposentadoria

A mulher se aposenta 5 anos mais cedo que o homem;

Serviço Militar Obrigatório

Só o homem está obrigado.

Essas são algumas das situações em que são permitidos tratamentos desiguais entre as pessoas. As razões que justificam essa discriminação são as diferenças efetivas que existem entre os homens e as mulheres em cada uma das hipóteses. Exemplificando, a mulher tem mais tempo para se recuperar em razão da nítida distinção do desgaste feminino para o masculino no que tange ao parto. É indiscutível que, por mais desgastante que seja o nascimento de um filho para o pai, nada se compara ao sofrimento suportado pela mãe. Por essa razão, a licença-maternidade é maior que a licença-paternidade.

Igualdade nos concursos públicos

O tema diz respeito à igualdade nos concursos públicos. Seria possível restringir o acesso a um cargo público em razão do sexo de uma pessoa? Ou por causa de sua altura? Ou ainda, pela idade que possui?

Essas questões encontram a mesma resposta: sim! É possível, desde que os critérios discriminatórios preencham alguns requisitos:

Deve ser Fixado em Lei

Não basta que os critérios estejam previstos no edital, precisam estar previstos em lei, no seu sentido formal.

Deve ser Necessário ao Exercício do Cargo

O critério discriminatório deve ser necessário ao exercício do cargo. A título de exemplo: seria razoável exigir para um cargo de policial militar, altura mínima ou mesmo, idade máxima, que representam vigor físico, tendo em vista a natureza do cargo que exige tal condição. As mesmas condições não poderiam ser exigidas para um cargo de técnico judiciário, por não serem necessárias ao exercício do cargo.

Em suma, podem ser exigidos critérios discriminatórios desde que previstos em lei e que sejam necessários ao exercício do cargo, observados os critérios de proporcionalidade e razoabilidade.

Esse tema sempre tem sido alvo de questões em prova, principalmente sob o aspecto jurisprudencial. Veja este exemplo de questão:

No ato da posse o servidor apresentará, se entender necessário, declaração de bens e valores que constituem o seu patrimônio e, obrigatoriamente, declaração quanto ao exercício ou não de outro cargo, emprego ou função pública. ERRADO.

Ações afirmativas

Como formas de concretização da igualdade material foram desenvolvidas políticas públicas de compensação dirigidas às minorias sociais chamadas de **Ações Afirmativas ou Discriminações Positivas**. São verdadeiras ações de cunho social que visam a compensar possíveis perdas que determinados grupos sociais tiveram ao longo da história de suas vidas. Quem nunca ouviu falar nas "quotas para os pobres nas Universidades" ou ainda, "reserva de vagas para deficientes em concursos públicos"? Essas são algumas das espécies de ações afirmativas desenvolvidas no Brasil.

Mas por que reservar vagas para deficientes em concursos públicos? Ora, é óbvio que o deficiente, qualquer que seja sua deficiência, quando se prepara para um concurso público possui muito mais dificuldade que uma pessoa que tem a plenitude de seu vigor físico. Em razão dessa diferença, o Estado, na tentativa de reduzir a desigualdade existente entre os concorrentes, resolveu compensar a limitação de um portador de necessidades especiais reservando-lhe vagas especiais.

Perceba que, ao contrário do que parece, quando se reservam vagas num concurso público para deficientes estamos diante de um nítido tratamento discriminatório, que nesse caso é justificável pelas diferenças naturais entre o concorrente sadio e o concorrente deficiente. Lembre-se de que igualdade material é tratar iguais com igualdade e desiguais com desigualdade. O que se faz por meio dessas políticas de compensação é tratar os desiguais com desigualdade, na medida de suas desigualdades. Só dessa forma é possível alcançar um verdadeiro tratamento isonômico entre os candidatos.

Por fim, destaca-se o fato de o STF ter declarado constitucional a política de cotas étnico-raciais para seleção de estudantes em universidades públicas pacificando uma discussão antiga sobre esse tipo de ação afirmativa.

4.3 Direito à Liberdade

O direito à liberdade pertence à primeira geração de direitos fundamentais por expressarem os direitos mais ansiados pelos indivíduos como forma de defesa diante do Estado. O que se verá a seguir são algumas das acepções desse direito que podem ser cobradas em prova.

Liberdade de ação

O inciso II do Art. 5º apresenta aquilo que a doutrina chama de liberdade de ação:

> ***II.*** *Ninguém será obrigado a fazer ou deixar de fazer alguma coisa senão em virtude de lei;*

Essa é a liberdade por excelência. Segundo o texto constitucional, a liberdade só pode ser restringida por lei. Por isso, dizemos que esse inciso também apresenta o **Princípio da Legalidade.**

A liberdade pode ser entendida de duas formas, a depender do destinatário da mensagem:

Para o particular

Para o particular, liberdade significa "fazer tudo que não for proibido".

Para o agente público

Para o agente público, liberdade significa "poder fazer tudo o que for determinado ou permitido pela lei".

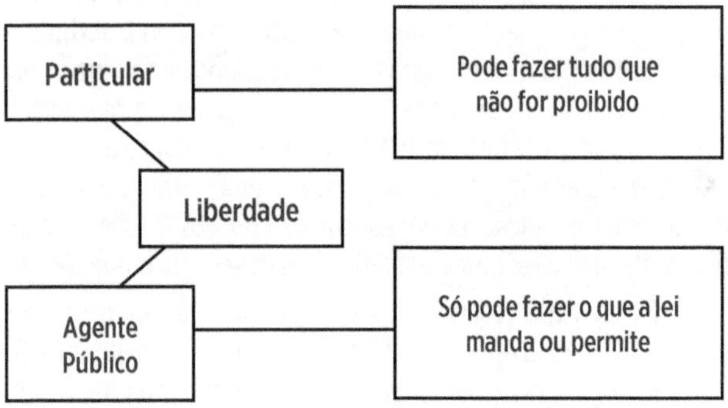

Liberdade de locomoção

Uma das liberdades mais almejadas pelos indivíduos durante as lutas sociais é o grande carro-chefe na limitação dos poderes do Estado. O inciso XV do Art. 5º já diz:

> ***XV.*** *É livre a locomoção no território nacional em tempo de paz, podendo qualquer pessoa, nos termos da lei, nele entrar, permanecer ou dele sair com seus bens;*

Perceba-se que o direito explanado nesse inciso não possui caráter absoluto, haja vista ter sido garantido em tempo de paz. Isso significa que em momentos sem paz seriam possíveis restrições às liberdades de locomoção. Destaca-se o Estado de Sítio que pode ser decretado nos casos previstos no Art. 137 da Constituição Federal. Nessas circunstâncias, seriam possíveis maiores restrições à chamada liberdade de locomoção por meio de medidas autorizadas pela própria Constituição Federal:

> ***Art. 137.*** *O Presidente da República pode, ouvidos o Conselho da República e o Conselho de Defesa Nacional, solicitar ao Congresso Nacional autorização para decretar o estado de sítio nos casos de:*
>
> ***I.*** *Comoção grave de repercussão nacional ou ocorrência de fatos que comprovem a ineficácia de medida tomada durante o estado de defesa;*
>
> ***II.*** *Declaração de estado de guerra ou resposta a agressão armada estrangeira.*
>
> ***Art. 139.*** *Na vigência do estado de sítio decretado com fundamento no Art. 137, I, só poderão ser tomadas contra as pessoas as seguintes medidas:*
>
> ***I.*** *Obrigação de permanência em localidade determinada;*
>
> ***II.*** *Detenção em edifício não destinado a acusados ou condenados por crimes comuns;*

Outro ponto interessante refere-se à possibilidade de qualquer pessoa entrar, permanecer ou sair do país com seus bens. Esse direito também não pode ser encarado de forma absoluta, haja vista a possibilidade de se exigir declaração de bens ou pagamento de imposto quando da entrada no país com bens. Nesse caso, liberdade de locomoção não se confunde com imunidade tributária.

Caso a liberdade de locomoção seja restringida por ilegalidade ou abuso de poder, a Constituição reservou um poderoso instrumento garantidor, o chamado ***Habeas Corpus.***

> ***Art. 5º****, LXVIII. conceder-se-á "Habeas Corpus" sempre que alguém sofrer ou se achar ameaçado de sofrer violência ou coação em sua liberdade de locomoção, por ilegalidade ou abuso de poder;*

Liberdade de pensamento

Essa liberdade serve de amparo para uma série de possibilidades no que tange ao pensamento. Assim como os demais direitos fundamentais, a manifestação do pensamento não possui caráter absoluto, sendo restringido pela própria Constituição Federal, que proíbe seu exercício de forma anônima:

> ***Art. 5º****, IV. É livre a manifestação do pensamento, sendo vedado o anonimato;*

A vedação ao anonimato, além de ser uma garantia ao exercício da manifestação do pensamento, possibilita o exercício do direito de resposta caso alguém seja ofendido.

Sobre Denúncia Anônima, é importante fazer uma observação. Diante da vedação constitucional ao anonimato, poder-se-ia imaginar que essa ferramenta de combate ao crime fosse considerada inconstitucional. Contudo, não tem sido esse o entendimento do STF. A denúncia anônima pode até ser utilizada como ferramenta de comunicação do crime, mas não pode servir como amparo para a instauração do Inquérito Policial, muito menos como fundamento para condenação de quem quer que seja.

Liberdade de consciência e crença religiosa

Uma primeira pergunta deve ser feita acerca da liberdade religiosa em nosso país: qual a religião oficial do Brasil? A única resposta possível: é nenhuma. A liberdade religiosa do Estado brasileiro é incompatível com a existência de uma religião oficial. É o que apresenta o inciso VI do Art. 5º:

> ***VI.*** *É inviolável a liberdade de consciência e de crença, sendo assegurado o livre exercício dos cultos religiosos e garantida, na forma da lei, a proteção aos locais de culto e a suas liturgias;*

Esse inciso marca a liberdade religiosa existente no Brasil. Por esse motivo, dizemos que o Brasil é um Estado laico, leigo ou não confessional. Isso significa, basicamente, que no Brasil existe uma relação de separação entre Estado e Igreja. Essa relação entre o Estado e a Igreja encontra, inclusive, vedação expressa no texto constitucional:

> ***Art. 19.*** *É vedado à União, aos Estados, ao Distrito Federal e aos Municípios:*
>
> ***I.*** *Estabelecer cultos religiosos ou igrejas, subvencioná-los, embaraçar-lhes o funcionamento ou manter com eles ou seus representantes relações de dependência ou aliança, ressalvada, na forma da lei, a colaboração de interesse público;*

Por causa da liberdade religiosa, é possível exercer qualquer tipo de crença no país. É possível ser católico, protestante, mulçumano, ateu ou satanista. Isso é liberdade de crença ou consciência. Liberdade de crer ou não crer. Perceba que o inciso VI, além de proteger as crenças e cultos, também protege as suas liturgias. Apesar do amparo constitucional, não se pode utilizar esse direito para praticar atos contrários às demais normas do direito brasileiro como, por exemplo, sacrificar seres humanos como forma de prestar culto a determinada divindade. Isso a liberdade religiosa não ampara.

Outro dispositivo importante é o previsto no inciso VII:

> ***VII.*** *É assegurada, nos termos da lei, a prestação de assistência religiosa nas entidades civis e militares de internação coletiva;*

Nese inciso, a Constituição Federal garantiu a assistência religiosa nas entidades de internação coletivas, sejam elas civis ou militares. Entidades de internação coletivas são quartéis, hospitais ou hospícios. Em razão dessa garantia constitucional, é comum encontrarmos nesses estabelecimentos capelas para que o direito seja exercido.

Apesar da importância dos dispositivos analisados anteriormente, nenhum é mais cobrado em prova que o inciso VIII:

> ***VIII.*** *Ninguém será privado de direitos por motivo de crença religiosa ou de convicção filosófica ou política, salvo se as invocar para eximir-se de obrigação legal a todos imposta e recusar-se a cumprir prestação alternativa, fixada em lei;*

Estamos diante do instituto da ***Escusa de Consciência.*** Esse direito permite a qualquer pessoa que, em razão de sua crença ou consciência, deixe de cumprir uma obrigação imposta sem que com isso sofra alguma consequência em seus direitos. Tal permissivo constitucional encontra uma limitação prevista expressamente no texto em análise. No caso de uma obrigação imposta a todos, se o indivíduo recusar-se ao seu cumprimento, ser-lhe-á oferecida uma prestação alternativa. Não a cumprindo também, a Constituição permite que direitos sejam restringidos. O Art. 15 prescreve que os direitos restringidos serão os direitos políticos:

> ***Art. 15.*** *É vedada a cassação de direitos políticos, cuja perda ou suspensão só se dará nos casos de:*
>
> ***IV.*** *Recusa de cumprir obrigação a todos imposta ou prestação alternativa, nos termos do Art. 5º, VIII;*

Liberdade de reunião

Acerca dessa liberdade, é importante ressaltar as condições estabelecidas pelo texto constitucional:

> ***XVI.*** *Todos podem reunir-se pacificamente, sem armas, em locais abertos ao público, independentemente de autorização, desde que não frustrem outra reunião anteriormente convocada para o mesmo local, sendo apenas exigido prévio aviso à autoridade competente;*

Enumerando-as, de forma a facilitar o estudo, tem-se que as condições estabelecidas para o exercício do direito à reunião são:

Reunião Pacífica

Não se legitima uma reunião que tenha fins não pacíficos;

Sem Armas

Para evitar a violência ou coação por meio de armas;

Locais Abertos ao Público

Encontra-se subentendida a reunião em local fechado;

Independente de Autorização

Não precisa de autorização;

Necessidade de Prévio Aviso

Precisa de prévio aviso;

Não Frustrar outra Reunião convocada Anteriormente para o Mesmo Local

Garantia de isonomia no exercício do direito prevalecendo o de quem exerceu primeiro.

Sobre o exercício da liberdade de reunião é importante saber que ele não depende de autorização, mas necessita de prévio aviso.

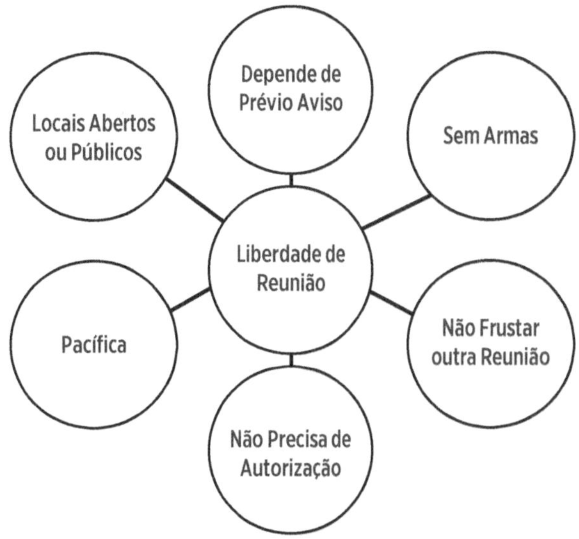

Outro ponto que já foi alvo de questão de prova é a possibilidade de restrição desse direito no Estado de Sítio e no Estado de Defesa. O problema está na distinção entre as limitações que podem ser adotadas em cada uma das medidas:

> ***Art. 136,*** *§ 1º - O decreto que instituir o estado de defesa determinará o tempo de sua duração, especificará as áreas a serem abrangidas e indicará, nos termos e limites da lei, as medidas coercitivas a vigorarem, dentre as seguintes:*
>
> ***I.*** *Restrições aos direitos de:*
>
> ***a)*** *reunião, ainda que exercida no seio das associações;*
>
> ***Art. 139.*** *Na vigência do estado de sítio decretado com fundamento no Art. 137, I, só poderão ser tomadas contra as pessoas as seguintes medidas:*
>
> ***IV.*** *Suspensão da liberdade de reunião;*

Ao passo que no Estado de Defesa ocorrerão restrições ao direito de reunião, no Estado de Sítio ocorrerá a suspensão desse direito.

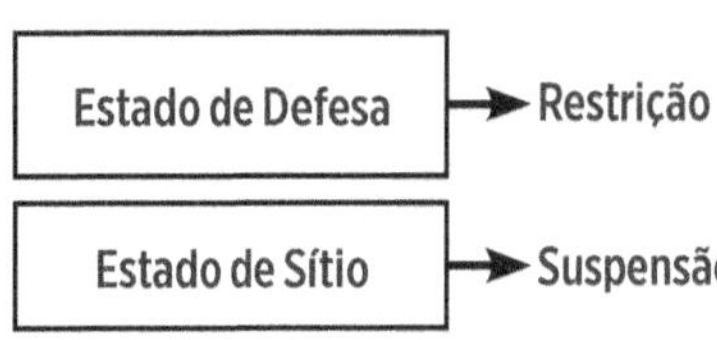

Liberdade de associação

São vários os dispositivos constitucionais que regulam a liberdade de associação:

> ***XVII.*** *É plena a liberdade de associação para fins lícitos, vedada a de caráter paramilitar;*
>
> ***XVIII.*** *A criação de associações e, na forma da lei, a de cooperativas independem de autorização, sendo vedada a interferência estatal em seu funcionamento;*
>
> ***XIX.*** *As associações só poderão ser compulsoriamente dissolvidas ou ter suas atividades suspensas por decisão judicial, exigindo-se, no primeiro caso, o trânsito em julgado;*
>
> ***XX.*** *Ninguém poderá ser compelido a associar-se ou a permanecer associado;*
>
> ***XXI.*** *As entidades associativas, quando expressamente autorizadas, têm legitimidade para representar seus filiados judicial ou extrajudicialmente;*

O primeiro ponto que dever ser lembrado é que a liberdade de associação só poderá ser usufruída para fins lícitos sendo proibida a criação de associação paramilitar.

Entende-se como associação de caráter paramilitar toda organização paralela ao Estado, sem legitimidade, com estrutura e organização tipicamente militar. São as facções criminosas, milícias ou qualquer outra organização que possua fins ilícitos e alheios aos do Estado.

Destaca-se, com a mesma importância para sua prova, a dispensa de autorização e interferência estatal no funcionamento e criação das associações.

Maior destaque deve ser dado ao inciso XIX, que condiciona qualquer limitação às atividades associativas a uma decisão judicial. As associações podem ter suas atividades suspensas ou dissolvidas. Em qualquer um dos casos deve haver decisão judicial. No caso da dissolução, por ser uma medida mais grave, não basta qualquer decisão judicial, tem que ser transitada em julgado. Isso significa uma decisão definitiva, à qual não caiba mais recurso.

O inciso XX tutela a chamada Liberdade Associativa, pela qual ninguém será obrigado a se associar ou mesmo a permanecer associado a qualquer entidade associativa.

Por fim, temos o inciso XXI, que permite às associações que representem seus associados tanto na esfera judicial quanto na administrativa desde que possuam expressa autorização. Expressa autorização significa por escrito, por meio de instrumento legal que comprove a autorização.

Vale destacar que, para suspender as atividades de uma associação, basta qualquer decisão judicial; para dissolver, tem que haver decisão judicial transitada em julgado.

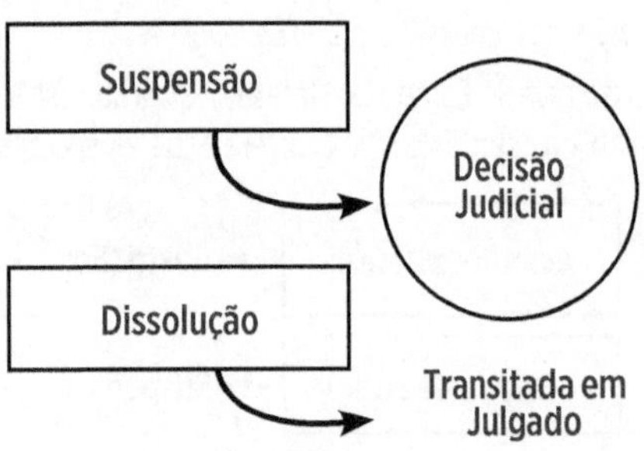

Questões

01. (FCC) No tocante aos Direitos e Deveres Individuais e Coletivos, é correto afirmar que:

a) É livre a expressão da atividade intelectual, artística, científica e de comunicação, independentemente de censura ou licença.

b) Constitui crime afiançável e prescritível a ação de grupos armados, civis ou militares, contra a ordem constitucional e o Estado Democrático.

c) A prisão de qualquer pessoa e o local onde se encontre serão comunicados ao juiz competente após cinco dias de sua prisão.

d) É proibida a prestação de assistência religiosa nas entidades militares de internação coletiva.

e) Ninguém será privado de direitos por motivo de crença religiosa ou de convicção filosófica ou política, sendo lícito invocá-las para eximir-se de obrigação legal a todos imposta.

02. (FCC) Dentre outros, a Constituição Federal estabelece como direito e dever individual e coletivo que:

a) A prática do racismo constitui crime afiançável e prescritível, sujeito à pena de detenção, nos termos da lei.

b) A expressão da atividade intelectual, científica e de comunicação depende, em qualquer hipótese, de censura ou licença da autoridade competente.

c) A criação de cooperativas depende de lei específica e o seu funcionamento, de autorização do poder executivo estadual.

d) As entidades associativas, quando expressamente autorizadas, têm legitimidade para representar seus filiados judicial ou extrajudicialmente.

e) É plena a liberdade de associação, inclusive de caráter religioso e paramilitar de segurança.

03. (FCC) No tocante aos Direitos e Deveres Individuais e Coletivos, considere as seguintes assertivas:

I. É plena a liberdade de associação para fins lícitos, permitida a de caráter paramilitar.

II. A criação de associações e, na forma da lei, a de cooperativas dependem de autorização.

III. As associações só poderão ser compulsoriamente dissolvidas por decisão administrativa.

IV. No caso de iminente perigo público, a autoridade competente poderá usar de propriedade particular, assegurada ao proprietário indenização ulterior, se houver dano.

V. São assegurados, nos termos da lei, a proteção às participações individuais em obras coletivas e à reprodução da imagem e voz humanas, inclusive nas atividades desportivas.

Está correto o que se afirma apenas em:

a) I e II.

b) I, II e III.

c) I, IV e V.

d) II, III e IV.

e) IV e V.

04. (CESPE) A CF assegura a todos o direito de reunião pacífica em locais abertos ao público, desde que mediante autorização prévia da autoridade competente e que não se frustre outra reunião prevista para o mesmo local.

Certo ( ) Errado ( )

05. (CESPE) Uma associação já constituída somente poderá ser compulsoriamente dissolvida mediante decisão judicial transitada em julgado, na hipótese de ter finalidade ilícita.

Certo ( ) Errado ( )

Gabaritos

01	A	04	ERRADO
02	D	05	CERTO
03	E	-	-

5. DIREITOS FUNDAMENTAIS - DIREITOS E DEVERES INDIVIDUAIS E COLETIVOS

5.1 Direito à Propriedade

Quando se fala em direito à propriedade, alguns atributos que lhe são inerentes aparecem imediatamente. Propriedade é a faculdade que uma pessoa tem de usar, gozar dispor de um bem. O texto constitucional garante esse direito de forma expressa:

> ***Art. 5º**, XXII. É garantido o direito de propriedade.*

Apesar de esse direito aparentar possuir um caráter absoluto, quando se investiga mais a fundo esse tema, percebe-se que ele possui vários limitadores no próprio texto constitucional. E é isso que se passa a analisar agora.

Limitações

Dentre as limitações existentes na Constituição, estão:

Função social

A Constituição exige em seu Art. 5º que a propriedade atenda a sua função social:

> ***XXIII.** A propriedade atenderá a sua função social;*

Isso significa que a propriedade não é tão individual quanto pensamos. A necessidade de observância da função social demonstra que a propriedade é muito mais que uma titularidade privada. Esse direito possui reflexos em toda a sociedade. É só imaginar uma propriedade imóvel, um terreno urbano, que, apesar de possuir um proprietário, fica abandonado. Cresce o mato, as pessoas começam a jogar lixo naquele lugar, alguns criminosos começam a utilizar aquele ambiente para prática de atividades ilícitas. Veja quantas coisas podem acontecer numa propriedade e que importarão em consequências gravosas para o meio social mais próximo. É por isso que a propriedade tem que atender a sua função social.

Requisição administrativa

Consta no inciso XXV do Art. 5º:

> ***XXV.** No caso de iminente perigo público, a autoridade competente poderá usar de propriedade particular, assegurada ao proprietário indenização ulterior, se houver dano;*

Essa é a chamada Requisição Administrativa. Esse instituto permite que a propriedade seja limitada pela necessidade de se solucionar situação de perigo público. Não se trata de uma forma de desapropriação, pois o dono da propriedade requisitada não a perde, apenas a empresta para uso público, sendo garantido, posteriormente, havendo dano, direito a indenização. Esse instituto limita o caráter absoluto da propriedade.

Desapropriação

É a perda da propriedade. Esse é o limitador por excelência do direito, restringindo o caráter perpétuo da propriedade. A seguir, estão exemplificadas as três modalidades de desapropriação:

Desapropriação pelo Mero Interesse Público

Essa modalidade é utilizada pelo Estado quando o interesse social ou a utilidade pública prevalecem sobre o direito individual. Nesse tipo de desapropriação, destaca-se que o proprietário nada fez para merecê-la, contudo, o interesse público exige que determinada área seja desapropriada. É o caso de construção de uma rodovia que exige a desapropriação de várias propriedades para o asfaltamento da via. Conforme o texto da Constituição:

> ***XXIV.** A lei estabelecerá o procedimento para desapropriação por necessidade ou utilidade pública, ou por interesse social, mediante justa e prévia indenização em dinheiro, ressalvados os casos previstos nesta Constituição;*

Deve ser destacado que essa modalidade de desapropriação gera direito à indenização, que deve ser paga em dinheiro, previamente e com valor justo.

Desapropriação-Sanção

Nesta modalidade, o proprietário, por algum motivo, não observou a função social da propriedade. Por esse motivo, é chamada de Desapropriação-sanção, haja vista ser uma verdadeira punição. Segundo a CF, essa desapropriação gera direito à indenização, que deverá ser paga em títulos da dívida pública ou agrária. Segundo os Art. 182, § 4º, III e 184 da Constituição:

> ***Art. 182**, § 4º - É facultado ao Poder Público municipal, mediante lei específica para área incluída no plano diretor, exigir, nos termos da lei federal, do proprietário do solo urbano não edificado, subutilizado ou não utilizado, que promova seu adequado aproveitamento, sob pena, sucessivamente, de:*
>
> ***I.** Parcelamento ou edificação compulsórios;*
>
> ***II.** Imposto sobre a propriedade predial e territorial urbana progressivo no tempo;*
>
> ***III.** Desapropriação com pagamento mediante títulos da dívida pública de emissão previamente aprovada pelo Senado Federal, com prazo de resgate de até dez anos, em parcelas anuais, iguais e sucessivas, assegurados o valor real da indenização e os juros legais.*
>
> ***Art. 184.** Compete à União desapropriar por interesse social, para fins de reforma agrária, o imóvel rural que não esteja cumprindo sua função social, mediante prévia e justa indenização em títulos da dívida agrária, com cláusula de preservação do valor real, resgatáveis no prazo de até vinte anos, a partir do segundo ano de sua emissão, e cuja utilização será definida em lei.*

Desapropriação Confiscatória

Por último, tem-se essa modalidade prevista no Art. 243 da Constituição:

> ***Art. 243.** As propriedades rurais e urbanas de qualquer região do País onde forem localizadas culturas ilegais de plantas psicotrópicas ou a exploração de trabalho escravo na forma da lei serão expropriadas e destinadas à reforma agrária e a programas de habitação popular, sem qualquer indenização ao proprietário e sem prejuízo de outras sanções previstas em lei, observado, no que couber, o disposto no Art. 5º. (Redação dada pela Emenda Constitucional nº 81, de 2014)*
>
> ***Parágrafo único.** Todo e qualquer bem de valor econômico apreendido em decorrência do tráfico ilícito de entorpecentes e drogas afins e da exploração de trabalho escravo será confiscado e reverterá a fundo especial com destinação específica, na forma da lei. (Redação dada pela Emenda Constitucional nº 81, de 2014)*

É a desapropriação que ocorre com a propriedade utilizada para cultivo de plantas psicotrópicas. Nesse caso, não haverá indenização, mas o proprietário poderá ser processado pela prática de ilícito penal.

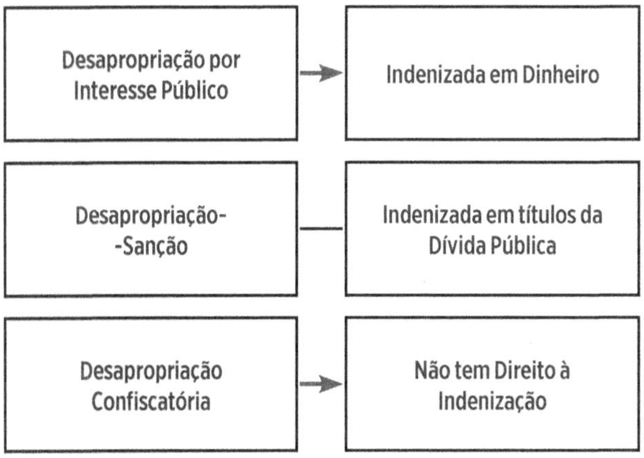

Bem de família

A Constituição consagra uma forma de proteção às pequenas propriedades rurais chamada de Bem de Família:

> ***XXVI.*** *A pequena propriedade rural, assim definida em lei, desde que trabalhada pela família, não será objeto de penhora para pagamento de débitos decorrentes de sua atividade produtiva, dispondo a lei sobre os meios de financiar o seu desenvolvimento;*

O mais importante para prova é atentar para os requisitos estabelecidos no inciso, quais sejam:

Pequena Propriedade Rural

Não se trata de qualquer propriedade.

Definida em Lei

Não em outra espécie normativa.

Trabalhada pela Família

Não por qualquer pessoa.

Débitos Decorrentes da Atividade Produtiva

Não por qualquer débito.

Propriedade imaterial

Além das propriedades sobre bens materiais, a Constituição também consagra normas de proteção sobre a propriedade de bens imateriais. São duas as propriedades consagradas: autoral e industrial.

A propriedade autoral encontra-se protegida nos incisos XXVII e XXVIII do Art. 5º:

> ***XXVII.*** *Aos autores pertence o direito exclusivo de utilização, publicação ou reprodução de suas obras, transmissível aos herdeiros pelo tempo que a lei fixar;*
>
> ***XXVIII.*** *São assegurados, nos termos da lei:*
>
> ***a)*** *a proteção às participações individuais em obras coletivas e à reprodução da imagem e voz humanas, inclusive nas atividades desportivas;*
>
> ***b)*** *o direito de fiscalização do aproveitamento econômico das obras que criarem ou de que participarem aos criadores, aos intérpretes e às respectivas representações sindicais e associativas;*

Já a propriedade industrial encontra-se protegida no inciso XXIX:

> ***XXIX.*** *A lei assegurará aos autores de inventos industriais privilégio temporário para sua utilização, bem como proteção às criações industriais, à propriedade das marcas, aos nomes de empresas e a outros signos distintivos, tendo em vista o interesse social e o desenvolvimento tecnológico e econômico do País;*

Uma relação muito interessante entre a propriedade autoral e a industrial está no tempo de proteção previsto na Constituição. Observe-se que na propriedade autoral o direito do autor é vitalício, tendo em vista a previsão de possibilidade de transmissão desses direitos aos herdeiros. Contudo, quando nas mãos dos sucessores, a proteção será pelo tempo que a lei fixar, ou seja, temporário.

Já na propriedade industrial, a proteção do próprio autor já possui caráter temporário.

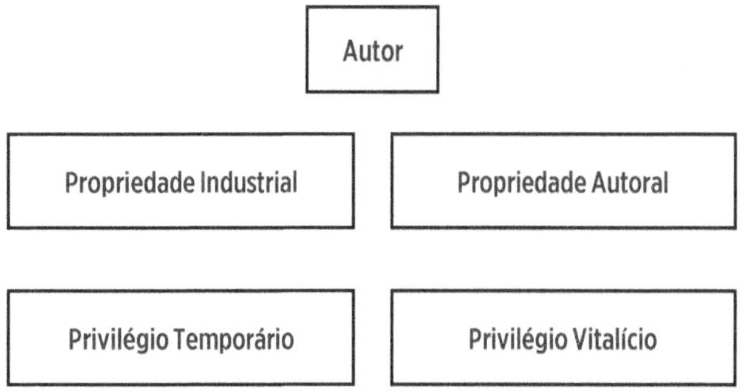

Direito à herança

De nada adiantaria tanta proteção à propriedade se esse bem jurídico não pudesse ser transmitido por meio da sucessão de bens aos herdeiros após a morte. O direito à herança, consagrado expressamente na Constituição, traduz-se no coroamento do direito de propriedade. É a grande força motriz desse direito. Só faz sentido ter direito à propriedade se esse direito possa ser transferido aos herdeiros.

> ***XXX.*** *É garantido o direito de herança;*
>
> ***XXXI.*** *A sucessão de bens de estrangeiros situados no País será regulada pela lei brasileira em benefício do cônjuge ou dos filhos brasileiros, sempre que não lhes seja mais favorável a lei pessoal do de cujus;*

Destaque especial deve ser dado ao inciso XXXI, que prevê a possibilidade de aplicação de lei estrangeira no país em casos de sucessão de bens de pessoa estrangeira desde que esses bens estejam situados no Brasil. A Constituição Federal permite que seja aplicada a legislação mais favorável aos herdeiros, quer seja a lei brasileira, quer seja a lei estrangeira.

5.2 Direito à Segurança

Ao se referir à segurança como direito individual, o Art. 5º pretende significar "segurança jurídica"que trata de normas de pacificação social e que produzem uma maior segurança nas relações sociais. Esse é o ponto alto dos direitos individuais. Sem dúvida, aqui está a maior quantidade de questões cobradas em prova.

Princípio da segurança nas relações jurídicas

Este princípio tem como objetivo garantir a estabilidade das relações jurídicas. Veja o que diz a Constituição:

> ***XXXVI.*** *A lei não prejudicará o direito adquirido, o ato jurídico perfeito e a coisa julgada;*

Os três institutos aqui protegidos encontram seu conceito formalizado na ***Lei de Introdução às normas do Direito Brasileiro.***

> ***Art. 6º***, *§ 1º - Reputa-se ato jurídico perfeito o já consumado segundo a lei vigente ao tempo em que se efetuou.*

***§ 2º** - Consideram-se adquiridos assim os direitos que o seu titular, ou alguém por ele, possa exercer, como aqueles cujo começo do exercício tenha termo pré-fixo, ou condição pré-estabelecida inalterável, a arbítrio de outrem.*

***§ 3º** - Chama-se coisa julgada ou caso julgado a decisão judicial de que já não caiba recurso.*

Em linhas gerais, pode-se assim conceituá-los:

Direito Adquirido

Direito já incorporado ao patrimônio do titular;

Ato Jurídico Perfeito

Ato jurídico que já atingiu seu fim. Ato jurídico acabado, aperfeiçoado, consumado;

Coisa Julgada

Sentença judicial transitada em julgado. Aquela sentença em relação à qual não cabe mais recurso.

De uma coisa não se pode esquecer: a proibição de retroatividade da lei nos casos aqui estudados não se aplica às leis mais benéficas, ou seja, uma lei mais benéfica poderá produzir efeitos em relação ao direito adquirido, ao ato jurídico perfeito e à coisa julgada.

Devido processo legal

O devido processo legal possui como objetivo principal limitar o poder do Estado. Esse princípio condiciona a restrição da liberdade ou dos bens de um indivíduo à existência de um procedimento estatal que respeite todos os direitos e garantias processuais previstos na lei. É o que diz o inciso LIV do Art. 5º:

***LIV.** Ninguém será privado da liberdade ou de seus bens sem o devido processo legal;*

A exigência constitucional de existência de processo aplica-se tanto aos processos judiciais quanto aos procedimentos administrativos.

Desse princípio, surge a garantia constitucional à **proporcionalidade** e **razoabilidade.** Da mesma forma, é durante o devido processo legal que poderão ser exercidos os direitos ao contraditório e à ampla defesa, que serão analisados a seguir.

Contraditório e ampla defesa

Essas garantias constitucionais, conforme já salientado, decorrem do Devido Processo Legal. São utilizadas como ferramenta de defesa diante das acusações impostas pelo Estado ou por um particular nos processos judiciais e administrativos:

***LV.** Aos litigantes, em processo judicial ou administrativo, e aos acusados em geral são assegurados o contraditório e ampla defesa, com os meios e recursos a ela inerentes;*

Mas o que significam o contraditório e a ampla defesa?

Contraditório é o direito de contradizer, contrariar, contraditar. Se alguém diz que você é ou fez alguma coisa, o contraditório lhe permite dizer que não é e que não fez o que lhe foi imputado. É simplesmente o direito de contrariar. Já a ampla defesa é a possibilidade de utilização de todos os meios admitidos em direito para se defender de uma acusação.

Em regra, o contraditório e a ampla defesa são garantidos em todos os processos judiciais ou administrativos, contudo, a legislação brasileira previu alguns procedimentos administrativos incompatíveis com o exercício desse direito:

> Inquérito Policial;
> Sindicância Investigativa;
> Inquérito Civil.

Em suma, nos procedimentos investigatórios que não possuem o condão de punir o investigado não serão garantidos o contraditório e a ampla defesa.

Observem-se as Súmulas Vinculantes do Supremo Tribunal Federal que versam sobre esse tema:

***SV 3.** Nos processos perante o Tribunal de Contas da União asseguram-se o contraditório e a ampla defesa quando da decisão puder resultar anulação ou revogação de ato administrativo que beneficie o interessado, excetuada a apreciação da legalidade do ato de concessão inicial de aposentadoria, reforma e pensão.*

***SV 5.** A falta de defesa técnica por advogado no processo administrativo disciplinar não ofende a Constituição.*

***SV 14.** É direito do defensor, no interesse do representado, ter acesso amplo aos elementos de prova que, já documentados em procedimento investigatório realizado por órgão com competência de polícia judiciária, digam respeito ao exercício do direito de defesa.*

***SV 21.** É inconstitucional a exigência de depósito ou arrolamento prévios de dinheiro ou bens para admissibilidade de recurso administrativo.*

Proporcionalidade e razoabilidade

Eis uma garantia fundamental que não está expressa no texto constitucional apesar de ser um dos institutos mais utilizados pelo Supremo em suas decisões atuais. Trata-se de um princípio implícito, cuja fonte é o Princípio do Devido Processo Legal. Esses dois institutos jurídicos são utilizados como parâmetro de ponderação quando adotadas medidas pelo Estado, principalmente no que tange à restrição de bens e direitos dos indivíduos. Duas palavras esclarecem o sentido dessas garantias: necessidade e adequação.

Para saber se um ato administrativo observou os critérios de proporcionalidade e razoabilidade, deve-se questionar se o ato foi necessário e se foi adequado à situação.

Para exemplificar, imaginemos que um determinado fiscal sanitário, ao inspecionar um supermercado, depara-se com um pote de iogurte com a data de validade vencida há um dia. Imediatamente, ele prende o dono do mercado, dá dois tiros para cima, realiza revista manual em todos os clientes e funcionários do mercado e aplica uma multa de dois bilhões de reais. Pergunta-se: será que a medida adotada pelo fiscal foi necessária? Foi adequada? Certamente que não. Logo, a medida não observou os princípios da razoabilidade e proporcionalidade.

É importante deixar claro que os princípios da proporcionalidade e da razoabilidade estão implícitos no texto constitucional, ou seja, não estão previstos expressamente.

Inadmissibilidade das provas ilícitas

Uma das garantias mais importantes do direito brasileiro é a inadmissibilidade das provas ilícitas. Encontra-se previsto expressamente no inciso LVI do Art. 5º:

***LVI.** São inadmissíveis, no processo, as provas obtidas por meios ilícitos.*

Em razão dessa garantia, é proibida a produção de provas ilícitas num processo sob pena de nulidade processual. Em regra, a prova ilícita produz nulidade de tudo o que a ela estiver relacionado. Esse efeito decorre da chamada Teoria dos Frutos da Árvore Envenenada. Segundo a teoria, se a árvore está envenenada, os frutos também o serão. Se uma prova foi produzida de forma ilícita, as demais provas dela decorrentes também serão ilícitas (ilicitude por derivação). Contudo, deve-se ressaltar que essa teoria é aplicada de forma restrita no direito brasileiro, ou seja, encontrada uma prova ilícita num processo, não significa que todo o processo será anulado, mas apenas os atos e demais provas que decorreram direta ou indiretamente daquela produzida de forma ilícita.

Caso existam provas autônomas produzidas em conformidade com a lei, o processo deve prosseguir ainda que tenham sido encontradas e retiradas as provas ilícitas. Logo, é possível afirmar que a existência de uma prova ilícita no processo não anula de pronto todo o processo.

Deve-se destacar, ainda, a única possibilidade já admitida de prova ilícita nos tribunais brasileiros: a produzida em legítima defesa.

Inviolabilidade domiciliar

Essa garantia protege o indivíduo em seu recinto mais íntimo: a casa. A Constituição diz:

> ***XI.*** *A casa é asilo inviolável do indivíduo, ninguém nela podendo penetrar sem consentimento do morador, salvo em caso de flagrante delito ou desastre, ou para prestar socorro, ou, durante o dia, por determinação judicial.*

Como regra, só se pode entrar na casa de uma pessoa com o seu consentimento. Excepcionalmente, a Constituição Federal admite a entrada sem consentimento do morador nos casos de:

- Flagrante delito;
- Desastre;
- Prestar socorro ;
- Determinação Judicial – só durante o dia.

No caso de determinação judicial, a entrada se dará apenas durante o dia. Nos demais casos, a entrada será permitida a qualquer hora.

Alguns conceitos importantes: o que é casa? O que pode ser entendido como casa para efeito de inviolabilidade? A jurisprudência tem interpretado o conceito de casa de forma ampla, em consonância com o disposto nos Arts. 245 e 246 do Código de Processo Penal:

> ***Art. 245.*** *As buscas domiciliares serão executadas de dia, salvo se o morador consentir que se realizem à noite, e, antes de penetrarem na casa, os executores mostrarão e lerão o mandado ao morador, ou a quem o represente, intimando-o, em seguida, a abrir a porta.*
>
> ***Art. 246.*** *Aplicar-se-á também o disposto no artigo anterior, quando se tiver de proceder a busca em compartimento habitado ou em aposento ocupado de habitação coletiva ou em compartimento não aberto ao público, onde alguém exercer profissão ou atividade.*

O STF já considerou como casa, para efeitos de inviolabilidade, oficina mecânica, quarto de hotel ou escritório profissional.

Outra questão relevante é saber o que é dia? Dois são os posicionamentos adotados na doutrina:

Das 6h às 18h;

Da aurora ao crepúsculo.

Segundo a jurisprudência, isso deve ser resolvido no caso concreto, tendo em vista variação de fusos horários existentes em nosso país, bem como a ocorrência do "Horário de Verão". Na prática, é possível entrar na casa independentemente do horário, desde que seja durante o dia.

Veja esta questão da FCC sobre o tema:

A casa é asilo inviolável do indivíduo, podendo-se nela entrar, sem permissão do morador, EXCETO

A em caso de desastre.

B em caso de flagrante delito.

C para prestar socorro.

D por determinação judicial, a qualquer hora. Gabarito: D.

Casa – Asilo Inviolável

Princípio da inafastabilidade da jurisdição

Esse princípio, também conhecido como Princípio do Livre Acesso ao Poder Judiciário ou Direito de Ação, garante, nos casos de necessidade, o acesso direto ao poder judiciário. Também, decorre desse princípio a ideia de que não é necessário o esgotamento das vias administrativas para ingressar com uma demanda no Poder Judiciário. Assim prevê a Constituição Federal:

> ***XXXV.*** *A lei não excluirá da apreciação do Poder Judiciário lesão ou ameaça a direito;*

Perceba que a proteção possui sentido duplo: lesão ou ameaça à lesão. Significa dizer que a garantia pode ser utilizada tanto de forma preventiva como de forma repressiva. Tanto para prevenir a ofensa a direito como para reprimir a ofensa já cometida.

Quanto ao acesso ao Judiciário independentemente do esgotamento das vias administrativas, há algumas peculiaridades previstas na legislação brasileira:

Justiça Desportiva

A Constituição Federal prevê no Art. 217:

> ***Art. 217,*** *§ 1º - O Poder Judiciário só admitirá ações relativas à disciplina e às competições desportivas após esgotarem-se as instâncias da justiça desportiva, regulada em lei.*

Ou seja, o acesso ao Poder Judiciário está condicionado ao esgotamento das vias administrativas.

Compromisso Arbitral

A Lei nº 9.307/96 prevê que as partes, quando em discussão patrimonial, poderão optar pela arbitragem como forma de resolução de conflito.

Não se trata de uma instância administrativa de curso forçado, mas de uma opção facultada às partes.

Habeas Data

O Art. 8º da Lei nº 9.507/97 exige, para impetração do Habeas Data, a comprovação da recusa ao acesso a informação. Parte da doutrina não considera isso como exigência de prévio esgotamento da via administrativa, mas condição da ação. Veja-se a súmula nº 2 do STJ:

> ***Súm. 2.*** *Não cabe "Habeas Data" se não houve recusa de informações por parte da autoridade administrativa.*

Reclamação Constitucional

O Art. 7º, § 1º da Lei nº 11.417/2006, que regula a edição de Súmulas Vinculantes, prevê que só será possível a Reclamação Constitucional nos casos de omissão ou ato da administração pública que contrarie ou negue vigência à Súmula Vinculante, após o esgotamento das vias administrativas.

Gratuidade das certidões de nascimento e de óbito

A Constituição traz expressamente que:

> ***LXXVI.*** *São gratuitos para os reconhecidamente pobres, na forma da lei:*
>
> ***a)*** *o registro civil de nascimento;*
>
> ***b)*** *a certidão de óbito;*

Observe-se que o texto Constitucional condiciona o benefício da gratuidade do registro de nascimento e da certidão de óbito apenas para os reconhecidamente pobres. Entretanto, a Lei nº 6.015/73 prevê que:

> ***Art. 30.*** *Não serão cobrados emolumentos pelo registro civil de nascimento e pelo assento de óbito, bem como pela primeira certidão respectiva.*
>
> ***§ 1º*** *- Os reconhecidamente pobres estão isentos de pagamento de emolumentos pelas demais certidões extraídas pelo cartório de registro civil.*

Perceba que essa lei amplia o benefício garantido na Constituição para todas as pessoas no que tange ao registro e à aquisição da primeira certidão de nascimento e de óbito. Quanto às demais vias, só serão garantidas aos reconhecidamente pobres. Deve-se ter cuidado com essa questão em prova, pois deve ser levado em conta se a pergunta tem como referência a Constituição ou não.

Celeridade processual

Traz o texto constitucional:

> ***LXXVIII.*** *A todos, no âmbito judicial e administrativo, são assegurados a razoável duração do processo e os meios que garantam a celeridade de sua tramitação.*

Essa é a garantia da celeridade processual. Decorre do Princípio da Eficiência que obriga o Estado a prestar assistência em tempo razoável. Celeridade quer dizer rapidez, mas uma rapidez com qualidade. Esse princípio é aplicável nos processos judiciais e administrativos, visa dar maior efetividade a prestação estatal. Deve-se garantir o direito antes que o seu beneficiário deixe de precisar. Após a inclusão desse dispositivo entre os direitos fundamentais, várias medidas para acelerar a prestação jurisdicional foram adotadas, dentre as quais destacam-se:

> Juizados Especiais;
> Súmula Vinculante;
> Realização de Inventários e Partilhas por Vias Administrativas;
> Informatização do Processo.

Essas são algumas das medidas que foram adotadas para trazer mais celeridade ao processo.

Erro judiciário

Dispositivo de grande utilidade social que funciona como limitador da arbitrariedade estatal. O Estado, no que tange à liberdade do indivíduo, não pode cometer erros sob pena de ter que indenizar o injustiçado. Isso é o que prevê o inciso LXXV do Art. 5º:

> ***LXXV.*** *O Estado indenizará o condenado por erro judiciário, assim como o que ficar preso além do tempo fixado na sentença;*

Publicidade dos atos processuais

Em regra, os atos processuais são públicos. Essa publicidade visa a garantir maior transparência aos atos administrativos bem como permite a fiscalização popular. Além disso, atos públicos possibilitam um exercício efetivo do contraditório e da ampla defesa. Entretanto, essa publicidade comporta algumas exceções:

> ***LX.*** *A lei só poderá restringir a publicidade dos atos processuais quando a defesa da intimidade ou o interesse social o exigirem;*

Nos casos em que a intimidade ou o interesse social exigirem, a publicidade poderá ser restringida apenas aos interessados. Imaginemos uma audiência em que estejam envolvidas crianças; nesse caso, como forma de preservação da intimidade, o juiz poderá restringir a participação na audiência apenas aos membros da família e demais interessados.

Sigilo das comunicações

Uma das normas mais importantes da Constituição Federal que versa sobre segurança jurídica é esta:

> ***XII.*** *É inviolável o sigilo da correspondência e das comunicações telegráficas, de dados e das comunicações telefônicas, salvo, no último caso, por ordem judicial, nas hipóteses e na forma que a lei estabelecer para fins de investigação criminal ou instrução processual penal;*

Esse dispositivo prevê quatro formas de comunicação que possuem proteção constitucional:

> Sigilo da Correspondência;
> Comunicação Telegráfica;
> Comunicação de Dados;
> Comunicações Telefônicas.

Dessas quatro formas de comunicação, apenas uma obteve autorização de violação do sigilo pelo texto constitucional: as comunicações telefônicas. Deve-se tomar cuidado com esse tema em prova. Segundo o texto expresso, só as comunicações telefônicas poderão ter o seu sigilo violado. E mais, só o juiz poderá fazê-lo, com fins definidos também pela Constituição, os quais são para investigação criminal e instrução processual penal.

Entretanto, considerando a inexistência de direito fundamental absoluto, a jurisprudência tem considerado a possibilidade de quebra dos demais sigilos, desde que seja determinada por ordem judicial.

No que tange ao sigilo dos dados bancários, fiscais, informáticos e telefônicos, a jurisprudência tem permitido sua quebra por determinação judicial, determinação de Comissão Parlamentar de Inquérito, requisição do Ministério Público, solicitação da autoridade fazendária.

Tribunal do júri

O Tribunal do Júri é uma instituição pertencente ao poder judiciário, que possui competência específica para julgar determinados tipos de crime. O Júri é formado pelo Conselho de Sentença, que é presidido por um Juiz Togado e por sete jurados que efetivamente farão o julgamento do acusado. A ideia do Tribunal do Júri é que o acusado seja julgado por seus pares.

A Constituição Federal apresenta alguns princípios que regem esse tribunal:

> ***Art. 5º***, *XXXVIII. É reconhecida a instituição do júri, com a organização que lhe der a lei, assegurados:*
>
> ***a)*** *a plenitude de defesa;*
>
> ***b)*** *o sigilo das votações;*
>
> ***c)*** *a soberania dos veredictos;*
>
> ***d)*** *a competência para o julgamento dos crimes dolosos contra a vida.*

Segundo esse texto, o Tribunal do Júri é regido pelos seguintes princípios:

Plenitude de Defesa

Esse princípio permite que no júri sejam utilizadas todas as provas permitidas em direito. Aqui, o momento probatório é bastante explorado haja vista a necessidade de se convencer os jurados que são pessoas comuns da sociedade.

Sigilo das Votações

O voto é sigiloso. Durante o julgamento não é permitido que um jurado converse com o outro sobre o julgamento sob pena de nulidade;

Soberania dos Veredictos

O que for decidido pelos jurados será considerado soberano. Nem o Juiz presidente poderá modificar o julgamento. Aqui quem decide são os jurados;

Competência para Julgar os Crimes Dolosos Contra a Vida

O júri não julga qualquer tipo de crime, mas apenas os dolosos contra a vida. Crimes dolosos, em simples palavras, são aqueles praticados com intenção, com vontade. São diferentes dos crimes culposos, os quais são praticados sem intenção.

Princípio da anterioridade

O inciso XXXIX do Art. 5º da CF apresenta o chamado Princípio da Anterioridade Penal:

> ***XXXIX.*** *Não há crime sem lei anterior que o defina, nem pena sem prévia cominação legal.*

Esse princípio decorre na necessidade de se prever antes da aplicação da pena, a conduta que é considerada como crime e a pena que deverá ser cominada. Mais uma regra de segurança jurídica.

Princípio da irretroatividade

Esse princípio também possui sua importância ao prever que a lei penal não poderá retroagir, salvo se for para beneficiar o réu.

> ***Art. 5º****, XL. A lei penal não retroagirá, salvo para beneficiar o réu.*

Crimes imprescritíveis, inafiançáveis e insuscetíveis de graça e anistia

Os dispositivos a seguir estão entre os mais cobrados em prova. O ideal é que sejam memorizados na ordem proposta no quadro abaixo:

> ***Art. 5º****, XLII. A prática do racismo constitui crime inafiançável e imprescritível, sujeito à pena de reclusão, nos termos da lei;*
>
> ***Art. 5º****, XLIII. A lei considerará crimes inafiançáveis e insuscetíveis de graça ou anistia a prática da tortura, o tráfico ilícito de entorpecentes e drogas afins, o terrorismo e os definidos como crimes hediondos, por eles respondendo os mandantes, os executores e os que, podendo evitá-los, se omitirem;*
>
> ***Art. 5º****, XLIV. Constitui crime inafiançável e imprescritível a ação de grupos armados, civis ou militares, contra a ordem constitucional e o Estado Democrático.*

Crimes Imprescritíveis	Crimes Inafiançáveis	Crimes Insuscetíveis de Graça e Anistia
Racismo	Racismo	Tráfico
Ação de Grupos Armados	Ação de Grupos Armados	Terrorismo
	Tráfico	Tortura
	Terrorismo	Crimes Hediondos
	Tortura	
	Crimes Hediondos	

Os crimes inafiançáveis englobam todos os crimes previstos nos incisos XLII, XLIII e XLIV.

Os crimes que são insuscetíveis de graça e anistia não são imprescritíveis, e vice e versa. Dessa forma, nunca pode existir, na prova, uma questão que trabalhe com as duas classificações ao mesmo tempo.

Nunca, na prova, pode haver uma questão em que se apresentem as três classificações ao mesmo tempo.

Princípio da personalidade da pena

Assim diz o inciso XLV, do Art. 5º da CF:

> ***XLV.*** *Nenhuma pena passará da pessoa do condenado, podendo a obrigação de reparar o dano e a decretação do perdimento de bens ser, nos termos da lei, estendidas aos sucessores e contra eles executadas, até o limite do valor do patrimônio transferido.*

Esse inciso diz que a pena é pessoal, quem comete o crime responde pelo crime, de forma que não é possível que uma pessoa cometa um crime e outra responda pelo crime em seu lugar; pode até ocorrer, mas seria algum erro, não como regra, porque a pena é pessoal.

É necessário prestar atenção ao tema, pois já apareceu em prova tanto na forma de um problema quanto com a modificação do próprio texto constitucional. Esse princípio da personalidade da pena diz que a pena é pessoal, isto é, a pena não pode passar para outra pessoa, mas permite que a responsabilidade pelos danos civis possa passar para seus herdeiros. Para exemplificar, imaginemos que uma determinada pessoa assalta uma padaria e consegue roubar uns R$ 50.000,00.

Em seguida, a polícia prende o ladrão por ter roubado a padaria. Em regra, todo crime cometido gera uma responsabilidade penal prevista no Código Penal brasileiro. Ainda, deve-se ressarcir os danos causados à vítima. Se ele roubou R$50.000,00, tem que devolver, no mínimo, esse valor à vítima.

É muito difícil conseguir o montante voluntariamente, por isso, é necessário entrar com uma ação civil ex delicto para reaver o dinheiro referente ao crime cometido. O dono da padaria entra com a ação contra o bandido pedindo os R$50.000,00 acrescidos juros e danos morais. Enquanto ele cumpre a pena, a ação está tramitando. Ocorre que o preso se envolve numa confusão dentro da penitenciária e acaba morrendo.

O preso possui alguns filhos, os quais são seus herdeiros. Quando os bens passam aos herdeiros, chamamos isso de sucessão. Quando foram contabilizar os bens que o bandido tinha, perceberam que sobraram apenas R$30.000,00, valor que deve ser divido entre os herdeiros. Pergunta:

01. O homem que cometeu o crime estava cumprindo pena, mas ele morreu. Qual filho assume o lugar dele? O mais velho ou o mais novo?

Nenhum dos dois, porque a pena é personalíssima. Só cumpre a pena quem praticou o crime.

02. É possível que a responsabilidade de reparar os danos materiais exigidos pelo dono da padaria recaia sobre seus herdeiros?

Sim. A Constituição diz que os herdeiros respondem com o valor do montante recebido, até o limite da herança recebida.

03. O dono da padaria pediu R$50.000,00, mas só sobraram R$30.000,00. Os filhos terão que inteirar esse valor até completar os R$50.000,00?

Não, pois a Constituição diz que os sucessores respondem até o limite do patrimônio transferido. Ou seja, se só são transferidos R$30.000,00, então os herdeiros só vão responder pela indenização com esses R$30.000,00. E o os outros R$20.000,00, quem vai pagar? Ninguém. O dono da padaria fica com esse prejuízo.

Penas proibidas e permitidas

Vejamos agora dois incisos do Art. 5º da CF, que sempre caem em prova juntos: incisos XLVI e XLVII. Há no inciso XLVI as penas permitidas e no XLVII as penas proibidas. Mas como isso cai em prova? O examinador pega uma pena permitida e diz que é proibida ou pega uma proibida e diz que é permitida. Conforme os incisos:

> ***XLVI.*** *A lei regulará a individualização da pena e adotará, entre outras, as seguintes:*
> ***a)*** *privação ou restrição da liberdade;*
> ***b)*** *perda de bens;*
> ***c)*** *multa;*
> ***d)*** *prestação social alternativa;*
> ***e)*** *suspensão ou interdição de direitos.*

Aqui há o rol de penas permitidas. Memorize essa lista para lembrar quais são as penas permitidas. Atenção para uma pena que é pouco comum e que geralmente em prova é colocada como pena proibida, que é a pena de perda de bens.

Veja o próximo inciso com o rol de penas proibidas:

> ***XLVII.*** *Não haverá penas:*
> ***a)*** *de morte, salvo em caso de guerra declarada, nos termos do Art. 84, XIX;*
> ***b)*** *de caráter perpétuo;*
> ***c)*** *de trabalhos forçados;*
> ***d)*** *de banimento;*
> ***e)*** *cruéis.*

Essas são as penas que não podem ser aplicadas no Brasil. E, na prova, é cobrado da seguinte forma: existe pena de morte no Brasil? Deve-se ter muita atenção com esse tema, pois apesar de a Constituição ter dito que é proibida, existe uma exceção no caso de guerra declarada. Essa exceção é uma verdadeira possibilidade, de forma que deve-se afirmar que existe pena de morte no Brasil. Apesar de a regra ser a proibição, existe a possibilidade de sua aplicação. Só como curiosidade, a pena de morte no Brasil é regulada pelo Código Penal Militar, a qual será executada por meio de fuzilamento.

A próxima pena proibida é a de caráter perpétuo. Não existe esse tipo de pena no Brasil, pois as penas aqui são temporárias. No Brasil, uma pessoa só fica presa até, no máximo, 30 anos.

A outra pena é a de trabalhos forçados. É aquela pena em que o sujeito é obrigado a trabalhar de forma a denegrir a sua condição como ser humano. Esse tipo de pena não é permitida no Brasil.

Há ainda a pena de banimento, que é a expulsão do brasileiro, tanto nato como naturalizado.

Por fim, a Constituição veda a aplicação de penas cruéis. Pena cruel é aquela que denigre a condição humana, expõe o indivíduo a situações desumanas, vexatórias, que provoquem intenso sofrimento.

Princípio da individualização da pena

Nos termos do Art. 5º, inciso XLVIII, da CF:

> ***XLVIII.*** *A pena será cumprida em estabelecimentos distintos, de acordo com a natureza do delito, a idade e o sexo do apenado;*

Esse dispositivo traz uma regra muito interessante, o princípio da individualização da pena. Significa que a pessoa quando cumprir sua pena deve cumpri-la em estabelecimento e condições compatíveis com a sua situação. Se mulher, deve cumprir com mulheres; se homem, cumprirá com homens; se reincidente, com reincidentes; se réu primário, com réus primários; e assim por diante. O ideal é que cada situação possua um cumprimento de pena adequado que propicie um melhor acompanhamento do poder público e melhores condições para a ressocialização.

Regras sobre prisões

São vários os dispositivos constitucionais previstos no Art. 5º, da CF, que se referem às prisões:

> ***LXI.*** *Ninguém será preso senão em flagrante delito ou por ordem escrita e fundamentada de autoridade judiciária competente, salvo nos casos de transgressão militar ou crime propriamente militar, definidos em lei;*
>
> ***LXII.*** *A prisão de qualquer pessoa e o local onde se encontre serão comunicados imediatamente ao juiz competente e à família do preso ou à pessoa por ele indicada;*
>
> ***LXIII.*** *O preso será informado de seus direitos, entre os quais o de permanecer calado, sendo-lhe assegurada a assistência da família e de advogado;*
>
> ***LXIV.*** *O preso tem direito à identificação dos responsáveis por sua prisão ou por seu interrogatório policial;*
>
> ***LXV.*** *A prisão ilegal será imediatamente relaxada pela autoridade judiciária;*
>
> ***LXVI.*** *Ninguém será levado à prisão ou nela mantido, quando a lei admitir a liberdade provisória, com ou sem fiança;*
>
> ***LXVII.*** *Não haverá prisão civil por dívida, salvo a do responsável pelo inadimplemento voluntário e inescusável de obrigação alimentícia e a do depositário infiel.*

Como destaque para prova, é importante enfatizar o disposto no inciso LXVII, o qual prevê duas formas de prisão civil por dívida:

Devedor de Pensão Alimentícia;

Depositário Infiel.

Apesar de a Constituição Federal apresentar essas duas possibilidades de prisão civil por dívida, o STF tem entendido que só existe uma: a prisão do devedor de pensão alimentícia. Isso significa que o depositário infiel não poderá ser preso. Essa é a inteligência da Súmula Vinculante nº 25:

> *Súmula Vinculante 25. É ilícita a prisão civil de depositário infiel, qualquer que seja a modalidade do depósito.*

Em relação a esse assunto, deve-se ter muita atenção ao resolver a questão. Se a Banca perguntar conforme a Constituição Federal, responde-se segundo a Constituição Federal. Mas se perguntar à luz da jurisprudência, responde-se conforme o entendimento do STF. Vejamos como o Cespe abordou o tema utilizando o posicionamento jurisprudencial:

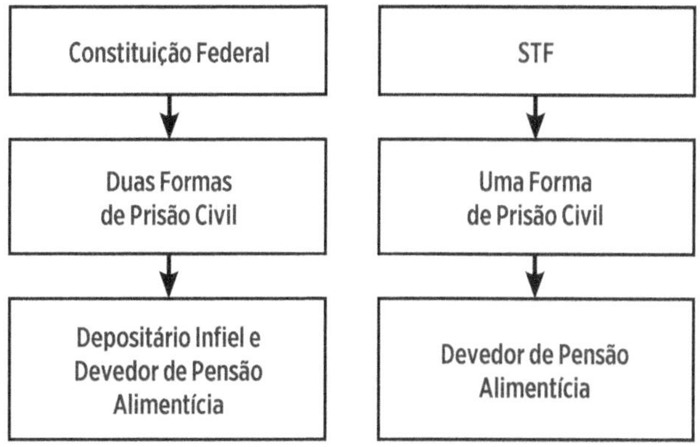

Extradição

Fruto de acordo internacional de cooperação, a extradição permite que determinada pessoa seja entregue a outro país para que seja responsabilizada pelo cometimento de algum crime. Existem duas formas de extradição:

Extradição Ativa

Quando o Brasil pede para outro país a extradição de alguém.

Extradição Passiva

Quando algum país pede para o Brasil a extradição de alguém.

A Constituição Federal preocupou-se em regular apenas a extradição passiva por meios dos incisos LI e LII do Art. 5º:

> ***LI.*** *Nenhum brasileiro será extraditado, salvo o naturalizado, em caso de crime comum, praticado antes da naturalização, ou de comprovado envolvimento em tráfico ilícito de entorpecentes e drogas afins, na forma da lei;*
>
> ***LII.*** *Não será concedida extradição de estrangeiro por crime político ou de opinião.*

De acordo com a inteligência desses dispositivos, três regras podem ser adotadas em relação à extradição passiva:

Brasileiro Nato

Nunca será extraditado.

Brasileiro Naturalizado

Será extraditado em duas hipóteses: crime comum cometido antes da naturalização comprovado envolvimento com o tráfico ilícito de drogas, antes ou depois da naturalização.

Estrangeiro

Poderá ser extraditado salvo em dois casos:

- **Crime Político;**
- **Crime de Opinião.**

E na extradição ativa, quem poderá ser extraditado?

Qualquer pessoa pode ser extraditada na extradição ativa, inclusive o brasileiro nato. Deve-se ter muito cuidado com essa questão em prova. Lembre-se que a extradição ativa ocorre quando o Brasil pede a extradição de um criminoso para outro país. Isso pode ser feito pedindo a extradição de qualquer pessoa que o Brasil queira punir.

Princípios que regem a extradição no país

Princípio da Reciprocidade

O Brasil só extradita ao país que extradita para o Brasil. Deve haver acordo ou tratado de extradição entre os país requerente e o Brasil.

Princípio da Especialidade

O extraditando só poderá ser processado e julgado pelo crime informado no pedido de extradição.

Comutação da Pena

O país requerente deverá firmar um compromisso de comutar a pena prevista em seu país quando a pena a ser aplicada for proibida no Brasil.

Dupla Tipicidade ou Dupla Incriminação

Só se extradita se a conduta praticada for considerada crime no Brasil e no país requerente.

Deve-se ter muito cuidado para não confundir extradição com entrega, deportação, expulsão ou banimento. A extradição, como se viu, é instituto de cooperação internacional entre países soberanos para a punição de criminosos.

Pela extradição, um país entrega o criminoso a outro país para que ele seja punido pelo crime praticado.

A entrega é o ato por meio do qual o país entrega uma pessoa para ser julgada no Tribunal Penal Internacional.

Deportação é a retirada do estrangeiro que tenha entrado de forma irregular no território nacional.

Expulsão é a retirada do estrangeiro que tenha praticado um ato ofensivo ao interesse nacional conforme as regras estabelecidas no Estatuto do Estrangeiro (Art. 65, Lei nº 6.815/80).

Banimento é uma das penas proibidas no direito brasileiro que consiste na expulsão de brasileiros para fora do território nacional.

Princípio da presunção da inocência

Também conhecido como princípio da não culpabilidade, essa regra de segurança jurídica garante que ninguém poderá ser condenado sem antes haver uma sentença penal condenatória transitada em julgado. Ou seja, uma sentença judicial condenatória definitiva:

> ***Art. 5º**, LVII. Ninguém será considerado culpado até o trânsito em julgado de sentença penal condenatória.*

Identificação criminal

> ***Art. 5º**, LVIII. O civilmente identificado não será submetido a identificação criminal, salvo nas hipóteses previstas em lei.*

A Constituição garante que não será identificado criminalmente quem possuir identificação pública capaz de identificá-lo. Contudo, a Lei 12.037/2009 prevê hipóteses nas quais será possível a identificação criminal mesmo de quem apresentar outra identificação:

> ***Art. 3º**. Embora apresentado documento de identificação, poderá ocorrer identificação criminal quando:*
>
> ***I.** O documento apresentar rasura ou tiver indício de falsificação;*
>
> ***II.** O documento apresentado for insuficiente para identificar cabalmente o indiciado;*
>
> ***III.** O indiciado portar documentos de identidade distintos, com informações conflitantes entre si;*
>
> ***IV.** A identificação criminal for essencial às investigações policiais, segundo despacho da autoridade judiciária competente, que decidirá de ofício ou mediante representação da autoridade policial, do Ministério Público ou da defesa;*
>
> ***V.** Constar de registros policiais o uso de outros nomes ou diferentes qualificações;*
>
> ***VI.** O estado de conservação ou a distância temporal ou da localidade da expedição do documento apresentado impossibilite a completa identificação dos caracteres essenciais.*

Ação penal privada subsidiária da pública

> ***Art. 5º** LIX. Será admitida ação privada nos crimes de ação pública, se esta não for intentada no prazo legal.*

Em regra, nos crimes de ação penal pública, o titular da ação penal é o Ministério Público. Contudo, havendo omissão ou mesmo desídia por parte do órgão ministerial, o ofendido poderá promover a chamada Ação Penal Privada Subsidiária da Pública. Esse tema encontra-se disciplinado no Art. 29 do Código de Processo Penal:

> ***Art. 29.** Será admitida ação privada nos crimes de ação pública, se esta não for intentada no prazo legal, cabendo ao Ministério Público aditar a queixa, repudiá-la e oferecer denúncia substitutiva, intervir em todos os termos do processo, fornecer elementos de prova, interpor recurso e, a todo tempo, no caso de negligência do querelante, retomar a ação como parte principal.*

5.3 Remédios Constitucionais

Inicia-se agora o estudo dos chamados Remédios Constitucionais, tema muito cobrado em prova de concurso. Os remédios constitucionais são espécies de garantias constitucionais que visam a proteger determinados direitos e até outras garantias fundamentais. São poderosas ações constitucionais que estão disciplinadas no texto da Constituição.

Habeas corpus

Sem dúvida, esse remédio constitucional é o mais importante para prova, haja vista a sua utilização para proteger um dos direitos mais ameaçados do indivíduo: a liberdade de locomoção. Vejamos o que diz o texto constitucional:

> ***Art. 5º LXVIII.** Conceder-se-á "Habeas Corpus" sempre que alguém sofrer ou se achar ameaçado de sofrer violência ou coação em sua liberdade de locomoção, por ilegalidade ou abuso de poder.*

É essencial, conhecer os elementos necessários para a utilização dessa ferramenta.

Deve-se compreender que o *Habeas Corpus* é utilizado para proteger a liberdade de locomoção. Em relação a isso, é preciso estar atento, pois ele não tutela qualquer liberdade, mas apenas a liberdade de locomoção.

Outro ponto fundamental é que ele poderá ser utilizado tanto de forma preventiva quanto de forma repressiva. *Habeas Corpus* preventivo é aquele utilizado para prevenir a violência ou coação à liberdade de locomoção. *Habeas Corpus* repressivo é utilizado para reprimir à violência ou coação a liberdade de locomoção, ou seja, é utilizado quando a restrição da liberdade de locomoção já ocorreu.

Percebe-se que não é a qualquer tipo de restrição à liberdade de locomoção que caberá o remédio, mas apenas àquelas cometidas com ilegalidade ou abuso de poder.

Nas relações processuais que envolvem a utilização do *Habeas Corpus*, é possível identificar a participação de três figurantes:

Impetrante

O impetrante é a pessoa que impetra a ação. Quem entra com a ação. A titularidade dessa ferramenta é Universal, pois qualquer pessoa pode impetrar o HC. Não precisa sequer de advogado. Sua possibilidade é tão ampla que não precisa possuir capacidade civil ou mesmo qualquer formalidade. Esse remédio é desprovido de condições que impeçam sua utilização da forma mais ampla possível. Poderá impetrar essa ação tanto uma pessoa física quanto jurídica.

Paciente

O paciente é quem teve a liberdade de locomoção restringida. Ele será o beneficiário do *Habeas Corpus*. Pessoa jurídica não pode ser paciente de Habeas Corpus, pois a liberdade de locomoção é um direito incompatível com sua natureza jurídica.

Autoridade coatora

É quem restringiu a liberdade de locomoção com ilegalidade ou abuso de poder. Poderá ser tanto uma autoridade privada quanto uma autoridade pública.

Outra questão interessante que está prevista na Constituição é a gratuidade dessa ação:

> ***Art. 5º** LXXVII. São gratuitas as ações de Habeas Corpus e Habeas Data, e, na forma da lei, os atos necessários ao exercício da cidadania.*

A Constituição proíbe a utilização desse remédio constitucional em relação às punições disciplinares militares. É o que prevê o Art. 142, § 2º:

> ***§ 2º** - Não caberá "Habeas Corpus" em relação a punições disciplinares militares.*

Contudo, o STF tem admitido o remédio quando impetrado por razões de ilegalidade da prisão militar. Quanto ao mérito da prisão, deve-se aceitar a vedação Constitucional, mas em relação às legalidade da prisão, prevalece o entendimento de que o remédio seria possível.

Também não cabe *Habeas Corpus* em relação às penas pecuniárias, multas, advertências ou, ainda, nos processos administrativos disciplinares e no processo de *Impeachment*. Nesses casos, o não cabimento deve-se ao fato de que as medidas não visam restringir a liberdade de locomoção.

Por outro lado, a jurisprudência tem admitido o cabimento para impugnar inserção de provas ilícitas no processo ou quando houver excesso de prazo na instrução processual penal.

Por último, cabe ressaltar que o magistrado poderá concedê-lo de ofício.

Habeas data

O *Habeas Data* cuja previsão está no inciso LXXII do Art. 5º tem como objetivo proteger a liberdade de informação:

> ***LXXII.** conceder-se-á "Habeas Data":*
>
> ***a)** para assegurar o conhecimento de informações relativas à pessoa do impetrante, constantes de registros ou bancos de dados de entidades governamentais ou de caráter público;*
>
> ***b)** para a retificação de dados, quando não se prefira fazê-lo por processo sigiloso, judicial ou administrativo.*

Duas são as formas previstas na Constituição para utilização desse remédio:

> **Para Conhecer a Informação.**

> **Para Retificar a Informação.**

É importante ressaltar que só caberá o remédio em relação às informações do próprio impetrante.

As informações precisam estar em um banco de dados governamental ou de caráter público, o que significa que seria possível entrar com um *Habeas Data* contra um banco de dados privado desde que tenha caráter público.

Da mesma forma que o *Habeas Corpus*, o *Habeas Data* também é gratuito:

> ***Art. 5º**, LXXVII. São gratuitas as ações de "Habeas Corpus" e "Habeas Data", e, na forma da lei, os atos necessários ao exercício da cidadania.*

Mandado de segurança

O mandado de segurança é um remédio muito cobrado em prova em razão dos seus requisitos:

> ***Art. 5º**, LXIX. Conceder-se-á mandado de segurança para proteger direito líquido e certo, não amparado por "Habeas Corpus" ou "Habeas Data", quando o responsável pela ilegalidade ou abuso de poder for autoridade pública ou agente de pessoa jurídica no exercício de atribuições do Poder Público.*

Como se pode ver, o mandado de segurança será cabível proteger direito líquido e certo desde que não amparado por Habeas Corpus ou Habeas Data. O que significa dizer que será cabível desde que não seja para proteger a liberdade de locomoção e a liberdade de informação. Esse é o chamado caráter subsidiário do mandado de segurança.

O texto constitucional exigiu também para a utilização dessa ferramenta a ilegalidade e o abuso de poder praticado por autoridade pública ou privada, desde que esteja no exercício de atribuições do poder público.

O mandado de segurança possui prazo decadencial para ser utilizado: 120 dias.

Existe também o mandado de segurança coletivo:

> ***Art. 5º**, LXX. O mandado de segurança coletivo pode ser impetrado por:*
>
> ***a)** partido político com representação no Congresso Nacional;*
>
> ***b)** organização sindical, entidade de classe ou associação legalmente constituída e em funcionamento há pelo menos um ano, em defesa dos interesses de seus membros ou associados.*

Observadas as regras do mandado de segurança individual, o mandado de segurança coletivo possui alguns requisitos que lhe são peculiares: os legitimados para propositura.

São legitimados para propor o mandado de segurança coletivo:

> **Partidos políticos com representação no Congresso Nacional.**

Para se ter representação no Congresso Nacional, basta um membro em qualquer uma das casas.

> **Organização Sindical.**

> **Entidade de Classe.**

> **Associação.**

Desde que legalmente constituída e em funcionamento há, pelo menos, um ano. Segundo o STF, a necessidade de estar constituída e em funcionamento há pelo menos um ano só se aplica às associações. A Banca FCC entende que esse requisito se aplica a todas as entidades.

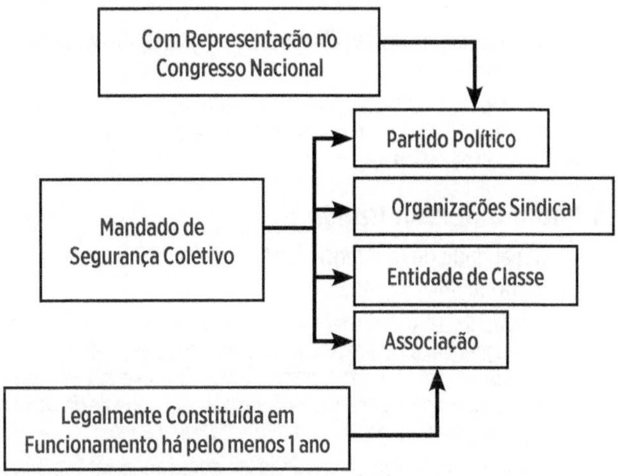

Mandado de injunção

O mandado de injunção é uma ferramenta mais complexa para se entender. Vejamos o que diz a Constituição:

> ***Art. 5º**, LXXI. Conceder-se-á mandado de injunção sempre que a falta de norma regulamentadora torne inviável o exercício dos direitos e liberdades constitucionais e das prerrogativas inerentes à nacionalidade, à soberania e à cidadania.*

O seu objetivo é suprir a omissão legislativa que impede o exercício de direitos fundamentais. Algumas normas constitucionais para que produzam efeitos dependem da edição de outras normas infraconstitucionais. Essas normas são conhecidas por sua eficácia como normas de eficácia limitada. O mandado de injunção visa a corrigir a ineficácia das normas com eficácia limitada.

Todas as vezes que um direito deixar de ser exercido pela ausência de norma regulamentadora, será cabível esse remédio.

No que tange à efetividade da decisão, deve-se esclarecer a possibilidade de adoção por parte do STF de duas correntes doutrinárias:

Teoria Concretista Geral

O Poder Judiciário concretiza o direito no caso concreto aplicando seu dispositivo com efeito *erga omnes*, para todos os casos iguais;

Teoria Concretista Individual

O Poder Judiciário concretiza o direito no caso concreto aplicando seu dispositivo com efeito inter partes, ou seja, apenas com efeito entre as partes.

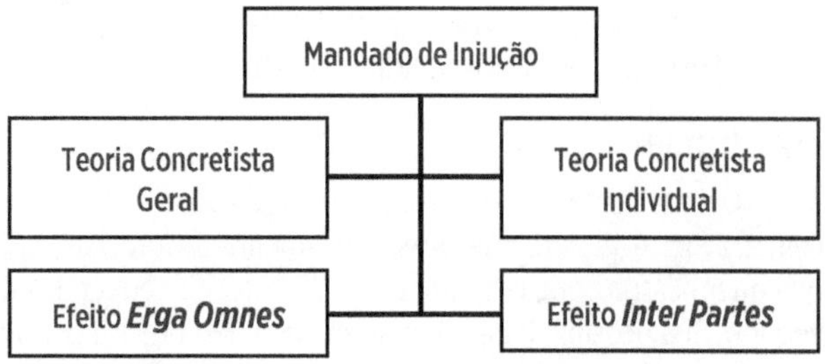

Ação popular

A ação popular é uma ferramenta fiscalizadora utilizada como espécie de exercício direto dos direitos políticos. Por isso, só poderá ser utilizada por cidadãos. Segundo o inciso LXXIII do Art. 5º:

> ***LXXIII.** Qualquer cidadão é parte legítima para propor ação popular que vise a anular ato lesivo ao patrimônio público ou de entidade de que o Estado participe, à moralidade administrativa, ao meio ambiente e ao patrimônio histórico e cultural, ficando o autor, salvo comprovada má-fé, isento de custas judiciais e do ônus da sucumbência.*

Além da previsão constitucional, essa ação encontra-se regulamentada pela Lei nº 4.717/65. Percebe-se que seu objetivo consiste em proteger o patrimônio público, a moralidade administrativa, o meio ambiente e o patrimônio histórico e cultural.

O autor não precisa pagar custas judiciais ou ônus da sucumbência, salvo se houver má-fé.

Questões

01. (FCC) No que diz respeito ao direito à inviolabilidade de domicílio, é correto afirmar que:

a) Ninguém pode violar a casa, à noite, mesmo que munido de autorização judicial.

b) A casa é asilo inviolável e em nenhuma hipótese se pode nela ingressar sem o consentimento do morador.

c) O conceito de casa é restrito e abrange, apenas, a residência com ânimo definitivo.

d) A casa, à noite, torna-se violável nas hipóteses de flagrante, desastre e prestação de socorro, porém é necessária autorização judicial.

e) A casa é violável no caso de flagrante, desastre ou para prestar socorro.

02. (FCC) De acordo com a Constituição Federal, é assegurado, nos processos de competência do Tribunal do Júri:

a) O processamento dos crimes patrimoniais dolosos.

b) O sigilo das votações.

c) A divulgação das votações, para garantia da plenitude de defesa.

d) A soberania da sentença sobre as votações.

e) O processamento dos crimes dolosos e culposos contra a vida.

03. (CESPE) O direito à duração razoável do processo, tanto no âmbito judicial quanto no âmbito administrativo, é um direito fundamental previsto expressamente na CF.

Certo ( ) Errado ( )

04. (CESPE) O ordenamento constitucional veda o envio compulsório de brasileiros ao exterior, que caracterizaria a pena de banimento, assim como proíbe a retirada coativa de estrangeiros do território nacional, que caracterizaria a pena de expulsão.

Certo ( ) Errado ( )

05. (CESPE - ADAPTADA) Inexiste pena de morte, no Brasil, em qualquer hipótese.

Certo ( ) Errado ( )

Gabaritos

01	E	04	ERRADO
02	B	05	ERRADO
03	CERTO	-	-

6. DIREITOS FUNDAMENTAIS - DIREITOS SOCIAIS E NACIONALIDADE

6.1 Direitos Sociais

Prestações positivas

Os direitos sociais encontram-se previstos a partir do Art. 6º até o Art. 11 da Constituição Federal. São normas que se concretizam por meio de prestações positivas por parte do Estado, haja vista objetivarem reduzir as desigualdades sociais.

Deve-se dar destaque para o Art. 6º, que foi alterado pela EC 64/2010 e que possivelmente será objeto de questionamento em concurso público:

> ***Art. 6º.*** *São direitos sociais a educação, a saúde, a alimentação, o trabalho, a moradia, o transporte, o lazer, a segurança, a previdência social, a proteção à maternidade e à infância, a assistência aos desamparados, na forma desta Constituição. (Redação dada pela Emenda Constitucional nº 90, de 2015)*

Boa parte dos direitos aqui previstos necessita de recursos financeiros para serem implementados, o que acaba por dificultar sua plena eficácia.

Mas, antes de avançar nessa parte do conteúdo, faz-se necessário dizer que costumam ser cobradas questões de provas que abordam apenas o texto puro da Constituição Federal. A principal orientação, portanto, é que se dedique tempo à leitura da Constituição Federal, mais precisamente, do Art. 7º, que possui vários dispositivos que podem ser trabalhados em prova.

Reserva do possível

Seria possível exigir do Estado a concessão de um direito social quando tal direito não fosse assegurado de forma condizente com sua previsão constitucional? A título de exemplo, veremos um dispositivo dos direitos sociais dos trabalhadores:

> ***IV.*** *Salário-mínimo, fixado em lei, nacionalmente unificado, capaz de atender a suas necessidades vitais básicas e às de sua família com moradia, alimentação, educação, saúde, lazer, vestuário, higiene, transporte e previdência social, com reajustes periódicos que lhe preservem o poder aquisitivo, sendo vedada sua vinculação para qualquer fim.*

Observe-se que a Constituição garante que o salário-mínimo deve atender às necessidades vitais básicas do trabalhador e de sua família com moradia, alimentação, educação, saúde, lazer, vestuário, higiene, transporte e previdência social. Entendendo que os direitos sociais são espécies de direitos fundamentais e, analisando-os sob o dispositivo previsto no § 1º do Art. 5º, segundo o qual "as normas definidoras de direitos e garantias fundamentais têm aplicação imediata", pergunta-se: seria possível entrar com uma ação visando a garantir o disposto no inciso IV, que está sendo analisado?

Certamente não. Para se garantir tudo o que está previsto no referido inciso, seria necessário que o salário-mínimo valesse, em média, por volta de R$ 3.000,00. Agora, imagine se algum trabalhador conseguisse esse benefício por meio de uma decisão judicial, o que não fariam todos os demais trabalhadores do país.

Se o Estado fosse obrigado a pagar esse valor para todos os trabalhadores, os cofres públicos rapidamente quebrariam. Para se garantir essa estabilidade, foi desenvolvida a teoria da **Reserva do Possível**, por meio da qual o Estado pode alegar essa impossibilidade financeira para atender algumas demandas, como o aumento do salário-mínimo. Quando o poder público for demandado para garantir algum benefício de ordem social, poderá ser alegada, previamente, a impossibilidade financeira para concretização do direito sob o argumento da reserva do possível.

Mínimo existencial

Por causa da Reserva do Possível, o Estado passou a se esconder atrás dessa teoria, eximindo-se da sua obrigação social de garantia dos direitos tutelados na Constituição Federal. Tudo o que era pedido para o Estado era negado sob o argumento de que "não era possível". Para trazer um pouco de equilíbrio a essa relação, foi desenvolvida outra teoria chamada de Mínimo Existencial. Essa teoria permite que os poderes públicos deixem de atender algumas demandas em razão da reserva do possível, mas exige que seja garantido o Mínimo Existencial.

Princípio da proibição ou retrocesso ou efeito cliquet

Uma regra que funciona com caráter de segurança jurídica é a Proibição do Retrocesso. Esse dispositivo proíbe que os direitos sociais já conquistados sejam esvaziados ou perdidos sob pena de desestruturação social do País.

Salário-mínimo

Feitas algumas considerações iniciais sobre a doutrina social, segue-se à análise de alguns dispositivos constitucionais que se encontram no Art. 7º:

> ***IV.*** *Salário-mínimo, fixado em lei, nacionalmente unificado, capaz de atender a suas necessidades vitais básicas e às de sua família com moradia, alimentação, educação, saúde, lazer, vestuário, higiene, transporte e previdência social, com reajustes periódicos que lhe preservem o poder aquisitivo, sendo vedada sua vinculação para qualquer fim.*

Vários pontos são relevantes nesse inciso. Primeiramente, é importante comentar o trecho "fixado em lei". Segundo o texto constitucional, o salário-mínimo só poderá ser fixado em Lei; entretanto, no dia 25 de fevereiro de 2011 foi publicada a Lei nº 12.382, que prevê a possibilidade de fixação do salário-mínimo por meio de Decreto do Poder Executivo. Questionado no STF[1], o guardião da Constituição considerou constitucional a fixação de salário-mínimo por meio de Decreto Presidencial.

Outro ponto interessante diz respeito ao salário-mínimo ser nacionalmente unificado. Muitos acham que alguns estados da federação fixam valores referentes ao salário-mínimo maiores do que o fixado nacionalmente. O STF já afirmou que os Estados não podem fixar salário-mínimo diferente do nacionalmente unificado. O que cada Estado pode fixar é o piso salarial da categoria de trabalhadores com valor maior que o salário-mínimo.

1 Ver no STF, ADI 4.568, Rel. Min. Cármen Lúcia, julgamento em 3-11-2011, Plenário, Informativo 646.

Temos ainda a proibição de vinculação do salário-mínimo para qualquer fim. Em fevereiro de 2011, esse tema foi enfrentado pelo STF, que determinou a desvinculação do salários dos técnicos em radiologia do salário-mínimo, como estava previsto na Lei nº 7.394/85.

Algumas Súmulas Vinculantes do STF são importantes, pois se referem ao salário-mínimo:

> **Súmula Vinculante 4:** *Salvo nos casos previstos na Constituição, o salário-mínimo não pode ser usado como indexador de base de cálculo de vantagem de servidor público ou de empregado, nem ser substituído por decisão judicial.*
>
> **Súmula Vinculante 6:** *Não viola a Constituição o estabelecimento de remuneração inferior ao salário-mínimo para as praças prestadoras de serviço militar inicial.*
>
> **Súmula Vinculante 15:** *O cálculo de gratificações e outras vantagens do servidor público não incide sobre o abono utilizado para se atingir o salário-mínimo.*
>
> **Súmula Vinculante 16:** *Os Arts. 7º, IV, e 39, § 3º (redação da EC 19/98) da Constituição referem-se ao total da remuneração percebida pelo servidor público.*

Prescrição trabalhista

Um dos dispositivos previstos no Art. 7º mais cobrados em prova é o inciso XXIX:

> ***XXIX.*** *Ação, quanto aos créditos resultantes das relações de trabalho, com prazo prescricional de cinco anos para os trabalhadores urbanos e rurais, até o limite de dois anos após a extinção do contrato de trabalho.*

Imaginemos, por exemplo, uma pessoa que tenha exercido sua função no período noturno, em uma empresa, durante 20 anos. Contudo, em todos esses anos de trabalho, ela não recebeu nenhum adicional noturno. Ora, ao ter seu contrato de trabalho rescindido, ela poderá ingressar em juízo pleiteando as verbas trabalhistas não pagas. Tendo em vista a existência de prazo prescricional para reaver seus direitos, o trabalhador terá o prazo de 2 anos para entrar com a ação, e só terá direito aos últimos 5 anos de adicional noturno.

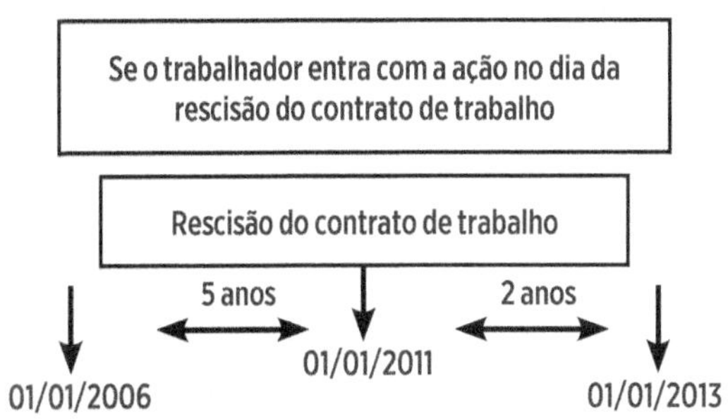

Ressalta-se que esses 5 anos contam-se a partir do dia em que entrou com a ação. Se ele entrar com a ação no último dia do prazo de 2 anos, só terá direito a 3 anos de adicional noturno.

Nesse exemplo, se o trabalhador entrar com a ação no dia 01/01/2011, receberá os últimos 5 anos de adicional noturno, ou seja, até o dia 01/01/2006. Mas se o trabalhador entrar com a ação no dia 01/01/2013, último dia do prazo prescricional de 2 anos, ele terá direito aos últimos 5 anos de adicional noturno a contar do dia em que entrou com a ação. Isso significa que se depare o adicional noturno até o dia 01/01/2008. Perceba que, se o trabalhador demorar a entrar com a ação, ele perde os direitos trabalhistas anteriores ao prazo dos últimos 5 anos.

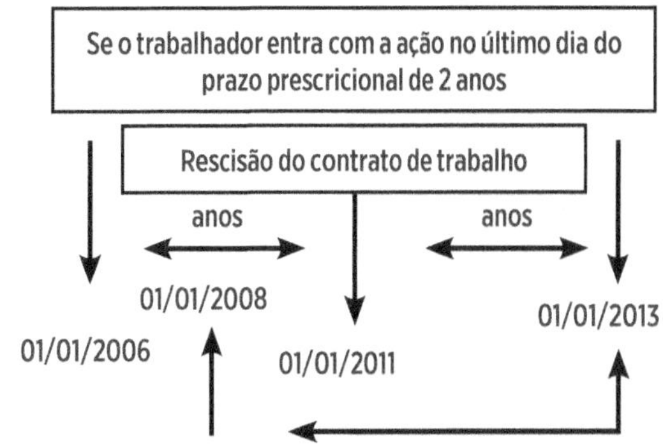

Proibição do trabalho noturno, perigoso e insalubre

Este inciso também é muito cotado para ser cobrado em prova. É importante lê-lo para que, em seguida, se possa responder a uma pergunta que fará entender o motivo de ele ser tão abordado em testes:

> ***Art. 7º****, XXXIII. Proibição de trabalho noturno, perigoso ou insalubre a menores de dezoito e de qualquer trabalho a menores de dezesseis anos, salvo na condição de aprendiz, a partir de quatorze anos.*

A pergunta é muito simples: a partir de qual idade pode se trabalhar no Brasil? Você deve estar em dúvida: entre 16 e 14 anos. Isso é o que acontece com a maioria dos candidatos. Por isso, nunca esqueça: se temos uma regra e essa regra está acompanhada de uma exceção; temos, então, uma possibilidade.

Ora, se a Constituição diz que é proibido o trabalho para os menores de 16 e, em seguida, excepciona essa regra dizendo que é possível a partir dos 14, na condição de aprendiz, ela quis dizer que o trabalho no Brasil se inicia aos 14 anos. Esse entendimento se fortalece à luz do Art. 227, § 3º, I:

> ***Art. 227****, § 3º - O direito a proteção especial abrangerá os seguintes aspectos:*
>
> ***I.*** *Idade mínima de quatorze anos para admissão ao trabalho, observado o disposto no Art. 7º, XXXIII.*

Direitos dos empregados domésticos

O parágrafo único, do Art. 7º, da CF assegurava ao trabalhador doméstico um número reduzido de direitos, se comparado com os demais empregados, urbanos ou rurais.

Nos termos daquele dispositivo, seriam garantidos à categoria dos trabalhadores domésticos apenas os direitos previstos nos incisos IV, VI, VIII, XV, XVII, XVIII, XIX, XXI e XXIV, do Art. 7º, bem como a sua integração à previdência social.

Com a promulgação da EC nº 72, de 2 de abril de 2013, aquele parágrafo foi alterado para estender aos empregados domésticos praticamente todos os demais direitos constantes nos incisos, do Art. 7º, da CF.

A nova redação do parágrafo único, do Art. 7º, da CF dispõe:

> ***Art. 7º****, Parágrafo único. São assegurados à categoria dos trabalhadores domésticos os direitos previstos nos incisos IV, VI, VII, VIII, X, XIII, XV, XVI, XVII, XVIII, XIX, XXI, XXII, XXIV, XXVI, XXX, XXXI e XXXIII e, atendidas as condições estabelecidas em lei e observada a simplificação do cumprimento das obrigações tributárias, principais e acessórias, decorrentes da relação de trabalho e suas peculiaridades, os previstos nos incisos I, II, III, IX, XII, XXV e XXVIII, bem como a sua integração à previdência social.*

Direitos coletivos dos trabalhadores

São basicamente os direitos relacionados à criação e organização das associações e sindicatos que estão previstos no Art. 8º.

Princípio da unicidade sindical

O primeiro direito coletivo refere-se ao princípio da unicidade sindical. Esse dispositivo proíbe a criação de mais de uma organização sindical, representativa de categoria profissional ou econômica, em uma mesma base territorial:

> ***II.*** *É vedada a criação de mais de uma organização sindical, em qualquer grau, representativa de categoria profissional ou econômica, na mesma base territorial, que será definida pelos trabalhadores ou empregadores interessados, não podendo ser inferior à área de um Município.*

Em cada base territorial (federal, estadual, municipal ou distrital) só pode existir um sindicato representante da mesma categoria, lembrando que a base territorial mínima refere-se à área de um município.

Exemplificando: só pode existir **um** sindicato municipal de pescadores no município de Cascavel. Só pode existir **um** sindicato estadual de pescadores no estado do Paraná. Só pode existir **um** sindicato federal de pescadores no Brasil. Contudo, é possível existirem vários sindicatos municipais de pescadores no Estado do Paraná.

Contribuição confederativa e sindical

Essa questão costuma enganar até mesmo os mais preparados. Vejamos o que diz a Constituição Federal no Art. 8º, IV:

> ***IV.*** *A assembleia geral fixará a contribuição que, em se tratando de categoria profissional, será descontada em folha, para custeio do sistema confederativo da representação sindical respectiva, independentemente da contribuição prevista em lei.*

A primeira coisa que se deve perceber é a existência de duas contribuições nesse inciso. Uma chamada de Contribuição Confederativa a outra de Contribuição Sindical.

A Contribuição Confederativa é a prevista nesse inciso, fixada pela assembleia geral, descontada em folha para custear o sistema confederativo. Essa contribuição é aquela paga às organizações sindicais e que só é obrigada aos filiados e aos sindicatos. Não possui natureza tributária, por isso obriga apenas as pessoas que voluntariamente se filiam a uma entidade sindical.

A Contribuição Sindical, que é a contribuição prevista em lei, mais precisamente na Consolidação das Leis Trabalhistas (Decreto-Lei nº 5.452/43), deve ser paga por todos os trabalhadores ainda que profissionais liberais. Sua natureza é tributária, não possuindo caráter facultativo.

Contribuição	
Confederativa	Sindical
Fixada pela Assembleia	Fixada pela CLT
Natureza não tributária	Natureza tributária
Obrigada apenas aos filiados a sindicatos	Obrigada a todos os trabalhadores

Liberdade de associação

Esse inciso costuma ser cobrado em prova devido às inúmeras possibilidades de se modificar o seu texto:

> ***V.*** *Ninguém será obrigado a filiar-se ou a manter-se filiado a sindicato.*

É a liberdade de associação que permite aos trabalhadores escolherem se desejam ou não se filiar a um determinado sindicato. Ninguém será obrigado a filiar-se ou a manter-se filiado.

Participação do aposentado no sindicato

Esse inciso também possui aplicação semelhante ao anterior, portanto deve haver uma leitura atenta aos detalhes que podem ser modificados em prova:

> ***VII.*** *O aposentado filiado tem direito a votar e ser votado nas organizações sindicais.*

Estabilidade sindical

A estabilidade sindical constitui norma de proteção aos dirigentes sindicais que possui grande utilidade ao evitar o cometimento de arbitrariedades por partes das empresas em retaliação aos representantes dos empregados:

> ***VIII.*** *É vedada a dispensa do empregado sindicalizado a partir do registro da candidatura a cargo de direção ou representação sindical e, se eleito, ainda que suplente, até um ano após o final do mandato, salvo se cometer falta grave nos termos da lei.*

O importante aqui é entender o período de proteção que a Constituição garantiu aos dirigentes sindicais. A estabilidade se inicia com o registro da candidatura e permanece, com o candidato eleito, até um ano após o término do seu mandato. Ressalte-se que essa proteção contra despedida arbitrária não prospera diante do cometimento de falta grave.

6.2 Direitos de Nacionalidade

A nacionalidade é um vínculo jurídico existente entre um indivíduo e um Estado. Esse vínculo jurídico é a ligação existente capaz de gerar direitos e obrigações entre a pessoa e o Estado.

A aquisição da nacionalidade decorre do nascimento ou da manifestação de vontade. Quando a nacionalidade é adquirida pelo nascimento, estamos diante da chamada **Nacionalidade Originária.** Mas, se for adquirida por meio da manifestação de vontade, estamos diante de uma **Nacionalidade Secundária.**

A Nacionalidade Originária, também chamada de aquisição de nacionalidade primária, é aquela involuntária. Decorre do nascimento desde que preenchidos os requisitos previstos na legislação. Um brasileiro que adquire nacionalidade originária é chamado de nato.

Dois critérios foram utilizados em nossa Constituição para se conferir a nacionalidade originária:

Jus Solis

Esse é critério do solo, critério territorial. Serão considerados brasileiros natos as pessoas que nascerem no território nacional. Esse é o critério adotado como regra no texto constitucional.

Jus Sanguinis

Esse é o critério do sangue. Serão considerados brasileiros natos os descendentes de brasileiros, ou seja, aqueles que possuem o sangue brasileiro.

A nacionalidade secundária ou adquirida é a aquisição que depende de uma manifestação de vontade. É voluntária e, quem a adquire, possui a qualificação de naturalizado.

Conflito de nacionalidade

Alguns países adotavam apenas o critério *jus sanguinis*, outros somente o critério *jus solis*, e isso gerou alguns problemas que a doutrina nominou de Conflito de Nacionalidade. O Conflito de Nacionalidade pode ser de duas formas:

Conflito Positivo

Ocorre quando o indivíduo adquire várias nacionalidades. Ele será chamado de polipátrida.

Conflito Negativo

Ocorre quando o indivíduo não adquire qualquer nacionalidade. Esse será chamado de apátrida (*heimatlos*).

Para evitar a ocorrência desses tipos de conflito, os países têm adotado critérios mistos de aquisição de nacionalidade originária, a exemplo do próprio Brasil.

A seguir, serão analisadas várias hipóteses previstas no Art. 12 da Constituição Federal de aquisição de nacionalidade tanto originária quanto secundária.

Nacionalidade originária

As hipóteses de aquisição da nacionalidade originária estão previstas no Art. 12, I da Constituição Federal, e são:

> ***Art. 12.*** *São brasileiros:*
>
> ***I.*** *Natos:*
>
> ***a)*** *os nascidos na República Federativa do Brasil, ainda que de pais estrangeiros, desde que estes não estejam a serviço de seu país;*
>
> ***b)*** *os nascidos no estrangeiro, de pai brasileiro ou mãe brasileira, desde que qualquer deles esteja a serviço da República Federativa do Brasil;*
>
> ***c)*** *os nascidos no estrangeiro de pai brasileiro ou de mãe brasileira, desde que sejam registrados em repartição brasileira competente ou venham a residir na República Federativa do Brasil e optem, em qualquer tempo, depois de atingida a maioridade, pela nacionalidade brasileira.*

A primeira hipótese, prevista na alínea "a", adotou para aquisição o critério *jus solis*, ou seja, serão considerados brasileiros natos aqueles que nascerem no país ainda que de pais estrangeiros, desde que, os pais não estejam a serviço do seu país. Para que os filhos de pais estrangeiros fiquem impedidos de adquirirem a nacionalidade brasileira, é preciso que ambos os pais sejam estrangeiros, mas basta que apenas um deles esteja a serviço do seu país. Se os pais estrangeiros estiverem a serviço de outro país, a doutrina tem entendido que não se aplicará a vedação.

Já a segunda hipótese, adotada na alínea "b", utilizou o critério *jus sanguinis* para fixação da nacionalidade originária. Serão brasileiros natos os nascidos fora do país, filho de pai ou mãe brasileira, desde que qualquer deles esteja a serviço da República Federativa do Brasil. Estar a serviço do país significa estar a serviço de qualquer ente federativo (União, Estados, Distrito Federal ou Município) incluídos os órgãos e entidades da administração indireta (fundações, autarquias, empresas públicas e sociedades de economia mista).

A terceira hipótese, prevista na alínea "c", apresenta, na verdade, duas possibilidades: uma depende do registro a outra depende da opção confirmativa.

Primeiro, temos a regra aplicada aos nascidos no estrangeiro, filho de pai brasileiro ou mãe brasileira, condicionada à aquisição da nacionalidade ao registro em repartição brasileira competente. Nessa hipótese, adota-se o critério *jus sanguinis* acompanhado do registro em repartição brasileira.

Em seguida, temos a segunda possibilidade destinada aos nascidos no estrangeiro de pai brasileiro ou de mãe brasileira, que venham a residir na República Federativa do Brasil e optem (opção confirmativa), em qualquer tempo, depois de atingida a maioridade, pela nacionalidade brasileira.

Essa é a chamada nacionalidade protestativa, pois depende da manifestação de vontade por parte do interessado. Deve-se ter cuidado com a condição para a manifestação da vontade que só poder ser exercida depois de atingida a maioridade, apesar de não existir tempo limite para o exercício desse direito.

Nacionalidade secundária

A seguir, serão apresentadas as hipóteses de aquisição de nacionalidade secundária:

> ***Art. 12****, II. Naturalizados:*
>
> ***a)*** *Os que, na forma da lei, adquiram a nacionalidade brasileira, exigidas aos originários de países de língua portuguesa apenas residência por um ano ininterrupto e idoneidade moral;*
>
> ***b)*** *os estrangeiros de qualquer nacionalidade, residentes na República Federativa do Brasil há mais de quinze anos ininterruptos e sem condenação penal, desde que requeiram a nacionalidade brasileira.*

A primeira hipótese de naturalização, prevista na alínea "a" do inciso II, é a chamada naturalização ordinária. Essa naturalização apresenta uma forma de aquisição prevista em lei. Esta Lei é a nº 6.815/80, que traz algumas regras para aquisição de nacionalidade, as quais não serão estudadas neste momento. O que interessa agora para a prova é a segunda parte da alínea, que confere um tratamento diferenciado para os originários de países de língua portuguesa, para quem será exigida apenas residência por um ano ininterrupto e idoneidade moral. Entende-se país de língua portuguesa qualquer país que possua a língua portuguesa como língua oficial (Angola, Portugal, Timor Leste, entre outros). Essa forma de naturalização não gera direito subjetivo ao estrangeiro, o que significa que ele poderá pleitear sua naturalização e essa poderá ser indeferida pelo Chefe do Poder Executivo, haja vista se tratar de um ato discricionário.

A alínea "b" do inciso II apresenta a chamada naturalização extraordinária ou quinzenária. Essa hipótese é destinada a qualquer estrangeiro e será exigida residência ininterrupta pelo prazo de 15 anos e não existência de condenação penal. Nessa espécie, não há discricionariedade em conceder a naturalização, pois ela gera direito subjetivo ao estrangeiro que tenha preenchido os requisitos.

O melhor é não esquecer que a ausência temporária da residência não quebra o vínculo ininterrupto exigido para a naturalização no país. Também deve ser ressaltado que não existe naturalização tácita ou automática, sendo exigido requerimento de quem desejar se naturalizar no Brasil.

Português equiparado

> ***Art. 12.*** *§ 1º. Aos portugueses com residência permanente no País, se houver reciprocidade em favor de brasileiros, serão atribuídos os direitos inerentes ao brasileiro, salvo os casos previstos nesta Constituição.*

Trata-se do chamado português equiparado ou quase nacional. Segundo o dispositivo, a Constituição assegura aos portugueses tratamento diferenciado, como se fossem brasileiros. Não se trata de uma hipótese de naturalização, nesse caso são atribuídos os mesmos direitos inerentes ao brasileiro.

Essa condição depende de reciprocidade por parte de Portugal. O Brasil possui um acordo internacional com Portugal por meio do Decreto nº 3.927/2001 que promulgou o Tratado de Cooperação, Amizade e Consulta Brasil/Portugal. Havendo o mesmo tratamento a um brasileiro quando estiver no país português, serão garantidos tratamentos diferenciados aos portugueses que aqui estiverem desde que manifestem interesse no recebimento desse tratamento diferenciado. Ressalta-se que para requerer esse tipo de tratamento será necessária, além do requerimento, a constituição de residência permanente no Brasil.

Por fim, não se pode esquecer de que o tratamento dado aos portugueses os equipara aos brasileiros naturalizados.

Tratamento diferenciado entre brasileiros

O § 2º do Art. 12 proíbe o tratamento diferençado entre brasileiros natos e naturalizados:

> ***§ 2º*** *- A lei não poderá estabelecer distinção entre brasileiros natos e naturalizados, salvo nos casos previstos nesta Constituição.*

O próprio dispositivo excepciona a regra permitindo que a Constituição Federal estabeleça tratamento diferenciado entre brasileiros natos e naturalizados. São quatro os tratamentos diferenciados estabelecidos pelo texto constitucional:

> **Cargos privativos de brasileiros natos;**
> **Funções privativas de brasileiros natos;**
> **Regras de extradição;**
> **Propriedade de empresas de jornalística ou de radiodifusão.**

O § 3º apresenta a primeira hipótese de distinção dentre brasileiros natos e naturalizados:

> ***§ 3º*** *- São privativos de brasileiro nato os cargos:*
> ***I.*** *De Presidente e Vice-Presidente da República;*
> ***II.*** *De Presidente da Câmara dos Deputados;*
> ***III.*** *De Presidente do Senado Federal;*
> ***IV.*** *De Ministro do Supremo Tribunal Federal;*
> ***V.*** *Da carreira diplomática;*
> ***VI.*** *de oficial das Forças Armadas;*
> ***VII.*** *De Ministro de Estado da Defesa.*

Os cargos privativos aos brasileiros natos são muito incidentes em provas. Por esse motivo, sugere-se que sejam memorizados. Dois critérios foram utilizados para escolha desses cargos. O primeiro está relacionado com os cargos que sucedem o Presidente da República (Presidente e Vice-Presidente da República, Presidente da Câmara dos Deputados, Presidente do Senado Federal e Ministro do Supremo Tribunal Federal). O segundo critério diz respeito à segurança nacional (carreira diplomática, oficial das forças armadas e Ministro do Estado da Defesa).

As funções privativas de brasileiros natos estão prevista no Art. 89, VII da Constituição:

> ***Art. 89.*** *O Conselho da República é órgão superior de consulta do Presidente da República, e dele participam:*
> ***I.*** *O Vice-Presidente da República;*
> ***II.*** *O Presidente da Câmara dos Deputados;*
> ***III.*** *O Presidente do Senado Federal;*
> ***IV.*** *Os líderes da maioria e da minoria na Câmara dos Deputados;*
> ***V.*** *Os líderes da maioria e da minoria no Senado Federal;*
> ***VI.*** *O Ministro da Justiça;*
> ***VII.*** *Seis cidadãos brasileiros natos, com mais de trinta e cinco anos de idade, sendo dois nomeados pelo Presidente da República, dois eleitos pelo Senado Federal e dois eleitos pela Câmara dos Deputados, todos com mandato de três anos, vedada a recondução.*

A terceira possibilidade de tratamento diferenciado diz respeito às regras de extradição previstas no inciso LI do Art. 5º:

> ***LI.*** *Nenhum brasileiro será extraditado, salvo o naturalizado, em caso de crime comum, praticado antes da naturalização, ou de comprovado envolvimento em tráfico ilícito de entorpecentes e drogas afins, na forma da lei.*

A quarta previsão está no Art. 222 da Constituição:

> ***Art. 222.*** *A propriedade de empresa jornalística e de radiodifusão sonora e de sons e imagens é privativa de brasileiros natos ou naturalizados há mais de dez anos, ou de pessoas jurídicas constituídas sob as leis brasileiras e que tenham sede no País.*

Perda da nacionalidade

A seguir serão trabalhadas as hipóteses de perda da nacionalidade. Uma pergunta: brasileiro nato pode perder a nacionalidade?

Vejamos o que diz a Constituição Federal:

> ***§ 4º*** *- Será declarada a perda da nacionalidade do brasileiro que:*
> ***I.*** *Tiver cancelada sua naturalização, por sentença judicial, em virtude de atividade nociva ao interesse nacional;*
> ***II.*** *Adquirir outra nacionalidade, salvo no casos:*
> ***a)*** *de reconhecimento de nacionalidade originária pela lei estrangeira;*
> ***b)*** *de imposição de naturalização, pela norma estrangeira, ao brasileiro residente em estado estrangeiro, como condição para permanência em seu território ou para o exercício de direitos civis.*

Ao se analisar o dispositivo do *caput* desse parágrafo, é possível concluir que as regras são para os brasileiros natos ou naturalizados.

Mas vale a pena verificar cada hipótese:

O inciso I deixa claro que é uma hipótese aplicada apenas aos brasileiros naturalizados (cancelamento de naturalização). Se o indivíduo tem seu vínculo com o Estado cancelado por decisão judicial, não há que se falar em permanência da nacionalidade brasileira;

O inciso II já não permite a mesma conclusão, haja vista ter considerado qualquer brasileiro. Logo, ao brasileiro, seja ele nato ou naturalizado, que adquirir outra nacionalidade, será declarada a perda da nacionalidade, pelo menos em regra. Essa regra possui duas exceções: nos casos de reconhecimento de nacionalidade originária estrangeira ou de imposição de naturalização, não será declarada a perda da nacionalidade brasileira. É nestas hipóteses que se encontram permitidas as situações de dupla nacionalidade que conhecemos.

Uma questão interessante surge: seria possível a reaquisição da nacionalidade brasileira?

Uma vez perdida a nacionalidade, tem-se entendido que é possível a sua reaquisição dependo da forma que foi perdida.

Se o indivíduo perde a nacionalidade com fundamento no inciso I, por cancelamento de naturalização, só seria possível a reaquisição por meio de ação rescisória.

Caso o indivíduo perca a nacionalidade por ter adquirido outra, que revela a hipótese do inciso II, também será possível a reaquisição por decreto presidencial (Art. 36, Lei nº 818/49).

Apesar da divergência doutrinária, prevalece o entendimento de que o brasileiro, após a reaquisição, volta à condição anterior, ou seja, se era brasileiro nato, volta a ser nato, se era naturalizado, volta como naturalizado.

Questões

01. (FCC) A Constituição Federal estabelece a proibição de trabalho noturno, perigoso ou insalubre a menores de:

a) Dezoito anos e de qualquer trabalho a menores de dezesseis anos, salvo na condição de aprendiz a partir de quatorze anos.

b) Vinte e um anos e de qualquer trabalho a menores de dezoito anos, salvo na condição de aprendiz a partir de dezesseis anos.

c) Dezessete anos e de qualquer trabalho a menores de quinze anos, salvo na condição de aprendiz a partir de treze anos.

d) Dezenove anos e de qualquer trabalho a menores de dezesseis anos, salvo na condição de aprendiz a partir de quinze anos.

e) Vinte anos e de qualquer trabalho a menores de dezenove anos, salvo na condição de aprendiz a partir de quinze anos.

02. (FCC) O filho nascido no Brasil de um casal de alemães que tenha vindo morar no Estado do Ceará em razão da aquisição de um estabelecimento hoteleiro (pousada), tem nacionalidade, nos termos da Constituição Federal Brasileira:

a) Alemã.

b) Brasileira.

c) Alemã, considerado naturalizado brasileiro.

d) Brasileira, considerado naturalizado.

e) Brasileira, considerado naturalizado alemão.

03. (FCC) É privativo de brasileiro nato o cargo de:

a) Presidente do Superior Tribunal de Justiça.

b) Presidente do Tribunal de Justiça.

c) Defensor Geral do Estado.

d) Presidente da Câmara dos Deputados.

e) Presidente do Tribunal de Contas da União.

04. (CESPE - ADAPTADA) A CF assegura ao trabalhador assistência gratuita aos seus filhos e dependentes desde o nascimento até seis anos de idade em creches e pré-escolas.

Certo ( ) Errado ( )

05. (CESPE) Um cidadão alemão que resida no Brasil há dez anos pode candidatar-se ao cargo de vereador do município onde reside.

Certo ( ) Errado ( )

Gabaritos

01	A	04	ERRADO
02	B	05	ERRADO
03	D	-	-

7. DIREITOS FUNDAMENTAIS – DIREITOS POLÍTICOS E PARTIDOS POLÍTICOS

7.1 Direitos Políticos

Os direitos políticos são um conjunto de direitos fundamentais que permitem ao indivíduo participar da vontade política do Estado. Para se falar de direitos políticos, alguns conceitos são indispensáveis.

Cidadania, democracia e soberania popular

A Cidadania é a condição conferida ao indivíduo que possui direito político. É o exercício desse direito. Essa condição só é possível em nosso país por causa do regime de governo adotado, a Democracia. A democracia parte do pressuposto de que o poder do Estado decorre da vontade popular, da Soberania Popular. Conforme o parágrafo único do Art. 1º da Constituição:

> ***Art. 1º**, Parágrafo único. Todo o poder emana do povo, que o exerce por meio de representantes eleitos ou diretamente, nos termos desta Constituição.*

A democracia brasileira é classificada como semidireta ou participativa, haja vista poder ser exercida tanto de forma direta como de forma indireta. Como forma de exercício direto temos o previsto no Art. 14 da CF:

> ***Art. 14.** A soberania popular será exercida pelo sufrágio universal e pelo voto direto e secreto, com valor igual para todos, e, nos termos da lei, mediante:*
>
> ***I.** Plebiscito;*
>
> ***II.** Referendo;*
>
> ***III.** Iniciativa popular.*

Mas ainda há a ação popular que também é forma de exercício direto dos direitos políticos:

> ***Art. 5º**, LXXIII. Qualquer cidadão é parte legítima para propor ação popular que vise a anular ato lesivo ao patrimônio público ou de entidade de que o Estado participe, à moralidade administrativa, ao meio ambiente e ao patrimônio histórico e cultural, ficando o autor, salvo comprovada má-fé, isento de custas judiciais e do ônus da sucumbência.*

Entendamos o que significa cada uma das formas de exercício direto dos direitos políticos:

Plebiscito

Consulta popular realizada antes da tomada de decisão. O representante do poder público quer tomar uma decisão, mas, antes de tomá-la, ele pergunta para os cidadãos quem concorda. O que os cidadãos decidirem será feito.

Referendo

Consulta popular realizada depois da tomada de decisão. O representante do poder público toma uma decisão e depois pergunta o que os cidadãos acharam.

Iniciativa popular

Essa é uma das formas de se iniciar o processo legislativo no Brasil. A legitimidade para propor criação de lei pelo eleitorado encontra amparo no Art. 61, § 2º da CF:

> ***Art. 61, § 2º** - A iniciativa popular pode ser exercida pela apresentação à Câmara dos Deputados de projeto de lei subscrito por, no mínimo, um por cento do eleitorado nacional, distribuído pelo menos por cinco Estados, com não menos de três décimos por cento dos eleitores de cada um deles.*

Ação popular

Remédio constitucional previsto no inciso LXXIII que funciona como instrumento de fiscalização dos poderes públicos nos termos do inciso citado.

Quando se fala em exercício indireto, significa exercício por meio dos representantes eleitos que representarão a vontade popular.

Todas essas ferramentas disponibilizadas acima constituem formas de exercício dos direitos políticos no Brasil.

A doutrina costuma classificar os direitos políticos em:

- **Direitos políticos positivos.**
- **Direitos políticos negativos.**

Direitos políticos positivos

Os direitos políticos positivos se mostram pela possibilidade de participação na vontade política do Estado. Esses direitos políticos se materializam por meio da Capacidade Eleitoral Ativa e da Capacidade Eleitoral Passiva. O primeiro é a possibilidade de votar. O segundo, de ser votado.

Para que se possa exercer a capacidade eleitoral ativa, faz-se necessário o chamado alistamento eleitoral. É, simplesmente, inscrever-se como eleitor, o que acontece quando obtemos o título de eleitor. A Constituição apresenta três regras para o alistamento e o voto:

Voto Obrigatório

Maiores de 18 anos;

Voto Facultativo

Maiores de 16 e menores de 18; analfabetos e maiores de 70 anos;

Voto Proibido

Estrangeiros e conscritos.

Vejamos estas regras previstas no texto constitucional:

> ***Art. 14**, § 1º. O alistamento eleitoral e o voto são:*
>
> ***I.** Obrigatórios para os maiores de dezoito anos;*
>
> ***II.** Facultativos para:*
>
> ***a)** os analfabetos;*
>
> ***b)** os maiores de setenta anos;*
>
> ***c)** os maiores de dezesseis e menores de dezoito anos.*
>
> ***§ 2º** - Não podem alistar-se como eleitores os estrangeiros e, durante o período do serviço militar obrigatório, os conscritos.*

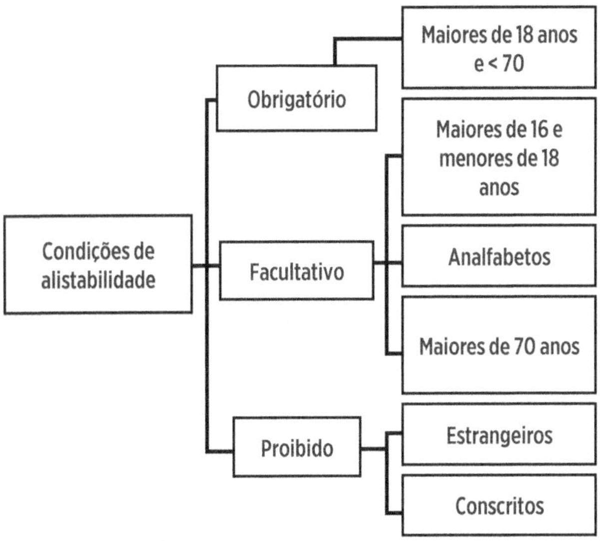

A **capacidade eleitoral passiva** é a capacidade de ser eleito. É uma das formas de participação política em que o cidadão aceita a incumbência de representar os interesses dos seus eleitores. Para que alguém possa ser eleito se faz necessário o preenchimento das Condições de Elegibilidade. São condições de elegibilidade as previstas no Art. 14, § 3º da Constituição:

> ***Art. 14, § 3º*** *- São condições de elegibilidade, na forma da lei:*
> ***I.*** *a nacionalidade brasileira;*
> ***II.*** *o pleno exercício dos direitos políticos;*
> ***III.*** *o alistamento eleitoral;*
> ***IV.*** *o domicílio eleitoral na circunscrição;*
> ***V.*** *a filiação partidária;*
> ***VI.*** *a idade mínima de:*
> ***a)*** *trinta e cinco anos para Presidente e Vice-Presidente da República e Senador;*
> ***b)*** *trinta anos para Governador e Vice-Governador de Estado e do Distrito Federal;*
> ***c)*** *vinte e um anos para Deputado Federal, Deputado Estadual ou Distrital, Prefeito, Vice-Prefeito e juiz de paz;*
> ***d)*** *dezoito anos para Vereador.*

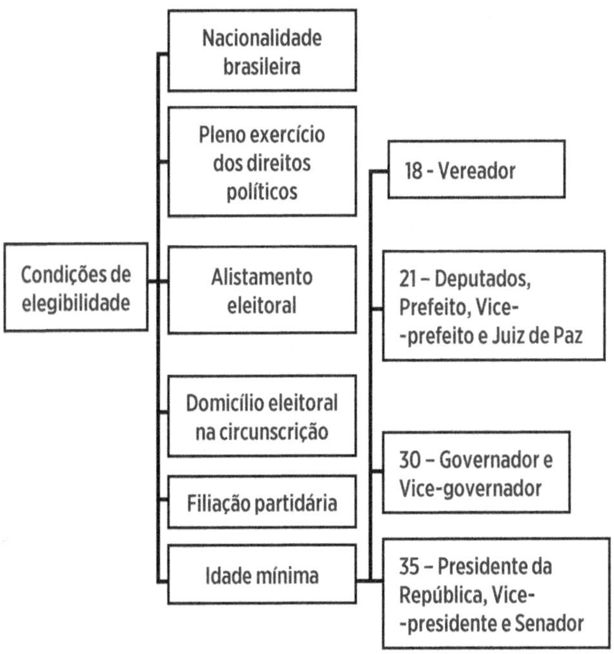

Direitos políticos negativos

Os direitos políticos negativos são verdadeiras vedações ao exercício da cidadania. São inelegibilidades, hipóteses de perda ou suspensão dos direitos políticos que se encontram previstos expressamente no texto constitucional. Só não se pode esquecer a possibilidade prevista no § 9º do Art. 14 da Constituição, que admite que sejam criadas outras inelegibilidades por Lei Complementar, desde possuam caráter relativo. Inelegibilidade absoluta, segundo a doutrina, só na Constituição Federal.

A primeira inelegibilidade está prevista no Art. 14, § 4º:

> ***Art. 14, § 4º*** *- São inelegíveis os inalistáveis e os analfabetos.*

Trata-se de uma inelegibilidade absoluta que impede os inalistáveis e analfabetos a concorrerem a qualquer cargo eletivo. Nota-se primeiramente que a Constituição se refere aos inalistáveis como "inelegíveis". Todas as vezes que se encontrar o termo inalistável, deve-se pensar automaticamente em estrangeiros e conscritos. Logo, são inelegíveis os estrangeiros, conscritos e analfabetos.

Quanto aos analfabetos, uma questão merece atenção: os analfabetos podem votar, mas não podem receber votos.

Em seguida, tem-se o § 5º, que traz a chamada regra da Reeleição. Trata-se de uma espécie de inelegibilidade relativa por meio do qual alguns titulares de cargos políticos ficam impedidos de se reelegerem por mais de duas eleições consecutivas, ou seja, é permitida apenas uma reeleição:

> ***Art. 14, § 5º*** *- O Presidente da República, os Governadores de Estado e do Distrito Federal, os Prefeitos e quem os houver sucedido, ou substituído no curso dos mandatos poderão ser reeleitos para um único período subsequente.*

O primeiro ponto interessante desse parágrafo está na restrição que só ocorre para os membros do poder executivo (Presidente, Governador e Prefeito). Logo, um membro do Poder Legislativo poderá se reeleger quantas vezes ele quiser, enquanto o membro do Poder Executivo só poderá se reeleger uma única vez. Ressalte-se que o impedimento se aplica também a quem suceder ou substituir o titular dos cargos supracitados.

Mais uma regra de inelegibilidade relativa encontra-se no § 6º:

> ***Art. 14, § 6º*** *- Para concorrerem a outros cargos, o Presidente da República, os Governadores de Estado e do Distrito Federal e os Prefeitos devem renunciar aos respectivos mandatos até seis meses antes do pleito.*

Estamos diante da chamada regra de **Desincompatibilização**. Da mesma forma que o dispositivo anterior só se aplica aos membros do Poder Executivo, e essa norma exige que os representantes desse Poder, para que possam concorrer a outro cargo, devem renunciar os respectivos mandatos até seis meses antes do pleito.

Ainda há a chamada Inelegibilidade Reflexa, ou em razão do parentesco. Essa hipótese gera um impedimento, não ao titular do cargo político, mas aos seus parentes até segundo grau. Também se aplica apenas aos membros do Poder Executivo:

> ***Art. 14, § 7º*** *- São inelegíveis, no território de jurisdição do titular, o cônjuge e os parentes consanguíneos ou afins, até o segundo grau ou por adoção, do Presidente da República, de Governador de Estado ou Território, do Distrito Federal, de Prefeito ou de quem os haja substituído dentro dos seis meses anteriores ao pleito, salvo se já titular de mandato eletivo e candidato à reeleição.*

O impedimento gerado está relacionado ao território de jurisdição do titular da seguinte forma:

> O Prefeito gera inelegibilidade aos cargos de Prefeito e Vereador do mesmo município;

> O Governador gera inelegibilidade aos cargos de Prefeito, Vereador, Deputado Estadual, Deputado Federal, Senador da República e Governador do mesmo Estado Federativo;

> O Presidente gera inelegibilidade a todos os cargos eletivos do país.

São parentes de 1º grau: pai, mãe, filho, sogro. São parentes de 2º grau: avô, irmão, neto, cunhado.

O STF editou a Súmula Vinculante nº 18, que diz:

Súmula Vinculante nº 18. *A dissolução da sociedade ou do vínculo conjugal, no curso do mandato, não afasta a inelegibilidade prevista no § 7º do Art. 14 da Constituição Federal.*

Lei complementar pode estabelecer novas hipóteses de inelegibilidade relativa. É o que dispõe o § 9º do Art. 14:

Art. 14, § 9º *- Lei complementar estabelecerá outros casos de inelegibilidade e os prazos de sua cessação, a fim de proteger a probidade administrativa, a moralidade para exercício de mandato considerada vida pregressa do candidato, e a normalidade e legitimidade das eleições contra a influência do poder econômico ou o abuso do exercício de função, cargo ou emprego na administração direta ou indireta.*

Com base no texto, é possível concluir que o rol de inelegibilidades relativas previstas na Constituição Federal é meramente exemplificativo. Há ainda a Lei Complementar nº 64/90 que traz várias hipóteses de inelegibilidade.

Condições para eleição do militar

O militar pode se candidatar a cargo político eletivo desde que observadas as regras estabelecidas no § 8º do Art. 14:

Art. 14, § 8º *- O militar alistável é elegível, atendidas as seguintes condições:*

I. *se contar menos de dez anos de serviço, deverá afastar-se da atividade;*

II. *se contar mais de dez anos de serviço, será agregado pela autoridade superior e, se eleito, passará automaticamente, no ato da diplomação, para a inatividade.*

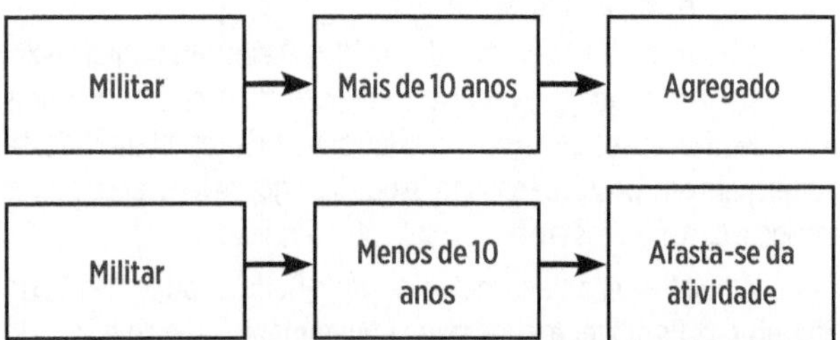

Primeiramente, deve-se ressaltar que a Constituição veda a filiação partidária aos militares:

Art. 142, § 3º, V. *O militar, enquanto em serviço ativo, não pode estar filiado a partidos políticos.*

Recordando as condições de elegibilidade, tem-se que é necessária a filiação partidária para ser elegível, contudo, no caso do militar, o TSE tem entendido que o registro da candidatura supre a falta de prévia filiação partidária.

Um segundo ponto interessante decorre da própria interpretação do § 8º, que prevê duas regras para eleição dos militares em razão do tempo de serviço:

Militar com menos de dez anos: deve se afastar da atividade;

Militar com mais de dez anos: deve ficar agregado pela autoridade superior e se eleito, passado para inatividade.

Esse prazo de dez anos escolhido pela Constituição decorre da garantia de estabilidade para os militares.

Impugnação de mandato eletivo

Estes parágrafos dispensam explicação e, quando aparecem em prova, costumam cobrar o próprio texto constitucional. Deve-se ter cuidado com o prazo de 15 dias para impugnação:

Art. 14, § 10 *- O mandato eletivo poderá ser impugnado ante a Justiça Eleitoral no prazo de quinze dias contados da diplomação, instruída a ação com provas de abuso do poder econômico, corrupção ou fraude.*

§ 11 *- A ação de impugnação de mandato tramitará em segredo de justiça, respondendo o autor, na forma da lei, se temerária ou de manifesta má-fé.*

Cassação, suspensão e perda dos direitos políticos

Uma coisa é certa: não existe cassação de direitos políticos no Brasil. Isso não pode ser esquecido, pois sempre é cobrado em prova. Apesar dessa norma protetiva, são permitidas a perda e a suspensão desses direitos, conforme disposto no Art. 15 da Constituição:

Art. 15. *É vedada a cassação de direitos políticos, cuja perda ou suspensão só se dará nos casos de:*

I. *Cancelamento da naturalização por sentença transitada em julgado;*

II. *Incapacidade civil absoluta;*

III. *Condenação criminal transitada em julgado, enquanto durarem seus efeitos;*

IV. *Recusa de cumprir obrigação a todos imposta ou prestação alternativa, nos termos do Art. 5º, VIII;*

V. *Improbidade administrativa, nos termos do Art. 37, § 4º.*

Observe-se que o texto constitucional não esclareceu muito bem quais são as hipóteses de perda ou suspensão, trabalho esse que ficou a cargo da doutrina fazer. Seguem abaixo as hipóteses de perda ou suspensão:

Cancelamento da naturalização por sentença transitada em julgado – trata-se de perda dos direitos políticos. Ora, se o indivíduo teve cancelado seu vínculo com o Estado Brasileiro, não há sentido em lhe garantir os direitos políticos;

Incapacidade civil absoluta – apesar de ser absoluta, essa incapacidade civil pode cessar dependendo da situação. Logo, é hipótese de suspensão dos direitos políticos;

Condenação criminal transitada em julgado, enquanto durarem seus efeitos – condenação criminal é suspensão, pois dura enquanto durar a pena. Deve-se ter cuidado com essa questão em prova. O efeito da suspensão sobre os direitos políticos independe do tipo de pena aplicada ao cidadão.

Recusa de cumprir obrigação a todos imposta ou prestação alternativa, nos termos do Art. 5º, VIII - essa é a famosa hipótese da escusa de consciência. Em relação a esse tema, existe divergência na doutrina. Parte da doutrina Constitucional entende que é hipótese de perda, outra parte da doutrina, principalmente eleitoral, entende que seja hipótese de suspensão.

Improbidade administrativa, nos termos do Art. 37, § 4º - essa é mais uma hipótese de suspensão dos direitos políticos.

Princípio da anterioridade eleitoral

Este princípio exige o prazo de um ano para aplicação de lei que altere processo eleitoral. Isso visa a evitar que os candidatos sejam pegos de surpresa com as regras eleitorais. O Art. 16 diz:

> ***Art. 16.*** *A lei que alterar o processo eleitoral entrará em vigor na data de sua publicação, não se aplicando à eleição que ocorra até um ano da data de sua vigência.*

O STF decidiu que essa lei não se aplica às eleições de 2010 por não ter respeitado esse princípio que requer o prazo de 1 ano para aplicação da lei que alterar o processo eleitoral.

A lei havia sido publicada em junho de 2010 e queriam que valesse para as eleições do mesmo ano. O STF disse que sua aplicação para 2010 era inconstitucional.

7.2 Partidos Políticos

Natureza jurídica dos partidos políticos

Os partidos políticos, segundo previsão expressa da Constituição, possuem natureza jurídica de direito privado. Segundo o disposto no Art. 17, § 2º:

> ***§ 2º*** *- Os partidos políticos, após adquirirem personalidade jurídica, na forma da lei civil, registrarão seus estatutos no Tribunal Superior Eleitoral.*

Quando a Constituição determina que os partidos devem adquirir sua personalidade jurídica na forma da lei civil, praticamente, afirma que é uma pessoa jurídica de direito privado apesar de ser exigido seu registro no TSE.

Direitos dos partidos

Os partidos possuem vários direitos previstos expressamente na Constituição, dentre os quais destacam-se:

Recursos do fundo partidário;

Acesso gratuito ao rádio e à televisão (Lei nº 9.096/95).

Limitações aos partidos

Apesar da liberdade estampada no *caput* do Art. 17, é possível perceber que a criação dos partidos políticos possui algumas limitações:

> ***Art. 17.*** *É livre a criação, fusão, incorporação e extinção de partidos políticos, resguardados a soberania nacional, o regime democrático, o pluripartidarismo, os direitos fundamentais da pessoa humana e observados os seguintes preceitos:*
>
> ***I.*** *Caráter nacional;*
>
> ***II.*** *Proibição de recebimento de recursos financeiros de entidade ou governo estrangeiros ou de subordinação a estes;*
>
> ***III.*** *Prestação de contas à Justiça Eleitoral;*
>
> ***IV.*** *Funcionamento parlamentar de acordo com a lei.*
>
> ***§ 4º*** *- É vedada a utilização pelos partidos políticos de organização paramilitar.*

Verticalização

Antes da Emenda Constitucional nº 52/2006, era utilizada a chamada Verticalização, que significava a necessidade de vinculação das candidaturas do nível nacional, estadual, distrital ou municipal. Vejamos como está escrito agora:

> ***§ 1º*** *- É assegurada aos partidos políticos autonomia para definir sua estrutura interna, organização e funcionamento e para adotar os critérios de escolha e o regime de suas coligações eleitorais, sem obrigatoriedade de vinculação entre as candidaturas em âmbito nacional, estadual, distrital ou municipal, devendo seus estatutos estabelecer normas de disciplina e fidelidade partidária.*

Significa dizer que não é mais preciso haver vinculação das candidaturas nos diversos níveis federativos (União, Estados, Distrito Federal e Municípios).

Questões

01. (FCC) Um jovem com vinte anos completos que deseja concorrer a cargo eletivo junto ao Executivo ou ao Legislativo, poderá ser eleito:

a) Vice-prefeito.
b) Juiz de paz.
c) Vereador.
d) Prefeito.
e) Deputado distrital.

02. (FCC) Sobre os Direitos Políticos, considere as seguintes assertivas:

I. Se contar menos de dez anos de serviço, o militar alistável é elegível, mas deverá afastar-se da atividade.
II. Para concorrer a outro cargo o Prefeito deve renunciar ao respectivo mandato até sete meses antes do pleito.
III. O mandato eletivo poderá ser impugnado ante a Justiça Eleitoral no prazo de trinta dias contados da diplomação, instruída a ação com provas de abuso do poder econômico, corrupção ou fraude.
IV. A ação de impugnação de mandato tramitará em segredo de justiça, respondendo o autor, na forma da lei, se temerária ou de manifesta má-fé.

Está correto o que se afirma apenas em:

a) I e III.
b) I e IV.
c) II e III.
d) II e IV.

03. (CESPE) O alistamento eleitoral e a candidatura a cargos eletivos são vedados aos analfabetos.

Certo ( ) Errado ( )

04. (CESPE) A soberania popular é exercida, em regra, por meio da democracia representativa. A Constituição Federal brasileira consagra, também, a democracia participativa ao prever instrumentos de participação intensa e efetiva do cidadão nas decisões governamentais.

Certo ( ) Errado ( )

05. (CESPE - ADAPTADA) Ao governador de determinado estado da Federação que pretenda candidatar-se a deputado federal nas próximas eleições não se exigirá a desincompatibilização do cargo, visto que se trata de eleição para outro cargo público.

Certo ( ) Errado ( )

Gabaritos

01	C	04	CERTO
02	B	05	ERRADO
03	ERRADO		

8. DA ORGANIZAÇÃO POLÍTICO-ADMINISTRATIVA

Para que se possa compreender a Organização Político-Administrativa do Estado Brasileiro, faz -se necessário, primeiramente, entender como se deu essa formação. Para isso, será abordado o Princípio Federativo.

8.1 Princípio Federativo

A Forma de Estado adotada no Brasil é a Federativa. Quando se afirma que o nosso Estado é uma Federação, quer-se dizer como se dá o exercício do poder político em função do território. Em um Estado Federal, existe pluralidade de poderes políticos internos, os quais se organizam de forma descentralizada. No Brasil, são quatro poderes políticos, também chamados de entes federativos:

União;

Estados;

Distrito Federal;

Municípios.

Essa organização é baseada na autonomia política de cada ente federativo. Deve-se estar atento a esse tema em prova, pois as bancas gostam de trocar autonomia por soberania. Cada ente possui sua própria autonomia, enquanto que o Estado Federal possui a soberania. A autonomia de cada ente federativo se dá no âmbito político, financeiro, orçamentário, administrativo e em qualquer outra área permitida pela Constituição Federal:

> ***Art. 18.*** *A organização político-administrativa da República Federativa do Brasil compreende a União, os Estados, o Distrito Federal e os Municípios, todos autônomos, nos termos desta Constituição.*

Deve-se destacar, inclusive, que o pacto federativo sobrevive em torno da Constituição Federal, que impede sua dissolução sob pena de se decretar Intervenção Federal:

> ***Art. 34.*** *A União não intervirá nos Estados nem no Distrito Federal, exceto para:*
>
> ***I.*** *Manter a integridade nacional.*

A proibição de secessão, que impede a separação de um ente federativo, também é conhecida como Princípio da Indissolubilidade.

Outro ponto muito cobrado em prova diz respeito à inexistência de hierarquia entre os entes federativos. O que distingue um ente federativo do outro não é a superioridade, mas a distribuição de competências feita pela própria Constituição Federal. Não se deve esquecer também que as Unidades da Federação possuem representação junto ao Poder Legislativo da União, mais precisamente, no Senado Federal.

Em razão dessa organização completamente diferenciada, a doutrina classifica a federação brasileira de várias formas:

Tricotômica

Federação constituída em três níveis: federal, estadual e municipal. O Distrito Federal não é considerado nessa classificação, haja vista possuir competência híbrida, agindo tanto como um Estado quanto como Município;

Centrífuga

Característica que reflete a formação da federação brasileira. É a formação "de dentro para fora". O movimento é de centrifugadora. A força de criação do estado federal brasileiro surgiu a partir de um Estado Unitário para a criação de um estado federado, ou seja, o poder centralizado que se torna descentralizado. O poder político era concentrado nas mãos de um só ente e depois passa a fazer parte de vários entes federativos;

Por Desagregação

Ocorre quando um Estado Unitário resolve se descentralizar politicamente, desagregando o poder central em favor de vários entes titulares de poder político.

Mais uma característica que não pode ser ignorada em prova: a Forma Federativa de Estado é uma cláusula pétrea, conforme dispõe o Art. 60, § 4º, I:

> ***Art. 60, § 4º*** *- Não será objeto de deliberação a proposta de emenda tendente a abolir:*
>
> ***I.*** *A forma federativa de Estado.*

Cumpre lembrar de que a Capital do Brasil é Brasília. Deve-se ter cuidado: há questão de prova que diz que a Capital é o Distrito Federal. O Distrito Federal é um ente federativo, ao passo que Brasília é uma Região Administrativa dentro do Distrito Federal:

> ***Art. 18, § 1º*** *- Brasília é a Capital Federal.*

Outra coisa com a qual se deve ter cuidado diz respeito aos Territórios Federais:

> ***§ 2º*** *- Os Territórios Federais integram a União, e sua criação, transformação em Estado ou reintegração ao Estado de origem serão reguladas em lei complementar.*

Esses não são entes federativos, pois não possuem autonomia política. São pessoas jurídicas de direito público que possuem apenas capacidade administrativa. Sua natureza jurídica é de autarquia federal e só podem ser criados por lei federal. Para sua criação se faz necessária a aprovação das populações diretamente envolvidas, por meio de plebiscito, parecer da Assembleia Legislativa e lei complementar federal. Os territórios são administrados por governadores escolhidos pelo Presidente da República e podem ser divididos em municípios. Cada território elegerá quatro deputados federais, mas não poderá eleger Senador da República. Seguem abaixo vários dispositivos constitucionais que regulamentam os Territórios:

> ***Art. 18, § 3º*** *- Os Estados podem incorporar-se entre si, subdividir-se ou desmembrar-se para se anexarem a outros, ou formarem novos Estados ou Territórios Federais, mediante aprovação da população diretamente interessada, através de plebiscito, e do Congresso Nacional, por lei complementar.*
>
> ***Art. 45, § 2º*** *- Cada Território elegerá quatro Deputados.*
>
> ***Art. 48.*** *Cabe ao Congresso Nacional, com a sanção do Presidente da República, não exigida esta para o especificado nos Arts. 49, 51 e 52, dispor sobre todas as matérias de competência da União, especialmente sobre:*
>
> ***VI.*** *Incorporação, subdivisão ou desmembramento de áreas de Territórios ou Estados, ouvidas as respectivas Assembleias Legislativas.*

> ***Art. 84.*** *Compete privativamente ao Presidente da República:*
>
> ***XIV.*** *Nomear, após aprovação pelo Senado Federal, os Ministros do Supremo Tribunal Federal e dos Tribunais Superiores, os Governadores de Territórios, o Procurador-Geral da República, o presidente e os diretores do banco central e outros servidores, quando determinado em lei.*

A Constituição Federal autoriza a divisão dos Territórios em Municípios. Os Territórios com mais de 100.000 habitantes possuirão Poder Judiciário próprio, bem como membros do Ministério Público e Defensores Públicos Federais. Poderão ainda eleger membros para Câmara Territorial:

> ***Art. 33, § 1º*** *- Os Territórios poderão ser divididos em Municípios, aos quais se aplicará, no que couber, o disposto no Capítulo IV deste Título.*
>
> ***§ 3º*** *- Nos Territórios Federais com mais de cem mil habitantes, além do Governador nomeado na forma desta Constituição, haverá órgãos judiciários de primeira e segunda instância, membros do Ministério Público e defensores públicos federais; a lei disporá sobre as eleições para a Câmara Territorial e sua competência deliberativa.*

8.2 Vedações Constitucionais

A Constituição Federal fez questão de estabelecer algumas vedações expressas aos entes federativos, as quais estão previstas no Art. 19:

> ***Art. 19.*** *É vedado à União, aos Estados, ao Distrito Federal e aos Municípios:*
>
> ***I.*** *Estabelecer cultos religiosos ou igrejas, subvencioná-los, embaraçar-lhes o funcionamento ou manter com eles ou seus representantes relações de dependência ou aliança, ressalvada, na forma da lei, a colaboração de interesse público;*
>
> ***II.*** *Recusar fé aos documentos públicos;*
>
> ***III.*** *Criar distinções entre brasileiros ou preferências entre si.*

A primeira vedação decorre da laicidade do Estado brasileiro, ou seja, não possuímos religião oficial no Brasil, em razão da situação de separação entre Estado e Igreja. A segunda vedação decorre da presunção de veracidade dos documentos públicos. E, por último, contemplando o Princípio da Isonomia, o qual será tratado em momento oportuno, fica vedado estabelecer distinções entre brasileiros ou preferências entre si. Atente-se a esta questão.

8.3 Características dos Entes Federativos

União

Muitos sentem dificuldade em visualizar a União, tendo em vista ser um ente meio abstrato. O que se precisa saber é que a União é uma pessoa jurídica de direito público interno ao mesmo tempo em que é pessoa jurídica de direito público externo. É o Poder Central responsável por assuntos de interesse geral do Estado e que representa os demais entes federativos. Apesar de não possuir o atributo Soberania, a União exerce essa soberania em nome do Estado Federal. É só pensar na representação internacional do Estado. Quem celebra tratados internacionais? É o Chefe do Executivo da União, o Presidente da República.

Um dos temas mais cobrados em prova são os Bens da União. Os Bens da União estão previstos no Art. 20 da Constituição Federal:

> ***Art. 20.*** *São bens da União:*
>
> ***I.*** *Os que atualmente lhe pertencem e os que lhe vierem a ser atribuídos;*
>
> ***II.*** *As terras devolutas indispensáveis à defesa das fronteiras, das fortificações e construções militares, das vias federais de comunicação e à preservação ambiental, definidas em lei;*
>
> ***III.*** *Os lagos, rios e quaisquer correntes de água em terrenos de seu domínio, ou que banhem mais de um Estado, sirvam de limites com outros países, ou se estendam a território estrangeiro ou dele provenham, bem como os terrenos marginais e as praias fluviais;*
>
> ***IV.*** *As ilhas fluviais e lacustres nas zonas limítrofes com outros países; as praias marítimas; as ilhas oceânicas e as costeiras, excluídas, destas, as que contenham a sede de Municípios, exceto aquelas áreas afetadas ao serviço público e a unidade ambiental federal, e as referidas no art. 26, II;*
>
> ***V.*** *Os recursos naturais da plataforma continental e da zona econômica exclusiva;*
>
> ***VI.*** *O mar territorial;*
>
> ***VII.*** *Os terrenos de marinha e seus acrescidos;*
>
> ***VIII.*** *os potenciais de energia hidráulica;*
>
> ***IX.*** *Os recursos minerais, inclusive os do subsolo;*
>
> ***X.*** *As cavidades naturais subterrâneas e os sítios arqueológicos e pré-históricos;*
>
> ***XI.*** *As terras tradicionalmente ocupadas pelos índios.*
>
> ***§ 1º*** *É assegurada, nos termos da lei, à União, aos Estados, ao Distrito Federal e aos Municípios a participação no resultado da exploração de petróleo ou gás natural, de recursos hídricos para fins de geração de energia elétrica a e de outros recursos minerais no respectivo território, plataforma continental, mar territorial ou zona econômica exclusiva, ou compensação financeira por essa exploração.*
>
> ***§ 2º*** *- A faixa de até cento e cinquenta quilômetros de largura, ao longo das fronteiras terrestres, designada como faixa de fronteira, é considerada fundamental para defesa do território nacional, e sua ocupação e utilização serão reguladas em lei.*

Esse artigo, quando cobrado em prova, costuma ser trabalhado apenas com o texto literal da Constituição. A dica de estudo é a memorização dos bens que são considerados da União. Contudo, alguns bens necessitam de uma explicação maior para que sejam compreendidos.

Terras devolutas

O inciso II fala das chamadas terras devolutas, mas o que significa terras devolutas? São terras que estão sob o domínio da União sem qualquer destinação, nem pública nem privada. Serão da União apenas as terras devolutas indispensáveis à defesa das fronteiras, das fortificações e construções militares, das vias federais de comunicação e à preservação ambiental, conforme definição em lei. As demais terras devolutas serão de propriedade dos Estados Membros nos termos do Art. 26, IV:

> ***Art. 26.*** *Incluem-se entre os bens dos Estados:*
>
> ***IV.*** *As terras devolutas não compreendidas entre as da União.*

Mar territorial, plataforma continental e zona econômica exclusiva

Os incisos IV e V apresentam três bens que são muito interessantes e que se confundem nas cabeças dos alunos: mar territorial, plataforma continental e Zona Econômica Exclusiva. A Lei 8.617/93 esclarece as diferenças entre esses institutos.

O mar territorial é formado por uma faixa de água marítima ao longo da costa brasileira, com uma dimensão de 12 milhas marítimas, contadas a partir da linha base. A plataforma continental é o prolongamento natural do território terrestre, compreendidos o leito e o subsolo do mar até a distância de 200 milhas marítimas ou até o bordo exterior da margem continental.

A zona econômica exclusiva é a extensão situada além do mar territorial até o limite das 200 milhas marítimas.

Acerca desse tema sempre há confusão. O mar territorial é extensão do território nacional sobre qual o Estado exerce sua soberania. Já a plataforma continental e a zona econômica exclusiva são águas internacionais onde o direito à soberania do Estado se limita à exploração e ao aproveitamento, à conservação e a gestão dos recursos naturais, vivos ou não vivos, das águas sobrejacentes ao leito do mar, do leito do mar e seu subsolo, e no que se refere a outras atividades com vistas à exploração e ao aproveitamento da zona para fins econômicos.

Estados

Os Estados são pessoas jurídicas de direito público interno, entes federativos detentores de autonomia própria. Essa autonomia se percebe pela sua capacidade de auto-organização, autogoverno, autoadministração. Destaca-se, ainda, o seu poder de criação da própria Constituição Estadual, bem como das demais normas de sua competência:

> ***Art. 25.*** *Os Estados organizam-se e regem-se pelas Constituições e leis que adotarem, observados os princípios desta Constituição.*

Percebe-se, ainda, o seu autogoverno à medida que cada Estado organiza seus próprios Poderes: Poder Legislativo (Assembleia Legislativa), Poder Executivo (Governador) e Poder Judiciário (Tribunal de Justiça). Destacam-se também suas autonomias administrativa, tributária e financeira.

Segundo o Art. 18, § 3º:

> ***Art. 18, § 3º -*** *Os Estados podem incorporar-se entre si, subdividir-se ou desmembrar-se para se anexarem a outros, ou formarem novos Estados ou Territórios Federais, mediante aprovação da população diretamente interessada, através de plebiscito, e do Congresso Nacional, por lei complementar.*

O que se precisa lembrar para a prova é que, para se criar outro Estado, faz-se necessária a aprovação da população diretamente interessada por meio de plebiscito e que essa criação depende de lei complementar federal. A Constituição prevê ainda a oitiva das Assembleias Legislativas envolvidas na modificação:

> ***Art. 48.*** *Cabe ao Congresso Nacional, com a sanção do Presidente da República, não exigida esta para o especificado nos Arts. 49, 51 e 52, dispor sobre todas as matérias de competência da União, especialmente sobre:*
>
> ***IV.*** *Incorporação, subdivisão ou desmembramento de áreas de Territórios ou Estados, ouvidas as respectivas Assembleias Legislativas.*

Em razão de sua autonomia, a Constituição apresentou um rol de bens que pertencem aos Estados:

> ***Art. 26.*** *Incluem-se entre os bens dos Estados:*
>
> ***I.*** *As águas superficiais ou subterrâneas, fluentes, emergentes e em depósito, ressalvadas, neste caso, na forma da lei, as decorrentes de obras da União;*
>
> ***II.*** *As áreas, nas ilhas oceânicas e costeiras, que estiverem no seu domínio, excluídas aquelas sob domínio da União, Municípios ou terceiros;*
>
> ***III.*** *As ilhas fluviais e lacustres não pertencentes à União;*
>
> ***IV.*** *As terras devolutas não compreendidas entre as da União.*

Algumas regras em relação à Organização dos Poderes Legislativo e Executivo no âmbito dos Estados também aparecem na Constituição Federal. Quando cobradas em prova, a leitura e memorização dos artigos abaixo se tornam essenciais:

> ***Art. 27.*** *O número de Deputados à Assembleia Legislativa corresponderá ao triplo da representação do Estado na Câmara dos Deputados e, atingido o número de trinta e seis, será acrescido de tantos quantos forem os Deputados Federais acima de doze.*
>
> ***§ 1º*** *- Será de quatro anos o mandato dos Deputados Estaduais, aplicando-se-lhes as regras desta Constituição sobre sistema eleitoral, inviolabilidade, imunidades, remuneração, perda de mandato, licença, impedimentos e incorporação às Forças Armadas.*
>
> ***§ 2º*** *- O subsídio dos Deputados Estaduais será fixado por lei de iniciativa da Assembleia Legislativa, na razão de, no máximo, setenta e cinco por cento daquele estabelecido, em espécie, para os Deputados Federais, observado o que dispõem os Arts. 39, § 4º, 57, § 7º, 150, II, 153, III, e 153, § 2º, I.*
>
> ***§ 3º*** *- Compete às Assembleias Legislativas dispor sobre seu regimento interno, polícia e serviços administrativos de sua secretaria, e prover os respectivos cargos.*
>
> ***§ 4º*** *- A lei disporá sobre a iniciativa popular no processo legislativo estadual.*
>
> ***Art. 28.*** *A eleição do Governador e do Vice-Governador de Estado, para mandato de quatro anos, realizar-se-á no primeiro domingo de outubro, em primeiro turno, e no último domingo de outubro, em segundo turno, se houver, do ano anterior ao do término do mandato de seus antecessores, e a posse ocorrerá em primeiro de janeiro do ano subsequente, observado, quanto ao mais, o disposto no Art. 77.*
>
> ***§ 1º*** *- Perderá o mandato o Governador que assumir outro cargo ou função na administração pública direta ou indireta, ressalvada a posse em virtude de concurso público e observado o disposto no Art. 38, I, IV e V.*
>
> ***§ 2º*** *- Os subsídios do Governador, do Vice-Governador e dos Secretários de Estado serão fixados por lei de iniciativa da Assembleia Legislativa, observado o que dispõem os Arts. 37, XI, 39, § 4º, 150, II, 153, III, e 153, § 2º, I.*

Municípios

Os municípios são elencados pela Constituição Federal como entes federativos dotados de autonomia, a qual se percebe pela sua capacidade de auto-organização, autogoverno e autoadministração. São regidos por Lei Orgânica e possui Executivo e Legislativo próprio, os quais são representados, respectivamente, pela Prefeitura e pela Câmara Municipal e que são regulamentados pelos Arts. 29 e 29-A da Constituição. O examinador pode explorar, em prova de concurso público, questões que requeiram a memorização desses artigos. Para entender por que ele faria isso, recomenda-se a leitura:

__Art. 29.__ O Município reger-se-á por lei orgânica, votada em dois turnos, com o interstício mínimo de dez dias, e aprovada por dois terços dos membros da Câmara Municipal, que a promulgará, atendidos os princípios estabelecidos nesta Constituição, na Constituição do respectivo Estado e os seguintes preceitos:

__I.__ Eleição do Prefeito, do Vice-Prefeito e dos Vereadores, para mandato de quatro anos, mediante pleito direto e simultâneo realizado em todo o País;

__II.__ Eleição do Prefeito e do Vice-Prefeito realizada no primeiro domingo de outubro do ano anterior ao término do mandato dos que devam suceder, aplicadas as regras do Art. 77, no caso de Municípios com mais de duzentos mil eleitores;

__III.__ Posse do Prefeito e do Vice-Prefeito no dia 1º de janeiro do ano subsequente ao da eleição;

__IV.__ Para a composição das Câmaras Municipais, será observado o limite máximo de:

__a)__ 9 (nove) Vereadores, nos Municípios de até 15.000 (quinze mil) habitantes;

__b)__ 11 (onze) Vereadores, nos Municípios de mais de 15.000 (quinze mil) habitantes e de até 30.000 (trinta mil) habitantes;

__c)__ 13 (treze) Vereadores, nos Municípios com mais de 30.000 (trinta mil) habitantes e de até 50.000 (cinquenta mil) habitantes;

__d)__ 15 (quinze) Vereadores, nos Municípios de mais de 50.000 (cinquenta mil) habitantes e de até 80.000 (oitenta mil) habitantes;

__e)__ 17 (dezessete) Vereadores, nos Municípios de mais de 80.000 (oitenta mil) habitantes e de até 120.000 (cento e vinte mil) habitantes;

__f)__ 19 (dezenove) Vereadores, nos Municípios de mais de 120.000 (cento e vinte mil) habitantes e de até 160.000 (cento sessenta mil) habitantes;

__g)__ 21 (vinte e um) Vereadores, nos Municípios de mais de 160.000 (cento e sessenta mil) habitantes e de até 300.000 (trezentos mil) habitantes;

__h)__ 23 (vinte e três) Vereadores, nos Municípios de mais de 300.000 (trezentos mil) habitantes e de até 450.000 (quatrocentos e cinquenta mil) habitantes;

__i)__ 25 (vinte e cinco) Vereadores, nos Municípios de mais de 450.000 (quatrocentos e cinquenta mil) habitantes e de até 600.000 (seiscentos mil) habitantes;

__j)__ 27 (vinte e sete) Vereadores, nos Municípios de mais de 600.000 (seiscentos mil) habitantes e de até 750.000 (setecentos cinquenta mil) habitantes;

__k)__ 29 (vinte e nove) Vereadores, nos Municípios de mais de 750.000 (setecentos e cinquenta mil) habitantes e de até 900.000 (novecentos mil) habitantes;

__l)__ 31 (trinta e um) Vereadores, nos Municípios de mais de 900.000 (novecentos mil) habitantes e de até 1.050.000 (um milhão e cinquenta mil) habitantes;

__m)__ 33 (trinta e três) Vereadores, nos Municípios de mais de 1.050.000 (um milhão e cinquenta mil) habitantes e de até 1.200.000 (um milhão e duzentos mil) habitantes;

__n)__ 35 (trinta e cinco) Vereadores, nos Municípios de mais de 1.200.000 (um milhão e duzentos mil) habitantes e de até 1.350.000 (um milhão e trezentos e cinquenta mil) habitantes;

__o)__ 37 (trinta e sete) Vereadores, nos Municípios de 1.350.000 (um milhão e trezentos e cinquenta mil) habitantes e de até 1.500.000 (um milhão e quinhentos mil) habitantes;

__p)__ 39 (trinta e nove) Vereadores, nos Municípios de mais de 1.500.000 (um milhão e quinhentos mil) habitantes e de até 1.800.000 (um milhão e oitocentos mil) habitantes;

__q)__ 41 (quarenta e um) Vereadores, nos Municípios de mais de 1.800.000 (um milhão e oitocentos mil) habitantes e de até 2.400.000 (dois milhões e quatrocentos mil) habitantes;

__r)__ 43 (quarenta e três) Vereadores, nos Municípios de mais de 2.400.000 (dois milhões e quatrocentos mil) habitantes e de até 3.000.000 (três milhões) de habitantes;

__s)__ 45 (quarenta e cinco) Vereadores, nos Municípios de mais de 3.000.000 (três milhões) de habitantes e de até 4.000.000 (quatro milhões) de habitantes;

__t)__ 47 (quarenta e sete) Vereadores, nos Municípios de mais de 4.000.000 (quatro milhões) de habitantes e de até 5.000.000 (cinco milhões) de habitantes;

__u)__ 49 (quarenta e nove) Vereadores, nos Municípios de mais de 5.000.000 (cinco milhões) de habitantes e de até 6.000.000 (seis milhões) de habitantes;

__v)__ 51 (cinquenta e um) Vereadores, nos Municípios de mais de 6.000.000 (seis milhões) de habitantes e de até 7.000.000 (sete milhões) de habitantes;

__w)__ 53 (cinquenta e três) Vereadores, nos Municípios de mais de 7.000.000 (sete milhões) de habitantes e de até 8.000.000 (oito milhões) de habitantes; e

__x)__ 55 (cinquenta e cinco) Vereadores, nos Municípios de mais de 8.000.000 (oito milhões) de habitantes;

__V.__ Subsídios do Prefeito, do Vice-Prefeito e dos Secretários Municipais fixados por lei de iniciativa da Câmara Municipal, observado o que dispõem os Arts. 37, XI, 39, § 4º, 150, II, 153, III, e 153, § 2º, I;

__VI.__ O subsídio dos Vereadores será fixado pelas respectivas Câmaras Municipais em cada legislatura para a subsequente, observado o que dispõe esta Constituição, observados os critérios estabelecidos na respectiva Lei Orgânica e os seguintes limites máximos:

__a)__ em Municípios de até dez mil habitantes, o subsídio máximo dos Vereadores corresponderá a vinte por cento do subsídio dos Deputados Estaduais;

__b)__ em Municípios de dez mil e um a cinquenta mil habitantes, o subsídio máximo dos Vereadores corresponderá a trinta por cento do subsídio dos Deputados Estaduais;

__c)__ em Municípios de cinquenta mil e um a cem mil habitantes, o subsídio máximo dos Vereadores corresponderá a quarenta por cento do subsídio dos Deputados Estaduais;

__d)__ em Municípios de cem mil e um a trezentos mil habitantes, o subsídio máximo dos Vereadores corresponderá a cinquenta por cento do subsídio dos Deputados Estaduais;

__e)__ em Municípios de trezentos mil e um a quinhentos mil habitantes, o subsídio máximo dos Vereadores corresponderá a sessenta por cento do subsídio dos Deputados Estaduais;

__f)__ em Municípios de mais de quinhentos mil habitantes, o subsídio máximo dos Vereadores corresponderá a setenta e cinco por cento do subsídio dos Deputados Estaduais;

__VII.__ O total da despesa com a remuneração dos Vereadores não poderá ultrapassar o montante de cinco por cento da receita do Município;

__VIII.__ Inviolabilidade dos Vereadores por suas opiniões, palavras e votos no exercício do mandato e na circunscrição do Município;

__IX.__ Proibições e incompatibilidades, no exercício da vereança, similares, no que couber, ao disposto nesta Constituição para os membros do Congresso Nacional e na Constituição do respectivo Estado para os membros da Assembleia Legislativa;

__X.__ Julgamento do Prefeito perante o Tribunal de Justiça;

__XI.__ Organização das funções legislativas e fiscalizadoras da Câmara Municipal;

__XII.__ Cooperação das associações representativas no planejamento municipal;

__XIII.__ Iniciativa popular de projetos de lei de interesse específico do Município, da cidade ou de bairros, através de manifestação de, pelo menos, cinco por cento do eleitorado;

__XIV.__ Perda do mandato do Prefeito, nos termos do Art. 28, parágrafo único.

__Art. 29-A.__ O total da despesa do Poder Legislativo Municipal, incluídos os subsídios dos Vereadores e excluídos os gastos com inativos, não poderá ultrapassar os seguintes percentuais, relativos ao somatório da receita tributária e das transferências previstas no § 5º do Art. 153 e nos Arts. 158 e 159, efetivamente realizado no exercício anterior:

__IX.__ 7% (sete por cento) para Municípios com população de até 100.000 (cem mil) habitantes;

__X.__ 6% (seis por cento) para Municípios com população entre 100.000 (cem mil) e 300.000 (trezentos mil) habitantes;

__XI.__ 5% (cinco por cento) para Municípios com população entre 300.001 (trezentos mil e um) e 500.000 (quinhentos mil) habitantes;

__XII.__ 4,5% (quatro inteiros e cinco décimos por cento) para Municípios com população entre 500.001 (quinhentos mil e um) e 3.000.000 (três milhões) de habitantes;

__XIII.__ 4% (quatro por cento) para Municípios com população entre 3.000.001 (três milhões e um) e 8.000.000 (oito milhões) de habitantes;

__XIV.__ 3,5% (três inteiros e cinco décimos por cento) para Municípios com população acima de 8.000.001 (oito milhões e um) habitantes.

__§1º__ - A Câmara Municipal não gastará mais de setenta por cento de sua receita com folha de pagamento, incluído o gasto com o subsídio de seus Vereadores.

__§2º__ - Constitui crime de responsabilidade do Prefeito Municipal:

__I.__ Efetuar repasse que supere os limites definidos neste artigo;

__II.__ Não enviar o repasse até o dia vinte de cada mês; ou

__III.__ Enviá-lo a menor em relação à proporção fixada na Lei Orçamentária.

__§3º__ - Constitui crime de responsabilidade do Presidente da Câmara Municipal o desrespeito ao § 1º deste artigo.

Mesmo sendo dotada de autonomia federativa, sua organização possui algumas limitações impostas pela própria Constituição. Entre essas limitações, deve-se destacar a ausência de Poder Judiciário no âmbito municipal, cuja função jurisdicional é exercida pelos órgãos do Judiciário Federal e Estadual. É importante lembrar que não existe representante municipal no Congresso Nacional.

A Constituição permite que sejam criados novos municípios, conforme as regras estabelecidas no Art. 18, § 4º:

__Art. 18__, § 4º - A criação, a incorporação, a fusão e o desmembramento de Municípios, far-se-ão por lei estadual, dentro do período determinado por Lei Complementar Federal, e dependerão de consulta prévia, mediante plebiscito, às populações dos Municípios envolvidos, após divulgação dos Estudos de Viabilidade Municipal, apresentados e publicados na forma da lei.

Perceba que as regras são um pouco diferentes das necessárias para a criação de Estados. A primeira coisa que deve ser lembrada é que a criação será por Lei Ordinária Estadual, desde que haja autorização emanada de Lei Complementar Federal. As populações diretamente envolvidas na modificação devem ser consultadas por meio de plebiscito. E, por último, não se pode esquecer a exigência de Estudo de Viabilidade Municipal. Para prova, memorize essas condições.

Um fato curioso é que apesar de não existir ainda uma Lei Complementar Federal autorizando o período de criação de Municípios, vários Municípios foram criados na vigência de Constituição Federal, o que obrigou o Congresso Nacional a aprovar a Emenda Constitucional nº 57/2008, que acrescentou o Art. 96 ao Ato das Disposições Constitucionais Transitórias (ADCT), convalidando a criação dos Municípios até 31 de dezembro de 2006:

__Art. 96.__ Ficam convalidados os atos de criação, fusão, incorporação e desmembramento de Municípios, cuja lei tenha sido publicada até 31 de dezembro de 2006, atendidos os requisitos estabelecidos na legislação do respectivo Estado à época de sua criação.

Distrito federal

Se questionarem se o Distrito Federal é um Estado ou é um Município, a resposta será: "O Distrito Federal não é Estado nem Município, é Distrito Federal."

A Constituição Federal afirma que o Distrito Federal é ente federativo assim como a União, os Estados e os Municípios. Esse ente federativo é conhecido pela sua autonomia e por sua competência híbrida. Quando se fala em competência híbrida, quer-se dizer que o DF pode exercer competências tanto de Estado quanto de Município:

__Art. 32, § 1º__ - Ao Distrito Federal são atribuídas as competências legislativas reservadas aos Estados e Municípios.

Caracteriza a sua autonomia o fato de poder criar a sua própria Lei Orgânica, bem como a existência do Poder Executivo (Governador), Legislativo (Câmara Legislativa) e Judiciário (Tribunal de Justiça do Distrito Federal e Territórios):

__Art. 32.__ O Distrito Federal, vedada sua divisão em Municípios, reger-se-á por lei orgânica, votada em dois turnos com interstício mínimo de dez dias, e aprovada por dois terços da Câmara Legislativa, que a promulgará, atendidos os princípios estabelecidos nesta Constituição.

__§ 2º__ - A eleição do Governador e do Vice-Governador, observadas as regras do Art. 77, e dos Deputados Distritais coincidirá com a dos Governadores e Deputados Estaduais, para mandato de igual duração.

__§ 3º__ - Aos Deputados Distritais e à Câmara Legislativa aplica-se o disposto no Art. 27.

Como se pode depreender da leitura do artigo, a autonomia do DF possui algumas limitações, por exemplo, a vedação da sua divisão em Municípios. Nesse mesmo sentido, deve-se lembrar que o DF não possui competência para organizar e manter as Polícias Civil e Militar, o Corpo de Bombeiros Militar, o Poder Judiciário, o Ministério Público e a Defensoria Pública. Nesses casos, a competência foi conferida à União:

> ***Art. 32, § 4º*** *- Lei federal disporá sobre a utilização, pelo Governo do Distrito Federal, da polícia civil, da polícia penal, da polícia militar e do corpo de bombeiros militar.*
>
> ***Art. 21.*** *Compete à União:*
>
> ***XIII*** *- organizar e manter o Poder Judiciário, o Ministério Público do Distrito Federal e dos Territórios e a Defensoria Pública dos Territórios;*
>
> ***XIV*** *- organizar e manter a polícia civil, a polícia penal, a polícia militar e o corpo de bombeiros militar do Distrito Federal, bem como prestar assistência financeira ao Distrito Federal para a execução de serviços públicos, por meio de fundo próprio;*

Por fim, é importante lembrar que o Distrito Federal não se confunde com Brasília. Isso é facilmente percebido pela leitura do Art. 18:

> ***Art. 18.*** *A organização político-administrativa da República Federativa do Brasil compreende a União, os Estados, o Distrito Federal e os Municípios, todos autônomos, nos termos desta Constituição.*
>
> ***§ 1º*** *- Brasília é a Capital Federal.*

O Distrito Federal é ente federativo, ao passo que Brasília é a Capital Federal. Sob a ótica da organização administrativa do DF, pode-se afirmar que Brasília é uma das Regiões Administrativas do Distrito Federal, haja vista não poder o DF ser dividido em municípios.

8.4 Competências dos Entes Federativos

Como já foi visto, entre os entes federativos não existe hierarquia. Mas o que diferencia um ente federativo do outro? A diferença está na distribuição das competências pela Constituição. Cada ente federativo possui sua parcela de responsabilidades estabelecidas dentro da Constituição Federal.

Para a fixação dessas competências, a Constituição fez uso do Princípio da Predominância de Interesse. Esse princípio define a abrangência das competências de cada ente com base na predominância de interesse. Para a União, em regra, foram previstas competências de interesse geral, de toda a coletividade. Para os Estados, a Constituição reservou competências de interesse regional. Aos Municípios, competências de interesse local. E, por fim, ao Distrito Federal, foram reservadas competências de interesse local e regional, razão pela qual a doutrina chama de competência híbrida.

As competências são classificadas em dois tipos:

Competências Materiais ou Administrativas;

Competências Legislativas.

As competências materiais ou administrativas são aquelas que preveem ações a serem desempenhadas pelos entes federativos.

As competências legislativas estão relacionadas com a capacidade que um ente federativo possui de criar leis, inovar o ordenamento jurídico. Primeiramente, serão analisadas as competências administrativas de todos os entes federativos. De início, será abordada a União.

Competências administrativas

A União possui duas formas de competências materiais: Exclusiva e Comum. As competências exclusivas estão previstas no Art. 21 da Constituição Federal:

> ***Art. 21.*** *Compete à União:*
>
> ***I.*** *Manter relações com Estados estrangeiros e participar de organizações internacionais;*
>
> ***II.*** *Declarar a guerra e celebrar a paz;*
>
> ***III.*** *Assegurar a defesa nacional;*
>
> ***IV.*** *Permitir, nos casos previstos em lei complementar, que forças estrangeiras transitem pelo território nacional ou nele permaneçam temporariamente;*
>
> ***V.*** *Decretar o estado de sítio, o estado de defesa e a intervenção federal;*
>
> ***VI.*** *Autorizar e fiscalizar a produção e o comércio de material bélico;*
>
> ***VII.*** *Emitir moeda;*
>
> ***VIII.*** *Administrar as reservas cambiais do País e fiscalizar as operações de natureza financeira, especialmente as de crédito, câmbio e capitalização, bem como as de seguros e de previdência privada;*
>
> ***IX.*** *Elaborar e executar planos nacionais e regionais de ordenação do território e de desenvolvimento econômico e social;*
>
> ***X.*** *Manter o serviço postal e o correio aéreo nacional;*
>
> ***XI.*** *Explorar, diretamente ou mediante autorização, concessão ou permissão, os serviços de telecomunicações, nos termos da lei, que disporá sobre a organização dos serviços, a criação de um órgão regulador e outros aspectos institucionais;*
>
> ***XII.*** *Explorar, diretamente ou mediante autorização, concessão ou permissão:*
>
> ***a)*** *os serviços de radiodifusão sonora, e de sons e imagens;*
>
> ***b)*** *os serviços e instalações de energia elétrica e o aproveitamento energético dos cursos de água, em articulação com os Estados onde se situam os potenciais hidroenergéticos;*
>
> ***c)*** *a navegação aérea, aeroespacial e a infraestrutura aeroportuária;*
>
> ***d)*** *os serviços de transporte ferroviário e aquaviário entre portos brasileiros e fronteiras nacionais, ou que transponham os limites de Estado ou Território;*
>
> ***e)*** *os serviços de transporte rodoviário interestadual e internacional de passageiros;*
>
> ***f)*** *os portos marítimos, fluviais e lacustres;*
>
> ***XIII.*** *organizar e manter o Poder Judiciário, o Ministério Público do Distrito Federal e dos Territórios e a Defensoria Pública dos Territórios;*
>
> ***XIV.*** *organizar e manter a polícia civil, a polícia penal, a polícia militar e o corpo de bombeiros militar do Distrito Federal, bem como prestar assistência financeira ao Distrito Federal para a execução de serviços públicos, por meio de fundo próprio;*

XV. *Organizar e manter os serviços oficiais de estatística, geografia, geologia e cartografia de âmbito nacional;*

XVI. *Exercer a classificação, para efeito indicativo, de diversões públicas e de programas de rádio e televisão;*

XVII. *Conceder anistia;*

XVIII. *Planejar e promover a defesa permanente contra as calamidades públicas, especialmente as secas e as inundações;*

XIX. *Instituir sistema nacional de gerenciamento de recursos hídricos e definir critérios de outorga de direitos de seu uso;*

XX. *Instituir diretrizes para o desenvolvimento urbano, inclusive habitação, saneamento básico e transportes urbanos;*

XXI. *Estabelecer princípios e diretrizes para o sistema nacional de viação;*

XXII. *Executar os serviços de polícia marítima, aeroportuária e de fronteiras;*

XXIII. *Explorar os serviços e instalações nucleares de qualquer natureza e exercer monopólio estatal sobre a pesquisa, a lavra, o enriquecimento e reprocessamento, a industrialização e o comércio de minérios nucleares e seus derivados, atendidos os seguintes princípios e condições:*

Essas competências são exclusivas, pois a União exclui a possibilidade de outro ente federativo realizá-la. Por isso, diz-se que são indelegáveis. Só a União pode fazer.

A outra competência material da União é a comum. Ela é comum a todos os entes federativos, União, Estados, Distrito Federal e Municípios. Vejamos o que diz o Art. 23:

Art. 23. *É competência comum da União, dos Estados, do Distrito Federal e dos Municípios:*

I. *Zelar pela guarda da Constituição, das leis e das instituições democráticas e conservar o patrimônio público;*

II. *Cuidar da saúde e assistência pública, da proteção e garantia das pessoas portadoras de deficiência;*

III. *Proteger os documentos, as obras e outros bens de valor histórico, artístico e cultural, os monumentos, as paisagens naturais notáveis e os sítios arqueológicos;*

IV. *Impedir a evasão, a destruição e a descaracterização de obras de arte e de outros bens de valor histórico, artístico ou cultural;*

V. *Proporcionar os meios de acesso à cultura, à educação, à ciência, à tecnologia, à pesquisa e à inovação; (Redação dada pela Emenda Constitucional nº 85, de 2015)*

VI. *Proteger o meio ambiente e combater a poluição em qualquer de suas formas;*

VII. *Preservar as florestas, a fauna e a flora;*

VIII. *Fomentar a produção agropecuária e organizar o abastecimento alimentar;*

IX. *Promover programas de construção de moradias e a melhoria das condições habitacionais e de saneamento básico;*

X. *Combater as causas da pobreza e os fatores de marginalização, promovendo a integração social dos setores desfavorecidos;*

XI. *Registrar, acompanhar e fiscalizar as concessões de direitos de pesquisa e exploração de recursos hídricos e minerais em seus territórios;*

XII. *Estabelecer e implantar política de educação para a segurança do trânsito.*

Parágrafo único. *Leis complementares fixarão normas para a cooperação entre a União e os Estados, o Distrito Federal e os Municípios, tendo em vista o equilíbrio do desenvolvimento e do bem-estar em âmbito nacional.*

Agora vejamos as competências materiais dos Estados. A primeira de que já se falou, é a competência comum prevista no Art. 23, analisada anteriormente.

Os Estados também possuem a chamada competência residual, reservada ou remanescente. Está prevista no Art. 25, § 1º, o qual cita que estão reservadas aos Estados as competências que não lhe sejam vedadas pela Constituição. Significa dizer que os Estados poderão fazer tudo aquilo que não for competência da União ou do Município:

Art. 25, § 1º - *São reservadas aos Estados as competências que não lhes sejam vedadas por esta Constituição.*

Em relação às competências administrativas dos Municípios, a Constituição previu duas espécies: Comum e Exclusiva. A competência comum está prevista no Art. 23 e já foi vista anteriormente. A competência exclusiva está no Art. 30, III a IX da Constituição:

Art. 30. *Compete aos Municípios:*

III. *Instituir e arrecadar os tributos de sua competência, bem como aplicar suas rendas, sem prejuízo da obrigatoriedade de prestar contas e publicar balancetes nos prazos fixados em lei;*

IV. *Criar, organizar e suprimir distritos, observada a legislação estadual;*

V. *Organizar e prestar, diretamente ou sob regime de concessão ou permissão, os serviços públicos de interesse local, incluído o de transporte coletivo, que tem caráter essencial;*

VI. *Manter, com a cooperação técnica e financeira da União e do Estado, programas de educação infantil e de ensino fundamental;*

VII. *Prestar, com a cooperação técnica e financeira da União e do Estado, serviços de atendimento à saúde da população;*

VIII. *Promover, no que couber, adequado ordenamento territorial, mediante planejamento e controle do uso, do parcelamento e da ocupação do solo urbano;*

IX. *Promover a proteção do patrimônio histórico-cultural local, observada a legislação e a ação fiscalizadora federal e estadual.*

No âmbito das competências administrativas, temos as competências do Distrito Federal que são chamadas de híbridas. O DF pode fazer tudo o que for de competência dos Estados ou dos Municípios.

Competências legislativas

Vejamos agora as competências legislativas de cada ente federativo. Primeiramente, no que diz respeito às competências legislativas da União, elas podem ser privativas ou concorrentes.

As competências privativas da União estão previstas no Art. 22 da Constituição Federal e possuem como característica principal a possibilidade de delegação mediante Lei Complementar aos Estados:

Art. 22. *Compete privativamente à União legislar sobre:*

I. *Direito civil, comercial, penal, processual, eleitoral, agrário, marítimo, aeronáutico, espacial e do trabalho;*

II. *Desapropriação;*

III. *Requisições civis e militares, em caso de iminente perigo e em tempo de guerra;*

IV. *Águas, energia, informática, telecomunicações e radiodifusão;*

V. *Serviço postal;*

VI. *Sistema monetário e de medidas, títulos e garantias dos metais;*

VII. *Política de crédito, câmbio, seguros e transferência de valores;*

VIII. *Comércio exterior e interestadual;*

IX. *Diretrizes da política nacional de transportes;*

X. *Regime dos portos, navegação lacustre, fluvial, marítima, aérea e aeroespacial;*

XI. *Trânsito e transporte;*

XII. *Jazidas, minas, outros recursos minerais e metalurgia;*

XIII. *Nacionalidade, cidadania e naturalização;*

XIV. *Populações indígenas;*

XV. *Emigração e imigração, entrada, extradição e expulsão de estrangeiros;*

XVI. *Organização do sistema nacional de emprego e condições para o exercício de profissões;*

XVII. *Organização judiciária, do Ministério Público do Distrito Federal e dos Territórios e da Defensoria Pública dos Territórios, bem como organização administrativa destes;*

XVIII. *Sistema estatístico, sistema cartográfico e de geologia nacionais;*

XIX. *Sistemas de poupança, captação e garantia da poupança popular;*

XX. *Sistemas de consórcios e sorteios;*

XXI. *Normas gerais de organização, efetivos, material bélico, garantias, convocação e mobilização das polícias militares e corpos de bombeiros militares;*

XXII. *Competência da polícia federal e das polícias rodoviária e ferroviária federais;*

XXIII. *Seguridade social;*

XXIV. *Diretrizes e bases da educação nacional;*

XXV. *Registros públicos;*

XXVI. *Atividades nucleares de qualquer natureza;*

XXVII. *Normas gerais de licitação e contratação, em todas as modalidades, para as administrações públicas diretas, autárquicas e fundacionais da União, Estados, Distrito Federal e Municípios, obedecido o disposto no Art. 37, XXI, e para as empresas públicas e sociedades de economia mista, nos termos do Art. 173, § 1º, III;*

XXVIII. *Defesa territorial, defesa aeroespacial, defesa marítima, defesa civil e mobilização nacional;*

XXIX. *Propaganda comercial.*

Parágrafo único. *Lei complementar poderá autorizar os Estados a legislar sobre questões específicas das matérias relacionadas neste artigo.*

As competências concorrentes, previstas no Art. 24 da Constituição, podem ser exercidas de forma concorrentes pela União, pelos Estados e pelo Distrito Federal. Atenção: Município não possui competência concorrente. Vejamos o que diz o citado artigo:

Art. 24. *Compete à União, aos Estados e ao Distrito Federal legislar concorrentemente sobre:*

I. *Direito tributário, financeiro, penitenciário, econômico e urbanístico;*

II. *Orçamento;*

III. *Juntas comerciais;*

IV. *Custas dos serviços forenses;*

V. *Produção e consumo;*

VI. *Florestas, caça, pesca, fauna, conservação da natureza, defesa do solo e dos recursos naturais, proteção do meio ambiente e controle da poluição;*

VII. *Proteção ao patrimônio histórico, cultural, artístico, turístico e paisagístico;*

VIII. *Responsabilidade por dano ao meio ambiente, ao consumidor, a bens e direitos de valor artístico, estético, histórico, turístico e paisagístico;*

IX. *Educação, cultura, ensino, desporto, ciência, tecnologia, pesquisa, desenvolvimento e inovação; (Redação dada pela Emenda Constitucional nº 85, de 2015)*

X. *Criação, funcionamento e processo do juizado de pequenas causas;*

XI. *Procedimentos em matéria processual;*

XII. *Previdência social, proteção e defesa da saúde;*

XIII. *Assistência jurídica e Defensoria pública;*

XIV. *Proteção e integração social das pessoas portadoras de deficiência;*

XV. *Proteção à infância e à juventude;*

XVI. *Organização, garantias, direitos e deveres das polícias civis.*

§ 1º *- No âmbito da legislação concorrente, a competência da União limitar-se-á a estabelecer normas gerais.*

§ 2º *- A competência da União para legislar sobre normas gerais não exclui a competência suplementar dos Estados.*

§ 3º *- Inexistindo lei federal sobre normas gerais, os Estados exercerão a competência legislativa plena, para atender a suas peculiaridades.*

§ 4º *- A superveniência de lei federal sobre normas gerais suspende a eficácia da lei estadual, no que lhe for contrário.*

No âmbito das competências concorrentes, algumas regras são fundamentais para a prova. Aqui, a participação da União é no sentido de fixar normas gerais, ficando os Estados com a competência de suplementar a legislação federal. Caso a União não legisle sobre determinada matéria de competência concorrente, nasce para o Estado o direito de legislar de forma plena sobre a matéria. Contudo, resolvendo a União legislar sobre matéria já regulada pelo Estado, a lei estadual ficará com sua eficácia suspensa pela lei federal nos pontos discordantes. Deve-se ter cuidado com esse último ponto. Não ocorre revogação da lei estadual pela lei federal, haja vista não existir hierarquia entre leis de entes federativos distintos. O que ocorre, como bem explicitou a Constituição Federal, é a suspensão da eficácia.

Quanto às competências dos Estados, há as seguintes espécies: residual, por delegação da União, concorrente suplementar e expressa.

A competência residual dos Estados é também chamada de competência remanescente ou reservada. Está prevista no Art. 25, § 1º, o qual prevê que aos Estados serão reservadas todas as competências que não sejam previstas a União ou aos Municípios. Deve-se lembrar que esse dispositivo fundamenta tanto as competências materiais quanto as legislativas:

Art. 25, *§ 1º - São reservadas aos Estados as competências que não lhes sejam vedadas por esta Constituição.*

Outra competência dos Estados é a por delegação da União, que decorre da possibilidade de serem delegadas as competências privativas da União mediante Lei Complementar. Encontra-se prevista no Art. 22, parágrafo único:

> ***Art. 22**, Parágrafo único. Lei complementar poderá autorizar os Estados a legislar sobre questões específicas das matérias relacionadas neste artigo.*

Temos ainda as competências concorrentes suplementares previstas no Art. 24, § 2º da CF. Essas suplementam a competência legislativa da União no âmbito das competências concorrentes permitindo, inclusive, que os Estados legislem de forma plena quando não existir lei federal sobre o assunto:

> ***Art. 24, § 2º** - A competência da União para legislar sobre normas gerais não exclui a competência suplementar dos Estados.*
>
> ***§ 3º** - Inexistindo lei federal sobre normas gerais, os Estados exercerão a competência legislativa plena, para atender a suas peculiaridades.*

Há também as competências expressas dos Estados, as quais podem ser encontradas nos Art. 18, § 4º e 25, §§ 2º e 3º da Constituição Federal:

> ***Art. 18, § 4º** - A criação, a incorporação, a fusão e o desmembramento de Municípios, far-se-ão por lei estadual, dentro do período determinado por Lei Complementar Federal, e dependerão de consulta prévia, mediante plebiscito, às populações dos Municípios envolvidos, após divulgação dos Estudos de Viabilidade Municipal, apresentados e publicados na forma da lei.*
>
> ***Art. 25, § 2º** - Cabe aos Estados explorar diretamente, ou mediante concessão, os serviços locais de gás canalizado, na forma da lei, vedada a edição de medida provisória para a sua regulamentação.*
>
> ***§ 3º** - Os Estados poderão, mediante lei complementar, instituir regiões metropolitanas, aglomerações urbanas e microrregiões, constituídas por agrupamentos de municípios limítrofes, para integrar a organização, o planejamento e a execução de funções públicas de interesse comum.*

Para os Municípios, a Constituição previu dois tipos de competência legislativa: exclusiva e suplementar. A legislativa exclusiva dos Municípios está prevista no Art. 30, I, o qual menciona que os Municípios possuem competência para legislar sobre assuntos de interesse local:

> ***Art. 30.** Compete aos Municípios:*
>
> ***I.** Legislar sobre assuntos de interesse local.*

A competência legislativa suplementar está prevista no Art. 30, II, o qual permite aos Municípios legislar de forma suplementar a Legislação Federal e Estadual:

> ***Art. 30.** Compete aos Municípios:*
>
> ***II.** Suplementar a legislação federal e a estadual no que couber.*

Por fim, nós há a competência legislativa do Distrito Federal que, conforme já dito, é híbrida, permitindo ao DF legislar sobre as matérias de competência dos Estados e dos Municípios. Apesar dessa competência ampla, a Constituição resolveu estabelecer algumas limitações a sua autonomia legislativa excluindo algumas matérias de sua competência. Segundo o Art. 21, XIII e XIV da CF, o Distrito Federal não possui competência para organizar e legislar sobre alguns dos seus órgãos: Poder Judiciário, Polícia Militar, Corpo de Bombeiros Militar e Polícia Civil.

> ***Art. 21.** Compete à União:*
>
> ***XIII.** Organizar e manter o Poder Judiciário, o Ministério Público do Distrito Federal e dos Territórios e a Defensoria Pública dos Territórios.*
>
> ***XIV.** Organizar e manter a polícia civil, a polícia militar e o corpo de bombeiros militar do Distrito Federal, bem como prestar assistência financeira ao Distrito Federal para a execução de serviços públicos, por meio de fundo próprio;*

Diante deste estudo, algumas conclusões são muito úteis para a prova:

Não se deve confundir as competências exclusivas com as privativas da União. Competência exclusiva é administrativa e indelegável. Competência privativa é legislativa e delegável.

Não se deve confundir as competências comuns com as concorrentes. Competência comum é comum a todos os entes e é administrativa. Competência concorrente é só para União, Estados e o DF além de ser legislativa. Município tem competência comum, mas não tem concorrente.

Competências Administrativas (Materiais)
União
Exclusiva (Art. 21) Comum (Art. 23)
Estados
Comum (Art. 23) Residual, reservada, remanescente (Art. 25 § 1º)
Municípios
Comum (Art. 23) Exclusiva (Art. 30, III-IX)
Distrito Federal
Competência híbrida
Competências Legislativas
União
Privativa (Art. 22) Concorrente (Art. 24)
Estados
Concorrente suplementar (Art. 24) Residual, reservada, remanescente (Art. 25, § 1º) Por delegação da União (Art. 22, Parágrafo Único) Expressos (Art. 25, § 2º e 3º)
Municípios
Exclusiva (Art. 30, I) Suplementar ao Estado (Art. 30, II)
Distrito Federal
Competência híbrida (Estados e Municípios)

8.5 Intervenção

A Constituição Federal está assentada no princípio federativo como forma de Estado adotada no Brasil. O fato de sermos uma federação reflete inúmeras características, dentre as quais se destaca a autonomia de cada ente federativo. A autonomia é atributo inerente aos entes federativos que exclui a possibilidade de hierarquia entre os mesmos bem como a possibilidade de intervenção de um ente federativo no outro.

A regra constitucional é a da não intervenção. Contudo, excepcionalmente, a Constituição Federal previu hipóteses taxativas que permitem a um ente federativo intervir em outro ente em situações que visem à preservação da unidade do pacto federativo, a garantia da soberania nacional e de princípios fundamentais.

A União poderá intervir nos Estados e no Distrito Federal e os Estados poderão intervir em seus Municípios. A União não pode intervir em município, salvo se for um município pertencente a Território Federal. Destaca-se, novamente, que a possibilidade de intervenção é uma exceção e só poderá ocorrer nas hipóteses taxativamente elencadas na Constituição Federal.

Outra regra comum às intervenções é que a competência para decretá-las é exclusiva do Chefe do Poder Executivo. Se a intervenção é federal, a competência para decretar é do Presidente da República. Se a intervenção é estadual, a competência é do Governador de Estado.

A seguir serão abordados as espécies de intervenção.

Intervenção federal

A intervenção federal é a intervenção da União nos Estados ou nos Municípios pertencentes aos Territórios Federais e será decretada pelo Presidente da República.

Como dito anteriormente, a possibilidade de intervenção federal constitui exceção prevista em rol taxativo, conforme disposto no Art. 34:

> ***Art. 34.*** *A União não intervirá nos Estados nem no Distrito Federal, exceto para:*
>
> ***I.*** *Manter a integridade nacional;*
>
> ***II.*** *Repelir invasão estrangeira ou de uma unidade da Federação em outra;*
>
> ***III.*** *Pôr termo a grave comprometimento da ordem pública;*
>
> ***IV.*** *Garantir o livre exercício de qualquer dos Poderes nas unidades da Federação;*
>
> ***V.*** *Reorganizar as finanças da unidade da Federação que:*
>
> ***a)*** *suspender o pagamento da dívida fundada por mais de dois anos consecutivos, salvo motivo de força maior;*
>
> ***b)*** *deixar de entregar aos Municípios receitas tributárias fixadas nesta Constituição, dentro dos prazos estabelecidos em lei;*
>
> ***VI.*** *Prover a execução de lei federal, ordem ou decisão judicial;*
>
> ***VII.*** *Assegurar a observância dos seguintes princípios constitucionais:*
>
> ***a)*** *forma republicana, sistema representativo e regime democrático;*
>
> ***b)*** *direitos da pessoa humana;*
>
> ***c)*** *autonomia municipal;*
>
> ***d)*** *prestação de contas da administração pública, direta e indireta;*
>
> ***e)*** *aplicação do mínimo exigido da receita resultante de impostos estaduais, compreendida a proveniente de transferências, na manutenção e desenvolvimento do ensino e nas ações e serviços públicos de saúde.*

A partir desse artigo, a doutrina classificou a intervenção federal em dois tipos:

Intervenção Federal Espontânea;

Intervenção Federal Provocada.

A intervenção Federal espontânea, ou de ofício, é aquela em que o Chefe do Poder Executivo, de forma discricionária, decreta a intervenção independentemente de provocação de outros órgãos. A decretação de ofício ocorrerá nas hipóteses previstas nos incisos I, II, III e do Art. 34:

> ***Art. 34.*** *A União não intervirá nos Estados nem no Distrito Federal, exceto para:*
>
> ***I.*** *Manter a integridade nacional;*
>
> ***II.*** *Repelir invasão estrangeira ou de uma unidade da Federação em outra;*
>
> ***III.*** *Pôr termo a grave comprometimento da ordem pública.*

A intervenção federal provocada é aquela que depende da provocação dos órgãos legitimados pela Constituição Federal, conforme o Art. 36:

> ***Art. 36.*** *A decretação da intervenção dependerá:*
>
> ***I.*** *No caso do Art. 34, IV, de solicitação do Poder Legislativo ou do Poder Executivo coacto ou impedido, ou de requisição do Supremo Tribunal Federal, se a coação for exercida contra o Poder Judiciário;*
>
> ***II.*** *No caso de desobediência a ordem ou decisão judiciária, de requisição do Supremo Tribunal Federal, do Superior Tribunal de Justiça ou do Tribunal Superior Eleitoral;*
>
> ***III.*** *De provimento, pelo Supremo Tribunal Federal, de representação do Procurador-Geral da República, na hipótese do Art. 34, VII, e no caso de recusa à execução de lei federal.*

A provocação se dá por meio de solicitação ou requisição. A solicitação não obriga o Presidente da República a decretar a medida, ao contrário da requisição, que está revestida de obrigatoriedade na qual caberá ao Presidente apenas executá-la.

A decretação de intervenção federal por solicitação ocorrerá na hipótese do Art. 34, IV, a qual compete ao Poder Executivo ou Legislativo das Unidades da Federação solicitar a execução da medida quando se acharem coagidos ou impedidos de executarem suas atribuições constitucionais.

A decretação de intervenção federal por requisição ocorrerá nas hipóteses previstas no Art. 34, IV, VI e VII. No inciso IV, a requisição caberá ao Supremo Tribunal Federal quando a coação for exercida contra o Poder Judiciário. No inciso VI, a requisição virá do STF, STJ ou do TSE quando houver desobediência de ordem judicial. E no inciso VI e VII a requisição será do Supremo quando houver representação interventiva feita pelo Procurador Geral da República nos casos de recusa de execução de lei federal ou ofensa aos princípios sensíveis.

O decreto interventivo especificará todas as condições em que ocorrerá a medida e terá eficácia imediata após a sua decretação pelo Presidente da República. Após sua decretação, a medida será submetida a apreciação do Congresso Nacional no prazo de 24 horas:

***Art. 36, § 1º** - O decreto de intervenção, que especificará a amplitude, o prazo e as condições de execução e que, se couber, nomeará o interventor, será submetido à apreciação do Congresso Nacional ou da Assembleia Legislativa do Estado, no prazo de vinte e quatro horas.*

***§ 2º** - Se não estiver funcionando o Congresso Nacional ou a Assembleia Legislativa, far-se-á convocação extraordinária, no mesmo prazo de vinte e quatro horas.*

Caberá ao Congresso Nacional aprovar ou suspender a execução da Intervenção:

***Art. 49.** É da competência exclusiva do Congresso Nacional:*

***IV.** Aprovar o estado de defesa e a intervenção federal, autorizar o estado de sítio, ou suspender qualquer uma dessas medidas.*

Nas hipóteses de intervenção decretada por requisição do Poder Judiciário previstas no Art. 34, VI e VII, a Constituição dispensou a necessidade e apreciação do Congresso Nacional, destacando que, nesses casos, o decreto limitar-se-á a suspensão do ato impugnado, caso essa medida seja suficiente para conter a crise. Se a mera suspensão do ato não restabelecer a normalidade, poderão ser adotadas outras medidas com o mesmo objetivo:

***Art. 36, § 3º** - Nos casos do Art. 34, VI e VII, ou do Art. 35, IV, dispensada a apreciação pelo Congresso Nacional ou pela Assembleia Legislativa, o decreto limitar-se-á a suspender a execução do ato impugnado, se essa medida bastar ao restabelecimento da normalidade.*

Não podemos esquecer que nos casos de intervenção espontânea ou provocada por solicitação, o Presidente deverá consultar, antes da decretação, o Conselho da República e o Conselho da Defesa Nacional que emitirão parecer opinativo sobre a situação:

***Art. 90.** Compete ao Conselho da República pronunciar-se sobre:*

***V.** Intervenção federal, estado de defesa e estado de sítio;*

***Art. 91**, § 1º - Compete ao Conselho de Defesa Nacional:*

***II.** Opinar sobre a decretação do estado de defesa, do estado de sítio e da intervenção federal.*

Cessando a crise, a ordem será restabelecida, inclusive com o retorno das autoridades públicas afastadas, caso não possuam outra incompatibilidade:

***§ 4º** - Cessados os motivos da intervenção, as autoridades afastadas de seus cargos a estes voltarão, salvo impedimento legal.*

Apesar de a Constituição Federal não mencionar sobre a possibilidade de controle judicial da Intervenção, seria possível que ocorresse este controle caso os limites constitucionais estabelecidos fossem desrespeitados. Ressalta-se que contra a Intervenção em si não cabe atuação do Poder Judiciário, considerando ser essa uma medida de natureza política.

Intervenção estadual

A intervenção estadual poderá ocorrer nos Municípios localizados em seu território mediante decreto do Governador do Estado nas hipóteses previstas no Art. 35:

***Art. 35.** O Estado não intervirá em seus Municípios, nem a União nos Municípios localizados em Território Federal, exceto quando:*

***I.** Deixar de ser paga, sem motivo de força maior, por dois anos consecutivos, a dívida fundada;*

***II.** Não forem prestadas contas devidas, na forma da lei;*

***III.** Não tiver sido aplicado o mínimo exigido da receita municipal na manutenção e desenvolvimento do ensino e nas ações e serviços públicos de saúde;*

***IV.** O Tribunal de Justiça der provimento a representação para assegurar a observância de princípios indicados na Constituição Estadual, ou para prover a execução de lei, de ordem ou de decisão judicial.*

Devem ser atendidos os mesmos requisitos da Intervenção Federal: temporariedade, controle político pelo legislativo e decreto do Chefe do Executivo.

Na hipótese do inciso IV, a intervenção dependerá de representação interventiva do Procurador-Geral de Justiça, sendo dispensada a apreciação da Assembleia Legislativa. Segundo o STF, essa decisão do Tribunal de Justiça que autoriza a intervenção do Estado no Município possui natureza político-administrativa e tem caráter definitivo, sendo insuscetível de recurso extraordinário para o STF[1].

Questões

01. (CESPE) Considere que determinado estado da Federação tenha obtido aprovação tanto de sua população diretamente interessada, por meio de plebiscito, como do Congresso Nacional, por meio de lei complementar, para se desmembrar em dois estados distintos. Nesse caso, foi cumprida a exigência imposta pela Constituição para incorporação, subdivisão, desmembramento ou formação de novos estados ou territórios federais.

Certo ( ) Errado ( )

02. (FCC) Tendo em vista a organização do Estado, é certo que:

a) A União é pessoa jurídica de direito público interno e externo sendo o único ente formador do Estado Federal, uma vez que os demais entes são divisões administrativo-territoriais.

b) A República Federativa do Brasil representa o Estado Federal nos atos de Direito Internacional, porque quem pratica os atos desse Direito é a União Federal e os Estados federados.

c) A União, por ser soberana em todos os aspectos, pode ser considerada entidade federativa em relação aos Estados membros e Municípios.

d) Os entes integrantes da Federação, em determinadas situações, à exceção dos Territórios, têm competência para representar o Estado federal frente a outros Estados soberanos.

e) À União cabe exercer as prerrogativas de soberania do Estado brasileiro, quando representa a República Federativa do Brasil nas relações internacionais.

03. (CESPE) Compete à União explorar diretamente, na forma da lei, ou mediante concessão, os serviços de gás canalizado.

Certo ( ) Errado ( )

04. (CESPE) Assinale a opção correta a respeito da competência da União, do Distrito Federal (DF) e dos estados-membros.

a) Ao legislar sobre normas gerais, a União, no que diz respeito à sua competência, não deixa margem de atuação legislativa para os estados-membros, caso o assunto tenha sido esgotado.

b) A União, por ser soberana, poderá editar normas específicas aplicáveis aos estados-membros e ao DF que não serão passíveis de controle de constitucionalidade.

1 Súmula 637 do STF: não cabe recurso extraordinário contra acórdão de Tribunal de Justiça que defere pedido de intervenção estadual em Município.

c) Os estados-membros têm competência comum, não legislativa, e residual ou reservada. Neste último caso, aos estados-membros estarão reservadas todas as competências que não sejam vedadas a eles, ou seja, as que não forem de competência expressa dos outros entes. Uma das competências expressamente reservadas aos estados-membros pela CF é a de explorar os serviços locais de gás canalizado, mediante concessão, na forma da lei, vedada a regulamentação da referida matéria por medida provisória.

d) É competência exclusiva da União legislar sobre direito civil, comercial, penal, processual, eleitoral, agrário, marítimo, aeronáutico, espacial e do trabalho.

e) Os estados, autônomos que são, têm competência legislativa própria, e a CF, assim como fez com os outros entes federados, dedicou artigo para enumerar, taxativamente, as matérias de sua competência.

05. (ESAF) Sobre a organização do Estado brasileiro, julgue os itens a seguir e assinale a opção correta.

a) As terras devolutas localizadas no território brasileiro, são, por força de disposição constitucional, bens da União.

b) Nos termos da Constituição Federal, a fixação dos subsídios dos vereadores dependerá, tão somente, do número de habitantes do município e do valor do subsídio do Deputado Estadual.

c) A divisão dos Territórios em municípios depende de lei e poderá ser feita, apenas, nos Territórios cuja população seja superior ao limite mínimo estabelecido no texto constitucional.

d) A intervenção da União em um Estado, em razão de impedimento do livre exercício do Poder Judiciário estadual, depende de solicitação, ao presidente da República, do Poder Judiciário impedido, feita pelo presidente do Tribunal.

e) A administração fazendária e seus servidores fiscais terão, na forma da lei, dentro das suas áreas de competência e jurisdição, precedência sobre os demais setores administrativos

Gabaritos

01	CERTO	04	C
02	E	05	E
03	ERRADO	-	-

9. ADMINISTRAÇÃO PÚBLICA

Antes de iniciar este estudo sobre a Administração Pública, definida nos Art. 37 ao 43 da Constituição Federal, é importante esclarecer que o tema analisado aqui é devidamente estudado de forma mais aprofundada na disciplina de Direito Administrativo. A missão deste estudo é apresentar os mais importantes temas acerca da Administração Pública, sob a ótica do texto constitucional.

9.1 Conceito

Primeiramente, faz-se necessário conceituar a Administração Pública, remetendo ao *caput* do Art. 37, CF.

> ***Art. 37.*** *A administração pública direta e indireta de qualquer dos Poderes da União, dos Estados, do Distrito Federal e dos Municípios obedecerá aos princípios de legalidade, impessoalidade, moralidade, publicidade e eficiência e, também, ao seguinte:*

Neste primeiro momento, deve-se entender que alguns termos que aparecem no Art. 37. O conceito da Administração Pública deve ser visto sob dois aspectos. Sob a perspectiva objetiva, a Administração Pública constitui a atividade desenvolvida pelo poder público, que tem como função a satisfação do interesse público. Sob a perspectiva subjetiva, Administração Pública é o conjunto de órgãos e pessoas jurídicas que desempenham a atividade administrativa. Interessa aqui conhecer a Administração Pública sob essa última perspectiva, a qual se classifica em Administração Direta e Indireta.

A Administração Pública Direta é formada por pessoas jurídicas de direito público, ou pessoas políticas, entes que possuem personalidade jurídica e autonomia própria. São entes da Administração Pública Direta a União, os Estados, o Distrito Federal e os Municípios. Esses entes são pessoas jurídicas de Direito Público que exercem as atividades administrativas por meio dos órgãos e agentes pertencentes aos Poderes Executivo, Legislativo e Judiciário. Os órgãos não são dotados de personalidade jurídica própria, pois agem em nome da pessoa jurídica a qual estão vinculados.

A Administração Pública Indireta é formada por pessoas jurídicas próprias, de direito público ou privado, que executam atividades do Estado por meio da descentralização administrativa. São os entes da Administração Indireta as Autarquias, Fundações Públicas, Sociedades de Economia Mista e Empresas Públicas.

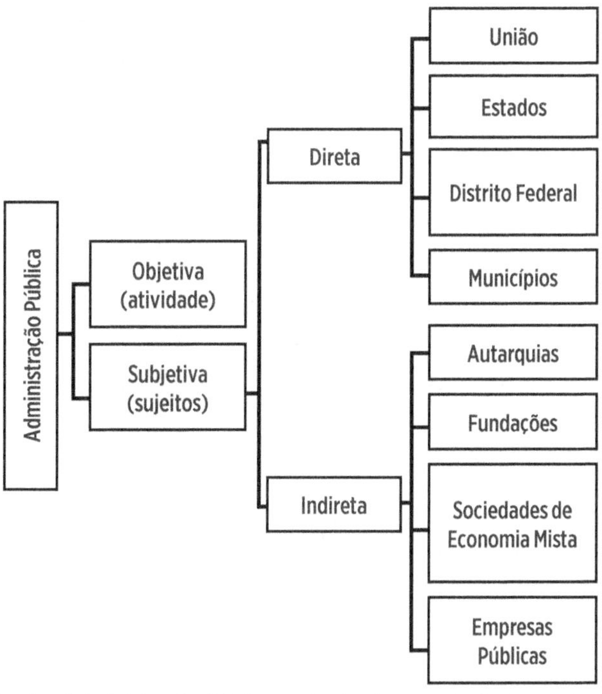

Segundo a Constituição Federal, a Administração Pública, seja ela direta ou indireta, pertencente a qualquer dos Poderes, deverá obedecer aos princípios da Legalidade, Impessoalidade, Moralidade, Publicidade e Eficiência, os quais serão estudados agora.

9.2 Princípios Expressos da Administração Pública

Os princípios que regem a Administração Pública são verdadeiros parâmetros que orientam o desenvolvimento da atividade administrativa, os quais são de observância obrigatória. A Administração é regida por princípios expressos e princípios implícitos. Primeiramente vamos analisar os princípios expressos no texto constitucional, que são: Legalidade, Impessoalidade, Moralidade, Publicidade e Eficiência.

Legalidade

Esse é o primeiro princípio expresso na Constituição Federal para a Administração Pública. Para se entender o Princípio da Legalidade, é preciso analisar suas duas acepções: a legalidade em relação aos particulares e a legalidade em relação à Administração Pública.

Para os particulares, a legalidade remete ao Art. 5º da Constituição: significa que ele poderá fazer tudo o que não for proibido por lei, conforme já previa o Art. 5º, II da Constituição Federal:

> ***II.*** *ninguém será obrigado a fazer ou deixar de fazer alguma coisa senão em virtude de lei.*

Já em relação à Administração Pública, a legalidade impõe uma conduta mais rigorosa exigindo que se faça apenas o que estiver determinado por lei ou que seja permitido pela lei: quando se fala em lei, trata-se daquela em sentido estrito, ou em sentido formal, porque há exceções à aplicação do Princípio da Legalidade que já apareceram em prova, como a Medida Provisória, o Estado de Defesa e o Estado de Sítio; por isso, esse princípio não deve ser encarado de forma absoluta.

A Medida Provisória é exceção, pois é ato emitido pelo chefe do Poder Executivo, porque com sua publicação já produz efeitos na sociedade; em seguida, temos os sistemas constitucionais de crises, sendo exceções, porque o decreto que rege essas medidas prevê algumas situações excepcionais, com amparo constitucional, então são exceções à legalidade, mas com fundamento constitucional. O agente público, ao agir, deverá pautar sua conduta segundo a lei.

Impessoalidade

Esse princípio exige do administrador uma postura isenta de interesses pessoais. Ele não poderá agir com o fim de atender suas próprias vontades. Agir de forma impessoal é agir visando a atender o interesse público. A impessoalidade deve ser enxergada sob duas perspectivas: finalidade da atuação administrativa e proibição da promoção pessoal. A impessoalidade deve ser vista sob duas perspectivas: primeiro, a impessoalidade se confunde com o interesse público; segundo, a impessoalidade é a proibição da autopromoção, ou seja, vedação à promoção pessoal.

A título exemplificativo, para a finalidade da atuação administrativa, que será sempre a satisfação do interesse público em benefício da coletividade, é que se realizam os concursos públicos para contratação de pessoal e licitação para contratação dos serviços pela Administração Pública, são formas exigidas por lei que garantem o referido princípio. Isso impede que o administrador atue satisfazendo seus interesses pessoais.

Nesse sentido, fica proibida a vinculação da imagem do administrador a obras e propagandas não se permitindo também a vinculação da sigla do partido. Ressalte-se ainda o teor da Súmula Vinculante nº 13 do STF, que veda a prática de nepotismo:

> ***Súmula Vinculante 13.*** *A nomeação de cônjuge, companheiro ou parente em linha reta, colateral ou por afinidade, até o terceiro grau, inclusive, da autoridade nomeante ou de servidor da mesma pessoa jurídica, investido em cargo de direção, chefia ou assessoramento, para o exercício de cargo em comissão ou de confiança, ou, ainda, de função gratificada na Administração Pública direta e indireta, em qualquer dos Poderes da União, dos Estados, do Distrito Federal e dos municípios, compreendido o ajuste mediante designações recíprocas, viola a Constituição Federal.*

A impessoalidade também proíbe a promoção pessoal. O administrador público não poderá se utilizar da máquina administrativa para promover sua própria imagem. Veja o que diz o Art. 37, § 1º diz:

> ***§1º*** *- A publicidade dos atos, programas, obras, serviços e campanhas dos órgãos públicos deverá ter caráter educativo, informativo ou de orientação social, dela não podendo constar nomes, símbolos ou imagens que caracterizem promoção pessoal de autoridades ou servidores públicos.*

Notemos que esse parágrafo tem como objetivo trazer de forma expressa a proibição da vinculação da imagem do agente público com as obras e serviços realizadas durante seu mandato, nesse sentido, já existe proibição da utilização inclusive da sigla do partido.

Moralidade

Não é possível se definir o que é, mas é possível compreender por meio da interpretação das normas. Esse princípio prevê que o administrador deve agir conforme os fins públicos. Por esse princípio, ao administrador não basta fazer tudo conforme a lei. É importante o faça de boa-fé, respeitando os preceitos éticos, com probidade e justiça. E aqui não se fala em moral comum, mas em uma moral jurídica ou política.

A não observância do referido princípio poderá ser combatida por meio da Ação Popular, conforme prevê o Art. 5º, LXXIII da CF:

> ***LXXIII.*** *Qualquer cidadão é parte legítima para propor ação popular que vise a anular ato lesivo ao patrimônio público ou de entidade de que o Estado participe, à moralidade administrativa, ao meio ambiente e ao patrimônio histórico e cultural, ficando o autor, salvo comprovada má-fé, isento de custas judiciais e do ônus da sucumbência.*

Ressalte-se também que, se o agente público agir em desconformidade com o princípio de moralidade, sua conduta poderá ensejar a ação de improbidade administrativa, a qual é punida nos termos do Art. 37, § 4º:

> ***§ 4º*** *- Os atos de improbidade administrativa importarão a suspensão dos direitos políticos, a perda da função pública, a indisponibilidade dos bens e o ressarcimento ao erário, na forma e gradação previstas em lei, sem prejuízo da ação penal cabível.*

Publicidade

A publicidade como princípio também poderá ser analisada sob duas acepções: a primeira delas é a publicidade como condição de eficácia do ato administrativo; a segunda, como forma de se garantir a transparência destes mesmos atos.

Como condição de eficácia do ato administrativo, a publicidade muito aparece em prova; o examinador costuma dizer que a publicidade é requisito de validade do ato administrativo, mas isso é errado, porque validade e eficácia são diferentes. A publicidade é necessária, pois é a forma de tornar conhecido o conteúdo do ato, principalmente se esse ato for capaz de produzir efeitos externos ou que ensejem ônus para o patrimônio público. Em regra, a publicidade se dá pelos meios de comunicação oficiais, como o Diário Oficial da União.

A publicidade também tem a função de garantir a transparência do ato administrativo. É uma forma dos administrados fiscalizarem a atuação do poder público. Apesar de sua importância, nesse aspecto a publicidade encontra limitação na própria Constituição que prevê a possibilidade de sigilo dos atos administrativos todas as vezes que for necessário para preservar a segurança da sociedade e do Estado:

> ***XXXIII.*** *Todos têm direito a receber dos órgãos públicos informações de seu interesse particular, ou de interesse coletivo ou geral, que serão prestadas no prazo da lei, sob pena de responsabilidade, ressalvadas aquelas cujo sigilo seja imprescindível à segurança da sociedade e do Estado.*

Eficiência

O Princípio da Eficiência foi o último incluído no rol dos princípios, em razão da reforma administrativa promovida pela Emenda Constitucional nº 19/98. A sua inserção como princípio expresso está relacionada a necessidade de produção de resultados satisfatórios a sociedade. A Administração Pública deve ter produtividade em suas atividades como se fosse iniciativa privada.

Como forma de garantir uma nova postura na prestação dos seus serviços, esse princípio exige que as ações sejam praticadas com celeridade, perfeição, visando a atingir ótimos resultados, sempre tendo como destinatário o bem-estar do administrado. A celeridade dos processos encontra-se prevista no Art. 5º, LXXVIII da CF:

> ***LXXVIII.*** *A todos, no âmbito judicial e administrativo, são assegurados a razoável duração do processo e os meios que garantam a celeridade de sua tramitação.*

Em respeito ao princípio da eficiência, a Constituição Federal previu formas de participação do administrado como fiscal da Administração Pública:

> **Art. 37**, *§ 3º - A lei disciplinará as formas de participação do usuário na administração pública direta e indireta, regulando especialmente:*
>
> ***I.*** *As reclamações relativas à prestação dos serviços públicos em geral, asseguradas a manutenção de serviços de atendimento ao usuário e a avaliação periódica, externa e interna, da qualidade dos serviços;*
>
> ***II.*** *O acesso dos usuários a registros administrativos e a informações sobre atos de governo, observado o disposto no Art. 5º, X e XXXIII;*
>
> ***III.*** *A disciplina da representação contra o exercício negligente ou abusivo de cargo, emprego ou função na administração pública.*

Decorre desse princípio, ainda, a necessidade de avaliação de desempenho para concessão da estabilidade ao servidor público em estágio probatório, bem como a existência da avaliação periódica de desempenho como uma das condições para perda do cargo nos termos do Art. 41 da CF:

> ***Art. 41.*** *São estáveis após três anos de efetivo exercício os servidores nomeados para cargo de provimento efetivo em virtude de concurso público.*
>
> ***§ 1º*** *- O servidor público estável só perderá o cargo:*
>
> ***I.*** *Em virtude de sentença judicial transitada em julgado;*
>
> ***II.*** *Mediante processo administrativo em que lhe seja assegurada ampla defesa;*
>
> ***III.*** *Mediante procedimento de avaliação periódica de desempenho, na forma de lei complementar, assegurada ampla defesa.*
>
> ***§ 2º*** *- Invalidada por sentença judicial a demissão do servidor estável, será ele reintegrado, e o eventual ocupante da vaga, se estável, reconduzido ao cargo de origem, sem direito a indenização, aproveitado em outro cargo ou posto em disponibilidade com remuneração proporcional ao tempo de serviço.*
>
> ***§ 3º*** *- Extinto o cargo ou declarada a sua desnecessidade, o servidor estável ficará em disponibilidade, com remuneração proporcional ao tempo de serviço, até seu adequado aproveitamento em outro cargo.*
>
> ***§ 4º*** *- Como condição para a aquisição da estabilidade, é obrigatória a avaliação especial de desempenho por comissão instituída para essa finalidade.*

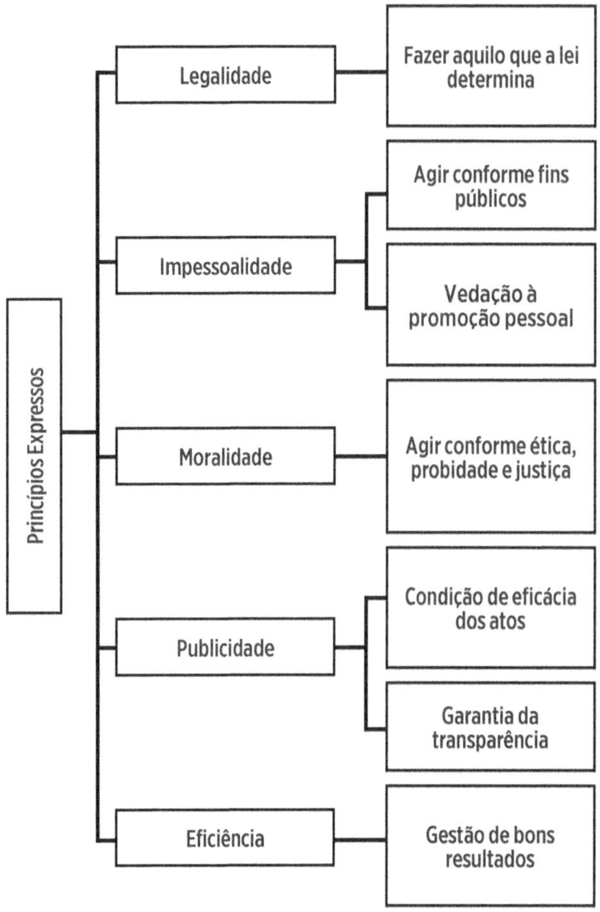

9.3 Princípios Implícitos da Administração Pública

Além dos princípios expressamente previstos no *caput* do Art. 37 da Constituição Federal (Legalidade, Impessoalidade, Moralidade, Publicidade e Eficiência), a doutrina elenca outros como princípios gerais de direito que decorrem da interpretação constitucional:

Supremacia do interesse público

Esse princípio é tido pela doutrina como um dos pilares do regime jurídico administrativo. Nesse sentido, o Estado representa o interesse público ou da coletividade, e a coletividade, em regra, deve prevalecer sobre o interesse privado. A Administração Pública, em sua relação com os administrados tem prevalência sobre o interesse privado.

O Regime Democrático adotado no Estado brasileiro confere à Administração Pública o poder de representar os interesses da sociedade, é nessa relação que vamos desenvolver a supremacia do interesse público, que decorre da relação de verticalidade entre o Estado e os particulares.

Esse princípio não goza de caráter absoluto, pois o Estado também age como se fosse particular em suas relações jurídicas, geralmente econômicas, por exemplo, o Estado não pode abusar da autoridade estatal sobre os direitos e princípios fundamentais dos administrados, já que esses são os limites da supremacia do interesse público.

Decorre desse princípio o poder de império exercido pela Administração Pública, a qual poderá impor sua vontade ao particular de forma coercitiva, podendo inclusive restringir seus direitos e impor obrigações, como ocorre no caso da desapropriação e requisição administrativa. Logicamente, esse princípio não goza de caráter absoluto, não tendo aplicabilidade nos atos praticados de mera gestão administrativa ou quando o poder público atua como particular nas relações econômicas.

Indisponibilidade do interesse público

Juntamente com a Supremacia do Interesse Público, o princípio da Indisponibilidade do Interesse Público forma a base do regime jurídico-administrativo. Por esse princípio, a Administração Pública não pode ser vista como dona da coisa pública, mas apenas gestora. A coisa pública pertence ao povo, e o Estado é o responsável pelo cuidado ou gestão da coisa pública.

Como limitação a esse princípio, existe o princípio da legalidade, que determina os passos e em que condições a Administração Pública pode se utilizar dos bens públicos, sempre respeitando a indisponibilidade do interesse público. Destaca-se ainda o papel que esse princípio exerce como limitador do princípio da supremacia do interesse público.

Um ponto importante a respeito desse princípio é que os bens públicos são indisponíveis, não pertencendo aos seus administradores ou aos seus agentes os quais estão proibidos, inclusive de renunciar a qualquer direito ou prerrogativa inerente ao Poder Público.

Na desapropriação, a Administração Pública pode retirar o bem de uma pessoa pelo fundamento da Supremacia do interesse público, por outro lado, em razão da Indisponibilidade do interesse público, há vedação à Administração Pública no sentido de não se apropriar de tal bem sem que o particular seja indenizado.

Supremacia → Desapropriação

Indisponibilidade → Desapropriação

Razoabilidade e proporcionalidade

Esses princípios são, por vezes, vistos em separado pela doutrina; eles servem para a limitação da atuação administrativa, e devem ser vistos em conjunto, como unidade. A Razoabilidade e a Proporcionalidade decorrem do princípio do devido processo legal e são utilizados, principalmente, como limitador da discricionariedade administrativa, ainda mais quando o ato limitado restringe os direitos do administrado. Trata-se, portanto, de uma ferramenta para controle de legalidade que pode gerar a nulidade do ato administrativo. Ao pensar em Razoabilidade e Proporcionalidade, deve-se pensar em dois elementos que os identificam: adequação e necessidade.

A melhor forma de verificar a sua utilização prática é no caso concreto. Imagine uma fiscalização sanitária realizada pelo poder público em que o administrado é flagrado cometendo um ilícito sanitário, ou seja, encontra um produto com o prazo de validade vencido. Dependendo da infração cometida, será aplicada uma penalidade administrativa maior ou não. Com a aplicação dos princípios em tela, a penalidade deve ser necessária, adequada e equivalente à infração cometida. Os princípios garantem que a sanção aplicada não seja maior que a necessária para atingir o fim proposto pelo poder público. O que se busca é uma adequação entre os meios e os fins necessários, proibindo o excesso na aplicação das medidas.

Sem dúvida, esses princípios gerais de direito estão entre os mais utilizados atualmente nas decisões do Supremo Tribunal Federal, pois esses princípios são utilizados nas decisões para se adequar a lei ao caso concreto.

Em suma, esses princípios são a adequação dos meios com a finalidade proposta pela Administração Pública, com o fim de evitar os excessos cometidos pelo agente público. Em razão disso, também são conhecidos como a proibição do excesso, por isso trabalhar a razoabilidade e a proporcionalidade como unidade.

Continuidade dos serviços públicos

Esse princípio se traduz pelo próprio nome. Ele exige que a atividade administrativa seja contínua, não sofra interrupções e seja adequada, com qualidade, para que não ocorram prejuízos tanto para a Administração quanto para os administrados. Apesar disso, há situações excepcionais, em que se permite a interrupção do serviço público. Existem limitações a esse princípio, tanto para a Administração, quanto para o particular que está incumbido de executar o serviço público, e sua atuação pode ser percebida no próprio direito de greve do servidor público que se encontra condicionado à observância da lei para ser exercido.

O poder de vinculação desse princípio é tão grande que o particular, ao prestar o serviço público por delegação, não poderá interrompê-lo ainda que a administração pública não cumpra sua parte no contrato. Significa dizer que o particular prejudicado no contrato administrativo **não poderá opor a exceção do contrato não cumprido,** ficando desobrigado apenas por decisão judicial transitada em julgado, ou seja, o particular não pode deixar de cumprir sua obrigação pelo não cumprimento por parte da administração, mas o particular pode deixar de prestar o serviço público quando determinado por decisão judicial.

O responsável pela prestação do serviço público só ficaria desobrigado da sua prestação em caso de emergência e desde que haja aviso prévio em situações de **segurança**, de **ordem técnica** ou mesmo por **inadimplência do usuário**.

Autotutela

Esse princípio permite que a Administração avalie e reveja seus próprios atos, tanto em relação à legalidade do ato, quanto ao aspecto do mérito. Essa possibilidade não impede o ato de ser apreciado pelo Poder Judiciário, limitando a verificação da legalidade, nunca o mérito. Quando o ato for revisto em razão de vício de legalidade, ocorre a anulação do ato, se a questão é de mérito (discricionariedade e oportunidade), a administração revoga seus atos.

Este princípio foi consagrado pelo Supremo por meio da Súmula 473:

> ***Súm. 473, STF.*** *A administração pode anular seus próprios atos, quando eivados de vícios que os tornam ilegais, porque deles não se originam direitos; ou revogá-los, por motivo de conveniência ou oportunidade, respeitados os direitos adquiridos, e ressalvada, em todos os casos, a apreciação judicial.*

A autotutela dos atos administrativos não depende de provocação, podendo a administração analisar de ofício seus próprios atos. Essa é a ideia primordial da autotutela.

Segurança jurídica

Esse princípio tem fundamento inicial já no Art. 5º da CF, que decorre da própria garantia fundamental à Segurança Jurídica; no que tange a sua aplicabilidade na Administração Pública, esse princípio evoca a impossibilidade da lei nova prejudicar o direito adquirido, o ato jurídico perfeito e a coisa julgada, ou seja, esse princípio veda a aplicação retroativa de nova interpretação da norma administrativa, para que o administrado não seja surpreendido com inovações jurídicas.

Por se tratar de um direito fundamental, a administração pública fica obrigada a assegurar o seu cumprimento sob pena de ser responsabilizada.

9.4 Regras Aplicáveis aos Servidores Públicos

Passamos agora a analisar as regras aplicáveis aos servidores públicos, as quais estão previstas nos Arts. 37 a 41 da Constituição Federal.

Cargos, empregos e funções

Os primeiros dispositivos relacionados aos servidores públicos e que foram apresentados pela Constituição Federal regulamentam o acesso a cargos, empregos e funções públicas. Vejamos o que diz o Art. 37, I e II da CF:

> ***I.*** *Os cargos, empregos e funções públicas são acessíveis aos brasileiros que preencham os requisitos estabelecidos em lei, assim como aos estrangeiros, na forma da lei;*
>
> ***II.*** *A investidura em cargo ou emprego público depende de aprovação prévia em concurso público de provas ou de provas e títulos, de acordo com a natureza e a complexidade do cargo ou emprego, na forma prevista em lei, ressalvadas as nomeações para cargo em comissão declarado em lei de livre nomeação e exoneração.*

Ao iniciarmos este estudo, uma distinção se faz necessária antes de tudo: qual a diferença entre cargo, emprego e função pública?

Cargo público é a unidade de competência ofertada por uma pessoa jurídica de direito público e ocupada por um agente público que tenha sido criado por lei com denominação específica e quantidade certa. Quem ocupa um cargo público fez concurso público e é submetido a um regime estatutário e pode ser de provimento efetivo ou em comissão.

Emprego público, por sua vez, seria a unidade de competência desempenhada por agentes contratados sob regime celetista, ou seja, quem ocupa um emprego público possui uma relação trabalhista com a Administração Pública.

Função pública é a atribuição ocupada por quem não possui cargo ou emprego público. Ocorre em duas situações: nas contratações temporárias e nas atividades de confiança.

Os cargos, empregos e funções são acessíveis a todos os brasileiros e estrangeiros que preencherem os requisitos previstos em lei. Aos estrangeiros, o acesso é limitado, essa é norma de eficácia limitada, pois depende de regulamentação, como professores ou pesquisadores em universidades e instituições de pesquisa científica e tecnológica. Destaca-se ainda que existem cargos privativos de brasileiros natos, os quais estão previstos no Art. 12, § 3º da CF: Presidente e Vice-Presidente da República, Presidente da Câmara dos Deputados, Presidente do Senado Federal, Ministro do STF, oficial das forças armadas, carreira diplomática e Ministro do Estado da Defesa.

O acesso aos cargos e empregos públicos depende de aprovação em concurso público de provas ou de provas e títulos dependendo do cargo a ser ocupado. A realização do concurso não será necessária para o preenchimento de cargos em comissão, haja vista serem de livre nomeação e exoneração. Estão obrigados a contratar por meio de concurso toda a Administração Pública direta e indireta, seja do Poder Executivo, Legislativo, ou Judiciário, seja da União, Estados, Distrito Federal e Municípios.

É importante ressaltar, neste momento, que a função pública aqui tratada não pode ser confundida com a função que todo agente da Administração Pública detém, que é aquele conjunto de atribuições inerentes ao cargo ou emprego; neste momento a função pública foi tratada como diferenciação do cargo e do emprego públicos. Em seguida, é necessário ressaltar que os cargos em comissão dispensam o concurso público, que é meio exigido para que se ocupe um cargo ou emprego públicos.

Validade do concurso público

A Constituição Federal previu prazo de validade para os concursos públicos. Vejamos o que diz o Art. 37, III e IV:

> ***Art. 37****, III. O prazo de validade do concurso público será de até dois anos, prorrogável uma vez, por igual período;*
>
> ***IV.*** *Durante o prazo improrrogável previsto no edital de convocação, aquele aprovado em concurso público de provas ou de provas e títulos será convocado com prioridade sobre novos concursados para assumir cargo ou emprego, na carreira.*

O prazo de validade será de **até 2 anos,** podendo ser prorrogado apenas uma vez, por igual período. O prazo de validade passa a ser contado a partir da homologação do resultado. Este é o prazo que a Administração Pública terá para contratar ou nomear os aprovados para o preenchimento do emprego ou do cargo público, respectivamente.

Segundo posicionamento do STF, quem é aprovado dentro do número de vagas previstas no edital possui direito subjetivo à nomeação durante o prazo de validade do concurso. Uma forma de burlar esse sistema encontrado pela Administração Pública tem sido a publicação de edital com cadastro de reserva, que gera apenas uma expectativa de direito para quem foi classificado no concurso público.

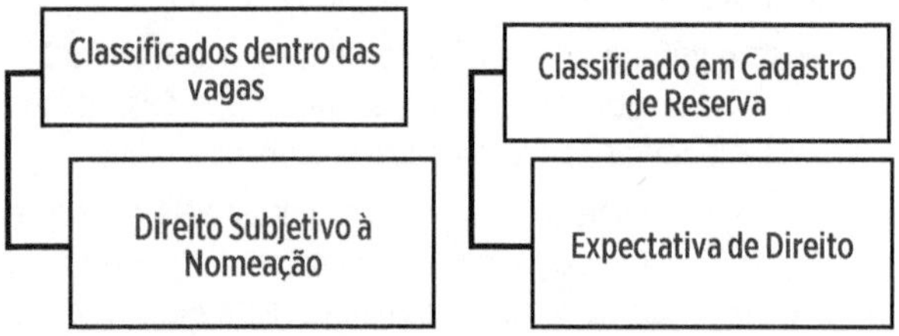

Segundo a Constituição, durante o prazo improrrogável do concurso, os aprovados terão prioridade na convocação diante dos novos concursados, o que não impede a abertura de novos certames apesar de a Lei nº 8.112/90 proibir a abertura de novo concurso enquanto houver candidato aprovado no concurso anterior e desde que esteja dentro do prazo de validade. Na prova, deve-se responder conforme for perguntado. Se for segundo a Constituição Federal, não há proibição de realização de novo concurso enquanto existir outro com prazo de validade aberto. Se perguntar segundo a Lei nº 8.112/90, não se abrirá novo concurso enquanto houver candidato aprovado em concurso anterior com prazo de validade não expirado.

Reserva de vaga para deficiente

Essa regra sobre concurso público é uma das mais importantes de inclusão social previstas no texto constitucional; é regra de ação afirmativa que visa à inserção social dos portadores de necessidades especiais, e compensar a perda social que alguns grupos têm. Possuindo valor social relevante, diz respeito à reserva de vagas para pessoas com necessidades especiais, que não podem ser tratados da mesma forma que as pessoas que estão em pleno vigor físico. Aqui, a isonomia deve ser material observando a nítida diferença entre os deficientes e os que não são. Vejamos o que dispõe a Constituição a respeito desse tema:

> ***Art. 37, VIII.*** *A lei reservará percentual dos cargos e empregos públicos para as pessoas portadoras de deficiência e definirá os critérios de sua admissão.*

Por se tratar de norma de eficácia limitada, a Constituição exigiu regulamentação para este dispositivo o que foi feito, no âmbito federal, pela Lei nº 8.112/90:

> ***Art. 5, § 2º*** *- Às pessoas portadoras de deficiência é assegurado o direito de se inscrever em concurso público para provimento de cargo cujas atribuições sejam compatíveis com a deficiência de que são portadoras; para tais pessoas serão reservadas até 20% (vinte por cento) das vagas oferecidas no concurso.*

Esse dispositivo garante a reserva de até 20% das vagas oferecidas no concurso para os deficientes. Complementando esta norma, foi publicado o Decreto Federal nº 3.298/99 que fixou o mínimo de 5% das vagas para deficientes, exigindo nos casos em que esse percentual gerasse número fracionado, que fosse arredondado para o próximo número inteiro. Essa proteção gerou um inconveniente nos concursos com poucas vagas, fazendo com que o STF interviesse e decidisse no sentido de que se a observância do mínimo de 5% ultrapassar o máximo de 20% não será necessário fazer a reserva da vaga. Isso é perfeitamente visível em concursos com duas vagas. Se fosse reservado o mínimo, ter-se-ia pelo menos 1 vaga para deficiente, o que corresponderia a 50% das vagas, ultrapassando assim o limite de 20% estabelecido em lei.

Funções de confiança e cargos em comissão

A Constituição prevê a existência das funções de confiança e os cargos em comissão:

> ***Art. 37, V.*** *As funções de confiança, exercidas exclusivamente por servidores ocupantes de cargo efetivo, e os cargos em comissão, a serem preenchidos por servidores de carreira nos casos, condições e percentuais mínimos previstos em lei, destinam-se apenas às atribuições de direção, chefia e assessoramento.*

Existem algumas peculiaridades entre esses dois institutos que sempre são cobrados em prova. As funções de confiança são privativas de ocupantes de cargo efetivo, ou seja, para aquele que fez concurso público; já os cargos em comissão podem ser ocupados por qualquer pessoa, apesar de a Constituição estabelecer que deve se reservar um percentual mínimo para os ocupantes de cargo efetivo. Tanto as funções de confiança como os cargos em comissão destinam-se às atribuições de **direção, chefia** e **assessoramento**.

As funções de confiança – livre designação e livre dispensa – são apenas para servidores públicos ocupantes de cargos efetivos, os quais serão designados para seu exercício podendo ser dispensados a critério da administração pública. Já os **cargos em comissão** são de livre nomeação e livre exoneração, podendo ser ocupados por qualquer pessoa, servidor público ou não. A ocupação de um cargo em comissão por pessoa não detentora de cargo de provimento efetivo não gera direito de ser efetivado, muito menos de adquirir a estabilidade.

Contratação por tempo determinado

Outra forma de ingresso no serviço público é por meio de contratação por tempo determinado. A Constituição prevê:

> ***Art. 37, IX.*** *A lei estabelecerá os casos de contratação por tempo determinado para atender a necessidade temporária de excepcional interesse público.*

Nesse caso, temos uma norma de eficácia limitada, pois a Constituição não regulamenta, apenas prevê que uma lei vai regulamentar. Na contratação por tempo determinado, o contratado não ocupa cargo público nem possui vínculo trabalhista. Ele exercerá função pública de caráter temporário. Essa contratação tem que ser embasada em excepcional interesse público, questão emergencial. Em regra, faz-se o Processo Seletivo Simplificado, podendo ser feito por meio de provas, entrevista ou até mesmo entrega de currículo; esse processo simplificado não pode ser confundido com o concurso público.

O seu contrato com a Administração Pública é regido por norma específica de regime especial que, no caso da esfera federal, será a Lei nº 8.745/93. A referida lei traz várias hipóteses de contratação temporária para atender a essa necessidade excepcional.

Direitos sociais dos servidores públicos

Quando se fala em direitos sociais aplicáveis aos servidores públicos, significa dizer uma parcela dos direitos de natureza trabalhista prevista no Art. 7º da Constituição Federal. Vejamos quais direitos sociais trabalhistas foram destinados a esses trabalhadores ocupantes de cargos públicos.

9.5 Direitos Trabalhistas

A Constituição Federal não concedeu todos os direitos trabalhistas aos servidores públicos, mas apenas os previstos expressamente no texto constitucional no Art. 39, § 3º:

> ***Art. 39, § 3º** - Aplica-se aos servidores ocupantes de cargo público o disposto no Art. 7º, IV, VII, VIII, IX, XII, XIII, XV, XVI, XVII, XVIII, XIX, XX, XXII e XXX, podendo a lei estabelecer requisitos diferenciados de admissão quando a natureza do cargo o exigir.*

Segundo esse dispositivo, foram garantidos os seguintes direitos sociais aos servidores públicos:

> ***VI.** Salário-mínimo , fixado em lei, nacionalmente unificado, capaz de atender a suas necessidades vitais básicas e às de sua família com moradia, alimentação, educação, saúde, lazer, vestuário, higiene, transporte e previdência social, com reajustes periódicos que lhe preservem o poder aquisitivo, sendo vedada sua vinculação para qualquer fim;*
>
> ***VII.** Garantia de salário, nunca inferior ao mínimo, para os que percebem remuneração variável;*
>
> ***VIII.** Décimo terceiro salário com base na remuneração integral ou no valor da aposentadoria;*
>
> ***IX.** Remuneração do trabalho noturno superior à do diurno;*
>
> ***XII.** Salário-família pago em razão do dependente do trabalhador de baixa renda nos termos da lei;*
>
> ***XIII.** Duração do trabalho normal não superior a oito horas diárias e quarenta e quatro semanais, facultada a compensação de horários e a redução da jornada, mediante acordo ou convenção coletiva de trabalho;*
>
> ***XV.** Repouso semanal remunerado, preferencialmente aos domingos;*
>
> ***XVI.** Remuneração do serviço extraordinário superior, no mínimo, em cinquenta por cento à do normal;*
>
> ***XVII.** Gozo de férias anuais remuneradas com, pelo menos, um terço a mais do que o salário normal;*
>
> ***XVIII.** Licença à gestante, sem prejuízo do emprego e do salário, com a duração de cento e vinte dias;*
>
> ***XIX.** Licença-paternidade, nos termos fixados em lei;*
>
> ***XX.** Proteção do mercado de trabalho da mulher, mediante incentivos específicos, nos termos da lei;*
>
> ***XXII.** Redução dos riscos inerentes ao trabalho, por meio de normas de saúde, higiene e segurança;*
>
> ***XXX.** Proibição de diferença de salários, de exercício de funções e de critério de admissão por motivo de sexo, idade, cor ou estado civil.*

A experiência de ler os incisos destinados aos servidores públicos é muito importante para que você acerte em prova. O fato de outros direitos trabalhistas do Art. 7º não terem sido previstos no Art. 39 não significa que tais direitos não sejam concedidos aos servidores públicos. Ocorre que alguns direitos trabalhistas conferidos aos servidores públicos estão disciplinados em outros lugares na própria Constituição ou em leis esparsas. A título de exemplo, pode-se citar o direito à aposentadoria, que apesar de não ter sido referido no Art. 39, § 3º, encontra-se previsto expressamente no Art. 40 da Constituição Federal.

9.6 Liberdade de Associação Sindical

A Constituição Federal garante aos servidores públicos o direito à associação sindical:

> ***VI.** É garantido ao servidor público civil o direito à livre associação sindical.*

A Constituição concede ao servidor público civil o direito à associação sindical. Dessa forma, a livre associação profissional ou sindical não é garantida aos militares em razão da peculiaridade do seu regime jurídico, cuja vedação está prevista na própria Constituição Federal:

> ***Art. 142, IV.** Ao militar são proibidas a sindicalização e a greve.*

Segundo a doutrina, trata-se de uma norma autoaplicável, a qual não depende de regulamentação para ser exercida, pois o servidor pode prontamente usufruir desse direito.

Direito de greve

Segundo o Art. 37, VII:

> ***VII.** O direito de greve será exercido nos termos e nos limites definidos em lei específica;*

O direito de greve, previsto na Constituição Federal aos servidores públicos, condiciona o seu exercício a uma norma regulamentadora, por isso é uma norma de eficácia limitada.

Como até o presente momento a necessária lei não foi publicada, o Supremo Tribunal Federal adotou a Teoria Concretista Geral, a partir da análise do Mandado de Injunção, e fez com que o direito de greve tivesse efetividade e conferiu efeito erga omnes à decisão, ou seja, os seus efeitos atingem todos os servidores públicos, ainda que aquele não tenha ingressado com ação judicial para exercer seu direito de greve.

A partir disso, segundo o STF, os servidores públicos de todo o país poderão se utilizar do seu direito de greve nos termos da Lei nº 7.783/89, a qual regulamenta o direito de greve dos trabalhadores da iniciativa privada.

Ressalte-se que o direito de greve, juntamente com o de associação sindical, não se aplica aos militares pelos mesmos motivos já apresentados ao analisarmos o direito de liberdade de associação sindical.

TRABALHISTAS

- Salário-mínimo
- Garantia do mínimo para os que têm remuneração variável
- 13º salário
- Duração de trabalho não superior a oito horas por dia e 44 por semana
- Repouso semanal remunerado
- Remuneração pelo serviço extraordinário (horas extras)
- Férias anuais
- Licença à gestante (120 dias)
- Licença-paternidade
- Proteção ao mercado de trabalho da mulher
- Redução dos riscos inerentes ao trabalho
- Proibição de diferença de salários

Vedação à acumulação de cargos, empregos e funções públicos

A Constituição achou por bem regular a acumulação de cargos públicos no Art. 37, XVI e XVII:

> ***XVI.*** *É vedada a acumulação remunerada de cargos públicos, exceto, quando houver compatibilidade de horários, observado em qualquer caso o disposto no inciso XI:*
>
> ***a)*** *a de dois cargos de professor;*
>
> ***b)*** *a de um cargo de professor com outro técnico ou científico;*
>
> ***c)*** *a de dois cargos ou empregos privativos de profissionais de saúde, com profissões regulamentadas;*
>
> ***XVII.*** *A proibição de acumular estende-se a empregos e funções e abrange autarquias, fundações, empresas públicas, sociedades de economia mista, suas subsidiárias, e sociedades controladas, direta ou indiretamente, pelo poder público;*

Segundo o texto constitucional, em regra, é vedada a acumulação de cargos públicos, ressalvadas as hipóteses previstas na própria Constituição Federal e quando houver compatibilidade de horário.

Além dessas hipóteses, a Constituição Federal também previu a acumulação lícita em outros casos, observemos:

Magistrado + Magistério – é permitida a acumulação de um cargo de juiz com um de professor:

> ***Art. 95****, Parágrafo único. Aos juízes é vedado:*
>
> ***I.*** *Exercer, ainda que em disponibilidade, outro cargo ou função, salvo uma de magistério.*

Membro do Ministério Público + Magistério – é permitida a acumulação de um cargo de Membro do Ministério Público com um de professor:

> ***Art. 128, § 5º.*** *Leis complementares da União e dos Estados, cuja iniciativa é facultada aos respectivos Procuradores-Gerais, estabelecerão a organização, as atribuições e o estatuto de cada Ministério Público, observadas, relativamente a seus membros:*
>
> ***II.*** *As seguintes vedações:*
>
> ***d)*** *exercer, ainda que em disponibilidade, qualquer outra função pública, salvo uma de magistério.*

Cargo Eletivo + cargo, emprego ou função pública – é permitida a acumulação de um cargo eletivo com um cargo emprego ou função pública:

> ***Art. 38.*** *Ao servidor público da administração direta, autárquica e fundacional, no exercício de mandato eletivo, aplicam-se as seguintes disposições:*
>
> ***I.*** *Tratando-se de mandato eletivo federal, estadual ou distrital, ficará afastado de seu cargo, emprego ou função;*
>
> ***II.*** *Investido no mandato de Prefeito, será afastado do cargo, emprego ou função, sendo-lhe facultado optar pela sua remuneração;*
>
> ***III.*** *Investido no mandato de Vereador, havendo compatibilidade de horários, perceberá as vantagens de seu cargo, emprego ou função, sem prejuízo da remuneração do cargo eletivo, e, não havendo compatibilidade, será aplicada a norma do inciso anterior;*
>
> ***IV.*** *Em qualquer caso que exija o afastamento para o exercício de mandato eletivo, seu tempo de serviço será contado para todos os efeitos legais, exceto para promoção por merecimento;*
>
> ***V.*** *Para efeito de benefício previdenciário, no caso de afastamento, os valores serão determinados como se no exercício estivesse.*

A proibição de acumular se estende à percepção de remuneração e aposentadoria. Vejamos o que diz o §10º do Art. 37:

> ***§ 10*** *- É vedada a percepção simultânea de proventos de aposentadoria decorrentes do Art. 40 ou dos Arts. 42 e 142 com a remuneração de cargo, emprego ou função pública, ressalvados os cargos acumuláveis na forma desta Constituição, os cargos eletivos e os cargos em comissão declarados em lei de livre nomeação e exoneração.*

Aqui a acumulação dos proventos da aposentadoria com a remuneração será permitida nos casos em que são autorizadas a acumulação dos cargos, ou, ainda, quando acumular com cargo em comissão e cargo eletivo. Significa dizer ser possível a acumulação dos proventos da aposentadoria de um cargo, emprego ou função pública com a remuneração de cargo, emprego ou função pública.

A Constituição também vedou a percepção de mais de uma aposentadoria, ressalvados os casos de acumulação de cargos permitida, ou seja, o indivíduo pode acumular as aposentadorias dos cargos que podem ser acumulados:

> ***Art. 40****, § 6º - Ressalvadas as aposentadorias decorrentes dos cargos acumuláveis na forma desta Constituição, é vedada a percepção de mais de uma aposentadoria à conta do regime de previdência previsto neste artigo.*

Acumulação de cargos, empregos e funções

- Professor + professor
- Professor + técnico ou científico
- Saúde + saúde
- Magistrado (juiz) + magistério (professor)
- Membro do MP + magistério
- Cargo eletivo + cargo, emprego ou função

Estabilidade

Um dos maiores desejos de quem faz concurso público é alcançar a Estabilidade. Essa é a garantia que se dá aos titulares de cargo público, ou seja, ao servidor público. Essa garantia faz que o servidor tenha certa tranquilidade para usufruir do seu cargo com maior tranquilidade; o servidor passa exercer suas atividades sem a preocupação de perder seu cargo por qualquer simples motivo. Vejamos o que diz a Constituição Federal:

> ***Art. 41.*** *São estáveis após três anos de efetivo exercício os servidores nomeados para cargo de provimento efetivo em virtude de concurso público.*
>
> ***§ 1º*** *- O servidor público estável só perderá o cargo:*
>
> ***I.*** *Em virtude de sentença judicial transitada em julgado;*
>
> ***II.*** *Mediante processo administrativo em que lhe seja assegurada ampla defesa;*
>
> ***III.*** *Mediante procedimento de avaliação periódica de desempenho, na forma de lei complementar, assegurada ampla defesa.*
>
> ***§ 2º*** *- Invalidada por sentença judicial a demissão do servidor estável, será ele reintegrado, e o eventual ocupante da vaga, se estável, reconduzido ao cargo de origem, sem direito a indenização, aproveitado em outro cargo ou posto em disponibilidade com remuneração proporcional ao tempo de serviço.*
>
> ***§ 3º*** *- Extinto o cargo ou declarada a sua desnecessidade, o servidor estável ficará em disponibilidade, com remuneração proporcional ao tempo de serviço, até seu adequado aproveitamento em outro cargo.*
>
> ***§ 4º*** *- Como condição para a aquisição da estabilidade, é obrigatória a avaliação especial de desempenho por comissão instituída para essa finalidade.*

O primeiro ponto relevante é que a estabilidade se adquire após três anos de efetivo exercício. Só adquire estabilidade quem ocupa um cargo público de provimento efetivo, após a aprovação em concurso público. Essa garantia não se estende aos titulares de emprego público nem aos que ocupam cargos em comissão de livre nomeação e exoneração.

Não confunda a estabilidade com estágio probatório. Esse é o período de avaliação inicial dentro do novo cargo a que o servidor concursado se sujeita antes de adquirir sua estabilidade. A Constituição não fala nada de estágio probatório, mas, para os servidores públicos federais, aplica-se o prazo previsto na Lei 8.112/90. Aqui temos um problema. O referido estatuto dos servidores públicos federais prevê o prazo de 24 meses para o estágio probatório.

Contudo, tem prevalecido, na doutrina e na jurisprudência, o entendimento de que não tem como se dissociar o prazo do estágio probatório da aquisição da estabilidade, de forma que até o próprio STF e o STJ reconhecem que o prazo do estágio probatório foi revogado tacitamente pela EC 19/98 que alterou o prazo de aquisição da estabilidade para 3 anos. Reforça esse entendimento o fato de que a Advocacia-Geral da União já emitiu parecer vinculante determinando a aplicação do prazo de **3 anos para o estágio probatório** em todo o Poder Executivo Federal, o que de fato acontece. Dessa forma, para prova o prazo do estágio probatório é de 3 anos.

Segundo o texto constitucional, é condição para a aquisição da estabilidade a avaliação especial de desempenhos aplicada por comissão instituída para essa finalidade.

O servidor estável só perderá o cargo nas hipóteses previstas na Constituição, as quais são:

- **Sentença judicial transitada em julgado;**
- **Procedimento Administrativo Disciplinar;**
- **Insuficiência de desempenho comprovada na Avaliação Periódica;**
- **Excesso de despesas com pessoal nos termos do Art. 169, § 3º.**

Servidores em exercício de mandato eletivo

Para os servidores públicos que estão no exercício de mandato eletivo, aplicam-se as seguintes regras:

> ***Art. 38.*** *Ao servidor público da administração direta, autárquica e fundacional, no exercício de mandato eletivo, aplicam-se as seguintes disposições:*
>
> ***I.*** *Tratando-se de mandato eletivo federal, estadual ou distrital, ficará afastado de seu cargo, emprego ou função;*
>
> ***II.*** *Investido no mandato de Prefeito, será afastado do cargo, emprego ou função, sendo-lhe facultado optar pela sua remuneração;*
>
> ***III.*** *Investido no mandato de Vereador, havendo compatibilidade de horários, perceberá as vantagens de seu cargo, emprego ou função, sem prejuízo da remuneração do cargo eletivo, e, não havendo compatibilidade, será aplicada a norma do inciso anterior;*
>
> ***IV.*** *Em qualquer caso que exija o afastamento para o exercício de mandato eletivo, seu tempo de serviço será contado para todos os efeitos legais, exceto para promoção por merecimento;*
>
> ***V.*** *Para efeito de benefício previdenciário, no caso de afastamento, os valores serão determinados como se no exercício estivesse.*

Em suma:

Mandato Eletivo Federal, Estadual ou Distrital: afasta-se do cargo, emprego ou função;

Mandato Eletivo Municipal:

Prefeito: Afasta-se do cargo, mas pode optar pela remuneração;

Vereador: Havendo compatibilidade de horário, pode exercer os dois cargos e cumular as duas remunerações respeitando os limites legais. Não havendo compatibilidade de horário, deverá afastar-se do cargo podendo optar pela remuneração de um dos dois.

Havendo o afastamento, a Constituição determinou ainda que esse período seja contabilizado como tempo de serviço gerando todos seus efeitos legais, com exceção da promoção de merecimento, além de ser contabilizado para efeito de benefício previdenciário.

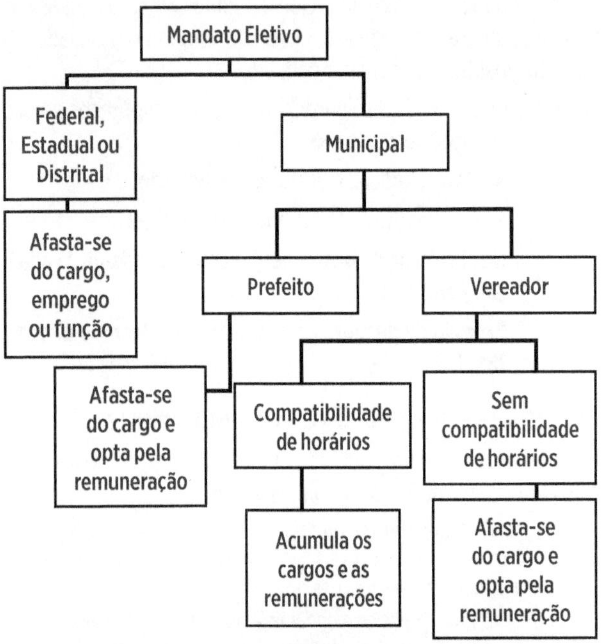

Regras de Remuneração dos Servidores Públicos

A Constituição Federal previu várias regras referentes a remuneração dos servidores públicos, que consta no Art. 37, da CF, as quais são bem interessantes para serem cobradas em sua prova:

> ***X.*** *A remuneração dos servidores públicos e o subsídio de que trata o § 4º do Art. 39 somente poderão ser fixados ou alterados por lei específica, observada a iniciativa privativa em cada caso, assegurada revisão geral anual, sempre na mesma data e sem distinção de índices;*

O primeiro ponto importante sobre a remuneração dos servidores é que ela só pode ser fixada por meio de lei específica, se a Constituição não estabelece qualquer outro critério, essa lei é ordinária. Além disso, a iniciativa da lei também é específica, ou seja, cada poder tem competência para propor a lei que altere o quadro remuneratório dos seus servidores. Por exemplo, no âmbito do Poder Executivo Federal o Presidente da República é quem tem a iniciativa para propor o projeto de lei.

Ainda há que se fazer a revisão geral anual, sem distinção de índices e sempre na mesma data, que serve para suprir as perdas inflacionárias que ocorrem com a remuneração dos servidores. No que tange à revisão geral anual, o STF entende que a competência para a iniciativa é privativa do Presidente da República, com base no Art. 61, § 1º, II, "a" da CF:

> ***§ 1º*** *- São de iniciativa privativa do Presidente da República as leis que:*
>
> ***II.*** *Disponham sobre:*
>
> ***a)*** *criação de cargos, funções ou empregos públicos na administração direta e autárquica ou aumento de sua remuneração.*

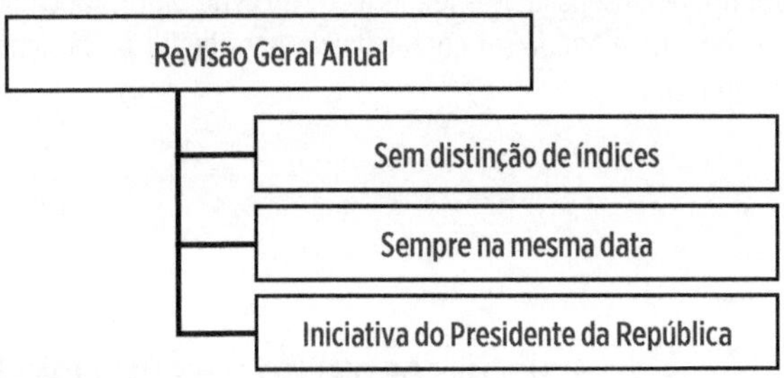

Outro ponto importante é o teto constitucional, que é o limite imposto para fixação das tabelas remuneratórias dos servidores; conforme o inciso XI do Art. 37, CF:

> ***XI.*** *A remuneração e o subsídio dos ocupantes de cargos, funções e empregos públicos da administração direta, autárquica e fundacional, dos membros de qualquer dos Poderes da União, dos Estados, do Distrito Federal e dos Municípios, dos detentores de mandato eletivo e dos demais agentes políticos e os proventos, pensões ou outra espécie remuneratória, percebidos cumulativamente ou não, incluídas as vantagens pessoais ou de qualquer outra natureza, não poderão exceder o subsídio mensal, em espécie, dos Ministros do Supremo Tribunal Federal, aplicando-se como limite, nos Municípios, o subsídio do Prefeito, e nos Estados e no Distrito Federal, o subsídio mensal do Governador no âmbito do Poder Executivo, o subsídio dos Deputados Estaduais e Distritais no âmbito do Poder Legislativo e o subsídio dos Desembargadores do Tribunal de Justiça, limitado a noventa inteiros e vinte e cinco centésimos por cento do subsídio mensal, em espécie, dos Ministros do Supremo Tribunal Federal, no âmbito do Poder Judiciário, aplicável este limite aos membros do Ministério Público, aos Procuradores e aos Defensores Públicos.*

Vamos entender essa regra, analisando os diversos tipos de limites previstos no texto constitucional.

O primeiro limite é o Teto Geral, que, segundo a Constituição, corresponde ao subsídio do Ministro do Supremo Tribunal Federal. Isso significa que nenhum servidor público no Brasil pode receber remuneração maior que o subsídio do Ministro do Supremo Tribunal Federal. Esse limite se aplica a todos os poderes em todos os entes federativos. Ressalte-se que a iniciativa de proposta legislativa para fixação da remuneração dos Ministros pertence aos próprios membros do STF.

Em seguida, nós temos os subtetos, que são limites aplicáveis a cada poder e em cada ente federativo. Vejamos de forma sistematizada as regras previstas na Constituição Federal:

Estados e df

Poder Executivo: subsídio do Governador.

Poder Legislativo: subsídio do Deputado Estadual ou Distrital.

Poder Judiciário: subsídio do Desembargador do Tribunal de Justiça. Aplica-se este limite aos membros do Ministério Público e da Defensoria Pública dos Estados e Distrito Federal.

Municípios

Poder Executivo: subsídio do Prefeito.

A Constituição permite que os Estados e o Distrito Federal poderão, por iniciativa do governador, adotar limite único nos termos do Art. 37, § 12, mediante emenda a Constituição Estadual ou a Lei Orgânica do DF, o qual não poderá ultrapassar 90,25% do subsídio do ministro do STF. Ressalte-se que se porventura for criado este limite único ele não será aplicado a alguns membros do Poder Legislativo, como aos Deputados Distritais e Vereadores.

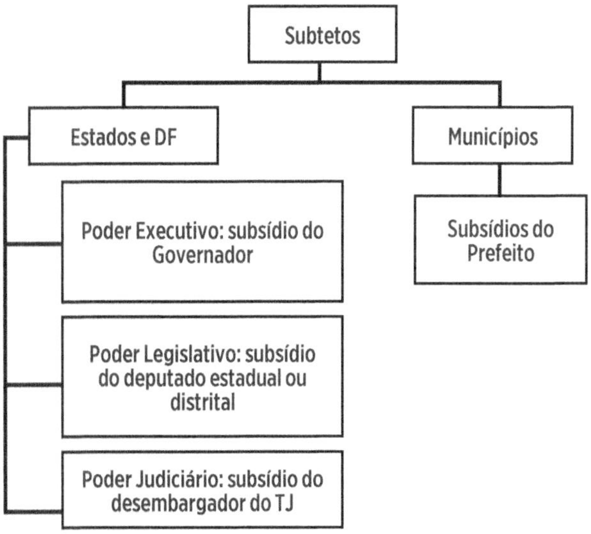

A seguir, são abordados alguns limites específicos que também estão previstos no texto constitucional, mas em outros artigos, pois são determinados a algumas autoridades:

Governador e Prefeito: subsídio do ministro do STF;

Deputado Estadual e Distrital[1]: 75% do subsídio do Deputado Federal;

Vereador: 75% do subsídio do Deputado Estadual para os municípios com mais de 500.000 habitantes. Nos municípios com menos habitantes, aplica-se a regra proporcional a população conforme o Art. 29, VI da Constituição Federal[2].

Magistrados dos Tribunais Superiores: 95% do subsídio dos ministros do STF. Dos demais magistrados, o subteto é 95% do subsídio dos ministros dos Tribunais Superiores.

> ***Art. 93**, V. O subsídio dos Ministros dos Tribunais Superiores corresponderá a noventa e cinco por cento do subsídio mensal fixado para os Ministros do Supremo Tribunal Federal e os subsídios dos demais magistrados serão fixados em lei e escalonados, em nível federal e estadual, conforme as respectivas categorias da estrutura judiciária nacional, não podendo a diferença entre uma e outra ser superior a dez por cento ou inferior a cinco por cento, nem exceder a noventa e cinco por cento do subsídio mensal dos Ministros dos Tribunais Superiores, obedecido, em qualquer caso, o disposto nos Arts. 37, XI, e 39, § 4º.*

1 Arts. 27, §2º e 32, §3º da Constituição Federal

2 Art. 29, VI . O subsídio dos Vereadores será fixado pelas respectivas Câmaras Municipais em cada legislatura para a subsequente, observado o que dispõe esta Constituição, observados os critérios estabelecidos na respectiva Lei Orgânica e os seguintes limites máximos: a) em Municípios de até dez mil habitantes, o subsídio máximo dos Vereadores corresponderá a vinte por cento do subsídio dos Deputados Estaduais; b) em Municípios de dez mil e um a cinquenta mil habitantes, o subsídio máximo dos Vereadores corresponderá a trinta por cento do subsídio dos Deputados Estaduais; c) em Municípios de cinquenta mil e um a cem mil habitantes, o subsídio máximo dos Vereadores corresponderá a quarenta por cento do subsídio dos Deputados Estaduais; d) em Municípios de cem mil e um a trezentos mil habitantes, o subsídio máximo dos Vereadores corresponderá a cinquenta por cento do subsídio dos Deputados Estaduais; e) em Municípios de trezentos mil e um a quinhentos mil habitantes, o subsídio máximo dos Vereadores corresponderá a sessenta por cento do subsídio dos Deputados Estaduais; f) em Municípios de mais de quinhentos mil habitantes, o subsídio máximo dos Vereadores corresponderá a setenta e cinco por cento do subsídio dos Deputados Estaduais;

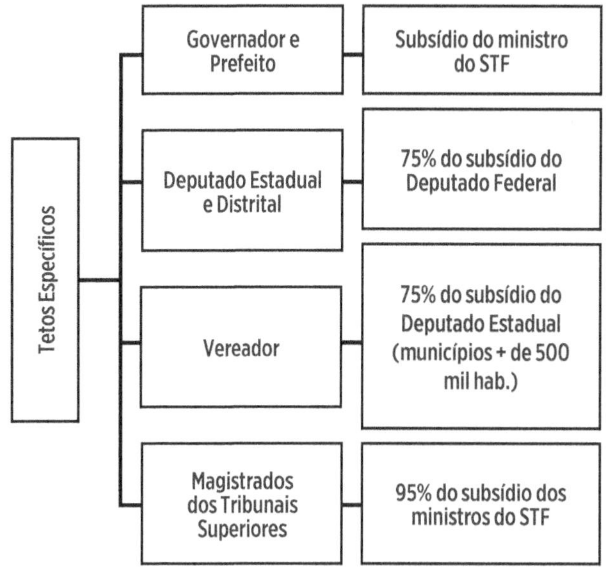

Lembre-se de que esses limites aplicam-se quando for possível a acumulação de cargos prevista no texto constitucional, ressalvados os seguintes casos:

Magistratura + Magistério: a Resolução nº 14/2006 do Conselho Nacional de Justiça prevê que não se sujeita ao teto a remuneração oriunda no magistério exercido pelos juízes;

Exercício cumulativo de funções no Supremo Tribunal Federal e Tribunal Superior Eleitoral.

Casos em que se pode ultrapassar o teto constitucional

Os limites aplicam-se as empresas públicas e sociedades de economia mista desde que recebam recursos da União dos Estados e do Distrito Federal para pagamento do pessoal e custeio em geral:

> ***§ 9º** - O disposto no inciso XI aplica-se às empresas públicas e às sociedades de economia mista, e suas subsidiárias, que receberem recursos da União, dos Estados, do Distrito Federal ou dos Municípios para pagamento de despesas de pessoal ou de custeio em geral.*

A Constituição Federal também trouxe previsão expressa vedando qualquer equiparação ou vinculação de remuneração de servidor público:

> ***XIII.** É vedada a vinculação ou equiparação de quaisquer espécies remuneratórias para o efeito de remuneração de pessoal do serviço público.*

Antes da EC 19/1998, muitos servidores incorporavam vantagens pecuniárias calculadas sobre outras vantagens, gerando aumento desproporcional da remuneração. Isso acabou com a alteração do texto constitucional:

XIV. Os acréscimos pecuniários percebidos por servidor público não serão computados nem acumulados para fins de concessão de acréscimos ulteriores.

Destaque-se, ainda, a regra constitucional que prevê a irredutibilidade da remuneração dos servidores públicos:

XV. O subsídio e os vencimentos dos ocupantes de cargos e empregos públicos são irredutíveis, ressalvado o disposto nos incisos XI e XIV deste artigo e nos Arts. 39, § 4º, 150, II, 153, III, e 153, § 2º, I.

A irredutibilidade aqui é meramente nominal, não existindo direito à preservação do valor real em proteção a perda do poder aquisitivo. A irredutibilidade também não impede a alteração da composição remuneratória; significa dizer que podem ser retiradas as gratificações, mantendo-se o valor nominal da remuneração, nem mesmo a supressão de parcelas ou gratificações; é preciso considerar que o STF entende não haver direito adquirido a regime jurídico.

Regras de aposentadoria

Esse tema costuma ser trabalhado em Direito Previdenciário devido às inúmeras regras de transição que foram editadas, além das previstas no texto constitucional. Para as provas de Direito Constitucional, é importante a leitura atenta dos dispositivos abaixo:

Art. 40. *O regime próprio de previdência social dos servidores titulares de cargos efetivos terá caráter contributivo e solidário, mediante contribuição do respectivo ente federativo, de servidores ativos, de aposentados e de pensionistas, observados critérios que preservem o equilíbrio financeiro e atuarial.*

§ 1º *O servidor abrangido por regime próprio de previdência social será aposentado:*

I. *por incapacidade permanente para o trabalho, no cargo em que estiver investido, quando insuscetível de readaptação, hipótese em que será obrigatória a realização de avaliações periódicas para verificação da continuidade das condições que ensejaram a concessão da aposentadoria, na forma de lei do respectivo ente federativo;*

II. *compulsoriamente, com proventos proporcionais ao tempo de contribuição, aos 70 (setenta) anos de idade, ou aos 75 (setenta e cinco) anos de idade, na forma de lei complementar;*

III. *no âmbito da União, aos 62 (sessenta e dois) anos de idade, se mulher, e aos 65 (sessenta e cinco) anos de idade, se homem, e, no âmbito dos Estados, do Distrito Federal e dos Municípios, na idade mínima estabelecida mediante emenda às respectivas Constituições e Leis Orgânicas, observados o tempo de contribuição e os demais requisitos estabelecidos em lei complementar do respectivo ente federativo.*

§ 2º *Os proventos de aposentadoria não poderão ser inferiores ao valor mínimo a que se refere o § 2º do art. 201 ou superiores ao limite máximo estabelecido para o Regime Geral de Previdência Social, observado o disposto nos §§ 14 a 16.*

§ 3º *As regras para cálculo de proventos de aposentadoria serão disciplinadas em lei do respectivo ente federativo.*

§ 4º *É vedada a adoção de requisitos ou critérios diferenciados para concessão de benefícios em regime próprio de previdência social, ressalvado o disposto nos §§ 4º-A, 4º-B, 4º-C e 5º. (Redação dada pela Emenda Constitucional nº 103, de 2019)*

§ 4º-A. *Poderão ser estabelecidos por lei complementar do respectivo ente federativo idade e tempo de contribuição diferenciados para aposentadoria de servidores com deficiência, previamente submetidos a avaliação biopsicossocial realizada por equipe multiprofissional e interdisciplinar.*

§ 4º-B. *Poderão ser estabelecidos por lei complementar do respectivo ente federativo idade e tempo de contribuição diferenciados para aposentadoria de ocupantes do cargo de agente penitenciário, de agente socioeducativo ou de policial dos órgãos de que tratam o inciso IV do caput do art. 51, o inciso XIII do caput do art. 52 e os incisos I a IV do caput do art. 144.*

§ 4º-C. *Poderão ser estabelecidos por lei complementar do respectivo ente federativo idade e tempo de contribuição diferenciados para aposentadoria de servidores cujas atividades sejam exercidas com efetiva exposição a agentes químicos, físicos e biológicos prejudiciais à saúde, ou associação desses agentes, vedada a caracterização por categoria profissional ou ocupação.*

§ 5º *Os ocupantes do cargo de professor terão idade mínima reduzida em 5 (cinco) anos em relação às idades decorrentes da aplicação do disposto no inciso III do § 1º, desde que comprovem tempo de efetivo exercício das funções de magistério na educação infantil e no ensino fundamental e médio fixado em lei complementar do respectivo ente federativo.*

§ 6º *Ressalvadas as aposentadorias decorrentes dos cargos acumuláveis na forma desta Constituição, é vedada a percepção de mais de uma aposentadoria à conta de regime próprio de previdência social, aplicando-se outras vedações, regras e condições para a acumulação de benefícios previdenciários estabelecidas no Regime Geral de Previdência Social.*

§ 7º *Observado o disposto no § 2º do art. 201, quando se tratar da única fonte de renda formal auferida pelo dependente, o benefício de pensão por morte será concedido nos termos de lei do respectivo ente federativo, a qual tratará de forma diferenciada a hipótese de morte dos servidores de que trata o § 4º-B decorrente de agressão sofrida no exercício ou em razão da função.*

§ 8º *É assegurado o reajustamento dos benefícios para preservar-lhes, em caráter permanente, o valor real, conforme critérios estabelecidos em lei.*

§ 9º *O tempo de contribuição federal, estadual, distrital ou municipal será contado para fins de aposentadoria, observado o disposto nos §§ 9º e 9º-A do art. 201, e o tempo de serviço correspondente será contado para fins de disponibilidade.*

§ 10. *A lei não poderá estabelecer qualquer forma de contagem de tempo de contribuição fictício.*

§ 11. *Aplica-se o limite fixado no art. 37, XI, à soma total dos proventos de inatividade, inclusive quando decorrentes da acumulação de cargos ou empregos públicos, bem como de outras atividades sujeitas a contribuição para o regime geral de previdência social, e ao montante resultante da adição de proventos de inatividade com remuneração de cargo acumulável na forma desta Constituição, cargo em comissão declarado em lei de livre nomeação e exoneração, e de cargo eletivo.*

§ 12. *Além do disposto neste artigo, serão observados, em regime próprio de previdência social, no que couber, os requisitos e critérios fixados para o Regime Geral de Previdência Social.*

§ 13. *Aplica-se ao agente público ocupante, exclusivamente, de cargo em comissão declarado em lei de livre nomeação e exoneração, de outro cargo temporário, inclusive mandato eletivo, ou de emprego público, o Regime Geral de Previdência Social.*

__§ 14.__ A União, os Estados, o Distrito Federal e os Municípios instituirão, por lei de iniciativa do respectivo Poder Executivo, regime de previdência complementar para servidores públicos ocupantes de cargo efetivo, observado o limite máximo dos benefícios do Regime Geral de Previdência Social para o valor das aposentadorias e das pensões em regime próprio de previdência social, ressalvado o disposto no § 16.

__§ 15.__ O regime de previdência complementar de que trata o § 14 oferecerá plano de benefícios somente na modalidade contribuição definida, observará o disposto no art. 202 e será efetivado por intermédio de entidade fechada de previdência complementar ou de entidade aberta de previdência complementar.

__§ 16.__ Somente mediante sua prévia e expressa opção, o disposto nos § § 14 e 15 poderá ser aplicado ao servidor que tiver ingressado no serviço público até a data da publicação do ato de instituição do correspondente regime de previdência complementar.

__§ 17.__ Todos os valores de remuneração considerados para o cálculo do benefício previsto no § 3º serão devidamente atualizados, na forma da lei.

__§ 18.__ Incidirá contribuição sobre os proventos de aposentadorias e pensões concedidas pelo regime de que trata este artigo que superem o limite máximo estabelecido para os benefícios do regime geral de previdência social de que trata o art. 201, com percentual igual ao estabelecido para os servidores titulares de cargos efetivos.

__§ 19.__ Observados critérios a serem estabelecidos em lei do respectivo ente federativo, o servidor titular de cargo efetivo que tenha completado as exigências para a aposentadoria voluntária e que opte por permanecer em atividade poderá fazer jus a um abono de permanência equivalente, no máximo, ao valor da sua contribuição previdenciária, até completar a idade para aposentadoria compulsória.

__§ 20.__ É vedada a existência de mais de um regime próprio de previdência social e de mais de um órgão ou entidade gestora desse regime em cada ente federativo, abrangidos todos os poderes, órgãos e entidades autárquicas e fundacionais, que serão responsáveis pelo seu financiamento, observados os critérios, os parâmetros e a natureza jurídica definidos na lei complementar de que trata o § 22.

__§ 21.__ A contribuição prevista no § 18 deste artigo incidirá apenas sobre as parcelas de proventos de aposentadoria e de pensão que superem o dobro do limite máximo estabelecido para os benefícios do regime geral de previdência social de que trata o art. 201 desta Constituição, quando o beneficiário, na forma da lei, for portador de doença incapacitante.

__§ 22.__ Vedada a instituição de novos regimes próprios de previdência social, lei complementar federal estabelecerá, para os que já existam, normas gerais de organização, de funcionamento e de responsabilidade em sua gestão, dispondo, entre outros aspectos, sobre:

__I.__ requisitos para sua extinção e consequente migração para o Regime Geral de Previdência Social;

__II.__ modelo de arrecadação, de aplicação e de utilização dos recursos;

__III.__ fiscalização pela União e controle externo e social;

__IV.__ definição de equilíbrio financeiro e atuarial;

__V.__ condições para instituição do fundo com finalidade previdenciária de que trata o art. 249 e para vinculação a ele dos recursos provenientes de contribuições e dos bens, direitos e ativos de qualquer natureza;

__VI.__ mecanismos de equacionamento do déficit atuarial;

__VII.__ estruturação do órgão ou entidade gestora do regime, observados os princípios relacionados com governança, controle interno e transparência;

__VIII.__ condições e hipóteses para responsabilização daqueles que desempenhem atribuições relacionadas, direta ou indiretamente, com a gestão do regime;

__IX.__ condições para adesão a consórcio público;

__X.__ parâmetros para apuração da base de cálculo e definição de alíquota de contribuições ordinárias e extraordinárias.

Dos militares dos estados, do distrito federal e dos territórios

A Constituição Federal distingue duas espécies de servidores, os civis e os militares, sendo que a estes reserva um regime jurídico diferenciado, previsto especialmente no Art. 42 (Polícias Militares e Corpos de Bombeiros Militares) e no Art. 142, § 3º (Forças Armadas – Exército, Marinha e Aeronáutica).

As Polícias Militares, os Corpos de Bombeiros Militares e as Forças Armadas são instituições organizadas com base na **hierarquia** e na **disciplina**.

Tomando de empréstimo o conceito constante do Art. 14, § 1º e 2º, da Lei nº 6.880, de 1980 (Estatuto dos Militares das Forças Armadas), temos que a **hierarquia** militar é a ordenação da autoridade, em níveis diferentes, dentro da estrutura militar e a **disciplina** é a rigorosa observância e o acatamento integral das leis, regulamentos, normas e disposições que fundamentam o organismo militar e coordenam seu funcionamento regular e harmônico, traduzindo-se pelo perfeito cumprimento do dever por parte de todos e de cada um dos componentes desses organismos.

É claro que a hierarquia e a disciplina estão presentes em todo o serviço público. No entanto, no seio militar, elas são muito mais rígidas, objetivando garantir pronta e irrestrita obediência de seus membros, o que é imprescindível para o exercício das suas atividades.

As Polícias Militares e os Corpos de Bombeiros Militares são **órgãos de Segurança Pública** (Art. 144, da CF), organizados e mantidos pelos Estados.

Às Polícias Militares cabem as atribuições de polícia administrativa, ostensiva e a preservação da ordem pública. Aos Corpos de Bombeiros Militares cabe, além das atribuições definidas em lei (atividades de combate a incêndio, busca e resgate de pessoas etc.), a execução de atividades de defesa civil (Art. 144, § 5º, da CF).

Segundo o § 6º, do Art. 144, da CF, as Polícias Militares e os Corpos de Bombeiros Militares são forças auxiliares e reserva do Exército e subordinam-se aos Governadores dos Estados, do Distrito Federal e dos Territórios.

Apesar de estarem subordinadas ao Governador do Distrito Federal, a organização e a manutenção da Polícia Militar e do Corpo de Bombeiros Militares do Distrito Federal são de competência da União (Art. 21, inciso XIV, da CF).

No Art. 42, a Constituição Federal estende aos policiais militares e aos bombeiros militares praticamente as mesmas **disposições** aplicáveis aos integrantes das Forças Armadas, militares da União, previstas no Art. 142, § 2º e 3º, da CF. Assim, entre outros:

> **O militar que seja alistável é elegível.** No entanto, se contar menos de dez anos de serviço, deverá afastar-se da atividade; se contar mais de dez anos de serviço será agregado pela autoridade superior e, se eleito, passará automaticamente, no ato da diplomação, para a inatividade;

> **Não cabe Habeas** Corpus em relação a punições disciplinares militares;

> **Ao militar são proibidas** a sindicalização e a greve;

> O militar, **enquanto em serviço ativo**, não pode estar filiado a partidos políticos.

Questões

01. (COPESE) Sobre a Administração Pública na Constituição Federal de 1988, marque a alternativa correta:

a) O princípio da impessoalidade está previsto de forma implícita na Constituição Federal de 1988.

b) As funções de confiança são exercidas exclusivamente por servidores ocupantes de cargos em comissão.

c) A moralidade, a legalidade e a parcialidade são princípios norteadores da Administração Pública direta e de qualquer dos Poderes da União, dos Estados, do Distrito Federal, dos Municípios e dos Territórios.

d) O prazo de validade do concurso público será de até dois anos, prorrogável uma vez, por igual período, sendo que, durante o prazo improrrogável previsto no edital de convocação, aquele que aprovado em concurso público de provas ou de provas e títulos será convocado com prioridade sobre novos concursados para assumir cargo ou emprego, na carreira.

02. (CESPE) Os servidores nomeados para cargo de provimento efetivo em virtude de aprovação em concurso público adquirem a estabilidade após três anos de efetivo exercício.

Certo ( ) Errado ( )

03. (FCC) Dentre as regras da Constituição Federal a respeito da investidura em cargos públicos está aquela segundo a qual:

a) Os cargos, empregos e funções públicas são acessíveis apenas aos brasileiros natos, não podendo ser exercidos por brasileiros naturalizados, nem por estrangeiros.

b) A investidura em cargo, mas não a investidura em emprego, depende de aprovação prévia em concurso público de provas ou de provas e títulos.

c) O prazo de validade do concurso público será de até dois anos, prorrogável uma vez, pela metade do período, caso expressamente autorizado no edital de abertura do concurso.

d) Durante o prazo improrrogável previsto no edital de convocação, aquele aprovado em concurso público de provas ou de provas e títulos será convocado com prioridade sobre novos concursados para assumir cargo ou emprego, na carreira.

e) Os cargos em comissão, exercidos exclusivamente por servidores de carreira, destinam-se apenas às atribuições de direção, chefia e assessoramento.

Ainda com base no que determina a CF, julgue o item a seguir:

04. (CESPE) Servidor público efetivo investido no mandato de prefeito deve ser afastado do cargo, podendo, no entanto, optar por receber a respectiva remuneração.

Certo ( ) Errado ( )

05. (MPE) A administração pública direta e indireta de qualquer dos Poderes da União, dos Estados, do Distrito Federal e dos Municípios obedecerá aos princípios de legalidade, impessoalidade, moralidade, publicidade e eficiência e, também, ao seguinte:

a) O prazo de validade do concurso público será de dois anos, prorrogável uma vez, por igual período.

b) É vedada a vinculação ou equiparação de vencimentos, para o efeito de remuneração de pessoal do serviço público, com a ressalva de que a lei assegurará, aos servidores da administração direta, isonomia de vencimentos para cargos de atribuições iguais ou assemelhados do mesmo Poder ou entre servidores dos Poderes Executivo, Legislativo e Judiciário.

c) A investidura em cargo ou emprego público depende de aprovação prévia em concurso público de provas ou de provas e títulos, ressalvadas as nomeações para cargo em comissão declarado em lei de livre nomeação e exoneração.

d) É vedada a acumulação remunerada de cargos públicos, exceto, quando houver compatibilidade de horários, a de dois cargos de professor, a de um cargo de professor com outro técnico ou científico e a de dois cargos privativos de médicos.

Gabaritos

01	D	04	CERTO
02	CERTO	05	C
03	D	-	-

10. ORGANIZAÇÃO DOS PODERES - PODER LEGISLATIVO

Com o objetivo de limitar o poder do Estado, alguns filósofos desenvolveram a tese de que, se o poder estivesse nas mãos de várias pessoas, seria possível controlá-lo de uma forma melhor. Essa necessidade se deu em razão dos grandes abusos cometidos pelos imperadores que agiam arbitrariamente com seus súditos. A partir de então, surgiu a teoria da **Separação dos Poderes**, também chamada de Tripartição dos Poderes. Antes de analisar cada um dos Poderes do Estado, são explorados a seguir dois princípios constitucionais essenciais para entender essa organização: Tripartição dos Poderes e Federativo.

10.1 Princípios

Princípio da tripartição dos poderes

O primeiro princípio constitucional importante para o estudo da Organização dos Poderes é o Princípio da Tripartição dos Poderes, também chamado de Princípio da Separação dos Poderes. Sua origem histórica tem como fundamento a necessidade de se limitar os poderes do Estado. Alguns filósofos perceberam que se o Poder do Estado estivesse dividido entre três entidades diferentes, seria possível que a sociedade exercesse um maior controle sobre sua utilização.

Foi aí que surgiu a ideia de se dividir o Poder do Estado em três poderes, cada qual responsável pelo desenvolvimento de uma função principal do Estado:

Poder Executivo

Função principal (típica) de administrar o Estado;

Poder Legislativo

Função principal (típica) de legislar e fiscalizar as contas públicas;

Poder Judiciário

Função principal (típica) jurisdicional.

Além da sua própria função, a Constituição criou uma sistemática que permite a cada um dos poderes o exercício da função do outro poder. É a função atípica:

Poder Executivo

Função atípica de legislar e julgar;

Poder Legislativo

Função atípica de administrar e julgar;

Poder Judiciário

Função atípica de administrar e legislar.

Dessa forma, pode-se dizer que além da própria função, cada poder exercerá de forma acessória a função do outro poder.

Uma pergunta sempre surge na cabeça dos estudantes e poderá aparecer em prova: qual dos três poderes é mais importante?

A única resposta possível é a inexistência de poder mais importante. Cada poder possui sua própria função de forma que não se pode afirmar que exista hierarquia entre os poderes do Estado. Como diz a Constituição no Art. 2º:

> ***Art. 2º.** São Poderes da União, independentes e harmônicos entre si, o Legislativo, o Executivo e o Judiciário.*

A seguir, será tratado de outro princípio que, juntamente com a Separação dos Poderes, é responsável pela organização do Estado: Princípio Federativo.

Princípio federativo

Quando se fala em Federação, está-se falando da Forma de Estado adotada no Brasil. A forma de Estado reflete o modo de exercício do poder político em função do território, ou seja, como o poder político está distribuído dentro do território. Para compreender esta forma de Estado precisa-se ter em mente sua principal característica: descentralização política. Dizemos então que, numa federação, o poder político está distribuído entre os vários entes federativos, ou melhor, entre quatro entes federativos:

União;

Estados;

Distrito Federal;

Municípios.

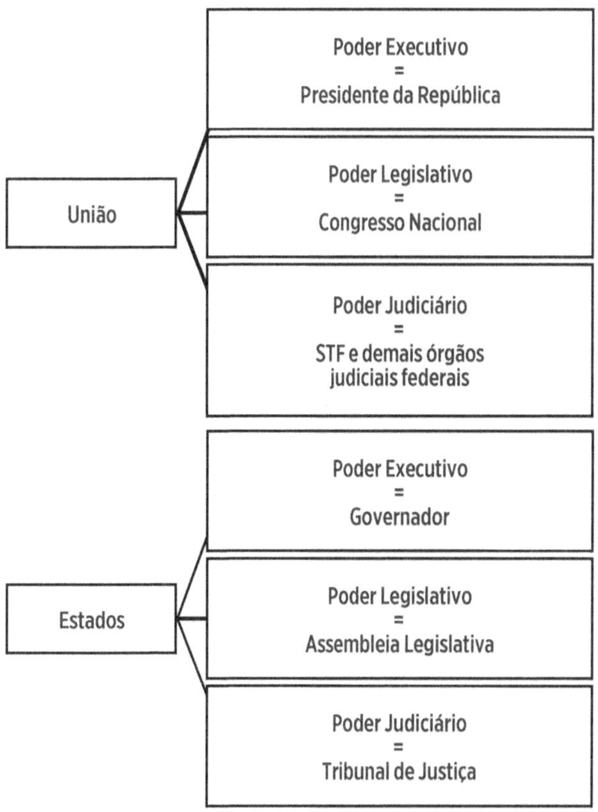

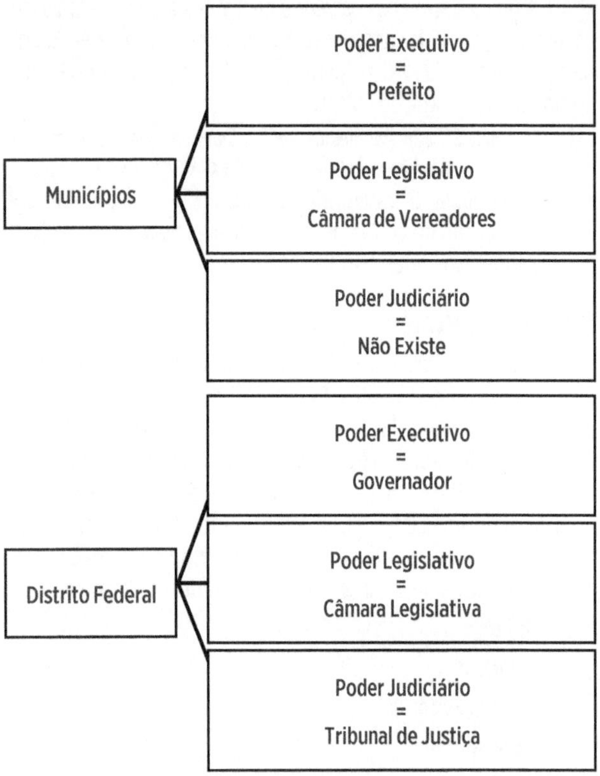

Cada um dos entes federativos possui sua própria autonomia política, a qual pode ser percebida pela capacidade de auto-organização, de criação de leis e, inclusive, de criação da sua própria Constituição. Apesar de cada ente federativo possuir essa independência, não se pode esquecer que a existência do pacto federativo pressupõe a existência de uma Constituição Federal e da impossibilidade de separação.

Uma coisa deve ficar bem clara: não existe hierarquia entre os entes federativos. O que os diferencia é a competência que cada um recebeu da Constituição Federal.

Após analisar estes dois princípios constitucionais, será feita a junção entre eles para se ver como se estruturam dentro da República Federativa do Brasil. Dessa forma, foi visto na imagem anterior.

Agora que ficou esclarecido como o Estado Brasileiro está organizado, serão estudados os três Poderes em espécie. Começaremos pelo Poder Legislativo, sempre muito cobrado em prova.

10.2 Poder Legislativo

Funções típicas e atípicas

Esse Poder possui como função típica duas atribuições: legislar e fiscalizar.

Legislar significa criar leis, inovar o ordenamento jurídico. A função fiscalizatória diz respeito ao controle externo das contas públicas. É a fiscalização financeira, contábil e orçamentária.

Informações gerais

O Poder Legislativo da União é representado pelo Congresso Nacional, cuja estrutura é bicameral, ou seja, é formado pela Câmara dos Deputados e pelo Senado Federal. Essa previsão encontra-se na Constituição Federal:

> ***Art. 44.*** *O Poder Legislativo é exercido pelo Congresso Nacional, que se compõe da Câmara dos Deputados e do Senado Federal.*

A **Câmara dos Deputados** é composta pelos Deputados Federais que são **representantes do povo** eleitos segundo o **sistema proporcional,** devendo cada ente (Estado e Distrito Federal) eleger no mínimo 8 e no máximo 70 Deputados Federais. A proporcionalidade está relacionada com a quantidade da população dos entes federativos. Quanto maior for a população, mais deputados serão eleitos. Os territórios podem eleger quatro deputados. O mandato do Deputado é de quatro anos. Atualmente, existem na Câmara 513 membros. Sua organização é assim expressa na Constituição:

> ***Art. 45.*** *A Câmara dos Deputados compõe-se de representantes do povo, eleitos, pelo sistema proporcional, em cada Estado, em cada Território e no Distrito Federal.*
>
> ***§ 1º*** *- O número total de Deputados, bem como a representação por Estado e pelo Distrito Federal, será estabelecido por lei complementar, proporcionalmente à população, procedendo-se aos ajustes necessários, no ano anterior às eleições, para que nenhuma daquelas unidades da Federação tenha menos de oito ou mais de setenta Deputados.*
>
> ***§ 2º.*** *Cada Território elegerá quatro Deputados.*

O **Senado Federal** é composto por Senadores da República que são **representantes dos Estados e do Distrito Federal** eleitos segundo o **sistema majoritário simples ou puro**, devendo cada ente eleger três senadores. Aqui o sistema é majoritário, haja vista serem eleitos os candidatos mais votados.

O mandato do Senador é de oito anos cuja eleição de quatro em quatro anos ocorre de forma alternada. Numa eleição, elegem-se 2 e na outra 1. Cada Senador será eleito com dois suplentes. Atualmente, existem 81 Senadores. Conforme o Art. 46 do texto constitucional:

> ***Art. 46.*** *O Senado Federal compõe-se de representantes dos Estados e do Distrito Federal, eleitos segundo o princípio majoritário.*
>
> ***§ 1º*** *- Cada Estado e o Distrito Federal elegerão três Senadores, com mandato de oito anos.*
>
> ***§ 2º*** *- A representação de cada Estado e do Distrito Federal será renovada de quatro em quatro anos, alternadamente, por um e dois terços.*
>
> ***§ 3º*** *- Cada Senador será eleito com dois suplentes.*

Competências

Este é um dos temas mais cobrados em prova, razão pela qual precisa ser estudado com estratégia para que no momento em que o candidato enfrentar a questão, consiga resolvê-la. A melhor forma de acertar essas questões é memorizando os artigos sobre as competências, pois é dessa forma que será cobrado em prova. Uma sugestão para facilitar a memorização é fazer muitos exercícios sobre o tema.

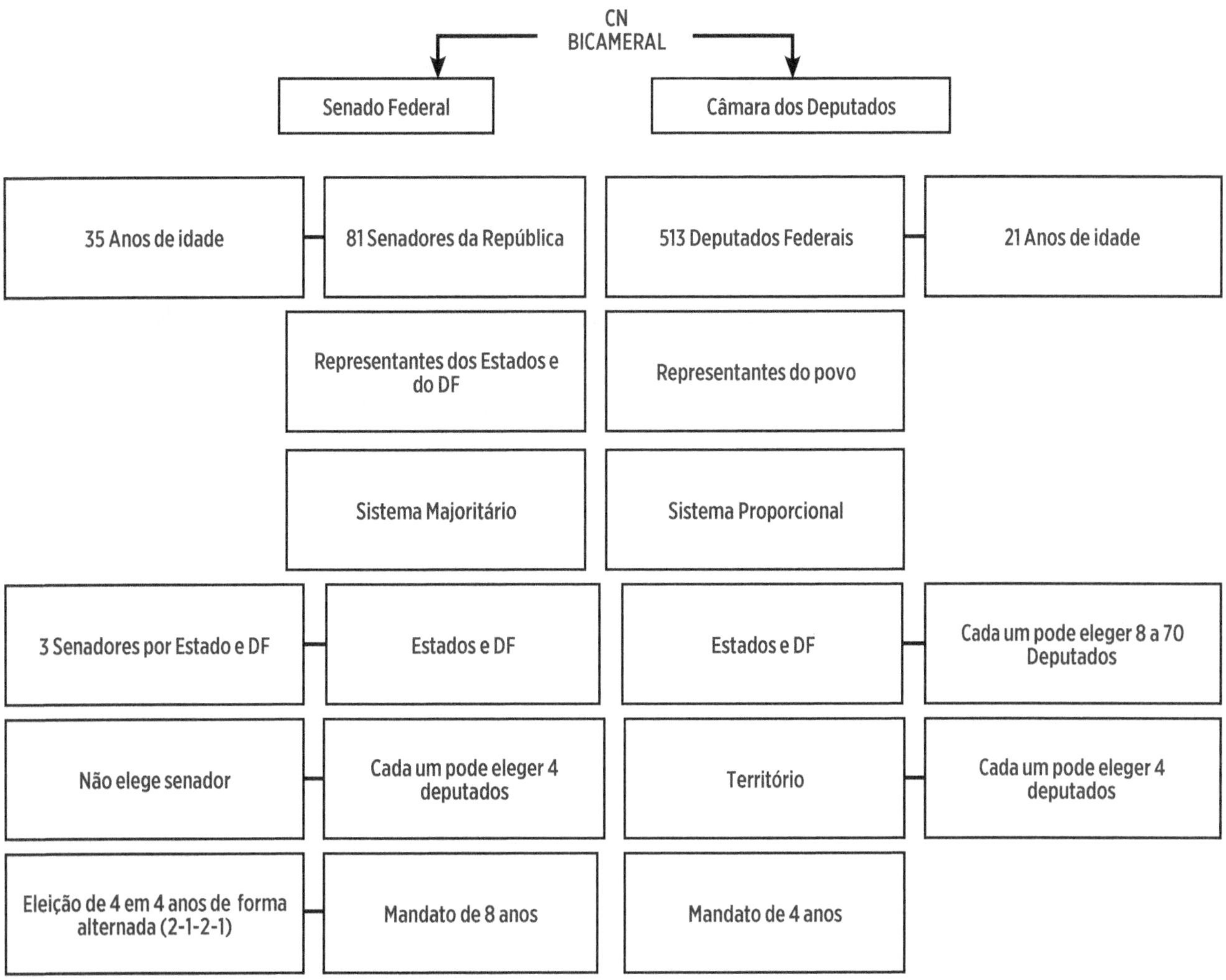

A seguir apresentam-se as competências de cada órgão.

Competência do congresso nacional

Uma coisa que se deve entender é que o Congresso Nacional, apesar de ser formado pela Câmara e pelo Senado, possui suas próprias competências, as quais estão previstas nos Arts. 48 e 49. Um detalhe que sempre cai em prova diz respeito à diferença entre as competências desses dois artigos.

No Art. 48, encontram-se as competências do Congresso que dependem de sanção presidencial, as quais serão desempenhadas mediante lei (lei ordinária ou complementar) que disponham sobre matérias de competência da União. Segue abaixo o rol dessas competências:

> ***Art. 48.*** *Cabe ao Congresso Nacional, com a sanção do Presidente da República, não exigida esta para o especificado nos Arts. 49, 51 e 52, dispor sobre todas as matérias de competência da União, especialmente sobre:*
>
> ***I.*** *Sistema tributário, arrecadação e distribuição de rendas;*
>
> ***II.*** *Plano plurianual, diretrizes orçamentárias, orçamento anual, operações de crédito, dívida pública e emissões de curso forçado;*
>
> ***III.*** *Fixação e modificação do efetivo das Forças Armadas;*
>
> ***IV.*** *Planos e programas nacionais, regionais e setoriais de desenvolvimento;*
>
> ***V.*** *Limites do território nacional, espaço aéreo e marítimo e bens do domínio da União;*
>
> ***VI.*** *Incorporação, subdivisão ou desmembramento de áreas de Territórios ou Estados, ouvidas as respectivas Assembleias Legislativas;*
>
> ***VII.*** *Transferência temporária da sede do Governo Federal;*
>
> ***VIII.*** *Concessão de anistia;*
>
> ***IX.*** *organização administrativa, judiciária, do Ministério Público e da Defensoria Pública da União e dos Territórios e organização judiciária e do Ministério Público do Distrito Federal;*
>
> ***X.*** *Criação, transformação e extinção de cargos, empregos e funções públicas, observado o que estabelece o Art. 84, VI, b;*
>
> ***XI.*** *Criação e extinção de Ministérios e órgãos da administração pública;*
>
> ***XII.*** *Telecomunicações e radiodifusão;*

XIII. *Matéria financeira, cambial e monetária, instituições financeiras e suas operações;*

XIV. *Moeda, seus limites de emissão, e montante da dívida mobiliária federal;*

XV. *Fixação do subsídio dos Ministros do Supremo Tribunal Federal, observado o que dispõem os Arts. 39, § 4º; 150, II; 153, III; e 153, § 2º, I.*

No Art. 49, têm-se as Competências Exclusivas do Congresso Nacional. Essas não dependem de sanção presidencial e serão formalizadas por meio de Decreto Legislativo:

Art. 49. *É da competência exclusiva do Congresso Nacional:*

I. *Resolver definitivamente sobre tratados, acordos ou atos internacionais que acarretem encargos ou compromissos gravosos ao patrimônio nacional;*

II. *Autorizar o Presidente da República a declarar guerra, a celebrar a paz, a permitir que forças estrangeiras transitem pelo território nacional ou nele permaneçam temporariamente, ressalvados os casos previstos em lei complementar;*

III. *Autorizar o Presidente e o Vice-Presidente da República a se ausentarem do País, quando a ausência exceder a quinze dias;*

IV. *Aprovar o estado de defesa e a intervenção federal, autorizar o estado de sítio, ou suspender qualquer uma dessas medidas;*

V. *Sustar os atos normativos do Poder Executivo que exorbitem do poder regulamentar ou dos limites de delegação legislativa;*

VI. *Mudar temporariamente sua sede;*

VII. *Fixar idêntico subsídio para os Deputados Federais e os Senadores, observado o que dispõem os Arts. 37, XI, 39, § 4º, 150, II, 153, III, e 153, § 2º, I;*

VIII. *Fixar os subsídios do Presidente e do Vice-Presidente da República e dos Ministros de Estado, observado o que dispõem os Arts. 37, XI, 39, § 4º, 150, II, 153, III, e 153, § 2º, I;*

IX. *Julgar anualmente as contas prestadas pelo Presidente da República e apreciar os relatórios sobre a execução dos planos de governo;*

X. *Fiscalizar e controlar, diretamente, ou por qualquer de suas Casas, os atos do Poder Executivo, incluídos os da administração indireta;*

XI. *Zelar pela preservação de sua competência legislativa em face da atribuição normativa dos outros Poderes;*

XII. *Apreciar os atos de concessão e renovação de concessão de emissoras de rádio e televisão;*

XIII. *Escolher dois terços dos membros do Tribunal de Contas da União;*

XIV. *Aprovar iniciativas do Poder Executivo referentes a atividades nucleares;*

XV. *Autorizar referendo e convocar plebiscito;*

XVI. *Autorizar, em terras indígenas, a exploração e o aproveitamento de recursos hídricos e a pesquisa e lavra de riquezas minerais;*

XVII. *Aprovar, previamente, a alienação ou concessão de terras públicas com área superior a dois mil e quinhentos hectares.*

Competência da câmara de deputados

As competências da Câmara dos Deputados estão previstas no Art. 51, as quais serão exercidas, em regra, por meio de Resolução da Câmara. Apesar de o texto constitucional prever essas competências como privativas, elas não podem ser delegadas:

Art. 51. *Compete privativamente à Câmara dos Deputados:*

I. *Autorizar, por dois terços de seus membros, a instauração de processo contra o Presidente e o Vice-Presidente da República e os Ministros de Estado;*

II. *Proceder à tomada de contas do Presidente da República, quando não apresentadas ao Congresso Nacional dentro de sessenta dias após a abertura da sessão legislativa;*

III. *Elaborar seu regimento interno;*

IV. *Dispor sobre sua organização, funcionamento, polícia, criação, transformação ou extinção dos cargos, empregos e funções de seus serviços, e a iniciativa de lei para fixação da respectiva remuneração, observados os parâmetros estabelecidos na lei de diretrizes orçamentárias;*

V. *Eleger membros do Conselho da República, nos termos do Art. 89, VII.*

Competência do senado federal

As competências do Senado Federal estão previstas no Art. 52, as quais serão exercidas, em regra, por meio de Resolução do Senado. Apesar de o texto constitucional prever essas competências como privativas, elas não podem ser delegadas:

Art. 52. *Compete privativamente ao Senado Federal:*

I. *Processar e julgar o Presidente e o Vice-Presidente da República nos crimes de responsabilidade, bem como os Ministros de Estado e os Comandantes da Marinha, do Exército e da Aeronáutica nos crimes da mesma natureza conexos com aqueles;*

II. *Processar e julgar os Ministros do Supremo Tribunal Federal, os membros do Conselho Nacional de Justiça e do Conselho Nacional do Ministério Público, o Procurador-Geral da República e o Advogado-Geral da União nos crimes de responsabilidade;*

III. *Aprovar previamente, por voto secreto, após arguição pública, a escolha de:*

a) *Magistrados, nos casos estabelecidos nesta Constituição;*

b) *Ministros do Tribunal de Contas da União indicados pelo Presidente da República;*

c) *Governador de Território;*

d) *Presidente e diretores do banco central;*

e) *Procurador-Geral da República;*

f) *Titulares de outros cargos que a lei determinar;*

IV. *Aprovar previamente, por voto secreto, após arguição em sessão secreta, a escolha dos chefes de missão diplomática de caráter permanente;*

V. *Autorizar operações externas de natureza financeira, de interesse da União, dos Estados, do Distrito Federal, dos Territórios e dos Municípios;*

VI. *Fixar, por proposta do Presidente da República, limites globais para o montante da dívida consolidada da União, dos Estados, do Distrito Federal e dos Municípios;*

VII. *Dispor sobre limites globais e condições para as operações de crédito externo e interno da União, dos Estados, do Distrito Federal e dos Municípios, de suas autarquias e demais entidades controladas pelo Poder Público federal;*

VIII. *Dispor sobre limites e condições para a concessão de garantia da União em operações de crédito externo e interno;*

IX. *Estabelecer limites globais e condições para o montante da dívida mobiliária dos Estados, do Distrito Federal e dos Municípios;*

X. *Suspender a execução, no todo ou em parte, de lei declarada inconstitucional por decisão definitiva do Supremo Tribunal Federal;*

XI. *Aprovar, por maioria absoluta e por voto secreto, a exoneração, de ofício, do Procurador-Geral da República antes do término de seu mandato;*

XII. *Elaborar seu regimento interno;*

__XIII.__ Dispor sobre sua organização, funcionamento, polícia, criação, transformação ou extinção dos cargos, empregos e funções de seus serviços, e a iniciativa de lei para fixação da respectiva remuneração, observados os parâmetros estabelecidos na lei de diretrizes orçamentárias;

__XIV.__ Eleger membros do Conselho da República, nos termos do Art. 89, VII;

__XV.__ Avaliar periodicamente a funcionalidade do Sistema Tributário Nacional, em sua estrutura e seus componentes, e o desempenho das administrações tributárias da União, dos Estados e do Distrito Federal e dos Municípios.

__Parágrafo único.__ Nos casos previstos nos incisos I e II, funcionará como Presidente o do Supremo Tribunal Federal, limitando-se a condenação, que somente será proferida por dois terços dos votos do Senado Federal, à perda do cargo, com inabilitação, por oito anos, para o exercício de função pública, sem prejuízo das demais sanções judiciais cabíveis.

As questões sobre as competências dos órgãos parlamentares são muito cobradas em prova e exigem do candidato uma nítida capacidade de memorização. Às vezes, é possível encontrar uma questão que trabalhe a competência associada com questões doutrinárias ou mesmo jurisprudencial. Vejamos o exemplo:

Imunidade parlamentar

Os parlamentares, por ocuparem uma função essencial na organização política do Estado, possuem Imunidades. As imunidades são prerrogativas inerentes à sua função que têm como objetivo garantir a sua independência durante o exercício do seu mandato. Um ponto que deve ser lembrado é que a imunidade não pertence à pessoa, e sim ao cargo, motivo pelo qual é irrenunciável. Isso significa que o parlamentar só a detém enquanto estiver no exercício de sua função.

São dois os tipos de imunidade:

Imunidade material;

Imunidade formal.

A imunidade material é uma verdadeira irresponsabilidade absoluta. Também conhecida como inviolabilidade parlamentar, ela isenta o seu titular de qualquer responsabilidade civil, penal, administrativa ou mesmo política, no que tange às suas opiniões, palavras e votos. Vejamos o que diz o *caput* do Art. 53:

__Art. 53.__ Os Deputados e Senadores são invioláveis, civil e penalmente, por quaisquer de suas opiniões, palavras e votos.

Mas deve-se ter atenção: essa prerrogativa diz respeito apenas às opiniões, palavras e votos proferidos no exercício da função parlamentar durante o seu mandato, ainda que a busca pela responsabilização ocorra após o término do seu mandato. Não importa se está dentro do recinto parlamentar ou fora dele. O que importa é que seja praticado na função ou em razão da função parlamentar.

As imunidades formais são prerrogativas de ordem processual e ocorrem em relação:

Ao foro de julgamento;

À prisão;

Ao processo.

A **prerrogativa de foro** decorre do previsto no Art. 53, § 1º da CF, que prevê:

__§ 1º__ - Os Deputados e Senadores, desde a expedição do diploma, serão submetidos a julgamento perante o Supremo Tribunal Federal.

Como pode se depreender do texto constitucional, a partir da expedição do diploma o parlamentar será julgado perante o STF nas ações de natureza penal sem necessidade de autorização da Casa legislativa à qual pertence. Ressalte-se que o parlamentar será julgado no STF por infrações cometidas antes ou depois da diplomação, contudo, finalizado o seu mandato, perde-se com ele a imunidade, fazendo com que os seus processos saiam da competência do STF e passem para os demais órgãos do Judiciário, a depender da matéria em questão. Não estão incluídas nessa prerrogativa as ações de natureza cível.

Em relação **à prisão**, o parlamentar só poderá ser preso em flagrante delito de crime inafiançável conforme previsão do § 2º do Art. 53:

__§ 2º__ - Desde a expedição do diploma, os membros do Congresso Nacional não poderão ser presos, salvo em flagrante de crime inafiançável. Nesse caso, os autos serão remetidos dentro de vinte e quatro horas à Casa respectiva, para que, pelo voto da maioria de seus membros, resolva sobre a prisão.

Essa prerrogativa inicia sua abrangência a partir da diplomação e alcança qualquer forma de prisão, seja de natureza penal ou civil. A manutenção dessa prisão depende de manifestação da maioria absoluta dos membros da Casa.

Apesar de o texto constitucional não prever, interpreta-se de forma lógica que o Parlamentar será preso no caso de uma sentença penal condenatória transitada em julgado.

Há também a imunidade em relação ao processo prevista no Art. 53, §§ 3º ao 5º:

__§ 3º__ - Recebida a denúncia contra o Senador ou Deputado, por crime ocorrido após a diplomação, o Supremo Tribunal Federal dará ciência à Casa respectiva, que, por iniciativa de partido político nela representado e pelo voto da maioria de seus membros, poderá, até a decisão final, sustar o andamento da ação.

__§ 4º__ - O pedido de sustação será apreciado pela Casa respectiva no prazo improrrogável de quarenta e cinco dias do seu recebimento pela Mesa Diretora.

__§ 5º__ - A sustação do processo suspende a prescrição, enquanto durar o mandato.

A imunidade em relação ao processo prevista na Constituição possibilita a Casa a qual pertence o parlamentar, pelo voto da maioria absoluta, sustar o andamento da ação penal desde que a faça antes da decisão definitiva e desde que seja em relação aos crimes cometidos após a diplomação. Não é necessária autorização da respectiva casa para processar o parlamentar.

A Casa Legislativa possui 45 dias para apreciar o pedido que, se aprovado, suspenderá o prazo prescricional da infração até o final do mandato.

Função fiscalizadora

Essa é a segunda função típica do Poder Legislativo. Além de criar normas, o Congresso Nacional também possui como função principal a fiscalização contábil, financeira e orçamentária da União e de suas Entidades da Administração direta e Indireta. Vejamos o Art. 70 da Constituição:

__Art. 70.__ A fiscalização contábil, financeira, orçamentária, operacional e patrimonial da União e das entidades da administração direta e indireta, quanto à legalidade, legitimidade, economicidade, aplicação das subvenções e renúncia de receitas, será exercida pelo Congresso Nacional, mediante controle externo, e pelo sistema de controle interno de cada Poder.

Parágrafo único. *Prestará contas qualquer pessoa física ou jurídica, pública ou privada, que utilize, arrecade, guarde, gerencie ou administre dinheiros, bens e valores públicos ou pelos quais a União responda, ou que, em nome desta, assuma obrigações de natureza pecuniária.*

Veja que o Art. 70 fala em Controle Externo e Controle Interno. São as duas formas de fiscalização vislumbrada pelo texto constitucional. O Controle Interno é aquele realizado por cada Poder. Cada um fiscaliza suas próprias contas. Já o Controle Externo é o realizado pelo Congresso Nacional, com apoio do Tribunal de Contas da União.

O Art. 71 ainda apresenta as atribuições do Tribunal de Contas da União no que tange à fiscalização exercida:

Art. 71. *O controle externo, a cargo do Congresso Nacional, será exercido com o auxílio do Tribunal de Contas da União, ao qual compete:*

I. *Apreciar as contas prestadas anualmente pelo Presidente da República, mediante parecer prévio que deverá ser elaborado em sessenta dias a contar de seu recebimento;*

II. *Julgar as contas dos administradores e demais responsáveis por dinheiros, bens e valores públicos da administração direta e indireta, incluídas as fundações e sociedades instituídas e mantidas pelo Poder Público federal, e as contas daqueles que derem causa a perda, extravio ou outra irregularidade de que resulte prejuízo ao erário público;*

III. *Apreciar, para fins de registro, a legalidade dos atos de admissão de pessoal, a qualquer título, na administração direta e indireta, incluídas as fundações instituídas e mantidas pelo Poder Público, excetuadas as nomeações para cargo de provimento em comissão, bem como a das concessões de aposentadorias, reformas e pensões, ressalvadas as melhorias posteriores que não alterem o fundamento legal do ato concessório;*

IV. *Realizar, por iniciativa própria, da Câmara dos Deputados, do Senado Federal, de Comissão técnica ou de inquérito, inspeções e auditorias de natureza contábil, financeira, orçamentária, operacional e patrimonial, nas unidades administrativas dos Poderes Legislativo, Executivo e Judiciário, e demais entidades referidas no inciso II;*

V. *Fiscalizar as contas nacionais das empresas supranacionais de cujo capital social a União participe, de forma direta ou indireta, nos termos do tratado constitutivo;*

VI. *Fiscalizar a aplicação de quaisquer recursos repassados pela União mediante convênio, acordo, ajuste ou outros instrumentos congêneres, a Estado, ao Distrito Federal ou a Município;*

VII. *Prestar as informações solicitadas pelo Congresso Nacional, por qualquer de suas Casas, ou por qualquer das respectivas Comissões, sobre a fiscalização contábil, financeira, orçamentária, operacional e patrimonial e sobre resultados de auditorias e inspeções realizadas;*

VIII. *Aplicar aos responsáveis, em caso de ilegalidade de despesa ou irregularidade de contas, as sanções previstas em lei, que estabelecerá, entre outras cominações, multa proporcional ao dano causado ao erário;*

IX. *Assinar prazo para que o órgão ou entidade adote as providências necessárias ao exato cumprimento da lei, se verificada ilegalidade;*

X. *Sustar, se não atendido, a execução do ato impugnado, comunicando a decisão à Câmara dos Deputados e ao Senado Federal;*

XI. *Representar ao Poder competente sobre irregularidades ou abusos apurados.*

Uma questão sempre cobrada em prova diz respeito às regras do Tribunal de Contas da União. A primeira coisa a ser estabelecida é a situação jurídica do TCU. A qual dos três poderes pertence o TCU?

A única reposta possível: o TCU não está subordinado a nenhum Poder. Ele é um órgão autônomo que está vinculado funcionalmente ao Poder Legislativo. Não se trata de subordinação, mas de ligação funcional. Apesar da previsão de função jurisdicional, o TCU também não pertence ao Poder Judiciário. O termo utilizado no Art. 73 é equivocado quando comparado à natureza do órgão:

Art. 73. *O Tribunal de Contas da União, integrado por nove Ministros, tem sede no Distrito Federal, quadro próprio de pessoal e jurisdição em todo o território nacional, exercendo, no que couber, as atribuições previstas no Art. 96.*

Apesar de ser chamado de "tribunal" e de a Constituição Federal ter dito que possuía "jurisdição", o TCU não é órgão do Poder Judiciário. As suas ações possuem natureza meramente administrativa.

Vencido esse tema, passa-se à análise da composição do TCU:

§ 1º *- Os Ministros do Tribunal de Contas da União serão nomeados dentre brasileiros que satisfaçam os seguintes requisitos:*

I. *Mais de trinta e cinco e menos de sessenta e cinco anos de idade;*

II. *Idoneidade moral e reputação ilibada;*

III. *Notórios conhecimentos jurídicos, contábeis, econômicos e financeiros ou de administração pública;*

IV. *Mais de dez anos de exercício de função ou de efetiva atividade profissional que exija os conhecimentos mencionados no inciso anterior.*

§ 2º *- Os Ministros do Tribunal de Contas da União serão escolhidos:*

I. *Um terço pelo Presidente da República, com aprovação do Senado Federal, sendo dois alternadamente dentre auditores e membros do Ministério Público junto ao Tribunal, indicados em lista tríplice pelo Tribunal, segundo os critérios de antiguidade e merecimento;*

II. *Dois terços pelo Congresso Nacional.*

Como se pode perceber, ser Ministro do TCU não é para qualquer pessoa. Faz-se necessário o preenchimento dos seguintes requisitos:

- Ser brasileiro;
- Possuir mais de trinta e cinco e menos de sessenta e cinco anos de idade;
- Possuir idoneidade moral e reputação ilibada;
- Possuir notórios conhecimentos jurídicos, contábeis, econômicos e financeiros ou de administração pública;
- Ter mais de dez anos de exercício de função ou de efetiva atividade profissional que exija os conhecimentos mencionados no inciso anterior.

A Constituição também regulou a forma de escolha desses membros por meio das seguintes regras:

- Um terço será escolhido pelo Presidente da República, com aprovação do Senado Federal, sendo dois alternadamente dentre auditores e membros do Ministério Público junto ao Tribunal, indicados em lista tríplice pelo Tribunal, segundo os critérios de antiguidade e merecimento;
- Dois terços pelo Congresso Nacional.

Quanto à escolha feita pelo Presidente uma observação é pertinente. Dos três membros que poderão ser escolhidos pelo Presidente dois serão, obrigatoriamente, auditores e membros do Ministério Público junto ao Tribunal de Contas da União. Já o terceiro membro escolhido pelo Presidente, será de sua livre escolha desde que preenchidos os demais requisitos já mencionados.

Outra observação importantíssima e sempre cobrada em prova: a Constituição equipara os Ministros do TCU aos Ministros do STJ ao passo que os auditores estão equiparados aos Juízes do TRF. Logicamente, se o auditor estiver substituindo o Ministro, a ele serão asseguradas as garantias próprias dos Ministros. Esta é a leitura dos § 3º e 4º:

> ***§ 3º*** *- Os Ministros do Tribunal de Contas da União terão as mesmas garantias, prerrogativas, impedimentos, vencimentos e vantagens dos Ministros do Superior Tribunal de Justiça, aplicando-se-lhes, quanto à aposentadoria e pensão, as normas constantes do Art. 40.*
>
> ***§ 4º*** *- O auditor, quando em substituição a Ministro, terá as mesmas garantias e impedimentos do titular e, quando no exercício das demais atribuições da judicatura, as de juiz de Tribunal Regional Federal.*

Processo legislativo

Agora será estudada outra função típica do Poder Legislativo: o Processo Legislativo. O Processo Legislativo é um conjunto de procedimentos necessários para criação das normas. A Constituição, no Art. 59, apresenta algumas normas que podem ser criadas segundo essas regras:

> ***Art. 59.*** *O processo legislativo compreende a elaboração de:*
>
> ***I.*** *Emendas à Constituição;*
>
> ***II.*** *Leis complementares;*
>
> ***III.*** *Leis ordinárias;*
>
> ***IV.*** *Leis delegadas;*
>
> ***V.*** *Medidas provisórias;*
>
> ***VI.*** *Decretos legislativos;*
>
> ***VII.*** *Resoluções.*
>
> ***Parágrafo único.*** *Lei complementar disporá sobre a elaboração, redação, alteração e consolidação das leis.*

Essas são as chamadas normas primárias, pois a sua fonte de validade é a própria constituição. Nem de longe são as únicas normas existentes no direito brasileiro. O candidato deve ter ouvido falar em uma portaria ou instrução normativa. Essas outras normas que não estão no Art. 59, mas que também regulam nossas vidas, são chamadas de normas secundárias as quais, retiram a validade das normas primárias.

Uma pergunta que sempre é feita em prova: existe hierarquia entre as normas primárias previstas no Art. 59?

Em um primeiro momento, é possível verificar hierarquia entre essas normas, haja vista as emendas constitucionais possuírem o mesmo *status* da Constituição Federal. Fora as emendas que são hierarquicamente superiores às demais, pode-se afirmar, com amparo no próprio STF, que não existe hierarquia entre demais normas primárias. Isso significa dizer que as leis complementares, leis ordinárias, leis delegadas, medidas provisórias, decretos legislativos e resoluções estão na mesma posição jurídica. O que as distingue é a competência para edição e para a utilização. Cada uma dessas normas possui uma utilização específica prevista na própria Constituição e é isso que será estudado a partir de agora. Inicia-se com o chamado Processo Legislativo Ordinário.

Processo legislativo ordinário

Esse é o processo legislativo destinado a elaboração das leis ordinárias e complementares. É composto por três fases: **introdutória**, **constitutiva** e **complementar.**

Fase introdutória

A fase introdutória é composta basicamente pela iniciativa, ou seja, pela deflagração do processo de criação de uma lei.

Mas quem pode iniciar esse processo legislativo?

Qualquer membro ou comissão do Congresso Nacional, da Câmara ou do Senado; o Presidente da República; o Supremo Tribunal Federal; os Tribunais Superiores; o Procurador-Geral da República; e os cidadãos. Isso está previsto no *caput* do Art. 61:

> ***Art. 61.*** *A iniciativa das leis complementares e ordinárias cabe a qualquer membro ou Comissão da Câmara dos Deputados, do Senado Federal ou do Congresso Nacional, ao Presidente da República, ao Supremo Tribunal Federal, aos Tribunais Superiores, ao Procurador-Geral da República e aos cidadãos, na forma e nos casos previstos nesta Constituição.*

Algumas considerações precisam ser feitas acerca da iniciativa. Primeiramente, no que tange à iniciativa do Presidente da República: existem algumas matérias em que a iniciativa da lei é privativa do Presidente, as quais estão previstas no § 1º do Art. 61:

> ***§ 1º*** *- São de iniciativa privativa do Presidente da República as leis que:*
>
> ***I.*** *Fixem ou modifiquem os efetivos das Forças Armadas;*
>
> ***II.*** *Disponham sobre:*
>
> ***a)*** *criação de cargos, funções ou empregos públicos na administração direta e autárquica ou aumento de sua remuneração;*
>
> ***b)*** *organização administrativa e judiciária, matéria tributária e orçamentária, serviços públicos e pessoal da administração dos Territórios;*
>
> ***c)*** *servidores públicos da União e Territórios, seu regime jurídico, provimento de cargos, estabilidade e aposentadoria;*
>
> ***d)*** *organização do Ministério Público e da Defensoria Pública da União, bem como normas gerais para a organização do Ministério Público e da Defensoria Pública dos Estados, do Distrito Federal e dos Territórios;*
>
> ***e)*** *criação e extinção de Ministérios e órgãos da administração pública, observado o disposto no Art. 84, VI;*
>
> ***f)*** *militares das Forças Armadas, seu regime jurídico, provimento de cargos, promoções, estabilidade, remuneração, reforma e transferência para a reserva.*

Quer dizer que só o Presidente da República tem iniciativa para propor projetos de lei sobre esses temas.

Outra consideração importante se refere à iniciativa popular, ou seja, os projetos de lei propostos por cidadãos. A Constituição no § 2º do Art. 61 condiciona o exercício desta iniciativa ao preenchimento de alguns requisitos:

> ***§ 2º** - A iniciativa popular pode ser exercida pela apresentação à Câmara dos Deputados de projeto de lei subscrito por, no mínimo, um por cento do eleitorado nacional, distribuído pelo menos por cinco Estados, com não menos de três décimos por cento dos eleitores de cada um deles.*

Também é relevante anotar a competência do STF e dos Tribunais Superiores que estão previstos no Art. 93 e 96, II:

> ***Art. 93.** Lei complementar, de iniciativa do Supremo Tribunal Federal, disporá sobre o Estatuto da Magistratura, observados os seguintes princípios.*
>
> ***Art. 96.** Compete privativamente:*
>
> ***II.** Ao Supremo Tribunal Federal, aos Tribunais Superiores e aos Tribunais de Justiça propor ao Poder Legislativo respectivo, observado o disposto no Art. 169.*

E ainda há a iniciativa do Procurador Geral da República, chefe do Ministério Público da União, e que está prevista no Art. 127, § 2º:

> ***Art. 127**, § 2º - Ao Ministério Público é assegurada autonomia funcional e administrativa, podendo, observado o disposto no Art. 169, propor ao Poder Legislativo a criação e extinção de seus cargos e serviços auxiliares, provendo-os por concurso público de provas ou de provas e títulos, a política remuneratória e os planos de carreira; a lei disporá sobre sua organização e funcionamento.*

Todo Processo Legislativo precisa ser iniciado em uma das Casas do Poder Legislativo da União, as quais possuem atribuição principal para legislar. A Casa Legislativa, onde o projeto de lei é apresentado inicialmente, é chamada de Casa Iniciadora. Sempre o projeto se inicia em uma Casa, enquanto a outra fica responsável pela revisão. Quem revisa é chamada de Casa Revisora. Se o projeto se iniciar na Câmara dos Deputados, essa será a Casa Iniciadora, enquanto o Senado Federal será a Casa Revisora. Se ao contrário, o projeto se inicia no Senado, a Câmara será a Casa Revisora.

Em regra, a Casa Iniciadora será a Câmara dos Deputados, ou seja, é nessa casa que os processos legislativos costumam ser iniciados. Excepcionalmente, o Processo Legislativo se iniciará no Senado Federal. O Senado só será Casa Iniciadora quando a iniciativa for de um membro ou de uma comissão do Senado bem como nos casos em que for proposta por comissão mista do Congresso Nacional. No último caso, o processo iniciar-se-á alternadamente em cada casa, iniciando-se uma vez na Câmara outra vez no Senado[1].

Fase constitutiva

Apresentado o projeto de lei à Casa Iniciadora, iniciar-se-á a Fase Constitutiva. Essa fase é formada por três momentos: discussão, votação e sanção.

Discussão

A discussão, também chamada de debate, é o momento destinado à discussão dos projetos de lei. A discussão ocorre em três locais: na Comissão de Constituição e Justiça (CCJ), nas Comissões Temáticas (CT) e no Plenário.

A CCJ realiza uma análise formal do projeto e emite um parecer terminativo quanto à constitucionalidade. Isso significa dizer que aquilo que for decidido por essa comissão definirá o rumo do projeto de lei analisado.

Já as Comissões Temáticas realizam um exame material e emitem pareceres meramente opinativos, ou seja, essas comissões emitem apenas uma opinião que poderá ser seguida ou não.

Após o debate nas comissões, o projeto de lei é enviado ao plenário, onde ocorre a votação.

Votação

Neste momento se faz necessário compreender os quóruns necessários para votação. Existem três tipos de quórum:

Quórum para deliberação:

Para a deliberação em plenário de qualquer projeto de lei é necessária a presença da maioria absoluta dos membros, conforme disposto no Art. 47:

> ***Art. 47.** Salvo disposição constitucional em contrário, as deliberações de cada Casa e de suas Comissões serão tomadas por maioria dos votos, presente a maioria absoluta de seus membros.*

Quórum para aprovação de lei ordinária:

Para aprovação de lei ordinária, é necessário o voto de maioria simples ou relativa dos presentes com fundamento no Art. 47 acima apresentado.

Quórum para aprovação de lei complementar:

Para aprovação de lei complementar é necessário o voto da maioria absoluta dos membros. Vejamos o Art. 69 da Constituição:

> ***Art. 69.** As leis complementares serão aprovadas por maioria absoluta.,*

Mas o que é **maioria absoluta?** Calcula-se a maioria absoluta de forma muito simples. É o primeiro número inteiro após a metade.

> **Ex.:** No caso do Senado Federal, que possui 81 membros, para se calcular a maioria absoluta primeiramente se busca a metade, que é 40,5. O primeiro número inteiro após a metade é 41. Logo, esse número representa a maioria absoluta do Senado. Esse raciocínio deve ser feito também com a Câmara para se chegar a sua maioria absoluta, que é 257. Lembre-se de que a maioria absoluta é um número fixo. Sempre será a mesma quantidade. Lembre-se também de que esse quórum serve tanto para iniciar as deliberações nas Casas quanto para aprovar a lei complementar.

A **maioria relativa** é a maioria dos presentes. Sua lógica é parecida com a utilizada para descobrir a maioria absoluta, com apenas uma distinção: o parâmetro aqui é a quantidade de presentes. Logo, para se calcular a maioria relativa, deve-se contar os presentes, descobrir quanto é a metade e chegar ao primeiro número inteiro após a metade. Supondo que estejam presentes 41 Senadores, o que já bastaria para se iniciar qualquer deliberação, a maioria relativa dos presentes estaria representada por 21 membros. Essa quantidade já seria suficiente para aprovar uma lei ordinária.

Entendidos esses *quóruns*, pode-se votar o projeto de lei. Duas são as consequências possíveis de um projeto de lei na Casa Iniciadora:

Rejeição

Projeto de lei rejeitado deve ser arquivado;

Aprovação

Projeto de lei aprovado segue para Casa Revisora.

1 Regimento Comum: Resolução nº 1, de 1970-CN, (texto consolidado até 2010) e normas conexas. Brasília: Congresso Nacional, 2011, Art. 142: Os projetos elaborados por Comissão Mista serão encaminhados, alternadamente, ao Senado e à Câmara dos Deputados.

Após a aprovação do projeto de lei na Casa Iniciadora, o projeto será encaminhado para a Casa Revisora conforme disposição do Art. 65:

> ***Art. 65.*** *O projeto de lei aprovado por uma Casa será revisto pela outra, em um só turno de discussão e votação, e enviado à sanção ou promulgação, se a Casa revisora o aprovar, ou arquivado, se o rejeitar.*
>
> ***Parágrafo único.*** *Sendo o projeto emendado, voltará à Casa iniciadora.*

Na Casa Revisora o projeto também precisa passar pelas mesmas comissões que passou na Casa Iniciadora até chegar ao plenário. A partir da votação, o projeto pode ter três destinos:

Rejeição

Caso o projeto seja rejeitado, o mesmo será arquivado;

Aprovação sem emenda

Se aprovado sem emendas, o projeto segue para o Presidente da República sancionar ou vetar;

Aprovação com emendas

Se aprovado com emendas, o projeto retorna à Casa Iniciadora, que analisará as emendas. Caso aprove as emendas, encaminhará o projeto para sanção do Presidente. Se as emendas não forem aprovadas, a Casa Iniciadora retira as emendas e, do mesmo jeito, encaminha o Projeto de Lei para sanção. Essa situação revela uma nítida prevalência da Casa Iniciadora sobre a Casa Revisora.

Uma observação deve ser feita nos casos dos Projetos de Lei rejeitados: segundo o Art. 67, projeto de lei rejeitado só poderá ser apresentado novamente na mesma sessão legislativa se for apresentado pelo voto de maioria absoluta dos membros de qualquer das casas **(Princípio da Irrepetibilidade Relativa):**

> ***Art. 67.*** *A matéria constante de projeto de lei rejeitado somente poderá constituir objeto de novo projeto, na mesma sessão legislativa, mediante proposta da maioria absoluta dos membros de qualquer das Casas do Congresso Nacional.*

Esse tema sempre é cobrado em prova, bem como os aspectos relacionados aos *quóruns* exigidos para as deliberações no parlamento. Memorize as regras e tenha cuidado para não confundi-las.

Sanção ou veto

Inicia-se agora a tratar do terceiro momento da fase constitutiva: a sanção ou veto. A sanção é a concordância do Presidente com o projeto de lei, enquanto o veto é a sua discordância. Tanto a sanção quanto o veto estão regulados no Art. 66:

> ***Art. 66.*** *A Casa na qual tenha sido concluída a votação enviará o projeto de lei ao Presidente da República, que, aquiescendo, o sancionará.*
>
> ***§ 1º*** *- Se o Presidente da República considerar o projeto, no todo ou em parte, inconstitucional ou contrário ao interesse público, vetá-lo-á total ou parcialmente, no prazo de quinze dias úteis, contados da data do recebimento, e comunicará, dentro de quarenta e oito horas, ao Presidente do Senado Federal os motivos do veto.*

Primeiramente, serão analisados alguns aspectos importantes da sanção. O § 1º do Art. 66 afirma que o Presidente possui 15 dias úteis para manifestar-se sobre o projeto de lei. Esse parágrafo apresenta a modalidade de Sanção Expressa. Sanção Expressa é aquela em que o Presidente expressamente manifesta sua concordância com o projeto de lei. Ele deixa clara sua opinião a favor do projeto de lei.

Outra forma de sanção é a chamada Sanção Tácita. Vejamos o § 3º do mesmo artigo:

> ***Art. 66, § 3º*** *- Decorrido o prazo de quinze dias, o silêncio do Presidente da República importará sanção.*

A Sanção Tácita ocorre quando o Presidente, durante o prazo que possui de 15 dias, não manifesta sua vontade quanto ao projeto de lei. Simplesmente fica em silêncio.

O silêncio do Presidente significa concordância com o projeto de lei. Note que com a sanção o projeto de lei se transforma em lei.

Quanto ao veto, algumas considerações também precisam ser feitas. Utilizando a mesma fundamentação do Art. 66, pode-se afirmar que o Presidente possui o prazo de 15 dias úteis para concordar ou discordar do projeto de lei. Agora, havendo discordância de forma expressa tem-se o chamado Veto Expresso. Uma pergunta surge diante dessa afirmação: será que existe veto tácito?

Ora, se durante o prazo de 15 dias úteis, o Presidente não falar nada, tem-se a Sanção Tácita. Seria possível o silêncio do Presidente provocar duas consequências jurídicas diferentes? Não. Logo, pode-se afirmar que não existe Veto Tácito. O veto será sempre expresso.

O veto pode ser jurídico ou político. O Veto Jurídico ocorre quando o Presidente considera o projeto de lei inconstitucional. É uma espécie de controle de constitucionalidade prévio, pois ocorre antes da criação da lei. Já o Veto Político ocorre quando o Presidente veta o projeto de lei por considerá-lo contrário ao interesse público.

A doutrina afirma ainda que o veto poderá ser total ou parcial. O Veto Total ocorre quando o Presidente veta todo o projeto de lei. O Veto Parcial é aquele em que o Presidente veta parte do projeto de lei. No que tange ao veto parcial, a Constituição estabeleceu alguns limites no § 2º:

> ***Art. 66, § 2º*** *- O veto parcial somente abrangerá texto integral de artigo, de parágrafo, de inciso ou de alínea.*

Ou seja, não existe veto de palavras ou letras isoladas. O veto só pode abranger o texto integral de um artigo, parágrafo, inciso ou de alínea.

O veto tem que ser motivado, pois, conforme prevê o § 1º do Art. 61 o Presidente deverá informar a sua justificativa ao Presidente do Senado Federal em 48 horas. Isso se faz necessário em razão do veto ser superável, ou seja, o Congresso, em 30 dias, analisará o veto e poderá, pelo voto de maioria absoluta dos Deputados e Senadores, rejeitá-lo. É o que dispõe o § 4º do Art. 66:

> ***§ 4º*** *- O veto será apreciado em sessão conjunta, dentro de trinta dias a contar de seu recebimento, só podendo ser rejeitado pelo voto da maioria absoluta dos Deputados e Senadores. (Redação dada pela Emenda Constitucional nº 76, de 2013)*

Derrubado o veto, o projeto será enviado ao Presidente da República para que o promulgue:

> ***§ 5º*** *- Se o veto não for mantido, será o projeto enviado, para promulgação, ao Presidente da República.*

Finalizado o terceiro momento da fase constitutiva, inicia-se agora a fase complementar.

Fase complementar

A fase complementar consiste em dois momentos: a promulgação e a publicação.

A promulgação é um atestado de que a lei existe. Em regra, é feita pelo Presidente da República; contudo, nos casos de sanção tácita ou rejeição do veto, em que o Presidente não promulgue a lei em 48 horas, a competência para fazê-la será do Presidente do Senado Federal e, se esse não a fizer, será competente o Vice-Presidente do Senado. A publicação marca o início da exigência da lei.

§ 7º *- Se a lei não for promulgada dentro de quarenta e oito horas pelo Presidente da República, nos casos dos § 3º e § 5º, o Presidente do Senado a promulgará, e, se este não o fizer em igual prazo, caberá ao Vice-Presidente do Senado fazê-lo.*

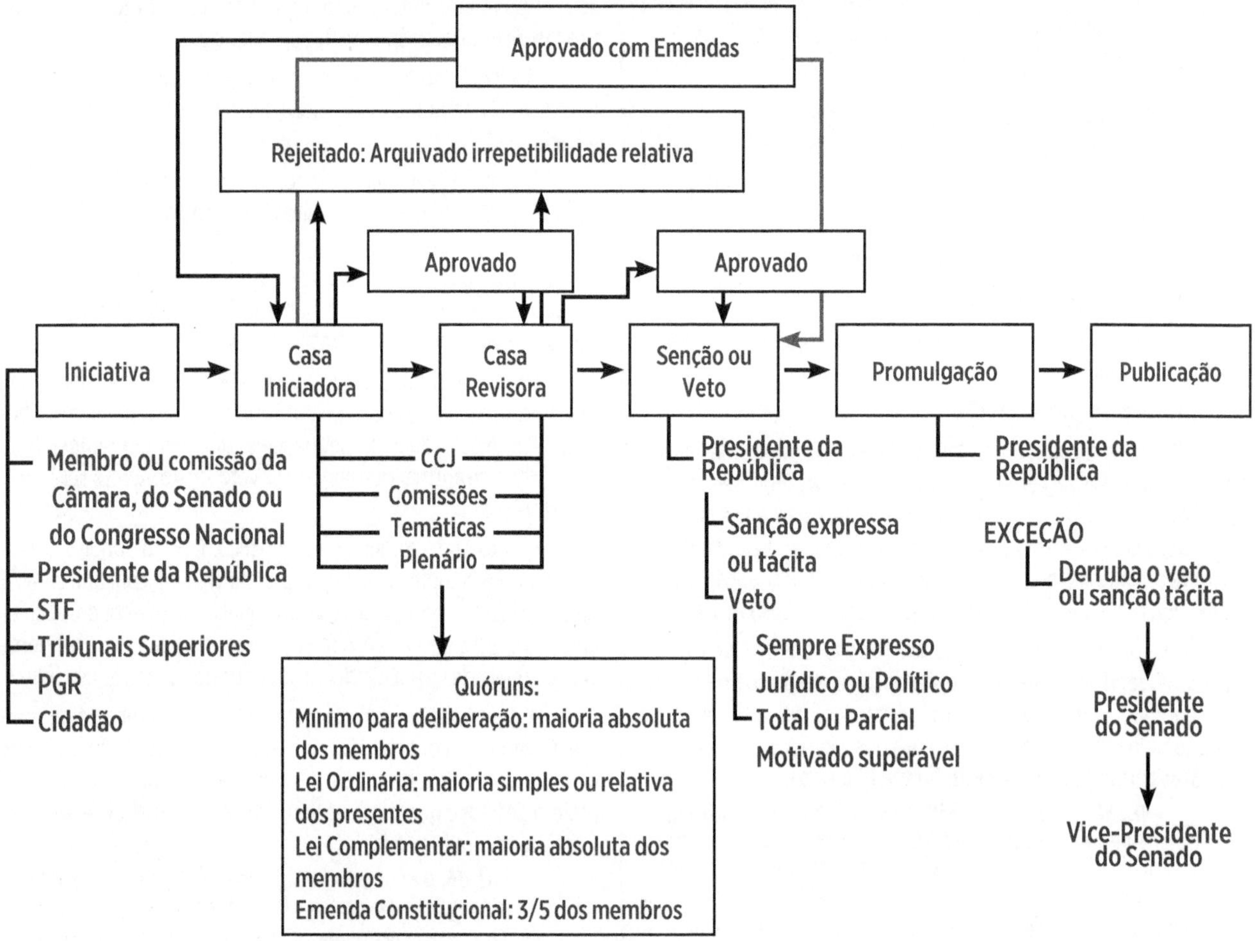

Após a promulgação, há a **publicação**. A publicação marca o momento em que a norma se torna conhecida da sociedade, pois passa a ser pública. Essa publicidade é feita em jornais oficiais como o Diário Oficial da União. A partir da publicação, se não houver outro prazo para o início da vigência, a lei poderá ser exigida.

Esse é o Processo Legislativo das leis ordinárias e complementares. A diferença entre o Processo Legislativo das leis ordinárias e o das leis complementares está no quórum de aprovação. Além dessa diferença, a doutrina tem salientado que, para uma matéria ser regulada por lei complementar, deve haver exigência expressa do texto constitucional.

Passa-se para outra espécie de processo legislativo: o Processo Legislativo Sumário.

Processo legislativo sumário

O Processo Legislativo Sumário é o Processo Legislativo Ordinário com prazo. Regulado no Art. 64, o Processo Legislativo Sumário é caracterizado pelo pedido de urgência solicitado pelo Presidente da República nos projetos de Lei de sua iniciativa, ainda que não seja de iniciativa privativa.

Art. 64*, § 1º - O Presidente da República poderá solicitar urgência para apreciação de projetos de sua iniciativa.*

Pedida a urgência, o Congresso Nacional deverá analisar o projeto de lei no prazo de 100 dias os quais são destinados:

45 dias para análise da Câmara dos Deputados (Casa Iniciadora);

45 dias para análise do Senado (Casa Revisora);

10 dias para a Casa Iniciadora analisar as emendas se existirem.

Esta é a leitura dos § 2º e 3º do Art. 64:

§ 2º *- Se, no caso do § 1º, a Câmara dos Deputados e o Senado Federal não se manifestarem sobre a proposição, cada qual sucessivamente, em até quarenta e cinco dias, sobrestar-se-ão todas as demais deliberações legislativas da respectiva Casa, com exceção das que tenham prazo constitucional determinado, até que se ultime a votação.*

§ 3º - A apreciação das emendas do Senado Federal pela Câmara dos Deputados far-se-á no prazo de dez dias, observado quanto ao mais o disposto no parágrafo anterior.

O § 2º apresentado também prevê que se qualquer uma das Casas Legislativas não votar o Projeto de Lei no prazo de 45 dias, a votação das demais proposituras ficará sobrestada até que se realize a votação. É o chamado sobrestamento ou trancamento de pauta.

A Constituição também deixou clara sua vedação de pedido de urgência para projetos de códigos bem como a suspensão do prazo nos recessos parlamentares:

§ 4º - Os prazos do § 2º não correm nos períodos de recesso do Congresso Nacional, nem se aplicam aos projetos de código.

É possível afirmar que todos os processos legislativos em regime de urgência se iniciam na Câmara dos Deputados?

Certamente que sim, visto que só pode ser pedido pelo Presidente da República e este, quando inicia o processo legislativo, o faz na Câmara dos Deputados conforme disposição expressa no *caput* do Art. 64:

Art. 64. *A discussão e votação dos projetos de lei de iniciativa do Presidente da República, do Supremo Tribunal Federal e dos Tribunais Superiores terão início na Câmara dos Deputados.*

Processo legislativo especial

O Processo Legislativo Especial é o processo de criação das demais espécies normativas previstas no Art. 59: emendas constitucionais, medidas provisórias, leis delegadas, decretos legislativos e resoluções. As leis ordinárias e complementares são criadas segundo o Processo Legislativo Ordinário. Nesta apostila não serão estudados todos os processos legislativos especiais. Focalizam-se as duas principais, mais cobradas em prova: emendas constitucionais e medidas provisórias.

Emendas à constituição

A aprovação de Emendas à Constituição decorre do Poder Constituinte Derivado Reformador, que é o único legitimado para alterar o texto constitucional. As emendas são as únicas espécies normativas responsáveis pela alteração da Constituição Federal.

O Processo Legislativo das Emendas é diferenciado, tendo em vista seu poder normativo ser muito grande, pois é o da própria Constituição. Logo, é um processo mais dificultado, mais rigoroso. A Constituição Federal regula esse processo no seu Art. 60.

Primeiramente, será analisada a iniciativa, que é o rol de legitimados para propor a alteração do Texto Constitucional. Vejamos o *caput* do Art. 60, que possui um rol de legitimados para propor emendas, o qual é diferente do rol de legitimados para propor projetos de lei:

Art. 60. *A Constituição poderá ser emendada mediante proposta:*

I. *De um terço, no mínimo, dos membros da Câmara dos Deputados ou do Senado Federal;*

II. *Do Presidente da República;*

III. *De mais da metade das Assembleias Legislativas das unidades da Federação, manifestando-se, cada uma delas, pela maioria relativa de seus membros.*

Atente-se para alguns detalhes que são muito importantes. Um deputado ou senador não pode propor emenda à Constituição, só se estiverem representados por 1/3, no mínimo, dos membros. Outro ponto relevante é saber que o Presidente da República é legitimado para propor tanto lei quanto emenda. E, por último, deve-se ter cuidado com o último legitimado, que é um pouco diferente: mais da metade das Assembleias legislativas das unidades da federação, manifestando-se, cada uma delas, pela maioria relativa de seus membros. Deve-se ter muito cuidado, principalmente, com o *quórum* exigido aqui, que é a maioria relativa dos membros, e não maioria absoluta.

A aprovação de Emendas depende de um *quórum* bem qualificado: aprovação nas duas Casas, em dois turnos em cada Casa, por três quintos dos membros em cada votação. É o que prevê o § 2º do Art. 60:

§ 2º - A proposta será discutida e votada em cada Casa do Congresso Nacional, em dois turnos, considerando-se aprovada se obtiver, em ambos, três quintos dos votos dos respectivos membros.

Não depende de sanção presidencial que, após aprovada, vai direto para promulgação, que fica a cargo das Mesas da Câmara e do Senado. Caso a proposta seja rejeitada por qualquer uma das Casas, deverá ser arquivada aplicando-se o Princípio da Irrepetibilidade Absoluta, o qual significa que a mesma proposta, uma vez rejeitada, não pode ser reapresentada na mesma sessão legislativa, conforme estabelecido no Art. 60:

§ 3º - A emenda à Constituição será promulgada pelas Mesas da Câmara dos Deputados e do Senado Federal, com o respectivo número de ordem.

§ 5º - A matéria constante de proposta de emenda rejeitada ou havida por prejudicada não pode ser objeto de nova proposta na mesma sessão legislativa.

A edição de Emendas Constitucionais obedece a alguns limites constitucionais chamados de limites circunstanciais e limites materiais.

Os limites circunstanciais são momentos em que não se podem apresentar propostas de emendas constitucionais. São três os momentos: intervenção federal, estado de defesa e estado de sítio. Assim, dispõe o § 1º do Art. 60:

§ 1º - A Constituição não poderá ser emendada na vigência de intervenção federal, de estado de defesa ou de estado de sítio.

Os **limites materiais** são temas que não podem ser retirados da Constituição Federal, pois compõem seu núcleo imutável. São as chamadas cláusulas pétreas previstas no § 4º do Art. 60:

§ 4º - Não será objeto de deliberação a proposta de emenda tendente a abolir:

I. *A forma federativa de Estado;*

II. *O voto direto, secreto, universal e periódico;*

III. *A separação dos Poderes;*

IV. *Os direitos e garantias individuais.*

Medidas provisórias

O Art. 62 é destinado à regulação das Medidas Provisórias. A edição dessa espécie normativa é de competência privativa do Presidente da República e só pode ser elaborada em situação de relevância e urgência. É uma função atípica desempenhada pelo Chefe do Executivo. Veja o *caput* do Art. 62:

Art. 62. *Em caso de relevância e urgência, o Presidente da República poderá adotar medidas provisórias, com força de lei, devendo submetê-las de imediato ao Congresso Nacional.*

A Medida Provisória não é uma lei, mas tem força de lei. Depois de editada, produz efeitos imediatos, mas precisa ser submetida à apreciação do Congresso Nacional.

Primeiramente, passa por uma comissão mista do Congresso para verificação dos requisitos constitucionais, seguindo posteriormente para o plenário de cada Casa Legislativa. A Casa Iniciadora obrigatória é a Câmara dos Deputados, tendo em vista a competência ser do Presidente da República:

> ***§ 5º** - A deliberação de cada uma das Casas do Congresso Nacional sobre o mérito das medidas provisórias dependerá de juízo prévio sobre o atendimento de seus pressupostos constitucionais.*
>
> ***§ 8º** - As medidas provisórias terão sua votação iniciada na Câmara dos Deputados.*
>
> ***§ 9º** - Caberá à comissão mista de Deputados e Senadores examinar as medidas provisórias e sobre elas emitir parecer, antes de serem apreciadas, em sessão separada, pelo plenário de cada uma das Casas do Congresso Nacional.*

O Congresso tem um prazo de 60 dias para manifestar-se sobre a Medida Provisória, o qual poderá ser prorrogado por mais 60 dias se necessário. Esse prazo ficará suspenso durante os recessos parlamentares. Se, por ventura, nos primeiros 45 dias a MP não for analisada, a pauta da Casa onde se encontrar entrará em regime de urgência sobrestando as demais deliberações. O sobrestamento da pauta, também conhecido como trancamento de pauta, impede a Casa Legislativa de votar outra proposição que não possua prazo enquanto a Medida Provisória não for votada:

> ***§ 3º** - As medidas provisórias, ressalvado o disposto nos §§ 11 e 12 perderão eficácia, desde a edição, se não forem convertidas em lei no prazo de sessenta dias, prorrogável, nos termos do § 7º, uma vez por igual período, devendo o Congresso Nacional disciplinar, por decreto legislativo, as relações jurídicas delas decorrentes.*
>
> ***§ 4º** - O prazo a que se refere o § 3º contar-se-á da publicação da medida provisória, suspendendo-se durante os períodos de recesso do Congresso Nacional.*
>
> ***§ 6º** - Se a medida provisória não for apreciada em até quarenta e cinco dias contados de sua publicação, entrará em regime de urgência, subsequentemente, em cada uma das Casas do Congresso Nacional, ficando sobrestadas, até que se ultime a votação, todas as demais deliberações legislativas da Casa em que estiver tramitando.*
>
> ***§ 7º** - Prorrogar-se-á uma única vez por igual período a vigência de medida provisória que, no prazo de sessenta dias, contado de sua publicação, não tiver a sua votação encerrada nas duas Casas do Congresso Nacional.*

A apreciação da Medida Provisória pelo Congresso Nacional pode gerar três consequências:

Conversão em lei sem emendas

Havendo conversão integral da MP em lei, ela seguirá para promulgação pelo Presidente da Mesa do Congresso Nacional.

Conversão em lei com emendas

Havendo conversão parcial a MP se transformará em Projeto de Lei, seguindo todos os trâmites normais, inclusive em relação a sanção presidencial:

> ***§ 12** - Aprovado projeto de lei de conversão alterando o texto original da medida provisória, esta manter-se-á integralmente em vigor até que seja sancionado ou vetado o projeto.*

Rejeição

A rejeição pode ser tácita ou expressa. Em ambos os casos, se rejeitada, a MP perde sua eficácia desde a origem (ex tunc). Nesse caso o Congresso Nacional terá 60 dias para disciplinar as relações jurídicas decorrentes do período em que estava em vigor mediante Decreto Legislativo. Caso não o faça, os atos praticados durante a vigência da MP permanecerão regulados pela própria Medida Provisória:

> ***§ 11** - Não editado o decreto legislativo a que se refere o § 3º até sessenta dias após a rejeição ou perda de eficácia de medida provisória, as relações jurídicas constituídas e decorrentes de atos praticados durante sua vigência conservar-se-ão por ela regidas.*

A Medida Provisória rejeitada ou que tenha perdido a eficácia não poderá ser reeditada na mesma Sessão Legislativa aplicando-se nesse caso o Princípio da Irrepetibilidade Absoluta:

> ***§ 10** - É vedada a reedição, na mesma sessão legislativa, de medida provisória que tenha sido rejeitada ou que tenha perdido sua eficácia por decurso de prazo.*

Não poderão ser editadas Medidas Provisórias que versem sobre os limites materiais estabelecidos no Art. 62, § 1º e no Art. 25, § 2º da Constituição Federal:

> ***§ 1º** - É vedada a edição de medidas provisórias sobre matéria:*
>
> ***I.** Relativa a:*
>
> ***a)** nacionalidade, cidadania, direitos políticos, partidos políticos e direito eleitoral;*
>
> ***b)** direito penal, processual penal e processual civil;*
>
> ***c)** organização do Poder Judiciário e do Ministério Público, a carreira e a garantia de seus membros;*
>
> ***d)** planos plurianuais, diretrizes orçamentárias, orçamento e créditos adicionais e suplementares, ressalvado o previsto no Art. 167, § 3º;*
>
> ***I.** Que vise a detenção ou sequestro de bens, de poupança popular ou qualquer outro ativo financeiro;*
>
> ***II.** Reservada a lei complementar;*
>
> ***III.** Já disciplinada em projeto de lei aprovado pelo Congresso Nacional e pendente de sanção ou veto do Presidente da República.*
>
> ***Art. 25.** Os Estados organizam-se e regem-se pelas Constituições e leis que adotarem, observados os princípios desta Constituição.*
>
> ***§ 2º** - Cabe aos Estados explorar diretamente, ou mediante concessão, os serviços locais de gás canalizado, na forma da lei, vedada a edição de medida provisória para a sua regulamentação.*

Questões

01. (CESPE) O Poder Legislativo opera por meio do Congresso Nacional, instituição bicameral composta pela Câmara dos Deputados e pelo Senado Federal. Salvo disposição constitucional em contrário, as deliberações de cada Casa e de suas comissões serão tomadas por maioria dos votos, presente a maioria absoluta de seus membros.

Certo ( ) Errado ( )

02. (CESPE - ADAPTADA) A Câmara dos Deputados compõe-se de representantes do povo, eleitos pelo sistema majoritário, em cada estado, em cada território e no Distrito Federal.

Certo ( ) Errado ( )

03. (FCC) A Câmara dos Deputados compõe-se de representantes do povo eleitos, pelo sistema proporcional, em cada Estado, em cada Território e no Distrito Federal, sendo certo que o número total de Deputados, bem como a representação por Estado e pelo Distrito Federal, será estabelecido por:

a) Lei complementar, proporcionalmente à população, procedendo-se aos ajustes necessários, no ano anterior às eleições, para que nenhuma daquelas unidades da Federação tenha menos de oito ou mais de setenta Deputados.

b) Lei delegada, proporcionalmente à população, procedendo-se aos ajustes necessários, até seis meses das eleições, para que nenhuma daquelas unidades da Federação tenha menos de cinco ou mais de sessenta Deputados.

c) Emenda constitucional, proporcionalmente à população, procedendo-se aos ajustes necessários, até três meses das eleições, para que nenhuma daquelas unidades da Federação tenha menos de três ou mais de oitenta e oito Deputados.

d) Lei ordinária, proporcionalmente à população, procedendo-se aos ajustes necessários, no ano anterior às eleições, para que nenhuma daquelas unidades da Federação tenha menos de sete ou mais de setenta e cinco Deputados.

e) Decreto legislativo, proporcionalmente à população, procedendo-se aos ajustes necessários, no ano anterior às eleições, para que nenhuma daquelas unidades da Federação tenha menos de seis ou mais de sessenta e cinco Deputados.

04. (FCC) Em relação ao Poder Legislativo, é INCORRETO afirmar:

a) A Câmara dos Deputados compõe-se de representantes do povo, eleitos, pelo sistema proporcional, em cada Estado, em cada Território e no Distrito Federal.

b) A representação de cada Estado e do Distrito Federal no Senado será renovada de quatro em quatro anos, alternadamente, por um e dois terços.

c) O Senado Federal compõe-se de representantes dos Estados e Territórios, eleitos segundo o princípio proporcional.

d) Cada Senador será eleito com dois suplentes.

e) No Congresso Nacional, cada legislatura terá a duração de quatro anos.

05. (FCC) Considere as assertivas, relacionadas ao Poder Legislativo.

I. Cada legislatura terá a duração de dois anos, permitida uma reeleição.

II. A Câmara dos Deputados compõe-se de representantes do povo, eleitos pelo sistema majoritário em cada Estado, em cada Município e no Distrito Federal.

III. Cada senador será eleito com dois suplentes.

IV. O Senado Federal compõe-se de representantes dos Estados, Territórios e do Distrito Federal, eleitos pelo sistema proporcional.

V. No Senado Federal, a representação de cada Estado e do Distrito Federal será renovada de quatro em quatro anos, alternadamente, por um e dois terços.

É correto o que consta apenas em:

a) I e II.

b) III e IV.

c) III e V.

d) I, II e IV.

e) II, III e V.

Gabaritos

01	CERTO	04	C
02	ERRADO	05	C
03	A	-	-

11. ORGANIZAÇÃO DOS PODERES – PODER EXECUTIVO

O Poder Executivo, tem como função principal administrar o Estado. Para entender como o Poder Executivo Brasileiro está organizado, a seguir serão analisados alguns princípios constitucionais que o influenciam.

11.1 Princípios

Princípio republicano

O primeiro princípio que será estudo é o Republicano que representa a Forma de Governo adotada no Brasil. A forma de governo reflete o modo de aquisição e exercício do poder político, além de medir a relação existente entre o governante e o governado.

A melhor forma de entender esse instituto é conhecendo suas características. A primeira característica decorre da análise etimológica da expressão res publica. Essa expressão, que dá origem ao princípio ora estudado, significa coisa pública, ou seja, em um Estado republicano o governante governa a coisa pública, governa para o povo.

Na república, o governante é escolhido pelo povo. Essa é a chamada eletividade. O poder político é adquirido pelas eleições, cuja vontade popular se concretiza nas urnas.

Outra característica importante é a Temporariedade. Esse atributo revela o caráter temporário do exercício do poder político. Por causa desse princípio, em nosso Estado, o governante permanece por quatro anos no poder, sendo permitida apenas uma reeleição.

Por fim, num Estado Republicano o governante pode ser responsabilizado por seus atos.

Quando se fala dessas características da forma de governo republicana, remete-se imediatamente ao regime político adotado no Brasil, que permite a participação popular nas decisões estatais: **democracia.**

Princípio democrático

Esse princípio revela o **Regime de Governo** adotado no Brasil, também chamado de **Regime Político**. Caracteriza-se por um governo do povo, pelo povo e para o povo.

Presidencialismo

O Presidencialismo é o **Sistema de Governo** adotado no Brasil. O sistema de governo rege a relação entre o Poder Executivo e o Legislativo, medindo o grau de dependência entre eles. No Presidencialismo, prevalece a separação entre os Poderes Executivo e Legislativo os quais são independentes e harmônicos entre si.

A Constituição declara que o Poder Executivo da União é exercido pelo Presidente da República, auxiliado por seus Ministros de Estado:

> ***Art. 76.*** *O Poder Executivo é exercido pelo Presidente da República, auxiliado pelos Ministros de Estado.*

O Presidencialismo possui uma característica muito importante para prova: o presidente, que é eleito pelo povo, exerce ao mesmo tempo três funções: Chefe de Estado, Chefe de Governo e Chefe da Administração Pública.

A função de Chefe de Estado diz respeito a todas as atribuições do Presidente nas relações externas do País. Como Chefe de Governo, o Presidente possui inúmeras atribuições internas, no que tange à governabilidade do país. Já como Chefe da Administração Pública, o Presidente exercerá as funções relacionadas com a chefia da Administração Pública Federal, ou seja, apenas da União.

Esses princípios que regem o Poder Executivo costumam ser cobrados em prova. Vejamos esta questão sobre o princípio republicano:

Sistema de Governo

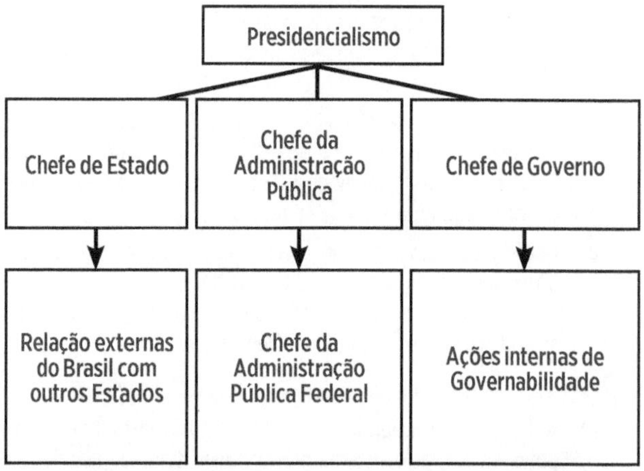

Partindo de discussões sobre o presidencialismo, que caracteriza as funções exercidas pelo Presidente da República, a seguir serão estudados suas atribuições, que aparecem praticamente em todos os editais que contêm Poder Executivo.

Atribuições do presidente

As atribuições do Presidente da República encontram-se arroladas no Art. 84 da Constituição Federal:

> ***Art. 84.*** *Compete privativamente ao Presidente da República:*
>
> ***I.*** *Nomear e exonerar os Ministros de Estado;*
>
> ***II.*** *Exercer, com o auxílio dos Ministros de Estado, a direção superior da administração federal;*
>
> ***III.*** *Iniciar o processo legislativo, na forma e nos casos previstos nesta Constituição;*
>
> ***IV.*** *Sancionar, promulgar e fazer publicar as leis, bem como expedir decretos e regulamentos para sua fiel execução;*
>
> ***V.*** *Vetar projetos de lei, total ou parcialmente;*
>
> ***VI.*** *Dispor, mediante decreto, sobre:*
>
> ***a)*** *Organização e funcionamento da administração federal, quando não implicar aumento de despesa nem criação ou extinção de órgãos públicos;*
>
> ***b)*** *Extinção de funções ou cargos públicos, quando vagos;*
>
> ***VII.*** *Manter relações com Estados estrangeiros e acreditar seus representantes diplomáticos;*
>
> ***VIII.*** *Celebrar tratados, convenções e atos internacionais, sujeitos a referendo do Congresso Nacional;*
>
> ***IX.*** *Decretar o estado de defesa e o estado de sítio;*
>
> ***X.*** *Decretar e executar a intervenção federal;*

XI. *Remeter mensagem e plano de governo ao Congresso Nacional por ocasião da abertura da sessão legislativa, expondo a situação do País e solicitando as providências que julgar necessárias;*

XII. *Conceder indulto e comutar penas, com audiência, se necessário, dos órgãos instituídos em lei;*

XIII. *Exercer o comando supremo das Forças Armadas, nomear os Comandantes da Marinha, do Exército e da Aeronáutica, promover seus oficiais-generais e nomeá-los para os cargos que lhes são privativos;*

XIV. *Nomear, após aprovação pelo Senado Federal, os Ministros do Supremo Tribunal Federal e dos Tribunais Superiores, os Governadores de Territórios, o Procurador-Geral da República, o presidente e os diretores do banco central e outros servidores, quando determinado em lei;*

XV. *Nomear, observado o disposto no Art. 73, os Ministros do Tribunal de Contas da União;*

XVI. *Nomear os magistrados, nos casos previstos nesta Constituição, e o Advogado-Geral da União;*

XVII. *Nomear membros do Conselho da República, nos termos do Art. 89, VII;*

XVIII. *Convocar e presidir o Conselho da República e o Conselho de Defesa Nacional;*

XIX. *Declarar guerra, no caso de agressão estrangeira, autorizado pelo Congresso Nacional ou referendado por ele, quando ocorrida no intervalo das sessões legislativas, e, nas mesmas condições, decretar, total ou parcialmente, a mobilização nacional;*

XX. *Celebrar a paz, autorizado ou com o referendo do Congresso Nacional;*

XXI. *Conferir condecorações e distinções honoríficas;*

XXII. *Permitir, nos casos previstos em lei complementar, que forças estrangeiras transitem pelo território nacional ou nele permaneçam temporariamente;*

XXIII. *Enviar ao Congresso Nacional o plano plurianual, o projeto de lei de diretrizes orçamentárias e as propostas de orçamento previstos nesta Constituição;*

XXIV. *Prestar, anualmente, ao Congresso Nacional, dentro de sessenta dias após a abertura da sessão legislativa, as contas referentes ao exercício anterior;*

XXV. *Prover e extinguir os cargos públicos federais, na forma da lei;*

XXVI. *Editar medidas provisórias com força de lei, nos termos do Art. 62;*

XXVII. *Exercer outras atribuições previstas nesta Constituição.*

Parágrafo único: O Presidente da República poderá delegar as atribuições mencionadas nos incisos VI, XII e XXV, primeira parte, aos Ministros de Estado, ao Procurador-Geral da República ou ao Advogado-Geral da União, que observarão os limites traçados nas respectivas delegações.

Esse tema, quando cobrado em prova, costuma trabalhar com a memorização do texto constitucional. A dica é memorizar o Art. 84 da Constituição. Ele sempre está contemplado em prova.

Como já se falou na análise do Presidencialismo, as atribuições do Presidente são de Chefe de Estado, Chefe de Governo ou Chefe da Administração Pública. Procurou-se, abaixo, adequar, conforme a melhor doutrina, as atribuições do Art. 84 às funções desenvolvidas pelo Presidente no exercício de seu mandato:

Como **Chefe de Estado:**

O Presidente representa o Estado nas suas relações internacionais. São funções de Chefe de Estado as previstas nos incisos VII, VIII, XIX, XX, XXII e XXVII do Art. 84;

Como **Chefe de Governo:**

O Presidente exerce sua liderança política representando e gerindo os negócios internos nacionais. São funções de Chefe de Governo as previstas nos incisos I, III, IV, V, IX, X, XI, XII, XIII, XIV, XV, XVI, XVII, XVIII, XXI, XXIII, XXIV, XXVI e XXVII;

Como **Chefe da Administração Pública:**

O Presidente gerencia os negócios internos administrativos da administração pública federal. São funções de Chefe da Administração Pública as previstas nos incisos II, VI, XXV e XXVII.

Uma característica interessante é que esse rol de competências é meramente exemplificativo, por força do inciso XXVII, que abre a possibilidade de o Presidente exercer outras atribuições além das previstas expressamente no texto constitucional.

Outra questão amplamente trabalhada em prova é a possibilidade de delegação de algumas de suas atribuições, conforme prescrição do parágrafo único do Art. 84. Nem todas as atribuições do Presidente são delegáveis, apenas as previstas nos incisos **VI, XII e XXV, primeira parte:**

> ***VI.*** *Dispor, mediante decreto, sobre:*
>
> ***a)*** *Organização e funcionamento da administração federal, quando não implicar aumento de despesa nem criação ou extinção de órgãos públicos;*
>
> ***b)*** *Extinção de funções ou cargos públicos, quando vagos;*
>
> ***XII.*** *Conceder indulto e comutar penas, com audiência, se necessário, dos órgãos instituídos em lei;*
>
> ***XXV.*** *Prover os cargos públicos federais, na forma da lei.*

São três competências que podem ser delegadas para três pessoas: Ministro de Estado, Procurador-Geral da República e Advogado-Geral da União.

Ministro de Estado é qualquer ministro que auxilie o Presidente da República na administração do Estado. São exemplos: Ministro da Justiça, Ministro da Fazenda e Ministro da Agricultura.

Processo eleitoral

O processo de eleição do Presidente da República também encontra regulação expressa no texto constitucional:

> ***Art. 77.*** *A eleição do Presidente e do Vice-Presidente da República realizar-se-á, simultaneamente, no primeiro domingo de outubro, em primeiro turno, e no último domingo de outubro, em segundo turno, se houver, do ano anterior ao do término do mandato presidencial vigente.*
>
> ***§ 1º*** *- A eleição do Presidente da República importará a do Vice-Presidente com ele registrado.*
>
> ***§ 2º*** *- Será considerado eleito Presidente o candidato que, registrado por partido político, obtiver a maioria absoluta de votos, não computados os em branco e os nulos.*
>
> ***§ 3º*** *- Se nenhum candidato alcançar maioria absoluta na primeira votação, far-se-á nova eleição em até vinte dias após a proclamação do resultado, concorrendo os dois candidatos mais votados e considerando-se eleito aquele que obtiver a maioria dos votos válidos.*
>
> ***§ 4º*** *- Se, antes de realizado o segundo turno, ocorrer morte, desistência ou impedimento legal de candidato, convocar-se-á, dentre os remanescentes, o de maior votação.*
>
> ***§ 5º*** *- Se, na hipótese dos parágrafos anteriores, remanescer, em segundo lugar, mais de um candidato com a mesma votação, qualificar-se-á o mais idoso.*

Algumas considerações são importantes acerca desse tema. Primeiramente, deve-se registrar que a Constituição regulou até o dia em que deve ocorrer a eleição:

Primeiro Turno:

Primeiro Domingo de Outubro;

Segundo Turno:

Último Domingo de Outubro.

Uma coisa chama a atenção no *caput* do Art. 77. É que a Constituição diz que as eleições ocorrem no ano anterior ao do término do mandato presidencial vigente. Pergunta-se: será que essa regra é aplicável no direito brasileiro?

É claro que esse dispositivo é aplicado nos dias de hoje. A eleição ocorre no ano anterior ao do término do mandato presidencial vigente, pois o mandato acaba no dia 1º de janeiro, conforme dispõe o Art. 82:

> ***Art. 82.*** *O mandato do Presidente da República é de quatro anos e terá início em primeiro de janeiro do ano seguinte ao da sua eleição.*

Ora, se o novo mandato tem início em primeiro de janeiro, significa que o mandato antigo acaba no dia primeiro de janeiro. Logo, está corretíssimo afirmar que as eleições ocorrem no ano anterior ao do término do mandato presidencial vigente.

Quando votamos para Presidente, só votamos no Presidente. O Vice é eleito como consequência da eleição do Presidente. Esse será eleito se tiver a maioria absoluta dos votos, não computados os votos brancos e nulos, ou seja, será eleito aquele que possuir a maioria absoluta dos votos válidos. Maioria absoluta dos votos significa dizer que o eleito obteve o primeiro número inteiro após a metade dos votos válidos. Se ninguém obtiver maioria absoluta, deve-se convocar nova eleição – segundo turno. Para o segundo turno, são chamados os dois candidatos mais votados. Se, porventura, ocorrer empate no segundo lugar, a Constituição determina que seja convocado o mais idoso.

O critério de idade é para a situação de desempate. Ocorrendo morte, desistência ou impedimento de algum candidato do segundo turno, deverá ser convocado o próximo mais votado.

Finalizada a eleição, o Presidente e o Vice terão prazo de dez dias a contar da posse, para assumir o cargo. Caso não seja assumido, o cargo será declarado vago. Se o Presidente assume e o Vice não, o cargo do Vice é declarado vago, ficando o Presidente sem Vice até o fim do mandato. Caso o Vice assuma e o Presidente não, o cargo de Presidente será declarado vago, assumindo o Vice a função de Presidente e permanecendo durante o seu mandato sem Vice.

> ***Art. 78.*** *O Presidente e o Vice-Presidente da República tomarão posse em sessão do Congresso Nacional, prestando o compromisso de manter, defender e cumprir a Constituição, observar as leis, promover o bem geral do povo brasileiro, sustentar a união, a integridade e a independência do Brasil.*
>
> ***Parágrafo único.*** *Se, decorridos dez dias da data fixada para a posse, o Presidente ou o Vice-Presidente, salvo motivo de força maior, não tiver assumido o cargo, este será declarado vago.*

Impedimento e vacância

O Impedimento e a Vacância são espécies de ausência do Presidente da República. São circunstâncias em que o Presidente não está no exercício de sua função. A diferença entre os dois institutos está no fato de que, na vacância a ausência é definitiva, enquanto no impedimento a ausência é temporária. São exemplos de vacância: morte, perda do cargo, renúncia. São exemplos de impedimento: doença, viagem, férias. Na vacância, ocorre sucessão; no impedimento, ocorre substituição. Tanto no caso de impedimento como no de vacância, a Constituição Federal determina que o Vice-Presidente ficará no lugar do Presidente, pois essa é a sua função precípua:

> ***Art. 79.*** *Substituirá o Presidente, no caso de impedimento, e suceder-lhe-á, no de vaga, o Vice-Presidente.*
>
> ***Parágrafo único.*** *O Vice-Presidente da República, além de outras atribuições que lhe forem conferidas por lei complementar, auxiliará o Presidente, sempre que por ele convocado para missões especiais.*

O problema maior surge quando o Presidente e o Vice se ausentam ao mesmo tempo. Nesse caso, a Constituição determina que se convoquem outros sucessores: Presidente da Câmara dos Deputados, Presidente do Senado Federal e Presidente do Supremo Tribunal Federal. Esses são os legitimados a sucederem o Presidente da República e o Vice-Presidente de forma sucessiva e temporária quando ocorrer a ausência dos dois ao mesmo tempo:

> ***Art. 80.*** *Em caso de impedimento do Presidente e do Vice-Presidente, ou vacância dos respectivos cargos, serão sucessivamente chamados ao exercício da Presidência o Presidente da Câmara dos Deputados, o do Senado Federal e o do Supremo Tribunal Federal.*

Uma coisa deve ser observada: o Vice-Presidente é o único legitimado a suceder o Presidente de forma definitiva. O Presidente da Câmara, do Senado e do STF só substituem o Presidente em caráter temporário. Isso significa que, se o Presidente morrer, quem assume o cargo é o Vice.

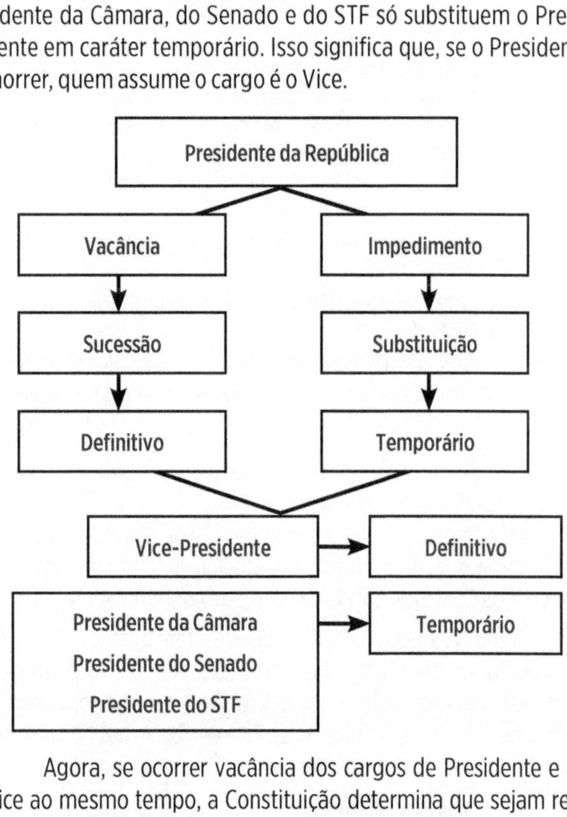

Agora, se ocorrer vacância dos cargos de Presidente e de Vice ao mesmo tempo, a Constituição determina que sejam realizadas novas eleições:

> ***Art. 81.*** *Vagando os cargos de Presidente e Vice-Presidente da República, far-se-á eleição noventa dias depois de aberta a última vaga.*

§ 1º - Ocorrendo a vacância nos últimos dois anos do período presidencial, a eleição para ambos os cargos será feita trinta dias depois da última vaga, pelo Congresso Nacional, na forma da lei.

§ 2º - Em qualquer dos casos, os eleitos deverão completar o período de seus antecessores.

Caso a vacância se dê nos dois primeiros anos de mandato, a eleição será direta, ou seja, com a participação do povo e deverá ocorrer no prazo de 90 dias a contar da última vacância. Mas, se a vacância se der nos dois últimos anos do mandato, a eleição será indireta (realizada pelo Congresso Nacional) no prazo de 30 dias a contar da última vacância. Quem for eleito permanecerá no cargo até o fim do mandato de quem ele sucedeu. Não se inicia um novo mandato. Esse mandato é chamado pela doutrina de Mandato-Tampão.

Em qualquer uma das duas situações, enquanto não forem eleitos os novos Presidente e Vice-Presidente, quem permanece no cargo é um dos sucessores temporários: Presidente da Câmara, do Senado ou do STF.

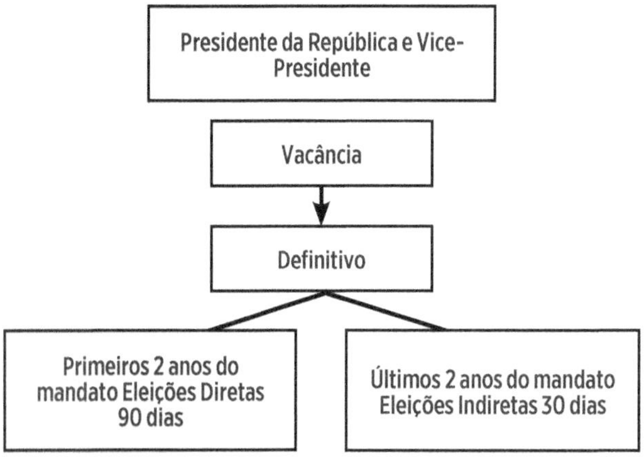

Perda do cargo no caso de saída do país sem autorização do congresso nacional

Esse artigo prevê a possibilidade de perda do cargo do Presidente e Vice-Presidente nos casos de ausência do País por período superior a 15 dias sem licença do Congresso Nacional:

Art. 83. *O Presidente e o Vice-Presidente da República não poderão, sem licença do Congresso Nacional, ausentar-se do País por período superior a quinze dias, sob pena de perda do cargo.*

Vejamos que a Constituição não proíbe que o Presidente ou o Vice se ausentem do país sem licença do Congresso Nacional. Mas se a ausência se der por mais de 15 dias, nesse caso será indispensável a autorização da Casa Legislativa.

Órgãos auxiliares do presidente da república

A Constituição nos apresenta três órgãos auxiliares do Presidente da República: Ministros de Estado, Conselho da República e Conselho de Defesa Nacional. Os Ministros de Estados são os auxiliares diretos do Presidente da República. Os Arts. 87 e 88 trazem várias regras que podem ser trabalhadas em prova:

Art. 87. *Os Ministros de Estado serão escolhidos dentre brasileiros maiores de vinte e um anos e no exercício dos direitos políticos.*

Parágrafo único. *Compete ao Ministro de Estado, além de outras atribuições estabelecidas nesta Constituição e na lei:*

I. *Exercer a orientação, coordenação e supervisão dos órgãos e entidades da administração federal na área de sua competência e referendar os atos e decretos assinados pelo Presidente da República;*

II. *Expedir instruções para a execução das leis, decretos e regulamentos;*

III. *Apresentar ao Presidente da República relatório anual de sua gestão no Ministério;*

IV. *Praticar os atos pertinentes às atribuições que lhe forem outorgadas ou delegadas pelo Presidente da República.*

Art. 88. *A lei disporá sobre a criação e extinção de Ministérios e órgãos da administração pública.*

O Conselho da República e o Conselho de Defesa Nacional também são órgãos auxiliares do Presidente da República, mas que possuem atribuição consultiva. Em situações determinadas pela Constituição, o Presidente, antes de tomar alguma decisão, precisa consultar esses dois órgãos.

Abaixo, seguem os Arts. 89, 90 e 91, cujas regras também podem ser cobradas em prova. Destacam-se as composições e as competências desses órgãos:

Art. 89. *O Conselho da República é órgão superior de consulta do Presidente da República, e dele participam:*

I. *O Vice-Presidente da República;*

II. *O Presidente da Câmara dos Deputados;*

III. *O Presidente do Senado Federal;*

IV. *Os líderes da maioria e da minoria na Câmara dos Deputados;*

V. *Os líderes da maioria e da minoria no Senado Federal;*

VI. *O Ministro da Justiça;*

VII. *Seis cidadãos brasileiros natos, com mais de trinta e cinco anos de idade, sendo dois nomeados pelo Presidente da República, dois eleitos pelo Senado Federal e dois eleitos pela Câmara dos Deputados, todos com mandato de três anos, vedada a recondução.*

Art. 90. *Compete ao Conselho da República pronunciar-se sobre:*

I. *Intervenção federal, estado de defesa e estado de sítio;*

II. *As questões relevantes para a estabilidade das instituições democráticas.*

§ 1º - O Presidente da República poderá convocar Ministro de Estado para participar da reunião do Conselho, quando constar da pauta questão relacionada com o respectivo Ministério.

§ 2º - A lei regulará a organização e o funcionamento do Conselho da República.

Art. 91. *O Conselho de Defesa Nacional é órgão de consulta do Presidente da República nos assuntos relacionados com a soberania nacional e a defesa do Estado democrático, e dele participam como membros natos:*

I. *O Vice-Presidente da República;*

II. *O Presidente da Câmara dos Deputados;*

III. *O Presidente do Senado Federal;*

IV. *Ministro da Justiça;*

V. *O Ministro de Estado da Defesa;*

VI. *O Ministro das Relações Exteriores;*

VII. *O Ministro do Planejamento;*

VIII. *Os Comandantes da Marinha, do Exército e da Aeronáutica.*

§ 1º - Compete ao Conselho de Defesa Nacional:

I. *Opinar nas hipóteses de declaração de guerra e de celebração da paz, nos termos desta Constituição;*

II. *Opinar sobre a decretação do estado de defesa, do estado de sítio e da intervenção federal;*

III. Propor os critérios e condições de utilização de áreas indispensáveis à segurança do território nacional e opinar sobre seu efetivo uso, especialmente na faixa de fronteira e nas relacionadas com a preservação e a exploração dos recursos naturais de qualquer tipo;

IV. Estudar, propor e acompanhar o desenvolvimento de iniciativas necessárias a garantir a independência nacional e a defesa do Estado democrático.

§ 2º - A lei regulará a organização e o funcionamento do Conselho de Defesa Nacional.

Responsabilidades

A forma de governo adotada no País é a República e, por essa razão, é possível responsabilizar o Presidente da República por seus atos. A Constituição tratou de regular a responsabilização por Crime de Responsabilidade e por Infrações Penais Comuns.

Antes de trabalhar com cada uma das responsabilidades, serão analisadas as chamadas Imunidades.

Imunidades são prerrogativas inerentes aos cargos mais importantes do Estado. Cargos que são estratégicos e essenciais à manutenção da ordem constitucional. Entre vários, se destaca o de Presidente da República.

A imunidade pode ser:

Material

É a conhecida irresponsabilidade penal absoluta. Essa imunidade protege o titular contra a responsabilização penal.

Formal

São prerrogativas de cunho processual

Um primeiro ponto essencial que precisa ser estabelecido: o Presidente não possui imunidade material, contudo, em razão da importância do seu cargo, possui imunidades formais. Apesar de o Presidente não possuir imunidade material, outros cargos a possuem, por exemplo, os Parlamentares.

Ao todo, pode-se elencar **quatro prerrogativas processuais** garantidas pela Constituição Federal ao Chefe do Executivo da União:

Processo

A Constituição exige juízo de admissibilidade emitido pela Câmara para que o Presidente possa ser processado durante o seu mandato. Isso significa que o Presidente da República só poderá ser processado se a Câmara dos Deputados autorizar pelo voto de 2/3 dos membros:

> ***Art. 86.** Admitida a acusação contra o Presidente da República, por dois terços da Câmara dos Deputados, será ele submetido a julgamento perante o Supremo Tribunal Federal, nas infrações penais comuns, ou perante o Senado Federal, nos crimes de responsabilidade.*

Prerrogativa de foro

O Presidente não pode ser julgado por qualquer juiz, haja vista a importância da função que exerce no Estado.

Diante disso, a Constituição estabeleceu dois foros competentes para julgar o Presidente:

Supremo Tribunal Federal

Será julgado pelas infrações penais comuns;

Senado Federal

Será julgado pelos Crimes de Responsabilidade.

Analisando essas duas primeiras prerrogativas, não se pode esquecer o previsto no Art. 86, § 1º:

> *§ 1º - O Presidente ficará suspenso de suas funções:*
>
> *I. Nas infrações penais comuns, se recebida a denúncia ou queixa-crime pelo Supremo Tribunal Federal;*
>
> *II. Nos crimes de responsabilidade, após a instauração do processo pelo Senado Federal.*
>
> *§ 2º - Se, decorrido o prazo de cento e oitenta dias, o julgamento não estiver concluído, cessará o afastamento do Presidente, sem prejuízo do regular prosseguimento do processo.*

A Constituição determina que, após iniciado o processo, tanto por infração penal comum quanto por crime de responsabilidade, o Presidente fique suspenso de suas funções pelo prazo de 180 dias, tempo necessário para que se finalize o processo. Caso o Presidente não seja julgado nesse período, ele poderá retornar ao exercício de suas funções sem prejuízo de continuidade do processo. Deve-se ter muito cuidado em prova com o início do prazo de suspensão:

Infração Penal Comum

O prazo de suspensão inicia-se **a partir do recebimento da denúncia ou queixa**;

Crime de Responsabilidade

O prazo de suspensão inicia-se **a partir da instauração do processo**.

Caso a Câmara autorize o processo do Presidente por crime de responsabilidade, o Senado deverá processá-lo, pois não assiste discricionariedade ao Senado em processar ou não. Sua decisão é vinculada à decisão da Câmara, pelo fato de as duas Casas serem políticas. Contudo, nos casos de infração penal comum, o STF não está obrigado a processar o Presidente em respeito à Separação dos Poderes.

Vamos aproveitar o momento para entender o que são infração penal comum e crime de responsabilidade.

Infração Penal Comum:

É qualquer crime ou contravenção penal cometida pelo Presidente da República na função ou em razão da sua função de Presidente. Seu processamento se dará no Supremo Tribunal Federal.

Crime de Responsabilidade:

A primeira coisa que se precisa saber sobre o crime de responsabilidade é que ele não é um crime. O crime de responsabilidade é uma infração de natureza **político-administrativa.** O nome crime é impróprio para esse instituto. O processo que visa a esse tipo de responsabilização é o ***Impeachment.***

O Presidente responderá por esse tipo de infração caso sua conduta se amolde ao previsto no Art. 85 da Constituição Federal:

> ***Art. 85.** São crimes de responsabilidade os atos do Presidente da República que atentem contra a Constituição Federal e, especialmente, contra:*
>
> *I. A existência da União;*
>
> *II. O livre exercício do Poder Legislativo, do Poder Judiciário, do Ministério Público e dos Poderes constitucionais das unidades da Federação;*
>
> *III. O exercício dos direitos políticos, individuais e sociais;*
>
> *IV. A segurança interna do País;*

V. A probidade na administração;

VI. A lei orçamentária;

VII. O cumprimento das leis e das decisões judiciais.

Parágrafo único. *Esses crimes serão definidos em lei especial, que estabelecerá as normas de processo e julgamento.*

Esse rol de condutas, consideradas como Crime de Responsabilidade estabelecido na Constituição, é meramente exemplificativo, já que é a Lei 1.079/50 o dispositivo regulador do Crime de Resposabilidade. Deve-se destacar sua relevância na fixação de outras autoridades que respondem por esse crime, novos crimes além dos procedimentos adotados nesse processo, principalmente na competência exclusiva do cidadão para denunciar o Presidente. Destaca-se ainda que, para haver condenação, o Senado deve proferi-la pelo voto de 2/3 dos seus membros.

Considerando que não se trata de um crime, essa infração não pode resultar numa pena privativa de liberdade. Quem pratica crime de responsabilidade não pode ser preso. A consequência estabelecida no Art. 52, parágrafo único, é a perda do cargo e a inabilitação para o exercício de qualquer função pública pelo prazo de oito anos:

Art. 52*, Parágrafo único. Nos casos previstos nos incisos I e II, funcionará como Presidente o do Supremo Tribunal Federal, limitando-se a condenação, que somente será proferida por dois terços dos votos do Senado Federal, à perda do cargo, com inabilitação, por oito anos, para o exercício de função pública, sem prejuízo das demais sanções judiciais cabíveis.*

Prisão

O Presidente só pode ser preso pela prática de infração penal comum e somente se sobrevier sentença condenatória:

Art. 86*, § 3º - Enquanto não sobrevier sentença condenatória, nas infrações comuns, o Presidente da República não estará sujeito a prisão.*

Irresponsabilidade penal relativa

Também conhecida na doutrina como Imunidade Formal Temporária, essa prerrogativa afirma que o Presidente não poderá ser responsabilizado por atos alheios aos exercícios de suas funções:

§ 4º *- O Presidente da República, na vigência de seu mandato, não pode ser responsabilizado por atos estranhos ao exercício de suas funções.*

Para melhor compreender as imunidades conferidas ao Presidente da República, analisemos as seguintes situações hipotéticas:

01. Suponhamos que o Presidente da República seja flagrado após ter cometido o assassinado de duas pessoas por motivos particulares.

    a) Poderia ele, no momento em que é flagrado, ser preso pelo crime?

Não. O Presidente só pode ser preso se tiver uma sentença condenatória.

Poderia o Presidente ser processado pelo crime de duplo homicídio durante o se mandato?

O Presidente não pode ser responsabilizado por atos alheios aos exercícios de suas funções. Ao matar duas pessoas, ele não comete o crime na condição de Presidente, ou seja, esse crime não possui relação com sua função de Presidente. Por esse motivo, ele não pode ser processado durante o seu mandato. Não significa que ficará impune pelo crime cometido, apenas será responsabilizado normalmente após o mandato, nesse caso, sem nenhuma prerrogativa. Apesar de não haver previsão legal, a jurisprudência entende que o prazo prescricional, nesse caso, ficará suspenso, não prejudicando a responsabilização do Presidente.

02. Suponhamos agora que, em reunião com os Ministros, o Presidente tenha discutido com um deles. Em meio à confusão, o Presidente mata o Ministro.

    a) Poderia ele ser preso por esse crime?

O Presidente não pode ser preso enquanto não sobrevier sentença condenatória. É a imunidade em relação às prisões.

    b) O Presidente poderá ser processado por esse crime enquanto estiver no seu mandato?

Nesse caso sim. Perceba que o crime cometido foi em razão da função de Presidente, visto que não estaria na reunião com Ministros se não fosse o Presidente da República. Dessa forma, ele será processado por essa infração penal comum no Supremo Tribunal Federal, caso a Câmara dos Deputados autorize o processo. Havendo sentença condenatória, ele poderá ser preso. A possibilidade de responsabilização do Presidente da República por infração penal comum só ocorre se o crime cometido estiver ligado à sua função de Presidente.

Já em relação a outras esferas do direito, como cíveis, administrativas, trabalhistas ou qualquer outra área, o presidente não possui prerrogativa. Isso significa que o Presidente responderá normalmente, sem nenhum privilégio, nas outras esferas do Direito. O tema das Responsabilidades do Presidente tem sido alvo de inúmeras questões de prova. As questões podem ser trabalhadas a partir da literalidade do texto constitucional ou mesmo invocando caso concreto para verificação das regras e prerrogativas do Presidente.

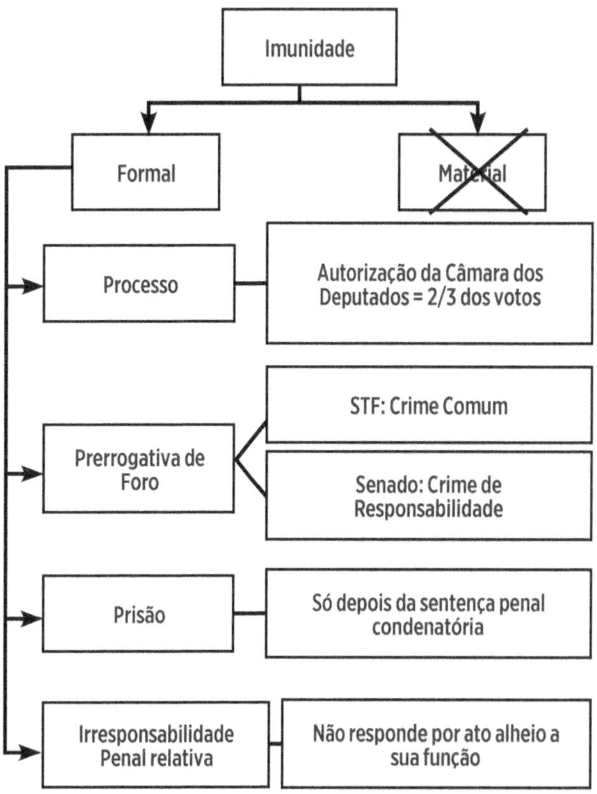

Questões

01. (CESPE) O presidente da República pode dispor, mediante decreto, sobre a organização e o funcionamento da administração federal, promovendo a extinção de funções ou cargos públicos que julgar desnecessários e inconvenientes para o serviço público.

Certo ( ) Errado ( )

02. (CESPE) O presidente da República pode delegar a atribuição de concessão de indultos ao ministro da Justiça.

Certo ( ) Errado ( )

03. (CESPE) Nos crimes de responsabilidade, o presidente da República é suspenso de suas funções após a instauração do processo pela Câmara dos Deputados.

Certo ( ) Errado ( )

04. (FCC) No que diz respeito à eleição do Presidente e do Vice-Presidente da República, é correto afirmar:

a) Se, antes de realizado o segundo turno, ocorrer morte, desistência ou impedimento legal do candidato, convocar-se-á, dentre os remanescentes, o de maior votação.

b) Será considerado eleito Presidente o candidato que, registrado por partido político, obtiver a maioria absoluta de votos, computados os em branco e os nulos.

c) Se, decorridos trinta dias da data fixada para a posse, o Presidente ou o Vice-Presidente, salvo força maior, não tiver assumido o cargo, esse será declarado vago.

d) Ocorrendo a vacância nos últimos dois anos do período presidencial, a eleição para ambos os cargos será feita dez dias depois da última vaga, pelo Congresso Nacional, nos termos da lei.

e) Em caso de impedimento ou vacância do Presidente e de seu Vice, serão chamados sucessivamente o Presidente do Senado, da Câmara dos Deputados e do Supremo Tribunal Federal.

05. (FCC) No que tange ao Poder Executivo, é correto afirmar que compete ao Ministro de Estado:

a) Decretar e executar a intervenção federal.

b) Decretar o estado de defesa e o estado de sítio.

c) Expedir instruções para a execução das leis, decretos e regulamentos.

d) Conferir condecorações e distinções honoríficas.

e) Nomear o Advogado-Geral da União.

Gabaritos

01	ERRADO	04	A
02	CERTO	05	C
03	ERRADO	-	-

12. ORGANIZAÇÃO DOS PODERES – PODER JUDICIÁRIO

12.1 Disposições Gerais

Organograma

O Poder Judiciário é o titular da chamada função jurisdicional. Ele possui a atribuição principal de "dizer o direito", "aplicar o direito ao caso concreto". Além de desempenhar esta função típica, o Judiciário também exerce de forma atípica a função dos demais poderes. Quando realiza concursos públicos ou contrata uma empresa prestadora de serviços, ele o faz no exercício da função administrativa (Poder Executivo). O Judiciário também exerce de forma atípica a função do Poder Legislativo quando edita instrumentos normativos que regulam as atividades dos tribunais.

Para desempenhar suas funções, o Poder Judiciário se utiliza de diversos órgãos os quais estão previstos no Art. 92:

> ***Art. 92.*** *São órgãos do Poder Judiciário:*
>
> ***I.*** *O Supremo Tribunal Federal;*
>
> ***I-A.*** *O Conselho Nacional de Justiça;*
>
> ***II.*** *O Superior Tribunal de Justiça;*
>
> ***II-A.*** *O Tribunal Superior do Trabalho; (Incluído pela Emenda Constitucional nº 92, de 2016)*
>
> ***III.*** *Os Tribunais Regionais Federais e Juízes Federais;*
>
> ***IV.*** *Os Tribunais e Juízes do Trabalho;*
>
> ***V.*** *Os Tribunais e Juízes Eleitorais;*
>
> ***VI.*** *Os Tribunais e Juízes Militares;*
>
> ***VII.*** *Os Tribunais e Juízes dos Estados e do Distrito Federal e Territórios.*
>
> ***§ 1º*** *- O Supremo Tribunal Federal, o Conselho Nacional de Justiça e os Tribunais Superiores têm sede na Capital Federal.*
>
> ***§ 2º*** *- O Supremo Tribunal Federal e os Tribunais Superiores têm jurisdição em todo o território nacional.*

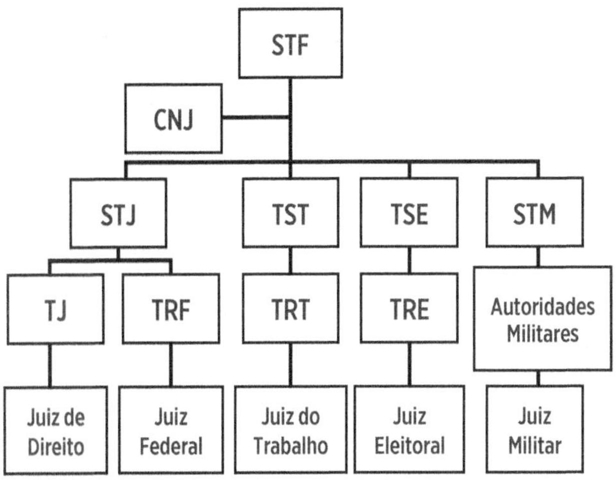

Critérios para ingresso na carreira

Conforme o que diz o Art. 93, I, da Constituição Federal:

> ***Art. 93.*** *Lei complementar, de iniciativa do Supremo Tribunal Federal, disporá sobre o Estatuto da Magistratura, observados os seguintes princípios:*
>
> ***I.*** *Ingresso na carreira, cujo cargo inicial será o de juiz substituto, mediante concurso público de provas e títulos, com a participação da Ordem dos Advogados do Brasil em todas as fases, exigindo-se do bacharel em direito, no mínimo, três anos de atividade jurídica e obedecendo-se, nas nomeações, à ordem de classificação.*

Esse inciso apresenta regras para o ingresso na carreira da Magistratura. O ingresso dar-se-á no cargo de juiz substituto e depende de aprovação em concurso público de provas e títulos.

Como foi possível perceber, é um tipo de concurso que é bem seletivo, sendo que aprovação depende de intensa dedicação do candidato. Além de a prova ser dificílima, o candidato precisa comprovar no mínimo três anos de atividade jurídica, que só pode ser realizada após a conclusão do curso. Deve-se estar atento a esse prazo de atividade jurídica exigido, as bancas constumam trocar o três por outro númeral.

O conceito de atividade jurídica é definido na Resolução nº 75/2009 do Conselho Nacional de Justiça que prevê, entre outros, o exercício da advocacia ou de cargo público privativo de bacharel em direito como forma de se comprovar o tempo exigido.

Quinto constitucional

O quinto permite que uma pessoa se torne magistrado sem necessidade de realização de concurso público para a magistratura. É uma porta de entrada destinada a quem não é membro do Poder Judiciário. A regra do quinto decorre do fato de que 1/5 das vagas em alguns tribunais são destinadas aos membros do Ministério Público ou da Advocacia. Vejamos o que dispõe o Art. 94 da Constituição Federal:

> ***Art. 94.*** *Um quinto dos lugares dos Tribunais Regionais Federais, dos Tribunais dos Estados, e do Distrito Federal e Territórios será composto de membros, do Ministério Público, com mais de dez anos de carreira, e de advogados de notório saber jurídico e de reputação ilibada, com mais de dez anos de efetiva atividade profissional, indicados em lista sêxtupla pelos órgãos de representação das respectivas classes.*
>
> ***Parágrafo único.*** *Recebidas as indicações, o tribunal formará lista tríplice, enviando-a ao Poder Executivo, que, nos vinte dias subsequentes, escolherá um de seus integrantes para nomeação.*

Um detalhe que não pode ser esquecido é: para concorrer às vagas pelo quinto constitucional, faz-se necessário que os membros do Ministério Público e da Advocacia possuam mais de dez anos de experiência.

Outra questão muito importante é saber quais são os tribunais que permitem o ingresso pelo quinto. Segundo o Art. 94, podem ingressar pelo quinto os membros dos Tribunais Regionais Federais, dos Tribunais dos Estados, e do Distrito Federal e Territórios.

Ainda possuem um quinto das vagas para os Membros do MP e da Advocacia os Tribunais Regionais do Trabalho e o Tribunal Superior do Trabalho. Assim preveem os Arts. 111-A e 115 da Constituição:

> ***Art. 111-A.*** *O Tribunal Superior do Trabalho compor-se-á de vinte e sete Ministros, escolhidos dentre brasileiros com mais de trinta e cinco anos e menos de sessenta e cinco anos, de notável saber jurídico e reputação ilibada, nomeados pelo Presidente da República após aprovação pela maioria absoluta do Senado Federal, sendo: (Redação dada pela Emenda Constitucional nº 92, de 2016)*

I. Um quinto dentre advogados com mais de dez anos de efetiva atividade profissional e membros do Ministério Público do Trabalho com mais de dez anos de efetivo exercício, observado o disposto no Art. 94.

Art. 115. *Os Tribunais Regionais do Trabalho compõem-se de, no mínimo, sete juízes, recrutados, quando possível, na respectiva região, e nomeados pelo Presidente da República dentre brasileiros com mais de trinta e menos de sessenta e cinco anos, sendo:*

I. Um quinto dentre advogados com mais de dez anos de efetiva atividade profissional e membros do Ministério Público do Trabalho com mais de dez anos de efetivo exercício, observado o disposto no Art. 94.

O Superior Tribunal de Justiça também permite que membros do Ministério Público ou da Advocacia nele ingressem, contudo não são destinadas 1/5 das vagas, mas 1/3 das vagas:

Art. 104. *O Superior Tribunal de Justiça compõe-se de, no mínimo, trinta e três Ministros.*

Parágrafo único. *Os Ministros do Superior Tribunal de Justiça serão nomeados pelo Presidente da República, dentre brasileiros com mais de trinta e cinco e menos de sessenta e cinco anos, de notável saber jurídico e reputação ilibada, depois de aprovada a escolha pela maioria absoluta do Senado Federal, sendo:*

I. Um terço dentre juízes dos Tribunais Regionais Federais e um terço dentre desembargadores dos Tribunais de Justiça, indicados em lista tríplice elaborada pelo próprio Tribunal;

II. Um terço, em partes iguais, dentre advogados e membros do Ministério Público Federal, Estadual, do Distrito Federal e Territórios, alternadamente, indicados na forma do Art. 94.

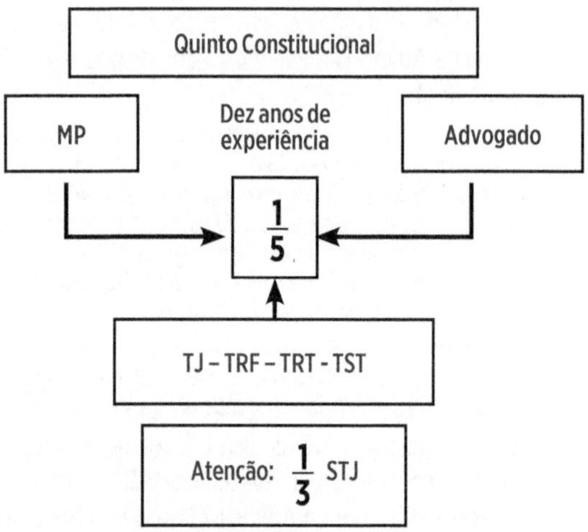

Garantias dos membros

As garantias são um conjunto de proteções que os membros do Poder Judiciário possuem e que são inerentes ao exercício de suas funções. Uma observação se faz necessária: quando se fala "membro do poder judiciário", refere-se ao titular da Função Jurisdicional, ou seja, ao magistrado, ao juiz. Os demais servidores auxiliares do Poder Judiciário não possuem as mesmas garantias dos juízes.

A doutrina classifica as garantias dos magistrados em duas espécies:

> **Garantias de Independência;**

> **Garantias de Imparcialidade.**

As Garantias de Independência são proteções que garantem ao magistrado uma maior tranquilidade para desempenhar suas funções. O objetivo é permitir ao juiz segurança no desempenhar de suas funções. Elas estão previstas no Art. 95, as quais são:

Art. 95. *Os juízes gozam das seguintes garantias:*

I. Vitaliciedade, que, no primeiro grau, só será adquirida após dois anos de exercício, dependendo a perda do cargo, nesse período, de deliberação do tribunal a que o juiz estiver vinculado, e, nos demais casos, de sentença judicial transitada em julgado;

II. Inamovibilidade, salvo por motivo de interesse público, na forma do Art. 93, VIII;

III. Irredutibilidade de subsídio, ressalvado o disposto nos Arts. 37, X e XI, 39, § 4º, 150, II, 153, III, e 153, § 2º, I.

A **vitaliciedade** é como se fosse a estabilidade do servidor público, com uma diferença: ela é bem mais vantajosa que a simples estabilidade. A vitaliciedade garante ao magistrado perder o seu cargo apenas por sentença judicial transitada em julgado. Como se pode ver, é bem mais vantajosa que a estabilidade. Atente-se para alguns detalhes: a vitaliciedade só será adquirida após dois anos de exercício no cargo; durante o estágio probatório do juiz, que dura dois anos, ele poderá perder o cargo por deliberação do próprio tribunal do qual faz parte.

Um detalhe quase nunca percebido é que a exigência dos dois anos de exercício para se adquirir a vitaliciedade só se aplica aos juízes do primeiro grau, ou seja, aos juízes que ingressaram na carreira por meio de concurso público. Os juízes que ingressam diretamente no Tribunal, por meio do Quinto Constitucional, ou mesmo no STJ pelo 1/3 das vagas, não precisam esperar os dois anos para adquirir a garantia. Para estes, a vitaliciedade é imediata, sendo adquirida no momento em que ele pisa no Tribunal.

A **inamovibilidade** prevê que o magistrado não poderá ser removido do local onde exerce a sua função sem sua vontade. Ele poderá julgar qualquer pessoa, conforme sua convicção, sem medo de ser obrigado a deixar o local onde exerce sua jurisdição. Essa garantia não é absoluta, pois poderá ser removido de ofício por interesse público conforme preleciona o Art. 93, VIII:

***Art. 93**, VIII. O ato de remoção, disponibilidade e aposentadoria do magistrado, por interesse público, fundar-se-á em decisão por voto da maioria absoluta do respectivo tribunal ou do Conselho Nacional de Justiça, assegurada ampla defesa.*

A **irredutibilidade dos subsídios** representa a garantia de que o magistrado não poderá ter redução em sua remuneração. A forma de retribuição pecuniária do magistrado é por meio de subsídio, que equivale a uma parcela única. Por isso, fala-se em irredutibilidade dos subsídios.

O parágrafo único do mesmo artigo apresenta o rol de **garantias de imparcialidade.** Essas normas são verdadeiras vedações aplicadas aos magistrados. São impedimentos que visam a garantir um julgamento imparcial, sem vícios ou privilégios. Por isso, são chamadas de garantias de imparcialidade. São elas:

***Art. 95**, Parágrafo único. Aos juízes é vedado:*

I. Exercer, ainda que em disponibilidade, outro cargo ou função, salvo uma de magistério;

II. Receber, a qualquer título ou pretexto, custas ou participação em processo;

III. Dedicar-se à atividade político-partidária.

IV. Receber, a qualquer título ou pretexto, auxílios ou contribuições de pessoas físicas, entidades públicas ou privadas, ressalvadas as exceções previstas em lei;

V. Exercer a advocacia no juízo ou tribunal do qual se afastou, antes de decorridos três anos do afastamento do cargo por aposentadoria ou exoneração.

Geralmente as bancas cobram a memorização dessas vedações. O **inciso I** é bem cobrado em razão da exceção prevista na Constituição para a acumulação de cargos ou funções. Segundo esse inciso, o magistrado, além de exercer sua função de juiz, também pode exercer uma função no magistério.

O **inciso II** proíbe o magistrado de receber custas ou participação em processos. O juiz já recebe sua remuneração para desempenhar sua função independente dos valores que estão em jogo nos processos.

O **inciso III** proíbe o juiz de se dedicar à atividade político-partidária exatamente para evitar que seus julgamentos sejam influenciados por correntes políticas ou convicções partidárias. O juiz precisa ficar alheio a tais situações.

O **inciso IV** proíbe o magistrado de receber ajudas financeiras de terceiros ressalvados os casos previstos em lei. Por exemplo, um juiz não pode receber um carro como agradecimento por um julgamento favorável, mas poderia receber os valores decorrentes da venda de livros que tenha escrito ou mesmo, receber valores pela ministração de palestras.

12.2 Composição dos Órgãos do Poder Judiciário

A composição dos tribunais é tema recorrente em prova e requer um alto poder de memorização do candidato, principalmente pela composição diferenciada entre um e outro tribunal. A seguir descreve-se, então, a composição de cada um dos órgãos do Poder Judiciário.

Supremo tribunal federal

Art. 101. *O Supremo Tribunal Federal compõe-se de onze Ministros, escolhidos dentre cidadãos com mais de trinta e cinco e menos de sessenta e cinco anos de idade, de notável saber jurídico e reputação.*

Parágrafo único. *Os Ministros do Supremo Tribunal Federal serão nomeados pelo Presidente da República, depois de aprovada a escolha pela maioria absoluta do Senado Federal.*

O Supremo Tribunal Federal é o órgão de cúpula do Poder Judiciário e é formado por 11 ministros escolhidos pelo Presidente da República depois de aprovada a escolha pela maioria absoluta do Senado Federal, dentre os cidadãos com mais de trinta e cinco e menos de sessenta e cinco anos de idade, de notável saber jurídico e reputação ilibada.

Existe mais um requisito que não está escrito nesse artigo, mas está previsto no Art. 12, § 3º, IV, da Constituição. Para ser Ministro do STF deve ser brasileiro nato:

Art. 12*, § 3º - São privativos de brasileiro nato os cargos:*

IV. *De Ministro do Supremo Tribunal Federal.*

A Constituição não exige do candidato a Ministro do STF que tenha formação superior em Direito, apesar de exigir notório saber jurídico.

Conselho nacional de justiça

Vejamos agora a composição do Conselho Nacional de Justiça:

Art. 103-B. *O Conselho Nacional de Justiça compõe-se de 15 (quinze) membros com mandato de 2 (dois) anos, admitida 1 (uma) recondução, sendo:*

I. *O Presidente do Supremo Tribunal Federal;*

II. *Um Ministro do Superior Tribunal de Justiça, indicado pelo respectivo tribunal;*

III. *Um Ministro do Tribunal Superior do Trabalho, indicado pelo respectivo tribunal;*

IV. *Um desembargador de Tribunal de Justiça, indicado pelo Supremo Tribunal Federal;*

V. *Um juiz estadual, indicado pelo Supremo Tribunal Federal;*

VI. *Um juiz de Tribunal Regional Federal, indicado pelo Superior Tribunal de Justiça;*

VII. *Um juiz federal, indicado pelo Superior Tribunal de Justiça;*

VIII. *Um juiz de Tribunal Regional do Trabalho, indicado pelo Tribunal Superior do Trabalho;*

IX. *Um juiz do trabalho, indicado pelo Tribunal Superior do Trabalho;*

X. *Um membro do Ministério Público da União, indicado pelo Procurador-Geral da República;*

XI. *Um membro do Ministério Público estadual, escolhido pelo Procurador-Geral da República dentre os nomes indicados pelo órgão competente de cada instituição estadual;*

XII. *Dois advogados, indicados pelo Conselho Federal da Ordem dos Advogados do Brasil;*

XIII. *Dois cidadãos, de notável saber jurídico e reputação ilibada, indicados um pela Câmara dos Deputados e outro pelo Senado Federal.*

§ 1º *- O Conselho será presidido pelo Presidente do Supremo Tribunal Federal e, nas suas ausências e impedimentos, pelo Vice-Presidente do Supremo Tribunal Federal.*

§ 2º *- Os demais membros do Conselho serão nomeados pelo Presidente da República, depois de aprovada a escolha pela maioria absoluta do Senado Federal.*

§ 3º *- Não efetuadas, no prazo legal, as indicações previstas neste artigo, caberá a escolha ao Supremo Tribunal Federal.*

§ 4º *Compete ao Conselho o controle da atuação administrativa e financeira do Poder Judiciário e do cumprimento dos deveres funcionais dos juízes, cabendo-lhe, além de outras atribuições que lhe forem conferidas pelo Estatuto da Magistratura:*

I. *zelar pela autonomia do Poder Judiciário e pelo cumprimento do Estatuto da Magistratura, podendo expedir atos regulamentares, no âmbito de sua competência, ou recomendar providências;*

II. *zelar pela observância do art. 37 e apreciar, de ofício ou mediante provocação, a legalidade dos atos administrativos praticados por membros ou órgãos do Poder Judiciário, podendo desconstituí-los, revê-los ou fixar prazo para que se adotem as providências necessárias ao exato cumprimento da lei, sem prejuízo da competência do Tribunal de Contas da União;*

III. *receber e conhecer das reclamações contra membros ou órgãos do Poder Judiciário, inclusive contra seus serviços auxiliares, serventias e órgãos prestadores de serviços notariais e de registro que atuem por delegação do poder público ou oficializados, sem prejuízo da competência disciplinar e correicional dos tribunais, podendo avocar processos disciplinares em curso, determinar a remoção ou a disponibilidade e aplicar outras sanções administrativas, assegurada ampla defesa;*

IV. representar ao Ministério Público, no caso de crime contra a administração pública ou de abuso de autoridade;

V. rever, de ofício ou mediante provocação, os processos disciplinares de juízes e membros de tribunais julgados há menos de um ano;

VI. elaborar semestralmente relatório estatístico sobre processos e sentenças prolatadas, por unidade da Federação, nos diferentes órgãos do Poder Judiciário;

VII. elaborar relatório anual, propondo as providências que julgar necessárias, sobre a situação do Poder Judiciário no País e as atividades do Conselho, o qual deve integrar mensagem do Presidente do Supremo Tribunal Federal a ser remetida ao Congresso Nacional, por ocasião da abertura da sessão legislativa.

A composição do CNJ possui uma dificuldade peculiar para a memorização. Percebana leitura do artigo, que os membros do Conselho são indicados por algum órgão. Além de memorizar os membros, o candidato tem de memorizar o órgão que indicou o membro. Para isso, deve-se fazer uma análise lógica na construção dessa composição:

A primeira coisa que se tem que fazer é identificar os órgãos que escolhem:

STF;

STJ;

TST;

PGR;

CFOAB;

Câmara dos Deputados;

Senado Federal.

A partir dessa primeira análise, parte-se para a identificação dos membros que são indicados por cada um dos órgãos, que deve ser construída de forma lógica.

Entre os membros do CNJ existem dois advogados: quem poderia indicar dois advogados? O STF, o STJ, o TST ou o **Conselho Federal dos Advogados do Brasil**? Que quem indica os dois advogados é o CFOAB. Entre os membros do CNJ, existe um membro do Ministério Público da União e um membro do Ministério Público estadual. Quem indica esses dois membros do Ministério Público? Será o STF? Ou seria o STJ? Não é mais lógico que a escolha dos membros do Ministério Público seja do **Procurador Geral da República,** que é o chefe do Ministério Público da União? Certamente.

Com base nessa lógica, fica fácil identificar os membros do CNJ. Continuemos a análise. Agora existem membros da justiça trabalhista: um Ministro do TST, um Juiz do TRT e um Juiz do Trabalho. Quem escolhe esses juízes? STF, STJ ou TST? Mais uma resposta bem lógica. Só pode ser o **Tribunal Superior do Trabalho** o responsável pela escolha desses três membros pertencentes à justiça trabalhista.

Ainda há alguns membros a serem escolhidos. Quem escolhe os membros da Justiça Federal (Juiz do TRF e Juiz Federal)? Tem de ser o Tribunal guardião da Legislação Federal: **Superior Tribunal de Justiça**. Ele também escolherá um membro do seu próprio tribunal para fazer parte do CNJ.

Ao **Supremo Tribunal Federal** fica a responsabilidade pela escolha dos membros da Justiça Estadual, ou seja, um Juiz Estadual e um Desembargador de Tribunal de Justiça. Aqui cabe uma observação importantíssima. O STF não escolhe um de seus ministros para fazer parte do CNJ, pois o Presidente do STF é membro nato. Ele não é escolhido, ele faz parte do CNJ desde sua nomeação como Presidente do STF. Ao mesmo tempo em que é indicado como Presidente do STF, ele também cumulará a função de Presidente do CNJ.

Por último, resta saber quem o **Senado Federal** e a **Câmara dos Deputados** indicará para ser membro do CNJ. Cada um deles indicará um cidadão de notável saber jurídico e reputação ilibada.

Como se pode perceber, nem todos os membros do Conselho Nacional de Justiça são membros do Poder Judiciário. Essa é uma característica já cobrada em prova, com exceção do Presidente do STF, que é membro nato do CNJ; os demais serão nomeados pelo Presidente da República depois de aprovada a escolha pela maioria do Senado Federal. Caso as indicações acima listadas não sejam efetuadas, caberá ao Supremo Tribunal Federal fazê-las. Lembre-se de que os membros do CNJ exercem um mandato de dois anos, sendo admitida uma recondução.

Abaixo, segue um esquema de memorização para a composição desse órgão do poder judiciário.

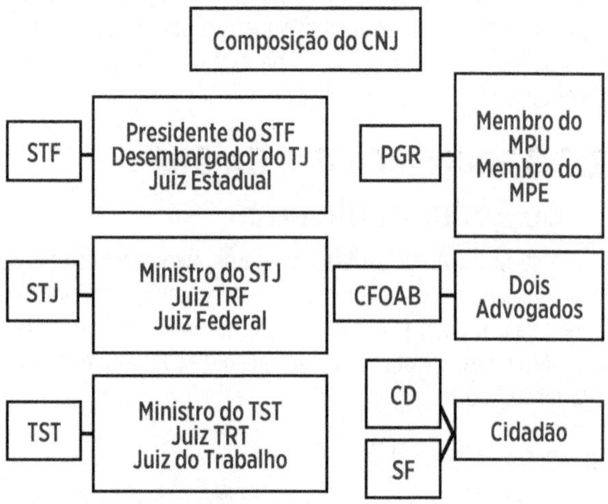

Superior tribunal de justiça

O texto constitucional prevê no Art. 104:

> ***Art. 104.*** *O Superior Tribunal de Justiça compõe-se de, no mínimo, trinta e três Ministros.*
>
> ***Parágrafo único.*** *Os Ministros do Superior Tribunal de Justiça serão nomeados pelo Presidente da República, dentre brasileiros com mais de trinta e cinco e menos de sessenta e cinco anos, de notável saber jurídico e reputação ilibada, depois de aprovada a escolha pela maioria absoluta do Senado Federal, sendo:*
>
> *I. Um terço dentre juízes dos Tribunais Regionais Federais e um terço dentre desembargadores dos Tribunais de Justiça, indicados em lista tríplice elaborada pelo próprio Tribunal;*
>
> *II. Um terço, em partes iguais, dentre advogados e membros do Ministério Público Federal, Estadual, do Distrito Federal e Territórios, alternadamente, indicados na forma do Art. 94.*

O Superior Tribunal de Justiça é composto por, no mínimo, 33 ministros. Deve-se ter cuidado com isso em prova: não são 33, mas, no mínimo 33. Esse dispositivo permite que o Tribunal possua mais de 33 membros.

Seus membros serão nomeados pelo Presidente da República depois de aprovada a escolha pelo Senado Federal. Aqui se aplica uma regra comum nos tribunais superiores: nomeação pelo

Presidente mediante aprovação do Senado. Outro requisito é a idade: no mínimo 35 e no máximo 65 anos.

Questão sempre cobrada em prova é a composição. A escolha dos Ministros não é livre, estando vinculada ao texto constitucional que prevê:

- 1/3 das vagas para os membros dos Tribunais Regionais Federais;
- 1/3 das vagas para os Desembargadores dos Tribunais de Justiça;
- 1/3 das vagas, dividida em partes iguais, para membros do Ministério Público Federal, Estadual e do Distrito Federal e advogados com mais de 10 anos de experiência.

No que tange às vagas para os membros do Ministério Público e advogados, uma coisa chama a atenção: a divisão em partes iguais. Se houver isso em uma prova, é muito provável que o candidato marque essa afirmação como sendo incorreta, tendo em vista 1/3 de 33 ser igual a 11, valor esse impossível de se dividir em partes iguais, quando a divisão se trata de pessoas. Contudo, essa é a previsão expressa da Constituição, que não é de toda absurda. Considerando que o STJ pode ser composto por mais de 33 membros, havendo, por exemplo, 36, seria possível efetivar essa divisão em partes iguais. Enquanto o órgão for formado por 33 membros, a vaga remanescente é alternada entre membros do MPF e MPDFT e da advocacia.

Tribunal regional federal

O Art. 107 apresenta as regras de composição dos Tribunais Regionais Federais:

> ***Art. 107.*** *Os Tribunais Regionais Federais compõem-se de, no mínimo, sete juízes, recrutados, quando possível, na respectiva região e nomeados pelo Presidente da República dentre brasileiros com mais de trinta e menos de sessenta e cinco anos, sendo:*
>
> ***I.*** *Um quinto dentre advogados com mais de dez anos de efetiva atividade profissional e membros do Ministério Público Federal com mais de dez anos de carreira;*
>
> ***II.*** *Os demais, mediante promoção de juízes federais com mais de cinco anos de exercício, por antiguidade e merecimento, alternadamente.*

Os TRFs possuem a mesma peculiaridade do STJ no que diz respeito à composição baseada em um mínimo, sendo, nesse caso, no mínimo sete juízes, recrutados, quando possível, na respectiva região. Atualmente, são cinco regiões jurisdicionais, cada uma sob a responsabilidade de um TRF.

Para fazer parte dos TRFs o juiz precisa ter no mínimo 30 e no máximo 65 anos de idade. Quando comparada aos Tribunais Superiores, a idade mínima sofre uma atenuação de 35 para 30 anos; deve-se ter atençaõ em relação a isso.

Os membros dos TRFs são nomeados pelo Presidente da República sem necessidade de aprovação do Senado Federal. Essa é outra distinção importante.

Nos TRFs adota-se a regra do Quinto Constitucional, por meio do qual, 1/5 das vagas são destinadas a advogados e membros do Ministério Público Federal com mais de 10 anos de experiência. As demais vagas são destinadas a promoção de juízes federais com mais de cinco anos de exercício, que pode ocorrer ou por merecimento ou por antiguidade, de forma alternada.

Justiça do trabalho

A Justiça do Trabalho encontra-se prevista no Art. 111 da Constituição, sendo competente para julgar as causas cuja matéria possua natureza trabalhista. São órgãos da Justiça do Trabalho:

> ***Art. 111.*** *São órgãos da Justiça do Trabalho:*
>
> ***I.*** *O Tribunal Superior do Trabalho;*
>
> ***II.*** *Os Tribunais Regionais do Trabalho;*
>
> ***III.*** *Juízes do Trabalho.*

§ 1º a 3º - Vejamos a composição dos órgãos da Justiça trabalhista.

Tribunal superior de trabalho

O Tribunal Superior do Trabalho é o órgão de cúpula da Justiça do Trabalho. Segundo a Constituição Federal, o TST é composto por 27 membros, conforme previsão do Art. 111-A:

> ***Art. 111-A.*** *O Tribunal Superior do Trabalho compor-se-á de vinte e sete Ministros, escolhidos dentre brasileiros com mais de trinta e cinco anos e menos de sessenta e cinco anos, de notável saber jurídico e reputação ilibada, nomeados pelo Presidente da República após aprovação pela maioria absoluta do Senado Federal, sendo: (Redação dada pela Emenda Constitucional nº 92, de 2016)*
>
> ***I.*** *Um quinto dentre advogados com mais de dez anos de efetiva atividade profissional e membros do Ministério Público do Trabalho com mais de dez anos de efetivo exercício, observado o disposto no Art. 94;*
>
> ***II.*** *Os demais dentre juízes dos Tribunais Regionais do Trabalho, oriundos da magistratura da carreira, indicados pelo próprio Tribunal Superior.*

O Texto Constitucional exige para ser Ministro do TST a condição de brasileiro, maior de 35 anos e menor de 65 anos. A nomeação dos Ministros se dá por ato do Presidente da República após a aprovação do Senado Federal pelo voto da maioria absoluta dos seus membros. Os 27 ministros são divididos da seguinte forma:

- 1/5: advogados com mais de dez anos de efetiva atividade profissional e membros do Ministério Público do Trabalho com mais de dez anos de efetivo exercício;
- 4/5: juízes dos TRT's, oriundos da magistratura de carreira, indicados pelo próprio tribunal.

Como se pode perceber, no TST adota-se o critério de ingresso pela regra do Quinto Constitucional. Além disso, é importante ressaltar a exigência de que juiz do TRT que deseje concorrer a uma vaga no TST seja membro do Poder Judiciário de carreira, isto é, que tenha ingressado nos quadros do tribunal por meio de concurso público nos termos do Art. 93, I da CF. Essa última regra exclui a possibilidade daqueles que são oriundos do quinto constitucional nos TRTs de ingressarem no TST na vaga destinada aos membros da magistratura trabalhista (4/5 das vagas).

A Constituição prevê, ainda, o funcionamento junto ao TST da Escola Nacional de Formação e Aperfeiçoamento de Magistrados do Trabalho e o Conselho Superior da Justiça do Trabalho, conforme o Art. 111-A, § 2º:

> ***Art. 111-A, § 2º*** *- Funcionarão junto ao Tribunal Superior do Trabalho:*
>
> ***I.*** *A Escola Nacional de Formação e Aperfeiçoamento de Magistrados do Trabalho, cabendo-lhe, dentre outras funções, regulamentar os cursos oficiais para o ingresso e promoção na carreira;*

II. O Conselho Superior da Justiça do Trabalho, cabendo-lhe exercer, na forma da lei, a supervisão administrativa, orçamentária, financeira e patrimonial da Justiça do Trabalho de primeiro e segundo graus, como órgão central do sistema, cujas decisões terão efeito vinculante.

§ 3º Compete ao Tribunal Superior do Trabalho processar e julgar, originariamente, a reclamação para a preservação de sua competência e garantia da autoridade de suas decisões. (Incluído pela Emenda Constitucional nº 92, de 2016)

Tribunal regional do trabalho

O ingresso no Tribunal Regional do Trabalho se dá conforme as regras previstas no Art. 115 da CF:

***Art. 115.** Os Tribunais Regionais do Trabalho compõem-se de, no mínimo, sete juízes, recrutados, quando possível, na respectiva região, e nomeados pelo Presidente da República dentre brasileiros com mais de trinta e menos de sessenta e cinco anos, sendo:*

***I.** Um quinto dentre advogados com mais de dez anos de efetiva atividade profissional e membros do Ministério Público do Trabalho com mais de dez anos de efetivo exercício, observado o disposto no Art. 94;*

***II.** Os demais, mediante promoção de juízes do trabalho por antiguidade e merecimento, alternadamente.*

***§ 1º** - Os Tribunais Regionais do Trabalho instalarão a justiça itinerante, com a realização de audiências e demais funções de atividade jurisdicional, nos limites territoriais da respectiva jurisdição, servindo-se de equipamentos públicos e comunitários.*

***§ 2º** - Os Tribunais Regionais do Trabalho poderão funcionar descentralizadamente, constituindo Câmaras regionais, a fim de assegurar o pleno acesso do jurisdicionado à justiça em todas as fases do processo.*

***Art. 116.** Nas Varas do Trabalho, a jurisdição será exercida por um juiz singular.*

São no mínimo sete juízes recrutados, quando possível, na respectiva região os quais serão nomeados pelo Presidente da República entre brasileiros com mais de 30 e menos de 65 anos de idade. Para ser um juiz do TRT, é necessária a observação dos seguintes critérios:

> 1/5 – advogados com mais de 10 anos de efetiva atividade profissional e membros do Ministério Público do Trabalho com mais de 10 anos de efetivo exercício;

> 4/5 – juízes do trabalho promovidos por antiguidade e merecimento, alternadamente.

A Constituição prevê, dentro da estrutura dos TRTs, como forma de democratizar o acesso à Justiça do Trabalho, a possibilidade de instalação da justiça itinerante, com a realização de audiências e demais funções de atividade jurisdicional, nos limites territoriais da respectiva jurisdição, servindo-se de equipamentos públicos e comunitários. Não se deve esquecer de que os TRTs poderão funcionar descentralizadamente, constituindo Câmaras regionais, a fim de assegurar o pleno acesso do jurisdicionado à justiça em todas as fases do processo, garantindo-se, dessa forma, uma maior celeridade processual. Ainda dentro da estrutura da Justiça do Trabalho, a Constituição prevê a possibilidade de juízes de direito exercerem as atribuições da jurisdição trabalhista nas comarcas não abrangidas pela Justiça do Trabalho, garantindo-se, nesse caso, recurso para o TRT:

***Art. 112.** A lei criará varas da Justiça do Trabalho, podendo, nas comarcas não abrangidas por sua jurisdição, atribuí-la aos juízes de direito, com recurso para o respectivo Tribunal Regional do Trabalho.*

Por fim, a Constituição determinou que a jurisdição nas Varas do Trabalho seja exercida por um juiz singular:

***Art. 116.** Nas Varas do Trabalho, a jurisdição será exercida por um juiz singular.*

Competências

Quanto às competências da Justiça do Trabalho, a Constituição encarregou-se de defini-las expressamente no Art. 114:

***Art. 114.** Compete à Justiça do Trabalho processar e julgar:*

***I.** As ações oriundas da relação de trabalho, abrangidos os entes de direito público externo e da administração pública direta e indireta da União, dos Estados, do Distrito Federal e dos Municípios;*

***II.** As ações que envolvam exercício do direito de greve;*

***III.** As ações sobre representação sindical, entre sindicatos, entre sindicatos e trabalhadores, e entre sindicatos e empregadores;*

***IV.** Os mandados de segurança, "Habeas Corpus" e "Habeas Ddata", quando o ato questionado envolver matéria sujeita à sua jurisdição;*

***V.** Os conflitos de competência entre órgãos com jurisdição trabalhista, ressalvado o disposto no Art. 102, I, o;*

***VI.** As ações de indenização por dano moral ou patrimonial, decorrentes da relação de trabalho;*

***VII.** As ações relativas às penalidades administrativas impostas aos empregadores pelos órgãos de fiscalização das relações de trabalho;*

***VIII.** A execução, de ofício, das contribuições sociais previstas no Art. 195, I, a , e II, e seus acréscimos legais, decorrentes das sentenças que proferir;*

***IX.** Outras controvérsias decorrentes da relação de trabalho, na forma da lei.*

***§ 1º** - Frustrada a negociação coletiva, as partes poderão eleger árbitros.*

***§ 2º** - Recusando-se qualquer das partes à negociação coletiva ou à arbitragem, é facultado às mesmas, de comum acordo, ajuizar dissídio coletivo de natureza econômica, podendo a Justiça do Trabalho decidir o conflito, respeitadas as disposições mínimas legais de proteção ao trabalho, bem como as convencionadas anteriormente.*

***§ 3º** - Em caso de greve em atividade essencial, com possibilidade de lesão do interesse público, o Ministério Público do Trabalho poderá ajuizar dissídio coletivo, competindo à Justiça do Trabalho decidir o conflito.*

Justiça eleitoral

A Justiça Eleitoral é a justiça especializada em questões de natureza eleitoral. Seus órgãos estão previstos no Art. 118 da Constituição:

***Art. 118.** São órgãos da Justiça Eleitoral:*

***I.** O Tribunal Superior Eleitoral;*

***II.** Os Tribunais Regionais Eleitorais;*

***III.** Os Juízes Eleitorais;*

***IV.** As Juntas Eleitorais.*

Uma peculiaridade distingue os órgãos da Justiça Eleitoral dos demais órgãos do Poder Judiciário. Apesar de seus membros possuírem as mesmas garantias dos demais membros do Poder

Judiciário, eles não possuem a vitaliciedade, haja vista serem eleitos para um mandato de dois anos, no mínimo, não podendo exercê-lo por mais de dois biênios consecutivos:

> ***Art. 121.*** *Lei complementar disporá sobre a organização e competência dos tribunais, dos juízes de direito e das juntas eleitorais.*
>
> ***§ 1º*** *- Os membros dos tribunais, os juízes de direito e os integrantes das juntas eleitorais, no exercício de suas funções, e no que lhes for aplicável, gozarão de plenas garantias e serão inamovíveis.*
>
> ***§ 2º*** *- Os juízes dos tribunais eleitorais, salvo motivo justificado, servirão por dois anos, no mínimo, e nunca por mais de dois biênios consecutivos, sendo os substitutos escolhidos na mesma ocasião e pelo mesmo processo, em número igual para cada categoria.*

Analisa-se, a seguir, a composição de cada um dos órgãos da Justiça Eleitoral:

Tribunal superior eleitoral

O Tribunal Superior Eleitoral é o tribunal superior da Justiça Eleitoral. Sua composição está prevista no Art. 119 da Constituição Federal:

> ***Art. 119.*** *O Tribunal Superior Eleitoral compor-se-á, no mínimo, de sete membros, escolhidos:*
>
> ***I.*** *Mediante eleição, pelo voto secreto:*
>
> ***a)*** *Três juízes dentre os Ministros do Supremo Tribunal Federal;*
>
> ***b)*** *Dois juízes dentre os Ministros do Superior Tribunal de Justiça;*
>
> ***II.*** *Por nomeação do Presidente da República, dois juízes dentre seis advogados de notável saber jurídico e idoneidade moral, indicados pelo Supremo Tribunal Federal.*
>
> ***Parágrafo único.*** *O Tribunal Superior Eleitoral elegerá seu Presidente e o Vice-Presidente dentre os Ministros do Supremo Tribunal Federal, e o Corregedor Eleitoral dentre os Ministros do Superior Tribunal de Justiça.*

Como se pode depreender do texto constitucional, o TSE é composto de no mínimo sete membros os quais serão eleitos ou nomeados segundo as seguintes regras:

Escolhidos mediante eleição: **três** juízes dentre os Ministros STF e **dois** juízes dentre os Ministros do STJ;

Por nomeação do Presidente da República: dois juízes dentre seis **advogados** de notável saber jurídico e idoneidade moral, indicados pelo Supremo Tribunal Federal.

O Presidente e o Vice-Presidente do TSE serão escolhidos dentre os Ministros do STF e o Corregedor Eleitoral será escolhido dentre os Ministros do STJ.

Tribunal regional eleitoral

Os Tribunais Regionais Eleitorais serão distribuídos em todo território nacional sendo um em cada Capital de cada Estado e no Distrito Federal os quais se comporão de **sete membros**, conforme dispõe o Art. 120 da Constituição Federal:

> ***Art. 120.*** *Haverá um Tribunal Regional Eleitoral na Capital de cada Estado e no Distrito Federal.*
>
> ***§ 1º*** *- Os Tribunais Regionais Eleitorais compor-se-ão:*
>
> ***I.*** *Mediante eleição, pelo voto secreto:*
>
> ***a)*** *De dois juízes dentre os desembargadores do Tribunal de Justiça;*
>
> ***b)*** *De dois juízes, dentre juízes de direito, escolhidos pelo Tribunal de Justiça;*
>
> ***II.*** *De um juiz do Tribunal Regional Federal com sede na Capital do Estado ou no Distrito Federal, ou, não havendo, de juiz federal, escolhido, em qualquer caso, pelo Tribunal Regional Federal respectivo;*
>
> ***III.*** *Por nomeação, pelo Presidente da República, de dois juízes dentre seis advogados de notável saber jurídico e idoneidade moral, indicados pelo Tribunal de Justiça.*
>
> ***§ 2º*** *- O Tribunal Regional Eleitoral elegerá seu Presidente e o Vice-Presidente dentre os desembargadores.*

Os membros do TRE serão escolhidos conforme os seguintes critérios:

Mediante eleição: dois juízes dentre os desembargadores do Tribunal de Justiça e **dois** juízes, dentre juízes de direito, escolhidos pelo Tribunal de Justiça.

Por nomeação do Presidente da República: de**dois** juízes dentre seis advogados de notável saber jurídico e idoneidade moral, indicados pelo Tribunal de Justiça.

Cada TRE elegerá seu Presidente e o Vice-Presidente entre os seus desembargadores.

Juízes e juntas eleitorais

No que tange aos juízes e juntas eleitorais previstos no Art. 121 da Constituição, sua regulação está prevista no Código Eleitoral entre os Arts. 32 e 41, a qual deve ser analisada em disciplina oportuna. Isto é o que prevê o texto constitucional:

> ***Art. 121.*** *Lei complementar disporá sobre a organização e competência dos tribunais, dos juízes de direito e das juntas eleitorais.*
>
> ***§ 1º*** *- Os membros dos tribunais, os juízes de direito e os integrantes das juntas eleitorais, no exercício de suas funções, e no que lhes for aplicável, gozarão de plenas garantias e serão inamovíveis.*

Competência

Quanto às atribuições da Justiça Eleitoral, não existe dúvida sobre a sua competência especializada em matéria eleitoral. O Art. 121, em seu § 3º, estabelece algumas regras que podem ser cobradas em prova:

> ***Art. 121, § 3º*** *- São irrecorríveis as decisões do Tribunal Superior Eleitoral, salvo as que contrariarem esta Constituição e as denegatórias de Habeas Corpus ou mandado de segurança.*
>
> ***§ 4º*** *- Das decisões dos Tribunais Regionais Eleitorais somente caberá recurso quando:*
>
> ***I.*** *Forem proferidas contra disposição expressa desta Constituição ou de lei;*
>
> ***II.*** *Ocorrer divergência na interpretação de lei entre dois ou mais tribunais eleitorais;*
>
> ***III.*** *Versarem sobre inelegibilidade ou expedição de diplomas nas eleições federais ou estaduais;*
>
> ***IV.*** *Anularem diplomas ou decretarem a perda de mandatos eletivos federais ou estaduais;*
>
> ***V.*** *Denegarem Habeas Corpus, mandado de segurança, Habeas Data ou mandado de injunção.*

Justiça militar

A Justiça Militar compõe a chamada justiça especializada, nesse caso, em direito militar. A sua existência se deve à subordinação dos militares a um regime especial com direitos e deveres distintos quando comparados aos servidores civis.

A Constituição Federal definiu como órgãos da Justiça Militar os seguintes:

> ***Art. 122.*** *São órgãos da Justiça Militar:*
>
> ***I.*** *O Superior Tribunal Militar;*
>
> ***II.*** *Os Tribunais e Juízes Militares instituídos por lei.*

Na sequência, pode-se ver a composição de cada um dos órgãos:

Superior tribunal militar

O Superior Tribunal Militar é o órgão de cúpula da Justiça Militar, o qual é composto segundo as regras estabelecidas no Art. 123 da CF:

> ***Art. 123.*** *O Superior Tribunal Militar compor-se-á de quinze Ministros vitalícios, nomeados pelo Presidente da República, depois de aprovada a indicação pelo Senado Federal, sendo três dentre oficiais-generais da Marinha, quatro dentre oficiais-generais do Exército, três dentre oficiais-generais da Aeronáutica, todos da ativa e do posto mais elevado da carreira, e cinco dentre civis.*
>
> ***Parágrafo único.*** *Os Ministros civis serão escolhidos pelo Presidente da República dentre brasileiros maiores de trinta e cinco anos, sendo:*
>
> ***I.*** *Três dentre advogados de notório saber jurídico e conduta ilibada, com mais de dez anos de efetiva atividade profissional;*
>
> ***II.*** *Dois, por escolha paritária, dentre juízes auditores e membros do Ministério Público da Justiça Militar.*

O STM é composto por quinze ministros nomeados pelo Presidente da República, depois de aprovada a indicação pelo Senado Federal. Esses ministros ocuparão os cargos de forma vitalícia e serão escolhidos entre militares da ativa e do posto mais elevado da carreira, bem como entre civis escolhidos pelo Presidente da República com mais de 35 anos de idade, observadas as seguintes regras:

10 Militares

Três – oficiais-generais da Marinha;

Quatro – oficiais-generais do Exército;

Três – oficiais-generais da Aeronáutica;

5 Civis

Três – civis entre advogados de notório saber jurídico e conduta ilibada, com mais de dez anos de efetiva atividade profissional;

Dois – civis escolhidos de forma paritária, entre juízes auditores e membros do Ministério Público da Justiça Militar.

Competências

Segundo a Constituição Federal, a Justiça Militar é competente para processar e julgar os crimes militares definidos em lei:

> ***Art. 124.*** *À Justiça Militar compete processar e julgar os crimes militares definidos em lei.*
>
> ***Parágrafo único.*** *A lei disporá sobre a organização, o funcionamento e a competência da Justiça Militar.*

É importante lembrar que essa competência é da Justiça Militar da União, a qual só julgará crimes militares praticados por militares das Forças Armadas. A Constituição também previu a criação da Justiça Militar nos Estados com competência para julgar os militares dos estados (policiais e bombeiros militares) em seu Art. 125, § 3º ao 5º:

> ***Art. 125.*** *Os Estados organizarão sua Justiça, observados os princípios estabelecidos nesta Constituição.*
>
> ***§ 3º*** *- A lei estadual poderá criar, mediante proposta do Tribunal de Justiça, a Justiça Militar estadual, constituída, em primeiro grau, pelos juízes de direito e pelos Conselhos de Justiça e, em segundo grau, pelo próprio Tribunal de Justiça, ou por Tribunal de Justiça Militar nos Estados em que o efetivo militar seja superior a vinte mil integrantes.*
>
> ***§ 4º*** *- Compete à Justiça Militar estadual processar e julgar os militares dos Estados, nos crimes militares definidos em lei e as ações judiciais contra atos disciplinares militares, ressalvada a competência do júri quando a vítima for civil, cabendo ao tribunal competente decidir sobre a perda do posto e da patente dos oficiais e da graduação das praças.*
>
> ***§ 5º*** *- Compete aos juízes de direito do juízo militar processar e julgar, singularmente, os crimes militares cometidos contra civis e as ações judiciais contra atos disciplinares militares, cabendo ao Conselho de Justiça, sob a presidência de juiz de direito, processar e julgar os demais crimes militares.*

Tribunais e juízes estaduais

Em relação aos Tribunais e Juízes estaduais, a Constituição Federal fixou regras gerais e deixou a cargo de cada Estado organizar a sua justiça, observados os princípios estabelecidos na Constituição Federal:

> ***Art. 125.*** *Os Estados organizarão sua Justiça, observados os princípios estabelecidos nesta Constituição.*
>
> ***§ 1º*** *- A competência dos tribunais será definida na Constituição do Estado, sendo a lei de organização judiciária de iniciativa do Tribunal de Justiça.*
>
> ***§ 2º*** *- Cabe aos Estados a instituição de representação de inconstitucionalidade de leis ou atos normativos estaduais ou municipais em face da Constituição Estadual, vedada a atribuição da legitimação para agir a um único órgão.*
>
> ***§ 3º*** *- A lei estadual poderá criar, mediante proposta do Tribunal de Justiça, a Justiça Militar estadual, constituída, em primeiro grau, pelos juízes de direito e pelos Conselhos de Justiça e, em segundo grau, pelo próprio Tribunal de Justiça, ou por Tribunal de Justiça Militar nos Estados em que o efetivo militar seja superior a vinte mil integrantes.*
>
> ***§ 4º*** *- Compete à Justiça Militar estadual processar e julgar os militares dos Estados, nos crimes militares definidos em lei e as ações judiciais contra atos disciplinares militares, ressalvada a competência do júri quando a vítima for civil, cabendo ao tribunal competente decidir sobre a perda do posto e da patente dos oficiais e da graduação das praças.*
>
> ***§ 5º*** *- Compete aos juízes de direito do juízo militar processar e julgar, singularmente, os crimes militares cometidos contra civis e as ações judiciais contra atos disciplinares militares, cabendo ao Conselho de Justiça, sob a presidência de juiz de direito, processar e julgar os demais crimes militares.*
>
> ***§ 6º*** *- O Tribunal de Justiça poderá funcionar descentralizadamente, constituindo Câmaras regionais, a fim de assegurar o pleno acesso do jurisdicionado à justiça em todas as fases do processo.*
>
> ***§ 7º*** *- O Tribunal de Justiça instalará a justiça itinerante, com a realização de audiências e demais funções da atividade jurisdicional, nos limites territoriais da respectiva jurisdição, servindo-se de equipamentos públicos e comunitários.*
>
> ***Art. 126.*** *Para dirimir conflitos fundiários, o Tribunal de Justiça proporá a criação de varas especializadas, com competência exclusiva para questões agrárias.*
>
> ***Parágrafo único.*** *Sempre que necessário à eficiente prestação jurisdicional, o juiz far-se-á presente no local do litígio.*

ÓRGÃO	MEMBROS	IDADE
STF	11	35 - 65
COMPOSIÇÃO		
Brasileiros natos. Notável saber jurídico e reputação ilibada. Nomeado pelo Presidente da República mediante aprovação do Senado pela maioria absoluta.		

ÓRGÃO	MEMBROS	IDADE
CNJ	15	
COMPOSIÇÃO		
Presidente do STF. Indicados pelo STF: 1 desembargador do TJ, 1 juiz estadual. Indicados pelo STJ: 1 ministro do STJ, 1 juiz do TRF, 1 juiz federal. Indicados pelo TST: 1 ministro do TST, 1 juiz do TRT, 1 juiz do trabalho. Indicados pelo PGR: 1 membro do MPE, 1 membro do MPU. Indicados pelo CFOAB: 2 advogados. Indicado pela Câmara: 1 cidadão. Indicado pelo Senado: 1 cidadão.		

ÓRGÃO	MEMBROS	IDADE
STJ	Mínimo de 33	35-65
COMPOSIÇÃO		
Brasileiro. Notável saber jurídico e reputação ilibada. Nomeado pelo Presidente da República mediante aprovação do Senado. 1/3 juízes do TRF. 1/3 desembargadores do TJ. 1/3 advogados e membros do MPF, MPE e MPDFT.		

ÓRGÃO	MEMBROS	IDADE
TRF	Mínimo de 7	30-65
COMPOSIÇÃO		
Nomeados pelo Presidente da República. 1/5 advogados e membros do MPF (os advogados e membros do Ministério Público quando são nomeados para algum cargo do Poder Judiciário pelo Quinto Constitucional precisam comprovar 10 anos de experiência). 4/5 juízes federais.		

ÓRGÃO	MEMBROS	IDADE
TST	27	35-65
COMPOSIÇÃO		
Nomeado pelo Presidente da República mediante aprovação do Senado. 1/5 advogados e membros do MPT. 4/5 juízes do TRT da magistratura de carreira.		

ÓRGÃO	MEMBROS	IDADE
TRT	Mínimo de 7	30-65
COMPOSIÇÃO		
Nomeados pelo Presidente da República. 1/5 advogados e membros do MPT. 4/5 juízes do trabalho.		

ÓRGÃO	MEMBROS	IDADE
TSE	Mínimo de 7	
COMPOSIÇÃO		
Eleição: 3 ministros do STF; 2 ministros do STJ. Nomeação pelo Presidente da República: 2 advogados de notável saber jurídico e idoneidade moral indicados pelo STF.		

ÓRGÃO	MEMBROS	IDADE
TRE	7	
COMPOSIÇÃO		
Eleição: 2 desembargadores do TJ, 2 juízes de direito do TJ. 1 juiz do TRF ou juiz federal. Nomeação pelo Presidente da República: 2 advogados de notável saber jurídico e idoneidade moral indicados pelo TJ.		

ÓRGÃO	MEMBROS	IDADE
STM	15	
COMPOSIÇÃO		
Ministros vitalícios. Nomeados pelo Presidente da República mediante aprovação do Senado. 3 oficiais-generais da Marinha. 4 oficiais-generais do Exército. 3 oficiais-generais da Aeronáutica. 5 civis escolhidos pelo Presidente entre brasileiros com mais de trinta e cinco anos sendo três dentre advogados com mais de dez anos de efetiva atividade profissional e dois entre juízes auditores e membros do MPJM.		

12.3 Análise das Competências dos Órgãos do Poder Judiciário

O sucesso nesta parte da matéria depende de intensa leitura e memorização das competências que serão cobradas em prova. As mais cobradas são, sem dúvida, as do STF e do STJ. Também há grande ocorrência de questões sobre o CNJ. Passa-se à análise de cada um dos órgãos do Poder Judiciário.

Supremo tribunal federal

O Supremo Tribunal Federal é o órgão de cúpula do Poder Judiciário. Também é conhecido como Tribunal Constitucional, pois possui como atribuição precípua a guarda da Constituição Federal. Como protetor do texto constitucional, ele realiza o chamado Controle de Constitucionalidade Concentrado. Nota-se que as competências do STF compõem um rol taxativo e estão distribuídas em três espécies: originária, recursal ordinária e recursal extraordinária.

Originárias – as causas previstas no inciso I do Art. 102 têm início no próprio STF, a quem compete julgar originariamente.

> ***Art. 102.*** *Compete ao Supremo Tribunal Federal, precipuamente, a guarda da Constituição, cabendo-lhe:*
>
> ***I.*** *Processar e julgar, originariamente:*
>
> ***a)*** *A ação direta de inconstitucionalidade de lei ou ato normativo federal ou estadual e a ação declaratória de constitucionalidade de lei ou ato normativo federal;*
>
> ***b)*** *Nas infrações penais comuns, o Presidente da República, o Vice-Presidente, os membros do Congresso Nacional, seus próprios Ministros e o Procurador-Geral da República;*
>
> ***c)*** *Nas infrações penais comuns e nos crimes de responsabilidade, os Ministros de Estado e os Comandantes da Marinha, do Exército e da Aeronáutica, ressalvado o disposto no Art. 52, I, os membros dos Tribunais Superiores, os do Tribunal de Contas da União e os chefes de missão diplomática de caráter permanente;*
>
> ***d)*** *O Habeas Corpus, sendo paciente qualquer das pessoas referidas nas alíneas anteriores; o mandado de segurança e o Habeas Data contra atos do Presidente da República, das Mesas da Câmara dos Deputados e do Senado Federal, do Tribunal de Contas da União, do Procurador-Geral da República e do próprio Supremo Tribunal Federal;*

> ***e)*** *O litígio entre Estado estrangeiro ou organismo internacional e a União, o Estado, o Distrito Federal ou o Território;*
>
> ***f)*** *As causas e os conflitos entre a União e os Estados, a União e o Distrito Federal, ou entre uns e outros, inclusive as respectivas entidades da administração indireta;*
>
> ***g)*** *A extradição solicitada por Estado estrangeiro;*
>
> ***h)*** *(Revogado Emenda Constitucional nº 45, de 2004);*
>
> ***i)*** *O Habeas Corpus, quando o coator for Tribunal Superior ou quando o coator ou o paciente for autoridade ou funcionário cujos atos estejam sujeitos diretamente à jurisdição do Supremo Tribunal Federal, ou se trate de crime sujeito à mesma jurisdição em uma única instância;*
>
> ***j)*** *A revisão criminal e a ação rescisória de seus julgados;*
>
> ***l)*** *A reclamação para a preservação de sua competência e garantia da autoridade de suas decisões;*
>
> ***m)*** *A execução de sentença nas causas de sua competência originária, facultada a delegação de atribuições para a prática de atos processuais;*
>
> ***n)*** *A ação em que todos os membros da magistratura sejam direta ou indiretamente interessados, e aquela em que mais da metade dos membros do tribunal de origem estejam impedidos ou sejam direta ou indiretamente interessados;*
>
> ***o)*** *Os conflitos de competência entre o Superior Tribunal de Justiça e quaisquer tribunais, entre Tribunais Superiores, ou entre estes e qualquer outro tribunal;*
>
> ***p)*** *O pedido de medida cautelar das ações diretas de inconstitucionalidade;*
>
> ***q)*** *O mandado de injunção, quando a elaboração da norma regulamentadora for atribuição do Presidente da República, do Congresso Nacional, da Câmara dos Deputados, do Senado Federal, das Mesas de uma dessas Casas Legislativas, do Tribunal de Contas da União, de um dos Tribunais Superiores, ou do próprio Supremo Tribunal Federal;*
>
> ***r)*** *As ações contra o Conselho Nacional de Justiça e contra o Conselho Nacional do Ministério Público.*

Recurso ordinário

Analisa matéria já debatida em instância anterior atuando como tribunal de 2º grau de jurisdição. O Art. 102, II prevê como competência em sede de recurso ordinário:

> ***II.*** *Julgar, em recurso ordinário:*
>
> ***a)*** *O Habeas Corpus, o mandado de segurança, o Habeas Data e o mandado de injunção decididos em única instância pelos Tribunais Superiores, se denegatória a decisão;*
>
> ***b)*** *O crime político.*

Recurso extraordinário

Atua na defesa da norma constitucional. O Art. 102, III, prevê que compete ao STF o julgamento das causas decididas em única ou última instância quando a decisão recorrida:

> ***III.*** *Julgar, mediante recurso extraordinário, as causas decididas em única ou última instância, quando a decisão recorrida:*
>
> ***a)*** *Contrariar dispositivo desta Constituição;*
>
> ***b)*** *Declarar a inconstitucionalidade de tratado ou lei federal;*
>
> ***c)*** *Julgar válida lei ou ato de governo local contestado em face desta Constituição.*
>
> ***d)*** *Julgar válida lei local contestada em face de lei federal.*

As questões sobre competências costumam ser bem complicadas, pois exigem do candidato a memorização de vários dispositivos, sem contar que se costuma complicar colocando a competência de um tribunal como se fosse de outro tribunal. Vejamos este exemplo:

Controle de constitucionalidade

O STF, em sede de controle de constitucionalidade concentrado, tem competência para apreciar originariamente a Ação Direta de Inconstitucionalidade e a Ação Declaratória de Constitucionalidade. Essas ações têm como objetivo questionar a constitucionalidade de uma lei ou ato normativo diante da Constituição. Quando esse questionamento se dá diretamente no STF, é necessário que seja apresentado por um dos legitimados que estão previstos no Art. 103:

> ***Art. 103.*** *Podem propor a ação direta de inconstitucionalidade e a ação declaratória de constitucionalidade:*
>
> ***I.*** *O Presidente da República;*
>
> ***II.*** *A Mesa do Senado Federal;*
>
> ***III.*** *A Mesa da Câmara dos Deputados;*
>
> ***IV.*** *A Mesa de Assembleia Legislativa ou da Câmara Legislativa do Distrito Federal;*
>
> ***V.*** *O Governador de Estado ou do Distrito Federal;*
>
> ***VI.*** *O Procurador-Geral da República;*
>
> ***VII.*** *O Conselho Federal da Ordem dos Advogados do Brasil;*
>
> ***VIII.*** *Partido político com representação no Congresso Nacional;*
>
> ***IX.*** *Confederação sindical ou entidade de classe de âmbito nacional.*
>
> ***§1º*** *- O Procurador-Geral da República deverá ser previamente ouvido nas ações de inconstitucionalidade e em todos os processos de competência do Supremo Tribunal Federal.*
>
> ***§2º*** *- Declarada a inconstitucionalidade por omissão de medida para tornar efetiva norma constitucional, será dada ciência ao Poder competente para a adoção das providências necessárias e, em se tratando de órgão administrativo, para fazê-lo em trinta dias.*
>
> ***§ 3º*** *- Quando o Supremo Tribunal Federal apreciar a inconstitucionalidade, em tese, de norma legal ou ato normativo, citará, previamente, o Advogado-Geral da União, que defenderá o ato ou texto impugnado.*

Deve-se memorizar o rol de legitimados. Observe que os membros do Poder Executivo e Legislativo da União, dos Estados e do Distrito Federal possuem legitimidade para ingressar com essas ações de Controle de Constitucionalidade, contudo as mesmas autoridades no âmbito dos Municípios não possuem tal poder, e isso aparece muito em prova. Prefeito e Mesa da Câmara de Vereadores não possuem legitimidade para propor as ações de controle de constitucionalidade citadas acima.

Observam-se também outros detalhes. No que tange às Casas Legislativas, a competência é da Mesa e não do membro. Mesa da Câmara ou da Assembleia é órgão de direção em que encontram o Presidente da Casa, os Secretários e demais membros de direção.

Quanto aos partidos políticos, não é qualquer partido político que tem legitimidade; tem de ser partido com representação no Congresso Nacional. E representação no Congresso Nacional significa pelo menos um membro em qualquer uma das Casas.

Em relação à confederação sindical ou entidade de classe, não será qualquer uma que possui legitimidade. Deve ser de âmbito nacional.

Súmulas vinculantes

As súmulas vinculantes são ferramentas jurídicas criadas para garantir maior efetividade ao inciso LXXVIII do Art. 5º da

Constituição Federal de 1988 (celeridade processual). Introduzida no direito brasileiro por meio da Emenda Constitucional nº 45/2004, essas súmulas refletem o pensamento do Supremo Tribunal Federal acerca da validade, interpretação e eficácia de algumas normas que já foram analisadas em reiteradas decisões.

A competência para edição dessas súmulas é exclusiva do STF. Após a edição da súmula, ela produz efeitos vinculantes para todos os órgãos do Poder Judiciário e para a Administração Pública direta e indireta, nas esferas federal, estadual e municipal. É importante ressaltar que os efeitos das súmulas vinculantes não atingem o STF nem o Poder Legislativo: o STF, por poder rever ou cancelar a súmula conforme a evolução jurisprudencial; e o Legislativo, por ser o Poder responsável pela inovação legislativa no Brasil.

O seu principal objetivo é diminuir a quantidade de processos com temas idênticos que se acumulam nas diversas instâncias do Judiciário. Ao editar uma súmula vinculante, o STF produz segurança jurídica e evita a multiplicação de processos sobre as questões sumuladas. Esse tema está regulado pelo Art. 103-A da Constituição Federal e a Lei 11.417/2006.

> ***Art. 103-A.*** *O Supremo Tribunal Federal poderá, de ofício ou por provocação, mediante decisão de dois terços dos seus membros, após reiteradas decisões sobre matéria constitucional, aprovar súmula que, a partir de sua publicação na imprensa oficial, terá efeito vinculante em relação aos demais órgãos do Poder Judiciário e à administração pública direta e indireta, nas esferas federal, estadual e municipal, bem como proceder à sua revisão ou cancelamento, na forma estabelecida em lei.*
>
> ***§ 1º*** *- A súmula terá por objetivo a validade, a interpretação e a eficácia de normas determinadas, acerca das quais haja controvérsia atual entre órgãos judiciários ou entre esses e a administração pública que acarrete grave insegurança jurídica e relevante multiplicação de processos sobre questão idêntica.*
>
> ***§ 2º*** *- Sem prejuízo do que vier a ser estabelecido em lei, a aprovação, revisão ou cancelamento de súmula poderá ser provocada por aqueles que podem propor a ação direta de inconstitucionalidade.*
>
> ***§ 3º*** *- Do ato administrativo ou decisão judicial que contrariar a súmula aplicável ou que indevidamente a aplicar, caberá reclamação ao Supremo Tribunal Federal que, julgando-a procedente, anulará o ato administrativo ou cassará a decisão judicial reclamada, e determinará que outra seja proferida com ou sem a aplicação da súmula, conforme o caso.*

Superior tribunal de justiça

O Superior Tribunal de Justiça é o conhecido protetor da legislação federal. Suas competências estão arroladas no Art. 105 da Constituição e estão divididas em: originária, recursal ordinária e recursal especial.

Originária

As causas previstas no inciso I do Art. 105 têm início no próprio STJ, a quem compete julgar originariamente:

> ***a)*** *Nos crimes comuns, os Governadores dos Estados e do Distrito Federal, e, nestes e nos de responsabilidade, os desembargadores dos Tribunais de Justiça dos Estados e do Distrito Federal, os membros dos Tribunais de Contas dos Estados e do Distrito Federal, os dos Tribunais Regionais Federais, dos Tribunais Regionais Eleitorais e do Trabalho, os membros dos Conselhos ou Tribunais de Contas dos Municípios e os do Ministério Público da União que oficiem perante tribunais;*
>
> ***b)*** *Os mandados de segurança e os Habeas Data contra ato de Ministro de Estado, dos Comandantes da Marinha, do Exército e da Aeronáutica ou do próprio Tribunal;*
>
> ***c)*** *Os Habeas Corpus, quando o coator ou paciente for qualquer das pessoas mencionadas na alínea "a", ou quando o coator for tribunal sujeito à sua jurisdição, Ministro de Estado ou Comandante da Marinha, do Exército ou da Aeronáutica, ressalvada a competência da Justiça Eleitoral;*
>
> ***d)*** *Os conflitos de competência entre quaisquer tribunais, ressalvado o disposto no Art. 102, I, "o", bem como entre tribunal e juízes a ele não vinculados e entre juízes vinculados a tribunais diversos;*
>
> ***e)*** *As revisões criminais e as ações rescisórias de seus julgados;*
>
> ***f)*** *A reclamação para a preservação de sua competência e garantia da autoridade de suas decisões;*
>
> ***g)*** *Os conflitos de atribuições entre autoridades administrativas e judiciárias da União, ou entre autoridades judiciárias de um Estado e administrativas de outro ou do Distrito Federal, ou entre as deste e da União;*
>
> ***h)*** *O mandado de injunção, quando a elaboração da norma regulamentadora for atribuição de órgão, entidade ou autoridade federal, da administração direta ou indireta, excetuados os casos de competência do Supremo Tribunal Federal e dos órgãos da Justiça Militar, da Justiça Eleitoral, da Justiça do Trabalho e da Justiça Federal;*
>
> ***i)*** *A homologação de sentenças estrangeiras e a concessão de exequatur às cartas rogatórias.*

Recurso Ordinário

Analisa matéria já debatida em instância anterior atuando como tribunal de 2º grau de jurisdição. O Art. 105, II prevê como competência em sede de recurso ordinário:

> ***a)*** *Os "Habeas Corpus" decididos em única ou última instância pelos Tribunais Regionais Federais ou pelos tribunais dos Estados, do Distrito Federal e Territórios, quando a decisão for denegatória;*
>
> ***b)*** *Os mandados de segurança decididos em única instância pelos Tribunais Regionais Federais ou pelos tribunais dos Estados, do Distrito Federal e Territórios, quando denegatória a decisão;*
>
> ***c)*** *As causas em que forem partes Estado estrangeiro ou organismo internacional, de um lado, e, do outro, Município ou pessoa residente ou domiciliada no País.*

Recurso Especial

Atua na defesa das normas infraconstitucionais federais. O Art. 105, III prevê que compete ao STJ o julgamento das causas decididas em única ou última instância pelos TRFs e TJs que:

> ***a)*** *Contrariar tratado ou lei federal, ou negar-lhe vigência;*
>
> ***b)*** *Julgar válido ato de governo local contestado em face de lei federal;*
>
> ***c)*** *Der a lei federal interpretação divergente da que lhe haja atribuído outro tribunal.*

Conselho nacional de justiça

O Conselho Nacional de Justiça é órgão do poder judiciário, mas não possui função jurisdicional. Sua função é de caráter administrativo.

O CNJ é responsável pela fiscalização administrativa e financeira do Poder Judiciário. Possui também atribuição para fiscalizar os seus membros quanto a observância dos deveres funcionais.

Por fim, deve-se lembrar que o CNJ não possui competência sobre o STF, haja vista este ser o órgão de cúpula de todo o poder judiciário.

***§ 4º** - Compete ao Conselho o controle da atuação administrativa e financeira do Poder Judiciário e do cumprimento dos deveres funcionais dos juízes, cabendo-lhe, além de outras atribuições que lhe forem conferidas pelo Estatuto da Magistratura:*

***I.** Zelar pela autonomia do Poder Judiciário e pelo cumprimento do Estatuto da Magistratura, podendo expedir atos regulamentares, no âmbito de sua competência, ou recomendar providências;*

***II.** Zelar pela observância do Art. 37 e apreciar, de ofício ou mediante provocação, a legalidade dos atos administrativos praticados por membros ou órgãos do Poder Judiciário, podendo desconstituí-los, revê-los ou fixar prazo para que se adotem as providências necessárias ao exato cumprimento da lei, sem prejuízo da competência do Tribunal de Contas da União;*

***III.** Receber e conhecer das reclamações contra membros ou órgãos do Poder Judiciário, inclusive contra seus serviços auxiliares, serventias e órgãos prestadores de serviços notariais e de registro que atuem por delegação do poder público ou oficializados, sem prejuízo da competência disciplinar e correicional dos tribunais, podendo avocar processos disciplinares em curso e determinar a remoção, a disponibilidade ou a aposentadoria com subsídios ou proventos proporcionais ao tempo de serviço e aplicar outras sanções administrativas, assegurada ampla defesa;*

***IV.** Representar ao Ministério Público, no caso de crime contra a administração pública ou de abuso de autoridade;*

***V.** Rever, de ofício ou mediante provocação, os processos disciplinares de juízes e membros de tribunais julgados há menos de um ano;*

***VI.** Elaborar semestralmente relatório estatístico sobre processos e sentenças prolatadas, por unidade da Federação, nos diferentes órgãos do Poder Judiciário;*

***VII.** Elaborar relatório anual, propondo as providências que julgar necessárias, sobre a situação do Poder Judiciário no País e as atividades do Conselho, o qual deve integrar mensagem do Presidente do Supremo Tribunal Federal a ser remetida ao Congresso Nacional, por ocasião da abertura da sessão legislativa.*

***§ 5º** - O Ministro do Superior Tribunal de Justiça exercerá a função de Ministro-Corregedor e ficará excluído da distribuição de processos no Tribunal, competindo-lhe, além das atribuições que lhe forem conferidas pelo Estatuto da Magistratura, as seguintes:*

***I.** Receber as reclamações e denúncias, de qualquer interessado, relativas aos magistrados e aos serviços judiciários;*

***II.** Exercer funções executivas do Conselho, de inspeção e de correição geral;*

***III.** Requisitar e designar magistrados, delegando-lhes atribuições, e requisitar servidores de juízos ou tribunais, inclusive nos Estados, Distrito Federal e Territórios.*

***§ 6º** - Junto ao Conselho oficiarão o Procurador-Geral da República e o Presidente do Conselho Federal da Ordem dos Advogados do Brasil.*

***§ 7º** - A União, inclusive no Distrito Federal e nos Territórios, criará ouvidorias de justiça, competentes para receber reclamações e denúncias de qualquer interessado contra membros ou órgãos do Poder Judiciário, ou contra seus serviços auxiliares, representando diretamente ao Conselho Nacional de Justiça.*

Justiça federal

Estes são os órgãos da chamada Justiça Federal:

***Art. 106.** São órgãos da Justiça Federal:*

***I.** Os Tribunais Regionais Federais;*

***II.** Os Juízes Federais.*

Tribunal regional federal e juízes federais

As competências da Justiça Federal, em regra, estão relacionadas com causas de interesse da União. Atente para esse tema, pois há competências que são dos Tribunais Regionais Federais e outras que são dos Juízes Federais. As provas costumam trocar essas competências umas pelas outras. As primeiras encontram-se definidas no Art. 108 e as dos Juízes Federais estão previstas no Art. 109:

***Art. 108.** Compete aos Tribunais Regionais Federais:*

***I.** Processar e julgar, originariamente:*

***a)** Os juízes federais da área de sua jurisdição, incluídos os da Justiça Militar e da Justiça do Trabalho, nos crimes comuns e de responsabilidade, e os membros do Ministério Público da União, ressalvada a competência da Justiça Eleitoral;*

***b)** As revisões criminais e as ações rescisórias de julgados seus ou dos juízes federais da região;*

***c)** Os mandados de segurança e os Habeas Data contra ato do próprio Tribunal ou de juiz federal;*

***d)** Os Habeas Corpus, quando a autoridade coatora for juiz federal;*

***e)** Os conflitos de competência entre juízes federais vinculados ao Tribunal;*

***II.** Julgar, em grau de recurso, as causas decididas pelos juízes federais e pelos juízes estaduais no exercício da competência federal da área de sua jurisdição.*

***Art. 109.** Aos juízes federais compete processar e julgar:*

***I.** As causas em que a União, entidade autárquica ou empresa pública federal forem interessadas na condição de autoras, rés, assistentes ou oponentes, exceto as de falência, as de acidentes de trabalho e as sujeitas à Justiça Eleitoral e à Justiça do Trabalho;*

***II.** As causas entre Estado estrangeiro ou organismo internacional e Município ou pessoa domiciliada ou residente no País;*

***III.** As causas fundadas em tratado ou contrato da União com Estado estrangeiro ou organismo internacional;*

***IV.** Os crimes políticos e as infrações penais praticadas em detrimento de bens, serviços ou interesse da União ou de suas entidades autárquicas ou empresas públicas, excluídas as contravenções e ressalvada a competência da Justiça Militar e da Justiça Eleitoral;*

***V.** Os crimes previstos em tratado ou convenção internacional, quando, iniciada a execução no País, o resultado tenha ou devesse ter ocorrido no estrangeiro, ou reciprocamente;*

***V-A.** As causas relativas a direitos humanos a que se refere o § 5º deste artigo;*

***VI.** Os crimes contra a organização do trabalho e, nos casos determinados por lei, contra o sistema financeiro e a ordem econômico-financeira;*

***VII.** Os Habeas Corpus, em matéria criminal de sua competência ou quando o constrangimento provier de autoridade cujos atos não estejam diretamente sujeitos a outra jurisdição;*

***VIII.** Os mandados de segurança e os Habeas Data contra ato de autoridade federal, excetuados os casos de competência dos tribunais federais;*

***IX.** Os crimes cometidos a bordo de navios ou aeronaves, ressalvada a competência da Justiça Militar;*

***X.** Os crimes de ingresso ou permanência irregular de estrangeiro, a execução de carta rogatória, após o "exequatur", e de sentença estrangeira, após a homologação, as causas referentes à nacionalidade, inclusive a respectiva opção, e à naturalização;*

***XI.** A disputa sobre direitos indígenas.*

Questões

01. (CESPE) É da competência do Superior Tribunal de Justiça (STJ) julgar, em recurso ordinário, o Habeas Corpus e o mandado de segurança decididos em única instância pelo Tribunal Superior do Trabalho (TST), se denegatória a decisão.

Certo ( ) Errado ( )

02. (CESPE) A CF assegura aos magistrados de primeiro grau a prerrogativa da vitaliciedade, adquirida após três anos de exercício no cargo, e, nesse período de três anos, a perda do cargo pelo magistrado depende de sentença judicial transitada em julgado.

Certo ( ) Errado ( )

03. (CESPE) O Supremo Tribunal Federal compõe-se de, no mínimo, trinta e três ministros, escolhidos entre cidadãos com mais de trinta e cinco e menos de sessenta e cinco anos de idade, de notável saber jurídico e reputação ilibada.

Certo ( ) Errado ( )

04. (FCC) Os Juízes dos Tribunais Regionais do Trabalho, nomeados pelo Presidente da República, dentre brasileiros, deverão contar com mais de:

a) Trinta e menos de sessenta anos de idade.
b) Trinta e menos de sessenta e cinco anos de idade.
c) Trinta e menos de setenta anos de idade.
d) Trinta e cinco e menos de sessenta e cinco anos de idade.
e) Trinta e cinco e menos de setenta e cinco anos de idade.

05. (FCC) Quanto ao Poder Judiciário, o Conselho Nacional de Justiça é composto por quinze membros com mais de trinta e cinco e menos de sessenta e seis anos de idade, sendo:

a) Dois cidadãos, de notável saber jurídico e reputação ilibada, indicados um pela Câmara dos Deputados e outro pelo Senado Federal.
b) Três juízes do trabalho, indicados pelo Tribunal Superior do Trabalho.
c) Dois membros do Ministério Público da União, indicados pelo Procurador-Geral da República.
d) Dois membros do Ministério Público estadual, escolhidos pelo Procurador-Geral da República dentre os nomes indicados pelo órgão competente de cada instituição estadual.
e) Três juízes federais, indicados pelo Superior Tribunal de Justiça.

Gabaritos

01	ERRADO	04	B
02	ERRADO	05	A
03	ERRADO	-	-

13. FUNÇÕES ESSENCIAIS À JUSTIÇA

As funções essenciais à justiça estão previstas expressamente do Art. 127 ao 135 da Constituição Federal, elas são representadas pelas seguintes instituições:

Ministério Público;

Advocacia Pública;

Defensoria Pública;

Advocacia.

Ao contrário do que muitos pensam, essas instituições não fazem parte do Poder Judiciário, mas desempenham suas funções junto a esse poder. Sua atuação é essencial ao exercício jurisdicional, razão pela qual foram classificadas como funções essenciais. Essa necessidade se justifica em razão da impossibilidade de o Judiciário agir de ofício, ou seja, toda a atuação jurisdicional demanda provocação, a qual será titularizada por uma dessas instituições.

Esses organismos são representados por agentes públicos ou privados cuja função principal é provocar a atuação do Poder Judiciário, o qual se mantém inerte e imparcial, aguardando o momento certo para agir. São em sua essência "advogados".

O Ministério Público é o advogado da Sociedade, pois, conforme prevê o *caput* do Art. 127, incumbe-lhe a tarefa de defender a ordem jurídica, o regime democrático e os interesses sociais e individuais indisponíveis:

> ***Art. 127.*** *O Ministério Público é instituição permanente, essencial à função jurisdicional do Estado, incumbindo-lhe a defesa da ordem jurídica, do regime democrático e dos interesses sociais e individuais indisponíveis.*

A Advocacia Pública advoga para o Estado representando os entes públicos judicial e extrajudicialmente ou mesmo desempenhando atividades de assessoria e consultoria jurídica.

A Defensoria Pública tem como atribuição principal advogar para os necessitados. São os defensores públicos responsáveis pela defesa dos hipossuficientes, aqueles que não possuem recursos financeiros para contratarem advogados privados.

E, por último, há a Advocacia, que, pela lógica, é privada, formada por advogados particulares, os quais são inscritos na Ordem dos Advogados do Brasil e atuam de forma autônoma e independente dentro dos limites estabelecidos em lei.

O objetivo desta breve introdução é apresentar a diferença funcional básica entre as instituições de forma a facilitar o estudo que, a partir de agora, será mais aprofundado, visando a possíveis questões em provas de concursos públicos. Então, analisaremos, a partir de agora, as Funções Essenciais à Justiça.

13.1 Ministério Público

A compreensão dessa instituição inicia-se pela leitura do próprio texto constitucional, que prevê:

O Ministério Público é uma instituição permanente, de natureza política, cujas atribuições possuem natureza administrativa, sem que com isso esteja subordinada ao Poder Executivo.

Fala-se em uma instituição independente e autônoma aos demais Poderes, motivo pelo qual está posicionada constitucionalmente em capítulo à parte na organização dos poderes como uma função essencial à justiça. Como função essencial à justiça, o Ministério Público é responsável pela provocação do Poder Judiciário em defesa da sociedade, quando se tratar de direitos sociais e individuais indisponíveis.

O Ministério Público no Brasil, além de obedecer às regras constitucionais, também é regido por duas normas: Lei Complementar nº 75/93 e a Lei nº 8.625/93. Essa regula o Ministério Público Nacional e é aplicável aos Ministérios Públicos dos Estados. Aquela é específica para o Ministério Público da União. Cada Estado da Federação poderá organizar o seu órgão ministerial editando sua própria Lei Orgânica Estadual.

A seguir, será feita uma leitura da instituição sob a ótica constitucional sem aprofundar nas estruturas lançadas nas referidas leis orgânicas, o que será feito em momento oportuno.

Estrutura orgânica

Para viabilizar o exercício de suas funções, a Constituição Federal organizou o Ministério Público no Art. 128:

> ***Art. 128.*** *O Ministério Público abrange:*
>
> ***I.*** *o Ministério Público da União, que compreende:*
>
> ***a)*** *o Ministério Público Federal;*
>
> ***b)*** *o Ministério Público do Trabalho;*
>
> ***c)*** *o Ministério Público Militar;*
>
> ***d)*** *o Ministério Público do Distrito Federal e Territórios;*
>
> ***II.*** *os Ministérios Públicos dos Estados.*

Fique atento a essa classificação, pois o rol é taxativo e, em prova, os examinadores costumam mencionar a existência de um "Ministério Público Eleitoral" ao se fazer comparativo com a estrutura do Poder Judiciário. Na organização do MPU, não foi prevista a existência de Ministério Público com atribuição Eleitoral, função essa de competência do Ministério Público Federal e do Ministério Público Estadual, conforme prevê a Lei Complementar n° 75/93 (Arts. 72 a 80 da LC n° 75/93).

Como se pode perceber, o Ministério Público está dividido em Ministério Público da União e Ministério Público dos Estados, cada um com sua própria autonomia organizacional e chefia própria. O Ministério Público da União, por sua vez, abrange:

- Ministério Público Federal;
- Ministério Público do Trabalho;
- Ministério Público Militar;
- Ministério Público do Distrito Federal e Territórios.

Existe ainda o Ministério Público junto ao Tribunal de Contas, o qual possui natureza diversa do Ministério Público aqui estudado. Sua organização está atrelada ao Tribunal de Contas do qual faz parte, mas aos seus membros são estendidas as disposições aplicáveis aos Membros do Ministério Público:

> ***Art. 130.*** *Aos membros do Ministério Público junto aos Tribunais de Contas aplicam-se as disposições desta seção pertinentes a direitos, vedações e forma de investidura.*

Atribuições

Suas atribuições se apoiam na defesa da ordem jurídica, do regime democrático e dos interesses sociais e individuais indisponíveis. É um verdadeiro defensor da sociedade e fiscal dos poderes públicos. Em rol meramente exemplificativo, a Constituição previu como funções institucionais o Art. 129:

> ***Art. 129.*** *São funções institucionais do Ministério Público:*
>
> ***I.*** *promover, privativamente, a ação penal pública, na forma da lei;*
>
> ***II.*** *zelar pelo efetivo respeito dos Poderes Públicos e dos serviços de relevância pública aos direitos assegurados nesta Constituição, promovendo as medidas necessárias a sua garantia;*
>
> ***III.*** *promover o inquérito civil e a ação civil pública, para a proteção do patrimônio público e social, do meio ambiente e de outros interesses difusos e coletivos;*
>
> ***IV.*** *promover a ação de inconstitucionalidade ou representação para fins de intervenção da União e dos Estados, nos casos previstos nesta Constituição;*
>
> ***V.*** *defender judicialmente os direitos e interesses das populações indígenas;*
>
> ***VI.*** *expedir notificações nos procedimentos administrativos de sua competência, requisitando informações e documentos para instruí-los, na forma da lei complementar respectiva;*
>
> ***VII.*** *exercer o controle externo da atividade policial, na forma da lei complementar mencionada no artigo anterior;*
>
> ***VIII.*** *requisitar diligências investigatórias e a instauração de inquérito policial, indicados os fundamentos jurídicos de suas manifestações processuais;*
>
> ***IX.*** *exercer outras funções que lhe forem conferidas, desde que compatíveis com sua finalidade, sendo-lhe vedada a representação judicial e a consultoria jurídica de entidades públicas.*
>
> ***§ 1º.*** *A legitimação do Ministério Público para as ações civis previstas neste artigo não impede a de terceiros, nas mesmas hipóteses, segundo o disposto nesta Constituição e na lei.*
>
> ***§ 2º.*** *As funções do Ministério Público só podem ser exercidas por integrantes da carreira, que deverão residir na comarca da respectiva lotação, salvo autorização do chefe da instituição (Redação dada pela Emenda Constitucional nº 45, de 2004).*
>
> ***§ 3º.*** *O ingresso na carreira do Ministério Público far-se-á mediante concurso público de provas e títulos, assegurada a participação da Ordem dos Advogados do Brasil em sua realização, exigindo-se do bacharel em direito, no mínimo, três anos de atividade jurídica e observando-se, nas nomeações, a ordem de classificação (Redação dada pela Emenda Constitucional nº 45, de 2004).*
>
> ***§ 4º.*** *Aplica-se ao Ministério Público, no que couber, o disposto no Art. 93 (Redação dada pela Emenda Constitucional nº 45, de 2004).*
>
> ***§ 5º.*** *A distribuição de processos no Ministério Público será imediata (Incluído pela Emenda Constitucional nº 45, de 2004).*

No desempenho das suas funções institucionais, algumas características foram previstas pela Constituição, as quais são muito importantes para a prova.

Os § 2º e § 3º afirmam que as funções do Ministério Púbico só podem ser exercidas por integrantes da carreira, ou seja, por Membros aprovados em concurso público de provas e títulos, assegurada a participação da OAB durante a sua realização, entre os quais são exigidos os seguintes requisitos:

> ser bacharel em direito;
> possuir, no mínimo, três anos de atividade jurídica.

Em relação à atividade jurídica, deve-se salientar a regulamentação feita pela Resolução nº 40 do Conselho Nacional do Ministério Público, a qual prevê, entre outras atividades, o exercício da advocacia ou de cargo, função e emprego que exija a utilização preponderante de conhecimentos jurídicos, ou até mesmo a realização de cursos de pós-graduação dentro dos parâmetros estabelecidos pela referida resolução. É importante lembrar que esse requisito deverá ser comprovado no momento da investidura no cargo, ou seja, na posse[1], depois de finalizadas todas as fases do concurso.

A Constituição exige ainda que o Membro do Ministério Público resida na comarca de lotação, salvo quando houver autorização do chefe da Instituição. Em razão da semelhança e importância com a carreira da magistratura, a Constituição previu expressamente a aplicação do Art. 93 aos membros do Ministério Público, no que for compatível com a carreira. E, por fim, determina que a distribuição dos processos aos órgãos ministeriais seja feita de forma imediata.

No âmbito de suas atribuições, algumas funções merecem destaque:

Titular da ação penal pública

Segundo o inciso I do Art. 129, compete ao Ministério Público promover, privativamente, a ação penal pública, na forma da lei. A doutrina classifica esse dispositivo como espécie de norma de eficácia contida possuindo aplicabilidade direta e imediata, permitida a regulamentação por lei.

Essa competência é corroborada pela possibilidade de requisição de diligências investigatórias e da instauração de inquérito policial, para que o órgão ministerial formule sua convicção sobre o ilícito penal, o que está previsto no inciso VIII do Art. 129.

Essa exclusividade conferida pela Constituição Federal encontra limitação no próprio texto constitucional, ao permitir o cabimento de ação penal privada subsidiária da pública nos casos em que o Ministério Público fique inerte e não cumpra com sua obrigação[2].

Dessa competência decorre o poder de investigação do Ministério Público, o qual tem sido alvo de muita discussão nos tribunais. Quem não concorda com esse poder sustenta ser a atividade de investigação criminal uma atividade exclusiva da autoridade policial nos termos do Art. 144 da CF.

O posicionamento que tem prevalecido na doutrina e na jurisprudência é no sentido de que o Ministério Público tem legitimidade para promover a investigação criminal, haja vista ser ele o destinatário das informações sobre o fato delituoso produzido no inquérito policial. Ademais, por ter caráter administrativo, o inquérito policial é dispensável, não dependendo o MP da sua existência para promover a persecução penal.

Para a solução desse caso, tem-se aplicado a Teoria dos Poderes Implícitos. Segundo a teoria, as competências expressamente previstas no texto constitucional carregam consigo os meios necessários para sua execução, ou seja, a existência de uma competência explícita implica existência de competências implicitamente previstas e necessárias para execução da atribuição principal. Em suma, se ao Ministério Público compete o oferecimento exclusivo da Ação Penal Pública, por consequência da aplicação dessa teoria, compete também a execução das atividades necessárias à formação da sua opinião sobre o delito. Significa dizer que o poder de investigação criminal está implicitamente previsto no poder de oferecimento da ação penal pública.

1 Resolução do CNMP nº 87, de 27 de junho de 2012.

2 Ações Diretas de Inconstitucionalidade, Ações Declaratórias de Constitucionalidade, Arguição de Descumprimento de Preceito Fundamental.

Legitimidade para promover o inquérito civil e a ação civil pública

O Ministério Público também é competente para promover o inquérito civil e a ação civil pública nos termos do inciso III do Art. 129. Essas ferramentas são utilizadas para a proteção do patrimônio público e social, do meio ambiente e de outros interesses difusos e coletivos.

Entendem-se como interesses difusos aqueles de natureza indivisível, cujos titulares não se podem determinar apesar de estarem ligados uns aos outros pelas circunstâncias fáticas. Interesses coletivos se diferenciam dos difusos na medida em que é possível determinar quem são os titulares do direito.

Segundo a Constituição Federal, a ação civil pública não é medida exclusiva a ser adotada pelo Ministério Público:

> ***Art. 129**, § 1º. A legitimação do Ministério Público para as ações civis previstas neste artigo não impede a de terceiros, nas mesmas hipóteses, segundo o disposto nesta Constituição e na lei.*

A lei de Ação Civil Pública (Lei nº 7.347/85) prevê que são legitimados para propor tal ação, além do MP:

A Defensoria Pública;

A União, os Estados, o Distrito Federal e os Municípios;

A autarquia, empresa pública, fundação ou sociedade de economia mista;

A associação que concomitantemente esteja constituída há pelo menos 1 (um) ano nos termos da lei civil e inclua entre suas finalidades institucionais a proteção ao meio ambiente, ao consumidor, à ordem econômica, à livre concorrência ou ao patrimônio artístico, estético, histórico, turístico e paisagístico.

Já o inquérito civil é procedimento investigatório de caráter administrativo, que poderá ser instaurado pelo Ministério Público com o fim de colher os elementos de prova necessários para a sua convicção sobre o ilícito e, posteriormente, instrução da Ação Civil Pública.

Controle de constitucionalidade

Função das mais relevantes desempenhada pelos órgãos ministeriais ocorre no Controle da Constitucionalidade das leis e atos normativos. Essa atribuição é inerente à sua função de guardião da ordem jurídica. Como protetor da ordem jurídica, compete ao Ministério Público oferecer as ações de controle abstrato de constitucionalidade[3], bem como a Representação Interventiva para fins de intervenção da União e dos Estados nas hipóteses previstas na Constituição Federal.

Controle externo da atividade policial

A Constituição Federal determina que o Ministério Público realize o controle externo da atividade policial. Fala-se em controle externo haja vista o Ministério Público não pertencer à mesma estrutura das forças policiais. É uma instituição totalmente autônoma a qualquer órgão policial, razão pela qual não se pode falar em subordinação dos organismos policiais ao Parquet. A justificativa para essa atribuição decorre do fato de ser ele o destinatário final da atividade policial.

3 Art. 5º, LIX, da CF. *Será admitida ação privada nos crimes de ação pública, se esta não for intentada no prazo legal.*

Se, por um lado, o controle externo objetiva a fiscalização das atividades policiais para que elas não sejam desenvolvidas além dos limites legais, preservando os direitos e garantias fundamentais dos investigados, por outro, garante o seu perfeito desenvolvimento, prevenindo e corrigindo a produção probatória, visando ao adequado oferecimento da ação penal.

O controle externo da atividade policial desenvolvido pelo Ministério Público, além de regulamentado nas respectivas leis orgânicas, está normatizado na Resolução nº 20 do CNMP. Ressalte-se que o controle externo não exime a instituição policial de realizar o seu próprio controle interno por meio das corregedorias e órgãos de fiscalização.

Sujeitam-se ao citado controle externo todas as instituições previstas no Art. 144 da Constituição Federal[4], bem como as demais instituições que possuam parcela do poder de polícia desde que estejam relacionadas com a segurança pública e a persecução criminal.

Conselho nacional do ministério público

O Conselho Nacional do Ministério Público, a exemplo do Conselho Nacional de Justiça, foi criado pela Emenda Constitucional nº 45/2004 com o objetivo de efetuar a fiscalização administrativa e financeira do Ministério Público, bem como o cumprimento dos deveres funcionais de seus membros.

Composição

Segundo o texto constitucional, o CNMP é composto de 14 membros, nomeados pelo Presidente da República, depois de aprovada a escolha pela maioria absoluta do Senado Federal, para um mandato de dois anos, sendo permitida apenas uma recondução. Veja-se a composição prevista pela Constituição Federal no Art. 130-A:

> ***Art. 130-A.** O Conselho Nacional do Ministério Público compõe-se de quatorze membros nomeados pelo Presidente da República, depois de aprovada a escolha pela maioria absoluta do Senado Federal, para um mandato de dois anos, admitida uma recondução, sendo:*
>
> ***I.** o Procurador-Geral da República, que o preside;*
>
> ***II.** quatro membros do Ministério Público da União, assegurada a representação de cada uma de suas carreiras;*
>
> ***III.** três membros do Ministério Público dos Estados;*
>
> ***IV.** dois juízes, indicados um pelo Supremo Tribunal Federal e outro pelo Superior Tribunal de Justiça;*
>
> ***V.** dois advogados, indicados pelo Conselho Federal da Ordem dos Advogados do Brasil;*
>
> ***VI.** dois cidadãos de notável saber jurídico e reputação ilibada, indicados um pela Câmara dos Deputados e outro pelo Senado Federal.*
>
> ***§ 1º.** Os membros do Conselho oriundos do Ministério Público serão indicados pelos respectivos Ministérios Públicos, na forma da lei.*

Atribuições

Vejamos as atribuições previstas constitucionalmente para o CNMP:

4 Art. 144. *A segurança pública, dever do Estado, direito e responsabilidade de todos, é exercida para a preservação da ordem pública e da incolumidade das pessoas e do patrimônio, através dos seguintes órgãos: I - polícia federal; II - polícia rodoviária federal; III - polícia ferroviária federal; IV - polícias civis; V - polícias militares e corpos de bombeiros militares.*

§ 2º. Compete ao Conselho Nacional do Ministério Público o controle da atuação administrativa e financeira do Ministério Público e do cumprimento dos deveres funcionais de seus membros, cabendo-lhe:

***I.** zelar pela autonomia funcional e administrativa do Ministério Público, podendo expedir atos regulamentares, no âmbito de sua competência, ou recomendar providências;*

***II.** zelar pela observância do Art. 37 e apreciar, de ofício ou mediante provocação, a legalidade dos atos administrativos praticados por membros ou órgãos do Ministério Público da União e dos Estados, podendo desconstituí-los, revê-los ou fixar prazo para que se adotem as providências necessárias ao exato cumprimento da lei, sem prejuízo da competência dos Tribunais de Contas;*

***III.** receber e conhecer das reclamações contra membros ou órgãos do Ministério Público da União ou dos Estados, inclusive contra seus serviços auxiliares, sem prejuízo da competência disciplinar e correicional da instituição, podendo avocar processos disciplinares em curso, determinar a remoção, a disponibilidade ou a aposentadoria com subsídios ou proventos proporcionais ao tempo de serviço e aplicar outras sanções administrativas, assegurada ampla defesa;*

***IV.** rever, de ofício ou mediante provocação, os processos disciplinares de membros do Ministério Público da União ou dos Estados julgados há menos de um ano;*

***V.** elaborar relatório anual, propondo as providências que julgar necessárias sobre a situação do Ministério Público no País e as atividades do Conselho, o qual deve integrar a mensagem prevista no Art. 84, XI.*

***§ 3º.** O Conselho escolherá, em votação secreta, um Corregedor nacional, dentre os membros do Ministério Público que o integram, vedada a recondução, competindo-lhe, além das atribuições que lhe forem conferidas pela lei, as seguintes:*

***I.** receber reclamações e denúncias, de qualquer interessado, relativas aos membros do Ministério Público e dos seus serviços auxiliares;*

***II.** exercer funções executivas do Conselho, de inspeção e correição geral;*

***III.** requisitar e designar membros do Ministério Público, delegando-lhes atribuições, e requisitar servidores de órgãos do Ministério Público.*

***§ 4º.** O Presidente do Conselho Federal da Ordem dos Advogados do Brasil oficiará junto ao Conselho.*

***§ 5º.** Leis da União e dos Estados criarão ouvidorias do Ministério Público, competentes para receber reclamações e denúncias de qualquer interessado contra membros ou órgãos do Ministério Público, inclusive contra seus serviços auxiliares, representando diretamente ao Conselho Nacional do Ministério Público.*

Princípios institucionais

A Constituição Federal prevê expressamente no § 1º do Art. 127 os chamados Princípios Institucionais, os quais norteiam o desenvolvimento das atividades dos Órgãos Ministeriais:

> ***§ 1º.** São princípios institucionais do Ministério Público a unidade, a indivisibilidade e a independência funcional.*

O **Princípio da Unidade** revela que os membros do Ministério Público integram um órgão único chefiado por um Procurador-Geral. Essa unidade é percebida dentro de cada ramo do Ministério Público, não existindo unidade entre o Ministério Público estadual e da União, ou entre os diversos Ministérios Públicos estaduais, ou ainda entre os ramos do Ministério Público da União. Qualquer divisão que exista dentro de um dos Órgãos Ministeriais possui caráter meramente funcional.

Já o **Princípio da Indivisibilidade**, que decorre do Princípio da Unidade, revela a possibilidade de os membros se substituírem sem qualquer prejuízo ao processo, pois o Ministério Público é uno e indivisível. Os membros agem em nome da instituição e nunca em nome próprio, pois pertencem a um só corpo. Esse princípio veda a vinculação de um membro a um processo permitindo, inclusive, a delegação da denúncia a outro membro. Ressalte-se que, como no Princípio da Unidade, a Indivisibilidade só ocorre dentro de um mesmo ramo do Ministério Público.

E, por fim, há o **Princípio da Independência Funcional,** com uma dupla acepção: em relação aos membros e em relação à instituição. No que tange aos membros, o referido Princípio garante uma atuação independente no exercício das suas atribuições sujeitando-se apenas às determinações constitucionais, legais e de sua consciência jurídica, não havendo qualquer hierarquia ou subordinação intelectual entre os membros. Sob a perspectiva da instituição, o Princípio da Independência Funcional elimina qualquer subordinação do Ministério Público a outro Poder. Apesar da Independência Funcional, verifica-se a existência de uma mera hierarquia administrativa.

Além desses princípios expressos na Constituição Federal, a doutrina e a Jurisprudência reconhecem a existência de um princípio implícito no texto constitucional: **Princípio do Promotor Natural**. Esse princípio decorre da interpretação do Art. 129, § 2º, da Constituição, que afirma:

> ***§ 2º.** As funções do Ministério Público só podem ser exercidas por integrantes da carreira, que deverão residir na comarca da respectiva lotação, salvo autorização do chefe da instituição.*

O Princípio do Promotor Natural veda a designação de membros do Ministério Público fora das hipóteses constitucionais e legais, exigindo que sua atuação seja predeterminada por critérios objetivos aplicáveis a todos os membros da carreira, evitando, assim, que haja designações arbitrárias. O princípio também impede a nomeação de promotor *ad hoc* ou de exceção considerando que as funções do Ministério Público só podem ser desempenhadas por membros da carreira.

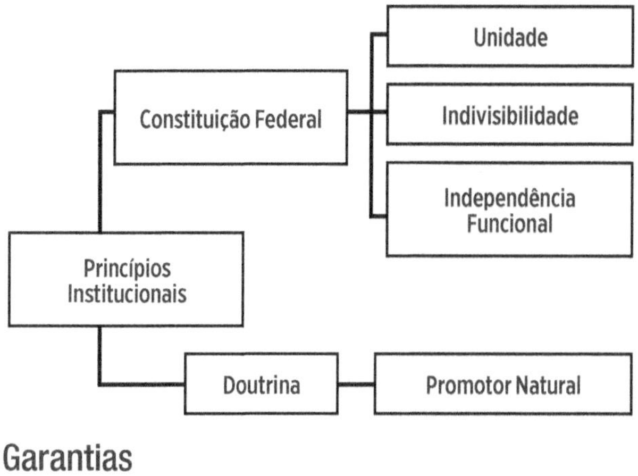

Garantias

O Ministério Público, em razão da importância de sua função, recebeu da Constituição Federal algumas garantias que lhe asseguram a independência necessária para bem desempenhar suas atribuições. E não é só a instituição que possui garantias, mas os membros também. Vejamos o que diz a Constituição sobre as garantias institucionais e dos membros:

> ***Art. 127, § 2º.*** *Ao Ministério Público é assegurada autonomia funcional e administrativa, podendo, observado o disposto no Art. 169, propor ao Poder Legislativo a criação e extinção de seus cargos e serviços auxiliares, provendo-os por concurso público de provas ou de provas e títulos, a política remuneratória e os planos de carreira; a lei disporá sobre sua organização e funcionamento.*
>
> ***§ 3º.*** *O Ministério Público elaborará sua proposta orçamentária dentro dos limites estabelecidos na lei de diretrizes orçamentárias.*
>
> ***§ 4º*** *Se o Ministério Público não encaminhar a respectiva proposta orçamentária dentro do prazo estabelecido na lei de diretrizes orçamentárias, o Poder Executivo considerará, para fins de consolidação da proposta orçamentária anual, os valores aprovados na lei orçamentária vigente, ajustados de acordo com os limites estipulados na forma do § 3º.*
>
> ***§ 5º.*** *Se a proposta orçamentária de que trata este artigo for encaminhada em desacordo com os limites estipulados na forma do § 3º, o Poder Executivo procederá aos ajustes necessários para fins de consolidação da proposta orçamentária anual.*
>
> ***§ 6º.*** *Durante a execução orçamentária do exercício, não poderá haver a realização de despesas ou a assunção de obrigações que extrapolem os limites estabelecidos na lei de diretrizes orçamentárias, exceto se previamente autorizadas, mediante a abertura de créditos suplementares ou especiais.*

O Art. 127, § 2º a § 6º, trata das chamadas **Garantias Institucionais.** Essas garantias visam a conceder maior autonomia à instituição, além de proteger sua independência no exercício de suas atribuições constitucionais. As Garantias Institucionais são de três espécies:

Autonomia funcional: ao desempenhar sua função, o Ministério Público não se subordina a qualquer outra autoridade ou poder, sujeitando-se apenas às determinações constitucionais, legais e de sua consciência jurídica.

Autonomia administrativa: é a capacidade de autogestão, autoadministração e autogoverno. O Ministério Público tem competência para propor ao Legislativo a criação, extinção e organização de seus cargos e carreiras bem como demais atos de gestão.

Autonomia financeira: o Ministério Público pode elaborar sua proposta orçamentária dentro dos limites estabelecidos na Lei de Diretrizes Orçamentárias, tendo liberdade para administrar esses recursos.

Um dos temas mais importantes e que revelam a autonomia administrativa do Ministério Público é a possibilidade que a instituição tem de escolher os seus próprios chefes. Vejamos a literalidade do texto constitucional:

> ***Art. 128, § 1º.*** *O Ministério Público da União tem por chefe o Procurador-Geral da República, nomeado pelo Presidente da República dentre integrantes da carreira, maiores de trinta e cinco anos, após a aprovação de seu nome pela maioria absoluta dos membros do Senado Federal, para mandato de dois anos, permitida a recondução.*
>
> ***§ 2º.*** *A destituição do Procurador-Geral da República, por iniciativa do Presidente da República, deverá ser precedida de autorização da maioria absoluta do Senado Federal.*

No âmbito dessa autonomia, a Constituição previu expressamente que o Procurador-Geral será escolhido pela própria instituição dentre os membros da carreira. No caso do Ministério Público da União, a chefia ficará a cargo do Procurador-Geral da República, o qual será nomeado pelo Presidente da República dentre os membros da carreira com mais de 35 anos de idade, desde que sua escolha seja aprovada pelo voto da maioria absoluta do Senado Federal. O Procurador-Geral da República exercerá seu mandato por dois anos, permitida a recondução. Ao permitir a recondução, a Constituição não estabeleceu limites, de forma que o Procurador-Geral da República poderá ser reconduzido por quantas vezes o Presidente considerar conveniente. Se o Presidente pode nomear o Chefe do MPU, ele também poderá destituí-lo do cargo, desde que autorizado pelo Senado pela mesma quantidade de votos, qual seja, maioria absoluta.

Já em relação à Chefia dos Ministérios Públicos dos Estados e do Distrito Federal e Territórios a regra é um pouco diferente:

> ***Art. 128, § 3º.*** *Os Ministérios Públicos dos Estados e o do Distrito Federal e Territórios formarão lista tríplice dentre integrantes da carreira, na forma da lei respectiva, para escolha de seu Procurador-Geral, que será nomeado pelo Chefe do Poder Executivo, para mandato de dois anos, permitida uma recondução.*
>
> ***§ 4º.*** *Os Procuradores-Gerais nos Estados e no Distrito Federal e Territórios poderão ser destituídos por deliberação da maioria absoluta do Poder Legislativo, na forma da lei complementar respectiva.*

A escolha dos Procuradores-Gerais de Justiça dependerá de nomeação pelo Chefe do Poder Executivo[5], com base em lista tríplice formada dentre os integrantes da carreira, sendo permitida uma recondução. Diferentemente do Procurador-Geral da República, que poderá ser reconduzido várias vezes, o Procurador-Geral de Justiça só poderá ser reconduzido uma única vez. A destituição desses Procuradores-Gerais dependerá da deliberação da maioria absoluta do Poder Legislativo.

Já o Art. 128, § 5º, apresenta as **Garantias dos Membros.**

> ***Art. 128, § 5º.*** *Leis complementares da União e dos Estados, cuja iniciativa é facultada aos respectivos Procuradores-Gerais, estabelecerão a organização, as atribuições e o estatuto de cada Ministério Público, observadas, relativamente a seus membros:*
>
> ***I.*** *as seguintes garantias:*
>
> ***a)*** *vitaliciedade, após dois anos de exercício, não podendo perder o cargo senão por sentença judicial transitada em julgado;*
>
> ***b)*** *inamovibilidade, salvo por motivo de interesse público, mediante decisão do órgão colegiado competente do Ministério Público, pelo voto da maioria absoluta de seus membros, assegurada ampla defesa;*
>
> ***c)*** *irredutibilidade de subsídio, fixado na forma do Art. 39, § 4º, e ressalvado o disposto nos Arts. 37, X e XI, 150, II, 153, III, 153, § 2º, I;*

São duas espécies de garantias dos membros: **Garantias de Independência e Garantias de Imparcialidade.**

As **Garantias de Independência** são prerrogativas inerentes ao cargo e estão previstas no inciso I do referido artigo, as quais visam a garantir aos membros maior liberdade, independência e autonomia no exercício de sua função ministerial. Tais garantias são indisponíveis, proibindo o titular do cargo de dispensar qualquer das prerrogativas. São as garantias da vitaliciedade, inamovibilidade e irredutibilidade dos subsídios.

A **Vitaliciedade** é como se fosse uma estabilidade só que muito mais vantajosa. O membro, ao ingressar na carreira mediante concurso público, torna-se vitalício após o efetivo exercício no cargo pelo prazo de dois anos. Uma vez vitalício só perderá o cargo

5 No caso do Ministério Público do Distrito Federal e Territórios, a nomeação do seu chefe será feita pelo Presidente da República e sua destituição dependerá do voto da maioria absoluta do Senado Federal mediante provocação do Presidente da República.

por sentença judicial transitada em julgado. Após passar pelo estágio probatório de dois anos, um Membro do Ministério Público só perderá o cargo por sentença judicial transitada em julgado.

A **Inamovibilidade** impede a movimentação do membro *ex-ofício* contra a sua vontade. Em regra, o Membro do Ministério Público só poderá ser removido ou promovido por sua própria iniciativa, ressalvados os casos em que houver interesse público. E mesmo quando o interesse público exigir, a remoção dependerá de decisão do órgão colegiado competente pelo voto da maioria absoluta de seus membros, assegurando-se o direito à ampla defesa.

A **Irredutibilidade dos Subsídios** diz respeito à proteção da remuneração do membro ministerial. Subsídio é a forma de retribuição pecuniária paga ao membro do Ministério Público a qual se caracteriza por ser uma parcela única. Com essa garantia, o Membro do Ministério Público poderá trabalhar sem medo de perder sua remuneração.

Ressalta-se que o Supremo Tribunal Federal já entendeu tratar-se esta irredutibilidade como meramente nominal, não protegendo o subsídio da desvalorização provocada por perdas inflacionárias. Lembre-se também de que essa garantia não é absoluta, pois comporta exceções previstas nos Arts. 37, X e XI, 150, II, 153, III, e 153, § 2º, I, da Constituição Federal. Em suma, a irredutibilidade não impedirá a redução do subsídio quando ultrapassar o teto constitucional ou em razão da cobrança do imposto de renda.

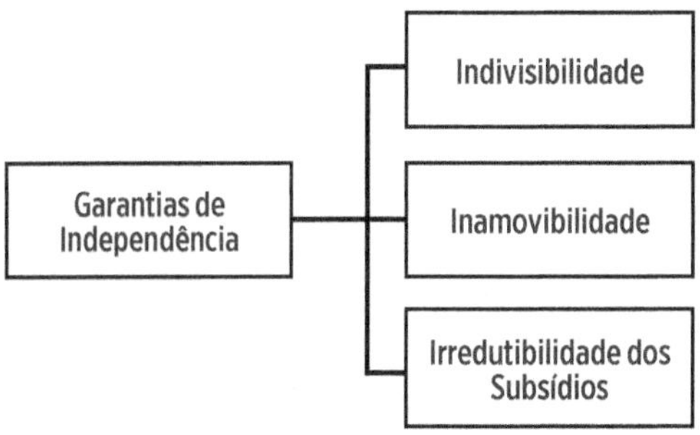

As **Garantias de Imparcialidade** são verdadeiras vedações e visam a garantir uma atuação isenta de qualquer interferência política ou pessoal.

> ***Art. 128, § 5º, II.*** *as seguintes vedações:*
> ***a)*** *receber, a qualquer título e sob qualquer pretexto, honorários, percentagens ou custas processuais;*
> ***b)*** *exercer a advocacia;*
> ***c)*** *participar de sociedade comercial, na forma da lei;*
> ***d)*** *exercer, ainda que em disponibilidade, qualquer outra função pública, salvo uma de magistério;*
> ***e)*** *exercer atividade político-partidária (Redação dada pela Emenda Constitucional nº 45, de 2004);*
> ***f)*** *receber, a qualquer título ou pretexto, auxílios ou contribuições de pessoas físicas, entidades públicas ou privadas, ressalvadas as exceções previstas em lei (Incluída pela Emenda Constitucional nº 45, de 2004).*
>
> ***§ 6º.*** *Aplica-se aos membros do Ministério Público o disposto no Art. 95, parágrafo único, V (Incluído pela Emenda Constitucional nº 45, de 2004).*

Antes de explorar essas regras, faz-se necessária a menção ao Art. 29, § 3º, da ADCT:

> ***§ 3º.*** *Poderá optar pelo regime anterior, no que respeita às garantias e vantagens, o membro do Ministério Público admitido antes da promulgação da Constituição, observando-se, quanto às vedações, a situação jurídica na data desta.*

Esse dispositivo retrata uma peculiaridade interessante a respeito dos Membros do Ministério Público. Antes da promulgação da Constituição Federal de 1988, o regime jurídico a que estavam sujeitos era diferente. A ADCT permitiu aos membros que ingressaram antes de 1988 a escolha do regime jurídico a que estariam sujeitos a partir de então. Os membros que ingressaram na carreira antes de 1988 e que possuíam inscrição na OAB podem advogar desde que tenham optado pelo regime jurídico anterior a 1988. Para os membros que ingressaram na carreira depois da promulgação da Constituição Federal, essa escolha não é permitida, pois estão sujeitos apenas ao regime constitucional atual. Feita essa consideração, passa-se à análise das garantias vigentes.

Deve-se compreender a abrangência das vedações do inciso II do § 5º do Art. 128 da Constituição Federal.

É vedado aos membros do Ministério Público receber, a qualquer título e sob qualquer pretexto, honorários, percentagens ou custas processuais, bem como receber auxílios ou contribuições de pessoas físicas, entidades públicas ou privadas, ressalvadas as exceções previstas em lei. Tais vedações visam a impedir que membros sejam motivados indevidamente a exercer suas funções sob a expectativa de receberem maiores valores pela sua atuação. Percebe-se que a vedação encontra exceção quando a contribuição está prevista em lei. Dessa forma, não ofende a Constituição Federal o recebimento de valores em razão da venda de livros, do exercício do magistério ou mesmo da ministração de palestra.

Outra vedação aplicável aos membros do Parquet é em relação ao exercício da advocacia. Acerca desse impedimento, deve-se ressaltar a situação dos membros do Ministério Público da União que ingressaram na carreira antes de 1988 e que tenham optado pelo regime jurídico anterior, nos termos do § 3º do Art. 29 da ADCT, os quais poderão exercer a advocacia nos termos da Resolução nº 8 do CNMP, com a nova redação dada pela Resolução nº 16.

Ademais, o texto constitucional estendeu aos Membros do Ministério Público a mesma vedação aplicável aos Magistrados no Art. 95, parágrafo único, V, qual seja, a de exercer a advocacia no juízo ou tribunal do qual se afastou, antes de decorridos três anos do afastamento do cargo por aposentadoria ou exoneração. A doutrina tem chamado essa vedação de quarentena.

Os membros do Ministério Público não podem participar de sociedade comercial, na forma da lei. Essa vedação encontra regulamentação na Lei nº 8.625/93, a qual prevê a possibilidade de participação como cotista ou acionista[6].

Também não podem exercer, ainda que em disponibilidade, qualquer outra função pública, salvo uma de magistério. Ressalta-se que o CNMP regulamentou o exercício do magistério, que poderá ser público ou privado, por no máximo 20 horas aula por semana, desde que o horário seja compatível com as atribuições ministeriais e o seu exercício se dê inteiramente em sala de aula[7].

Para evitar que sua atuação seja influenciada por pressões políticas, a Constituição vedou o exercício de atividade político-partidária aos Membros do Ministério Público. Isso significa que, se um membro quiser se filiar ou mesmo exercer um cargo político, deverá se afastar do cargo no Ministério Público. Essa vedação tem caráter absoluto desde a Emenda Constitucional nº 45/2004, a qual foi

6 Lei Orgânica Nacional do Ministério Público, Lei nº 8.625/93, Art. 44, III.
7 Resolução nº 3/2005 – CNMP.

regulamentada pelo Conselho Nacional do Ministério Público, que determinou a aplicação da vedação apenas aos membros que tenham ingressado na carreira após a promulgação da emenda[8].

13.2 Advocacia Pública

A Advocacia Pública é a função essencial à justiça responsável pela defesa dos interesses dos entes estatais, tanto judicialmente quanto extrajudicialmente, bem como as atividades de consultoria e assessoramento jurídico do Poder Executivo.

No âmbito da União, essa atividade é exercida pela Advocacia-Geral da União, enquanto nos Estados, Distrito Federal e nos Municípios, a Advocacia Pública será exercida pelas Procuradorias.

Apesar de não haver previsão constitucional para as Procuradorias Municipais, elas são perfeitamente possíveis desde que previstas na Lei Orgânica do Município ou permitidas sua criação pela Constituição Estadual.

São vistas, a seguir, quais instituições compõem a Advocacia Pública no Brasil.

Advocacia-geral da união (agu)

A AGU é responsável pela assistência jurídica da União, conforme prevê o texto constitucional:

> ***Art. 131.*** *A Advocacia-Geral da União é a instituição que, diretamente ou através de órgão vinculado, representa a União, judicial e extrajudicialmente, cabendo-lhe, nos termos da lei complementar que dispuser sobre sua organização e funcionamento, as atividades de consultoria e assessoramento jurídico do Poder Executivo.*
>
> ***§ 1º.*** *A Advocacia-Geral da União tem por chefe o Advogado-Geral da União, de livre nomeação pelo Presidente da República dentre cidadãos maiores de trinta e cinco anos, de notável saber jurídico e reputação ilibada.*

A chefia desse órgão fica a cargo do Advogado-Geral da União, o qual é nomeado livremente pelo Presidente da República, entre os cidadãos maiores de trinta e cinco anos, com notável saber jurídico e reputação ilibada. Segundo a Lei nº 10.683/03, em seu Art. 25, o Advogado-Geral da União é considerado Ministro de Estado, sendo-lhe aplicadas todas as prerrogativas inerentes ao *status*. Atente-se para isso em prova, visto que, para ser o Chefe dessa Instituição, não é necessário ser membro da carreira nem depende de aprovação do Senado Federal. É um cargo de livre nomeação e exoneração cuja confiança do Presidente da República se torna o principal critério para a escolha do seu titular.

Um detalhe muito importante e que pode ser cobrado em prova é que a Constituição Federal, ao apontar as competências dessa instituição, afirmou que a AGU representa judicial e extrajudicialmente a União e em relação a consultoria e assessoramento jurídico apenas ao Poder Executivo. Essas competências foram confirmadas na Lei Orgânica da Advocacia-Geral da União (Lei Complementar nº 73/93):

> ***Art. 1º.*** *A Advocacia-Geral da União é a instituição que representa a União judicial e extrajudicialmente.*
>
> ***Parágrafo único.*** *À Advocacia-Geral da União cabem as atividades de consultoria e assessoramento jurídicos ao Poder Executivo, nos termos desta Lei Complementar.*

8 Resolução nº 5/2006 – CNMP.

Enquanto a atividade de consultoria e assessoramento jurídico restringe-se apenas ao Poder Executivo, a representação judicial e extrajudicial abrangerá todos os Poderes da União (Executivo, Legislativo e Judiciário), bem como suas autarquias e fundações públicas, conforme esclarece a Lei nº 9.028/95:

> ***Art. 22.*** *A Advocacia-Geral da União e os seus órgãos vinculados, nas respectivas áreas de atuação, ficam autorizados a representar judicialmente os titulares e os membros dos Poderes da República, das Instituições Federais referidas no Título IV, Capítulo IV, da Constituição, bem como os titulares dos Ministérios e demais órgãos da Presidência da República, de autarquias e fundações públicas federais, e de cargos de natureza especial, de direção e assessoramento superiores e daqueles efetivos, inclusive promovendo ação penal privada ou representando perante o Ministério Público, quando vítimas de crime, quanto a atos praticados no exercício de suas atribuições constitucionais, legais ou regulamentares, no interesse público, especialmente da União, suas respectivas autarquias e fundações, ou das Instituições mencionadas, podendo, ainda, quanto aos mesmos atos, impetrar Habeas Corpus e mandado de segurança em defesa dos agentes públicos de que trata este artigo.*

É importante lembrar também que o ingresso na carreira da AGU depende de aprovação em concurso público de provas e títulos nos termos do Art. 131, § 2º:

> ***§ 2º.*** *O ingresso nas classes iniciais das carreiras da instituição de que trata este artigo far-se-á mediante concurso público de provas e títulos.*

Destaca-se ainda a atuação da AGU na defesa da República Federativa do Brasil em demandas instauradas perante Cortes Internacionais.

Além das diversas carreiras que serão vistas, não se pode esquecer dos Advogados da União, os quais são responsáveis pela defesa da União quando esta se encontra em juízo.

Procuradoria-geral da fazenda nacional (pgfn)

A PGFN é órgão vinculado a AGU responsável pelas ações de natureza tributária, cujo objetivo principal é garantir o recebimento de recursos de origem fiscal. A Constituição assim define sua competência no Art. 131:

> ***Art. 131, § 3º.*** *Na execução da dívida ativa de natureza tributária, a representação da União cabe à Procuradoria-Geral da Fazenda Nacional, observado o disposto em lei.*

Procuradoria-geral federal

A Procuradoria-Geral Federal, órgão vinculado à AGU, é responsável pela representação judicial e extrajudicial das autarquias e fundações públicas da União por meio dos Procuradores Federais. Sua previsão não é constitucional, mas está descrita na Lei nº 10.480/2002:

> ***Art. 10.*** *À Procuradoria-Geral Federal compete a representação judicial e extrajudicial das autarquias e fundações públicas federais, as respectivas atividades de consultoria e assessoramento jurídicos, a apuração da liquidez e certeza dos créditos, de qualquer natureza, inerentes às suas atividades, inscrevendo-os em dívida ativa, para fins de cobrança amigável ou judicial.*

Em relação ao Banco Central, autarquia vinculada a União, foi prevista carreira própria regulamentada na Lei nº 9.650/98, a qual localizou o Procurador do Banco Central como membro de carreira da própria instituição. Apesar disso, o Procurador do Banco Central está vinculado à AGU.

Procuradoria-geral dos estados e do distrito federal

No âmbito dos Estados e do Distrito Federal, a consultoria jurídica e a representação judicial serão realizadas pelos Procuradores dos Estados e do Distrito Federal, conforme preleciona o Art. 132 da Constituição Federal:

> ***Art. 132.*** *Os Procuradores dos Estados e do Distrito Federal, organizados em carreira, na qual o ingresso dependerá de concurso público de provas e títulos, com a participação da Ordem dos Advogados do Brasil em todas as suas fases, exercerão a representação judicial e a consultoria jurídica das respectivas unidades federadas.*
>
> ***Parágrafo único.*** *Aos procuradores referidos neste artigo é assegurada estabilidade após três anos de efetivo exercício, mediante avaliação de desempenho perante os órgãos próprios, após relatório circunstanciado das corregedorias.*

Segundo a Constituição, o ingresso na carreira depende de concurso público de provas e títulos, cuja participação da OAB é obrigatória em todas as suas fases, não sendo admitido, portanto, que as atividades de representação judicial e de consultoria jurídica sejam realizadas por ocupantes de cargos em comissão.

Apesar de não haver previsão constitucional, o STF já decidiu que devem ser aplicadas simetricamente as mesmas regras da União para a nomeação do Procurador-Geral das Unidades Federadas. Dessa forma, o Governador detém a competência de nomear e exonerar livremente o chefe da Instituição, não se exigindo que o titular do referido cargo seja membro da carreira.

Por fim, a Constituição Federal garantiu aos procuradores estaduais e do Distrito Federal, estabilidade após três anos de efetivo exercício mediante avaliação de desempenho perante os órgãos próprios, após relatório circunstanciado das corregedorias.

Procuradoria dos municípios

Conforme já estudado, não existe previsão constitucional para a criação das procuradorias municipais, não havendo da mesma forma qualquer impedimento para sua criação. Logo, cada município poderá criar sua própria procuradoria, desde que prevista essa possibilidade na Constituição Estadual ou na Lei Orgânica do Município.

13.3 Defensoria Pública

Como instituição essencial ao funcionamento da Justiça, a Defensoria Pública é responsável, em primeiro plano, pela assistência jurídica e gratuita dos hipossuficientes, os quais não possuem recursos financeiros para contratar um advogado. Essa função tipicamente realizada pela Defensoria concretiza o direito fundamental expresso no Art. 5º, LXXIV, da Constituição:

> ***Art. 5º***, *LXXIV. O Estado prestará assistência jurídica integral e gratuita aos que comprovarem insuficiência de recursos.*

Complementando esse dispositivo, a Constituição previu no Art. 134 algumas regras sobre a Defensoria:

> ***Art. 134.*** *A Defensoria Pública é instituição permanente, essencial à função jurisdicional do Estado, incumbindo-lhe, como expressão e instrumento do regime democrático, fundamentalmente, a orientação jurídica, a promoção dos direitos humanos e a defesa, em todos os graus, judicial e extrajudicial, dos direitos individuais e coletivos, de forma integral e gratuita, aos necessitados, na forma do inciso LXXIV do Art. 5º desta Constituição Federal. (Redação dada pela Emenda Constitucional nº 80, de 2014)*
>
> ***§ 1º.*** *Lei complementar organizará a Defensoria Pública da União e do Distrito Federal e dos Territórios e prescreverá normas gerais para sua organização nos Estados, em cargos de carreira, providos, na classe inicial, mediante concurso público de provas e títulos, assegurada a seus integrantes a garantia da inamovibilidade e vedado o exercício da advocacia fora das atribuições institucionais.*
>
> ***§ 2º.*** *Às Defensorias Públicas Estaduais são asseguradas autonomia funcional e administrativa e a iniciativa de sua proposta orçamentária dentro dos limites estabelecidos na lei de diretrizes orçamentárias e subordinação ao disposto no Art. 99, § 2º.*
>
> ***§ 3º*** *Aplica-se o disposto no § 2º às Defensorias Públicas da União e do Distrito Federal. (Incluído pela Emenda Constitucional nº 74, de 2013)*
>
> ***§ 4º*** *São princípios institucionais da Defensoria Pública a unidade, a indivisibilidade e a independência funcional, aplicando-se também, no que couber, o disposto no Art. 93 e no inciso II do Art. 96 desta Constituição Federal. (Incluído pela Emenda Constitucional nº 80, de 2014)*

Atualmente, cada Unidade Federativa é responsável pela organização da sua Defensoria Pública, havendo ainda uma Defensoria no âmbito da União e no Distrito Federal.

As Defensorias Estaduais possuem autonomia funcional e administrativa não se admitindo sua subordinação a nenhum dos poderes. Sua autonomia avança ainda nas questões orçamentárias permitindo que tenha iniciativa própria para apresentação de proposta orçamentária dentro dos limites estabelecidos na lei de diretrizes orçamentárias.

A Emenda Constitucional nº 74, de 06 de agosto de 2013, introduziu o § 3º ao Art. 134, da CF para conferir autonomia funcional e administrativa e a iniciativa de proposta orçamentária também às Defensorias Públicas da União e do Distrito Federal.

Segundo a Lei Complementar nº 80/94 que organiza a Defensoria Pública:

> ***Art. 2º.*** *A Defensoria Pública abrange:*
>
> ***I.*** *a Defensoria Pública da União;*
>
> ***II.*** *a Defensoria Pública do Distrito Federal e dos Territórios;*
>
> ***III.*** *as Defensorias Públicas dos Estados.*

Cabe aos Defensores Públicos a assistência jurídica integral dos hipossuficientes, não se limitando apenas à defesa judicial. A Lei Complementar nº 80/94 traz extenso rol de atribuições:

> ***Art. 4º.*** *São funções institucionais da Defensoria Pública, dentre outras:*
>
> ***I.*** *prestar orientação jurídica e exercer a defesa dos necessitados, em todos os graus (Redação dada pela Lei Complementar nº 132, de 2009);*
>
> ***II.*** *promover, prioritariamente, a solução extrajudicial dos litígios, visando à composição entre as pessoas em conflito de interesses, por meio de mediação, conciliação, arbitragem e demais técnicas de composição e administração de conflitos;*
>
> ***III.*** *promover a difusão e a conscientização dos direitos humanos, da cidadania e do ordenamento jurídico;*
>
> ***IV.*** *prestar atendimento interdisciplinar, por meio de órgãos ou de servidores de suas Carreiras de apoio para o exercício de suas atribuições;*
>
> ***V.*** *exercer, mediante o recebimento dos autos com vista, a ampla defesa e o contraditório em favor de pessoas naturais e jurídicas, em processos administrativos e judiciais, perante todos os órgãos e em todas as instâncias, ordinárias ou extraordinárias, utilizando todas as medidas capazes de propiciar a adequada e efetiva defesa de seus interesses;*

> ***VI.*** *representar aos sistemas internacionais de proteção dos direitos humanos, postulando perante seus órgãos;*
>
> ***VII.*** *promover ação civil pública e todas as espécies de ações capazes de propiciar a adequada tutela dos direitos difusos, coletivos ou individuais homogêneos quando o resultado da demanda puder beneficiar grupo de pessoas hipossuficientes;*
>
> ***VIII.*** *exercer a defesa dos direitos e interesses individuais, difusos, coletivos e individuais homogêneos e dos direitos do consumidor, na forma do inciso LXXIV do Art. 5º da Constituição Federal;*
>
> ***IX.*** *impetrar Habeas Corpus, mandado de injunção, Habeas Data e mandado de segurança ou qualquer outra ação em defesa das funções institucionais e prerrogativas de seus órgãos de execução;*
>
> ***X.*** *promover a mais ampla defesa dos direitos fundamentais dos necessitados, abrangendo seus direitos individuais, coletivos, sociais, econômicos, culturais e ambientais, sendo admissíveis todas as espécies de ações capazes de propiciar sua adequada e efetiva tutela;*
>
> ***XI.*** *exercer a defesa dos interesses individuais e coletivos da criança e do adolescente, do idoso, da pessoa portadora de necessidades especiais, da mulher vítima de violência doméstica e familiar e de outros grupos sociais vulneráveis que mereçam proteção especial do Estado;*
>
> ***XIV.*** *acompanhar inquérito policial, inclusive com a comunicação imediata da prisão em flagrante pela autoridade policial, quando o preso não constituir advogado (Incluído pela Lei Complementar nº 132, de 2009);*
>
> ***XV.*** *patrocinar ação penal privada e a subsidiária da pública (Incluído pela Lei Complementar nº 132, de 2009);*
>
> ***XVI.*** *exercer a curadoria especial nos casos previstos em lei (Incluído pela Lei Complementar nº 132, de 2009);*
>
> ***XVII.*** *atuar nos estabelecimentos policiais, penitenciários e de internação de adolescentes, visando a assegurar às pessoas, sob quaisquer circunstâncias, o exercício pleno de seus direitos e garantias fundamentais (Incluído pela Lei Complementar nº 132, de 2009);*
>
> ***XVIII.*** *atuar na preservação e reparação dos direitos de pessoas vítimas de tortura, abusos sexuais, discriminação ou qualquer outra forma de opressão ou violência, propiciando o acompanhamento e o atendimento interdisciplinar das vítimas (Incluído pela Lei Complementar nº 132, de 2009);*
>
> ***XIX.*** *atuar nos Juizados Especiais (Incluído pela Lei Complementar nº 132, de 2009);*
>
> ***XX.*** *participar, quando tiver assento, dos conselhos federais, estaduais e municipais afetos às funções institucionais da Defensoria Pública, respeitadas as atribuições de seus ramos (Incluído pela Lei Complementar nº 132, de 2009);*
>
> ***XXI.*** *executar e receber as verbas sucumbenciais decorrentes de sua atuação, inclusive quando devidas por quaisquer entes públicos, destinando-as a fundos geridos pela Defensoria Pública e destinados, exclusivamente, ao aparelhamento da Defensoria Pública e à capacitação profissional de seus membros e servidores(Incluído pela Lei Complementar nº 132, de 2009);*
>
> ***XXII.*** *convocar audiências públicas para discutir matérias relacionadas às suas funções institucionais(Incluído pela Lei Complementar nº 132, de 2009).*

Por fim, cabe destacar que, assim como os Advogados Públicos, os Defensores Públicos são remunerados por meio de subsídio:

> ***Art. 135.*** *Os servidores integrantes das carreiras disciplinadas nas Seções II e III deste Capítulo serão remunerados na forma do Art. 39, § 4º.*

13.4 Advocacia

Quando a Constituição Federal se refere à Advocacia, fala-se do advogado privado, profissional autônomo, indispensável à função jurisdicional. Os advogados estão vinculados à Ordem dos Advogados do Brasil, entidade de classe de natureza especial, não vinculada aos Poderes do Estado e que tem como atribuições controlar, fiscalizar e selecionar novos profissionais para o exercício da Carreira.

Segundo a Constituição Federal:

> ***Art. 133.*** *O advogado é indispensável à administração da justiça, sendo inviolável por seus atos e manifestações no exercício da profissão, nos limites da lei.*

Esse dispositivo revela dois princípios que regem a advocacia no Brasil: o princípio da indispensabilidade e o da inviolabilidade.

Segundo o princípio da indispensabilidade, o advogado é indispensável à administração da Justiça, pois só ele possui a chamada capacidade postulatória. Logicamente, esse princípio não goza de caráter absoluto, sendo permitida a capacidade de postular ao próprio interessado em situações expressamente previstas na Constituição Federal como no *Habeas Corpus* e nos juizados especiais.

Destaca-se ainda que nos processos administrativos disciplinares a ausência de defesa técnica por meio de advogado não gera nulidade ao procedimento[9].

Já o princípio da inviolabilidade constitui norma que visa a garantir ao advogado o exercício das suas atribuições de forma independente e autônoma às demais instituições do Estado. Da mesma forma, esse princípio não goza de caráter absoluto, sendo possível a limitação quando seus atos e atribuições não estiverem ligados ao exercício da profissão nos termos do Estatuto da Advocacia[10].

Como condição para o exercício dessa profissão, o STF já declarou que é constitucional a necessidade de aprovação do Exame de Ordem aplicado pela OAB aos bacharéis em direito.

A amplitude desse tema requer análise aprofundada, a qual é feita em disciplina própria. Aqui foi feita uma breve análise constitucional do instituto.

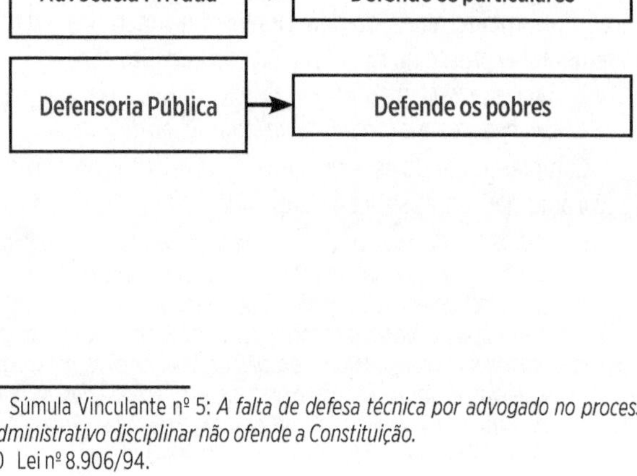

9 Súmula Vinculante nº 5: *A falta de defesa técnica por advogado no processo administrativo disciplinar não ofende a Constituição.*
10 Lei nº 8.906/94.

Questões

01. (FCC) De acordo com a Constituição da República Federativa do Brasil, NÃO se inclui dentre as funções institucionais do Ministério Público:

a) Defender judicialmente os direitos e interesses da população indígena.

b) Promover, privativamente, ação penal pública, na forma da lei.

c) Requisitar diligências investigatórias e instauração de inquérito policial, indicados os fundamentos jurídicos de suas manifestações processuais.

d) Promover ação de inconstitucionalidade ou representação para fins de intervenção da União e dos Estados, nos casos previstos na Constituição.

e) Promover ação popular para a proteção do meio ambiente e de outros interesses difusos e coletivos.

02. (FCC) Considere:

I. Três membros do Ministério Público dos Estados, indicados pelos respectivos Ministérios Públicos.

II. Três juízes, indicados dois pelo Supremo Tribunal Federal e um pelo Superior Tribunal de Justiça.

III. Dois advogados, indicados pelo Conselho Federal da Ordem dos Advogados do Brasil.

IV. Dois cidadãos de notável saber jurídico e reputação ilibada, indicados um pela Câmara dos Deputados e outro pelo Senado Federal.

O Conselho Nacional do Ministério Público será composto, dentre outros, pelos membros indicados apenas em:

a) I, III e IV.

b) I, II e III.

c) II, III e IV.

d) II e III.

e) I e IV.

03. (CESPE) Os membros do MP gozam de vitaliciedade, após dois anos de exercício, e só perderão o cargo por sentença judicial transitada em julgado.

Certo ( ) Errado ( )

04. (CESPE) Incumbe à AGU, diretamente ou mediante órgão vinculado, exercer a representação judicial e extrajudicial da União, assim como as atividades de consultoria e assessoramento jurídico dos Poderes Executivo, Legislativo e Judiciário, no âmbito federal.

Certo ( ) Errado ( )

05. (CESPE) A CF estabelece expressamente que a representação da União, na execução da dívida ativa de natureza tributária, cabe à Procuradoria-Geral da Fazenda Nacional, observado o disposto em lei.

Certo ( ) Errado ( )

Gabaritos

01	E	04	ERRADO
02	A	05	CERTO
03	CERTO	-	-

NOÇÕES DE DIREITO ADMINISTRATIVO

1. INTRODUÇÃO AO DIREITO ADMINISTRATIVO

Neste capítulo, vamos conhecer algumas características do Direito Administrativo, seu conceito, sua finalidade, seu regime jurídico peculiar que orienta toda a sua atividade administrativa, seja ela exercida pelo próprio Estado-administrador, ou por particular. Para entendermos melhor tudo isso, é preciso dar início ao nosso estudo pela compreensão adequada do papel do Direito na vida social.

O Direito é um conjunto de normas (regras e princípios) impostas coativamente pelo Estado que regularão a vida em sociedade, possibilitando a coexistência pacífica das pessoas.

1.1 Ramos do Direito

O Direito é historicamente dividido em dois grandes ramos: o Direito Público e o Direito Privado. Em relação ao Direito Privado, vale o princípio da igualdade (isonomia) entre as partes; aqui não há que se falar em superioridade de uma parte sobre a outra. Por esse motivo, dizemos que estamos em uma relação jurídica horizontal ou uma horizontalidade nas relações jurídicas.

O Direito Privado é regulado pelo princípio da autonomia da vontade, o que traduz a regra a qual diz que o particular pode fazer tudo que não é proibido (Art. 5º, II, da Constituição Federal).

No Direito Público, temos o Estado em um dos polos, representando os interesses da coletividade, e um particular desempenhando seus próprios interesses. Sendo assim, o Estado é tratado com superioridade ante ao particular, pois o Estado é o procurador da vontade da coletividade e, representada pelo próprio Estado, deve ser tratada de forma prevalente ante a vontade do particular.

O fundamento dessa relação jurídica vertical é encontrado no Princípio da Supremacia do Interesse Público, que estudaremos com mais detalhes no tópico referente aos princípios. Mas já podemos adiantar que, como o próprio nome o interesse público é supremo. Desse modo, são disponibilizadas ao Estado prerrogativas especiais para que possa atingir os seus objetivos. Essas prerrogativas são os poderes da administração pública.

Esquema da Divisão do Direito

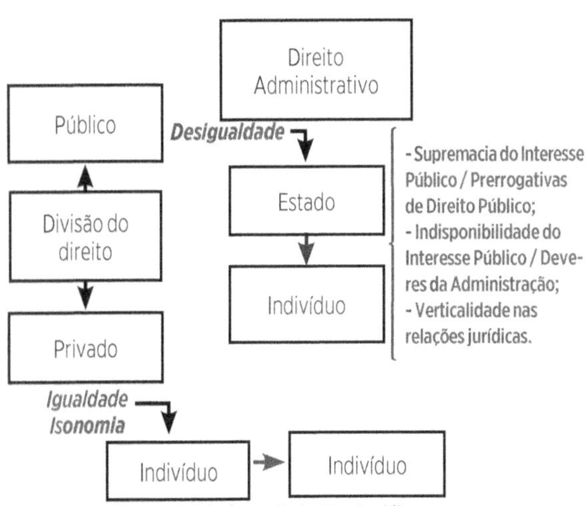

Horizontalidade nas Relações Jurídicas

Os dois princípios norteadores do Direito Administrativo são: Supremacia do Interesse Público (gera os poderes) e Indisponibilidade do Interesse Público (gera os deveres da administração).

1.2 Conceito de Direito Administrativo

Vários são os conceitos que podem ser encontrados na doutrina para o Direito Administrativo. Descreveremos dois deles trazidos pela doutrina contemporânea e citados a seguir:

O Direito Administrativo é o ramo do direito público que tem por objeto órgãos, agentes e pessoas jurídicas administrativas que integram a Administração Pública. A atividade jurídica não contenciosa que exerce e os bens que se utiliza para a consecução de seus fins de natureza pública[1].

O Direito Administrativo é o conjunto harmônico de princípios jurídicos que regem órgãos, agentes e atividades públicas que tendem a realizar concreta, direta e imediatamente os fins desejados pelo Estado[2].

1.3 Objeto do Direito Administrativo

Os conceitos de Direito Administrativo foram desenvolvidos de forma que se desdobram em uma sequência natural de tópicos que devem ser estudados ponto a ponto para que a matéria seja corretamente entendida.

Por meio desses conceitos, podemos constatar que o objeto do Direito Administrativo são as relações da administração pública, sejam elas de natureza interna entre as entidades que a compõe, seus órgãos e agentes, ou de natureza externa entre a administração e os administrados.

Além de ter por objeto a atuação da administração pública, também é foco do Direito Administrativo o desempenho das atividades públicas quando exercidas por algum particular, como no caso das concessões, permissões e autorizações de serviços públicos.

Resumidamente, podemos dizer que o Direito Administrativo tem por objeto a administração pública e também as atividades administrativas, independentemente de quem as exerçam.

1.4 Fontes do Direito Administrativo

É o lugar de onde provém algo, no nosso caso, no qual emanam as regras do Direito Administrativo. Esse não está codificado em um único livro. Dessa forma, para o estudarmos de maneira completa, temos que recorrer às fontes, ou seja, a institutos esparsos. Por esse motivo, dizemos que o Direito Administrativo está tipificado (escrito), mas não está codificado em um único instituto.

Lei: fonte principal do Direito Administrativo. A lei deve ser compreendida em seu sentido amplo, o que inclui a Constituição Federal, as normas supra legais, as leis e também os atos normativos da própria administração pública. Temos como exemplo os Arts. 37 ao 41 da Constituição Federal, a Lei nº 8.666/93, a Lei nº 8.112/90, a Lei de Improbidade Administrativa (Lei nº 8.429/92), Processo Administrativo Federal (Lei nº 9.784/99), etc.

Jurisprudência: gênero que se divide entre jurisprudência e doutrina. Jurisprudência são decisões quais são editadas pelos tribunais e não possuem efeito vinculante; são resumos numerados

1 Direito Administrativo, Maria Sylvia Zanella di Pietro, 23ª edição.
2 Conceito de Direito Administrativo do professor Hely Lopes Meirelles.

que servem de fonte de pesquisa do direito materializados em livros, artigos e pareceres.

Doutrina tem a finalidade de tentar sistematizar e melhor explicar o conteúdo das normas de Direito Administrativo; doutrina pode ser utilizada como critério de interpretação de normas, bem como auxiliar a produção normativa.

Costumes: conjunto de regras não escritas, porém, observadas de maneira uniforme, as quais suprem a omissão legislativa acerca de regras internas da Administração Pública.

Segundo o doutrinador do Direito Administrativo, Hely Lopes Meirelles, em razão da deficiência da legislação, a prática administrativa vem suprindo o texto escrito e, sedimentada na consciência dos administradores e administrados, a praxe burocrática passa a saciar a lei e atuar como elemento informativo da doutrina.

Lei e Súmulas Vinculantes são consideradas fontes principais do Direito Administrativo. Jurisprudência, súmulas, doutrina e costumes são considerados fontes secundárias.

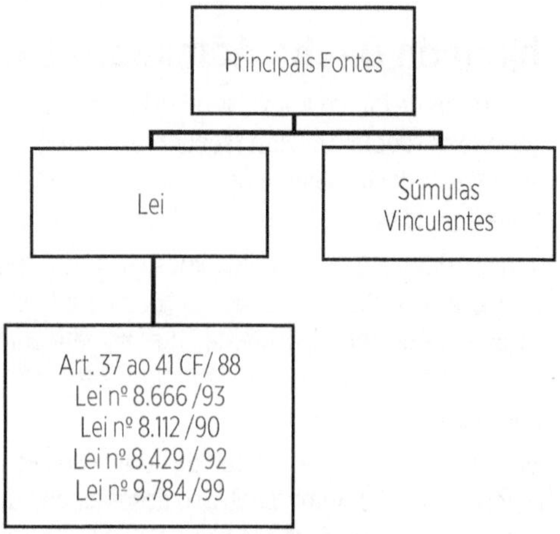

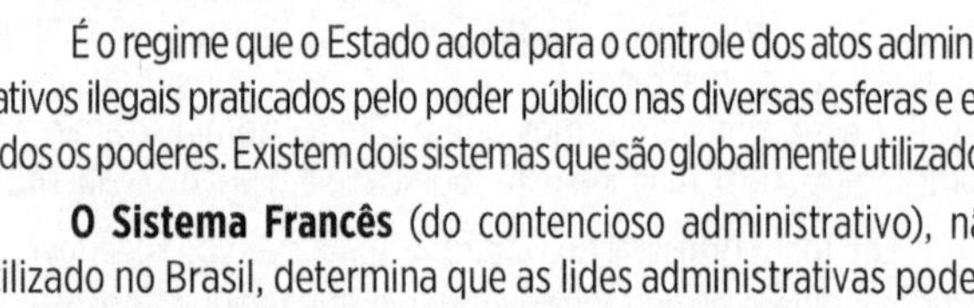

1.5 Sistemas Administrativos

É o regime que o Estado adota para o controle dos atos administrativos ilegais praticados pelo poder público nas diversas esferas e em todos os poderes. Existem dois sistemas que são globalmente utilizados.

O Sistema Francês (do contencioso administrativo), não utilizado no Brasil, determina que as lides administrativas podem transitar em julgado, ou seja, as decisões administrativas têm força de definibilidade. Nesse sentido, falamos em dualidade de jurisdição, já que existem tribunais administrativos e judiciais, cada qual com suas competências.

O Sistema Inglês, também chamado de jurisdicional único ou unicidade da jurisdição, é o sistema que atribui somente ao poder judiciário a capacidade de tomar decisões sobre a legalidade administrativa com caráter de coisa julgada ou definitividade.

O Direito Administrativo, no nosso sistema, não pode fazer coisa julgada e todas as decisões administrativas podem ser revistas pelo poder judiciário, pois somente ele pode dar resolução em caráter definitivo. Ou seja, não cabem mais recursos, por isso, falamos em trânsito em julgado das decisões judiciais e nunca das decisões administrativas.

> A Constituição Federal de 1988 adotou o sistema Inglês ou, o do não contencioso administrativo.

Via administrativa de curso forçado

São situações em que o particular é obrigado a seguir todas as vias administrativas até o fim, antes de socorrer ao poder judiciário. Isso é exceção, pois a regra é que, ao particular, é facultado socorrer ao poder judiciário, por força do Art. 5º, XXXV, da Constituição Federal.

> ***XXXV.*** *A lei não excluirá da apreciação do Poder Judiciário lesão ou ameaça a direito.*

Exemplos de via administrativa de curso forçado:

Aqui, o indivíduo deve esgotar as esferas administrativas obrigatoriamente antes de ingressar com ação no poder judiciário.

Justiça Desportiva: só são admitidas pelo poder judiciário ações relativas à disciplina e as competições desportivas depois de esgotadas as instâncias da Justiça Desportiva. Art. 217, § 1º, CF.

Ato Administrativo ou a Omissão da Administração Pública que contrarie Súmula Vinculante: só pode ser alvo de reclamação ao STF depois de esgotadas as vias administrativas. Lei nº 11.417/2006, Art. 7º, §1º.

***Habeas Data*:** é indispensável para caracterizar o interesse de agir no *Habeas Data* a prova anterior do indeferimento do pedido de informação de dados pessoais ou da omissão em atendê-lo sem que se confirme situação prévia de pretensão. *STF, HD, 22-DF Min. Celso de Mello.*

1.6 Regime Jurídico Administrativo

É o conjunto de normas e princípios de direito público que regulam a atuação da administração pública. Tais regras se fundamentam nos princípios da Supremacia e da Indisponibilidade do Interesse Público, conforme estudaremos adiante.

O Princípio da Supremacia do Interesse Público é o fundamento dos poderes da Administração Pública, afinal de contas, qualquer pessoa que tenha como fim máximo da sua atuação o interesse da coletividade, somente conseguirá atingir esses objetivos se dotadas de poderes especiais.

O Princípio da Indisponibilidade do Interesse Público é o fundamento dos deveres da Administração Pública, pois essa tem o dever de nunca abandonar o interesse público e de usar os seus poderes com a finalidade de satisfazê-lo.

Desses dois princípios decorrem todos os outros princípios e regras que se desdobram no regime jurídico administrativo.

1.7 Noções de Estado

Conceito de estado

Estado é a pessoa jurídica territorial soberana.

Pessoa: capacidade para contrair direitos e obrigações.

Jurídica: é constituída por meio de uma formalidade documental e não por uma mulher, tal como a pessoa física.

Territorial soberana: quer dizer que, dentro do território do Estado, esse detém a soberania, ou seja, sua vontade prevalece ante a das demais pessoas (sejam elas físicas ou jurídicas). Podemos definir soberania da seguinte forma: soberania é a independência na ordem internacional (lá fora ninguém manda no Estado) e supremacia na ordem interna (aqui dentro quem manda é o Estado).

Elementos do estado

Território: é a base fixa do Estado (solo, subsolo, mar, espaço aéreo).

Povo: é o componente humano do Estado.

Governo Soberano: é o responsável pela condução do Estado. Por ser tal governo soberano, ele não se submete a nenhuma vontade externa, pois, relembrando, lá fora o Estado é independente e aqui dentro sua vontade é suprema, afinal, a vontade do Estado é a vontade do povo.

Formas de estado

Temos duas formas de Estado:

Estado Unitário: é caracterizado pela centralização política; não existe divisão em estados membros ou municípios, há somente uma esfera política central que emana sua vontade para todo o país. É o caso do Uruguai.

Estado Federado: caracteriza-se pela descentralização política; existem diferentes entidades políticas autônomas que são distribuídas regionalmente e cada uma exerce o poder político dentro de sua área de competência. É o caso do Brasil.

Poderes do estado

Os poderes do Estado estão previstos no texto Constitucional.

> ***Art. 2º**. São Poderes da União, independentes e harmônicos entre si, o Legislativo, o Executivo e o Judiciário.*

Os poderes podem exercer as funções para que foram investidos pela Constituição Federal (funções típicas) ou executar cargos diversas das suas competências constitucionais (funções atípicas). Por esse motivo, não há uma divisão absoluta entre os poderes, e sim relativa, pois o poder Executivo pode executar suas funções típicas (administrar) e pode também iniciar o processo legislativo em alguns casos (pedido de vagas para novos cargos). Além disso, é possível até mesmo legislar no caso de medidas provisórias com força de lei.

Poderes	Funções Típicas	Funções Atípicas
Legislativo	Criar Leis Fiscalizar (Tribunal de Contas)	Administrar Julgar Conflitos
Executivo	Administrar	Criar Leis Julgar Conflitos
Judiciário	Julgar Conflitos	Administrar Criar Leis

É importante notar que a atividade administrativa está presente nos três poderes, por isso, o Direito Administrativo, por ser um dos ramos do Direito Público, disciplina não somente a atividade administrativa do Poder Executivo, mas também a do Poder Legislativo e do Judiciário.

1.8 Noções de Governo

O governo é atividade política e discricionária, tendo conduta independente. Governar está relacionado com a função política do Estado, a de comandar, de coordenar, de direcionar e de fixar planos e diretrizes de atuação do Estado. O governo é o conjunto de Poderes e órgãos constitucionais responsáveis pela função política do Estado.

O governo está diretamente ligado com as decisões tomadas pelo Estado. Exerce a direção suprema e geral, ao fazer uma analogia, podemos dizer que o governo é o cérebro do Estado.

Função de governo e função administrativa

É comum aparecer em provas de concursos públicos questões que confundem as ideias de governo e de administração pública. Para evitar esse erro, analisaremos as diferenças entre as expressões:

Segundo o jurista brasileiro, Hely Lopes Meirelles, o governo é uma atividade política e discricionária e tem conduta independente.

De acordo com ele, a administração é uma atividade neutra, normalmente vinculada à lei ou à norma técnica, e exercida mediante conduta hierarquizada.

Não podemos confundir Governo com Administração Pública, pois governo se encarrega de definir os objetivos do Estado e definir as políticas para o alcance desses objetivos; a Administração Pública se encarrega simplesmente em atingir os objetivos traçados pelo governo.

O governo atua mediante atos de soberania ou, pelo menos, de autonomia política na condução dos negócios públicos. A Administração é atividade neutra, normalmente vinculada à lei ou à norma técnica. Governo é conduta independente, enquanto a Administração é hierarquizada.

O Governo deve comandar com responsabilidade constitucional e política, mas sem responsabilidade técnica e legal pela execução. A administração age sem responsabilidade política, mas com responsabilidade técnica e legal pela execução dos serviços públicos.

Sistemas de governo

Sistema de governo se refere ao grau de dependência entre o poder legislativo e executivo.

Parlamentarismo

É caracterizado por uma grande relação de dependência entre o poder legislativo e o executivo.

A chefia do Estado e a do Governo são desempenhadas por pessoas distintas.

Chefe de Estado: responsável pelas relações internacionais.

Chefe de Governo: responsável pelas relações internas, o chefe de governo é o da Administração pública.

Presidencialismo

É caracterizado por não existir dependência, ou quase nenhuma, entre o Poder Legislativo e o Executivo.

A chefia do Estado e a do Governo são representadas pela mesma pessoa.

O Brasil adota o presidencialismo.

Formas de governo

Conforme Hely Meirelles, a forma de governo se refere à relação entre governantes e governados.

Monarquia

Hereditariedade: o poder é passado de pai para filho.

Vitaliciedade: o detentor do poder fica no cargo até a morte.

Ausência de prestação de contas.

República

Eletividade: o governante precisa ser eleito para chegar ao poder.

Temporalidade: ao chegar ao poder, o governante ficará no cargo por tempo determinado.

Dever de prestar contas.

O Brasil adota a república como forma de governo.

2. ADMINISTRAÇÃO PÚBLICA

Antes de fazermos qualquer conceituação doutrinária sobre Administração Pública, podemos entendê-la como a ferramenta utilizada pelo Estado para atingir os seus objetivos. O Estado possui objetivos, e quem escolhe quais são eles é o seu governo, pois a esse é que cabe a função política (atividade eminentemente discricionária) do Estado e que determina as suas vontades, ou seja, o Governo é o cérebro do Estado. Para poder atingir esses objetivos, o Estado precisa fazer algo, e o faz por meio de sua Administração Pública. Sendo assim, essa é a responsável pelo exercício das atividades públicas do Estado.

2.1 Classificação de Administração Pública

Sentido material/objetivo

Em sentido material ou objetivo, a Administração Pública compreende o exercício de atividades pelas quais se manifesta a função administrativa do Estado.

Compõe a Administração Pública material qualquer pessoa jurídica, seus órgãos e agentes que exercem as **atividades** administrativas do Estado. Como exemplo de tais atividades, há a prestação de serviços públicos, o exercício do poder de polícia, o fomento, a intervenção e as atividades da Administração Pública.

Essas são as chamadas atividades típicas do Estado e, pelo critério formal, qualquer pessoa que exerce alguma dessas é Administração Pública, não importa quem seja. Por esse critério, teríamos, por exemplo, as seguintes pessoas na Administração Pública:

> União, Estados, Municípios, DF, Autarquias, Fundações Públicas prestadoras de serviços públicos, Empresa Pública prestadora de serviço público, Sociedade de Economia Mista prestadora de serviços públicos e, ainda, as concessionárias, autorizatárias e permissionárias de serviço público.

Esse critério não é o adotado pelo Brasil. Assim sendo, a classificação feita acima não descreve a Administração Pública Brasileira, que, conforme veremos a seguir, adota o modelo formal de classificação.

Sentido formal/subjetivo

Em sentido formal ou subjetivo, a Administração Pública compreende o conjunto de órgãos e pessoas jurídicas encarregadas, por determinação legal, do exercício da função administrativa do Estado.

Pelo modelo formal, segundo Meirelles, a Administração Pública é o conjunto de entidades (pessoas jurídicas, seus órgãos e agentes) que o nosso ordenamento jurídico identifica como Administração Pública, pouco interessa a sua área de atuação, ou seja, pouco importa a atividade mas, sim, quem a desempenha.

A Administração Pública Brasileira que adota o modelo formal é classificada em Administração Direta e Indireta.

2.2 Organização da Administração

A Administração Pública foi definida pela Constituição Federal no Art. 37.

> ***Art. 37.*** *A Administração Pública direta e indireta de qualquer dos Poderes da União, dos Estados, do Distrito Federal e dos Municípios obedecerá aos princípios de legalidade, impessoalidade, moralidade, publicidade e eficiência e, também, ao seguinte:*

O Decreto-Lei nº 200/67 determina quem é Administração Pública Direta e Indireta.

> ***Art. 4º.*** *A Administração Federal compreende:*
>
> ***I.*** *A Administração Direta, que se constitui dos serviços integrados na estrutura administrativa da Presidência da República e dos Ministérios.*
>
> ***II.*** *A Administração Indireta, que compreende as seguintes categorias de entidades, dotadas de personalidade jurídica própria:*
>
> ***a)*** *Autarquias;*
>
> ***b)*** *Empresas Públicas;*
>
> ***c)*** *Sociedades de Economia Mista.*
>
> ***d)*** *Fundações públicas.*

Dessa forma, temos somente quatro pessoas que representam a Administração Direta e nenhuma outra. São consideradas pessoas jurídicas de direito público e possuem várias características. As pessoas da Administração Direta recebem o nome de pessoas políticas do estado.

A Administração Indireta também representa um rol taxativo e não cabe ampliação. Existem quatro pessoas da Administração Indireta e nenhuma outra; elas possuem características marcantes. Contudo, não possuem a mais importante e que diferencia das pessoas políticas do Estado, ou seja, a capacidade de legislar (capacidade política).

2.3 Administração Direta

A Administração Direta é representada pelas entidades políticas. São elas: União, Estados, DF e os Municípios.

A definição no Brasil foi feita pelo Decreto-Lei nº 200/67, que dispõe sobre a organização da Administração Federal e estabelece diretrizes para a Reforma Administrativa.

É importante observar que esse decreto dispõe somente sobre a Administração Pública Federal, todavia, pela aplicação do princípio da simetria, tal regra é aplicada uniformemente por todo o território nacional. Assim sendo, tal classificação utilizada nesse decreto define expressamente a Administração Pública Federal e também, implicitamente, a Administração Pública dos demais entes da federação.

Os entes políticos possuem autonomia política (capacidade de legislar), administrativa (capacidade de auto-organizar-se) e capacidade financeira (capacidade de julgar as próprias contas). Não podemos falar aqui em hierarquia entre os entes, mas sim em cooperação, pois um não dá ordens aos outros, visto que eles são autônomos.

Características

São pessoas jurídicas de direito público interno – tem autonomia.

- Unidas formam a República Federativa do Brasil: pessoa jurídica de direito público externo –tem soberania (independência na ordem externa e supremacia na interna).
- Regime jurídico de direito público.
- Autonomia Política: Administrativa e Financeira.
- Sem subordinação: atuam por cooperação.
- Competências: hauridas da CF.
- Responsabilidade civil - regra - objetiva.
- Bens: públicos, não pode ser objeto de sequestro, arresto, penhora etc.
- Débitos judiciais: são pagos por precatórios.
- Regime de pessoal: regime jurídico único.
- Competência para julgamento de ações judiciais.
  - União = Justiça Federal.
  - Demais Entes Políticos = Justiça Estadual.

2.4 Noção de Centralização, Descentralização e Desconcentração

Centralização Administrativa: órgãos e agentes trabalhando para a Administração Direta.

Descentralização Administrativa: técnica administrativa em que a Administração direta passa a atividade administrativa, serviço ou obra pública para outras pessoas jurídicas ou físicas (para pessoa física somente por delegação por colaboração). A descentralização pode ser feita por outorga legal (titularidade + execução) ou diante delegação por colaboração (somente execução). A outorga legal cria as pessoas da Administração Indireta. A Delegação por colaboração gera os concessionários, permissionários e Autorizatários de serviços públicos:

- **Descentralização por Outorga Legal** (também chamada de descentralização técnica, por serviços, ou funcional): é feita por lei e transfere a titularidade e a execução da atividade administrativa por prazo indeterminado para uma pessoa jurídica integrante da administração indireta.
- **Descentralização por Delegação** (também chamada de descentralização por colaboração): é feita em regra por um contrato administrativo e, nesses casos, depende de licitação; também pode acontecer descentralização por delegação por meio de um ato administrativo. Transfere somente a execução da atividade administrativa, e não a sua titularidade, por prazo determinado para um particular, pessoa física ou jurídica.

Outorga Legal

- Feita por lei;
- Transfere a titularidade e a execução do serviço público;
- Não tem prazo.

Delegação

- Feita por contrato, exceto as autorizações;
- Os contratos dependem de licitação;
- Transfere somente a execução do serviço público e não a titularidade;
- Há fiscalização do Poder Público. Tal fiscalização decorre do exercício do poder disciplinar;
- Tem prazo.
- **Desconcentração administrativa**: técnica de subdivisão de órgãos públicos para que melhor desempenhem o serviço público ou atividade administrativa. Em outras palavras, na desconcentração, a Pessoa Jurídica distribui competências no âmbito de sua própria estrutura. É a distribuição de competências entre os diversos órgãos integrantes da estrutura de uma pessoa jurídica da Administração Pública. Somente ocorre na Administração Direta ou Indireta, jamais para particulares, uma vez que não existem órgãos públicos entre particulares.

2.5 Administração Indireta

Pessoas / Entes / Entidades Administrativas

- **F**undações Públicas;
- **A**utarquias;
- **S**ociedades de Economia Mista;
- **E**mpresas Públicas.

Características

- Tem personalidade jurídica própria;
- Tem patrimônio e receita próprios;
- Tem autonomia:
  - Administrativa;
  - Técnica;
  - Financeira.

Obs.:

- > Não tem autonomia política;.
- > Finalidade definida em lei;
- > Controle do Estado.

Não há subordinação nem hierarquia entre os entes da administração direta e indireta, mas sim, vinculação que se manifesta por meio da **supervisão ministerial** realizada pelo ministério ou secretaria da pessoa política responsável pela área de atuação da entidade administrativa. Tal supervisão tem por finalidade o exercício do denominado **controle finalístico** ou **poder de tutela**.

Em alguns casos, a entidade administrativa pode estar diretamente vinculada à chefia do poder executivo e, nesse contexto, caberá a essa chefia o exercício do controle finalístico de tal entidade.

- > São frutos da descentralização por outorga legal.
- > Nomeação de Dirigentes.

Os dirigentes das entidades administrativas são nomeados pelo chefe do poder a que está vinculada a respectiva entidade, ou seja, as entidades administrativas ligadas ao poder executivo federal têm seus dirigentes nomeados pelo chefe de tal poder, que, nesse caso, é o(a) Presidente(a) da República.

É válido lembrar que, em todos os poderes, existe a função administrativa no executivo, de forma típica, e nos demais poderes, de forma atípica. Além disso, a função administrativa de todos os poderes é exercida pela sua Administração Pública (Administração Direta e Indireta), assim sendo, existe Administração Pública Direta e Indireta nos três poderes e, caso uma entidade administrativa seja vinculada ao Poder Legislativo ou Judiciário, caberá ao chefe do respectivo poder a nomeação de tal dirigente.

Excepcionalmente, a nomeação de um dirigente pode depender ainda de aprovação do Poder Legislativo. Na esfera federal, temos como exemplo a nomeação dos dirigentes das agências reguladoras. Tais nomeações são feitas pelo Presidente da República e, para terem efeito, dependem de aprovação do Senado Federal.

Via de regra, lembraremos que a nomeação do dirigente de uma entidade administrativa é feita pelo chefe do Poder Executivo, sendo que, em alguns casos, é necessária a prévia aprovação de outro poder. Excepcionalmente, o Judiciário e o Legislativo poderão nomear dirigentes para essas entidades, desde que vinculadas ao respectivo poder.

Criação dos entes da administração indireta

A instituição das entidades administrativas depende sempre de uma lei ordinária específica. Essa lei pode criar a entidade administrativa. Nesse caso, nasce uma pessoa jurídica de direito público, as autarquias. A lei também pode autorizar a criação das entidades administrativas. Nessa circunstância, nascem as demais entidades da administração indireta: fundações públicas, empresas públicas e sociedades de economia mista. Pelo fato dessas entidades serem autorizadas por lei, elas são pessoas jurídicas de Direito Privado.

A lei que cria ou que autoriza a criação de uma entidade administrativa é uma **lei ordinária específica.**

Quando a lei autoriza a criação de uma entidade da Administração Indireta, a sua construção será consumada após o registro na serventia registral pertinente (cartório ou junta comercial, conforme o caso).

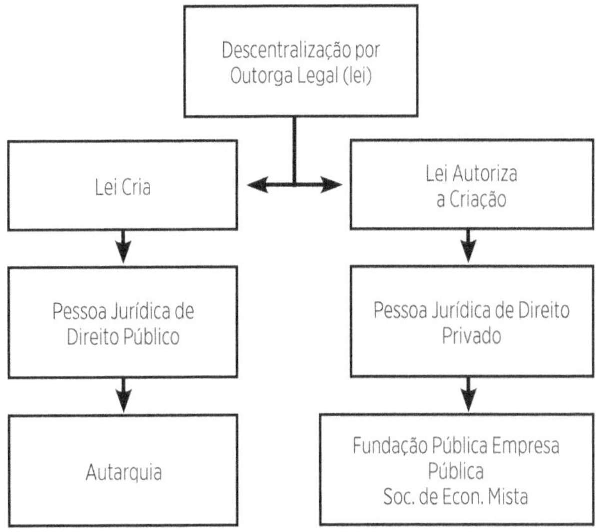

Extinção dos entes da administração indireta:

- > Só lei revoga lei.
- > Se a lei cria, a lei extingue.
- > Se a lei autoriza a criação, autoriza também a extinção.

Relação da administração pública direta com a indireta

As entidades compreendidas na Administração Indireta vinculam-se ao Ministério em cuja área de competência estiver enquadrada sua principal atividade. Dessa forma, não há que se falar em hierarquia ou subordinação, mas, sim vinculação.

A vinculação entre a Administração Direta e a Administração Indireta gera o chamado controle finalístico ou supervisão ministerial. Assim, a Administração Direta não pode intervir nas decisões da Indireta, salvo se ocorrer a chamada fuga de finalidade.

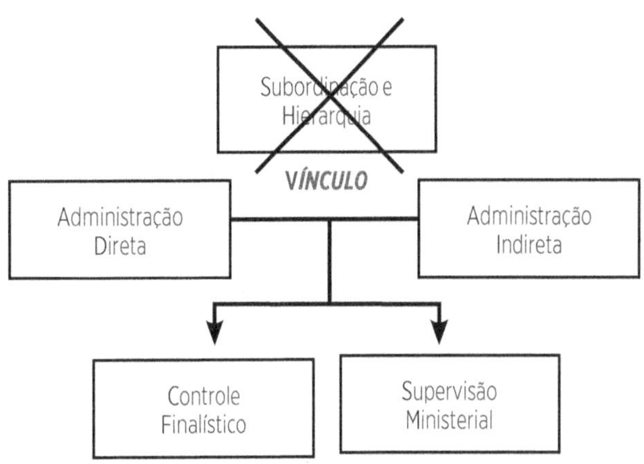

Autarquias

Autarquia é a pessoa jurídica de direito público, criada por lei, com capacidade de autoadministração, para o desempenho de serviço público descentralizado (atividade típica do Estado). É o próprio serviço público personificado.

Vejamos a seguir as suas características:

Personalidade Jurídica: Direito Público.

- > Recebem todas as prerrogativas do Direito Público.

Finalidade: atividade típica do Estado.

Regime Jurídico: público.

Responsabilidade Civil: objetiva.

Bens: públicos (não podem ser objeto de penhora, arresto, sequestro).

> Ao serem constituídas, recebem patrimônio do Ente Instituidor e, a partir desse momento, seguem com sua autonomia.

Débitos Judiciais: pagamento por precatórios.

Regime de Pessoal: regime jurídico único.

Competência para o julgamento de suas ações judiciais:

> Autarquia Federal = Justiça Federal.

> Outras Esferas = Justiça Estadual.

Ex.: INSS, Banco Central do Brasil.

Espécies de autarquias

Comum ou Ordinária (de Acordo com Decreto-Lei nº 200/67)

São as autarquias que recebem as características principais, ou seja, criadas diretamente por lei, pessoas jurídicas de direito público e que desempenham um serviço público especializado; seu ato constitutivo é a própria lei.

Sob Regime Especial

As autarquias em regime especial são submetidas a um regime jurídico peculiar, diferente do jurídico relativo às autarquias comuns.

Por autarquia comum deve-se entender as ordinárias, aquelas que se submetem a regime jurídico comum das autarquias. Na esfera federal, o regime jurídico comum das autarquias é o Decreto-Lei nº 200/67.

Se a autarquia além das regras do regime jurídico comum ainda é alcançada por alguma regra especial, peculiar às suas atividades, será considerada uma autarquia em regime especial.

Agências Reguladoras

São responsáveis por regular, normatizar e fiscalizar determinados serviços públicos que foram delegados ao particular. Em razão dessa característica, elas têm mais liberdade e maior autonomia, se comparadas com as Autarquias comuns.

Ex.: ANCINE, ANA, ANAC, ANTAQ, ANATEL, ANEEL, ANP, ANTT.

Autarquia Territorial

É classificado como Autarquia Territorial, o espaço que faça parte do território da União, mas que não se enquadre na definição de Estado membro, DF ou município. No Brasil atual, não existem exemplos de Autarquias Territoriais, mas elas podem vir a ser criadas. Nesse caso, esses Territórios fazem parte da Administração Direta e são Autarquias Territoriais, pois são criados por lei e assumem personalidade jurídica de direito público.

Associações Públicas (Autarquias Interfederativas ou Multifederativas)

Também chamada de consórcio público de Direito Público.

O consórcio público é a pessoa jurídica formada exclusivamente por entes da Federação, na forma da Lei nº 11.107, de 2005, para estabelecer relações de cooperação federativa, inclusive a realização de objetivos de interesse comum, constituída como associação pública, com personalidade jurídica de direito público e natureza autárquica, ou como pessoa jurídica de direito privado, sem fins econômicos.

Sendo assim, não é todo consórcio público que representa uma Autarquia Interfederativa, mas somente os públicos de Direito Público.

Autarquia Fundacional ou Fundação Autárquica

As Fundações Públicas de Direito Público (exceção) são consideradas, na verdade, uma espécie de autarquia.

Agências Executivas

As agências executivas não se configuram como pessoas jurídicas, menos ainda outra classificação qualquer. Representam, na prática, um título que é dado às autarquias e fundações públicas que assinam contrato de gestão com a Administração Pública. Art. 37, §8º.

Conselhos fiscalizadores de profissões são considerados autarquias. Contudo, comportam uma exceção muito importante:

ADI 3.026-DF Min. Eros Graus. 08/06/2006. OAB: Considerada entidade sui generis, um serviço independente não sujeita ao controle finalístico da Administração Direta.

Fundação pública

A Fundação Pública é a entidade dotada de personalidade jurídica de Direito Privado, sem fins lucrativos, criada em virtude de autorização legislativa, para o desenvolvimento de atividades que não exijam execução por órgãos ou entidades de direito público, com autonomia administrativa, patrimônio próprio gerido pelos respectivos órgãos de direção e funcionamento custeado por recursos da União e de outras fontes.

Regra

> Autorizada por lei;

> Pessoa jurídica de Direito Privado;

> Depende de registro dos atos constitutivos na junta comercial;

> Depende de lei complementar que especifique o campo de atuação.

Exceção

> Criada diretamente por lei;

> Pessoa jurídica de direito público;

> Possui um capital personalizado (diferença meramente conceitual);

> Considerada pela doutrina como autarquia fundacional.

As fundações públicas de Direito Público, são espécie de autarquia, sendo chamadas pela doutrina como autarquias fundacionais.

Características

- **Personalidade Jurídica:** Direito Privado.
- **Finalidade:** lei complementar definirá – Sem fins lucrativos.
- **Regime Jurídico:** Híbrido (regras de Direito Público + Direito Privado) incontroverso.
- **Responsabilidade Civil:** se for prestadora de serviço público é objetiva, caso contrário é subjetiva.
- **Bens Privados, com exceção:** bens diretamente ligados à prestação de serviço público são bens públicos.
- **Débitos Judiciais:** são pagos por meio do seu patrimônio, com exceção dos bens diretamente ligados à prestação de serviços públicos, que são bens públicos e não se submetem a pagamento de débitos judiciais.
- **Regime de Pessoal:** Regime Jurídico **Único.**

Competência para o julgamento de suas ações judiciais:

- » Justiça Federal.
- » Outras esferas = Justiça Estadual.
- » IBGE, Biblioteca Nacional, FUNAI.

Empresas públicas e sociedades de economia mista

São pessoas jurídicas de Direito Privado, criadas pela Administração Direta por meio de autorização da lei, com o respectivo registro, para a prestação de serviços públicos ou a exploração da atividade econômica.

A Lei 13.303/16 dispõe sobre o estatuto jurídico da empresa pública, da sociedade de economia mista e de suas subsidiárias, no âmbito da União, dos Estados, do Distrito Federal e dos Municípios.

A referida lei apresenta os seguintes conceitos:

> ***Art. 3º*** *Empresa pública é a entidade dotada de personalidade jurídica de direito privado, com criação autorizada por lei e com patrimônio próprio, cujo capital social é integralmente detido pela União, pelos Estados, pelo Distrito Federal ou pelos Municípios.*
>
> ***Art. 4º*** *Sociedade de economia mista é a entidade dotada de personalidade jurídica de direito privado, com criação autorizada por lei, sob a forma de sociedade anônima, cujas ações com direito a voto pertençam em sua maioria à União, aos Estados, ao Distrito Federal, aos Municípios ou a entidade da administração indireta.*

Empresas públicas e sociedades de economia mista exploradoras da atividade econômica

Segundo o Art. 173 da Constituição Federal:

> ***Art. 173.*** *Ressalvados os casos previstos nesta Constituição, a exploração direta de atividade econômica pelo Estado só será permitida quando necessária aos imperativos da segurança nacional ou a relevante interesse coletivo, conforme definidos em lei.*
>
> ***§ 1º*** *- A lei estabelecerá o estatuto jurídico da Empresa Pública, da sociedade de economia mista e de suas subsidiárias que explorem atividade econômica de produção ou comercialização de bens ou de prestação de serviços, dispondo sobre:*
>
> ***I.*** *Sua função social e formas de fiscalização pelo Estado e pela sociedade;*
>
> ***II.*** *A sujeição ao regime jurídico próprio das empresas privadas, inclusive quanto aos direitos e obrigações civis, comerciais, trabalhistas e tributários;*
>
> ***III.*** *Licitação e contratação de obras, serviços, compras e alienações, observados os princípios da Administração Pública;*
>
> ***IV.*** *A constituição e o funcionamento dos conselhos de administração e fiscal, com a participação de acionistas minoritários;*
>
> ***V.*** *Os mandatos, a avaliação de desempenho e a responsabilidade dos administradores.*
>
> ***§ 2º*** *- As empresas públicas e as sociedades de economia mista não poderão gozar de privilégios fiscais não extensivos às do setor privado.*
>
> ***§ 3º*** *- A lei regulamentará as relações da Empresa Pública com o Estado e a sociedade.*
>
> ***§ 4º*** *- A lei reprimirá o abuso do poder econômico que vise à dominação dos mercados, à eliminação da concorrência e ao aumento arbitrário dos lucros.*
>
> ***§ 5º*** *- A lei, sem prejuízo da responsabilidade individual dos dirigentes da pessoa jurídica, estabelecerá a responsabilidade desta, sujeitando-a às punições compatíveis com sua natureza, nos atos praticados contra a ordem econômica e financeira e contra a economia popular.*

Empresas públicas e sociedades de economia mista prestadoras de serviço público

Essas entidades são criadas para a exploração da atividade econômica em sentido amplo, o que inclui o exercício delas em sentido estrito e também a prestação de serviços públicos que podem ser explorados com o intuito de lucro.

Segundo o Art. 175 da Constituição Federal:

> ***Art. 175.*** *Incumbe ao Poder Público, na forma da lei, diretamente ou sob regime de concessão ou permissão, sempre através de licitação, a prestação de serviços públicos.*
>
> ***Parágrafo único.*** *A lei disporá sobre:*
>
> ***I.*** *O regime das empresas concessionárias e permissionárias de serviços públicos, o caráter especial de seu contrato e de sua prorrogação, bem como as condições de caducidade, fiscalização e rescisão da concessão ou permissão;*
>
> ***II.*** *Os direitos dos usuários;*
>
> ***III.*** *Política tarifária;*
>
> ***IV.*** *A obrigação de manter serviço adequado.*

Não se inclui nessa categoria os serviços públicos relativos aos direitos sociais, pois esses não podem ser prestados com o intuito de lucro pelo Estado e, também, não são de titularidade exclusiva do Estado, podendo ser livremente explorados por particulares.

Características comuns das empresas públicas e sociedades de economia mista

Personalidade Jurídica: Direito Privado.

Finalidade: prestação de serviço público ou a exploração da atividade econômica.

Regime Jurídico Híbrido: se for prestadora de serviço público, o regime jurídico é mais público; se for exploradora da atividade econômica, o regime jurídico é mais privado.

Responsabilidade Civil: se for prestadora de serviço público, a responsabilidade civil é objetiva, se for exploradora da atividade econômica, a civil é subjetiva.

Bens Privados, com exceção: bens diretamente ligados à prestação de serviço público são bens públicos.

Débitos Judiciais: são pagos por meio do seu patrimônio, com exceção dos bens diretamente ligados à prestação de serviços públicos, que são bens públicos e não se submetem a pagamento de débitos judiciais.

Regime de Pessoal: CLT – Emprego Público.

Exemplo de Empresa Pública: Caixa Econômica Federal, Correios.

Exemplo de Sociedade de Economia Mista: Banco do Brasil e Petrobras.

Sociedade de economia mista

A Sociedade de Economia Mista é uma entidade dotada de personalidade jurídica de Direito Privado, autorizada por lei para a exploração de atividade econômica, sob a forma de sociedade anônima, cujas ações com direito a voto pertençam em sua maioria à União ou a entidade da Administração Indireta:

> Autorizada por lei;

> Pessoa jurídica de Direito Privado;

> Capital 50% + 1 ação no controle da Administração Pública;

> Constituição obrigatória por Sociedade Anônima (S.A.);

> Competência da Justiça Estadual.

Empresa pública

Entidade dotada de personalidade jurídica de Direito Privado, com patrimônio próprio e capital exclusivo da União, autorizado por lei para a exploração de atividade econômica que o Governo seja levado a exercer por força de contingência ou de conveniência administrativa, podendo revestir-se de qualquer das formas admitidas em direito.

> Autorizado por lei;

> Pessoa jurídica de Direito Privado;

> 100% na constituição de capital público;

> Constituído de qualquer forma admitido em direito;

> Competência da Justiça Federal.

Esse quadro foi desenvolvido para memorização das características mais importantes das pessoas da Administração Pública indireta.

Tabela Comparativa das Características dos Entes da Administração Pública

CARACTERÍSTICA	ENTIDADES POLÍTICAS	AUTARQUIA	FUNDAÇÃO PÚBLICA	EMPRESA PÚBLICA	SOCIEDADE DE ECONOMIA MISTA
PERSONALIDADE JURÍDICA	Direito Público	Direito Público	Direito Privado	Direito Privado	Direito Privado
FINALIDADE	Competências constitucionais	Atividade típica do Estado	Lei Complementar definirá	Exploração da atividade econômica OU prestação de serviço público	Exploração da atividade econômica OU prestação de serviço público
REGIME JURÍDICO	Direito Público	Direito Público	Híbrido: se PSP + público. Caso desenvolva outra atividade, mais privado.	Híbrido: se EAE + privado; se PSP + público	Híbrido: se EAE + privado; se PSP + público
RESPONSABILIDADE CIVIL	Objetiva: ação Subjetiva: omissão	Objetiva: ação Subjetiva: omissão	PSP = Objetiva, nos demais casos, subjetiva	PSP = Objetiva, EAE = Subjetiva	PSP = Objetiva, EAE = Subjetiva
BENS	Públicos	Públicos	Privados, exceção: bens diretamente ligados à prestação de serviços públicos são bens públicos.	Privados, exceção: bens diretamente ligados à prestação de serviços públicos são bens públicos.	Privados, exceção: bens diretamente ligados à prestação de serviços públicos são bens públicos.
DÉBITOS JUDICIAIS	Precatórios	Precatórios	Patrimônio	Patrimônio	Patrimônio
REGIME DE PESSOAL	Regime Jurídico Único	Regime Jurídico Único	Regime Jurídico Único	CLT	CLT
COMPETÊNCIA PARA JULGAMENTO	União: Justiça Federal; Demais: Justiça Estadual.	Federal: Justiça Federal; Demais: Justiça Estadual.	Federal: Justiça Federal; Demais: justiça Estadual.	Federal: Justiça Federal; Demais: justiça Estadual.	Todas: Justiça Estadual.

* EAE: Exploração da Atividade Econômica.
* PSP: Prestação de Serviço Público.

Questões

01. (CESPE) Em sentido subjetivo, a administração pública compreende o conjunto de órgãos e de pessoas jurídicas ao qual a lei confere o exercício da função administrativa do Estado.

Certo ( ) Errado ( )

02. (CESPE) A administração direta compreende os órgãos e as pessoas jurídicas de direito público que prestam serviços típicos do Estado; no âmbito federal, integram a administração direta os ministérios e as autarquias.

Certo ( ) Errado ( )

03. (CESPE) A desconcentração administrativa consiste na distribuição interna de competências, no âmbito de uma mesma pessoa jurídica; a descentralização administrativa pressupõe a distribuição de competência para outra pessoa, física ou jurídica.

Certo ( ) Errado ( )

04. (CESPE) A delegação ocorre quando a entidade da administração, encarregada de executar um ou mais serviços, distribui competências no âmbito da própria estrutura, a fim de tornar mais ágil e eficiente a prestação dos serviços.

Certo ( ) Errado ( )

05. (CESPE) A administração direta é o conjunto de órgãos que integram a União e exercem seus poderes e competências de modo centralizado, ao passo que a administração indireta é formada pelo conjunto de pessoas administrativas, como autarquias e empresas públicas, que exercem suas atividades de forma descentralizada.

Certo ( ) Errado ( )

06. (CESPE) As entidades compreendidas na administração indireta subordinam-se ao ministério em cuja área de competência estiver enquadrada sua principal atividade, mantendo com esse uma relação hierárquica de índole político-administrativa, mas não funcional.

Certo ( ) Errado ( )

07. (CESPE) As pessoas integrantes da administração indireta podem ser autorizadas e instituídas somente por lei, cujo teor deverá abordar a atividade descentralizada a ser exercida, e serão submetidas ao controle da administração direta da pessoa política a que são vinculadas.

Certo ( ) Errado ( )

08. (CESPE) A autarquia é uma pessoa jurídica criada somente por lei específica para executar funções descentralizadas típicas do Estado.

Certo ( ) Errado ( )

09. (CESPE) Como pessoas jurídicas de direito público, as autarquias têm personalidade jurídica, patrimônio e receita próprios e são criadas com a finalidade de desempenhar atividades próprias e típicas da administração pública.

Certo ( ) Errado ( )

10. (CESPE) A autarquia age por delegação.

Certo ( ) Errado ( )

Gabaritos

01	CERTO	06	ERRADO
02	ERRADO	07	CERTO
03	CERTO	08	CERTO
04	ERRADO	09	CERTO
05	CERTO	10	ERRADO

3. ÓRGÃO PÚBLICO

Neste capítulo, aprenderemos a respeito dos órgãos públicos, sua finalidade, seu papel na estrutura da Administração Pública, bem como as diversas teorias e classificações relativas ao tema. Começaremos a partir das teorias que buscam explicar o que é o órgão público.

3.1 Teorias

São três as teorias criadas para caracterizar e conceituar a ideia de órgão público: a Teoria do Mandato, Teoria da Representação e Teoria Geral do Órgão.

Teoria do mandato

Essa teoria preceitua que o agente, pessoa física, funcionaria como o mandatário da pessoa jurídica, agindo sob seu nome e com a responsabilidade dela, em razão de outorga específica de poderes (não adotado).

Teoria da representação

O agente funcionaria como um tutor ou curador do Estado, que representaria nos atos que necessita participar (não adotado).

Teoria geral do órgão

Tem-se presunção de que a pessoa jurídica exteriora sua vontade por meio dos órgãos, os quais são parte integrante da própria estrutura da pessoa jurídica, de tal modo que, quando os agentes que atuam nesses órgãos manifestam sua vontade, considera-se que essa foi manifestada pelo próprio Estado. Falamos em imputação da atuação do agente, pessoa natural, à pessoa jurídica (adotado pela CF/88).

Alguns órgãos possuem uma pequena capacidade, que é impetrar mandado de segurança para garantir prerrogativas próprias. Contudo, somente os órgãos independentes e autônomos têm essa capacidade.

Segundo o doutrinador Hely Lopes Meirelles, os órgãos não possuem personalidade jurídica, tampouco vontade própria, agem em nome da entidade a que pertencem, mantendo relações entre si e com terceiros, e não possuem patrimônio próprio. Os órgãos manifestam a vontade da Pessoa Jurídica à qual pertencem; os agentes, quando atuam para o Estado, dizemos que estão em imputação à pessoa jurídica a qual estão efetivamente ligados. Assim, falamos em imputação à pessoa jurídica.

Constatamos que órgãos são meros centros de competência, e os agentes que trabalham nesses órgãos estão em imputação à pessoa jurídica a que estão ligados; suas ações são imputadas ao ente federativo. Assim, quando um servidor público federal atua, suas ações são imputadas (como se o próprio Estado estivesse agindo) à União, pois o agente é ligado a um órgão que pertence a esse ente.

Ex.: Quando um Policial Federal está trabalhando, ele é um agente público que atua dentro de um órgão (Departamento de Polícia Federal) e suas ações, quando feitas, são consideradas como se a União estivesse agindo. Por esse motivo, os atos que gerem prejuízo a terceiros são imputados a União, ou seja, é a União que paga o prejuízo e, depois, entra com ação regressiva contra o agente público.

3.2 Características

Não possui personalidade jurídica

Muitas pessoas se assustam com essa regra devido ao fato de o órgão público ter CNPJ, realizar licitações e também por celebrar contratos públicos. Todavia, essas situações não devem ser levadas em consideração nesse momento.

O CNPJ não é suficiente para conferir personalidade jurídica para o órgão público, a sua instituição está ligada ao direito tributário, e realmente o órgão faz licitação, celebra contratos, mas ele não possui direitos, não é responsável pela conduta dos seus agentes e tudo isso por que ele não possui personalidade jurídica, órgão público não é pessoa.

Integram a estrutura da pessoa jurídica que pertencem

O órgão público é simplesmente o integrante da estrutura corporal (orgânica) da pessoa jurídica a que está ligado. O órgão público é para a pessoa jurídica a que está ligado, o que o coração, os rins, o fígado, o estômago e o pulmão, dentre tantos outros órgãos do corpo humano são para nós, essenciais.

- Não possui capacidade processual, salvo os órgãos independentes e autônomos que podem impetrar Mandado de Segurança em defesa de suas prerrogativas constitucionais, quando violadas por outro órgão.
- Não possui patrimônio próprio.
- São hierarquizados.
- São frutos da desconcentração.
- Estão presentes na Administração Direta e Indireta.
- Criação e extinção: por meio de Lei.
- Estruturação: pode ser feita por meio de decreto autônomo, desde que não impliquem em aumento de despesas.
- Os agentes que trabalham nos órgãos estão em imputação à pessoa jurídica que estão ligados.

3.3 Classificação

Dentre as diversas classificações pertinentes ao tema, a partir de agora, abordaremos as classificações quanto à posição estatal que leva em consideração a relação de subordinação e hierarquia, a estrutura que se relaciona com a desconcentração e a composição ou atuação funcional que se relaciona com a quantidade de agentes que agem e manifestam vontade em nome do órgão.

Posição estatal

Quanto à posição estatal, os órgãos são classificados em independentes, autônomos, superiores e subalternos:

Órgãos independentes

- São considerados o mais alto escalão do Governo.
- Não exercem subordinação.
- Seus agentes são inseridos por eleição.

- Têm suas competências determinadas pelo texto constitucional.
- Possuem alguma capacidade processual.

Órgãos autônomos

- São classificados como órgãos diretivos.
- Possuem capacidade administrativa, financeira e técnica.
- São exemplos os Ministérios e as Secretarias.
- Possuem alguma capacidade processual.

Órgãos superiores

- São órgãos de direção, controle e decisão.
- Não possuem autonomia administrativa ou financeira.
- Exemplos são as coordenadorias, gabinetes, etc.

Subalternos

- Exercem atribuições de mera execução.
- Exercem reduzido poder decisório.
- São exemplos as seções de expediente ou de materiais.

Estrutura

A classificação quanto à estrutura leva em consideração, a partir do órgão analisado, se existe ou não um processo de desconcentração, se há ramificações que levam a órgãos subordinados ao órgão analisado.

Simples: são aqueles que representam um só centro de competências, sem ramificações, independentemente do número de cargos.

Composto: são aqueles que reúnem em sua estrutura diversos órgãos, ou seja, existem ramificações.

A Presidência da República é um órgão composto, pois dela se origina outros órgãos de menor hierarquia, dentre esses o Ministério da Justiça, por exemplo, que também é órgão composto, pois, a partir dele, tem-se novas ramificações, tais como o Departamento Penitenciário Nacional, o Departamento de Polícia Federal, entre outros .

A partir da Presidência da República, tem-se também um órgão chamado de gabinete, e esse é considerado simples, pois a partir dele não há novos órgãos, ou seja, não nasce nenhuma ramificação a partir do gabinete da Presidência da República.

Atuação funcional/composição

Os órgãos públicos podem ser classificados em singulares ou colegiados:

Órgãos Singulares ou Unipessoais: a sua atuação ou decisões são atribuições de um único agente.

Ex.: Presidência da República.

Órgão Colegiado ou Pluripessoal: a atuação e as decisões dos órgãos colegiados acontecem mediante obrigatória manifestação conjunta de seus membros.

Ex.: Congresso Nacional, Tribunais de Justiça.

3.4 As Paraestatais

A expressão "paraestatais" gera divergência em nosso ordenamento jurídico, sendo que podemos mencionar três posicionamentos:

As Paraestatais são as Autarquias - posição de José Cretella Júnior – entendimento ultrapassado.

As Paraestatais são: as Fundações Públicas, Empresas Públicas, Sociedades de Economia Mista e os Serviços Sociais Autônomos – posição de Hely Lopes Meirelles - corrente minoritária.

As Paraestatais são os serviços sociais autônomos, as fundações de apoio, as organizações sociais – OS, as organizações da sociedade civil de interesse público – OSCIP'S e as organizações da sociedade civil – OSCs – posição de Maria Silvia Zanella di Pietro, entre outros - é o entendimento majoritário.

Obs.: nesse terceiro sentido, as paraestatais equivalem ao chamado terceiro setor. O primeiro setor é o Estado e o segundo setor é o mercado (iniciativa privada que visa ao lucro).

Serviços Sociais Autônomos – são pessoas jurídicas de direito privado sem fins lucrativos, instituídas por lei e vinculadas a categorias profissionais, sendo mantidas por dotações orçamentárias ou contribuições parafiscais. É o chamado sistema "S".

Ex.: SESI, SESC, SENAI, SENAC, SEBRAE etc. Não integram a Administração Pública nem direta e nem indireta.

Fundações de Apoio - segundo a professora Odete Medauar, são pessoas jurídicas de direito privado que se destinam a colaborar com instituições de ensino e pesquisa, sendo instituídas por professores, pesquisadores ou universitários (ver Lei 8.958/94). Exemplos: FUVEST, FIPE, CNPQ etc.

Organizações Sociais e Organizações da Sociedade Civil de Interesse Público – são pessoas jurídicas de direito privado sem fins lucrativos, instituídas por particulares que desempenham serviços não exclusivos de Estado, como a saúde, cultura, preservação do meio ambiente, etc.

→ **Características comuns entre as Organizações Sociais (Lei 9.637/98) e as Organizações da Sociedade Civil de Interesse Público (Lei 9.790/99).**

- São pessoas jurídicas de direito privado.
- Sem fins lucrativos.
- Instituídas por particulares.
- Desempenham serviços não exclusivos de Estado.
- Não integram a Administração Pública (seja direta ou indireta).
- Ambas integram o chamado terceiro setor.
- Sujeitam-se ao controle da Administração Pública e do Tribunal de Contas.
- Gozam de imunidade tributária, desde que atendidos os requisitos legais, conforme prevê o Art. 150, VI, "c", da CF/88.

Principais diferenças entre OS e OSCIPs

Organizações Sociais	Organizações da Sociedade Civil de Interesse Público
- o vínculo com o Estado se dá por Contrato de Gestão;	- o vínculo com o Estado se dá por Termo de Parceria;
- o ato de qualificação é discricionário, dado pelo Ministro da pasta competente;	- o ato de qualificação é vinculado, dado pelo Ministro da Justiça;
- pode ser contratada pela Administração com dispensa de licitação (hipótese de licitação dispensável);	- não há essa previsão;
- o Conselho deve ser formado por representantes do Poder Público;	- não há essa exigência;
- regulada pela Lei n.º 9.637/98 ;	- regulada pela Lei n.º 9.790/99 ;
- Ex.: Associação Roquette Pinto, IMPA (Instituto Nacional de Matemática Pura e Aplicada).	- Ex.: AMI (Amigo do Índio), AMAR (Associação de Amparo às Mães de Alto Risco).

→ **Observações sobre as Organizações Sociais:**

> O poder público pode destinar para as OSs recursos orçamentários e bens necessários ao cumprimento do contrato de gestão, mediante permissão de uso.

> O poder público pode ceder servidores públicos para as OSs com ônus para a origem.

> A Administração poderá dispensar a licitação nos contratos de prestação de serviços celebrados com as OSs (Art. 24, XXIV da Lei 8.666/93).

Organizações da Sociedade Civil – OSC - As Organizações da Sociedade Civil (OSCs) são entidades do terceiro setor criadas com a finalidade de atuar junto ao Poder Público, em regime de mútua cooperação, na execução de serviços públicos e tem o seu regime jurídico regulado pela Lei n. 13.019/2014.

Essas entidades atuam na prestação de serviço público não exclusivo do Estado e têm vínculo com a Administração Pública, de modo que essa conexão se dá mediante celebração de Termo de Fomento, Termo de Colaboração e Acordo de Cooperação. Vejamos tais conceitos:

Termo de Colaboração (Art. 2º, VII e Art. 16): instrumento por meio do qual são formalizadas as parcerias estabelecidas pela Administração Pública com organizações da sociedade civil para a consecução de finalidades de interesse público e recíproco propostas pela Administração Pública que envolvam a transferência de recursos financeiros. Assim, o Termo de Colaboração é utilizado para a execução de políticas públicas nas mais diversas áreas, para consecução de **planos de trabalho de iniciativa da própria Administração**, nos casos em que esta já tem parâmetros consolidados, com indicadores e formas de avaliação conhecidos, abarcando, reitere-se, o **repasse de valores por parte do erário**;

Termo de Fomento (Art. 2º, VIII e Art. 17): instrumento por meio do qual são formalizadas as parcerias estabelecidas pela Administração Pública com organizações da sociedade civil para a consecução de finalidades de interesse público e recíproco propostas pelas organizações da sociedade civil, que envolvam a transferência de recursos financeiros. Note-se, portanto, que o Termo de Fomento, ao contrário do Termo de Colaboração, tem como objetivo **incentivar iniciativas das próprias OSCs, para consecução de planos de trabalho por elas propostos**, buscando albergar nas políticas públicas tecnologias sociais inovadoras, promover projetos e eventos nas mais diversas áreas e expandir o alcance das ações desenvolvidas pelas organizações. Assim como no Termo de Colaboração, o Termo de Fomento também enseja a transferência de recursos financeiros por parte da Administração Pública;

Acordo de Cooperação (Art. 2º, VIII-A): instrumento por meio do qual são formalizadas as parcerias estabelecidas pela Administração Pública com organizações da sociedade civil para a consecução de finalidades de interesse público e recíproco que não envolvam a transferência de recursos financeiros. Portanto, o grande diferencial do Acordo de Cooperação com os demais é justamente a **ausência de repasse de valores financeiros**. O Acordo, como regra, também não exige prévia realização de chamamento público como ocorre no caso do Termo de Fomento e do Termo de Colaboração, o que será abordado mais adiante, salvo quando envolver alguma forma de compartilhamento de recurso patrimonial (comodato, doação de bens etc.).

Para facilitar, segue tabela comparativa:

	Iniciativa de plano de trabalho	Transferência de recursos públicos	Previsão na Lei 13.019/14
Termo de Colaboração	Administração	Sim	Art. 2º, VII e Art. 16
Termo de fomento	OSC	Sim	Art. 2º, VIII e Art. 17
Acordo de cooperação	Administração ou OSC	Não	Art. 2º, VIII-A

Chamamento Público: trata-se do procedimento que o poder público deverá realizar obrigatoriamente na prospecção de organizações. É a partir desse chamamento que serão avaliadas diferentes propostas para escolher a OSC mais adequada à parceria, ou ainda um grupo de OSCs trabalhando em rede, a fim de tornar mais eficaz a execução do objeto. Tal procedimento deverá adotar procedimentos claros, objetivos e simplificados que orientem os interessados e facilitem o acesso direto aos órgãos e às instâncias decisórias.

Obs.: não se aplicará a Lei 8.666/93 às relações de parceria com as OSCs (Art. 84, Lei 13.019/14), uma vez que agora há lei própria.

Organizações não governamentais (ONGs)

A ONG é uma entidade civil sem fins lucrativos, formada por pessoas interessadas em determinado tema, o qual se constitui em seu objetivo e interesse principal. (Ex.: IDEC – Instituto Brasileiro de Defesa do Consumidor).

Normalmente são iniciativas de pessoas ou grupos que visam colaborar na solução de problemas da comunidade, como mobilizações, educação, conscientização e organização de serviços ou programas para o atendimento de suas necessidades.

Do ponto de vista jurídico, o termo ONG não se aplica. Nosso Código Civil prevê apenas dois formatos institucionais para entidades civis sem fins lucrativos, sendo a Associação Civil (Art. 44, I e Art. 53 ambos do Código Civil) e a Fundação Privada (Art. 44, III e 62, ambos do Código Civil).

Questões

01. (CESPE) Os órgãos são centros de competência com personalidade jurídica própria, cuja atuação é imputada aos agentes públicos que os representam.
Certo ( ) Errado ( )

02. (CESPE) Em regra, os órgãos, por não terem personalidade jurídica, não têm capacidade processual, salvo nas hipóteses em que eles são titulares de direitos subjetivos, o que lhes confere capacidade processual para a defesa de suas prerrogativas e competências.
Certo ( ) Errado ( )

03. (CESPE) Tanto a criação quanto a extinção de órgãos públicos depende da edição de lei específica; contudo, a estruturação e o estabelecimento das atribuições desses órgãos, desde que não impliquem aumento de despesa, podem ser processados por decreto do chefe do Poder Executivo.
Certo ( ) Errado ( )

04. (CESPE) Na Teoria da Representação, o agente funcionaria como um tutor ou curador do Estado, porém não representaria nos atos que necessita participar.
Certo ( ) Errado ( )

05. (CESPE) Segundo classificação doutrinária, quanto ao critério relacionado à posição estatal, os órgãos autônomos são aqueles originários da Constituição e que representam os três poderes do Estado, cujas funções são exercidas por agentes políticos.
Certo ( ) Errado ( )

06. (CESPE) Quanto à posição estatal, as secretarias estaduais e as municipais são consideradas órgãos públicos subalternos.
Certo ( ) Errado ( )

07. (CESPE) Embora, em regra, os órgãos públicos não tenham personalidade jurídica, a alguns órgãos é conferida a denominada capacidade processual, estando eles autorizados por lei a defender em juízo, em nome próprio, determinados interesses ou prerrogativas.
Certo ( ) Errado ( )

08. (CESPE) De acordo com a teoria do órgão da pessoa jurídica aplicada ao direito administrativo, as pessoas jurídicas estatais expressam suas vontades por meio dos seus órgãos, os quais, por sua vez, são representados por seus agentes, que atuam como mandatários da pessoa jurídica estatal.
Certo ( ) Errado ( )

09. (CESPE) As ações dos entes políticos - como União, estados, municípios e DF - concretizam-se por intermédio de pessoas físicas, e, segundo a teoria do órgão, os atos praticados por meio desses agentes públicos devem ser imputados à pessoa jurídica de direito público a que pertencem.
Certo ( ) Errado ( )

10. (CESPE) Órgão público pode ser definido como pessoa jurídica de natureza pública, dotada de personalidade jurídica própria e com atribuições para atuar em prol do interesse público.
Certo ( ) Errado ( )

Gabaritos

01	ERRADO	06	ERRADO
02	CERTO	07	CERTO
03	CERTO	08	ERRADO
04	ERRADO	09	CERTO
05	ERRADO	10	ERRADO

4. ATO ADMINISTRATIVO

4.1 Conceito de Ato Administrativo

Ato administrativo é toda manifestação unilateral de vontade da Administração Pública que, agindo nessa qualidade, tenha por fim imediato adquirir, resguardar, transferir, modificar, extinguir e declarar direitos, ou impor obrigações aos administrados ou a si própria.

Da prática dos atos administrativos gera-se:

> Superioridade

> Efeitos jurídicos

4.2 Elementos de Validade do Ato

Competência

Poderes que a lei confere aos agentes públicos para exercer funções com o mínimo de eficácia. A competência tem caráter instrumental, ou seja, é um instrumento outorgado para satisfazer interesses públicos – finalidade pública.

Características da Competência:

> Obrigatoriedade: ela é obrigatória para todos os agentes e órgãos públicos.

> Irrenunciabilidade: a competência é um poder-dever de agir e não pode ser renunciada pelo detentor do poder-dever. Contudo, tem caráter relativo uma vez que a competência pode ser delegada ou pode ocorrer a avocação.

> Intransferível: mesmo após a delegação, a competência pode ser retomada a qualquer tempo pelo titular do poder-dever, por meio da figura da revogação.

> Imodificável: pela vontade do agente, pois somente a lei determina competências.

> Imprescritível: a competência pode ser executada a qualquer tempo. Somente a lei pode exercer a função de determinar prazos prescricionais. **Ex.:** *o Art. 54 da Lei nº 9.784/99 determina o prazo decadência de cinco anos para anular atos benéficos para o administrado de boa-fé.*

Finalidade

Visa sempre ao interesse público e à finalidade específica prevista em lei. **Ex.:** *remoção de ofício.*

Forma

O ato administrativo é, em regra, formal e escrito.

A Lei nº 9.784/99, que trata dos processos administrativos no âmbito da União, reza pelo Princípio do Informalismo, admitindo que existam atos verbais ou por meio de sinais (de acordo com o contexto).

Motivo

O motivo é a causa imediata do ato administrativo. É a situação de fato e de direito que determina ou autoriza a prática do ato, ou, em outras palavras, o pressuposto fático e jurídico (ou normativo) que enseja a prática do ato.

Art. 40, § 1º, II, "a", CF. Trata da aposentadoria por tempo de contribuição.

Objeto

É o ato em si, ou seja, no caso da remoção o ato administrativo é o próprio instituto da remoção.

Ex.: Demissão: quanto ao ato de demissão deve ter o agente competente para determiná-lo (competência), depois disso, deve ser revertido de forma escrita (forma), a finalidade deve ser o interesse público (finalidade), o motivo deve ser embasado em lei, ou seja, os casos do Art. 132 da Lei nº 8.112/90, o objeto é o próprio instituto da demissão que está prescrito em lei.

4.3 Motivação

É a exteriorização por escrito dos motivos que levaram a produção do ato.

> Faz parte do elemento forma e não do motivo.

> Teoria dos Motivos Determinantes.

A motivação é elemento de controle de validade dos atos administrativos. Se ela for falsa, o ato é ilegal, independentemente da sua qualidade (discricionário ou vinculado).

Devem ser motivados:

> Todos os atos administrativos vinculados;

> Alguns atos administrativos discricionários (atos punitivos, que geram despesas, dentre outros).

A Lei nº 9.784/99, em seu Art. 50, traz um rol dos atos que devem ser motivados. Veja a seguir:

Art. 50. *Os atos administrativos deverão ser motivados, com indicação dos fatos e dos fundamentos jurídicos, quando:*

I. *Neguem, limitem ou afetem direitos ou interesses;*

II. *Imponham ou agravem deveres, encargos ou sanções;*

III. *Decidam processos administrativos de concurso ou seleção pública;*

IV. *Dispensem ou declarem a inexigibilidade de processo licitatório;*

V. *Decidam recursos administrativos;*

VI. *Decorram de reexame de ofício;*

VII. *Deixem de aplicar jurisprudência firmada sobre a questão ou discrepem de pareceres, laudos, propostas e relatórios oficiais;*

VIII. *Importem anulação, revogação, suspensão ou convalidação de ato administrativo.*

§ 1º *- A motivação deve ser explícita, clara e congruente, podendo consistir em declaração de concordância com fundamentos de anteriores pareceres, informações, decisões ou propostas, que, nesse caso, serão parte integrante do ato.*

§ 2º *- Na solução de vários assuntos da mesma natureza, pode ser utilizado meio mecânico que reproduza os fundamentos das decisões, desde que não prejudique direito ou garantia dos interessados.*

§ 3º *- A motivação das decisões de órgãos colegiados e comissões ou de decisões orais constará da respectiva ata ou de termo escrito.*

4.4 Atributos do Ato

Qualidades especiais dos atos administrativos que lhes asseguram uma qualidade jurídica superior a dos atos de direito privado.

Presunção de legitimidade e veracidade

Presume-se, em caráter relativo, que os atos da administração foram produzidos em conformidade com a lei e os fatos deles. Para os administrados são obrigatórios. Ocorre aqui, a inversão do ônus da prova (cabe ao administrado provar que o ato é vicioso).

Consequências

Imediata executoriedade do ato administrativo, mesmo impugnado pelo administrado. Até decisão que reconhece o vício ou susta os efeitos do ato.

Impossibilidade de o Poder Judiciário analisar, de ofício, elementos de validade do ato não expressamente impugnados pelo administrado.

Imperatividade

Imperativo, ou seja, é impositivo e independe da anuência do administrado.

Exceção

Atos negociais: a Administração concorda com uma pretensão do Administrado ou reconhece que ela satisfaz os requisitos para o exercício de certo direito (autorização e permissão - discricionário; licença - vinculado).

> *Relacionado ao poder extroverso do Estado (expressão italiana do autor Renato Aless), esse poder é usado como sinônimo para imperatividade nas provas de concurso.*

Atos enunciativos: declaram um fato ou emitem uma opinião sem que tal manifestação produza por si só efeitos jurídicos.

Autoexecutoriedade

O ato administrativo, uma vez produzido pela Administração, é passível de execução imediata, independentemente de manifestação do Poder Judiciário.

Para Hely Lopes Meirelles, deve haver previsão legal, a exceção existe em casos de emergência. Esse atributo incide em todos os atos, com exceção dos enunciativos e negociais. A administração não goza de autoexecutoriedade na cobrança de débito, quando o administrado resiste ao pagamento.

Tipicidade

O ato deve observar a forma e o tipo previsto em lei para sua produção.

4.5 Classificação dos Atos Administrativos

Atos Vinculados: são os que a Administração pratica sem margem alguma de liberdade de decisão, pois a lei previamente determinou o único comportamento possível a ser obrigatoriamente adotado sempre que se configure a situação objetiva descrita na lei. Não cabe ao agente público apreciar a situação objetiva descrita nela.

Atos Discricionários: a Administração pode praticar, com certa liberdade de escolha, nos termos e limites da lei, quanto ao seu conteúdo, seu modo de realização, sua oportunidade e sua conveniência administrativa.

Atos Gerais: caracterizam-se por não possuir destinatários determinados. Os Atos Gerais são sempre determinados e prevalecem sobre os individuais. Podem ser revogados a qualquer tempo. Ex.: são os decretos regulamentares. Esses atos necessitam ser publicados em meio oficial.

Atos Individuais: são aqueles que possuem destinatários certos (determinados), produzindo diretamente efeitos concretos, constituindo ou declarando situação jurídicas subjetivas. **Ex.:** nomeação em concurso público e exoneração. Os atos podem ser discricionários ou vinculados e sua revogação somente é passível caso não tenha gerado direito adquirido.

Atos Simples: decorrem de uma única manifestação de vontade, de um único órgão.

Atos Complexos: necessitam, para formação de seu conteúdo, da manifestação de vontade de dois ou mais órgãos.

Atos Compostos: o seu conteúdo depende de manifestação de vontade de um único órgão, contudo, para funcionar, necessita de outro ato que o aprove.

Diferenças entre ato complexo e ato composto:

Ato Complexo	Ato Composto
1 ato	2 atos
2 vontades	2 vontades
2 ou + órgãos	1 órgão com a aprovação de outro

4.6 Espécies de Atos Administrativos

Normativo;

Ordinatórios;

Negociais;

Enunciativos;

Punitivos.

Atos normativos

São atos caracterizados pela generalidade e pela abstração, isto é, um ato normativo não é prescrito para uma situação determinada, mas para todos os eventos assemelhados; a abstração deriva do fato desse ato não representar um caso concreto, determinado, mas, sim, um caso abstrato, descrito na norma e possível de acontecer no mundo real. A regra abstrata deve ser aplicada no caso concreto.

Finalidade: regulamentar as leis e uniformizar procedimentos administrativos.

Características:

- Não possuem destinatários determinados;
- Correspondem aos atos gerais;

> Não pode inovar o ordenamento jurídico;

> Controle.

Regra: os atos administrativos normativos não podem ser atacados mediante recursos administrativos ou judiciais.

Exceção: atos normativos que gerarem efeitos concretos para determinado destinatário podem ser impugnados pelo administrado na via judicial ou administrativa.

Decretos regulamentares, instruções normativas, atos declaratórios normativos.

Atos ordinatórios

São atos administrativos endereçados aos servidores públicos em geral.

Finalidade: divulgar determinações aplicáveis ao adequado desempenho de suas funções.

Características:

> Atos internos;

> Decorrem do exercício do poder hierárquico;

> Vinculam os servidores subordinados ao órgão que o expediu;

> Não atingem os administrados;

> Estão hierarquicamente abaixo dos atos normativos;

> Devem obediência aos atos normativos que tratem da mesma matéria relacionada ao ato ordinatório.

Exs.: Instruções, circulares internas, portarias, ordens de serviço.

Atos negociais

São atos administrativos editados quando o ordenamento jurídico exige que o particular obtenha anuência prévia da Administração para realizar determinada atividade de interesse dele ou exercer determinado direito.

Finalidade: satisfação do interesse público, ainda que essa possa coincidir com o interesse do particular que requereu o ato.

Características:

> Os atos negociais não são imperativos, coercitivos e autoexecutórios;

> Os atos negociais não podem ser confundidos com contratos, pois, nesses existe manifestação de vontade bilateral e, nos atos negociais, nós temos uma manifestação de vontade unilateral da Administração Pública, que é provocada mediante requerimento do particular;

> Podem ser vinculados, discricionários, definitivos e precários.

Atos Negociais Vinculados: reconhecem um direito subjetivo do particular, mediante um requerimento, desse particular, comprovando preencher os requisitos que a lei exige para a anuência do direito, a Administração obrigatoriamente deve praticar o ato.

Atos Negociais Discricionários: não reconhecem um direito subjetivo do particular, pois, mesmo que esse atenda às exigências necessárias para a obtenção do ato, a Administração poderá não praticá-lo, decidindo se executa ou não o ato por juízo de conveniência e oportunidade.

Atos Negociais Definitivos: não comportam revogação, são atos vinculados, mas podem ser anulados ou cassados. Sendo assim, esses atos geram, ao particular, apenas uma expectativa de definitividade.

Atos Negociais Precários: podem ser revogados a qualquer tempo, são atos discricionários; via de regra, a revogação do ato negocial não gera direito de indenização ao particular.

Espécies de atos negociais

Licença: fundamenta-se no poder de polícia da Administração. É ato vinculado e definitivo, pois reconhece um direito subjetivo do particular, mediante um requerimento desse, comprovando preencher os requisitos que a lei exige. Para a anuência do direito, a Administração, obrigatoriamente, deve praticar o ato. A licença não comporta revogação, mas ela pode ser anulada ou cassada, sendo assim, esses atos geram, ao particular, apenas uma expectativa de definitividade.

Ex.: Alvará para a realização de uma obra, alvará para o funcionamento de um estabelecimento comercial, licença para dirigir, licença para exercer uma profissão.

Admissão: é o ato unilateral e vinculado pelo qual a Administração faculta a alguém a inclusão em estabelecimento governamental para o gozo de um serviço público. O ato de admissão não pode ser negado aos que preencham as condições normativas requeridas.

Ex.: Ingresso em estabelecimento oficial de ensino na qualidade de aluno; o desfrute dos serviços de uma biblioteca pública como inscrito entre seus usuários.

Aprovação: é o ato unilateral e discricionário pelo qual a Administração faculta a prática de ato jurídico (aprovação prévia) ou manifesta sua concordância com ato jurídico já praticado (aprovação a posteriori).

Homologação: é o ato unilateral e vinculado de controle pelo qual a Administração concorda com um ato jurídico ou série de atos (procedimento) já praticados, verificando a consonância deles com os requisitos legais condicionadores de sua válida emissão.

Autorização: na maior parte das vezes em que é praticado, fundamenta-se no poder de polícia do Estado quando a lei exige a autorização como condicionante para prática de uma determinada atividade privada ou para o uso de bem público. Todavia, a autorização também pode representar uma forma de descentralizar, por delegação, serviços públicos para o particular.

A autorização é caracterizada por uma predominância do interesse do particular que solicita o ato, todavia, também existe interesse público na prática desse ato.

É um ato discricionário, pois não reconhece um direito subjetivo do particular; mesmo que esse atenda às exigências necessárias para a obtenção do ato, a Administração poderá não praticá-lo, decidindo se desempenha ou não o ato por juízo de conveniência e oportunidade.

É um ato precário, pois pode ser revogado a qualquer tempo. Via de regra, a revogação da autorização não gera direito de indenização ao particular, mas, caso a autorização tenha sido concedida por prazo certo, pode haver o direito de indenização para o particular.

Prazo: a autorização é concedida sem prazo determinado, todavia, pode havê-la outorgada por prazo certo.

Exs.:

> Atividades potencialmente perigosas e que podem colocar em risco a coletividade, por isso, a necessidade de regulação do Estado;

> Autorização para porte de arma de fogo;

> Autorização para a prestação de serviços privados de educação e saúde;

> Autorização de uso de bem público;

> Autorização de serviço público: prestação de serviço de táxi.

Permissão: é o ato administrativo discricionário e precário, pelo qual a Administração Pública consente ao particular o exercício de uma atividade de interesse predominantemente da coletividade.

Características:

> Pode ser concedida por prazo certo;

> Pode ser imposta condições ao particular.

A Permissão é um ato precário, pois pode ser revogada a qualquer tempo. Via de regra, a revogação da permissão não gera direito de indenização ao particular, mas, caso a autorização tenha sido concedida por prazo certo ou sob condições, pode haver o direito de indenização para o particular.

A permissão concedida ao particular, por meio de um ato administrativo, não se confunde com a permissão para a prestação de serviços públicos. Nesse último caso, representa uma espécie de descentralização por delegação realizada por meio de contrato.

Ex.: Permissão de uso de bem público.

Atos enunciativos

São atos administrativos enunciativos aqueles que têm por finalidade declarar um juízo de valor, uma opinião ou um fato.

Características:

> Não produzem efeitos jurídicos por si só;

> Não contêm uma manifestação de vontade da administração.

Certidão, atestado, parecer e apostila.

Certidão: é uma cópia de informações registradas em banco de dados da Administração. Geralmente, é concedida ao particular mediante requerimento da informação registrada pela Administração.

Atestado: declara uma situação de que a Administração tomou conhecimento em virtude da atuação de seus agentes. O atestado não se assemelha à certidão, pois essa declara uma informação constante em banco de dados e aquele declara um fato que não corresponde a um registro de um arquivo da Administração.

Parecer: é um documento técnico, confeccionado por órgão especializado na respectiva matéria tema do parecer, em que o órgão emite sua opinião relativa ao assunto.

Apostila: apostilar significa corrigir, emendar, complementar um documento. É o aditamento de um contrato administrativo ou de um ato administrativo. É um ato de natureza aditiva, pois sua finalidade é adicionar informações a um registro já existente.

Ex.: Anotar alterações na situação funcional de um servidor.

Atos punitivos

São os atos administrativos por meio dos quais a Administração Pública impõe sanções a seus servidores ou aos administrados.

Fundamento

> **Poder Disciplinar:** quando o ato punitivo atinge servidores públicos e particulares ligados à Administração por algum vínculo jurídico específico.

> **Poder de Polícia:** quando o ato punitivo atinge a particulares não ligados à Administração Pública por um vínculo jurídico específico.

Os atos punitivos podem ser internos e externos:

> **Atos Punitivos Internos:** têm como destinatários os servidores públicos e aplicam penalidades disciplinares, ou seja, os atos punitivos internos decorrem sempre do poder disciplinar.

> **Atos Punitivos Externos**: têm como destinatários os particulares. Podem ter fundamento decorrente do poder disciplinar, quando punem particulares sujeitos à disciplina administrativa, ou podem ter fundamento no poder de polícia, quando punem particulares não ligados à Administração Pública.

Todo ato punitivo interno decorre do poder disciplinar, mas nem todo ato que decorre do poder punitivo que surge do poder disciplinar é um ato punitivo interno, pois, quando a Administração aplica punição aos particulares ligados a administração, essa punição decorre do poder disciplinar, mas também representa um ato punitivo externo.

Todo ato punitivo decorrente do poder de polícia é um ato punitivo externo, pois, nesse caso, temos a Administração punindo sempre o particular.

4.7 Extinção dos Atos Administrativos

Anulação ou controle de legalidade

É o desfazimento do ato administrativo que decorre de vício de legalidade ou de legitimidade na prática do ato.

Cabimento

> Ato discricionário;

> Ato vinculado.

Competência para Anular

> Entidade da Administração Pública que praticou o ato: pode anular o ato a pedido do interessado ou de ofício em razão do princípio da autotutela.

> Poder Judiciário: pode anular somente por provocação do interessado.

Efeitos da Anulação: *ex tunc*, retroagem desde a data da prática do ato, impugnando a validade do ato.

Prazo: 5 (cinco) anos

> Contagem;
> Prática do ato.

No caso de efeitos patrimoniais contínuos, a partir do primeiro pagamento.

Revogação ou controle de mérito

É o desfazimento do ato administrativo por motivos de conveniência e oportunidade.

Cabimento

> Ato discricionário legal, inconveniente e inoportuno;
> Não é cabível a revogação de ato vinculado.

Competência para Revogar

Apenas a entidade da Administração Pública que praticou o ato.

Não pode o controle de mérito ser feito pelo Poder Judiciário na sua função típica de julgar. Todavia, a Administração Pública está presente nos três poderes da União e, caso uma entidade dos Poderes Judiciário, Legislativo ou Executivo pratique um ato discricionário legal, que com o passar do tempo, se mostre inconveniente e inoportuno, somente a entidade que criou o ato tem competência para revogá-lo.

Assim, o poder judiciário não tem competência para exercer o controle de mérito dos atos da Administração Pública, mas a essa do Poder Judiciário pratica atos administrativos e cabe somente a ela a revogação dos atos praticados por ela mesma.

Efeitos da revogação: *ex nunc*, não retroagem, ou seja, a revogação gera efeitos prospectivos, para frente.

Cassação

É o desfazimento do ato administrativo decorrente do descumprimento dos requisitos que permitem a manutenção do ato. Na maioria das vezes, a cassação representa uma sanção aplicada ao particular que deixou de atender às condições exigidas para a manutenção do ato.

Como exemplo, temos a cassação da carteira de motorista, que nada mais é do que a cassação de um ato administrativo classificado como licença. A cassação da licença para dirigir decorre da prática de infrações de trânsito praticadas pelo particular, sendo assim, nesse caso, essa cassação é uma punição.

4.8 Convalidação

Convalidação é a correção com efeitos retroativos do ato administrativo com defeito sanável, o qual pode ser considerado:

Vício de Competência relativo à Pessoa

Exceção: competência exclusiva (não cabe convalidação).

O vício de competência relativo à matéria não é considerado um defeito sanável e também não cabe convalidação.

Vício de Forma

Exceção: a lei determina que a forma seja elemento essencial de validade de determinado ato (também não cabe convalidação).

Convalidação Tácita

O Art. 54 da Lei nº 9.784/99 prevê que a Administração tem o direito de anular os atos administrativos de que decorram efeitos favoráveis para os destinatários. O prazo é de cinco anos, contados da data em que forem praticados, salvo comprovada má-fé. Transcorrido esse prazo, o ato foi convalidado, pois não pode ser mais anulado pela Administração.

Convalidação Expressa

> ***Art. 55, Lei nº 9.784/99.*** *Em decisão na qual se evidencie não acarretarem lesão ao interesse público nem prejuízo a terceiros, os atos que apresentarem defeitos sanáveis poderão ser convalidados pela própria Administração.*

Questões

01. (CESPE) Como exemplo da incidência do princípio da inafastabilidade do controle jurisdicional relativos aos atos administrativos no ordenamento jurídico brasileiro, é correto citar a vigência, entre nós, do sistema do contencioso administrativo ou sistema francês.

Certo ( ) Errado ( )

02. (CESPE) Ato administrativo complexo é aquele que resulta do somatório de manifestações de vontade de mais de um órgão, podendo-se citar, como exemplo, a aposentadoria.

Certo ( ) Errado ( )

03. (CESPE) De acordo com a teoria dos motivos determinantes, ainda que se trate de ato discricionário sem a exigência de expressa motivação, uma vez sendo manifestada a motivação, essa vincula o agente para sua realização, devendo, obrigatoriamente, haver compatibilidade entre o ato e a motivação, sob pena de vício suscetível de invalidá-lo.

Certo ( ) Errado ( )

04. (CESPE) A competência constitui elemento ou requisito do ato administrativo vinculado, cabendo, entretanto, ao próprio órgão público estabelecer as suas atribuições.

Certo ( ) Errado ( )

05. (CESPE) A legalidade dos atos administrativos vinculados e discricionários está sujeita à apreciação judicial.

Certo ( ) Errado ( )

06. (CESPE) Sempre que a lei expressamente exigir determinada forma para que um ato administrativo seja considerado válido, a inobservância dessa exigência acarretará a nulidade do ato.

Certo ( ) Errado ( )

07. (CESPE) O Poder Judiciário pode, de ofício, apreciar a validade de um ato administrativo e decretar a sua nulidade, caso seja considerado ilegal.

Certo ( ) Errado ( )

08. (CESPE) Atenderá aos atos normativos do MPOG a contratação, por órgão público, de suporte técnico para os seus processos de planejamento e avaliação da qualidade dos serviços de tecnologia da informação, desde que sob a supervisão exclusiva de servidores do órgão.

Certo ( ) Errado ( )

09. (CESPE) O Tribunal de Contas é o órgão que auxilia o Poder Legislativo no exercício do controle financeiro externo da Administração Pública. Por ter função de caráter administrativo, suas decisões poderão ser submetidas ao controle judicial.

Certo ( ) Errado ( )

10. (CESPE) No caso de um administrado alegar a existência de vício de legalidade que invalide determinado ato administrativo, esse indivíduo deverá fundamentar sua alegação com provas dos fatos relevantes, por força da obrigatoriedade de inversão do ônus da prova, originada no princípio da presunção de legitimidade do ato administrativo.

Certo ( ) Errado ( )

Gabaritos

01	ERRADO	06	CERTO
02	CERTO	07	ERRADO
03	CERTO	08	CERTO
04	ERRADO	09	CERTO
05	CERTO	10	CERTO

5. AGENTES PÚBLICOS

Neste capítulo estudaremos a respeito dos agentes públicos, sua finalidade, seu papel na estrutura da administração pública, bem como as diversas classificações relativas ao tema.

5.1 Conceito

Considera-se agente público toda pessoa física que exerça, ainda que transitoriamente ou sem remuneração, por eleição, nomeação, designação, contratação ou qualquer outra forma de investidura ou vínculo, mandato, cargo, emprego ou função pública.

5.2 Classificação

> Agentes políticos.
> Agentes administrativos.
> Particulares em colaboração com o poder público.

Agentes políticos

Estão nos mais altos escalões do Poder Público. São responsáveis pela elaboração das diretrizes governamentais e pelas funções de direção, orientação e supervisão geral da Administração Pública.

Características

> Sua competência é haurida da Constituição Federal.
> Não se sujeitam às regras comuns aplicáveis aos servidores públicos em geral.
> Normalmente são investidos em seus cargos por meio de eleição, nomeação ou designação.
> Não são hierarquizados, subordinando-se tão somente à Constituição Federal.

Exceção: auxiliares imediatos dos chefes do Executivo são, hierarquizados, pois se subordinam ao líder desse poder.

Ex.: Ministros de Estado; Secretários estaduais e municipais.

Poder	Federal	Estadual	Municipal
Executivo	Presidente da República; Ministros de Estados.	Governadores; Secretários Estaduais.	Prefeitos; Secretários Municipais.
Legislativo	Deputados Federais; Senadores.	Deputados Estaduais.	Vereadores
Judiciário	Membros do Poder Judiciário Federal.	Membros do Poder Judiciário Estadual.	Não há
Ministério Público	Membros do Ministério Público Federal.	Membros do Ministério Público Estadual.	Não há

Agentes administrativos

São as pessoas que exercem atividade pública de natureza profissional, permanente e remunerada, estão sujeitos à hierarquia funcional e ao regime jurídico estabelecido pelo ente ao qual pertencem. O vínculo entre esses agentes e o ente ao qual estão ligados é um vínculo de natureza permanente.

Servidores Públicos (Estrito): são os titulares de cargos públicos[1] (efetivos e comissionados), são vinculados ao seu cargo por meio de um estatuto estabelecido pelo ente contratante.

Empregados Públicos: são os ocupantes de Emprego Público[2]; são vinculados ao seu emprego por meio da CLT (Consolidação das Leis do Trabalho).

Temporários: são contratados por tempo determinado para atender necessidade temporária de excepcional interesse público. Exercem função pública temporária e remunerada, estão vinculados à administração pública por meio de um contrato de direito público e não de natureza trabalhista. O meio utilizado pelo Estado para selecionar os temporários é o processo seletivo simplificado e não o concurso público.

Algumas doutrinas dividem a classificação dos servidores públicos em sentido amplo e em estrito. Nesse último caso, servidor público é o que consta acima, ou seja, somente os titulares de cargos públicos; já em sentido amplo, adota-se a seguinte regra: servidor público é um gênero que comporta três espécies: os servidores estatutários, os empregados públicos e os servidores temporários. Então, caso se adote o conceito de servidor público em sentido amplo, este será sinônimo de agente administrativo.

Servidor Público (Amplo):

> Servidor Estatutário = servidor público (estrito)
> Empregado Público = empregado público
> Servidor Temporário = temporário

Particulares em colaboração com o poder público

Agentes Honoríficos: são cidadãos que transitoriamente são requisitados ou designados para prestar certos serviços públicos específicos em razão da sua honra, da sua conduta cívica ou de sua notória capacidade profissional. Geralmente atuam sem remuneração. São os mesários, jurados, entre outros.

Agentes Delegados: são particulares que recebem a incumbência de exercer determinada atividade, obra ou serviço, por sua conta e risco e em nome próprio, sob permanente fiscalização do poder contratante, ou seja, são aquelas pessoas que recebem a incumbência de prestar certas atividades do Estado por meio da descentralização por delegação. São elas:

> Autorizatárias de serviços públicos;
> Concessionárias de serviços públicos;
> Permissionárias de serviços públicos.

Agentes Credenciados: são os particulares que recebem a incumbência de representar a administração em determinado ato ou praticar certa atividade específica, mediante remuneração do Poder Público credenciante.

1 Os cargos públicos estão presentes na Administração Direta da União, dos Estados, do DF e dos Municípios, e também nas suas autarquias e fundações públicas.
2 Os empregos públicos estão presentes nas empresas públicas e sociedades de economia mista.

Questões

01. (CESPE) Todos aqueles que exercem função pública, independentemente de sua natureza, ainda que por período determinado, são considerados agentes públicos.

Certo ( ) Errado ( )

02. (CESPE) Os agentes políticos constituem categoria especial, pois gozam de prerrogativas diferenciadas e têm grandes responsabilidades com a sociedade, como é o caso dos prefeitos.

Certo ( ) Errado ( )

03. (CESPE) Os ocupantes de cargo público ou de emprego público têm vínculo estatutário e institucional regido por estatuto funcional próprio, que, no caso da União, é a Lei nº 8.112/1990.

Certo ( ) Errado ( )

04. (CESPE) O Direito Administrativo é o conjunto harmônico de princípios jurídicos que regem órgãos, agentes e atividades públicas que tendem a realizar concreta, direta e imediatamente os fins desejados pelo Estado.

Certo ( ) Errado ( )

05. (CESPE) A categoria denominada servidores públicos celetistas está prevista na CF e caracteriza-se por abranger todos aqueles servidores contratados por prazo determinado para atender necessidade temporária de excepcional interesse público.

Certo ( ) Errado ( )

06. (CESPE) Os agentes de polícia federal ocupam cargos públicos e exercem funções definidas em lei. Contudo, ao contrário dos ministros de Estado, juízes e promotores de justiça, eles são agentes públicos, e não agentes políticos.

Certo ( ) Errado ( )

07. (CESPE - ADAPTADA) Os particulares em colaboração com o poder público são considerados agentes públicos, mesmo que prestem serviços ao Estado sem vínculo empregatício e sem remuneração.

Certo ( ) Errado ( )

08. (FCC) No âmbito da estrutura administrativa brasileira:

a) os agentes políticos exercem funções governamentais, judiciais e quase judiciais, com elaboração de normas legais, condução dos negócios públicos, decisão e atuação com independência nos assuntos de sua competência.

b) os Poderes de Estado compreendem o Legislativo, o Executivo, o Judiciário e o Ministério Público, e a cada um deles correspondendo funções reciprocamente delegáveis, sendo vinculados e harmônicos entre si.

c) as entidades estatais são unicamente a União, os Estados-membros, os Municípios, os Territórios e o Distrito Federal.

d) os cargos são os encargos administrativos atribuídos e delimitados por lei às funções lotadas nos órgãos públicos. As funções são providas por agentes públicos ou políticos, de forma efetiva e apenas mediante concurso de provas e títulos.

e) a investidura do agente público comissionado para cargos ou funções de confiança, dada a precariedade de sua nomeação, goza da presunção de definitividade, tornando o agente estável após o estágio probatório.

09. (FCC - ADAPTADA) De acordo com a doutrina, agente público é toda a pessoa física que presta serviços ao Estado e às pessoas jurídicas da Administração Indireta,

a) não se incluindo na categoria os agentes políticos, detentores de mandato eletivo.

b) inclusive os particulares que atuam em colaboração com o poder público, mediante delegação, requisição, nomeação ou designação.

c) não se incluindo na categoria os militares.

d) somente se incluindo na categoria aqueles que possuem vínculo estatutário ou celetista com a Administração.

e) incluindo-se os servidores públicos, estatutários e celetistas, bem como os agentes políticos, estes últimos desde que investidos mediante nomeação e não detentores de mandato eletivo.

10. (FCC) O cidadão que é convocado ou designado para prestar, transitoriamente, determinado serviço ao Poder Público em razão da sua condição cívica ou de sua notória capacidade profissional, mas sem vínculo empregatício, é denominado agente

a) administrativo.

b) político.

c) delegado.

d) credenciado.

e) honorífico.

Gabaritos

01	CERTO	06	ERRADO
02	CERTO	07	CERTO
03	ERRADO	08	A
04	CERTO	09	B
05	ERRADO	10	E

6. PODERES E DEVERES ADMINISTRATIVOS

Para um desempenho adequado do papel que compete à administração pública, o ordenamento jurídico confere a ela poderes e deveres especiais. Nesse capítulo, conheceremos seus deveres e poderes de modo a diferenciar a aplicabilidade de um ou de outro poder ou dever na análise de casos concretos, bem como apresentado nas questões de concurso público.

6.1 Deveres

Os deveres da administração pública são um conjunto de obrigações de direito público que a ordem jurídica confere aos agentes públicos com o objetivo de permitir que o Estado alcance seus fins.

O fundamento desses deveres é o Princípio da Indisponibilidade do Interesse Público, pois, como a administração pública é uma ferramenta do Estado para alcançar seus objetivos, não é permitido ao agente público usar dos seus poderes para satisfazer interesses pessoais ou de terceiros. Com base nessa regra, concluímos que esses agentes não podem dispor do interesse público, por não ser o seu proprietário, e sim o povo. A ele cabe a gestão da administração pública em prol da coletividade.

A doutrina, de um modo geral, enumera, como alguns dos principais deveres impostos aos agentes administrativos pelo ordenamento jurídico, quatro obrigações administrativas, a saber:

> Poder-Dever de Agir;

> Dever de Eficiência;

> Dever de Probidade;

> Dever de Prestar Contas.

Poder-dever de agir

O poder-dever de agir determina que toda a Administração Pública tem que agir em caso de determinação legal. Contudo, essa é temperada, uma vez que o administrador precisa ter possibilidade real de atuar.

> ***Art. 37**, § 6º, CF. Policiais em serviço que presenciam um cidadão ser assaltado e morto e nada fazem. Nessa situação, além do dever imposto por lei, havia a possibilidade de agir. Nesse caso concreto, gera-se a possibilidade de indenização por parte do Estado, com base na responsabilidade civil do Estado.*

Enquanto no direito privado agir é uma faculdade do administrador, no direito público, agir é um dever legal do agente público.

Em decorrência dessa regra temos que os **poderes** administrativos são **irrenunciáveis**, devendo ser **obrigatoriamente exercidos** por seus titulares nas situações cabíveis.

A inércia do agente público acarreta responsabilização a ela por abuso de poder na modalidade omissão. A Administração Pública também responderá pelos danos patrimoniais ou morais decorrentes da omissão na esfera cível.

Dever de eficiência

A Constituição implementou o dever de eficiência com a introdução da Emenda Constitucional nº 19 de 1998, a chamada reforma administrativa. Esse novo modelo instituiu a denominada "administração gerencial", tendo vários exemplos dispostos no corpo do texto constitucional, como:

> Possibilidade de perda do cargo de servidor estável em razão de insuficiência de desempenho (Art. 41, § 1º, III);

> O estabelecimento como condição para o ganho da estabilidade de avaliação de desempenho (Art. 41, § 4º);

> A possibilidade da celebração de contratos de gestão (Art. 37, § 8º);

> A exigência de participação do servidor público em cursos de aperfeiçoamento profissional como um dos requisitos para a promoção na carreira (Art. 39, § 2º).

Dever de probidade

O dever de probidade determina que todo administrador público, no desempenho de suas atividades, atue sempre com ética, honestidade e boa-fé, em consonância com o Princípio da Moralidade Administrativa.

> ***Art. 37, § 4º, CF.** Os atos de improbidade administrativa importarão a suspensão dos direitos políticos, a perda da função pública, a indisponibilidade dos bens e o ressarcimento ao erário, na forma e gradação previstas em lei, sem prejuízo da ação penal cabível.*

Efeitos:

> A suspensão dos direitos políticos;

> Perda da função pública;

> Ressarcimento ao erário;

> Indisponibilidade dos bens.

Dever de prestar contas

O dever de prestar contas decorre diretamente do Princípio da Indisponibilidade do Interesse Público, sendo pertinente à função do agente público, que é simples gestão da coisa pública.

> ***Art.70, Parágrafo único, CF.** Prestará contas qualquer pessoa física ou jurídica, pública ou privada, que utilize, arrecade, guarde, gerencie ou administre dinheiros, bens e valores públicos ou pelos quais a União responda, ou que, em nome dessa, assuma obrigações de natureza pecuniária.*

6.2 Poderes Administrativos

São mecanismos que, utilizados isoladamente ou em conjunto, permitem que a administração pública possa cumprir suas finalidades. Dessa forma, os poderes administrativos representam um conjunto de prerrogativas de direito Público que a ordem jurídica confere aos agentes administrativos para o fim de permitir que o Estado alcance os seus fins, assim leciona o professor José dos Santos Carvalho Filho.

O fundamento desses poderes é o princípio da supremacia do interesse público, pois, como a administração pública é uma ferramenta do Estado para alcançar seus objetivos, e tais objetivos são de interesse de toda coletividade, é necessário que o Estado possa ter prerrogativas especiais na busca de seus objetivos. Como exemplo, podemos citar a aplicação de uma multa de trânsito. Imagine que a lei fale que ultrapassar o sinal vermelho é errado, mas que o Estado não tenha o poder de aplicar a multa. De nada vale a previsão da infração na lei.

São Poderes Administrativos descritos pela doutrina pátria:

> Poder Vinculado;
> Poder Discricionário;
> Poder Hierárquico;
> Poder Disciplinar;
> Poder Regulamentar;
> Poder de Polícia.

Poder vinculado

O poder vinculado determina que o administrador somente pode fazer o que a lei determina; aqui não se gera poder de escolha, ou seja, está o administrador preso (vinculado) aos ditames da lei.

O agente público não pode fazer considerações de conveniência e oportunidade. Caso descumpra a única hipótese prevista na lei para orientar a sua conduta, praticará um ato ilegal, sendo assim, deve o ato ser anulado.

Poder discricionário

O poder discricionário gera a margem de escolha, que é a conveniência e a oportunidade, o mérito administrativo. Diz-se que o agente público pode agir com liberdade de escolha, mas sempre respeitando os parâmetros da lei.

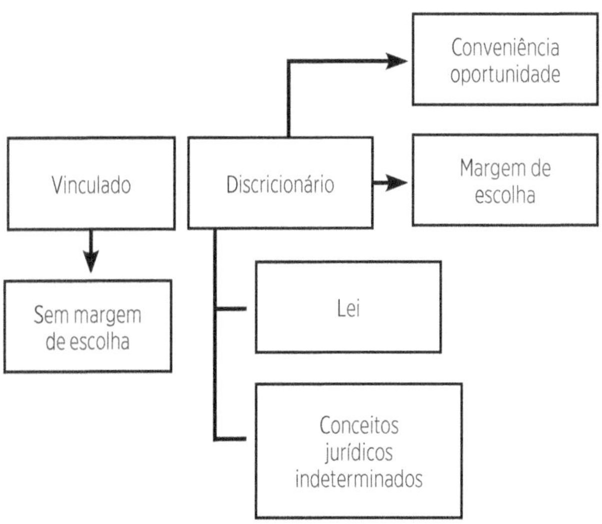

Duas são as vertentes que autorizam o poder discricionário: a lei e os conceitos jurídicos indeterminados. Esses últimos são determinações da própria lei, por exemplo: quando a Lei prevê a boa-fé, quem decide se o administrado está de boa ou má-fé é o agente público, sempre sendo razoável e proporcional.

Poder hierárquico

Manifesta a noção de um escalonamento vertical da Administração Pública, já que temos a subordinação entre órgãos e agentes, sempre no âmbito de uma mesma pessoa jurídica.

Observação

Não há subordinação nem hierarquia:

> Entre pessoas distintas;
> Entre os poderes da república;
> Entre a administração e o administrado.

Prerrogativas

Dar ordens: cabe ao subordinado o dever de obediência, salvo nos casos de ordens manifestamente ilegais.

Fiscalizar a atuação dos subordinados.

Revisar os atos dos subordinados e, nessa atribuição:

> Manter os atos vinculados legais e os atos discricionários legais convenientes e oportunos.
> Convalidar os atos com defeitos sanáveis.
> Anular os atos ilegais.
> Revogar os atos discricionários legais inconvenientes e inoportunos.

A caraterística marcante é o grau de subordinação entre órgãos e agentes, sempre dentro da estrutura da mesma pessoa jurídica. O controle hierárquico permite que o superior aprecie todos os aspectos dos atos de seus subordinados (quanto à legalidade e quanto ao mérito administrativo) e pode ocorrer de ofício ou a pedido, quando for interesse de terceiros, por meio de recurso hierárquico.

Aplicar sanções aos servidores que praticarem infrações funcionais.

Delegar competência

Delegação é o ato discricionário, revogável a qualquer tempo, mediante o qual o superior hierárquico confere o exercício temporário de algumas de suas atribuições, originariamente pertencentes ao seu cargo, a um subordinado.

É importante alertar que, excepcionalmente, a lei admite a delegação para outro órgão que não seja hierarquicamente subordinado ao delegante, conforme podemos constatar da redação do Art. 12 da Lei nº 9.784/99:

> ***Art. 12.*** *Um órgão administrativo e seu titular poderão, se não houver impedimento legal, delegar parte da sua competência a outros órgãos ou titulares, ainda que estes não lhe sejam hierarquicamente subordinados, quando for conveniente, em razão de circunstâncias de índole técnica, social, econômica, jurídica ou territorial.*

Características da delegação

Não podem ser Delegados

> Edição de atos de caráter normativo;
> A decisão de recursos administrativos;
> As matérias de competência exclusiva do órgão ou autoridade.

Consequências

> Não acarreta renúncia de competências;
> Transfere o exercício da atribuição e não a titularidade, pois pode ser revogada a delegação a qualquer tempo pela autoridade delegante;
> O ato de delegação e sua revogação deverão ser publicados em meio oficial.

Avocação Competência

Avocar é o ato discricionário mediante o qual o superior hierárquico traz para si o exercício temporário de determinada competência, atribuída por lei a um subordinado.

Cabimento: é uma medida excepcional e deve ser fundamentada.

Restrições: não podem ser avocadas competências exclusivas do subordinado.

Consequências: desonera o agente de qualquer responsabilidade relativa ao ato praticado pelo superior hierárquico.

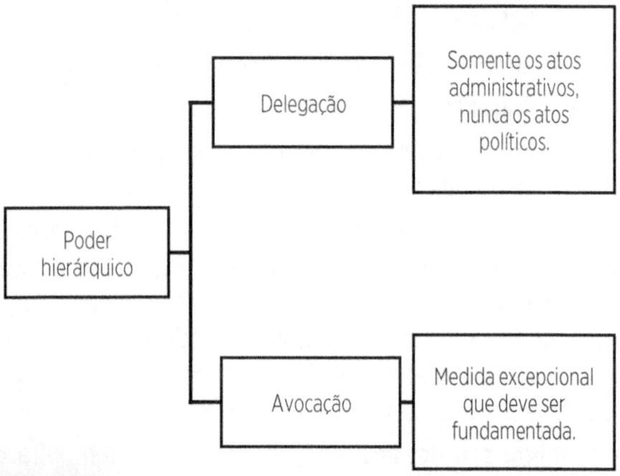

Segundo a Lei nº 9.784/99, que trata do processo administrativo federal:

Art. 13. Não podem ser objeto de delegação:

I. a edição de atos de caráter normativo;

II. a decisão de recursos administrativos;

III. as matérias de competência exclusiva do órgão ou autoridade.

Poder disciplinar

O poder disciplinar é uma espécie de poder-dever de agir da Administração Pública. Dessa forma, o administrador público atua de forma a punir internamente as infrações cometidas por seus agentes e, em exceção, atua de forma a, punir particulares que mantenham um vínculo jurídico específico com a Administração.

O poder disciplinar não pode ser confundido com o *jus puniendi* do Estado, ou seja, com o poder do Estado de aplicar a lei penal a quem comete uma infração penal.

Em regra, o poder disciplinar é discricionário, algumas vezes, é vinculado. Essa discricionariedade se encontra na escolha da quantidade de sanção a ser aplicada dentro das hipóteses previstas na lei, e não na faculdade de punir ou não o infrator, pois puni-lo é um dever, sendo assim, a punição não é discricionária, quantidade de punição que em regra é. Porém, é importante lembrar que, quando a lei apontar precisamente a penalidade ou a quantidade dela que deve ser aplicada para determinada infração, o poder disciplinar será vinculado.

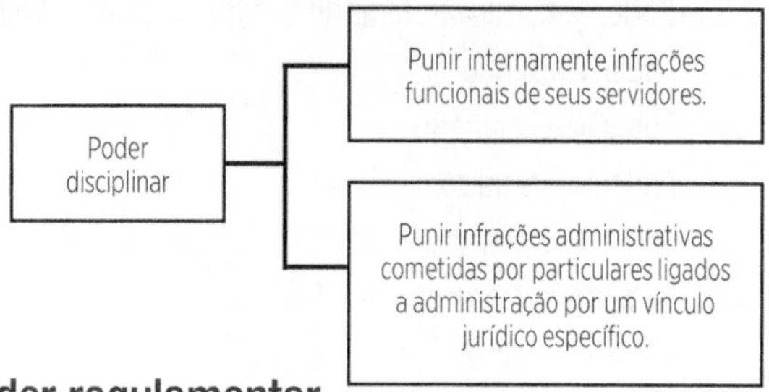

Poder regulamentar

Quando a Administração atua punindo particulares (comuns) que cometeram falta, ela está usando o poder de polícia. Contudo, quando atua penalizando particulares que mantenham um vínculo jurídico específico (plus), estará utilizando o poder disciplinar.

Existem duas formas de manifestação do poder regulamentar: o decreto regulamentar e o autônomo, sendo que o primeiro é a regra e o segundo é a exceção.

Decreto regulamentar

Também denominado decreto executivo ou regulamento executivo.

O decreto regulamentar é uma prerrogativa dos chefes do poder executivo de regulamentar a lei para garantir a sua fiel aplicação.

Restrições

- Não inova o ordenamento jurídico;
- Não pode alterar a lei;
- Não pode criar direitos e obrigações;
- Caso o decreto regulamentar extrapole os limites da lei, haverá quebra do princípio da legalidade. Nessa situação, se do decreto regulamentar for federal, caberá ao Congresso Nacional sustar os seus dispositivos violadores da lei.

Exercício

- Somente por decretos dos chefes do poder Executivo (Presidente da República, Governadores e Prefeitos), sendo uma competência exclusiva, indelegável a qualquer outra autoridade.

Natureza

- **Decreto:** natureza secundária ou derivada;
- **Lei:** natureza primária ou originária.

Prazo para Regulamentação

- A lei a ser regulamentada deve apontar;
- A ausência do prazo é inconstitucional;
- Enquanto não regulamentada, a lei é inexequível (não pode ser executada);
- Se o chefe do executivo descumprir o prazo, a lei se torna exequível (pode ser executada);
- A competência para editar decreto regulamentar não pode ser objeto de delegação.

Decreto autônomo

A Emenda Constitucional nº 32, alterou o Art. 84 da Constituição Federal e deu ao seu inciso VI a seguinte redação:

> ***Art. 84.*** *Compete privativamente ao Presidente da República:*
>
> ***VI.*** *dispor, mediante decreto, sobre:*
>
> ***a)*** *organização e funcionamento da administração federal, quando não implicar aumento de despesa nem criação ou extinção de órgãos públicos;*
>
> ***b)*** *extinção de funções ou cargos públicos, quando vagos;*

Essa previsão se refere ao que a doutrina chama de decreto autônomo, pois se refere à predição para o presidente da república tratar mediante decreto de determinados assuntos, sem lei anterior, balizando a sua atuação, pois a baliza foi a própria Constituição Federal. O decreto é autônomo porque não depende de lei.

Características

- Inova o ordenamento jurídico.
- O decreto autônomo tem natureza primária ou originária.
- Somente pode tratar das matérias descritas no Art. 84, VI, da Constituição Federal.
- O Presidente da República poderá delegar as atribuições mencionadas para edição de decretos autônomos aos Ministros de Estado, ao Procurador-Geral da República ou ao Advogado-Geral da União, que observarão os limites traçados nas respectivas delegações, conforme prevê o inciso único do Art. 84.

As regras relativas às competências do Presidente da República no uso do decreto regulamentar e do autônomo são estendidas aos demais chefes do executivo nacional dentro das suas respectivas administrações públicas. Sendo assim, governadores e prefeitos podem tratar, mediante decreto autônomo, dos temas estaduais e municipais de suas respectivas administrações que o Presidente da República pode resolver, mediante decreto autônomo, na esfera da administração pública federal.

DECRETO DE EXECUÇÃO
É a regra.
Pode ser editado pelos chefes do Executivo.
Não inova o ordenamento jurídico e necessita de amparo de uma lei.
É de competência exclusiva, não pode ser delegável.
DECRETO AUTÔNOMO
É a exceção.
Somente pode ser editado pelo Presidente da República.
Inova lei nos casos do Art. 84, IV, a e b do texto constitucional.
É de competência privativa e pode ser delegável de acordo com o Art. 84, parágrafo único.

Poder de polícia

O Código Tributário Nacional, em seu Art. 78, ao tratar dos fatos geradores das taxas, assim conceitua poder de polícia:

> ***Art. 78.*** *Considera-se poder de polícia atividade da Administração Pública que, limitando ou disciplinando direito, interesse ou liberdade, regula a prática de ato ou abstenção de fato, em razão de interesse público concernente à segurança, à higiene, à ordem, aos costumes, à disciplina da produção e do mercado, ao exercício de atividades econômicas dependentes de concessão ou autorização do Poder Público, à tranquilidade pública ou ao respeito à propriedade e aos direitos individuais ou coletivos.*

Hely Lopes Meirelles conceitua poder de polícia como a faculdade que dispõe a Administração Pública para condicionar, restringir o uso, o gozo de bens, atividades e direitos individuais, em benefício da coletividade ou do próprio Estado.

É competente para exercer o poder de polícia administrativa sobre uma dada atividade o ente federado, ao qual a Constituição da República atribui competência para legislar sobre essa mesma atividade, para regular a prática dessa.

Assim, podemos dizer que o poder de polícia é discricionário em regra, podendo ser vinculado nos casos em que a lei determinar. Ele dispõe que toda a Administração Pública pode condicionar ou restringir os direitos dos administrados em caso de não cumprimento das determinações legais.

O poder de polícia **fundamenta-se** no de **império** do Estado (Poder **Extroverso**), que decorre do Princípio da Supremacia do Interesse Público, pois, por meio de imposições limitando ou restringindo a esfera jurídica dos administrados, visa à Administração Pública à defesa de um bem maior, que é proteção dos direitos da coletividade, pois o interesse público prevalece sobre os particulares.

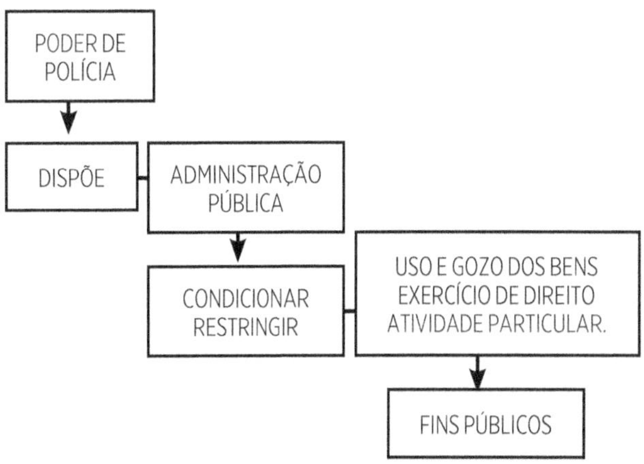

Atributos do poder de polícia

Discricionariedade: o poder de polícia, em regra, é discricionário, pois dá margem de liberdade dentro dos parâmetros legais ao administrador público para agir; contudo, se a lei exigir, tal poder pode ser vinculado.

O Estado escolhe as atividades que sofrerão as fiscalizações da polícia administrativa. Essa escolha é manifestação da discricionariedade do poder de polícia do Estado. Também é manifestação da discricionariedade do poder de polícia a majoração da quantidade de pena aplicada a quem cometer uma infração sujeita à disciplina do poder de polícia.

Nos casos em que a lei prever uma pena que tenha duração no tempo e não fixar exatamente a quantidade, dando uma margem de escolha de quantidade ao julgador, temos o exercício do poder discricionário na atuação de polícia e, como limite desse poder de punir, temos a própria lei que traz a ordem de polícia e ainda os princípios da razoabilidade e da proporcionalidade que vedam a aplicação da pena em proporção superior à gravidade do fato ilícito praticado.

Autoexecutoriedade: é a prerrogativa da Administração Pública de executar diretamente as decisões decorrentes do poder de polícia, por seus próprios meios, sem precisar recorrer ao judiciário.

Cabimento

> Autorização da Lei;

> Medida Urgente.

A **Autoexecutoriedade** no uso do poder de polícia não é absoluta, tendo natureza relativa, ou seja, não são todos os atos decorrentes do poder de polícia que são autoexecutórios. Para que um ato assim ocorra, é necessário que ele seja exigível e executório ao mesmo tempo:

> **Exigibilidade**: exigível é aquela conduta prevista na norma que, caso seja infringida, pode ser aplicada uma **coerção indireta**, ou seja, caso a pessoa venha a sofrer uma penalidade e se recuse a aceitar a aplicação da sanção, a aplicação dessa somente poderá ser executada por decisão judicial. É o caso das multas, por exemplo, que podem ser lançadas a quem comete uma infração de trânsito, a administração não pode receber o valor devido por meio da coerção, caso a pessoa penalizada se recuse a pagar a multa, o seu recebimento dependerá de execução judicial pela Administração Pública. A exigibilidade é uma característica de todos os atos praticados no exercício do poder de polícia.

> **Executoriedade**: executória é a norma que, caso seja desrespeitada, permite a aplicação de uma **coerção direta**, ou seja, a administração pode utilizar da força coercitiva para garantir a aplicação da penalidade, sem precisar recorrer ao judiciário.

É o caso das sanções de interdição de estabelecimentos comerciais, suspensão de direitos, entre outras. Não são todas as medidas decorrentes do poder de polícia executórias.

O ato de polícia para ser autoexecutório precisa ser ao mesmo tempo exigível e executório, ou seja, nem todos os atos decorrentes do poder de polícia são autoexecutórios.

> **Coercibilidade**: esse atributo informa que as determinações da Administração podem ser impostas coercitivamente ao administrado, ou seja, o particular é obrigado a observar os ditames da administração. Caso ocorra resistência por parte desse, a administração pública estará autorizada a usar força, independentemente de autorização judicial, para fazer com que seja cumprida a regra de polícia. Todavia, os meios utilizados pela administração devem ser legítimos, humanos e compatíveis com a urgência e a necessidade da medida adotada.

Classificação

O poder de polícia pode ser originário, no caso da Administração Pública direta e derivada. Quando diz respeito as autarquias, a doutrina orienta que fundações públicas, sociedade de economia mista e empresas públicas não possuem o poder de polícia em suas ações. Classificação:

Poder de Polícia Originário:

> Dado à Administração Pública Direta.

Poder de Polícia Delegado:

> Dado às pessoas da Administração Pública Indireta que possuem personalidade jurídica de direito público. Esse poder somente é proporcionado para as autarquias ligadas à Administração Indireta.

O poder de polícia não pode ser exercido por particulares ou por pessoas jurídicas de direito privado da administração indireta, entretanto, o STJ em uma recente decisão entendeu que os atos de consentimento de polícia e de fiscalização dessa, que por si só não têm natureza coercitiva, podem ser delegados às pessoas jurídicas de direito privado da Administração Indireta.

Meios de atuação

O poder de polícia pode ser exercido tanto preventivamente quanto repressivamente.

Prevenção: manifesta-se por meio da edição de atos normativos de alcance geral, tais como leis, decretos, resoluções, entre outros, e também por meio de várias medidas administrativas, tais como a fiscalização, a vistoria, a notificação, a licença, a autorização, entre outros.

Repressão: manifesta-se por meio da aplicação de punições, tais como multas, interdição de direitos, destruição de mercadorias etc.

Ciclo de polícia

O ciclo de polícia se refere às fases de atuação desse poder, ordem de polícia, consentimento, fiscalização e sanção de polícia, sendo assim, esse ciclo, para se completar, pode passar por quatro fases distintas:

Ordem de Polícia: é a Lei inovadora que tem trazido limites ou condições ao exercício de atividades privadas ou uso de bens.

Consentimento: é a autorização prévia fornecida pela Administração para a prática de determinada atividade privada ou para usar um bem.

Fiscalização: é a verificação, por parte da administração pública, para certificar-se de que o administrado está cumprindo as exigências contidas na ordem de polícia para a prática de determinada atividade privada ou uso de bem.

Sanção de Polícia: é a coerção imposta pela administração ao particular que pratica alguma atividade regulada por ordem de polícia em descumprimento com as exigências contidas.

É importante destacar que o ciclo de polícia não precisa necessariamente comportar essas quatro fases, pois as de ordem e fiscalização devem sempre estar presentes em qualquer atuação de polícia administrativa, todavia, as fases de consentimento e de sanção não estarão presentes em todos os ciclos de polícia.

Prescrição

O Prazo de Prescrição das ações punitivas decorrentes do exercício do poder de polícia é de **5 anos** para a esfera federal, conforme constata-se na redação do Art. 1º da Lei nº 9.873/99:

> ***Art. 1º.*** *Prescreve em cinco anos a ação punitiva da Administração Pública Federal, direta e indireta, no exercício do poder de polícia, objetivando apurar infração a legislação em vigor, contados da data da prática do ato ou, no caso de infração permanente ou continuada, do dia em que tiver cessado.*

Polícia administrativa x polícia judiciária

Polícia Administrativa: atua visando evitar a prática de infrações administrativas, tem natureza preventiva, entretanto, em alguns casos ela pode ser repressiva. A polícia administrativa atua sobre atividades privadas, bens ou direitos.

Polícia Judiciária: atua com o objetivo de reprimir a infração criminal, tem natureza repressiva, mas, em alguns casos, pode ser preventiva. Ao contrário da polícia administrativa que atua sobre atividades privadas, bens ou direitos, a atuação da judiciária recai sobre as pessoas.

Poder de polícia x prestação de serviços públicos

Não podemos confundir toda atuação estatal com a prestação de serviços públicos, pois, dentre as diversas atividades desempenhadas pela Administração Pública, temos, além da prestação de serviços públicos, o exercício do poder de polícia, o fomento, a intervenção na propriedade privada, entre outras.

Distingue-se o poder de polícia da prestação de serviços públicos, pois essa é uma atividade positiva, que se manifesta numa obrigação de fazer.

Poder de Polícia: atividade negativa, que traz a noção de não fazer, proibição, excepcionalmente pode trazer uma obrigação de fazer. Seu exercício sofre tributação mediante taxa e é indelegável a particulares.

Serviço Público: atividade positiva, que traz a noção de fazer algo. A sua remuneração se dá por meio da tarifa, que não é um tributo, mas sim, uma espécie de preço público, e o serviço público, mesmo sendo de titularidade exclusiva do Estado, é delegável a particulares.

6.3 Abuso de Poder

O administrador público tem que agir obrigatoriamente em obediência aos princípios constitucionais, do contrário, sua ação pode ser arbitrária e, consequentemente, ilegal, o que gerará o chamado abuso de poder.

Excesso de Poder: quando o agente público atua fora dos limites de sua esfera de competência.

Desvio de Poder: quando a atuação do agente, embora dentro de sua órbita de competência, contraria a finalidade explícita ou implícita na lei que determinou ou autorizou a sua atuação, tanto é desvio de poder a conduta contrária à finalidade geral (ou mediata) do ato – o interesse público –, quanto a que discrepe de sua finalidade específica (ou imediata).

Omissão de Poder: ocorre quando o agente público fica inerte diante de uma situação em que a lei impõe o uso do poder.

> Todos os atos que forem praticados com abuso de poder são ilegais e devem ser anulados; essa anulação pode acontecer tanto pela via administrativa quanto pela via judicial.
> O remédio constitucional para combater o abuso de poder é o Mandado de Segurança.

Questões

01. (CESPE) A invalidação da conduta abusiva de um agente público pode ocorrer tanto na esfera administrativa quanto por meio de ação judicial, e, em certas circunstâncias, o abuso de poder constitui ilícito penal.

Certo ( ) Errado ( )

02. (CESPE) O poder de polícia, vinculado à prática de ato ilícito de um particular, tem natureza sancionatória, devendo ser exercido apenas de maneira repressiva.

Certo ( ) Errado ( )

03. (CESPE) O ordenamento jurídico pode determinar que a competência de certo órgão ou de agente inferior na escala hierárquica seja exclusiva e, portanto, não possa ser avocada.

Certo ( ) Errado ( )

04. (CESPE) O poder regulamentar, regra geral, tem natureza primária e decorre diretamente da CF, sendo possível que os atos expedidos inovem o próprio ordenamento jurídico.

Certo ( ) Errado ( )

05. (CESPE) Com fundamento no poder disciplinar, a Administração Pública, ao ter conhecimento de prática de falta por servidor público, pode escolher entre a instauração ou não de procedimento destinado a promover a correspondente apuração da infração.

Certo ( ) Errado ( )

06. (CESPE) As prerrogativas do regime jurídico administrativo conferem poderes à Administração, colocada em posição de supremacia sobre o particular; já as sujeições servem de limites à atuação administrativa, como garantia do respeito às finalidades públicas e também dos direitos do cidadão.

Certo ( ) Errado ( )

07. (CESPE) De acordo com a lei, denomina-se ocupação temporária a situação em que um agente policial obriga o proprietário de um veículo particular em movimento a parar, a fim de utilizar esse na perseguição à terrorista internacional que porta bomba, para iminente detonação.

Certo ( ) Errado ( )

08. (CESPE) A sanção administrativa é consectário do poder de polícia regulado por normas administrativas.

Certo ( ) Errado ( )

09. (CESPE) A Administração Pública, no exercício do ius imperii, subsume-se ao regime de direito privado.

Certo ( ) Errado ( )

10. (CESPE) O prazo prescricional para que a Administração Pública federal, direta e indireta, no exercício do poder de polícia, inicie ação punitiva, cujo objetivo seja apurar infração à legislação em vigor, é de cinco anos, contados da data em que o ato se tornou conhecido pela Administração, salvo se tratar de infração dita permanente ou continuada, pois, nesse caso, o termo inicial ocorre no dia em que cessa a infração.

Certo ( ) Errado ( )

Gabaritos

01	CERTO	06	CERTO
02	ERRADO	07	ERRADO
03	CERTO	08	CERTO
04	ERRADO	09	ERRADO
05	ERRADO	10	ERRADO

7. CONTROLE DA ADMINISTRAÇÃO PÚBLICA

É um conjunto de instrumentos que o ordenamento jurídico estabelece a fim de que a própria administração Pública, os três poderes, e, ainda, o povo, diretamente ou por meio de órgãos especializados, possam exercer o poder de fiscalização, orientação e revisão da atuação de todos os órgãos, entidades e agentes públicos, em todas as esferas do poder.

7.1 Classificação

Quanto à origem

Controle interno

Acontece dentro do próprio poder, decorrente do princípio da autotutela.

Finalidade:

Art. 74, CF. Os Poderes Legislativo, Executivo e Judiciário manterão, de forma integrada, sistema de controle interno com a finalidade de:

I. Avaliar o cumprimento das metas previstas no plano plurianual, a execução dos programas de governo e dos orçamentos da União;

II. Comprovar a legalidade e avaliar os resultados, quanto à eficácia e eficiência, da gestão orçamentária, financeira e patrimonial nos órgãos e entidades da administração federal, bem como da aplicação de recursos públicos por entidades de direito privado;

III. Exercer o controle das operações de crédito, avais e garantias, bem como dos direitos e haveres da União;

IV. Apoiar o controle externo no exercício de sua missão institucional.

§ 1º - Os responsáveis pelo controle interno, ao tomarem conhecimento de qualquer irregularidade ou ilegalidade, dela darão ciência ao Tribunal de Contas da União, sob pena de responsabilidade solidária.

Exs.:

Pode ser exercido no âmbito hierárquico ou por órgãos especializados (sem hierarquia);

O controle finalístico (controvérsia doutrinária, alguns autores falam que é modalidade de controle externo);

A fiscalização realizada por um órgão da Administração Pública do Legislativo sobre a atuação dela própria;

O controle realizado pela Administração Pública do poder judiciário nos atos administrativos praticados pela própria Administração Pública desse poder.

Controle externo

É exercido por um poder sobre os atos administrativos de outro poder.

A exemplo, temos o controle judicial dos atos administrativos, que analisa aspectos de legalidade dos atos da Administração Pública dos demais poderes; ou o controle legislativo realizado pelo poder legislativo, nos atos da Administração Pública dos outros poderes.

Controle popular

É o controle exercido pelos administrados na atuação da Administração Pública dos três poderes, seja por meio da ação popular, do direito de petição ou de outros.

É importante lembrar que os atos administrativos devem ser publicados, salvo os sigilosos. Todavia, uma outra finalidade da publicidade dos atos administrativos é o desenvolvimento do controle social da Administração Pública[1].

Quanto ao momento de exercício

Controle prévio

É exercido antes da prática ou antes da conclusão do ato administrativo.

Finalidade:

É um requisito de validade do ato administrativo.

Ex.: A aprovação do Senado Federal da escolha de ministros do STF ou de dirigente de uma agência reguladora federal. Em tais situações, a referida aprovação antecede a nomeação de tais agentes.

Controle concomitante

É exercido durante a prática do ato.

Finalidade:

Possibilitar a aferição do cumprimento das formalidades exigidas para a formação do ato administrativo.

Ex.: Fiscalização da execução de um contrato administrativo; acompanhamento de uma licitação pelos órgãos de controle.

Controle subsequente/corretivo/posterior

É exercido após a conclusão do ato.

Finalidade:

> Correção dos defeitos sanáveis do ato;

> Declaração de nulidade do ato;

> Revogação do ato discricionário legal inconveniente e inoportuno.

> Cassação do ato pelo descumprimento dos requisitos que são exigidos para a sua manutenção.

> Conferir eficácia ao ato.

Ex.: Homologação de um concurso público.

Quanto ao aspecto controlado

Controle de legalidade

Sua finalidade é verificar se o ato foi praticado em conformidade com o ordenamento jurídico, e, por esse, entendemos que o

1 Lei de Acesso à Informação Pública - Lei 12.527-Art. 3º. Os procedimentos previstos nesta Lei destinam-se a assegurar o direito fundamental de acesso à informação e devem ser executados em conformidade com os princípios básicos da Administração Pública e com as seguintes diretrizes:
I. observância da publicidade como preceito geral e do sigilo como exceção;
II. divulgação de informações de interesse público, independentemente de solicitações;
III. utilização de meios de comunicação viabilizados pela tecnologia da informação;
IV. fomento ao desenvolvimento da cultura de transparência na Administração Pública;
V. desenvolvimento do controle social da Administração Pública.

ato tem que ser praticado de acordo com as leis e também com os princípios fundamentais da administração pública.

Lei deve ser entendida, nessa situação, em sentido amplo, ou seja, a Constituição Federal, as leis ordinárias, complementares, delegadas, medidas provisórias e as normas infralegais.

Exercício

Própria Administração Pública: pode realizar o controle de legalidade a pedido ou de ofício. Em decorrência do princípio da autotutela, é espécie de controle interno.

Poder Judiciário: no exercício da função jurisdicional, pode exercer o controle de legalidade somente por provocação. Nesse caso, é uma espécie de inspeção externo.

Poder Legislativo: somente pode exercer controle de legalidade nos casos previstos na Constituição Federal. É forma de controle externo.

Consequências

Confirmação da validade do ato.

Anulação do ato com vício de validade (ilegal).

Um ato administrativo pode ser anulado pela própria Administração2 que o praticou, por provocação ou de ofício (controle interno) ou pelo poder judiciário. Nesse caso, somente por provocação (controle externo). A anulação gera efeitos retroativos (*ex tunc*), desfazendo todas as relações do ato resultadas, salvo, entretanto, os efeitos produzidos para os terceiros de boa-fé.

Prazo para anulação na via administrativa: cinco anos, contados a partir da prática do ato, salvo comprovada má-fé .

Segundo o STF, quando o controle interno acarretar o desfazimento de um ato administrativo que implique em prejuízo à situação jurídica do administrado, a administração deve antes instaurar um procedimento que garanta a ele o contraditório e a ampla-defesa, para que, dessa forma, possa defender os seus interesses.

Convalidação do ato é a correção com efeitos retroativos do ato administrativo com defeito sanável. Considera-se problema reparável:

> **I.** Vício de competência relativo à pessoa.
> - **Exceção**: competência exclusiva (também não cabe convalidação).
> - O vício de competência relativo à matéria não é caracterizado como um defeito sanável.

> **II.** Vício de Forma
> - **Exceção**: lei determina que a forma seja elemento essencial de validade de determinado ato (também não cabe convalidação).

Sendo assim, somente os vícios nos elementos forma e competência podem ser convalidados. Em todos os demais casos, a administração somente pode anular o ato.

Mesmo quando o defeito admite convalidação, a administração pública tem a possibilidade de anular, pois a regra é a anulação e a convalidação uma faculdade disponível ao agente público em hipóteses excepcionais.

2 Súmula 473, STF. *A Administração pode anular seus próprios atos, quando eivados de vícios que os tornem ilegais, porque deles não se originam direitos; ou revogá-los, por motivo de conveniência ou oportunidade, respeitados os direitos adquiridos, e ressalvada, em todos os casos, a apreciação judicial.*

Convalidação Tácita

O Art. 54 da Lei 9.784 prevê que a administração tem o direito de anular os atos administrativos de que decorram efeitos favoráveis; para os destinatários, decai em cinco anos, contados da data em que forem praticados, salvo comprovada má-fé. Transcorrido esse prazo, o ato foi convalidado, pois não pode ser mais anulado pela administração.

Convalidação Expressa

> **Art. 55, Lei 9.784/99.** *Em decisão na qual se evidencie não acarretar lesão ao interesse público nem prejuízo a terceiros, os atos que apresentarem defeitos sanáveis poderão ser convalidados pela própria Administração.*

O prazo que a Administração Pública tem para convalidar um ato é o mesmo que ela tem para anular, ou seja, cinco anos contados a partir da data da prática do feito. Como analisamos, a convalidação, se trata de um controle de legalidade que verificou que o ato foi praticado com vício, todavia, na hipótese descrita no Art. 55 da Lei 9.784/99, a autoridade com competência para anular tal ato, pode optar pela sua convalidação.

Controle de mérito

Sua finalidade é verificar a conveniência e a oportunidade dos atos administrativos discricionários.

Exercício

Em regra, é exercido discricionariamente pelo próprio poder que praticou o feito.

Excepcionalmente, o poder legislativo tem competência para verificar o mérito de atos administrativos dos outros poderes, esse é um controle de mérito de natureza política.

Não pode ser exercido pelo poder judiciário na sua função típica, mas pode ser executado pela Administração Pública do poder judiciário nos atos dela própria.

Consequências

Manutenção do ato discricionário legal, conveniente e oportuno;

Revogação do ato discricionário legal, inconveniente e inoportuno.

Nas hipóteses em que o Poder Legislativo exerce controle de mérito da atuação administrativa dos outros poderes, não lhe é permitida a revogação de tais atos.

Quanto à amplitude

Controle hierárquico

Decorre da hierarquia presente na Administração Pública, que se manifesta na subordinação entre órgãos e agentes, sempre no âmbito de uma mesma pessoa jurídica. Acontece na Administração Pública dos três poderes.

Consequências

É um controle interno permanente (antes/durante/após a prática do ato) e irrestrito, pois verifica aspectos de legalidade e de mérito de um ato administrativo praticado pelos agentes e órgãos subordinados.

Esse controle está relacionado às atividades de supervisão, coordenação, orientação, fiscalização, aprovação, revisão, avocação e aplicação de meios corretivos dos desvios e irregularidades verificados.

Controle finalístico/tutela administrativa / supervisão ministerial

É exercido pela administração direta sobre as pessoas jurídicas da administração indireta.

Efeitos

Depende de norma legal que o estabeleça, não se enquadrando como um controle específico, e sua finalidade é verificar se a entidade está atingindo as suas intenções estatutárias.

7.2 Controle Administrativo

É um controle interno, fundado no poder de autotutela, exercido pelo poder executivo e pelos órgãos administrativos dos poderes legislativo e judiciário sobre suas próprias condutas, tendo em vista aspectos de legalidade e de mérito administrativo3.

> *Súmula 473, STF: A Administração pode anular seus próprios atos, quando eivados de vícios que os tornam ilegais, porque deles não se originam direitos; ou revogá-los, por motivo de conveniência ou oportunidade, respeitados os direitos adquiridos, e ressalvada, em todos os casos, a apreciação judicial.*

O controle administrativo é sempre interno. Pode ser hierárquico, quando é feito entre órgãos verticalmente escalonados integrantes de uma mesma pessoa jurídica, seja da Administração Direta ou Indireta; ou não hierárquico, quando exercido entre órgãos que, embora integrem uma só pessoa jurídica, não estão na mesma linha de escalonamento vertical e também no controle finalístico exercido entre a Administração Direta e a Indireta.

O controle administrativo é um controle permanente, pois acontece antes, durante e depois da prática do ato; também é irrestrito, pois como já foi dito, analisa aspectos de legalidade e de mérito.

Ainda é importante apontar que o controle administrativo pode acontecer de ofício ou a pedido do administrado.

Quando interessado em provocar a atuação da Administração Pública, o administrado pode se valer da reclamação administrativa, que é uma expressão genérica para englobar um conjunto de instrumentos, tais como o direito de petição, a representação, a denúncia, o recurso, o pedido de reconsideração, a revisão, dentre outros meios.

O meio utilizado pela Administração Pública para processar o pedido do interessado é o processo administrativo, que, na esfera federal, é regulado pela Lei nº 9.784/99.

7.3 Controle Legislativo

É a fiscalização realizada pelo Poder Legislativo, na sua função típica de fiscalizar, na atuação da Administração Pública dos três poderes.

Quando exercido na atuação administrativa dos outros poderes, é espécie de controle externo; quando realizado na Administração Pública do próprio poder legislativo, é espécie de controle interno.

3 ALEXANDRINO, Marcelo & PAULO Vicente. Direito Administrativo Descomplicado. 19ª edição. São Paulo - 2011.

Hipóteses de controle

O controle legislativo na atuação da Administração Pública somente pode ocorrer nas hipóteses previstas na Constituição Federal, não sendo permitidas às Constituições Estaduais ou às leis orgânicas criarem novas modalidades de controle legislativo no respectivo território de sua competência. Caso se crie nova forma de controle legislativo por instrumento legal diverso da Constituição Federal, tal norma será inconstitucional.

Como as normas estaduais e municipais não podem criar novas modalidades de controle legislativo, nessas esferas, pelo princípio da simetria, são aplicadas as hipóteses de controle legislativo previstas na Constituição Federal para os estados e municípios. Todavia, vale ressaltar que como o sistema legislativo federal adota o bicameralismo, as hipóteses de controle do Congresso Nacional, do Senado, das comissões e do Tribunal de Contas da União são aplicadas às assembleias legislativas na esfera estadual e às câmaras de vereadores nas esferas municipais.

Modalidades

Controle de legalidade

Quando se analisa aspectos de legalidade da atuação da Administração Pública dos três poderes, tais como dos atos e contratos administrativos.

Controle de mérito (político)

É um controle de natureza política, que possibilita ao Poder Legislativo, nas hipóteses previstas na Constituição Federal, a intervir na atuação da Administração Pública do Poder Executivo, controlando aspectos de eficiência da atuação e também de conveniência da tomada de determinadas decisões do poder executivo.

> **Ex.:** Quando o Senado tem que aprovar o ato do Presidente da República, que nomeia um dirigente de uma agência reguladora.

Efeitos:

Não acarreta revogação do ato, pois esse ainda não conclui o seu processo de formação enquanto não for aprovado pelo poder legislativo, ou seja, tal ato não gera efeitos até a aprovação, por isso, não há o que se falar em revogação.

Controle exercido pelo congresso nacional

A competência exclusiva do Congresso Nacional vem descrita no Art. 40 da Constituição Federal:

> ***V.*** *Sustar os atos normativos do Poder Executivo que exorbitem do poder regulamentar ou dos limites de delegação legislativa;*

Tal situação acontece quando, no exercício do poder regulamentar, o presidente da república edite um decreto para complementar determinada lei e, nesse decreto, ele venha a inovar o ordenamento jurídico, ultrapassando os limites da lei. Todavia, a sustação do ato normativo pelo Congresso Nacional não invalida todo o decreto mas somente o trecho dele que esteja exorbitando do exercício do poder regulamentar.

> ***IX.*** *Julgar anualmente as contas prestadas pelo Presidente da República e apreciar os relatórios sobre a execução dos planos de governo;*

X. Fiscalizar e controlar, diretamente, ou por qualquer de suas Casas, os atos do Poder Executivo, incluídos os da administração indireta;

Controle exercido privativamente pelo senado federal

As competências privativas do Senado Federal vêm descritas no Art. 52 da Constituição Federal, dentre essas, algumas se referem ao exercício de atividades de controle:

> ***I.*** *Processar e julgar o Presidente e o Vice-Presidente da República nos crimes de responsabilidade, bem como os Ministros de Estado e os Comandantes da Marinha, do Exército e da Aeronáutica nos crimes da mesma natureza conexos com aqueles;*
>
> ***II.*** *Processar e julgar os Ministros do Supremo Tribunal Federal, os membros do Conselho Nacional de Justiça e do Conselho Nacional do Ministério Público, o Procurador-Geral da República e o Advogado-Geral da União nos crimes de responsabilidade;*

Nesses dois primeiros casos, o julgamento será presidido pelo presidente do STF, limitando-se este à condenação, que somente será proferida por dois terços dos votos do Senado Federal.

> ***III.*** *Aprovar previamente, por voto secreto, após arguição pública, a escolha de:*
>
> ***a)*** *Magistrados, nos casos estabelecidos nesta Constituição;*
>
> ***b)*** *Ministros do Tribunal de Contas da União indicados pelo Presidente da República;*
>
> ***c)*** *Governador de Território;*
>
> ***d)*** *Presidente e diretores do Banco Central;*
>
> ***e)*** *Procurador-Geral da República;*
>
> ***f)*** *titulares de outros cargos que a lei determinar.*
>
> ***IV.*** *Aprovar previamente, por voto secreto, após arguição em sessão secreta, a escolha dos chefes de missão diplomática de caráter permanente;*
>
> ***V.*** *Autorizar operações externas de natureza financeira, de interesse da União, dos Estados, do Distrito Federal, dos Territórios e dos Municípios;*
>
> ***VI.*** *Fixar, por proposta do Presidente da República, limites globais para o montante da dívida consolidada da União, dos Estados, do Distrito Federal e dos Municípios;*
>
> ***VII.*** *Dispor sobre limites globais e condições para as operações de crédito externo e interno da União, dos Estados, do Distrito Federal e dos Municípios, de suas autarquias e demais entidades controladas pelo Poder Público Federal;*
>
> ***VIII.*** *dispor sobre limites e condições para a concessão de garantia da União em operações de crédito externo e interno;*
>
> ***IX.*** *Estabelecer limites globais e condições para o montante da dívida mobiliária dos Estados, do Distrito Federal e dos Municípios;*
>
> ***X.*** *Aprovar, por maioria absoluta e por voto secreto, a exoneração, de ofício, do Procurador-Geral da República antes do término de seu mandato;*
>
> ***XI.*** *Avaliar periodicamente a funcionalidade do Sistema Tributário Nacional, em sua estrutura e seus componentes, e o desempenho das administrações tributárias da União, dos Estados e do Distrito Federal e dos Municípios.*

Controle exercido pela câmara dos deputados

A competência da Câmara dos Deputados vem descrita no Art. 51 da Constituição Federal, e nesse momento analisaremos as competências relativas à área de controle da administração:

Compete privativamente à Câmara dos Deputados:

> ***I.*** *Autorizar, por dois terços de seus membros, a instauração de processo contra o Presidente e o Vice-Presidente da República e os Ministros de Estado;*
>
> ***II.*** *Proceder à tomada de contas do Presidente da República, quando não apresentadas ao Congresso Nacional dentro de sessenta dias após a abertura da sessão legislativa;*

Fiscalização contábil, financeira e orçamentária na constituição federal

Também chamado de controle financeiro, em sentido amplo, vem descrito no Art. 70 da CF, que traz as seguintes regras:

> ***Art. 70, CF.*** *A fiscalização contábil, financeira, orçamentária, operacional e patrimonial da União e das entidades da administração direta e indireta, quanto à legalidade, legitimidade, economicidade, aplicação das subvenções e renúncia de receitas, será exercida pelo Congresso Nacional, mediante controle externo, e pelo sistema de controle interno de cada Poder.*

Como podemos observar, segundo os ditames do Art. 70 da Constituição Federal, a fiscalização contábil, financeira e orçamentária é realizada tanto por meio de controle interno como de externo.

Áreas alcançadas pelo Controle Financeiro (Amplo):

Contábil: controla o cumprimento das formalidades no registro de receitas e despesas.

Financeira: controla a entrada e a saída de capital, sua destinação.

Orçamentária: fiscaliza e acompanha a execução do orçamento anual, plurianual.

Operacional: controla a atuação administrativa, observando se estão sendo respeitadas as diretrizes legais que orientam a atuação da Administração Pública, bem como avaliando aspectos de eficiência e economicidade.

Patrimonial: controle do patrimônio público, seja ele móvel ou imóvel.

Aspectos Controlados: as áreas alcançadas pelo controle financeiro (sentido amplo) abrangem os seguintes aspectos:

Legalidade: atuação conforme a lei.

Legitimidade: atuação conforme os princípios orientadores da atuação da Administração Pública.

O controle financeiro realizado pelo Congresso Nacional não analisa aspectos de mérito.

Para que o controle financeiro seja eficiente, é necessária a prestação de contas por parte das pessoas físicas ou jurídicas que, de qualquer forma, administrem dinheiro ou direito patrimonial público; tal regra vem descrita no parágrafo único do Art. 70:

> ***Art. 70, Parágrafo único.*** *Prestará contas qualquer pessoa física ou jurídica, pública ou privada, que utilize, arrecade, guarde, gerencie ou administre dinheiros, bens e valores públicos ou pelos quais a União responda, ou que, em nome desta, assuma obrigações de natureza pecuniária.*

Controle exercido pelos tribunais de contas

Os Tribunais de Contas são órgãos de controle vinculados ao Poder Legislativo. A finalidade que possuem é auxiliar na função de exercer o controle externo da Administração Pública.

Apesar da expressão órgãos auxiliares, os tribunais de contas não se submetem ao poder legislativo, ou seja, não existe hierarquia nem subordinação entre os tribunais de contas e o poder legislativo.

A Constituição Federal, no Art. 71, estabelece as competências do Tribunal de Contas da União (TCU), e, pelo princípio da simetria, os tribunais de contas estaduais e municipais detêm as mesmas competências nas suas esferas de fiscalização, não sendo permitidas às Constituições Estaduais e às leis orgânicas municipais criar novas hipóteses de controle. Veja as competências dos Tribunais de Contas a seguir.

Hipóteses de Controle

> ***Art. 71.*** *O controle externo, a cargo do Congresso Nacional, será exercido com o auxílio do Tribunal de Contas da União, ao qual compete:*
>
> ***I.*** *Apreciar as contas prestadas anualmente pelo Presidente da República, mediante parecer prévio que deverá ser elaborado em sessenta dias a contar de seu recebimento;*
>
> ***II.*** *Julgar as contas dos administradores e demais responsáveis por dinheiros, bens e valores públicos da administração direta e indireta, incluídas as fundações e sociedades instituídas e mantidas pelo Poder Público federal, e as contas daqueles que derem causa a perda, extravio ou outra irregularidade de que resulte prejuízo ao erário público;*
>
> ***III.*** *Apreciar, para fins de registro, a legalidade dos atos de admissão de pessoal, a qualquer título, na administração direta e indireta, incluídas as fundações instituídas e mantidas pelo Poder Público, excetuadas as nomeações para cargo de provimento em comissão, bem como a das concessões de aposentadorias, reformas e pensões, ressalvadas as melhorias posteriores que não alterem o fundamento legal do ato concessório;*
>
> ***IV.*** *Realizar, por iniciativa própria, da Câmara dos Deputados, do Senado Federal, de Comissão técnica ou de inquérito, inspeções e auditorias de natureza contábil, financeira, orçamentária, operacional e patrimonial, nas unidades administrativas dos Poderes Legislativo, Executivo e Judiciário, e demais entidades referidas no inciso II;*
>
> ***V.*** *Fiscalizar as contas nacionais das empresas supranacionais de cujo capital social a União participe, de forma direta ou indireta, nos termos do tratado constitutivo;*
>
> ***VI.*** *Fiscalizar a aplicação de quaisquer recursos repassados pela União mediante convênio, acordo, ajuste ou outros instrumentos congêneres, a Estado, ao Distrito Federal ou a Município;*
>
> ***VII.*** *Prestar as informações solicitadas pelo Congresso Nacional, por qualquer de suas Casas, ou por qualquer das respectivas Comissões, sobre a fiscalização contábil, financeira, orçamentária, operacional e patrimonial e sobre resultados de auditorias e inspeções realizadas;*
>
> ***VIII.*** *Aplicar aos responsáveis, em caso de ilegalidade de despesa ou irregularidade de contas, as sanções previstas em lei, que estabelecerá, entre outras cominações, multa proporcional ao dano causado ao erário;*
>
> ***IX.*** *Assinar prazo para que o órgão ou entidade adote as providências necessárias ao exato cumprimento da lei, se verificada ilegalidade;*
>
> ***X.*** *Sustar, se não atendido, a execução do ato impugnado, comunicando a decisão à Câmara dos Deputados e ao Senado Federal;*
>
> ***XI.*** *Representar ao Poder competente sobre irregularidades ou abusos apurados.*
>
> ***§ 1º*** *- No caso de contrato, o ato de sustação será adotado diretamente pelo Congresso Nacional, que solicitará, de imediato, ao Poder Executivo as medidas cabíveis.*
>
> ***§ 2º*** *- Se o Congresso Nacional ou o Poder Executivo, no prazo de noventa dias, não efetivar as medidas previstas no parágrafo anterior, o Tribunal decidirá a respeito.*
>
> ***§ 3º*** *- As decisões do Tribunal de que resulte imputação de débito ou multa terão eficácia de título executivo.*
>
> ***§ 4º*** *- O Tribunal encaminhará ao Congresso Nacional, trimestral e anualmente, relatório de suas atividades.*

Pontos Relevantes

A partir dessas regras, analisaremos alguns aspectos relevantes referentes ao controle da Administração Pública quando feito pelos tribunais de contas, nas suas respectivas áreas de competências:

Apreciação e julgamento das contas públicas

O TCU tem a competência de apreciar e julgar as contas dos administradores públicos.

> Contas do Presidente da República são somente apreciadas mediante parecer prévio do tribunal de contas, a competência para julgá-las é do Congresso Nacional.

O julgamento das contas feito pelo TCU não depende de homologação ou parecer do Poder Legislativo, pois, lembrando, os Tribunais de Contas não são subordinados ao Poder Legislativo.

Julgamento das Contas do Próprio Tribunal de Contas

Como a Constituição Federal não se preocupou em estabelecer quem é que detém a competência para julgar as contas dos Tribunais de Contas, o STF entendeu que podem as Constituições Estaduais e Leis Orgânicas Municipais submeterem as contas dos Tribunais de Contas a julgamentos das suas respectivas casas legislativas.

Controle dos Atos Administrativos

O TCU tem o poder de sustar a execução do ato e, nesse caso, deve dar ciência dessa decisão à Câmara dos Deputados e ao Senado Federal.

> ***Súmula Vinculante nº 3.*** *Nos processos perante ao Tribunal de Contas da União, asseguram-se o contraditório e a ampla defesa quando da decisão puder resultar anulação ou revogação de ato administrativo que beneficie o interessado, excetuada a apreciação da legalidade do ato de concessão inicial de aposentadoria, reforma e pensão.*

Controle dos Contratos Administrativos

Regra: o TCU não pode sustar os contratos administrativos, pois tal competência é do Congresso Nacional, que deve solicitar de imediato ao Poder Executivo a adoção das medidas cabíveis.

Exceção: caso o Congresso Nacional ou o Poder Executivo não tomem as medidas necessárias para a sustação do contrato em 90 dias, o TCU terá competência para efetuar a sua sustação.

Declaração de Inconstitucionalidade das Leis

Segundo o STF, os tribunais de contas, no exercício de suas competências, podem declarar uma norma inconstitucional e afastar a sua aplicação nos processos de sua apreciação. Todavia, tal declaração de inconstitucionalidade deve ser feita pela maioria absoluta dos membros dos tribunais de contas.

> **Súmula 347, STF.** *O Tribunal de Contas, no exercício de suas atribuições, pode apreciar a constitucionalidade das leis e dos atos do poder público.*

7.4 Controle Judiciário

É um controle de legalidade (nunca de mérito) realizado pelo poder judiciário, na sua função típica de julgar, nos atos praticados pelas Administração Pública de qualquer poder.

Esse controle por abranger somente aspectos de legalidade, fica restrito à possibilidade de anulação dos atos administrativos ilegais, não podendo o poder judiciário realizar o controle de mérito dos atos administrativos e, em consequência, não podendo revogar os atos administrativos praticados pela Administração Pública.

O controle judiciário somente será exercido por meio da provocação do interessado, não podendo o poder judiciário apreciar um ato administrativo de ofício, em decorrência do atributo da presunção de legitimidade dos atos administrativos.

É importante lembrar que a própria Administração Pública faz o controle de legalidade da sua própria atuação, todavia as decisões administrativas não fazem coisa julgada. Assim sendo, a decisão administrativa pode ser reformada pelo poder judiciário, pois somente as decisões desse poder é que tem o efeito de coisa julgada.

Os meios para provocar a atuação do poder judiciário são vários, dentre eles, encontramos:

> Mandado de Segurança.
> Ação Popular.
> Ação Civil Pública.
> Dentre outros.

Questões

01. (CESPE) O Poder Judiciário pode revogar ato administrativo violador do princípio da legalidade administrativa.

Certo ( ) Errado ( )

02. (CESPE) Considera-se controle administrativo aquele exercido pela Administração Pública sobre sua própria atuação, sob os aspectos de legalidade e mérito. Normalmente denominado de autotutela, esse é um poder que se exerce apenas por iniciativa própria.

Certo ( ) Errado ( )

03. (CESPE) O Poder Judiciário pode examinar os atos da Administração Pública de qualquer natureza, mas sempre a posteriori , ou seja, depois que tais atos forem produzidos e ingressarem no mundo jurídico.

Certo ( ) Errado ( )

04. (CESPE) O controle interno da Administração Pública é realizado pelo Poder Judiciário, com o apoio do Poder Legislativo; o controle externo está a cargo da Controladoria Geral da República.

Certo ( ) Errado ( )

05. (CESPE) O controle sobre as atividades das fundações públicas é realizado pelo Ministério Público.

Certo ( ) Errado ( )

06. (CESPE) No Brasil, o controle judicial é exercido, com exclusividade, pelo Poder Judiciário.

Certo ( ) Errado ( )

07. (CESPE) O termo controle interno exterior pode ser utilizado para designar o controle efetuado pela Administração sobre as entidades da administração indireta.

Certo ( ) Errado ( )

08. (CESPE) O controle que o Poder Legislativo exerce sobre a Administração Pública limita-se às hipóteses previstas na Constituição Federal de 1988 (CF) e abrange aspectos de legalidade e de mérito do ato administrativo.

Certo ( ) Errado ( )

09. (CESPE) No exercício do controle externo, cabe ao Congresso Nacional julgar as contas dos administradores e demais responsáveis por dinheiros, bens e valores públicos da administração direta e indireta, incluídas as fundações e sociedades instituídas e mantidas pelo poder público federal.

Certo ( ) Errado ( )

10. (CESPE) No controle dos atos discricionários, os quais legitimam espaço de liberdade para o administrador, o Poder Judiciário deve, em regra, limitar-se ao exame da legalidade do ato, sendo vedada a análise dos critérios de conveniência e oportunidade adotados pela Administração.

Certo ( ) Errado ( )

Gabaritos

01	ERRADO	06	CERTO
02	ERRADO	07	CERTO
03	ERRADO	08	CERTO
04	ERRADO	09	ERRADO
05	ERRADO	10	CERTO

8. RESPONSABILIDADE CIVIL DO ESTADO

A responsabilidade civil consubstancia-se na obrigação de indenizar um dano patrimonial decorrente de um fato lesivo voluntário. É modalidade de obrigação extracontratual e, para que ocorra, são necessários alguns elementos previstos no Art. 37, § 6º, da Constituição Federal:

> ***§6º** - As pessoas jurídicas de direito público e as pessoas jurídicas de direito privado prestadoras de serviço público responderão pelos danos seus agentes, nessa qualidade, causarem a terceiros, assegurado o direito de regresso contra o responsável nos casos de dolo ou culpa.*

8.1 Teoria do Risco Administrativo

É a responsabilidade objetiva do Estado, que paga o terceiro lesado, desde que ocorra o dano por ação praticada pelo agente público, mesmo o agente não agindo com dolo ou culpa.

Enquanto para a Administração a responsabilidade independe da culpa, para o servidor, ela depende: aquela é objetiva, esta é subjetiva e se apura pelos critérios gerais do Código Civil.

Requisitos

O fato lesivo causado pelo agente em decorrência de culpa em sentido amplo, a qual abrange o dolo (intenção), e a culpa em sentido estrito, que engloba a negligência, a imprudência e a imperícia.

A ocorrência de um dano patrimonial ou moral.

O nexo de causalidade entre o dano havido e o comportamento do agente, o que significa ser necessário que o dano efetivamente haja decorrido diretamente, da ação ou omissão indevida do agente.

> As Pessoas Jurídicas de Direito Privado prestadoras de serviço público estão também sob a responsabilidade na modalidade risco administrativo.

Situações de quebra do nexo causal da Administração Pública (Rompimento do Nexo Causal).

Caso I

Culpa exclusiva de terceiros ou da vítima.

Ex.: Marco, Agente Federal, dirigindo regularmente viatura oficial em escolta, atropela Sérgio, um suicida. Nessa situação, a Administração Pública não está obrigada a indenizar, pois o prejuízo foi causado exclusivamente pela vítima.

Caso II

Caso fortuito, evento da natureza imprevisível e inevitável.

Ex.: A PRF apreende um veículo em depósito. No local, cai um raio e destrói por completo o veículo apreendido. Nessa situação, a Administração não estará obrigada a indenizar o prejuízo sofrido, uma vez que não ocorreu culpa.

Caso III

Motivo de força maior, evento humano imprevisível e inevitável.

Ex.: A PRF apreende um veículo em depósito. Uma manifestação popular intensa invade-o e depreda todo o veículo, inutilizando-o. Nessa situação, a Administração não estará obrigada a indenizar o prejuízo sofrido, uma vez que não ocorreu culpa.

> Estão incluídas todas as pessoas jurídicas de Direito Público, ou seja, a Administração Direta, as autarquias e as fundações públicas de direito público, independentemente de suas atividades.

8.2 Teoria da Culpa Administrativa

Segundo a Teoria da Culpa Administrativa, também conhecida como Teoria da Culpa Anônima ou Falta de Serviço, o dever do Estado de indenizar o dano sofrido pelo particular somente existe caso seja comprovada a existência de falta de serviço. É possível ainda ocorrer a responsabilização do Estado aos danos causados por fenômenos da natureza quando ficar comprovado que o Estado concorreu de alguma maneira para que se produzisse o evento danoso, seja por dolo ou culpa. Nessa situação, vigora a responsabilidade subjetiva, pois temos a condição de ter ocorrido com dolo ou culpa. A culpa administrativa pode decorrer de uma das três formas possíveis de falta do serviço:

- Inexistência do serviço.
- Mau funcionamento do serviço.
- Retardamento do serviço.

Cabe sempre ao particular prejudicado pela falta comprovar sua ocorrência para fazer justa indenização.

Para os casos de omissão, a regra geral é a responsabilidade subjetiva. No entanto, há casos em que mesmo na omissão a responsabilidade do Estado será objetiva como, por exemplo, no caso de atendimento hospitalar deficiente e de pessoas sob a custódia do Estado, ou seja, o preso, pois, nesse caso, o Estado tem o dever de assegurar integridade física e mental do custodiado.

8.3 Teoria do Risco Integral

A Teoria do Risco Integral representa uma exacerbação da responsabilidade civil da Administração. Segundo essa teoria, basta a existência de evento danoso e do nexo causal para que surja a obrigação de indenizar para a administração, mesmo que o dano decorra de culpa exclusiva do particular.

Alguns autores consideram essa teoria para o caso de acidente nuclear.

8.4 Danos Decorrentes de Obras Públicas

Só fato da obra: sem qualquer irregularidade na sua execução.

Responsabilidade Civil **Objetiva** da Administração Pública ou particular (tanto faz quem execute a obra).

Má Execução da Obra

> **Administração Pública:** responsabilidade civil objetiva, com direito de ação regressiva.

> **Particular:** responsabilidade civil subjetiva.

8.5 Responsabilidade Civil Decorrente de Atos Legislativos

Regra: irresponsabilidade do Estado.

Exceção 1: leis inconstitucionais:

> Depende de declaração de inconstitucionalidade do STF;

> Depende de ajuizamento de ação de reparação de danos.

Exceção 2: leis de efeitos concretos

8.6 Responsabilidade Civil Decorrente de Atos Jurisdicionais

Regra: irresponsabilidade do Estado.

Exceção: erro judiciário – esfera penal, ou seja, erro do judiciário que acarretou na prisão de um inocente ou na manutenção do preso no cárcere por tempo superior ao prolatado na sentença, Art. 5º, LXXV, da CF. Segundo o STF, essa responsabilidade não alcança outras esferas.

Caso seja aplicada uma prisão cautelar a um acusado criminal e ele venha a ser absolvido, o Estado não responderá pelo erro judiciário, pois se entende que a aplicação da medida não constitui erro do judiciário, mas sim, uma medida cautelar pertinente ao processo.

8.7 Ação de Reparação de Danos

Administração Pública X Particular:

Pode ser amigável ou judicial.

Não pode ser intentada contra o agente público cuja ação acarretou o dano.

Ônus da Prova:

Particular: nexo de causalidade direto e imediato entre o fato lesivo e o dano.

Administração Pública:

> Culpa exclusiva da vítima.

> Força Maior.

> Culpa concorrente da vítima.

Valor da Indenização destina-se à cobertura das seguintes despesas:

> O que a vítima perdeu;

> O que a vítima gastou (advogados);

> O que a vítima deixou de ganhar.

Em caso de morte:

> Sepultamento;

> Pensão alimentícia para os dependentes com base na expectativa de vida da vítima.

Prescrição:

Art. 1º *da Lei nº 9.494/97: 5 anos.*

Tal prazo aplica-se inclusive às delegatárias de serviço público.

8.8 Ação Regressiva

Administração Pública X Agente Público:

O Art. 37, § 6º, da CF permite à Administração Pública ou delegatária (Concessionárias, Autorizatárias e Permissionárias) de serviço público a ingressar com uma ação regressiva contra o agente cuja atuação acarretou o dano, desde que comprovado dolo ou culpa.

Requisitos:

> Trânsito em julgado da sentença que condenou a Administração ou Delegatária a indenizar.

> Culpa ou dolo do agente público (responsábilidade civil subjetiva).

Regras Especiais:

> O dever de reparação se estende aos sucessores até o limite da herança recebida.

> Pode acontecer após a quebra do vínculo entre o agente público e a Administração Pública.

> A ação de ressarcimento ao erário é imprescritível.

O agente ainda pode ser responsabilizado nas esferas administrativa e criminal se a conduta que gerou o prejuízo ainda incorrer em crime ou em falta administrativa, conforme o caso, podendo as penalidades serem aplicadas de forma cumulativa.

Questões

01. (CESPE) De acordo com a CF, as pessoas jurídicas de direito privado, prestadoras de serviços públicos, não respondem objetivamente pelos danos que seus agentes, nessa qualidade, causarem a terceiros.
Certo ( ) Errado ( )

02. (CESPE) No caso de conduta omissiva, a responsabilidade extracontratual do Estado é subjetiva.
Certo ( ) Errado ( )

03. (CESPE) O fato de um detento morrer em estabelecimento prisional devido à negligência de agentes penitenciários configurará hipótese de responsabilização objetiva do Estado.
Certo ( ) Errado ( )

04. (CESPE) As entidades de direito privado prestadoras de serviço público respondem objetivamente pelos prejuízos que seus agentes, nessa qualidade, causarem a terceiros.
Certo ( ) Errado ( )

05. (CESPE) A regra da responsabilidade civil objetiva do Estado se aplica tanto às entidades de direito privado que prestam serviço público como às entidades da administração indireta que executem atividade econômica de natureza privada.
Certo ( ) Errado ( )

06. (CESPE) A responsabilidade do Estado por danos causados por fenômenos da natureza é do tipo subjetiva.
Certo ( ) Errado ( )

07. (CESPE) Incidirá a responsabilidade civil objetiva do Estado quando, em processo judicial, o juiz, dolosamente, retardar providência requerida pela parte.

Certo ( ) Errado ( )

08. (CESPE) A responsabilidade civil do Estado exige três requisitos para a sua configuração: ação atribuível ao Estado, dano causado a terceiros e nexo de causalidade.

Certo ( ) Errado ( )

09. (CESPE) Suponha-se que Maria estivesse conduzindo o seu veículo quando sofreu um acidente de trânsito causado por um ônibus da concessionária do serviço público municipal de transporte público, o qual lhe causou danos materiais. Nessa situação hipotética, eventual direito à indenização pelos danos suportados por Maria somente ocorrerá se ficar provado que o condutor do referido coletivo atuou com culpa ou dolo, já que não haverá responsabilidade objetiva na espécie, pois, na oportunidade, Maria não era usuária do serviço público de transporte público coletivo.

Certo ( ) Errado ( )

10. (CESPE) Para se caracterizar a responsabilidade civil do Estado no caso de conduta omissiva, não basta a simples relação entre a omissão estatal e o dano sofrido, pois a responsabilidade só estará configurada quando estiverem presentes os elementos que caracterizem a culpa.

Certo ( ) Errado ( )

Gabaritos

01	ERRADO	06	CERTO
02	CERTO	07	ERRADO
03	CERTO	08	CERTO
04	CERTO	09	ERRADO
05	ERRADO	10	CERTO

9. PRINCÍPIOS FUNDAMENTAIS DA ADMINISTRAÇÃO PÚBLICA

Neste capítulo, o objetivo é conhecer o rol de princípios fundamentais que norteiam e orientam toda a atividade administrativa do Estado, bem como toda a atuação da Administração Pública direta e indireta.

Tais princípios são de observância obrigatória para toda a Administração Pública, quer da União, dos Estados, do Distrito Federal, quer dos Municípios. São considerados expressos, pois estão descritos expressamente no *caput* do Art. 37 da Constituição Federal de 1988.

> ***Art. 37.*** *A Administração Pública direta e indireta de qualquer dos Poderes da União, dos Estados, do Distrito Federal e dos Municípios obedecerá aos princípios de legalidade, impessoalidade, moralidade, publicidade e eficiência e, também, ao seguinte (Ver CF/88).*

9.1 Classificação

Os princípios da Administração Pública são classificados como princípios explícitos (expressos) e implícitos.

É importante apontar que não existe relação de subordinação e de hierarquia entre os princípios expressos e os implícitos; na verdade, essa relação não existe entre nenhum princípio.

Isso quer dizer que, em um aparente conflito entre os princípios, um não exclui o outro, pois deve o administrador público observar ambos ao mesmo tempo, devendo nortear sua decisão na obediência de todos os princípios fundamentais pertinentes ao caso em concreto.

Como exemplo, não pode o administrador público deixar de observar o princípio da legalidade para buscar uma atuação mais eficiente (de acordo com o Princípio da Eficiência), devendo ele, na colisão entre os dois princípios, observar a lei e ainda buscar a eficiência conforme os meios que lhes seja possível.

Os princípios explícitos ou expressos são aqueles que estão descritos no *caput* do Art. 37 da CF. São eles:

LEGALIDADE

IMPESSOALIDADE

MORALIDADE

PUBLICIDADE

EFICIÊNCIA

Os princípios implícitos são aqueles que não estão descritos no *caput* do Art. 37 da CF. São eles:

> Supremacia do Interesse Público;
> Indisponibilidade do Interesse Público;
> Motivação;
> Razoabilidade;
> Proporcionalidade;
> Autotutela;
> Continuidade dos Serviços Públicos;
> Segurança Jurídica, entre outros.

A seguir, analisaremos as características dos princípios fundamentais da administração pública que mais aparecem nas provas de concurso público.

9.2 Princípio da Legalidade

O Princípio da Legalidade está previsto em dois lugares distintos na Constituição Federal. Em primeiro plano, no Art. 5º, II: ninguém será obrigado a fazer ou deixar de fazer alguma coisa senão em virtude de lei. O Princípio da Legalidade regula a vida dos particulares e, ao particular, é facultado fazer tudo que a lei não proíbe; é o chamado princípio da Autonomia da Vontade. Essa regra não deve ser aplicada à administração pública.

Em segundo plano, o Art. 37, *caput* do texto Constitucional, determina que a Administração Pública somente pode fazer aquilo que a lei determina ou autoriza. Assim, em caso de omissão legislativa (falta de lei), a Administração Pública está proibida de agir.

Nesse segundo caso, a lei deve ser entendida em sentido amplo, o que significa que a administração pública deve obedecer aos mandamentos constitucionais, às leis formais e materiais (leis complementares, leis delegadas, leis ordinárias, Medidas Provisórias) e também às normas infra legais (decretos, resoluções, portarias, entre outros), e não somente a lei em sentido estrito.

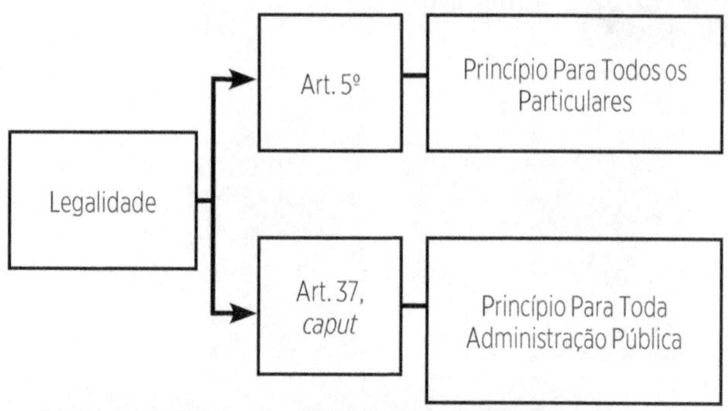

9.3 Princípio da Impessoalidade

O Princípio da Impessoalidade determina que todas as ações da administração pública devem ser revestidas de finalidade pública. Além disso, como segunda vertente, proíbe a promoção pessoal do agente público, como determina o Art. 37, § 1º da CF/88:

> ***Art. 37, § 1º -*** *A publicidade dos atos, programas, obras, serviços e campanhas dos órgãos públicos deverá ter caráter educativo, informativo ou de orientação social, dela não podendo constar nomes, símbolos ou imagens que caracterizem promoção pessoal de autoridades ou servidores públicos (Ver CF/88).*

O Princípio da Impessoalidade é tratado sob dois prismas, a saber:

→ Como determinante da finalidade de toda atuação administrativa (também chamado de princípio da **finalidade**, considerado constitucional implícito, inserido no princípio expresso da impessoalidade).

→ Como vedação a que o agente público se promova à custa das realizações da administração pública (vedação à promoção pessoal do administrador público pelos serviços, obras e outras realizações efetuadas pela administração pública).

É pelo Princípio da Impessoalidade que dizemos que o agente público age em imputação à pessoa jurídica a que está ligado, ou seja, pelo princípio da impessoalidade as ações do agente público são determinadas como se o próprio Estado estivesse agindo.

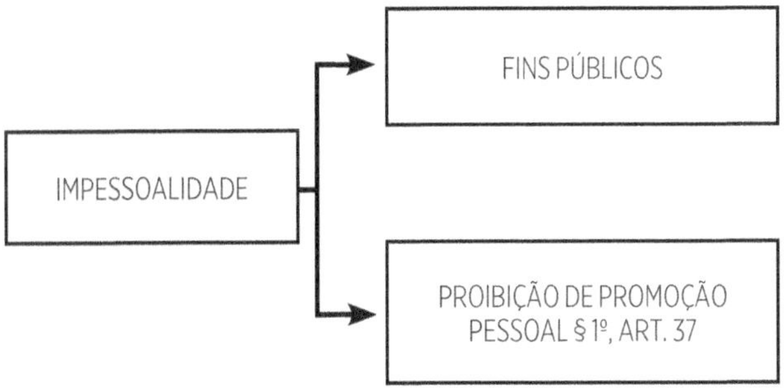

9.4 Princípio da Moralidade

O Princípio da Moralidade é um complemento ao da legalidade, pois nem tudo que é legal é moral. Dessa forma, o Estado impõe a sua administração a atuação segundo a lei e também segundo a moral administrativa. Tal princípio traz para o agente público o dever de probidade. Esse dever é sinônimo de atuação com ética, decoro, honestidade e boa-fé.

O Princípio da Moralidade determina que o agente deva sempre trabalhar com ética e em respeito aos princípios morais da administração pública. O princípio está intimamente ligado ao dever de probidade (honestidade) e sua não observação acarreta a aplicação do Art. 37, §4º da CF/88 e a Lei nº 8.429/92 (Lei de Improbidade Administrativa).

> ***§ 4º** - Os atos de improbidade administrativa importarão a suspensão dos direitos políticos, a perda da função pública, a indisponibilidade dos bens e o ressarcimento ao erário, na forma e gradação previstas em lei, sem prejuízo da ação penal cabível.*

O desrespeito ao Princípio da Moralidade afeta a própria legalidade do ato administrativo, ou seja, leva a anulação do ato, e ainda pode acarretar a responsabilização dos agentes por improbidade administrativa.

O Princípio da Moralidade não se refere ao senso comum de moral, que é formado por meio das instituições que passam pela vida da pessoa, tais como família, escola, igreja, entre outras. Para a administração pública, esse princípio refere-se à moralidade administrativa, que está inserida no corpo das normas de Direito Administrativo.

9.5 Princípio da Publicidade

Esse princípio deve ser entendido como aquele que determina que os atos da Administração sejam claros quanto à sua procedência. Por esse motivo, em regra, os atos devem ser publicados em diário oficial e, além disso, a Administração deve tornar o fato acessível (público). Tornar público é, além de publicar em diário oficial, apresentar os atos na Internet, pois esse meio hoje é o que deixa todas as informações acessíveis.

O Princípio da Publicidade apresenta dupla acepção em face do sistema constitucional vigente:

> Exigência de publicação em órgão oficial como requisito de eficácia dos atos administrativos que devam produzir efeitos externos e dos atos que impliquem ônus para o patrimônio público.

Essa regra não é absoluta, pois, em defesa da intimidade e também do Estado, alguns atos públicos não precisam ser publicados:

> ***Art. 5º, X, CF.** São invioláveis a intimidade, a vida privada, a honra e a imagem das pessoas, assegurado o direito a indenização pelo dano material ou moral decorrente de sua violação.*
>
> ***Art. 5º, XXXIII, CF.** Todos têm direito a receber dos órgãos públicos informações de seu interesse particular, ou de interesse coletivo ou geral, que serão prestadas no prazo da lei, sob pena de responsabilidade, ressalvadas aquelas cujo sigilo seja imprescindível à segurança da sociedade e do Estado.*

Sendo assim, o ato que tiver em seu conteúdo uma informação sigilosa ou relativa à intimidade da pessoa tem que resguardar o devido sigilo.

> Exigência de transparência da atuação administrativa:

> ***Art. 5º, XXXIII, CF.** Todos têm direito a receber dos órgãos públicos informações de seu interesse particular, ou de interesse coletivo ou geral, que serão prestadas no prazo da lei, sob pena de responsabilidade, ressalvadas aquelas cujo sigilo seja imprescindível à segurança da sociedade e do Estado.*

O Princípio da Publicidade orientou o poder legislativo nacional a editar a Lei nº 12.527/2011, que regulamenta o dispositivo do Art. 5º, XXXIII, da CF. Dispõe sobre o acesso à informação pública, sobre a informação sigilosa, sua classificação, bem como a informação pessoal, entre outras providências. Tal dispositivo merece ser lido, pois essa lei transpassa toda a essência do Princípio da Publicidade.

Podemos inclusive afirmar que esse princípio foi materializado em lei após a edição da Lei nº 12.527/2011. Veja a seguir a redação do Art. 3º dessa Lei:

> ***Art. 3º.** Os procedimentos previstos nesta Lei destinam-se a assegurar o direito fundamental de acesso à informação e devem ser executados em conformidade com os princípios básicos da administração pública e com as seguintes diretrizes:*
>
> ***I.** Observância da publicidade como preceito geral e do sigilo como exceção;*
>
> ***II.** Divulgação de informações de interesse público, independentemente de solicitações;*
>
> ***III.** Utilização de meios de comunicação viabilizados pela tecnologia da informação;*
>
> ***IV.** Fomento ao desenvolvimento da cultura de transparência na administração pública;*
>
> ***V.** Desenvolvimento do controle social da administração pública.*

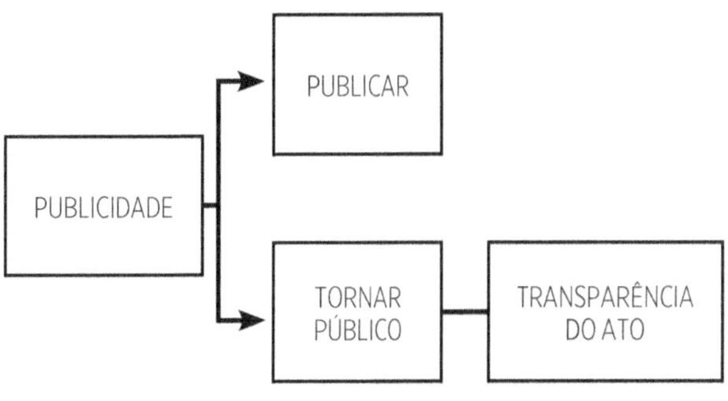

9.6 Princípio da Eficiência

O Princípio da Eficiência foi o último a ser inserido no bojo do texto constitucional (o Princípio da Eficiência foi incluído com a Emenda Constitucional nº 19/98), e apresenta dois aspectos principais:

> Relativamente à forma de atuação do agente público, espera-se o melhor desempenho possível de suas atribuições, a fim de obter os melhores resultados.

> Quanto ao modo de organizar, estruturar e disciplinar a Administração Pública, exigiu-se que esse seja o mais racional possível, no intuito de alcançar melhores resultados na prestação dos serviços públicos.

Art. 37, § 8º, CF. *A autonomia gerencial, orçamentária e financeira dos órgãos e entidades da administração direta e indireta poderá ser ampliada mediante contrato, a ser firmado entre seus administradores e o poder público, que tenha por objeto a fixação de metas de desempenho para o órgão ou entidade, cabendo à lei dispor sobre.*

O Princípio da Eficiência orienta a atuação da administração pública de forma que essa busque o melhor custo benefício no exercício de suas atividades, ou seja, os serviços públicos devem ser prestados com adequação às necessidades da sociedade que o custeia.

A atuação da Administração Pública tem que ser eficiente, o que acarreta ao agente público o dever de agir com presteza, esforço, rapidez e rendimento funcional. O seu descumprimento poderá acarretar a perda do seu cargo por baixa produtividade apurada em procedimento da avaliação periódica de desempenho, tanto antes da aquisição da estabilidade, como também após.

9.7 Princípio da Supremacia do Interesse Público sobre o Privado

Esse princípio é também considerado o norteador do Direito Administrativo. Ele determina que o Estado, quando trabalhando com o interesse público, se sobrepõe ao particular. Devemos lembrar que esse princípio deve ser utilizado pelo administrador público de forma razoável e proporcional para que o ato não se transforme em arbitrário e, consequentemente, ilegal.

É o fundamento das prerrogativas do Estado, ou seja, da relação jurídica desigual ou vertical entre o Estado e o particular. A exemplo, temos o poder de império do Estado (também chamado de poder extroverso), que se manifesta por meio da imposição da lei ao administrado, admitindo até o uso da força coercitiva para o cumprimento da norma. Assim sendo, a administração pública pode criar obrigações, restringir ou condicionar os direitos dos administrados.

Limitações:

> Respeito aos demais princípios;

> Não está presente diretamente nos atos de gestão (Atos de gestão são praticados pela administração na qualidade de gestora de seus bens e serviços, sem exercício de supremacia sobre os particulares, assemelhando-se aos atos praticados pelas pessoas privadas. São exemplos de atos de gestão a alienação ou a aquisição de bens pela administração pública, o aluguel a um particular de um imóvel de propriedade de uma autarquia, entre outros).

Exemplos de Incidência:

> Intervenção na propriedade privada;

> Exercício do poder de polícia, limitando ou condicionando o exercício de direito em prol do interesse público;

> Presunção de legitimidade dos atos administrativos.

9.8 Princípio da Indisponibilidade do Interesse Público

Conforme dito anteriormente, o princípio da indisponibilidade do interesse público juntamente com o da supremacia do interesse público, formam os pilares do regime jurídico administrativo.

Esse princípio é o fundamento das **restrições** do Estado. Assim sendo, apesar de o Princípio da Supremacia do Interesse Público prever prerrogativas especiais para a Administração Pública em determinadas relações jurídicas com o administrado, tais poderes são ferramentas que a ordem jurídica confere ao agentes públicos para alcançar os objetivos do Estado. E o uso desses poderes, então, deve ser balizado pelo interesse público, o que impõe restrições legais a sua atuação, garantindo que a utilização do poder tenha por finalidade o interesse público e não o do administrador.

Sendo assim, é vedada a renúncia do exercício de competência pelo agente público, pois a atuação desse não é balizada por sua vontade pessoal, mas, sim, pelo interesse público, também chamado de interesse da lei. Os poderes conferidos aos agentes públicos têm a finalidade de auxiliá-los a atingir tal interesse. Com base nessa regra, concluímos que esses agentes não podem dispor do interesse público, por não ser o seu proprietário, e sim o povo. Ao agente público cabe a gestão da Administração Pública em prol da coletividade.

9.9 Princípios da Razoabilidade e Proporcionalidade

Os Princípios da Razoabilidade e da Proporcionalidade não se encontram expressos no texto constitucional. Esses são classificados como princípios gerais do Direito e são aplicáveis a vários ramos da ciência jurídica. São chamados de princípios da proibição de excesso do agente público.

A razoabilidade diz que toda atuação da Administração tem que seguir a teoria do homem médio, ou seja, as decisões devem ser tomadas segundo o critério da maioria das pessoas "racionais", sem exageros ou deturpações.

Razoabilidade: adequação entre meios e fins. O Princípio da Proporcionalidade diz que o agente público deve ser proporcional no uso da força para o cumprimento do bem público, ou seja, nas aplicações de penalidades pela Administração deve ser levada em conta sempre a gravidade da falta cometida.

Proporcionalidade: vedação de imposição de obrigações, restrições e sanções em medida superior àquela estritamente necessária ao interesse público.

Podemos dar como exemplo a atuação de um fiscal sanitário, que esteja vistoriando dois estabelecimentos e, em um deles, encontre um quilo de carne estragada e, no outro, encontre uma tonelada.

Na aplicação da penalidade, deve ser respeitada tanto a razoabilidade quanto a proporcionalidade, ou seja, aplica-se, no primeiro, uma penalidade pequena, uma multa, por exemplo, e, no segundo, uma penalidade grande, suspensão de 90 dias.

Veja que o administrador não pode fazer menos ou mais do que a lei determina, isso em obediência ao Princípio da Legalidade, senão cometerá abuso de poder.

9.10 Princípio da Autotutela

O Princípio da Autotutela propicia o controle da Administração Pública sob seus próprios atos em dois pontos específicos:

De legalidade: em que a Administração pode controlar seus próprios atos quando eivados de vício de ilegalidade, sendo provocado ou de ofício.

De mérito: a Administração Pública pode revogar seus atos por conveniência e oportunidade.

> ***Súmula 473 do STF.*** *A Administração pode anular seus próprios atos, quando eivados de vícios que os tornam ilegais, porque deles não se originam direitos; ou revogá-los, por motivo de conveniência ou oportunidade, respeitados os direitos adquiridos, e ressalvada, em todos os casos, a apreciação judicial.*

O Princípio da Autotutela não exclui a possibilidade de controle jurisdicional do ato administrativo previsto no Art. 5º, XXXV, da CF: a lei não excluirá da apreciação do Poder Judiciário lesão ou ameaça a direito.

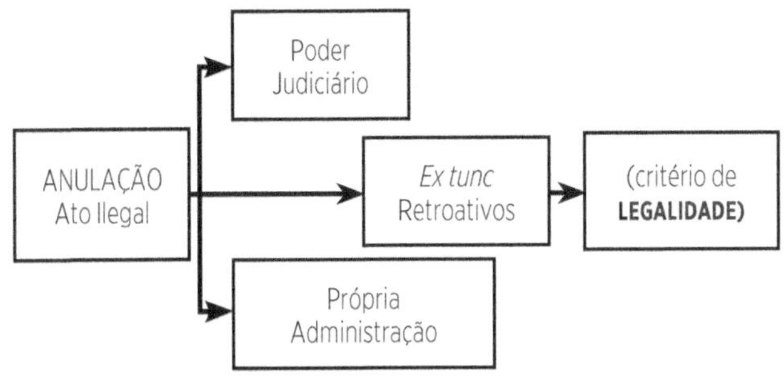

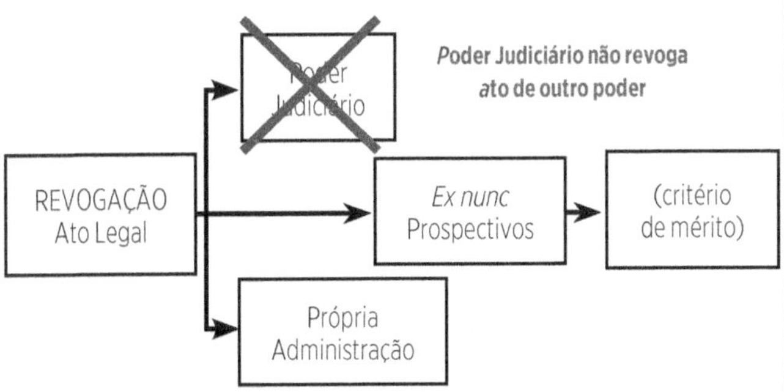

9.11 Princípio da Ampla Defesa

A ampla defesa determina que todos que sofrerem medidas de caráter de pena terão direito a se defender de todos os meios disponíveis legais em direito. Está previsto nos processos administrativos disciplinares:

> ***Art. 5ª, LV, CF.*** *Aos litigantes, em processo judicial ou administrativo, e aos acusados em geral são assegurados o contraditório e ampla defesa, com os meios e recursos a ela inerentes;*

9.12 Princípio da Continuidade do Serviço Público

O Princípio da Continuidade do Serviço Público tem como escopo (objetivo) não prejudicar o atendimento dos serviços essenciais à população. Assim, evitam que esses sejam interrompidos.

O professor Celso Ribeiro Bastos[1] é um dos doutrinadores que defende a não interrupção do serviço público essencial: *O serviço público deve ser prestado de maneira contínua, o que significa dizer que não é passível de interrupção. Isso ocorre pela própria importância de que tal serviço se reveste, o que implica ser colocado à disposição do usuário com qualidade e regularidade, assim como com eficiência e oportunidade... Essa continuidade afigura-se em alguns casos de maneira absoluta, quer dizer, sem qualquer abrandamento, como ocorre com serviços que atendem necessidades permanentes, como é o caso de fornecimento de água, gás, eletricidade. Diante, pois, da recusa de um serviço público, ou do seu fornecimento, ou mesmo da cessação indevida desse, pode o usuário utilizar-se das ações judiciais cabíveis, até as de rito mais célere, como o mandado de segurança e a própria ação cominatória.*

Regra:

» Os serviços públicos devem ser adequados e ininterruptos.

Exceção:

» Aviso prévio;

» Situações de emergência.

Alcance:

> Todos os prestadores de serviços públicos;
> Administração Direta;
> Administração Indireta;
> Concessionárias, Autorizatárias e Permissionárias de serviços públicos.

Efeitos:

> Restrição de direitos das prestadoras de serviços públicos, bem como dos agentes envolvidos na prestação desses serviços, a exemplo do direito de greve.

Dessa forma, quem realiza o serviço público se submete a algumas restrições:

> Restrição ao direito de greve, Art. 37, VII CF/88;
> Suplência, delegação e substituição – casos de funções vagas temporariamente;
> Impossibilidade de alegar a exceção do contrato não cumprido, somente em casos em que se configure uma impossibilidade de realização das atividades;
> Possibilidade da encampação da concessão do serviço, retomada da administração do serviço público concedido no prazo na concessão, quando o serviço não é prestado de forma adequada.

O Código de Defesa do Consumidor, em seu Art. 22, assegura ao consumidor que os serviços essenciais devem ser contínuos, caso contrário, aos responsáveis, caberá indenização. O referido código não diz quais seriam esses serviços essenciais. Podemos usar, como analogia, o Art. 10 da Lei nº 7.783/89, que enumera os que seriam considerados fundamentais:

> ***Art. 10.*** *São considerados serviços ou atividades essenciais:*
> ***I.*** *Tratamento e abastecimento de água; produção e distribuição de energia elétrica, gás e combustíveis;*
> ***II.*** *Assistência médica e hospitalar;*
> ***III.*** *Distribuição e comercialização de medicamentos e alimentos;*
> ***IV.*** *Funerários;*
> ***V.*** *Transporte coletivo;*

1 Curso de direito administrativo, 2. ed. – São Paulo: Saraiva, 1996, p. 165.

VI. Captação e tratamento de esgoto e lixo;

VII. Telecomunicações;

VIII. Guarda, uso e controle de substâncias radioativas, equipamentos e materiais nucleares;

IX. Processamento de dados ligados a serviços essenciais;

X. Controle de tráfego aéreo;

XI. Compensação bancária.

9.13 Princípio da Segurança Jurídica

Esse princípio veda a aplicação retroativa da nova interpretação da norma.

Caso uma regra seja revogada ou alterada a sua redação ou interpretação, os atos praticados durante a vigência da norma antiga continuam valendo, pois tal princípio visa resguardar o direito adquirido, o ato jurídico perfeito e a coisa julgada.

Assim, temos que a nova interpretação da norma, via de regra, somente terá efeitos prospectivos, ou seja, da data em que for revogada para frente, não atingindo os atos praticados na vigência da norma antiga.

Questões

A Administração Pública, regulamentada no texto constitucional, possui princípios e características que lhe conferem organização e funcionamento peculiares. A respeito desse assunto, julgue os próximos itens.

01. (CESPE - ADAPTADA) Como consequência do princípio da legalidade ao particular, é autorizado fazer tudo que a lei não proíbe e, ao administrador público, só é permitido fazer aquilo que a lei determina ou autoriza.

Certo ( ) Errado ( )

02. (CESPE - ADAPTADA) Como decorrência do princípio da moralidade os atos devem ser publicados.

Certo ( ) Errado ( )

Com relação ao vencimento e à remuneração dos servidores públicos, julgue o próximo item.

03. (CESPE) Assegura-se a isonomia de vencimentos para cargos de atribuições iguais ou assemelhadas do mesmo Poder, ou entre servidores dos três Poderes, ressalvadas as vantagens de caráter individual e as relativas à natureza ou ao local de trabalho.

Certo ( ) Errado ( )

04. (CESPE) Podemos afirmar que o princípio da eficiência foi um dos princípios originais da Constituição, ou seja, foi inserido em 1988, com a promulgação da Constituição.

Certo ( ) Errado ( )

No que se refere aos poderes administrativos e aos princípios que regem a Administração Pública, julgue os itens subsequentes.

05. (CESPE) O princípio da moralidade administrativa tem existência autônoma no ordenamento jurídico nacional e deve ser observado não somente pelo administrador público, como também pelo particular que se relaciona com a Administração Pública.

Certo ( ) Errado ( )

06. (CESPE) Com fundamento no princípio da publicidade ao administrador publico só é permitido fazer o que a lei determina.

Certo ( ) Errado ( )

A respeito dos princípios constitucionais aplicados ao direito administrativo, julgue os itens que se seguem. Nas situações em que for empregada, considere que a sigla CF se refere à Constituição Federal de 1988.

07. (CESPE) Os princípios da razoabilidade e da proporcionalidade estão expressos no texto da CF.

Certo ( ) Errado ( )

08. (CESPE) O princípio da autotutela possibilita à Administração Pública anular os próprios atos, quando possuírem vícios que os tornem ilegais, ou revogá-los por conveniência ou oportunidade, desde que sejam respeitados os direitos adquiridos e seja garantida a apreciação judicial.

Certo ( ) Errado ( )

Acerca da Administração Pública, julgue o item seguinte.

09. (CESPE) As organizações privadas podem deixar de fornecer, por exemplo, determinados dados financeiros, para resguardar as suas estratégias. Em contrapartida, na gestão pública, a transparência das ações e decisões deve existir, salvo quando houver questões que envolvam segurança nacional ou demais exceções respaldadas na CF.

Certo ( ) Errado ( )

Gabaritos

01	CERTO	06	ERRADO
02	ERRADO	07	ERRADO
03	CERTO	08	CERTO
04	ERRADO	09	CERTO
05	CERTO	-	-

NOÇÕES DE DIREITO PROCESSUAL CIVIL

1. DAS PARTES E DOS PROCURADORES

1.1 Definição de Partes e Procuradores

Em uma relação processual, pode-se dizer que os seus protagonistas são as partes. São elas que, em um procedimento em contraditório, tentarão fazer prevalecer o direito que supõem ter. No polo ativo da relação processual, tem-se o autor, o qual deflagrará o início do curso do processo com a petição inicial, levando ao Poder Judiciário a pretensão que alega ter. Por outro lado, no polo passivo, tem-se a figura do réu, ou seja, aquele contra o qual o autor formula sua pretensão. É interessante mencionar que, durante do transcorrer do processo, essa posição inicial do polo ativo e passivo pode ser invertida. É absolutamente possível que o réu originário da deman- da possa formular pretensão em desfavor do autor. Basta imaginar o réu apresentando reconvenção no processo.

OBS.: em concursos públicos, é interessante adotar a posição de que na jurisdição voluntária não há partes, mas meros interessados. Prevalece o entendimento de que nos procedimentos de jurisdição voluntária não há lide, pois não há conflito de interesses. Desta forma, não existe processo, mas mero procedimento.

Embora as partes tenham o protagonismo do processo, não possuem a aptidão técnica para formularem suas pretensões diretamente ao Poder Judiciário, é que o sistema exige do sujeito que pretenda praticar atos postulatórios no processo a capacidade postulatória, a qual, segundo o art. 103 do CPC, é atribuída ao advogado regularmente inscrito na Ordem dos Advogado do Brasil. Da mesma forma, detêm a capacidade postulatória os membros da Defensoria Pública, do Ministério Público e, excepcionalmente, a própria parte nas causas que não suplantem 20 salários mínimos processadas nos Juizados Especiais Cíveis (art. 9 da Lei 9.099/95), ou quando possuir habilitação legal.

> ***Art. 103.*** *A parte será representada em juízo por **advogado** regularmente inscrito na Ordem dos Advogados do Brasil.*
>
> ***Parágrafo único.*** *É lícito à parte postular em causa própria **quando tiver habilitação legal.***
>
> ***Art. 9º*** *(Lei 9.099/95) Nas causas de valor até vinte salários mínimos, as **partes comparecerão pessoalmente**, podendo ser assistidas por advogado; nas de valor superior, a assistência é obrigatória.*

Nota: percebe-se que ao postular em causa própria, o advogado demandante cumulará, a um só tempo, a capacidade de ser parte, a capacidade processual e a capacidade postulatória.

A legislação trabalhista e o Código de Processo Penal também preveem hipóteses de postulação pela parte em juízo sem a presença de advogado, senão vejamos:

> **Art. 791** - *Os empregados e os empregadores poderão reclamar pessoalmente perantea Justiça do Trabalho e acompanhar as suas reclamações até o final.*
>
> **Art. 654.** *O habeas corpus poderá ser impetrado por qualquer pessoa, em seu faVOR ou de outrem, bem como pelo Ministério Público.*

1.2 Exigência da Procuração para o Advogado Postular em Juízo (Art. 104 do CPC)

Sendo certo que a atuação da parte em juízo está condicionada à capacidade postulatória, esta, por sua vez, exige que o profissional do direito esteja devidamente habilitado para poder postular em nome da parte perante o Poder Judiciário. Desta forma, o ADVOGADO da parte deve ser constituído por instrumento procuratório que lhe outorgue poderes para a defesa dos direitos do seu cliente, sob pena de se reputarem ineficazes os atos praticados por causídico sem procuração nos autos. Assim dispõe o art. 104 do CPC/2105:

> ***Art. 104. O advogado não será admitido a postular em juízo sem procuração,*** *salvo para evitar preclusão, decadência ou prescrição, ou para praticar ato considerado urgente.*

Convém observar que a parte final do artigo deixa margem para atuação do advogado, ainda que não tenha procuração nos autos. Sendo assim, para **evitar a) preclusão; b) decadência ou prescrição; c) praticar ato considerado urgente**, a lei admite, excepcionalmente, que haja a postulação sem que seja considerada viciada a iniciativa do representante da parte no caso específico. Basta imaginar que o cliente do advogado se envolva em grave acidente auto- mobilístico ficando em estado de coma e a seguradora de saúde não queira proceder com determinado tratamento cirúrgico a que faz jus o segurado. Nesta situação, resta claro que o Advogado pode postular em juízo, ainda que sem procuração, para propor uma ação com pedido de tutela antecipada para obrigar a seguradora de saúde a submetê-lo ao tratamento necessário (praticar ato considerado urgente).

Ocorrendo uma dessas situações, o advogado terá que, posteriormente, exibir a procuração no prazo de 15 dias, prorrogáveis por igual período por despacho do juiz independentemente de caução. Caso o advogado não cumpra essa exigência, o ato será considerado ineficaz relativamente àquele em nome de quem foi praticado o ato, ficando ainda o advogado sujeito às despesas e a eventuais perdas e danos. É o que dispõem os parágrafos § 1° e § 2° do art. 104 do CPC:

> ***Art. 104*** *(...)*
>
> ***§1°*** *Nas hipóteses previstas no caput, o advogado deverá,* ***independentemente de caução****, exibir a* ***procuração no prazo de 15 (quinze) dias, prorrogável por igual período*** *por despacho do juiz.*
>
> ***§2°*** *O ato não ratificado será considerado* ***ineficaz*** *relativa-mente àquele em cujo nome foi praticado, respondendo o advogado pelas despesas e por perdas e danos.*

Espécies de Procuração (art. 105 do CPC)

A depender da espécie de ato que deva ser praticado pelo advogado no processo, a procuração deverá conter poderes especiais ao representante da parte. Sendo assim, há duas espécies de procuração:

a) Procuração geral para o foro:

A procuração geral para o foro pode ser outorgada por instrumento público ou particular pela parte, sendo que habilita o advogado para a prática de atos ordinários no curso do processo (ex.: receber intimação, apresentar contestação, interpor recurso etc.). Nesta espécie de mandato judicial, não se exige qualquer espécie de cláusula específica para o livre exercício da profissão pelo advogado. Ademais, segundo o § 4° do CPC, a procuração outorgada na fase de conhecimento é eficaz para todas as fases do processo, inclusive para o cumprimento de sentença

> ***§4º.*** *Salvo disposição expressa em sentido contrário constante do próprio instrumento, a procuração outorgada na fase de conhecimento é eficaz para todas as fases do processo, inclusive para o cumprimento de sentença.*

b) *Procuração com poderes especiais:*

A procuração judicial pode conferir poderes especiais (cláusula et extra) para o advogado realizar atos no processo que transcendem as questões eminentemente processuais. É que determinados atos que são praticados pelo causídico estão relacionados à disponibilidade do próprio direito material da parte. Portanto, atos como confessar, reconhecer a procedência do pedido, transigir, desistir, devem constar de cláusula específica

> ***Art. 105.*** *A procuração geral para o foro,* ***outorgada por instrumento público ou particular*** *assinado pela parte, habilita o advogado a praticar todos os atos do processo, e****xceto receber citação, confessar, reconhecer a procedência do pedido, transigir, desistir, renunciar ao direito sobre o qual se funda a ação, receber, dar quitação, firmar compromisso e assinar declaração de hipossuficiência econômica, que devem constar de cláusula específica.***

Nota: nas provas, é interessante que o candidato é importante observar qual o tipo de ato que esteja a praticar o advogado. Em muitas questões, o examinador para induzir o candidato em erro afirma, por exemplo, que o advogado com mandato com poderes gerais para o foro poderá receber citação.

O CPC exige que a procuração contenha o nome da sociedade de advogados, seu número de registro na OAB e o endereço completo caso o advogado pertença a um escritório de advocacia:

> ***§3º.*** *Se o outorgado integrar sociedade de advogados,* ***a procuração também deverá conter o nome dessa,seu número de registro na Ordem*** *dos Advogados do Brasil* ***e endereço completo.***

Por fim, deve-se enfatizar que, se houver qualquer espécie de vício relativo à capacidade postulatória no processo, o juiz de- verá observar as normas fundamentais da cooperação e da prima- zia do julgamento de mérito. Logo, não poderá de imediato extinguir o processo se o vício for ocasionado pelo autor ou considerar revel o réu se este tiver dado causa ao vício, sem antes intimar as partes para a correção dos vícios. Sendo assim, deverá suspender o processo e designar um prazo razoável para que seja sanado o vício. Essa determinação encontra-se estabelecida no art. 76 do CPC:

> **Art. 76.** *Verificada a incapacidade processual ou a irregularidade da representação da parte, o juiz suspenderá o proces- so e designará prazo razoáVel para que seja sanado o VÍCIO.*

Da Sucessão das Partes e dos Procuradores

Inicialmente, vale dizer que o CPC/2015 corrigiu uma grave atecnia do dispositivo legal do CPC/73 (art. 41) que corresponde ao atual art. 108 do CPC. Ao eliminar a expressão "substituição" do antigo Código e empregar o termo "sucessão", promove a adequada categorização do instituto disciplinada pelo processo. Com efeito, não há que se confundir a sucessão processual com a substituição processual. A sucessão ocorre quando uma parte toma o lugar da outra no curso do processo, ou quando um advogado ingressa no lugar de outro na causa. Por outro lado, na substituição, o que existe é um sujeito em nome próprio, pleiteando direito alheio (art. 18 do CPC) nas situações em que o ordenamento jurídico permite. Percebe-se que não há entrada de uma parte no lugar de outra no processo.

Em virtude da estabilidade subjetiva do processo (perpetuatio legitimationes), regra geral, é vedada a sucessão processual das partes no curso do processo, salvo os casos expressos em lei. Eis a conclusão a que se chega pela disposição constante no art. 108 do CPC:

> ***Art. 108.*** *No curso do processo,* ***somente é lícita a sucessão voluntária das partes*** *nos casos expressos em lei.*

Fixada essa premissa básica, importa tratar do mais relevante tema do instituto para fins de concurso público. Sem dúvida, a sucessão das partes pela alienação da coisa ou do direito litigioso é, de longe, o tema da maior predileção da maioria das bancas de concurso público do país. Portanto, ter-se-á um cuidado maior no trato da matéria aqui (sugiro uma leitura atenta do art. 109 do CPC).

A sucessão das partes em virtude da alienação da coisa ou do direito litigioso encontra previsão no art. 109 do CPC

> ***Art. 109.*** *A alienação da coisa ou do direito litigioso por ato entre vivos, a título particular,* ***não altera a legitimidade das partes.***
>
> ***§1º.*** *O adquirente ou cessionário* ***não poderá ingressar em juízo,*** *sucedendo o alienante ou cedente,* ***sem que o consinta a parte contrária.***
>
> ***§2º.*** *O adquirente ou cessionário* ***poderá intervir no processo como assistente litisconsorcial*** *do alienante ou cedente.*
>
> ***§3º.*** *Estendem-se os efeitos da sentença proferida entre as partes originárias* ***ao adquirente ou cessionário.***

Convém notar que uma situação muito interessante ocorre no processo quando há a alienação da coisa ou do direito litigioso: não há a alteração da legitimidade das partes. Sendo assim, o autor/ réu originário (demandante/demandado) não perde legitimidade na causa que estava a participar. Ou seja, ele passará da condição de legitimado ordinário para substituto processual ou legitima- do extraordinário. Continuará no processo, agora, a pleitear emnome próprio direito alheio (atuará na condição de substituto processual do adquirente ou cessionário).

Percebe-se que, da dicção do § 1° do art. 109, o só fato da alienação da coisa ou do direito litigioso não legitima o ingresso do adquirente ou cessionário no curso do processo. A lei exige o consentimento do adversário do alienante ou cedente para a sucessão processual, sem o qual o ingresso do adquirente ou cessionário está vedado no processo.

Caso não haja o consentimento, o adquirente ou o cessionário poderá participar do processo na condição de assistente litisconsorcial do alienante ou do cedente. Em verdade, dada a natureza da atuação prevista no CPC, atuará como verdadeira parte no processo, tendo em vista o claro interesse jurídico na causa. Tanto é assim, que os efeitos da sentença proferida entre as partes originárias serão estendidos ao adquirente ou cessionário participando ou não do processo.

É importante observar que as situações tratadas pelo art. 109 e parágrafos do CPC dizem respeito à sucessão processual entre vivos. Caso a sucessão processual se dê por causa mortis, o espólio ou os sucessores é que ingressarão no curso do processo para defender o direito do de cujus:

> ***Art. 110.*** *Ocorrendo a morte de qualquer das partes,* ***dar-se-á a sucessão pelo seu espólio ou pelos seus sucessores****, observado o disposto no art. 313, §§ 1º. e 2º.*

O Código também disciplina a sucessão de advogados no curso do processo. A parte pode manifestar seu desinteresse em continuar com o advogado que constituiu anteriormente e revogar o mandato, caso em que deverá incontinenti nomear um outro (art. 111 do CPC). Não sendo designado novo advogado, o juiz deverá aplicar o disposto no art. 76 do CPC:

> ***Art. 111. A parte que revogar o mandato*** *outorgado a seu advogado constituirá,* ***no mesmo ato****, outro que assuma o patrocínio da causa.*
>
> ***Parágrafo único. Não sendo constituído novo procurador no prazo de 15 (quinze) dias****, observar-se-á o disposto no art. 76.*

Por outro lado, constitui direito do advogado, a qualquer tempo, renunciar ao mandato, bastando provar que deu ciência ao mandante para que este possa nomear um substituto. Neste caso, tem o dever de permanecer no patrocínio da causa durante os 10 dias subsequentes, desde que seja necessário para evitar prejuízo ao representado. A comunicação será dispensada quando na procuração houver a constituição de vários advogados e um deles permanecer na defesa dos interesses do constituído. Vejamos o que disciplina o art. 112 do CPC:

> ***Art. 112. O advogado poderá renunciar ao mandato a qualquer tempo, provando****, na forma prevista neste Código,* ***que comunicou a renúncia ao mandante,*** *a fim de que este nomeie sucessor.*
>
> ***§1º.*** *Durante os 10 (dez) dias seguintes, o advogado continuará a representar o mandante, desde que necessário para lhe evitar prejuízo*
>
> ***§2º.*** *Dispensa-se a comunicação referida no caput quando a procuração tiver sido outorgada a vários advogados e a parte continuar representada por outro, apesar da renúncia*

Questões

01. (CESPE) Acerca da capacidade postulatória e do litisconsórcio, julgue o item a seguir.

A capacidade postulatória, definida como a autorização legal para atuar em juízo, é prerrogativa de advogados públicos e privados e defen- sores públicos, por exemplo.

Certo ( ) Errado ( )

02. (FCC) Instruções: para responder à questão, considere o Código de Processo Civil de 2015.

Segundo o CPC/2015,

a) após renunciar ao mandato, e cientificado o mandante, o advogado continuará a representar o mandante, a fim de lhe evitar prejuízos, durante os 10 dias seguintes, prorrogáveis.

b) a alienação da coisa ou direito litigioso, a título particular, por ato entre vivos, altera a legitimidade das partes.

c) a sentença, caso tenha sido proferida entre as partes originárias, não estende os seus efeitos ao cessionário.

d) a parte, que revogar o mandato outorgado ao seu advogado, no mesmo ato constituirá outro que assuma o patrocínio da causa.

e) o advogado poderá intentar ação, em nome da parte, a fim de evitar decadência, quando então se obrigará a exibir o instrumento do mandato no prazo de 10 dias, prorrogável até outros 10 dias por despacho do juiz.

03. (FCC) No tocante aos procuradores considere:

I. Sem instrumento de mandato, o advogado não será admitido a procurar em juízo. Poderá todavia, em nome da parte, intentar ação, afim de evitar decadência ou prescrição. Neste caso, o advogado se obrigará, mediante a caução, a exibir o instrumen- to de mandato no prazo de 10 dias, prorrogavel até os outros 10, por despacho do juiz.

II. A procuração geral para o foro, conferida por instrumento público, ou particular assinado pela parte, habilita o advogado a praticar todos os atos do processo, inclusive receber citação inicial, confessar, reconhecer a procedência do pedido, transigir, desistir, renunciar ao direito sobre que se funda a ação, receber, dar quitação e firmar compromisso.

III. A procuração pode ser assinada digitalmente com base em certificado emitido por Autoridade Certificadora credenciada, na forma de lei específica.

De acordo com o Código de Processo Civil brasileiro, está correto o que se afirma APENAS em

a) I e II.

b) III.

c) II e III.

d) I e III.

e) I.

04. (FCC) De acordo com o Código de Processo Civil, alienada a coisa li- tigiosa,

a) não poderá o adquirente ingressar em juízo sem que o consinta a parte contrária. Se ingressar, porém, os efeitos da sentença recairão apenas sobre as partes originárias.

b) altera-se a legitimidade das partes, independentemente da aquiescência da parte contrária, com a substituição do alienante pelo adquirente, que suportará sozinho os efeitos da sentença

c) não poderá o adquirente, em nenhuma hipótese, ingressar em juízo.

d) altera-se a legitimidade das partes, independentemente da aquiescência da parte contrária, com a substituição do alienante pelo adquirente. A sentença, proferida contra o adquirente, estenderá seus efeitos ao alienante.

e) não poderá o adquirente ingressar em juízo sem que o consinta a parte contrária. Mesmo assim, a sentença, proferida entre as partes originárias, estenderá seus efeitos ao adquirente.

05. (FUNDATEC) No que diz respeito ao regime jurídico dos sujeitos do processo tratado no Código de Processo Civil (Lei nº 13.105/15), analise as assertivas abaixo:

I. *Os Estados e o Distrito Federal poderão ajustar compromisso recíproco para prática de ato processual por seus procuradores em favor de outro ente federado, mediante convênio firmado pelas respectivas procuradorias.*

II. *Para a representação em juízo do Município, pelo prefeito, é in- dispensável a sua regular inscrição na Ordem dos Advogados do Brasil.*

III. *Os Municípios e suas respectivas autarquias e fundações de direito público gozarão de prazo em quádruplo para contestar e em dobro para recorrer, cuja contagem terá início a partir da intimação pessoal.*

IV. *O membro da Advocacia Pública será civil e regressivamente responsável quando agir com dolo ou fraude no exercício de suas funções.*

Quais estão corretas?

a) Apenas I e II.

b) Apenas I e IV.

c) Apenas II e III.

d) Apenas III e IV.

e) I, II, III e IV.

Gabaritos

01	C	04	E
02	D	05	B
03	B	-	-

2. AUXILIARES DA JUSTIÇA

O art. 149 do CPC estabelece que algumas pessoas participarão do processo como forma de auxiliar o juiz na prestação da atividade jurisdicional, são eles: o escrivão, o chefe de secretaria, o oficial de justiça, o perito, o depositário, o administrador, o intérprete, o tradutor, o mediador, o conciliador judicial, o partidor, o distribuidor, o contabilista e o regulador de avarias.

> ***Art. 149.*** *São auxiliares da Justiça, além de outros cujas atribuições sejam determinadas pelas normas de organização judiciária, o escrivão, o chefe de secretaria, o oficial de justiça, o perito, o depositário, o administrador, o intérprete, o tradutor, o mediador, o conciliador judicial, o partidor, o distribuidor, o contabilista e o regulador de avarias.*

Vale frisar que ,o assunto é de suma importância na preparação de concursos públicos, tendo-se em vista que a maioria dos auxiliares são concursados, então dependendo do concurso que se almeja, os atos que você candidato praticará após a sua aprovação estão disciplinados no CPC e fatalmente a banca exigirá o conhecimento de suas respectivas atividades.

1.1 Do Escrivão ou Chefe de Secretaria

O escrivão ou chefe de secretaria é dos auxiliares mais importantes do juiz, sendo o encarregado de redigir e executar a maior parte das decisões judiciais, podemos dizer que o escrivão ou o chefe de secretaria são os primeiros a terem contato com a decisão judicial, lhes competindo dar andamento ao processo.

Os atos do escrivão ou chefe de secretaria estão devidamente elencados no art. 152, CPC, vejamos,

> ***Art. 152.*** *Incumbe ao escrivão ou ao chefe de secretaria:*
>
> ***I.*** *redigir, na forma legal, os ofícios, os mandados, as cartas precatórias e os demais atos que pertençam ao seu ofício;*
>
> ***II.*** *efetivar as ordens judiciais, realizar citações e intimações, bem como praticar todos os demais atos que lhe forem atribuídos pelas normas de organização judiciária;*
>
> ***III.*** *comparecer às audiências ou, não podendo fazê-lo, designar servidor para substituí-lo;*
>
> ***IV.*** *manter sob sua guarda e responsabilidade os autos, não permitindo que saiam do cartório, exceto:*
>
> ***a)*** *quando tenham de seguir à conclusão do juiz;*
>
> ***b)*** *com vista a procurador, à Defensoria Pública, ao Ministério Público ou à Fazenda Pública;*
>
> ***c)*** *quando devam ser remetidos ao contabilista ou ao partidor;*
>
> ***d)*** *quando forem remetidos a outro juízo em razão da modificação da competência;*
>
> ***V.*** *fornecer certidão de qualquer ato ou termo do processo, independentemente de despacho, observadas as disposições referentes ao segredo de justiça;*
>
> ***VI.*** *praticar, de ofício, os atos meramente ordinatórios.*
>
> ***§1º.*** *O juiz titular editará ato a fim de regulamentar a atribuição prevista no inciso VI.*
>
> ***§2º.*** *No impedimento do escrivão ou chefe de secretaria, o juiz convocará substituto e, não o havendo, nomeará pessoa idônea para o ato.*

É fundamental que você candidato decorre a maior quantidade de atos praticados por cada auxiliar, eis que tal indagação é extremamente frequente em concursos públicos.

O escrivão ou o chefe de secretaria geralmente estão encarregados na materialização dos atos e decisões judiciais.

1.2 Do Oficial de Justiça

O oficial de justiça é outro auxiliar extremamente importante para o bom andamento do processo, exerce função capaz de contribuir para a celeridade e regularidade processual.

Os atos praticados pelo oficial de justiça estão previstos no art. 154, CPC, vejamos,

> ***Art. 154.*** *Incumbe ao oficial de justiça:*
>
> *I. fazer pessoalmente citações, prisões, penhoras, arrestos e demais diligências próprias do seu ofício, sempre que possível na presença de 2 (duas) testemunhas, certificando no mandado o ocorrido, com menção ao lugar, ao dia e à hora;*
>
> ***II.*** *executar as ordens do juiz a que estiver subordinado;*
>
> ***III.*** *entregar o mandado em cartório após seu cumprimento;*
>
> ***IV.*** *auxiliar o juiz na manutenção da ordem;*
>
> ***V.*** *efetuar avaliações, quando for o caso;*
>
> ***VI.*** *certificar, em mandado, proposta de autocomposição apresentada por qualquer das partes, na ocasião de realização de ato de comunicação que lhe couber.*
>
> ***Parágrafo único.*** *Certificada a proposta de autocomposição prevista no inciso VI, o juiz ordenará a intimação da parte contrária para manifestar-se, no prazo de 5 (cinco) dias, sem prejuízo do andamento regular do processo, entendendo-se o silêncio como recusa.*

Perceba que em regra uma das principais características dos atos elencados no artigo supracitado está na atividade de dar cumprimento às decisões judiciais foro do prédio do fórum, dos quais podemos citar, a citação, prisão, penhora, cumprimento de mandados, efetuar avaliações, etc.

1.3 Do Perito

O perito é auxiliar de confiança do juiz encarregado pela produção da prova pericial. Vale destacar que, em momento posterior, nesta mesma obra, dissertaremos de forma mais detalhada sobre a prova pericial.

Cumpre frisar que, a atividade desempenhada pelo perito está regulamentada no art.156 e seguintes, conforme redação que se segue,

> ***Art. 156.*** *O juiz será assistido por perito quando a prova do fato depender de conhecimento técnico ou científico.*
>
> ***§1º.*** *Os peritos serão nomeados entre os profissionais legalmente habilitados e os órgãos técnicos ou científicos devidamente inscritos em cadastro mantido pelo tribunal ao qual o juiz está vinculado.*
>
> ***§2º.*** *Para formação do cadastro, os tribunais devem realizar consulta pública, por meio de divulgação na rede mundial de computadores ou em jornais de grande circulação, além de consulta direta a universidades, a conselhos de classe, ao Ministério Público, à Defensoria Pública e à Ordem dos Advogados do Brasil, para a indicação de profissionais ou de órgãos técnicos interessados.*
>
> ***§3º.*** *Os tribunais realizarão avaliações e reavaliações periódicas para manutenção do cadastro, considerando a formação profissional, a atualização do conhecimento e a experiência dos peritos interessados.*
>
> ***§4º.*** *Para verificação de eventual impedimento ou motivo de suspeição, nos termos dos arts. 148 e 467 , o órgão técnico ou científico nomeado para realização da perícia informará ao juiz os nomes e os dados de qualificação dos profissionais que participarão da atividade.*
>
> ***§5º.*** *Na localidade onde não houver inscrito no cadastro disponibilizado pelo tribunal, a nomeação do perito é de livre escolha pelo juiz e deverá recair sobre profissional ou órgão técnico ou científico comprovadamente detentor do conhecimento necessário à realização da perícia.*

Art. 157. O perito tem o dever de cumprir o ofício no prazo que lhe designar o juiz, empregando toda sua diligência, podendo escusar-se do encargo alegando motivo legítimo.

§1º. A escusa será apresentada no prazo de 15 (quinze) dias, contado da intimação, da suspeição ou do impedimento supervenientes, sob pena de renúncia ao direito a alegá-la.

§2º. Será organizada lista de peritos na vara ou na secretaria, com disponibilização dos documentos exigidos para habilitação à consulta de interessados, para que a nomeação seja distribuída de modo equitativo, observadas a capacidade técnica e a área de conhecimento.

Art. 158. O perito que, por dolo ou culpa, prestar informações inverídicas responderá pelos prejuízos que causar à parte e ficará inabilitado para atuar em outras perícias no prazo de 2 (dois) a 5 (cinco) anos, independentemente das demais sanções previstas em lei, devendo o juiz comunicar o fato ao respectivo órgão de classe para adoção das medidas que entender cabíveis.

1.4 Do Depositário e do Administrador

O depositário e o administrador são figuras encarregadas de auxiliar o juiz na conservação e guarda de bens penhorados, arrestados, sequestrados ou arrecadados. Tais atos refletem em atitudes judiciais que retiram de bens da posse de determinadas pessoas para que tais bens sejam protegidos para eventual utilização adequado em momento posterior.

A atividade desempenhada pelo depositário e administrador está regulamentada pelo art. 159 e seguintes do CPC.

1.5 Do Tradutor e do Intérprete

No processo judicial brasileiro é inegável que predomina e deve predominar a utilização do vernáculo, da língua portuguesa, no entanto eventualmente faz-se necessário que atos processuais sejam praticados em outros idiomas ou em outra forma de linguagem, para tanto o juiz pode se utilizar de um tradutor ou de intérprete como forma de reproduzir os atos em língua portuguesa.

O CPC n art. 162, estabelece três hipóteses em que será necessário recorrer a um tradutor ou interprete, são elas:

a) traduzir documento redigido em língua estrangeira;

b) verter para o português as declarações das partes e das testemunhas que não conhecerem o idioma nacional;

c) realizar a interpretação simultânea dos depoimentos das partes e testemunhas com deficiência auditiva que se comuniquem por meio da Língua Brasileira de Sinais, ou equivalente, quando assim for solicitado.

1.6 Dos Conciliadores e Mediadores

Tanto o conciliador quanto o mediador são figuras encarregadas no auxílio da resolução consensual do conflito, as figuras da conciliação e mediação já forma objeto de análise no momento em que dissertamos sobre os métodos de resolução de conflitos no capítulo 2.

As figuras do conciliador e mediador estão disciplinadas a partir do art. 165 e seguintes do CPC.

É importantíssimo que saibamos diferenciar as duas figuras, para tanto, cumpre citar o art. 165, vejamos:

Art. 165. Os tribunais criarão centros judiciários de solução consensual de conflitos, responsáveis pela realização de sessões e audiências de conciliação e mediação e pelo desenvolvimento de programas destinados a auxiliar, orientar e estimular a autocomposição.

§1º. A composição e a organização dos centros serão definidas pelo respectivo tribunal, observadas as normas do Conselho Nacional de Justiça.

§2º. O conciliador, que atuará preferencialmente nos casos em que não houver vínculo anterior entre as partes, poderá sugerir soluções para o litígio, sendo vedada a utilização de qualquer tipo de constrangimento ou intimidação para que as partes conciliem.

§3º. O mediador, que atuará preferencialmente nos casos em que houver vínculo anterior entre as partes, auxiliará aos interessados a compreender as questões e os interesses em conflito, de modo que eles possam, pelo restabelecimento da comunicação, identificar, por si próprios, soluções consensuais que gerem benefícios mútuos.

Questões

01. (VUNESP) Legalmente, incumbe ao escrivão ou ao chefe de secretaria:

a) efetuar avaliações, quando for o caso.

b) certificar proposta de autocomposição apresentada por qualquer das partes, na ocasião de realização de ato de comunicação que lhe couber.

c) manter sob sua guarda e responsabilidade os bens móveis de pequeno valor penhorados.

d) auxiliar o juiz na manutenção da ordem.

e) comparecer às audiências ou, não podendo fazê-lo, designar servidor para substituí-lo.

02. (VUNESP) Incumbe ao escrivão

a) dar certidão de qualquer ato ou termo do processo, desde que determinado por despacho exarado por juiz competente.

b) fazer pessoalmente as penhoras e arrestos.

c) estar presente às audiências e coadjuvar o juiz na manutenção da ordem.

d) efetuar avaliações e executar as ordens do juiz a que estiver subordinado.

e) redigir, em forma legal, os ofícios, mandados, cartas precatórias e mais atos que pertencem ao seu ofício.

Gabaritos

01	E	02	E

3. ATOS PROCESSUAIS

3.1 Aspectos Introdutórios

Como se sabe, o processo traduz um conjunto ordenado de atos, os quais devem atender ao contraditório e à ampla defesa para que o exercício da jurisdição possa ser efetivado de forma legítima. Os atos praticados pelos diversos sujeitos que participam do processo, regra geral, **são públicos e não dependentes de forma**.

Como se verá mais adiante, as manifestações de vontade (atos processuais) dos sujeitos que de qualquer forma participam do processo serão praticadas em **tempo** e **lugar** próprios segundo a legislação vigente. Ora, não se imagina que um ato praticado pelo réu, por exemplo, possa ser praticado sem limite temporal, nem tampouco, mostra-se adequada uma sessão de julgamento em que exista a necessidade de preservar a intimidade e vida privada das partes e que possa ser realizada em praça pública. Logo, o **tempo**, a **forma** e **lugar** dos atos processuais precisam ter um delineamento mínimo pelo legislador até mesmo para proteger o sistema de justiça e as próprias partes.

Forma dos atos processuais

Antes de qualquer consideração, apontaremos como vetor interpretativo do tema a seguinte premissa: o processo civil não pode ser visto como um fim em si mesmo, mas como um mero instrumento do direito material. Seria uma verdadeira afronta ao acesso à justiça a burocratização do procedimento, a forma como se devem praticar os atos do processo, para que se possa apreciar o direito material do jurisdicionado. Absolutamente, não é isso que pretendeu o legislador do CPC/2015.

Com base na premissa fixada acima, pode-se dizer que os atos processuais independem de forma determinada, **senão quando a própria lei expressamente exigir**. Aliás, essa perspectiva encontra previsão expressa no atual Art. 188 do CPC/2015. Vejamos:

> ***Art. 188.*** *Os atos e os termos processuais* **independem de forma determinada**, *<u>salvo quando a lei expressamente a exigir</u>, considerando-se válidos os que, realizados de outro modo, lhe preencham a finalidade essencial. (Grifo nosso)*

Não poderia ser diferente, afinal, o processo civil não é destino, mas um mero caminho do direito material que se pretende ver reconhecido em juízo. No entanto, o legislador, com a finalidade de proteção do próprio jurisdicionado, tomou o cuidado de conferir certa formalidade a alguns dos atos processuais mais importantes. Como imaginar o mandado de citação destituído de qualquer formalidade? Sem, por exemplo, ter que indicar os nomes das partes, o juízo que está a conduzir a causa ou a finalidade da própria citação? Com certeza, uma situação dessa natureza deixaria desprotegido o cidadão do direito fundamental da ampla defesa e do contraditório constitucionalmente garantido pela Carta Política de 1988.

Sendo assim, busca-se, por intermédio da forma, uma prestação jurisdicional adequada que respeite o devido processo legal. Repita-se: o que não se admite é a forma pela forma, o exacerbado formalismo no processo.

3.2 A Instrumentalidade das Formas dos Atos do Processo

Como já ficou bem claro, percebe-se que a preocupação com a forma não deve ser a tônica do operador do direito quando estiver a participar de uma relação processual. Assim, ainda que a lei exija certa formalidade e esta não venha a ser atendida, é provável que o ato venha a ser considerado válido a despeito de não a observar, **desde que atinja a sua finalidade**. Não é por outro motivo que a parte final do mencionado Art. 188 estabelece **que se consideram válidos os atos que, realizados de outro modo, preencham a finalidade essencial**.

Como bem explica parcela da doutrina, o processo não é um fim em si mesmo, mas um meio para solucionar o objeto litigioso apresentado. Aquele tem natureza instrumental. Por isso, **a instrumentalidade das formas, que rege a prática dos atos processuais, baliza-se pelo não prejuízo às partes e pela segurança jurídica**, a se evitar a constante decretação de invalidades no curso do processo.

A título de exemplo, imaginemos que um mandado de citação venha a ser efetivado na pessoa que divide apartamento com o réu que fora o alvo da ação judicial (sabe-se que a citação deve ser feita PESSOALMENTE ao réu). Agora suponhamos que a pessoa que veio a receber o mandado de citação no lugar do verdadeiro réu tenha o cuidado de comunicar a ele o que se passou. Nesta situação, se o verdadeiro réu se dirigir ao juízo para comunicar o vício e, logo em seguida apresenta defesa, pode-se dizer que a despeito de não ter sido observada a forma (a citação deveria ter sido feita na pessoa do réu!) o ato atingiu a sua finalidade? Pois bem, são nessas e noutras situações que a instrumentalidade das formas tem uma função nobre no processo, qual seja: evitar que se decrete uma invalidação do processo por um mero formalismo, sem que haja um efetivo prejuízo para a parte.

3.3 O Princípio da Publicidade dos Atos Processuais

Como regra geral, **os atos processuais são públicos**. Tendo como base essa ideia, não se pode restringir o acesso dos autos à consulta por quem quer que seja, bem como, não se pode proibir o ingresso de qualquer pessoa às audiências. Ressalte-se que o cidadão poderá assistir à audiência ou consultar um processo, ainda que não tenha interesse na causa.

Esta ideia central de ampla publicidade dos atos e termos do processo tem uma importante razão de ser: é que a publicidade dos atos processuais permite uma melhor fiscalização dos atos do Poder Judiciário, de modo que seja possível inibir e controlar eventuais arbitrariedades praticadas no curso do processo.

É importante levar em consideração que, em algumas situações, essa ampla publicidade pode comprometer um importante direito fundamental daqueles que participam de uma relação processual como o direito à intimidade e à vida privada. Neste caso, a publicidade deve ceder espaço para que se preserve a intimidade das partes. Por esse motivo, estatui o Art. 189 do CPC que o processo corre em segredo de justiça nas seguintes situações:

*Art. 189. Os atos processuais são públicos, todavia **tramitam em segredo de justiça os processos**:*

I. em que o exija o interesse público ou social;

II. que versem sobre casamento, separação de corpos, divórcio, separação, união estável, filiação, alimentos e guarda de crianças e adolescentes;

III. em que constem dados protegidos pelo direito constitucional à intimidade;

IV. que versem sobre arbitragem, inclusive sobre cumprimento de carta arbitral, desde que a confidencialidade estipulada na arbitragem seja comprovada perante o juízo.

§ 1º O direito de consultar os autos de processo que tramite em segredo de justiça e de pedir certidões de seus atos é restrito às partes e aos seus procuradores.

§ 2º O terceiro que demonstrar interesse jurídico pode requerer ao juiz certidão do dispositivo da sentença, bem como de inventário e de partilha resultantes de divórcio ou separação. (Grifo nosso)

Pelas restrições do Art. 189, percebe-se que o legislador teve uma atenção especial ao importante direito fundamental da intimidade e da vida privada das partes em causas nas quais tais interesses estejam em discussão. Em virtude disso, percebe-se que o direito de consulta aos autos do processo e o pedido de certidões restaram sobremaneira restritos às partes e aos seus advogados.

3.4 Classificação dos Atos Processuais

Atos das partes

Como se sabe, o processo somente pode se iniciar com o requerimento da parte. Logo, o processo é inaugurado por um ato da parte autora (petição inicial) em homenagem ao princípio da inércia. Os atos das partes podem ser classificados como atos postulatórios, probatórios e dispositivos.

Os **atos postulatórios** são aqueles em que as partes se servem de argumentos fático-jurídicos para pleitear algo em juízo. Ex. petição inicial, contestação, recursos etc.

Os **atos probatórios** são aqueles em que as partes buscam demonstrar o fato constitutivo do seu direito (autor) ou o fato impeditivo, modificativo ou extintivo do direito (réu). Acima de tudo, com os atos probatórios, os agentes do processo objetivam formar o convencimento do magistrado para a tese que defendem em juízo. Ex.: depoimento pessoal da parte.

Os **atos dispositivos** são aqueles em que as partes abdicam das suas prerrogativas processuais ou até do próprio direito material no curso do processo. Ex.: desistência da ação, desistência do recurso, renúncia sobre o direito em que se funda a ação, o reconhecimento jurídico do pedido.

No que diz respeito aos atos das partes, é importante que se tenha em mente que, segundo estabelece o Art. 200 do CPC, os atos das partes consistentes em declarações unilaterais ou bilaterais de vontade produzem **imediatamente** a constituição, modificação ou extinção de direitos processuais.

> O parágrafo único do Art. 200 do CPC dispõe que a desistência da ação somente produzirá efeitos após homologação judicial.

Atos do juiz

O julgador tem uma função relevante na condução do processo, pois, a partir da quebra da inércia pela iniciativa da parte autora, o processo se desenvolve por impulso oficial. Sendo assim, o juiz tem o dever de dar seguimento à atividade processual para que o processo chegue ao seu fim com um provimento jurisdicional, se possível, de mérito.

O legislador entendeu por bem categorizar cada um dos atos do juiz na lei. Com efeito, ao analisar o Art. 203 do CPC, vê-se que, com precisão, estão delineados os atos que podem ser praticados pelo julgador.

Art. 203. Os pronunciamentos do juiz consistirão em sentenças, decisões interlocutórias e despachos.

*§ 1º Ressalvadas as disposições expressas dos procedimentos especiais, **sentença** é o pronunciamento por meio do qual o juiz, com fundamento nos Arts. 485 e 487, põe fim à fase cognitiva do procedimento comum, bem como extingue a execução.*

*§ 2º **Decisão interlocutória** é todo pronunciamento judicial de natureza decisória que não se enquadre no § 1º.*

*§ 3º São **despachos** todos os demais pronunciamentos do juiz praticados no processo, de ofício ou a requerimento da parte.*

§ 4º Os atos meramente ordinatórios, como a juntada e a vista obrigatória, independem de despacho, devendo ser praticados de ofício pelo servidor e revistos pelo juiz quando necessário. (Grifo nosso)

Sendo assim, os atos do juiz são classificados em sentenças, decisões interlocutórias e despachos. Percebe-se que a definição legal do despacho pode ser extraída de forma residual, de tal sorte que, se o ato judicial não se enquadrar na categoria de sentença ou decisão interlocutória, será considerado despacho.

Segundo o Art. 226 do CPC, os **despachos** deverão ser proferidos no prazo de **05 dias**, enquanto as **decisões interlocutórias** em **10 dias** e as **sentenças** em **30 dias** (em todos os casos, trata-se de prazo impróprio).

Atos do Escrivão ou Chefe de Secretaria

Os auxiliares da justiça desempenham um papel fundamental no processo, são eles que possuem a incumbência de auxiliar o julgador no impulsionamento do processo, ou seja, o regular andamento da relação processual conta com esse apoio inestimável do escrivão ou chefe de secretaria.

Os atos que são de responsabilidade dos referidos auxiliares da justiça consistem basicamente em **documentar**, **movimentar** e **certificar** os atos processuais que são praticados em cada um dos processos que tramitam no âmbito do cartório ou da secretaria judicial. Por exemplo, cumpre ao escrivão ou chefe de secretaria ao receber a petição inicial do autor, autuá-la, identificando o juízo, a espécie de causa, o número de registro, os nomes das partes etc.

OBS.: quando se tratar de autos físicos (será a exceção do sistema com a difusão do processo virtual), o chefe de secretaria terá que numerar e rubricar cada uma das folhas dos autos do processo para que se confira uma maior segurança às partes e ao próprio servidor de que nenhuma folha venha ser retirada, inserida ou falsificada. Evita-se um grave prejuízo a todos aqueles que estão envolvidos no processo.

Como se adiantou acima, incumbem ao escrivão ou chefe de secretaria, atos de impulsionamento e deflagração do andamento do processo. Sendo assim, cabe a eles determinar a conclusão dos autos do processo ao juiz, a abertura de vistas do processo às partes, bem como a confecção de mandados e ofícios para o regular andamento do feito. Ademais, observada a situação de segredo de justiça, eles têm a função de emitir certidão de quaisquer atos ou termos do processo, isto sem a necessidade de prévio despacho do juiz os autorizando.

3.5 Do Tempo, Lugar e Prazo dos Atos Processuais

Como regra geral, os atos processuais devem ser praticados nos dias úteis. Ou seja, somente em situações excepcionais admite-se a prática de atos em feriados. Segundo a lei, *são considerados* feriados os **sábados**, os **domingos** e os **dias em que não haja expediente forense**.

Nos dias úteis, os atos processuais devem ser praticados das **6h às 20h**, levando em consideração o horário adotado no juízo em que deverá ser praticado o respectivo ato processual. Ressalte-se que deverão ser concluídos após as 20h os atos iniciados antes, quando o adiamento prejudicar a diligência ou causar grave dano.

> Quando se tratar da prática de ato eletrônico, este pode ocorrer em qualquer horário até as 24h do último dia do prazo. Sendo certo que o horário vigente no juízo perante o qual o ato deve ser praticado será considerado para fins de atendimento do prazo (Art. 213 do CPC).

No que pertine aos atos praticados nas férias forenses e nos feriados, o CPC elenca um conjunto de atos que excepcionalmente poderão ser efetivados durante esse período, é caso das citações, intimações, penhoras, bem como das ações de alimentos, dos procedimentos de jurisdição voluntária. Vejamos o que dispõem os Arts. 212, § 2°, e 215 do CPC:

> *Art. 212, § 2° Independentemente de autorização judicial,* ***as citações, intimações e penhoras poderão realizar-se no período de férias forenses****, onde as houver,* ***e nos feriados ou dias úteis fora do horário estabelecido neste Art.****, observado o disposto no Art. 5°, inciso XI, da Constituição Federal.*
>
> ***Art. 215. Processam-se durante as férias forenses****, onde as houver,* ***e não se suspendem pela superveniência delas:***
>
> *I -* ***os procedimentos de jurisdição voluntária*** *e os necessários à conservação de direitos, quando puderem ser prejudicados pelo adiamento;*
>
> *II -* ***a ação de alimentos*** *e os processos* ***de nomeação ou remoção de tutor e curador;***
>
> *III - os processos que a lei determinar. (Grifo nosso)*

Quanto ao lugar, os atos processuais realizar-se-ão ordinariamente na sede do juízo, ou, **excepcionalmente, em outro lugar em razão de deferência, de interesse da justiça, da natureza do ato ou de obstáculo arguido pelo interessado** e acolhido pelo juiz.

No que tange aos prazos processuais, estes podem ser de três naturezas:

01. Legal (determinado pela lei);
02. Judicial (fixado pelo juiz);
03. Convencional (fixado pela vontade das partes). Em regra, prevalecem os prazos estabelecidos pela lei.

Desta forma, devem as partes observá-los para que estes não venham a ser considerados intempestivos, incidindo a ideia de preclusão temporal. Para os julgadores, por outro lado, os prazos são impróprios. Ou seja, ainda que não observados, serão considerados válidos e eficazes, aptos a gerar efeitos.

Quando a lei for omissa em fixar um prazo, autoriza-se ao juiz fixá-lo tendo como parâmetro a complexidade do ato. Ocorre que pode acontecer de a lei ser omissa e ainda assim o juiz não venha a fixar o prazo para a prática do ato. Nesses casos, **será de 5 dias o prazo para a prática de ato processual a cargo das partes**. Vejamos o que dispõe a lei:

> ***Art. 218.*** *Os atos processuais serão realizados nos prazos prescritos em lei.*
>
> ***§ 1° Quando a lei for omissa, o juiz determinará os prazos em consideração à complexidade do ato.***
>
> ***§ 2°*** *Quando a lei ou o juiz não determinar prazo, as intimações somente obrigarão a comparecimento após decorridas 48 (quarenta e oito) horas.*
>
> ***§ 3° Inexistindo preceito legal ou prazo determinado pelo juiz, será de 5 (cinco) dias o prazo para a prática de ato processual a cargo da parte.***
>
> ***§ 4°*** *Será considerado tempestivo o ato praticado antes do termo inicial do prazo. (Grifo nosso)*

> Uma das grandes novidades trazidas pelo CPC foi considerar tempestivo o ato praticado antes do termo inicial do prazo (Art. 218, § 4°). Desta forma, não será possível um julgador, por exemplo, considerar intempestivo um recurso porque a parte não esperou a publicação da decisão no Diário da Justiça. Essa inovação aniquilou um forte entendimento jurisprudencial das cortes superiores que consideravam "prematuros" alguns recursos que eram interpostos antes da publicação da decisão. Com o Novo Código de Processo Civil, isso não pode mais ocorrer!

O Art. 224 do CPC estipula regra tradicional de contagem de prazo: o primeiro dia se exclui e o último dia se inclui. Ou seja, salvo disposição em contrário, **os prazos serão contados excluindo o dia do início e incluindo o dia do vencimento.**

> Com o Art. 219 do Novo Código de Processo Civil, na contagem de prazo em dias, estabelecido por lei ou pelo juiz, computar-se-ão somente os DIAS ÚTEIS. Logo, a contagem de dias corridos que era comum pela legislação passada, não mais prevalece com a novel legislação.

O Novo Código de Processo Civil trouxe também uma grande novidade e que, praticamente, concede um período de férias para os advogados nos dias compreendidos entre 20 de dezembro e 20 de janeiro. No referido período, haverá uma SUSPENSÃO do curso do prazo do processo. Ou seja, durante a suspensão do prazo nesse período, não haverá, inclusive, a realização de audiência ou sessão de julgamento. É o que dita o Art. 220 do CPC:

> ***Art. 220. Suspende-se o curso do prazo processual*** *nos dias compreendidos* ***entre 20 de dezembro e 20 de janeiro, inclusive.***
>
> ***§ 1º*** *Ressalvadas as férias individuais e os feriados instituídos por lei, os juízes, os membros do Ministério Público, da Defensoria Pública e da Advocacia Pública e os auxiliares da Justiça exercerão suas atribuições durante o período previsto no caput.*
>
> ***§ 2º Durante a suspensão do prazo, não se realizarão audiências nem sessões de julgamento.*** *(Grifo nosso)*

Por fim, no que tange ao tema prazos processuais, é preciso atentar à importante situação de prática de atos processuais em que existam litisconsortes no processo. É que se os **litisconsortes tiverem diferentes procuradores, vinculados a escritórios de advocacia distintos e os autos forem físicos, os atos praticados serão praticados no dobro do prazo previamente fixado**. Muita atenção para as situações em que os autos do processo sejam eletrônicos. Neste caso, não haverá ampliação do prazo para nenhum dos litisconsortes. Vejamos o que dispõe o Art. 229 do CPC:

> *Art. 229. Os litisconsortes que tiverem diferentes procuradores, de escritórios de advocacia distintos,* ***terão prazos contados em dobro para todas as suas manifestações****, em qualquer juízo ou tribunal, independentemente de requerimento.*
>
> ***§ 1º*** *Cessa a contagem do prazo em dobro se, havendo apenas 2 (dois) réus, é oferecida defesa por apenas um deles.*
>
> ***§ 2º Não se aplica o disposto no caput aos processos em autos eletrônicos.*** *(Grifo nosso)*

3.6 Do Registro e da Distribuição

O registro é o ato de documentação do processo. Trata-se de uma mera identificação das principais peculiaridades de uma relação processual, tais como as partes do processo, a natureza da causa, o tipo de procedimento, a data do protocolo da petição inicial. É considerado ato obrigatório do processo.

> ***Art. 284. Todos os processos estão sujeitos a registro****, devendo ser distribuídos onde houver mais de um juiz. (Grifo nosso)*

Com o Novo Código de Processo Civil, segundo o Art. 59, o registro torna prevento o juízo. Observar que essa prevenção deverá ocorrer nas comarcas, seções ou subseções em que não haja mais de um juízo. É que se a comarca ou seção for de múltiplas varas, o critério de prevenção será a **distribuição**.

Conforme já se disse, a distribuição consiste no ato processual por meio do qual se determina a competência do órgão jurisdicional para julgar determinada causa nas unidades jurisdicionais que possuem mais de um juízo abstratamente competente para processar e julgar uma determinada demanda.

Com a finalidade de distribuir igualitariamente a carga de trabalho entre os julgadores, bem como para inibir a escolha do juiz que vai conduzir a causa, o Art. 285 do CPC estabelece que a distribuição deva ser feita por sorteio, de forma alternada e aleatória, observando-se a rigorosa igualdade.

No entanto, nem sempre o critério de distribuição se sujeitará a esse procedimento. Existem situações em que, com a finalidade de evitar burla ao sistema de distribuição ou para uma melhor prestação da tutela jurisdicional, a distribuição será realizada **por dependência**. Ou seja, a causa será direcionada diretamente a um determinado órgão jurisdicional que estará prevento para processá-la e julgá-la. Eis as hipóteses:

> ***Art. 286. Serão distribuídas por dependência as causas de qualquer natureza:***
>
> *I -* ***quando se relacionarem, por conexão ou continência****, com outra já ajuizada; (Grifo nosso)*

Nesta situação, a distribuição atende à necessidade de se tutelar uma prestação jurisdicional harmoniosa. Ora, seria muito ruim e também motivo de descrédito para o Poder Judiciário a prolação de decisões conflitantes no âmbito do Judiciário. Essa exigência também contribui com a duração razoável do processo, pois com um só ato judicial, o magistrado dá prosseguimento a duas causas.

> *II - quando,* ***tendo sido extinto o processo sem resolução de mérito, for reiterado o pedido, ainda que em litisconsórcio com outros autores ou que sejam parcialmente alterados os réus da demanda;*** *(Grifo nosso)*

Caso não existisse essa regra de distribuição por dependência prevista no sistema, a parte autora poderia facilmente violar o princípio da livre distribuição e da garantia constitucional do juiz natural. Bastava ajuizar sucessivas ações idênticas e desistir delas, até que o sorteio tivesse como resultado a vara escolhida.

> *III - quando houver ajuizamento de ações nos termos do Art. 55, § 3º, ao juízo prevento. (Grifo nosso)*

Neste caso, ainda que não haja conexão propriamente dita, ou seja, mesmo que não haja coincidência entre o pedido e a causa de pedir da ação a ser distribuída e da outra promovida anteriormente, deve a primeira ser distribuída por dependência, caso se constante o perigo de serem prolatadas decisões conflitantes. É o famoso caso da ação de despejo e da ação de consignação em pagamento relativa ao mesmo contrato, apesar de não apresentarem identidade quanto aos elementos objetivos, devem ser distribuídas por dependência.

> ***Parágrafo único.*** *Havendo intervenção de terceiro, reconvenção ou outra hipótese de ampliação objetiva do processo, o juiz, de ofício, mandará proceder à respectiva anotação pelo distribuidor.*

Questões

01. (FGV) De acordo com a disciplina em vigor, é correto afirmar, no que concerne aos prazos processuais, que:

a) o Ministério Público dispõe do prazo em quádruplo para contestar.

b) reputa-se tempestivo o ato praticado antes do termo a quo da fluência do prazo.

c) não havendo norma jurídica expressa ou prazo fixado pelo juiz, deve a parte praticar o ato processual que lhe incumbir em quarenta e oito horas.

d) os litisconsortes com procuradores diferentes, ainda que integrantes de um mesmo escritório de advocacia, têm o benefício do prazo em dobro para que se manifestem.

e) salvo disposição em contrário, os prazos são contados incluindo-se o dia do começo e o do vencimento.

02. (MPE-SC) Nos termos do novo Código de Processo Civil, o juiz pode dilatar os prazos processuais e alterar a ordem de produção dos meios de prova, adequando-os às necessidades do conflito de modo a conferir maior efetividade à tutela do direito.

Certo ( ) Errado ( )

03. (IBADE) Prazos são intervalos de tempo estabelecidos para que, dentro deles, sejam praticados atos jurídicos. Sendo processual a natureza do ato, ter-se-á um prazo processual.

(CÂMARA, Alexandre Freitas. **O Novo Processo Civil Brasileiro**, São Paulo: Atlas, 2015, p. 137)

Sobre o tema, assinale a alternativa correta.

a) Prazos impróprios são aqueles cujo decurso não acarreta a perda da possibilidade de praticar o ato.

b) Os prazos fixados em meses não são contínuos, suspendendo-se nos dias em que não haja expediente forense.

c) Não havendo prazo legal e não tendo o juiz assinado o prazo, deverá ser o ato praticado em quinze dias.

d) Contam-se os prazos incluindo o dia do começo e excluindo o do vencimento.

e) O prazo judicial é fixado em lei.

04. (RHS Consult) De acordo com a Lei nº 13.105/2015, quanto ao ato das partes, pode-se afirmar:

a) Os atos das partes consistentes em declarações unilaterais ou bilaterais de vontade não extinguem direitos processuais.

b) Os atos das partes consistentes extinguem direitos processuais desde que em declarações bilaterais de vontade.

c) As partes não podem exigir recibo de petições, arrazoados, papéis e documentos que entregarem em cartório.

d) A desistência da ação só produzirá efeitos após homologação judicial.

e) É permitido lançar nos autos cotas marginais ou interlineares.

05. (MPE-PR) Sobre a disciplina dos atos processuais no Código de Processo Civil de 2015, assinale a alternativa correta:

a) Os atos processuais podem ser parcialmente digitais, de forma a permitir que sejam produzidos, comunicados, armazenados e validados por meio eletrônico.

b) Os negócios jurídicos processuais e o calendário processual são faculdades que decorrem da negociação exclusiva das partes, devendo o magistrado apenas controlar a validade das convenções previstas.

c) Como a movimentação processual é exclusiva de advogado, não há no Código de Processo Civil preocupação com a acessibilidade aos sítios das unidades do Poder Judiciário na rede mundial de computadores.

d) A distinção entre sentença e decisão interlocutória é de conteúdo material, sendo irrelevante o momento e a situação processual em que o ato do juiz foi praticado e seus efeitos para o andamento do processo.

e) Toda decisão oriunda dos tribunais é considerada, pelo Código de Processo Civil, como um acórdão.

Gabaritos

01	B	04	D
02	CERTO	05	A
03	A	-	-

4. COMUNICAÇÃO DOS ATOS PROCESSUAIS

4.1 Aspectos Introdutórios

As partes necessitam tomar conhecimento dos atos processuais praticados no processo para que possam, no prazo fixado pela lei ou pelo julgador, adotar as medidas judiciais cabíveis dos atos judiciais que possam afetar sua esfera de direito, bem como cumprir a ordem judicial que eventualmente venha a ser determinada.

Não se pode perder de vista que o processo, como um procedimento ordenado de atos, deve atender ao contraditório e à ampla defesa para que o exercício da jurisdição possa ser efetivado de forma legítima. Ora, como se poderia resguardar tão importante direito fundamental sem ao menos dar conhecimento às partes dos atos processuais que são praticados no processo? **Essa exigência de comunicação dos atos é decorrência lógica do devido processo legal, precisamente, da necessidade de observar o contraditório e a ampla defesa no processo.**

Basicamente, duas são as modalidades de comunicação dos atos processuais: citação e intimação.

4.2 Citação

O CPC/2015 em oportuna redação dada ao Art. 238 do Código melhorou substancialmente o conceito de citação em relação ao dispositivo correspondente do CPC/73. O Art. estabelece que a citação é o ato pelo qual são convocados o réu, o executado ou interessado para **integrar a relação processual.** Art. 238 do CPC:

> ***Art. 238.*** *Citação é o ato pelo qual são convocados o réu, o executado ou o interessado para* ***integrar a relação processual****. (Grifo nosso)*

Portanto, com a nova legislação processual, não é mais correto se afirmar que a finalidade exclusiva da citação é integrar o réu para se defender. Até porque, é absolutamente possível que o sujeito venha a ser citado no processo para compor o polo ativo do processo. Basta imaginar a denunciação da lide feita pelo autor. Neste caso, em um primeiro momento, o denunciado deverá ser citado para acrescentar argumentos à petição inicial do autor (Art. 127 do CPC).

Com a citação, efetiva-se a angularização da relação processual. É neste momento que se visualiza a legitimação do contraditório para o sujeito que é integrado ao processo. **Para parcela da doutrina, a citação constitui pressuposto processual de existência do processo**. Por outro lado, **há quem entenda que se trate de condição de eficácia do processo para o réu.**

Diante dessa divergência doutrinária, é muito pouco provável que o tema venha a ser cobrado em provas objetivas. O examinador estaria colocando em risco a manutenção da questão no certame pelos numerosos recursos que iriam ser apresentados pelos candidatos. No entanto, em prova subjetiva, sempre é interessante o candidato demonstrar conhecimento mais amplo citando mais de uma doutrina.

A instrumentalidade das formas na citação: comparecimento espontâneo do réu para alegar a falta ou nulidade da citação

É importante que se diga que não basta existir a citação; faz-se necessário que este ato formal venha a ser efetivado regularmente. Em outras palavras, o sistema exige que o ato citatório preencha todos os requisitos de sua validade para que o processo possa prosseguir sem qualquer espécie de vício. **Sob essa perspectiva, pode-se afirmar que a citação constitui pressuposto processual de validade do processo.**

Como já ficou bem consignado em outras passagens, percebe-se que a preocupação com a forma não deve ser a tônica do operador do direito quando estiver a participar de uma relação processual. Assim, ainda que a lei exija certa formalidade e esta não venha a ser atendida, é provável que o ato venha a ser considerado válido a despeito de não observá-la, **desde que atinja a sua finalidade.**

Não é por outro motivo que o Art. 239, § 1º do CPC estabelece que o comparecimento espontâneo do réu ou do executado supre a falta ou a nulidade da citação se este comparecimento não causar prejuízo para a parte:

> ***Art. 239.*** *Para a* ***validade*** *do processo é indispensável a citação do réu ou do executado, ressalvadas as hipóteses de indeferimento da petição inicial ou de improcedência liminar do pedido.*
>
> ***§ 1º O comparecimento espontâneo do réu ou do executado supre a falta ou a nulidade da citação****, fluindo a partir desta data o prazo para apresentação de contestação ou de embargos à execução. (Grifo nosso)*

Com essa nova disposição, é interessante perceber que a fluência do prazo para apresentar a contestação ou os embargos à execução conta-se do próprio comparecimento. No sistema anterior, esse prazo era deflagrado da intimação da decisão que reconhecia o pedido de decretação da nulidade do ato.

Por fim, caso o réu compareça para alegar a falta ou vício de citação e o juiz venha a rejeitar tal requerimento, segundo o § 2º do Art. 239 do CPC, duas serão as consequências: caso se trate de processo de conhecimento, o réu será considerado revel; caso se trata de execução, o processo terá o seu prosseguimento:

> ***§ 2º*** *Rejeitada a alegação de nulidade, tratando-se de processo de:*
>
> ***I.*** *conhecimento,* ***o réu será considerado revel****;*
>
> ***II.*** *execução, o* ***feito terá seguimento****. (Grifo nosso)*

A pessoalidade da citação como regra do sistema processual

Como não poderia deixar de ser, a regra no sistema processual é a de que a citação deve ser realizada **pessoalmente**. Ou seja, para garantir uma maior segurança ao jurisdicionado, o destino da citação deve ser o **réu**, o **executado** ou o **interessado**. No entanto, a própria lei prevê que a citação também poderá ser feita na pessoa do representante ou procurador do réu, do executado ou interessado. Caso se trate de pessoa jurídica, a citação será realizada, como regra, na pessoa que tiver essa incumbência em virtude de poderes conferidos por convenção ou por estatuto.

O disciplinamento do que foi exposto encontra respaldo no Art. 242 do CPC:

> ***Art. 242.* A citação será pessoal**, *podendo, no entanto, ser feita na pessoa do representante legal ou do procurador do réu, do executado ou do interessado.* (Grifo nosso)

O CPC trata de casos especiais de citação em que a regra da pessoalidade é relativizada seja para garantir a efetividade da citação, seja para assegurar a boa-fé. É importante atentar às situações, por serem bastante cobradas em prova:

01. Na ausência do citando, a citação será feita na pessoa de seu mandatário, administrador, preposto ou gerente, quando a ação se originar de atos por eles praticados.
02. O locador que se ausentar do Brasil sem cientificar o locatário de que deixou, na localidade onde estiver situado o imóvel, procurador com poderes para receber citação será citado na pessoa do administrador do imóvel encarregado do recebimento dos aluguéis, que será considerado habilitado para representar o locador em juízo.
03. A citação da União, dos Estados, do Distrito Federal, dos Municípios e de suas respectivas autarquias e fundações de direito público será realizada perante o órgão de Advocacia Pública responsável por sua representação judicial.
04. Nos condomínios edilícios ou nos loteamentos com controle de acesso, será válida a entrega do mandado a funcionário da portaria responsável pelo recebimento de correspondência, que, entretanto, poderá recusar o recebimento, se declarar, por escrito, sob as penas da lei, que o destinatário da correspondência está ausente.

Vedações legais à efetivação da citação

O Código de Processo Civil não permite, **a não ser para evitar o perecimento do direito**, que se faça a citação em determinadas circunstâncias. Como se verá, o legislador no Art. 244 do CPC preservou o jurisdicionado de se sujeitar ao recebimento de citação em momentos sensíveis da sua vida, tais como: casamento, morte de um ente querido, grave enfermidade etc.:

a) de quem estiver participando de ato de culto religioso.

Neste caso, independentemente da religião do citando, se estiver a participar do culto religioso não poderá ser citado. No entanto, não se deve concluir que a pessoa não possa vir a ser citada no local do culto. É absolutamente possível que isso venha a ser feito. O que não permite a lei é que a citação ocorra no momento em que o réu esteja **participando** de ato de culto religioso.

b) de cônjuge, de companheiro ou de qualquer parente do morto, consanguíneo ou afim, em linha reta ou na linha colateral em segundo grau, no dia do falecimento e nos 7 (sete) dias seguintes.

No denominado "período de nojo", ou seja, no momento absolutamente sensível pela perda de um ente querido, o legislador preserva o réu da efetivação da citação como um mecanismo de proteger o seu real direito ao contraditório e à ampla defesa. Não há dúvidas de que o ânimo do réu para municiar o seu procurador de documentos e fatos para fortalecer a sua defesa restará comprometido, tendo em vista seu estado psicológico pelo evento morte.

c) de noivos, nos 3 (três) primeiros dias seguintes ao casamento.

Também no conhecido "período de gala" o legislador considerou oportuno preservar os nubentes de um possível constrangimento quando da comemoração do seu enlace matrimonial.

d) de doente, enquanto grave o seu estado.

A presente vedação tem como objetivo proteger todos aqueles que, em virtude de grave enfermidade, não teriam condições de subsidiar uma defesa efetiva diante do seu quadro crítico. É importante observar que **esta hipótese não pode se sujeitar a um prazo pré-estabelecido**. Ora, pode acontecer de o estado grave de saúde perdurar por meses ou até anos!

Efeitos da citação

A citação válida, conforme o Art. 240 do CPC, ainda que ordenada por juízo incompetente, **a) induz litispendência**; **b) faz litigiosa a coisa**; e **c) constitui em mora o devedor**.

Com o CPC/2015, a prevenção não constitui mais um dos efeitos da citação. O Art. 59 do CPC estabelece que a prevenção do juízo se dará com **o registro ou a distribuição da petição inicial**. Ademais, o Novo Código estabeleceu um novo marco para que se considere a interrupção da prescrição. Com efeito, o § 1º do Art. 240 estatui que o termo inicial da interrupção da prescrição é **o despacho que ordena a citação**, portanto, não é mais a citação válida que produz tal efeito.

Eis o teor das disposições legais que regulam o tema em estudo:

> ***Art. 240.*** *A citação válida, ainda quando ordenada por juízo incompetente, induz litispendência, torna litigiosa a coisa e constitui em mora o devedor, ressalvado o disposto nos Arts. 397 e 398 da Lei no 10.406, de 10 de janeiro de 2002 (Código Civil).*
>
> ***§ 1º*** *A interrupção da prescrição, operada pelo despacho que ordena a citação, ainda que proferido por juízo incompetente, retroagirá à data de propositura da ação.* (Grifo nosso)

Modalidades de citação

O Art. 246 do CPC estabelece as seguintes modalidades de citação existentes no sistema; a) correio; b) por oficial de justiça; c) por escrivão ou chefe de secretaria; d) por edital; e) por meio eletrônico.

> ***Art. 246.*** *A citação será feita:*
>
> ***I.*** *pelo* ***correio****;*
>
> ***II.*** *por* ***oficial de justiça****;*
>
> ***III.*** *pelo* ***escrivão ou chefe de secretaria****, se o citando comparecer em cartório;*
>
> ***IV.*** *por* ***edital****;*
>
> ***V.*** *por* ***meio eletrônico****, conforme regulado em lei.* (Grifo nosso)

Citação pelo correio

É a regra geral do sistema. Trata-se de uma hipótese de citação **real**. Sem dúvida, até a completa implementação do processo judicial eletrônico, é modalidade mais econômica de comunicação processual. Isso se justifica porque quase a totalidade do nosso território é atendida pela empresa que tem a incumbência de realizar esse serviço (ECT), além de dispensar a figura do oficial de justiça dessa tarefa (afinal, são poucos os oficiais de justiça em comparação com todos os carteiros do país!).

Segundo o Art. 247, a citação será feita pelo correio, para qualquer comarca do País, exceto nas seguintes hipóteses:

> ***Art. 247.*** *A citação será feita pelo correio para qualquer comarca do país, exceto:*
>
> ***I.*** *nas ações de estado, observado o disposto no Art. 695, § 3º;*
>
> ***II.*** *quando o citando for incapaz;*
>
> ***III.*** *quando o citando for pessoa de direito público;*
>
> ***IV.*** *quando o citando residir em local não atendido pela entrega domiciliar de correspondência;*
>
> ***V.*** *quando o autor, justificadamente, a requerer de outra forma.*

Salvo quando a lei dispuser de forma contrária, quando a citação for feita via Correios, a deflagração do prazo começa a contar a partir da data da juntada aos autos do aviso de recebimento (Art. 231, I, CPC).

Citação por oficial de justiça

Ao contrário da citação pelos Correios, a citação por oficial de justiça é **subsidiária**. Sendo assim, somente nas situações previstas em lei ou quando restar frustrada a citação, é que caberá a citação por mandado. Trata-se, também, de uma hipótese de citação real. O Código enumera, no Art. 247, as hipóteses de citação por mandado:

- nas ações de estado, observado o disposto no Art. 695, § 3º;
- quando o citando for incapaz;
- quando o citando for pessoa de direito público;
- quando o citando residir em local não atendido pela entrega domiciliar de correspondência;
- quando o autor, justificadamente, a requerer de outra forma. (Grifo nosso)

O atual Código de Processo exclui o processo de execução do rol das hipóteses em que a citação é realizada por oficial de justiça. Inclusive, era questão de concurso muito abordada em provas!

Nas comarcas contíguas de fácil comunicação e nas que se situem na mesma região metropolitana, o oficial de justiça poderá efetuar, em qualquer delas, citações.

Salvo quando a lei dispuser de forma contrária, quando a citação for feita por oficial de justiça, a deflagração do prazo começa a contar **a partir da data da juntada aos autos do mandado cumprido** (Art. 231, II, CPC).

Citação por hora certa

Esta modalidade nada mais é do que um desdobramento de uma frustrada citação pelo oficial de justiça. Trata-se de uma hipótese de citação **ficta**. Ocorrerá quando, **por duas vezes** (**no CPC revogado eram três!**), o oficial de justiça houver procurado o citando em seu domicílio ou residência sem o encontrar, deverá, havendo suspeita de ocultação, intimar qualquer pessoa da família ou, em sua falta, qualquer vizinho de que, no dia útil imediato, voltará a fim de efetuar a citação, na hora que designar. No dia e hora designados, o oficial de justiça, independentemente de novo despacho, comparecerá ao domicílio ou residência do citando, a fim de realizar a diligência. Se o citando não estiver presente, o oficial de justiça procurará informar-se das razões da ausência, dando por feita a citação, ainda que o citando se tenha ocultado em outra comarca, seção judiciária. Da certidão da ocorrência, o oficial de justiça deixará contrafé com pessoa da família ou com qualquer vizinho, conforme o caso, declarando-lhe o nome.

Citação por edital

Trata-se de uma espécie de citação **ficta**. Para que venha a se efetivar no caso concreto, deve ocorrer uma das situações previstas no Art. 256 do CPC:

> Art. 256. A citação por edital será feita:
>
> ***I.*** *quando* ***desconhecido ou incerto o citando;***
>
> ***II.*** *quando* ***ignorado, incerto*** *ou* ***inacessível*** *o lugar em que se encontrar o citando;*
>
> ***III.*** *nos* ***casos expressos em lei.***
>
> ***§ 1º*** *Considera-se inacessível, para efeito de citação por edital, o país que recusar o cumprimento de carta rogatória.*
>
> ***§ 2º*** *No caso de ser inacessível o lugar em que se encontrar o réu, a notícia de sua citação será divulgada também pelo rádio, se na comarca houver emissora de radiodifusão.*
>
> ***§ 3º*** *O réu será considerado em local ignorado ou incerto se infrutíferas as tentativas de sua localização, inclusive mediante requisição pelo juízo de informações sobre seu endereço nos cadastros de órgãos públicos ou de concessionárias de serviços públicos. (Grifo nosso)*

É importante mencionar que não basta publicar o edital. Faz-se necessária a sua publicação com os específicos requisitos de validade constantes no Art. 257 do CPC. São eles:

> ***Art. 257.*** *São requisitos da citação por edital:*
>
> ***I.*** *a afirmação do autor ou a certidão do oficial informando a presença das circunstâncias autorizadoras;*
>
> ***II.*** *a publicação do edital na rede mundial de computadores, no sítio do respectivo tribunal e na plataforma de editais do Conselho Nacional de Justiça, que deve ser certificada nos autos;*
>
> ***III.*** *a determinação, pelo juiz, do prazo, que variará entre 20 (vinte) e 60 (sessenta) dias, fluindo da data da publicação única ou, havendo mais de uma, da primeira;*
>
> ***IV.*** *a advertência de que será nomeado curador especial em caso de revelia.*
>
> ***Parágrafo único.*** *O juiz poderá determinar que a publicação do edital seja feita também em jornal local de ampla circulação ou por outros meios, considerando as peculiaridades da comarca, da seção ou da subseção judiciárias.*

Citação pelo escrivão ou chefe de secretaria

O legislador percebeu a grande utilidade de tal comunicação, principalmente, quando o citando comparecia em cartório para alegar vício ou nulidade da citação. Nesta situação, o escrivão ou chefe de secretaria, de imediato, procederá com a realização da citação (Art. 246, III, CPC). Trata-se, também, de uma hipótese de citação **real**.

Citação por meio eletrônico

A Lei nº 11.419/06 introduziu no ordenamento brasileiro a possibilidade de a citação ser realizada por meio eletrônico. Futuramente, quando todos os processos forem virtualizados, será a principal fonte de comunicação de atos processuais do sistema. Não resta dúvida de que é a mais célere, efetiva e eficiente espécie de citação do sistema. Trata-se de uma hipótese de citação **real**.

É princípio basilar dessa espécie de citação a autorresponsabilidade da parte. Com efeito, o marco da citação é o momento em que o citando acessa o sistema eletrônico ou quando decorrido o prazo de 10 dias da publicação do ato. Neste caso, o sistema considerará presumidamente citada a parte do processo. Ou seja, todo o ônus com a eventual negligência no acesso será de inteira responsabilidade da parte.

Para que se operacionalize esse mecanismo de comunicação do ato processual, exige-se um prévio cadastro no sistema a ser utilizado pelos órgãos jurisdicionais. O CPC tem previsão nesse sentido, a saber:

> ***Art. 246.*** *A citação será feita:*
>
> *(...);*
>
> ***V.*** *por **meio eletrônico**, conforme regulado em lei.*
>
> ***§ 1º Com exceção das microempresas e das empresas de pequeno porte**, as empresas públicas e privadas são obrigadas a manter cadastro nos sistemas de processo em autos eletrônicos, **para efeito de recebimento de citações e intimações**, as quais serão efetuadas preferencialmente por esse meio.*
>
> ***§ 2º*** *O disposto no § 1º aplica-se à **União**, aos **Estados**, ao Distrito Federal, aos Municípios e às **entidades da administração indireta**. (Grifo nosso)*

Exceto quando a lei dispuser de forma contrária, quando a citação ou intimação for eletrônica, considera-se o dia do começo do prazo para o réu o dia útil seguinte à consulta ao teor da citação ou da intimação ou ao término do prazo para que a consulta se dê, conforme dispõe o Art. 231, V, do CPC.

4.3 Intimação

Intimação é a espécie de ato pelo qual se dá ciência a alguém dos atos e termos do processo, para que faça ou deixe de fazer alguma coisa. Traduz a ideia, regra geral, de que já existe uma relação jurídica processual já formada. Eis o que dispõe o Código:

> ***Art. 269.*** *Intimação é o ato pelo qual se dá ciência a alguém dos atos e dos termos do processo.*

Modalidades

Assim como a citação, são várias as formas de se concretizar essa comunicação no processo. São Elas:

Por meio eletrônico

É o meio preferencial do sistema. Com efeito, a lei fala que, **sempre que possível**, as intimações deverão ocorrer **por meio eletrônico**. Art. 270 do CPC:

> ***Art. 270.*** *As intimações realizam-se, sempre que possível, por meio eletrônico, na forma da lei. (Grifo nosso)*

Cumpre observar que somente será por meio eletrônico quando isso for possível, sobremaneira, quando os destinatários já tiverem realizado o respectivo cadastro no tribunal.

Por publicação no diário da justiça

O Art. 272 do CPC prevê que somente quando não realizadas por meio eletrônico, consideram-se feitas as intimações pela publicação dos atos no órgão oficial. Nessa situação, as intimações serão consideradas realizadas, nas capitais dos Estados e no DF e em todas as comarcas do interior em que haja órgão de imprensa, que oficialmente mantenha publicação das intimações judiciais, pela só publicação do aviso no Diário da Justiça ou no órgão de impressa local. Eis os requisitos do Art. 272 para a validade da publicação:

> ***§ 1º*** *Os advogados poderão requerer que, na intimação a eles dirigida, figure apenas o nome da sociedade a que pertençam, desde que devidamente registrada na Ordem dos Advogados do Brasil.*
>
> ***§ 2º*** *Sob pena de nulidade, é indispensável que da publicação constem os nomes das partes e de seus advogados, com o respectivo número de inscrição na Ordem dos Advogados do Brasil, ou, se assim requerido, da sociedade de advogados.*
>
> ***§ 3º*** *A grafia dos nomes das partes não deve conter abreviaturas.*
>
> ***§ 4º*** *A grafia dos nomes dos advogados deve corresponder ao nome completo e ser a mesma que constar da procuração ou que estiver registrada na Ordem dos Advogados do Brasil.*
>
> ***§ 5º*** *Constando dos autos pedido expresso para que as comunicações dos atos processuais sejam feitas em nome dos advogados indicados, o seu desatendimento implicará nulidade.*

Pelos correios

Assim como ocorre na citação, a intimação da parte pode ser feita pelos Correios. Nesta situação, existe um dever das partes de manter os seus endereços atualizados. É que, se houver qualquer espécie de modificação temporária ou definitiva, e não houver comunicação ao juízo da causa, ter-se-ão como válidas as intimações dirigidas ao endereço indicado inicialmente, contabilizando-se os prazos a partir da juntada aos autos do comprovante de entrega da correspondência.

Uma importante novidade trazida pelo CPC/2105 **foi a possibilidade de o advogado realizar a intimação do advogado da parte contrária pelos Correios**. Vejamos o que dispõe o § 1º do Art. 269 do CPC:

> *Art.269 (...)*
>
> ***§ 1º É facultado aos advogados promover a intimação do advogado da outra parte por meio do correio**, juntando aos autos, a seguir, cópia do ofício de intimação e do aviso de recebimento. (Grifo nosso)*

Por oficial de justiça

Esta espécie de intimação no processo tem caráter secundário, ou seja, somente será feita quando não restar frutífera a realização por meio eletrônico ou pelos Correios. Nesta espécie de intimação a ser realizada pelo oficial de justiça (**atentar que o escrivão ou chefe de secretaria também poderão fazê-lo**), deverão ser atendidos alguns requisitos estabelecidos no § 1º do Art. 275 do CPC, o qual estabelece:

> ***Art. 275.*** *A intimação será feita por oficial de justiça quando frustrada a realização por meio eletrônico ou pelo correio.*
>
> ***§ 1º*** *A certidão de intimação deve conter:*
>
> ***I.*** *a indicação do lugar e a descrição da pessoa intimada, mencionando, quando possível, o número de seu documento de identidade e o órgão que o expediu;*
>
> ***II.*** *a declaração de entrega da contrafé;*
>
> ***III.*** *a nota de ciente ou a certidão de que o interessado não a após no mandado.*

§ 2º Caso necessário, a intimação poderá ser efetuada com hora certa ou por edital.

Por fim, é importante observar que analogamente à citação, o **§ 2º do Art. mencionado admite que a intimação possa ser feita por hora certa ou por edital!**

Questões

01. (CAIP-IMES) Não deve ser realizada a citação, salvo para evitar o perecimento do direito:

a) aos doentes, que estejam na posse de atestado médico.

b) ao cônjuge ou a qualquer parente do morto, consanguíneo ou afim, em linha reta, ou na linha colateral em segundo grau, nos 8 (oito) dias seguintes ao falecimento.

c) aos noivos, nos 5 (cinco) primeiros dias de bodas.

d) a quem estiver assistindo a qualquer ato de culto religioso.

02. (FGV) Um Oficial de Justiça, no cumprimento de mandado de citação, suspeita que o réu está se ocultando, a fim de evitar a realização do referido ato processual. Desse modo, o Oficial de Justiça intima a esposa do citando, informando que retornará no dia seguinte para realizar a citação do réu, designando um horário certo para que esse possa então ser encontrado. No dia seguinte, o réu, que se encontrava no local, foi regularmente citado na hora designada. Todavia, transcorreu o prazo para defesa e o demandado não compareceu aos autos para defender seus interesses.

Nesse sentido, deverá o juiz:

a) decretar a revelia do réu e nomear um curador especial para defesa por negação geral.

b) decretar a revelia do réu e prosseguir com o feito, sem nomeação de curador especial.

c) resolver o mérito, em favor da parte autora, uma vez que o réu é revel, o que deve levar ao acolhimento do pedido.

d) extinguir o feito, sem resolução do mérito, diante da ilegitimidade passiva ad causam.

e) determinar a citação por edital do réu, uma vez que não foi possível a sua citação pessoal.

03. (CONSULPLAN) Para que se proceda à citação por meio de oficial de justiça, nos moldes do que determina o Novo Código de Processo Civil, o mandado, a ser cumprido, deverá conter, obrigatoriamente, os seguintes requisitos formais, EXCETO:

a) Os nomes do autor e do citando e seus respectivos domicílios ou residências; a finalidade da citação, com todas as especificações constantes da petição inicial, bem como a menção do prazo para contestar, sob pena de revelia, ou para embargar a execução; a aplicação de sanção para o caso de descumprimento da ordem, se houver.

b) Se for o caso, a intimação do citando para comparecer, acompanhado de advogado ou de defensor público, à audiência de conciliação ou de mediação, com a menção do dia, da hora e do lugar do comparecimento.

c) A cópia da petição inicial, do despacho ou da decisão que deferir tutela provisória, a assinatura do escrivão ou do chefe de secretaria e a declaração de que o subscreve por ordem do juiz.

d) A indicação do lugar e a descrição da pessoa do citando, mencionando, necessariamente, o número de seu documento de identidade e o órgão que o expediu.

04. (FCC) Penélope recebeu pessoalmente, em sua casa, em um domingo às 22 horas, um mandado de citação para responder à demanda contra si ajuizada. Em sua defesa, Penélope alegou que a citação é nula, pois os atos processuais devem ser realizados apenas em dias úteis, das 6 às 20 horas. Esta alegação

a) não procede, pois o ato processual denominado citação pode ser praticado, independente de autorização judicial, durante o período de férias forenses e nos feriados ou dias úteis fora do horário forense.

b) procede, já que os domingos são considerados feriados, para efeito forense.

c) parcialmente procede, eis que a citação, embora válida, é inexistente, porque realizada fora do horário forense.

d) procede, pois a citação não se referia à tutela de urgência, única hipótese possível para a prática de atos processuais durante férias e feriados forenses.

e) não procede, pois a citação é válida, eis que não existe limite para as tentativas de localização pelo Oficial de Justiça, fora do horário comercial.

05. (CESPE) No que diz respeito às normas processuais, aos atos e negócios processuais e aos honorários de sucumbência, julgue o item que se segue, com base no disposto no novo Código de Processo Civil.

No que se refere à comunicação dos atos processuais, aplica-se às entidades da Administração Pública direta e indireta a obrigatoriedade de manter cadastro nos sistemas de processo em autos eletrônicos, para o recebimento de citações e intimações, que serão preferencialmente realizadas por meio eletrônico.

Certo ( ) Errado ( )

Gabaritos

01	D	04	A
02	B	05	CERTO
03	D	-	-

5. DAS TUTELAS PROVISÓRIAS

O assunto foi totalmente repaginado no Código de Processo Civil de 2015. As tutelas provisórias são gêneros que comportam as seguintes espécies: tutelas de urgência e tutelas de evidência. A regulamentação está contida nos art. 294 a 311 do CPC.

A tutela provisória pode fundamentar-se em urgência ou evidência, cautelar ou antecipada, pode ser concedida em caráter antecedente ou incidental e quando requerida em caráter incidental, independe do pagamento de custas.

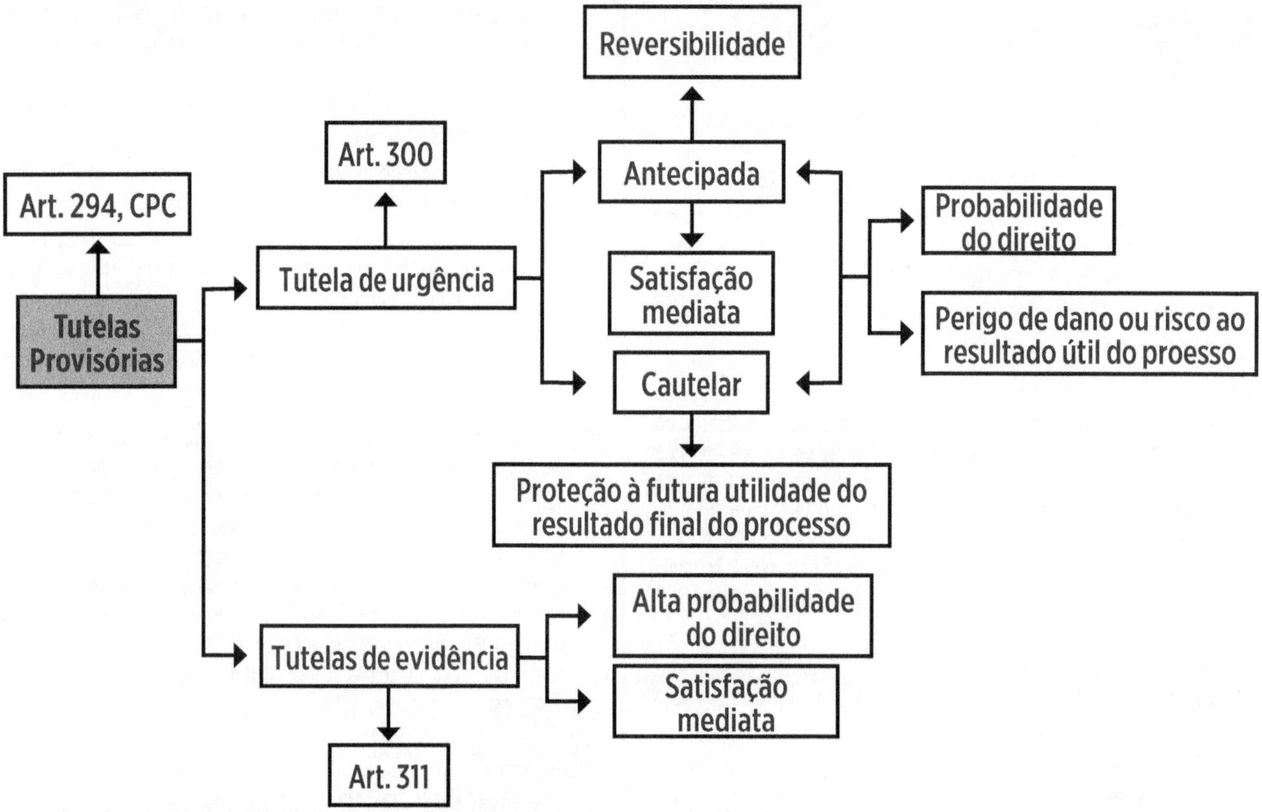

Conserva sua eficácia na pendência do processo, mas pode, a qualquer tempo, ser revogada ou modificada. Salvo decisão judicial em contrário, a tutela provisória conservará a eficácia durante o período de suspensão do processo.

O juiz poderá determinar as medidas que considerar adequadas para efetivação da tutela provisória. A efetivação da tutela provisória observará as normas referentes ao cumprimento provisório da sentença, no que couber.

Na decisão que conceder, negar, modificar ou revogar a tutela provisória, o juiz motivará seu convencimento de modo claro e preciso.

A tutela provisória será requerida ao juízo da causa e, quando antecedente, ao juízo competente para conhecer do pedido principal. Ressalvada disposição especial, na ação de competência originária de tribunal e nos recursos a tutela provisória será requerida ao órgão jurisdicional competente para apreciar o mérito.

Classificação das tutelas provisórias

a) quanto ao momento do requerimento:

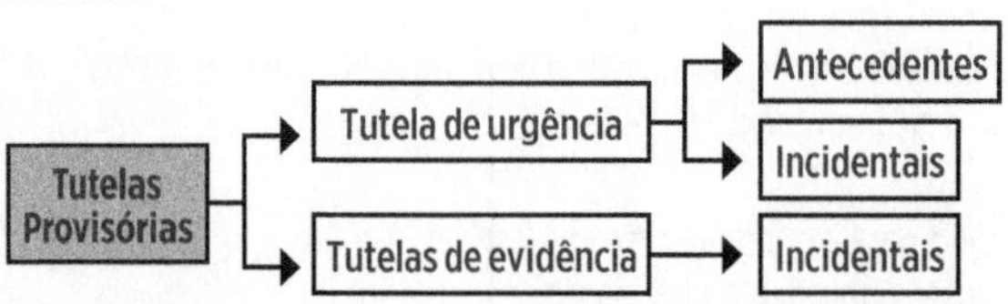

» Antecedentes: são as tutelas requeridas antes da pendencia do pedido principal. Somente as tutelas de urgência podem ser requeridas de forma antecedente.

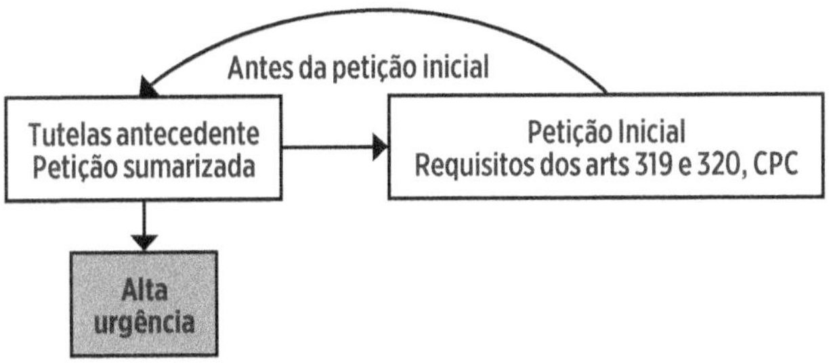

» Incidentais: são aquelas requeridas na petição inicial ou após a existência dela, ou seja, já na pendencia do pedido principal. (Se requerida incidentalmente não necessitam de pagamento de custas)

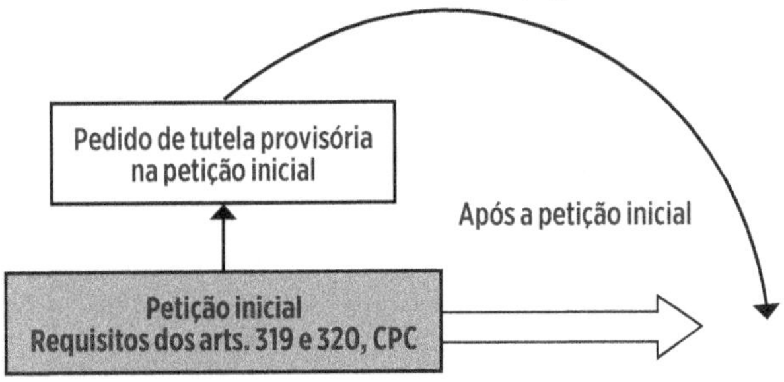

b) quanto ao momento do deferimento:

» Liminares (inaudita altera parte): são aquelas concedidas antes da oitiva da parte contrária

» Após justificação prévia: são aquelas cuja concessão ocorre após a oitiva da parte contrária

5.1 Das Tutelas de Urgência

São modalidade de tutelas provisórias em que a concessão exige presença de situação de perigo da demora (urgência). Se regramento se inicia no art. 300 e seguintes do CPC, vejamos

> ***Art. 300.*** *A tutela de urgência será concedida quando houver elementos que evidenciem a probabilidade do direito e o perigo de dano ou o risco ao resultado útil do processo.*
>
> ***§1º.*** *Para a concessão da tutela de urgência, o juiz pode, conforme o caso, exigir caução real ou fidejussória idônea para ressarcir os danos que a outra parte possa vir a sofrer, podendo a caução ser dispensada se a parte economicamente hipossuficiente não puder oferecê-la.*
>
> ***§2º.*** *A tutela de urgência pode ser concedida liminarmente ou após justificação prévia.*
>
> ***§3º.*** *A tutela de urgência de natureza antecipada não será concedida quando houver perigo de irreversibilidade dos efeitos da decisão.*
>
> ***Art. 301.*** *A tutela de urgência de natureza cautelar pode ser efetivada mediante arresto, sequestro, arrolamento de bens, registro de protesto contra alienação de bem e qualquer outra medida idônea para asseguração do direito.*
>
> ***Art. 302.*** *Independentemente da reparação por dano processual, a parte responde pelo prejuízo que a efetivação da tutela de urgência causar à parte adversa, se:*
>
> ***I.*** *a sentença lhe for desfavorável;*
>
> ***II.*** *obtida liminarmente a tutela em caráter antecedente, não fornecer os meios necessários para a citação do requerido no prazo de 5 (cinco) dias;*
>
> ***III.*** *ocorrer a cessação da eficácia da medida em qualquer hipótese legal;*
>
> ***IV.*** *o juiz acolher a alegação de decadência ou prescrição da pretensão do autor.*
>
> *Parágrafo único. A indenização será liquidada nos autos em que a medida tiver sido concedida, sempre que possível.*

A concessão da "tutela de urgência" pressupõe: (a) probabilidade do direito e (b) perigo de dano ou o risco ao resultado útil do processo (art. 300, caput). São expressões redacionais do que é amplamente consagrado nas expressões latinas fumus boni iuris e periculum in mora, respectivamente. Com o CPC de 2015, independentemente da natureza da tutela provisória, se cautelar ou antecipada (art. 294, caput), o magistrado deverá se convencer da probabilidade do direito do requerente da medida e, porque se trata de medida de urgência, do perigo de dano ou o risco ao resultado útil do processo.

A "tutela de urgência" pode ser concedida liminarmente, isto é, no início do processo e independentemente da oitiva prévia da parte contrária, ou após justificação prévia (art. 300, § 2º). A justificação prévia, cabe anotar, é alternativa àqueles casos em que os pressupostos para a concessão da tutela de urgência não são passíveis de demonstração com a própria petição inicial (prova documental, ata notarial ou estudo técnico, isto é, provas pré-constituídas), sendo o caso, por exemplo, de ouvir testemunhas ou o próprio requerente da medida, o que merece ser justificado na própria petição em que é formulado o pedido. Nesta hipótese, o mais correto não é indeferir o pedido de tutela de urgência por falta de seus pressupostos, mas designar a referida audiência para colheita da prova respectiva.

> *De acordo com o §3º. do art. 300, "a tutela de urgência, de natureza antecipada, não será concedida quando houver perigo de irreversibilidade dos efeitos da decisão".*

Do procedimento da tutela antecipada requerida em caráter antecedente

As tutelas de urgência podem ser requeridas em caráter antecedente (antes do início do processo), ou em caratercaráter incidental (pedido feito na petição inicial ou após).

Quando falamos de requerimento antes da petição inicial, o CPC introduziu uma sistemática diferenciada a este instituto que merece toda a nossa atenção. A tutela antecipada requerida antecedentemente está disciplinada de acordo com os arts. 303 e 304, vejamos,

> ***Art. 303.*** *Nos casos em que a urgência for contemporânea à propositura da ação, a petição inicial pode limitar-se ao requerimento da tutela antecipada e à indicação do pedido de tutela final, com a exposição da lide, do direito que se busca realizar e do perigo de dano ou do risco ao resultado útil do processo.*
>
> ***§1º.*** *Concedida a tutela antecipada a que se refere o caput deste artigo:*
>
> ***I.*** *o autor deverá aditar a petição inicial, com a complementação de sua argumentação, a juntada de novos documentos e a confirmação do pedido de tutela final, em 15 (quinze) dias ou em outro prazo maior que o juiz fixar;*
>
> ***II.*** *o réu será citado e intimado para a audiência de conciliação ou de mediação na forma do art. 334;*
>
> ***III.*** *não havendo autocomposição, o prazo para contestação será contado na forma do art. 335.*
>
> ***§2º.*** *Não realizado o aditamento a que se refere o inciso I do § 1º deste artigo, o processo será extinto sem resolução do mérito.*
>
> ***§3º.*** *O aditamento a que se refere o inciso I do § 1o deste artigo dar-se-á nos mesmos autos, sem incidência de novas custas processuais.*

§4º. Na petição inicial a que se refere o caput deste artigo, o autor terá de indicar o valor da causa, que deve levar em consideração o pedido de tutela final.

§5º. O autor indicará na petição inicial, ainda, que pretende valer-se do benefício previsto no caput deste artigo.

§6º. Caso entenda que não há elementos para a concessão de tutela antecipada, o órgão jurisdicional determinará a emenda da petição inicial em até 5 (cinco) dias, sob pena de ser indeferida e de o processo ser extinto sem resolução de mérito.

***Art. 304.** A tutela antecipada, concedida nos termos do art. 303, torna-se estável se da decisão que a conceder não for interposto o respectivo recurso.*

§1º. No caso previsto no caput, o processo será extinto.

§2º. Qualquer das partes poderá demandar a outra com o intuito de rever, reformar ou invalidar a tutela antecipada estabilizada nos termos do caput.

§3º. A tutela antecipada conservará seus efeitos enquanto não revista, reformada ou invalidada por decisão de mérito proferida na ação de que trata o § 2o.

§4º. Qualquer das partes poderá requerer o desarquivamento dos autos em que foi concedida a medida, para instruir a petição inicial da ação a que se refere o § 2o, prevento o juízo em que a tutela antecipada foi concedida.

§5º. O direito de rever, reformar ou invalidar a tutela antecipada, previsto no § 2o deste artigo, extingue-se após 2 (dois) anos, contados da ciência da decisão que extinguiu o processo, nos termos do § 1o.

§6º. A decisão que concede a tutela não fará coisa julgada, mas a estabilidade dos respectivos efeitos só será afastada por decisão que a revir, reformar ou invalidar, proferida em ação ajuizada por uma das partes, nos termos do § 2o deste artigo.

De acordo com o art. 303, caput, quando a urgência for contemporânea à propositura da ação, a petição inicial poderá limitar-se ao requerimento da tutela antecipada e à indicação do pedido de tutela final, com a exposição da lide, do direito que se busca realizar e do perigo de dano ou do risco ao resultado útil do processo.

Como as particularidades do caso podem dificultar o imediato aforamento do pedido principal, o Código prevê também a possibilidade de ser o pedido de tutela de urgência formulado em caráter antecedente. Quando se referir à tutela satisfativa, exige-se que também se proceda "à indicação do pedido de tutela final", que poderá ser confirmado e complementado em seus fundamentos no prazo de quinze dias (ou naquele maior fixado pelo juiz) contados da concessão da medida antecedente, além dos requisitos reclamados para a medida cautelar antecedente (art. 303, caput). O pedido, na espécie, pode limitar-se "ao requerimento da tutela antecipada", caso em que a pretensão principal não será formulada se o réu não recorrer da medida liminar (art. 304). A tutela provisória se estabilizará, mas sem se revestir da autoridade da coisa julgada.

O direito de rever, reformar ou invalidar a tutela antecipada estabilizada extingue-se após dois anos, contados da ciência da decisão que extinguiu o processo nos termos do §1º. (art. 304, § 5º). O CPC de 2015 traz, ainda, um §6º. em seu art. 304, segundo o qual "a decisão que concede a tutela não fará coisa julgada, mas a estabilidade dos respectivos efeitos só será afastada por decisão que a revir, reformar ou invalidar, proferida em ação ajuizada por uma das partes nos termos do §5º. deste artigo"

Do procedimento da tutela cautelar requerida em caráter antecedente

Os arts. 305 a 310, regulamentam o procedimento da tutela de urgência cautelar antecedente.

O art. 305 trata da petição inicial em que aquela tutela é pleiteada. Nela, o autor precisará indicar "a lide e seu fundamento, a exposição sumária do direito que se objetiva assegurar". Também o perigo de dano ou o risco ao resultado útil do processo deve ser demonstrado.

Nada há de errado em entender tais requisitos, que não excluem os outros que, em harmonia com o art. 319, precisam constar de qualquer petição inicial, como correspondentes às consagradas expressões latinas fumus boni iuris e periculum in mora ou, como quer a regra geral do caput do art. 300, "probabilidade do direito" e o já mencionado "perigo de dano" ou "risco ao resultado útil do processo".

O parágrafo único evidencia a possibilidade de aplicação do art. 303 se o magistrado entender que o pedido tem natureza antecipada. Trata-se, não há por que negar, de um resquício de fungibilidade que, embora de forma invertida, merecia ser extraída do §7º. do art. 273 do CPC de 1973 e que deve ser interpretado amplamente para albergar, também, a hipótese inversa, qual seja, a de o magistrado, analisando petição inicial fundamentada no art. 303 ("tutela antecipada"), entender que o caso se amolda mais adequadamente à "tutela cautelar", determinando, por isso, a observância dos arts. 305 e ss.

***Art. 305.** A petição inicial da ação que visa à prestação de tutela cautelar em caráter antecedente indicará a lide e seu fundamento, a exposição sumária do direito que se objetiva assegurar e o perigo de dano ou o risco ao resultado útil do processo.*

***Parágrafo único.** Caso entenda que o pedido a que se refere o caput tem natureza antecipada, o juiz observará o disposto no art. 303.*

***Art. 306.** O réu será citado para, no prazo de 5 (cinco) dias, contestar o pedido e indicar as provas que pretende produzir.*

***Art. 307.** Não sendo contestado o pedido, os fatos alegados pelo autor presumir-se-ão aceitos pelo réu como ocorridos, caso em que o juiz decidirá dentro de 5 (cinco) dias.*

***Parágrafo único.** Contestado o pedido no prazo legal, observar-se-á o procedimento comum.*

***Art. 308.** Efetivada a tutela cautelar, o pedido principal terá de ser formulado pelo autor no prazo de 30 (trinta) dias, caso em que será apresentado nos mesmos autos em que deduzido o pedido de tutela cautelar, não dependendo do adiantamento de novas custas processuais.*

§1º. O pedido principal pode ser formulado conjuntamente com o pedido de tutela cautelar.

§2º. A causa de pedir poderá ser aditada no momento de formulação do pedido principal.

§3º. Apresentado o pedido principal, as partes serão intimadas para a audiência de conciliação ou de mediação, na forma do art. 334, por seus advogados ou pessoalmente, sem necessidade de nova citação do réu.

§4º. Não havendo autocomposição, o prazo para contestação será contado na forma do art. 335.

***Art. 309.** Cessa a eficácia da tutela concedida em caráter antecedente, se:*

***I.** o autor não deduzir o pedido principal no prazo legal;*

***II.** não for efetivada dentro de 30 (trinta) dias;*

***III.** o juiz julgar improcedente o pedido principal formulado pelo autor ou extinguir o processo sem resolução de mérito.*

Parágrafo único. Se por qualquer motivo cessar a eficácia da tutela cautelar, é vedado à parte renovar o pedido, salvo sob novo fundamento.

Art. 310. *O indeferimento da tutela cautelar não obsta a que a parte formule o pedido principal, nem influi no julgamento desse, salvo se o motivo do indeferimento for o reconhecimento de decadência ou de prescrição.*

5.2 Da Tutela da Evidência

O art. 311 do CPC de 2015 ocupa-se com a tutela da evidência.

A concessão da "tutela da evidência" independe da demonstração de perigo de dano ou de risco ao resultado útil do processo, isto é, para empregar a expressão geralmente usada para descrever uma e outra situação, de periculum in mora.

A hipótese contida no inciso I do art. 311 cuida do abuso do direito de defesa ou o manifesto propósito protelatório da parte. Importante salientar que, para a concessão da tutela da evidência, nesses casos, compete também que o autor mostre que seu direito é mais evidente que o do réu. É que o abuso do direito de defesa do réu ou o seu manifesto propósito protelatório nada diz, por si só, com relação à evidência do direito do autor, que, por isso, deve também ser demonstrada no pedido a ser formulado pelo autor. A referência feita pelo dispositivo a "parte" e não a "réu", leva a entender que é possível a concessão a pedido do réu nas situações em que o mesmo tiver apresentado reconvenção, o que, no CPC de 2015, encontra fundamento no art. 343.

Na situação processual elencada no inciso II, são dois os requisitos cumulativos: que havendo questão de fato, ela já possa ser comprovada apenas por documentos; e que a questão de direito seja objeto de tese firmada em julgamento de casos repetitivos ou em súmula vinculante. Tais circunstâncias, se verificadas, darão ao juiz uma forte convicção de procedência da pretensão do autor.

O CPC de 1973 previa a ação de depósito, de procedimento especial, cuja finalidade era a restituição das coisas dadas em depósito, que deveriam ser instruídas com a prova literal do contrato. O CPC de 2015, eliminou a Ação de Depósito do rol dos procedimentos especiais, sem que com isso tenha eliminado um tratamento diferenciado para tutelar este interesse. Sendo a inicial instruída com prova documental adequada do contrato de depósito, o juiz deferirá a tutela de evidência que, nesse caso, terá um conteúdo específico, qual seja, a ordem de entrega do objeto custodiado, sob cominação de multa.

Na hipótese contida no inciso IV, também se manifesta a evidência do direito do autor, que se traduz pelo preenchimento de dois requisitos cumulativos: que os fatos constitutivos do direito do autor estejam suficientemente documentados, e que o réu não oponha prova capaz de gerar dúvida razoável.

Art. 311. *A tutela da evidência será concedida, independentemente da demonstração de perigo de dano ou de risco ao resultado útil do processo, quando:*

I. ficar caracterizado o abuso do direito de defesa ou o manifesto propósito protelatório da parte;

II. as alegações de fato puderem ser comprovadas apenas documentalmente e houver tese firmada em julgamento de casos repetitivos ou em súmula vinculante;

III. se tratar de pedido reipersecutório fundado em prova documental adequada do contrato de depósito, caso em que será decretada a ordem de entrega do objeto custodiado, sob cominação de multa;

IV. *a petição inicial for instruída com prova documental suficiente dos fatos constitutivos do direito do autor, a que o réu não oponha prova capaz de gerar dúvida razoável.*

Parágrafo único. *Nas hipóteses dos incisos II e III, o juiz poderá decidir liminarmente.*

Questões

01. (FCC) São modalidades de tutela:

I. da urgência.

II. da evidência.

III. antecedente.

IV. incidental.

De acordo com o atual Código de Processo Civil, a estabilização da tutela provisória se aplica às tutelas previstas nos itens:

a) I, II e III, apenas.

b) I, II, III e IV.

c) II e IV, apenas.

d) I e III, apenas.

e) II, III e IV, apenas.

02. (VUNESP) Sobre as tutelas provisórias estabelecidas no Código de Processo Civil, assinale a alternativa correta.

a) A tutela provisória requerida em caráter incidental depende do pagamento de custas.

b) A tutela provisória não conservará a eficácia durante o período de suspensão do processo.

c) Para a concessão da tutela de urgência o juiz não pode exigir caução real ou fidejussória.

d) A tutela da evidência poderá ser concedida, independentemente da demonstração de perigo de dano ou de risco ao resultado útil do processo.

e) A decisão que concede a tutela fará coisa julgada.

Gabaritos

01	C	02	E

6. PETIÇÃO INICIAL E POSIÇÕES DO JUIZ DIANTE DA PETIÇÃO INICIAL

6.1 Aspectos Introdutórios

A petição inicial é um instrumento da demanda. Tem que ter todos os elementos da demanda, quais sejam: pedido, partes e causa de pedir. Caso não possua pedido, causa de pedir ou partes, é considerada inepta.

Pode-se afirmar, também, que a petição inicial é um pressuposto de existência e de validade do processo. Com efeito, não se pode falar em existência do processo se a parte autora não apresentar uma petição inicial em juízo para deflagrar a atividade processual. Ademais, se a petição inicial não apresentar os requisitos exigidos pela lei, será considerada inválida.

6.2 Requisitos da Petição Inicial (Art. 319/320 do CPC)

a) Endereçamento

Deve-se endereçar a petição inicial ao órgão competente, que será aquele de acordo com a competência.

b) Qualificação das partes

O autor tem que se qualificar informando a sua nacionalidade, endereço (inclusive o eletrônico), estado civil (inclusive união estável), profissão e inscrição no CPF.

No polo passivo pode acontecer de o autor não saber a qualificação do réu. Nesses casos, a lei permite que o autor requeira ao juiz diligências para sua obtenção. É certo que a petição não será indeferida se, a despeito da falta de informações sobre a qualificação ou endereço do réu, tornar impossível ou excessivamente oneroso o acesso à justiça. Ex.: nas ações possessórias em que o polo passivo é imenso, seria possível particularizar cada um dos vários réus? É claro que não. Neste caso, colocam-se os nomes que são conhecidos e se mencionam genericamente todos aqueles que estejam ocupando o imóvel.

c) O fato e os fundamentos jurídicos do pedido (Causa de pedir)

No CPC, a teoria da substanciação é que prevalece acerca da causa de pedir. Com efeito, ao prever, no art. 319, III, do Novo CPC, exigência da narrativa dos fatos como requisito da petição inicial, bem como os fundamentos jurídicos (liame jurídico entre fatos e pedido), o Código encampou expressamente o que apregoam os partidários da referida teoria.

d) O pedido com as suas especificações

Na análise sobre o que representa o pedido, pode-se subdividi-lo em dois: o pedido imediato, que seria a espécie de tutela jurisdicional requerida com a ação, e o pedido mediato, que seria o bem da vida pretendido pelo autor.

O pedido deve ser certo e determinado, nos termos do art. 322, caput, do novo CPC. Mesmo sendo a certeza a regra geral dos pedidos, admitem-se pedidos implícitos, não expressos, nos casos do art. 322, parágrafos 1º e 2º, e do art. 323 do novo CPC: juros legais ou moratórios (art. 404, 406 do novo CPC e Súmula 254 do STF), correção monetária, verbas de sucumbência, honorários advocatícios, prestações vincendas e inadimplidas no curso do processo em caso de contratos de trato sucessivo.

Quanto à regra da determinação dos pedidos, admitem-se, excepcionalmente, os pedidos genéricos, na forma do art. 324, parágrafo 1º, I, II e III.

O art. 327 do novo CPC permite a cumulação de pedidos, mesmo que não haja entre eles conexão, condicionando a cumulação aos requisitos do parágrafo 1º: 1) que os pedidos sejam compatíveis entre si; 2) que tenham o mesmo juízo competente; 3) que sejam adequados para todos os tipos de procedimento escolhido.

Vale, por fim, fazer distinções sobre as espécies possíveis de cumulação de pedidos, mencionadas nos arts. 325 e 326 do novo CPC: cumulação própria e imprópria. A primeira, por sua vez, subdivide-se em cumulação própria simples e própria sucessiva, enquanto a segunda se subdivide em cumulação imprópria subsidiária e imprópria alternativa.

Conforme ensina Daniel Amorim Assumpção Neves, na cumulação própria, é possível a procedência simultânea de todos os pedidos, mas já na cumulação imprópria, só um dos pedidos pode ser concedido. Na cumulação própria simples, o resultado de um dos pedidos não condiciona o do outro, enquanto na cumulação própria sucessiva, há relação de prejudicialidade entre os pedidos.

Na cumulação imprópria subsidiária, o segundo pedido só será analisado se o primeiro não for concedido. Na cumulação imprópria alternativa, cabe ao juiz a escolha de um entre os pedidos indicados.

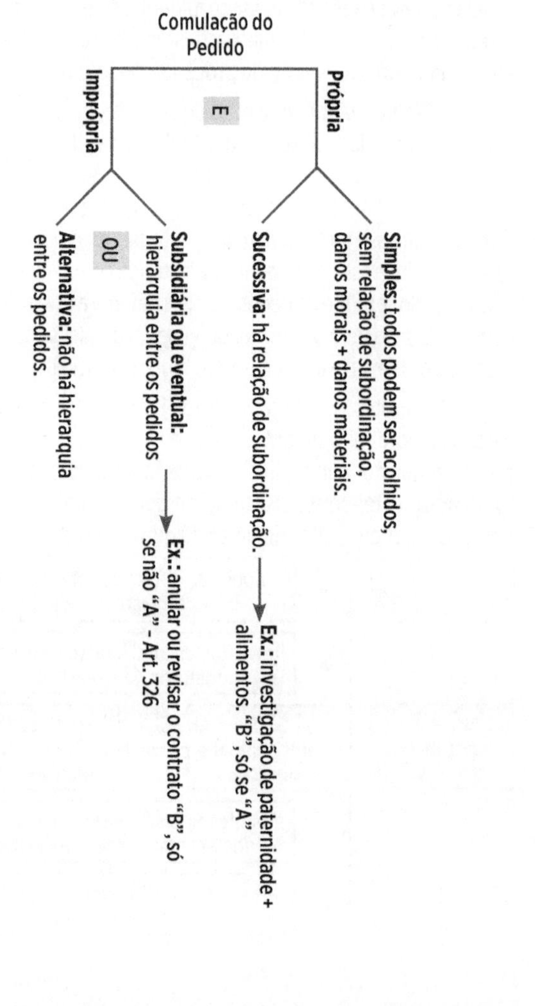

e) Valor da Causa

Essa exigência deve ser analisada com bastante cuidado. É que, em muitos casos, a ação não tem um conteúdo econômico. Mas, mesmo assim, exige-se do autor que coloque um valor ainda que módico. Ex.: ação de reconhecimento de paternidade.

f) As provas com que o autor pretende demonstrar a verdade dos fatos alegados

É importante levar em consideração que neste momento do processo o autor somente postula pelas provas que entenda mais adequadas. Desta forma, ele só vai especificar as provas quando o processo se encontrar em um estágio mais avançado. Na prática, o magistrado intima com antecedência as partes para que estas manifestem o seu desejo de produzir/especificar as provas que serão colhidas, regra geral, na audiência de instrução e julgamento.

> Uma importante novidade trazida pelo CPC nesse aspecto, sem dúvida, foi a previsão constante no art. 292, V, do CPC. Este dispositivo exige que o autor formule nas ações indenizatórias pedido certo do valor do dano moral!

g) A opção do autor pela realização ou não da audiência de conciliação ou de mediação

O art. 319, VII, do CPC/2015, trouxe uma inovação no que diz respeito aos requisitos da petição inicial. Trata-se da manifestação do autor acerca da intenção de participar da audiência de conciliação e mediação. Daniel Neves entende que não havendo qualquer manifestação de vontade do autor sobre o seu interesse de participar da referida audiência, tem-se uma mera irregularidade. Isso porque, caso seja omisso, compreende-se que o autor não se recusa a participar da audiência, que assim será regularmente realizada.

h) Documentos indispensáveis à propositura da ação[1]

A doutrina costuma dividi-lo em duas espécies:

a) Documentos expressamente exigidos pela lei: é o caso do título executivo na execução, prova escrita na ação monitória, procuração.

b) Documentos a que o autor fez referência na petição inicial. Se o autor citou determinado(s) documento(s) ele(s) se torna(m) indispensável(is). Caso o autor não tenha o documento citado, ele deverá pedir a exibição do documento. No bojo da própria petição inicial o autor já faz o pedido de exibição.

6.3 Emenda da Petição Inicial (Art. 321 do CPC)

A emenda é a retificação da petição inicial, é o seu conserto. Se faltar algum requisito na petição inicial, o juiz tem o dever de mandar que o autor a emende em 15 dias. A petição inicial defeituosa não pode ser rejeitada sem que se abra prazo para que o autor a corrija - direito à emenda (art. 321 do CPC). **Trata-se de um direito público subjetivo do autor. Resp 1.143.968/RJ**

[1] NEVES, Daniel Amorim Assumpção. Manual de Direito Processual Civil. 8. ed. Salvador: Juspodivm, 2016, p.

6.4 Indeferimento da Petição Inicial

O indeferimento da petição inicial é uma **decisão liminar** na qual o magistrado rejeita a petição inicial do demandante obstando o prosseguimento do processo. O indeferimento é uma decisão feita antes da citação do réu. Indeferir a petição inicial é não deixar que o réu seja sequer citado, ou seja, é sempre uma decisão proferida antes da citação do réu. Isso quer dizer que a decisão é a seu favor.

Se o juiz não se aperceber das matérias que poderiam levar ao indeferimento na inicial e mandar citar o réu e este venha a alegar em sua contestação essas matérias, o juiz não pode mais indeferir a inicial, pois o indeferimento é uma forma especial de decisão, sem a participação do réu. O que o juiz pode fazer é extinguir o processo sem resolução do mérito (**art. 485 do CPC**).

O indeferimento da inicial não condena o pagamento de honorários advocatícios porque o réu não foi citado ainda.

A decisão que indefere a petição inicial é desafiada por APELAÇÃO. Essa apelação, EXCEPCIONALMENTE, permite RETRATAÇÃO pelo juiz - art. 331 do CPC. É um caso raro de juízo de retratação na apelação. **Se o juiz não se retratar, a Apelação sobe ao Tribunal com contrarrazões.** (Com o Novo Código de Processo Civil, art. 331, § 1º, o réu será ouvido nesta Apelação.)

O indeferimento pode ser da petição inicial de ação de competência originária de Tribunal; o indeferimento será ou um acórdão do Tribunal ou uma decisão monocrática de relator. Em qualquer um dos casos, NÃO caberá Apelação. Se for monocrática de relator, caberá AGRAVO INTERNO e, se for acórdão, podem caber vários recursos, a depender do caso. Assim, **só cabe a apelação contra a decisão de juiz de 1º grau que indefere totalmente a petição inicial.**

O indeferimento da petição inicial pode ser: com ou sem exame de mérito (essa é a regra). *A regra é que o indeferimento seja sem exame do mérito,* mas há casos de indeferimento com exame do mérito. Significa que o juiz, antes de ouvir o réu, rejeita liminarmente o pedido do autor - improcedência liminar do pedido do autor.

Eis as hipóteses de indeferimento previstas no art. 330 do CPC:

> ***Art. 330.*** *A petição inicial será indeferida quando:*
>
> ***I.*** *for inepta;*
>
> ***II.*** *a parte for manifestamente ilegítima;*
>
> ***III.*** *o autor carecer de interesse processual;*
>
> ***IV.*** *não atendidas as prescrições dos arts. 106 e 321.*
>
> ***§ 1º*** *Considera-se inepta a petição inicial quando:*
>
> ***I.*** *lhe faltar pedido ou causa de pedir;*
>
> ***II.*** *o pedido for indeterminado, ressalvadas as hipóteses legais em que se permite o pedido genérico;*
>
> ***III.*** *da narração dos fatos não decorrer logicamente a conclusão;*
>
> ***IV.*** *contiver pedidos incompatíveis entre si.*
>
> ***§ 2º*** *Nas ações que tenham por objeto a revisão de obrigação decorrente de empréstimo, de financiamento ou de alienação de bens, o autor terá de, sob pena de inépcia, discriminar na petição inicial, dentre as obrigações contratuais, aquelas que pretende controverter, além de quantificar o valor incontroverso do débito.*
>
> ***§ 3º*** *Na hipótese do § 2º, o valor incontroverso deverá continuar a ser pago no tempo e modo contratados.*

Questões

01. (INTEGRI) De acordo com a norma processual, sobre a Petição Inicial e seu pedido, pode-se afirmar:

I. A petição inicial indicará o pedido com as suas especificações, devendo esse ser certo e determinado, não havendo exceções.

II. O juiz, ao verificar que a petição inicial não preenche os requisitos essenciais ou que apresenta defeitos e irregularidades capazes de dificultar o julgamento de mérito, determinará que o autor, no prazo de 15 (quinze) dias, a emende ou a complete, indicando com precisão o que deve ser corrigido ou completado.

III. Considera-se inepta a petição inicial quando lhe faltar pedido ou causa de pedir, o pedido for indeterminado, ressalvadas as hipóteses legais em que se permite o pedido genérico, da narração dos fatos não decorrer logicamente a conclusão ou contiver pedidos incompatíveis entre si.

IV. Na ação que tiver por objeto cumprimento de obrigação em prestações sucessivas, essas serão consideradas incluídas no pedido, independentemente de declaração expressa do autor, e serão incluídas na condenação, enquanto durar a obrigação, se o devedor, no curso do processo, deixar de pagá-las ou de consigná-las.

a) somente as afirmativas I, II e III estão corretas.
b) somente as afirmativas I, III e IV estão corretas.
c) somente as afirmativas I, II e IV estão corretas.
d) somente as afirmativas II, III e IV estão corretas.

02. (FUNRIO) Dentre as várias inovações apresentadas pelo Código de Processo Civil de 2015 como item constante na petição inicial encontra-se a(o):

a) fixação do valor da causa.
b) indicação da causa de pedir.
c) pedido certo do valor do dano moral.
d) endereçamento no cabeçalho.
e) qualificação das partes.

03. (CESPE) Acerca da formação, da suspensão e da extinção do processo, julgue o item a seguir. Considera-se proposta a ação somente após a citação válida do réu.

Certo ( ) Errado ( )

04. (QUADRIX) Considerando as regras do Código de Processo Civil a respeito da petição inicial e da resposta do réu no procedimento comum, assinale a alternativa incorreta.

a) Caso não disponha de todas as informações exigidas pelo Código de Processo Civil para qualificação do réu, poderá o autor, na petição inicial, requerer ao juiz diligências necessárias para sua obtenção.

b) O juiz, ao verificar que a petição inicial apresenta defeitos e irregularidades capazes de dificultar o julgamento de mérito, determinará que o autor, no prazo de 15 dias, a emende ou a complete.

c) No procedimento comum, a contestação é escrita e deve ser assinada por quem tenha capacidade postulatória – advogado, membro do Ministério Público ou defensor público.

d) O ônus da impugnação específica dos fatos não se aplica ao defensor público, mas aplica-se ao advogado dativo e ao curador especial.

e) De acordo com o Código de Processo Civil, a petição inicial será instruída com os documentos indispensáveis à propositura da ação.

05. (TRT 4º) Considere as assertivas abaixo sobre os requisitos da petição inicial.

I. Se, mesmo após dar ao autor a oportunidade de emendar a petição inicial, persistir vício que determinou a emenda, o Juiz indeferirá a petição inicial sem determinar a citação do réu.

II. É facultado ao autor, até a citação, aditar ou alterar o pedido ou a causa de pedir, independentemente do consentimento do réu, bem como fazê-lo, até o saneamento do processo, com o consentimento do réu, assegurado o devido contraditório. Contudo, situação idêntica não se aplica à hipótese de reconvenção, considerando que já estabelecidos, de antemão, a causa de pedir e o pedido correlato.

III. Após a citação do réu, não mais poderá o Juiz indeferir a petição inicial; poderá, contudo, acolher eventual preliminar suscitada pelo réu, ainda que se trate de preliminar sobre tema capaz de ensejar o indeferimento da petição inicial, extinguindo, porém, o processo, sem resolução do mérito.

Quais são corretas?

a) Apenas I.
b) Apenas II.
c) Apenas III.
d) Apenas I e III.
e) I, II e III.

Gabaritos

01	D	04	D
02	C	05	D
03	ERRADO	-	-

7. IMPROCEDÊNCIA LIMINAR – ART. 332

7.1 Aspectos Gerais

O instituto foi melhorado substancialmente com o Novo Código de Processo Civil. Será, sem dúvida, um mecanismo que irá diminuir a repetição de ações que já tenham jurisprudência consolidada em sentido contrário, de modo a contribuir com a celeridade e duração razoável do processo retirando do Poder Judiciário demandas que não possuem a mínima viabilidade diante dos precedentes que já estejam firmados pelo sistema de justiça.

A improcedência liminar do pedido é uma espécie de decisão judicial em que, antes mesmo da citação do réu, o juiz já pode encerrar o processo com uma sentença de mérito negando a pretensão formulada pelo autor da ação. Frise-se que a sentença extingue o processo com resolução de mérito, fazendo coisa julgada material. Ou seja, o caso encerrar-se-á de forma definitiva antes mesmo de o réu ser citado.

É importante deixar claro que a aplicação do referido instituto em nada afronta o princípio do contraditório e da ampla defesa assegurado na Constituição. Percebe-se que embora não haja sequer a citação do réu, este não sofre qualquer espécie de prejuízo com o julgamento nos moldes do art. 332 do CPC. Ora, **trata-se de julgamento de improcedência. O réu sagrar-se-á vitorioso sem mesmo ingressar no processo!**

Com o novo CPC, ao ser constatado que **a causa dispense a fase instrutória e que estejam presentes algumas das hipóteses previstas no art. 332**, o magistrado julgará improcedente (com resolução de mérito) antes mesmo da citação do réu. Vejamos as hipóteses previstas no Novo Código de Processo Civil:

> ***Art. 332. Nas causas que dispensem a fase instrutória**, o juiz, **independentemente da citação do réu**, julgará liminarmente **improcedente** o pedido que contrariar:*
>
> ***I.** enunciado de súmula do Supremo Tribunal Federal ou do Superior Tribunal de Justiça;*
>
> ***II.** acórdão proferido pelo Supremo Tribunal Federal ou pelo Superior Tribunal de Justiça em julgamento de recursos repetitivos;*
>
> ***III.** entendimento firmado em incidente de resolução de demandas repetitivas ou de assunção de competência;*
>
> ***IV.** enunciado de súmula de tribunal de justiça sobre direito local. (Grifo nosso)*

> Fique ligado! O sistema permite que o juiz julgue a causa em desfavor do autor sem citar o réu (julga improcedente a ação). Sendo assim, seria absurdo admitir o contrário, ou seja, o juiz julgar procedente a ação sem citar o réu. São desnecessárias delongas para explicar que estaríamos diante de uma absurda violação ao contraditório e à ampla defesa da parte demandada.

7.2 Cabimento

Percebe-se que as causas que poderão se sujeitar ao regramento do art. 332 não devem exigir dilação probatória, fase instrutória. Sendo assim, somente nas causas que desnecessitem de provas é que o juiz, sem citar o réu, poderá se valer da previsão do art. 332.

OBS.: pode haver provas, mas somente as juntadas pelo autor; se for necessária a produção de provas dentro do processo, não pode haver improcedência liminar. Essa dispensa decorre da presunção da veracidade das alegações do autor.

Cabe aqui esclarecer que a improcedência liminar do pedido pode ser aplicada tanto no primeiro grau de jurisdição (neste caso, o ato judicial que encerrará o processo será uma apelação), como também no segundo grau de jurisdição em situação de competência originária do tribunal (neste caso, o ato judicial pode ser uma decisão monocrática do relator ou um acórdão se a decisão for proferida por órgão colegiado).

Hipóteses legais de improcedência liminar

O art. 332 do CPC, em seus incisos e parágrafo primeiro, estabelece as específicas situações em que magistrado estará autorizado a aplicar determinados precedentes e encerrar o processo bem no início quando o pedido contrariá-los. Vejamos:

> ***Art. 332. Nas causas que dispensem a fase instrutória**, o **juiz, independentemente da citação do réu,** julgará liminarmente **improcedente** o pedido que contrariar:*
>
> ***I.** enunciado de **súmula** do Supremo Tribunal Federal ou do Superior Tribunal de Justiça;*
>
> ***II. acórdão** proferido pelo <u>Supremo Tribunal Federal</u> ou pelo <u>Superior Tribunal de Justiça</u> em **julgamento de recursos repetitivos;***
>
> ***III. entendimento** firmado **em incidente de resolução de demandas repetitivas** ou de **assunção de competência;***
>
> ***IV.** enunciado de **súmula** de <u>tribunal de justiça</u> **sobre direito local.***
>
> ***§ 1º O juiz também poderá julgar liminarmente improcedente o pedido se verificar**, desde logo, a ocorrência de **decadência ou de prescrição.***

7.3 Observância do Contraditório

Conforme já foi dito, deve-se ressaltar que inexiste afronta ao contraditório e à ampla defesa do réu nos casos previstos no art. 332 do CPC. O juiz somente aplicará o referido dispositivo no caso de INDEFERIMENTO do pedido do autor. Logo, o réu sequer terá participado do processo para se sagrar vitorioso. Caso o magistrado pretenda acolher o pedido do autor, obviamente, terá que citar o réu para que o exercício do contraditório e da ampla defesa possa ocorrer no caso concreto.

Uma questão sobre o contraditório muito relevante e que é alvo de intenso debate na doutrina (pouco provável em questões objetivas, porém, importante em questões subjetivas) é a discussão sobre a necessidade ou não de o juiz, antes de julgar improcedente liminarmente o pedido do autor, ter de intimá-lo, com base no art. 9 e 10 do CPC. A grande maioria da doutrina entende que é necessário.

Art. 9º Não se proferirá decisão contra uma das partes sem que ela seja previamente ouvida.

Parágrafo único. *O disposto no **caput** não se aplica:*

I. *à tutela provisória de urgência;*

II. *às hipóteses de tutela da evidência previstas no art. 311, incisos II e III;*

III. *à decisão prevista no art. 701.*

Art. 10. O juiz não pode decidir, *em grau algum de jurisdição,* ***com base em fundamento a respeito do qual não se tenha dado às partes oportunidade de se manifestar,*** *ainda que se trate de matéria sobre a qual deva decidir de ofício.*

O professor Alexandre Câmara, por exemplo, entende que " não poderá o juiz proferir a sentença de improcedência liminar sem antes dar ao autor oportunidade de manifestar-se sobre ser ou não o caso de se rejeitar desde logo a demanda (arts. 9º e 10)".

OBS.: por disposição expressa do art. 487, parágrafo único do CPC, se o motivo do julgamento de improcedência liminar for a PRESCRIÇÃO ou a DECADÊNCIA, o juiz não estará obrigado a intimar o autor para aplicar o art. 332 e julgar a causa em seu desfavor:

Parágrafo único. Ressalvada a hipótese *do § 1º do art. 332, a prescrição e a decadência não serão reconhecidas sem que antes seja dada às partes oportunidade de manifestar-se.*

Portanto, no momento da prova, é interessante que o candidato tenha em mente que na situação de reconhecimento LIMINAR de prescrição e decadência, fundada no art. 332 do CPC, o juiz não precisa intimar o autor para se pronunciar sobre a questão.

O Novo Código de Processo Civil também exige que, uma vez transitado em julgado o caso por improcedência liminar do pedido do autor, o réu seja intimado para tomar conhecimento da decisão para que possa, no futuro, alegar uma eventual ofensa à coisa julgada, caso o autor pretenda reproduzir novamente a demanda:

§ 2º *Não interposta a apelação, o réu será intimado do trânsito em julgado da sentença, nos termos do art. 241.*

7.4 Sistemática Recursal na Improcedência Liminar

O ato judicial que julga liminarmente improcedente o pedido enquadra-se na categoria de SENTENÇA. Desta forma, o recurso que deverá interpor a parte autora para se insurgir é o RECURSO DE APELAÇÃO.

Como se sabe, o recuso de apelação, regra geral, não enseja juízo de retratação por parte do juiz. No entanto, no presente caso, segundo o art. 332, § 3º do CPC, o magistrado poderá se retratar no prazo de 5 dias:

§ 3º *Interposta a apelação, o juiz poderá retratar-se* ***em 5 (cinco) dias.***

Caso o julgador se retrate, deverá determinar o prosseguimento do feito; por outro lado, caso o juiz não se retrate, deverá citar o réu para que apresente contrarrazões no prazo de 15 dias:

§ 4º Se houver retratação, o juiz determinará o prosseguimento do processo, com a citação do réu, e, se não houver retratação, determinará a citação do réu para apresentar contrarrazões, no prazo de 15 (quinze) dias.

Questões

01. (CESPE) Considere que uma pessoa tenha sido denunciada pela prática de determinado fato definido como crime, que, em seguida, foi descriminalizado pela lei A. Posteriormente, foi editada a lei B, que revogou a lei A e voltou a criminalizar aquela conduta. Nessa situação, a última lei deve ser aplicada ao caso.

Certo ( ) Errado ( )

02. (CESPE) A lei penal que, de qualquer modo, beneficia o agente tem, em regra, efeito extra-ativo, ou seja, pode retroagir ou avançar no tempo e, assim, aplicar-se ao fato praticado antes de sua entrada em vigor, como também seguir regulando, embora revogada, o fato praticado no período em que ainda estava vigente. A única exceção a essa regra é a lei penal excepcional ou temporária que, sendo favorável ao acusado, terá somente efeito retroativo.

Certo ( ) Errado ( )

03. (CESPE) Segundo o Código Penal Brasileiro vigente, a lei posterior que, de qualquer forma, favorecer o agente delituoso aplica-se aos fatos a ela anteriores, desde que não decididos por sentença penal condenatória transitada em julgado.

Certo ( ) Errado ( )

04. (CESPE) A extra-atividade da lei penal constitui exceção à regra geral de aplicação da lei vigente à época dos fatos.

Certo ( ) Errado ( )

05. (CESPE) No que diz respeito ao tema lei penal no tempo, a regra é a aplicação da lei apenas durante o seu período de vigência; a exceção é a extra-atividade da lei penal mais benéfica, que comporta duas espécies: a retroatividade e a ultratividade.

Certo ( ) Errado ( )

Gabaritos

01	CERTO	04	ERRADO
02	ERRADO	05	ERRADO
03	CERTO	-	-

8. RESPOSTAS DO RÉU

8.1 Contestação (Arts. 335 a 342 do CPC)

Pode-se dizer que a contestação é a modalidade de defesa por excelência do réu. Com o Novo Código de Processo Civil, a contestação foi robustecida, tendo em vista que muitos mecanismos de defesa do réu que eram instaurados por incidentes autônomos (ex.: impugnação ao valor da causa), agora, são trazidos no bojo da contestação. Inicialmente, valer ressaltar que a resposta é um ônus do réu, já que não é obrigatória. Portanto, não constitui um dever da parte, pois não existe uma obrigação da parte de apresentar contestação. Ocorre que a não apresentação pode colocar a parte em uma situação de desvantagem no processo (a parte pode se submeter aos efeitos da revelia). Sendo assim, ao cumprir o ônus de apresentar defesa a situação do réu pode ficar mais confortável no processo.

Cumpre aqui abordar os assuntos que têm maior incidência em concursos sobre resposta do réu. Quanto a este aspecto, objetivamos tranquilizar o concursando. As bancas são muito repetitivas sobre o tema, ou seja, as questões abordam poucos assuntos da resposta do réu como um todo.

Prazo e termo inicial para apresentação da defesa

O prazo para apresentação da contestação é de 15 dias. Com o art. 335 do novo CPC, esse prazo terá como termo inicial as seguintes situações:

> *I) audiência de conciliação ou de mediação quando qualquer parte comparecer ou, comparecendo, não houver autocomposição;*
>
> *II) da data do protocolo de pedido de cancelamento da audiência, caso ambos (autor e réu) não a queiram;*

Obs. 1: no litisconsórcio passivo, o prazo conta de cada protocolo, individualmente.

> ***III.** nos casos em que não é designada audiência (direito não autocomponível, quando as duas não querem): o réu é citado de forma tradicional, o prazo começa a correr da juntada do mandado de citação ou do AR da carta.*

Obs. 2: prazo dobrado p/ Fazenda Pública, MP, DP e Litisconsortes com diferentes procuradores (processo físico).

Espécies de defesa na contestação

→ Defesas processuais peremptórias e dilatórias

a) Peremptória: é a defesa que, se acolhida no processo, implica a extinção do processo, ou seja, haverá o encerramento da relação processual. Exemplos: carência de ação, litispendência, ofensa a coisa julgada etc.

b) Dilatória: é aquela defesa cujo acolhimento não vai implicar a extinção do processo, ou seja, o seu reconhecimento vai apenas dilatar o curso do processo. Exemplos: incompetência, conexão.

OBS.: as incompetências absoluta ou relativa serão dilatórias; o seu reconhecimento não implica extinção do processo, mas a remessa dos autos ao juízo competente.

O art. 337 do CPC estabelece as defesas processuais que poderão ser alegadas pelo réu antes de discutir o mérito:

> ***Art. 337.** Incumbe ao réu, **antes de discutir o mérito**, alegar: (defesas preliminares)*
>
> ***I.** inexistência ou nulidade da citação;*
>
> ***II. incompetência absoluta e relativa**; (o juiz não pode reconhecer de ofício a incompetência relativa)*
>
> ***III. incorreção do valor da causa**; (não mais se alega por incidente)*
>
> ***IV.** inépcia da petição inicial;*
>
> ***V.** perempção;*
>
> ***VI.** litispendência;*
>
> ***VII.** coisa julgada;*
>
> ***VIII.** conexão;*
>
> ***IX.** incapacidade da parte, defeito de representação ou falta de autorização;*
>
> ***X. convenção de arbitragem**; (o juiz não pode reconhecer de ofício a arbitragem)*
>
> ***XI.** ausência de legitimidade ou de interesse processual;*
>
> ***XII.** falta de caução ou de outra prestação que a lei exige como preliminar;*
>
> ***XIII. indevida concessão do benefício de gratuidade de justiça.** (não mais se alega por incidente)* **(omissis).**
>
> ***§ 5º Excetuadas a convenção de arbitragem e a incompetência relativa, o juiz conhecerá de ofício das matérias enumeradas neste artigo.***

Neste dispositivo, há também uma grande novidade trazida pelo Novo Código: é que **a incorreção ao valor da causa e a indevida concessão da justiça gratuita** são alegadas agora como preliminar de contestação. No CPC antigo, estas situações eram alegadas por meio de incidente processual. Bastante cuidado! O examinador tende a cobrar muito essa modificação quanto à forma de se alegar tais questões.

> É importante registrar que praticamente todas as matérias que constam como preliminares de contestação podem ser reconhecidas pelo juiz de ofício. No entanto, como prevê o § 5º do art. 337, CONVENÇÃO DE ARBITRAGEM E INCOMPETÊNCIA RELATIVA NÃO PODERÃO SER RECONHECIDAS DE OFÍCIO PELO JUIZ.

→ Defesa de mérito direta e indireta

a) Defesa direta: é espécie de defesa que não insere no processo fato novo. O réu formula sua defesa sem ampliar o objeto da lide. Imaginemos o réu se limitando a negar todas as alegações fáticas do autor ou reconhecendo a existência desses fatos, mas negando as suas consequências jurídicas (percebe-se que não há inserção de fato novo no processo).

OBS.: quando o réu formular defesa direta, o ônus da prova pertence todo do autor. Ademais, não haverá necessidade de o juiz intimar o autor para apresentar a réplica, que é a manifestação do autor sobre a contestação. Seria um verdadeiro excesso intimar o autor para replicar, quando na contestação o réu só se defende diretamente sem agregar fato novo, não há a menor necessidade de manifestação do autor.

b) Defesa indireta: ao contrário da defesa direta, na defesa indireta **o réu traz ao processo fato** novo modificativo, impeditivo ou extintivo do direito do autor. Os exemplos mais comuns em provas de concurso sobre defesa indireta são os seguintes: **1 – Exceção de contrato não cumprido; 2 – Pagamento; 3 – Compensação.**

OBS.: quando o réu formular defesa indireta, o ônus da prova lhe pertencerá, ou seja, o juiz julgará procedente o pedido do autor em desfavor do réu se este não provar o fato modificativo, extintivo ou impeditivo do direito do autor (imaginemos que ele alegue pagamento parcial e não comprove). Ademais, nos casos de defesas indiretas, o juiz terá que intimar o autor para apresentação de réplica, faz-se necessário instaurar um contraditório sobre os fatos novos trazidos ao processo pelo réu.

> Nas provas, é muito comum o examinador utilizar as expressões "exceção substancial direta" (defesa de mérito direta) e "exceção substancial indireta" (defesa de mérito indireta). Portanto, é importante ter em mente que essas expressões possuem um mesmo significado nas provas.

Princípios inerentes à contestação

A contestação se sujeita a dois pilares básicos, a saber:

Regra da concentração da defesa ou da eventualidade

Segundo o art. 336 do CPC, O réu tem que apresentar, na contestação, toda sua matéria de defesa sob pena de se tornarem preclusas as matérias não deduzidas na contestação:

> ***Art. 336. Incumbe ao réu alegar, na contestação, toda a matéria de defesa****, expondo as razões de fato e de direito com que impugna o pedido do autor e especificando as provas que pretende produzir.*

Cumpre reiterar que se alguma tese de defesa for omitida nessa fase, ocorrerá preclusão, e não poderá o réu, em regra, formular novas alegações em fases posteriores do processo (**princípio da eventualidade/concentração da defesa**).

Este princípio não é absoluto, ou seja, a depender da espécie de matéria que não tenha sido aduzida pelo réu na contestação, ainda assim, o réu poderá fazê-lo em um momento posterior. Na verdade, basta a situação se enquadrar em uma das hipóteses do art. 342 do CPC, a saber:

> ***Art. 342. Depois da contestação****, só é lícito ao réu deduzir novas alegações quando:*
>
> ***I.*** *relativas a direito ou a fato superveniente;*
>
> ***II. competir ao juiz conhecer delas de ofício;***
>
> ***III.*** *por expressa autorização legal, puderem ser formuladas em qualquer tempo e grau de jurisdição. (Grifo nosso)*

Para exemplificar, basta imaginar que o réu se esqueça de alegar a incompetência absoluta do juízo. Nesta situação, tem-se uma matéria que claramente o juiz pode conhecer de ofício (lembre-se: o juiz só não pode conhecer de ofício a incompetência relativa) e em qualquer tempo e grau de jurisdição. Sendo assim, inobstante o réu não tenha alegado como preliminar no corpo da sua contestação, poderá a vir fazê-lo por uma mera petição simples em uma fase ulterior do procedimento. Ora, o inciso II do art. 342 do CPC permite que o réu deduza nova alegações (incompetência absoluta) quando competir ao juiz conhecer delas de ofício (o juiz pode de ofício reconhecer a incompetência absoluta).

Ônus da impugnação especificada

Segundo o art. 341 do CPC, o réu na sua defesa tem o dever de impugnar especificadamente cada uma das alegações de fato deduzidas pelo autor na sua petição inicial. Consequência lógica da aplicação da referida regra é a seguinte: **não se admite a contestação genérica, ou seja, a contestação por negativa geral.** Sendo assim, formulações genéricas do tipo "são todas inverídicas as afirmações feitas pelo autor", ou "não condizem com a realidade fática os fatos trazidos na inicial", não serão admitidas no processo. Logo, o fato não impugnado especificadamente será reputado como ocorrido, presumindo-se verdadeiro. Vejamos o que estabelece o art. 341 do Código:

> ***Art. 341. Incumbe*** *também* ***ao réu manifestar-se precisamente sobre as alegações de fato constantes da petição inicial, presumindo-se verdadeiras as não impugnadas,*** *salvo se:*
>
> ***I.*** *não for admissível, a seu respeito, a confissão;*
>
> ***II.*** *a petição inicial não estiver acompanhada de instrumento que a lei considerar da substância do ato;*
>
> ***III.*** *estiverem em contradição com a defesa, considerada em seu conjunto.*
>
> ***Parágrafo único. O ônus da impugnação especificada dos fatos não se aplica ao defensor público, ao advogado dativo e ao curador especial.***

Assim como a regra da eventualidade ou da concentração, o ônus da impugnação especificada também sofre relativizações. Resta bastante claro na lei que o não cumprimento do ônus, nas hipóteses previstas nos incisos do art. 341, não dará ensejo a que o juiz presuma verdadeiras as alegações trazidas pelo autor pelo só fato de o réu não a impugnar especificadamente. Basta imaginar uma ação de dissolução de casamento sem vir acompanhada pela certidão de casamento. Percebe-se que a petição não está acompanhada de instrumento que a lei considera da substância do ato (hipótese do inciso II do art. 341), sendo assim, não se podem presumir verdadeiras as alegações pelo só fato do descumprimento do ônus da impugnação especificada.

Por fim, conforme se depreende do parágrafo único do dispositivo, alguns sujeitos estão dispensados deste ônus da impugnação especificada, são eles: **defensor público, o advogado dativo e o curador especial.** Este é um dos temas mais cobrados em provas sobre resposta do réu! Convém atentar para o fato de o MP não ser mais enquadrado como um dos sujeitos do processo que estão dispensados da ônus da impugnação especificada. A referência ao MP há muito já não tinha razão de ser. Em algumas situações o MP era acionado para atuar como um verdadeiro advogado da parte; hoje em dia, quem faz essa defesa é o defensor público.

8.2 Reconvenção (Art. 343 do CPC)

Trata-se de um contra-ataque do réu. É a ação do réu (réu-reconvinte) contra o autor (autor-reconvindo) no mesmo processo em que ele foi originariamente demandado. O réu que reconvém não está apenas se defendendo e, sim, atacando.

É importante destacar que, ao contrário da contestação, **a reconvenção amplia objetivamente o processo.** Com a reconvenção o objeto do processo passa a ficar mais amplo, pois se tem um novo pedido trazido pelo réu.

Esse novo pedido trazido ao processo com a reconvenção não implicará a instauração de um novo processo. **Sobretudo, porque o Novo Código de Processo Civil no art. 343, caput, estatui que a reconvenção seja apresentada na própria contestação.** Vislumbramos que o examinador deverá cobrar muito isso em prova! Muito cuidado! Não se pode mais falar que a contestação e a reconvenção devem ser apresentadas em peças separadas e simultaneamente. Percebe-se que **em uma só petição a parte apresentará CONTESTAÇÃO E RECONVENÇÃO.**

Embora o Novo Código tenha estabelecido essa grande alteração na forma de se apresentar a reconvenção, não se deve concluir que a reconvenção perdeu sua autonomia, ou seja, sua natureza de ação, bem como, não se deve intuir que a parte somente poderá fazer uso da reconvenção se contestar. De forma alguma! A lei deixa bem clara essa ideia. Vejamos:

> ***Art. 343.*** *Na contestação, é lícito ao réu propor reconvenção para manifestar pretensão própria, conexa com a ação principal ou com o fundamento da defesa.*
>
> ***§ 1º*** *Proposta a reconvenção, o autor será* ***intimado, na pessoa de seu advogado, para apresentar resposta no prazo de 15 (quinze) dias.***
>
> ***§ 2º A desistência da ação ou a ocorrência de causa extintiva que impeça o exame de seu mérito não obsta ao prosseguimento do processo quanto à reconvenção.***
>
> ***§ 3º*** *A reconvenção pode ser proposta contra o autor e terceiro.*
>
> ***§ 4º*** *A reconvenção pode ser proposta pelo réu em litisconsórcio com terceiro.*
>
> ***§ 5º*** *Se o autor for substituto processual, o reconvinte deverá afirmar ser titular de direito em face do substituído, e a reconvenção deverá ser proposta em face do autor, também na qualidade de substituto processual.*
>
> ***§ 6º O réu pode propor reconvenção independentemente de oferecer contestação.***

Conforme se depreende dos §§ 2º e 6º do art. 343, a autonomia da reconvenção restou mantida no Novo Código. Não poderia ser diferente. Ora, o acesso à justiça do réu não poderia ser restringido pelo mero fato de o autor, por exemplo, desistir da ação originária. Da mesma forma, o fato de o réu não pretender contestar, não poderia ser um óbice ao seu desejo de demandar em desfavor do autor originário da ação.

Segundo o § 1º do art. 343, uma vez apresentada a reconvenção pelo réu, o autor será **intimado, na pessoa do seu advogado**, para apresentar resposta **no prazo de 15 dias**. Fizemos questão de grifar essas informações, pois são alvos de muitas questões capciosas em provas. Geralmente, os examinadores trocam os termos corretos. Sendo assim, é comum se afirmar que o autor será CITADO, PESSOALMENTE, para se manifestar no prazo de 10 dias sobre a reconvenção (tudo errado!). Quando o candidato for responder às questões, verá que é comum a ação do examinador tentar induzi-lo a erro. Portanto, cuidado com os termos e os prazos corretos! **INTIMAÇÃO, PESSOA DO ADVOGADO E PRAZO DE 15 DIAS!**

Embora não exista mais previsão expressa nesse sentido, ação e reconvenção devem ser julgadas na mesma sentença. São normas fundamentais do processo a eficiência e a duração razoável. De tal sorte que, julgando a ação e a reconvenção em uma só sentença, o magistrado estaria a proteger as normas fundamentais da eficiência e duração razoável.

À luz do § 3º do art. 343, pode o réu reconvinte reconvir contra uma terceira pessoa e o autor originário. De forma expressa, o Novo Código de Processo Civil prevê uma ampliação subjetiva do processo. Ou seja, a reconvenção pode ser dirigida a outra pessoa que não seja apenas o autor originário. Por exemplo, é absolutamente possível demandar contra terceiro, quando este tenha que ser inserido na ação reconvencional na qualidade de litisconsorte necessário do autor.

Embora seja episódio raro, é possível a reconvenção da reconvenção (isso já foi cobrado em prova!).

De acordo com o § 5º do art. 343, pode o réu reconvir quando o autor for um substituto processual. Neste caso, o reconvinte deverá afirmar ser titular de direito em face do substituído, sendo que a reconvenção deverá ser proposta em face do autor, também na qualidade de substituto processual. Ex.: "A" demanda contra "B", mas "A" é substituto processual de "C" ("A" está em nome próprio defendendo interesse de "C" contra "B"). B pode reconvir segundo o Novo Código de Processo Civil. Agora é importante observar: **pode reconvir, desde que o pedido da reconvenção seja dirigido ao substituído processual (autor), mas que o pedido seja feito contra o substituído ("C").** Na reconvenção o autor também deve funcionar como substituto. Ou seja, "B" pode reconvir contra "C", mas quem vai responder é o autor "A" (substituto processual passivo).

Para sedimentar, vejamos um exemplo prático trazido pelo professor Fredie Didier "administradora de consórcio vai cobrar o dinheiro que não é dela (é dos consorciados). Agora, se o réu reconviesse para pedir dinheiro contra a administradora de consórcio não seria possível, pois estaria se demandando contra a administradora e não contra o autor da ação principal."

Pressupostos processuais na reconvenção

a) **Competência**: o juízo competente para a ação originária deverá também ser absolutamente competente para apreciar a reconvenção. O réu somente visualizará sua reconvenção sendo processada, se o juiz tiver competência para julgá-la; é que se ele não tiver competência, sequer examinará a reconvenção.

b) **Litispendência**: é pressuposto lógico da reconvenção que já exista uma ação em curso para que o réu possa propor a reconvenção. Portanto, sem ação originária, não há reconvenção.

c) **Identidade procedimental**: o procedimento da ação intentada pelo meio da reconvenção não pode ter procedimento distinto da original. Ex.: em procedimento ordinário e procedimento especial não pode ser instaurada a reconvenção. Ademais, não é em todo procedimento que se admite a reconvenção. Ela é proibida nos Juizados Especiais pelo art. 31 da Lei dos Juizados:

***Art. 31. Não se admitirá a reconvenção.** É lícito ao réu, na contestação, formular pedido em seu favor, nos limites do art. 3º desta Lei, desde que fundado nos mesmos fatos que constituem objeto da controvérsia.*

d) Conexão: a reconvenção deve ser conexa com a ação principal ou com os fundamentos de defesa. Ou seja, se a reconvenção tiver alguma espécie de ligação com a ação principal ou com os fundamentos de defesa, será possível ao réu demandar.

Reconvenção na ação declaratória

É importante deixar bem claro que, regra geral, não cabe reconvenção em ação declaratória para pedir declaração contrária. Em outros termos, não teria interesse de agir a parte que demandasse reconvenção em uma ação declaratória. A razão é que a ação meramente declaratória é dúplice, basta a contestação para obter a declaração contrária. Ex.: em uma ação em que se pretenda obter a declaração de certeza da existência de uma relação jurídica, não cabe reconvenção para pedir a declarar de inexistência dessa mesma relação jurídica. O caráter dúplice da ação torna desnecessário o pedido do réu por meio da reconvenção. A declaração de inexistência é consequência lógica do julgamento de improcedência.

OBS.: isso não quer dizer que não cabe reconvenção em ação declaratória, inclusive porque há previsão em súmula do STF nesse sentido (**Súmula 258 do STF**). Assim, **cabe reconvenção em ação declaratória, desde que seja para pedir algo diferente da declaração contrária.**

Questões

01. (VUNESP) No tocante ao tema resposta do réu, assinale a alternativa correta.

a) O termo inicial para oferecimento de contestação será sempre a data da audiência de conciliação ou de mediação, ou da última sessão de conciliação, quando qualquer parte não comparecer ou, comparecendo, não houver autocomposição.

b) Devem necessariamente ser alegados no bojo da contestação a denunciação da lide, o chamamento do processo, a incompetência relativa, a impugnação ao valor da causa e a arguição de impedimento ou suspeição.

c) Os litisconsortes passivos sempre têm o mesmo prazo para apresentar contestação.

d) O réu pode ser condenado a arcar com as despesas processuais e indenizar o autor pelos prejuízos decorrentes da falta de indicação do sujeito passivo, quando alegar sua ilegitimidade e não indicar o sujeito passivo, tendo conhecimento de quem o seja.

e) e) A existência de convenção de arbitragem pode ser alegada a qualquer tempo pelo réu.

02. (MPE-GO) Em relação à reconvenção no Novo Código de Processo Civil, pode-se afirmar que:

a) na reconvenção, o polo ativo deverá ser o réu, não sendo permitido incluir terceiro como reconvinte.

b) a ação e a reconvenção necessariamente deverão ser julgadas na mesma sentença para evitar decisões conflitantes.

c) na reconvenção, o reconvindo deverá ser o autor da ação, não admitindo a existência de litisconsórcio deste com terceiro.

d) o réu poderá propor reconvenção independentemente do oferecimento da contestação.

03. (FAUEL) No que diz respeito à resposta do réu e, especialmente, à contestação, é ERRADO afirmar que:

a) é lícito ao juiz se pronunciar de ofício sobre a existência de compromisso arbitral.

b) um dos princípios que norteia a atividade desenvolvida pelo réu na contestação é o da eventualidade, também conhecido como princípio da concentração de defesa, de forma que se admite que o réu produza argumentos logicamente incompatíveis, alegando, por exemplo, sucessivamente, que a dívida não existe e que já a pagou.

c) litispendência, perempção e coisa julgada são exemplos de defensas preliminares ou processuais.

d) há litispendência, quando se repete ação, que está em curso; há coisa julgada, quando se repete ação que já foi decidida por sentença, de que não caiba recurso.

04. (CESPE) Julgue o item a seguir, referente ao processo de conhecimento e ao cumprimento de sentença. Alegada a ilegitimidade passiva na contestação, será facultado ao autor alterar a petição inicial, seja para substituir o réu, seja para incluir, como litisconsorte passivo, o sujeito indicado pelo réu.

Certo ( ) Errado ( )

05. (CESPE) Julgue o item seguinte, relativo à intervenção de terceiros e à resposta do réu. A arguição de questões preliminares de litispendência, coisa julgada e defeito de representação constituem modalidades de defesa de natureza dilatória, devendo ser apresentadas na contestação.

Certo ( ) Errado ( )

Gabaritos

01	D	04	CERTO
02	D	05	ERRADO
03	A	-	-

9. REVELIA (ARTS. 344 A 346 DO CPC)

9.1 Conceito

É o fenômeno processual que ocorre quando a parte não apresenta a contestação ou a apresenta de forma intempestiva. É importante alertar que nem sempre que o réu for revel, os efeitos da revelia incidirão. Não se pode confundir a revelia com os seus efeitos.

Efeitos da revelia:

a) **Material**: o efeito mais severo da revelia é a presunção de veracidade das alegações de fato afirmadas pelo autor. A incidência do efeito material desonera o autor do ônus da prova que lhe incumbe no processo. Sendo assim, não recairá sobre si o ônus de demonstrar o fato constitutivo do seu direito. Conforme o art. 344 do CPC, todas as alegações de fato serão consideradas verdadeiras.

No entanto, nem sempre o efeito mencionado do art. 344 (presunção de veracidade dos fatos alegados pelo autor) ocorrerá, ainda que o réu não apresente contestação ou a apresente de forma intempestiva. O art. 345 do CPC elenca um conjunto de situações que, se acontecerem no processo, não farão repercutir o efeito material da revelia:

> ***Art. 345. A revelia não produz o efeito mencionado no art. 344 se:***
>
> ***I.*** *havendo pluralidade de réus, algum deles contestar a ação;*
>
> ***II.*** *o litígio versar sobre direitos indisponíveis;*
>
> ***III.*** *a petição inicial não estiver acompanhada de instrumento que a lei considere indispensável à prova do ato;*
>
> ***IV.*** *as alegações de fato formuladas pelo autor forem inverossímeis ou estiverem em contradição com prova constante dos autos. (Grifo nosso)*
>
> ***Art. 345****, I: A revelia não ocorrerá se houver litisconsórcio e um for revel e o outro contestar – a contestação de um evita a revelia do outro.*

A situação prevista no art. 345, I, aplica-se sempre que o litisconsórcio for unitário. Se o litisconsórcio passivo for simples, essa regra somente se aplica em relação aos fatos comuns. O juiz não poderia adotar posição contraditória, ou seja, afirmar que o fato aconteceu para um dos réus e para o outro não!

> ***Art. 345****, II: não se aplica a revelia se o litígio versa sobre direitos indisponíveis. Portanto, nas ações de estado e que tratem de direitos da personalidade, a revelia não faz presumir verdadeiros os fatos alegados pelo autor.*
>
> ***Art. 345****, III: não se aplica a revelia se a petição inicial não estiver acompanhada do instrumento público que a lei considere indispensável à prova do ato. Ou seja, a revelia não supre a falta do instrumento. Ex.: ação de dissolução de casamento (certidão de casamento).*
>
> ***Art. 345****, IV: é importante perceber que a revelia não significa procedência do pedido. O fato de um réu ser revel não implica que não possa se sagrar vitorioso na ação.* ***A revelia não pode ser óbice intransponível a uma eventual vitória do réu revel no processo. É possível que autor não tenha direito algum. A revelia não pode transformar em verdade um fato absurdo alegado pelo autor. Ademais, mesmo o réu sendo revel, o juiz tem o poder de determinar a produção da prova que entenda adequada. Logo, se as provas constantes dos autos estiverem em contradição com as alegações de fato do autor, o juiz não lhe dará ganho de causa, embora exista um réu revel no processo.*** *Para confirmar o que foi defendido aqui, vejamos as disposições dos arts. 348 e 349 do CPC/15 sobre o tema:*
>
> ***Art. 348.*** *Se o réu não contestar a ação,* ***o juiz, verificando a inocorrência do efeito da revelia previsto no art. 344, ordenará que o autor especifique as provas que pretenda produzir****, se ainda não as tiver indicado.*
>
> ***Art. 349. Ao réu revel será lícita a produção de provas,*** *contrapostas às alegações do autor,* ***desde que se faça representar nos autos a tempo de praticar os atos processuais indispensáveis a essa produção.***

b) **Processual**: o réu revel não terá a prerrogativa de ser intimado dos prazos que venham a ser deflagrados no curso do processo. A teor do art. 346 do CPC, contra o réu revel que não tenha patrono nos autos, **os prazos fluirão da data de publicação do ato decisório no órgão oficial:**

> ***Art. 346.*** *Os prazos contra o revel que não tenha patrono nos autos fluirão da data de publicação do ato decisório no órgão oficial.*
>
> ***Parágrafo único.*** *O revel poderá intervir no processo em qualquer fase, recebendo-o no estado em que se encontrar.*

É importante ter em mente que o efeito processual da revelia não incidirá se o réu revel tiver patrono nos autos. Ora, em uma interpretação a contrario senso, a outra conclusão não se poderia chegar. A lei fala que o revel que não tenha patrono nos autos não será intimado dos prazos. No entanto, é possível que o réu seja revel e tenha patrono nos autos! Basta imaginar a situação em que o advogado do réu se restrinja a apresentar reconvenção (não apresente contestação) em nome do seu cliente. Nesta situação, o réu será revel (a modalidade de defesa que impede a revelia é a contestação!), mas terá patrono nos autos. Portanto, o efeito processual não poderá repercutir em uma situação dessa natureza.

c) **Julgamento antecipado do mérito:** embora a doutrina divirja acerca de o julgamento antecipado ser ou não efeito de revelia, nos concursos são comuns questões cobrando o conhecimento sobre o tema (é o que importa para o candidato no momento). Portanto, incumbe explicar o tema para obter êxito na prova. No processo, caso ocorram algumas situações que não exijam uma robusta produção da prova na fase de instrução, o juiz julgará antecipadamente o pedido e encerrará o processo com resolução de mérito; dentre essas situações encontra-se a revelia. Vejamos o que dispõe o art. 355 do CPC:

> ***Art. 355. O juiz julgará antecipadamente o pedido,*** *proferindo sentença com resolução de mérito, quando:*
>
> ***I.*** *não houver necessidade de produção de outras provas;*
>
> ***II. o réu for revel, ocorrer o efeito previsto no art. 344 e não houver requerimento de prova, na forma do art. 349.***

Questões

01. (IBFC) Faz coisa julgada a decisão que se pronunciar sobre a questão prejudicial, no caso de revelia.

Certo ( ) Errado ( )

02. (VUNESP) Se o réu for revel e ocorrerem os efeitos da revelia, não havendo requerimento para produção de outras provas, o juiz poderá proceder ao julgamento antecipado do mérito do processo.

Certo ( ) Errado ( )

03. (FCC) Se um dos litisconsortes passivos contestar a ação, esse fato não obstará a ocorrência dos efeitos da revelia em relação a quem não a contestou.

Certo ( ) Errado ( )

04. (CESPE) Não se verifica o efeito material da revelia na hipótese que verse acerca de direitos indisponíveis.

Certo ( ) Errado ( )

05. (CESPE) Os prazos contra o revel que não tenha patrono nos autos fluirão da data do ato decisório.

Certo ( ) Errado ( )

Gabaritos

01	ERRADO	04	CERTO
02	CERTO	05	ERRADO
03	ERRADO	-	-

10. PROVIDÊNCIAS PRELIMINARES/SANEAMENTO

10.1 Das Providências Preliminares e do Saneamento

Trata o Capítulo IX do Título I do Livro I da Parte Especial do Código de Processo Civil de 2015 das providências preliminares e do saneamento do processo, orientando a atuação do magistrado após o decurso do prazo para resposta do réu.

O artigo 347 do Novo CPC dispõe que, após a apresentação de contestação pelo demandado, tomará o juiz as providências previstas em lei. Frise-se que a literalidade do dispositivo revela confusão entre gênero e espécie, entendendo-se, por contestação, qualquer uma das respostas do réu cabíveis ao caso.

> A existência da fase de providências preliminares não será de estrita obrigatoriedade no procedimento. Sua presença queda condicionada à realidade do caso concreto.

Enumeram-se, nos subtópicos posteriores, as providências preliminares dispostas em lei.

10.2 Ordem para Indicação das Provas a Produzir em Caso de Revelia

Na circunstância de ausência de apresentação de qualquer resposta por parte do réu, a atuação do juiz da causa dependerá da aplicação, ou não, do efeito da revelia disposto no artigo 344 do CPC/2015.

Presumindo-se verdadeiros os fatos alegados pelo autor, mostrar-se-á adequado o julgamento antecipado do mérito, conforme previsto pelo inciso II do artigo 335 do Código Processual em vigor.

Na impossibilidade de aplicação do efeito presuntivo, será oportunizada, ao autor, a indicação das provas que pretende produzir, conforme dicção do artigo 348 do Novo CPC. Em razão da ausência de previsão de prazo para o ato, entende-se por adequado o tratamento homogêneo entre essa e as demais providências preliminares legais, com a previsão de prazo de quinze dias.

Convém notar, também, ser de ampla difusão o entendimento jurisprudencial e doutrinário acerca da possibilidade de indicação das provas a produzir independentemente da constatação de revelia, contrariando a literalidade do artigo 348 do Código de Processo Civil. Por parte do autor, tal indicação se costuma dar na petição inicial, e, por parte do réu, por ocasião de sua resposta.

Previsão do artigo 349 do CPC/2015 possibilita, ao réu revel, a produção de prova nos autos, as quais sejam capazes de contrapor as provas produzidas pelo autor, desde que o faça em tempo hábil, ou seja, antes da fase decisória.

10.3 Oitiva do Autor em Réplica

Sempre que o réu alegar fato impeditivo, modificativo e extintivo do direito do autor, bem como quando aduzir preliminares em sua resposta, será ouvido em réplica no prazo de quinze dias, conforme disposição dos artigos 350 e 351 do Novo CPC.

Manifestar-se-á o autor sempre que o réu trouxer, ao litígio, fato não narrado em inicial ou situação processual não prevista na peça inaugural, alegando defesa de mérito indireta e/ou defesa processual.

Quando verificar a existência de vícios corrigíveis, o magistrado concederá, ao autor, prazo máximo de trinta dias para o seu saneamento, conforme previsão do artigo 352 do CPC.

Constitui verdadeira aclamação ao princípio do Contraditório a previsão legal para apresentação de réplica por parte do autor, nos estritos casos de alegação de fato novo ou de preliminar processual pelo réu.

Ocorre, entretanto, nos tribunais pátrios, uma ilegal e injustificada generalização da concessão de prazo para réplica, aplicada a todos os casos, inclusive àqueles em que o réu apenas apresenta defesa de mérito direta.

Questões

01. (FUNDATEC) Em relação ao procedimento comum tratado no Código de Processo Civil (Lei nº 13.105/15), analise as assertivas a seguir:

I. A audiência de conciliação ou mediação não será realizada somente se ambas as partes expressamente manifestarem o desinteresse ou quando a causa não admitir autocomposição.

II. Na fase de saneamento e organização do processo, se a causa apresentar complexidade em matéria de fato ou de direito, deverá o juiz designar audiência para que o saneamento seja feito em cooperação com as partes, oportunidade em que o juiz, se for o caso, convidará as partes a esclarecer suas alegações.

III. Iniciada a audiência de instrução e julgamento, o juiz tentará conciliar as partes, independentemente do emprego anterior de outros métodos de solução consensual de conflitos, como a mediação e a arbitragem.

Quais estão corretas?

a) Apenas II.

b) Apenas III.

c) Apenas I e II.

d) Apenas II e III.

e) I, II e III.

02. (MPE-GO) Assinale a alternativa incorreta:

a) O Ministério Público, quando autor da ação, deverá, na petição inicial, expor todos os fatos e fundamentos jurídicos de seu pedido, demonstrando como os fatos narrados autorizam a produção do efeito jurídico pretendido, bem como formulando pedido ou pedidos, certos, determinados, claros, coerentes e com suas especificações completas.

b) A cumulação de pedidos será lícita, desde que os pedidos sejam compatíveis entre si; seja competente para deles conhecer o mesmo juízo; seja adequado para todos os pedidos o tipo de procedimento.

c) Encerrada a fase do saneamento do processo, não será permitido ao autor, ainda que haja concordância do réu, alterar o pedido e a causa de pedir constantes da petição inicial.

d) Oferecida a contestação, o autor somente pode desistir do processo, com o consentimento do réu. Na desistência do recurso, a concordância da parte adversa é, de igual forma, exigida, se já ofertadas as contrarrazões.

03. Ao réu revel não será lícita a produção de provas, contrapostas às alegações do autor, ainda que que se faça representar nos autos a tempo de praticar os atos processuais indispensáveis a essa produção.

Certo ( ) Errado ( )

04. Se o réu alegar fato impeditivo, modificativo ou extintivo do direito do autor, este será ouvido no prazo de 10 (dez) dias, permitindo-lhe o juiz a produção de prova.

Certo ( ) Errado ( )

05. Cumpridas as providências preliminares ou não havendo necessidade delas, o juiz proferirá julgamento conforme o estado do processo, observado o disposto no capítulo correspondente no Novo Código de Processo Civil.

Certo ( ) Errado ( )

Gabaritos

01	E	04	ERRADO
02	D	05	CERTO
03	ERRADO	-	-

11. JULGAMENTO CONFORME O ESTADO DO PROCESSO

Após a superação da fase de providências preliminares, quando existente, ocorrerá o julgamento conforme o estado do processo. Proferirá o juiz decisão de mérito, em uma das quatro modalidades possíveis, com a extinção da lide, ou proferirá decisão interlocutória de natureza saneadora, com posterior ingresso em fase probatória, conforme seja o caso.

11.1 Extinção do Processo sem Análise de Mérito

A primeira possibilidade de prolação de decisão sentencial constitui aquela por meio da qual o magistrado não analisa o mérito da demanda, em razão de defeito formal insanável, conforme disposto nos artigos 337 e 485 do Novo CPC.

Por óbvio, tratando-se de matéria de ordem pública, portanto apreciável de ofício, poderia ter sido abordada, pelo juízo da causa, em momento anterior a tal fase processual. Restando intangível pela preclusão, a causa da extinção terminativa do processo poderá ser abordada a qualquer tempo.

A referência a uma possibilidade de extinção parcial do processo, estampada no parágrafo único do artigo 354 do CPC/2015, merece críticas. Prevê o dispositivo legal que toda decisão terminativa ou de mérito que resolva parcela do processo será impugnável por agravo de instrumento, em razão de contrariar a definição de sentença prevista no artigo 203, parágrafo 1º, do Código Processual, segundo o qual se define como tal toda decisão que põe fim à fase cognitiva ou à execução.

O julgamento parcial (terminativo ou meritório) não extingue o procedimento, muito menos fase dele, enquadrando-se, portanto, no conceito de decisão interlocutória (artigo 203, parágrafo 2º, CPC/2015). Não há, então, sentenças recorríveis por agravo de instrumento, ao contrário da literalidade do artigo 354 do Novo CPC.

Do mesmo modo, mostram-se desnecessárias as previsões específicas de cabimento de agravo de instrumento da decisão parcial de mérito nos casos de prescrição, decadência e homologação de autocomposição (artigo 487, II, III, b, CPC/2015). A previsão do artigo 1.015, II, do Novo CPC queda suficiente para abarcar todas as situações previstas no parágrafo único do artigo 354 do Novo CPC.

Convém notar que o cabimento de agravo de instrumento de decisão parcial terminativa, que reduza os limites objetivos e subjetivos da lide, caberá, também, em outros momentos processuais que não o julgamento conforme o estado do processo. **Mostra-se cabível, por exemplo, a extinção da reconvenção por decisão interlocutória terminativa.**

Enunciado 103 do Fórum Permanente de Processualistas Civis (FPPC): A decisão parcial proferida no curso do processo com fundamento no art. 487, I, sujeita-se a recurso de agravo de instrumento.

11.2 Extinção do Processo com Resolução de Mérito, Fundamentada no Artigo 487, II e III, do CPC/2015

Em sutil distinção legislativa, percebe-se a opção do legislador de 2015 em não incluir as decisões fundamentadas no artigo 487, II e III, do Novo CPC, dentre aquelas abarcadas pelo julgamento antecipado do processo, previstas no artigo 355 do Novo CPC.

Isto porque as decisões fundamentadas no artigo 487, II e III (prescrição, decadência e homologação de autocomposição), seriam abrangidas, expressamente, pela extinção do processo por sentença e por decisão interlocutória parcial, conforme previsão do artigo 354, caput, enquanto as decisões que acolham ou rejeitem o pedido formulado na ação ou na reconvenção (artigo 487, I), seriam as únicas genuinamente meritórias, podendo ser abrangidas pelo julgamento antecipado, conforme previsão do artigo 355, todos do Novo Código de Processo Civil.

O não reconhecimento dessas situações em fase de julgamento conforme o estado do processo não impede a posterior prolação de tais sentenças. O não reconhecimento dessas situações em fase de julgamento conforme o estado do processo não impede a posterior prolação de tais sentenças.

A despeito da aparente diferenciação legislativa, as hipóteses previstas nos artigos II e III do artigo 487 do Novo CPC devem ser tratadas como decisões de mérito. **Há, portanto, coisa julgada material nestas espécies de sentença.**

Julgamento antecipado de mérito

Por meio do artigo 355 do Novo CPC, o legislador previu mais um caminho de extinção do processo, desta vez com resolução de mérito, sempre que o juiz acolher ou rejeitar o pedido do autor. Trata-se do julgamento antecipado do mérito, e não da lide, em correção do texto do Código de 1973.

Clássica divisão revela o processo como integrado por quatro fases: fase postulatória, fase de saneamento, fase instrutória e fase decisória. Na situação epigrafada, a desnecessidade da produção de provas antecipa a fase decisória.

A primeira hipótese de supressão da fase instrutória decorre da desnecessidade de produção de outras provas (artigo 355, I, Novo CPC). Também, quando a lide envolver, tão somente, questões de direito, não havendo objeto a ser tratado em instrução probatória, ou mesmo quando os fatos alegados independerem de prova (artigo 374, CPC/2015), haverá julgamento antecipado do mérito.

Convém lembrar que o juízo de primeiro grau não é o único a apreciar os fatos que circundam o litígio. Por esta razão, não deve incidir em equívoco ao indeferir provas pertinentes em razão de já se haver convencido em sentido contrário ou ao indeferir provas por entender que a interpretação do direito não favorece o autor. A não realização de provas enseja cerceamento de defesa, gerando anulação da sentença, perda de tempo e de recursos financeiros.

A segunda hipótese de julgamento antecipado do processo previsto em lei dar-se-á quando o réu for revel, ocorrer o efeito presuntivo previsto no art. 344 e não houver requerimento de prova, na forma do art. 349, todos do CPC/2015 (artigo 355, II, Novo CPC).

Quando houver a presunção de veracidade dos fatos alegados pelo autor, dificilmente o réu terá oportunidade de comparecer aos autos em tempo de pedir a produção de provas antes do julgamento antecipado do mérito. Por outro lado, quando o efeito presuntivo for afastado, ao autor caberá a produção de provas dos fatos alegados (artigo 348, Novo CPC).

O problema surge quando o réu apresenta contestação intempestiva com pedido de produção de provas ou quando comparece aos autos, após o prazo para contestação, apenas para solicitar a produção de provas. Nestes casos, levando-se ao pé da letra o dispositivo legal, não caberia julgamento antecipado, por consequência do pedido de produção de prova por parte do réu.

Em decorrência do exposto, torna-se criticável o dispositivo legal. Alguns doutrinadores, como Daniel Amorim Assumpção Neves, consideram possível o julgamento antecipado nestas situações, pois a presunção de veracidade ocorreria ainda que o réu pedisse a produção de provas.

Julgamento antecipado parcial do mérito

O artigo 356 do Novo CPC consagrou a figura do julgamento antecipado parcial de mérito, quando um ou mais dos pedidos formulados ou parcela deles encontrarem-se incontroversos (parcial reconhecimento jurídico do pedido) ou estiverem em condições de imediato julgamento, nos termos do art. 355 do mesmo diploma.

Alguns doutrinadores, sob a vigência do CPC/1973, classificavam a possibilidade de julgamento parcial de mérito como tutela antecipada, enquanto outros a consideravam julgamento antecipado da lide, com cognição exauriente e alcance pela coisa julgada material.

O Novo Código de Processo Civil, em vigor desde março do ano de 2016, afastou o princípio da unicidade do julgamento de mérito, apresentado por Chiovenda, para possibilitar o seu julgamento fracionado. O julgamento antecipado parcial de mérito afastou a classificação da figura como espécie de tutela antecipada, para reconhecer a necessidade de cognição exauriente e de alcance pela coisa julgada material.

O caso do inciso I do artigo 355 do Novo CPC trata de incontrovérsia do pedido, não dos fatos. A única forma de incontrovérsia de **pedido** é por meio de autocomposição unilateral do réu. A parcela incontroversa será julgada por meio de sentença homologatória de mérito (artigo 487, III, a, do Novo CPC).

O inciso II trata dos casos em que a produção de provas se torna desnecessária, seja em razão da anterior produção de provas suficientes à formação do livre convencimento motivado, seja em razão da desnecessidade da produção de quaisquer provas.

O capítulo que decide a questão parcial de mérito transitará em julgado e produzirá coisa julgada material, não podendo ser modificado posteriormente.

O parágrafo 1º do artigo 356 do CPC/2015 não possui consequências práticas relevantes, tendo em vista a intuitividade da conclusão acerca da possibilidade de liquidez ou iliquidez da obrigação reconhecida em julgamento antecipado parcial.

O parágrafo 2º do diploma legal em comento reconhece a possibilidade de imediata liquidação e execução da obrigação reconhecida na decisão que julgar parcialmente o mérito, ainda que haja recurso, independentemente de caução, enquanto o parágrafo 5º, em casamento perfeito, prevê que o recurso cabível será agravo de instrumento (recurso sem efeito suspensivo).

É patente a contradição legal ao impossibilitar a imediata execução da decisão meritória recorrível por apelação (recurso com efeito suspensivo) e ao possibilitar a execução imediata da obrigação reconhecida pelo julgamento antecipado parcial do mérito.

Não se pode exigir a caução prevista no artigo 520, IV, portanto, sob pena de prejuízo à letra do artigo 356, parágrafo 2º, todos do Novo CPC.

A previsão de dois recursos distintos para atacar a resolução do mérito, ao mesmo tempo em que serve para evitar a interposição de mais de uma apelação em momentos diversos, gera o problema de se ter, em segundo grau, dois meios diferentes para atacar a mesma coisa: o mérito da demanda. Suscita-se, ainda, a existência de um maior número de garantias ao recorrente em apelação.

O prazo para interposição dos dois recursos foi unificado (15 dias), nenhum conta com revisor, e resta aplicável a ambos a técnica do julgamento substitutivo dos embargos infringentes. Por outro lado, a sustentação oral apenas é garantida na apelação, além da distinção de efeitos entre os recursos.

O parágrafo 4º do artigo 356 do Novo CPC prevê regra cartorial: a possibilidade de abertura de autos suplementares para a liquidação e cumprimento da decisão que julgue parcialmente o mérito, a fim de que não se embaralhe o procedimento principal, referente à parcela ainda não julgada.

Saneamento e organização do processo

Sempre que não for possível a extinção do processo (terminativa ou meritória), nos termos do que fora explanado, dar-se-á o **saneamento do processo.**

O artigo 357 do Novo CPC prevê o saneamento e a organização do processo, excluindo, deste momento procedimental, a tentativa de autocomposição, ao contrário do que previa o CPC/1973. Isto em razão de existir outra oportunidade para tanto, em audiência específica, realizada por conciliador ou mediador pertencente ao Centro Judiciário de Solução de Conflitos, e não pelo juiz da causa.

Na fase de saneamento processual, o juiz:

- resolverá as questões processuais pendentes, se houver. Zelando pela perfeição formal do processo, o juiz torná-lo-á apto a prosseguir para as fases instrutória e decisória;

- delimitará as questões de fato sobre as quais recairá a atividade probatória, especificando os meios de prova admitidos. Há, nesta etapa, a fixação dos pontos controvertidos, otimizando a fase instrutória, determinando quais fatos interessam ser provados para a formação do convencimento. Poderá haver produção de provas por meios não pedidos, de ofício, conforme previsão do artigo 370 do Novo CPC;

- definirá a distribuição do ônus da prova, observado o artigo 373 do Novo CPC. Necessário será o respeito ao contraditório na referida distribuição, a fim de que a parte não seja tomada de assalto, ao final da instrução, com a informação de que o ônus probandi a si pertencia (artigo 373, parágrafo 2º, Novo CPC);

A distribuição do ônus da prova poderá ocorrer, ainda, depois do saneamento (artigo 373, parágrafo 1º, do Novo CPC). Contudo, deverá o juiz reabrir a instrução, o que não se torna adequado, em razão do que preceituam os princípios da duração razoável do processo e da economia processual.

- delimitará as questões de direito relevantes para a decisão do mérito. Convém relembrar que as questões de fato deverão ser provadas. Já as questões de direito não se submetem a tal obrigatoriedade, em razão da máxima dahim factum dabo tibu ius;

- designará, se necessário, audiência de instrução e julgamento. As partes apresentarão rol de testemunhas em quinze dias (parágrafo 4º, artigo 357, Novo CPC).

Caso haja designação de audiência, as partes deverão, neste ato, apresentar o rol de testemunhas, que não ultrapassará o número de dez pessoas, correspondendo, no máximo, três pessoas para cada fato provado (parágrafos 5º e 6º, artigo 357, Novo CPC).

O juiz poderá delimitar o número de testemunhas arroladas (parágrafo 7º, artigo 357, Novo CPC). Determinando a realização de prova pericial, o juiz nomeará perito e fixará prazo para a entrega do laudo (artigo 465, CPC/2015), conforme previsão do parágrafo 8º do mesmo diploma legal.

Prestigiou-se, no Código de 2015, o saneamento escrito. A realização de audiência (com intimação na pessoa do advogado) será reservada aos casos de maior complexidade, nos quais será solicitada a cooperação das partes, sobretudo para esclarecer suas alegações, quando necessário: trata-se do saneamento compartilhado (artigo 357, parágrafo 3º, Novo CPC).

As audiências de saneamento deverão ser realizadas com um intervalo mínimo de uma hora, a fim de que o magistrado devote a necessária atenção ao caso, o qual, em regra, mas nem sempre, envolve complexidade fática ou jurídica (artigo 357, parágrafo 9º, Novo CPC).

Enunciado 298 do Fórum Permanente de Processualistas Civis (FPPC): A audiência de saneamento e organização do processo em cooperação com as partes poderá ocorrer independentemente de a causa ser complexa.

Segundo o parágrafo 1º do artigo 357 do Novo CPC, as partes poderão pedir esclarecimentos ou solicitar ajustes no prazo de cinco dias após a decisão de saneamento, seja ele escrito ou realizado em audiência. Da decisão interlocutória de saneamento, não caberá agravo de instrumento, com exceção da distribuição do ônus da prova (artigo 1.015, XI, CPC/2015).

Questiona-se, então, a existência da possibilidade de modificação das delimitações de fato e de direito após o saneamento, em razão da superveniência de fatos, leis ou entendimentos jurisprudenciais. Considera-se, aí, que fatos novos exigem nova decisão e, não, alteração de decisão anterior.

Em acorde ao que prevê o artigo 357, parágrafo 2º, do CPC/2015, dever-se-á submeter a delimitação consensual das questões de fato e de direito relevantes à solução do litígio à homologação do juiz, classificando-se, portanto, como negócio plurilateral (incisos II e IV do mesmo dispositivo). Acima do respeito ao negócio consensual das partes, prezará o juízo pela qualidade da tutela jurisdicional ofertada.

Questões

01. (FCC) Se o réu, citado pessoalmente, não contestar a ação, consequentemente

a) o juiz deverá julgar antecipadamente a lide, sempre, uma vez que a presunção de veracidade decorrente da revelia impede dilações probatórias.

b) os fatos afirmados pelo autor são reputados verdadeiros, efeito jurídico que não admite exceções, embora essa veracidade fática represente presunção relativa e não absoluta.

c) os fatos afirmados pelo autor são reputados verdadeiros de modo absoluto, não admitindo prova contrária em nenhuma hipótese, mas os efeitos jurídicos da revelia comportam exceções.

d) os fatos afirmados pelo autor são reputados verdadeiros, mas esse efeito jurídico admite exceções; além disso, essa veracidade fática representa presunção relativa e não absoluta.

e) os fatos afirmados pelo autor são tidos por presumivelmente verdadeiros, efeito jurídico que admite a única exceção de o litígio versar sobre direitos indisponíveis.

02. (FCC) O revel NÃO tem o direito de

a) recorrer da sentença.

b) intervir no processo.

c) requerer a produção de provas.

d) constituir advogado.

e) apresentar contestação.

03. (FCC) Em uma ação proposta com pedido de condenação a indenização por danos materiais e danos morais, após a apresentação de contestação, o magistrado entende que o primeiro pedido restou incontroverso, e, por isso, condenou o réu ao pagamento dos danos materiais comprovados e, no mesmo ato, determinou o prosseguimento da ação somente em relação aos danos morais. Esta decisão tem natureza jurídica de

a) sentença final de mérito e, portanto, desafia recurso de apelação.

b) julgamento antecipado parcial de mérito e, portanto, desafia recurso de agravo de instrumento.

c) julgamento antecipado parcial de mérito e, portanto, desafia recurso de apelação.

d) tutela provisória incidental de urgência e, portanto, desafia recurso de agravo de instrumento.

e) tutela provisória incidental da evidência, mas não apresenta recorribilidade imediata, pois não comporta recurso de agravo de instrumento, mas apenas apelação após a sentença final.

04. (FCC) Considere as seguintes situações abaixo:

I. Cumulação de pedidos, um deles restando incontroverso.

II. Abuso do direito de defesa.

III. Concessão de antecipação de tutela antecedente de urgência.

IV. Ação de consignação em pagamento proposta contra dois supostos credores, por não saber a quem se deve pagar.

É correto afirmar que:

a) primeira trata de hipótese que permite a prolação de sentença parcial de mérito, em julgamento que pode produzir coisa julgada; a segunda, de tutela da evidência, que não faz coisa julgada; a terceira pode se tornar estável caso a outra parte não apresente recurso; a quarta se trata de litisconsórcio passivo sucessivo.

b) as três primeiras tratam de hipóteses que permitem a tutela provisória da urgência, que não faz coisa julgada, mas pode estabilizar os seus efeitos; a quarta se trata de litisconsórcio passivo alternativo.

c) as duas primeiras tratam de hipóteses que permitem a prolação de sentença parcial de mérito, em julgamento que pode produzir coisa julgada; a terceira pode se tornar estável caso a outra parte não apresente recurso; a quarta se trata de litisconsórcio passivo alternativo.

d) a primeira trata de hipótese que permite a prolação de sentença parcial de mérito, em julgamento que pode produzir coisa julgada; a segunda, de hipótese que permite a concessão de tutela da evidência, que não faz coisa julgada e nem se estabiliza; a terceira pode se tornar estável caso a outra parte não apresente recurso; a quarta se trata de litisconsórcio passivo alternativo.

e) as duas primeiras tratam de hipóteses que permitem a tutela provisória da urgência, que não faz coisa julgada; a terceira pode estabilizar os seus efeitos caso a parte não apresente recurso; a quarta se trata de litisconsórcio eventual.

05. (VUNESP) Sobre as disposições do atual Código de Processo Civil acerca do julgamento antecipado do processo, assinale a alternativa correta.

a) A decisão que julga antecipadamente o processo é una e tem natureza jurídica de sentença.

b) É possível ser realizado o julgamento parcial do mérito apenas se houver pedidos que se mostrem incontroversos.

c) Se houver julgamento parcial do mérito, a natureza jurídica da decisão permanece como sentença e pode ser atacada por recurso de apelação.

d) Mesmo ocorrendo o julgamento parcial do mérito, a liquidação e execução só poderão ser propostas com a sentença final.

e) Se o réu for revel e ocorrer os efeitos da revelia, não havendo requerimento para produção de outras provas, o juiz poderá proceder ao julgamento antecipado do mérito do processo.

Gabaritos

01	D	04	D
02	E	05	E
03	B	-	-

12. DIREITO PROBATÓRIO

12.1 Teoria Geral da Prova

No Direito Processual Civil, a prova é, em linhas gerais, o meio pelo qual será formado o convencimento do magistrado sobre a verdade (formal) dos fatos suscitados no processo, geralmente pelas próprias partes, que tenham se tornado controvertidos no curso do processo e que, para este, sejam relevantes.

A prova é **destinada** ao **juiz** que poderá determinar a produção probatória, inclusive, de ofício, e indeferir a produção de provas requeridas pelas partes que não considerar úteis ao deslinde da controvérsia que se pretende dirimir; e também às partes, na medida em que o resultado obtido com a prova pode determinar os rumos do processo, inclusive, independentemente da atuação do juízo.

> ***Art. 370.*** *Caberá ao juiz, de ofício ou a requerimento da parte, determinar as provas necessárias ao julgamento do mérito.*
>
> ***Parágrafo único.*** *O juiz indeferirá, em decisão fundamentada, as diligências inúteis ou meramente protelatórias.*

É importante notar que a produção de provas é, antes de tudo, um direito da parte, pelo qual tentará persuadir o julgador acerca dos fatos controvertidos existentes no processo. Trata-se de direito fundamental que, inclusive, é previsto em tratados e convenções internacionais dos quais o Brasil é signatário e possui respaldo no art. 369 do Código de Processo Civil de 2015 nos seguintes termos:

> ***Art. 369.*** *As partes têm o direito de empregar todos os meios legais, bem como os moralmente legítimos, ainda que não especificados neste Código, para provar a verdade dos fatos em que se funda o pedido ou a defesa e influir eficazmente na convicção do juiz.*

O ônus da prova se constitui em ato atribuído à parte para elucidar os fatos por ela apresentados em juízo e pode ser dividido em Subjetivo e Objetivo, nos seguintes termos:

- Subjetivo: é dirigido às partes e consiste em onerá-las com a prova dos fatos, ligando a parte que alegou a provar os fatos suscitados ou a produzir contraprova do fato alegado pela parte adversa.
- Objetivo: dirige-se ao magistrado, indicando como deverá julgar na hipótese de as provas produzidas serem insuficientes para dirimir a controvérsia. O princípio do non liquet impede que o magistrado se exima de solucionar uma lide pela inexistência de dúvida quanto à veracidade de fatos. Desta feita, o juiz deve verificar, com base em critérios previstos em Lei, qual das partes deverá suportar o risco inerente ao mau êxito da prova.

A distribuição do ônus da prova feita pelo CPC é de, em regra, incumbe à parte provar os fatos por ela alegados, de sorte que o autor deve fazer prova dos fatos constitutivos de seu direito e o réu, dos fatos impeditivo, modificativo ou extintivo do direito da parte autora. Vejamos:

> ***Art. 373.*** *O ônus da prova incumbe:*
>
> ***I.*** *ao autor, quanto ao fato constitutivo de seu direito;*
>
> ***II.*** *ao réu, quanto à existência de fato impeditivo, modificativo ou extintivo do direito do autor.*

Contudo, há de se considerar que nem sempre essa disposição será suficiente para atender às nuances de cada lide, de sorte que a **Teoria Dinâmica de Distribuição do ônus da Prova**, já entabulada pelo art. 6º do CDC, presta-se a permitir uma flexibilização do comando contido no caput do artigo 373.

O Código de Processo Civil de 2015 cuidou de traçar os contornos desta dinamicidade da produção probatória nos parágrafos do artigo 373.

Com efeito, o parágrafo 1º do referido artigo contempla a distribuição dinâmica da prova, permitindo que em casos em que seja muito difícil, ou até mesmo impossível, a produção da prova pela parte que alegou o fato, o magistrado determine a inversão do ônus que recairá sobre a parte que tem maior facilidade de produzir a prova em questão:

> ***§ 1º*** *Nos casos previstos em lei ou diante de peculiaridades da causa relacionadas à impossibilidade ou à excessiva dificuldade de cumprir o encargo nos termos do caput ou à maior facilidade de obtenção da prova do fato contrário, poderá o juiz atribuir o ônus da prova de modo diverso, desde que o faça por decisão fundamentada, caso em que deverá dar à parte a oportunidade de se desincumbir do ônus que lhe foi atribuído.*
>
> ***§ 2º*** *A decisão prevista no § 1º deste artigo não pode gerar situação em que a desincumbência do encargo pela parte seja impossível ou excessivamente difícil.*

Convém notar que o Novo Código de Processo Civil também possibilita a realização de negócios processuais que contemplem a distribuição dinâmica do ônus probatório, desde que não recaia sobre direito indisponível ou que não dificulte o exercício do direito da parte:

> ***§ 3º*** *A distribuição diversa do ônus da prova também pode ocorrer por convenção das partes, salvo quando:*
>
> ***I.*** *recair sobre direito indisponível da parte;*
>
> ***II.*** *tornar excessivamente difícil a uma parte o exercício do direito.*
>
> ***§ 4º*** *A convenção de que trata o § 3º pode ser celebrada antes ou durante o processo.*

Importa mencionar que há fatos que independem da produção de provas, consoante a previsão do artigo 374 do Novo Código de Processo Civil, que assim dispõe:

> ***Art. 374.*** *Não dependem de prova os fatos:*
>
> ***I.*** *notórios;*
>
> ***II.*** *afirmados por uma parte e confessados pela parte contrária;*
>
> ***III.*** *admitidos no processo como incontroversos;*
>
> ***IV.*** *em cujo favor milita presunção legal de existência ou de veracidade.*

Ademais, fatos impertinentes ao litígio também não serão objeto de produção de provas.

De salutar importância no estudo do direito probatório é a ideia de que a Constituição da República aplica o status de direito fundamental do jurisdicionado à vedação à produção de prova ilícita, nos termos do artigo 5º, LVI.

> ***Art. 5º*** *[...]*
>
> ***LVI.*** *são inadmissíveis, no processo, as provas obtidas por meios ilícitos;*

Trata-se de regra que objetiva assegurar a materialização do devido processo legal. Com base em tal vedação, provas tais como coação em depoimento pessoal da parte, prova documental obtida mediante furto, provas obtidas em inobservância ao contraditório, dentre outros exemplos, não podem ser toleradas no processo, uma vez que desatendem ao ordenamento jurídico.

A decisão fundada exclusivamente em prova ilícita será, portanto, decisão nula.

Há ocasiões em que a produção da prova é considerada impossível ou extremamente difícil à parte, trata-se do que a doutrina nomeou de **Prova Diabólica,** que abrange, além da prova de fato negativo, a impossibilidade de produção da prova por aquele que deveria fazê-lo, ocasião em que se poderá, se for o caso, empregar a distribuição dinâmica da prova para obter sua produção.

> A prova também poderá ser ilícita por derivação. Trata-se de provas lícitas, mas originadas a partir de uma prova ilícita, ocasião em que prevalecerá a aplicação da Teoria dos frutos da árvore venenosa, segunda a qual o vício se transmite da prova ilícita à prova lícita (STF- HC 69.912-RS).

Por fim, cumpre destacar que o artigo 372 do CPC de 2015 trouxe dispositivo não existente no Código de 1973, que contempla a chamada Prova Emprestada, que nada mais é do que a possibilidade de que uma determinada prova, produzida em outro processo, seja importada à relação processual como prova documental, observando, para tanto, o devido contraditório.

> ***Art. 372.*** *O juiz poderá admitir a utilização de prova produzida em outro processo, atribuindo-lhe o valor que considerar adequado, observado o contraditório.*

12.2 Provas em Espécie (Arts. 384/484 do CPC)

Ata notarial – modalidade de prova documental

Registre-se, inicialmente, a novidade trazida pelo CPC de 2015 que abre o rol das provas em espécie, na forma de prova documental, trata-se da ata notarial, documento público que se prestará, no bojo do processo, a provar, de maneira relativa (juris tantum), a existência de determinado fato, lavrado pelo tabelião:

> ***Art. 384.*** *A existência e o modo de existir de algum fato podem ser atestados ou documentados, a requerimento do interessado, mediante ata lavrada por tabelião.*
>
> ***Parágrafo único.*** *Dados representados por imagem ou som gravados em arquivos eletrônicos poderão constar da ata notarial.*

A ata notarial será utilizada no processo como prova documental e se trata de documento que vem ganhando relevância especialmente em relação à prova de fatos ocorridos em meio eletrônico. A parte interessada levará a existência e o modo de existir do fato ao conhecimento do tabelião que, por ter fé pública, conferirá ao documento presunção de veracidade, a qual deverá ser impugnada pela parte adversa sobre quem recairá o ônus de desconstituir a prova.

Depoimento pessoal

O depoimento pessoal está previsto no artigo 385 do CPC e é meio que utiliza as partes como fonte de prova. Deve ser requerido pela parte adversa e obrigatório sob pena de confissão ficta.

Importa destacar que há determinados fatos que não obrigarão o depoimento sobre eles, excetuando-se as hipóteses de ação de estado e de família, nos termos do artigo 388 do CPC:

> ***Art. 388.*** *A parte não é obrigada a depor sobre fatos:*
>
> ***I.*** *criminosos ou torpes que lhe forem imputados;*
>
> ***II.*** *a cujo respeito, por estado ou profissão, deva guardar sigilo;*
>
> ***III.*** *acerca dos quais não possa responder sem desonra própria, de seu cônjuge, de seu companheiro ou de parente em grau sucessível;*
>
> ***IV.*** *que coloquem em perigo a vida do depoente ou das pessoas referidas no inciso III.*
>
> ***Parágrafo único.*** *Esta disposição não se aplica às ações de estado e de família.*

Inovação interessante trazida pelo Código de 2015 é a previsão expressa da utilização da videoconferência (ou de outro recurso tecnológico de transmissão de som e imagem em tempo real) para a colheita do depoimento pessoal da parte que residir em comarca, seção ou subseção judiciária distinta daquela onde tramita a demanda. Extremamente oportuna, a previsão legal consolida o uso de instrumento tecnológico muito útil e eficaz para o alcance de economia, eficiência e celeridade processuais.

> ***Art. 385***
>
> *[...]*
>
> ***§ 3º*** *O depoimento pessoal da parte que residir em comarca, seção ou subseção judiciária diversa daquela onde tramita o processo poderá ser colhido por meio de videoconferência ou outro recurso tecnológico de transmissão de sons e imagens em tempo real, o que poderá ocorrer, inclusive, durante a realização da audiência de instrução e julgamento.*

Há de se mencionar, ainda, a existência de uma regra geral de escusa de depor, prevista no artigo 386 do CPC, que permite ao juiz, na hipótese de negativa de depoimento, avaliar se há justo motivo que justifique a negativa:

> ***Art. 386.*** *Quando a parte, sem motivo justificado, deixar de responder ao que lhe for perguntado ou empregar evasivas, o juiz, apreciando as demais circunstâncias e os elementos de prova, declarará, na sentença, se houve recusa de depor.*

> Não há que se confundir confissão com reconhecimento do pedido. Convém notar que reconhecimento do pedido diz respeito não há um fato em si, mas à pretensão levada a juízo pela parte adversa. Enquanto a confissão, por seu turno, versa sobre fatos específicos contrários aos interesses do confitente. Nesse sentido, é possível confessar um fato sem reconhecer a procedência do pedido a ele relacionado.

Confissão

Haverá prova sob a forma de confissão quando restar reconhecida a existência de um fato contrário ao interesse da parte que confessa e favorável à parte adversa.

Art. 389. *Há confissão, judicial ou extrajudicial, quando a parte admite a verdade de fato contrário ao seu interesse e favorável ao do adversário.*

A confissão pode ocorrer dentro ou fora do processo (judicial ou extrajudicial). Trata-se de ato jurídico e admite sua realização por procurador com poderes específico (art.390, § 1º). É irrevogável (art. 393) e, em regra, indivisível (art.395), e não poderá recair sobre fatos que versem acerca de direitos considerados indisponíveis (art. 392).

Confessar também é ato diverso de admitir. Enquanto a confissão é conduta tida como positiva, decorrente de ato comissivo da parte, a admissão está relacionada à ideia de omissão, a exemplo do que se convencionou denominar de confissão ficta.

Por ser ato jurídico, embora não se admita a revogação, há de se ter em conta que vícios ou defeitos que eventualmente recaiam sobre os a confissão poderão acarretar a sua anulação, consoante prescreve o artigo 214 do Código Civil:

Art. 214. *A confissão é irrevogável, mas pode ser anulada se decorreu de erro de fato ou de coação.*

Prova documental

Documento é a coisa que exterioriza a representação de um fato produzido pela atividade humana. Para que o documento passe a ser considerado **prova documental**, deverá ingressar nos autos, de sorte que a prova documental é o meio pelo qual o documento em si será levado à apreciação do magistrado.

O documento tem a aptidão de representar o fato de modo permanente e duradouro, ou seja, é uma fonte de prova estável/segura. Por essa razão, é tida como prova de salutar importância, especialmente se esse tipo de prova for produzida por ente dotado de fé pública, a exemplo da já citada ata notarial. Tal relevância pode ser constatada, inclusive quando o Código Civil em seu artigo 108 dispõe sobre a necessidade de escritura pública para a validade de certos negócios jurídicos.

Art. 108. *Não dispondo a lei em contrário, a escritura pública é essencial à validade dos negócios jurídicos que visem à constituição, transferência, modificação ou renúncia de direitos reais sobre imóveis de valor superior a trinta vezes o maior salário mínimo vigente no País.*

Convém notar que, para além da já mencionada ata notarial, o legislador expressou em outros dispositivos a relevância do documento público como meio de prova, consoante se constata dos dispositivos do CPC abaixo elencados:

Art. 405. *O documento público faz prova não só da sua formação, mas também dos fatos que o escrivão, o chefe de secretaria, o tabelião ou o servidor declarar que ocorreram em sua presença.*

Art. 406. *Quando a lei exigir instrumento público como da substância do ato, nenhuma outra prova, por mais especial que seja, pode suprir-lhe a falta.*

Art. 407. *O documento feito por oficial público incompetente ou sem a observância das formalidades legais, sendo subscrito pelas partes, tem a mesma eficácia probatória do documento particular.*

Inobstante à sua relevância, haverá hipóteses em que a prova documental poderá representar certa dificuldade por se tratar de uma forma "passiva" de prova, que poderá se apresentar de forma obscura ou incompreensível, o que poderia ser contornado se a prova em questão recaísse sobre uma fonte "ativa" de prova, a exemplo da prova testemunhal ou do depoimento pessoal.

Desta feita é que se revela de suma importância a inexistência de hierarquia entre os meios de prova, que deverão ser valoradas pelo magistrado a fim de formar seu convencimento, nos termos do artigo 371 do CPC.

Importa destacar que a doutrina estabelece parâmetros acerca dos elementos do documento, tais como autoria, conteúdo e suporte. Assim:

01. ***Quanto à autoria:*** o autor do documento é a pessoa a quem se atribui sua formação. A autoria poderá ser material, que corresponde a quem criou o suporte que representará o fato; ou ainda autoria intelectual/imaterial, que é a pessoa que determinou a criação.

Se há somente autoria material, o documento é autógrafo (art. 410, I).

Se há autor material e autor imaterial, o documento é heterógrafo (art. 410, II).

> Documento público: quando seu autor é agente investido de função pública (no exercício da função).

O Código Civil atribui o status de prova plena ao documento lavrado por tabelião, nos termos do artigo 215:

Art. 215. *A escritura pública, lavrada em notas de tabelião, é documento dotado de fé pública, fazendo prova plena.*

> Documento particular: a autoria do documento se dá por ação de um particular.

As formas de identificação da autoria do documento dar-se-ão por meio de assinatura, autenticação mecânica ou assinatura digital.

OBS.: o documento anônimo poderá ser considerado válido? Se por algum outro meio se puder comprovar sua autoria, a exemplo do exame grafológico, será possível a utilização de documento anônimo.

Quanto à autenticidade: o documento será considerado autêntico quando efetivamente for proveniente do autor nele indicado.

> Em se tratando de documento público, a autoria é presumida (art.405). Além disso, se o tabelião reconhece a firma, seja por autenticidade ou por semelhança, também se presume autêntico (art.411, I).

> Quanto ao documento particular, que não tenha firma reconhecida, será considerado autêntico se a parte contrária não impugnar a sua autenticidade (art.430/433).

02. ***Quanto ao conteúdo:*** a classificação doutrinária do documento quanto ao seu conteúdo destaca a existência de documentos positivos, entendidos como aqueles que exteriorizam uma declaração de vontade (ex.: contrato de compra e venda); e documentos testemunhais, que são aqueles que declaram a ciência ou a narrativa quanto a determinado fato (ex.: recibo).

03. ***Quanto ao suporte:*** é considerado **suporte** o meio físico pelo qual o documento é representado, como papel, mídias, como CD e pen-drive, DVD etc. Convém notar que quando o suporte for papel, a simples apresentação nos autos já suprirá a produção da prova, o que não acontece com mídias como CD e DVD; sua exposição será realizada em audiência, intimando-se previamente as partes (art.434, parágrafo único).

> ***Originais, cópias, certidões e traslados:*** importa destacar que, em regra, não há que apresentar documentos originais ou autenticados, nos termos do artigo 422 do CPC, exceto se a conformidade com o original for impugnada pela parte adversa:

Art. 422. *Qualquer reprodução mecânica, como a fotográfica, a cinematográfica, a fonográfica ou de outra espécie, tem aptidão para fazer prova dos fatos ou das coisas representadas, se a sua conformidade com o documento original não for impugnada por aquele contra quem foi produzida.*

Ademais, importa salientar que o artigo 425 traz hipóteses de reproduções que farão a mesma prova que os documentos originais:

Art. 425. *Fazem a mesma prova que os originais:*

I. *as certidões textuais de qualquer peça dos autos, do protocolo das audiências ou de outro livro a cargo do escrivão ou do chefe de secretaria, se extraídas por ele ou sob sua vigilância e por ele subscritas;*

II. *os traslados e as certidões extraídas por oficial público de instrumentos ou documentos lançados em suas notas;*

III. *as reproduções dos documentos públicos, desde que autenticadas por oficial público ou conferidas em cartório com os respectivos originais;*

IV. *as cópias reprográficas de peças do próprio processo judicial declaradas autênticas pelo advogado, sob sua responsabilidade pessoal, se não lhes for impugnada a autenticidade;*

V. *os extratos digitais de bancos de dados públicos e privados, desde que atestado pelo seu emitente, sob as penas da lei, que as informações conferem com o que consta na origem;*

VI. *as reproduções digitalizadas de qualquer documento público ou particular, quando juntadas aos autos pelos órgãos da justiça e seus auxiliares, pelo Ministério Público e seus auxiliares, pela Defensoria Pública e seus auxiliares, pelas procuradorias, pelas repartições públicas em geral e por advogados, ressalvada a alegação motivada e fundamentada de adulteração.*

> **Documento eletrônico**

Para que se possa atribuir valor probatório ao chamado documento eletrônico, é necessário avaliar o grau de segurança do documento, o que se dará por meio da utilização de determinadas técnicas de segurança, tais como:

- assinatura digitalizada (diferente de assinatura digital): é uma imagem da assinatura que pode ser lançada no documento;
- firmas biométricas (exame de retina, impressão digital, timbre de voz);
- senhas pessoais;
- criptografia: a mensagem é cifrada e transformada em um código que só pode ser compreendido por quem conheça o padrão (chave) para a decifração.

> **Produção da prova documental**

O momento pertinente para a produção da prova documental será, em regra, na primeira manifestação da parte no processo, de sorte que o autor o fará na propositura da ação e o réu, na contestação.

Art. 434. *Incumbe à parte instruir a petição inicial ou a contestação com os documentos destinados a provar suas alegações.*

Convém notar que, em regra, o momento da proposição da prova documental é coincidente com o momento de sua produção, excepcionando-se o documento que contemple gravação sonora ou audiovisual, cujo momento de produção será em audiência, nos termos do parágrafo único do artigo 434.

Haverá, no entanto, casos em que será possibilitada a juntada posterior de documentos, notadamente quando se tratar de documento relativo a fato ocorrido posteriormente ou ainda documento destinado a contrapor outra prova produzida nos autos.

Art. 435. *É lícito às partes, em qualquer tempo, juntar aos autos documentos novos, quando destinados a fazer prova de fatos ocorridos depois dos articulados ou para contrapô-los aos que foram produzidos nos autos.*

Parágrafo único. *Admite-se também a juntada posterior de documentos formados após a petição inicial ou a contestação, bem como dos que se tornaram conhecidos, acessíveis ou disponíveis após esses atos, cabendo à parte que os produzir comprovar o motivo que a impediu de juntá-los anteriormente e incumbindo ao juiz, em qualquer caso, avaliar a conduta da parte de acordo com o art. 5º..*

Quanto à manifestação acerca do documento produzido pela parte adversa, reza o artigo 437 que o réu o fará na contestação (impugnando os documentos anexados à inicial), e o autor manifestar-se-á na réplica sobre os documentos anexados à contestação. Em documentos apresentados fora dessas hipóteses, será concedido à parte o prazo de 15 (quinze) dias para manifestar-se.

Exibição de documento ou coisa

Os artigos 396 a 404 trazem o procedimento para exibição de documento ou coisa que tem emprego quando a parte que teria, inicialmente, o ônus de trazer aos autos determinado documento ou coisa necessários ao deslinde da lide não pode fazê-lo (seja em inicial ou contestação) em virtude de que tal meio de prova esteja em poder da outra parte ou ainda de um terceiro.

Nessa hipótese, a Lei Processual dá ao juiz o poder de determinar a exibição requerida:

Art. 396. *O juiz pode ordenar que a parte exiba documento ou coisa que se encontre em seu poder.*

Para tanto, a parte interessada deverá formular o pedido com a especificação do documento ou da coisa, o fato que pretende provar com a exibição e as razões pelas quais acredita que a coisa ou documento estejam em poder da outra parte ou do terceiro indicado, nos termos do art. 397.

Importa destacar que o artigo 404 traz um rol de hipóteses em que a parte indicada para a exibição poderá se escusar de fazê-lo. Entretanto, se a escusa for imotivada, serão admitidos como verdadeiros os fatos que a parte pretendia provar com a exibição, nos termos do artigo 400.

Art. 404. *A parte e o terceiro se escusam de exibir, em juízo, o documento ou a coisa se:*

I. *concernente a negócios da própria vida da família;*

II. *sua apresentação puder violar dever de honra;*

III. *sua publicidade redundar em desonra à parte ou ao terceiro, bem como a seus parentes consanguíneos ou afins até o terceiro grau, ou lhes representar perigo de ação penal;*

IV. *sua exibição acarretar a divulgação de fatos a cujo respeito, por estado ou profissão, devam guardar segredo;*

V. subsistirem outros motivos graves que, segundo o prudente arbítrio do juiz, justifiquem a recusa da exibição;

VI. houver disposição legal que justifique a recusa da exibição.

***Art. 400.** Ao decidir o pedido, o juiz **admitirá como verdadeiros os fatos que, por meio do documento ou da coisa, a parte pretendia provar** se:*

I. o requerido não efetuar a exibição nem fizer nenhuma declaração no prazo do art. 398;

II. a recusa for havida por ilegítima.

Parágrafo único. Sendo necessário, o juiz pode adotar medidas indutivas, coercitivas, mandamentais ou sub-rogatórias para que o documento seja exibido.

Prova testemunhal

Na prova testemunhal, assim como no depoimento pessoal, a pessoa é utilizada como um meio de prova. Quando a pessoa em questão é um terceiro na relação processual, surge a prova testemunhal. A testemunha relatará ao juiz sua percepção sobre os fatos, sem realizar juízo de valor.

A regra é de que a prova testemunhal é sempre admissível (art. 442), exceto se a lei dispuser em sentido contrário. O próprio CPC já traz hipóteses em que não será admitida a prova testemunhal, nos termos do artigo 443:

***Art. 443.** O juiz indeferirá a inquirição de testemunhas sobre fatos:*

I. já provados por documento ou confissão da parte;

II. que só por documento ou por exame pericial puderem ser provados.

No Código de 1973 havia expressa vedação à prova exclusivamente testemunhal com a adoção de critério de valor do contrato. Vejamos a redação do artigo 401 do Código extinto:

CPC de 1973: Art. 401. A prova exclusivamente testemunhal só se admite nos contratos cujo valor não exceda o decuplo do maior salário mínimo vigente no país, ao tempo em que foram celebrados.

O Novo Código de Processo Civil não reproduziu tal regra de exclusão da prova testemunhal, como resta evidente pela redação do artigo 444:

***Art. 444.** Nos casos em que a lei exigir prova escrita da obrigação, é admissível a prova testemunhal quando houver começo de prova por escrito, emanado da parte contra a qual se pretende produzir a prova.*

Além disso, para dirimir qualquer dúvida acerca da efetiva superação da vedação, o artigo 1.072 tratou de revogar expressamente o artigo 227 do Código Civil que estabelecia que a prova exclusivamente testemunhal só se admitia nos negócios jurídicos cujo valor não ultrapassasse o décuplo do maior salário mínimo vigente no País ao tempo em que foram celebrados.

A testemunha poderá ser qualquer pessoa capaz, desde que não seja impedida ou suspeita (447). Desta feita, **não poderão funcionar como testemunha:**

01. Os incapazes:
    - interditado por enfermidade ou deficiência mental;
    - uem estiver acometido por enfermidade ou retardamento mental, ao tempo em que ocorreram os fatos, não podia discerni-los, ou, ao tempo em que deve depor, não está habilitado a transmitir as percepções;
    - quem tiver menos de 16 (dezesseis) anos;
    - o cego e o surdo, quando a ciência do fato depender dos sentidos que lhes faltam.
02. Os impedidos:
    - o cônjuge, o companheiro, o ascendente e o descendente em qualquer grau e o colateral, até o terceiro grau, de alguma das partes, por consanguinidade ou afinidade, salvo se o exigir o interesse público ou, tratando-se de causa relativa ao estado da pessoa, não se puder obter de outro modo a prova que o juiz repute necessária ao julgamento do mérito;
    - o que é parte na causa;
    - que intervém em nome de uma parte, como o tutor, o representante legal da pessoa jurídica, o juiz, o advogado e outros que assistam ou tenham assistido as partes.
03. Os suspeitos:
    - quem for inimigo da parte ou seu amigo íntimo;
    - aquele que tiver interesse no litígio.

A testemunha é ouvida em audiência de instrução e as perguntas são formuladas pelas partes diretamente à testemunha, começando pela que a arrolou, sob a condução do magistrado que poderá indeferir perguntas que repute não serem relacionadas ao fato ou já terem sido respondidas.

O **direito ao silêncio** da testemunha é regulado pelo artigo 448 e somente será possível quando lhe acarrete grave dano, bem como ao seu cônjuge ou companheiro e aos seus parentes consanguíneos ou afins, em linha reta ou colateral, até o terceiro grau; ou se trate de fatos a respeito dos quais, por estado ou profissão, deva guardar sigilo.

Apresentado o rol, a parte só poderá substituí-lo nas hipóteses de falecimento, enfermidade, impossibilidade de depor, mudança de residência ou local de trabalho que impossibilite a localização da testemunha (art. 451).

Prova pericial

Far-se-á necessária a produção de prova pericial quando se precisar de conhecimentos técnicos (além do padrão do homem médio) para a elucidação de um determinado fato. Nessa hipótese, o juiz nomeará um perito, que deverá registrar sua opinião técnico-científica, por meio do laudo pericial.

Importa destacar que as partes também poderão, de comum acordo, pactuar acerca da indicação do perito, nos termos trazidos pelo artigo 471. Trata-se de inovação trazida pelo Novo Código de Processo Civil, na esteira dos negócios processuais amplamente difundidos na nova Legislação Processual Civil.

***Art. 471.** As partes podem, de comum acordo, escolher o perito, indicando-o mediante requerimento, desde que:*

I. sejam plenamente capazes;

II. a causa possa ser resolvida por autocomposição.

§ 1º As partes, ao escolher o perito, já devem indicar os respectivos assistentes técnicos para acompanhar a realização da perícia, que se realizará em data e local previamente anunciados.

§ 2º O perito e os assistentes técnicos devem entregar, respectivamente, laudo e pareceres em prazo fixado pelo juiz.

§ 3º A perícia consensual substitui, para todos os efeitos, a que seria realizada por perito nomeado pelo juiz.

> **Fontes da prova pericial:** o objeto de exame da perícia pode se dar sobre pessoas (vivas ou mortas), coisas ou até mesmo fenômenos.

Obs.1: na esfera cível não é possível coagir a pessoa a se submeter a exame pericial. Contudo, a recusa poderá gerar presunção de veracidade sobre o que se pretendia provar com a perícia, nos termos dos artigos 231 e 232 do Código Civil:

> ***Art. 231.*** *Aquele que se nega a submeter-se a exame médico necessário não poderá aproveitar-se de sua recusa.*
>
> ***Art. 232.*** *A recusa à perícia médica ordenada pelo juiz poderá suprir a prova que se pretendia obter com o exame.*

OBS.: em relação às coisas, não há limite jurídico, mas é possível a existência de dificuldade de acesso ao objeto, ocasião em que o magistrado poderá determinar a exibição. Em havendo descumprimento da ordem, nos termos do art. 400, caberá a adoção de medidas coercitivas ou ainda a presunção de veracidade dos fatos que se pretendia provar.

> **Espécies de perícia:** quanto à prova pericial, ela se apresenta dividida nas modalidades de exame e vistoria; avaliação (art. 464):

Exame e vistoria: consistem no ato de inspeção/observação de pessoas, semoventes e bens móveis (exame), ou de bens imóveis (vistoria);

Avaliação (ou arbitramento): consiste na fixação de valores de coisas ou de direitos.

> **O perito:** o perito tem as atividades presididas e orientadas pelo juiz que fará um exame crítico das conclusões obtidas pelo expert.

Segundo Didier, "O perito é especialista e, determinado campo do saber, que atua como auxiliar eventual do juízo, protagonizando a prova pericial." (DIDIER, 2016)

Convém destacar que o perito não pode exercer juízo valorativo sobre a causa. Sua atuação é exclusivamente sobre os fatos objeto da perícia (473, §2º).

> **Perícia complexa:** abrange mais de uma área do conhecimento especializado. Poderá ser indicado mais de um perito e, consequentemente, mais de um assistente técnico por cada parte (art. 475).

> **Escusa, recusa e substituição do perito:** a escusa se dá por parte do próprio perito, alegando motivos justos, inclusive impedimento e suspeição (arts. 148, II, 157 e 467 do CPC). Prazo de 15 dias. Já a recusa é feita pelas partes, quando o perito tenha sido indicado pelo próprio magistrado, e pode ser tanto por impedimento ou suspeição (art. 467).

Além disso, o perito poderá ser substituído quando não tiver conhecimentos técnicos ou quando descumprir, imotivadamente, o prazo para a entrega do laudo (art. 468).

> **Assistente técnico:** é um auxiliar da parte que acompanha/fiscaliza o trabalho do perito emitindo um parecer técnico.

> **As despesas:** nos termos do "Art. 95. Cada parte adiantará a remuneração do assistente técnico que houver indicado, sendo a do perito adiantada pela parte que houver requerido a perícia ou rateada quando a perícia for determinada de ofício ou requerida por ambas as partes."

Os honorários do perito são por ele apresentados em proposta após sua intimação, e podem ser objeto de impugnação pelas partes.

> **O juiz e a perícia:** quanto à participação do magistrado na perícia:

- O juiz requer a perícia de ofício ou a pedido das partes;
- Nomeia o perito e fixa prazo para a entrega do laudo pericial (art. 465);
- Intima as partes para indicarem seus assistentes técnicos e quesitos para a perícia (art. 465, § 1º);
- Poderá, se considerar a perícia deficiente ou inconclusiva, minorar os honorários incialmente fixados para o perito (465, § 5º);
- Poderá indeferir quesitos que considere impertinentes e também formular quesitos que entenda necessários ao esclarecimento da causa (art. 470);
- Não está adstrito às conclusões periciais para formular seu convencimento, devendo, contudo motivá-lo se decidir de maneira diversa.

Inspeção judicial

Trata-se de meio de prova que "se concretiza com o ato de percepção pessoal do juiz, com um dos seus sentidos, das propriedades e circunstâncias relativas a pessoa ou coisa (móveis, imóveis e semoventes)." (DIDIER, 2016)

O procedimento está regulado pelos artigos 481 a 484 do Novo Código de Processo Civil

> ***Art. 481.*** *O juiz, de ofício ou a requerimento da parte, pode, em qualquer fase do processo, inspecionar pessoas ou coisas, a fim de se esclarecer sobre fato que interesse à decisão da causa.*

O juiz poderá contar com a ajuda de peritos ao realizar a inspeção judicial (art. 482) e é facultado às partes assistir à inspeção (art. 483, parágrafo único).

A inspeção judicial será cabível, nos termos do artigo 483, quando:

- o juiz julgar necessário para a melhor verificação ou interpretação dos fatos que deva observar;
- a coisa não puder ser apresentada em juízo sem consideráveis despesas ou graves dificuldades;
- o juiz determinar a reconstituição dos fatos.

Ao final da inspeção, o magistrado determinará a lavratura de auto circunstanciado, no qual constará tudo que entender útil ao julgamento da lide, podendo ainda valer-se de desenhos, fotografias e gráficos.

> **Inspeção de pessoa:** a inspeção judicial pode se dar sobre uma pessoa que poderá ser parte ou um terceiro. Se for parte, determina o art. 379, II que a parte deve colaborar com o juízo, submetendo-se à inspeção. Quanto ao terceiro, deverá consentir com a inspeção, uma vez que inexiste determinação de que se submeta à inspeção (ver deveres do terceiro no art. 380).

Produção antecipada de provas

Tratando-se a prova de direito fundamental e de conteúdo complexo, o legislador cuidou e resguardar a possibilidade de que a prova seja produzida de maneira antecipada, a fim de impedir o perecimento do direito à produção da prova pelo decurso do tempo.

Nesse sentido, os artigos 381 a 383 trazem a ação de produção antecipada de prova que será admitida, nos termos do artigo 381 do Novo Código de Processo Civil:

> ***Art. 381.*** *A produção antecipada da prova será admitida nos casos em que:*
>
> ***I.*** *haja fundado receio de que venha a tornar-se impossível ou muito difícil a verificação de certos fatos na pendência da ação;*
>
> ***II.*** *a prova a ser produzida seja suscetível de viabilizar a autocomposição ou outro meio adequado de solução de conflito;*
>
> ***III.*** *o prévio conhecimento dos fatos possa justificar ou evitar o ajuizamento de ação.*

A ação em questão esgota-se na própria produção da prova que não chega a ser valorada pelo magistrado (art. 382, §2º). Embora se trate de uma ação com conteúdo acautelatório (resguardar o direito à produção da prova), entende a doutrina que não se trata de uma ação cautelar, mas de um procedimento de jurisdição voluntária.

Os interessados, em havendo cunho contencioso, serão citados e poderão, inclusive, requerer a produção de outra prova além das requeridas pela parte que propôs a ação.

Ao final da produção da prova, os autos permanecerão em cartório durante um mês para extração de cópias e certidões pelos interessados. Findo esse prazo, os autos serão entregues ao promovente da medida. (art.383)

Questões

01. (CESPE) A respeito das provas no processo civil, assinale a opção correta.

a) No caso de atuar como parte, o Ministério Público pode requerer a produção de provas, mas não se atuar como fiscal da lei, hipótese em que somente poderá analisar a legalidade das provas requeridas e produzidas pelos litigantes.

b) A ausência injustificada da parte ré devidamente intimada para audiência em que lhe seria tomado o depoimento pessoal, importa em reconhecimento jurídico do pedido.

c) A inspeção judicial consiste em ato praticado pelo oficial de justiça, por determinação do juiz, para o fim específico de examinar coisa ou pessoa e obter esclarecimentos sobre fatos que interessem ao julgamento da ação.

d) Pessoas consideradas impedidas ou suspeitas para depor podem ser ouvidas pelo juiz, que atribuirá aos respectivos depoimentos o valor que possam merecer.

02. (TRT) Assinale a assertiva correta sobre prova.

a) É possível a inversão do ônus da prova por convenção das partes em qualquer circunstância, devendo o Juiz fundamentar decisão contrária à disposição convencionada.

b) Consiste a confissão no reconhecimento do fato em que se funda o direito do autor. A confissão de um fato equivale, em termos de efeitos jurídicos, ao reconhecimento jurídico do pedido, conduzindo necessariamente à procedência da pretensão da parte adversa.

c) Para que a confissão extrajudicial gere efeitos no processo, deverá ser renovada em seus termos perante o Juiz da causa.

d) O Juiz pode determinar, de ofício, ainda que com oposição das partes, a realização das provas que entender necessárias à solução do litígio.

03. (FAURGS) Em ação indenizatória embasada no Código Civil, alega o autor ter sofrido danos materiais e morais causados por suposta ação imprudente do réu, que teria causado um acidente de trânsito. O réu, em contestação, nega a prática da suposta ação imprudente e alega não ter o demandante sofrido danos materiais ou morais. Depois de dada a oportunidade às partes de produzir provas, a demanda é julgada parcialmente procedente, considerando-se que nem o autor e nem o réu haviam se desincumbido dos seus ônus probatórios.

Levando em conta que nenhuma das partes tenha produzido provas, a decisão do magistrado

a) está correta, considerando que a prova da prática de ação imprudente e da ocorrência dos danos incumbia ao autor, e que a prova da inexistência da ação imprudente e dos danos incumbia ao réu.

b) está incorreta, e a demanda deveria ter sido julgada procedente, considerando que o réu tinha o ônus de provar os fatos impeditivos, modificativos e extintivos alegados.

c) está correta, considerando que o autor estava desincumbido da prova dos danos, por conta de presunção legal que militava a seu favor, e que a prova da inexistência da ação imprudente e dos danos incumbia ao réu.

d) está incorreta, e a demanda deveria ter sido julgada improcedente, considerando que o autor não se desincumbiu de fazer provas sobre os fatos constitutivos do seu alegado direito, e que o réu não detinha ônus de provar, considerando suas alegações defensivas.

04. (IBADE) Em processo que tramita sob o rito ordinário, Joana postula que o Município seja obrigado a arcar com um tratamento médico. As partes e o Ministério Público não pretendem a produção de outras provas. O Juízo determina, de ofício, a produção de prova pericial. Sobre o caso em questão, assinale a resposta correta.

a) A produção da prova pericial será gratuita.

b) As partes deverão ratear os custos da produção da prova pericial.

c) A parte ré deverá custear a produção da prova pericial.

d) O Ministério Público deverá custear a produção da prova pericial.

e) A parte autora deverá custear a produção da prova pericial.

05. (FCC) Sobre a prova testemunhal, é correto afirmar que

a) o juiz deve ouvir primeiro as testemunhas do autor e depois as do réu, não podendo inverter a ordem das oitivas ainda que as partes concordem.

b) esta é inadmissível quando a lei exigir prova escrita da obrigação, ainda que haja começo de prova escrita emanada da parte contra a qual se pretende produzir a prova.

c) a parte pode se comprometer a levar a testemunha à audiência independentemente de intimação, que, em regra, deve ser realizada por carta com aviso de recebimento.

d) é defeso à parte, nos contratos simulados, provar com testemunhas a divergência entre a vontade real e a vontade declarada, ou, nos contratos em geral, os vícios de consentimento.

e) pode o juiz, se necessário, admitir o depoimento de testemunhas menores, impedidas ou suspeitas, devendo tomar-lhes compromisso.

Gabaritos

01	D	04	B
02	D	05	C
03	D	-	-

13. DAS AUDIÊNCIAS – AUDIÊNCIA DE CONCILIAÇÃO OU DE MEDIAÇÃO E AUDIÊNCIA DE INSTRUÇÃO E JULGAMENTO

13.1 Notas Introdutórias

O CPC de 2015 apresenta a regulamentação da audiência de conciliação ou de mediação, de natureza obrigatória, em regra; e da audiência de instrução e julgamento. A obrigatoriedade da primeira se dá em razão da tendência manifestada pela Nova Lei Adjetiva em priorizar a autocomposição das partes, estimulando-a sempre que possível.

Vejamos adiante as características específicas de cada tipo.

13.2 Audiência de Conciliação ou de Mediação

Esse tipo de audiência se encontra regulado no artigo 334 do Novo Código de Processo Civil. Sua realização já era possível no Código anterior, mas era subutilizada. Enquanto na Codificação anterior era mera faculdade, na atual é a regra, salvo determinadas exceções.

A finalidade da audiência de conciliação ou de mediação é, conforme se induz a partir do próprio nome, apenas a realização da **autocomposição**. Será efetuada junto a um conciliador ou mediador, que atuará segundo os termos dos artigos 165 a 175 do Código e da respectiva lei de organização judiciária.

> Essa obrigatoriedade é conferida aos processos que se pautam pelo RITO COMUM.

Assim, após o juízo positivo da admissibilidade da petição inicial, o juiz designará a audiência em questão com uma antecedência mínima de 30 dias, ou seja, a audiência não será realizada antes de completados trinta dias da data de sua designação.

A **citação** do réu deverá ser efetuada com uma antecedência mínima de **20 dias** da data da audiência. No ensejo desse ato processual, o réu será citado para integrar a lide e intimado da audiência de conciliação ou mediação. Caso não tenha interesse na autocomposição, peticionará junto ao juízo onde tramita o processo manifestando esse desinteresse, com uma antecedência mínima de **10 dias** da data da audiência.

Convém observar que, no rito comum, a regra é que o réu não seja citado para oferecer contestação, e sim para comparecer à audiência de conciliação ou mediação. Isso porque o prazo para resposta só se abrirá após a realização dessa audiência, na hipótese de insucesso da composição amigável.

OBS.: a intimação do autor da audiência de conciliação ou mediação se dará na pessoa do seu advogado.

O §2º do art. 334 prevê a possibilidade de **fracionamento dessa audiência em mais de uma sessão.** Assim prescreve a referida norma:

> ***Art. 334.*** *[...] § 2º Poderá haver mais de uma sessão destinada à conciliação e à mediação, não podendo exceder a 2 (dois) meses da data de realização da primeira sessão, desde que necessárias à composição das partes.*

Dessa forma, caso se mostre necessário para o sucesso da composição entre as partes, o juiz poderá determinar a realização de outras sessões de conciliação ou mediação, desde que não excedam o período de **2 meses** da data em que se efetuou a primeira. Caso contrário, admitir-se-ia o prolongamento indefinido dessa fase, prejudicando a efetividade e a celeridade processuais.

OBS.: o art. 334, § 7º, prevê a possibilidade de realização da audiência de conciliação ou mediação via meio eletrônico, nos termos da lei.

Há hipóteses em que não se procederá à audiência em questão. São as previstas no § 4º do art. 334, adiante expostas:

a) ambas as partes manifestarem **expressamente** desinteresse na composição;

b) não for admissível autocomposição no caso.

OBS. 1: quanto ao item "a", as partes deverão manifestar o desinteresse na autocomposição nos seguintes momentos:

- **AUTOR**: deverá indicar o referido desinteresse na sua petição inicial.
- **RÉU**: indicará desinteresse por meio de petição, que deverá ser apresentada com 10 dias de antecedência da data designada para a audiência.

OBS. 2: para o fim ora discutido, no caso de **litisconsórcio**, será necessário que todos os litisconsortes manifestem expressamente seu desinteresse na autocomposição. Se pelo menos um deles não fizer essa recusa expressa, a audiência terá lugar, considerando que o silêncio será interpretado como concordância tácita da parte quanto à realização desse ato processual.

OBS. 3: conforme dispõe o art. 335, § 1º, no caso de litisconsórcio passivo, ocorrendo a hipótese do art. 334, § 6º (manifestação de desinteresse por todos os litisconsortes), o termo inicial do prazo para apresentação de contestação será, para cada um dos réus, a data de apresentação de seu respectivo pedido de cancelamento da audiência.

Caso a parte falte injustificadamente à audiência de conciliação ou mediação, essa ausência será considerada ato atentatório à dignidade da justiça, o que é punível por meio da aplicação de multa de até 2% sobre o valor da causa ou da vantagem econômica pretendida na ação. Essa multa será revertida em favor da União ou do Estado-Membro, a depender da justiça em que tramita o feito (federal ou estadual).

OBS.: conforme o § 10 do art. 334, a parte poderá, por meio de procuração específica, constituir **representante** com poderes para negociar e transigir.

Inobstante não haver atividade postulatória na audiência em questão (pois sua finalidade é essencialmente a realização de autocomposição), o Novo Código de Processo Civil prevê, em seu art. 334, §9º, a **necessidade** de a parte comparecer acompanhada por seu **advogado ou defensor público**.

Realizada a audiência de conciliação ou mediação, poderão ocorrer as seguintes hipóteses:

a) **É acertada a solução consensual:** a autocomposição será reduzida a termo e homologada pelo juiz por sentença.

b) **Não ocorre a autocomposição:** nesse caso, inicia-se o prazo para o oferecimento de contestação (que será contado da data da audiência ou da última sessão de conciliação ou mediação).

13.3 Da Audiência de Instrução e Julgamento

Essa audiência tem lugar na fase instrutória do processo. Inobstante isso, também nela se procederá inicialmente à tentativa de conciliação entre as partes, conforme dispõe o art. 359, com exceção da hipótese de não se admitir autocomposição. Frustrada essa tentativa, dá-se início à produção de provas, para, então, sendo possível, ser prolatada a sentença, também em audiência.

Verifica-se, portanto, a característica **concentração dos atos processuais** em audiência, com vistas a efetivar a economia e a celeridade processuais. Esse ato também é regido pelo **princípio da oralidade**, pois prevalece a produção de prova oral na audiência, apesar de ser também possível a apresentação de prova documental.

O art. 360 do Novo Código de Processo Civil prevê o importante **poder de polícia do juiz**, afirmando o seguinte:

> ***Art. 360.*** *O juiz exerce o poder de polícia, incumbindo-lhe:*
>
> *I - manter a ordem e o decoro na audiência;*
>
> *II - ordenar que se retirem da sala de audiência os que se comportarem inconvenientemente;*
>
> *III - requisitar, quando necessário, força policial;*
>
> *IV - tratar com urbanidade as partes, os advogados, os membros do Ministério Público e da Defensoria Pública e qualquer pessoa que participe do processo;*
>
> *V - registrar em ata, com exatidão, todos os requerimentos apresentados em audiência.*

Verifica-se, a partir da leitura do dispositivo, a clara função do magistrado de manutenção da ordem e de condução apropriada dos atos produzidos em audiência. As partes têm o dever de agir de forma adequada, contribuindo ativamente com a melhor produção dos trabalhos, em face do modelo de processo cooperativo.

Apesar de a audiência de instrução e julgamento ser um ato processual dotado de **publicidade** (art. 368), essa característica poderá ser mitigada pelo magistrado no exercício do seu poder de polícia, tendo em vista que ele poderá ordenar que se retirem da sala de audiência os que se comportarem inconvenientemente ou mesmo limitar o número de pessoas interessadas em assisti-la, tudo em prol da ordem e do sucesso na realização dos trabalhos.

A realização da audiência de instrução e julgamento se funda essencialmente na necessidade de produção de prova oral. Portanto, é nela que se ouvirão as partes, as testemunhas, os peritos e seus assistentes. O art. 361 prevê uma **ordem preferencial na oitiva** desses sujeitos processuais, que se constitui na seguinte:

01. Perito e os assistentes técnicos (responderão aos quesitos de esclarecimentos requeridos no prazo e na forma do art. 477, caso não respondidos anteriormente por escrito).
02. Autor e, em seguida, o réu (prestarão depoimentos pessoais).
03. Testemunhas arroladas pelo autor e pelo réu, respectivamente.

Ressalte-se, como mencionado, que se trata de ordem preferencial, e não obrigatória. Assim, o juiz poderá, ouvidas as partes, alterar a ordem da oitiva, conforme o demandar as peculiaridades do caso concreto.

OBS.: enquanto os sujeitos acima listados estiverem sendo ouvidos, os advogados e o Ministério Público não poderão intervir ou apartear, salvo se o juiz o permitir.

O art. 362 prevê hipóteses as quais dão ensejo ao adiamento da audiência de instrução e julgamento. Isso poderá acontecer por:

a) convenção das partes;

b) ausência justificada de qualquer pessoa que dela deva necessariamente participar;

c) atraso injustificado de seu início em tempo superior a 30 minutos do horário marcado.

OBS. 1: o §2º do art. 362 prevê a possibilidade de o juiz dispensar a produção das provas requeridas pela parte cujo advogado ou defensor público não tenha comparecido à audiência, o que também se aplica ao representante do Ministério Público.

> *O impedimento que ensejar o adiamento previsto no item "b" deverá ser comprovado até a abertura da audiência. Caso contrário, o juiz procederá à instrução sem a participação do referido ausente.*

OBS. 2: a pessoa que houver dado causa ao adiamento da audiência arcará com as despesas acrescidas em consequência desse adiamento.

Em aplicação do princípio da concentração dos atos processuais, a audiência de instrução e julgamento é una e contínua, conforme descreve o art. 365. Isso, no entanto, não impede que, de modo excepcional e devidamente justificado, haja **cisão da referida audiência,** verificada a ausência de perito ou testemunha. Tal cisão dependerá, no entanto, da concordância das partes.

Da mesma forma, vislumbrada a impossibilidade da realização da instrução, do debate e do julgamento no mesmo dia, o juiz marcará seu prosseguimento para a data mais próxima possível, em pauta preferencial. É importante observar que o Código, em seu art. 365, parágrafo único, menciona prosseguimento da audiência, e não a designação de outra. Isso corrobora a característica da unidade da audiência de instrução e julgamento. Como consequência disso, não poderá haver nova prática de atos preparatórios para audiência, pois já se terá operado a preclusão. Não se trata de nova audiência, mas da continuação da primeira.

A audiência se dará na seguinte sequência:

01. Admitindo-se autocomposição no caso, será realizada a tentativa de conciliação (art. 359).

02. Não havendo conciliação, proceder-se-á à instrução, seguindo-se a ordem preferencial prevista no art. 361 para a produção da prova oral.

03. Concluída a instrução, inicia-se a fase dos **debates**. Terão a palavra, sucessivamente, o advogado do autor e o do réu, pelo prazo de **20min** cada, prorrogável por mais **10min**, a critério do juiz. Se for caso de intervenção do Ministério Público, seu representante também será ouvido nessas condições.

OBS.1: havendo **litisconsorte** ou **terceiro interveniente**, o prazo, que formará com o da prorrogação um só todo, dividir-se-á entre os do mesmo grupo, se não convencionarem de modo diverso (art. 364, § 1º). Assim, o prazo será de 30min, dividido igualmente entre todos, salvo acordo em outro sentido.

OBS.2: em atendimento ao princípio da oralidade, a regra é que as razões finais sejam apresentadas oralmente, na audiência de instrução e julgamento. Entretanto, se a causa apresentar questões complexas de fato ou de direito, o debate oral poderá ser substituído por razões finais escritas (memoriais), que serão apresentadas, sucessivamente, pelo autor, pelo réu e pelo representante do Ministério Público (se for caso de sua intervenção), no prazo de 15 dias cada, assegurada a vista dos autos.

01. Encerrado o debate ou oferecidas as razões finais, o juiz proferirá sentença em audiência ou no prazo de **30 dias.**

O art. 367, § 5º, prevê a possibilidade de gravação integral da audiência em imagem e em áudio, assegurando-se o rápido acesso das partes e dos órgãos julgadores. Essa gravação também poderá ser realizada pelas partes, sem necessidade de autorização judicial para tanto (§ 6º).

A audiência será reduzida a termo, o qual será subscrito pelo juiz, pelos advogados, pelo membro do Ministério Público e pelo escrivão ou chefe de secretaria. É dispensada a subscrição das partes, exceto quando houver ato de disposição para cuja prática os advogados não tenham poderes.

Questões

01. (FCC) Em relação à audiência de conciliação ou de mediação, é correto afirmar:

a) A audiência não será realizada se qualquer das partes, ainda que isoladamente, de maneira expressa ou tácita, manifestar seu desinteresse na composição consensual.

b) As partes devem estar acompanhadas por seus advogados ou defensores públicos, podendo constituir representantes, por meio de procuração específica, com poderes para negociar e transigir.

c) A intimação do autor para essa audiência será realizada pessoalmente, por via postal, ou, se incabível, por mandado a ser cumprido pelo Oficial de Justiça.

d) Se houver desinteresse na autocomposição, o autor deverá apontá-la na petição inicial, cabendo ao réu fazê-lo por ocasião de sua contestação, necessariamente.

e) O não comparecimento injustificado do autor ou do réu à audiência de conciliação é considerado ato de litigância de má-fé, sendo apenado com multa de até cinco por cento da vantagem econômica pretendida ou do valor da causa, revertida em favor da União ou do Estado.

02. (VUNESP)Quanto à audiência de instrução e julgamento em procedimento comum, assinale a alternativa correta.

a) Será possível a gravação da audiência em imagem e em áudio pelas partes, em meio digital ou analógico, somente se houver autorização judicial.

b) Enquanto depuserem o perito, os assistentes técnicos, as partes e as testemunhas, poderão os advogados e o Ministério Púbico intervir ou apartear, independentemente de licença do juiz.

c) O juiz poderá dispensar a produção de provas requerida pelo Ministério Público ou pelo defensor público, se o promotor de justiça ou o defensor público não comparecerem à audiência.

d) Nas provas orais produzidas em audiência, devem ser ouvidos, obrigatoriamente, nesta ordem: o perito e os assistentes técnicos; o autor e o réu que prestarem depoimentos pessoais; as testemunhas arroladas pelo autor e, por último, as testemunhas arroladas pelo réu.

e) Instalada a audiência, o juiz pode deixar de tentar conciliar as partes se já tiver empregado anteriormente outros métodos de solução consensual de conflitos.

03. (VUNESP) Será realizada uma audiência de instrução e julgamento em que previamente houve realização de perícia e existe pedido de depoimento pessoal das partes, bem como arrolamento de testemunhas. Diante disso, assinale a alternativa correta.

a) Antes de instalar a instrução, em regra, não cabe ao juiz tentar conciliar as partes.

b) Em primeiro lugar, o juiz tomará os depoimentos pessoais, primeiro do autor e depois do réu.

c) Por último, o perito e os assistentes técnicos responderão aos quesitos de esclarecimentos, requeridos no prazo e nos termos do disposto no Código de Processo Civil.

d) Após ouvir os peritos e assistentes técnicos e realizados os depoimentos pessoais, serão inquiridas as testemunhas arroladas pelo autor e pelo réu.

e) O juiz não poderá dispensar a produção de prova requerida pela parte cujo advogado não tenha comparecido à audiência.

04. (VUNESP) Janaína propôs ação declaratória contra o Banco Nunes S/A. Em sua petição inicial esclareceu que não tinha interesse na realização da audiência de conciliação ou de mediação. Nessa situação, é correto afirmar:

a) caso o banco réu não queira participar de uma audiência de mediação ou conciliação, deverá fazer tal requerimento diretamente em sua contestação.

b) se o banco réu optar pela realização da audiência de mediação e conciliação, o juiz, diante da manifestação da autora, deverá desmarcar a audiência.

c) caso houvesse litisconsórcio, o desinteresse na realização da audiência deve ser manifestado por todos os litisconsortes.

d) em um mesmo processo só pode ser realizada uma sessão de mediação ou conciliação.

e) caso seja designada a audiência de mediação ou conciliação e Janaína não compareça, tal ausência será considerada ato atentatório à dignidade da justiça com aplicação de multa de até 1% sobre o valor da causa.

05. (FAURGS) Confrontando o sistema de audiências previsto pelo Código de Processo Civil de 1973 com aquele previsto pelo Novo Código de Processo Civil, instituído pela Lei nº 13.105/2015, assinale a alternativa correta.

a) A audiência de conciliação ou de mediação prevista pelo Novo Código é idêntica, em sua função e conteúdo, à audiência de conciliação do procedimento sumário disciplinado no Código de 1973, dado que ambas visam à realização da transação e, caso essa não seja obtida, à apresentação da defesa do demandado.

b) A audiência de conciliação ou de mediação prevista pelo Novo Código é idêntica, em sua função e conteúdo, à audiência preliminar disciplinada pelo Código de 1973, já que ambas se destinam apenas à tentativa de resolução consensual do conflito.

c) Assim como o Código de 1973 dispunha em relação à audiência preliminar, o Novo Código permite ao juiz dispensar a realização da audiência de conciliação ou de mediação quando as circunstâncias da causa evidenciarem ser improvável a obtenção da transação.

d) De regra, no Novo CPC, o saneamento e a organização da causa, incluindo a delimitação consensual das questões de fato e de direito controvertidas, ocorrerão por meio de decisão judicial escrita, salvo quando a causa apresentar complexidade em matéria de fato ou de direito, quando deverá ser designada audiência.

e) O comparecimento de ambas as partes à audiência de conciliação ou de mediação prevista pelo Novo CPC é obrigatório e, assim como ocorria com a audiência preliminar do CPC de 1973, existe a previsão de aplicação, à parte ausente, da pena de confissão.

Gabaritos

01	B	04	C
02	C	05	D
03	D	-	-

14. SENTENÇA

14.1 Conceito Legal de Sentença

O legislador de 2015, no § 1º do artigo 203 do Novo CPC, define sentença como a decisão por meio da qual o magistrado: **a**) põe fim à fase cognitiva do procedimento comum ou extingue a execução (efeitos); **b**) com fundamento em qualquer das matérias previstas nos artigos 485 (sentença terminativa); e 487 (sentença definitiva) do mesmo Código (conteúdo).

14.2 Classificação da Sentença

Os principais critérios para a classificação das sentenças consistem em seu conteúdo e em sua aptidão para resolver o mérito da demanda.

Quanto à resolução de mérito:

a) Sentença com resolução de mérito (sentença definitiva)

Quando se apresenta, em juízo, uma pretensão, seja esta uma efetiva decisão do magistrado, seja uma homologação de ato de autocomposição das partes, busca-se a apreciação do pedido pelo juízo, em decisão que resolva o mérito da demanda (decisão definitiva) e que seja abarcada pela **coisa julgada material**, nos termos do artigo 487 do Novo Código de Processo Civil.

> A previsão do parágrafo único do artigo 487 do Novo Código de Processo Civil, em harmonia ao que dispõe o artigo 10 do mesmo diploma legal, assegura às partes processuais o direito de manifestação prévia sobre a possibilidade de reconhecimento de prescrição ou de decadência.

Segundo o art. 487 do CPC, haverá resolução de mérito, portanto, quando o juiz: **a**) acolher ou rejeitar o pedido formulado na ação ou na reconvenção, ocasião em que o mérito é efetivamente analisado; **b**) decidir, de ofício ou a requerimento, sobre a ocorrência de decadência ou prescrição, causa de improcedência prima facie, quando, no CPC/73, configurava caso de indeferimento da inicial; **c**) homologar o reconhecimento da procedência do pedido formulado na ação ou na reconvenção; **d**) homologar a transação; **e**) homologar a renúncia à pretensão formulada na ação ou na reconvenção.

b) Sentença sem resolução de mérito (sentença terminativa)

No entanto, há casos de extinção do processo sem que o juízo aprecie o mérito da demanda, sendo prolatada sentença terminativa, concisa, capaz de ensejar, tão somente, a produção de **coisa julgada formal**, nos termos do artigo 485 do Novo Código de Processo Civil.

Cumpre analisar o que prevê o art. 485 do CPC: o juiz não resolverá o mérito quando: **a**) indeferir a petição inicial; **b**) o processo ficar parado por mais de um ano por negligência das partes; **c**) por não promover os atos e diligências que lhe incumbir, o autor abandonar a causa por mais de trinta dias; **d**) verificar a ausência de pressupostos de constituição e de desenvolvimento válido e regular do processo; **e**) reconhecer a existência de perempção, de litispendência ou de coisa julgada, **f**) verificar a ausência de legitimidade ou de interesse processual; **g**) acolher a alegação de existência de convenção de arbitragem ou quando o juízo arbitral reconhecer sua competência; **h**) homologar a desistência da ação; **i**) em caso de morte da parte, a ação for considerada intransmissível por disposição legal; e **j**) nos demais casos prescritos no Novo Código de Processo Civil.

Deve-se observar a previsão do artigo 488 do Novo Código de Processo Civil, que consagra o princípio da prevalência da decisão de mérito, de modo que, desde que possível, o juiz resolverá o mérito sempre que a decisão for favorável à parte a quem aproveitaria eventual pronunciamento nos termos do artigo 485 do CPC/15. A solução do mérito mostra-se infinitamente mais importante do que o acometimento do processo por pequenos vícios formais.

14.3 Elementos da Sentença

Conforme previsão do artigo 489 do Novo Código de Processo Civil, são elementos essenciais da sentença: *o relatório, a fundamentação e o dispositivo*. A ordem dos elementos da sentença pode ser invertida por opção do magistrado, o qual, inclusive, encontra-se autorizado a não proceder à separação da decisão, a ser elaborada em texto uniforme.

Relatório

O relatório precede a fundamentação e a decisão propriamente dita. Conterá os nomes das partes, a identificação do caso, a suma do pedido e da contestação e o registro das principais ocorrências havidas no andamento processual (artigo 489, I, Novo Código de Processo Civil).

Por meio da exigência, assegura-se que o magistrado tenha tomado conhecimento de todos os fatos relevantes para o julgamento do feito, a fim de que se preserve o devido processo legal.

Admite-se, nos processos conexos julgados em momentos diferentes, nas ações incidentais e nos acórdãos, a elaboração de relatório per relationem, reportando-se o magistrado a relatório elaborado em outra decisão.

> Nos Juizados Especiais, o relatório é dispensado (artigo 38, Lei nº 9.099/1995).

A ausência de relatório gerará a nulidade da decisão. Para parte da doutrina, trata-se de nulidade absoluta. Para outra parte, trata-se de nulidade relativa, exigindo-se, aí, a prova concreta de prejuízo.

Fundamentação

É na fundamentação que o juiz enfrentará todas as questões fáticas e jurídicas que circundam o caso concreto, justificando a decisão final propriamente dita: o *dispositivo. A falta de fundamentação da decisão enseja a sua nulidade absoluta. Neste caso, deve-se interpor apelação com alegação de* **error in procedendo** *ou aos embargos declaratórios com efeitos infringentes (modificativos).*

O Novo Código de Processo Civil, resolvendo dissenso doutrinário e contrariando entendimento do Superior Tribunal de Justiça, previu a aplicação da Teoria da Causa Madura no caso de nulidade de sentença por falta de fundamentação (artigo 1.013, § 3º, IV). Nestes casos, o Tribunal procederá ao imediato julgamento do feito, no lugar de devolver o processo para o primeiro grau para prolação de nova sentença.

Como garantia do devido processo legal, o legislador do CPC de 2015 foi muito analítico no momento de disciplinar a fundamentação da decisão judicial: eis o que dispõem os incisos do artigo 489, § 1º, do Novo Código de Processo Civil, **não se considerará decisão judicial fundamentada aquela que**: "**I** - se limitar à indicação, à reprodução ou à paráfrase de ato normativo, sem explicar sua relação com a causa ou a questão decidida, **II** - empregar conceitos jurídicos indeterminados, sem explicar o motivo concreto de sua incidência no caso, **III** - invocar motivos que se prestariam a justificar qualquer outra decisão, **IV** - não enfrentar todos os argumentos deduzidos no processo capazes de, em tese, infirmar a conclusão adotada pelo julgador, **V** - se limitar a invocar precedente ou enunciado de súmula, sem identificar seus fundamentos determinantes nem demonstrar que o caso sob julgamento se ajusta àqueles fundamentos, **VI** - deixar de seguir enunciado de súmula, jurisprudência ou precedente invocado pela parte, sem demonstrar a existência de distinção no caso em julgamento ou a superação do entendimento."

Dispositivo

Consiste o dispositivo na decisão propriamente dita. É nele que o magistrado decidirá pelo acolhimento ou rejeição do pedido, ou, ainda, pela extinção do feito sem análise meritória.

Todos os pedidos formulados na demanda, seja na petição inicial, seja na contestação (no caso de ação dúplice: reconvenção, ação declaratória incidental, oposição e denunciação da lide) deverão ser analisados em sede de dispositivo único, sob pena de caracterizar-se como sentença citra petita.

Por outro lado, o juiz não poderá examinar pretensões não formuladas.

Devem-se observar os limites da ação proposta, com as partes, as causas de pedir e os pedidos. Caracteriza-se como sentença extra e *ultra petita* aquela que concede direitos a pessoas que não foram parte do processo, aquela que fundamenta o dispositivo em causas de pedir não formuladas, bem como aquela que concede algo que não foi pedido, em qualidade ou em quantidade (artigo 492, Novo Código de Processo Civil).

Cumpre reiterar: deve o dispositivo ser decorrência lógica da fundamentação. Tão somente o dispositivo da sentença revestir-se-á da **coisa julgada material.**

A sentença sem dispositivo nada decide, desvirtuando-se a natureza do ato decisório. Por isso, **trata-se de inexistência jurídica do ato judicial**, a qual pode ser alegada, inclusive, após o trânsito em julgado da decisão, por meio de ação meramente declaratória.

O vício gravíssimo da inexistência de dispositivo pode ser sanado por meio de apelação ou de embargos declaratórios por omissão.

14.4 Momento de Prolação da Sentença

As sentenças terminativas poderão ser proferidas a qualquer tempo, desde que o magistrado identifique a ausência de condições de prosseguimento da demanda, o que se dá initio litis, com o indeferimento da petição inicial, ou durante o procedimento.

As sentenças de mérito que tratam da rejeição ou do acolhimento do pedido do autor ou do réu reconvinte (artigo 487, I, Novo Código de Processo Civil) podem ser proferidas:

a) De início, nos casos de improcedência prima facie (artigo 332, Novo Código de Processo Civil), caso em que caberá apelação,
b) Desde a configuração da revelia, com presunção dos fatos alegados em inicial, quando não houver pedido de produção de provas (julgamento antecipado da lide: artigo 355, II, Novo Código de Processo Civil).
c) Após a contestação ou a réplica, quando não houver necessidade de produção de outras provas (julgamento antecipado da lide: artigo 355, I, Novo Código de Processo Civil).
d) Após a conclusão da fase de instrução, depois das alegações finais, nos casos em que haja necessidade de fase probatória.

As sentenças de mérito que reconheçam a prescrição ou a decadência poderão ser proferidas prima facie, de acordo com o que prevê o artigo 332, § 1º, do Novo Código de Processo Civil.

14.5 Vícios da Sentença

Os vícios estruturais das sentenças, tais como a falta de *relatório, fundamentação ou dispositivo* ensejarão, em regra, a nulidade do ato decisório.

Da mesma forma, será viciada a sentença que não apresente correlação exata com os termos do pedido. O artigo 492 do Novo Código de Processo Civil consagra o princípio da congruência ou da correlação, segundo o qual os limites da sentença residirão, não só ao pedido, mas, também, à causa de pedir (fática) e aos sujeitos processuais.

Excepcionalmente, admite-se a extrapolação dos limites da lide nos casos de pedidos implícitos, de fungibilidade das ações possessórias e das ações cautelares, e de demandas que tenham, como objeto, obrigação de fazer e não fazer, quando o magistrado pode conceder tutela diversa, para garantir resultado prático equivalente (artigo 497 do Novo Código de Processo Civil).

Também, o STF admite a declaração da inconstitucionalidade de normas não impugnadas na ação judicial, por motivo de sua interdependência em relação à norma cuja constitucionalidade se discutiu e se afastou. Trata-se da **inconstitucionalidade por ricochete.**

Além disso, o STJ admite a concessão de benefício previdenciário diverso do requerido em inicial, desde que o beneficiário preencha os requisitos legais para tanto. Reconhece, ainda, a possibilidade de concessão de proteção ambiental a área mais extensa do que a descrita em inicial de ação civil pública. Por entendimento do mesmo Tribunal, as medidas adotadas pelo juiz para assegurar a efetividade do direito requerido poderão superar as medidas descritas em inicial.

Sentença extra petita

Ocorre prolação de sentença *extra petita* quando o magistrado extrapola os limites da lide, no que concerne *às partes, à causa de pedir* (fática) e ao *pedido*. Ao juiz, só cabe conceder o que lhe é pedido, nos limites em que lhe é pedido.

A sentença *extra petita* fere a certeza do pedido (artigo 322, Novo Código de Processo Civil), concede tutela jurisdicional diversa da pedida ou bem da vida de gênero alheio ao requerido.

Convém notar que, em relação aos fundamentos jurídicos (causa de pedir jurídica) da decisão, o juiz poderá inovar tanto quanto deseje, em razão dos brocardos *iura novit cúria e da mihi factum dabo tibi ius*. Trata-se do fenômeno da causa de pedir aberta, definida pelo Supremo Tribunal Federal. Quanto aos fundamentos fáticos, apenas poderá decidir o magistrado com base nos dados acostados ao processo.

O defeito da decisão pode ser combatido por meio de apelação ou de *embargos declaratórios,* quando lhes são permitidos *efeitos infringentes*. No caso de *apelação*, o artigo 1.013, § 3º, II, Novo Código de Processo Civil, prevê a possibilidade de o Tribunal julgar, diretamente, a pretensão da causa cuja sentença foi anulada.

Após o trânsito em julgado da decisão viciada, prevalece o entendimento de que haverá nulidade absoluta, sanável por ação rescisória (artigo 966, V, c/c 492, Novo Código de Processo Civil). Não sendo ajuizada ação rescisória, resta sanado o vício pela *coisa julgada material soberana.*

Salientam-se os casos em que, ao magistrado, torna-se possível a concessão de tutela não pedida expressamente: pedidos implícitos, fungibilidade das ações possessórias e das ações cautelares, demandas que tenham, como objeto, obrigação de fazer e não fazer, quando o magistrado concede medida diversa para garantir resultado prático equivalente (artigo 497 do Novo Código de Processo Civil), inconstitucionalidade por ricochete e demandas previdenciárias.

Sentença ultra petita

Na sentença *ultra petita*, o *juiz* concede a tutela jurisdicional requerida e o bem da vida pedido na inicial; no entanto, vai além daquilo que fora pedido pela parte incorrendo na extrapolação do *limite* definido na inicial, nos termos do artigo 324 do Novo Código de Processo Civil. Por razoes lógicas, quando o pedido é genérico, não quantificado, não se pode falar em sentença *ultra petita*.

O defeito da decisão pode ser combatido por meio de apelação ou embargos declaratórios, quando lhes são permitidos efeitos infringentes. No caso de apelação, haverá, no máximo, anulação da parte excedente da sentença, nada justificando a sua anulação integral.

Após o trânsito em julgado da decisão viciada, prevalece o entendimento de que haverá nulidade absoluta parcial, no excedente, sanável por ação rescisória (artigo 966, V, c/c 492, Novo Código de Processo Civil). Não sendo ajuizada ação rescisória, resta sanado o vício pela coisa julgada material soberana.

Sentença citra petita

Na sentença *citra petita,* o juiz não analisa todas as pretensões apresentadas pelo autor (inicial), pelo réu (reconvenção), ou na contestação (ações de natureza dúplice). Também se considera citra petita a decisão que não decide a causa para todas as partes, bem como não enfrenta todas as causas de pedir e alegações repousantes dos autos.

Convém notar que o juiz não está obrigado a analisar todas as **causas de pedir** e todos os **argumentos de defesa** da parte vitoriosa. Quanto ao autor, o magistrado poderá eleger uma das causas de pedir aduzidas em inicial para julgar pela procedência da demanda. Quanto ao réu, o juízo poderá eleger uma das matérias de defesa apresentadas, a qual levará à improcedência do pedido ou ao reconhecimento de prescrição ou de decadência. Será defeituosa a sentença que não analisa argumento levantado pela parte *fracassada na demanda.*

No que concerne aos **sujeitos processuais**, a possibilidade de exclusão de algum indivíduo no curso da demanda leva à necessidade de analisar as composições dos polos da ação no momento de prolação da sentença, a fim de que se identifique a ocorrência de vício.

Campo fértil para o proferimento de sentença *citra petita* é a cumulação de pedidos. Na **cumulação simples**, os pedidos são autônomos entre si, devendo ser enfrentados um a um. Na **cumulação sucessiva**, o indeferimento de pedido anterior prejudica a apreciação de pedido posterior. Na **cumulação subsidiária**, a procedência de um pedido anterior prejudica os posteriores. Na **cumulação alternativa**, a concessão de um pedido prejudica a análise dos demais, sem ordem de preferência.

Contra referida decisão, poder-se-ão opor *embargos declaratórios por omissão.* Em razão de não possuir o recurso efeito preclusivo, admite-se o enfrentamento do vício por *apelação.*

Por força do que prevê o artigo 1.013, § 3º, II, Novo Código de Processo Civil, aplica-se a Teoria da Causa Madura quando o processo estiver em condições de julgamento imediato. Deverá o Tribunal analisar, desde logo, o pedido da vítima da omissão sentencial.

14.6 Modificação da Sentença pelo Juízo Sentenciante (Princípio da Inalterabilidade da Sentença)

A regra geral no sistema é a de que uma vez publicada a sentença, o juiz não poderá mais alterá-la, tendo em vista a necessidade de se proporcionar um mínimo de segurança jurídica dos jurisdicionados ao se depararem com uma decisão judicial. Ocorre que, em algumas situações, é plenamente justificável que haja a alteração da decisão, ainda que tenha sido publicada.

Com efeito, o artigo 494 do Novo Código de Processo Civil prevê três situações em sede das quais poderá ser alterada a sentença pelo juízo sentenciante:

A qualquer momento, inclusive após o trânsito em julgado da decisão, de ofício ou a requerimento das partes, **a**) para corrigir-lhe inexatidões materiais ou **b**) para retificar-lhe erros de cálculo;

Mediante provocação da parte, no prazo preclusivo de cinco dias, contados da publicação da decisão, **c)** no julgamento de embargos de declaração.

Questões

01. (SERCTAM) Julgue os itens abaixo. Depois marque a alternativa correta.

I. São elementos essenciais da sentença: o relatório, que conterá os nomes das partes, a identificação do caso, com a suma do pedido e da contestação, e o registro das principais ocorrências havidas no andamento do processo; os fundamentos, em que o juiz analisará as questões de fato e de direito e o dispositivo, em que o juiz resolverá as questões principais que as partes lhe submeterem.

II. Não se considera fundamentada qualquer decisão judicial, seja ela interlocutória, sentença ou acórdão, que deixar de seguir enunciado de súmula, jurisprudência ou precedente invocado pela parte, sem demonstrar a existência de distinção no caso em julgamento ou a superação do entendimento e que invocar motivos que se prestariam a justificar qualquer outra decisão.

III. No caso de colisão entre princípios e regras o juiz deve justificar o objeto e os critérios gerais da ponderação efetuada, enunciando as razões que autorizam a interferência na norma afastada e as premissas fáticas que fundamentam a conclusão.

IV. Na ação relativa à obrigação de pagar quantia, ainda que formulado pedido genérico, a decisão definirá desde logo a extensão da obrigação, o índice de correção monetária, a taxa de juros, o termo inicial de ambos e a periodicidade da capitalização dos juros, salvo quando não for possível determinar, de modo definitivo, o montante devido ou a apuração do valor devido depender da produção de prova de realização demorada ou excessivamente dispendiosa, assim reconhecida na sentença.

V. A sentença deverá distribuir entre os litisconsortes, de forma expressa, a responsabilidade proporcional pelo pagamento das despesas e honorários.

a) Os itens I e II são falsos.

b) Todas alternativas são corretas.

c) O item III é falso e o item V, verdadeiro.

d) Os itens I, III e V estão corretos e os itens II e IV são falsos.

e) Os itens I e II estão corretos e os demais são falsos.

02. (VUNESP) Sobre a sentença, pelo que dispõe a atual legislação processual, é correto afirmar que

a) a decisão que acolhe a existência de convenção de arbitragem não resolve o mérito da questão e pode ser declarada de ofício pelo juiz.

b) caso o juiz verifique que o processo ficou parado por mais de um ano por negligência das partes, antes de extingui-lo com resolução do mérito, deverá conceder prazo de cinco dias para que as partes supram a falta.

c) caracterizada a perempção, a sentença deverá ser sem resolução do mérito, não podendo o autor propor nova ação, sendo que a argumentação poderá ser usada em eventual defesa de seus direitos.

d) a sentença que reconhece a prescrição poderá ser prolatada de ofício em qualquer caso, extinguindo o processo com conhecimento do mérito, independentemente da oitiva das partes.

e) a renúncia e a desistência à pretensão formulada nos autos extinguirá a ação com conhecimento do mérito.

03. (CESPE) A respeito de sentença e coisa julgada, julgue o item que se segue. A sentença é composta basicamente de três partes: relatório, fundamentação e dispositivo, determinando a lei processual que o juiz, quando considerar adequado, poderá dispensar o relatório.

Certo ( ) Errado ( )

04. (UEPA) De acordo com o Novo Código de Processo Civil (Lei 13.105/05), julgue a afirmativa abaixo. Não se considera fundamentado acórdão, que não enfrentar todos os argumentos deduzidos no processo capazes de, em tese, infirmar a conclusão adotada pelos julgadores.

Certo ( ) Errado ( )

05. (BIO-RIO) De acordo com o Código de Processo Civil (Lei n. 13.105/2015), o juiz resolverá o mérito, EXCETO quando

a) acolher ou rejeitar o pedido formulado na ação ou na reconvenção.

b) homologar a transação.

c) reconhecer a existência de perempção, de litispendência ou de coisa julgada.

d) decidir, de ofício ou a requerimento, sobre a ocorrência de decadência ou prescrição.

Gabaritos

01	B	04	CERTO
02	C	05	D
03	ERRADO	-	-

15. COISA JULGADA

15.1 Coisa Julgada – Conceito Art. 502

O referido instituto tem uma importante função no sistema: consagrar a segurança jurídica e promover a estabilização das relações sociais. Seria praticamente inviável a vida em sociedade se não houvesse a coisa julgada como um direito fundamental consagrado na CF/88.

O novo CPC, aparentemente mudou o conceito de coisa julgada:

> ***Art. 502.*** *Denomina-se coisa julgada material a autoridade que torna imutável e indiscutível a decisão de mérito não mais sujeita a recurso.*

Não seria efeito nem qualidade, mas autoridade. Torna imutável e indiscutível a decisão de mérito.

Espécies de coisa julgada

01. Formal: impossibilidade de rediscussão da decisão no âmbito do próprio processo. Tem eficácia meramente endoprocessual; ou seja, dentro do mesmo processo, não se pode mais discutir a decisão.

> Há várias correntes sobre o conceito de coisa julgada. No Brasil, adota-se a teoria de Liebman.

No entanto, não impossibilita a repropositura da demanda pela parte, tendo em vista que a coisa julgada formal não torna indiscutível o objeto da lide que não fora alvo de uma cognição aprofundada pelo julgador.

02. Material: impossibilidade de rediscussão em qualquer outro processo, salvo em ação rescisória, ou demais ações com conteúdo rescisório. Tem conteúdo extraprocessual. Só existe nas decisões que julgam o mérito; além das sentenças, também as decisões interlocutórias que julgam o mérito. Ex.: decisão proveniente do julgamento antecipado parcial de mérito. Trata-se da verdadeira coisa julgada, é a espécie de coisa julgada que consiste na regra do sistema. O Novo Código de Processo Civil privilegia a primazia do julgamento de mérito no sistema (art. 4 do CPC).

03. Soberana: após o decurso do prazo da rescisória, a coisa julgada jamais poderia ser modificada (José Frederico Marques).

15.2 Hipóteses que Não Fazem Coisa Julgada – Art. 504

> ***I.*** *os motivos, ainda que importantes para determinar o alcance da parte dispositiva da sentença;*
>
> ***II.*** *a verdade dos fatos, estabelecida como fundamento da sentença.*

O que deixou bem claro o legislador foi que a coisa julgada não recai na motivação, na questão relativa à base fática, pois, ao apreciar essas questões, vislumbra-se uma análise que não se adequa às situações eminentemente jurídicas, o que não se albergaria pelo manto da coisa julgada. Ex.: Súmula 239 STF: *"Decisão que declara indevida a cobrança do imposto em determinado exercício não faz coisa julgada em relação aos posteriores."*

15.3 Coisa Julgada nas Relações Jurídicas de Trato Continuado (Art. 505 do CPC)

> ***Art. 505.*** *Nenhum juiz decidirá novamente as questões já decididas relativas à mesma lide, salvo:*
>
> ***I.*** *se, tratando-se de relação jurídica de trato continuado, sobreveio modificação no estado de fato ou de direito, caso em que poderá a parte pedir a revisão do que foi estatuído na sentença;*
>
> ***II.*** *Nos demais casos previstos em lei.*

> Se mudar a situação, o afetado terá de entrar com nova ação, no caso, uma ação revisional. Há coisa julgada, mas pode ser rediscutida diante da mudança fática ou jurídica da causa.

As situações de trato sucessivo fazem coisa julgada, contanto que permaneça o elemento de fato e de direito que vigorava no momento da sentença.

15.4 Eficácia Preclusiva da Coisa Julgada (Art. 508 CPC)

Estabelece o CPC, no seu art. 508, sobre o que recai a coisa julgada:

> ***Art. 508.*** *Transitada em julgado a decisão de mérito, considerar-se-ão deduzidas e repelidas todas as alegações e as defesas que a parte poderia opor tanto ao acolhimento quanto à rejeição do pedido.*

Em verdade, constitui-se em uma proteção que o sistema jurídico outorga à coisa julgada. Ressaltando-se que as alegações e defesas que se consideram preclusas com a formação da coisa julgada são unicamente aquelas que concernem ao mérito da causa. Sendo assim, o alcance do dispositivo não abrange aquelas causas de pedir estranhas ao objeto da lide. Apenas as questões relativas à mesma causa de pedir ficam preclusas em função da aplicação do art. 508 do CPC. (Marinoni)

15.5 Limites Subjetivos da Coisa Julgada: Sobre Quem Recai a Coisa Julgada (Art. 506)

> ***Art. 506.*** *A sentença faz coisa julgada às partes entre as quais é dada, não prejudicando terceiros.*

Percebe-se que o referido dispositivo tem uma redação distinta do seu similar do CPC/73 (art. 472), pois suprimiu a parte que dizia **não pode beneficiar**. Hoje, portanto, só não pode prejudicar a parte à luz do CPC de 2015.

A interpretação que pode ser extraída do dispositivo é a de que a norma do CPC/2015 foi mais benéfica aos terceiros, de tal sorte que o terceiro que tiver ligação com a causa discutida em juízo pode se beneficiar. (Ex.: litisconsorte simples que não participou do processo pode invocar a coisa julgada a seu favor).

Questões

01. (FGV) Todas as sentenças produzem coisa julgada formal, uma vez que atingirão o trânsito em julgado e mais nenhum ato processual poderá ser praticado no curso daquela relação. Todavia, algumas sentenças atingem sua finalidade principal, que é a de julgar a relação jurídica de direito material que foi apresentada pelas partes diante do juiz. Nesse caso, diz-se que as sentenças são definitivas, gerando coisa julgada material. Apresenta-se uma sentença com aptidão para gerar coisa julgada material quando o juiz:

a) reconhecer a ilegitimidade passiva do réu.

b) reconhecer que há confusão entre autor e réu.

c) reconhecer que a ação é considerada intransmissível por disposição legal.

d) pronunciar a decadência ou a prescrição.

e) reconhecer a falta de interesse de agir.

02. (FGV) Toda sentença, por força de expressa previsão legal, precisa conter elementos essenciais. A lei os chama de requisitos, a designar algo que deve ser preexistente, existir antes mesmo da sentença, como um seu pressuposto. A ausência de qualquer um deles vicia a decisão. As alternativas a seguir apresentam requisitos ou elementos essenciais das sentenças, à exceção de uma. Assinale-a.

a) Relatório.

b) Provimento.

c) Fundamentação.

d) Dispositivo.

e) Motivação.

03. (FGV) José propôs ação de cobrança em face de Maria, pleiteando a condenação desta a lhe pagar a quantia de dez mil reais. Concluindo que os fatos constitutivos do direito de crédito restaram comprovados, o juiz julgou procedente o pedido, condenando a ré, porém, a pagar ao autor a quantia de vinte mil reais. Nesse cenário, pode-se concluir que houve um julgamento:

a) citra petita, sendo a sentença passível de anulação.

b) *extra petita*, sendo a sentença passível de anulação.

c) *extra petita*, sendo a sentença passível de reforma.

d) ultra petita, sendo a sentença passível de anulação.

e) ultra petita, sendo passível de anulação apenas a parte da sentença correspondente ao excesso, o qual deverá ser podado.

04. (SERCTAM) Marque a alternativa incorreta.

a) No novo regime jurídico elaborado pela Lei n º 13.105/2015, as questões prejudiciais, ainda que não sejam questões principais, podem fazer coisa julgada.

b) Com o advento da Lei nº 13.105/2015, a decisão acerca da questão prejudicial não pode fazer coisa julgada material.

c) Transitada em julgado a decisão de mérito, considerar-se-ão deduzidas e repelidas todas as alegações e as defesas que a parte poderia opor, tanto ao acolhimento quanto à rejeição do pedido.

d) A sentença faz coisa julgada às partes entre as quais é dada, podendo beneficiar terceiros.

e) A decisão que julgar total ou parcialmente o mérito tem força de lei nos limites da questão principal expressamente decidida.

05. (VUNESP) Assinale a alternativa correta sobre o instituto da coisa julgada, previsto no Código de Processo Civil.

a) A verdade dos fatos tida como fundamento da sentença fará coisa julgada.

b) Não faz coisa julgada a resolução da questão prejudicial, feita a requerimento da parte, mesmo sendo o juiz competente em razão da matéria e constituir pressuposto necessário para o julgamento da lide.

c) Está sujeita ao duplo grau de jurisdição a sentença que estiver fundada em jurisprudência do plenário do Supremo Tribunal Federal ou em súmula deste Tribunal ou do tribunal superior competente, se proferidas contra a União, para que tenha efeito.

d) Tratando-se de relação jurídica continuativa, sobrevindo modificação no estado de fato ou de direito, poderá ser revista a decisão, mesmo que já acalentada pela coisa julgada.

e) Nas causas relativas ao estado de pessoa, se houverem sido citados no processo, em litisconsórcio necessário, todos os interessados, a sentença não produzirá coisa julgada em relação a terceiros.

Gabaritos

01	D	04	B
02	B	05	D
03	E	-	-

16. PROCESSO DE EXECUÇÃO

16.1 Notas Introdutórias

O processo de execução é predominantemente constituído por atos de natureza executória, cuja finalidade é a satisfação da pretensão do titular de direito garantido em título executivo extrajudicial, diversamente, portanto, do cumprimento de sentença. Neste, o título executivo é formado por uma decisão judicial (ex.: sentença, acórdão).

Apesar dessa distinção, a regulamentação do processo de execução é aplicável, no que for cabível, ao cumprimento de sentença, bem como à execução fiscal e a outros procedimentos específicos, no que diz respeito aos seus atos executivos (Art. 771). Por outro lado, também são subsidiariamente aplicáveis ao processo de execução as disposições relativas ao processo de conhecimento e ao cumprimento de sentença, conforme afirma o parágrafo único do Art. 771 da Nova Lei Adjetiva.

Essa matéria é de alta relevância para concursos públicos, sendo imprescindível a leitura atenta da lei seca, uma vez que a cobrança em provas se relaciona predominantemente ao texto da lei. Adiante, observaremos alguns destaques.

16.2 Princípios da Execução

O processo de execução se orienta especificamente pelos seguintes princípios:

01. Nulla Executio Sine Titulo. Não há execução sem o respectivo título. A existência deste dá maior concretude ao direito, torna-o mais evidente. Isso é importante, em face da situação a que o executado se submete nesse processo (constrição de seus bens, desvantagem processual perante o exequente etc.), evitando-se, assim, a ocorrência de excessos ou prejuízos desnecessários.

Obs.: o princípio *nulla titulus* sine lege é interesse para a noção do princípio supracitado. Refere-se à tipicidade dos títulos executivos, ou seja, à sua previsão taxativa em lei. A criação de título executivo é **reserva legal**, não podendo se dar meramente pela vontade das partes ou pela jurisprudência. Apenas a lei pode conferir a determinado instituto a qualidade de título executivo.

02. Patrimonialidade. É o patrimônio do devedor que responde por sua dívida, nunca a sua pessoa (a execução é real, e não pessoal). Nesse ensejo, é interessante vislumbramos o disposto no Art. 789 do Novo Código de Processo Civil, que trata da responsabilidade patrimonial:

> ***Art. 789.*** *O devedor responde com todos os seus bens presentes e futuros para o cumprimento de suas obrigações, salvo as restrições estabelecidas em lei.*

> A prisão civil referente a alimentos não é forma de satisfação da obrigação, e sim de execução indireta. Trata-se de uma pressão psicológica exercida sobre o devedor para que ele cumpra a obrigação.

Obs.: ocorreu um processo de humanização da execução ao longo da história, tendo ela passado por diversas fases, que foram da aplicação de morte ao devedor (Lei das XII Tábuas) ou de sua escravidão até a execução exclusivamente sobre seu patrimônio, resguardando-se, ainda, um mínimo deste que lhe garanta uma existência digna.

03. Desfecho único. O resultado típico da execução, esperado pelo sistema, é a satisfação do direito do exequente. Enquanto no processo de conhecimento o fim típico é a prestação da tutela ao autor ou ao réu, na execução, o fim típico é a satisfação do direito do autor. Baseia-se na ideia de que o executado não tem direito à obtenção de tutela jurisdicional. Tradicionalmente, se o executado quiser obter essa tutela, terá que entrar com outra ação: os embargos à execução.

Dessa forma, o fim anormal (anômalo) da execução se dá quando ocorre sua extinção sem resolução do mérito (Art. 485) ou na hipótese de reconhecimento, em embargos de execução, de inexistência do direito material sob execução.

Obs.: a subsistência desse princípio no processo de execução é alvo de debates doutrinários, haja vista que, no sistema processual civil atual, há espaço para tutela jurisdicional do devedor em determinadas situações específicas, como pode ocorrer em sede de exceção de pré-executividade. A discussão é interessante, pois é importante lembrar que há resolução do mérito quando se reconhece a prescrição, por exemplo.

04. Disponibilidade da execução. Em regra, o exequente poderá, a qualquer tempo, independentemente de concordância do executado, desistir da execução ou de determinadas medidas executivas específicas (ex.: astreintes). É o que afirma o Art. 775 do Código em vigor:

> ***Art. 775.*** *O exequente tem o direito de desistir de toda a execução ou de apenas alguma medida executiva.*
>
> ***Parágrafo único.*** *Na desistência da execução, observar-se-á o seguinte:*
>
> ***I.*** *serão extintos a impugnação e os embargos que versarem apenas sobre questões processuais, pagando o exequente as custas processuais e os honorários advocatícios;*
>
> ***II.*** *nos demais casos, a extinção dependerá da concordância do impugnante ou do embargante.*

Convém atentar para o disposto no parágrafo único, que fala da desistência na situação de pendência de impugnação ou de embargos à execução. Nessas hipóteses, deve-se levar em conta a matéria objeto dessas defesas: se de cunho processual ou de natureza material. Versando apenas sobre questão processual, a impugnação ou os embargos serão extintos sem necessidade de concordância do impugnante ou embargante, uma vez que perderão o sentido. O mesmo não ocorre na segunda hipótese, pois o impugnante/embargante poderá ter interesse no prosseguimento, especialmente diante da possibilidade de formação da coisa julgada material. Assim, nessa hipótese, a extinção dependerá de sua concordância.

05. Utilidade. O processo de execução deve apresentar utilidade prática em favor do credor exequente. Mostrando-se inútil, a execução não deve ter lugar. Tal preceito justifica o disposto no Art. 836, caput, como podemos observar a seguir:

> ***Art. 836.*** *Não se levará a efeito a penhora quando ficar evidente que o produto da execução dos bens encontrados será totalmente absorvido pelo pagamento das custas da execução.*

06. Menor onerosidade. O executado deverá sofrer não mais que o estritamente necessário à efetiva satisfação do direito objeto da execução, sob pena de esta se tornar instrumento de vingança do exequente, o que não se admite. Dessa forma, o magistrado deverá evitar prejuízos desnecessários ao executado, optando pelas medidas executivas que lhe sejam menos gravosas, sem prejuízo da efetividade da tutela executiva. O princípio se encontra revelado no Art. 805 do Novo Código de Processo Civil, que afirma o seguinte:

> ***Art. 805.*** *Quando por vários meios o exequente puder promover a execução, o juiz mandará que se faça pelo modo menos gravoso para o executado.*
>
> ***Parágrafo único.*** *Ao executado que alegar ser a medida executiva mais gravosa incumbe indicar outros meios mais eficazes e menos onerosos, sob pena de manutenção dos atos executivos já determinados.*

É importante destacar que, conforme determina o parágrafo único da norma supracitada, caberá ao executado indicar meios que lhe sejam menos gravosos que os que lhe tiverem sido impostos. Feita essa indicação, o magistrado deverá efetuar uma análise de razoabilidade e proporcionalidade entre o gravame imposto ao executado e o benefício à efetividade da tutela executiva que a medida poderá trazer.

07. Lealdade e boa-fé processual. Trata-se de preceitos que devem estar presentes em todo o sistema processual civil, seja na cognição, na execução ou nos procedimentos específicos. Seu atendimento deve ser observado por todos os sujeitos do processo.

Especificamente quanto ao processo de execução, destaca-se o previsto no Art. 774 do Novo Código de Processo Civil, que prevê a ocorrência de ato atentatório à dignidade da justiça por parte do executado. Vejamos o texto do dispositivo:

> ***Art. 774.*** *Considera-se atentatória à dignidade da justiça a conduta comissiva ou omissiva do executado que:*
>
> ***I.*** *frauda a execução;*
>
> ***II.*** *se opõe maliciosamente à execução, empregando ardis e meios artificiosos;*
>
> ***III. dificulta ou embaraça a realização da penhora;***
>
> ***IV.*** *resiste injustificadamente às ordens judiciais;*
>
> ***V. intimado, não indica ao juiz quais são e onde estão os bens sujeitos à penhora e os respectivos valores, nem exibe prova de sua propriedade e, se for o caso, certidão negativa de ônus****. novidade!*
>
> ***Parágrafo único.*** *Nos casos previstos neste Art., o juiz fixará multa em montante não superior a* ***vinte por cento*** *do valor atualizado do débito em execução, a qual será revertida em proveito do exequente, exigível nos próprios autos do processo, sem prejuízo de outras sanções de natureza processual ou material. (Grifo nosso)*

O rol acima prevê uma série de comportamentos que, se implementados pelo executado, representará quebra dos deveres de lealdade e boa-fé, passível de punição pela aplicação de multa de valor até 20% do valor sob execução.

08. Contraditório. Impõe-se sua observação na resolução de questões incidentes no processo de execução. Isso porque é possível ao executado alegar determinados excessos ou irregularidades. A manifestação do executado é relevante em diversas situações, inclusive com a finalidade de se garantirem outros princípios, como o da menor onerosidade, o da **utilidade e o da lealdade e da boa-fé. A título de exemplo, o executado poderá contestar a avaliação do bem arrecadado ou alegar preço vil na arrematação.**

09. Atipicidade dos meios executivos. A previsão dos meios executivos no Código é meramente exemplificativa. Na verdade, o juiz tem discricionariedade para determinar as medidas que forem necessárias para a satisfação da tutela executiva pretendida, seja qual for o tipo de obrigação sob execução. É o que prevê o Art. 139 do Código:

> ***Art. 139.*** *O juiz dirigirá o processo conforme as disposições deste Código, incumbindo-lhe:*
>
> *[...] IV - determinar todas as medidas indutivas, coercitivas, mandamentais ou sub-rogatórias necessárias para assegurar o cumprimento de ordem judicial, inclusive nas ações que tenham por objeto prestação pecuniária; [...] (Grifo nosso)*

Sobre o princípio, é importante destacar também a previsão efetuada pelo § 1º do Art. 536:

> ***Art. 536.*** *No cumprimento de sentença que reconheça a exigibilidade de obrigação de fazer ou de não fazer, o juiz poderá, de ofício ou a requerimento, para a efetivação da tutela específica ou a obtenção de tutela pelo resultado prático equivalente, determinar as medidas necessárias à satisfação do exequente.*
>
> ***§ 1º*** *Para atender ao disposto no caput, o juiz poderá determinar, entre outras medidas, a imposição de multa, a busca e apreensão, a remoção de pessoas e coisas, o desfazimento de obras e o impedimento de atividade nociva, podendo, caso necessário, requisitar o auxílio de força policial.*

16.3 Partes na Execução

Os Arts. 778 e 779 tratam dos legitimados para figurar no processo de execução. Quanto ao exequente, será o credor a quem a lei confere o título executivo. Entretanto, poderão também promover a execução (ou nela prosseguirem, independentemente de consentimento do executado):

a) Ministério Público, nos casos previstos em lei;
b) o espólio, os herdeiros ou os sucessores do credor, sempre que, por morte deste, lhes for transmitido o direito resultante do título executivo;
c) o cessionário, quando o direito resultante do título executivo lhe for transferido por ato entre vivos;
d) o sub-rogado, nos casos de sub-rogação legal ou convencional.

Já quanto ao polo passivo na execução, poderão figurar como executados:

a) o devedor, reconhecido como tal no título executivo;
b) o espólio, os herdeiros ou os sucessores do devedor;
c) o novo devedor que assumiu, com o consentimento do credor, a obrigação resultante do título executivo;
d) o fiador do débito constante em título extrajudicial;

e) o responsável titular do bem vinculado por garantia real ao pagamento do débito (é aquele que ofertou bem seu para garantia de pagamento da obrigação do devedor);

f) o responsável tributário, assim definido em lei.

16.4 Competência

Seja qual for a seara processual, competência é matéria de suma importância para fins de concurso público, e isso não é diferente na execução. No Novo Código de Processo Civil, a matéria se encontra prevista nos Arts. 781 e 782, de leitura obrigatória.

Atentemos para as disposições do Art. 781, que traduzem as seguintes regras:

A execução poderá ser proposta no foro de:

a) domicílio do executado;

b) eleição (constante do título);

c) situação dos bens a ela sujeitos.

Se o **executado tiver mais de um domicílio**, poderá ser demandado no foro de qualquer deles.

Se o domicílio do executado for **incerto ou desconhecido**, a execução poderá ser proposta:

a) no lugar onde o executado for encontrado; ou

b) no foro de domicílio do exequente.

Havendo **mais de um devedor, com diferentes domicílios**, a execução será proposta no foro de qualquer deles, à escolha do exequente.

A execução poderá ser proposta no foro do lugar em que se praticou o ato ou em que ocorreu o fato que deu origem ao título, mesmo que nele não mais resida o executado.

16.5 Título Executivo

O título executivo constitui requisito necessário (nulla executio sine titulo) e suficiente para a realização da execução, demonstrando a existência de obrigação certa (quanto à sua existência), líquida e exigível (Art. 783, Novo Código de Processo Civil).

Assim, a partir do título, é possível a identificação da natureza e do valor da obrigação, bem como dos sujeitos desta. Isso é importante, uma vez que confere segurança jurídica à situação, além de definir os limites da execução.

O Art. 784 prevê um rol de títulos executivos extrajudiciais, composto por:

> ***I.*** *a letra de câmbio, a nota promissória, a duplicata, a debênture e o cheque;*
>
> ***II.*** *a escritura pública ou outro documento público assinado pelo devedor;*
>
> ***III.*** *o documento particular assinado pelo devedor e por 2 (duas) testemunhas;*
>
> ***IV.*** *o instrumento de transação referendado pelo Ministério Público, pela Defensoria Pública, pela Advocacia Pública, pelos advogados dos transatores ou por conciliador ou mediador credenciado por tribunal;*
>
> ***V.*** *o contrato garantido por hipoteca, penhor, anticrese ou outro direito real de garantia e aquele garantido por caução;*
>
> ***VI.*** *o contrato de seguro de vida em caso de morte;*
>
> ***VII.*** *o crédito decorrente de foro e laudêmio;*
>
> ***VIII.*** *o crédito, documentalmente comprovado, decorrente de aluguel de imóvel, bem como de encargos acessórios, tais como taxas e despesas de condomínio;*
>
> ***IX.*** *a certidão de dívida ativa da Fazenda Pública da União, dos Estados, do Distrito Federal e dos Municípios, correspondente aos créditos inscritos na forma da lei;*
>
> ***X. o crédito referente às contribuições ordinárias ou extraordinárias de condomínio edilício, previstas na respectiva convenção ou aprovadas em assembleia geral, desde que documentalmente comprovadas;***
>
> ***XI.*** *a certidão expedida por serventia notarial ou de registro relativa a valores de emolumentos e demais despesas devidas pelos atos por ela praticados, fixados nas tabelas estabelecidas em lei;*
>
> ***XII.*** *todos os demais títulos aos quais, por disposição expressa, a lei atribuir força executiva. (Grifo nosso)*

Algumas observações se fazem importantes:

Não confundir a hipótese do item VIII com a prevista no item X. A primeira se refere à relação entre locador e locatário; a segunda, à relação condômino e condomínio, permitindo a este a execução direta de despesas condominiais ordinárias e extraordinárias e extinguindo a celeuma anteriormente existente quando em vigor o Código de 1973 quanto a essa possibilidade.

São exemplos de "demais títulos aos quais, por disposição expressa, a lei atribuir força executiva": decisões do Conselho Administrativo de Defesa Econômica – CADE em que haja a condenação no pagamento de multa ou de obrigação de fazer/não fazer; Termo de Ajustamento de Conduta previsto na Lei de Ação Civil Pública (7.347/1985); contrato escrito de honorários advocatícios; cédula de crédito bancário; etc.

A propositura de qualquer ação relativa a débito constante de título executivo não inibe o credor de promover-lhe a execução (§ 1º). Assim, uma não impede a outra. Trata-se, no entanto, de caso de conexão, a incidir o Art. 55, §2º, I, do Novo Código de Processo Civil.

Os §§2º e 3º do Art. 784 tratam do **título executivo extrajudicial estrangeiro**. Segundo o texto das normas, a exequibilidade do referido título, no país, independe da sua homologação pela Corte competente (o STJ, desde reforma trazida pela EC 45/04). Entretanto, a eficácia executiva desse título tem como requisito o cumprimento das seguintes condições:

a) Obediência aos requisitos de formação exigidos pela lei do lugar de sua celebração;

b) Indicação do Brasil como o local de cumprimento da obrigação.

O Art. 785 prevê a possibilidade de o credor de obrigação constante de título executivo extrajudicial optar por propor uma ação de conhecimento, com o fim de obter título executivo judicial, o que encontra respaldo no Art. 5º, XXXV, da Constituição da República. A existência concomitante de ações de execução e de conhecimento referentes ao mesmo crédito, ressalte-se, é hipótese de conexão, conforme o Art. 55, §2º, I, do Código em vigor.

16.6 Responsabilidade Patrimonial

Como anteriormente afirmado, o devedor responde com todos os seus bens presentes e futuros para o cumprimento de suas obrigações, salvo as restrições estabelecidas em lei, como no caso dos bens impenhoráveis.

O Art. 790 prevê um rol de bens sujeitos à execução, sendo sua leitura e memorização imprescindíveis para provas de concurso.

O Art. 791 trata da hipótese em que a execução tem por objeto obrigação de que seja sujeito passivo superficiário ou proprietário de terreno submetido ao regime do direito de superfície. Nessas situações, a execução se orientará da seguinte forma:

> DÍVIDA:

» **Proprietário do terreno gravado com superfície → execução apenas sobre o terreno**

» **Superficiário → execução apenas sobre a construção ou plantação**

Assim, a execução de dívida do proprietário que recaia sobre o terreno não atinge o direito do superfíciário, e a execução de dívida deste que recaia sobre o direito de superfície não atinge o terreno do proprietário. Isso se aplica, no que couber, à enfiteuse, à concessão de uso especial para fins de moradia e à concessão de direito real de uso (§2º).

Matéria de relevantíssimo destaque no processo em questão é a fraude à execução, cujas hipóteses se encontram previstas no Art. 792 do Código. Vejamos:

> ***Art. 792.*** *A alienação ou a oneração de bem é considerada fraude à execução:*
>
> ***I.*** *quando sobre o bem pender ação fundada em direito real ou com pretensão reipersecutória, desde que a pendência do processo tenha sido averbada no respectivo registro público, se houver;*
>
> ***II.*** *quando tiver sido averbada, no registro do bem, a pendência do processo de execução, na forma do Art. 828;*
>
> ***III.*** *quando tiver sido averbado, no registro do bem, hipoteca judiciária ou outro ato de constrição judicial originário do processo onde foi arguida a fraude;*
>
> ***IV.*** *quando, ao tempo da alienação ou da oneração, tramitava contra o devedor ação capaz de reduzi-lo à insolvência;*
>
> ***V.*** *nos demais casos expressos em lei.*

Cumpre observar que o rol de hipóteses é meramente exemplificativo, podendo outras situações caracterizar fraude dessa natureza. Em todas as hipóteses, há uma alienação ou oneração indevida de um bem que está sujeito à execução.

Como consequência da configuração de fraude, a referida alienação ou oneração será ineficaz perante o exequente, prosseguindo-se os atos executivos em relação ao bem. Se o adquirente deste quiser impugnar tal situação, deverá apresentar embargos de terceiro (Art. 792, § 4º).

A regra prevista no § 4º do Art. 792 é específica, tratando de oposição embargos de terceiro no âmbito da verificação da ocorrência de fraude à execução. Consequentemente, prevalece sobre a disposição genérica prevista no Art. 675 do Código, que também trata sobre embargos de terceiro.

Vamos comparar os dispositivos:

> ***Art. 675.*** *Os embargos podem ser opostos a qualquer tempo no processo de conhecimento enquanto não transitada em julgado a sentença e, no cumprimento de sentença ou no processo de execução, até 5 (cinco) dias depois da adjudicação, da alienação por iniciativa particular ou da arrematação, mas sempre antes da assinatura da respectiva carta.*
>
> ***Parágrafo único.*** *Caso identifique a existência de terceiro titular de interesse em embargar o ato, o juiz mandará intimá-lo pessoalmente.*
>
> ***Art. 792.*** *[...] § 4º. Antes de declarar a fraude à execução, o juiz deverá intimar o terceiro adquirente, que, se quiser, poderá opor embargos de terceiro, no prazo de 15 (quinze) dias.*

Verifica-se, portanto, que, no caso específico da fraude à execução, o prazo para oposição de embargos de terceiro será de 15 dias.

> Não confundir fraude à execução com fraude contra credores, a qual é um fenômeno do direito civil que se configura quando o devedor aliena, onerosa ou gratuitamente, seus bens, visando a prejudicar seus credores.

Segundo o Art. 793, na hipótese de o exequente estar na posse do bem pertencente ao executado por força de exercício do direito de retenção, a execução só poderá atingir outros bens após excutido (executado) aquele que estiver em sua posse.

O Art. 794 trata do benefício de ordem que o fiador poderá alegar na execução. Atente que o Art. não se aplicará na hipótese de o fiador haver renunciado a esse direito anteriormente. Não sendo o caso, ele poderá exigir que primeiro sejam executados os bens do devedor situados na mesma comarca, livres e desembargados, indicando-os pormenorizadamente à penhora. Verificada a insuficiência dos bens do devedor, só então serão atingidos os bens do fiador situados naquela mesma comarca. O fiador que pagar a dívida poderá executar o afiançado nos autos do mesmo processo (§2º).

Bens particulares dos sócios

Em regra, os bens particulares dos sócios não respondem pelas dívidas da sociedade. Entretanto, a lei prevê determinadas exceções. Sendo hipótese de responsabilização do sócio, e tendo este sido acionado para tanto, o sócio poderá alegar benefício de ordem, exigindo que a execução primeiro recaia sobre o patrimônio da sociedade (Art. 795, § 1º). Para tanto, deverá nomear quantos bens da sociedade situados na mesma comarca, livres e desembargados, bastem para pagar o débito.

Observações:

01. assim como ocorre com o fiador, o sócio que pagar a dívida poderá executar a sociedade nos autos do mesmo processo.
02. conforme prevê o § 4º do Art. 795, para que se proceda à desconsideração da personalidade jurídica, deve-se observar o procedimento previsto no Novo Código de Processo Civil para esse incidente (Arts. 133 a 137).

16.7 Citação na Execução

Em primeiro lugar, é importante destacar que o Novo Código de Processo Civil não manteve a vedação à citação via correio no processo de execução, anteriormente prevista no Código de 1973. Comparemos os Arts.:

CPC/1973	CPC/2015
Art. 222. A citação será feita pelo correio, para qualquer comarca do País, exceto: a) nas ações de estado; b) quando for ré pessoa incapaz; c) quando for ré pessoa de direito público; d) nos processos de execução; e) quando o réu residir em local não atendido pela entrega domiciliar de correspondência; f) quando o autor a requerer de outra forma.	Art. 247. A citação será feita pelo correio para qualquer comarca do país, exceto: I - nas ações de estado, observado o disposto no Art. 695, § 3º; II - quando o citando for incapaz; III - quando o citando for pessoa de direito público; IV - quando o citando residir em local não atendido pela entrega domiciliar de correspondência; V - quando o autor, justificadamente, a requerer de outra forma.

Dessa forma, nada impede que, no caso concreto, o exequente peça que a citação seja realizada por carta.

No processo em questão, a citação se dará da seguinte forma, a depender do tipo de obrigação objeto da execução:

Execução para entrega de coisa certa

Segundo a previsão do Art. 804 do Novo Código de Processo Civil, o devedor será citado para satisfazer a obrigação no prazo de 15 dias, podendo ser fixada multa por dia de atraso no cumprimento.

O início do prazo observará o Art. 231, § 3º, que afirma o seguinte:

> ***Art. 231.*** *Salvo disposição em sentido diverso, considera-se dia do começo do prazo: [...]*
>
> ***§ 3º*** *Quando o ato tiver de ser praticado diretamente pela parte ou por quem, de qualquer forma, participe do processo, sem a intermediação de representante judicial, o dia do começo do prazo para cumprimento da determinação judicial corresponderá à* ***data em que se der a comunicação.*** *(Grifo nosso)*

Quando a citação for feita via oficial de justiça, o mandado de citação trará ordem para imissão na posse ou para busca e apreensão, conforme se tratar de bem imóvel ou móvel. Se o executado não satisfizer a obrigação no prazo que lhe foi designado, o cumprimento da ordem deverá dar-se de imediato (Art. 804, §2º).

Execução para entrega de coisa incerta *(coisa determinada pelo gênero e pela quantidade)*

Esse tipo de execução traz uma peculiaridade: a necessidade de individualização da coisa. Se a escolha couber ao credor, deverá fazê-lo logo na inicial de execução. Se couber ao devedor, ele será citado para entregá-la individualizada.

Obs.: Se o exequente desejar impugnar a escolha de devedor, ou vice-versa, terá o prazo de 15 dias para tanto.

Realizada a individualização da coisa (em face da escolha ou após resolvida eventual impugnação apresentada por uma das partes), a execução passará a seguir o procedimento relativo à obrigação de entrega de coisa certa (Art. 813).

Execução da obrigação de fazer

Segundo dispõe o Art. 815, nessa hipótese, o executado será citado para satisfazer a obrigação no prazo que o juiz lhe designar, se outro não estiver determinado no título executivo. Não há, portanto, um prazo legal para cumprimento da obrigação, e sim judicial, estabelecido pelo magistrado no despacho citatório, ressalvada a hipótese em que o próprio título houver fixado o referido prazo.

É importante atentar para a norma trazida no Art. 816, disposta para o caso de descumprimento do despacho no prazo designado. Nesse caso, o exequente poderá requerer a satisfação da obrigação à custa do executado ou perdas e danos. Nessa última hipótese, a obrigação se converterá em indenização, cujo valor será apurado em liquidação, seguindo-se a execução para cobrança de quantia certa.

Execução da obrigação de não fazer

A citação, nesse caso, dá-se de forma similar à relativa obrigação de fazer, com a diferença de que o executado é citado para desfazer o ato por ele praticado e que lhe era vedado por força de lei ou contrato. O prazo para esse desfazimento será designado pelo juiz, ou seja, será um prazo judicial.

Execução por quantia certa

Nessa hipótese, o devedor é citado para pagar a dívida no prazo de **3 (três) dias**, a contar da citação (vide Art. 231, § 3º). O mandado de citação trará, também, a ordem de penhora e a avaliação a serem cumpridas pelo oficial de justiça tão logo verificado o não pagamento no prazo assinalado, lavrando-se auto, com intimação do executado.

Se o executado efetuar o pagamento integral no referido prazo, o valor dos honorários advocatícios, fixados já no despacho da inicial, será **reduzido pela metade** (Art. 827, § 1º).

Obs.: se o executado oferecer embargos à execução, e estes forem rejeitados, o valor dos honorários poderá ser elevado até vinte por cento. Isso também poderá acontecer, ao final do procedimento executivo, na hipótese de não oposição dos embargos, levando-se em conta o trabalho realizado pelo advogado do exequente (Art. 827, § 2º).

O Art. 830 apresenta a situação na qual o oficial de justiça não obteve êxito em encontrar o citando. Nesse caso, ele efetuará o arresto de tantos bens do executado quanto bastem para garantir a execução. Após isso, o oficial adotará o seguinte comportamento:

01. Nos **10 dias** seguintes à efetivação do arresto, procurará o executado **2 vezes** em dias distintos.
02. Havendo suspeita de ocultação, realizará a citação com hora certa, certificando pormenorizadamente o ocorrido.

O § 2º do Art. 830 prevê que *"incumbe ao exequente requerer a citação por edital, uma vez frustradas a pessoal e a com hora certa"*. Pode-se extrair, dessa norma, a existência de uma ordem sucessiva preferencial das referidas modalidades na citação do executado por quantia certa, na seguinte forma:

1º) Citação pessoal

2º) Citação com hora certa

3º) Citação por edital

Obs.: Aperfeiçoada a citação, e transcorrido o prazo de pagamento, o arresto será convertido em penhora, independentemente de termo.

Citação em execução contra a fazenda pública

Esse tipo de execução se encontra previsto no Art. 910 do Novo Código de Processo Civil, que assim afirma:

Art. 910. Na execução fundada em título extrajudicial, a Fazenda Pública será citada para opor embargos em 30 (trinta) dias.

> ***§ 1º*** *Não opostos embargos ou transitada em julgado a decisão que os rejeitar, expedir-se-á precatório ou requisição de pequeno valor em favor do exequente, observando-se o disposto no Art. 100 da Constituição Federal.*
>
> ***§ 2º*** *Nos embargos, a Fazenda Pública poderá alegar qualquer matéria que lhe seria lícito deduzir como defesa no processo de conhecimento.*
>
> ***§ 3º*** *Aplica-se a este Capítulo, no que couber, o disposto nos Arts. 534 e 535.*

Sobre o assunto, é importante destacar que a Fazenda não é citada para cumprir a obrigação, e sim para opor embargos, e terá o prazo de 30 dias para fazê-lo. Isso se justifica nas peculiaridades que envolvem o cumprimento de decisões judiciais pelo Poder Público, especialmente quando a obrigação será paga sob o regime de precatórios.

Citação em execução de alimentos

Prevê o Art. 911 que o executado será citado para, em **3 dias**:

a) Efetuar o pagamento das parcelas anteriores ao início da execução e das que se vencerem no seu curso;

b) Provar que o fez; ou

c) Justificar a impossibilidade de fazê-lo.

16.8 Embargos à Execução

Natureza jurídica

Há um entendimento majoritário de que os embargos constituem uma defesa. No entanto, o CPC atribui-lhe a forma de uma ação de conhecimento. Desta forma, dará origem a outro processo autônomo, conexo ao processo de execução.

Como possuem forma de demanda, devem ser intentados por petição inicial, sujeitando-se aos requisitos dos Art. 319 e 320 do CPC. Tendo por finalidade impugnar o titulo executivo, a dívida exequenda ou o procedimento executivo. É, em essência, a modalidade defesa do executado no processo autônomo de execução.

Classificação

Em relação ao objeto

Podem ser divididos em embargos de mérito, quando discutem questões relativas à dívida exequenda, e embargos processuais, quando são discutidas questões formais, relacionadas ao título ou ao procedimento executivo.

Valor da causa nos embargos

Por assumirem a forma de ação de conhecimento, os embargos devem conter o valor da causa.

De logo, vale mencionar que o valor da causa não deve coincidir necessariamente com o valor da execução ou do crédito cobrado. Sobretudo, na hipótese de ser alegado, nos embargos, excesso de execução. Neste caso, o valor da causa não deverá corresponder ao da totalidade do crédito, mas a diferença entre o que está sendo exigido e o que foi reconhecido pelo embargante. (Resp. 1.001.725/SP).

Prazo para ajuizamento dos embargos

Segundo o Art. 915 do CPC, os embargos serão oferecidos no prazo de quinze dias, contados da data da juntada aos autos do mandado de citação. O prazo dos embargos é de quinze dias, ainda que haja mais de um executado com procuradores distintos, tendo em vista que na execução não incide o Art. 229 do CPC.(Art. 915, § 3 do CPC)

Obs: Conforme estabelece o. 914 do CPC, os embargos não dependem de garantia do juízo, não sendo necessária a constrição de bens pela penhora, depósito ou caução:

> ***Art. 914.*** *O executado, independentemente de penhora, depósito ou caução, poderá se opor à execução por meio de embargos.*

Quando houver mais de um executado, o prazo para cada um embargar conta-se a partir da juntada do respectivo comprovante de citação. Quando, porém, os executados forem cônjuges entre si, quando será contado a partir da juntada do último mandado. (Art. 915, par, 1, CPC)

Competência para processamento e julgamento

Segundo o Art. 845 do CPC, se o executado não tiver bens no foro da execução, esta será feita por carta precatória, penhorando-se, avaliando-se e alienando-se os bens no foro da situação. Nessa situação, os embargos serão oferecidos no juízo deprecante ou no juízo deprecado, MAS A COMPETÊNCIA PARA JULGÁ-LOS É DO JUÍZO DEPRECANTE, salvo se versarem unicamente vícios ou defeitos da penhora, avaliação ou alienação dos bens. Vejamos o que dispõe o Art. 914, § 2 do CPC:

> ***§ 2º*** *Na execução por carta, os embargos serão oferecidos no juízo deprecante ou no juízo deprecado,* ***mas a competência para julgá-los é do juízo deprecante****, salvo se versarem unicamente sobre vícios ou defeitos da penhora, da avaliação ou da alienação dos bens efetuadas no juízo deprecado.*

Legitimidade ativa e passiva nos embargos

Ordinariamente, os embargos devem ser apresentados pelo executado, posto que é o meio de defesa posto à disposição do executado. O MP detém legitimidade para apresentar embargos, seja passiva como ativa. Ex.: à execução na ação popular.

O cônjuge do executado, ainda que a execução não tenha sido intentada contra si, disporá de legitimidade. A legitimidade passiva fica a cargo do exequente. No caso de a execução ser proposta em litisconsórcio ativo, ainda que facultativo, haverá litisconsórcio passivo necessário se o embargante pretender opor uma defesa comum.

Efeitos dos embargos

Segundo o Art. 919 do CPC, embargos não possuem efeitos suspensivos. É que a sua oposição somente acarretará a suspensão da execução em situações excepcionais. (Art. 919, § 1, do CPC).

> ***Art. 919.*** *Os embargos à execução **não terão efeito suspensivo**.*
>
> ***§ 1º O juiz poderá, a requerimento do embargante, atribuir efeito suspensivo aos embargos*** *quando* ***verificados os requisitos para a concessão da tutela provisória e desde que a execução já esteja garantida*** *por penhora, depósito ou caução suficientes.*
>
> ***§ 2º*** *Cessando as circunstâncias que a motivaram, a decisão relativa aos efeitos dos embargos poderá, a requerimento da parte, ser modificada ou revogada a qualquer tempo, em decisão fundamentada.*
>
> ***§ 3º*** *Quando o efeito suspensivo atribuído aos embargos disser respeito apenas a parte do objeto da execução, esta prosseguirá quanto à parte restante.*
>
> ***§ 4º A concessão de efeito suspensivo aos embargos oferecidos por um dos executados não suspenderá a execução contra os que não embargaram*** *quando o respectivo fundamento disser respeito exclusivamente ao embargante.*
>
> ***§ 5º*** *A concessão de efeito suspensivo não impedirá a efetivação dos atos de substituição, de reforço ou de redução da penhora e de avaliação dos bens. (Grifo nosso)*

Objeto dos embargos

Ao contrário da impugnação ao cumprimento da sentença, é bastante amplo o objeto dos embargos à execução fundada em título extrajudicial (Art. 917). O executado poderá alegar qualquer matéria, não havendo restrições legais, tendo em vista que a enumeração do Art. 917 é meramente exemplificativa.

> ***Art. 917.*** *Nos embargos à execução, o executado poderá alegar:*
>
> ***I.*** *inexequibilidade do título ou inexigibilidade da obrigação;*
>
> ***II.*** *penhora incorreta ou avaliação errônea;*
>
> ***III.*** *excesso de execução ou cumulação indevida de execuções;*
>
> ***IV.*** *retenção por benfeitorias necessárias ou úteis, nos casos de execução para entrega de coisa certa;*
>
> ***V.*** *incompetência absoluta ou relativa do juízo da execução;*
>
> ***VI. qualquer matéria que lhe seria lícito deduzir como defesa em processo de conhecimento.*** *(Grifo nosso)*

Recursos nos embargos

Caso haja rejeição liminar dos embargos, será configurado um indeferimento da petição inicial, cabendo apelação. Caso se trate de decisão que negue ou conceda efeito suspensivo aos embargos, caberá agravo de instrumento.

Como regra geral, os embargos são julgados por sentença, da qual cabe apelação. Acolhidos os embargos, a apelação possuirá duplo efeito. Rejeitados, serão recebidos apenas no efeito devolutivo, Art. 1012, III, CPC.

Questões

01. (FCC) No processo de execução e cumprimento de sentença, caso o executado já tenha apresentado embargos ou impugnação à execução, a desistência do exequente de toda a execução ou apenas alguma medida executiva dependerá do consentimento do embargante ou do impugnante.

Certo ( ) Errado ( )

02. É um exemplo de título executivo extrajudicial:

a) o acordo extrajudicial homologado judicialmente.
b) a sentença arbitral.
c) a sentença homologatória de conciliação ou transação, ainda que inclua matéria não posta em juízo.
d) o contrato assinado pelo devedor e duas testemunhas.
e) sentença penal condenatória.

03. (FCC) Os embargos do devedor serão opostos no prazo de

a) adez dias, desde que tenha sido previamente garantido o juízo, possuindo, em regra, efeito suspensivo, e devendo ser rejeitados, liminarmente, se o excesso de execução for seu único fundamento e o embargante não declarar, na petição inicial, o valor que entende correto, apresentando memória de cálculo, salvo, se possível, a emenda da inicial.
b) b) quinze dias, desde que tenha sido previamente garantido o juízo, não possuindo, em regra, efeito suspensivo, e devendo ser rejeitados, liminarmente, se o excesso de execução for seu único fundamento e o embargante não declarar, na petição inicial, o valor que entende correto, apresentando memória de cálculo.
c) dez dias, independentemente de penhora, depósito ou caução, não possuindo, em regra, efeito suspensivo, e devendo ser rejeitados, liminarmente, se o excesso de execução for seu único fundamento e o embargante não declarar, na petição inicial, o valor que entende correto, apresentando memória de cálculo.
d) quinze dias, independentemente de penhora, depósito ou caução, possuindo, em regra, efeito suspensivo, e devendo ser rejeitados, liminarmente, se o excesso de execução for seu único fundamento e o embargante não declarar, na petição inicial, o valor que entende correto, apresentando memória de cálculo, salvo se possível a emenda da inicial.
e) quinze dias, independentemente de penhora, depósito ou caução, não possuindo, em regra, efeito suspensivo, e devendo ser rejeitados, liminarmente, se o excesso de execução for seu único fundamento e o embargante não declarar, na petição inicial, o valor que entende correto, apresentando memória de cálculo.

04. (FCC) Celso propôs execução de título executivo extrajudicial contra Caio e Mário, que apresentaram embargos do devedor por meio de procuradores distintos. O prazo para o oferecimento dos embargos do devedor, por Caio e Mário, é contado, para

a) ambos os executados, a partir da intimação da penhora, computando-se em dobro.
b) ambos os executados, a partir da juntada do último mandado citatório aos autos, computando-se em dobro.
c) cada executado, a partir da juntada do respectivo comprovante da citação aos autos, computando-se em dobro.
d) ambos os executados, a partir da juntada do último comprovante da citação aos autos, não se computando em dobro.
e) cada executado, a partir da juntada do respectivo comprovante da citação aos autos, não se computando em dobro.

05. (ALFACON) Efetuada a penhora, o depósito ou a caução, o executado poderá se opor à execução por meio de embargos.

Certo ( ) Errado ( )

Gabaritos

01	ERRADO	04	E
02	D	05	ERRADO
03	E	-	-

17. LEI Nº 9.099/1995 - JUIZADOS ESPECIAIS CÍVEIS E CRIMINAIS

17.1 Disposições Gerais

Os Juizados Especiais Cíveis e Criminais, órgãos da **Justiça Ordinária**, serão criados pela União, no Distrito Federal e nos Territórios, e pelos Estados, para conciliação, processo, julgamento e execução, nas causas de sua competência.

Essa Lei aplica-se para a Justiça Comum Estadual. Na **Justiça Federal** ela pode ser utilizada de forma **subsidiária**, pois o Juizado Especial Federal tem legislação própria (Lei nº 10.259/2001).

O processo orientar-se-á pelos critérios da **oralidade, simplicidade, informalidade, economia processual e celeridade**, buscando, **sempre que possível**, a conciliação ou a transação.

O sistema dos **Juizados Especiais Civis** (JEC) aplica-se para **causas cíveis de menor complexidade**, enquanto os **Juizados Especiais Criminais** (JECRIM) são utilizados **em infrações penais de menor potencial ofensivo.**

17.2 Dos Juizados Especiais Cíveis

Competência

O Juizado Especial Cível tem competência para conciliação, processo e julgamento das causas cíveis de **menor complexidade**, sendo que essa Lei define quais são esses casos.

Podem ser apreciadas pelo JEC:

> Causas que não excedam 40 vezes o salário mínimo.
> Hipóteses enumeradas no Art. 275, II, do Código de Processo Civil (rito sumário do CPC).
> A ação de despejo para uso próprio.
> As ações possessórias sobre bens imóveis de valor não excedente a 40 salários-mínimos.

Essa competência é **facultativa**, isto é, o autor **pode optar** por ingressar com ação na Justiça Comum, mesmo que esteja enquadrada uma dessas hipóteses.

Se determinada ação for de valor superior a 40 salários-mínimos, e a parte optar por esse procedimento, estará **renunciando ao crédito excedente ao teto** estabelecido, salvo conciliação (as partes podem fazer um acordo de valor superior).

O Juizado Especial também é competente para **executar seus próprios julgados e dos títulos executivos extrajudiciais de valor até 40 salários-mínimos** (observadas as restrições estabelecidas na Lei nº 9.099/95).

Algumas ações, independentemente do valor, não podem ser apreciadas pelo Juizado Especial Cível, devendo tramitar na via comum.

São **excluídas** da competência do JEC as causas:

> De natureza Alimentar, Falimentar e Fiscal.
> De interesse da Fazenda Pública.
> Relativas a acidentes de trabalho, a resíduos e ao estado das pessoas (ainda que de cunho patrimonial).

Mesmo quando o valor for igual ou inferior a 40 salários mínimos, essas causas não poderão tramitar no JEC.

A Lei nº 9.099/95 também traz algumas regras de competência (locais em que a ação deve ser proposta).

Competência do foro:

> **Domicílio do réu** (autor pode optar pelo local onde o réu exerça atividades profissionais ou econômicas ou mantenha estabelecimento, filial, agência, sucursal ou escritório).
> **Local onde a obrigação deva ser satisfeita.**
> **Domicílio do Autor ou do local do ato/fato** – Reparação de danos de qualquer natureza.

Apesar dessas regras, em qualquer hipótese o autor pode optar por propor a ação no domicílio do réu.

Do juiz, dos conciliadores e dos juízes leigos

A Lei nº 9.099/95 traz um procedimento simplificado. O juiz possui **ampla liberdade** para determinar as provas a serem produzidas, para apreciá-las e para dar especial valor as regras de experiência comum ou técnica.

Ele adotará em cada caso a decisão que reputar **mais justa e equânime**, atendendo aos **fins sociais da lei** e às **exigências do bem comum**.

O juizado especial é fortemente caracterizado pelos princípios da **conciliação** e da **celeridade**. Para privilegiar esses princípios, a Lei nº 9.099/95 traz a figura de dois auxiliares da justiça no âmbito da competência dessa lei.

São auxiliares da Justiça:

> **Conciliadores** (bacharéis em Direito).
> **Juízes leigos** (advogados com mais de 5 anos de experiência – impedidos de exercer a advocacia perante os Juizados Especiais enquanto no desempenho de suas funções).

Das partes no juizado especial

No Juizado Especial **não podem ser partes**:

> O incapaz.
> O preso.
> As pessoas jurídicas de direito público.
> As empresas públicas da União.
> A massa falida.
> O insolvente civil.

Independente do valor da causa ou matéria tratada, não poderão ser partes no JEC qualquer um dos acima indicados.

Somente podem **propor ação** perante o Juizado Especial (legitimados ativos):

> **As pessoas físicas capazes** (cessionários de direito de pessoas jurídicas são excluídos; considera-se capaz o **maior de 18 anos**, inclusive para conciliação).
> **As microempresas**.
> **OSCIP** (pessoas jurídicas qualificadas como Organização da Sociedade Civil de Interesse Público).
> **As sociedades de crédito ao microempreendedor.**

Nos termos dessa Lei, a obrigatoriedade de assistência por advogado depende do valor da causa:

> **Até 20 salários-mínimos** – **Facultativa** (as partes comparecem pessoalmente, elas constituem advogados apenas se quiserem).

> **Valor superior** – **Obrigatória** (devem obrigatoriamente constituir um advogado, não podem praticar os atos processuais pessoalmente).

No caso de **assistência facultativa**, se uma das partes comparecer assistida por advogado, ou se o réu for pessoa jurídica ou firma individual, terá a **outra parte, se quiser, assistência judiciária prestada por órgão instituído junto ao Juizado Especial, na forma da lei local**.

O Juiz alertará as partes da conveniência do patrocínio por advogado, quando a causa o recomendar.

O mandato ao advogado **poderá ser verbal**, salvo quanto aos poderes especiais (não precisa de procuração escrita para conferir poderes gerais de foro para o advogado).

Não é admitida, no processo, nenhuma forma de intervenção de terceiro ou de assistência (mas o litisconsórcio é admitido).

O Ministério Público intervirá nos casos previstos em lei.

Atos processuais

Os atos processuais são **públicos** e poderão ser realizados em **horário noturno**, de acordo com o disposto nas **normas de organização judiciária**.

Sempre que **preencherem as finalidades** para as quais forem realizados, eles serão **considerados válidos** (atendidos os critérios definidos pela Lei nº 9.099/05, Art. 2º).

Aqui a Lei adota o princípio da **instrumentalidade das formas**, isto é, caso a Lei preveja determinada forma para a prática de um ato, sem cominação de nulidade, e o ato seja praticado de forma diversa, tendo ele alcançado a sua finalidade essencial, não será o mesmo anulado.

A prática de atos processuais em outras comarcas poderá ser solicitada por qualquer meio idôneo de comunicação.

Registro dos atos – serão registrados apenas aqueles atos que forem considerados essenciais (de forma resumida), em notas manuscritas, datilografada ou estenotipadas.

Os demais atos (não considerados essenciais) poderão ser gravados em fita magnética ou equivalente, que será **inutilizada após o trânsito em julgado da decisão**.

Do pedido

O processo é instaurado com a **apresentação do pedido** à Secretaria do Juizado (isso pode ser feito **por escrito** ou até mesmo de **forma oral**). Nele constará de forma simples e em linguagem acessível:

> O nome, a qualificação e o endereço das partes.

> Os fatos e os fundamentos, de forma sucinta.

> O objeto e seu valor (pode ser formulado pedido genérico quando não for possível determinar, desde logo, a extensão da obrigação).

No caso de **pedido oral**, ele será **reduzido a escrito pela Secretaria do Juizado**, podendo ser utilizado o sistema de fichas ou formulários impressos.

Os pedidos Lei poderão ser **alternativos** ou **cumulados**. No caso de cumulação de pedidos, eles devem ser conexos e a **soma não ultrapasse o limite fixado na Lei** (40 salários-mínimos).

Registrado o pedido, independentemente de distribuição e autuação, a Secretaria do Juizado designará a sessão de conciliação, a realizar-se no prazo de **quinze dias.**

Comparecendo inicialmente ambas as partes, instaurar-se-á, desde logo, a sessão de conciliação, dispensados o registro prévio de pedido e a citação.

Havendo pedidos contrapostos, poderá ser dispensada a contestação formal e ambos serão apreciados na mesma sentença.

Das citações e intimações

A citação é a forma pela qual o réu tem ciência de que contra ele, corre um processo, sendo, nesse ato, chamado para integrar a relação processual.

A **citação** é feita:

> Por correspondência, com aviso de recebimento em mão própria.

> Tratando-se de pessoa jurídica ou firma individual, mediante entrega ao encarregado da recepção, que será obrigatoriamente identificado.

> Sendo necessário, por oficial de justiça, independentemente de mandado ou carta precatória.

O **comparecimento espontâneo suprirá a falta ou nulidade da citação**. Dessa forma, caso o réu não tenha sido citado ou a mesma tenha ocorrido de maneira nula (citou por engano o vizinho por exemplo), mas ele compareça espontaneamente em juízo, esse vício estará sanado.

A citação conterá cópia do pedido inicial, dia e hora para comparecimento do citando e advertência de que, não comparecendo este, considerar-se-ão verdadeiras as alegações iniciais, e será proferido julgamento, de plano (efeitos gerados pela revelia do réu).

Intimações - feitas na forma prevista para citação, ou por qualquer outro meio idôneo de comunicação.

Dos atos praticados na audiência, considerar-se-ão, desde logo, cientes as partes (não precisam ser intimados, pois tiveram ciência desses atos no momento em que os mesmos foram praticados).

As partes devem comunicar as mudanças de endereço que ocorrerem no curso do processo. Se não o fizerem, as intimações enviadas ao local anteriormente indicado serão **reputadas eficazes**.

Da revelia

Não comparecendo o demandado à sessão de conciliação ou à audiência de instrução e julgamento, reputar-se-ão verdadeiros os fatos alegados no pedido inicial, salvo se o contrário resultar da convicção do Juiz.

Da conciliação e do juízo arbitral

Aberta a sessão, o Juiz togado ou leigo esclarecerá as partes presentes sobre as vantagens da conciliação, mostrando-lhes os riscos e as consequências do litígio, especialmente quanto ao disposto no § 3º do Art. 3º desta Lei (renúncia ao crédito que exceder a 40 salários-mínimos).

A conciliação será conduzida pelo Juiz togado ou leigo ou por conciliador sob sua orientação. Obtida a conciliação, esta será **reduzida a escrito e homologada** pelo Juiz togado, mediante **sentença com eficácia de título executivo.**

Não comparecendo o demandado (revelia), o Juiz togado proferirá sentença.

Não obtida a conciliação, as partes poderão optar, de comum acordo, pelo juízo arbitral. O juízo arbitral considerar-se-á instaurado, **independentemente de termo de compromisso**, com a escolha do árbitro pelas partes. Se este não estiver presente, o Juiz convocá-lo-á e designará, de imediato, a data para a audiência de instrução. Esse árbitro será escolhido dentre os juízes leigos.

O árbitro conduzirá o processo com os mesmos critérios do Juiz (dirigirá o processo com liberdade para determinar as provas a serem produzidas, para apreciá-las e para dar especial valor às regras de experiência comum ou técnica), **podendo decidir por equidade**.

O árbitro apresentará o **laudo ao Juiz togado para homologação por sentença irrecorrível** ao término da instrução, ou nos cinco dias subsequentes.

Da instrução e julgamento

Caso não seja instituído o juízo arbitral, proceder-se-á imediatamente à audiência de instrução e julgamento, desde que não resulte prejuízo para a defesa.

Não sendo possível a sua realização imediata, será a audiência designada para um dos **quinze dias subsequentes**, cientes, desde logo, as partes e testemunhas eventualmente presentes.

Na audiência de instrução e julgamento, serão ouvidas as partes, colhidas as provas e, em seguida, proferida a sentença (as partes serão inquiridas ou interrogadas antes da produção das demais provas).

Serão **decididos de plano** (imediatamente) todos os incidentes que **possam interferir** no regular prosseguimento da audiência. As demais questões serão decididas na sentença.

As partes irão se **manifestar imediatamente** sobre os documentos apresentados pela parte contrária, **sem interrupção da audiência.**

Da resposta do réu

A contestação pode ser apresentada de **forma escrita ou oral**. Na contestação, deve estar contida **toda a matéria de defesa**, exceto arguição de suspeição ou impedimento do Juiz, que se processará na forma da legislação em vigor.

No âmbito dos Juizados Especiais, não se admitirá a reconvenção. Entretanto, é lícito ao réu, na contestação, formular pedido em seu favor, nos limites do Art. 3º desta Lei, desde que fundado nos mesmos fatos que constituem objeto da controvérsia (pedido contraposto).

O autor poderá responder ao pedido do réu na própria audiência ou requerer a designação da nova data, que será desde logo fixada, cientes todos os presentes.

Das provas

Todos os meios de prova moralmente legítimos, ainda que não especificados em lei, são hábeis para provar a veracidade dos fatos alegados pelas partes.

Dessa forma, mesmo que determinado meio de prova não esteja previsto na legislação, mas seja moralmente legítimo, ele poderá ser utilizado para demonstrar a veracidade dos fatos narrados pelas partes.

Todas as provas serão produzidas na audiência de instrução e julgamento, **ainda que não requeridas previamente**, podendo o Juiz limitar ou excluir as que considerar excessivas, impertinentes ou protelatórias. Assim, não é requisito para a produção da prova que a parte a tenha requerido previamente.

No Juizado Especial Cível, é possível trazer até **três testemunhas**. Essas testemunhas comparecem à audiência de instrução e julgamento levadas pela parte que as tenha arrolado, **independentemente de intimação**, ou mediante esta, se assim for requerido (só ocorre a intimação de testemunha se a parte o requerer).

Esse requerimento para intimação das testemunhas será apresentado à Secretaria, no **mínimo, cinco dias antes** da audiência de instrução e julgamento.

Se, mesmo após regularmente intimada, a testemunha não comparecer, o Juiz poderá determinar sua imediata condução, valendo-se, se necessário, do auxílio da força pública (condução coercitiva).

Quando a prova do fato exigir, o Juiz poderá inquirir técnicos de sua confiança, permitida às partes a apresentação de parecer técnico. No curso da audiência, poderá o Juiz, de ofício ou a requerimento das partes, realizar inspeção em pessoas ou coisas, ou determinar que o faça pessoa de sua confiança, que lhe relatará informalmente o verificado.

A prova oral não será reduzida a escrito, a sentença deverá referir, no essencial, os informes trazidos nos depoimentos.

A instrução do processo poderá ser dirigida por Juiz leigo, sob a supervisão de Juiz togado.

Da sentença

A sentença mencionará os elementos de convicção do Juiz (com breve resumo dos fatos relevantes ocorridos em audiência), **dispensado o relatório**.

Não se admitirá sentença condenatória por quantia ilíquida, **ainda que genérico o pedido**. Dessa forma, mesmo que a parte tenha formulado um pedido genérico, o juiz não pode proferir sentença ilíquida, ela já deve apresentar o valor da condenação.

É ineficaz a sentença condenatória na parte que exceder a alçada estabelecida nesta Lei. Dessa forma, caso a sentença condene o réu em quantia superior à 40 salários mínimos, ela será ineficaz (sem produção de efeitos) no que ultrapassar esse valor.

O Juiz Leigo que tiver dirigido a instrução proferirá sua decisão e, imediatamente a submeterá ao Juiz Togado, que **poderá**

homologá-la, proferir outra em substituição ou, antes de se manifestar, determinar a realização de atos probatórios indispensáveis.

Da sentença proferida, caberá recurso para o próprio Juizado (excetuada a homologatória de conciliação ou laudo arbitral). Esse recurso será julgado por uma turma composta por três Juízes togados, em exercício no primeiro grau de jurisdição, reunidos na sede do Juizado (Turma Recursal).

Apesar de, em determinados casos, a assistência de advogado ser facultativa no âmbito dos Juizados Especiais, no recurso, as partes serão obrigatoriamente representadas por advogado.

O prazo para interposição de recurso é de **dez dias**, contados da ciência da sentença, por petição escrita, da qual constarão as razões e o pedido do recorrente.

Após a interposição, a parte recorrente tem que realizar o preparo em 48 horas, independentemente de intimação, sob pena de deserção. Após o preparo, a Secretaria intimará o recorrido para oferecer resposta escrita no prazo de dez dias.

O recurso terá somente efeito devolutivo, mas o Juiz poderá dar-lhe efeito suspensivo, para evitar dano irreparável para a parte.

O julgamento em segunda instância constará apenas da ata, com a indicação suficiente do processo, fundamentação sucinta e parte dispositiva. **Se a sentença for confirmada pelos próprios fundamentos, a súmula do julgamento servirá de acórdão**.

Dos embargos de declaração

Os embargos de declaração constituem o recurso cabível quando, na sentença ou acórdão, houver **obscuridade, contradição, omissão ou dúvida**. Tratando-se apenas de erros materiais, esses podem ser corrigidos de ofício.

Os embargos de declaração serão interpostos **por escrito ou oralmente**, no prazo de **cinco dias**, contados da ciência da decisão. Quando interpostos contra a sentença, os embargos de declaração **suspenderão o prazo para recurso**.

Da extinção do processo sem julgamento do mérito

O processo será extinto (sem resolução do mérito), além dos casos previstos em lei, quando:

> O autor deixar de comparecer a qualquer das audiências do processo (caso comprove ter sido por motivo de força maior, a parte poderá ser isentada pelo Juiz do pagamento das custas).

> Inadmissível o procedimento instituído por esta Lei ou seu prosseguimento, após a conciliação.

> For reconhecida a incompetência territorial.

> Falecido o autor, a habilitação depender de sentença ou não se der no prazo de trinta dias.

> Falecido o réu, o autor não promover a citação dos sucessores no prazo de trinta dias da ciência do fato.

A extinção do processo **independerá**, em qualquer hipótese, de prévia intimação pessoal das partes.

Da execução

O Juizado possui competência para executar suas próprias decisões. A execução da sentença processar-se-á, no próprio Juizado, aplicando-se, no que couber, o disposto no Código de Processo Civil, com as seguintes alterações:

> As sentenças serão necessariamente líquidas, contendo a conversão em Bônus do Tesouro Nacional - BTN ou índice equivalente.

> Os cálculos de conversão de índices, de honorários, de juros e de outras parcelas serão efetuados por servidor judicial.

> A intimação da sentença será feita, sempre que possível, na própria audiência em que for proferida. Nessa intimação, o vencido será instado a cumprir a sentença tão logo ocorra seu trânsito em julgado, e advertido dos efeitos do seu descumprimento (inciso V).

> Não cumprida voluntariamente a sentença transitada em julgado, e tendo havido solicitação do interessado, que poderá ser verbal, proceder-se-á desde logo à execução, dispensada nova citação.

> Nos casos de obrigação de entregar, de fazer, ou de não fazer, o Juiz, na sentença ou na fase de execução, cominará multa diária, arbitrada de acordo com as condições econômicas do devedor, para a hipótese de inadimplemento. Não cumprida a obrigação, o credor poderá requerer a elevação da multa ou a transformação da condenação em perdas e danos, que o Juiz de imediato arbitrará, seguindo-se a execução por quantia certa, incluída a multa vencida de obrigação de dar, quando evidenciada a malícia do devedor na execução do julgado.

> Na obrigação de fazer, o Juiz pode determinar o cumprimento por outrem, fixado o valor que o devedor deve depositar para as despesas, sob pena de multa diária.

> Na alienação forçada dos bens, o Juiz poderá autorizar o devedor, o credor ou terceira pessoa idônea a tratar da alienação do bem penhorado, a qual se aperfeiçoará em juízo até a data fixada para a praça ou leilão. Sendo o preço inferior ao da avaliação, as partes serão ouvidas. Se o pagamento não for à vista, será oferecida caução idônea, nos casos de alienação de bem móvel, ou hipotecado o imóvel.

> É dispensada a publicação de editais em jornais, quando se tratar de alienação de bens de pequeno valor.

> O devedor poderá oferecer embargos, nos autos da execução, versando sobre:
>
> » Falta ou nulidade da citação no processo, se ele correu à revelia.
>
> » Manifesto excesso de execução.
>
> » Erro de cálculo.
>
> » Causa impeditiva, modificativa ou extintiva da obrigação, superveniente à sentença.

A execução de **título executivo extrajudicial**, no valor de **até 40 salários-mínimos**, obedecerá ao disposto no Código de Processo Civil, com as modificações introduzidas por esta Lei.

Efetuada a penhora, o devedor será intimado a comparecer à audiência de conciliação, quando poderá oferecer embargos (Art. 52, IX), por escrito ou verbalmente.

Na audiência, será buscado o **meio mais rápido e eficaz para a solução do litígio**, se possível com dispensa da alienação judicial, devendo o conciliador propor, entre outras medidas cabíveis, o pagamento do débito a prazo ou a prestação, a dação em pagamento ou a imediata adjudicação do bem penhorado.

Não apresentados os embargos em audiência, ou julgados improcedentes, qualquer das partes poderá requerer ao Juiz a adoção de uma das alternativas acima descritas.

Não encontrado o devedor ou inexistindo bens penhoráveis, o processo será imediatamente extinto, devolvendo-se os documentos ao autor.

Das despesas

Em primeiro grau de jurisdição, o acesso ao Juizado Especial independerá do pagamento de custas, taxas ou despesas.

O preparo do recurso, na forma do § 1º do Art. 42 desta Lei (O preparo será feito, independentemente de intimação, nas quarenta e oito horas seguintes à interposição, sob pena de deserção), compreenderá todas as despesas processuais, inclusive aquelas dispensadas em primeiro grau de jurisdição, ressalvada a hipótese de assistência judiciária gratuita.

Em primeiro grau de jurisdição, não há condenação do vencido em custas e honorários de advogado (salvo se configurada litigância de má-fé)

Em segundo grau, o recorrente, vencido, **pagará as custas e honorários de advogado**, que serão fixados entre 10% e 20% do valor de condenação (não havendo condenação, utiliza-se do valor corrigido da causa como base de cálculo).

Na execução não serão contadas custas, salvo quando:

> Reconhecida a litigância de má-fé.

> Improcedentes os embargos do devedor.

> Tratar-se de execução de sentença que tenha sido objeto de recurso improvido do devedor.

Disposições finais

Instituído o Juizado Especial, serão implantadas as curadorias necessárias e o serviço de assistência judiciária.

O **acordo extrajudicial**, de qualquer natureza ou valor, **poderá ser homologado**, no juízo competente, independentemente de termo, valendo a sentença como **título executivo judicial**.

Valerá como **título extrajudicial** o acordo celebrado pelas partes, por instrumento escrito, **referendado pelo órgão competente do Ministério Público**.

Nas causas sujeitas ao procedimento instituído pela Lei nº 9.099/95 **não é admitida a ação rescisória**.

17.3 Dos Juizados Especiais Criminais

Disposições gerais do jecrim

O Juizado Especial Criminal, **provido por juízes togados ou togados e leigos**, tem competência para a conciliação, o julgamento e a execução das **infrações penais de menor potencial ofensivo**, respeitadas as regras de conexão e continência.

Na hipótese de reunião de processos, perante o juízo comum ou o tribunal do júri, decorrentes da aplicação das regras de conexão e continência, **observar-se-ão os institutos da transação penal e da composição dos danos civis.**

→ Consideram-se infrações penais de menor potencial ofensivo (para os efeitos da Lei nº 9.099/95):

> As contravenções penais;

> Os crimes a que a lei comine pena máxima não superior a 2 anos (cumulada ou não com multa).

O processo perante o Juizado Especial orientar-se-á pelos critérios da oralidade, informalidade, economia processual e celeridade, objetivando, sempre que possível, a reparação dos danos sofridos pela vítima e a aplicação de pena não privativa de liberdade.

Da competência e dos atos processuais

Competência do Juizado → determinada pelo lugar em que foi praticada a infração penal.

Os atos processuais serão públicos e poderão realizar-se em horário noturno e em qualquer dia da semana, conforme dispuserem as normas de organização judiciária.

Os atos processuais serão válidos sempre que preencherem as finalidades para as quais foram realizados, atendidos os critérios indicados no Art. 62 da Lei nº 9.099/95 (*critérios da oralidade, informalidade, economia processual e celeridade, objetivando, sempre que possível, a reparação dos danos sofridos pela vítima e a aplicação de pena não privativa de liberdade)*.

No âmbito do Juizado Especial Criminal, a nulidade somente será pronunciada se houver prejuízo para alguma das partes.

A prática de atos processuais em outras comarcas poderá ser solicitada por qualquer meio hábil de comunicação.

Somente serão registrados por escrito os atos havidos por essenciais. Os atos realizados em audiência de instrução e julgamento poderão ser gravados em fita magnética ou equivalente.

A citação será pessoal e far-se-á no próprio Juizado, sempre que possível, ou por mandado. Não encontrado o acusado para ser citado, o Juiz encaminhará as peças existentes ao Juízo comum para adoção do procedimento previsto em lei.

A intimação far-se-á por correspondência, com aviso de recebimento pessoal ou, tratando-se de pessoa jurídica ou firma individual, mediante entrega ao encarregado da recepção, que será obrigatoriamente identificado, ou, sendo necessário, por oficial de justiça, independentemente de mandado ou carta precatória, ou ainda por qualquer meio idôneo de comunicação.

Dos atos que forem praticados em audiência, são consideradas intimadas desde logo cientes as partes, os interessados e defensores.

to de intimação do autor do fato e do mandado de citação do acusado, constará a necessidade de seu comparecimento acompanhado de advogado, com a advertência de que, na sua falta, ser-lhe-á designado defensor público.

Da fase preliminar

A autoridade policial que tomar conhecimento da ocorrência lavrará termo circunstanciado e o encaminhará imediatamente ao Juizado, com o autor do fato e a vítima, providenciando-se as requisições dos exames periciais necessários.

Depois da ocorrência do fato, a autoridade policial lavra o TC (Termo Circunstanciado) e encaminha para o Juizado. Não há inquérito.

Se o autor do fato (trata-se do réu, mas a Lei usa o termo "autor do fato") que, após a lavratura do termo, for imediatamente encaminhado ao juizado ou assumir o compromisso de a ele comparecer, não se imporá prisão em flagrante, nem se exigirá fiança.

Em caso de violência doméstica, o juiz poderá determinar, como medida de cautela, seu afastamento do lar, domicílio ou local de convivência com a vítima.

Comparecendo o autor do fato e a vítima, e não sendo possível a realização imediata da audiência preliminar, será designada data próxima, da qual ambos sairão cientes.

Na falta do comparecimento de qualquer dos envolvidos, a Secretaria providenciará sua intimação e, se for o caso, a do responsável civil (intimação feita na forma dos Arts. 67 e 68 da Lei nº 9.099/95, acima visto).

Na audiência preliminar, presente o representante do Ministério Público, o autor do fato e a vítima e, se possível, o responsável civil, acompanhados por seus advogados, o Juiz esclarecerá sobre a possibilidade da composição dos danos e da aceitação da proposta de aplicação imediata de pena não privativa de liberdade.

A conciliação será conduzida pelo Juiz ou também por conciliador (sob orientação do juiz).

Esses conciliadores são auxiliares da Justiça, recrutados, na forma da lei local, **preferentemente** entre bacharéis em Direito (mas aqueles que exerçam funções na administração da Justiça Criminal estão excluídos, não podem atuar como conciliadores).

Na audiência de conciliação, devem estar presentes o Juiz, o Promotor, a vítima e o autor do fato. Nessa audiência eles podem fazer acordo.

A composição (acordo) dos danos civis:

> Será reduzida a escrito.

> Homologada pelo Juiz (sentença irrecorrível).

> Eficácia de título a ser executado no juízo civil competente.

Tratando-se de ação penal de iniciativa privada ou de ação penal pública condicionada à representação, o acordo homologado acarreta a **renúncia ao direito de queixa ou representação**.

Não obtida a composição dos danos civis, será dada imediatamente ao ofendido a oportunidade de exercer o direito de **representação verbal, que será reduzida a termo**. O não oferecimento da representação na audiência preliminar não implica decadência do direito, que poderá ser exercido no prazo previsto em lei.

Havendo representação ou tratando-se de crime de ação penal pública incondicionada, não sendo caso de arquivamento, o Ministério Público poderá propor a aplicação imediata de pena restritiva de direitos ou multas, a ser especificada na proposta.

Nas hipóteses de ser a pena de multa a única aplicável, o Juiz poderá reduzi-la **até a metade**.

Entretanto, **não se admitirá a proposta** se ficar comprovado:

> Ter sido o autor da infração **condenado**, pela prática de crime, à pena **privativa de liberdade**, por **sentença definitiva**.

> Ter sido o agente beneficiado anteriormente, no prazo de **cinco anos**, pela aplicação de pena restritiva ou multa, nos termos deste Art..

> **Não indicarem** os antecedentes, a conduta social e a personalidade do agente, bem como os motivos e as circunstâncias, **ser necessária e suficiente a adoção da medida**.

Se a proposta for aceita pelo autor da infração e seu defensor, será submetida à apreciação do Juiz.

Se acolher essa proposta, o Juiz aplicará a pena restritiva de direitos ou multa, que não importará em reincidência, sendo registrada apenas para impedir novamente o mesmo benefício no prazo de cinco anos.

A imposição dessa sanção não constará de certidão de antecedentes criminais, salvo para os fins previstos no mesmo dispositivo, e não terá efeitos civis, cabendo aos interessados propor ação cabível no juízo cível.

Dessa sentença cabe apelação (mas ela segue as regras previstas para esse recurso na Lei nº 9.099/95).

Do procedimento sumaríssimo

Na ação penal de iniciativa pública, quando não houver aplicação de pena, pela ausência do autor do fato (ou pela não ocorrência da aceitação da proposta acima estudada) o Ministério Público oferecerá ao Juiz, de imediato, denúncia oral, se não houver necessidade de diligências imprescindíveis.

Para o oferecimento da denúncia, que será elaborada com base no termo de ocorrência acima tratado, com dispensa do inquérito policial, prescindir-se-á do exame do corpo de delito quando a materialidade do crime estiver aferida por boletim médico ou prova equivalente (nesse caso, então, não é preciso o exame de corpo de delito).

Se a complexidade ou circunstâncias do caso não permitirem a formulação da denúncia, o Ministério Público poderá requerer ao Juiz o encaminhamento das peças existentes, na forma do parágrafo único do Art. 66 da Lei nº 9.099/95 (Não encontrado o acusado para ser citado, o Juiz encaminhará as peças existentes ao Juízo comum para adoção do procedimento previsto em lei).

Na ação penal **de iniciativa do ofendido**, poderá ser oferecida **queixa oral**, cabendo ao Juiz verificar se a complexidade e as circunstâncias do caso determinam a adoção das providências previstas no parágrafo único do Art. 66 dessa lei (anteriormente citado).

Oferecida a denúncia ou queixa, será reduzida a termo, entregando-se cópia ao acusado, que com ela ficará citado e imediatamente cientificado da designação de dia e hora para a audiência de instrução e julgamento, da qual também tomarão ciência o Ministério Público, o ofendido, o responsável civil e seus advogados.

Se o acusado não estiver presente, será citado na forma dos Arts. 66 e 68 da Lei nº 9.099/95 (pessoalmente no próprio Juizado ou por mandado) e cientificado da data da audiência de instrução e de julgamento, devendo a ela trazer suas testemunhas ou apresentar requerimento para intimação, no mínimo, cinco dias antes de sua realização.

Não estando presentes o ofendido e o responsável civil, serão intimados nos termos do Art. 67 desta Lei para comparecerem à audiência de instrução e julgamento (intimado por carta com aviso de recebimento ou qualquer outro meio idôneo).

As testemunhas arroladas serão intimadas por correspondência com aviso de recebimento ou qualquer outro meio idôneo.

No dia e hora designados para a audiência de instrução e julgamento, se na fase preliminar não tiver havido possibilidade de tentativa de conciliação e de oferecimento de proposta pelo Ministério Público, proceder-se-á a tentativa de conciliação (na forma acima estudada - fase preliminar).

Nenhum ato será adiado, determinando o Juiz, **quando imprescindível, a condução coercitiva** de quem deva comparecer.

Aberta a audiência, será dada a palavra ao defensor para responder à acusação. Após isso o Juiz receberá, ou não, a denúncia ou queixa; havendo recebimento, serão ouvidas a vítima e as testemunhas de acusação e defesa, interrogando-se a seguir o acusado, se presente, passando-se imediatamente aos debates orais e à prolação da sentença.

Todas as provas serão produzidas na audiência de instrução e julgamento, podendo o Juiz limitar ou excluir as que considerar excessivas, impertinentes ou protelatórias.

De todo o ocorrido na audiência será lavrado termo, assinado pelo Juiz e pelas partes, contendo breve resumo dos fatos relevantes ocorridos em audiência e a sentença. A sentença, dispensado o relatório, mencionará os elementos de convicção do Juiz.

O recurso cabível no caso de decisão que rejeite a denúncia ou queixa e também da sentença é a **APELAÇÃO**, que poderá ser julgada por turma composta de três Juízes em exercício no primeiro grau de jurisdição, reunidos na sede do Juizado.

A apelação será interposta no prazo de **dez dias**, contados da ciência da sentença pelo Ministério Público, pelo réu e seu defensor, por petição escrita, da qual constarão as razões e o pedido do recorrente (o recorrido será intimado para oferecer resposta escrita também no prazo de dez dias).

As partes poderão requerer a transcrição da gravação da fita magnética e serão intimadas da data da sessão de julgamento pela imprensa.

Se a sentença for confirmada pelos próprios fundamentos, a súmula do julgamento servirá de acórdão (nesse caso a Turma recursal confirmou a sentença dada, o acórdão é simplificado, consistirá apenas na súmula do julgamento).

Embargos de declaração:

- Recurso cabível quando houver obscuridade, contradição, omissão ou dúvida (em sentença ou em acórdão).
- Serão opostos por escrito ou oralmente.
- Opostos no prazo de cinco dias (contados da ciência da decisão).

Quando opostos contra sentença, os embargos de declaração suspenderão o prazo para o recurso.

Os erros materiais podem ser corrigidos de ofício (o próprio Juiz corrige, sem que ninguém requeria).

Da execução

Se a única pena aplicada for a de multa, seu cumprimento far-se-á mediante pagamento na Secretaria do Juizado. Efetuado o pagamento, o Juiz declarará extinta a punibilidade, determinando que a condenação **não fique constando** dos registros criminais, exceto para fins de requisição judicial.

Mas caso não seja efetuado o pagamento de multa, será feita a conversão **em pena privativa da liberdade**, ou **restritiva de direitos**, nos termos previstos em lei.

A execução das penas privativas de liberdade e restritivas de direitos, ou de multa cumulada com estas, será processada perante o órgão competente, nos termos da lei.

Das despesas processuais

Nos casos de homologação do acordo civil e aplicação de pena restritiva de direitos ou multa, as despesas processuais serão reduzidas, conforme dispuser lei estadual.

Disposições finais

Além das hipóteses do Código Penal e da legislação especial, dependerá de representação a ação penal relativa aos crimes de lesões corporais leves e lesões culposas.

Nos crimes em que a pena mínima cominada for igual ou inferior a um ano, abrangidas ou não por esta Lei, o Ministério Público, ao oferecer a denúncia, poderá propor a suspensão do processo, por dois a quatro anos, desde que o acusado não esteja sendo processado ou não tenha sido condenado por outro crime, presentes os demais requisitos que autorizariam a suspensão condicional da pena (Os requisitos para suspensão da pena são tratados no Art. 77 do Código Penal).

Aceita a proposta pelo acusado e seu defensor, na presença do Juiz, este, recebendo a denúncia, **poderá suspender o processo**, submetendo o acusado **a período de prova**, sob as **seguintes condições**:

- Reparação do dano (salvo impossibilidade de fazê-lo).
- Proibição de frequentar determinados lugares.
- Proibição de ausentar-se da comarca onde reside, sem autorização do Juiz.
- Comparecimento pessoal e obrigatório a juízo, mensalmente, para informar e justificar suas atividades.

O Juiz **poderá especificar outras condições** a que fica subordinada a suspensão, desde que adequadas ao fato e à situação pessoal do acusado.

A suspensão PODERÁ SER REVOGADA se o acusado vier a ser processado, no curso do prazo, por contravenção, ou descumprir qualquer outra condição imposta.

Se no curso do prazo da suspensão o beneficiário vier a ser processado por outro crime ou não efetuar a reparação do dano (sem motivo justificado) a suspensão SERÁ REVOGADA.

Expirado o prazo sem revogação, o Juiz declarará extinta a punibilidade. Não correrá a prescrição durante o prazo de suspensão do processo.

Se o acusado não aceitar a proposta para que seja feita a suspensão o processo prosseguirá em seus ulteriores termos.

As disposições desta Lei não se aplicam aos processos penais cuja instrução já estiver iniciada.

Sobre esse Art.: ADIN nº 1.719/90 do STF: *O Tribunal, por votação unânime, deferiu, em parte, o pedido de medida cautelar, para, sem redução de texto e dando interpretação conforme à Constituição, excluir, com eficácia ex tunc, da norma constante do Art. 090 da Lei nº 9099/95, o sentido que impeça a aplicação de normas de direito penal, com conteúdo mais favorável ao réu, aos processos penais com instrução já iniciada à época da vigência desse diploma legislativo.*

As disposições previstas na Lei nº 9.099/95 **não se aplicam no âmbito da Justiça Militar.**

Nos casos em que esta Lei passa a exigir representação para a propositura da ação penal pública, o ofendido ou seu representante legal será **intimado para oferecê-la no prazo de trinta dias, sob pena de decadência**.

Aplicam-se subsidiariamente as disposições dos Códigos Penal e de Processo Penal, no que não forem incompatíveis com esta Lei.

17.4 Disposições Finais Comuns

Lei Estadual disporá sobre o Sistema de Juizados Especiais Cíveis e Criminais, sua organização, composição e competência.

Os serviços de cartório poderão ser prestados, e as audiências realizadas fora da sede da Comarca, em bairros ou cidades a ela pertencentes, ocupando instalações de prédios públicos, de acordo com audiências previamente anunciadas.

Os Estados, Distrito Federal e Territórios criarão e instalarão os Juizados Especiais no prazo de seis meses, a contar da vigência desta Lei.

No prazo de 6 meses, contado da publicação desta Lei, serão criados e instalados os Juizados Especiais Itinerantes, que deverão dirimir, prioritariamente, os conflitos existentes nas áreas rurais ou nos locais de menor concentração populacional

Questões

01. (VUNESP) Dentre outras, não podem ser partes no processo instituído pela Lei nº 9.099/95:

a) A massa falida e as sociedades de crédito ao microempreendedor.
b) O incapaz e o preso.
c) As empresas públicas da União e as microempresas.
d) O insolvente civil e as pessoas físicas capazes.
e) As pessoas jurídicas qualificadas como Organização da Sociedade Civil de Interesse Público.

02. (VUNESP) É cabível, perante o Juizado Especial Cível, ação de despejo:

a) Para uso próprio.
b) Por infração contratual.
c) Para fins de alienação do imóvel.
d) Por falta de pagamento.
e) Por perda de garantia locatícia.

03. (FCC) No que concerne aos aspectos processuais dos Juizados Especiais Cíveis previstos na Lei nº 9.099/95, é correto afirmar que:

a) Nas ações para reparação de dano de qualquer natureza, é competente o foro do domicílio do réu ou o do local do ato ou fato, somente.
b) Os incapazes podem ser partes no processo se estiverem representados pelos pais ou tutores.
c) Admitir-se-á nomeação à autoria, chamamento ao processo e assistência.
d) Tratando-se de pedidos cumulativos, a soma poderá ultrapassar o limite de 40 salários mínimos.
e) Não se fará citação por edital, ainda que o réu se encontre em local incerto e não sabido.

04. (CESPE) Nos juizados especiais cíveis, não é admitida a reconvenção.

Certo ( ) Errado ( )

05. (VUNESP) No que diz respeito às citações ou intimações realizadas nos procedimentos de competência do Juizado Especial Cível, assinale a alternativa correta.

a) Dos atos praticados na audiência, considerar-se-ão desde logo cientes as partes.
b) A intimação, sendo realizada por oficial de justiça, depende de mandado ou carta precatória.
c) O comparecimento espontâneo não suprirá a falta ou nulidade da citação, em razão do rito especial do Juizado.
d) Poderão ser feitas por correspondência, com aviso de recebimento em mão própria, por mandado ou edital.
e) Tratando-se de pessoa jurídica, a citação será válida mediante entrega ao sócio com poderes para recebê-la.

06. (CESPE) Os atos processuais dos juizados especiais criminais poderão ser realizados nos finais de semana, à exceção dos domingos e feriados.

Certo ( ) Errado ( )

07. (FUNIVERSA) Com relação aos dispositivos da Lei nº 9.099/1999, que dispõe acerca dos Juizados Especiais Criminais, assinale a alternativa correta.

a) As contravenções penais não são alcançadas pelos Juizados Especiais Criminais.

b) Não obtida a composição dos danos civis, será dada imediatamente ao ofendido a oportunidade de exercer o direito de representação verbal.

c) A competência do Juizado Especial Criminal será determinada pelo domicílio do réu.

d) A autoridade policial que tomar conhecimento da ocorrência da infração penal lavrará o auto de prisão e o encaminhará ao Juizado, com o autor do fato.

e) As infrações penais abrangidas pela Lei são processadas apenas mediante ação penal pública incondicionada.

08. (FGV) Com relação à Lei nº 9.099/95, assinale a afirmativa incorreta.

a) A transação penal consiste na aplicação imediata de pena restritiva de direitos ou multas àquele a quem se imputa uma infração de menor potencial ofensivo.

b) Não poderá ser oferecida a suspensão condicional do processo ao acusado que tiver sido condenado anteriormente por contravenção penal.

c) Em caso de delito persequível por ação penal pública condicionada à representação, havendo a representação do ofendido, o Ministério Público está legitimado para oferecer transação penal, mesmo que o ofendido se oponha e deseje a continuação do processo.

d) Se, no curso da suspensão condicional do processo, o acusado vier a ser processado por contravenção penal, o benefício poderá ser revogado pelo juiz.

09. (FCC) Compete ao Juizado Especial Federal Criminal processar e julgar os feitos de competência da Justiça Federal, relativos às infrações de menor potencial ofensivo, respeitadas as regras de conexão e continência. Consideram-se infrações de menor potencial ofensivo as contravenções e os crimes a que a Lei comine pena máxima NÃO superior a:

a) três anos, cumulada ou não com multa.

b) dois anos, cumulada ou não com multa.

c) dois anos, desde que não cumulada com multa.

d) um ano, desde que não cumulada com multa.

e) dois anos e seis meses, cumulada ou não com multa.

10. (FCC) No que se refere à suspensão do processo prevista no Art. 89, da Lei nº 9.099/95, é INCORRETO afirmar que:

a) A suspensão será revogada se, no curso do prazo, o beneficiário vier a ser processado por outro crime.

b) Além das condições obrigatórias estabelecidas por lei o Juiz poderá especificar outras condições a que fica subordinada a suspensão, desde que adequadas ao fato e à situação pessoal do acusado.

c) A decisão judicial que homologa a suspensão condicional do processo interrompe a prescrição e, durante o prazo de suspensão do processo, não correrá a prescrição.

d) Expirado o prazo de suspensão do processo, sem revogação, o Juiz declarará extinta a punibilidade.

e) A suspensão poderá ser revogada se o acusado vier a ser processado, no curso do prazo, por contravenção, ou descumprir qualquer outra condição imposta.

Gabaritos

01	B	06	ERRADO
02	A	07	B
03	E	08	B
04	CERTO	09	B
05	A	10	C

NOÇÕES DE DIREITO PROCESSUAL PENAL

1. INTRODUÇÃO AO DIREITO PROCESSUAL PENAL

Toda vez que ocorrer a prática de um delito, nasce para o Estado o *"jus puniendi"*, ou seja, o direito de punir do Estado, sempre pautado com ono devido processo legal. Tal mandamento deriva do Estado Democrático de Direito. Cumpre frisarNote que o Estado não pode simplesmente aplicar qualquer pena, mas sim, seguir o mandamento constitucional previsto no **Art.5º, XLVII:**

> ***Art. 5**, XLVII - não haverá penas:*
> ***a)** de morte, salvo em caso de guerra declarada, nos termos do art. 84, XIX;*
> ***b)** de caráter perpétuo;*
> ***c)** de trabalhos forçados;*
> ***d)** de banimento;*
> ***e)** cruéis;.*

Assim, visa-se a respeitar a dignidade da pessoa humana, harmonizando-a com as medidas legais pertinentes à elucidação de um delito, bem como a consequente aplicação posterior da pena.

Desse modo, definimos o processo penal como um conjunto de normas jurídicas tendentes a direcionar a atuação da polícia judiciária, assim como de todo o Poder Judiciário criminal, objetivando uma investigação, um processo e uma sentença justa, que se fundamentem na verdade dos fatos, a fim de respeitar todos os direitos constitucionais do homem, a ampla defesa, a presunção de inocência, dentre outros. Nesse sentido, verificamos nos comandos a seguir relacionados, previstos no **Art.5º, CF/88:**

> ***III.** ninguém será processado nem sentenciado senão pela autoridade competente;*
>
> ***LIV.** ninguém será privado da liberdade ou de seus bens sem o devido processo legal;*
>
> ***LV.** aos litigantes, em processo judicial ou administrativo, e aos acusados em geral são assegurados o contraditório e ampla defesa, com os meios e recursos a ela inerentes;*
>
> ***LVI.** são inadmissíveis, no processo, as provas obtidas por meios ilícitos;*
>
> ***LVII.** ninguém será considerado culpado até o trânsito em julgado de sentença penal condenatória;.*

E, por fim, cabe ressaltar que a prisão ocorre no Brasil conforme mandamento também presente **no inciso LXI do Art.5º, CF/88:** - "***ninguém será preso senão em flagrante delito ou por ordem escrita e fundamentada de autoridade judiciária competente, salvo nos casos de transgressão militar ou crime propriamente militar, definidos em lei;.***"

1.1 Lei Processual Penal no Espaço

O Código de Processo Penal, no Art. 1oº, estabelece o Princípio da Territorialidade da Lei Processual Penal (*Locus Regit Actum* ou *Lex Fori*), de forma que se aplicam em território brasileiro as normas de cunho processual penal a todas as infrações penais relacionadas com o Estado brasileiro, de maneira a não haver hipóteses de extra-territorialidadeextraterritorialidade de lei processual penal.

> ***Art. 1.** O processo penal reger-se-á, em todo o território brasileiro, por este Código, ressalvados:*
> ***I.** Os tratados, as convenções e regras de direito internacional;*
> ***II.** as prerrogativas constitucionais do Presidente da República, dos ministros de Estado, nos crimes conexos com os do Presidente da República, e dos ministros do Supremo Tribunal Federal, nos crimes de responsabilidade;*
> ***III.** os processos da competência da Justiça Militar;*
> ***IV.** os processos da competência do tribunal especial;(*
> ***V. os processos por crimes de imprensa.***
>
> ***Parágrafo único. Aplicar-se-á, entretanto, este Código aos processos referidos nos nos. IV e V, quando as leis especiais que os regulam não dispuserem de modo diverso.***

*Ao falar de território, se faz-se necessário preciso buscar seu conceito na própria lei, ou seja, no Código penal Brasileiro, conforme esculpido definição presente no em seu **Art. 5º:***

> ***Art. 5. Aplica-se a lei brasileira, sem prejuízo de convenções, tratados e regras de direito internacional, ao crime cometido no território nacional.***
>
> ***§1º.** Para os efeitos penais, consideram-se como extensão do território nacional as embarcações e aeronaves brasileiras, de natureza pública ou a serviço do governo brasileiro onde quer que se encontrem, bem como as aeronaves e as embarcações brasileiras, mercantes ou de propriedade privada, que se achem, respectivamente, no espaço aéreo correspondente ou em alto-mar.*
>
> ***§2º.** É também aplicável **a lei brasileira aos crimes praticados a bordo de aeronaves ou embarcações estrangeiras de propriedade privada, achando-se aquelas em pouso no território nacional ou em vôo voo no espaço aéreo correspondente, e estas em porto ou mar territorial do Brasil."***

1.2 Lei Processual Penal no Tempo

> ***Art. 2. do CPP: A lei processual penal aplicar-se-á desde logo, sem prejuízo da validade dos atos realizados sob a vigência da lei anterior.***

Esse artigo contempla o princípio da aplicação imediata (**"*tempus regit actum*"**).

Desse princípio derivam duas regras fundamentais:

> *a) a lei genuinamente processual tem aplicação imediata;*
> *b) a vigência dessa nova lei não invalida os atos processuais anteriores já praticados.*

1.3 Interpretação da Lei Processual Penal

Conforme **o Art. 3º**. do CPP:

"A lei processual penal admitirá interpretação extensiva e aplicação analógica, bem como o suplemento dos princípios gerais de direito."

A aplicação da lei processual penal segue as mesmas regras de hermenêutica que disciplinam a interpretação da legislação em geral. Interpretar significa definir o sentido e alcance de determinado conceito.

Em função da impossibilidade de se poder escrever na lei todo o seu significado ou ainda se de prever todas as situações possíveis de ocorrer na vida real, o Art. 3º do Código de Processo Penal prevê que a lei processual penal admitirá:

Interpretação extensiva.	Aplicação analógica.	Suplemento dos princípios gerais de direitoDireito.

Questões

01. A lei processual penal

a) tem aplicação imediata, sem prejuízo dos atos realizados sob a vigência de lei anterior.

b) somente pode ser aplicada a processos iniciados sob sua vigência.

c) tem aplicação imediata, devendo ser declarados inválidos os atos praticados sob a vigência de lei anterior.

d) tem aplicação imediata, devendo ser renovados os atos praticados sob a vigência da lei anterior.

e) é retroativa aos atos praticados sob a vigência de lei anterior.

02. As normas genuinamente processuais

a) admitirão interpretação extensiva e aplicação analógica, bem como o suplemento dos princípios gerais do direitoDireito.

b) não admitem aplicação analógica, mas admitirão interpretação extensiva.

c) não admitem interpretação extensiva, mas admitirão aplicação analógica.

d) serão aplicadas desde logo, mas tornam inválidos os atos praticados sob a égide da lei anterior se desfavoráveis ao imputado.

03. (FUMARC) Quanto à lei processual penal no tempo, o princípio adotado pelo Código de Processo Penal é:

a) Ultratividade.

b) Retroatividade.

c) Aplicação imediata.

d) Retroatividade e ultratividade benéficas.

04. (FCC) De acordo com o Código de Processo Penal, a lei processual penal:

a) Retroage para invalidar os atos praticados sob a vigência da lei anterior, se mais benéfica.

b) Não admite aplicação analógica.

c) Admite suplemento dos princípios vitais de direito.

d) Admite interpretação extensiva, mas não suplemento dos princípios gerais de direito.

e) Admite aplicação analógica, mas não interpretação extensiva.

05. A extraterritorialidade da lei processual penal brasileira ocorrerá apenas nos crimes perpetrados, ainda que no estrangeiro, contra a vida ou a liberdade do presidente Presidente da República e contra o patrimônio ou a fé pública da União, do Distrito Federal, de estado, de território e de município.

Certo ( ) Errado ( )

Gabaritos

01	A	04	C
02	A	05	ERRADO
03	C	-	-

2. INQUÉRITO POLICIAL

A persecução criminal apresenta dois momentos distintos: o da investigação e o da ação penal.

Esta consiste no pedido de julgamento da pretensão punitiva, enquanto a primeira é atividade preparatória da ação penal, de caráter preliminar e informativo. Em outros termos, a persecução penal estatal se constitui de duas etapas:

a investigação preliminar, gênero do qual é espécie o inquérito policial, cujo objetivo é formar lastro probatório mínimo para a deflagração válida da fase seguinte;

processo penal, que é desencadeado pela propositura de ação penal perante o Judiciário.

Crime — Persecução penal — Pena

Investigações + Processo Judicial

2.1 Conceito de Inquérito Policial

Inquérito policial é um procedimento administrativo inquisitivo, anterior ao processo, presidido pela autoridade policial (delegado de polícia) que conduz diligências, as quais objetivam apurar:

→ autoria (responsável pelo crime);

→ materialidade (existência);

→ circunstâncias.

Com a finalidade de possibilitar que o titular da ação penal possa ingressar em juízo.

2.2 Natureza Jurídica

Trata-se de um Procedimento Administrativo

Quando verificamos o quesito Procedimento, uma vez que não se trata, pois, de processo judicial, nem tampouco de processo administrativo, porquanto dele não resulta a imposição direta de nenhuma sanção.

→ Administrativo: O inquérito policial é um procedimento administrativo, porque é realizado pela polícia judiciária, que é um órgão do Poder Executivo, poder este que tem como função típica a de administrar a coisa pública.

2.3 Características do Inquérito Policial

Inquisitivo

No inquérito policial não há partes, acusação e defesa; temos somente o delegado de polícia investigando um crime e, consequentemente, um suspeito. Nele não há contraditório nem ampla-defesa.

Realmente, a investigação não observa o contraditório, pois a polícia não tem a obrigação de avisar um suspeito que o está investigando; e não há ampla-defesa, porque o inquérito não pode, em regra, fundamentar uma sentença condenatória, tendo o suspeito possibilidade de se defender durante o processo.

Atenção à redação do Art. 5º, LV da CF:

Aos litigantes, em processo judicial ou administrativo, e aos acusados em geral são assegurados o contraditório e ampla defesa, com os meios e recursos a ela inerentes.

Como na fase da investigação não existe nenhuma acusação e nem partes, não há que se falar em contraditório e ampla defesa, pois o direito constitucional previsto no Art. 5º inciso LV da CF é válido para as partes de um processo. Além do inquérito policial não ter partes, é um procedimento e não um processo, conforme descrito na Constituição Federal.

Escrito

Todas as diligências realizadas no curso de um inquérito policial devem ser passadas a termo (escritas), para que seja facilitada a troca de informações entre os órgãos responsáveis pela persecução penal.

O delegado de polícia tem a faculdade de filmar ou gravar diligências realizadas, mas isso não afasta a obrigação de transcrever todas por escrito.

> ***Art. 405°, § 1º, CPP.*** *"Sempre que possível, o registro dos depoimentos do investigado, indiciado, ofendido e testemunhas será feito pelos meios ou recursos de gravação magnética, estenotipia, digital ou técnica similar, inclusive audiovisual, destinada a obter maior fidelidade das informações."*

Sendo assim, é possível que o delegado, havendo meios, documente os atos do IP através por meio das formas de tecnologia existentes, inclusive captação de som e imagem.

Discricionário

Discricionariedade é a liberdade dentro da lei (esta determina ou autoriza a atuação do Estado). Assim sendo, o delegado tem liberdade na adoção e condução das diligências adotadas no curso de um inquérito policial.

O Art. 6º do CPP traz um rol de possíveis procedimentos que podem ser adotados pela polícia na condução de um inquérito; ele não é taxativo, pois a polícia pode adotar qualquer uma daquelas diligências na ordem que entender melhor, ou seja, o rol é exemplificativo.

Não podemos entender discricionariedade como uma faculdade do delegado de iniciar ou não uma investigação, porque, conforme veremos adiante, em alguns casos a investigação é obrigatória. A discricionariedade se refere ao fato de o delegado, sendo obrigado ou não a investigar, poder adotar as diligências que considere convenientes para a solução do crime, desde que esteja prevista tal diligência na lei.

Explica essa regra o fato de que cada crime é um acontecimento único no mundo e, sendo assim, a solução deles não tem uma receita certa, devendo a autoridade policial saber utilizar, dentre os meios disponíveis, aqueles adequados à solução do caso.

Oficial

A realização do inquérito policial é atribuição de um órgão oficial do Estado (Polícia Judiciária), com a presidência deste incumbida a autoridade policial do respectivo órgão (Delegado de Polícia - art. 2º, §1º, da Lei 12.830/13).

> ***Art. 2*** *"As funções de polícia judiciária e a apuração de infrações penais exercidas pelo delegado de polícia são de natureza jurídica, essenciais e exclusivas de Estado."*

Oficioso

Ao tomar conhecimento de notícia de crime de ação penal pública incondicionada, a autoridade policial é obrigada a agir de ofício, independentemente de provocação da vítima e/ou qualquer outra pessoa.

Deve, pois, instaurar o inquérito policial de ofício, nos exatos termos do art. 5°, I, do CPP, procedendo, então, às diligências investigatórias no sentido de obter elementos de informação quanto à infração penal e sua autoria.

No caso de crimes de ação penal pública condicionada à representação e de ação penal de iniciativa privada, a instauração do inquérito policial está condicionada à manifestação da vítima ou de seu representante legal.

Sigiloso

Ao contrário do que ocorre no processo, o inquérito NÃO comporta publicidade, sendo procedimento essencialmente sigiloso, disciplinando o art. 20º, do CPP, que *"a autoridade assegurará no inquérito o sigilo necessário à elucidação do fato ou exigido pelo interesse da sociedade"*.

> **Classificação do sigilo**

» **Sigilo externo**: destinado aos terceiros desinteressados e aà imprensa.

» **Sigilo Interno**: destinado aos interessados no processo.

O sigilo do IP NÃO atinge o juiz e o membro do Ministério Público.

Quanto ao advogado do investigado, o Estatuto da OAB traz, em art. 7º, XIV, a seguinte redação:

> ***Art. 7*** *São direitos do advogado: [...]XIV - examinar, em qualquer instituição responsável por conduzir investigação, mesmo sem procuração, autos de flagrante e de investigações de qualquer natureza, findos ou em andamento, ainda que conclusos à autoridade, podendo copiar peças e tomar apontamentos, em meio físico ou digital.*

Súmula Vinculante 14 – "É direito do defensor, no interesse do representado, ter acesso amplo aos

elementos de prova que, já documentados em procedimento investigatório realizado por órgão com

competência de polícia judiciária, digam respeito ao exercício do direito de defesa."

Indisponível

A persecução criminal é de ordem pública, e uma vez iniciado o inquérito, não pode o delegado de polícia dele dispor. Se diante de uma circunstância fática, o delegado percebe que não houve crime, nem em tese, não deve iniciar o inquérito policial. Contudo, uma vez iniciado o procedimento investigativo, deve levá-lo até o final, não podendo arquivá-lo, em virtude de expressa vedação contida no art. 17º do CPP.

> ***Art. 17.*** *A autoridade policial não poderá mandar arquivar autos de inquérito.*

Dispensável

> ***Art. 39, §5º*** *CPP – "O órgão do Ministério Público dispensará o inquérito, se com a representação forem oferecidos elementos que o habilitem a promover a ação penal, e, neste caso, oferecerá a denúncia no prazo de quinze dias."*

Da leitura de dispositivos que regem a persecução penal preliminar, a exemplo art. 39º, § 5º, CPP, podemos concluir que o inquérito NÃO é imprescindível para a propositura da ação penal.

O inquérito visa coletar indícios de autoria e materialidade do crime para que o titular da ação penal possa ingressar em juízo. Assim sendo, se ele tiver esses indícios colhidos por outros meios, como por um inquérito não policial, o inquérito policial se torna dispensável.

Devemos observar também o teor da **Súmula 234 do STJ**: *"A participação de membro do Ministério Público na fase investigatória criminal não acarreta seu impedimento ou suspeição para o oferecimento da denúncia."*

2.4 Valor Probatório do Inquérito Policial

O Inquérito Policial tem valor probatório relativo, pois ele serve para embasar o início do processo, mas não tem a força de, sozinho, sustentar uma sentença condenatória, porque as provas colhidas durante o IP não se submeteram ao contraditório e à ampla defesa. Enfatizamos que o valor probatório é relativo, uma vez que não fundamenta uma decisão judicial, porém pode dar margem à abertura de um processo criminal contra alguém.

> ***Art. 155, CPP.*** *O juiz formará sua convicção pela livre apreciação da prova produzida em contraditório judicial, não podendo fundamentar sua decisão exclusivamente nos elementos informativos colhidos na investigação, ressalvadas as provas cautelares, não repetíveis e antecipadas.*

→ **Provas Cautelares, não Repetíveis e Antecipadas**

São as provas extraídas do IP e que têm a força de, eventualmente, sustentar uma sentença condenatória, conforme orienta o aArt. 155º do CPP.

Provas Cautelares	São aquelas em que existe um risco de desaparecimento do objeto pelo decurso do tempo. Justificam-se pela necessidade, pela urgência. Ex.: Interceptação telefônica, busca e apreensão.
Provas Não Renováveis ou Irrepetíveis	São colhidas na fase investigatória, porque não podem ser produzidas novamente na fase processual devido ao seu fácil perecimento. Perícia nos vestígios do crime. Para que essas provas tenham valor probatório de justificar uma sentença na fase processual, é necessário que elas sejam submetidas à ampla defesa e ao contraditório diferido ou postergado, ou seja, durante a fase processual.
Prova Antecipada	Aqui nos referimos às provas que, em regra, deveriam ser colhidas durante o curso do processo, e não durante o inquérito policial. Em alguns casos, é possível que o juiz antecipe a oitiva de uma testemunha para a fase das investigações, quando houver receio de que ela morra (idade avançada ou doença grave), ou então que a vítima se mude definitivamente para outro lugar, inviabilizando a sua audição. **Art. 225, CPP**. *Se qualquer testemunha houver de ausentar-se, ou, por enfermidade ou por velhice, inspirar receio de que ao tempo da instrução criminal já não exista, o juiz poderá, de ofício ou a requerimento de qualquer das partes, tomar-lhe antecipadamente o depoimento.*

2.5 Vícios

Os vícios do inquérito policial são seus defeitos ou nulidades, e a dúvida é se aqueles podem ou não causar nulidades ao processo futuro. A resposta é negativa, pois o inquérito policial não tem a força de condenar ninguém, sendo assim, os seus defeitos serão apurados pelos órgãos competentes (corregedoria, MP). Dessa forma, podemos concluir que o delegado não pode ser considerado impedido ou suspeito de presidir o IP pelas futuras partes.

2.6 Do Procedimento Investigatório (IP) Face aos Servidores Vinculados aos Órgãos da Segurança da Pública (Art. 144º da CF/88)

A Lei 13.964/19 (Pacote Anticrime) incluiu o **art. 14-A ao Código de Processo Penal**, com a seguinte redação:

> ***Art. 14-A.*** *Nos casos em que servidores vinculados às instituições dispostas no art. 144 da Constituição Federal figurarem como investigados em inquéritos policiais, inquéritos policiais militares e demais procedimentos extrajudiciais, cujo objeto for a investigação de fatos relacionados ao uso da força letal praticados no exercício profissional, de forma consumada ou tentada, incluindo as situações dispostas no art. 23 do Decreto-Lei nº 2.848, de 7 de dezembro de 1940 (Código Penal), o indiciado poderá constituir defensor.. (Incluído pela Lei nº 13.964, de 2019..*
>
> ***§1º.*** *Para os casos previstos no caput deste artigo, o investigado deverá ser citado da instauração do procedimento investigatório, podendo constituir defensor no prazo de até 48 (quarenta e oito) horas a contar do recebimento da citação.. (Incluído pela Lei nº 13.964, de 2019)*
>
> ***§2º.*** *Esgotado o prazo disposto no §1º. deste artigo com ausência de nomeação de defensor pelo investigado, a autoridade responsável pela investigação deverá intimar a instituição a que estava vinculado o investigado à época da ocorrência dos fatos, para que essa, no prazo de 48 (quarenta e oito) horas, indique defensor para a representação do investigado.. (Incluído pela Lei nº 13.964, de 2019..*
>
> ***§3º.*** *(VETADO).. (Incluído pela Lei nº 13.964, de 2019..*
>
> ***§4º.*** *(VETADO). (Incluído pela Lei nº 13.964, de 2019..*
>
> ***§5º.*** *(VETADO). (Incluído pela Lei nº 13.964, de 2019..*
>
> ***§6º.*** *As disposições constantes deste artigo se aplicam aos servidores militares vinculados às instituições dispostas no art. 142 da Constituição Federal, desde que os fatos investigados digam respeito a missões para a Garantia da Lei e da Ordem.*

2.7 Incomunicabilidade

É importante saber que a incomunicabilidade não foi recepcionada pela CF e está tacitamente sem efeitos, mas suas regras são cobradas em questão de concurso.

> ***Art. 21.*** *. A incomunicabilidade do indiciado dependerá sempre de despacho nos autos e somente será permitida quando o interesse da sociedade ou a conveniência da investigação o exigir.*
>
> *Parágrafo único. A incomunicabilidade, que não excederá de três dias, será decretada por despacho fundamentado do Juiz, a requerimento da autoridade policial, ou do órgão do Ministério Público, respeitado, em qualquer hipótese, o disposto no artigo 89, inciso III, do Estatuto da Ordem dos Advogados do Brasil (Lei n. 4.215, de 27 de abril de 1963)*

2.8 Notícia Crime

Notícia crime (notitia criminis) é a forma como é denominado o conhecimento espontâneo ou provocado por parte da autoridade policial de um fato aparentemente criminoso. Por meio dela, a autoridade policial dará início às investigações.

Classificação da notícia crime

Ela é classificada em direta ou indireta, conforme veremos a seguir:

Notícia crime Crime Direta (cognição imediata ou espontânea)	Notícia Crime Indireta (cognição mediata ou provocada)
A autoridade policial toma conhecimento de um fato supostamente criminoso por meio da atuação da própria polícia, quando noticiado o crime pela imprensa ou comunicado anonimamente por um particular.	A polícia judiciária toma conhecimento do crime por meio da comunicação de um terceiro identificado.

Espécies de notícia crime indireta

→ **Requerimento**

É a comunicação de um fato supostamente criminoso, realizado pela vítima ou por seu representante legal (para menores de 18 anos de idade ou loucos). Além de comunicar o crime, também serve como um pedido para que a polícia inicie as investigações.

Segundo o CPP, diante de um requerimento, o delegado pode se recusar a iniciar as investigações e, neste caso, é cabível recurso ao chefe de polícia (Art. 5º, §2º do CPP).

> ***Art. 5*** *§2º Do despacho que indeferir o requerimento de abertura de inquérito caberá recurso para o chefe de Polícia.*

→ **Requisição**

É a comunicação do crime feita à autoridade policial pelo promotor ou pelo juiz e também uma determinação para o início das investigações. O delegado não pode se recusar a cumprir uma requisição.

> ***Art. 13.*** *Incumbirá ainda à autoridade policial:*
>
> ***I.*** *fornecer às autoridades judiciárias as informações necessárias à instrução e julgamento dos processos;*
>
> ***II. realizar as diligências requisitadas pelo juiz ou pelo Ministério Público;***
>
> ***III.*** *cumprir os mandados de prisão expedidos pelas autoridades judiciárias;*
>
> ***IV.*** *representar acerca da prisão preventiva.*

→ **Representação**

É a comunicação do crime e também uma autorização para que o Estado atue, seja investigando, seja processando o possível autor. A representação é apresentada pela vítima ou por seu representante legal nos crimes de ação penal pública condicionada a ela.

É importante saber que a falta da representação, nos casos em que a investigação dependa dela, impede definitivamente a atuação do Estado, ou seja, a polícia não pode investigar o fato, não pode lavrar um auto de prisão em flagrante e não haverá processo.

→ **Requisição do Ministro da Justiça**

É a comunicação do crime e também uma autorização política para que o delegado inicie as investigações. Será necessária especificamente em crimes de ação penal pública condicionada à requisição do Ministro da Justiça, a qual não tem caráter de ordem como a do juiz ou do promotor. O nome requisição foi adotado, porque o ato é praticado por uma autoridade da alta cúpula do Poder Executivo.

Notícia crime com força coercitiva ou notícia crime por apresentação

É comunicação de um crime decorrente de uma prisão em flagrante, porque a notícia crime se manifesta com a simples apresentação do autor do delito à autoridade policial, pela pessoa que realizou a prisão.

2.9 Prazos para Conclusão do Inquérito Policial

O inquérito policial não pode se estender indefinidamente (é temporário), dispondo o Código de Processo Penal e a legislação extravagante acerca dos prazos de sua conclusão.

Regra geral

Como regra geral, para os crimes da atribuição da polícia civil estadual, o prazo para a conclusão do inquérito é de 10 dias, estando o indiciado preso, prazo este improrrogável, e de 30 dias, se o agente está solto. Este último prazo comporta prorrogação, a requerimento do delegado e mediante autorização do

juiz (art. 10º, CPP), não especificando a lei qual o tempo de prorrogação nem quantas vezes poderá ocorrer, o que nos leva a crer que esta pode se dar pela

> ***Art. 10.***. *O inquérito deverá terminar no prazo de 10 dias, se o indiciado tiver sido preso em flagrante, ou estiver preso preventivamente, contado o prazo, nesta hipótese, a partir do dia em que se executar a ordem de prisão, ou no prazo de 30 dias, quando estiver solto, mediante fiança ou sem ela.*

Com o advento **da Lei 13.964/19 (Pacote Anticrime)**, foi acrescentado o **art. 3-B ao CPP**, o qual se encontra no tópico "Juiz das Garantias", passando a dispor, dentre as várias competências do "Juiz das Garantias", a possibilidade de que este possa prorrogar o IP quando o investigado estiver preso.

Art. 3-B, §2º

"Se o investigado estiver preso, o juiz das garantias poderá, mediante representação da autoridade policial e ouvido o Ministério Público, prorrogar, uma ÚNICA VEZ, a duração do INQUÉRITO POR ATÉ 15 (QUINZE) DIAS, após o que, se ainda assim a investigação não for concluída, a prisão será imediatamente relaxada"

Note que tal norma está SUSPENSA: no dia 22/01/20 o Ministro Luiz Fux SUSPENDEU a implementação dos artigos que tratam do "Juiz das Garantias" (e de alguns outros dispositivos da referida Lei). Portanto, até a publicação da Apostila a norma está suspensa.

→ **Reprodução Simulada do Fato**

> ***Art. 7. CPP***: *Para verificar a possibilidade de haver a infração sido praticada de determinado modo, a autoridade policial poderá proceder à reprodução simulada dos fatos, desde que esta não contrarie a moralidade ou a ordem pública.*

A reprodução simulada do fato é a famosa reconstituição do crime; tem a finalidade de verificar se a infração foi praticada de determinado modo. Nesse caso, o suspeito não é obrigado a contribuir com a diligência, mas é obrigado a comparecer.

→ **Indiciamento**

É o ato da autoridade policial que comunica a uma pessoa que ela é a suspeita de ter praticado determinado crime e está sendo investigada em um inquérito policial. O indiciamento não é um ato discricionário, pois se fundamenta nas provas colhidas durante as diligências. Se as provas apontam um suspeito, ele DEVE ser indiciado; se não apontam, o delegado não pode indiciar ninguém.

> ***LEI Nº 12.830, de 2013 -*** *§6º. O indiciamento, privativo do delegado de polícia, dar-se-á por ato fundamentado, mediante análise técnico-jurídica do fato, que deverá indicar a autoria, materialidade e suas circunstâncias.*

Procedimento especial no CPP

> ***Art. 13-A.*** *Nos crimes previstos nos arts. 148, 149 e 149-A, no §3º. do art. 158 e no art. 159 do Decreto-Lei no 2.848, de 7 de dezembro de 1940 (Código Penal), e no art. 239 da Lei no 8.069, de 13 de julho de 1990 (Estatuto da Criança e do Adolescente), o membro do Ministério Público ou o delegado de polícia poderá requisitar, de quaisquer órgãos do poder público ou de empresas da iniciativa privada, dados e informações cadastrais da vítima ou de suspeitos. . . . (Incluído pela Lei nº 13.344, de 2016. . .*
>
> *Parágrafo único. A requisição, que será atendida no prazo de 24 (vinte e quatro) horas, conterá. . . . (Incluído pela Lei nº 13.344, de 2016. . .*
>
> ***I.*** *o nome da autoridade requisitante. . . . (Incluído pela Lei nº 13.344, de 2016. . .*
>
> ***II.*** *o número do inquérito policial; . . . . (Incluído pela Lei nº 13.344, de 2016. . .*
>
> ***III.*** *a identificação da unidade de polícia judiciária responsável pela investigação. . . . (Incluído pela Lei nº 13.344, de 2016.*
>
> ***Art. 13-B.*** *Se necessário à prevenção e à repressão dos crimes relacionados ao tráfico de pessoas, o membro do Ministério Público ou o delegado de polícia poderão requisitar, mediante autorização judicial, às empresas prestadoras de serviço de telecomunicações e/ou telemática que disponibilizem imediatamente os meios técnicos adequados – como sinais, informações e outros – que permitam a localização da vítima ou dos suspeitos do delito em curso. . . . (Incluído pela Lei nº 13.344, de 2016.*
>
> ***§1º.*** *Para os efeitos deste artigo, sinal significa posicionamento da estação de cobertura, setorização e intensidade de radiofrequência. (Incluído pela Lei nº 13.344, de 2016.*
>
> ***§2º.*** *Na hipótese de que trata o **caput**, o sinal: (Incluído pela Lei nº 13.344, de 2016.*
>
> ***I.*** *não permitirá acesso ao conteúdo da comunicação de qualquer natureza, que dependerá de autorização judicial, conforme disposto em lei; (Incluído pela Lei nº 13.344, de 2016.*
>
> ***II.*** *deverá ser fornecido pela prestadora de telefonia móvel celular por período não superior a 30 (trinta) dias, renovável por uma única vez, por igual período; (Incluído pela Lei nº 13.344, de 2016.*

III. *para períodos superiores àquele de que trata o inciso II, será necessária a apresentação de ordem judicial. (Incluído pela Lei nº 13.344, de 2016.*

§3º. *Na hipótese prevista neste artigo, o inquérito policial deverá ser instaurado no prazo máximo de 72 (setenta e duas) horas, contado do registro da respectiva ocorrência policial. (Incluído pela Lei nº 13.344, de 2016.*

§4º. *Não havendo manifestação judicial no prazo de 12 (doze) horas, a autoridade competente requisitará às empresas prestadoras de serviço de telecomunicações e/ou telemática que disponibilizem imediatamente os meios técnicos adequados – como sinais, informações e outros – que permitam a localização da vítima ou dos suspeitos do delito em curso, com imediata comunicação ao juiz.*

→ **Final do Inquérito Policial**

O inquérito policial é finalizado com a produção de um documento chamado RELATÓRIO. Nele, o delegado vai relatar as diligências realizadas.

O delegado NÃO deve emitir opinião no relatório, ressalva feita à Lei nº 11.343/2006 (Lei de Drogas), prevendo que, na elaboração do relatório, a autoridade policial deva justificar as razões que a levaram à classificação do delito (art. 52º).

Após a confecção desse relatório o inquérito policial estará concluído.

→ **Destino dos Autos do Inquérito Policial**

Os autos do inquérito, integrados com o relatório, serão remetidos ao JUDICIÁRIO (art. 10º, § 1º, CPP), para que sejam acessados pelo titular da ação penal.

Art. 10, §1. *"A autoridade fará minucioso relatório do que tiver sido apurado e enviará autos ao juiz competente".*

→ **Arquivamento do Inquérito**

Quando o MP entender que o inquérito não obteve êxito algum, não prova nada quanto ao fato ou quanto à autoria, nem existe, no momento, expectativa de que novas diligências vão mudar esse cenário, o promotor irá requerer ao juiz o arquivamento do inquérito policial e, caso este concorde com o pedido, ele irá homologá-lo, arquivando o IP. Se discordar do pedido, ele irá encaminhar ao Procurador Geral de República (Nível Federal), para que este decida sobre o arquivamento do IP.

Art. 28, CPP. *Se o órgão do Ministério Público, ao invés de apresentar a denúncia, requerer o arquivamento do inquérito policial ou de quaisquer peças de informação, o juiz, no caso de considerar improcedentes as razões invocadas, fará remessa do inquérito ou peças de informação ao procurador-geral, e este oferecerá a denúncia, designará outro órgão do Ministério Público para oferecê-la, ou insistirá no pedido de arquivamento, ao qual só então estará o juiz obrigado a atender.*

Com o advento **da Lei 13.964/19 (Pacote Anticrime)**, foi acrescentado o Artigo 28 e revogando o atual artigo 28 (esse que foi supracitado).

Note que tal norma está SUSPENSA: no dia 22/01/20 o Ministro Luiz Fux SUSPENDEU a implementação dos artigos que tratam do "Juiz das Garantias" (e de alguns outros dispositivos da referida Lei). Portanto, até a publicação da Apostila a norma está suspensa.

Desta feita deve ser a aplicada a norma supracitada. De outra sorte, iremos aqui descrever a nova que até a presenta presente data está suspensa.

Art. 28. Ordenado o arquivamento do inquérito policial ou de quaisquer elementos informativos da mesma natureza, o órgão do Ministério Público comunicará à vítima, ao investigado e à autoridade policial e encaminhará os autos para a instância de revisão ministerial para fins de homologação, na forma da lei. (Redação dada pela Lei nº 13.964, de 2019.

→ **Efeitos do Arquivamento do IP**

Arquivado o inquérito policial, por despacho do juiz, a requerimento do promotor de justiça, não pode a ação penal ser iniciada sem novas provas (Súmula 524 do STF). Assim sendo, o arquivamento do IP veda o oferecimento da denúncia para a promoção da ação penal, mas tal vedação não é absoluta, pois, se surgirem novas provas, a acusação poderá ser oferecida e ser iniciada a ação penal.

Art. 18, CPP. *Depois de ordenado o arquivamento do inquérito pela autoridade judiciária, por falta de base para a denúncia, a autoridade policial poderá proceder a novas pesquisas, se de outras provas tiver notícia.*

Questões

01. (FCC - ADAPTADA – 2018) No âmbito do inquérito policial, cuja natureza é inquisitiva, não se faz necessária a aplicação plena do princípio do contraditório, conforme a jurisprudência dominante.

Certo ( ) Errado ( )

02. (FCC - ADAPTADA – 2018) João integra uma organização criminosa que, além de contrabandear e armazenar, vende, clandestinamente, cigarros de origem estrangeira nas ruas de determinada cidade brasileira. A partir dessa situação hipotética, julgue os itens subsequentes. Caso haja indício de transnacionalidade no crime de contrabando praticado, a competência para apurar e julgar o delito Éé da justiça federal e, se João estiver preso, a Polícia Federal dever· concluir o inquérito em até dez dias.

Certo ( ) Errado ( )

03. (FCC - ADAPTADA – 2018) Depois de adquirir um revólver calibre 38, que sabia ser produto de crime, José passou a porta-lo municiado, sem autorização e em desacordo com determinação legal. O comportamento suspeito de José levou-o a ser abordado em operação policial de rotina. Sem a autorização de porte de arma de fogo, José foi conduzido à delegacia, onde foi instaurado inquérito policial. Tendo como referência essa situação hipotética, julgue os itens seguintes.

O inquérito instaurado contra José éè procedimento de natureza administrativa, cuja finalidade È é obter informações a respeito da autoria e da materialidade do delito.

Certo ( ) Errado ( )

04. (ABIN - OFICIAL TÈCNICO TÉCNICO DE INTELIGÊNCIA) A respeito do inquérito policial, julgue o item seguinte.

É vedado à autoridade policial negar ao defensor do investigado o acesso a documentos e outros elementos de prova constantes dos autos de inquérito policial.

Certo ( ) Errado ( )

05. (2018 - ABIN) A respeito do inquérito policial, julgue o item seguinte. A autoridade policial poderá instaurar inquérito policial de ofício nos crimes cuja ação penal seja de iniciativa privada.

Certo ( ) Errado ( )

06. (FCC - 2018) Uma autoridade policial determinou a instauração de inquérito policial para apurar a prática de suposto crime de homicídio. Entretanto, realizadas as necessárias diligências, constatou-se que a punibilidade estava extinta em razão da prescrição. Nessa situação,

a) Èé cabível recurso em sentido estrito com o objetivo de trancar o inquérito policial, mas somente após a decisão que recebe a denúncia.

b) não há instrumento processual capaz de trancar o inquérito policial.

c) poderá ser impetrado habeas corpus com o objetivo de trancar o inquérito policial.

d) poderá ser impetrado mandado de segurança contra o ato da autoridade policial para trancar o inquérito policial.

e) È cabível recurso de apelação com o objetivo de trancar o inquérito policial, mas somente em caso de sentença penal condenatória.

07. (FCC - 2017) A respeito do inquérito policial, assinale a opção correta.

a) O inquérito policial poderá ser iniciado apenas com base em denúncia anônima que indique a ocorrência do fato criminoso e a sua provável autoria, ainda que sem a verificação previa prévia da procedências das informações.

b) Contra o despacho da autoridade policial que indeferir a instauração do inquérito policial a requerimento do ofendido caberá reclamação ao Ministério Público.

c) Sendo o inquérito policial a base da denúncia, o Ministério Público não poderá alterar a classificação do crime definida pela autoridade policial.

d) O inquérito policial pode ser definido como um procedimento administrativo pré-processual destinado à apuração das infrações penais e da sua autoria.

e) Por ser instrumento de informação pré-processual, o inquérito policial éÈ imprescindível ao oferecimento da denúncia. C

08. (CESPE - 2017 - TRF1) Apenas no caso em que o investigado estiver preso preventivamente, o IP deverá se encerrar em até 10 dias, contados a partir do dia subsequente à execução da ordem de prisão.

Certo ( ) Errado ( )

09. (CESPE - 2017 - TRF1) Apesar de se tratar de procedimento inquisitorial no qual não se possa exigir a plena observância do contraditório e da ampla defesa, a assistência por advogado no curso do inquérito policial é direito do investigado, inclusive com amplo acesso aos elementos de prova já documentados que digam respeito ao direito de defesa.

Certo ( ) Errado ( )

10. (CESPE - 2017 - PM-AL - SOLDADO) Antônio, depois de presenciar um homicídio que ocorreu próximo de sua residência, foi àá delegacia de polícia mais próxima e comunicou o crime à autoridade policial, por escrito.

A respeito dessa situação hipotética e de aspectos legais a ela relacionados, julgue o item a seguir.

Antes de instaurar o inquérito policial, a autoridade policial deverá averiguar a procedência das informações contidas no documento apresentado por Antônio.

Certo ( ) Errado ( )

11. (FCC - ADAPTADA – 2018) Antônio, depois de presenciar um homicídio que ocorreu próximo de sua residência, foi àÁ delegacia de polícia mais próxima e comunicou o crime à autoridade policial, por escrito. A respeito dessa situação hipotética e de aspectos legais a ela relacionados, julgue o item a seguir.

No caso apresentado, cabe ao delegado de polícia presidir o inquérito policial.

Certo ( ) Errado ( )

12. (CESPE - 2017 - TRF1) Antônio, depois de presenciar um homicídio que ocorreu próximo de sua residência, foi à delegacia de polícia mais próxima e comunicou o crime à autoridade policial, por escrito. A respeito dessa situação hipotética e de aspectos legais a ela relacionados, julgue o item a seguir.

O inquérito policial é instrumento utilizado pelo Estado para colher informações quanto à autoria e à materialidade da infração penal.

Certo ( ) Errado ( )

13. (CESPE - 2017 - TRF1) Cabe à autoridade policial ordenar o arquivamento quando a requisição de instauração recebida não fornecer o mínimo indispensável para se proceder à investigação.

Certo ( ) Errado ( )

14. (CESPE - 2015 - TRF1) O inquérito pode ser arquivado pela autoridade policial se ela verificar ter havido a extinção da punibilidade do indiciado.

Certo ( ) Errado ( )

15. (CESPE - 2015 - TRF1) O delegado de polícia, se estiver convencido da ausência de elementos suficientes para imputar autoria a determinada pessoa, deverá mandar arquivar o IP, podendo desarquivá-lo se surgir prova nova.

Certo ( ) Errado ( )

16. (CESPE - 2017 - TRF1) A atividade investigatória de crimes não Èé exclusiva da polícia judiciária, podendo ser eventualmente presidida por outras autoridades, conforme dispuser a lei especial.

Certo ( ) Errado ( )

17. (CESPE - 2013 - TRF1) O IP éÈ peça indispensável à propositura da ação penal pública incondicionada, sob pena de nulidade, e deve assegurar as garantias constitucionais da ampla defesa e do contraditório.

Certo ( ) Errado ( )

18. (FCC - ADAPTADA – 2018) O ofendido e o indiciado não poderão requerer diligências no curso do IP.

Certo ( ) Errado ( )

19. (FCC - ADAPTADA – 2018) O IP, em razão da complexidade ou gravidade do delito a ser apurado, poderá ser presidido por representante do MP, mediante préevia determinação judicial nesse sentido.

Certo ( ) Errado ( )

20. (FCC - ADAPTADA – 2018) O indiciamento é ato próprio da autoridade policial a ser adotado na fase inquisitorial.

Certo ( ) Errado ( )

Gabaritos

01	CERTO	11	CERTO
02	ERRADO	12	CERTO
03	CERTO	13	ERRADO
04	CERTO	14	ERRADO
05	ERRADO	15	ERRADO
06	C	16	CERTO
07	D	17	ERRADO
08	ERRADO	18	ERRADO
09	CERTO	19	ERRADO
10	CERTO	20	CERTO

3. AÇÃO PENAL

A ação penal pode ser considerada como o "pontapé" inicial para todo o processo penal.

3.1 Condições da Ação Penal

→ **Possibilidade Jurídica do Pedido**

> Para atender a essa condição a ação penal precisa apenas ter sido ajuizada com base em conduta que demonstre fato típico.

> Essa conduta típica se mostra quando cumprido o requisito da possibilidade jurídica do pedido.

→ **Interesse de agir**

> No Processo Penal, a lide tem, **obrigatoriamente**, que ser resolvida pelas vias judiciárias. Sendo assim, o titular da ação penal deverá provocar o Judiciário.

> O interesse de agir, no Processo Penal, está muito ligado à utilização da via correta para dar andamento na lide.

→ **Legitimidade *ad causam***

> Trata-se de quem é pertinente para estar em determinado polo da demanda.

> O MP, por exemplo, deve estar no polo ativo no caso de denúncia de crimes hediondos, por exemplo, assim como o réu deve estar em polo passivo no processo.

3.2 Espécies de Ação Penal

→ **Pública**

> **Incondicionada**

> **Condicionada**

» Representação ofendido

» Requisição Ministro da Justiça

→ **Privada**

> **Exclusiva**

> **Personalíssima**

> **Subsidiária da Pública**

3.3 Ação Penal Incondicionada

> É a regra em nosso ordenamento processual penal.

> Titularidade do Ministério Público de forma privativa.

> Há, no entanto, exceções a essa titularidade:

» Nesse caso, a lei deverá determinar se é **ação penal pública condicionada** ou **ação penal privada**.

» Nos casos em que o crime praticado atenta contra patrimônio ou interesse da União, Estados e Municípios, a ação penal **será sempre pública**.

Art. 24. *Nos crimes de ação pública, esta será promovida por denúncia do Ministério Público, mas dependerá, quando a lei o exigir, de requisição do Ministro da Justiça, ou de representação do ofendido ou de quem tiver qualidade para representá-lo.*

§2º. *Seja qual for o crime, quando praticado em detrimento do patrimônio ou interesse da União, Estado e Município, a ação penal será pública.*

3.4 Princípios que regem a Ação Penal Incondicionada

→ **Obrigatoriedade**

> Se houver todos os indícios da materialidade do fato (delito), o MP **deverá** oferecer a denúncia.

> **Exceção**: Nos Juizados Especiais, já que nesses casos o titular da ação e o infrator transacionam de forma que não haja o ajuizamento da demanda.

> **Indisponibilidade**

> Após ter sido ajuizada a ação penal pública, seu titular **não poderá desistir ou transigir**.

> O MP **NÃO** poderá desistir da ação penal.

> *CPP. Art. 42.° O Ministério Público não poderá desistir da ação penal.*

→ **Oficialidade**

> A ação penal pública **deverá** ser ajuizada por um órgão oficial.

> Caso, passado o prazo legal para ajuizamento da ação e o MP não o tiver feito, a lei prevê que o ofendido poderá promover a ação penal privada subsidiária da pública.

» Durante o **prazo legal**, a ação penal pública é **exclusiva do MP**.

» O prazo legal para que o ofendido possa ajuizar a ação penal privada subsidiária da pública é de **6 meses**.

» Após o prazo de 6 meses, caso o ofendido não tenha ajuizado a ação, **a legitimidade volta a ser do MP**, exclusivamente, desde que não tenha sido extinta a punibilidade.

→ **Divisibilidade**

> Caso haja **mais de 1 infrator**, o MP pode ajuizar a demanda apenas a um ou alguns deles, podendo deixar os demais para a demanda posterior.

LEMBRE-SE!!

O MP **NÃO** está obrigado a oferecer a denúncia sempre que uma investigação criminal for instaurada. Há casos em que o inquérito policial será arquivado.

Art. 28. *Ordenado o arquivamento do inquérito policial ou de quaisquer elementos informativos da mesma natureza, o órgão do Ministério Público comunicará à vítima, ao investigado e à autoridade policial e encaminhará os autos para a instância de revisão ministerial para fins de homologação, na forma da lei.*

3.5 Ação Penal Pública Condicionada

Nesse caso, para que o MP possa ser o titular da ação penal e exercer de forma legítima tal direito, deverá estar presente o critério de **procedibilidade**, que nada mais é do que a requisição do ministro da Justiça ou, ainda, a representação do ofendido.

Nos casos de requisição do Ministro da Justiça bem como do **condicionamento à representação do ofendido**.

A representação admite retratação, desde que feita até **o momento do oferecimento da denúncia**.

No caso em que for ajuizada a ação penal sem a representação, tal nulidade poderá ser sanada se a vítima a apresentar em juízo dentro do prazo de 6 meses – já mencionado acima.

A representação **não poderá ser dividida no que diz respeito aos autores do fato**. Mesmo não podendo haver fracionamento da representação, nada impede o MP de denunciar apenas um infrator por vez, de acordo como o que vimos no processo de divisibilidade.

Ofendido menor ou incapaz

- Representante legal tem legitimidade;
- Não tem representante legal? Interesses colidem com os do representante?
  - Juiz deverá nomear curador. (art. 33 CPP)
  - Tal curador não está obrigado a oferecer representação, apenas a analisar o que é bom ou não para o ofendido.
- Prazo para representação – **6 meses** – a contar da data em que se é conhecido o autor do delito.
- Representação poderá ser feita perante:
  - MP;
  - Autoridade Policial;
  - Juiz.

→ **Nos casos de** ação penal pública condicionada à **requisição do Ministro da Justiça**

- Apenas para determinados crimes;
- **Não** há prazo decadencial para o oferecimento da requisição, desde que não esteja extinta a punibilidade do crime em questão.

3.6 Ação Penal Privada Exclusiva

→ A vontade do ofendido em oferecer ou não a denúncia se sobrepõe ao interesse público.

→ **Princípios**:

- **Oportunidade**
  - O ofendido ou demais legitimados poderão avaliar se irão ou não dar início ao processo, levando em consideração a **conveniência do ajuizamento da ação**.
- **Disponibilidade**
  - O ofendido (titular) pode desistir da ação penal.
- **Indivisibilidade**
  - Não será possível fracionar a ação penal no que diz respeito aos infratores.

  Art. 48. *A queixa contra qualquer dos autores do crime obrigará ao processo de todos, e o Ministério Público velará pela sua indivisibilidade.*

  Art. 49. *A renúncia ao exercício do direito de queixa, em relação a um dos autores do crime, a todos se estenderá.*

→ Prazo decadencial – **6 meses** contados a partir do momento em que o ofendido fica ciente de quem foi o infrator.

→ A queixa poderá ser oferecida:

- Pessoalmente
- Por procurador com poderes especiais.

→ Ofendido faleceu, quem pode ajuizar a ação penal?

- Cônjuge;
- Ascendente;
- Descendente;
- Irmão.

→ A ordem acima deverá ser respeitada.

→ **Início do prazo para os legitimados**

- **Ação penal já ajuizada**
  - Prazo de **60 dias** para prosseguir na ação.
- **Ação penal ainda não ajuizada**
  - Prazo se inicia com o óbito do ofendido.
  - **Exceção**: ainda não era sabido o provável infrator.

3.7 Ação Penal Privada Subsidiária da Pública

→ Trata-se do caso em que a ação penal é pública, no entanto, por inércia do MP, é concedido por lei o direito de ajuizar a ação ao ofendido.

Art. 29. *Será admitida ação privada nos crimes de ação pública, se esta não for intentada no prazo legal, cabendo ao Ministério Público aditar a queixa, repudiá-la e oferecer denúncia substitutiva, intervir em todos os termos do processo, fornecer elementos de prova, interpor recurso e, a todo tempo, no caso de negligência do querelante, retomar a ação como parte principal.*

→ O ofendido terá o prazo de **6 meses** para oferecer a denúncia, que começa a correr a partir de findo o prazo para que o MP a ofereça.

Art. 38.° *Salvo disposição em contrário, o ofendido, ou seu representante legal, decairá no direito de queixa ou de representação, se não o exercer dentro do prazo de seis meses, contado do dia em que vier a saber quem é o autor do crime, ou, no caso do art. 29º. do dia em que se esgotar o prazo para o oferecimento da denúncia.*

→ Iniciado tal prazo para o ofendido, tanto ele quanto o MP têm legitimidade para oferecer a denúncia.

→ Findo o prazo de **6 meses** o ofendido perde o direito de ajuizar a ação penal, retornando tal direito exclusivamente para o MP.

→ Na ação penal privada subsidiária da pública, o MP atua como fiscal da lei, porém com atribuições mais amplas.

→ Nesses casos, o MP pode:

> **Aditar a queixa**
  » Pode se referir a diversos aspectos (inclusão de réus, por exemplo).
> **Repudiar a queixa**
  » Só poderá fazê-lo quando alegar que não houve inércia.
> **Retomar a ação como parte principal**
  » O ofendido deixa a desejar na forma como conduz a causa e o MP retoma a ação como parte principal.

3.8 Ação Penal Personalíssima

→ Tipo de ação penal personalíssima exclusiva onde na qual apenas o ofendido pode ajuizar a ação.

→ Caso o ofendido venha a falecer, não há a hipótese de estender a legitimidade aos sucessores.

→ Caso o ofendido seja menor, não há a possibilidade de o representante ajuizar a demanda.

3.9 Denúncia e Queixa

ELEMENTOS

→ **Exposição do fato criminoso**
> A inicial deverá expor de forma detalhada o fato criminoso.

→ **Qualificação do acusado**
> A inicial deverá conter a qualificação do acusado.
> Caso não haja qualificação suficiente, deverão ser indicados elementos que tornem possível a identificação (tatuagem, marcas no corpo, características físicas).

→ **Tipificação do delito**
> Deverá indicar qual dispositivo legal o acusado violou.
> Não é elemento indispensável.

→ **Rol de testemunhas**
> A Inicial inicial deverá conter o rol de testemunhas, caso haja.

→ **Endereçamento**
> A peça acusatória deverá ser endereçada ao juiz competente para apreciação do caso.
> O endereçamento errado não invalidará a peça.

→ **Redação em vernáculo**
> Todos os atos processuais deverão ser redigidos em Língua Portuguesa.

→ **Subscrição**
> A inicial deverá ser assinada pelo membro do MP ou advogado querelante, quando for o caso.

» **ACORDO DE NÃO PERSECUÇÃO PENAL**

Incluído pelo pacote anticrime – Lei 13.964/19.

Trata-se de uma espécie de transação, entre o MP e o suposto infrator, em que onde o há uma transação penal buscando evitar o ajuizamento da ação.

Art. 28-A. *Não sendo caso de arquivamento e tendo o investigado confessado formal e circunstancialmente a prática de infração penal sem violência ou grave ameaça e com pena mínima inferior a 4 (quatro) anos, o Ministério Público poderá propor acordo de não persecução penal, desde que necessário e suficiente para reprovação e prevenção do crime,* ***mediante as seguintes condições ajustadas cumulativa e alternativamente****:*

I. reparar o dano ou restituir a coisa à vítima*, exceto na impossibilidade de fazê-lo;*

II. renunciar voluntariamente a bens e direitos indicados pelo Ministério Público *como instrumentos, produto ou proveito do crime;*

III. prestar serviço à comunidade ou a entidades públicas por período correspondente à pena mínima *cominada ao delito diminuída de um a dois terços, em local a ser indicado pelo juízo da execução, na forma do art. 46º do Decreto-Lei nº 2.848, de 7 de dezembro de 1940 (Código Penal);*

IV. pagar prestação pecuniária*, a ser estipulada nos termos do art. 45º do Decreto-Lei nº 2.848, de 7 de dezembro de 1940 (Código Penal), a entidade pública ou de interesse social, a ser indicada pelo juízo da execução, que tenha, preferencialmente, como função proteger bens jurídicos iguais ou semelhantes aos aparentemente lesados pelo delito; ou*

V. cumprir, por prazo determinado, outra condição indicada pelo Ministério Público*, desde que proporcional e compatível com a infração penal imputada.*

§1º*. Para aferição da pena mínima cominada ao delito a que se refere o* ***caput*** *deste artigo, serão consideradas as causas de aumento e diminuição aplicáveis ao caso concreto.*

§2º*. O disposto no* ***caput*** *deste artigo não se aplica nas seguintes hipóteses:*

I. *se for cabível transação penal de competência dos Juizados Especiais Criminais, nos termos da lei;*

II. *se o investigado for reincidente ou se houver elementos probatórios que indiquem conduta criminal habitual, reiterada ou profissional, exceto se insignificantes as infrações penais pretéritas;*

III. *ter sido o agente beneficiado nos* ***5 ANOS*** *anteriores ao cometimento da infração, em acordo de não persecução penal, transação penal ou suspensão condicional do processo; e*

IV. *nos crimes praticados no âmbito de violência doméstica ou familiar, ou praticados contra a mulher por razões da condição de sexo feminino, em favor do agressor.*

§3º*. O acordo de não persecução penal será formalizado por escrito e será firmado pelo membro do Ministério Público, pelo investigado e por seu defensor.*

§4º*. Para a homologação do acordo de não persecução penal, será realizada audiência na qual o juiz deverá verificar a sua voluntariedade, por meio da oitiva do investigado na presença do seu defensor, e sua legalidade.*

§5º*. Se o juiz considerar inadequadas, insuficientes ou abusivas as condições dispostas no acordo de não persecução penal, devolverá os autos ao Ministério Público para que seja reformulada a proposta de acordo, com concordância do investigado e seu defensor.*

§6º*. Homologado judicialmente o acordo de não persecução penal, o juiz devolverá os autos ao Ministério Público para que inicie sua execução perante o juízo de execução penal.*

§7º*. O juiz poderá recusar homologação à proposta que não atender aos requisitos legais ou quando não for realizada a adequação a que se refere o §5º. deste artigo.*

§8º. *Recusada a homologação, o juiz devolverá os autos ao Ministério Público para a análise da necessidade de complementação das investigações ou o oferecimento da denúncia.*

§9º. *A vítima será intimada da homologação do acordo de não persecução penal e de seu descumprimento.*

§ 10º. *Descumpridas quaisquer das condições estipuladas no acordo de não persecução penal, o Ministério Público deverá comunicar ao juízo, para fins de sua rescisão e posterior oferecimento de denúncia.*

§ 11º. *O descumprimento do acordo de não persecução penal pelo investigado também poderá ser utilizado pelo Ministério Público como justificativa para o eventual não oferecimento de suspensão condicional do processo.*

§ 12º. *A celebração e o cumprimento do acordo de não persecução penal não constarão de certidão de antecedentes criminais, exceto para os fins previstos no inciso III do §2º. deste artigo.*

§ 13º. *Cumprido integralmente o acordo de não persecução penal, o juízo competente decretará a extinção de punibilidade.*

§ 14.º *No caso de recusa, por parte do Ministério Público, em propor o acordo de não persecução penal, o investigado poderá requerer a remessa dos autos a órgão superior, na forma do art. 28º deste Código."*

→ **Pressupostos para proposição**

> Infração penal;
> Sem violência ou grave ameaça;
> Pena **mínima inferior a 4 ANOS**.;
> Acordo suficiente e necessário para prevenção do crime.

TÍTULO III - DA AÇÃO PENAL

Art. 24. *Nos crimes de* ***ação pública****, esta* ***será promovida por denúncia do Ministério Público****, mas dependerá, quando a lei o exigir, de requisição do Ministro da Justiça, ou de representação do ofendido ou de quem tiver qualidade para representá-lo.*

§1º. *No* ***caso de morte do ofendido ou quando declarado ausente por decisão judicial****, o* ***direito de representação*** *passará ao* ***cônjuge, ascendente, descendente ou irmão****.*

§2º. *Seja qual for o* ***crime****, quando* ***praticado em detrimento do patrimônio*** *ou* ***interesse da União, Estado e Município****, a* ***ação penal será pública****.*

Art. 25. *A representação será irretratável, depois de oferecida a denúncia.*

Art. 26. *A ação penal, nas contravenções, será iniciada com o auto de prisão em flagrante ou por meio de portaria expedida pela autoridade judiciária ou policial.*

Art. 27.º *Qualquer pessoa do povo poderá provocar a iniciativa do Ministério Público, nos casos em que caiba a ação pública, fornecendo-lhe, por escrito, informações sobre o fato e a autoria e indicando o tempo, o lugar e os elementos de convicção.*

Art. 28. *Ordenado o arquivamento do inquérito policial ou de quaisquer elementos informativos da mesma natureza, o órgão do Ministério Público comunicará à vítima, ao investigado e à autoridade policial e encaminhará os autos para a instância de revisão ministerial para fins de homologação, na forma da lei.*

§1º. *Se a vítima, ou seu representante legal, não concordar com o arquivamento do inquérito policial, poderá, no prazo de* ***30 DIAS*** *do recebimento da comunicação, submeter a matéria à revisão da instância competente do órgão ministerial, conforme dispuser a respectiva lei orgânica.*

§2º. *Nas ações penais relativas a crimes praticados em detrimento da União, Estados e Municípios, a revisão do arquivamento do inquérito policial poderá ser provocada pela chefia do órgão a quem couber a sua representação judicial.*

Art. 28-A. *Não sendo caso de arquivamento e tendo o investigado confessado formal e circunstancialmente a prática de infração penal sem violência ou grave ameaça e com pena mínima inferior a* ***4 ANOS****, o Ministério Público poderá propor acordo de não persecução penal, desde que necessário e suficiente para reprovação e prevenção do crime, mediante as seguintes condições ajustadas cumulativa e alternativamente:*

I. reparar o dano *ou restituir a coisa à vítima, exceto na impossibilidade de fazê-lo;*

II. renunciar voluntariamente *a bens e direitos indicados pelo Ministério Público como instrumentos, produto ou proveito do crime;*

III. prestar serviço à comunidade *ou a entidades públicas por período correspondente à pena mínima cominada ao delito diminuída de um a dois terços, em local a ser indicado pelo juízo da execução, na forma do art. 46 do Decreto-Lei nº 2.848, de 7 de dezembro de 1940 (Código Penal);*

IV. pagar prestação pecuniária*, a ser estipulada nos termos do art. 45º do Decreto-Lei nº 2.848, de 7 de dezembro de 1940 (Código Penal), a entidade pública ou de interesse social, a ser indicada pelo juízo da execução, que tenha, preferencialmente, como função proteger bens jurídicos iguais ou semelhantes aos aparentemente lesados pelo delito; ou*

V. cumprir, por prazo determinado, outra condição indicada pelo Ministério Público*, desde que proporcional e compatível com a infração penal imputada.*

§1º. *Para aferição da pena mínima cominada ao delito a que se refere o* ***caput*** *deste artigo, serão consideradas as causas de aumento e diminuição aplicáveis ao caso concreto.*

§2º. *O disposto no* ***caput*** *deste artigo não se aplica nas seguintes hipóteses:*

I. *se for cabível transação penal de competência dos Juizados Especiais Criminais, nos termos da lei;*

II. *se o investigado for reincidente ou se houver elementos probatórios que indiquem conduta criminal habitual, reiterada ou profissional, exceto se insignificantes as infrações penais pretéritas;*

III. *ter sido o agente beneficiado nos* ***5 ANOS*** *anteriores ao cometimento da infração, em acordo de não persecução penal, transação penal ou suspensão condicional do processo; e*

IV. *nos crimes praticados no âmbito de violência doméstica ou familiar, ou praticados contra a mulher por razões da condição de sexo feminino, em favor do agressor.*

§3º. *O acordo de não persecução penal será formalizado por escrito e será firmado pelo membro do Ministério Público, pelo investigado e por seu defensor.*

§4º. *Para a homologação do acordo de não persecução penal, será realizada audiência na qual o juiz deverá verificar a sua voluntariedade, por meio da oitiva do investigado na presença do seu defensor, e sua legalidade.*

§5º. *Se o juiz considerar inadequadas, insuficientes ou abusivas as condições dispostas no acordo de não persecução penal, devolverá os autos ao Ministério Público para que seja reformulada a proposta de acordo, com concordância do investigado e seu defensor.*

§6º. *Homologado judicialmente o acordo de não persecução penal, o juiz devolverá os autos ao Ministério Público para que inicie sua execução perante o juízo de execução penal.*

§7º. *O juiz poderá recusar homologação à proposta que não atender aos requisitos legais ou quando não for realizada a adequação a que se refere o §5º. deste artigo.*

§8º. *Recusada a homologação, o juiz devolverá os autos ao Ministério Público para a análise da necessidade de complementação das investigações ou o oferecimento da denúncia.*

§9º. A vítima será intimada da homologação do acordo de não persecução penal e de seu descumprimento.

***§ 10º.** Descumpridas quaisquer das condições estipuladas no acordo de não persecução penal, o Ministério Público deverá comunicar ao juízo, para fins de sua rescisão e posterior oferecimento de denúncia.*

***§ 11º.** O descumprimento do acordo de não persecução penal pelo investigado também poderá ser utilizado pelo Ministério Público como justificativa para o eventual não oferecimento de suspensão condicional do processo.*

***§ 12º.** A celebração e o cumprimento do acordo de não persecução penal não constarão de certidão de antecedentes criminais, exceto para os fins previstos no inciso III do §2º. deste artigo*

***§13º.** Cumprido integralmente o acordo de não persecução penal, o juízo competente decretará a extinção de punibilidade.*

***§14º.** No caso de recusa, por parte do Ministério Público, em propor o acordo de não persecução penal, o investigado poderá requerer a remessa dos autos a órgão superior, na forma do art. 28º deste Código.*

***Art. 29.** Será admitida ação privada nos crimes de ação pública, se esta não for intentada no prazo legal, cabendo ao Ministério Público aditar a queixa, repudiá-la e oferecer denúncia substitutiva, intervir em todos os termos do processo, fornecer elementos de prova, interpor recurso e, a todo tempo, no caso de negligência do querelante, retomar a ação como parte principal.*

***Art. 30.** Ao ofendido ou a quem tenha qualidade para representá-lo caberá intentar a **ação privada**.*

***Art. 31.** No caso de morte do ofendido ou quando declarado ausente por decisão judicial, o direito de oferecer queixa ou prosseguir na ação passará ao cônjuge, ascendente, descendente ou irmão.*

***Art. 32.** Nos crimes de ação privada, o juiz, a requerimento da parte que comprovar a sua pobreza, nomeará advogado para promover a ação penal.*

***§1º.** Considerar-se-á pobre a pessoa que não puder prover às despesas do processo, sem privar-se dos recursos indispensáveis ao próprio sustento ou da família.*

***§2º.** Será prova suficiente de pobreza o atestado da autoridade policial em cuja circunscrição residir o ofendido.*

***Art. 33.** Se o ofendido for **menor** de **18 anos**, ou **mentalmente enfermo**, ou **retardado mental**, e não tiver representante legal, ou colidirem os interesses deste com os daquele, o direito de queixa poderá ser exercido por curador especial, nomeado, de ofício ou a requerimento do Ministério Público, pelo juiz competente para o processo penal.*

***Art. 34.** Se o ofendido for **menor de 21 e maior de 18 anos**, o direito de queixa poderá ser exercido por ele ou por seu representante legal.*

***Art. 36.** Se comparecer mais de uma pessoa com direito de queixa, terá preferência o cônjuge, e, em seguida, o parente mais próximo na ordem de enumeração constante do art. 31º. podendo, entretanto, qualquer delas prosseguir na ação, caso o querelante desista da instância ou a abandone.*

***Art. 37.** As fundações, associações ou sociedades legalmente constituídas poderão exercer a ação penal, devendo ser representadas por quem os respectivos contratos ou estatutos designarem ou, no silêncio destes, pelos seus diretores ou sócios-gerentes.*

***Art. 38.** Salvo disposição em contrário, o ofendido, ou seu representante legal, decairá no direito de queixa ou de representação, se não o exercer dentro do prazo de seis meses, contado do dia em que vier a saber quem é o autor do crime, ou, no caso do art. 29º. do dia em que se esgotar o prazo para o oferecimento da denúncia.*

***Parágrafo único.** Verificar-se-á a decadência do direito de queixa ou representação, dentro do mesmo prazo, nos casos dos arts. 24º. parágrafo único, e 31º.*

***Art. 39.** O direito de representação poderá ser exercido, pessoalmente ou por procurador com poderes especiais, mediante declaração, escrita ou oral, feita ao juiz, ao órgão do Ministério Público, ou à autoridade policial.*

***§1º.** A representação feita oralmente ou por escrito, sem assinatura devidamente autenticada do ofendido, de seu representante legal ou procurador, será reduzida a termo, perante o juiz ou autoridade policial, presente o órgão do Ministério Público, quando a este houver sido dirigida.*

***§2º.** A representação conterá todas as informações que possam servir à apuração do fato e da autoria.*

***§3º.** Oferecida ou reduzida a termo a representação, a autoridade policial procederá a inquérito, ou, não sendo competente, remetê-lo-á à autoridade que o for.*

***§4º.** A representação, quando feita ao juiz ou perante este reduzida a termo, será remetida à autoridade policial para que esta proceda a inquérito.*

***§5º.** O órgão do Ministério Público dispensará o inquérito, se com a representação forem oferecidos elementos que o habilitem a promover a ação penal, e, neste caso, oferecerá a denúncia no prazo de quinze dias.*

***Art. 40.** Quando, em autos ou papéis de que conhecerem, os juízes ou tribunais verificarem a existência de crime de ação pública, remeterão ao Ministério Público as cópias e os documentos necessários ao oferecimento da denúncia.*

***Art. 41.** A denúncia ou queixa conterá a exposição do fato criminoso, com todas as suas circunstâncias, a qualificação do acusado ou esclarecimentos pelos quais se possa identificá-lo, a classificação do crime e, quando necessário, o rol das testemunhas.*

Art. 42. O Ministério Público não poderá desistir da ação penal.

***Art. 44.** A queixa poderá ser dada por procurador com poderes especiais, devendo constar do instrumento do mandato o nome do querelante e a menção do fato criminoso, salvo quando tais esclarecimentos dependerem de diligências que devem ser previamente requeridas no juízo criminal.*

***Art. 45.** A queixa, ainda quando a ação penal for privativa do ofendido, poderá ser aditada pelo Ministério Público, a quem caberá intervir em todos os termos subsequentes do processo.*

***Art. 46.** O prazo para oferecimento da denúncia, estando o réu preso, será de **5 DIAS**, contado da data em que o órgão do Ministério Público receber os autos do inquérito policial, e de **15 DIAS**, se o réu estiver solto ou afiançado. No último caso, se houver devolução do inquérito à autoridade policial (art. 16), contar-se-á o prazo da data em que o órgão do Ministério Público receber novamente os autos.*

***§1º.** Quando o Ministério Público dispensar o inquérito policial, o prazo para o oferecimento da denúncia contar-se-á da data em que tiver recebido as peças de informações ou a representação*

***§2º.** O prazo para o aditamento da queixa será de **3 DIAS**, contado da data em que o órgão do Ministério Público receber os autos, e, se este não se pronunciar dentro do tríduo, entender-se-á que não tem o que aditar, prosseguindo-se nos demais termos do processo.*

***Art. 47.** Se o Ministério Público julgar necessários maiores esclarecimentos e documentos complementares ou novos elementos de convicção, deverá requisitá-los, diretamente, de quaisquer autoridades ou funcionários que devam ou possam fornecê-los.*

***Art. 48.** A queixa contra qualquer dos autores do crime obrigará ao processo de todos, e o Ministério Público velará pela sua indivisibilidade.*

***Art. 49.** A renúncia ao exercício do direito de queixa, em relação a um dos autores do crime, a todos se estenderá.*

Art. 50. *A renúncia expressa constará de declaração assinada pelo ofendido, por seu representante legal ou procurador com poderes especiais.*

Parágrafo único. *A renúncia do representante legal do menor que houver completado 18 (dezoito) anos não privará este do direito de queixa, nem a renúncia do último excluirá o direito do primeiro.*

Art. 51. *O perdão concedido a um dos querelados aproveitará a todos, sem que produza, todavia, efeito em relação ao que o recusar.*

Art. 52. *Se o querelante for* ***menor de 21 e maior de 18 anos****, o direito de perdão poderá ser exercido por ele ou por seu representante legal, mas o perdão concedido por um, havendo oposição do outro, não produzirá efeito.*

Art. 53. *Se o querelado for mentalmente enfermo ou retardado mental e não tiver representante legal, ou colidirem os interesses deste com os do querelado, a aceitação do perdão caberá ao curador que o juiz lhe nomear.*

Art. 54. *Se o querelado for* ***menor de 21 anos****, observar-se-á, quanto à aceitação do perdão, o disposto no art. 52º.*

Art. 55. *O perdão poderá ser aceito por procurador com poderes especiais.*

Art. 56. *Aplicar-se-á ao perdão extraprocessual expresso o disposto no art. 50.*

Art. 57. *A renúncia tácita e o perdão tácito admitirão todos os meios de prova.*

Art. 58. *Concedido o perdão, mediante declaração expressa nos autos, o querelado será intimado a dizer, dentro de três dias, se o aceita, devendo, ao mesmo tempo, ser cientificado de que o seu silêncio importará aceitação.*

Parágrafo único. Aceito o perdão, o juiz julgará extinta a punibilidade.

Art. 59. *A aceitação do perdão fora do processo constará de declaração assinada pelo querelado, por seu representante legal ou procurador com poderes especiais.*

Art. 60. *Nos casos em que somente se procede mediante queixa, considerar-se-á perempta a ação penal:*

I. *quando, iniciada esta, o querelante deixar de promover o andamento do processo durante* ***30 DIAS*** *seguidos;*

II. *quando, falecendo o querelante, ou sobrevindo sua incapacidade, não comparecer em juízo, para prosseguir no processo, dentro do prazo de* ***60 DIAS****, qualquer das pessoas a quem couber fazê-lo, ressalvado o disposto no art. 36º;*

III. *quando o querelante deixar de comparecer, sem motivo justificado, a qualquer ato do processo a que deva estar presente, ou deixar de formular o pedido de condenação nas alegações finais;*

IV. *quando, sendo o querelante pessoa jurídica, esta se extinguir sem deixar sucessor.*

Art. 61. *Em qualquer fase do processo, o juiz, se reconhecer extinta a punibilidade, deverá declará-lo de ofício.*

Parágrafo único. *No caso de requerimento do Ministério Público, do querelante ou do réu, o juiz mandará autuá-lo em apartado, ouvirá a parte contrária e, se o julgar conveniente, concederá o prazo de cinco dias para a prova, proferindo a decisão dentro de cinco dias ou reservando-se para apreciar a matéria na sentença final.*

Art. 62. *No caso de morte do acusado, o juiz somente à vista da certidão de óbito, e depois de ouvido o Ministério Público, declarará extinta a punibilidade.*

Questões

01. (VUNESP) Sobre a ação penal, é correto afirmar:

a) não será admitida ação privada nos crimes de ação pública, ainda que esta não seja intentada no prazo legal.

b) ao ofendido, ou a quem tenha qualidade para representá-lo, caberá intentar a ação penal pública que dependa de representação do ofendido.

c) a queixa contra qualquer dos autores do crime somente obrigará o processo de todos nos casos de crimes hediondos.

d) o prazo para oferecimento da denúncia, estando o réu preso, será de 5 dias, contado da data em que o órgão do Ministério Público receber os autos do inquérito policial, e de 15 dias, se o réu estiver solto ou afiançado.

e) o Ministério Público poderá desistir da ação penal apenas nos casos em que as provas sejam de difícil produção.

02. (VUNESP) Nos termos do art. 40º do CPP, quando, em autos ou papéis de que conhecerem, os juízes ou tribunais verificarem a existência de crime de ação pública,

a) determinarão a imediata instauração de inquérito policial ou procedimento administrativo para a cabal apuração dos fatos.

b) remeterão ao Ministério Público as cópias e os documentos necessários ao oferecimento da denúncia.

c) cientificarão as partes para que, voluntariamente, retirem os papéis dos autos, sob pena de cientificação do Ministério Público.

d) instaurarão procedimento judicial de investigação sob sua própria presidência para cabal apuração dos fatos.

e) remeterão ao Delegado de Polícia as cópias e os documentos necessários ao oferecimento da denúncia.

03. (VUNESP) Oferecendo o ofendido ação penal privada subsidiária da pública, o Ministério Público, nos exatos termos do art. 29 do CPP,

a) perde interesse processual e deixa de intervir nos autos.

b) pode intervir em todos os termos do processo, contudo, sem capacidade recursal.

c) perde a possibilidade de representar pelo arquivamento do inquérito e não pode repudiar a queixa.

d) pode aditar a queixa.

e) deixa de ser parte e passa a atuar como custos legis e não pode, por exemplo, fornecer elementos de prova.

04. (FCC) Maurício esteve em uma festa realizada em uma casa noturna, situada na cidade de São Paulo, no dia 10 de julho de 2019. Acabou se envolvendo em uma briga e foi agredido por duas pessoas não identificadas. Maurício registrou Boletim de Ocorrência e foi submetido a exame de corpo de delito, que constatou que ele sofreu lesões corporais de natureza leve. No curso das investigações, de posse das imagens das câmeras de segurança do estabelecimento, foi possível identificar os dois agressores. Maurício compareceu ao Distrito Policial e realizou o reconhecimento pessoal dos seus agressores em 15 de agosto de 2019, os quais foram devidamente qualificados nessa data. No dia 10 de setembro de 2019, Maurício faleceu em decorrência de um infarto, deixando uma esposa, Fabíola. No caso hipotético apresentado, tratando-se de crime que se processa mediante representação do ofendido, Fabíola, na condição de cônjuge do falecido, deverá ofertar a necessária representação para ver os agressores do seu finado esposo processados criminalmente no prazo de

a) 03 meses, contados a partir da data do óbito de Maurício.
b) 06 meses, contados a partir do dia 10 de julho de 2019.
c) 06 meses, contados a partir do dia 15 de agosto de 2019.
d) 06 meses, contados a partir da data do óbito de Maurício.
e) 03 meses, contados a partir do dia 10 de julho de 2019.

05. (FCC) Sobre a ação penal privada é correto afirmar que
a) será promovida por denúncia do Ministério Público ou por requisição do Ministro da Justiça.
b) seu exercício depende de representação do Ministério Público e aceitação da vítima.
c) pode ser intentada tanto pelo ofendido quanto por quem tenha qualidade para representá-lo.
d) deve ser proposta no prazo de trinta dias da descoberta do crime pelo ofendido.
e) pode ser exercida por qualquer pessoa que saiba do crime e independe da vontade do ofendido.

06. (FCC) Ao tratar da iniciativa da ação penal, o Código de Processo Penal, estabelece, como regra, que a iniciativa será do Ministério Público. Todavia, mesmo nos crimes de ação pública, por vezes, a lei exige a representação do ofendido. Declarado judicialmente ausente o ofendido, terão qualidade para representá-lo APENAS
a) os herdeiros necessários, o curador especial ou advogado constituído.
b) o cônjuge, ascendente ou descendente.
c) o cônjuge, ascendente, descendente ou irmão.
d) os sucessores ou curador.
e) os sucessores ou tutor.

07. (CESPE) Acerca de ação penal, julgue os itens a seguir.
I. Havendo inércia do Ministério Público em oferecer denúncia, a titularidade da ação penal passa ao ofendido, que atuará no polo ativo.
II. Em caso de pedido de arquivamento de inquérito policial pelo Ministério Público, o juízo poderá designar outro promotor para dar início à ação penal.
III. Em se tratando de ação penal privada, se houver pluralidade de agentes, o ofendido não poderá processar apenas um dos autores do delito.
IV. Nas ações penais condicionadas à representação, a representação poderá ser realizada oralmente, desde que devidamente reduzida a termo por autoridade competente.

Estão certos apenas os itens
a) I e II.
b) I e III.
c) III e IV.
d) I, II e IV.
e) II, III e IV.

08. (CESPE) A ação penal pública pode ser incondicionada ou condicionada à representação. Em relação à ação penal pública condicionada à representação, há a exigência da manifestação do ofendido ou de quem tenha qualidade para representá-lo. Acerca da ação penal pública condicionada à representação, assinale a opção correta.
a) A representação é uma condição de procedibilidade da ação penal, e sua ausência impede o Ministério Público de oferecer a denúncia.
b) Opera-se a decadência da ação penal condicionada à representação se o direito de representar não for exercido no prazo de seis meses, a contar da data do fato criminoso.
c) O ofendido pode, a qualquer tempo, exercer o direito de se retratar da representação, sendo a extinção da punibilidade sem resolução de mérito o efeito da retratação.
d) A ação penal pública condicionada à representação é essencialmente de interesse privado e regida pelos princípios da conveniência e oportunidade.
e) A irretratabilidade da representação inicia-se com a instauração do inquérito policial.

09. (FGV) Hugo foi vítima de crime de dano simples, tendo ele identificado que a autora do fato seria sua ex-namorada Joana. Acreditando que a ex-namorada adotou o comportamento em um momento de raiva, demonstra seu desinteresse em vê-la processada criminalmente. Ocorre que os fatos chegaram ao conhecimento da autoridade policial e do Ministério Público.

Considerando que o crime de dano simples é de ação penal privada, se aplica, ao caso, o princípio da:
a) indivisibilidade, de modo que Hugo tem obrigação de apresentar queixa-crime em desfavor de todos os autores do fato, a partir da identificação da autoria;
b) disponibilidade, podendo, porém, o Ministério Público oferecer denúncia em caso de omissão do ofendido pelo prazo de 06 (seis) meses;
c) obrigatoriedade, devendo Hugo apresentar queixa-crime em desfavor de Joana, sob pena de intervenção do Ministério Público;
d) disponibilidade, de modo que deve ser reconhecido que houve, na hipótese, perempção;
e) oportunidade, de modo que cabe a Hugo decidir por apresentar ou não queixa-crime em desfavor de Joana.

10. (FGV) Após concluir investigações, a autoridade policial encaminha relatório conclusivo ao Ministério Público, indicando Jorge pela suposta prática do crime de estelionato, crime esse de ação penal pública incondicionada. Recebidos os autos, o Promotor de Justiça com atribuição se manteve inerte no prazo previsto para oferecimento de denúncia.

Considerando a inércia do Ministério Público e a existência de justa causa, o lesado, através de sua defesa técnica, poderá:
a) oferecer representação administrativa em desfavor do Promotor de Justiça, mas nada poderá fazer em relação ao início da ação penal, já que a previsão do Código de Processo Penal de ação penal privada subsidiária da pública não foi recepcionada pela Constituição da República de 1988, que previu que o Ministério Público é o titular das ações penais públicas;

b) oferecer representação administrativa em desfavor do Promotor de Justiça, mas nada poderá fazer em relação ao início da ação penal, em razão da natureza de ação penal pública incondicionada, já que a queixa subsidiária somente é aplicável em ações penais de natureza pública condicionada à representação;

c) dar início à ação penal privada subsidiária da pública, não podendo o Ministério Público fornecer elementos de prova, mas caberá ao órgão retomar a ação como parte principal em caso de negligência do querelante;

d) apresentar queixa, iniciando ação penal privada subsidiária da pública, podendo, porém, o Ministério Público repudiar a queixa e oferecer denúncia substitutiva;

e) apresentar queixa subsidiária da pública, não cabendo mais ao Ministério Público realizar qualquer intervenção no processo.

Gabaritos

01	D	06	C
02	B	07	C
03	D	08	A
04	C	09	E
05	C	10	D

4. PRISÕES

4.1 Conceito

Prisão nada mais é do que uma restrição à liberdade de ir e vir (liberdade ambulatorial ou de locomoção), por meio do recolhimento ao cárcere por ordem fundamentada do juiz ou derivada da prisão em flagrante.

Espécies de Prisão Cautelar

Atualmente existem três espécies de prisão cautelar, a saber, prisão em flagrante, preventiva e

> Prisão em Flagrante;

> Prisão Preventiva;

> Prisão Temporária.

→ **Prisão Preventiva**

É a medida cautelar de constrição da liberdade pessoal, cabível durante toda a persecução penal (IP + processo), decretada pelo juiz ex officio no curso da ação penal, ou a requerimento do MP, do querelante, do assistente ou por representação da autoridade policial. Não tem prazo e se justifica na presença dos requisitos estabelecidos na lei.

Note que a prisão preventiva teve alterações consideráveis conforme a o pacote anticrime.

Tempo da Prisão Preventiva

Não há prazo definido em lei acerca da duração dela, e se estende no tempo enquanto houver necessidade, que é dosada pela presença de seus requisitos legais. Se eventualmente estes desaparecem, a prisão preventiva será revogada e nada impede que ela seja decretada novamente, caso algum dos requisitos reapareça.

Por sua vez, se ela se estende no tempo de maneira desproporcional, se transforma-se em prisão ilegal, e, nesse caso, merecerá relaxamento.

Cabimento

Será possível tanto na investigação policial como no processo.

Art. 311 do CPP. *"Em qualquer fase da investigação policial ou do processo penal, caberá a prisão preventiva decretada pelo juiz, a requerimento do Ministério Público, do querelante ou do assistente, ou por representação da autoridade policial."*

Decretação

Art. 312 do CPP. *A prisão preventiva poderá ser decretada como garantia da ordem pública, da ordem econômica, por conveniência da instrução criminal ou para assegurar a aplicação da lei penal, quando houver prova da existência do crime e indício suficiente de autoria e de perigo gerado pelo estado de liberdade do imputado.*

§ 1º. *A prisão preventiva também poderá ser decretada em caso de descumprimento de qualquer das obrigações impostas por força de outras medidas cautelares (art. 282, § 4º).*

§2º. *"A decisão que decretar a prisão preventiva deve ser motivada e fundamentada em receio de perigo e existência concreta de fatos novos ou contemporâneos que justifiquem a aplicação da medida adotada."*

Admissibilidade

Art. 313 do CPP. *Nos termos do art. 312 deste Código, será admitida a decretação da prisão preventiva.*

I. *nos crimes dolosos punidos com pena privativa de liberdade máxima superior a 4 (quatro) anos....*

II. *se tiver sido condenado por outro crime doloso, em sentença transitada em julgado, ressalvado o disposto no inciso I do caput do art. 64 do Decreto-Lei no 2.848, de 7 de dezembro de 1940 - Código Penal.*

III. *se o crime envolver violência doméstica e familiar contra a mulher, criança, adolescente, idoso, enfermo ou pessoa com deficiência, para garantir a execução das medidas protetivas de urgência.*

§1º. *Também será admitida a prisão preventiva quando houver dúvida sobre a identidade civil da pessoa ou quando esta não fornecer elementos suficientes para esclarecê-la, devendo o preso ser colocado imediatamente em liberdade após a identificação, salvo se outra hipótese recomendar a manutenção da medida.*

§2º. *Não será admitida a decretação da prisão preventiva com a finalidade de antecipação de cumprimento de pena ou como decorrência imediata de investigação criminal ou da apresentação ou recebimento de denúncia.*

Excludentes de Ilicitude

Art. 314 do CPP. *A prisão preventiva em nenhum caso será decretada se o juiz verificar pelas provas constantes dos autos ter o agente praticado o fato nas condições previstas nos incisos I, II e III do caput do art. 23 do Decreto-Lei no 2.848, de 7 de dezembro de 1940 - Código Penal.*

Motivação

Art. 315 do CPP. *A decisão que decretar, substituir ou denegar a prisão preventiva será sempre motivada e fundamentada. §1º. Na motivação da decretação da prisão preventiva ou de qualquer outra cautelar, o juiz deverá indicar concretamente a existência de fatos novos ou contemporâneos que justifiquem a aplicação da medida adotada.*

§2º. *Não se considera fundamentada qualquer decisão judicial, seja ela interlocutória, sentença ou acórdão, que.*

I. *limitar-se à indicação, à reprodução ou à paráfrase de ato normativo, sem explicar sua relação com a causa ou a questão decidida.*

II. *empregar conceitos jurídicos indeterminados, sem explicar o motivo concreto de sua incidência no caso.*

III. *invocar motivos que se prestariam a justificar qualquer outra decisão.*

IV. *não enfrentar todos os argumentos deduzidos no processo capazes de, em tese, infirmar a conclusão adotada pelo julgador.*

V. *limitar-se a invocar precedente ou enunciado de súmula, sem identificar seus fundamentos determinantes nem demonstrar que o caso sob julgamento se ajusta àqueles fundamentos.*

VI. *deixar de seguir enunciado de súmula, jurisprudência ou precedente invocado pela parte, sem demonstrar a existência de distinção no caso em julgamento ou a superação do entendimento.*

Art. 316 do CPP. *O juiz poderá, de ofício ou a pedido das partes, revogar a prisão preventiva se, no correr da investigação ou do processo, verificar a falta de motivo para que ela subsista, bem como novamente decretá-la, se sobrevierem razões que a justifiquem. (Redação dada pela Lei nº 13.964, de 2019. (Vigência)*

Parágrafo único. *Decretada a prisão preventiva, deverá o órgão emissor da decisão revisar a necessidade de sua manutenção a cada 90 (noventa) dias, mediante decisão fundamentada, de ofício, sob pena de tornar a prisão ilegal.*

→ Prisão Temporária (Lei 7.960/89)

É a prisão cautelar cabível apenas ao longo do IP, decretada pelo juiz a requerimento do MP ou por representação da autoridade policial (o juiz não pode decretar a medida de ofício e também não pode ser requerida pelo querelante nos casos de ação penal privada), com prazo pré-eestabelecido em lei, uma vez presente os requisitos do Art. 1º da Lei 7.960/89.

> **Prisão Temporária:**
- » É a prisão cautelar.
- » Cabível apenas ao longo do IP.
- » Decretada pelo juiz.
- » Requerida pelo MP ou pelo delegado.
- » Com prazo pré-eestabelecido em lei.
- » Uma vez presente os seus requisitos.

Cabimento

Art. 1. *Caberá prisão temporária:*

I. *quando imprescindível para as investigações do inquérito policial;*

II. *quando o indicado não tiver residência fixa ou não fornecer elementos necessários ao esclarecimento de sua identidade;*

III. *quando houver fundadas razões, de acordo com qualquer prova admitida na legislação penal, de autoria ou participação do indiciado nos seguintes crimes:*

a) *homicídio doloso (art. 121, caput, e seu § 2°);*

b) *seqüestro sequestro ou cárcere privado (art. 148, caput, e seus §§ 1° e 2°);*

c) *roubo (art. 157, caput, e seus §§ 1°, 2° e 3°);*

d) *extorsão (art. 158, caput, e seus §§ 1° e 2º.);*

e) *extorsão mediante seqüestro sequestro (art. 159, caput, e seus §§ 1º., 2º. e 3º.);*

f) *estupro (art. 213, caput, e sua combinação com o art. 223, caput, e parágrafo único). (Vide Decreto-Lei nº 2.848, de 1940)*

g) *atentado violento ao pudor (art. 214, caput, e sua combinação com o art. 223, caput, e parágrafo único). (Vide Decreto-Lei nº 2.848, de 1940)*

h) *rapto violento (art. 219, e sua combinação com o art. 223 caput, e parágrafo único). (Vide Decreto-Lei nº 2.848, de 1940)*

i) *epidemia com resultado de morte (art. 267, § 1°);*

j) *envenenamento de água potável ou substância alimentícia ou medicinal qualificado pela morte (art. 270, caput, combinado com art. 285);*

l) *quadrilha ou bando (art. 288), todos do Código Penal;*

m) *genocídio (arts. 1°, 2° e 3° da Lei n° 2.889, de 1° de outubro de 1956), em qualquer de suas formas típicas;*

n) *tráfico de drogas (art. 12 da Lei n° 6.368, de 21 de outubro de 1976);*

o) *crimes contra o sistema financeiro (Lei n° 7.492, de 16 de junho de 1986).*

p) *crimes previstos na Lei de Terrorismo.*

O rol de crimes descrito acima é taxativo, o que significa que somente esses delitos comportam a medida e mais nenhum

→ Prisão em Flagrante

É a prisão cautelar de natureza administrativa que funciona como ferramenta de preservação social, autorizando a captura daquele que é surpreendido no instante em que pratica ou termina de concluir a infração penal. Caracteriza-se pela imediatidade entre o crime e a prisão. Essa modalidade de prisão comporta várias delas, e, a seguir, exemplificaremos cada hipótese de flagrante, conforme o que vem sendo cobrado nos principais concursos do país.

Modalidades de Flagrante

Flagrante obrigatório/coercitivo: é aquele flagrante das autoridades policiais e seus agentes. A autoridade policial não tem qualquer discricionariedade quanto a prisão em flagrante ou não. (Fundamento: art. 301, CPP).

Art. 301. *"Qualquer do povo poderá e as autoridades policiais e seus agentes* ***deverão*** *prender quem quer que seja encontrado em flagrante delito".*

Flagrante obrigatório → Autoridade Policial ou seus Agentes → Tem o dever de efetuar a prisão

Flagrante Facultativo: é o flagrante que se aplica a qualquer pessoa do povo, não tendo o sujeito a obrigação de agir. (Fundamento: art. 301, CPP)

Art. 301. *"Qualquer do povo* ***poderá*** *e as autoridades policiais e seus agentes deverão prender quem quer que seja encontrado em flagrante delito".*

Flagrante facultativo → Qualquer pessoa do povo → Poderá realizar o flagrante

Esquematizando o tema:

Art. 301	Espécie de flagrante	Excludente de licitude	Infração em tese
Qualquer do povo PODERÁ	FACULTATIVO	Exercício regular do direito	Constrangimento ilegal
As autoridades policiais e seus agentes DEVERÃO	OBRIGATÓRIO	Estrito cumprimento do dever legal	Abuso de autoridade

→ Flagrante Próprio (Real / Perfeito / Propriamente dito)

Tem cabimento em duas hipóteses:

> Quando o agente está cometendo o delito, ou seja, está em plena prática dos atos executórios.;

> Acaba de cometer o delito, isto é, o agente terminou de concluir a prática da infração penal, ficando evidente que é o autor do crime.

Art. 302*, I e II, CPP. Considera-se em flagrante delito quem:*

I. *Está cometendo a infração penal;*

II. *Acaba de cometê-la;*

→ Flagrante Impróprio (Irreal/Imperfeito/Quase flagrante)

É a espécie de flagrante que ocorre quando o criminoso conclui o crime ou é interrompido pela chegada de terceiros e foge, sem ser preso no local, fazendo com que se inicie uma perseguição, seja pela polícia, pela vítima ou por terceiro.

Art. 301, III, CP. *Considera-se em flagrante delito quem:*

III. *É perseguido, logo após, pela autoridade, pelo ofendido ou por qualquer pessoa, em situação que faça presumir ser autor da infração.*

→ **Flagrante presumido (Ficto ou Assimilado)**

O criminoso é encontrado, logo depois de praticar o crime, com objetos, armas ou papéis que faça presumir ser ele o autor do delito. Nesse caso, não há perseguição.

> ***Art. 301, IV, CPP.*** *Considera-se em flagrante delito quem:*
>
> ***IV.*** *É encontrado, logo depois, com instrumentos, armas, objetos ou papéis que façam presumir ser ele autor da infração.*

→ **Flagrante Forjado**

É o flagrante realizado para incriminar um inocente. A prisão é ilegal e o forjador irá responder criminalmente por denunciação caluniosa (Art. 339 do CP).

→ **Flagrante Esperado**

Ocorre quando a polícia toma conhecimento da possibilidade da ocorrência de um crime, então, fica em campana, aguardando que se iniciem os primeiros atos executórios, na expectativa de concretizar a captura. Devido à falta de previsão legal do flagrante esperado, quando a tomada se concretiza, ele se transforma em flagrante próprio, sendo assim, essa é uma modalidade viável para autorizar a prisão em flagrante.

No flagrante esperado, a polícia em nada contribui com a prática do delito, ela simplesmente toma conhecimento do crime que está por vir e aguarda o delito acontecer para realizar a prisão.

Não confundir com o flagrante preparado.

→ **Flagrante Preparado (Provocado / Delito Putativo por Obra do Agente Provocador)**

Ocorre quando o agente provocador (em regra, a polícia, podendo também ser terceiro) induz ou instiga alguém a cometer um crime. Não é admitido no Brasil, a prisão é ilegal, e o fato praticado não constitui crime, pois o é atípico, sendo a consumação da ação impossível, haja vista que, durante os atos executórios, haverá a prisão.

Súmula 145, STF. *Não há crime, quando a preparação do flagrante pela polícia torna impossível a sua consumação.*

→ **Flagrante Postergado (Diferido/Estratégico/Ação Controlada)**

Caracteriza-se pela possibilidade que a polícia (e somente ela) tem de retardar a prisão em flagrante, na expectativa de realizá-lo num momento mais adequado para a colheita de provas, para a captura do maior número de infratores e também a fim de conseguir o enquadramento no delito principal da facção criminosa. Ele é possível:

No Art. 2º caput e inciso II da Lei no 9.034/95 – Crime Organizado

> ***Art. 2.*** *Em qualquer fase de persecução criminal, são permitidos, sem prejuízo dos já previstos em lei, os seguintes procedimentos de investigação e formação de provas:*
>
> ***II.*** *A ação controlada, que consiste em retardar a interdição policial do que se supõe ação praticada por organizações criminosas ou a ela vinculado, desde que mantida sob observação e acompanhamento para que a medida legal se concretize no momento mais eficaz do ponto de vista da formação de provas e fornecimento de informações.*
>
> ***Art. 53, Lei 11.343/06. Tráfico de Drogas***
>
> ***Art. 53.*** *Em qualquer fase da persecução criminal relativa aos crimes previstos nesta Lei, são permitidos, além dos previstos em lei, mediante autorização judicial e ouvido o Ministério Público, os seguintes procedimentos investigatórios:*
>
> ***I.*** *A infiltração por agentes de polícia, em tarefas de investigação, constituída pelos órgãos especializados pertinentes;*
>
> ***II.*** *A não atuação policial sobre os portadores de drogas, seus precursores químicos ou outros produtos utilizados em sua produção, que se encontrem no território brasileiro, com a finalidade de identificar e responsabilizar maior número de integrantes de operações de tráfico e distribuição, sem prejuízo da ação penal cabível.*
>
> *Parágrafo único. Na hipótese do inciso II deste artigo, a autorização será concedida desde que sejam conhecidos o itinerário provável e a identificação dos agentes do delito ou de colaboradores.*

→ **Fases da Prisão em Flagrante**

a) Captura

> Emprego da força: a força pode ser utilizada, porém deve ser usada com moderação. Referente ao tema, importante o teor constante do artigo 292 do CPP.

> ***Art. 292.*** *Se houver, ainda que por parte de terceiros, resistência à prisão em flagrante ou à determinada por autoridade competente, o executor e as pessoas que o auxiliarem poderão usar dos meios necessários para defender-se ou para vencer a resistência, do que tudo se lavrará auto subscrito também por duas testemunhas.*
>
> ***Uso de algemas***
>
> *Trata-se de uma medida de natureza excepcional, devendo ser utilizado utilizada quando houver risco de fuga OU agressão do preso contra policiais, membros da sociedade ou até a si mesmo.*
>
> ***Súmula Vinculante 11***
>
> *Só é lícito o uso de algemas em casos de resistência e de fundado receio de fuga ou de perigo à integridade física própria ou alheia, por parte do preso ou de terceiros, justificada a excepcionalidade por escrito, sob pena de responsabilidade disciplinar, civil e penal do agente ou da autoridade e de nulidade da prisão ou do ato processual a que se refere, sem prejuízo da responsabilidade civil do Estado.*
>
> ***Art. 292 do CPP:***
>
> ***Parágrafo único.*** *É vedado o uso de algemas em mulheres grávidas durante os atos médico-hospitalares preparatórios para a realização do parto e durante o trabalho de parto, bem como em mulheres durante o período de puerpério imediato.*

b) Condução Coercitiva:

> NÃO SE IMPORÁ PRISÃO EM FLAGRANTE:

- Lei dos Juizados Especiais Criminais;
- Porte de drogas para consumo pessoal;
- CTB;

c) Lavratura do auto de prisão em Flagrante

> Possibilidade de concessão de fiança pela própria autoridade policial, nos moldes previstos pelo art. 322 do CPP.

> ***Art. 322.*** *A autoridade policial* ***somente*** *poderá conceder fiança nos casos de infração cuja pena privativa de liberdade máxima não seja superior a 4 (quatro) anos. (Redação dada pela Lei nº 12.403, de 2011).*
>
> ***Parágrafo único.*** *Nos demais casos, a fiança será requerida ao juiz, que decidirá em 48 (quarenta e oito horas.*
>
> ***d) Convalidação Judicial da Prisão em Flagrante***
>
> *Essa convalidação judicial constitui-se no procedimento que deverá ser observado pelo juiz quando do recebimento do auto de prisão em flagrante.*

Providencias Providências que serão adotados pelo juiz ao receber o auto de prisão em flagrante.

Cumpre recordarmos que a obrigatoriedade de comunicação da prisão ao juiz encontra-se prevista na legislação ao teor do art. 306, do Código de Processo Penal, o que dispõe:

***Art. 306.** "A prisão de qualquer pessoa e local onde se encontre serão comunicados imediatamente ao juiz competente, ao Ministério Público e a família do preso ou a pessoa por ele indicada".*

***§1º.** Em até 24 (vinte e quatro horas) após a realização da prisão, será encaminhado ao juiz competente o auto de prisão em flagrante e, caso o autuado não informe o nome de seu advogado, cópia integral para Defensoria Pública.*

***§2º.** No mesmo prazo, será entregue ao preso, mediante recibo, a nota de culpa (termo de ciência das garantias constitucionais), assinada pela autoridade, com o motivo da prisão, o nome do condutor e os das testemunhas.*

Audiência de Custódia

Conceito:

Audiência de custódia consiste no direito que a pessoa presa em flagrante possui de ser conduzida (levada), sem demora, à presença de uma autoridade judicial (magistrado) que irá analisar se os direitos fundamentais dessa pessoa foram respeitados (ex: se não houve tortura), se a prisão em flagrante foi legal e se a prisão cautelar deve ser decretada ou se o preso poderá receber a liberdade provisória ou medida cautelar diversa da prisão.

***Art. 310** do CPP: Após receber o auto de prisão em flagrante, no prazo máximo de até 24 (vinte e quatro) horas após a realização da prisão, o juiz deverá promover audiência de custódia com a presença do acusado, seu advogado constituído ou membro da Defensoria Pública e o membro do Ministério Público, e, nessa audiência, o juiz deverá, fundamentadamente..*

> ***I.** relaxar a prisão ilegal; o.*
>
> ***II.** converter a prisão em flagrante em preventiva, quando presentes os requisitos constantes do art. 312 deste Código, e se revelarem inadequadas ou insuficientes as medidas cautelares diversas da prisão; o.*
>
> ***III.** conceder liberdade provisória, com ou sem fiança.*

***§1º.** Se o juiz verificar, pelo auto de prisão em flagrante, que o agente praticou o fato em qualquer das condições constantes dos incisos I, II ou III do caput do art. 23 do Decreto-Lei nº 2.848, de 7 de dezembro de 1940 (Código Penal), poderá, fundamentadamente, conceder ao acusado liberdade provisória, mediante termo de comparecimento obrigatório a todos os atos processuais, sob pena de revogação.*

***§2º.** Se o juiz verificar que o agente é reincidente ou que integra organização criminosa armada ou milícia, ou que porta arma de fogo de uso restrito, deverá denegar a liberdade provisória, com ou sem medidas cautelares.*

***§3º.** A autoridade que deu causa, sem motivação idônea, à não realização da audiência de custódia no prazo estabelecido no caput deste artigo responderá administrativa, civil e penalmente pela omissão.*

***§4º.** Transcorridas 24 (vinte e quatro) horas após o decurso do prazo estabelecido no caput deste artigo, a não realização de audiência de custódia sem motivação idônea ensejará também a ilegalidade da prisão, a ser relaxada pela autoridade competente, sem prejuízo da possibilidade de imediata decretação de prisão preventiva.*

Questões

01. (VUNESP - 2018 - PC-BA - ESCRIVÃO) Acerca da prisão em flagrante, assinale a alternativa correta.

a) Se o réu, sendo perseguido, passar ao território de outro município ou comarca, o executor deverá pedir apoio da Autoridade Policial local para poder lhe efetuar a prisão.

b) Quando o acusado se recusar a assinar, não souber ou não puder fazê-lo, o auto de prisão em flagrante será assinado por duas testemunhas, que tenham ouvido sua leitura na presença deste.

c) O militar não poderá ser preso em flagrante delito e sim autuado e recolhido ao quartel da instituição a que pertencer.

d) Na falta ou no impedimento do escrivão, somente a Autoridade Policial poderá lavrar o auto.

e) Quando o fato for praticado em presença da Autoridade Policial, ou contra esta, no exercício de suas funções, outra Autoridade Policial deverá ser convocada para a autuação em flagrante.

02. (VUNESP - 2018 - PC-BA - ESCRIVÃO - ADAPTADA) Uma vez requerida a prisão temporária pela Autoridade Policial, antes de decidir o Juiz ouvirá o Ministério Público.

Certo ( ) Errado ( )

03. (CESPE) Ocorre o chamado quase flagrante quando, tendo o agente concluído os atos de execução do crime e se posto em fuga, inicia-se ininterrupta perseguição, até que ocorra a prisão.

Certo ( ) Errado ( )

04. (CESPE) Não há crime e, portanto, o agente não pode ser preso, quando a preparação do flagrante pela polícia torna impossível a consumação desse delito.

Certo ( ) Errado ( )

05. (CESPE) Ocorre flagrante forjado quando o fato típico não foi praticado, sendo simulado pela autoridade policial com o objetivo direto de incriminar alguém. Nesse caso, há absoluta ilegalidade e o responsável pelo ato responderá penal e administrativamente pela própria conduta.

Certo ( ) Errado ( )

06. (CESPE) Flagrante retardado é aquele no qual a polícia tem a faculdade de retardar a prisão em flagrante, visando obter maiores informações a respeito da ação dos criminosos.

Certo ( ) Errado ( )

07. (CESPE) Não deve ser concedida liberdade provisória, com ou sem estipulação de fiança, aos agentes que tenham intensa e efetiva participação em organização criminosa.

Certo ( ) Errado ( )

Gabaritos

01	B	05	CERTO
02	CERTO	06	CERTO
03	CERTO	07	CERTO
04	CERTO	-	-

5. PROCEDIMENTO DOS CRIMES DE RESPONSABILIDADE DO FUNCIONÁRIO PÚBLICO

São Crimes de Responsabilidade: peculato, concussão, corrupção passiva, prevaricação, condescendência criminosa.

Nos crimes comuns: procedimento comum.

Tal atuação não se aplica aos crimes **inafiançáveis.**

> Particular partícipe ou coautor: não se aplica.
> Procedimento de competência originária dos tribunais: aplica-se o procedimento da Lei 8.038/90.
> Crimes de menor potencial ofensivo: juizado especial, mesmo sendo de procedimento especial, salvo se enviado para o juízo comum.

Oferecimento: resposta preliminar (prazo de 15 dias)

> Recebimento.
> Citação.

5.1 Ação Penal Instruída por Inquérito Policial

Súmula 330, STJ. *É desnecessária a resposta preliminar de que trata o Art. 514 do Código de Processo Penal, na ação penal instruída por inquérito policial.*

Art. 514, CPP. *Nos crimes afiançáveis, estando a denúncia ou queixa em devida forma, o juiz mandará autuá-la e ordenará a notificação do acusado, para responder por escrito, dentro do prazo de quinze dias.*

Parágrafo único. *Se não for conhecida a residência do acusado, ou este se achar fora da jurisdição do juiz, ser-lhe-á nomeado defensor, a quem caberá apresentar a resposta preliminar.*

Defesa técnica por advogado: **PAD** é desnecessário.

Súmula Vinculante 5. *A sanção do projeto supre a falta de iniciativa do Poder Executivo.*

A denúncia ou queixa será instruída com documentos ou justificação que façam presumir a existência do delito ou declaração fundamentada da impossibilidade de apresentação de provas.

Nos crimes afiançáveis, denúncia ou queixa em devida forma, o juiz manda autuá-la e ordena a notificação do acusado, para responder no prazo de 15 dias.

Residência do acusado ou acusado fora da jurisdição.

> Nomeado defensor.

Durante o prazo:

> Autos em cartório para acusação de defesa.
> A resposta poderá ser instruída com documentos ou justificações.

Art. 515. *No caso previsto no artigo anterior, durante o prazo concedido para a resposta, os autos permanecerão em cartório, onde poderão ser examinados pelo acusado ou por seu defensor.*

Parágrafo único. *A resposta poderá ser instruída com documentos e justificações.*

Rejeição da denúncia ou queixa (RESE):

> Despacho fundamentado.
> Inexistência do crime ou improcedência da ação.

Recebida a Denúncia:

> Procedimento comum - 10 dias: nova resposta.
> Absolvição sumária.

Art. 516. *O juiz rejeitará a queixa ou denúncia, em despacho fundamentado, se convencido, pela resposta do acusado ou do seu defensor, da inexistência do crime ou da improcedência da ação.*

Questões

01. (CESPE) Conside que um servidor público tenha sido preso em flagrante pela prática de peculato cometido em desfavor da Caixa Econômica Federal, tendo sido o crime facilitado em razão da função exercida pelo referido servidor.

Por se tratar de crime afiançável, ao servidor é garantido o direito de apresentar resposta preliminar no prazo de quinze dias, logo após a notificação pelo juízo processante, quando, então, o juiz decidirá pelo recebimento ou rejeição da denúncia.

Certo ( ) Errado ( )

02. (CESPE) Considerando o que dispõe o CPP, assinale a opção correta acerca do processo dos crimes de responsabilidade dos servidores públicos.

a) O direito de apresentar resposta preliminar por escrito antes do recebimento de denúncia ou queixa é assegurado ao servidor público acusado de praticar crime afiançável.
b) Tratando-se de crime de responsabilidade, o direito a procedimento especial é assegurado ao coautor do crime ou partícipe que não seja servidor público, em razão do princípio da unidade de processo.
c) A queixa ou denúncia sem a apresentação de documentos e justificações ou sem a abertura de inquérito policial deve ser liminarmente rejeitada no procedimento especial.
d) O procedimento especial previsto no CPP deve ser adotado para todos os crimes praticados por servidor público.
e) Garante-se ao servidor público o procedimento especial, mesmo que, durante o oferecimento da denúncia ou no curso do processo, o servidor tenha deixado o cargo, a função ou o emprego público.

03. (CESPE) No processo e julgamento dos crimes de responsabilidade dos funcionários públicos, o juiz rejeitará a queixa ou denúncia, em despacho fundamentado, se convencido, pela resposta do acusado ou do seu defensor, da falta de provas do crime ou da improcedência da ação.

Certo ( ) Errado ( )

04. (FEC) De acordo com o Código de Processo Penal, nos crimes de responsabilidade de funcionários públicos, quando afiançáveis, o prazo de resposta do acusado, antes do recebimento da denúncia ou queixa, é de:

a) Trinta dias.
b) Cinco dias.
c) Dez dias.
d) Vinte dias.
e) Quinze dias.

05. Acerca do processamento e julgamento de crimes de responsabilidade, analise os itens a seguir:

I. Sendo instaurado processo administrativo, este não poderá ser sobrestado para o fim de aguardar a decisão da ação penal ou civil.

II. A ação penal será iniciada, independentemente de inquérito policial ou justificação, por denúncia do Ministério Público, instruída com a representação da vítima do abuso.

III. Se o órgão do Ministério Público, ao invés de apresentar a denúncia, requerer o arquivamento da representação, o Juiz, no caso de considerar improcedentes as razões invocadas, fará remessa da representação ao Procurador-Geral, e este oferecerá a denúncia, designará outro órgão do Ministério Público para oferecê-la, ou insistirá no arquivamento, ao qual só então deverá o Juiz atender.

Sobre os itens acima, pode-se afirmar que:

a) Somente I e II estão corretos.
b) Somente I e III estão corretos.
c) Somente II e III estão corretos.
d) Todos estão corretos.
e) Todos estão incorretos.

Acerca do processamento e julgamento de crimes de responsabilidade, analise os itens a seguir:

06. (CESPE) A ação penal será iniciada, dependendo do inquérito policial ou justificação, por denúncia do Ministério Público, instruída com a representação da vítima do abuso.

Certo ( ) Errado ( )

07. (CESPE) Ao julgar processos que discutam crimes de responsabilidade dos funcionários públicos, o juiz deverá rejeitar a denúncia, em despacho fundamentado, se estiver convencido, pela resposta do acusado ou do seu defensor, da inexistência do crime ou da improcedência da ação.

Certo ( ) Errado ( )

08. (CESPE) No que concerne ao processo e julgamento dos crimes de responsabilidade dos funcionários públicos, assinale a opção correta.

a) Na hipótese em que se fizer necessária, a apresentação de resposta preliminar escrita só será admissível se instruída com documentos e(ou) justificações.
b) Recebida a denúncia ou a queixa, dispensa-se a citação do acusado, na medida em que se trata de procedimento especial, em que a citação não é ato obrigatório.
c) Nos delitos afiançáveis, estando a denúncia ou a queixa em devida forma, dispensa-se a resposta preliminar na ação penal instruída por inquérito policial.
d) É vedado ao juiz rejeitar a denúncia, ainda que convencido da inexistência do crime ou da improcedência da ação, permitindo-se apenas a absolvição sumária.
e) A denúncia será necessariamente instruída com documentos ou justificação que façam presumir a existência do delito.

09. (FCC) O Código de Processo Penal prevê rito especial para o processo e o julgamento dos crimes de responsabilidade dos funcionários públicos. Esse rito especial

a) Impede que o acusado possa ser preso antes de recebida a denúncia, ainda que o crime seja inafiançável.
b) Permite ao acusado se defender antes de ser recebida a denúncia, se o crime for afiançável.
c) Permite ao acusado se defender antes de ser recebida a denúncia, se o crime for inafiançável.
d) Permite ao acusado a efetivação de acordo para evitar o recebimento da denúncia, se o crime for afiançável.
e) Permite ao acusado a efetivação de acordo para evitar o recebimento da denúncia, se o crime for inafiançável.

Em relação ao que estabelece o Código de Processo Penal (CPP), no que se refere aos crimes de responsabilidade dos funcionários públicos, julgue o item subsequente.

10. (CESPE) Caso o acusado esteja fora da jurisdição do juiz, a apresentação da resposta preliminar poderá ser feita por defensor nomeado, no prazo de 15 dias.

Certo ( ) Errado ( )

Gabaritos

01	CERTO	06	ERRADO
02	A	07	CERTO
03	ERRADO	08	C
04	E	09	C
05	D	10	CERTO

6. DO HABEAS CORPUS E SEU PROCESSO

6.1 Espécies de HC

Preventivo: Quando ocorre uma ameaça ao direito de locomoção, desde que o temor seja concreto, não basta uma simples suspeita. Salvo-conduto, impedindo-se que a pessoa venha a ser privada de sua liberdade. Art. 660, Parágrafo 4º da CPP:

"Se a ordem de habeas corpus for concedida para evitar ameaça de violência ou coação ilegal, dar-se-á ao paciente salvo-conduto assinado pelo juiz."

Repressivo: Quando a liberdade já foi sacrificada, haverá alvará de soltura. Art. 660, parágrafo 1º do CPP:

> ***Art. 660.*** *Efetuadas as diligências, e interrogado o paciente, o juiz decidirá, fundamentadamente, dentro de 24 (vinte e quatro) horas.*
>
> ***§ 1º*** *Se a decisão for favorável ao paciente, será logo posto em liberdade, salvo se por outro motivo dever ser mantido na prisão.*

6.2 Outra Denominação

PROFILÁTICO: Também conhecido como HC Trancativo, visa o trancamento da uma ação penal que não tenha os requisitos básicos, quais sejam:

> Ausência de condições da ação

> Fato já prescrito

> Justa causa

6.3 Cabimento

> ***Art. 648.*** *A coação considerar-se-á ilegal:*
>
> ***I.*** *quando não houver justa causa;*
>
> ***II.*** *quando alguém estiver preso por mais tempo do que determina a lei;*
>
> ***III.*** *quando quem ordenar a coação não tiver competência para fazê-lo;*
>
> ***IV.*** *quando houver cessado o motivo que autorizou a coação;*
>
> ***V.*** *quando não for alguém admitido a prestar fiança, nos casos em que a lei a autoriza;*
>
> ***VI.*** *quando o processo for manifestamente nulo;*
>
> ***VII.*** *quando extinta a punibilidade.*

6.4 Sujeitos

Impetrante: Quem ajuíza o Habeas Corpus.

Mas quem pode impetrar o HC?

> ***Art. 654.*** *O habeas corpus poderá ser impetrado por qualquer pessoa, em seu favor ou de outrem, bem como pelo Ministério Público.*

> Não exige capacidade postulatória (presença de adv)

> O juiz pode conceder ex officio

> Analfabeto

> ***Art. 654***, *§ 1º CPP: A petição de habeas corpus conterá: a assinatura do impetrante, ou de alguém a seu rogo, quando não souber ou não puder escrever, e a designação das respectivas residências.*

> Doentes Mentais

> Inimputáveis

> Pessoa Jurídica

> Estrangeiros

Cuidado: Juiz não pode impetrar, mas sim conceder. Art. 654, § 2º "Os juízes e os tribunais têm competência para expedir de ofício ordem de habeas corpus, quando no curso de processo verificarem que alguém sofre ou está na iminência de sofrer coação ilegal."

PACIENTE: Em favor da pessoa qual se impetra.

Cuidado:

> Impetrante e paciente podem ser a mesma pessoa

> Não pode ser Pessoa Jurídica

COATOR: Quem privou o direito de locomoção.

> Pode ser autoridade pública ou particular.

6.5 Formalidades

Não exigências formais:

> Não precisa de advogado

> Gratuito

Letra da lei:

> ***Art. 647.*** *Dar-se-á* ***habeas corpus*** *sempre que alguém sofrer ou se achar na iminência de sofrer violência ou coação ilegal na sua liberdade de ir e vir,* ***SALVO*** *nos casos de punição disciplinar.*
>
> ***Art. 648.*** *A coação considerar-se-á* ***ilegal****:*
>
> ***I.*** *quando não houver justa causa;*
>
> ***II.*** *quando alguém estiver preso por mais tempo do que determina a lei;*
>
> ***III.*** *quando quem ordenar a coação não tiver competência para fazê-lo;*
>
> ***IV.*** *quando houver cessado o motivo que autorizou a coação;*
>
> ***V.*** *quando não for alguém admitido a prestar fiança, nos casos em que a lei a autoriza;*
>
> ***VI.*** *quando o processo for manifestamente nulo;*
>
> ***VII.*** *quando extinta a punibilidade.*
>
> ***Art. 649.*** *O juiz ou o tribunal, dentro dos limites da sua jurisdição, fará passar imediatamente a ordem impetrada, nos casos em que tenha cabimento, seja qual for a autoridade coatora.*
>
> ***Art. 650.*** *Competirá conhecer,* ***originariamente****, do pedido de* ***habeas corpus****:*
>
> ***I.*** *ao Supremo Tribunal Federal, nos casos previstos no Art. 101, I, g, da Constituição;*
>
> ***II.*** *aos Tribunais de Apelação, sempre que os atos de violência ou coação forem atribuídos aos governadores ou interventores dos Estados ou Territórios e ao prefeito do Distrito Federal, ou a seus secretários, ou aos chefes de Polícia.*
>
> ***§1º.*** *A competência do juiz cessará sempre que a violência ou coação provier de autoridade judiciária de igual ou superior jurisdição.*
>
> ***§2º.*** ***NÃO CABE*** *o* ***habeas corpus*** *contra a prisão administrativa, atual ou iminente, dos responsáveis por dinheiro ou valor pertencente à Fazenda Pública, alcançados ou omissos em fazer o seu recolhimento nos prazos legais,* ***SALVO*** *se o pedido for acompanhado de prova de quitação ou de depósito do alcance verificado, ou se a prisão exceder o prazo legal.*
>
> ***Art. 651.*** *A concessão do* ***habeas corpus*** *não obstará, nem porá termo ao processo, desde que este não esteja em conflito com os fundamentos daquela.*

Art. 652. *Se o* ***habeas corpus*** *for concedido em virtude de nulidade do processo, este será renovado.*

Art. 653. *Ordenada a soltura do paciente em virtude de* ***habeas corpus****, será condenada nas custas a autoridade que, por má-fé ou evidente abuso de poder, tiver determinado a coação.*

Parágrafo único. *Neste caso, será remetida ao Ministério Público cópia das peças necessárias para ser promovida a responsabilidade da autoridade.*

Art. 654. *O* ***habeas corpus*** *poderá ser impetrado por qualquer pessoa, em seu favor ou de outrem, bem como pelo Ministério Público.*

§1º. *A petição de* ***habeas corpus*** *conterá:*

a) *o nome da pessoa que sofre ou está ameaçada de sofrer violência ou coação e o de quem exercer a violência, coação ou ameaça;*

b) *a declaração da espécie de constrangimento ou, em caso de simples ameaça de coação, as razões em que funda o seu temor;*

c) *a assinatura do impetrante, ou de alguém a seu rogo, quando não souber ou não puder escrever, e a designação das respectivas residências.*

§2º. *Os juízes e os tribunais têm competência para expedir* ***DE OFÍCIO*** *ordem de* ***habeas corpus****, quando no curso de processo verificarem que alguém sofre ou está na iminência de sofrer coação ilegal.*

Art. 655. *O carcereiro ou o diretor da prisão, o escrivão, o oficial de justiça ou a autoridade judiciária ou policial que embaraçar ou procrastinar a expedição de ordem de* ***habeas corpus****, as informações sobre a causa da prisão, a condução e apresentação do paciente, ou a sua soltura, será multado na quantia de duzentos mil-réis a um conto de réis, sem prejuízo das penas em que incorrer. As multas serão impostas pelo juiz do tribunal que julgar o* ***habeas corpus****, salvo quando se tratar de autoridade judiciária, caso em que caberá ao Supremo Tribunal Federal ou ao Tribunal de Apelação impor as multas.*

Art. 656. *Recebida a petição de* ***habeas corpus****, o juiz, se julgar necessário, e estiver preso o paciente, mandará que este lhe seja imediatamente apresentado em dia e hora que designar.*

Parágrafo único. *Em caso de desobediência, será expedido mandado de prisão contra o detentor, que será processado na forma da lei, e o juiz providenciará para que o paciente seja tirado da prisão e apresentado em juízo.*

Art. 657. *Se o paciente estiver preso, nenhum motivo escusará a sua apresentação,* ***SALVO****:*

I. *grave enfermidade do paciente;*

II. *não estar ele sob a guarda da pessoa a quem se atribui a detenção;*

III. *se o comparecimento não tiver sido determinado pelo juiz ou pelo tribunal.*

Parágrafo único. *O juiz poderá ir ao local em que o paciente se encontrar, se este não puder ser apresentado por motivo de doença.*

Art. 658. *O detentor declarará à ordem de quem o paciente estiver preso.*

Art. 659. *Se o juiz ou o tribunal verificar que já cessou a violência ou coação ilegal, julgará prejudicado o pedido.*

Art. 660. *Efetuadas as diligências, e interrogado o paciente, o juiz decidirá, fundamentadamente, dentro de* ***24 HORAS****.*

§1º. *Se a decisão for favorável ao paciente, será logo posto em liberdade, salvo se por outro motivo dever ser mantido na prisão.*

§2º. *Se os documentos que instruírem a petição evidenciarem a ilegalidade da coação, o juiz ou o tribunal ordenará que cesse imediatamente o constrangimento.*

§3º. *Se a ilegalidade decorrer do fato de não ter sido o paciente admitido a prestar fiança, o juiz arbitrará o valor desta, que poderá ser prestada perante ele, remetendo, neste caso, à autoridade os respectivos autos, para serem anexados aos do inquérito policial ou aos do processo judicial.*

§4º. *Se a ordem de* ***habeas corpus*** *for concedida para* ***<u>evitar ameaça</u>*** *de violência ou coação ilegal, dar-se-á ao paciente salvo-conduto assinado pelo juiz.*

§5º. *Será incontinenti enviada cópia da decisão à autoridade que tiver ordenado a prisão ou tiver o paciente à sua disposição, a fim de juntar-se aos autos do processo.*

§6º. *Quando o paciente estiver preso em lugar que não seja o da sede do juízo ou do tribunal que conceder a ordem, o alvará de soltura será expedido pelo telégrafo, se houver, observadas as formalidades estabelecidas no art. 289, parágrafo único, in fine, ou por via postal.*

Art. 661. *Em caso de competência originária do Tribunal de Apelação, a petição de* ***habeas corpus*** *será apresentada ao secretário, que a enviará imediatamente ao presidente do tribunal, ou da câmara criminal, ou da turma, que estiver reunida, ou primeiro tiver de reunir-se.*

Art. 662. *Se a petição contiver os requisitos do art. 654, § 1o, o presidente, se necessário, requisitará da autoridade indicada como coatora informações por escrito. Faltando, porém, qualquer daqueles requisitos, o presidente mandará preenchê-lo, logo que lhe for apresentada a petição.*

Art. 663. *As diligências do artigo anterior não serão ordenadas, se o presidente entender que o* ***habeas corpus*** *deva ser indeferido in limine. Nesse caso, levará a petição ao tribunal, câmara ou turma, para que delibere a respeito.*

Art. 664°. *Recebidas as informações, ou dispensadas, o* ***habeas corpus*** *será julgado na primeira sessão, podendo, entretanto, adiar-se o julgamento para a sessão seguinte.*

Parágrafo único. *A decisão será tomada por maioria de votos. Havendo empate, se o presidente não tiver tomado parte na votação, proferirá voto de desempate; no caso contrário, prevalecerá a decisão mais favorável ao paciente.*

Art. 665. *O secretário do tribunal lavrará a ordem que, assinada pelo presidente do tribunal, câmara ou turma, será dirigida, por ofício ou telegrama, ao detentor, ao carcereiro ou autoridade que exercer ou ameaçar exercer o constrangimento.*

Parágrafo único. *A ordem transmitida por telegrama obedecerá ao disposto no art. 289, parágrafo único, in fine.*

Art. 666. *Os regimentos dos Tribunais de Apelação estabelecerão as normas complementares para o processo e julgamento do pedido de* ***habeas corpus*** *de sua competência originária.*

Art. 667. *No processo e julgamento do* ***habeas corpus*** *de competência originária do Supremo Tribunal Federal, bem como nos de recurso das decisões de última ou única instância, denegatórias de* ***habeas corpus****, observar-se-á, no que lhes for aplicável, o disposto nos artigos anteriores, devendo o regimento interno do tribunal estabelecer as regras complementares.*

→ SÚMULAS DO STF

- **SÚMULA 395:** Não se conhece de recurso de *habeas corpus* cujo objeto seja resolver soôbre o ônus das custas, por não estar mais em causa a liberdade de locomoção.
- **SÚMULA 693:** Não cabe *habeas corpus* contra decisão condenatória a pena de multa, ou relativo a processo em curso por infração penal a que a pena pecuniária seja a única cominada.
- **SÚMULA 694:** Não cabe *habeas corpus* contra a imposição da pena de exclusão de militar ou de perda de patente ou de função pública.

- **SÚMULA 695:** Não cabe *habeas corpus* quando já extinta a pena privativa de liberdade.

→ NÃO CABIMENTO DO ***HABEAS CORPUS***

- O *habeas corpus não é meio processual adequado para o apenado obter autorização de visita* de sua companheira no estabelecimento prisional.
- STF. 2ª Turma. HC 127685/DF, Rel. Min. Dias Toffoli, julgado em 30/6/2015 (Info 792).
- Apreensão de veículos – CF/88;
- Extração gratuita de cópias de processo criminal – STJ-5ºTurma, HC 111.561/SP;
- Perda de direitos políticos – STF 2ª Turma – HC 81.003/RS;
- Impeachment – STF, HC 70.033 e HC 134.315;
- Suspensão do direito de dirigir veiculo veículo automotor – STJ, 5ª ºTurma, HC 283.505/SP.

→ PONTOS IMPORTANTES

- Não cabe HC como substituto penal quando houver recurso cabível;
- O HC não comporta dilação probatória, ou seja, o impetrante deve provar de plano a ilegalidade da coação;.
- É incabível o HC para impugnar decisão que defere a intervenção do assistente de acusação na ação penal;.
- Efeito extensivo do HC;
- Cabe HC em varas Cíveis – Depositário infiel;
- Cabe HC em Internação Psiquiátrica – HC 135.271-SP.